IKONEN
DES 20. JAHRHUNDERTS

IKONEN
DES 20. JAHRHUNDERTS
LEBENSLÄUFE BERÜHMTER MÄNNER UND FRAUEN

BARBARA CADY

KÖNEMANN

Erstveröffentlichung der Originalausgabe 1998 bei:
The Overlook Press, Peter Mayer Publishers, Inc.
Lewis Hollow Road
Woodstock, New York 12498
Editorial offices
386 West Broadway
New York, New York 10012

Text © 1998 Barbara Cady

Bildredakteur: Jean-Jacques Naudet
Assistenz: Raymond McGrath
Design: Bernard Schleifer Company

Bildnachweise befinden sich auf Seite 418.

Originaltitel: Icons of the twentieth century : 200 men and women
who have made a difference / Barbara Cady, Jean-Jacques Naudet.

Kein Teil dieser Publikation darf ohne vorherige Genehmigung
des Rechteinhabers reproduziert, auf elektronischen oder anderen
Datenträgern gespeichert noch auf elektronische oder mechanische Weise
wie Fotokopie, Fotografie oder ähnliches vervielfältigt werden.

© 1999 für die deutsche Ausgabe:
Könemann Verlagsgesellschaft mbH
Bonner Str. 126, D-50968

Übersetzung aus dem Amerikanischen:
Claudia Egdorf, Andrea Fischer, Stefanie Hohn, Antje Knoop
für Delius Producing Berlin
Redaktion und Satz: Delius Producing Berlin/
Alexander Kluy, Julia Niehaus, Juliane Stollreiter

Projektleitung: Sylvia Hecken
Herstellungsleitung: Detlev Schaper
Assistenz: Ursula Schümer
Druck und Bindung: Sing Cheong Printing Co., Ltd.
Printed in Hong Kong, China

ISBN 3-8290-1415-5

10 9 8 7 6 5 4 3 2 1

Meinem Ehemann,

Jean-Louis Ginibre,

für die Geduld, die Unterstützung und die großzügige Liebe,

die er mir auf unzählig viele Arten gezeigt hat,

und meinen Kindern

Stephanie, Jennifer, Monica und Jean-Noel

für ihre Zuneigung und ihren Zuspruch

INHALT

DANKSAGUNG **VIII**

EINLEITUNG **IX**

DAS BERATERTEAM **XIII**

DIE IKONEN **2**

JANE ADDAMS	T.S. ELIOT	FRIDA KAHLO	RONALD REAGAN
MUHAMMAD ALI	KÖNIGIN ELISABETH	HELEN KELLER	LENI RIEFENSTAHL
WOODY ALLEN	KÖNIGIN ELISABETH II.	GRACE KELLY	JACKIE ROBINSON
JASIR ARAFAT	DUKE ELLINGTON	JOHN F. KENNEDY	JOHN D. ROCKEFELLER
HANNAH ARENDT	FEDERICO FELLINI	DR. JACK KEVORKIAN	ELEANOR ROOSEVELT
LOUIS ARMSTRONG	ENRICO FERMI	BILLY JEAN KING	FRANKLIN D. ROOSEVELT
NEIL ARMSTRONG	HENRY FORD	MARTIN LUTHER KING	ETHEL & JULIUS ROSENBERG
FRED ASTAIRE	FRANCISCO FRANCO	ANN LANDERS/ABIGAIL VAN BUREN	WILMA RUDOLPH
JOSEPHINE BAKER	ANNE FRANK		BERTRAND RUSSELL
LUCILLE BALL	ARETHA FRANKLIN	WLADIMIR LENIN	GEORGE HERMAN "BABE" RUTH
ROGER BANNISTER	SIGMUND FREUD	CHARLES LINDBERGH	MARGARET SANGER
BRIGITTE BARDOT	BETTY FRIEDAN	SOPHIA LOREN	JEAN-PAUL SARTRE
DR. CHRISTIAAN BARNARD	JURI GAGARIN	ROSA LUXEMBURG	ALBERT SCHWEITZER
THE BEATLES	INDIRA GANDHI	GENERAL DOUGLAS MACARTHUR	GEORGE BERNARD SHAW
DAVID BEN-GURION	MAHATMA GANDHI	MADONNA	FRANK SINATRA
INGMAR BERGMAN	GRETA GARBO	MALCOM X	ALEXANDER SOLSCHENIZYN
INGRID BERGMAN	GABRIEL GARCIA MARQUEZ	NELSON MANDELA	STEVEN SPIELBERG
HUMPHREY BOGART	JUDY GARLAND	MAO TSE-TUNG	DR. BENJAMIN SPOCK
MARLON BRANDO	BILL GATES	THE MARX BROTHERS	JOSEF STALIN
BERTOLT BRECHT	ALLEN GINSBERG	MATA HARI	GERTRUDE STEIN
HELEN GURLEY BROWN	JANE GOODALL	HENRI MATISSE	IGOR STRAWINSKY
MARIA CALLAS	MICHAIL GORBATSCHOW	MARGARET MEAD	BARBRA STREISAND
AL CAPONE	BILLY GRAHAM	GOLDA MEIR	ELIZABETH TAYLOR
RACHEL CARSON	MARTHA GRAHAM	MARILYN MONROE	SHIRLEY TEMPLE
HENRI CARTIER-BRESSON	CARY GRANT	MARIA MONTESSORI	MUTTER TERESA
FIDEL CASTRO	D.W. GRIFFITH	HENRY MOORE	MARGARET THATCHER
GABRIELLE "COCO" CHANEL	CHE GUEVARA	EDWARD R. MURROW	JIM THORPE
CHARLIE CHAPLIN	STEPHEN HAWKING	BENITO MUSSOLINI	TOKYO ROSE
AGATHA CHRISTIE	WILLIAM RANDOLPH HEARST	JOE NAMATH	ARTURO TOSCANINI
WINSTON CHURCHILL	HUGH HEFNER	GAMAL ABD EL NASSER	HARRY S. TRUMAN
COLETTE	JASCHA HEIFETZ	RICHARD M. NIXON	TED TURNER
LE CORBUSIER	ERNEST HEMINGWAY	RUDOLPH NUREJEW	RUDOLPH VALENTINO
JACQUES COUSTEAU	KATHARINE HEPBURN	GEORGIA O'KEEFFE	WERNHER VON BRAUN
MARIE CURIE	SIR EDMUND HILLARY & TENZIG NORGAY	SIR LAURENCE OLIVIER	DIANA VREELAND
DER DALAI LAMA		JACQUELINE KENNEDY ONASSIS	LECH WALESA
SALVADOR DALI	KAISER HIROHITO	J. ROBERT OPPENHEIMER	ANDY WARHOL
BETTE DAVIS	ALFRED HITCHCOCK	JESSE OWENS	JAMES WATSON & FRANCIS CRICK
JAMES DEAN	ADOLF HITLER	EMMELINE PANKHURST	
SIMONE DE BEAUVOIR	HO CHI MINH	CHARLIE PARKER	JOHN WAYNE
CHARLES DE GAULLE	BILLIE HOLIDAY	BORIS PASTERNAK	ORSON WELLES
DIANA, PRINZESSIN VON WALES	WLADIMIR HOROWITZ	LUCIANO PAVAROTTI	MAE WEST
MARLENE DIETRICH	DOLORES IBARRURI	ANNA PAWLOWA	HANK WILLIAMS
KAREN DINESEN	MICHAEL JACKSON	PELE	TENESSEE WILLIAMS
WALT DISNEY	MICK JAGGER	EVA PERON	HERZOG & HERZOGIN VON WINDSOR
ISADORA DUNCAN	JIANG QING (MADAME MAO)	EDITH PIAF	
BOB DYLAN	ELTON JOHN	PABLO PICASSO	OPRAH WINFREY
AMELIA EARHART	PAPST JOHANNES XXIII.	MARY PICKFORD	VIRGINIA WOOLF
THOMAS EDISON	MICHAEL JORDAN	JACKSON POLLOCK	FRANK LLOYD WRIGHT
ALBERT EINSTEIN	JAMES JOYCE	ELVIS PRESLEY	ORVILLE & WILBUR WRIGHT
DWIGHT D. EISENHOWER	C.G. JUNG	MARCEL PROUST	BABE DIDRIKSON ZAHARIAS
SERGEJ EISENSTEIN	FRANZ KAFKA	AYN RAND	EMILIANO ZAPATA

BIBLIOGRAPHIE **402**

BILDNACHWEISE **418**

DANKSAGUNG

Meine tiefe Dankbarkeit gilt meinem Partner, dem Bildredakteur Jean-Jacques Naudet, meinem Agenten und Freund Lois de La Haba, der mich ermutigt und unterstützt hat, und meinem Verleger Peter Mayer, der mit seinem Verstand und Weitblick half, dem Buch den letzten Schliff zu geben.

Aufrichtiger Dank auch an die Lektorin von Overlook Press, Tracy Carns, und ihren Assistenten Albert DePetrillo für ihre intensive Arbeit und Hingabe an das Projekt und an Clark Wakabayashi für seine unschätzbare Hilfe bei der Herstellung. Ebenfalls ein herzliches Dankeschön an den Designer von *Ikonen*, Joel Avirom, der dem Buch ein lebendiges Gesicht gegeben hat, an Maura Carey Damacion, Beth Bortz, Murray Fisher und Joe Parker, die mich mit ihrer Professionalität und ihrer Begeisterung immer wieder inspiriert haben, und an meine Chef-Rechercheurin und Freundin, Julie Rigby, die mir mit konstruktiven Kommentaren und Vorschlägen ebenso half wie ihre beiden Assistenten Eve Rasmussen und Omar LeDuc.

Ich danke meinem Statistiker, Morris Olitzky, für seine große Unterstützung bei der Erstellung der zwangsläufig komplizierten, aber effektiven Stimmzettel, die an die Mitglieder des Beraterteams geschickt wurden, sowie für seine Auswertung der Antworten, die – neben der Abstimmung selbst – der wichtigste Beitrag zum Auswahlverfahren war.

Herzlichen Dank auch an Jacqueline O'Reilley, die meine ersten Manuskripte abtippte, bevor Charlie Pancost und Rick Genzer mich an den Computer heranführten (und dafür sorgten, daß ich am Ball blieb), und all den freundlichen und gewitzten Mitarbeitern von Celebrity Services in Los Angeles, die mir bei der Zusammenstellung des Beraterteams für *Ikonen* geholfen haben. Mein Kompliment an die hilfsbereiten Bibliothekare der Lippincott Library von der University of Pennsylvania, der Philadelphia Public Library (besonders an die zuvorkommenden und kompetenten Experten ihrer unglaublich effizienten Informations-Hotline) und an die Mitarbeiter der Niederlassung der New York Public Library in der 53. Straße.

Eine tiefe Verbeugung und ein Kuß für meine Freunde und meine Familie, die immer ein Ohr für mich hatten: Wanda Celichowski, Patricia Prybil, Dr. Leslie Dornfeld und Grazia Dornfeld, Jay Cooper, Jack Wilkie, Greta von Steinbauer, Ann Thomson, Karen Kahn, Tom Drain, Sasi Judd, Dugald Stermer, Valerie Cavanaugh, Caryn Mandabach, Bonnie Turner, Marci Carsey (und all die anderen Seehexen), Darren Clemens, dem verstorbenen Jay Allen, Chris Cannon, Father Frank Gambone, Karen Snyder McGrath (eine Frau mit wahrhaftig königlicher Geduld), Barbara Flood, Francois Vincens, Erica Fletcher, Hester Beavington, Bernie Schleifer, Jenifer Wohl, Dan Marcolina, Jan de Ruiter, Bridget de Socio, Laura de la Haba, Joeseph Greco, Keith Estabrook, Dr. James R. Waisman, Joyce Cole, Tom und Jill Durovsik, Sharon Dorram, Dr. Joe Rogers, Ann Siefert, John Van Doorn, Molly Sheridan, Marie Moneysmith, Bonnie Carpenter, Adele Chatelaine, Jessica Lauber und Firooz Zahedi.

EINLEITUNG

DAS 20. JAHRHUNDERT – UNSER JAHRHUNDERT – wird vielleicht als das der Unmittelbarkeit in Erinnerung bleiben, als Ära der rasanten Globalisierung, die nahezu jeden von uns zu einem Zeugen der gemeinsamen Geschichte machte. Täglich erleben wir mit, wie uns in einem Klima der überhitzten Kommunikation eine neuartige Medienmischung aus Berichterstattung, Public relations, Gerüchten und Idolisierung überrollt. Mit Informationen überfüttert, fällt es uns dennoch schwer, einen Zugang zu dem zu finden, was zu wissen wesentlich wäre. Stattdessen werden wir in einem Maß unterhalten wie nie zuvor, Konsumenten einer allgegenwärtigen Populärkultur, die wir, auch wenn wir sie nicht ernstnehmen, nicht mehr kontrollieren können. Ob wir reicher oder ärmer werden, entscheidet sich dank der elektronischen Datenübertragung in Sekundenbruchteilen. Nachrichten, Stellenausschreibungen, Anordnungen werden per Telefon, Fax oder E-Mail übermittelt, und jede Live-Schaltung via Satellit läßt uns nach der nächsten gieren. Ganz im Bann unserer Fernseh- und Computerbildschirme sind wir als Hauptdarsteller oder als Marionetten in einer technologischen Metamorphose begriffen, die der eine als befreiend, der andere als versklavend erlebt. Wir befinden uns, so charakterisierte der tschechische Dramatiker und Präsident Vaclav Havel das Ende unseres Jahrhunderts, in einem flüchtigen Raum, in dem alles möglich und fast nichts sicher scheint. *Ikonen* wurde von dieser Schlußphase einer vorwärtsstürmenden Epoche inspiriert, von jenem Punkt des Innehaltens, der zu einer Rückschau auf die Höhen und Tiefen der letzten 100 Jahre einlädt. Im Griechischen bedeutet *eikon* „Bild" oder „Darstellung" – *Ikonen* versammelt wie in einer Galerie Fotografien derer, die dieses Jahrhundert nachhaltig geprägt haben. Es waren die Visionäre, die Kultfiguren, die Revolutionäre, Diktatoren, Trendsetter und Meinungsmacher, die den spezifischen Zeitgeist unserer Tage geformt haben, einzigartige Gestalten wie Elvis Presley, Sigmund Freud, Walt Disney, Benito Mussolini, Prinzessin Diana, der Dalai Lama, Mary Pickford, und Che Guevara. Als Marksteine, die Massen anzogen oder das gesellschaftliche Magnetfeld störten, waren sie Herolde von Veränderungen: Männer wie Winston Churchill, Franklin D. Roosevelt, Mahatma Gandhi und Charles de Gaulle; Frauen wie Margaret Mead, Mutter Teresa, Golda Meir und Marie Curie.

Die Bilder dieser Größen sind allgegenwärtig und ihre Namen, Gesichter und Botschaften aus der intellektuellen Kommunikation, aus Erziehung, Unterhaltung und Kunst nicht wegzudenken. Interessanterweise kreuzten sich häufig auf bizarre und scheinbar willkürliche Weise ihre Lebenswege: Charles Chaplin und Albert Einstein, in elegantem Smoking, waren nebeneinander auf dem Titelblatt des *Scientific American* zu sehen; Mutter Teresa machte die Bekantschaft von Prinzessin Diana; Charles Lindbergh posierte mit Adolf Hitler; Billy Graham und Frank Sinatra nutzten beide eine Reihe von Gelegenheiten, um sich mit dem amerikanischen Präsidenten ablichten zu lassen; Gabriel García Marquéz rauchte zusammen mit Fidel Castro eine Zigarre – Andy Warhol ließ sich mit nahezu jedem fotografieren. Viele dieser Persönlichkeiten wurden zu einem Spiegel unserer ureigenen Leidenschaften und Wünsche; umgekehrt haben wir uns nach ihrem Bild neu geschaffen und sie damit zu öffentlichen Idolen und zu Helden einer zeitgenössischen Mythologie gemacht.

Mit seinen ungewöhnlichen und ausdrucksstarken Bildern ist das Buch ein Schaukasten der modernen Fotografie, in dem einige der größten Meister ausstellen: Henri Cartier-Bresson (selbst unter den ausgewählten Ikonen), Helmut Newton, Cecil Beaton und Robert Capa, um nur sie zu nennen. In fünf Jahren Recherche hat der Bildredakteur Jean-Jacques Naudet diese Bilder aus Archiven der ganzen Welt zusammengetragen; das Ergebnis ist eine einzigartige Sammlung, die die Persönlichkeiten des Jahrhunderts in gestellten wie in spontanen Posen festhält. Sie sind die Männer und Frauen, die unsere Phantasien angeregt und unsere Träume bevölkert haben. Sie leben in unseren Lieblingsfilmen weiter, in unseren Geschichtsbüchern, Dokumentationen, Zeitungen, an Gebäudefassaden und auf den Schachteln der Frühstückscerealien. Mit Hilfe von Computeranimationen wurde der eine oder andere mittlerweile sogar wieder zum Leben erweckt (im unseligen Fall von Fred Astaire nur, um ihn in einem Werbespot mit einem Staubsauger tanzen zu lassen). Hier sind die Stars Hollywoods und anderer Filmhochburgen, die Unsterblichen der Kinowelt, auf die wir unsere Hoffnungen und Enttäuschungen projiziert haben: Humphrey Bogart, Marlon Brando, Cary Grant, James Dean – und auch John Wayne, jener entschlossene Einzelgänger, der wohl mehr als jeder andere das Bild des wahren amerikanischen Helden prägte. Diese eigenwilligen Unruhestifter haben uns u. a. gelehrt, wie man richtig an die Hutkrempe tippt, wie man reitet und schießt, wie man einer Lady Feuer gibt – und wie man *nicht* trinkt. Nicht minder wichtig in diesem erhabenen Pantheon sind die Göttinnen: Greta Garbo, Marlene Dietrich, Marilyn Monroe, Elizabeth Taylor, Katharine Hepburn und Brigitte Bardot. Ihren Ruhm haben diese unsterblichen Ikonen der Leinwand nicht zuletzt den großen Regisseuren zu danken: Sergej Eisenstein, D.W. Griffith, Alfred Hitchcock, Orson Welles, Federico Fellini, Ingmar Bergman, Steven Spielberg und Woody Allen. Während sie unseren Alltag und unsere Liebesabenteuer auf Zelluloid festhielten, betrachteten wir selbst die Welt unvermittelt auf eine moderne und radikal neue Art. Dieser visionäre Blick artikulierte sich ebenso in der Malerei und der Literatur, in den Werken von Pablo Picasso, Bertolt Brecht, Igor Strawinsky, Martha Graham und James Joyce. Die Botschaften dieser neuen Bewegung waren – ebenso wie ihre Überbringer – schockierend und erfrischend. Die Künstler und die Werke, die sie schufen, erfuhren Bewunderung und Ablehnung – gleichgültig ließen sie niemanden. Auch die großen Wissenschaftler dieses Jahrhunderts sind hier versammelt; von Watson und Crick, die das „goldenste aller Moleküle" entdeckten, bis zu Thomas Edison, der die Wohnzimmer unserer Großeltern erleuchtete. Die Pioniere der Massenproduktion, wie Henry Ford, der unsere Eltern in Automobile setzte, fehlen hier ebensowenig wie die genialen Abenteurer Orville und Wilbur Wright, die uns zeigten, daß wir fliegen können. An der Spitze der wissenschaftlichen Forschung der Epoche stand zweifellos Albert Einstein, der dem technischen Fortschritt des Jahrhunderts in vieler Hinsicht den Weg bereitete. Mit Hilfe von Physiker-Kollegen wie Enrico Fermi und J. Robert Oppenheimer öffnete er allerdings Türen, von denen er später wünschte, er hätte sie nie aufgestoßen.

Hinzu kommen jene, die Rekorde gebrochen und Grenzen überschritten haben; im Sport sind es Legenden wie Roger Bannister, Babe Didrickson Zaharias und Jackie Robinson; in der Politik Kämpfer wie Martin Luther King jr., Rosa Luxemburg, Nelson Mandela, Eleanor Roosevelt und Betty Friedan; in der Medizin der weltbekannte Kinderarzt Dr. Benjamin Spock sowie seine umstrittenen Berufskollegen Dr. Christiäan Barnard und Dr. Jack Kevorkian; in der Architektur Pioniere wie Frank Lloyd Wright und Le Corbusier; und in der Geschäftswelt Titanen wie John D. Rockefeller und Bill Gates.

Neben geachtete Wohltäter der Menschheit wie Helen Keller und Albert Schweitzer stellt *Ikonen* bewußt auch Kriminelle wie Al Capone und Diktatoren wie Josef Stalin und Mao Tse-tung, die ganze Nationen – mitunter durchaus willige Nationen – an den Rand des Verbrechens führten. In der orthodoxen Kirche sind „Ikonen" Bilddarstellungen sakraler Motive. Zu den Ikonen unseres Jahrhunderts zählen bedauerlicherweise auch die quasireligiösen fanatischen Ideologien, die ganze Völker umzuerziehen, zu manipulieren, zu terrorisieren, ja auszurotten versuchten. An erster Stelle steht hier zweifellos Adolf Hitler, dessen zwölfjährige Herrschaft 60 Millionen Menschen das Leben kostete. Aber die Epoche war reich an vermeintlichen „Erlösern", die im Bewußtsein der Welt, darin Rock- und Filmstars ähnlich, meist nur mit ihrem Nachnamen gegenwärtig sind: Stalin, Mussolini, Franco, Mao.

EINLEITUNG

Die 200 Personen, die wir hier zu den *Ikonen des 20. Jahrhunderts* zählen, wurden mit der Hilfe eines multinationalen Beraterteams ausgewählt: allesamt anerkannte, auf ihren Gebieten führende Experten aus den Bereichen Wissenschaft, Politik, Bildung, Mode, Unterhaltung und Technik. Sie wurden gebeten, ihre Vorschläge, Streichungen und Rangfolgen auf der Grundlage der folgenden Definition vorzunehmen: „Ikonen sind Individuen, deren Namen und Gesichter einen starken Eindruck bei uns hinterlassen haben, und deren Taten – gut oder böse – den Verlauf der modernen Geschichte beeinflußt haben". Als die Stimmzettel ausgewertet wurden, fielen etwa 15 Prozent der 200 Namen – Vorschläge, die jeweils nur wenige Stimmen auf sich vereinen konnten – aus der Liste heraus. Nun war das Engagement der Autorin, des Verlages und der Lektoren und Rechercheure des Projekts gefragt.

Selbstverständlich kann eine derartige Zusammenstellung nie vollständig sein, noch gibt es objektive Kriterien, um die tatsächliche Bedeutung einer Person zu ermitteln – nicht einmal dafür, welche aufgenommen wird und welche nicht. Warum Nasser und nicht Khomeini? Warum nicht Idi Amin, der die Zerstörung Afrikas in der postkolonialen Ära symbolisiert, oder Kwame Nkrumah, dessen unabhängiges Ghana zunächst eine bessere Zukunft für diesen Kontinent erhoffen ließ? Warum nicht Konrad Adenauer, der auf den Ruinen des Dritten Reiches den Grundstein für ein demokratisches Deutschland nach dem Weltkrieg legte? Und warum Kaiser Hirohito und nicht Toja, der womöglich mehr mit dem Zweiten Weltkrieg in Asien zu tun gehabt hat als die kaiserliche Familie? Letztendlich wäre es unmöglich gewesen, jede bedeutende politische Führungspersönlichkeit des Jahrhunderts aufzunehmen, ohne Schlüsselfiguren beispielsweise aus den Bereichen Musik und Literatur auszuschließen. Obwohl die Regierenden, sei es positiv oder negativ, zwangsläufig die Weltbühne beherrschen, sollten sie unsere Auswahl nicht dominieren. Es gab viele andere Persönlichkeiten, die uns in diesem Jahrhundert veranlaßten, differenzierter über unsere Welt nachzudenken – beispielsweise Originale wie Alfred Kinsey, Buckminster Fuller und Marshall McLuhan. Sie wurden in diesen Band nicht aufgenommen, weil ihre Gesichter weniger bekannt sind als ihre Leistungen. Sie wurden nicht zu Ikonen in unserem Sinn. Gleiches gilt für viele Erfinder des Jahrhunderts, deren Schöpfungen – der Fernseher, der Computer, der Strahlmotor, die Pille, das Penizillin – viel bekannter sind als sie selbst. Doch *Ikonen* beschäftigt sich mit den Menschen, nicht mit den Dingen.

Die wichtigsten Bereiche des menschlichen Lebens und Strebens sollten hier vertreten sein. Das erschwerte die Auswahl zusätzlich, denn für manche Kategorie gab es weit mehr Vorschläge als vorhandenen Raum. Warum Nurejew und nicht auch Nijinskij oder Balanchine? Warum Billie Holiday und nicht auch Bessie Smith und Ella Fitzgerald? Warum Marcel Proust und nicht auch Thomas Mann und William Faulkner? Warum Babe Ruth und nicht Joe DiMaggio? Warum nicht ein Dutzend anderer herausragender Stars aus der Welt des Sports, die aufgrund der Entwicklung der Massenmedien in unserem Jahrhundert alle auf ihre Weise zu Ikonen wurden? Hinter jeder Aufnahme und jedem Ausschluß eines Namens stehen endlose Argumente. Aber die Auswahl, die letztendlich getroffen wurde, ist genau dies: eine Auswahl.

Obwohl ich nicht glücklich damit bin, daß mehr Männer als Frauen ausgewählt wurden, so weiß ich doch, daß diese Proportion leider der Realität entspricht. Im nächsten Jahrhundert wird sich dieses Verhältnis sicher ändern. Daß sehr viele Amerikaner ausgewählt wurden, hat damit zu tun, daß unser Jahrhundert in vieler Hinsicht ein amerikanisches war. Das kommende Jahrhundert mag sehr wohl anders ausgerichtet sein. Ohnehin sprechen die außergewöhnlichen Themen und die brillanten Fotos für sich selbst. Ich hoffe sehr, daß die Kurzbiographien nicht nur unser kulturelles Klima getreu widerspiegeln, sondern auch die Wandelbarkeit unserer Empfindungen dokumentieren und vielleicht Schlüsse für die Zukunft eröffnen. Angesichts der Schnelligkeit der Veränderungen wird das nächste Jahrhundert wahrscheinlich einen jeden überraschen.

EINLEITUNG | XI

DAS BERATERTEAM

DIE AUSWAHL DER ZWEIHUNDERT *Ikonen des 20. Jahrhunderts* gestaltete sich als zweijähriges Projekt, das die Bildung eines Beraterteams, die Ausarbeitung eines Abstimmungsverfahrens, die statistische Auswertung der Abstimmungsergebnisse und die abschließende Klärung der Namensliste durch die Autorin und den Verlag umfaßte. Der gesamte Prozeß begann mit der Wahl von etwa tausend prominenten und ausgewiesenen Fachleuten, international führenden Experten aus den Gebieten Kunst und Wissenschaft, Politik, Sport, Verlagswesen, Mode, Bildung, Unterhaltung und Technologie, die gebeten wurden, den komplizierten und zeitaufwendigen Stimmzettel auszufüllen. Die Autorin war bemüht, sicherzustellen, daß die potentiellen Mitglieder des Beraterteams nicht nur die verschiedenen Disziplinen, sondern auch unterschiedliche Kulturen, ethnische Gruppen und Nationalitäten repräsentierten. Auch sollten alle Altersgruppen im Beraterteam vertreten sein, da die *Ikonen* die gesamte Zeitspanne des Jahrhunderts widerspiegeln sollten. Vorbereitend wurden die Listen der Gewinner der Nobelpreise und anderer Auszeichnungen herangezogen, anerkannte Zeitschriften aus Kunst und Wissenschaft durchkämmt und Gedenk-, Überblicks- und Sonderausgaben beliebter Journale und Zeitungen gesichtet. Nachdem so eine Liste mit etwa tausend potentiellen Mitgliedern des Beraterteams entstanden war, galt es, die Personen zu finden. Mit Hilfe von Rechercheuren und Suchdiensten wurden die meisten aufgespürt; doch bei weitem nicht alle antworteten. Nun wurde telefonisch nachgehakt, Agenten wurden kontaktiert, Kopien der Stimmzettel verschickt und entfallene Namen durch Neue ersetzt. Als der letzte Brief abgeschickt war, sollte es noch ein Jahr dauern, bis alle Stimmzettel zur Auswertung vorlagen.

Die Abstimmung erfolgte in mehreren Schritten. Zusätzlich zu der erbetenen Billigung oder Ablehnung jedes einzelnen der von der Autorin vorgeschlagenen Kandidaten und seiner Einstufung als „überaus bedeutend" oder „unerläßlich", war es den Beratern erlaubt, Namen von der Liste zu streichen und sie durch eigene Vorschläge zu ersetzen. Letztere sollten zudem nach ihrem Rang bewertet werden. Die Kandidaten auf den Stimmzetteln waren nach folgenden Kategorien sortiert: Politik, Wissenschaft, Literatur, Sport, Grafik & Kunststoffdesign/Design, Theater/Tanz, Musik, Philosophie/Theologie, Film, Medien, Humanitäre/Soziale Arbeit und sonstige. Die Auswertung der Stimmzettel durch den Statistiker bestätigte die ursprüngliche Wahl der Autorin, doch kamen aus dem Kreis des Beraterteams weitere interessante *Ikonen*-Kandidaten hinzu.

Harold M. Agnew
Lisa Anderson
Leon Botstein
James L. Brady
Lord Alan Bullock
Cornell Capa
Benny Carter
E. Graydon Carter
Jane Chestnutt
Leo Castelli
Camilo Jose Cela
Jay Cooper
Robert J. Cousy
Anne d'Harnoncourt
Wendy Doniger
Leslie Dornfeld, M.D.
Rita F. Dove
Jean-Louis Dumas-Hermès
Oriana Fallaci
Leonard Feather (verstorben)
Daniel Filipacchi
Sean Kevin Fitzpatrick
Ernest Fleischmann
Thomas P. Gerrity

Maija Gimbutas (verstorben)
Françoise Giroud
James K. Glassman
Vartan Gregorian
Amy Gross
Rev. Theodore M. Hesburgh
Stanley Hoffmann
Arata Isozaki
Bruce Jenner
David M. Kennedy
Firuz Kazemzadeh
Richard Koshalek
Nelson Lichtenstein
Kevin McKenzie
Issey Miyake
Hanae Mori
Fumio Nanjo
Joyce Carol Oates
David J. Pecker
Richard Pildes
Andrée Putman
Lynda Rae Resnick
Ned Rifkin
Pierre Rosenberg

Harrison E. Salisbury (verstorben)
Daniel Schorr
Ingrid Sischy
Susan Stamberg
Christoph Stolzl
Gay Talese
Roger Thérond
John Toland
Jay Tolson
Pierre E. Trudeau
Tommy Tune
Stewart L. Udall
Eric Utne
Kapila Vatsyayan
Robert Venturi
Eli Wallach
George T. Wein
Robert Wise
James E. Young

Die Autorin spricht allen Mitgliedern des Beraterteams ihren Dank aus. Ihre Zeit, ihr Wissen und Elan machten *Ikonen des 20. Jahrhunderts* erst möglich.

IKONEN
DES 20. JAHRHUNDERTS

JANE ADDAMS
1860–1935

DIE AMERIKANISCHE REFORMERIN Laura Jane Addams, die ein Jahr vor Ausbruch des amerikanischen Bürgerkriegs im ländlichen Illinois geboren wurde, lebte und arbeitete in einer für ihre junge Nation äußerst bewegten Zeit. Nach dem Krieg wurden die Auswirkungen der explosionsartigen Industrialisierung Amerikas augenfällig – Ausbeutungsbetriebe, Kinderarbeit, miserable Arbeitsbedingungen und extreme Armut –; zudem drängte eine neue Welle von Immigranten aus Europa in die ärmlichen Stadtzentren. Der Erste Weltkrieg zog herauf, gefolgt von der Weltwirtschaftskrise. Als eine von fünf Töchtern wohlhabender deutsch-englischer Eltern kämpfte Jane Addams bis zu ihrem Tod darum, die durch diese Umstände hervorgerufenen Probleme zu lösen. In ihrem Hauptquartier in Chicago backte sie Brot für die Hungrigen, setzte sich für gerechte Arbeitsgesetze ein, organisierte Kampagnen für die Rechte von Frauen und brachte die freundliche Überzeugungskraft des Quäkerglaubens ihrer Familie in den internationalen Friedensprozeß ein. Trotz ihres charmanten und diplomatischen Wesens zog sie mit Märschen, Zeitungsartikeln und ihrer Einmischung in „Männerangelegenheiten" den Zorn von Präsidenten und den Spott der gesamten Presse auf sich. Ihre moralische Integrität hielt sie immer aufrecht, und ihre nie nachlassende Energie trieb sie dazu an, kraftvoll Partei für jede Sache zu ergreifen, von der sie überzeugt war.

Abgesehen vom plötzlichen Tod ihres Vaters 1881, eines republikanischen Senators, verbrachte Laura Jane Addams eine ruhige Jugend. Nachdem sie auf dem Rockford Female Seminary auf Missionsarbeit vorbereitet worden war, schrieb sie sich für ein Medizinstudium in Philadelphia ein, mußte es allerdings aus gesundheitlichen Gründen abbrechen. Auf einer zweijährigen Reise durch Europa ab 1883 lernte sie in England Toynbee Hall kennen, eine soziale Einrichtung, die ihr Wirken inspirieren sollte. Schon bald begann sie mit ihrer Freundin Ellen Gates Starr, Pläne für eine ähnliche Institution in ihrer Heimat zu schmieden.

Die beiden jungen Frauen zogen in ein verfallenes Haus in einem heruntergekommenen Slum in Chicago, dem sie den Namen „Hull House" gaben. Dort baute die 29jährige im Jahr 1889 mit Hilfe von Frauen und Studentinnen aus dem Bürgertum ein vor Tatendrang vibrierendes Zentrum auf, das fundamentale Dinge wie Nahrung, Kleidung und Obdach zur Verfügung stellte und sich darüber hinaus zu einem kulturellen Dreh- und Angelpunkt entwickelte. Hull House war ein Ort, den die zum überwiegenden Teil im Ausland geborenen Anwohner aufsuchen konnten, wenn sie eine Arbeitsberatung, ärztliche Untersuchungen oder sonstigen Rat benötigten. Jane Addams war der Meinung, daß es nicht ausreichte, nur die Symptome sozialer Probleme zu lindern; die Ursache von Kriminalität und Armut zu erkennen, sei mindestens ebenso wichtig. Nach den ersten zehn Jahren ihres sozialen Hilfswerks veröffentlichte sie eine bahnbrechende Studie über die größten sozialen Probleme der Gegend mit dem Titel *Hull House Maps and Papers*, die die Geburtsstunde der Soziologie als eigenständige Disziplin markierte. 1907 war die Einrichtung zu einem Komplex aus 13 Gebäuden angewachsen. Mit den Spenden großzügiger Gönner finanzierte Jane Addams ihre Kampagnen, um die wachsende Feindseligkeit der Immigranten der zweiten Generation gegenüber den neu ins Land Kommenden zu entschärfen und vor dem Gesetz Gerechtigkeit für alle zu erreichen.

Während ihrer Jahre in Hull House focht Jane Addams auch für die Frauenbewegung. Zusammen mit Lucretia Mott, Julia Ward Howe, Susan B. Anthony und Carrie Chapman Catt forderte sie die Einbeziehung von Frauen in alle Angelegenheiten der Gesellschaft; sie begründete dies damit, daß das moralische Feingefühl und die guten Absichten Frauen besonders geeignet für die Beschäftigung mit humanitären Fragen machen. Zu diesem Zweck war sie auf regionaler wie nationaler Ebene tätig und bekleidete zwischen 1911 und 1914 den Posten der Vizepräsidentin der National American Women Suffrage Association. Während des Ersten Weltkriegs vereinigte Jane Addams ihr feministisches Engagement mit ihrer pazifistischen Grundhaltung und fungierte 1915 als Vorsitzende des Internationalen Frauenkongresses in Den Haag. Die Deputierten versuchten damals erfolglos, neutrale Staaten und Institutionen dazu zu bringen, zwischen den kriegführenden Parteien zu vermitteln, ohne ihrerseits selber zu den Waffen zu greifen. Zu diesem Zweck arrangierte eine Delegation der führenden Köpfe der Emergency Peace Foundation, darunter auch Jane Addams, ein Treffen mit dem amerikanischen Präsidenten Wilson, der sich von ihren Argumenten jedoch nicht beeindrucken ließ.

Ebenso reagierte die amerikanische Öffentlichkeit; viele ihrer früheren Anhänger akzeptierten die Wilsonsche Politik. Für Jane Addams war es eine qualvolle Zeit; sie wurde als Verräterin beschimpft, weil sie gegen die Verfolgung Fremder und ausländischer Radikaler protestierte und versuchte, Deutschen Lebensmittel zu verschaffen. Da ihr Patriotismus öffentlich in Zweifel gezogen wurde, verlor sie in den Augen vieler Geldgeber ihre Glaubwürdigkeit. Theodore Roosevelt verhöhnte sie, obwohl sie ihn im Wahlkampf unterstützt hatte, und sie wurde von ihrer eigenen Regierung als „die gefährlichste Frau in Amerika" verunglimpft. Obwohl sie von schweren Krankheiten heimgesucht wurde, arbeitete sie weiter und wurde 1919 Präsidentin der Internationalen Frauenliga für Frieden und Freiheit. Da die Liga ins Leben gerufen wurde, als der Völkerbund sich machtlos erwies, die strengen Bestimmungen des Friedensvertrages zu mildern, wurde sie als kommunistische Organisation abgestempelt.

Durch die Verleihung des Friedensnobelpreises im Jahr 1931 wurde „Saint Jane" rehabilitiert. Ihre Arbeit und ihr Geist hatten dem Begriff Gemeinschaft in den Städten Amerikas eine neue, grundlegend andere Bedeutung verliehen.

MUHAMMAD ALI

*1942

ALS DIE MEISTEN Jungen seines Alters noch nicht recht wußten, was sie mit ihrem Leben anfangen sollten, war Cassius Clay sich schon absolut sicher: Er würde der größte Boxer aller Zeiten werden. Das erzählte er allen und jedem, doch weil er einen ausgeprägten Sinn für Humor hatte, hielten die Leute das für einen Scherz. Aber Clay, der später den Namen Muhammad Ali annahm, setzte seine Worte in die Tat um und wurde dreimal Weltmeister im Schwergewicht. Bald war er überall im Fernsehen zu sehen, und sein Gesicht wurde auf der ganzen Welt berühmt.

Er hatte ein schönes Gesicht – ein „wuuunderschönes" Gesicht, wie er selber gerne angab –, und der clevere Selbstpromoter gab sich alle Mühe, es während der zwei Jahrzehnte, die er im Boxring stand, vor größeren Schäden zu bewahren. Als man ihm mit zwölf Jahren sein nagelneues Fahrrad stahl, begann der schnelle, enorm schlagkräftige und lebendige Ali den für ihn so typischen Tänzelschritt zu perfektionieren. Er erzählte dem Polizisten Joe Martin, der in seiner Freizeit Nachwuchsboxer trainierte, wenn er einen Dieb jemals zwischen die Finger bekäme, würde er ihn grün und blau schlagen, aber Martin empfahl dem wütenden Jungen, er solle erst einmal lernen, sich zu verteidigen. Cassius befolgte seinen Rat und trainierte fortan täglich mit Springseil, Punchingball und verschiedenen Sparringpartnern.

Clays Erfolge waren allerdings nicht allein auf seine körperliche Kraft zurückzuführen. Er war ein disziplinierter Boxer, der schon als Teenager an der Central High School in Louisville geradezu spartanisch lebte. Er trank nicht, fluchte nicht und hielt sich von Frauen fern. Statt dessen ernährte er sich gesund, las die Bibel und ging früh zu Bett. Er hatte mehr von seiner sanftmütigen Mutter Odessa als von dem rauhbeinigen Vater geerbt. Ein Star ohne Fehl und Tadel wollte er sein, und Amerikas Jugend bewunderte ihn – die Weißen ebenso wie die Schwarzen, letztere aber besonders.

Clay boxte mit Stil, Finesse und Köpfchen. Er arbeitete genauso hart an seiner Wendigkeit wie an gefährlichen Haken und Schlagkombinationen, was ihm im Alter von achtzehn Jahren zu olympischem Gold verhalf. Die Schwächen seiner Gegner nutzte er im Ring und auch außerhalb gnadenlos aus. Während andere Boxer nur während des Kampfes Verbalattacken vom Stapel ließen, versuchte das Großmaul aus Louisville die Boxer, gegen die er kämpfte, vor, während und nach dem Kampf zu demoralisieren und in aller Öffentlichkeit bloßzustellen. Der größte Showmaster des Boxsports verkündete stets mit großer Genugtuung, mit welchem Hieb er den Gegner zu Boden gebracht hatte. „Ich bestimme die Runde, in der sie zu Boden gehen", verkündete er immer wieder.

Cassius Clay verdiente im Lauf seiner Karriere 60 Millionen Dollar und zog mit seinem Talent und seiner großspurigen Art Millionen Zuschauer an. Allein für seinen ersten Weltmeisterschaftskampf im Jahr 1964 gegen Sonny Liston erhielt er 600 000 Dollar. Das war eine beträchtliche Summe für einen 22jährigen, der auf Platz neun der Rangliste stand und den damaligen Titelträger Liston so lange mit einem schrottreifen alten Bus verfolgt und provoziert hatte, bis dieser die Herausforderung endlich annahm. „Ich will Liston", ließ Clay großspurig über die Presse verbreiten. Wenn er erst einmal mit ihm im Ring sei, so Clay, würde er seinen Worten zufolge „tanzen wie ein Schmetterling und stechen wie eine Biene". Und genau das tat er auch, und zur siebten Runde kehrte Liston nicht mehr in den Ring zurück. Bald darauf kam der neue Champion mit einer weiteren Überraschung heraus; dem Vorbild des schwarzen Bürgerrechtlers Malcolm X folgend, war er zum Islam übergetreten und nannte sich nun Muhammad Ali, „Allahs Liebling".

Alis neuer Glaube ließ ihn 1967 den Kriegsdienst verweigern und öffentlich den Vietnamkrieg kritisieren. Ein Aufschrei des Protests folgte; er wurde zu einer Gefängnisstrafe verurteilt, und die World Boxing Association, die ihn als Weltmeister führte, erkannte ihm seinen Titel ab. Diese Sache kostete ihn seine besten Sportlerjahre und einige Millionen Dollar an Preisgeldern, doch Ali ließ sich nicht unterkriegen. Nachdem sein erster Versuch, seinen Titel zurückzugewinnen, im „Jahrhundertkampf" gegen Joe Frazier 1971 gescheitert war, besiegte er ihn drei Jahre später doch noch.

Ali erlangte jedoch auch über den von ihm so stark geprägten Boxsport hinaus Bedeutung. Thomas Hauser, der Biograph des großen Boxers, schrieb, Ali sei nicht nur selbst von den sozialen und politischen Strömungen seiner Zeit geprägt gewesen, er habe sie auch selber mitgeprägt. In den Sechzigern habe er für Prinzipientreue gestanden, für die Gleichheit aller Menschen und für den Widerstand gegen den Vietnamkrieg. Auch mußte er den Rassismus am eigenen Leib spüren – in einem Restaurant in seiner Heimatstadt weigerte man sich, ihn wegen seiner Hautfarbe zu bedienen. Zu dem Zeitpunkt war er bereits Olympiasieger. Aufgrund seines mutigen Idealismus, seiner humanitären Arbeit und starken Persönlichkeit wird er überall auf der Welt als Held verehrt.

Mit zunehmendem Alter machten sich bei ihm die Symptome der Parkinsonschen Krankheit bemerkbar. Möglicherweise hat das Boxen bei ihm zu der für Boxer typischen chronischen Enzephalopathie geführt. Trotz eingeschränkter Bewegungsfähigkeit, gestörtem Gleichgewichtssinn und einer Gesichtslähmung ist Ali nach wie vor eine große Persönlichkeit. 1996 entzündete er bei der Sommerolympiade vor 3,5 Milliarden Zuschauern, die die Eröffnungszeremonie am Bildschirm verfolgten, mit zitternder Hand das olympische Feuer. Er ist tiefreligiös und besucht überall auf der Welt Kinder in Krankenhäusern. Heute verkündet er der Welt seine Mission der Liebe, die weit über das Siegen um jeden Preis hinausgeht, und diese Mission, so sagte er selber einmal, kennt keine Hautfarbe.

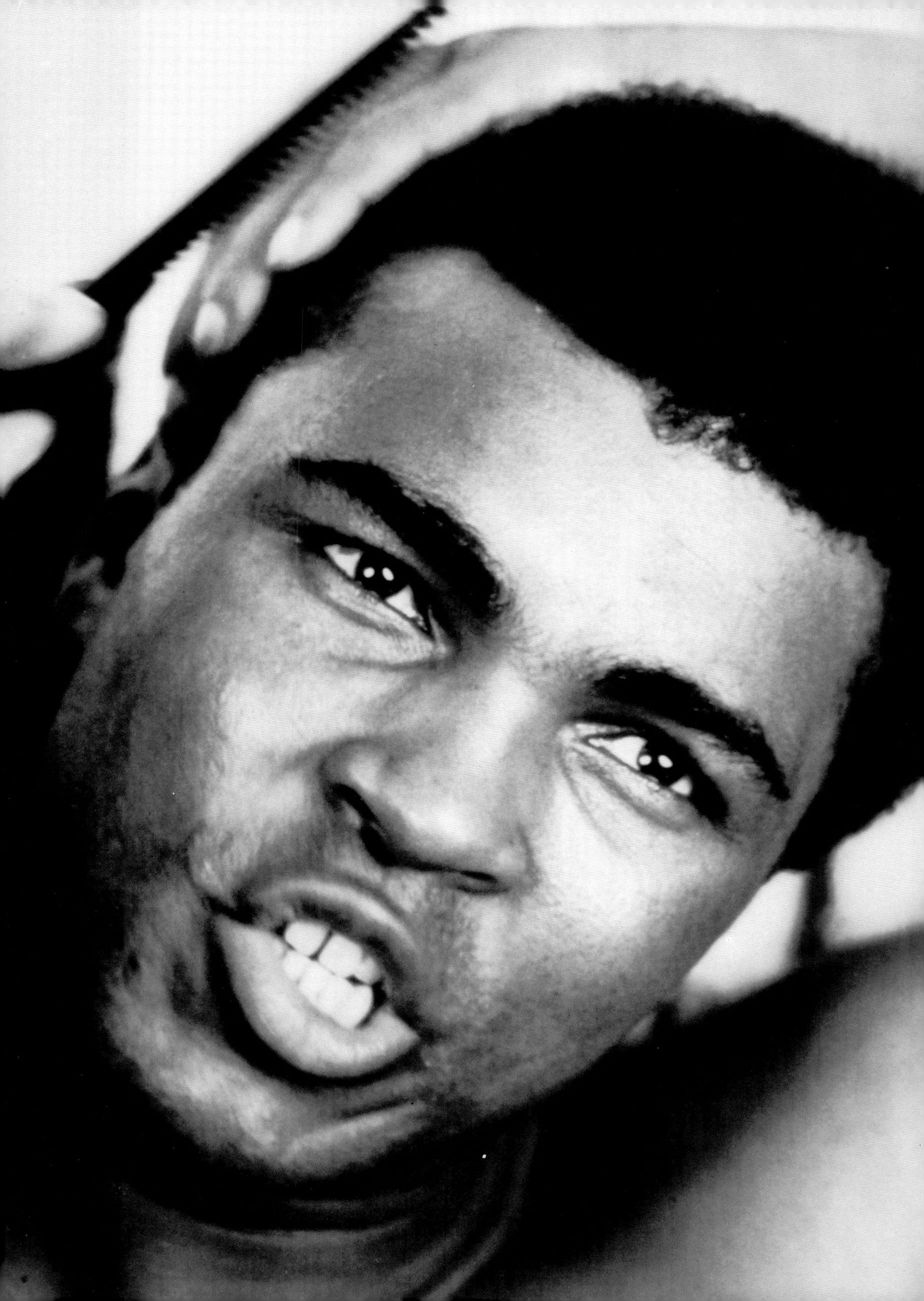

WOODY ALLEN

*1935

GENAU WIE GERSHWIN, Ellington oder die Marx Brothers ist auch Woody Allen durch und durch Amerikaner. Die entscheidenden künstlerischen Impulse seiner Arbeit verdankt der Komiker, Schriftsteller, Theaterautor, Filmregisseur, Schauspieler, ja sogar Jazzklarinettist nicht nur seiner Intelligenz, sondern vor allem seinem Humor. Allens geistreiche und amüsante Filme, die er stets unter absoluter Geheimhaltung dreht – selbst die Titel werden erst bei der Premiere bekanntgegeben –, sind allesamt schauspielerische Glanzleistungen und wahre Meisterwerke der Regie. Woody Allen legte von Anfang an großen Wert sowohl auf seine Unabhängigkeit als auch darauf, die alleinige Kontrolle über seine Filme zu haben, die wegen ihres niedrigen Budgets und ihres geringen Staraufgebots von gänzlich anderem Zuschnitt sind als die meisten Hollywood-Produktionen der letzten 30 Jahre. Da Woody Allen meist in seinen eigenen Filmen mitspielt – seine Rollen erwiesen sich dabei immer mehr als unterschiedliche Facetten seiner Persönlichkeit – und seine Lebenspartnerinnen, seine Ex-Frauen Louise Lasser, Diane Keaton und Mia Farrow, die weiblichen Hauptrollen übernahmen, gelang es ihm, eine ganze Reihe sehr eindringlicher und stark autobiographischer Filme zu drehen, die immer auch Anspruch auf Allgemeingültigkeit erheben.

Anders als die typischen, immer ein wenig zerstreuten Versager auf der Leinwand ist Woody Allen im wahren Leben ein Meister seines Fachs. Allen, eigentlich Allen Konigsberg, wurde als Sohn jüdisch-orthodoxer Eltern in Brooklyn geboren. Als Jugendlicher schrieb er Sketche für berühmte Fernsehkomiker wie Imogene Coca, Sid Caesar, Howard Morris und Carl Reiner. Nach dem College – er besuchte zwar auf Drängen seiner Eltern die New York University und das City College of New York, war aber aufgrund schlechter Leistungen gezwungen, sein Studium vorzeitig abzubrechen – schloß sich Woody Allen 1953 dem Mitarbeiterstab von Sid Caesar an.

1961 begann er Fernsehkomödien zu schreiben und verdiente mit 26 Jahren bereits mehrere tausend Dollar in der Woche. Anschließend arbeitete er als Komiker in Nightclubs und gehörte schon bald zu den besten amerikanischen Stand-up Comedians. Auch als Schriftsteller war Allen erfolgreich und veröffentlichte Artikel in der Zeitschrift The New Yorker, schrieb humoristische Bücher (*Wie du dir, so ich mir*, *Ohne Leit kein Freud* und *Nebenwirkungen*) und das erfolgreiche Theaterstück *Don't Drink Water* (1966).

Sein ausgeprägter Sinn für Humor und sein sicheres Gespür für Timing schlugen sich in zahlreichen Filmen nieder und ließen ihn immer wieder neue Wege beschreiten. In *Was gibt's Neues, Pussy?* (1965) erwies sich Allen als Meister des Slapsticks, während er in *What's Up Tigerlily?* (1966) einen schlechten japanischen Agentenfilm parodierte, indem er ihn mit Nonsens-Dialogen über Sex und Essen unterlegte. 1969 war Woody Allen nicht nur ein berühmter Schriftsteller und Regisseur, sondern auch der gefeierte Star seines Films *Woody der Unglücksrabe*. Anfang der 70er Jahre erweiterte er sein Spektrum, so entwickelte er neue Spielarten des Humors. Das Ergebnis waren parodistische, vor verbaler und visueller Komik strotzende Filme wie *Was Sie schon immer über Sex wissen wollten* (1972) oder *Der Schläfer* (1973).

In *Der Stadtneurotiker* (1976), der als Woody Allens berühmtester und auch bester Film gilt, rückt die düstere Seite der Komik in den Vordergrund. Angefangen beim Eingangsmonolog Alvy Singers – einer Huldigung an Groucho Marx, Sigmund Freud und Annie Hall, die verlorene große Liebe seines Lebens – bis hin zu Kommentaren aus dem Off und Untertiteln, die das Geschehen erläutern, gelang es Woody Allen, einen Film mit romantischer Rahmenhandlung zu drehen, in dem Gegenwart und Vergangenheit miteinander verquickt sind. Diane Keaton erwies sich hierbei als ideale Besetzung für die weibliche Hauptrolle, bildet sie doch als englische Protestantin einen idealen Kontrast zu Allen in der Figur des neurotischen jüdischen Intellektuellen.

Die Unmöglichkeit, in dauerhaft befriedigenden Beziehungen zu leben, stand auch in seinen Filmen *Innenleben* (1978) und *Manhattan* (1979) im Mittelpunkt seines künstlerischen Interesses. *Manhattan* war Allens Liebeserklärung an seine Geburtsstadt New York und deren atemberaubende Skyline, die, mit Gershwins *Rhapsody in Blue* unterlegt, als Kulisse für die komplizierten und vertrackten Alltagsbeziehungen der dort lebenden Menschen diente. Das Schauspielerensemble seiner Filme – Allen selber, Diane Keaton, Michael Murphy, Meryl Streep und Mariel Hemingway – schien wie geschaffen für die bittersüßen psychologischen Liebesgeschichten.

In den 80er Jahren drehte Woody Allen eine ganze Reihe sehr persönlicher Filme, so *Stardust Memories* (1980), *Eine Sommernachts-Sexkomödie* (1982) und *Zelig* (1984). Mit seiner neuen Lebensgefährtin, der Schauspielerin Mia Farrow, wurden auch die weiblichen Charaktere seiner Filme immer anziehender. Woody Allens Ansehen litt erheblich, als sein Verhältnis mit Mia Farrows Adoptivtochter – die er später auch heiratete – öffentlich bekannt wurde. Besonders wegen Verführung Minderjähriger kritisierte man ihn scharf.

Trotz sinkender Zuschauerzahlen verstand Woody Allen es weiterhin, erfolgreiche Kinofilme wie *Bullets over Broadway* (1994), *Geliebte Aphrodite* (1995) und *Harry außer sich* (1997) zu drehen. Woody Allens Vermächtnis an die Nachwelt ist ein unverwechselbares Werk – seine einzigartige und eigenwillige Auffassung vom Film, die unvergeßlichen Szenen über Sex, Tod und Psychotherapie sowie die zündenden Dialoge, Charaktere und Bilderfolgen und natürlich sein geliebtes New York mit all seinen Großstadtmenschen, die bald klug daherredend, bald zerstreut, bald geschäftig, bald ziellos, bald zynisch, bald romantisch durch überfüllte Straßen treiben.

JASIR ARAFAT
*1929

BIS ZUM OSLOER FRIEDENSABKOMMEN im Jahr 1993 galt Jasir Arafat in Israel und auch im Westen als skrupelloser Terrorist. In den Augen seiner Landsleute aber war er die Personifikation ihres Traums von der eigenen Heimat. Arafat kämpfte um ein kaum erreichbar scheinendes Ziel: die Errichtung eines Palästinenserstaats. Von den terroristischen Anfängen bis zu seiner Rehabilitation als Staatsmann und Sprecher der Palästinenser hat Arafat gezeigt, daß er in der Lage war, seine Vorgehensweise diesem Ziel anzupassen.

Arafats politische Aktivität begann 1948. Als Student schmuggelte er Waffen von Ägypten nach Jerusalem und unterstützte die Araber in ihrem Kampf gegen die Engländer und die israelischen Streitkräfte. Arafats Vater soll mit seiner Familie von Gaza nach Kairo übergesiedelt sein, nachdem er in seiner Heimat beschuldigt wurde, Handel mit den Zionisten getrieben zu haben. Anderen Quellen zufolge wurde Arafat in Kairo geboren, wo er 1949 begann, Maschinenbau zu studieren. Nach einem kurzen Aufenthalt in Europa widmete er sein Leben der palästinensischen Sache und beteiligte sich an der Verschwörung gegen den ägyptischen König Faisal. Der Umsturzversuch schlug fehl, und Arafat wurde des Landes verwiesen.

1956 gründete er eine revolutionäre Gruppe, der er den Namen Al Fatah, „die Eroberung", gab. Sie war jedoch nur eine winzige Zelle im Krieg der Araber gegen den jüdischen Staat. Sie inszenierte Blitzangriffe auf die Israelis, verbrachte aber mindestens ebensoviel Zeit damit, ihre wütenden Kämpfer vor ihren Gastländern zu schützen, die sich nicht in einen militärischen Konflikt mit der gefürchteten israelischen Armee verwickeln lassen wollten.

Die 1964 gegründete Palästinensische Befreiungsorganisation (PLO) lehnte Arafat zunächst ab. Ursprünglich als eine Plattform aller Palästinensergruppen ins Leben gerufen, wurde die PLO bald zum Werkzeug einiger arabischer Staaten. Von der Richtigkeit seines Anliegens überzeugt, vergrößerte Arafat seinen Einfluß, obwohl die Israelis seine Al-Fatah-Kämpfer reihenweise ausschalteten und die wankelmütigen arabischen Geldgeber je nach politischer Großwetterlage ihr Spiel mit Arafats heimatlosem Volk trieben. 1969 trugen seine Pläne Früchte. In diesem Jahr wurde er zum Vorsitzenden der PLO gewählt, und sofort attackierten palästinensische Kommandos Israel vom benachbarten Jordanien aus. Doch er überschätzte seine Stärke. Im Herbst des darauffolgenden Jahres, im sogenannten Schwarzen September, wurden die Kommandoeinheiten der PLO von König Hussein auf israelischen Druck hin aus Jordanien ausgewiesen. Die PLO, die feststellen mußte, daß die Welt ihrer Sache gleichgültig gegenüberstand, zerfaserte in einzelne Splittergruppen, die den Terror fortsetzten. Auch wenn Arafat nicht nachgewiesen werden konnte, tatsächlich für brutale Flugzeugentführungen, Anschläge auf Schulen und die Ermordung israelischer Athleten bei den Olympischen Spielen in München 1972 verantwortlich zu sein, rief das Bild Arafats in seiner Kaffujeh, dem traditionellen Kopftuch der Palästinenser, in den westlichen Ländern allmählich Angst und Haß hervor. Arafats Konfrontationskurs sorgte für Aufsehen und beschwor politische Krisensituationen herauf. So erschien er uniformiert und mit einem Pistolenhalfter am Gürtel bei den Vereinten Nationen.

Als 1982 israelische Truppen den Süden des Libanon besetzt hatten, um die PLO-Kommandos vor Ort in die Enge zu treiben, wurden diese unter Aufsicht von UN-Hilfstruppen aus Beirut evakuiert. Die Tatsache, daß die PLO den Israelis neun Wochen lang die Stirn geboten hatten, wurde von den Palästinensern als Sieg gefeiert. Während des Golfkrieges Anfang 1991 stellte sich Arafat auf die Seite Saddam Husseins und erlebte mit, wie die westlichen Streitkräfte mit Unterstützung einiger arabischer Länder die Iraker in kurzer Zeit besiegten. 1993 verlor die PLO ihre sowjetischen Förderer, und da auch von den arabischen Alliierten immer weniger finanzielle Unterstützung kam, war die PLO bald bankrott und ohne fremde Unterstützung nicht in der Lage, der Intifada Einhalt zu gebieten, die seit fünf Jahren in den von Israel besetzten Gebieten tobte.

Am Tiefpunkt angelangt, wendete sich das Blatt. Angesichts des islamischen Fundamentalismus, der mehr und mehr Anhänger unter den Palästinensern gewann, erschien der israelischen Regierung die PLO als das kleinere Übel. Sie setzte sich mit Arafat an den Verhandlungstisch. Kurze Zeit später wurde er im Weißen Haus empfangen, wo er dem israelischen Ministerpräsidenten Yitzhak Rabin die Hand schüttelte. Diesen beiden Politikern, einstige Erzfeinde, verlieh man 1994 den Friedensnobelpreis. Jericho wurde zur Hauptstadt des geplanten Palästinenserstaats erwählt. Bei seiner Heimkehr nach Gaza nach mehr als 40 Jahren standen Arafat Tränen in den Augen. Die Welt und die Palästinenser glaubten, daß nun der Traum vom Heimatstaat endlich in Erfüllung gehen würde.

Doch dann wurde 1995 Yitzhak Rabin ermordet. Nicht von einem arabischen Extremisten oder einem PLO-Attentäter, sondern von einem rechtsextremen Israeli. Die folgende Wahl gewannen Benjamin Netanyahu und sein konservativer Likudblock. Netanyahu bremste den Friedensprozeß zunächst ab, und Arafat steht seither einem Gebiet vor, dessen rechtlicher und politischer Status vorerst ungeklärt bleibt und dessen Bürger voller Wut und Enttäuschung sind. Das alltägliche Regieren erweist sich als schwieriger denn der jahrelange Kampf. Die palästinensische Verwaltung zeigt sich von den administrativen Tätigkeiten überfordert. Viele Palästinenser fürchten eine Neuauflage überholter arabischer Machtpolitik und sehen ihren jungen Staat in großer Gefahr. Noch immer blicken die Beteiligten in eine ungewisse Zukunft, und die Welt hofft mit ihnen auf einen glücklichen Ausgang des Friedensprozesses.

HANNAH ARENDT
1906–1975

HANNAH ARENDT zählt zu den brillantesten politischen Philosophen des 20. Jahrhunderts. Mit ihrer Formulierung von der „Banalität des Bösen" wurde sie weltberühmt. 1961 berichtete sie für die Zeitschrift *The New Yorker* über den Prozeß gegen Adolf Eichmann und schrieb, daß Eichmann weder ein Monster noch ein Perverser oder ein Sadist sei, so gern man dies auch annehmen würde. Ihr erscheine er vielmehr als „erschreckend normal" und als typischer Bürokrat, der in seiner Arbeit aufgegangen sei, die er mit großem Pflichtbewußtsein ausgeführt habe, ohne besonderen Haß auf Juden. Er sei weder ein Dämon noch ein Psychopath, sondern ein vollkommen durchschnittlicher Mensch, „der Gut und Böse nicht voneinander unterscheiden" könne. Als ihr Bericht von der Banalität des Bösen in Buchform erschien, löste sie mit der These, die europäischen Juden hätten ihre eigene Vernichtung durch Kollaboration mit den Nazis herbeigeführt, bei Juden in der ganzen Welt einen Sturm der Entrüstung aus.

Hannah Arendt wurde in Hannover als Tochter einer wohlhabenden, jüdischen Familie, die aus Ostpreußen stammte, geboren. Ihre Eltern, assimilierte Juden mit nationalkonservativ-antisemitischer Grundeinstellung, verehrten die deutsche Kultur. Hannah ging 1924 nach Marburg, um Philosophie zu studieren. Dort verliebte sie sich in ihren Lehrer Martin Heidegger, den berühmten existentialistischen Philosophen. Hannah Arendts heimliche und leidenschaftliche Affäre mit dem verheirateten Professor währte vier Jahre. Zwar beendete sie das Verhältnis, doch geht aus ihren Briefen hervor, daß sie nach dem Zweiten Weltkrieg die Freundschaft mit Heidegger erneuerte. Sie warb für sein Werk, obwohl Heidegger die Nationalsozialisten unterstützt und als Rektor der Universität Freiburg wesentlich daran mitgewirkt hatte, daß jüdische Professoren die Universität verlassen mußten. Noch heute ist die ethische Inkonsequenz ihrer Liebe zu Heidegger Thema der Forschung.

Sie wechselte an die Universität Heidelberg, wo sie promovierte. Ihr Doktorvater, der Philosoph Karl Jaspers, war ihr zugleich Freund und Vaterfigur. Ihre Dissertation behandelte den Liebesbegriff bei Augustinus – recht ungewöhnlich für eine junge, klassisch gebildete Existentialistin auf der Suche nach ihrer jüdischen Identität.

1929 heiratete sie ihren Studienkollegen Günther Stern, selbst als Schriftsteller unter dem Namen Günther Anders bekannt. Nach Hitlers Machtergreifung 1933 flohen die beiden mit Hannah Arendts Mutter über die Tschechoslowakei nach Paris, wo Hannah Arendt weiterhin schrieb, wissenschaftliche Forschungen betrieb und sich in jüdischen Organisationen engagierte. 1936 lernte sie den marxistischen Journalisten Heinrich Blücher kennen und ließ sich von Stern scheiden. Nach sechs Wochen in einem südfranzösischen Internierungslager floh Hannah Arendt, die eigentlich nie emigrieren wollte, 1940 mit ihrer Mutter und Blücher nach New York. Dort verdiente sie ihren Lebensunterhalt mit Artikeln für renommierte Magazine wie *The Nation* und *Partisan Review*, später auch für *The New York Review of Books*. Seit 1959 lehrte sie an der Princeton University. Noch während des Zweiten Weltkriegs begann sie mit der Arbeit an ihrem einflußreichen Buch *Elemente und Ursprünge totaler Herrschaft* (1951). Das dreibändige Werk ist eine großangelegte Untersuchung der Zusammenhänge zwischen Imperialismus und Antisemitismus des 19. Jahrhunderts sowie Nationalsozialismus und Stalinismus, den zwei totalitären Systemen des 20. Jahrhunderts. Für Arendt verkörperten Hitler und Stalin die Krise des modernen Zeitalters. Ihren Aufstieg zu einer vollkommen neuen Form der Machtentfaltung verdankten sie der Massengesellschaft, die von „organisierter Einsamkeit" geprägt sei. Diese gesellschaftliche Entfremdung und Zersplitterung habe den Normalbürger zutiefst verunsichert und ihn für die Ideologien moderner Tyrannen empfänglich gemacht. Ihren physischen Ausdruck hätten die beiden totalitären Systeme, die in der Geschichte ohne Beispiel seien, in den Konzentrationslagern, einer ganz neuen, „radikalen" Form des Bösen, gefunden. Ihr 1958 erschienenes Meisterwerk *Vita activa* oder *Vom tätigen Leben* brachte Hannah Arendt höchstes Ansehen ein.

Sie war die erste Frau, der 1959 eine Professur in Princeton und im Jahr darauf eine Gastprofessur an der Universität von Columbia angetragen wurde. In den sechziger Jahren unterrichtete sie an der Universität von Chicago und an der New School for Social Research. Außerdem gab sie die englische Übersetzung von Karl Jaspers zweibändigem Werk *Die Großen Philosophen* heraus, hielt zahlreiche Vorträge und besuchte auf Reisen nach Europa Martin Heidegger und Karl Jaspers. Obwohl sie es vorgezogen hätte, ihre philosophische Arbeit fortzusetzen, sah sich Hannah Arendt in den letzten Jahren ihres Lebens genötigt, Essays und Kommentare über aktuelle Politik und das Zeitgeschehen zu veröffentlichen. Sie überraschte ihre Leser immer wieder, weil sich ihre Veröffentlichungen nie dem linken oder dem rechten Lager zuordnen ließen. Ähnlich hin- und hergerissen zwischen Zionismus einerseits und Abscheu vor Israels militantem Chauvinismus andererseits, führte Hannah Arendt nach eigener Aussage das Leben eines „politisch denkenden Paria". Mit diesem von ihr selbst geprägten Begriff beschreibt sie ihre Auffassung vom Judentum, das sich einer Assimilierung durch die christliche Welt verweigert und eine weltbürgerliche Existenzform wählt.

1975 starb Hannah Arendt an einem Herzinfarkt, und der zweite Band von *Das Leben des Geistes* blieb unvollendet. Mit ihrem Tod verstummte eine der gebildetsten und engagiertesten Stimmen der Gegenwart. Ihre Überlegungen haben die wissenschaftlichen und politischen Diskussionen des Jahrhunderts allerorten beeinflußt. Ihre Veröffentlichungen zum Holocaust und ihre Totalitarismustheorie gaben dem politischen Exkurs entscheidende Impulse.

LOUIS ARMSTRONG
1901-1974

WIE EINE STRAHLENDE KRÄFTIGE SONNE leuchtete Louis Armstrongs Trompetenspiel im Innersten der amerikanischen Musik. Seine innovativen Soli, in denen sich ein spontaner Einfall an den anderen reihte, revolutionierten den Jazz und beeinflußten jeden großen Jazztrompeter von Dizzy Gillespie bis Miles Davis. Mit seinem gewinnenden Grinsen und seiner heiseren Stimme war er mitreißender Entertainer und großer Musiker zugleich.

Armstrong wurde am 4. August 1901 geboren. Sein Vater war in einer Terpentinfabrik beschäftigt, seine Mutter arbeitete eine Zeitlang in New Orleans' berüchtigtem Amüsierviertel Storyville. Sein Unabhängigkeitsdrang trieb ihn bereits in jungen Jahren durch die Armenviertel seiner Heimatstadt, in denen Messerstechereien in düsteren Bars an der Tagesordnung waren. Hier entstand in jenen Jahren eine neue Musikform, eine Mischung aus afrikanischem Rhythmus, europäischer Tonalität und Elementen des amerikanischen Folksongs: der Jazz. Auch der Name scheint in den zwielichtigen Gegenden dieser Stadt geprägt worden zu sein. „Jazz" ist ein Slangausdruck für Sex.

1912 wurde der pummelige elfjährige Sänger in einem Barbershop Quartett, einer typischen Straßenjazzband jener Tage. Neben dem Singen stellte er allerlei Unsinn an, so daß er in einer Anstalt für schwererziehbare schwarze Kinder landete. Einige ihm wohlgesonnene Lehrer brachten ihm das Schlagzeug, Trompete- und Kornettspielen bei. Die Trompete wurde sofort sein Lieblingsinstrument. Er übte bei jeder passenden und unpassenden Gelegenheit und freundete sich bald mit dem Jazz-Kornettisten und Komponisten Joe „King" Oliver an, der den jungen Musiker unter seine Fittiche nahm. Auf Olivers Empfehlung hin nahm ihn 1918 Kid Ory in seine berühmte Jazzband auf. Seine Ausdruckskraft und Virtuosität wurden binnen kurzem die große Attraktion in den Tanzbars des Vieux Carré. Als King Oliver den ehrgeizigen jungen Mann Anfang der 20er Jahre als zweiten Kornettisten für seine Creole Jazz Band nach Chicago holte, entstanden dort die ersten seiner zahllosen Platten, unter anderem der unanständige *Potato Head Blues* (1927) und das süßlich-schwüle *I Can't Give You Anything But Love* (1928).

Auch wenn er später für die kratzige Interpretation solch populärer Musicalsongs wie *Hello Dolly* berühmt wurde, war er als Sänger nicht weniger innovativ denn als Trompeter. Als er bei einer Plattenaufnahme aus Versehen das Textblatt fallen läßt und improvisieren mußte, gab er einen völlig unsinnigen Text von sich, Silben, die in Hochgeschwindigkeit wiederholt wurden und sich gegenseitig zu überholen schienen. Das war die Geburtsstunde des für den Jazz so typischen Scatgesangs. Armstrong beeinflußte Sänger von Bing Crosby bis Ella Fitzgerald. Aber als Trompeter veränderte er die Musik. Er verband die Töne in ungewöhnlichen Rhythmen, als andere noch den Stakkato-Stil der Militärbands spielten. Armstrong umschmeichelte die Melodie, drehte, dehnte sie und fügte hie und da einen hohen Ton ein, der nicht in den Noten stand. Er wurde häufig kopiert, aber nie übertroffen, und kein Geringerer als Miles Davis sagte, daß kein Jazzmusiker jemals etwas spielen könne, was nicht schon Louis Armstrong gespielt habe.

1924 verließ Armstrong Oliver und ging nach New York, um mit Fletcher Hendersons Big Band Songs wie *How Come You Like Me Like You Do?* und *Alabamy Bound* aufzunehmen. Viele Jahre lang war er der unbestrittene Meister des amerikanischen Jazz. In Europa verballhornte ein britischer Musikkritiker, der Armstrongs starken Südstaatenakzent nicht richtig verstand, seinen Spitznamen „Satchelmouth" (großer Mund) zu „Satchmo". Armstrong dominierte die Welt der Jazzmusik, die sich für ihn bald als zu klein erwies. Er fand großes Vergnügen daran, die Menschen zu unterhalten, doch seine Ausflüge ins Showbusiness und in die populäre Musik stießen bei Jazz- Puristen auf Unverständnis. In Hollywood spielte er in Filmen wie *Tanz in den Wolken* (1936), *Tödliches Pflaster Sunset Strip* (1951), *Die Glenn Miller Story* (1954) und *Die oberen Zehntausend* (1956) mit. Als „Goodwillbotschafter" des US-Außenministeriums reiste er in den 50er und 60er Jahren um die Welt. In Ghana spielte er vor 100.000 Jazzfans und begrüßte den Landesfürsten mit einem freundlichen „Whattaya say, King!"

Sein Bedürfnis, anderen Menschen Freude zu machen, war so groß, daß er später von Neidern als Uncle Tom, als Witzfigur und Erfüllungsgehilfe der Weißen, verhöhnt wurde. Doch Armstrong paßte sich in seinem Leben nie an. So lehnte er es fast ein Jahrzehnt lang ab, in New Orleans aufzutreten, weil ein Gesetz Konzerte gemischtrassiger Bands in Louisiana untersagte. Angesichts der Brutalität, mit der Demonstrationen von Bürgerrechtlern in Alabama zusammengeknüppelt wurden, bemerkte er voller Wut: „Sie würden selbst Jesus Christus zusammenschlagen, wenn er schwarz wäre und da mitmarschieren würde."

Vielleicht war es seine Unfähigkeit zu hassen, die ihm seine Feinde besonders anlasteten. Aber jemand, der so begnadet war wie er, konnte einfach nicht unglücklich sein. Armstrong kam sein ganzes Leben lang niemals zu großem Reichtum, denn er verschenkte ungeheure Summen. Seine Manager trieb er dadurch immer wieder zur Verzweiflung. „Er wurde arm geboren und starb reich, ohne jemals einem einzigen Menschen auch nur ein Haar gekrümmt zu haben", bemerkte Duke Ellington, der andere große Jazzmusiker dieses Jahrhunderts, anläßlich Satchmos Tod. Seine Freunde sahen ihm manches nach, auch, daß er ein ausgesprochener Hypochonder war, der vor jedem Bühnenauftritt seine Nervosität mit einer Vielzahl von Medikamenten einzudämmen versuchte, denn schließlich war er selbst eine überaus wirksame Arznei gegen die Langeweile des Lebens.

Ikonen des 20. Jahrhunderts

NEIL ARMSTRONG
*1930

ES IST EINE IRONIE DER GESCHICHTE: Der größte Schritt in der friedlichen Erforschung des Weltalls, nämlich die Mondlandung 1969, resultierte aus dem Kalten Krieg zwischen den USA und der Sowjetunion, einem Krieg, in dem selbst der Kosmos zum Schlachtfeld zu werden drohte. John F. Kennedy erhob in den 60er Jahren den Mondflug zur nationalen Aufgabe von höchster Dringlichkeit, und trotzdem entsandte Amerika „nur" einen Zivilisten, um den Trabanten zu erforschen. Doch mehr als ein Sieger im militärischen Wettlauf um die Eroberung des Weltraums ist Armstrong die Verkörperung der Sehnsucht des Menschen geworden, die Geheimnisse des Universums zu erforschen.

Neil Armstrongs Weg, der ihn schließlich bis zum Mare Tranquilitatis führte, begann in der Kleinstadt Wapakoneta im US-Bundesstaat Ohio, wo sich sein Vater nach einer Reihe wechselnder Positionen im öffentlichen Dienst niedergelassen hatte. Seit seiner Kindheit faszinierten Armstrong Flugzeuge. Mit sechs Jahren bestieg er zum erstenmal ein Flugzeug. Als Jugendlicher arbeitete er nach der Schule, um sich Flugstunden zu finanzieren. Der ruhige, ernsthafte Junge baute Modellflugzeuge und begeisterte sich für das Fliegen wie andere Jungen seines Alters für Baseball.

Mit dem Flugschein in der Tasche studierte Armstrong 1947 als Kadett der Luftwaffe an der Purdue University in Indiana. Zwei Jahre später wurde er als Kampfpilot nach Korea geschickt, wo er abgeschossen wurde. Für seine Tapferkeit erhielt er drei Auszeichnungen. Anschließend kehrte er nach Purdue zurück, arbeitete als Lehrbeauftragter und verdiente sich bei Auftritten mit einer Jazzband etwas dazu. Nach Beendigung des Studiums wurde er 1955 als Forschungspilot in das National Advisory Committee for Aeronautics (NACA), der Vorläuferorganisation der NASA, aufgenommen und arbeitete zunächst in Ohio und später auf der Edwards Air Force Base in Kalifornien. Hier testete Armstrong die Flugzeuge mit Raketenantrieb, die für Militär- und für Weltraumeinsätze entwickelt wurden. Als Pilot der X-15 erreichte er eine Flughöhe von etwas mehr als 60 Kilometern. Doch das war ihm noch nicht hoch genug.

Nach sieben Jahren als Testpilot bewarb er sich für eine Astronautenausbildung und wurde angenommen. 1966 war er der Pilot der Gemini-VII-Mission, und im März des Jahres führte er das erste manuelle Koppelmanöver im Weltraum durch. Als er mit seiner Raumkapsel, die an eine riesige Trägerrakete gekoppelt war, durch einen technischen Fehler gefährlich ins Trudeln kam, löste Armstrong sich mit seinem Schiff von der Trägerrakete und brachte es wieder unter Kontrolle. Kühl und besonnen manövrierte er es zurück zur Erde und notlandete im Meer. 1968 sprang er aus einer Höhe von nur 60 Metern mit dem Fallschirm ab, als sein Mondflugzeug während einer Übung abzustürzen drohte. Aufgrund seiner Ruhe in gefährlichen Situationen war er der richtige Mann für den ungewissen und schwierigen Flug zum Mond.

Schon in der Antike übte die silberne Sichel am Firmament eine unwiderstehliche Faszination auf die Menschen aus. Schriftsteller aller Jahrhunderte dachten darüber nachgedacht, wie sich eine Reise dorthin bewerkstelligen ließe. Als der Traum Wirklichkeit wurde, setzte die NASA eine große Saturn V-Trägerrakete ein. Die Techniker mußten eine Methode ersinnen, wie die Mondfähre Eagle von der Columbia an- und abgekoppelt werden und wie die Fähre auf dem Mond landen und wieder zum Raumschiff zurückkehren konnte. Zunächst jedoch mußten sie unter Ausnutzung der Erdrotation die Schwerkraft überwinden. Jede Einzelheit dieser Operation war durchgerechnet, nur eine beunruhigende Unbekannte blieb offen: Niemand wußte, ob der Mond eine feste Oberfläche besitzt oder ob diese aus Treibsand besteht, in dem die Astronauten mitsamt ihrer Fähre versinken würden.

Am 16. Juli 1969 hob die Apollo 11 mit ihrem Kommandanten Armstrong und seinen Kollegen Edwin „Buzz" Aldrin und Michael Collins ab. Trotz einer Geschwindigkeit von elf Kilometern pro Sekunde brauchten sie drei Tage bis zum Mond. Collins steuerte die Kommandostation, während Armstrong und sein Co-Pilot Aldrin mit der Eagle auf dem Mond landeten. Als das computergesteuerte Landeprogramm die Mondfähre in einem riesigen, von Felsen umgebenen Krater abzusetzen drohte, führte Armstrong den Landevorgang manuell durch und lenkte die Fähre in sichere Gefilde in der Nähe des Mare Tranquilitatis. Wenn der Flug nur wenige Sekunden länger gedauert hätte, hätte man die Mission wegen Kraftstoffmangel abbrechen müssen. Am 20. Juli 1969 betrat Armstrong, der als höchster Offizier an Bord den Vortritt hatte, als erster Mensch die kalte Mondoberfläche. Seine einfachen, aber bewegenden Worte sind unvergeßlich: „Ein kleiner Schritt für den Menschen, aber ein großer Schritt für die Menschheit."

Nachdem Aldrin ebenfalls ausgestiegen war, hüpften die beiden wie zwei große Kinder in riesigen weißen Schneeanzügen durch die bizarre Landschaft. Auf den zur Erde gefunkten Bildern waren ihre Fußspuren im kalkigen Mondstaub deutlich zu sehen. Nach seiner Rückkehr zur Erde wurde Armstrong Lehrer an einem College und ließ seine Taten für sich sprechen. Er gab keine Interviews und unterband jegliche Heroisierung. Nie jedoch werden die Menschen das Bild vergessen, wie Aldrin und er im Überschwang der Gefühle über die Mondoberfläche schwebten (die Anziehungskraft des Mondes ist sechsmal schwächer als die der Erde). Bevor sie den Trabanten verließen, rammte Armstrong die amerikanische Flagge in den Boden, was ihm später als chauvinistisch vorgehalten wurde. Doch es sei daran erinnert, daß er auch ein Schild auf dem Mond zurückließ, auf dem zu lesen ist: Wir Menschen kommen in friedlicher Absicht.

FRED ASTAIRE
1899-1987

FRED ASTAIRE, EIN MANN so elegant und erfrischend wie Champagner, war der beste und bekannteste Tänzer des 20. Jahrhunderts. Mit seinem unwiderstehlichen Charme und seiner natürlichen Grazie stellte er die begabtesten Konkurrenten seiner Zeit in den Schatten und verkörperte eine Ära des Films, in der beschwingte Musik, schicke Kleidung und Tanz alles waren.

Frederick Austerlitz wurde als Sohn eines ehemaligen österreichischen Offiziers geboren, der sich mit seiner lebhaften Frau in Omaha in Nebraska niedergelassen hatte. Schon bald beschloß der theaterbegeisterte Vater, Fred und seine ältere Schwester Adele nach New York zu schicken, damit sie dort tanzen lernten. Bereits im Alter von sieben Jahren trat Fred gemeinsam mit Adele – sie hatten inzwischen den Künstlernamen Astaire angenommen – in Vaudevilleshows auf. Die langen, mühseligen Jahre in billigen Hotels und überfüllten Zügen zahlten sich aus, als das Geschwisterpaar 1917 in dem Musical *Over the Top* sein Broadwaydebüt gab. Im Jahr darauf feierten sie ihren ersten großen Erfolg mit *The Passing Show of 1918*. Mit *Lady, Be Good* (1924), *Smiles* (1930) und ihrem sensationellen Erfolg *The Band Wagon* (1931) stiegen sie rasch zu internationalen Größen im Showgeschäft auf. Von der Highsociety angezogen, zog sich Adele Astaire 1932 endgültig von der Bühne zurück, um Lord Charles Cavendish zu heiraten. Der Bruder arbeitete tief erschüttert weiter und machte schließlich Probeaufnahmen in Hollywood. Das Urteil bei Goldwyn lautete: „Kann nicht spielen. Kann nicht singen. Ansatz zur Glatze. Kann ein bißchen tanzen." Trotz dieser Geringschätzung seiner künstlerischen Fähigkeiten war er 1933 an der Seite von Joan Crawford in seinem ersten Film *Ich tanze nur für dich* zu sehen. Im selben Jahr heiratete er Phyllis Livingston Potter.

In *Flying Down to Rio* (1933) trat der schlanke und geschmeidige Astaire erstmals mit der hinreißenden Blondine Ginger Rogers auf. Im Jahr darauf erlangte das Tanzpaar mit ihrem Film *Tanz mit mir* Starruhm. Während der nächsten 17 Jahre traten die beiden gemeinsam in zehn Filmen auf. Hinter ihrem Charisma und ihren scheinbar schwerelosen Tanzdarbietungen, zu denen solche Klassiker wie *Night and Day* aus *Tanz mit mir* und *Cheek to Cheek* aus *Ich tanz' mich in dein Herz hinein* (1935) gehören, steckten jedoch viel Routine, endlose Proben und häufige Reibereien zwischen den beiden. Dennoch waren sie ein ideales Paar. „Er gab ihr Klasse", sagte einmal die Schauspielerin Katharine Hepburn, „und sie ihm Sexappeal".

Astaires Erscheinung, seine ausdrucksstarke Gestik und Mimik trafen exakt den Zeitgeschmack, der leichte, elegante Komödien verlangte. Mit seiner makellosen Körperhaltung selbst bei anspruchsvollsten Figuren und der perfekten Beherrschung sämtlicher Tanzarten von Step bis hin zum klassischen Walzer setzte er Zuschauer auf der ganzen Welt in Erstaunen. Seine außergewöhnlichen Choreographien entstanden aus seiner Überzeugung, daß Tanzen nicht bloß die Abfolge einzelner Schritte sei, sondern Ausdruck einer Haltung oder Idee. Zahlreiche Kritiker stellten seinen expressiven Tanzstil auf eine Stufe mit jenem des Ballettänzers Rudolph Nurejew.

Wenn Astaire nicht tanzte – und manchmal auch, während er tanzte –, sang er. Sein angenehmer, nicht sehr kräftiger Tenor, war für die federleichten Texte seiner Lieder wie geschaffen. Der berühmte Komponist Irving Berlin sagte einmal, daß eigentlich niemand außer Fred Astaire seine Songs singen sollte. Mit dem selbst verfaßten Lied *I'm Building Up to an Awful Letdown* stieß Astaire 1938 sogar in die amerikanischen Hitparaden vor.

Nach den Dreharbeiten zu *The Story of Vernon and Irene Castle* (1939) verabschiedete sich Ginger Rogers zunächst vom Komödienfach, und Astaire drehte eine Reihe von Filmen mit anderen Partnerinnen, so etwa *Reich wirst du nie* (1941) und *Du warst nie berückender* (1942) mit Rita Hayworth und *Musik, Musik* (1942) mit dem Sänger Bing Crosby.

1946 zog sich Fred Astaire, der keine neue Tanzpartnerin fand und sich von seinem Rivalen Gene Kelly zunehmend verdrängt fühlte, aus dem Filmgeschäft zurück, wagte aber zwei Jahre später seinen Fans zuliebe ein Comeback, als er für den verletzten Kelly einsprang und mit Judy Garland *Osterspaziergang* drehte. 1949 erhielt Astaire für sein filmisches Schaffen einen Oscar. Im selben Jahr übernahm er an der Seite von Judy Garland die männliche Hauptrolle in *Tänzer vom Broadway*. Als die unberechenbare Sängerin plötzlich ausfiel, wurde sie überraschenderweise durch Ginger Rogers ersetzt – und das wiedervereinte Leinwandpaar hatte mit diesem Film einen sehr großen Erfolg. Zwei Jahre später sah man Fred Astaire in *Königliche Hochzeit* in einer der erstaunlichsten Tanznummern der Filmgeschichte: Eine Szene wurde derart raffiniert aufgenommen, daß es schien, als würde er an der Decke tanzen.

1953 starb seine Frau an Krebs. Nach ihrem Tod lebte er fast 30 Jahre lang allein. Obwohl er inzwischen mehr Schauspieler als Tänzer war, hatte er einen letzten großen Auftritt als Tänzer in der Verfilmung des Märchen-Musicals *Der goldene Regenbogen* (1968).

1974 nominierte man ihn für einen Oscar als bester männlicher Nebendarsteller in *Flammendes Inferno*. Im gleichen Jahr wurde im Fernsehen die Dokumentation *Das gibt's nie wieder – That's Entertainment*, eine Rückschau auf ein Jahrhundert amerikanischer Unterhaltung, ausgestrahlt, die Astaire moderierte. In der Folge kam es zu einem großen Revival der Filme mit Ginger Rogers und Fred Astaire. 1981 verlieh ihm das American Film Institute einen Ehrenoscar für sein Lebenswerk.

Zu diesem Zeitpunkt war der scheue Astaire bereits 82 Jahre alt. Im Jahr zuvor hatte er zum zweiten Mal geheiratet. Seine Braut, die Reiterin Robyn Smith, war 46 Jahre jünger als er, aber Astaire schien der große Altersunterschied nicht weiter wichtig. So glücklich, wie er mit ihr lebte, starb er auch.

JOSEPHINE BAKER
1906–1975

EINE MISCHUNG AUS PFAU UND NACHTIGALL, so stolzierte die exotische Josephine Baker über die Bühnen der Welt und verströmte dabei eine üppige Sinnlichkeit, die sie zum Inbegriff der wilden 20er und 30er Jahre machte. Die langbeinige 19jährige Tänzerin, eine der erfolgreichsten Entertainerinnen des Jahrhunderts, schlug in Paris wie eine Bombe ein. In ihrer ersten Theaterrolle in *La Revue Nègre* (1925) kam ihr komödiantisches Talent voll zur Geltung. Sie war eine glänzende Schauspielerin, tanzte den wildesten Charleston und vollführte den Shimmy in einem der berühmtesten Kostüme aller Zeiten: Es bestand aus einem mit Bananen dekorierten G-String. Als sie in späteren Jahren mit zahllosen Verehrern im Schlepptau und Koffern voller Dior-Kleider durch Amerika und Europa tourte, war ihre erotische Anziehungskraft wesentlicher Teil ihrer Bühnenpersönlichkeit.

Ihre ungezügelte Promiskuität und die Vorliebe für Dschungel-Themen in ihren Bühnenshows intensivierten ihre urtümlich-wilde Ausstrahlung noch. Doch angesichts der Vorurteile jener Zeit gegenüber farbigen Entertainerinnen ballte die Schöpferin des skandalträchtigen *Danse de Sauvage*, die mit einem Leoparden an der Leine die Champs-Elysées hinunterspazierte, wütend die Fäuste. Auf die Frage, wieso sie so selten in ihrem Heimatland auftrete, gab sie zur Antwort, daß alles, was die Amerikaner von ihr hören wollten, „Kinderlieder von Negermamis" seien. Als deutlichen Ausdruck ihrer Haltung zum Rassismus adoptierte sie zwölf Kinder unterschiedlicher Herkunft und arbeitete nach 1940 in der Résistance. In den 60er Jahren nahm sie an der Seite Martin Luther Kings am berühmten Marsch auf Washington teil.

Ihre schillernde Persönlichkeit läßt sich auf ihre zerrüttete Kindheit zurückführen, die sie in fünf einander widersprechenden Autobiographien schilderte. Nur in einem stimmen ihre verschiedenen Erzählungen überein: In ihrer Kindheit litt sie Armut, Diskriminierung und Mißhandlung. Der Vater ließ die Familie noch vor Josephines Geburt sitzen, und die Mutter gab das ungeliebte Kind bereits mit sieben Jahren als Hausmädchen in den Dienst verschiedener reicher, weißer Familien. Josephines erster Arbeitgeber verbrühte ihr als Strafe für einen kleinen Fehler die Hände; der zweite versuchte sie zu mißbrauchen. Mit elf Jahren wurde das rebellische Kind Zeuge der Rassenunruhen in seiner Heimatstadt Saint Louis. 39 Schwarze wurden bei dem Versuch getötet, sich über eine Brücke in Sicherheit zu bringen. Viele Jahre später sagte sie in einem Interview: „Ich habe seitdem nicht aufgehört zu rennen."

Mit dem Tanzen begann sie, so sagte sie einmal im Scherz, „um nicht zu frieren". Sie war bereits mit dem ersten ihrer fünf Ehemänner verheiratet, als ihr mit dreizehn Jahren der große Durchbruch gelang. Sie sprang für eine erkrankte Chorsängerin der Vaudeville-Gruppe *Dixie Steppers* ein. Mit ihren ausgelassenen Clownerien stahl sie den anderen Sängerinnen die Show. Einige Zeit tourte sie mit der Revue *The Chocolate Dandies* durch die Lande, tanzte in einigen Revuen am Broadway und wurde schließlich von einer reichen Theateragentin, die in Europa Schwarzen-Revuen organisierte, nach Paris geschickt. Die Produzenten von *La Revue Nègre* überredeten sie, nackt aufzutreten, und ganz Paris kam, um den berüchtigten schwarzen Wildfang der Folies-Bergères zu bejubeln. Sie erhielt Hunderte von Heiratsanträgen, wurde von den Pariser Intellektuellen ebenso bewundert wie von den Schönen und Reichen. Picasso schwärmte von ihr und nannte sie „die moderne Nofretete", Georges Simenon machte ihr den Hof, Pirandello schrieb Liedtexte für sie. Die modebewußte Frauenwelt benutzte das Parfum der exotischen Trendsetterin und toupierte sich die Haare à la Baker.

Die „schwarze Venus" gewöhnte sich mit Hilfe einiger Nachhilfestunden in gutem Benehmen schnell an ihre neue Rolle als Berühmtheit und Gastgeberin der internationalen High Society. Einem Plattenvertrag folgten bald Kinorollen, zunächst in *Zou-Zou* (1934), ein Jahr später in *Prinzessin Tam-Tam*. Doch so gut Josephine Baker auch in Europa ankam, in Amerika blieb ihr der Erfolg verwehrt. Als sie 1936 in ihre Heimat zurückkehrte, um dort mit den *Ziegfeld Follies* aufzutreten, widerte sie die Ablehnung schwarzer Künstler und der alltägliche Rassismus in Hotels und Restaurants derart an, daß sie auf der Stelle ihre Sachen packte und abreiste.

Während des Zweiten Weltkriegs arbeitete Josephine Baker als Spionin für das Deuxième Bureau (als Schwarze war sie bei Razzien der Gestapo genauso gefährdet wie ihr jüdischer Ehemann) und trat unermüdlich vor alliierten Soldaten auf. Josephine Baker lebte vier Jahre lang in Marokko; als sie nach Paris zurückkehrte, wurde das Leben des Paradiesvogels zusehends komplizierter. Ihre notorische Unfähigkeit, mit Geld umzugehen, zwang sie zu immer neuen Comebacks, schließlich mußte sie eine kostspielige Großfamilie unterhalten. Als sie mit ihrem „Regenbogen-Stamm" endgültig aus ihrem Schloß ausziehen mußte, kam ihr eine andere Exil-Amerikanerin zu Hilfe: Prinzessin Gracia Patricia von Monaco schenkte ihr eine Villa in der Nähe von Monte Carlo. Trotz eines 1964 erlittenen Herzinfarkts trat Josephine Baker immer wieder auf. Ihr letztes großes Comeback gelang ihr 1975 mit der *Revue Josephine*, der ihr ereignisreiches Leben zugrunde liegt. Nur wenige Tage nach der letzten Vorstellung starb sie.

In Amerika nahm man von Josephine Bakers Tod kaum Notiz. Doch die Franzosen, die sie zum Ritter der Ehrenlegion ernannt, ihr die Médaille de la Résistance und das Croix de Guerre verliehen hatten, versammelten sich in großen Scharen vor der Kirche St. Madeleine, um ihr das letzte Geleit zu geben. Sie hatte Farbe in das Leben einer kriegsmüden Nation gebracht. Frankreich dankte es ihr mit einer Ehrengarde und 21 Salutschüssen.

IKONEN DES 20. JAHRHUNDERTS

LUCILLE BALL
1911–1989

DER TITEL IHRER ERFOLGREICHEN FERNSEHSERIE *I Love Lucy* und das herzförmige Logo der Show sagen es: Alle lieben Lucy. Amerikas völlig konfuse TV-Hausfrau brachte mit ihren übertriebenen Grimassen und abenteuerlichen Mißgeschicken das ganze Land zum Lachen. Und ebenso beliebt war der temperamentvolle Rotschopf Lucille Ball selbst. In vielem war die echte Lucille kaum von ihrer TV-Rolle zu trennen. Ihr Ehemann, der kubanische Bandleader Desi Arnaz, spielte auch in der Serie ihren Gatten, einen kubanischen Bandleader namens Ricky Ricardo. Nicht selten wiederholten sich auf dem Bildschirm die Ereignisse aus dem richtigen Leben. Als Lucille Ball schwanger war, erwartete auch Lucy ein Kind. In einer der berühmtesten TV-Episoden brachte Lucy „Little Ricky" zur Welt, während in einem Krankenhaus von Los Angeles Lucilles Sohn Desiderio das Licht der Welt erblickte. Das ständige Auf und Ab in der Ehe des Hollywood-Paars spiegelte sich leicht bereinigt in den Streitereien der Serienfiguren.

Eine gute Besetzung, das richtige Gespür für Komik und die Naivität und Verletzlichkeit der Heldin trugen viel zur großen Beliebtheit von *I Love Lucy* bei. Egal ob die Serien-Lucy einen verwirrten Weihnachtsmann, eine bäuerliche Traubenstampferin oder eine ungeschickte Fließbandarbeiterin in einer Schokoladenfabrik spielte, all diese Eskapaden galten nur dem einen großen Ziel: ins Showbusiness zu gelangen. Ein Ziel, das sich Lucille Ball selber als 15jährige Theaterschülerin gesetzt hatte. Die Dreharbeiten zu *I Love Lucy* endeten am 6. Mai 1957 nach der 179. Episode. Es folgten *The Lucy Show* und *Here´s Lucy*, die nicht weniger erfolgreich waren. Wenn man dem *TV Guide* Glauben schenken darf, so ist durch die häufigen Wiederholungen dieser Serien überall in der Welt „kein Gesicht öfter auf dem Fernsehschirm zu sehen gewesen als das von Lucille Ball".

Ihr Erfolg war ein Triumph für die schauspielbegeisterte junge Frau aus Jamestown, New York, über jene Experten, die sie als attraktiv, aber untalentiert abqualifiziert hatten. Ball hatte sich von diesem vernichtenden Urteil nicht beeindrucken lassen und kämpfte weiter. Ihren Lebensunterhalt verdiente sie sich als Fabrikarbeiterin und Model für Hattie Carnegie, bis ihr 1933 schließlich der Durchbruch gelang, als eines der Goldwyn Girls in dem Film *Roman Scandals*.

Nachdem sie von Produktion zu Produktion und von Studio zu Studio gewandert war, fand sie schließlich ein Studio, nämlich RKO, das sie vertraglich fest an sich band, und bald darauf hatte sie sich einen Namen als „Königin der B-Filme" gemacht. Der üppigen Blondine wurden immer häufiger komische Rollen angeboten. Nachdem sie 1937 für ihre Nebenrolle in *Stage Door* an der Seite von Katharine Hepburn gute Kritiken erhalten hatte, spielte sie im folgenden Jahr in *Go Chase Yourself*, *The Affairs of Annabel* und *Annabel Takes the Tour* die Hauptrollen. Im selben Jahr arbeitete sie auch das erstemal mit den Marx Brothers zusammen. Von ihren Partnern Buster Keaton, Bert Lahr, Red Skelton und Bob Hope, mit denen sie in Filmen wie *Sorrowful Jones* (1949) und *Fancy Pants* (1950) zu sehen ist, lernte sie die ausgefeilten Techniken des Slapsticks.

1940 spielte sie eine verwöhnte Erbin in *Too Many Girls* und verliebte sich bei den Dreharbeiten Hals über Kopf in den gutaussehenden Musiker Desi Arnaz, der im Film einen Footballspieler spielt, der sie beschützen soll. Noch im selben Jahr heiratete sie den sechs Jahre jüngeren Kubaner. Sie kauften eine Ranch im kalifornischen Chatsworth, da sie Desi an die Ranchos auf Kuba erinnerte, und bekamen zwei Kinder. Ihre Beziehung, die von Anfang an nicht einfach war, machte Geschichte. Lucille Ball setzte alles daran, gemeinsam eine TV-Show zu bekommen, doch der Fernsehsender CBS lehnte aufgrund Desis starken kubanischen Akzents ab. Daraufhin gründeten die beiden ihre eigene Produktionsfirma. Sie wollten beweisen, daß Amerika das Komiker-Duo ins Herz schließen werde. CBS gab schließlich nach und finanzierte einen Pilotfilm. Auf der Suche nach Material für die ersten Episoden schlachteten sie Lucille Balls erfolgreiche Radiosendung *My Favorite Husband* aus den 40er Jahren aus und adaptierten das Skript für das neue Medium. Der Sender war überzeugt, daß sich die Show nicht lange im Programm halten würde, und überschrieb Lucille und Desi alle Rechte an Wiederholungen. Ein fataler Fehler, wie sich bald herausstellte; Desilu Productions verdienten ein Vermögen, und Lucille Ball wurde zu einer der mächtigsten TV-Produzentinnen in der Fernsehgeschichte. Auch auf filmtechnischem Gebiet setzte das Paar neue Maßstäbe. Bei der Aufzeichnung der Show verwendeten sie drei Kameras, was eine wesentlich größere Flexibilität erlaubte als die herkömmliche Methode mit nur einer Kamera.

Wie viele Entertainer der 50er Jahre wurde auch Lucille Ball vor den Untersuchungsausschuß des amerikanischen Senats gegen unamerikanische Umtriebe vorgeladen. Sie mußte sich dafür verantworten, daß sie sich 1936 als Mitglied der Kommunistischen Partei ins Wahlregister eingetragen hatte. Da sie jedoch erklärte, sie habe dies nur ihrem sozialistischen Großvater zuliebe getan, wurde sie wieder von der Schwarzen Liste gestrichen.

1960 ließ sich Lucille Ball von Desi scheiden und heiratete den Komiker Gary Morton. Einige Jahre später kaufte sie Arnaz seine Rechte an Desilu ab und produzierte Fernsehsendungen wie *Raumschiff Enterprise* und *Kobra, übernehmen Sie*. 1967 verkaufte sie die Firma für 17 Millionen Dollar an Gulf & Western – ein Geniestreich, der für die geschäftstüchtige Schauspielerin typisch war (auch wenn sie nie ausschließlich des Geldes wegen gearbeitet hat). Einige Jahre vor ihrem Tod erklärte sie in einem Interview mit der Zeitschrift Rolling Stone, daß sie Lucy vermisse. Rückblickend behauptete sie, sie sei eigentlich nie komisch gewesen, „nein, eigentlich war ich nur mutig."

IKONEN DES 20. JAHRHUNDERTS

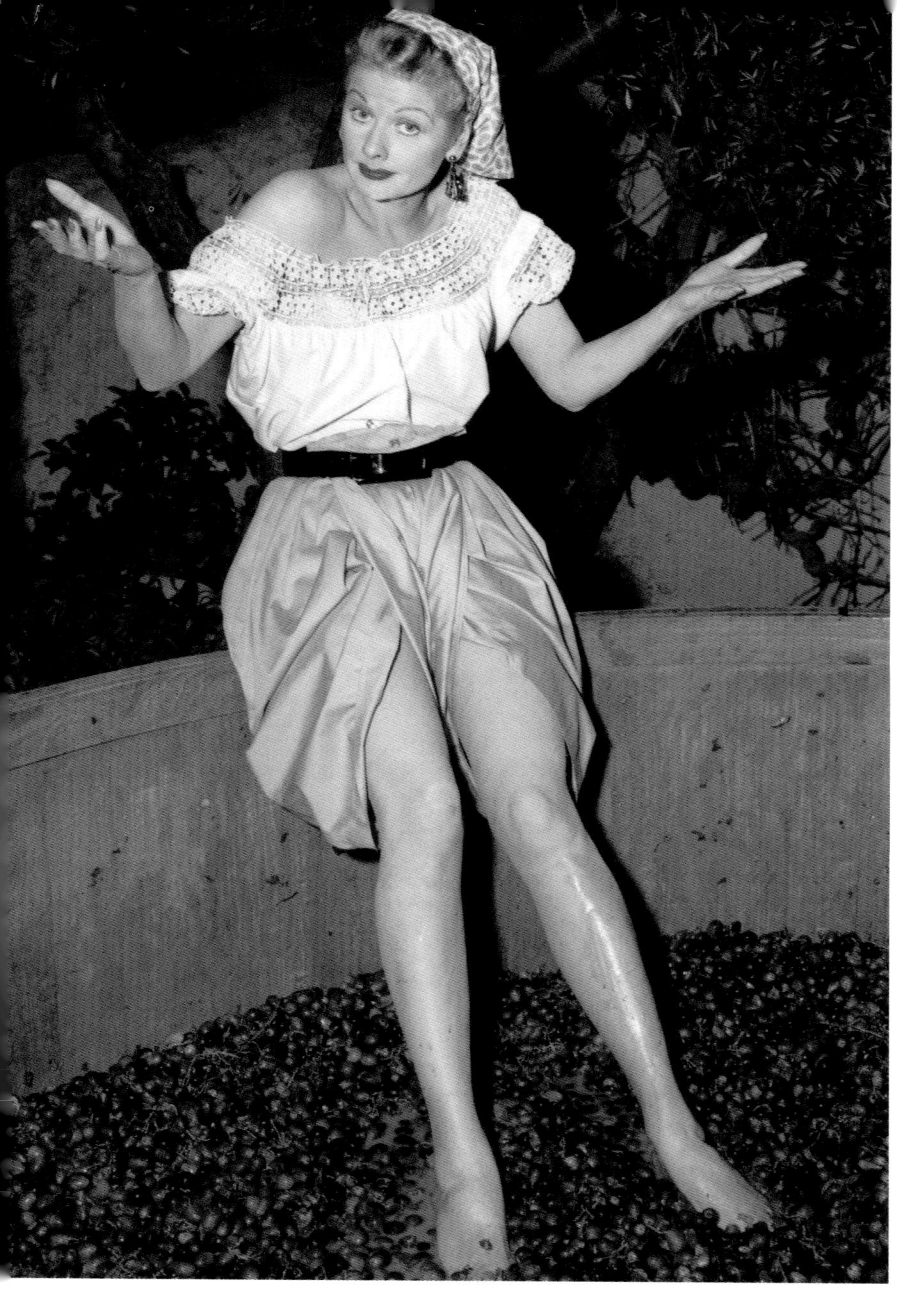

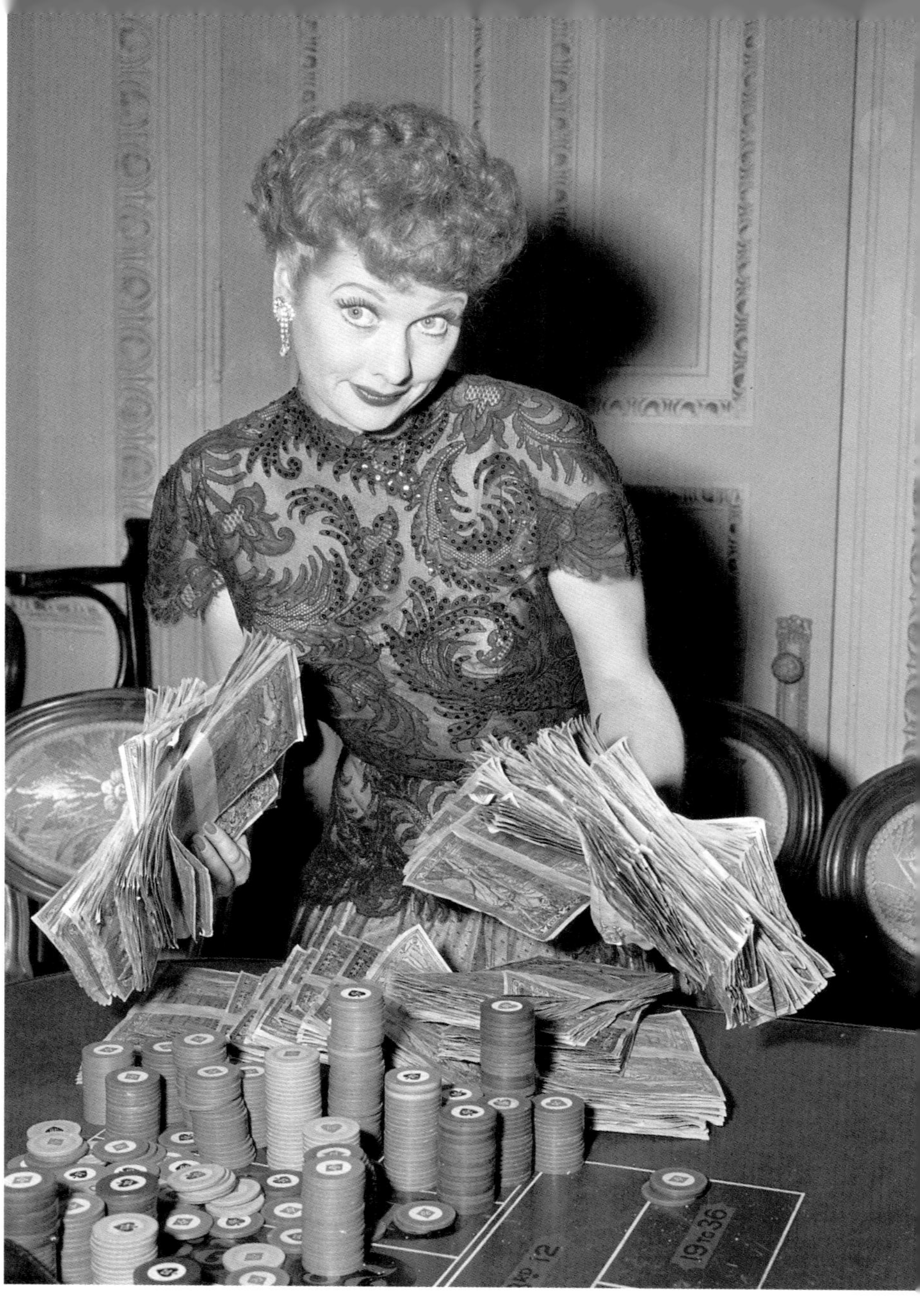

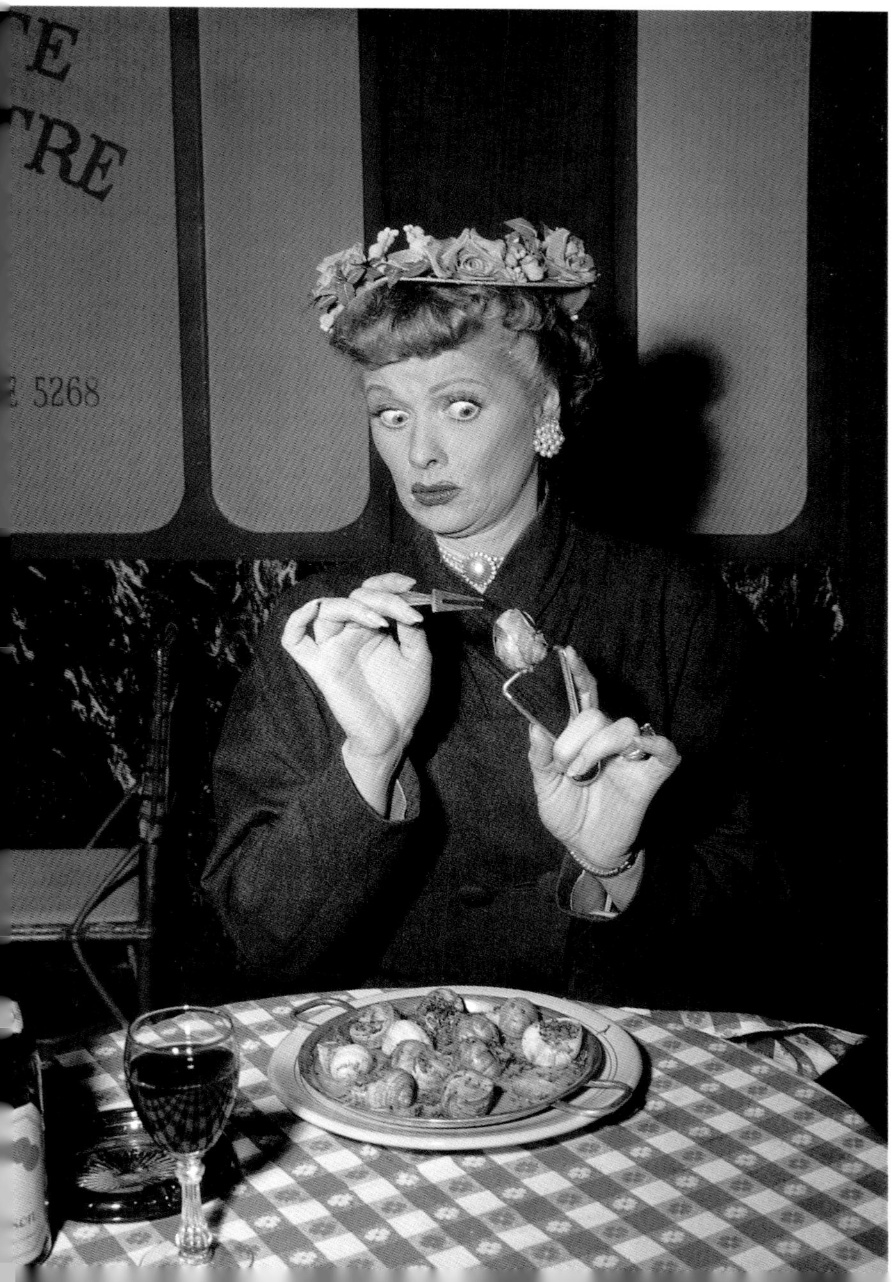
TE
TRE
5268

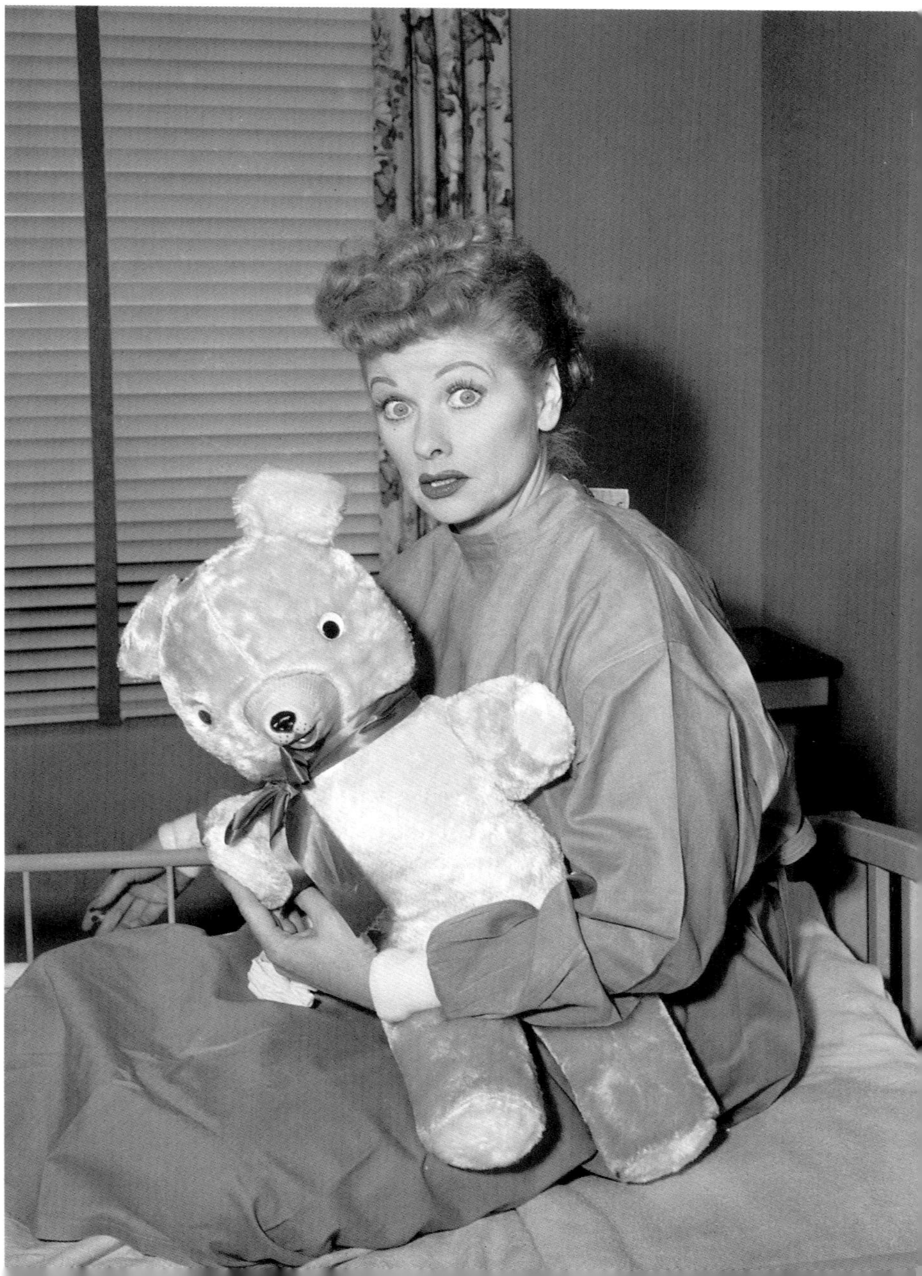

ROGER BANNISTER
1929

1954 LAG DER NEUN Jahre zuvor vom schwedischen Läufer Gunder Haegg aufgestellte Männerweltrekord für eine Meile bei vier Minuten, einer Sekunde und vier Zehntelsekunden. Damals glaubten viele, daß eine Zeit unter vier Minuten unmöglich zu erreichen sei.

Von allen Amateurläufern jener Zeit, die versuchten, diese als unüberwindlich geltende Grenze einzureißen, war niemand entschlossener als der junge Engländer Roger Bannister. Der große, blasse und schüchterne Medizinstudent aus Oxford mit dem Upper-class-Akzent schien auf den ersten Blick kein sonderlich geeigneter Kandidat zu sein. Anders als seine Kollegen von der Aschenbahn bestritt Bannister ungern mehr als fünf Wettkämpfe pro Jahr, und es widerstrebte ihm, vor einem Wettkampf zu trainieren. Aber er erkannte die Nähe des Triumphes deutlicher als alle anderen. Diese Zielstrebigkeit sowie sein starker Siegeswillen und ein ungeheurer Aufwand an harter, intelligent betriebener Arbeit machten einen Riesensprung in der Psychologie des Sports möglich.

Roger Bannister wurde als Sohn eines Finanzbeamten im englischen Harrow on the Hill geboren. Im Alter von 13 Jahren gewann er sein erstes Rennen. Als er danach von der City-of-Bath-Schule an das Gymnasium des University College in London wechselte, bemerkte er, daß er etwas besaß, was ein Sportkommentator später als die Begabung „zu plötzlicher, anormaler sportlicher Höchstleistung" bezeichnen sollte. Bannisters eigene Erklärung fiel weitaus einfacher aus und war auch aussagekräftiger: „Es konnte keinen geben, der ein so großes Bedürfnis hatte zu laufen wie ich."

Als er 1946 mit dem Studium der Medizin am Exeter College in Oxford begann, ging er seinem Hobby weiterhin nach; in der Universitätsmannschaft nahm er still seinen Platz ein. Bei seinem ersten Wettkampf lief er die Meile gemächlich in 40:30:08, fast eine halbe Minute langsamer als Haegg – in der Leichtathletik kann schon eine halbe Sekunde die Welt bedeuten. Von nun an sollte Bannisters Leben ein unermüdlicher, unnachgiebiger Kampf gegen die Uhr sein.

Zwei Jahre später trat er, inzwischen Kapitän der gemeinsamen Mannschaft der Universitäten von Oxford und Cambridge, in den Vereinigten Staaten gegen Princeton und Cornell an und lief 4:11:01. Im darauffolgenden Jahr drückte er die Zeit nochmals um fast zwei Sekunden auf 4:09:09. In Philadelphia schraubte er 1951 seine Bestleistung auf 4:08:03. Dabei arbeitete er noch immer als Vollzeitstudent am Londoner St. Mary's Hospital. Während dieser Zeit untersuchte Bannister die Grenzen seines eigenen Körpers mit wissenschaftlichen Methoden: Jeden Tag lief er auf einem Laufband bis zur völligen Erschöpfung, angeschlossen an eine Apparatur, die die Bildung von Milchsäure, also die Übersäuerung seiner Muskeln und damit seine Leistungsfähigkeit und Ausdauer maß. Doch mit seinen Trainingsmethoden hatte er sich möglicherweise selbst überfordert. Sein enttäuschender vierter Platz im 1500-Meter-Lauf bei den Olympischen Spielen 1952 veranlaßte ihn, ein Jahr lang die Teilnahme an Wettkämpfen zurückzustellen und seine Belastungsgrenze allmählich durch spezielle Übungen zu weiten.

1953 meldete er sich mit einer Zeit von 4:03:06 beim Meilenrennen im Oxforder Stadion an der Iffley Road zurück. Im Juni dieses Jahres nahm er an einem privaten Lauf in Motspur Park in der englischen Grafschaft Surrey teil, wo er eine Zeit von 4:02:0 erzielte, damals die drittschnellste jemals gemessene Zeit, nur sechs Zehntel von Haeggs Rekord entfernt. Der britische Leichtathletikverband lehnte eine Anerkennung seiner Leistung allerdings mit dem Hinweis ab, Motspur sei keine echte Sportveranstaltung. Mit den Läufern Chris Chataway und Chris Brasher nahm Bannister ein noch intensiveres Training auf. Vor dem alles entscheidenden Wettkampf ruhte er sich fünf Tage lang aus, und am 6. Mai 1954 ging er wie gewöhnlich zuerst zur Arbeit ins Krankenhaus, wo er die Spikes seiner Laufschuhe an einem Schleifstein im Labor schärfte.

An jenem Nachmittag wartete er so lange, bis der Wind im Stadion an der Iffley Road abflaute, ehe ihn der Startschuß auf die Bahn schickte. Nachdem Chataway und Brasher ein mörderisches Tempo vorgegeben hatten, lief Bannister die Meile in 3:59:04, wobei er die letzte Viertelmeile in 58,9 Sekunden zurücklegte. Sein starker Schlußspurt hatte die schier übermächtige Zeitmauer durchbrochen.

Doch Bannister sollte noch besser werden. Im selben Jahr lief er bei den Commonwealth-Spielen in Vancouver gegen seinen Erzrivalen John Landy aus Australien 3:58:08. Später sagte er, die Meile unter vier Minuten zu laufen sei nichts gewesen im Vergleich zu dem Vergnügen, Landy zu besiegen. 1955 wurde er zum Ritter geschlagen und trat eine Stelle als Chirurg am Radcliffe Infirmary in Oxford an. Später ging er an das Hammersmith Hospital in London.

Als anerkannter Neurologe und Sportphysiologe machte Sir Roger 1995 Schlagzeilen, als er behauptete, Schwarze besäßen physiologische Eigenschaften, die sie für sportliche Höchstleistungen prädestinieren würden. Für Sir Roger war das überhaupt keine rassistische Bemerkung – er hatte das Thema auf die Weise behandelt, mit der er einst auch das Problem seiner Leistungssteigerung gelöst hatte, nämlich objektiv.

1997 lag der vier Jahre zuvor aufgestellte Weltrekord für eine Meile bei 3:44:39. 44 Jahre waren inzwischen vergangen. So vieles hatte sich seitdem im Bereich der Ausrüstung, des Trainings und der Bahnbeläge verändert, von der Physis der Athleten ganz zu schweigen, und doch lagen nur 15 Sekunden zwischen Bannister und den Champions von heute. Roger Bannister behauptet mit dem ihm eigenen Optimismus, daß der zu brechende Rekord über eine Meile im 21. Jahrhundert bei 3:30 Minuten liegen werde.

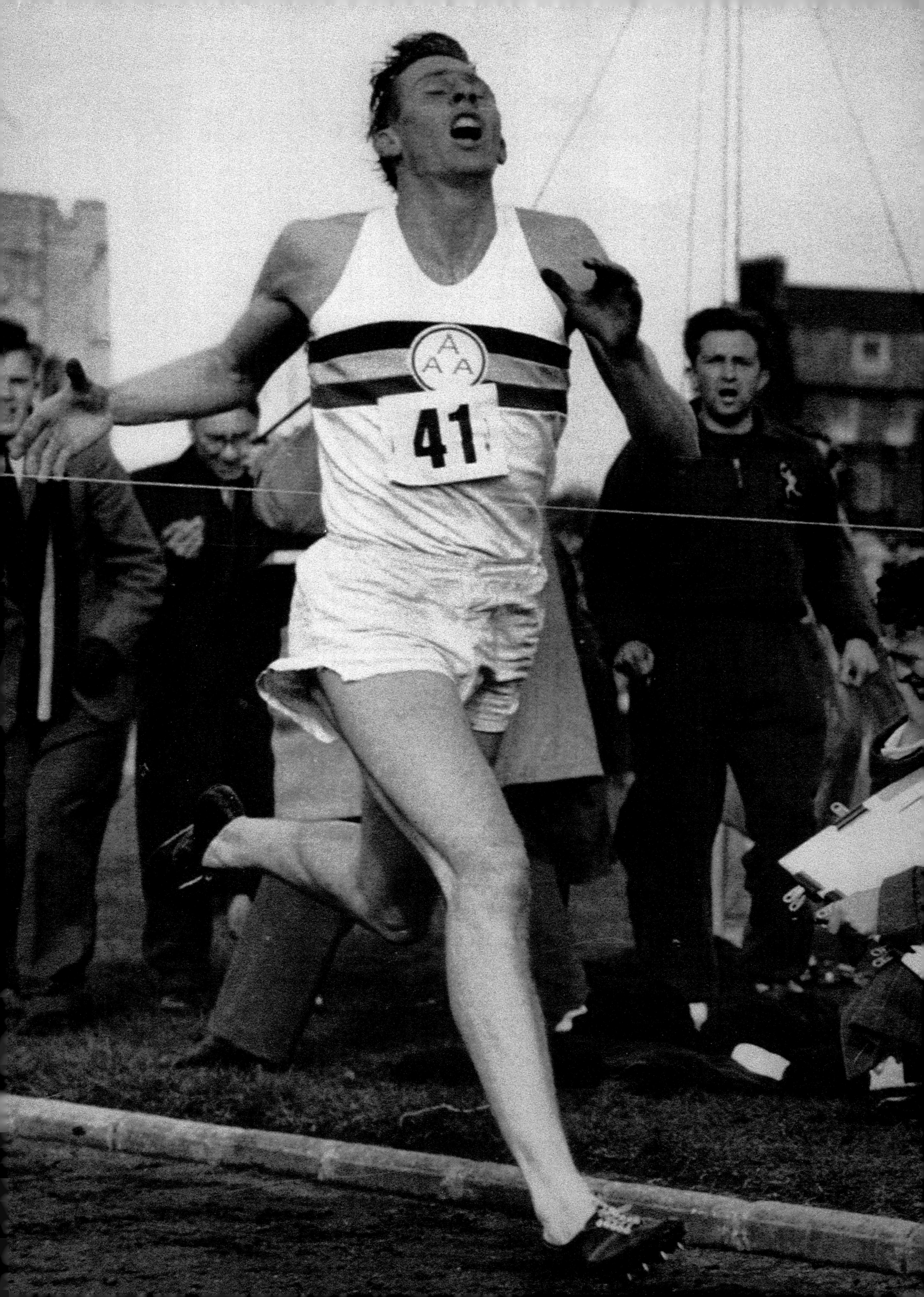
A A A
41

BRIGITTE BARDOT

*1934

MIT DEM FILM *Und immer lockt das Weib* (1956) wurde Brigitte Bardot zur frühreifen Sexbombe des 20. Jahrhunderts. Sie verkörperte die naive Unschuld und die reife Verführerin in einem, sie prägte mit ihrer überbordenden Sinnlichkeit und ihren üppigen Kurven nachhaltig die – vornehmlich männlichen – Vorstellungen von weiblicher Sexualität. Als der gewagte Film im In- und Ausland anlief, versuchten Frauen in allen Ländern der Welt den Bardot-Look zu kopieren, der aus rosigem Schmollmund, blondem Wuschelhaar, langen, falschen Wimpern und knapper, mädchenhafter Kleidung bestand. Ihr nahezu leerer, aber lockender Blick aus großen blauen Augen verhieß eine erotische Erfüllung, von der der Normalbürger kaum zu träumen wagte.

Einige Jahre später zierten Büsten der Bardot mit der phrygischen Mütze der Marianne – dem Symbol der Französischen Revolution – fast jede Amtsstube in Frankreich, Brigitte Bardot war zum Liebling der französischen Intellektuellen geworden. Jean-Jacques Servan-Schreiber, der Vorsitzende der Radikalen Partei, forderte die Franzosen auf, „stolz zu sein auf die Bardot, auf den Roquefort-Käse und den Bordeaux-Wein", denn alle drei seien die Exportschlager des Landes. Und Jean Cocteau nannte sie eine „schmollende Sphinx mit perfektem Körper".

Die Bardot-Manie währte viele Jahre, in denen sie zahllose, mittlerweile in Vergessenheit geratene Filme drehte und mit Marylin Monroe um den Titel der internationalen Sexgöttin buhlte. Für diese Rolle war die schlanke französische Blondine bestens geeignet, denn anders als die Monroe setzte sich die Bardot niemals selbst unter Druck, sich als große Schauspielerin beweisen zu wollen, sondern genoß die Freuden des Lebens im sonnigen Saint-Tropez.

Was nicht bedeutet, daß sie nicht auch sich selbst marterte. Seit sie 1950 als 15jährige die Titelseite von *Elle* geziert hatte, fürchtete sie sich vor dem Verblühen ihrer Schönheit. Mit zunehmendem Alter entwickelte sie eine morbide Todessehnsucht, die sie zeitweise im Alkohol zu ertränken suchte. Mehr und mehr litt sie unter dem allmählichen Verlust ihrer körperlichen Anziehungskraft. 1983 gestand sie dem französischen Fernsehen, sie ertrage ihren „körperlichen Verfall" nur sehr schwer. „Ein ganzes Leben lang versucht man, sich in Form zu halten. Und dann löst man sich mir nichts dir nichts in seine Einzelteile auf!" Sie unternahm mehrere Selbstmordversuche, einen davon neun Monate nach der Geburt ihres Sohnes Nicolas. Einen weiteren bezeichnenderweise am Vorabend ihres 50. Geburtstags. Ihr erster Ehemann, der Filmregisseur Roger Vadim, erklärte, jeder nahende Geburtstag löse bei ihr starke Depressionen aus.

Kein anderer kannte Bardot so gut wie Vadim. Schließlich war er es, der aus dem ordentlichen und wohlerzogenen Schulmädchen die kokette Kindfrau gemacht und ihr jene Rolle auf den Leib geschrieben hatte, die den Exhibitionismus zur Kunstform erhob. *Und immer lockt das Weib* ist im Grunde triviale Massenware mit einer leicht dümmlichen, aber knisternd-erotischen Story über eine liebestolle, unschuldige Göre. Die 22jährige Schönheit agierte vor der malerischen Kulisse der Riviera in einigen – für die damalige Zeit – sehr freizügigen Liebesszenen, die ihre physischen Reize geschickt zur Geltung brachten. Brigitte Bardot hatte zuvor bereits in einer Handvoll unbedeutender Filmen mitgespielt, doch erst Roger Vadim erkannte, wie gut sie sich als Symbol der neuen sexuellen Freizügigkeit eignete.

Für die Vereinigten Staaten wurden abgeschwächte Versionen einiger pikanter Szenen gedreht, gleichzeitig versorgte man aber die sensationslüsterne Presse geschickt mit Nachrichten darüber, wie stark die amerikanische Filmzensur angeblich eingegriffen habe und daß Brigitte Bardots Liebesszenen mit ihrem Filmpartner Jean-Louis Trintignant nicht nur gespielt gewesen seien.

Ein Jahr nach ihrer ersten englischsprachigen Rolle in *Die schöne Helena* (1956) ließ sie sich von Vadim scheiden. 1959 heiratete sie Jacques Charrier, ihren Filmpartner in *Babette zieht in den Krieg*, einer Komödie, mit der sie erfolglos versuchte, ihr Image zu korrigieren. Durch ihr Geltungsbedürfnis und ihre Unselbständigkeit zerstörte sie allmählich ihr Leben. Ihren 1960 geborenen Sohn Nicolas überließ sie ihren Schwiegereltern; eine fragwürdige Entscheidung für eine Frau, die die Anerkennung der Gesellschaft so stark herbeisehnte. Später rechtfertigte sie sich damit, daß sie unmöglich die Verantwortung für ein Baby hätte übernehmen können – „ich brauchte doch selbst eine Mutter". Die Bardot führte trotz ihrer Sehnsucht nach Wärme und Stabilität auch in den folgenden Jahren ein sehr sprunghaftes Liebesleben. Gleichzeitig widmete sie sich zunehmend dem Tierschutz und umgab sich mit einer Schar von Haustieren, deren Gegenwart, wie Vadim 1990 bemerkte, ihr Sicherheit und Ruhe gaben. Ihre Freunde zogen sich bis auf einige wenige zurück, die voller Sorge ihr zunehmend exzentrisches und selbstzerstörerisches Verhalten beobachteten. Als sie 1996 ihre Sympathien für Jean-Marie Le Pens rechtsextreme Front National bekundete, zog sie den Unmut der Öffentlichkeit auf sich. Auch ihre Verlautbarungen gegen das Schächten von Ziegen, das integraler Bestandteil islamischer Opferriten ist, zeugten von ihrer rassistischen Einstellung.

Mitte der 60er Jahre hatte Marguerite Duras in einem Essay für die Zeitschrift *Vogue* ein bemerkenswertes Urteil über die Bardot gefällt. Sie bedauert darin, daß Brigitte Bardots steile, doch eigentlich „leere" Karriere bar jeden ästhetischen Anspruchs gewesen sei und daß sich in ihrem Leben „nie ein Funke entzündet, nie eine unbekannte Macht gezeigt habe". Vielleicht vermag dies auch die innere Zerrissenheit Brigitte Bardots zu erklären.

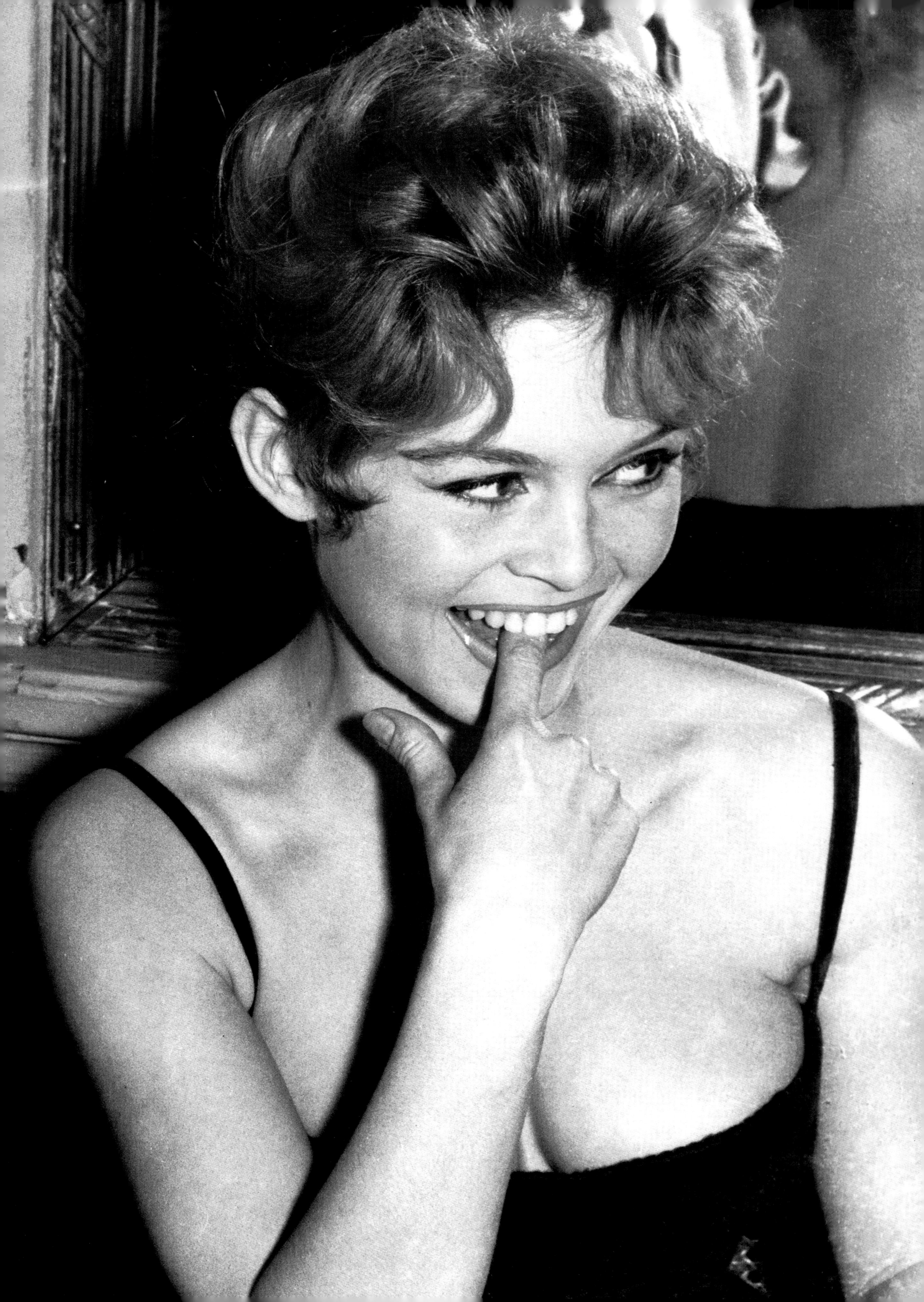

DR. CHRISTIAAN BARNARD
*1923

AM 3. DEZEMBER 1967 wurde der 55jährige Gemüsehändler Louis Washkansky in den Operationssaal des Groote-Schuur-Hospitals in Kapstadt in Südafrika gerollt, wo ihm das Herz des 25jährigen Unfallopfers Denise Duvall eingepflanzt werden sollte. Als Washkansky aus der Narkose erwachte, sagte er zu einer Krankenschwester: „Ich bin der neue Frankenstein." Tatsächlich stand der Arzt, der Washkanskys Leben auf so spektakuläre Weise gerettet hatte, schon unter scharfem Beschuß von Kritikern, da er angeblich die Grenzen der Natur überschritten hätte. Als der Patient 18 Tage später an postoperativen Komplikationen starb, war Dr. Christiäan Barnard auf der ganzen Welt berühmt und die Herztransplantation Gegenstand einer weltweit geführten, hitzigen Debatte.

Christiäan Neethling Barnard wurde als Sohn eines armen Pfarrers der streng konservativen Reformierten Holländischen Kirche in Südafrika geboren. Nach dem Abschluß der höheren Schule studierte er Medizin an der Universität Kapstadt, wo er 1953 sein Examen ablegte. Nach einem kurzen, alles andere als reibungslosen Aufenthalt als praktischer Arzt in der Stadt Ceres wurde er Mitglied des chirurgischen Forschungsteams an der Cape Town Medical School. Dort entwickelte er unter einfachsten Bedingungen seine Fertigkeiten mit dem Skalpell, indem er Hunde operierte, und lernte die hübsche Krankenschwester Aletta Louw kennen, die er heiratete.

Um sich weiterzubilden, ging Barnard 1955 in die USA an die University of Minnesota. Dort führte er auch seine erste Herzoperation durch. Nach drei Jahren kehrte er nach Südafrika zurück und wurde zum Direktor der chirurgischen Forschungsabteilung des Klinikums in Kapstadt ernannt. 1960 erregte er einiges Aufsehen, weil es ihm gelungen war, den Kopf eines Hundes zu transplantieren.

Nachdem er mehrere Operationen am Herzen durchgeführt und auch eine der ersten künstlichen Herzklappen eingepflanzt hatte, war Barnard 1967 bereit, eine Transplantation zu wagen, die seiner Meinung nach die einzige Überlebenschance für Patienten mit unheilbar kranken Organen war. Eine Technik für die Verpflanzung von Herzen war bereits in Amerika von den Medizinern Norman Shumway und Michael DeBakey entwickelt worden, doch hatte sich noch keine Gelegenheit ergeben, sie in der Praxis zu erproben. Barnard sah in Louis Washkansky den idealen Kandidaten.

Barnard mußte ungefähr einen Monat auf ein geeignetes Spenderherz warten. Nachdem festgestellt worden war, daß die Blutgruppe der Unfalltoten Denise Duvall mit der Washkanskys übereinstimmte und somit das Risiko einer Abstoßung des Organs minimal war, entnahm Barnard das gesunde Herz, schloß es an eine Herz-Lungen-Maschine an, entfernte dann das kranke Organ von Washkansky und setzte ihm Duvalls gesundes Herz ein. Die gesamte Operation, bei der ihm sein Bruder, Dr. Marius Barnard, assistierte, dauerte fünf Stunden. Im entscheidenden Moment, als Duvalls Herz in Washkanskys Körper zu schlagen begann, murmelte Barnard auf Afrikaans: „Christ, dit gaan werke." (Mein Gott, es funktioniert). Leider schwächte die anschließende Therapie mit Medikamenten, die die natürlichen Abstoßreaktionen neutralisieren sollten, das Immunsystem des Patienten derart, daß eine Lungenentzündung zum Tod Washkanskys führte.

In der Öffentlichkeit gefeiert und kritisiert, wurde Christiäan Barnard zu einem Medienstar, er traf den Präsidenten der Vereinigten Staaten, besuchte Parties des Jet-sets und war mit attraktiven, jungen Damen zu sehen, von denen die italienische Schauspielerin Gina Lollobrigida sicherlich die prominenteste war. Seine Kollegen, von denen einige auf den südafrikanischen „Parvenü" eifersüchtig waren, warfen ihm vor, publicitysüchtig zu sein. Viele Ärzte, Wissenschaftler und religiöse Gruppierungen rieben sich auch an der moralischen Konsequenz, einem „toten" Menschen ein noch schlagendes Herz zu entnehmen. Wer besaß das Recht zu bestimmen, ob der Organspender wirklich tot war? Und entstand nicht ein Interessenkonflikt zwischen der Verpflichtung des Hippokratischen Eids, alles zu tun, um das Leben des Spenders zu verlängern, und dem Wunsch, ein Spenderherz für einen kranken Patienten zu bekommen? In der Hoffnung, diese Fragen zu lösen, bevor schwere Fehler begangen wurden, schlug man innerhalb der Ärzteschaft ein Moratorium für Herztransplantationen vor. Doch Barnard führte am 2. Januar 1968 eine zweite Herztransplantation durch, diesmal bei dem 58jährigen Philip Blaiberg. Organspender war der 24jährige Clive Haupt, ein Komapatient. Nach den südafrikanischen Rassengesetzen galt Haupt als „farbig", was zusätzlich für Aufregung sorgte.

Als der gut aussehende und gesellige Arzt immer bekannter wurde, nahmen seine Affären ein solches Maß an, daß sich seine zutiefst verletzte Frau 1969 von ihm scheiden ließ. Sie war nicht die einzige, die das Leben mit Barnard als schwierig empfand. Der reizbare Perfektionist war in seiner Kritik heftig und akzeptierte in seinem Operationssaal nur allerhöchstes Niveau, was schlecht vorbereitete Mitarbeiter viele Nerven kosten konnte. Im Lauf der Jahre stellte sich bei ihm eine fortschreitende rheumatische Arthritis ein, die seiner Tätigkeit als Chirurg ein Ende setzte. Barnard verlegte sich auf das Halten und Publizieren von Vorträgen.

1997 zog sich Barnard ganz aus der Medizin zurück und verbringt seitdem seinen Lebensabend als Schriftsteller und Rancher in der Region Karoo in Südafrika. Einige der wenigen Dinge, die er öffentlich bereute, war seine unentschiedene Haltung gegenüber dem südafrikanischen Apartheid-Regime. Er scheint mit seiner folgenschweren Karriere abgeschlossen zu haben und an den ethischen Problemen nicht mehr interessiert zu sein, die er vor drei Jahrzehnten mit eigenen Händen geschaffen hat.

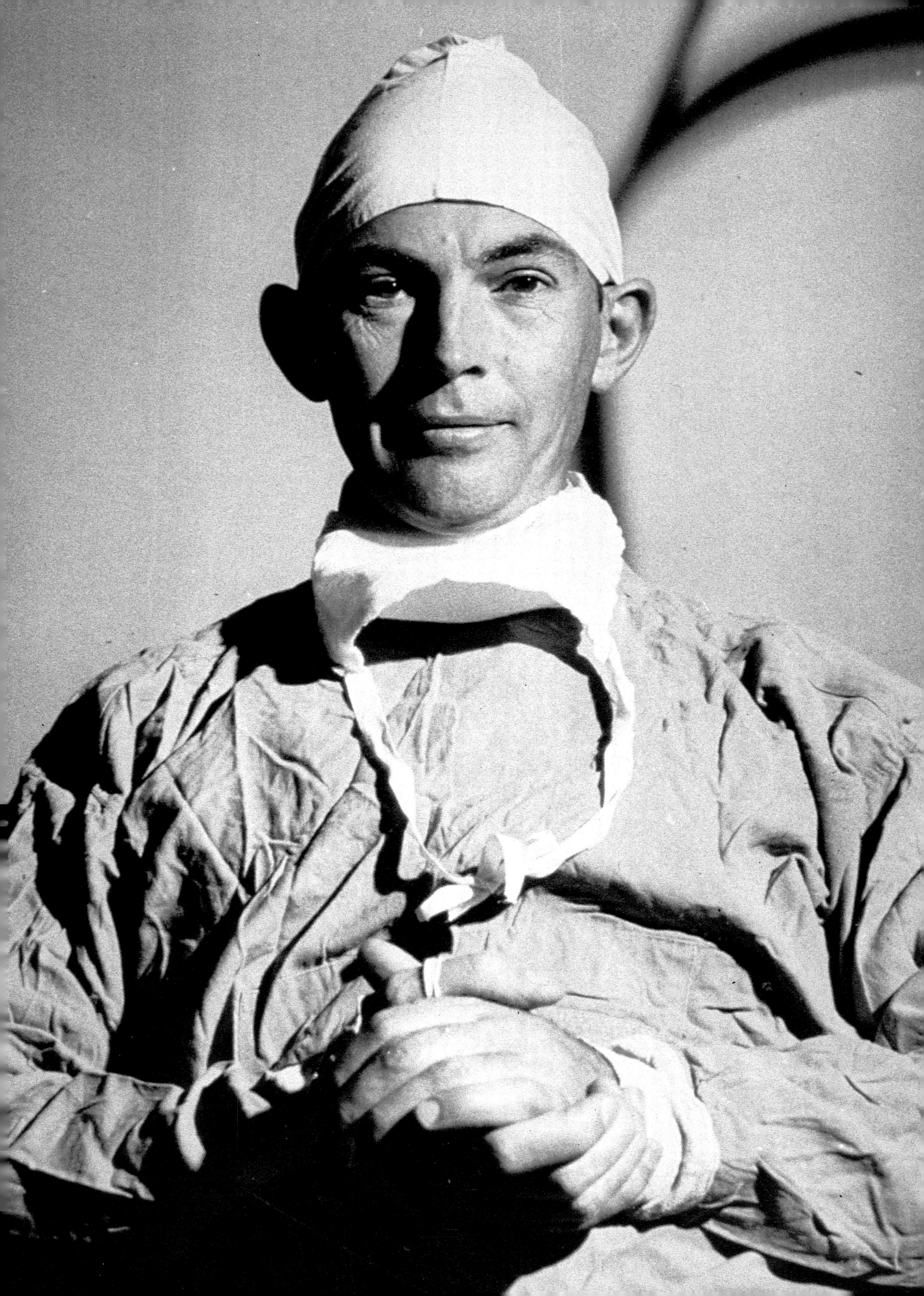

THE BEATLES

1961–1974

DIE BEATLES SIND ohne jede Übertreibung die einflußreichste Band dieses Jahrhunderts. Sie waren die erste Musikgruppe in der Geschichte der Popmusik ohne Hierarchie – keiner der vier Beatles war der Bandleader – und die erste, die ihre Songs fast ausschließlich selber schrieb.

Als John Lennon 1957 in der englischen Hafenstadt Liverpool den charmanten Paul McCartney kennenlernte, war er sofort vom Talent des linkshändigen Baßgitarristen beeindruckt. Ihre musikalische Partnerschaft begann damit, daß John den zwei Jahre jüngeren Paul aufforderte, bei den Quarrymen, seiner Skiffle-Band, einzusteigen. Bald darauf stieß der wortkarge George Harrison zur Band. Als McCartney John Lennon einen selbstgeschriebenen Song zeigte, fühlte sich dieser herausgefordert und fing sogleich an, ebenfalls selbst zu komponieren. Fortan standen die beiden in fruchtbarer Konkurrenz zueinander.

Zusammen mit dem Bassisten Stu Sutcliffe und dem Schlagzeuger Pete Best gründeten sie eine neue Band. Sie nannten sich Silver Beatles – eine falsche Schreibweise nicht ohne Hintersinn – und traten eine Zeitlang im Star Club, einem berühmtberüchtigten Hamburger Nachtclub, auf. Dort spielten sie nächtelang und mit mäßigem Erfolg Rhythm-and-Blues-Musik vor Seeleuten und Studenten. Unter einem anfangs deutlich spürbaren Einfluß von amerikanischen Musikern wie Little Richard, Chuck Berry und verschiedenen Girl Groups entwickelten sie allmählich ihren eigenen unverwechselbaren Stil.

1961 kehrten die Beatles mit neuer, modischer Pilzfrisur nach Liverpool zurück, allerdings ohne Stu Sutcliffe, der in Hamburg geheiratet hatte (und ein Jahr darauf starb). Schon bald wurden sie die Attraktion des Cavern Club. Trotz wachsender Popularität galten die vier in London noch immer als Hinterwäldler; nicht eine Plattenfirma interessierte sich für sie. Das änderte sich erst, als der ehemalige Schauspieler Brian Epstein Manager der Band wurde und erst einmal ihr Aussehen änderte: Ihre Jeans und schwarzen Lederjacken wurden gegen brave Anzüge und Krawatten ausgetauscht. Außerdem ersetzte er Schlagzeuger Pete Best durch Ringo Starr, der bisher Percussionist bei Rory Storm and the Hurricanes gewesen war. Obwohl seine Schlagtechnik ungenau war, entwickelte er einen singulären Stil, der während der Blütezeit der Beatles oft kopiert wurde. Er war es auch, der nie die Bodenhaftung verlieren sollte. Als die Beatles im Februar 1968 den indischen Maharishi Mahesh Yogi besuchten, fürchtete Starr, daß der Maharishi nur hinter ihrem Geld her sein könnte – und nahm schon nach wenigen Tagen das erste Flugzeug zurück nach England.

Epstein überredete George Martin von EMI Records, den Beatles einen Plattenvertrag zu geben. Noch im selben Jahr, 1962, landete die Band mit *Love Me Do* ihren ersten Hit in den britischen Charts. 1963 wurde *Please Please Me* veröffentlicht, und in kurzen Abständen folgten *She Loves You* und *I Want to Hold Your Hand*. Mit ihrem Auftritt in der amerikanischen Erfolgssendung *The Ed Sullivan Show* wurden sie über Nacht weltweit bekannt. Daß ihre Texte niemals so anständig waren, wie das sorgfältig gepflegte Brave-Jungen-Image, trug wesentlich zu ihrer Popularität bei: Die Fans liebten die eindeutigen Zweideutigkeiten in ihren harmlos anmutenden Songtexten. Schon bald gab es Beatles-Perücken, Beatles-Stiefel, Beatles-Filme, ja sogar Beatles-Zeichentrickfilme.

30 Jahre nach ihrer Auflösung sind die Beatles immer noch populär und haben weiterhin Fans jeden Alters, was vor allem darauf beruht, daß sie alle – mit Ausnahme von Ringo Starr – glänzende, innovative Songwriter waren. Die Kombination der verschiedenen individuellen Handschriften ergab einen einzigartigen Stil. McCartneys Vorliebe für Komik in der Tradition der englischen Music-Hall, Lennons beißende Wortspiele und Harrisons Faszination für Hindu-Melodien ließen die Beatles immer wieder musikalisches Neuland erkunden. Unter der Anleitung ihres Produzenten George Martin lernten sie, die ganze Bandbreite musikalischer Elemente geschickt einzusetzen. Sie ließen den Klang indischer Sitars ebenso in ihre Melodien einfließen wie sie mit rückwärts gespielter Musik experimentierten, sie integrierten Violinquartette, arbeiteten mit Symphonieorchestern und schufen so ihren ureigenen Sound.

Wie bei anderen Musikgruppen kann man bei den Beatles verschiedene Werkphasen unterscheiden. Nachdem sie die Strapazen von Live-Auftritten zugunsten der unerschöpflichen technischen Möglichkeiten des Aufnahmestudios aufgegeben hatten, entstanden in ihrer mittleren Periode Alben wie *Sgt. Pepper's Lonely Hearts Club Band* (1967) und *The Beatles* (1968), letzteres auch bekannt unter dem Namen *The White Album*. Beide Platten sind geprägt von den lyrischen Kreationen McCartneys und dem Surrealismus John Lennons. Die hintersinnige Kommentierung des modernen Lebens bewies den künstlerischen wie intellektuellen Anspruch der Band. Es scheint, als hätten die Beatles alles beherrscht – vom Rock über Balladen und Reggae bis hin zum Rhythm and Blues –, und oftmals besser als andere. Auf dem Höhepunkt ihrer Karriere verkündete Lennon, sie seien „bekannter als Jesus" und sorgte damit für Aufregung und Empörung.

Das Ende, das irgendwann einmal kommen mußte, war so brutal wie der Aufstieg berauschend. Als die Band auseinanderbrach, Konflikte mit zahllosen Rechtsanwälten, Buchhaltern und Ex-Freundinnen auszustehen waren, verflog der Zauber schnell. John Lennon und Paul McCartney setzten ihre musikalische Karriere fort. Jeder ging seinen eigenen Weg, der nicht zuletzt von den Ehefrauen Yoko Ono und Linda McCartney beeinflußt wurde. Harrison und Starr zogen sich mehr und mehr ins Privatleben zurück. Als Lennon 1980 vor seiner New Yorker Wohnung erschossen wurde, war die heimliche Hoffnung der Fans auf eine Wiedervereinigung der Gruppe für immer zunichte gemacht.

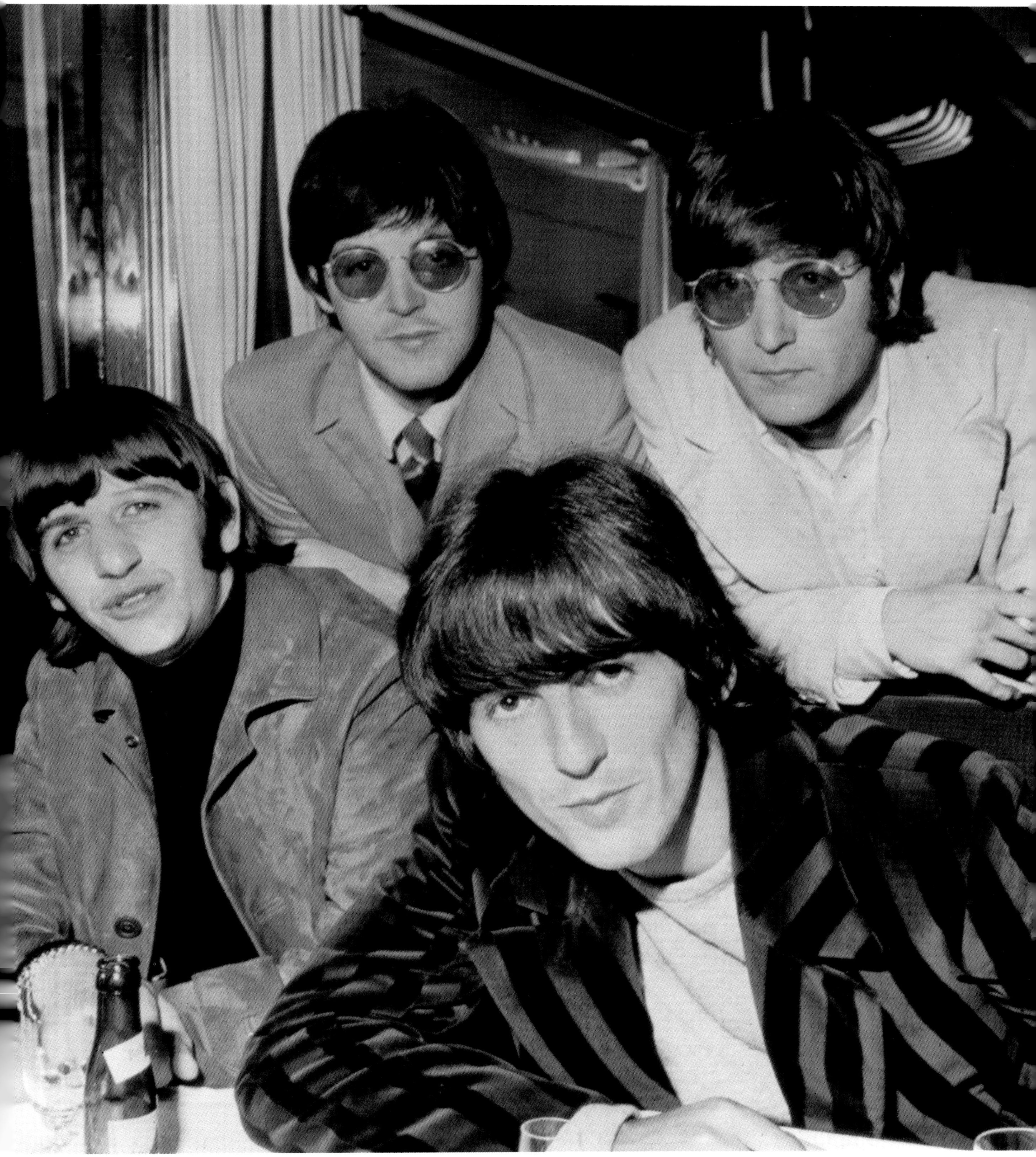

DAVID BEN-GURION
1886–1973

WIE EIN MODERNER MOSES brachte der Zionistenführer, Guerillakämpfer und verehrte Landesfürst Ben-Gurion die Juden zurück ins Gelobte Land und wurde zum Vater des neuen Staates Israel. Mit einer Mischung aus Klugheit und Sturheit gelang es ihm nach vielen mühevollen Jahren im Dienst der zionistischen Politik, die Führung seines Volkes zu erlangen. Während seiner Amtszeit als erster Premierminister 1948–1953 und dann wieder 1961–1963, formten seine Hingabe, seine Vision und sein Gespür für das Schicksal sowohl sein Volk als auch die Politik im Nahen Osten.

David Grün, alias Ben-Gurion, wurde im polnischen Plonsk, in der Nähe von Warschau als Sohn eines einflußreichen, obwohl ohne Zulassung arbeitenden Rechtsanwaltes geboren. Ohne je im herkömmlichen Sinne religiös gewesen zu sein, war er doch durch und durch Jude. Unter dem Einfluß seines zionistisch gesinnten Vaters und seines Großvaters, der ihm Hebräisch beibrachte, wurde Grün schon in seiner Kindheit ein glühender Zionist. Mit 14 Jahren wurde er Sekretär einer Vereinigung für die Emigration nach Palästina. Um 1905 war der junge Mann gleichermaßen überzeugt von den ethnischen und theokratischen Grundsätzen des Zionismus sowie der ökonomischen Theorie des Marxismus.

1906 emigrierte Grün nach Palästina, wo der energische 20jährige schnell Vorsitzender der nationalistischen Fraktion der Sozialistischen Arbeiter Zions wurde. Er hatte dort ebenso gegen die Malaria zu kämpfen wie gegen das Mißtrauen der einheimischen Palästinenser. In der Hoffnung, zionistische Interessen bei der damaligen osmanisch-türkischen Regierung vorantreiben zu können, ging der mehrsprachige Grün nach Istanbul, wo er als Jurastudent bei der Elite des Landes für den Zionismus warb. Seine Veröffentlichungen in dem zionistischen Organ *Achdut* (Einheit) unterzeichnete er mit dem alten hebräischen Namen Ben-Gurion. 1914 mußte er nach Palästina zurückkehren, da die monatlichen Zahlungen seines Vaters zum Lebensunterhalt nicht ausreichten.

Mit dem Ausbruch des Ersten Weltkriegs wurde Ben-Gurion von den Türken, den Alliierten der Deutschen, abgeschoben. Zunächst reiste er nach Ägypten, später nach New York, wo er die Juden von der Emigration nach Israel zu überzeugen versuchte. Sein wohl größter – mehr privater – Erfolg dort war seine Heirat mit der jungen Krankenschwester Paula Munweis 1917, die ihm drei Söhne schenkte und ihm bis zu ihrem Tod 1968 treu ergeben war.

Im Jahr darauf meldete er sich freiwillig beim Jüdischen Bataillon der Britischen Armee, das ihn nach Palästina schickte, um unter General Allenby gegen die Türken zu kämpfen. Die Türken unterlagen, und nach dem Ersten Weltkrieg wurde das ehemals osmanische Palästina dem Mandat Großbritanniens unterstellt. Allerdings nahm die Macht, die Großbritannien über seine Kolonien ausübte, zu jener Zeit zunehmend ab. So fiel es Ben-Gurion nicht schwer, hinter dem Rücken der britischen Herrscher die Gründung eines zionistischen Staates vorzubereiten. Als Generalsekretär der einflußreichen Gewerkschaft Histadrut, die neben der Jewish Agency und dem Nationalfonds seit 1933 die jüdische Einwanderung organisierte, konnte er Verwaltung, Immigration und die allmählich erstarkende Untergrundmiliz kontrollieren. Dem Marxismus hatte er schon vor längerer Zeit den Rücken gekehrt, dessen Ideen für ihn nun unvereinbar mit denen des Zionismus waren. Ben-Gurion wartete nur auf den rechten Moment, um seine Nation erstehen zu lassen – der Zweite Weltkrieg gab ihm diese Chance.

Der in Europa eskalierende Antisemitismus trieb Scharen von Juden nach Palästina. Ben-Gurion nutzte die britischen Verwaltungsstrukturen, um Israels militärische Schlagkraft zu vergrößern. 1939 versuchte Großbritannien unter arabischem Druck, mit dem berüchtigten MacDonald-Erlaß die Einwanderungsflut zu stoppen. Das hatte zur Folge, daß innerhalb der nächsten fünf Jahre nur 75 000 Juden nach Palästina einwandern durften. Außerdem wurde dem Erwerb von Land durch Juden ein Riegel vorgeschoben. Palästina sollte zu einem binationalen Staat werden.

Nach dem Ende des Zweiten Weltkriegs leitete Ben-Gurion den politischen Kampf gegen die Briten. Großbritannien war den Einsatz in dem ständig von Unruhen erschütterten Palästina leid und forderte die Errichtung eines Jüdisch-Arabischen Staates. Die Angelegenheit wurde an die Vereinten Nationen weitergegeben. Als der UNSCOP-Sonderausschuß Palästina statt dessen in zwei voneinander unabhängige Staaten aufteilte, ging Ben-Gurions Traum endlich in Erfüllung. Am 14. Mai 1948 rief er an der Spitze des jüdischen Nationalrats die Republik Israel aus. Am darauffolgenden Tag schickte die über die Teilung erzürnte Arabische Liga – Libanon, Syrien, Jordanien, Ägypten und der Irak – ihre „Befreiungsarmee" in den Krieg, doch Ben-Gurion und der neue Staat Israel bewiesen Stärke und gingen als entschiedene Sieger aus dem ersten arabisch-israelischen Konflikt hervor, dem die Flucht und Vertreibung arabischer Bevölkerungsteile folgte.

Für den Rest der Welt wurde der erfahrene, aber oft unbeherrschte Ministerpräsident und Verteidigungsminister Ben-Gurion die Verkörperung des Staates Israel. Er tat viel für die wirtschaftliche Stabilisierung des Landes; dabei stellte er im Interesse seines Landes den Goodwill der internationalen Gemeinschaft mehr als einmal auf eine harte Probe. Bei der Gründung des Staates hatte er sich geschickter gezeigt als später in der Führung.

Als Israel in den frühen 60er Jahren den Kinderschuhen entwachsen war und keinen Vater mehr brauchte, zog sich Ben-Gurion in einen Kibbutz in der Wüste Negev zurück. Politisch aktiv bis zu seinem Tod im Jahre 1973, hatte er seinen Traum Wirklichkeit werden sehen.

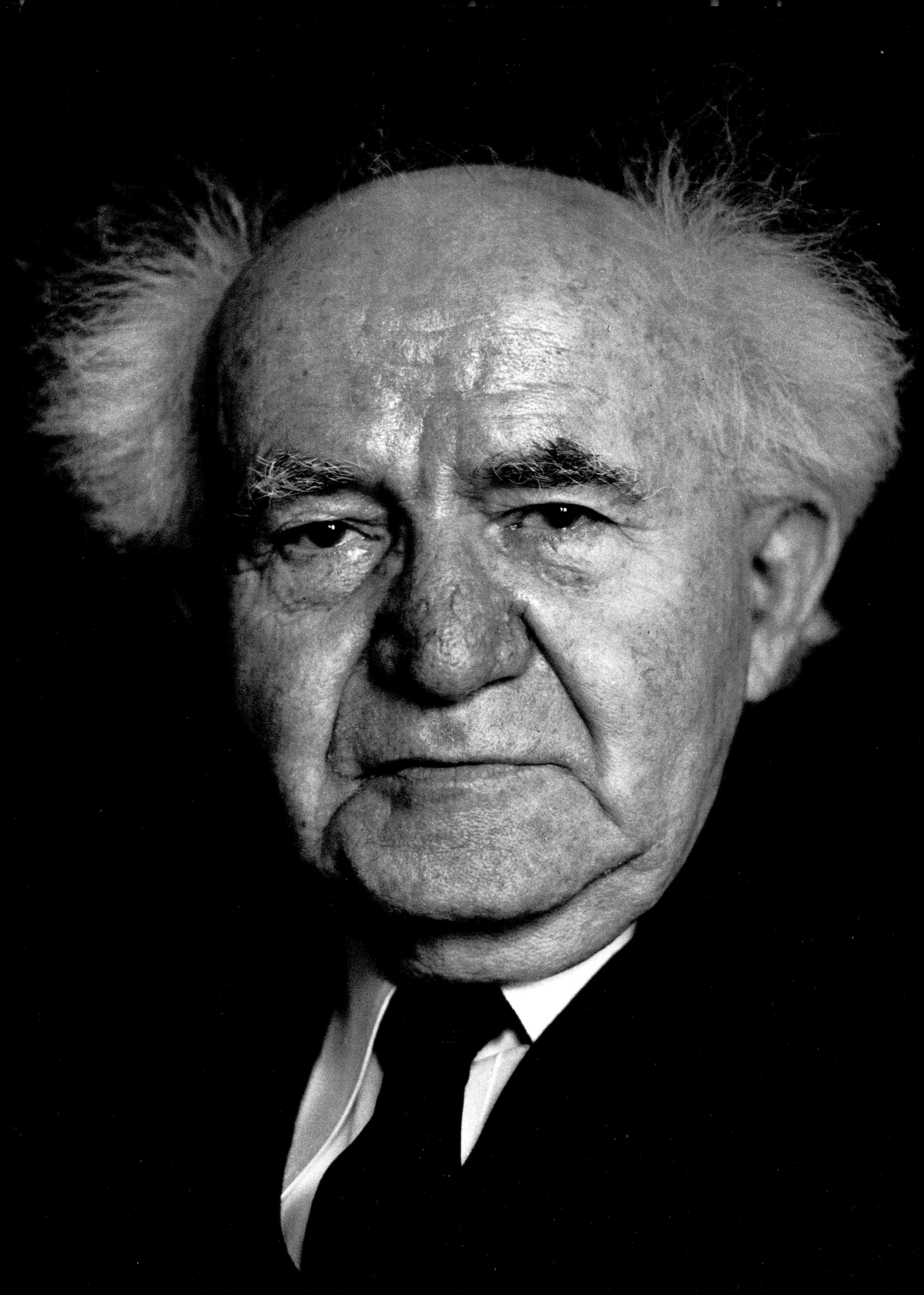

INGMAR BERGMAN *1918

FÜR DIE GENERATION, die Mitte des 20. Jahrhunderts heranwuchs, spielten Ingmar Bergmans düstere, philosophische Filme mindestens eine ebensogroße Rolle wie die sexuelle Befreiung. Überall in Europa und den USA saßen junge, ambitionierte Cineasten in verdunkelten Filmtheatern und versuchten, den bedeutungsschweren Symbolismus, die metaphysischen Problemstellungen und die psychologische Schwarzweißmalerei des Schweden zu verstehen. Nach einem Bergman-Film ging man nicht ins Bett, sondern verbrachte die Nacht mit hitzigen Diskussionen über die Selbstentfremdung des Menschen in einer Welt, aus der Gott sich zurückgezogen hat. Die tiefen Ängste des zu grenzenloser Grübelei neigenden Filmemachers, seine harte, innovative Bildlichkeit ließen Hollywoods seichte, aber kostspielige Kassenschlager plötzlich frivol erscheinen. Bald war der neurotische, geltungsbedürftige Skandinavier zum beliebtesten Filmregisseur der Intellektuellen geworden. Sein autobiographisches Kino setzte Maßstäbe. Bergman selbst hatte nie etwas gegen Hollywood, hatten ihn doch die Filme der dortigen Meister-Regisseure wie Billy Wilder, George Cukor und Ernst Lubitsch stark geprägt.

Schon als Kind flüchtete sich der in Uppsala geborene Schwede in die Welt des Films und des Theaters. In diese Zauberwelt zog er sich zurück vor dem, was er selbst einmal als unglückliche und traumatische, ein anderes Mal als wunderschöne, zufriedene Kindheit beschrieb. Wie dem auch sei – auf jeden Fall vermachten ihm sein Vater, ein Pastor, und die strenge Mutter neben der Liebe zur Musik eine grenzenlose Angst vor Strafe und Demütigung. Wenn er unartig gewesen war, gab es Prügel, und wenn er ins Bett gemacht hatte – was nicht selten geschah –, mußte er vor den Augen der Familienmitglieder einen roten Rock tragen. Trost fand der verträumte Junge beim Spiel mit seinem Puppentheater und dem primitiven Filmprojektor, für den er Reste alter Filme sammelte und zusammenklebte. Der Film *Black Beauty*, den er mit sechs Jahren zum ersten Mal sah, erregte ihn so sehr, daß er mit hohem Fieber drei Tage das Bett hüten mußte. Mit zunehmendem Alter verlor sich diese Übersensibilität, doch niemals seine Begeisterung für den Film: Als Jugendlicher sah er manchmal zwei oder drei Streifen an einem Tag.

Eine erste Tätigkeit am Theater nahm er auf, nachdem er sein Studium der Literaturgeschichte an der Stockholmer Universität abgebrochen hatte. Dieser Hilfsjob brachte ihm zwar zunächst nicht viel ein, doch bald wurde er bei der Svensk Filmindustri als Drehbuchschreiber engagiert. Nach einigen eher erfolglosen Projekten feierte er mit *Das Lächeln einer Sommernacht* (1955) seinen ersten Erfolg.

Der internationale Bergman-Kult begann jedoch erst mit seiner Allegorie *Das siebente Siegel*. Für diesen Film über die Fragen des Menschen nach Gott und die Unabwendbarkeit des Todes erhielt er 1957 in Cannes einen Sonderpreis der Jury. *Wilde Erdbeeren* (1957), *Das Gesicht* (1958), *Die Jungfrauenquelle* (1960), *Wie in einem Spiegel* (1961), *Licht im Winter* (1962) und *Das Schweigen* (1963) festigten Bergmans Ruf als Filmgenie. Die charakteristischen Elemente seiner Filme sowie ihre Themen sollten sich in den kommenden Jahrzehnten kaum ändern. Er lotete nicht nur die psychologischen Tiefen männlicher Isolation und Verzweiflung aus, sondern zeigte sich auch als scharfer Beobachter der weiblichen Seele. Seine fünf Ehen und diverse Liebschaften boten ihm reiches Material und wurden Quellen der Inspiration. Er arbeitete mit einer Gruppe talentierter Schauspieler zusammen – darunter Ingrid Thulin, Bibi Andersson, Harriet Anderson, Max von Sydow, Gunnar Björnstrand und Liv Ullmann, die ihm eines seiner acht Kinder schenkte. Zu diesem loyalen Kreis gehörte auch der ausgezeichnete Kameramann Sven Nykvist, der den oftmals cholerischen Regisseur mit seiner ausgeglichenen Kreativität optimal ergänzte. Bergmans Lieblingsschauspieler, die exzellenten technischen Mitarbeiter sowie seine unverwechselbare Arbeitsweise – niedrige Budgets, straffe und gut durchorganisierte Zeitpläne – ermöglichten ihm etwas, um das ihn viele Regisseure beneideten: absolute künstlerische Kontrolle.

Die Kontrolle über sich selbst verlor er, als er am 30. Januar 1976 während einer Probe am Königlich Dramatischen Theater in Stockholm wegen Steuerhinterziehung festgenommen wurde. Obwohl man ihn bald freisprach, verließ der 58jährige Regisseur, der weiterhin mit Depressionen zu kämpfen hatte, Schweden und ging für drei Jahre ins selbstgewählte Exil nach München, wo er am Residenztheater arbeitete und seinen ersten Film außerhalb Schwedens drehte. Anders als seine früheren, sehr persönlichen Filme, behandelte *Das Schlangenei* (1978) – mit Liv Ullmann und dem Amerikaner David Carradine in den Hauptrollen – ein massenpsychologisches Thema: die Entstehung der Naziherrschaft. Sein nächster Film, *Herbstsonate* (1978), gelangte zu internationalem Ruhm, und mit seinen nunmehr wieder in Schweden gedrehten TV-Filmen, unter anderem *Fanny und Alexander* (1983), feierte er große Erfolge auch auf der kleinen Leinwand. Er inszenierte später auch wieder sehr erfolgreich am Theater.

Mit zunehmendem Alter zog Bergman die Arbeit am Theater vor, da sie ihm körperlich weniger abverlangte als der Film. Mit seinen 80 Jahren ist er heute sanfter geworden, doch er bleibt ein verschlossener Einzelgänger, der einen Großteil seiner Freizeit auf der baltischen Insel Farö verbringt. Hier lägen seine Wurzeln, so sagt er, und hier habe er alles, was er für seine Arbeit brauche, vom Schneidetisch bis zum Vorführraum. Die einsame, graue Insel ist der ideale Ort für einen Mann, der stets versuchte, die hoffnungslose Suche des Menschen nach dem Göttlichen auf Zelluloid zu bannen, und wohl bis heute glaubt, dieser schweigende Gott habe seine Schafe vergessen.

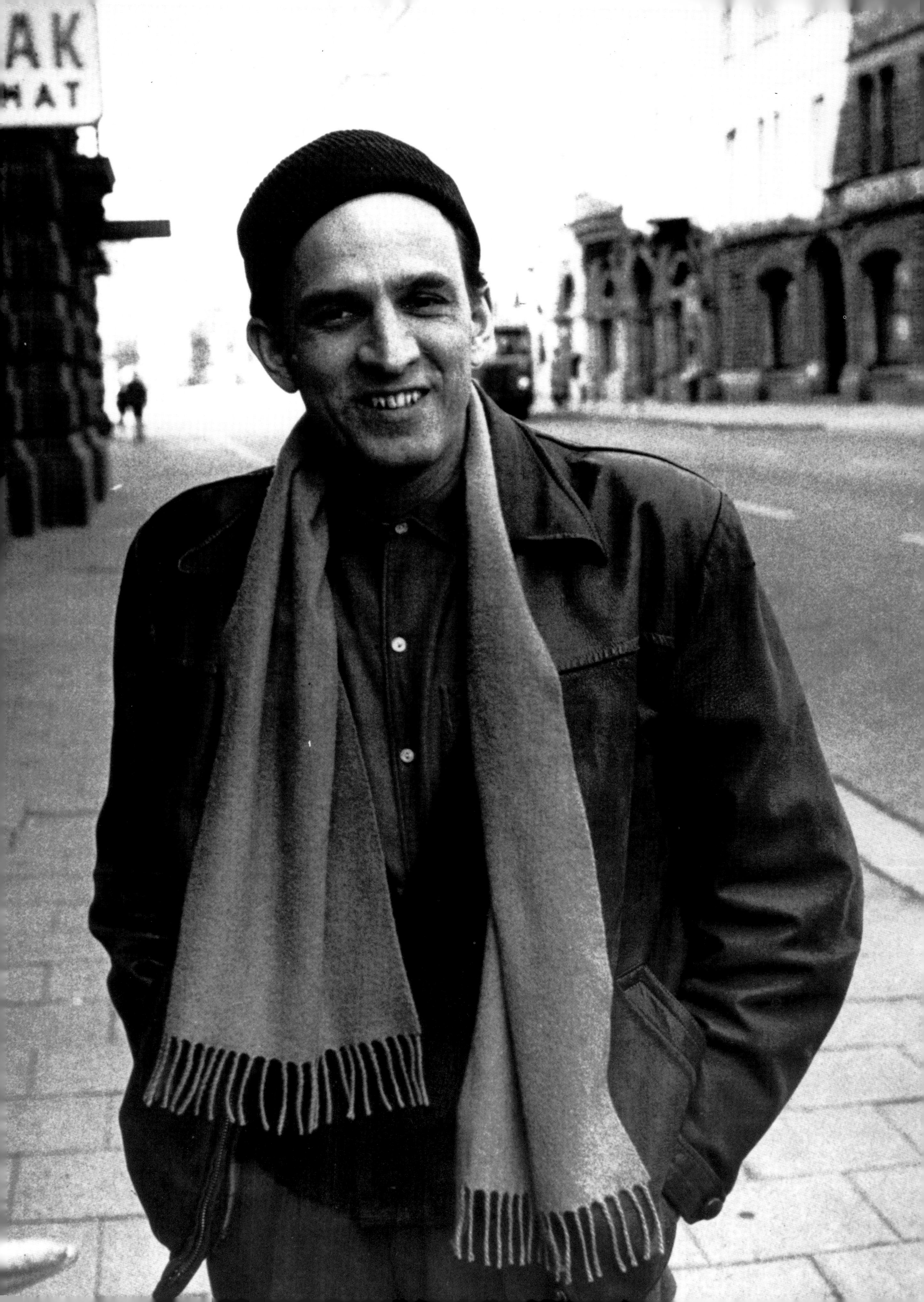
AK
MAT

INGRID BERGMAN
1915-1982

„VON ALLEN KASCHEMMEN DER Welt kommt sie ausgerechnet in meine", brummt Humphrey Bogart in dem unsterblichen Klassiker *Casablanca*. Seit der Film 1942 anlief, haben sich wohl Millionen von Männern gewünscht, die Spelunke zu besitzen, in der Ingrid Bergman aufkreuzt. Glanzvoll, zeitlos, strahlend – es gibt wohl kein Adjektiv, das ihre Schönheit und ihre Wirkung auf der Leinwand erschöpfend beschreiben könnte. Sie war nicht perfekt: Die Nase war ein wenig zu groß, der Körper im Vergleich zu denen der meisten anderen Kinogöttinnen der Zeit zu stämmig, das Blau der Augen eher unauffällig. Doch mit ihrer Ausstrahlung gewann sie die Herzen der Männer ebenso wie die der Frauen. Sie war im wirklichen Leben unwiderstehlich und als Schauspielerin absolut überzeugend.

Ingrid Bergman lernte in ihrer gutbürgerlichen Kindheit schon früh die Traurigkeit kennen. Als sie gerade zwei Jahre alt war, starb ihre Mutter, und als sie elf war, der Vater. Sie wurde in die Familie ihres Onkels, der selber fünf Kinder hatte, aufgenommen. Komplexbeladen aufgrund ihrer überdurchschnittlichen Größe, war sie extrem schüchtern und gehemmt und zog sich in die Traumwelt der Schauspielerei zurück. Allmählich gelang es ihr jedoch, die Scheu zu überwinden, und sie besuchte die Königliche Dramatische Theaterschule in Stockholm. Nach nur einem Jahr wurde sie 1934 bei der Svensk Filmindustri unter Vertrag genommen. 1936 erhielt die talentierte junge Schauspielerin die Hauptrolle in Gustaf Molanders *Intermezzo*. 1937 heiratete sie Petter Lindstrom, einen Arzt, mit dem sie ihr erstes Kind, ihre Tochter Pia, bekam. 1939 nahm sie David O. Selznick unter Vertrag, und sie ging nach Amerika, wo sie kurz darauf für eine Warner-Brothers-Produktion engagiert wurde. Sie spielte eine junge Frau, die im von den Deutschen besetzten Nordafrika zwischen der Loyalität zu ihrem gegen die Nazis kämpfenden Ehemann und ihrer wiedererwachenden Liebe zu dem Café-Besitzer – gespielt von Humphrey Bogart – hin- und hergerissen ist. Mit seinen wechselvollen Stimmungen und nebligen Abschiedsszenen, die das emotionale Klima der Zeit widerspiegelten, wurde *Casablanca* unter der exzellenten Regie von Michael Curtiz zu einem jener seltenen Kassenschlager, die ihre Zeit überdauern und zum Mythos werden.

Die junge schwedische Schauspielerin hatte es, als sie 1939 nach Amerika kam, um Selznicks englische Fassung der Romanze *Intermezzo* zu drehen, strikt abgelehnt, sich die Haare zu schneiden, die Augenbrauen zu zupfen und ihre tiefe Stimme aufzuhellen. Sie wehrte sich standhaft gegen jede Manipulation ihres Äußeren, ja sie wollte nicht einmal das in Hollywood übliche Make-up akzeptieren. Als ihre natürliche Schönheit schließlich den amerikanischen Zuschauern präsentiert wurde, gingen die Umsätze der Kosmetikfirmen schlagartig zurück. Nachdem sie mit *Casablanca* den Grundstein zu ihrer steilen Filmkarriere gelegt hatte, spielte sie 1943 neben Gary Cooper in *Wem die Stunde schlägt* und im darauffolgenden Jahr mit Charles Boyer in *Das Haus der Lady Alquist*. Für ihre Rolle als nervenzerrüttetes Opfer eines bösartigen Ehemannes erhielt Ingrid Bergman ihren ersten Oscar. Die Hauptrollen in zwei von Alfred Hitchcocks Psycho-Thrillern, *Ich kämpfe um dich* (1945) mit Gregory Peck und *Berüchtigt* (1946) an der Seite von Cary Grant, festigten ihren internationalen Ruhm. Häufig spielte sie edle, reine Charaktere – wie zum Beispiel die sympathische, an Tuberkulose erkrankte Nonne in *Die Glocken von St. Marien* (1945) oder die jungfräuliche Heldin in *Johanna von Orléans* (1948). Selbst wenn eine ihrer Figuren, wie in *Berüchtigt*, ihre Unschuld der Liebe opferte, sah das Publikum in ihr immer die integre, makellose Schauspielerin.

Dies änderte sich allerdings schlagartig, als Ingrid Bergman ihr eigenes Image Lügen strafte. 1948 hatte sie Roberto Rossellinis neorealistischen Klassiker über die Nazi-Besetzung Roms, *Rom, offene Stadt*, gesehen. Sie verliebte sich sofort in den Film – und in den Regisseur. Die Affäre wurde zum Skandal des Jahrhunderts aufgebauscht. Der Höhepunkt des Medienrummels war erreicht, als die römische Polizei das Krankenhaus, in dem Ingrid Bergman ihren Sohn Robertino zur Welt brachte, abschirmen mußte. Die Nachricht von ihrem unehelichen Kind ging um die Welt. Sie ließ ihre Tochter Pia zurück und ging ins Exil nach Europa, wo sie später noch Zwillinge zur Welt brachte. Ihre Ehe mit Rossellini zerbrach nach sieben Jahren, nicht zuletzt an einer Reihe von Mißerfolgen, darunter *Europa 51* (1951). Nun kehrte sie nach Hollywood zurück – eine Frau, die über die Doppelmoral der Gesellschaft triumphiert hatte und ihren Makel hoch erhobenen Hauptes trug. Das Publikum schloß sie als eigensinnige Heilige wieder in sein Herz.

Als sie für ihre Rolle als jüngste Tochter des letzten russischen Zaren in *Anastasia* (1956) ihren zweiten Oscar erhielt, war sie endgültig in den Starhimmel zurückgekehrt, doch ihr Stern sollte niemals mehr so hell erstrahlen wie zuvor, auch wenn sie für ihre Leistung in *Mord im Orient Express* (1974) einen weiteren Oscar bekam. Die Frau, die sich ein Leben ohne die Schauspielerei nicht vorstellen konnte, sei es auf der Bühne oder auf der Leinwand, gewann ihr früheres Ansehen nie völlig zurück. Ingmar Bergmans *Herbstsonate* (1978) war für die Dreiundsechzigjährige allerdings ein großer Erfolg. Sie spielte eine schuldgeplagte Konzertpianistin, die die Karriere über die Familie gestellt hatte. Ingrid Bergman schien auf der Leinwand den Schmerz noch einmal zu empfinden, der sie gequält hatte, als sie im realen Leben ihre Tochter verlassen hatte, und die gleiche Freude zu spüren, als sie sich wieder mit ihr versöhnte.

Ingrid Bergman starb nach einem leisen siebenjährigen Kampf gegen den Krebs. Ein strahlender Stern, der den gefallenen Engel für ein fasziniertes Publikum gab, das alles verzieh. Am Ende sagte sie, sie bereue nichts, was sie getan, nur die Dinge, die sie nicht getan hätte.

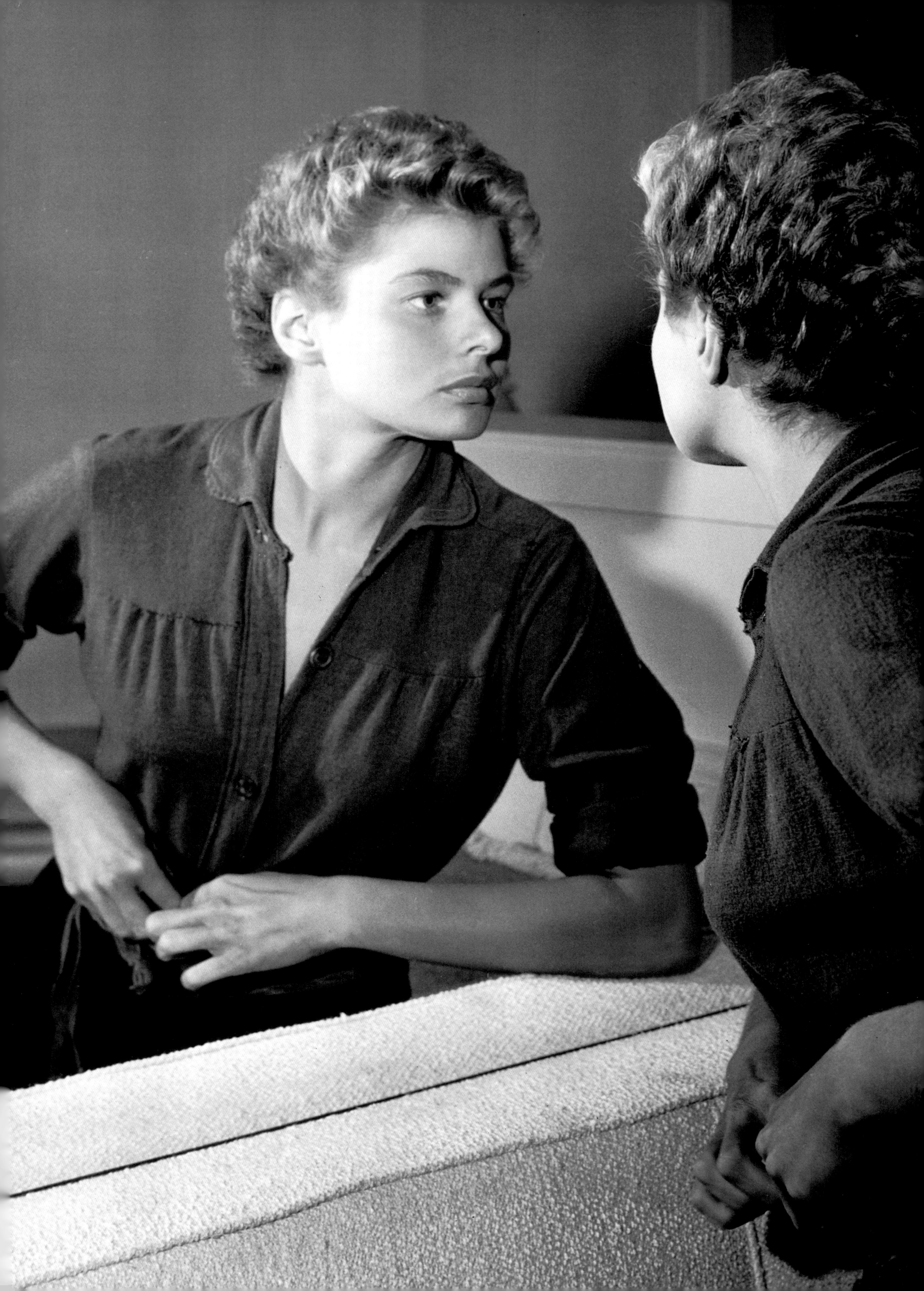

HUMPHREY BOGART

1899–1957

AUF KLASSISCHE WEISE VERKÖRPERTE der Schauspieler Humphrey Bogart den amerikanischen »tough guy«, einen Außenseiter, der Sentimentalität und Zynismus in sich vereint. Allerdings war Humphrey DeForest Bogart keineswegs ein Junge aus einem Armenviertel, sondern wohlerzogener Sohn eines gutverdienenden Arztes mit einer Praxis in Manhattan und einer künstlerisch veranlagten Mutter. Auf der Philips Academy in Andover, Massachusetts, bereitete er sich auf ein Medizinstudium vor und wäre auch an die Yale University gegangen, hätte man ihn nicht wegen Verstoßes gegen die Hausordnung der Schule verwiesen. So ging er 1917 bei Kriegseintritt der USA zur US Navy und kehrte mit seinem Markenzeichen – einer Narbe am Mund und einem dadurch hervorgerufenen leichten Lispeln – zurück. Einer Legende zufolge schlug ihn ein deutscher Kriegsgefangener mit den Handschellen ins Gesicht, woraufhin Bogey den Angreifer mit einem Schuß aus seiner 45er niedergestreckt haben soll. Aber wahrscheinlich stammt die Narbe von einem Bombenangriff auf sein Schiff, die Leviathan.

Nach dem Krieg versuchte Bogart sein Glück mangels besserer Alternativen zunächst am Theater. Er arbeitete anfangs als Laufbursche in einem New Yorker Filmstudio und spielte später die jungen, dynamischen Burschen, die, ihre Tennisschläger schwingend, im hell möblierten Salon den Spruch „Jemand Lust auf Tennis?" loslassen. Abgesehen von diesen unbedeutenden Rollen ist über seine Theaterkarriere wenig bekannt. Anfangs hielt er von dem Beruf nicht allzuviel, und die anderen Schauspieler, etwa James Cagney, lehnten ihn als Reicher-Leute-Sohn ab. Nach einigen mageren Jahren und zahlreichen bedeutungslosen Filmrollen kam 1936 der Durchbruch. Der englische Schauspieler Leslie Howard war so beeindruckt von Bogarts Interpretation des kahlköpfigen Killers Duke Mantee in Robert Sherwoods Stück *Der versteinerte Wald*, daß er Hollywood-Produzenten gegenüber darauf bestand, Bogart die Rolle auch in der Verfilmung zu geben. Bogart nannte später aus Dankbarkeit seine Tochter nach Leslie.

So kam seine Filmkarriere, wenn auch beschwerlich, in Gang. Einige Jahre lang spielte Bogart in einer Reihe zweitklassiger Gangsterfilme den Bösewicht. Dann jedoch kam der große Durchbruch: 1943 stellt er den Barbesitzer Rick Blaine in dem Film *Casablanca* dar. Diese Rolle war nicht nur ein großer Erfolg – sie machte ihn zur Legende. Als heimatloser Söldner mit melancholischem Blick, der seine Liebe zu Elsa schweren Herzens, aber selbstlos aufgibt und sie einem anderen überläßt, ist Bogart die perfekte Verkörperung des harten, aber fairen Amerikaners, der trocken konstatiert, daß die Welt schlecht ist, und trotzdem noch genug Idealismus besitzt, dagegen anzugehen. Mit seinen Rollen als Dashiel Hammetts sardonischer Privatdetektiv Sam Spade in John Hustons *Die Spur des Falken* (1941) und Raymond Chandlers Detektiv Philip Marlowe in Howard Hawks' *Tote schlafen fest* (1945) prägte er ganz entscheidend das Genre des Film noir mit. Rick Blaine und Harry (Steve) Morgan, der Kapitän in *Haben und Nichthaben* von 1944, runden das von Bogart geschaffene Bild des unsentimentalen, allen Herausforderungen einsam trotzenden Yankees ab. Mit dieser Idealfigur identifizierten sich Millionen von Amerikanern, und dem Rest der Welt wurde vor Augen geführt, wie sich die amerikanische Nation gerne selber sah.

Im richtigen Leben war Bogart jedoch nicht der zähe, hartgesottene Typ, den er auf der Leinwand gab. Sein einziger Sparringspartner in Hollywood war weder ein Gauner noch ein Nazi, sondern seine dritte Ehefrau, Mayo Methot, eine wenig erfolgreiche Schauspielerin, die Bogarts Vorlieben für lautstarken Streit und harte Getränke teilte. Das Paar stritt sich häufig und bevorzugt in aller Öffentlichkeit, weshalb die Presse sie „The Battling Bogarts" (die prügelnden Bogarts) taufte. Ansonsten blieb er die Höflichkeit in Person – ab und zu legte er absichtlich eine übertriebene Selbstgefälligkeit an den Tag, die er aber sogleich ironisch abschwächte. Er war kein Raufbold, genoß es aber, sein Gegenüber so lange zu reizen, bis der Gepeinigte handgreiflich zu werden drohte, um ihm dann großzügig zu einem Drink einzuladen. Bei seiner ersten Begegnung mit John Steinbeck eröffnete er das Gespräch mit der Bemerkung: „Hemingway sagte mir, daß Sie kein guter Autor sind."

Auf der Leinwand spielte er den grübelnden, oft zynischen Ladykiller, doch in der Realität war sein Verhältnis zu Frauen anders. Seine drei ersten Ehen verliefen katastrophal. Dies änderte sich mit seiner letzten Ehefrau, der sinnlichen Lauren Bacall, der jungen Hauptdarstellerin in *Haben und Nichthaben*, an deren Seite er auch in *Tote schlafen fest*, *Die schwarze Natter* (1947) und *Gangster in Key Largo* (1948) spielte. Mit ihr hatte er Kinder, und in ihren Armen starb er auch.

Den Sprung vom seelenvollen Schurken zum reifen Charakterschauspieler schaffte Bogart mit Leichtigkeit. Als großkotziger und habgieriger Fred C. Dobbs in John Hustons *Der Schatz der Sierra Madre* (1947) bot er das lebensnahe Beispiel eines geizigen Menschen. Seine Darstellung des paranoiden Captain Queeg in *Die Caine war ihr Schicksal* (1954) ist eine schauspielerische Meisterleistung. Doch die alles überragende Rolle seiner letzten Jahre war die des Charlie Allnut, des Flußbootkapitäns in John Hustons *African Queen* (1951). Seine Partnerin in diesem Film ist Katharine Hepburn, die eine alte Jungfer spielt. Für diese Rolle in einer der großartigsten – und zugleich unwahrscheinlichsten – Liebesgeschichten des Kinos erhielt Bogart den Oscar als bester Hauptdarsteller und hatte damit den Höhepunkt seiner Hollywood-Karriere erreicht – die er übrigens selbst als recht mäßig bezeichnete. Mit dieser Meinung steht er allerdings recht allein da. Auch wenn andere länger im Rampenlicht standen – er starb bereits 1957 an Kehlkopfkrebs –, so überragt Amerikas romantischster Antiheld sie doch um einiges.

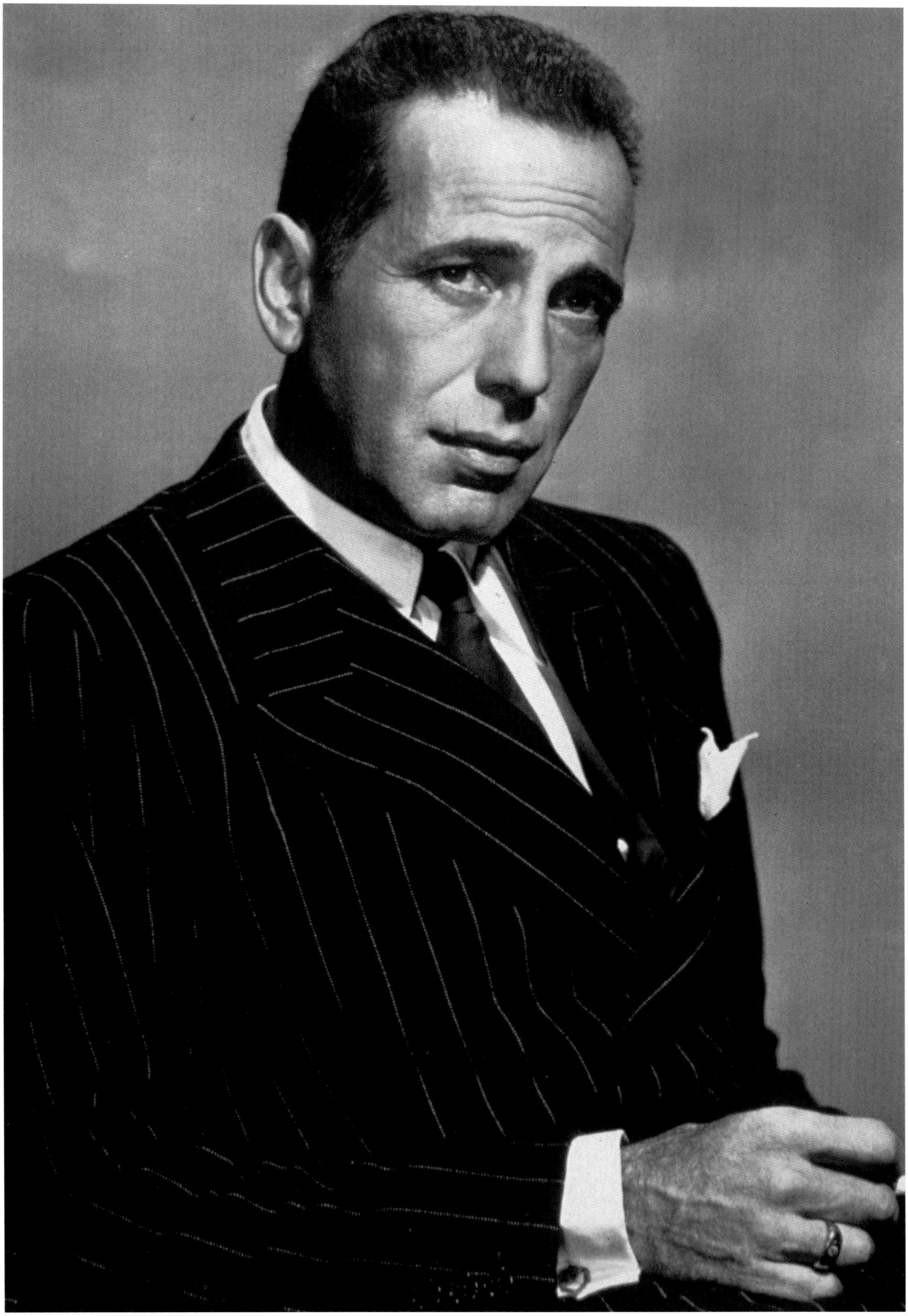

MARLON BRANDO

*1924

ES GIBT NUR EINEN MARLON BRANDO. Diese nicht zu leugnende Tatsache hat der meisterhafte, stets unter Strom stehende Schauspieler jahrzehntelang zu bestätigen wie auch zu zerstören versucht. In seiner mitreißenden Bühnenvorstellung 1947 als Stanley Kowalski in Tennessee Williams' *Endstation Sehnsucht* schien Brando durch seine raubtierartige, sexuell aufgeladene Spielweise die Bühne in Brand zu setzen, und er schuf mit seiner Improvisation eine ganz neue Art des Spielens. Nach dieser Flegelrolle bemühte sich der intuitiv und naturalistisch agierende Brando nach Kräften, das ihm nun anhaftende Image wieder loszuwerden. Da er seine Filme sorgfältig auswählte, zeigte sich bald sein wunderbares Talent. Unzufriedenheit, Mehrdeutigkeit und Rätselhaftigkeit waren die Grundlagen seiner überaus kraftvollen Darstellungen, beispielsweise der des Johnny in *Der Wilde* (1953), des psychisch angeknacksten früheren Preisboxers Terry Malloy in *Die Faust im Nacken* (1954) und des anstößig erotischen und brutalen Paul in *Der letzte Tango in Paris* (1972).

Marlon Brandos klassisch-römisches Aussehen und seine Körperlichkeit prägten in seinen frühen Jahren seine Schauspielkunst und seine zugleich bedrohliche und verletzliche Sexualität. Doch er besaß noch eine andere Seite. In den 60er Jahren verließ er das seiner Meinung nach bösartige und durch und durch kommerzialisierte Hollywood, um auf einer abgelegenen, zu Tahiti gehörenden Insel zu leben. Das wie gemeißelt wirkende Gesicht fiel zusammen und wurde im Lauf der Jahre von Falten zerfurcht. Nur der ausdrucksvolle Kiefer und die stechenden Augen zeugten noch von seiner einstigen Schönheit, als er sich mit seiner mikronesischen Frau, zwei Kindern und einem Weltempfänger in eine strohbedeckte Hütte in der Nähe einer verschlafenen blauen Lagune zurückzog. Er wog nun fast 150 Kilo und kleidete sich in der Tracht der Eingeborenen.

Marlon Brandos Aufstieg vom Schauspielschüler zum Star war rasant. Geboren in Omaha, Nebraska, als Sohn einer halbprofessionellen, alkoholabhängigen Schauspielerin und eines tyrannischen, schwer arbeitenden Viehfutterherstellers, wuchs er auf einer Farm in Libertyville, Illinois, auf. Der verstörte und vernachlässigte Teenager wurde auf eine Militärschule geschickt. Seine Aufsässigkeit reagierte er beim Theater ab. Sein Vater, den er wegen dessen unablässigen Vorhaltungen haßte, bot ihm finanzielle Hilfe an. Brando nahm an und folgte seiner Schwester, um in New York zu studieren und während der Semesterferien in Theaterproduktionen aufzutreten. 1944 besetzte man ihn in dem Broadwayhit *I Remember Mama* als verständnisvollen norwegischen Sohn Nels. Der Erfolg der Aufführung ermöglichte es ihm, sich in Stella Adlers berühmten Drama-Workshop an der New School for Social Research einzuschreiben, wo er die auf Stanislawski basierende Schauspielmethode erlernte. Später studierte er auch bei dem einflußreichen Lee Strasberg.

1946 ergatterte er in der Wiederaufnahme von Shaws *Candida* eine Rolle neben Katherine Cornell. Doch wie schon in Maxwell Andersons *Truckline Café* fiel er den Theaterkritikern nicht weiter auf. Nach *Endstation Sehnsucht* (unter der glänzenden Regie des Stanislawski-Verfechters Elia Kazan) ging Brandos Karriere jedoch steil nach oben. 1950 spielte er in Stanley Kramers *Die Männer*, gefolgt von *Viva Zapata!* (1952), und schließlich übernahm er die Titelrolle in *Julius Cäsar* (1953). 1954 wurde seine Arbeit endlich mit einem Oscar für seine Rolle in *Die Faust im Nacken* belohnt, einem Filmklassiker, in dem Brando auf unverwechselbare Art und Weise völlig neue, tiefliegende Seiten von Pathos und Schmerz zeigt.

Der Wilde ließ Brando, Verkörperung von purem Sex und ausgelebter Aggressivität, zum Jugendidol und zum Vorbild für Generationen von Aufsässigen und Möchtegern-Brandos werden. Düster, verloren und gefährlich hinterließ er „in einem Umkreis von 300 Kilometern" nichts als verbrannte Erde, wie es Schauspielerkollege Jack Nicholson später ausdrückte. Nicholson, Pacino, De Niro und all den anderen blieb nichts weiter übrig, als zu versuchen, in der Wüste zu überleben.

In den 60er Jahren ging Brando neue Wege. Doch sein Debüt als Regisseur von *Der Besessene* (1961) versank im Strudel eines überzogenen Etats, und seine Spleens hinter der Kamera während der Dreharbeiten zu *Meuterei auf der Bounty* (1962) zerstörten alle Hoffnungen, daß der Streifen auch nur annähernd seine Kosten einspielen werde. Zwischenzeitlich gab Brando die Schauspielerei ganz auf und nannte sie „eine leere und sinnlose Tätigkeit", der er sich nur ab und an widerstrebend wieder zuwende, um eines seiner vielen ehrgeizigen, doch immer wieder aufgegebenen Projekte zu finanzieren. Sein Engagement reichte dabei von der Unterstützung des American Indian Movement, der Bürgerrechtsbewegung der amerikanischen Ureinwohner, bis hin zu Umweltschutzprogrammen für seine Insel.

Mit dem brillanten Comeback als Mafiaboß Don Corleone in Francis Ford Coppolas *Der Pate* (1972), wofür ihm ein zweites Mal der Oscar als bester Hauptdarsteller verliehen wurde, kehrte der verlorene Sohn nach Hollywood zurück, und alles war vergessen. Seine verstörende Rolle in Bernardo Bertoluccis *Der letzte Tango in Paris* (1972) und seine Darstellung des Colonel Kurtz in Francis Ford Coppolas quälendem Antikriegsfilm *Apocalypse Now* (1979) schienen weitere Beweise dafür zu sein, daß die Zeit das Feuer in ihm nicht hatte löschen können.

Aber irgendwie geschah es doch. Marlon Brando führte viele bittere Vernichtungskämpfe gegen Frauen, Ex-Frauen und Geliebte. Auch die Verurteilung seines Sohnes Christian 1990 für den Mord am Freund seiner Schwester Cheyenne und Cheyennes Selbstmord hinterließen tiefe Narben. „Der Bote des Leids", verkündete der Schauspiel-Buddha dieses Jahrhunderts nach der Urteilsverkündung im Prozeß gegen seinen Sohn, „ist in mein Haus gekommen."

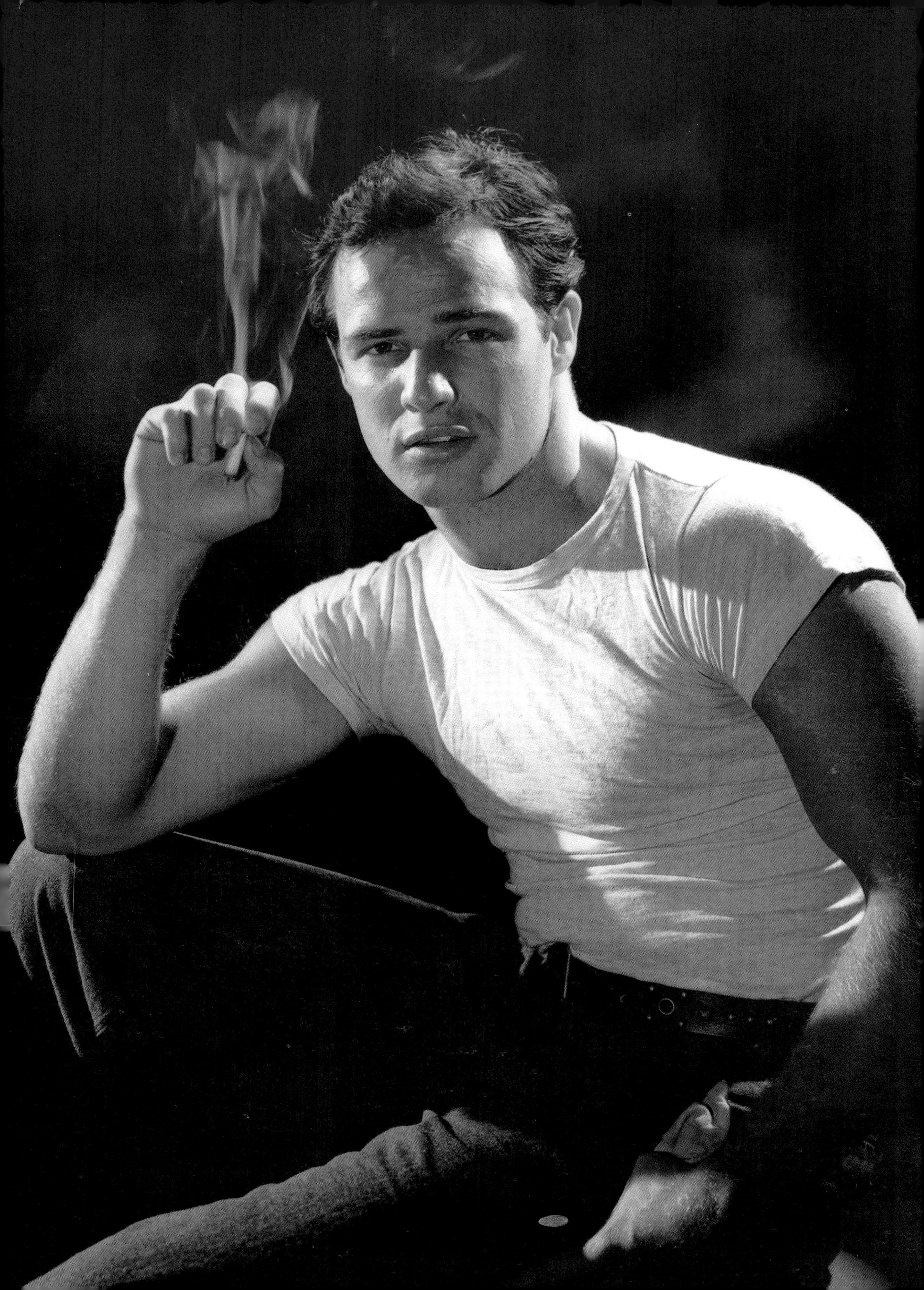

BERTOLT BRECHT
1898–1956

BERTOLT BRECHT, der einflußreichste deutsche Dichter und Dramatiker dieses Jahrhunderts, war ein intellektueller Rowdy. Für die moderne Gesellschaft – vor allem für den „verkommenen", materialistischen Westen – hegte der kühle, selbstsichere Analytiker tiefste Verachtung. Er erwählte *Das Kapital* zu seiner Bibel und den marxistischen Proletarier zu seinem Antihelden. Mit gammeligen Anzügen – wie sich später herausstellen sollte, maßgeschneidert – und der unverwechselbaren, schäbigen Mütze kleidete sich Brecht wie ein Arbeiter. Sehr zum Bedauern seiner jeweiligen Lebensgefährtinnen wirkte er meistens sehr ungepflegt. Einmal abgesehen von seinem ideologisch konsequenten äußeren Erscheinungsbild sah er seine Lebensaufgabe darin, den hoffnungslosen Kampf des Individuums gegen eine grausame Gesellschaft in realistischen, politischen Parabeln auf die Bühne zu bringen. Diesem idealistischen Bestreben standen seine nicht gerade sozialistischen Vorlieben gegenüber: So scharte er ein Heer ihm sexuell ergebener Frauen um sich und hatte stets eine wohlschmeckende Zigarre parat. Er genoß zusammen mit Kurt Weill den Erfolg am Broadway und die Freiheit zu tun, was ihm beliebte.

Mit seinem Straßenjargon brachte Brecht Farbe in den formalen und gestelzten Stil des deutschen Schrifttums. Vor allem aber revolutionierte er mit seinem „Epischen Theater" das zeitgenössische Drama. Er gab die Konventionen des Illusionstheaters auf, zeigte dem Publikum Scheinwerfer und Bühnenwechsel und verstärkte so das Moment des Spielens. Die von abstrakten Bühnenbildern und grellem Licht umgebenen Schauspieler versuchten nicht, im traditionellen Sinne zu „schauspielern": Mittels Erzählung, übertriebener Gestik und ins Publikum gesprochenen Nebenbemerkungen brachen sie die Illusion, distanzierten sich und das Publikum von der Figur. Inhaltlich versuchte Brecht die marxistische Idee der Abhängigkeit des Menschen von seiner wirtschaftlichen und historischen Situation darzustellen.

Während der Dramatiker Brecht später das Leben als bitteren Kampf in einer kalten Welt zeigte, war seine Kindheit in Bayern doch eher behütet gewesen. Wie viele Avantgardisten seiner Zeit entstammte Eugen Berthold Friedrich Brecht einer wohlhabenden Mittelstandsfamilie und genoß eine dementsprechende Bildung. Seine Mutter hielt ihn für etwas Besonderes und hegte und pflegte den kränklichen Sohn, der mit zwölf Jahren einen Herzanfall erlitt. Brecht war ein außergewöhnlich intelligentes, aber auch eigensinniges Kind, das seinen Kopf sehr gut durchzusetzen wußte.

Nachdem 1918 in München sein erstes, quasi-autobiographisches Stück *Baal* uraufgeführt worden war, machte er sich mit der nächsten Bühnenproduktion *Trommeln in der Nacht* bereits einen Namen. 1924 zog er in der Hoffnung auf noch mehr Erfolg nach Berlin, wo er zunächst als Dramaturg bei Max Reinhardt, dann als freier Schriftsteller und Regisseur arbeitete. In Berlin traf er mit dem experimentellen Komponisten Kurt Weill zusammen und las erstmals Karl Marx. Beeindruckt von der marxistischen Dialektik, wandte er sich vom Anarchismus ab. Unter dem Einfluß von Marx' Schriften und in Zusammenarbeit mit Weill, ebenfalls ein Linksintellektueller, entstand 1928 der antikapitalistische Klassiker *Die Dreigroschenoper*, ein melodramatisch-satirisches Musical, das Brechts Ruhm begründete, allerdings sein einziger finanzieller Erfolg bleiben sollte.

Nach Hitlers Machtergreifung 1933 mußte Brecht – der auf der Schwarzen Liste der Nazis an fünfter Stelle stand – ins Ausland fliehen, zunächst nach Dänemark, dann nach Schweden und Finnland, 1941 schließlich in die USA. Im Exil entstanden die lyrisch anspruchsvollen, didaktischen Stücke *Der gute Mensch von Sezuan*, *Leben des Galilei* und das oft gespielte *Mutter Courage und ihre Kinder*. Im Laufe der insgesamt trostlosen Hollywood-Jahre schrieb Brecht *Der Kaukasische Kreidekreis* und arbeitete mit Fritz Lang zusammen an dem Drehbuch zu *Hangmen Also Die* (1943). Voller Ärger sah der Dramatiker auf die Erfolge seiner Exil-Kollegen und stellte zähneknirschend fest, daß die Unterhaltungsbranche ihn als unbeliebten „Subversiven" und streitsüchtigen Regisseur ablehnte. Diese Ablehnung beruhte auf Gegenseitigkeit. Zu allem Überfluß wurde Brecht während seines Aufenthaltes an der Westküste auch noch vom Untersuchungsausschuß für unamerikanische Umtriebe vorgeladen. Nach den Verhandlungen verließ er das Land sofort, um sich schließlich in Ost-Berlin niederzulassen.

Dort gründete er mit seiner Ehefrau, der Schauspielerin Helene Weigel, das berühmte Berliner Ensemble. Die Truppe bekam sehr bald Schwierigkeiten, da Brechts pessimistische Stücke sich nicht mit der schönfärbenden Propaganda der Sozialistischen Einheitspartei vereinbaren ließen. Auch wenn die Repressalien der DDR in den frühen 50er Jahren – ganz zu schweigen von denen des stalinistischen Regimes – dem erbitterten Gegner des Imperialismus zu Denken gegeben haben müssen, so hat er dazu in der Öffentlichkeit nicht Stellung bezogen.

Brecht sah sich oft, vor einiger Zeit erst durch John Fuegi, dem Vorwurf des Plagiats und der Ausnutzung seiner Mitarbeiter ausgesetzt. Ihn selber interessierten solche Anschuldigungen nicht, da er die Bearbeitung alter Stoffe nicht für Abschreiben hielt. Bezüglich seines Verhaltens den Weggefährten gegenüber sind durchaus Vorbehalte anzumerken. Es gibt Handlungen, die nicht einfach zu rechtfertigen sind, wie zum Beispiel seine geringe öffentliche Anerkennung der Co-Autorenschaft unter anderem von Elisabeth Hauptmann. Wie auch immer, Brecht hat das Theater in diesem Jahrhundert mehr beeinflußt als seine Kritiker zugeben werden. Ausschlaggebend war seine Theorie des sogenannten Epischen Theaters, das durch den Verfremdungseffekt eine Aktivierung des Publikums bezweckt und erreicht.

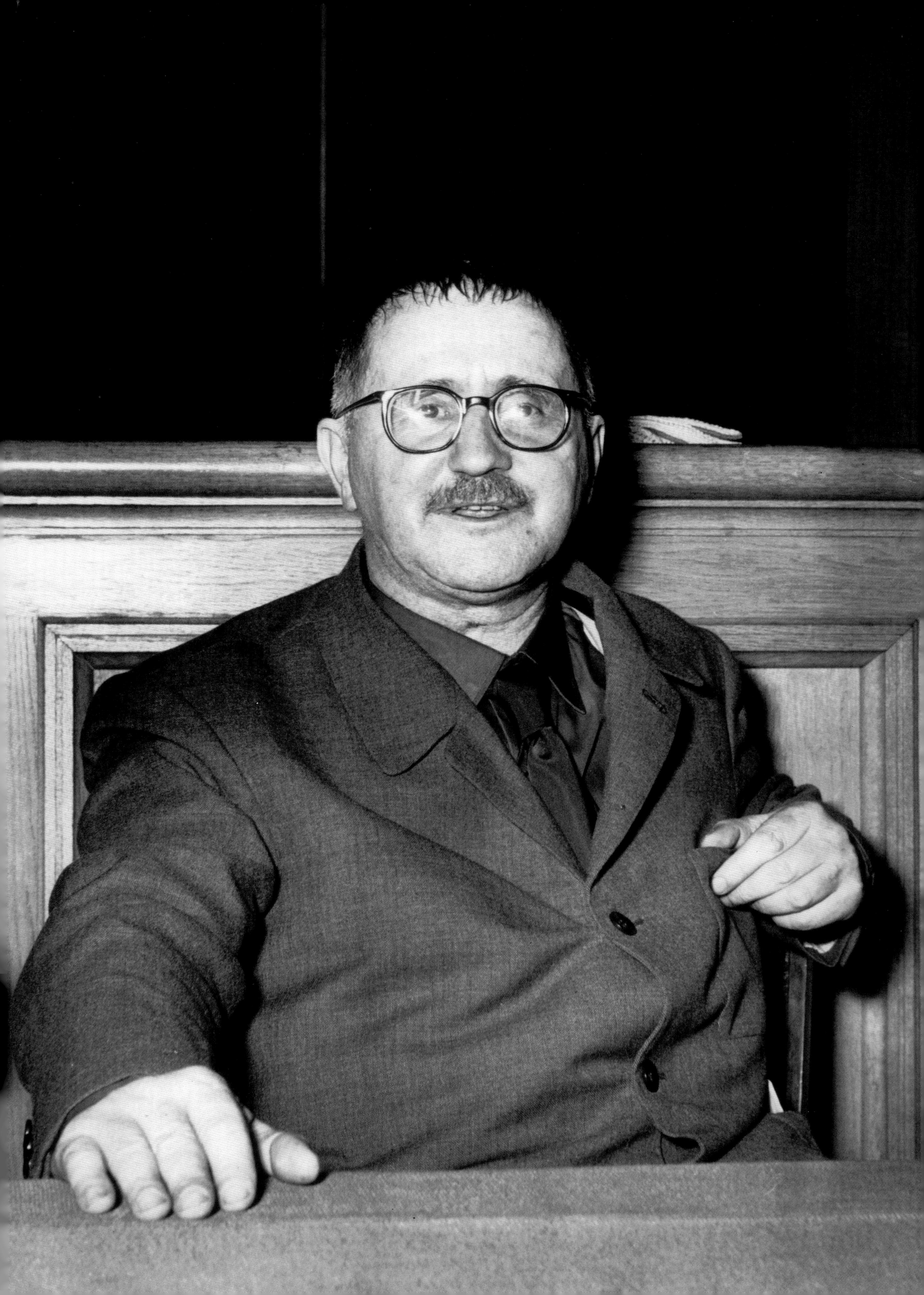

HELEN GURLEY BROWN

*1922

SCHÜCHTERN UND ZUGLEICH leidenschaftlich, wurde Helen Gurley Brown trotz ihrer unglücklichen Kindheit in Arkansas während der schweren Zeit der Weltwirtschaftskrise zwischen den Weltkriegen zur berühmtesten Verfechterin der sexuellen Befreiung alleinstehender Frauen in Amerika. Bevor sie ihre Botschaft verkündete, hatte man von unverheirateten Frauen absolute Keuschheit erwartet. Helen Gurley Brown, die sich selbst als graue Maus bezeichnete, postulierte kühn, daß die Kaiserin keine Kleider trage, insbesondere nach fünf Uhr nachmittags. Alleinstehende Frauen müßten ihren Sexualtrieb ebenso ausleben wie verheiratete. Warum sie nicht dazu ermutigen? Mit dieser Einstellung, die sie in ihren Büchern ebenso zum Ausdruck brachte wie in den Klatschspalten der *Cosmopolitan*, leistete die Herausgeberin und Autorin einen nachhaltigen Beitrag zur modernen Kultur.

Ihr Loblied auf den Sex richtete sich an die von ihr so genannte „Femokratie" – die unzähligen weiblichen Angestellten, Sekretärinnen, Arbeiterinnen und all die anderen vergessenen Frauen, mit denen sie sich identifizierte. Die sexuelle Situation dieser Frauen war ihr ein ernsthaftes Anliegen, auch wenn ihr atemloser, krakeliger Schreibstil eher an die Tagebucheintragungen eines Teenagers erinnerte.

Ihre erste traumatische Erfahrung war der Tod ihres Vaters, als sie zehn Jahre alt war. Der Lehrer kam bei einem rätselhaften Unfall mit einem Aufzug ums Leben. Sie hatte diesen schmerzlichen Verlust noch nicht überwunden, da erkrankte ihre Schwester Mary an Kinderlähmung. Helen pflegte sie nach der Schule. Die kleine Familie lebte hart an der Armutsgrenze, da die Arztrechnungen das magere Einkommen beinahe überstiegen. Helen war gezwungen zu arbeiten, und mit 25 hatte sie bereits 18 Anstellungen hinter sich. Während dieser Zeit konnte sie nur ein Semester auf einer Universität in Texas studieren, danach machte sie einen Abschluß an einer Wirtschaftsschule in Los Angeles und arbeitete bei der Music Corporation of America, der William-Morris-Agentur und bei der *Daily News* in Los Angeles. Auch wenn sie sich in die Arbeit stürzte und ein Liebesleben führte, das selbst Don Juan beeindruckt hätte, fehlte ihr etwas im Leben: Sie suchte eine wirkliche Aufgabe.

1948 wurde sie Chefsekretärin in der Werbeagentur Foote, Cone & Belding. In nur wenigen Jahren stieg die begabte junge Frau zur Werbetexterin auf. Sie verließ die Agentur zehn Jahre später, und wechselte für ein doppelt so hohes Gehalt zur Konkurrenz, nur um festzustellen, daß sie trotz ihres Erfolges – sie war die höchstbezahlte Werbetexterin der Westküste – und einer ganzen Reihe von Preisen der Werbung überdrüssig geworden war. 1959 ermutigte sie ihr Ehemann, Filmproduzent David Brown, ein Buch zu schreiben und der Welt ihre liberale – ja fast schon libertinäre – Philosophie zu verkünden. An Feierabenden und Wochenenden entstand *Sex und ledige Mädchen* und sorgte bei Erscheinen 1962 für Furore. Sie hatte ein heikles Thema aufgegriffen: die körperliche Liebe, die zwar den Hollywoodstars zugestanden, ja von ihnen erwartet wurde, die aber der normalen amerikanischen Frau ohne das Sakrament der Ehe verwehrt war. Es war ein Handbuch, das Tips gab, wie ein Mann zu faszinieren, zu verführen und schließlich ins Bett zu locken sei – natürlich ohne ihn gleich heiraten zu müssen. Ein Ratgeber für all jene grauen Mäuse, die nicht mit Schönheit, Genialität, Geld oder Herkunft gesegnet waren. Auch ihre folgenden Bücher, *Sex im Büro* (1965) und *Helen Gurley Brown's Outrageous Opinions* (1966) steckten voller ernstgemeinter Ratschläge, wie ein Mann zu verwöhnen und mit Parfüms, Kleidern, wohlgesetzten Worten und Flirttechniken um den Finger zu wickeln sei. Um auf die Flut von Leserbriefen, die sie nach *Sex und ledige Mädchen* erhielt, antworten zu können, erschien ihre Kolumne „Woman Alone" in über 50 Zeitungen. Ihre Tips wurden von vielen Frauen begierig aufgenommen, doch aus dem feministischen Lager kam lautstarker Protest gegen Helen Gurley Browns Philosophie, der vorgeworfen wurde, Frauen in Sexobjekte zu verwandeln. Die böse Kritik traf sie hart, doch sie wies sie zurück, indem sie erklärte, sie schreibe nur, was die Frauen hören wollten, und außerdem sei für sie Erfolg im Leben eine moralische Pflicht.

Ihr eigener Erfolg kam 1965: Sie wurde Herausgeberin der vor dem Bankrott stehenden Zeitschrift *Cosmopolitan* und machte aus dem altjüngferlichen Blatt ein poppiges Magazin für junge Frauen mit Tips für guten Sex, die richtige Diät, den ultimativen Weg, einen Mann zu angeln, zum Orgasmus zu kommen, und so weiter. Vor allem aber bot ihr die Zeitschrift ein geeignetes Forum für ihr Evangelium der sexuellen Befreiung. Helen Gurley Brown half den Frauen nicht nur, die Schlafzimmer der Männer zu erobern, sondern auch die Vorstandsetagen einflußreicher Unternehmen. Sie bestand darauf, der weibliche Sexualtrieb sei so normal und natürlich wie der des Mannes. Sie machte das Unmögliche möglich und den Mann zu dem, was die Frau so lange Zeit gewesen war: zum Sexobjekt.

Ungeachtet all dessen beharrte sie jedoch immer darauf, daß wahre Erfüllung nur aus der Arbeit zu gewinnen sei, niemals aus einer Beziehung. Brown schrieb noch zwei weitere Bücher. In *Having It All* von 1982 erklärte sie einmal mehr, wie eine graue Maus zu einer fabelhaften Karriere und fabelhaften Männern kommen kann, und in *The Late Show*, 1993, gab sie Überlebenstips für die Frau ab 50. Die schärfste Kritik handelte sie sich ein, als sie ihren *Cosmopolitan*-Leserinnen gegenüber die Aids-Gefahr herunterspielte. Damit war ihre berufliche Karriere unwiderruflich beendet; im März 1997 brachte sie ihre letzte *Cosmopolitan*-Ausgabe heraus. Doch mit über 70 Jahren steckt sie noch immer voller Energie und ist auch heute noch die prominenteste Streiterin für die sexuellen Eroberungszüge der Frau.

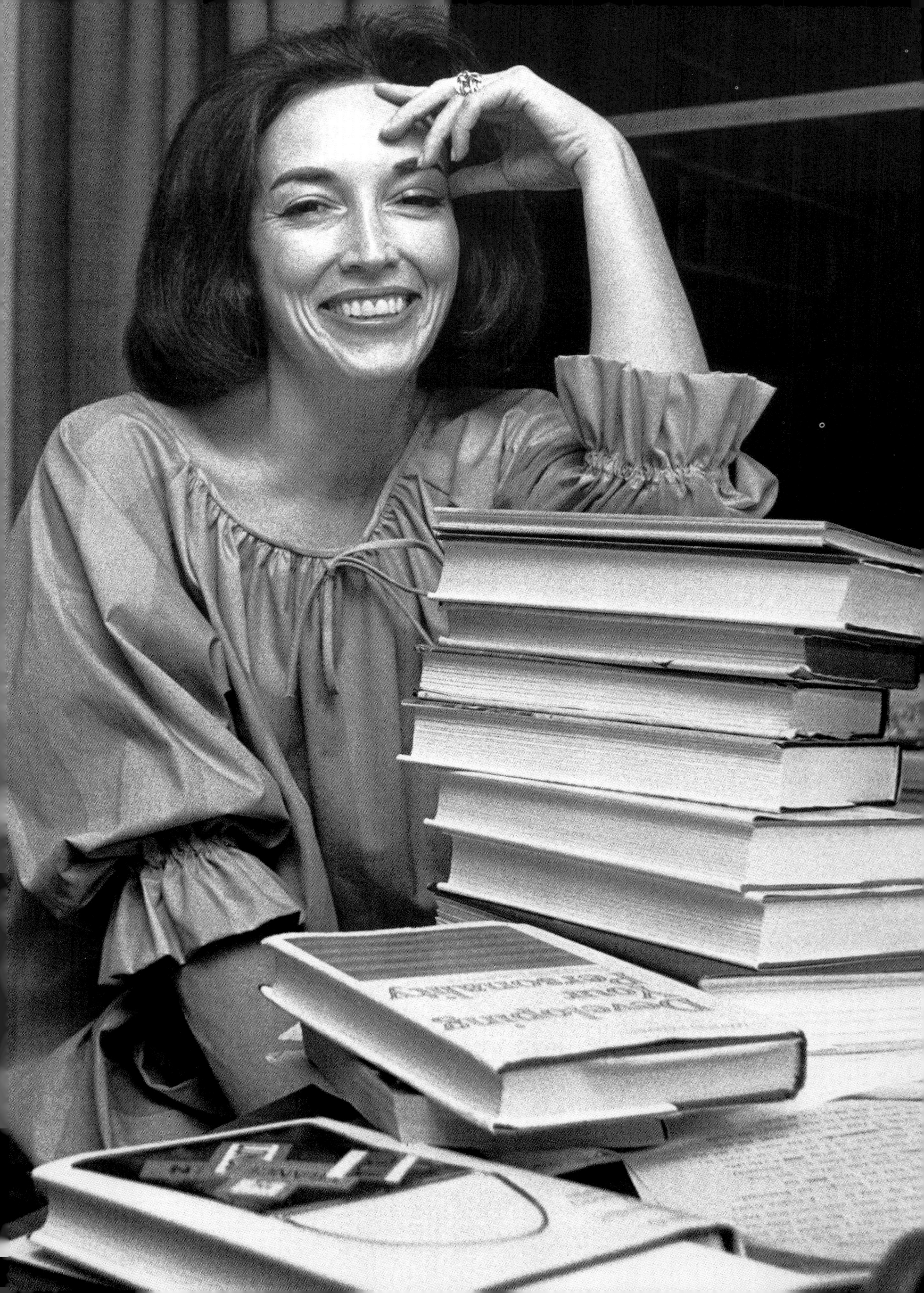

MARIA CALLAS
1923-1977

MARIA CALLAS war die Primadonna Assoluta des 20. Jahrhunderts. „Ein gewaltiger, singender Hai", wie es Bühnenautor Terence MacNally einst formulierte: Sie sang ihre Sopranpartien nicht, sie verschlang sie und zerfleischte gleichzeitig alle ihre Rivalinnen. Mit ihrer klangvollen Stimme erklomm sie die Tonleiter mit unvergleichlicher Leichtigkeit. Zwar war sie in den mittleren und sehr hohen Tonlagen hin und wieder etwas unsicher, doch fielen diese winzigen Makel bei ihren glänzenden Darbietungen nicht ins Gewicht. Wenn die exotische Schönheit die Bühne betrat, versanken diese Nebensächlichkeiten in einem überwältigenden Meer der Emotionen.

Ihren ersten öffentlichen Auftritt hatte Maria Kalogeropoulos 1937 bei einer Talent-Show. Die 13jährige trat unter einem anderen Namen auf, damit ihr Vater nichts davon erfuhr, denn dieser wollte von den ehrgeizigen Karriereplänen seiner Frau für die Tochter nichts wissen. Noch im gleichen Jahr brachte die Mutter Maria von ihrer Geburtsstadt New York nach Griechenland, um ihr dort eine ordentliche musikalische Ausbildung angedeihen zu lassen. Im Land ihrer Vorfahren fühlte sich Maria sofort zu Hause. „In meinen Adern fließt griechisches Blut", so sagte sie immer wieder, „ich bin durch und durch eine Griechin". Hier widmete sie sich vollkommen ihrer Berufung und studierte am Königlichen Konservatorium in Athen bei Elvira de Hidalgo, mit der sie bald eng befreundet war. Maria Callas' Sopran formte sich aus. Bei aller Virtuosität zeigte sich eine Schwäche: Da sie ihrer Stimme viel abverlangte, wurde sie mit der Zeit in den hohen Lagen unsicher. Dies jedoch beeinträchtigte ihre unvergleichliche Ausdruckskraft in keiner Weise; mit zartschmelzendem Sopran gab sie sich ihren Rollen vollkommen hin.

Nach ihrem Debüt in *Tosca* an der Königlichen Oper kehrte sie 1945 nach New York zurück und sang an der Metropolitan Opera vor. Doch ein Vertrag kam nicht zustande – ein Umstand, der ihr schließlich Glück brachte. Ein Debüt in einer unbedeutenden Rolle an der Met hätte vielleicht das Ende ihrer Karriere bedeutet. Statt dessen feierte sie 1947 im Alter von 24 Jahren ihren ersten großen Triumph in Verona mit *La Gioconda* – dirigiert von Tullio Serafin, ihrem Mentor. 1949, ein Jahr bevor sie an die Mailänder Scala ging, heiratete sie den viel älteren italienischen Millionär Giovanni Meneghini, der ihr nicht nur seine Liebe schenkte, sondern auch ein beträchtliches Vermögen in ihren Karrierestart investierte. Sie sang zunächst dramatische Partien wie die Isolde in *Tristan und Isolde* und *Turandot*. Der Durchbruch kam, als sie Gelegenheit erhielt, in einer Belcanto-Oper zu singen. Maria Callas hatte gerade eine Spielzeit als Brünnhilde in der *Walküre* im La Fenice hinter sich, als die Sopranbesetzung für Bellinis *I Puritani*, erkrankte. Serafin überredete die Leitung des Hauses, Maria Callas die Rolle der Elvira zu geben, und sie triumphierte. Danach sang sie immer weniger Wagner-Opern oder ähnliche Partituren und widmete sich den älteren Belcanto-Opern Bellinis, Rossinis oder Donizettis, von denen viele in Vergessenheit geraten wären, hätte sie nicht die Aufmerksamkeit erneut auf sie gelenkt.

In dieser Zeit reduzierte die Primadonna ihr Gewicht um 60 Pfund – zum Nachteil für ihre Stimme, wie manche meinen –, um als ranke, betörende Nofretete auf der Bühne zu erscheinen. Und sie verließ ihren Ehemann Meneghini, fasziniert vom prunkvollen Leben des Schiffsmagnaten Aristoteles Onassis, der die Oper in gleichem Maße haßte wie er Ruhm begehrte. In den nächsten 30 stürmischen Jahren eroberte die schwierige, großartige Callas die Opernbühnen der Welt, hauchte Heldinnen wie Lucia di Lammermoor Leben ein – und saugte die Intendanten der berühmtesten Opernhäuser manchmal bis auf den letzten Blutstropfen aus. Von ihrem Freund, dem italienischen Filmregisseur Luchino Visconti, mit dem sie an der Scala zusammengearbeitet hatte, schauspielerisch geschult, fesselte die Bühnendiva das Publikum auch mit ihrer theatralischen Leistung. Im Dienst der Unsterblichkeit setzte sie ihre Stimme bedingungslos ein – ja, sogar aufs Spiel. Sie schickte sie in die Schlacht, in *Medea* und in *Macbeth*.

Sie wurde immer kapriziöser, verließ sogar die Bühne, wenn sie der Meinung war, nicht in Form zu sein – selbst vor dem italienischen Präsidenten 1958. Im selben Jahr rief sie dem Intendanten der Scala, der einer ihrer *Il Pirata*-Vorstellungen beiwohnte, einen beleidigenden, faschistischen Gruß zu. Im Gegenzug ließ dieser den Vorhang fallen, als sie sich vor dem jubelnden Publikum verneigte. Ihre Verehrer tobten vor Wut. Doch dieses schwierige Jahr war noch nicht zuende. Nach einer heftigen Auseinandersetzung mit dem Intendanten der Metropolitan Opera, Rudolph Bing, wurde sie schließlich gefeuert, weil sie sich weigerte, *Macbeth* und *La Traviata* innerhalb einer Woche zu singen.

Als ihre Stimme langsam schwächer wurde und sie die höchsten Tonlagen nicht mehr erreichte, bot man ihr an, als Mezzo-Sopranistin eine zweite Karriere zu beginnen. Doch die Primadonna lehnte, womöglich aus verletztem Stolz, ab. 1968 wurde sie – tablettensüchtig und schwanger – von Onassis verlassen. Sie flehte ihn unter Tränen an, bei ihr zu bleiben, doch dieser zog es vor, die amerikanische Präsidentenwitwe Jacqueline Kennedy zu heiraten.

Allgemein wird vermutet, daß Onassis ihr das Herz gebrochen habe, doch vielleicht war es eher der Verlust ihrer göttlichen Gabe, der sie resignieren ließ. Nachdem der Millionär sie verlassen hatte, ging sie auf eine 13monatige Abschiedstournee. Sie trat gemeinsam mit ihrem dritten Ehemann, Guiseppe di Stefano, auf, doch beide Stimmen waren so ausgebrannt, daß ein Kritiker sie als „sich anbellende Hunde" bezeichnete. Maria Callas starb mit 53 Jahren in Paris, stimmlos und ungeliebt. Doch ihre unvergleichlichen Arien sind auf zahllosen Schallplatten festgehalten und bewegen noch immer die Musikfreunde überall in der Welt.

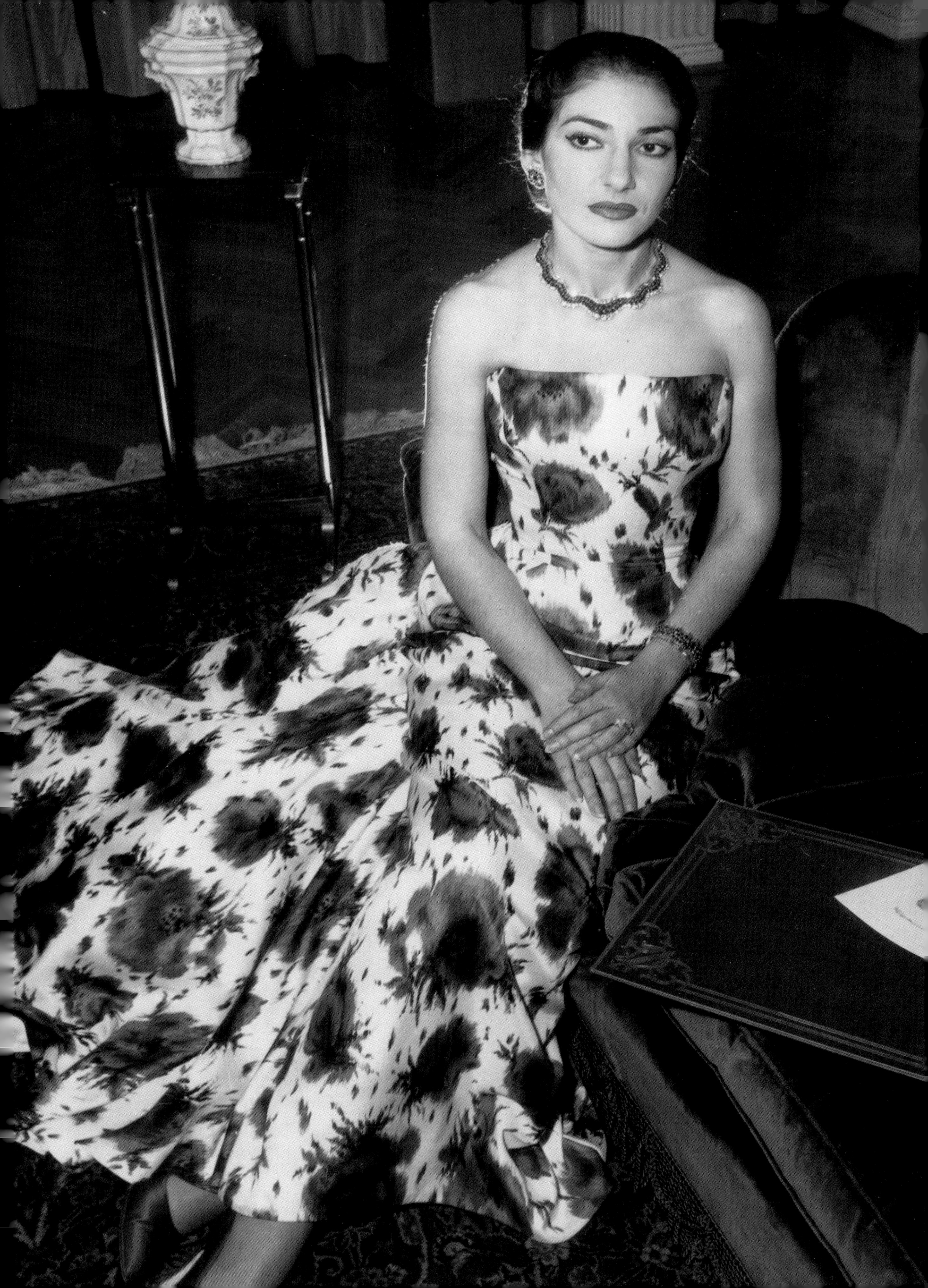

AL CAPONE

1899-1947

ALS „SCARFACE" AL CAPONE – ein Mordskerl im wahrsten Sinne des Wortes – 1919 nach Chicago kam, war die Stadt bereits für ihre Kriminalitätsrate in ganz Amerika berühmt-berüchtigt. Nirgendwo sonst arbeiteten bestechliche Politiker, korrupte Polizisten und kleine Gauner so eng zusammen und machten mit Hunderten von Salons, Spielcasinos, Tanzbars und Bordellen ähnlich große Geschäfte. Als „Big Al" das Zepter in die Hand nahm, kamen zu den ohnehin zahllosen Verbrechen noch Schwarzhandel, schwere Erpressung, Bombenanschläge, Bandenkriege und eine Unzahl von Morden hinzu. Viele Jahre lang sollte Al Capones bis an die Zähne bewaffnete Privatarmee sein millionenschweres Imperium unter Kontrolle halten. Am Ende seiner Regentschaft war aus dem dicken, kleinen Ganoven, der vorzugsweise teure, karierte Anzüge, Seidenunterwäsche und einen diamantbesetzten Gürtel trug, eine Legende geworden. So brutal und feige er auch war, der Klang seines Namens weckt nostalgische Gefühle, die kaum getrübt wurden dadurch, daß er zwei seiner Handlanger mit einem Baseballschläger erschlug. Er war nicht nur kaltblütiges Organisationstalent und heißblütiger Bandenführer zugleich, sondern zeigte sich auch gerne als Menschenfreund. Während der Wirtschaftskrise ließ er warme Suppe austeilen und setzte durch, daß die Schulkinder täglich frische Milch bekamen – großmütige Taten, für die er Berge von Fanpost erhielt. Trotzdem war er kein Robin Hood. Aber jedes seiner schäbigen Verbrechen wurde von der sensationslüsternen Nation mit einem ambivalenten Gefühl aus Bewunderung und Ekel aufgenommen.

Der Mann, der die Mafia in ihrer modernen Form auf den Weg brachte, wurde in den Slums von New York als Sohn neapolitanischer Emigranten geboren. In diesem Milieu wurde aus Alphonse Capone schon sehr früh ein kleiner Gauner und Zuhälter. Eine der Legenden um sein Markenzeichen, die Narbe im Gesicht, besagt, ein sizilianischer Barbier habe sie ihm verpaßt, als Capone sich von ihm die Haare im Mafioso-Stil schneiden lassen wollte, was dieser für äußerst vermessen hielt. Nachdem der großspurige junge Ganove seine Karriere mit bewaffnetem Raub und Mord begonnen hatte, ging er nach Chicago, um dort im Bordell Johnny Torrios, einem Cousin von „Big Jim" Colosimo, zu arbeiten. Big Jim hatte den gesamten illegalen Handel im dritten Stadtbezirk unter sich. Als Big Jim sich weigerte, das Geschäft auszudehnen, holte Capone Frankie Yale, seinen ehemaligen Boss aus Brooklyn, nach Chicago. Er beauftragte den berufsmäßigen Killer, sich um Big Jim „zu kümmern", und kurz darauf wurde dieser mit einer Kugel im Kopf im Korridor eines Cafés gefunden. Bald waren Capone und Torrio Partner und machten große Geschäfte mit dem gewinnträchtigsten Regierungserlaß, den es für amerikanische Verbrecher je gegeben hat: dem Volstead Act von 1920, der Herstellung, Verkauf und Transport von Alkohol verbot. Die Prohibition, erdacht zur Mäßigung der Nation, bewirkte genau das Gegenteil. Amerika versank in alkoholdurchtränkter Libertinage, und Al Capone wurde zur Gallionsfigur dieser illegalen Zügellosigkeit.

Als Torrio 1925 beinahe selbst Opfer eines Mordanschlages wurde, zog er sich vorsichtshalber zurück und überließ seinem Feldmarschall Big Al das Geschäft. Nun war Capone der uneingeschränkte Herrscher über Chicagos Unterwelt. Er mischte überall mit, in dunklen Geschäften und Erpressungen ebenso wie in kommunaler, staatlicher und schließlich nationaler Politik. Capone patrouillierte sein Herrschaftsgebiet in einer 16-Zylinder-Limousine mit eingebauten Waffen und kugelsicheren Scheiben. Unter seinem eleganten Zweireiher trug er eine kugelsichere Weste, und er war stets von einem Heer Bodyguards umgeben. Er war außerdem unheilbar vergnügungssüchtig, veranstaltete ausufernde Feste, ließ bei Sportveranstaltungen ganze Sitzblöcke für sich reservieren und sonnte sich in seiner Rolle als Held.

Capone, der sich durch riesige Bestechungsgelder von jeder rechtlichen Verfolgung freigekauft hatte, führte Krieg gegen jeden, der ihm seine Machtstellung streitig machen wollte. Sein wichtigster Racheengel war Dion O'Banion, ein Blumenhändler aus dem Norden der Stadt, dessen Leidenschaft es war, für die Bestattungen von Gangstern besonders aufwendige Blumengestecke zusammenzustellen. Als Capone ihn 1924 ermorden lassen wollte, lief die O'Banion-Gang zu seinem Erzfeind Hymie Weiss über. 1926 versuchte Capone, Weiss auszuschalten, der im Gegenzug Capones Lieblingsrestaurant aus zehn vorbeifahrenden Wagen mit Maschinengewehren zusammenschießen ließ. Die erbitterten Kämpfe endeten schließlich mit Weiss' Ermordung. Der Höhepunkt der Bandenkriege in Chicago war erreicht, als Capone die „Bugs"-Moran-Gang erledigte, die sich erdreistet hatte, einen seiner illegalen Whiskeytransporte zu überfallen. Beim berühmten Valentinstag-Massaker am 14. Februar 1929 ließ der Gangsterboß Morans Gang in einer Garage von seinen Männern, zwei davon in Polizeiuniform, mit Maschinengewehren hinrichten. Dieses letzte Blutbad erregte so viel Aufsehen, daß Capone auf Befehl von Präsident Hoover verhaftet und vor Gericht gestellt wurde.

Anders als seine Kumpane, deren Ganovendasein meist ein brutales und jähes Ende fand, starb Capone langsam. 1931 brachte ihn das FBI hinter Gitter, nicht wegen eines seiner Kapitalverbrechen, sondern wegen Steuerhinterziehung. Als er nach siebeneinhalb Jahren seiner elfjährigen Haftstrafe vorzeitig aus Alcatraz entlassen wurde, hatte die Syphilis ihn zum Krüppel gemacht. Er war „reif für die Klapsmühle", so erzählte Jack Guzik, der während Capones Gefängnisaufenthalt dessen Geschäfte führte. Acht Jahre später starb der berühmteste Verbrecher Amerikas auf seinem Inseldomizil in Florida. Doch Hollywood sorgte mit seinen Gangsterfilmen dafür, daß das Leben des Ganoven überall auf der Welt berühmt wurde.

MIAMI POLICE DEPT.
MIAMI FLA.
3563

RACHEL CARSON
1907–1964

IN RACHEL CARSONS bahnbrechendem Buch *Der stumme Frühling*, das 1962 kurz vor ihrem Tod erschien, entwarf sie das Bild einer Welt ohne Vogelgezwitscher und ohne Wälder, in der Menschen an mysteriösen Krankheiten sterben und Gift vom Himmel regnet. Dabei handelte es sich nicht um einen Science-fiction-Alptraum, sondern um die Welt, in der wir leben. Das von ihr beschriebene Horrorszenario war längst eingetreten – zwar noch nicht in diesem Ausmaße, aber es wirkte als eindringliche Warnung an die Menschen, daß die Natur nicht unzerstörbar sei. Das hervorragend geschriebene Werk rückte den Kollaps unserer Umwelt – sollte der Einsatz von Pestiziden unvermindert fortgesetzt werden – in greifbare Nähe. *Der stumme Frühling* wurde sofort ein Bestseller, und mit Rachel Carson, Ruferin in der Wüste, war die Umweltschutzbewegung geboren.

Rachel Carson wurde in Springdale, Pennsylvania, geboren. Ihr Vater war schottischer Abstammung, von ihrer Mutter wurde sie früh zum Schreiben ermutigt. Sie war ein sehr ernstes, junges Mädchen und bereits damals voller Leidenschaft für die Natur. Sie wollte immer Schriftstellerin werden und verkaufte als Kind ihre erste Geschichte an die Kinderzeitschrift *Saint Nicholas* – ein Erfolg, der sich viele Jahre lang nicht wiederholen sollte. Auch vom Pennsylvania College for Women aus, wo sie ihre naturwissenschaftliche Begabung entdeckte, schickte Rachel Carson ihre Gedichte an Literaturzeitschriften, die jedoch eine Veröffentlichung ablehnten. Mit ihrem Abschluß im Jahr 1928 wechselte sie an die John Hopkins University in Baltimore und machte 1932 ihren Magister in Zoologie. Nach einem Intermezzo als Lehrerin an einem College vervollständigte sie ihre Ausbildung schließlich am Marine Biological Laboratory in Woods Hole, Massachusetts.

Da sie nach dem Tod ihrer Schwester ihre Mutter dabei unterstützen mußte, für deren zwei Kinder zu sorgen (ihr Vater war ein Jahr zuvor gestorben), brauchte sie eine feste Anstellung. So trat sie 1936 eine Stelle als Meeresbiologin bei der amerikanischen Fischereibehörde an, die später zum Fish and Wildlife Service erweitert wurde. 1949 stieg sie zur Leiterin der Publikationsabteilung dieser Behörde auf und blieb dort drei Jahre.

Trotzdem vernachlässigte sie das Schreiben nicht, und allmählich reifte die lyrische Sprache ihrer unveröffentlichten Gedichte zu der für sie so typischen Prosa. 1941 erweiterte sie einen in der Zeitschrift *Atlantic Monthly* erschienenen Aufsatz mit dem Titel *Unter Wasser* zu dem Buch *Geheimnisse des Meeres*, in dem sie die Wunder der Unterwasserwelt rühmte. Zwar war es nur ein bescheidener Verkaufserfolg, aber Rachel Carson hatte ihr Metier gefunden. 1955 vervollständigte sie ihre Meerestrilogie mit *Entdeckung der Ozeane* und *Am Saum der Gezeiten*. Ihre zugleich klaren und gefühlvollen Bücher bewegten die Herzen der Leser. Einer ihrer vielen freiwilligen Helfer beklagte in einem Brief den starken Einsatz von Pestiziden in einem Vogelschutzgebiet und regte Rachel Carson dadurch an, die Wirkung von DDT zu erforschen. So entstand *Stummer Frühling*. Als Vogelliebhaberin und langjähriges Mitglied der Audubon Society, einer Vogelschutzgesellschaft, war Rachel Carson entsetzt über den Schaden, den Farmer, Rancher, das amerikanische Landwirtschaftsministerium und die Chemieunternehmen zugunsten von insektenfreiem Getreide anrichteten. Für die Recherchearbeit und das Schreiben des Manuskripts benötigte sie vier Jahre, in denen sie mit Arthritis und Magengeschwüren zu kämpfen hatte, den Tod ihrer Mutter bewältigen und schließlich die eigene Krebserkrankung akzeptieren mußte.

Vor Rachel Carson war es niemandem in den Sinn gekommen, daß die nicht ausreichend erprobten Chlorkohlenwasserstoffe, zu denen auch DDT gehört, nicht nur Insekten, sondern ebenso Vögel, Fische und Säugetiere töten könnten. Gegen die Chemikalien, die von Flugzeugen aus auf die Felder gesprüht wurden, besitzen die Tiere keine Abwehrkräfte. Noch beunruhigender war die Entdeckung, daß Menschen, die mit diesen Insektiziden in Berührung kamen, das Gift in ihren Fettzellen lagerten. Dort konnte es jahrelang ruhen und jederzeit Krebs oder andere lebensbedrohliche Krankheiten auslösen. In einer schlichten und schönen Sprache erklärte Rachel Carson ihren Landsleuten, daß in der Natur alles mit allem in Verbindung stehe und daß der Versuch, einen Teil zu verändern – auch zum scheinbaren Vorteil –, alles andere ebenfalls beeinflusse und unter Umständen mit einem zu hohen Preis bezahlt werden müsse.

Heute hat die Wissenschaft sich diese Theorie längst zu eigen gemacht, doch damals verlachte man sie. „Die Carson ist keine Wissenschaftlerin!" lautete seinerzeit das einhellige Urteil über eine Frau mit einem Abschluß in Zoologie. Die Chemieindustrie sah ihre Profite durch die Verbreitung von Carsons Theorie ernsthaft gefährdet und attackierte sie mit Verleumdungskampagnen. Sogar das Nachrichtenmagazin *Time* bezeichnete das Buch als „einseitig und maßlos übertrieben". Doch wenigstens dieses Mal siegte mit der Einsicht die Wahrheit. Fünf Jahre später formierte sich die Umweltschutzorganisation Environmental Defense Fund, um das „Bürgerrecht auf eine saubere Umwelt" festzuschreiben. Weitere drei Jahre später wurde in den USA die Bundesumweltschutzbehörde eingerichtet, und 1972 verbot die Regierung den Einsatz von DDT in den USA. All dies hat Rachel Carson leider nicht mehr miterleben können: Zwei Jahre nach der Veröffentlichung ihres Werkes starb sie an Krebs und kehrte damit zurück in den Schoß der Natur, Quelle und Ursprung allen Lebens und vielleicht auch aller Erkenntnis.

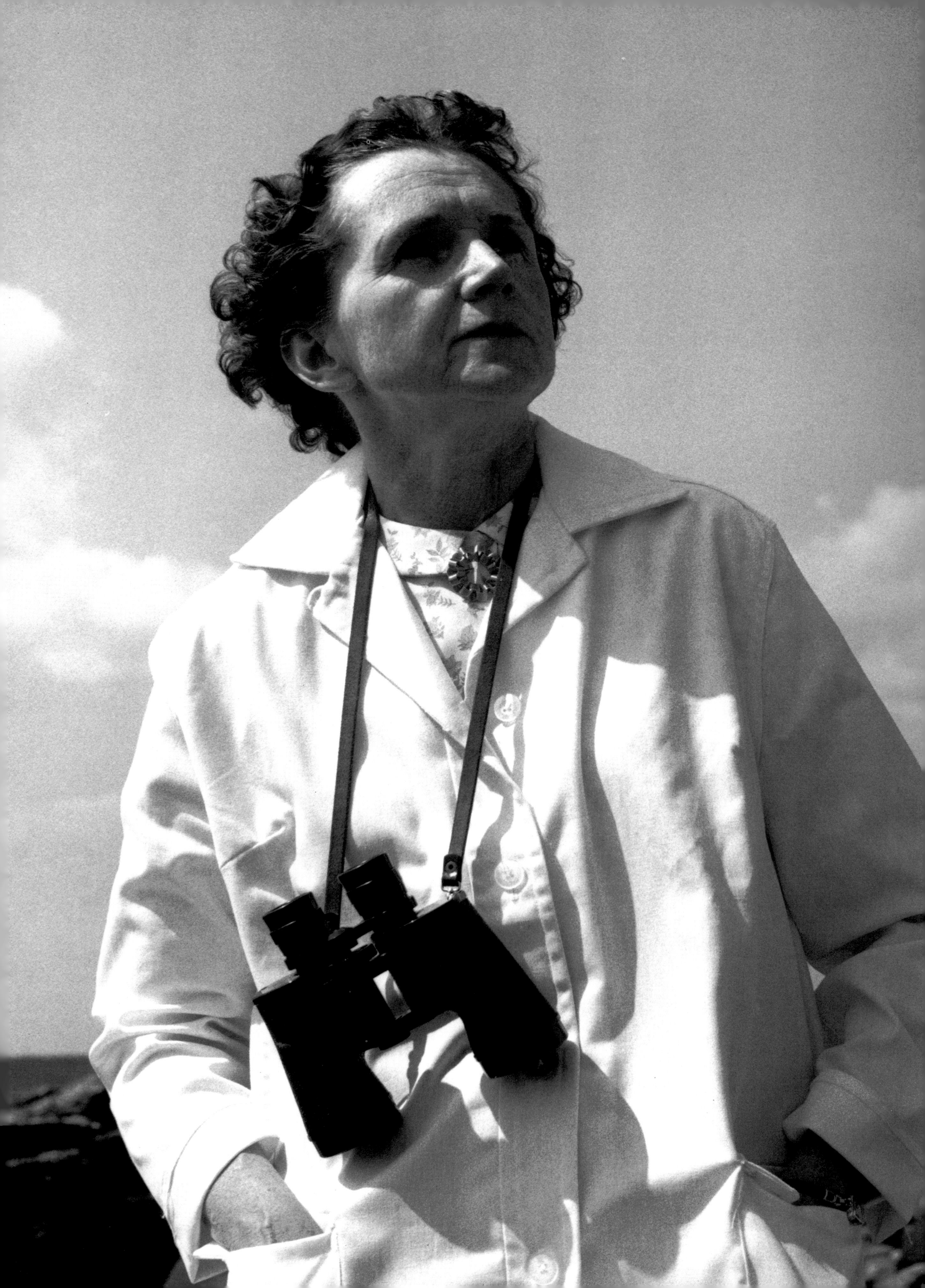

HENRI CARTIER-BRESSON

*1908

ALS DOKUMENTARIST der „Narben der Welt" durchstreifte Henri Cartier-Bresson mit seiner 35-mm-Leica die Länder der Erde. Wie ein Jäger auf der Pirsch suchte er, jene flüchtigen Momente des Lebens einzufangen, in denen sich der Schleier lüftet, das wahre Sein unter der Oberfläche der Dinge hindurchscheint und unser Herz berührt. Wenn es eines Beweises bedurfte, daß Fotografie Kunst ist, so hat dieser bescheidene Mann ihn geliefert. Eine Fotografie von Cartier-Bresson betrachten heißt, im Bilde zu sein. Mit der Kamera, seiner treuesten Freundin, hielt der Vater des Fotojournalismus die Grausamkeiten des Spanischen Bürgerkrieges ebenso wie die prunkvollen Feierlichkeiten anläßlich der Krönung George VI. für die Ewigkeit fest. Einige Jahre später fotografierte er die Befreiung der Häftlinge aus den Konzentrationslagern, in China war er Chronist der Revolutionskämpfe zwischen Mao Tse-tung und dem nationalistischen Kuomintang, und am 30. Januar 1948 porträtierte er den großen Ghandi, nur wenige Minuten, bevor er ermordet wurde. In den späten 40er Jahren zog er quer durch Amerika und stellte ein unvergeßliches Album mit Bildern von der weniger rosigen Seite des Kontinents zusammen. Etwa 20 Jahre später fotografierte er die 68er Unruhen in Paris.

Cartier-Bresson hat seit den 30er Jahren nicht umsonst für die wichtigsten Magazine und Zeitungen gearbeitet, war er doch immer zur Stelle, wenn irgendwo auf der Welt etwas Bedeutungsvolles geschah. Er wollte jedoch weniger „den historischen Moment illustrieren", so Dan Hofstadter im *New Yorker*, sondern „gleichsam aus dem Hinterhalt Szenen festhalten, die ihre eigene Aussagekraft hatten". Kein Wunder, schließlich war er ein Künstler mit einem ausgesprochenen Sinn für Räumlichkeit, für nicht gestellte Szenen und Bilder. Er war äußerst reizbar und stellte die Geduld seiner Arbeitgeber, wie auch die seiner besten Freunde, mit unvermittelten Wutausbrüchen nicht selten hart auf die Probe.

Cartier-Bresson hat die Fotografie wie kein anderer seines Metiers geprägt. Seine berühmtesten Bilder – die Nonnen vor den tanzenden, nackten Frauen von Matisse, ein Pärchen beim Picknick am Ufer der Marne, die Französin, die einen Nazi-Kollaborateur beschimpft – zeigen ganz alltägliche und private Ausschnitte aus dem Leben und sind zugleich exzellente Zeitzeugnisse. Seine zahllosen, unvergeßlichen Schwarzweiß-Fotografien bezeugen Cartier-Bressons tiefe Achtung vor den Menschen, die er ablichtete. Ohne je herablassend zu sein, war er sich stets der Macht der Fotografie bewußt. Nie mißbrauchte er seine Kunst für ideologische Zwecke, auch nicht, als er sich in den 30er und 40er Jahren der Linken zuwandte. Er interessierte sich für Menschen, die er in ihrer ganzen Intimität festhalten wollte. Dabei gelang es ihm, Momente einzufangen, in denen das Private über sich selbst hinausweist.

Cartier-Bresson wurde am 22. August 1908 in Chanteloup bei Paris als Sohn einer bekannten wohlhabenden Unternehmerfamilie geboren, doch erzogen ihn seine Eltern so sehr zur Sparsamkeit, daß er in dem Glauben aufwuchs, arm zu sein. Er widmete sich zunächst der Malerei und zog nach Paris, wo er mit dem Kubisten André Lhote zusammen studierte. In Cambridge und der renommierten Militärakademie Le Bourget setzte er sein Studium fort. Dort weckten Ausstellungen der bedeutenden Fotografen Man Ray und Eugène Atget sein Interesse an der Fotografie. 1931 brach er mit einem Frachter zu seiner ersten gefährlichen Reise nach Douala im französischen Kamerun auf. Er verbrachte zwölf Monate an der Elfenbeinküste. Der Aufenthalt kostete ihn fast das Leben, er erkrankte am Schwarzwasserfieber und mußte zurückkehren. Anschließend bereiste er als freiberuflicher Fotograf Osteuropa, Mexiko, Deutschland und Italien.

Bald schon machte sich Cartier-Bresson durch mehrere internationale Ausstellungen einen Namen. Nachdem er als Regieassistent bei Jean Renoirs *Die Spielregel* gearbeitet und während des Spanischen Bürgerkriegs einen eigenen Dokumentarfilm über medizinische Versorgung im Krieg gedreht hatte, ging der 31jährige Fotograf zur französischen Armee und kam hier zur Film- und Fotoeinheit. Am Tag des Waffenstillstands 1940 wurde er von der Wehrmacht gefangengenommen und verbrachte drei Jahre in verschiedenen Arbeitslagern. Nach mehreren vergeblichen Fluchtversuchen gelang es ihm schließlich, nach Frankreich zu entkommen, wo er sich der Résistance anschloß.

1947 gründete er mit Robert Capa, David „Chim" Seymour und George Rodger die Agentur Magnum Fotos, ein Segen für Fotojournalisten, die freiberuflich arbeiten wollten, aber jemanden brauchten, der ihre kommerziellen Interessen vertrat. Sechs Jahre später erschien der erste seiner zahlreichen Fotobildbände mit dem bezeichnenden Titel *Der entscheidende Augenblick*. Es fanden zahlreiche Ausstellungen seiner Arbeiten statt, bevor Cartier-Bressons Werk seinen endgültigen Platz in der Bibliothèque Nationale in Paris fand.

Nachdem er sich von seiner ersten Frau, der indonesischen Tänzerin Ratna Mohini, hatte scheiden lassen, heiratete Cartier-Bresson 1970 Martine Franck, eine talentierte Fotografin, mit der er seinen ersten Sohn bekam. Unmittelbar danach begann der 60jährige wieder zu malen. Außerdem galt sein Interesse zunehmend dem Film. Am Ende seiner Karriere hatte der Fotograf immer noch keine Erklärung für seine außergewöhnlichen visuellen Fähigkeiten. Er verglich sich mit dem Bogenschützen in Herrigels *Zen in der Kunst des Bogenschießens*: Wie jener habe auch er sich nie bemüht, eine bestimmte Technik zu erlernen. Man müsse es eben immer wieder versuchen, bis eines Tages der Moment der Intuition da sei. Darüber hinaus hält er auch ein paar bodenständigere Ratschläge bereit: Versuch' nicht zu tricksen, sei unabhängig und suche das Grundlegende. Und gehe, renne nicht.

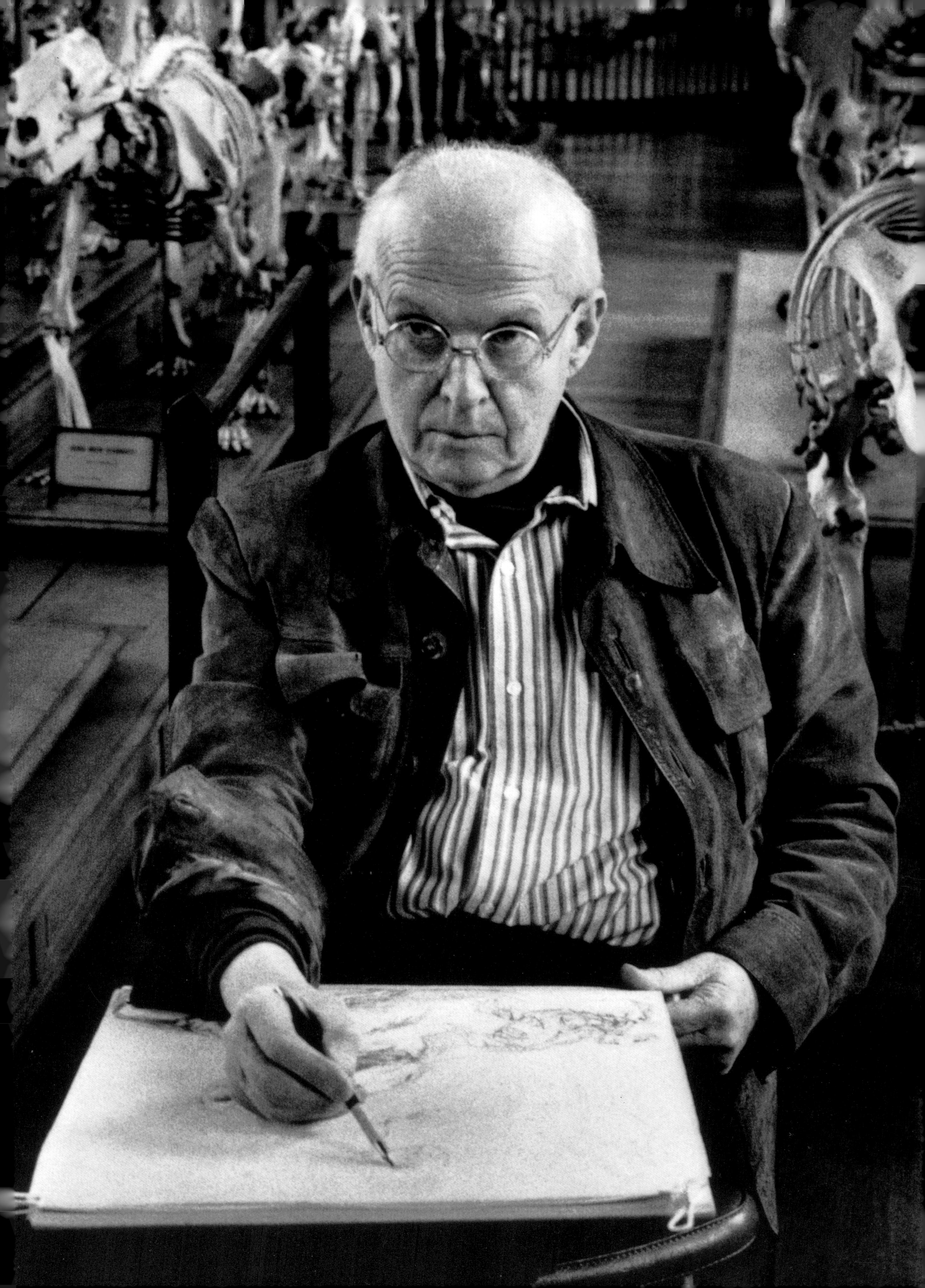

FIDEL CASTRO
*1926

DER KUBANISCHE REVOLUTIONÄR Fidel Castro war 33 Jahre alt, als die von ihm angeführten Guerilleros am 1. Januar 1959 das korrupte Regime von Fulgencio Batista stürzten. Seine Ausstrahlung und seine politische Vision machten Castro zu einem mitreißenden und faszinierenden Redner, der die volle Unterstützung seiner Landsleute hatte. Zuerst als Ministerpräsident und dann als Vorsitzender des Staats- und Ministerrats wurde er als Symbol der wahren Revolutionsideale und als Held im Kampf gegen soziale Ungerechtigkeit verehrt. Er hatte versprochen, die Demokratie nach Kuba zu bringen, ernannte sich aber ohne Wahlen zum Staatspräsidenten und ließ seine Gegner ins Gefängnis werfen, aus dem Land weisen oder hinrichten.

Der selbstbewußte Sohn eines zu bescheidenem Wohlstand gelangten Zuckerrohrbauern wurde von Jesuiten streng erzogen. Die Idole seiner Jugendzeit waren Napoleon, Cäsar und die südamerikanischen Freiheitskämpfer José Martí und Simón Bolívar. Nachdem sich Fidel Castro Ruz 1945 an der Universität von Havanna für das Rechtsstudium eingeschrieben hatte, engagierte er sich für die Sache der politischen Linken und kämpfte in den rebellierende Studentengruppen um eine Führungsposition. Castro, der damals den Spitznamen „El Loco", der Verrückte, erhielt, soll angeblich auf einen seiner Rivalen geschossen haben. Der Einsatz von Gewalt und seine starke Persönlichkeit sollten dann auch die Mittel sein, mit deren Hilfe er über die Karibikinsel herrschte.

Castros Kampf gegen das Batista-Regime stand anfangs unter einem unglücklichen Stern. Nach einem fehlgeschlagenen Angriff auf die Moncada-Kaserne in Santiago am 26. Juli 1953 wurden Castro und sein Bruder Raúl ins Gefängnis geworfen und erst nach einer Generalamnestie im Jahr 1955 freigelassen. Von Mexiko aus planten die Brüder mit ihrer „Bewegung des 26. Juli" die Landung in der kubanischen Provinz Oriente, deren Scheitern ein Beispiel für Castros Selbstüberschätzung war. Die Niederlage in Oriente zwang die Guerilleros, in die Sierra Maestra, eine Bergkette im Südosten von Kuba, zu fliehen, von wo aus sie Batista in die Flucht schlagen konnten.

Als anerkannter Führer der Revolution sicherte Castro schnell seine Machtposition, indem er Hunderte Gegner exekutieren ließ. Im ersten Jahr seiner Herrschaft verstaatlichte Castro die ausländischen Unternehmen, enteignete die besitzende Klasse und kollektivierte die Landwirtschaft. Im Dezember 1961 verkündete er, Anhänger des Marxismus-Leninismus zu sein, und richtete die Ziele der kubanischen Revolution nach sowjetischem Vorbild aus, was ihm finanzielle Unterstützung in Milliardenhöhe einbrachte und den Sowjets eine Militärbasis nur einen Steinwurf von der Küste der Vereinigten Staaten entfernt. Zunächst verbesserte er die Lebensbedingungen der Kubaner tatsächlich. Er führte ein nationales Gesundheitssystem ein und beseitigte den Analphabetismus fast gänzlich. Doch der Preis, den die Kubaner für diese Reformen zu zahlen hatten, war ein Polizeistaat.

Aufgrund Kubas finanzieller Abhängigkeit von der UdSSR wurde Castro zu einer Schlüsselfigur im Kalten Krieg. Die Niederlage des von der CIA gedeckten Invasionsversuchs von Castrofeindlichen Exilkubanern in der Schweinebucht im April 1961 war für Castro ebenso ein Sieg wie für John F. Kennedy eine beschämende Niederlage. Die Beziehungen zwischen Kuba und den USA erreichten ihren absoluten Tiefpunkt 1962 mit der Kubakrise, die dadurch ausgelöst wurde, daß Castro auf Kuba sowjetische Mittelstreckenraketen hatte stationieren lassen. Im Oktober 1962 bangte die Welt eine Woche lang, ob die Krise zu einem Atomkrieg zwischen den beiden Supermächten führen würde. Nikita Chruschtschow und John F. Kennedy einigten sich indes über Castros Kopf hinweg, und die Raketen wurden wieder abgebaut.

Als Teil seines Programms, die Revolution in andere Länder zu exportieren, schickte Castro kubanische Soldaten nach Angola (1975–1989) und nach Äthiopien; außerdem intervenierte er in Panama, Nikaragua und Bolivien, wo ihn der Erfolg verließ, denn sein Freund und Mitstreiter Che Guevara wurde gefangengenommen und dort im Jahr 1967 getötet. Durch den Zerfall der Sowjetunion und die Einstellung ihrer Hilfszahlungen ab 1991 verschlechterte sich der Lebensstandard in Kuba, doch trotz der Wirtschaftskrise verweigerte sich der „maximo lider", wie sich Fidel Castro nennen läßt, internen Reformen und führte statt dessen rigide Sparmaßnahmen ein.

Als Mitte der 90er Jahre Arbeitslosigkeit und Nahrungsmittelknappheit zunahmen, wappnete der Diktator seine Truppen für öffentliche Unruhen. Er selbst lebte wie schon in den vorangegangenen 20 Jahren mit Dalia Soto de Valle, der Mutter seiner fünf Söhne, in einer privaten Welt ganz nach seinem Geschmack. Mit seinen berühmten olivgrünen Hosen und mit einer schußsicheren Weste blieb Castro der Comandante, wenngleich unter Beschuß. Er erlebte die „Dollarisierung" der kubanischen Volkswirtschaft, ein Aufblühen des Schwarzmarkts und die Folgen des 35 Jahre währenden Embargos durch die USA. Als die kubanische Wirtschaft ihren Tiefpunkt erreicht hatte, reagierte er mit einer Liberalisierung der Märkte, um neue Investoren anzulocken. Dieser Schachzug brachte Havannas sonnigen Stränden eine Welle von Touristen. Schnell löste die Tourismusbranche die Zuckerproduktion als bedeutendste Quelle für Devisen ab.

In den letzten zehn Jahren veröffentlichte Castro das Büchlein *Fidel and Religion*, in dem der militante Atheist überraschenderweise eine spirituelle Seite zeigt. 1998 setzte er die ganze Welt in Erstaunen, als er Papst Johannes Paul II. empfing. Dieser setzte sich aus humanitären Gründen für eine Aufhebung des US-Embargos ein. Früher hatte der alternde Revolutionär ein Treffen mit dem Papst als „Wunder" bezeichnet. Während er auf das Ende des Jahrhunderts wartet, kann sein leidendes Volk in der Tat ein Wunder gebrauchen.

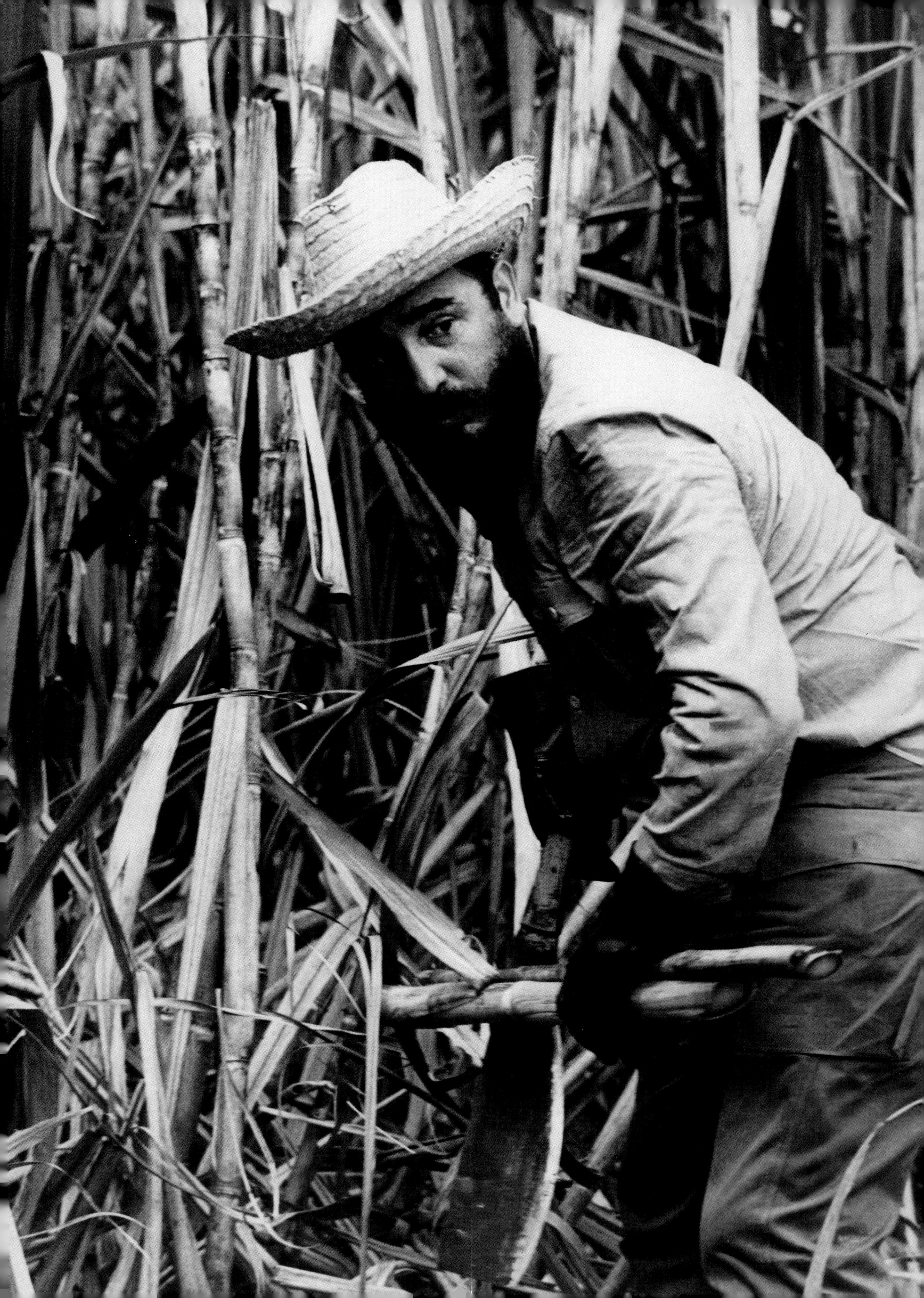

CHANEL
1883-1971
GABRIELLE "COCO"

GEGEN DAS CREDO ihres Berufsstandes „Neues um des Neuen willen" stellte Coco Chanel einen Stil zeitloser Eleganz. Statt endloser Innovationen bot sie Klassiker, die inzwischen in allen Kleiderschränken zu finden sind, wie Rollkragenpullover, Faltenröcke, Trägerkleider, schulterfreie Kleider, Modeschmuck, Hosen und Blazer für Frauen, Trenchcoats und das berühmte Chanelkostüm, auch heute noch Inbegriff von Eleganz und Stil. Da sie zur reinen Selbstdarstellung verkommene Mode verachtete, präsentierte die revolutionäre Designerin einen Stil der klaren Linien: keine Spielereien, nichts Prätentiöses, keine Protzerei, keine Anspielungen auf Modemacher anderer Epochen. Anstatt die Kleidung der letzten Saison jedesmal in die Modehölle zu verbannen, entwickelte sie ein Gesamtkonzept, eine Garderobe, die eine Frau ihr ganzes Leben lang ergänzen konnte. Coco Chanel befreite die Frauen vom beengenden Korsett aus Walfischknochen, von ausgefallenen Hüten, den bauschigen langen Röcken der frühen 20er Jahre und entwarf statt dessen Kleidungsstücke, die lässig, bequem und trotzdem chic waren. Das Geheimnis ihres anhaltenden Erfolges waren jedoch nicht die Bequemlichkeit oder der Chic ihrer Mode, sondern ihre Überzeugung, daß man nicht jung und schön sein müsse, um gut auszusehen.

Vielleicht lag der Grund für Coco Chanels Abneigung gegen Rüschen und Schleifchen in der Armut, die sie als Kind erlebte. Die Doyenne der Mode des 20. Jahrhunderts kam 1883 in Saumur, Westfrankreich, als uneheliches Kind nicht seßhafter Hausierer zur Welt. Nach dem Tod der Mutter wurden die zwölfjährige Gabrielle und ihre Schwester Julie vom Vater verlassen und sechs Jahre lang in einem von katholischen Nonnen geleiteten Waisenhaus untergebracht. Darüber hinaus ist wenig über ihre Kindheit und Jugend bekannt. Coco Chanel selbst trug zur Mythenbildung bei; sie beschönigte diese Zeit oft. Bekannt ist nur, daß sie sich in Moulins, wo sie auch zu ihrem Spitznamen kam, als Sängerin versuchte. Eines der Lieder aus ihrem Repertoire hieß *Qui Qu'a Vu Coco*. Und man weiß, daß die dunkeläugige Schönheit zahllose wohlhabende Liebhaber hatte, die ihr nicht nur ein luxuriöses Leben ermöglichten, sondern auch die ersten Geschäftsversuche finanzierten. Außerdem trugen sie zur Ausprägung ihres Stils bei. Coco trug gerne Männerkleidung und integrierte die Krawatten, Mäntel und Jacken ihrer Verehrer in ihre eigene Garderobe. 1913 eröffnete sie ein Modewarengeschäft in Deauville. Als ihre wohlhabenden Kundinnen nach den Entbehrungen des Krieges ohne Boas und Brokat dastanden, stattete sie sie mit ihrer zweckdienlichen Mode aus, darunter Matrosenblusen und lange, gerade Röcke, die die Knöchel umspielten.

Um 1914 eröffnete sie eine Boutique in der Pariser Rue Cambon. Im Schaufenster ein paar Hüte und nur ein Kleid, „aber ein geschmackvolles Kleid", wie Coco Chanel sagte.

In den 20er Jahren war der Chanel-Stil voll ausgereift: Der schlichte, saloppe Anzug, der durch Perlenketten und Modeschmuck aufgepeppt wurde, die koketten kleinen Hüte, die das halbe Gesicht verdeckten, die schmal geschnittenen, figurumspielenden Abendkleider, die hochhackigen Riemenschuhe in neutralen Farben. Alles trug den Stempel schlichter Eleganz und selbstsicherer Weiblichkeit. Als i-Tüpfelchen kreierte Coco Chanel ihr eigenes Parfüm, Chanel No.5. Benannt nach ihrer Glückszahl (sie stellte neue Kollektionen immer am fünften des Monats vor), wurde es schnell zum berühmtesten Duft der Welt. Als Königin der Pariser Modewelt führte sie Schlaghosen ein, und startete damit eine wahre Hosenrevolution, sowie Kurzhaarfrisuren und das berühmte „kleine Schwarze", bis dahin die Uniform der Pariser Verkäuferinnen. Um ihre Kundenschar und ihren stilbildenden Einfluß zu vergrößern, verbündete sie sich mit der neuen künstlerischen Avantgarde, sie entwarf Kostüme für den Dramatiker Jean Cocteau und den Ballettdirektor Sergej Diaghilew und war eng befreundet mit Persönlichkeiten wie Pablo Picasso, Colette und Igor Strawinski. In den späten 30ern, der Zweite Weltkrieg stand unmittelbar bevor, schloß eine ernüchterte Coco Chanel plötzlich ihre Couturehäuser, ermüdet von dem heftigen, zehnjährigen Konkurrenzkampf gegen Elsa Schiaparelli. Ihr freiwilliger Rückzug ins Pariser Ritz, nach Vichy und in die Schweiz, ist ein wenig glanzvolles Kapitel ihres Lebens, in das auch die Liaison mit Walter Schellenberger fiel, einem Handlanger des berüchtigten SS-Führers Heinrich Himmler.

Doch ihr wurde schnell verziehen. 1954 versuchte Coco Chanel im Alter von 70 Jahren ein Comeback, beunruhigt, wie sie sagte, von der Unterwanderung der Pariser Couture durch männliche Designer wie Dior, Balmain und Balenciaga. Ihr Defilée fiel bei den Modejournalisten zwar durch; ihrer Meinung nach fand sich darin nichts Neues. Doch genau das war ja Coco Chanels Stärke. Die schroffe, aber kokette kleine Unternehmerin setzte sich problemlos durch. Ihre Kollektionen fanden reißenden Absatz und bald kam *tout* Paris im Chanel-Stil daher.

Die Frau, die Picasso als „die vernünftigste der Welt" bezeichnet hatte, war auch eine Romantikerin, die sich immer viel Zeit nahm für die Liebe, obwohl sie nie heiratete. Nicht, daß die hübsche Mademoiselle nicht gefragt worden wäre. Als der Herzog von Westminster um ihre Hand anhielt, lehnte sie seinen Antrag mit typischer Freimütigkeit ab: „Es gibt viele Herzoginnen, aber nur eine Coco Chanel." Es war ihre Arbeit, die ihr am meisten bedeutete. Coco Chanel starb allein in einem Einzelzimmer im Ritz. Dem Hotel gegenüber lag das Chanel-Haus mit ihrem verschwenderisch eingerichteten Appartement. In ihrem Schrank hingen drei Kostüme, doch ihr Vermögen erstreckte sich auf einen Jahresumsatz von über 160 Millionen Dollar. Frauen jeden Alters und aller Schichten hatten ihren unverwechselbaren Look übernommen.

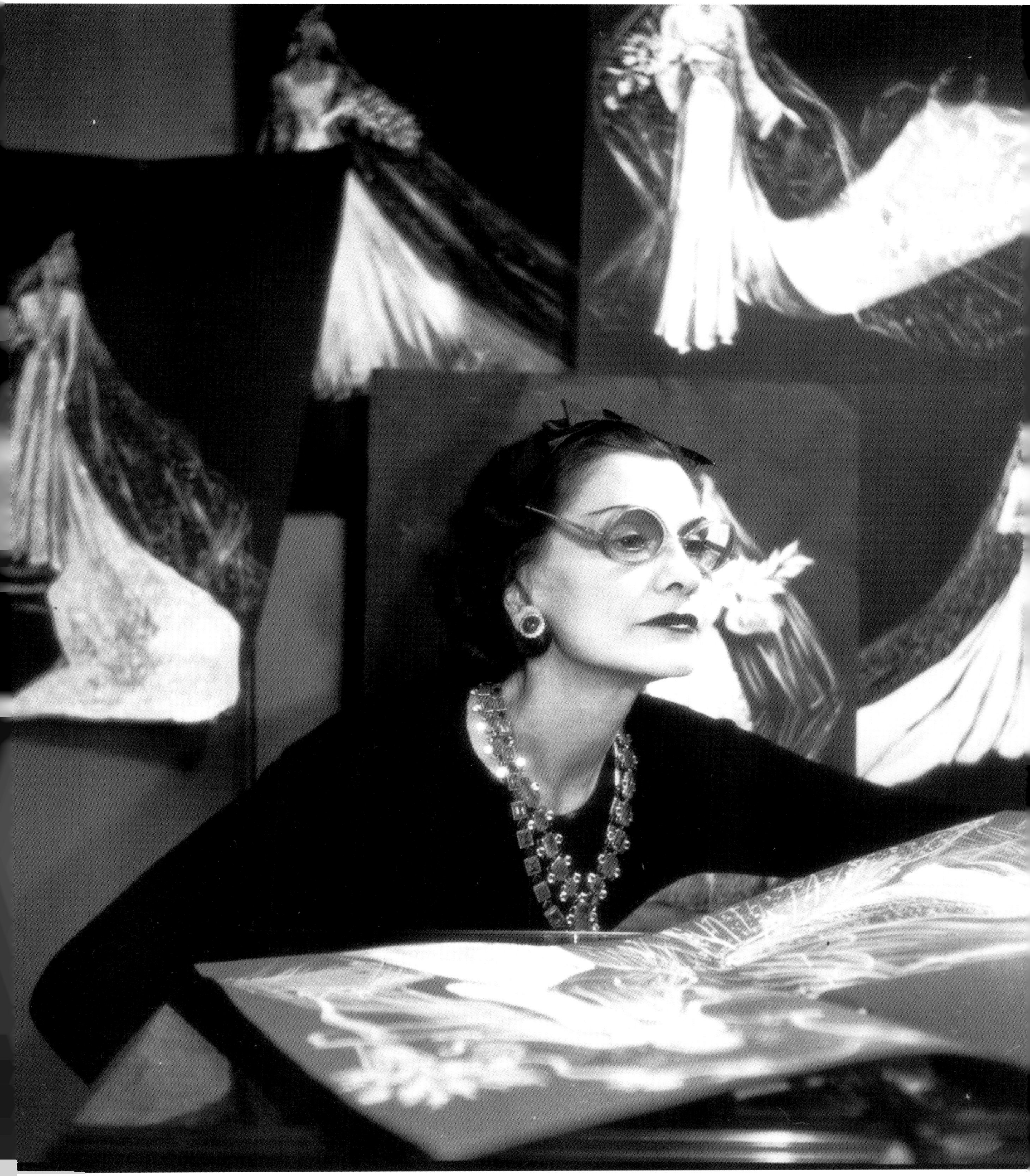

CHARLIE CHAPLIN

1889-1977

DER FILM, für den Charlie Chaplin am liebsten in Erinnerung behalten werden wollte, war *Goldrausch* aus dem Jahr 1925. In einer der berühmtesten Szenen dieses Filmklassikers kocht der kleine Tramp einen alten Schuh zum Abendessen und verzehrt ihn so genüßlich wie ein Feinschmecker. Derartige Szenen, die er durch eine subtile Vermischung von tragischen und komischen Elementen erreichte, erheben diesen Film wie viele andere Arbeiten Chaplins in den Bereich des Lyrischen. Zu seinem Glück war diese lyrische Qualität auch gut zu verkaufen.

Chaplins weltweit bekannte und geliebte Figur, Charlie der Tramp, rief überall Bewunderung, Identifikation und Mitleid hervor. Der zerlumpte, aber dennoch herausgeputzte Vagabund mit dem kleinen Schnauzbart war der Jedermann des Kinos. Nur mit einem Spazierstock, einer zerbeulten Melone und Mutterwitz bewaffnet, schlurfte er mutig durch Not und Unglück. Die öffentliche Verehrung wurde jedoch durch politische Kritik abgeschwächt. Konservative empörten sich über die Weigerung des Stars, im Ersten Weltkrieg Soldat zu werden (dabei wurde er aus medizinischen Gründen ausgemustert); man nahm es ihm übel, daß er nach 40 Jahren steuerfreien Lebens in den USA immer noch nicht die amerikanische Staatsbürgerschaft angenommen hatte; und Ende der 40er Jahre unterstellte man ihm „kommunistische Neigungen". Letztere bestritt er öffentlich und mit großer Vehemenz, als er vor den Untersuchungsausschuß für unamerikanische Umtriebe des amerikanischen Senats geladen wurde.

Obwohl Chaplin linken Überzeugungen abschwor, hatte er allen Grund, Mitgefühl mit den Armen und Schwachen zu haben. Denn er war das Kind eines Trinkers und einer psychisch labilen Mutter. Charlie und sein Halbbruder Sydney verbrachten eine recht ärmliche Kindheit in den Slums von London. Aufgrund dieser Erfahrung identifizierte sich Chaplin mit Ausgestoßenen jeder Couleur, und er hatte zeit seines Lebens große Angst vor Armut.

Als Kind tanzte er für ein Trinkgeld an Straßenecken. Im Alter von acht Jahren begegnete er der Holzschuhtanz-Gruppe The Eight Lancashire Lads. Als Jugendlicher zog er mit Fred Karnos Slapsticktruppe durch England und verfeinerte seine komödiantischen Fähigkeiten und die verblüffenden Taschenspielertricks, die seinen späteren Rollen so viel Charme und Überraschungseffekte verliehen. Mit 21 Jahren war Chaplin bereits ein Star der Londoner Music Halls. Mack Sennett, herausragender Pionier der Stummfilmkomödie, wurde auf ihn aufmerksam und brachte ihn 1913 nach Hollywood. Dort arbeitete er für 150 Dollar pro Woche für das neugegründete Keystone Studio. Innerhalb eines einzigen Jahres war der vielseitig talentierte Chaplin in 35 Kurzfilmen zu sehen. Für viele davon schrieb er das Drehbuch und führte auch Regie, wobei er Kostüm, Persönlichkeit und Verhalten seines liebenswerten Underdogs in den weiten Hosen ständig ausbaute.

1915 unterschrieb er einen Vertrag bei der Essanay Film Company. Noch im selben Jahr kam sein erstes Hauptwerk heraus, *Der Tramp*, in dem Charlie Chaplin die von ihm geschaffene Filmfigur in Perfektion vorführte. 1919 gründete er zusammen mit Mary Pickford, D. W. Griffith und Douglas Fairbanks die United Artists Corporation, die erste unabhängige Produktionsgemeinschaft der Filmgeschichte. Vier Jahre später produzierte er dort den ersten Film: *A Woman of Paris*. Als Ende der 20er Jahre die Zeit des Tonfilms anbrach, leistete Chaplin diesem so lange wie möglich Widerstand. „Wenn ich spreche, bin ich wie jeder andere Komödiant auch."

Sein Schweigen brach er tatsächlich erst in *Der Große Diktator* von 1940, in dem er eine Doppelrolle spielt, einen Diktator, stark an Hitler angelehnt, und einen jüdischen Friseur. Chaplins Filme, die zunehmend didaktischer wurden, nahm die Kritik oft nur sehr verhalten auf, besonders den pazifistischen *Monsieur Verdoux* (1947), in dem er einen Frauenmörder spielt. Nach der Premiere wurden Forderungen laut, Chaplin auszuweisen. Auch die Anerkennung des Publikums schwand zusehends, da sich seine Fans schwer damit taten, das Bild vom zerlumpten, aber nie aufgebenden Tramp in *Lichter der Großstadt* mit dem des Multimillionärs Charles Chaplin in Übereinstimmung zu bringen. In den Augen selbst ernannter Moralapostel führte er ein geschmackloses Privatleben, zu dem Steuerhinterziehung, öffentlich ausgetragene Scheidungen, eine Schwäche für minderjährige Mädchen und eine häßliche Vaterschaftsklage gehörten. Als Chaplin 1952 mit dem Schiff über den Atlantik zur Premiere von *Rampenlicht* nach London reiste, erfuhr er, daß er Amerika erst nach einer Persönlichkeitsüberprüfung wieder hätte betreten dürfen. Einer solch peinigenden Tortur wollte er sich nicht unterziehen und schwor, nie wieder in die Vereinigten Staaten zurückzukehren. Diesen Eid brach er erst 1972, als er einen Ehrenoscar für sein Lebenswerk überreicht bekam.

Dies Kombination aus Skandal, Politik und schwierigem Temperament zerstörte die weltweite Popularität, welche Chaplin zuvor genossen hatte. Sein Lebensende verbrachte er sehr zurückgezogen mit seiner geliebten Frau Oona. Nun wurde sein filmgeschichtlicher Rang immer deutlicher. Die Bedeutung seiner Arbeit wurde nicht nur durch die Erhebung in den Ritterstand durch Königin Elisabeth 1972 gewürdigt, sondern vor allem durch die nicht abreißenden Lobpreisungen der Kritiker. Er schrieb, produzierte, inszenierte, edierte und spielte, ja er komponierte sogar die Musik seiner Filme. Chaplins einzigartiger und eigensinniger Genius offenbart sich in der außergewöhnlichen und bewegenden Pantomime *Lichter der Großstadt*, im sozialen Einfühlungsvermögen von *Moderne Zeiten* und in seinem Lieblingsfilm *Goldrausch*. Solche Filme haben den Meister der Pantomime zu einem der einflußreichsten Unterhalter in der Geschichte des Showbusiness gemacht.

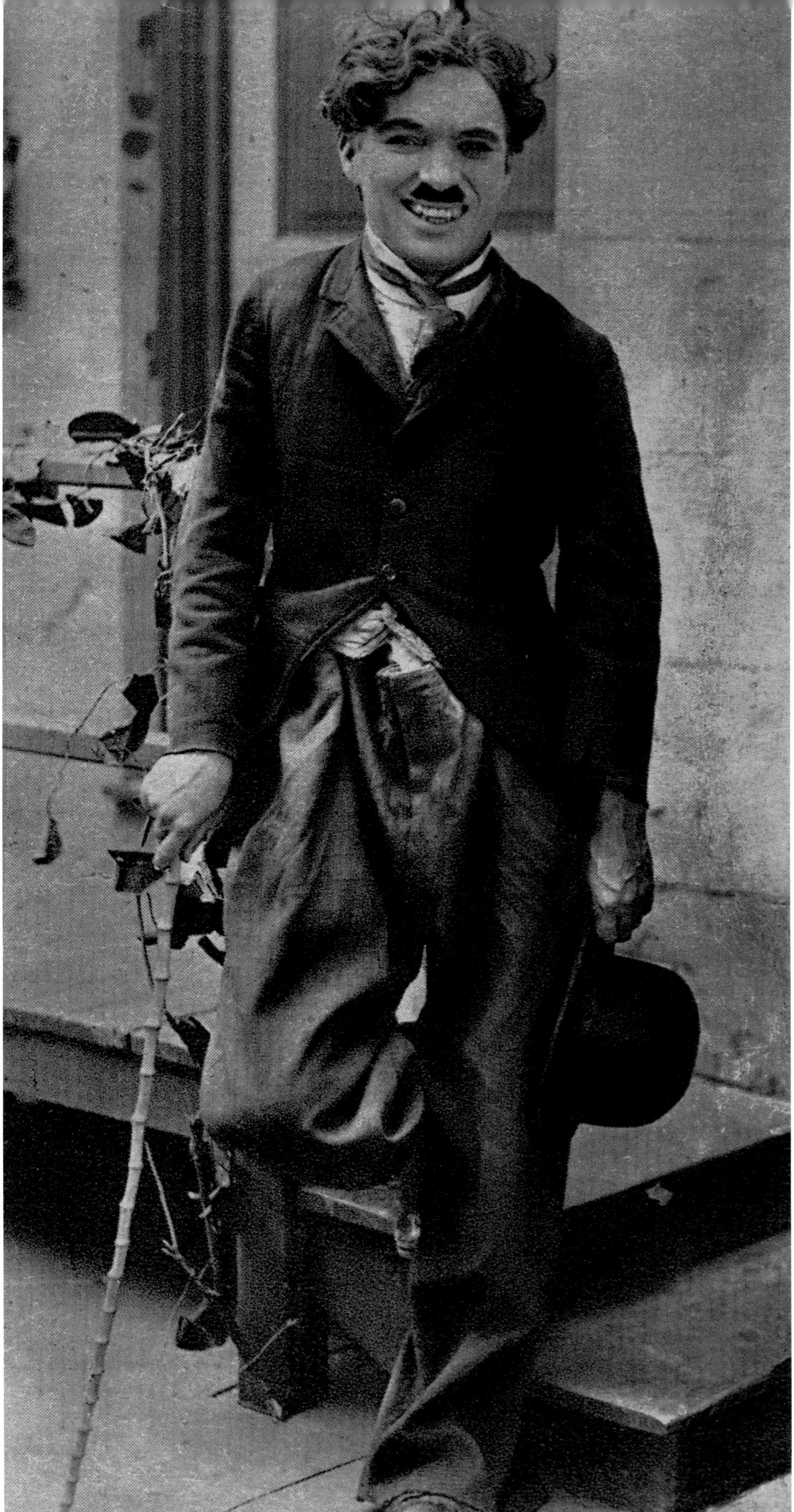

AGATHA CHRISTIE
1891-1976

AGATHA CHRISTIE, die berühmteste Krimiautorin und erfolgreichste Schriftstellerin aller Zeiten, erfreute sich eines langen, überaus produktiven Lebens. Geboren in einem Küstenort im englischen Devon, erhielt die Tochter einer Engländerin und eines Amerikaners so gut wie keine schulische Ausbildung. Ihre Mutter unterrichtete sie daheim, und in ihrer Freizeit schlenderte die kleine Agatha Mary Clarissa Miller die von Bäumen gesäumten Alleen hinunter und dachte sich dabei fantastische Geschichten aus, die in fernen Ländern spielten. Auch als sie bereits berühmt war, pflegte die zurückhaltende Engländerin eher bescheidene Hobbies: Zugreisen, ausgedehnte Mittagsschläfchen in der Sonne, heiße Bäder, während derer sie die genialen Handlungen ihrer Bücher erdachte. Dame Agatha – den Titel der Dame Commander of the British Empire erhielt sie 1971 – hätte sich durchaus luxuriösere Freizeitbeschäftigungen leisten können. Mit ihren rund 94 Romanen, 17 Theaterstücken und über 130 Kurzgeschichten erwirtschaftete sie ein Vermögen, das die Milliardengrenze weit überstieg. Schließlich geht die Zahl ihrer verkauften Bücher allein in englischer Sprache ebenfalls in die Milliarden, ganz zu schweigen von Übersetzungen in nahezu alle Sprachen der Welt und den Film-, Theater- und Fernsehadaptionen. In ihren produktivsten Jahren zwischen den beiden Weltkriegen schrieb Agatha Christie mindestens einen Roman pro Jahr. Ihre lesewütigen, treuen Fans warteten alljährlich auf die neue „Christie zum Christfest" und wurden, wie auch ihr Verleger, niemals enttäuscht.

Die Gründe für die außerordentliche Beliebtheit der „Gräfin des Todes" liegen gewiß nicht in ihrem schriftstellerischen Können. Ihr Stil, da sind sich die Kritiker einig, ist eher handwerklich: knapp, leicht lesbar, stark im Dialog, sparsam mit Beschreibungen und Charakterisierungen. Agatha Christies Stärken lagen im Handlungsaufbau. Mit Cleverness lockte sie ihre Leser in Sackgassen und auf falsche Fährten, ohne dabei die Grenzen der Glaubwürdigkeit zu überschreiten. Zudem spielte das Geschehen immer in einer dem englischen Leser wohlvertrauten Umgebung. Ihre Leichen plazierte Agatha Christie stets in gepflegter Atmosphäre – in gemütlichen Bibliotheken, heimeligen Küchen, schmucken Pfarrhäusern. Ein Mord, sei es mit dem Knüppel, der Pistole oder ihrer Lieblingswaffe, Gift, geschah niemals ohne triftigen Grund, war niemals ausgesprochen brutal oder blutig. Agatha Christies Verbrechen waren zwar heimtückisch, doch nie ohne ein psychologisch folgerichtiges Motiv.

So elegant und glatt sie die verwickeltsten Handlungsstränge auch immer auflöste, ihre Bücher waren das Ergebnis harter Arbeit. Von ihrer Mutter wurde sie bereits als kleines Mädchen ermuntert, Geschichten zu schreiben, und ihre ältere Schwester stachelte ihren Ehrgeiz an, einen Detektivroman zu ersinnen, der besser wäre als jene, die sie selber lasen. 1916, im Jahr ihrer Hochzeit mit Archibald Christie, einem Offizier der englischen Luftwaffe, setzte sich die junge Frau endlich an den Schreibtisch. Damals arbeitete sie als Pharmazeutin in Kriegshospitälern. Hier lernte sie einiges über Gift – ein Wissen, das ihr später sehr nützlich werden sollte. In dem erst 1920 veröffentlichten Roman *Das fehlende Glied in der Kette* gab Hercule Poirot sein Debüt. Der ehrfurchtgebietende, stets adrette Detektiv vertraute selbst bei den schwierigsten Fällen nur auf seine „kleinen, grauen Zellen". Agatha Christie hielt Poirot für einen „egozentrischen Schnüffler" und hätte ihn am liebsten gleich nach seinem ersten Fall wieder in der Mottenkiste verschwinden lassen, doch ihre Leser liebten seine pedantische Hartnäckigkeit und scharfe Beobachtungsgabe und wollten mehr davon. Poirot eroberte das Herz der Leser im Laufe seiner 25 Fälle so sehr, daß sein *Tod in Curtain* (1975) in der New York Times auf der Titelseite betrauert wurde. 1930 trat Poirots englische Kollegin, die tattrige, aber unverwüstliche Miss Jane Marple auf den Plan. Ihren ersten Fall löste die alte Dame aus dem verschlafenen Nest St. Mary Mead in *Mord im Pfarrhaus*. Mit dem 1926 erschienen *Roger Ackroyd und sein Mörder* sorgte die innovative Krimiautorin für Aufsehen: Am Ende stellt sich nämlich heraus, daß der Erzähler selbst der Mörder war.

Kurz nach Erscheinen von *Roger Ackroyd* ereilten Agatha Christie zwei schwere Schicksalsschläge. Zuerst starb ihre Mutter, dann verließ sie ihr Mann wegen einer anderen Frau. Sie tat, was eine ihrer Figuren hätte tun können: Sie verschwand spurlos. Man suchte Wälder und Flüsse nach ihr ab. 11 Tage lang beherrschte dieses Ereignis die Schlagzeilen der Boulevardpresse. Schließlich fand man sie in einem Hotel in Yorkshire. Dort hatte sie sich unter dem Namen der Geliebten ihres Mannes eingetragen, und sie litt ganz offensichtlich unter Gedächtnisverlust. Zyniker hielten das Ganze für einen Werbegag, und auch Miss Marple hätte dieses „Alibi" ganz gewiß nicht akzeptiert, doch Agatha Christie wollte sich zu diesem Zwischenfall niemals äußern.

Es folgten friedliche und fruchtbare Jahre. Nach der Scheidung von Archibald besuchte Agatha Christie Freunde an einer irakischen Ausgrabungsstätte. Dort lernte sie den 14 Jahre jüngeren Archäologen Sir Max Mallowan kennen. Sie kehrten gemeinsam nach England zurück – natürlich im Orientexpress. Nachdem sie um die Welt gereist waren und Agatha Christie ihm bei seinen Ausgrabungen finanziell unter die Arme gegriffen hatte, heirateten sie. Literarisches Ergebnis ihrer Zugreisen war der *Mord im Orient Express* (1934).

Agatha Christie hatte zwar großes Vergnügen daran, sich ihre Detektivgeschichten auszudenken, doch sie niederzuschreiben war ihr oft ein Greuel. Sie glaubte, kein Talent zu haben, und hätte gern geschrieben wie Muriel Spark oder Graham Greene, aber als Kriminalautorin blieb sie unübertroffen. Sie bot ihren Lesern keine literarischen Höhenflüge, sondern ein exzellentes Lesevergnügen und ein unterhaltsames Stück „feine englische Lebensart", die heute nur noch selten anzutreffen ist.

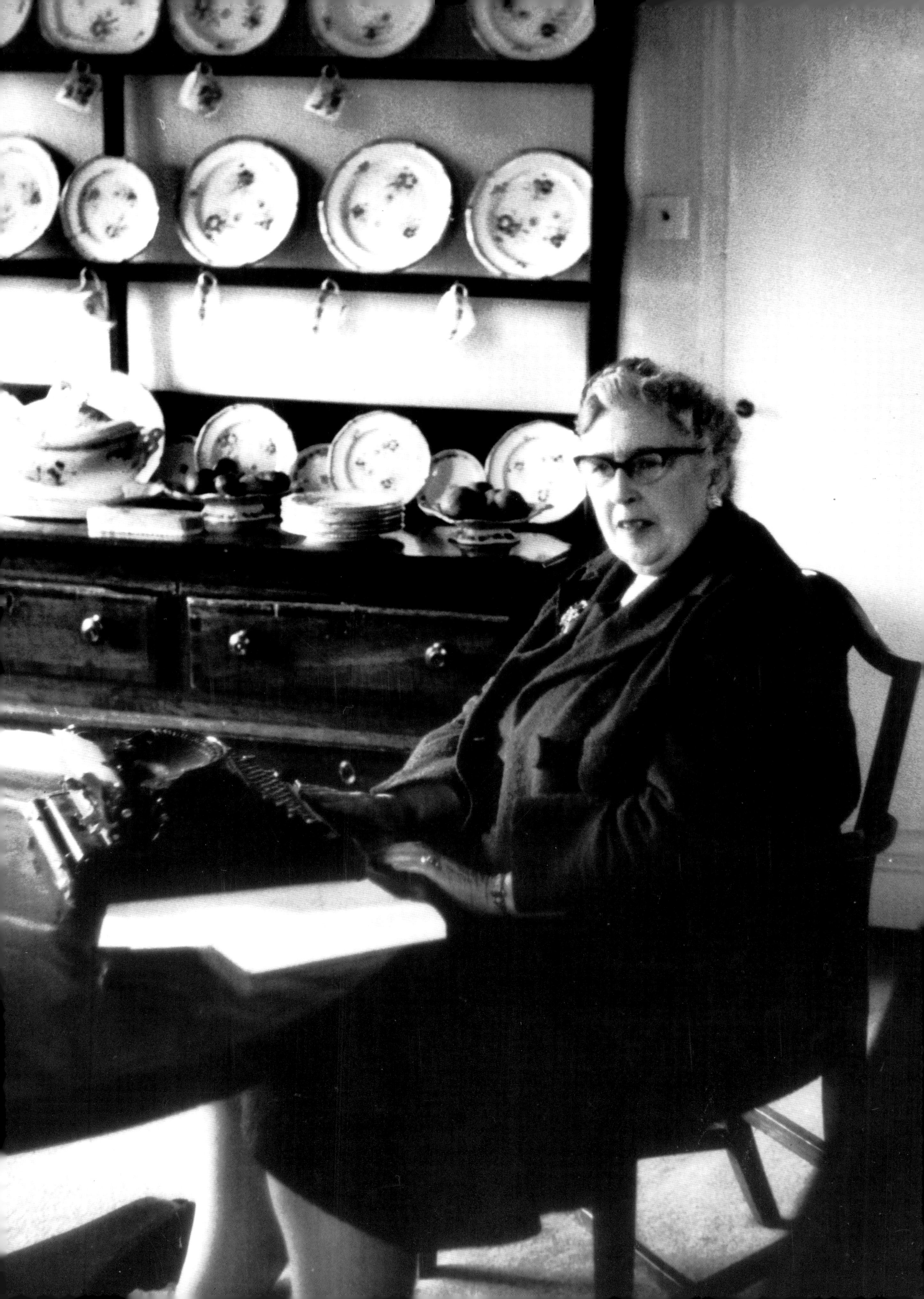

WINSTON CHURCHILL
1874–1965

ES WAR DIE SCHWÄRZESTE STUNDE in Englands Geschichte und zugleich die bedeutendste. Das Schicksal hatte Winston Churchill, den erfahrenen Soldaten und glänzenden Strategen, dazu auserkoren, Großbritannien in den vorerst einsamen Kampf gegen Hitler zu führen. Und der unbeugsame Politiker und Gelehrte, ein wahres Wunder an Organisationsvermögen und taktischer Klugheit, legte einen unermüdlichen Eifer an den Tag: Am D-Day, dem Tag der Landung der Alliierten an der nordfranzösischen Küste, bestand Churchill darauf, die britischen Seestreitkräfte in die Normandie zu begleiten. Nur auf Drängen des englischen Königs George VI. ließ er von diesem Unternehmen ab. Nachdem seine unablässige Aufforderung an die Vereinigten Staaten, sich dem Kampf gegen die Nazis anzuschließen, bei der amerikanischen Regierung auf Ablehnung gestoßen war, hatte der englische Oberbefehlshaber im Sommer 1940 beschlossen, den Kampf gegen das Deutsche Reich allein zu führen. Mit flammenden Reden gegen Hitler, einen „von Grausamkeit besessenen Geist", den „Urquell des zerstörerischsten Hasses seit Menschengedenken", brachte er sein Volk im Kampf gegen die Truppen des Führers geschlossen hinter sich. Als die Japaner Pearl Harbor bombardierten und die USA schließlich in den Krieg zwangen, war er erleichtert und begeistert. „Ich ging zu Bett", schrieb der Premier, der von nun an einen Verbündeten an seiner Seite wußte, „und schlief den Schlaf der Gerechten."

Der vielseitig begabte Winston Spencer Churchill, der sich der Malerei und Gartenkunst mit beinahe derselben Hingabe widmete wie den Staatsgeschäften, entstammte der viktorianischen Aristokratie. Dank seiner amerikanischen Mutter, der wunderschönen Jennie Jerome, floß jedoch auch Irokesenblut in seinen Adern. Es war nur natürlich, daß der junge Winston, der auf Schloß Blenheim geboren wurde und aufwuchs, schließlich die Kadettenanstalt Sandhurst besuchte.

Nach dem Ende seiner Ausbildung, die er mit Auszeichnung abschloß, trat er 1894 als Leutnant in das 4. Husarenregiment ein und leistete in verschiedenen Kolonien Dienst, unter anderem auch in Indien. Nach einem Jahr im Sudan wurde er 1898 in das Nilexpeditionskorps aufgenommen und kämpfte in der Schlacht von Omdurman unter General Kitchener. Anschließend diente er als Kriegsberichterstatter in Südafrika, wo sein waghalsiger Ausbruch aus burischer Kriegsgefangenschaft ihn nicht nur auf einen Schlag berühmt machte, sondern ihm im Jahr 1900 auch einen Abgeordnetensitz im' britischen Unterhaus eintrug. Er war gerade 26 Jahre alt.

Churchills glänzende politische Karriere erstreckte sich über annähernd sechs Regenten. Nach 1906 bekleidete er verschiedene Kabinettsposten. Im Jahr 1911 wurde er zum Ersten Lord der Admiralität ernannt und trieb die britische Flottenrüstung bis zum Ausbruch des Ersten Weltkriegs energisch voran. Als jedoch die Dardanellenexpedition, für die er persönlich eingetreten war, scheiterte, wurde Churchill seines Amtes enthoben und diente daraufhin im 2. Grenadier-Bataillon und als Kommandeur eines Infanteriebataillons bei den 6. Royal Scots Fusiliers an der Front. 1917 kehrte Churchill als Munitionsminister in die Regierung zurück. Zwei Jahre darauf wurde er Heeres- und Luftfahrtminister und wechselte 1921 zum Kolonialministerium. Seit 1924 bekleidete er das Amt des Schatzkanzlers. Churchills Finanzpolitik, die auf der Wiedereinführung der Goldwährung beruhte, rief den Widerstand der Sozialisten und Gewerkschaften hervor, der in dem Generalstreik von 1926 kulminierte. Als 1929 die Regierung fiel, hatte sich Churchill durch seine innen- und kolonialpolitischen Positionen selbst innerhalb seiner eigenen Partei ins Abseits manövriert. Das vorübergehende Aus seiner politischen Karriere nutzte er gut: Er widmete sich seinen historischen Arbeiten, veröffentlichte *Marlborough* (vier Bände, 1933–1938) und blieb politisch stets auf dem Laufenden. Ein besonders wachsames Auge hatte er dabei auf Mittel- und Osteuropa, und er warnte im Unterhaus eindringlich vor der von Hitler ausgehenden Gefahr, auf die Großbritannien nicht ausreichend vorbereitet sei. Nach dem Kriegsausbruch und dem Fall Polens im September 1939 zwang die öffentliche Meinung Premierminister Neville Chamberlain dazu, Churchill erneut zum Ersten Lord der Admiralität zu berufen.

Von Beginn an bestand der 65jährige auf einer bedingungslosen Kapitulation der deutschen Widersacher. Als er 1940 zum Premierminister gewählt wurde, verkündete er sein politisches Credo: „Sieg – Sieg um jeden Preis, Sieg trotz allen Schreckens, Sieg, wie lang und beschwerlich der Weg auch sein mag." Und sein Durchhaltewillen verließ ihn auch nicht, als die Alliierten scheinbar chancenlos schienen.

Wie bei allen großen Persönlichkeiten gab es auch zu Churchills Lebzeiten eine ganze Reihe von Kritikern, die ihm vor allem seinen Widerstand gegen Autonomiebestrebungen der Kolonien des englischen Königreichs vorhielten. Anderen politischen Gegnern gingen seine Zugeständnisse 1945 in Jalta zu weit, die es Stalin ermöglichten, sein Einflußgebiet auf ganz Osteuropa auszudehnen; sie warfen ihm vor, nach dem Krieg die Interessen Amerikas über die seines eigenen Vaterlandes gestellt zu haben. Doch das 20. Jahrhundert wäre ohne ihn nicht denkbar. Nicht ohne seine stoische Gelassenheit in Zeiten des Krieges und seine Führungskraft im Frieden; nicht ohne seine historischen Studien, wie zum Beispiel *Der Zweite Weltkrieg*, wofür ihm 1953 der Nobelpreis für Literatur verliehen wurde; nicht ohne seinen Sinn für Risiko und Abenteuer; und erst recht nicht ohne sein rednerisches Talent. Anläßlich der Ernennung zum Premierminister 1940 schrieb Churchill: „Mir war zumute, als ob das Schicksal selber mir den Weg wiese, als wäre mein ganzes bisheriges Leben nur eine Vorbereitung auf diesen Augenblick gewesen und auf diese Prüfung. Ich war sicher, daß ich nicht scheitern würde."

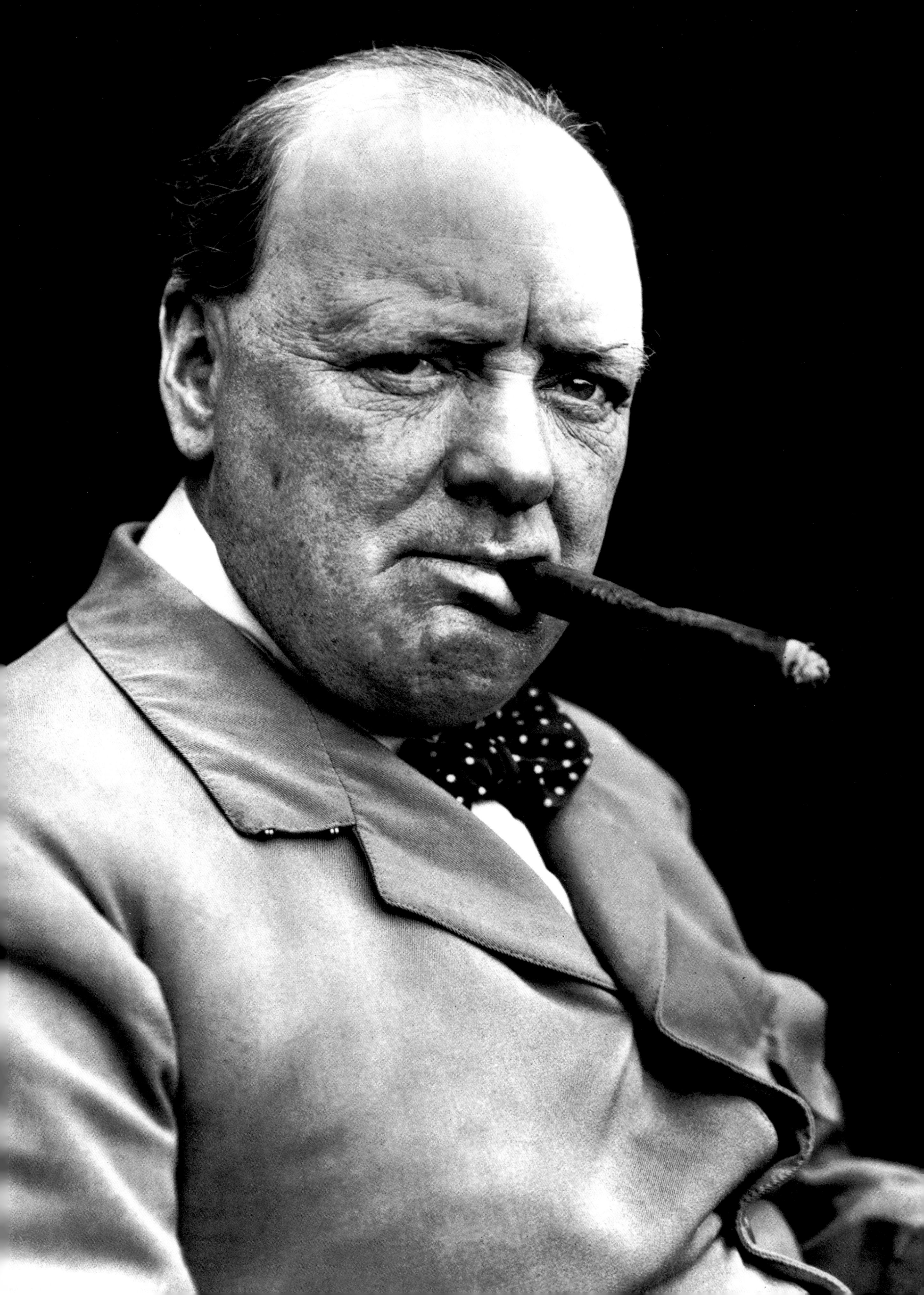

COLETTE
1873–1954

SIDONIE GABRIELLE COLETTE, ein Kind der Belle Epoque, wuchs auf dem elterlichen Gut in Burgund auf. Schon früh beherzigte sie die Aufforderung ihrer Mutter, selbst unbedeutend scheinenden Dingen Beachtung zu schenken – dem letzten Schein der untergehenden Sonne ebenso wie dem fernen Lied eines seltenen Vogels. Diese außergewöhnliche Beobachtungsgabe kam ihr später zugute: Als Schriftstellerin ließ sie voller Zärtlichkeit die verlorene Welt ihrer Kindheit wieder auferstehen.

Doch schon bald schrieb sie statt über das ländliche Idyll über wilde Bettgeschichten, die sie aus dem reichen Fundus ihres eigenen Lebens schöpfte. In ihrem 81 Jahre währenden Leben heiratete die erklärte Heidin Colette dreimal, verführte ihren eigenen Stiefsohn, bekam mit 40 noch ein Kind und tanzte halbnackt in Pariser Revuen. Colette war eine Genießerin par excellence. Selbst Gerüche und Farben versetzten sie in Verzückung.

Zeitlebens genoß Colette eine immense Anerkennung, nicht nur als Autorin von Unterhaltungsliteratur, sondern auch als ernsthafte Schriftstellerin. In ihrem Œuvre vereinen sich Pariser Kultiviertheit, Halbwelterfahrungen und übersprudelndes Temperament mit einem geradezu schwärmerischen Faible für Romanzen und Seitensprünge. Am meisten schätzten ihre Leser die zügellose Sinnlichkeit, mit der sie schrieb.

Nahmen auch viele ihrer Zeitgenossen Anstoß an der Auswahl und der Behandlung ihrer Themen, so ist Colette doch stets den höchsten literarischen Ansprüchen gerecht geworden. Ganz gleich, ob es sich um ihre Memoiren oder ein Libretto (beispielsweise für Ravels *L'Enfant et les Sortilège*), um eine Kolumne über Kochrezepte, eine Theaterkritik oder einen Modeartikel für die *Vogue* handelte – die sie alle auf blaues Papier schrieb –, ihre Suche nach dem „mot juste" galt als geradezu fanatisch. Colette schrieb jeden Nachmittag drei Stunden. Ihr Stil war sehr kraftvoll, sie entwarf überzeugende Charaktere und verfaßte wirklichkeitsnahe Dialoge. Sicherlich fehlt es ihr im Vergleich zu den ganz großen französischen Schriftstellern dieses Jahrhunderts an Tiefgründigkeit und metaphysischer Beschlagenheit, doch ihr literarisches Werk ist durch ein Höchstmaß an Lebensnähe und vor allem an Selbsterkenntnis geprägt und von großem Unterhaltungswert. Ganz sicher aber ist sie die Verkörperung der Französin schlechthin.

Entdeckt und gefördert wurde Colette von ihrem ersten Mann, dem stadtbekannten Frauenhelden Henri Gauthier-Villars, auch Willy genannt, der eine ganze Schar von Lohnschreibern beschäftigte, um seine schriftstellerische Karriere voranzutreiben. Kurz nach der Hochzeit mit der bildhübschen 21jährigen ermunterte er sie, ihre Erinnerungen an die Schulzeit zu Papier zu bringen und ihnen mit einer Reihe erfundener Unartigkeiten mehr Würze zu verleihen. Jeden Tag schloß er Colette in ihre Dachstube ein, bis sie ihr Pensum erfüllt hatte. Im Jahr 1900 erschien ihr erster Claudine-Roman *Claudine à l'école* – auf Anhieb ein Erfolg. Das Lob galt selbstverständlich allein ihrem Ehemann. Um die ausgebrochene Begeisterung weiter anzufachen, zwang er Colette, wann immer sie sich in der Öffentlichkeit zeigte, das sogenannte Claudine-Kleid zu tragen.

Im Jahr 1905, nach 12 Jahren Ehe und insgesamt vier Claudine-Romanen, verließ Colette, der literarischen Sklavenarbeit und der unverhohlenen Seitensprünge ihres Mannes endgültig überdrüssig, Gauthier-Villars. Zeitweilig ernüchtert vom anderen Geschlecht, fühlte sie sich zu Lesbierinnen hingezogen und unterhielt eine Freundschaft zu dem berühmten Transvestiten „Missy" Mathilde de Morny, der Marquise de Belbœuf. 1907 führte sie mit ihr im Moulin Rouge eine skandalöse Liebesszene auf. Während ihrer neuen Karriere als Tänzerin und Sängerin in Pariser Varietés erwarb sie sich den Ruf einer zügellosen Lebedame. Sie nutzte ihre Erfahrungen später für die Werke *L'Envers du music-hall* (1913) und *Mitsou* (1919). In zweiter Ehe war sie verheiratet mit Henri de Jouvenel des Ursins, einem Redakteur von *Le Matin*, und sie brachte ihr einziges Kind zur Welt, eine Tochter, die ihren Namen erhielt. 1920 schrieb sie in einem mittlerweile gereiften Stil *Chéri*, die Geschichte einer leidenschaftlichen Liebe zwischen einer älteren Frau und einem ungewöhnlich gutaussehenden, verwöhnten und viel jüngeren Mann. Noch im selben Jahr ernannte man sie zum Dank für ihre besonderen Verdienste während des Ersten Weltkriegs – sie hatte ihr Haus als Lazarett zur Verfügung gestellt – zum Ritter der Ehrenlegion.

Im Laufe der Jahre wurde die lebhafte und verführerische Colette zwar ein wenig gesetzter, büßte aber mit ihren rotgeschminkten Wangen und ihrem aprikotfarbenen Haar nichts von ihrer Koketterie ein. 1925 ließ sie sich erneut scheiden, als ihre Ehe nach der Affäre mit Jouvenels Sohn wegen einer anderen Frau in die Brüche ging. In ihrem Alterswerk gelang es ihr, ein neues literarisches Genre zu nutzen, das Essayistisches mit Autobiographischem verbindet. Als erste Frau wurde sie in die Académie Goncourt aufgenommen, deren Vorsitz sie 1949 übernahm. 1944 schrieb sie *Gigi* (als sie die junge Audrey Hepburn kennenlernte, bestand sie darauf, daß sie die Titelrolle in der Broadway-Inszenierung von Anita Loos bekommen sollte). Ihre dritte Ehe war ein Glücksfall. Der 16 Jahre jüngere Maurice Goudeket pflegte sie während der letzten zehn Lebensjahre, die von Krankheit und Leiden geprägt waren, sehr liebevoll. Obwohl bettlägerig, schrieb Colette immer noch voller Enthusiasmus bis tief in die Nacht hinein. Aus einem Fenster in der Nähe ihrer Bettstatt konnte sie auf ihr geliebtes Paris sehen und sich an schöne, vergangene Zeiten erinnern. Ihr Leben lang war sie glamourös, geheimnisvoll und unkonventionell gewesen; genau wie die Heldin ihrer Claudine-Romane war sie „die Frau, die alleine reist".

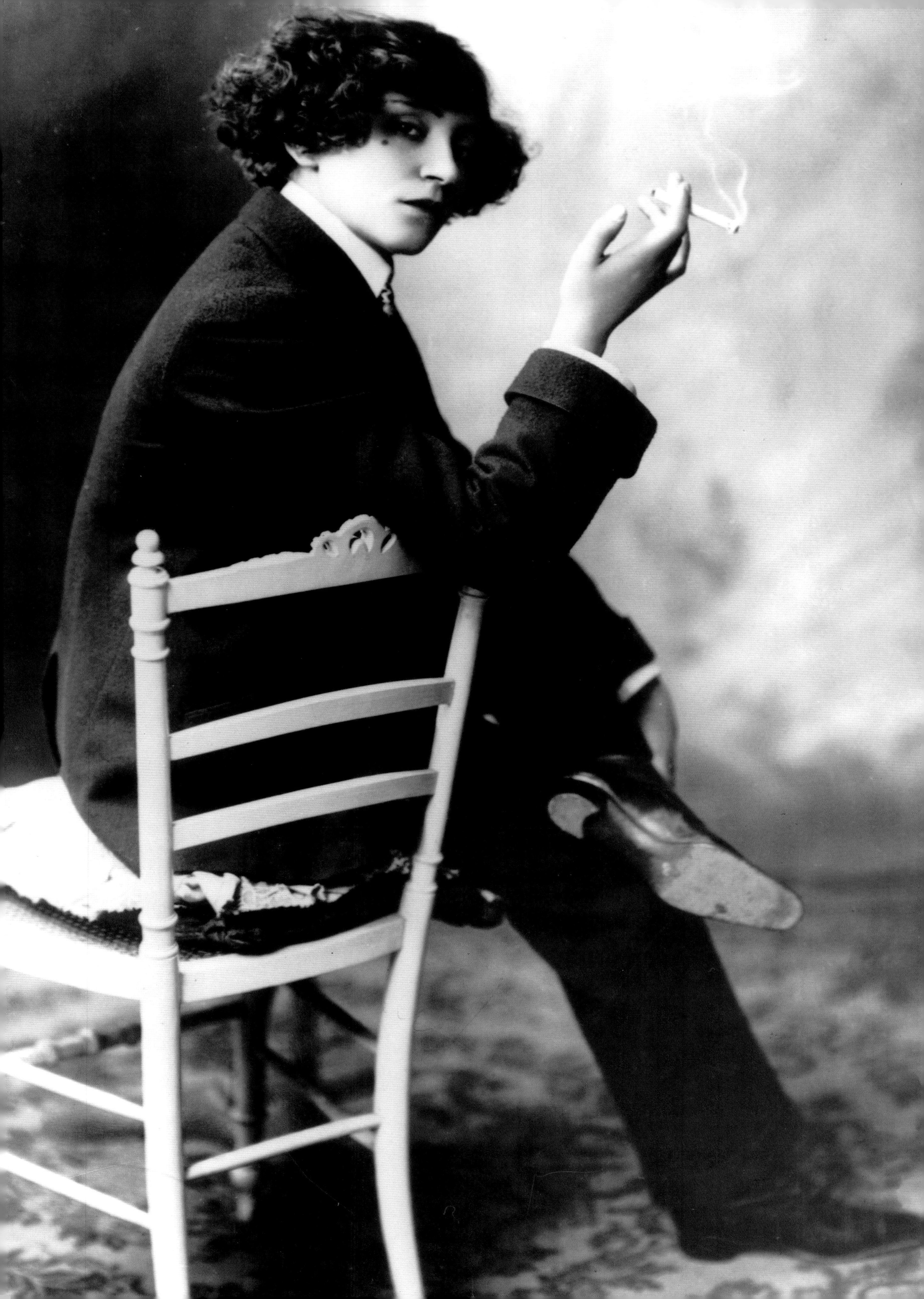

LE CORBUSIER

1887–1965

ZEITGENOSSEN GABEN IHM den Spitznamen „Corbu", was in der französischen Umgangssprache „Krähe" bedeutet. Aber auch Le Corbusier war ein Pseudonym, das sich der Architekt Charles Edouard Jeanneret in den frühen 20er Jahren von seinem Großvater mütterlicherseits lieh. Wenn eine Namensänderung oder auch das Weglassen des Vornamens einen Bruch mit der Vergangenheit symbolisiert, so trifft das bei dem einflußreichsten Architekten des 20. Jahrhunderts voll und ganz zu. Le Corbusier war ein seinen eigenen Prinzipien treuer Visionär, der sein traditionsverhaftetes Gewerbe am gestärkten Hemdkragen packte und in die Gegenwart zog.

Vor Le Corbusier befand sich die Architektur in einem recht eigenbrötlerischen Zustand; das eine Extrem bildete das regional oder kulturell geprägte Einfamilienhaus, das andere der klotzige, an historische Vorbilder angelehnte öffentliche Bau. Diese beiden Stilrichtungen beherrschen ein Stadtbild, dessen Wachstum zunehmend von Grundstücksspekulationen und Automobilen und weniger von durchdachter Planung gesteuert wurde. 1923 veröffentlichte Le Corbusier sein einflußreiches Buch *Vers une architecture*, in dem er Häuser zu „Wohnmaschinen" erklärte. Er stellte die Funktion eines Gebäudes ganz in den Vordergrund. Das Design habe sich nach Nützlichkeit, geometrischen Prinzipien und der Ökonomie der Form zu richten. Le Corbusier entwickelte ein Proportionssystem, das er „Modulor" nannte und mit dessen Hilfe er Häuser exakt auf den menschlichen Körper zuschnitt. In seinen schlichten Wohneinheiten experimentierte er mit kubischen Baukörpern, mit ungewöhnlichen Materialien wie Stahl, Beton und Glasbausteinen und mit so bahnbrechenden Innovationen wie den sogenannten Piloti – Betonstützen, die das Gebäude über dem Erdboden schweben ließen. Innen bewirkten ineinander übergehende Räume ein Gefühl von Weite, nichttragende Wände wurden durch veränderbare Raumteiler ersetzt, und variierende Decken- und Bodenhöhen weckten den Eindruck von Freiheit und Individualität. Von außen schmückten allein die durchgängige Fensterzeile und Betonlamellen das Gebäude.

Solch schockierende Neuerungen wurden prägend für einen neuen internationalen Architekturstil. Le Corbusiers Aufruf an die Architekten, über die Ästhetik eines einzelnen Gebäudes hinaus stets die Stadt als Ganzes im Blick zu behalten, nahm das Konzept moderner Stadtplanung vorweg. Seine kühne Lehre verbreitete sich rasch, immer mehr Stadtplaner nahmen Abschied vom einfallslosen Schachbrettmuster, das weder die natürliche Umgebung noch die Bedürfnisse und Wünsche ihrer Einwohner miteinbezog. 1935 veröffentlichte der Vater der modernen Architektur *La ville radieuse*. Mit einigen Anleihen bei Sir Ebenezer Howards Gartenstadtideal trat Le Corbusier für die effiziente Nutzung von Bauland, für ein Maximum an Sonnenlicht und großzügige Grünflächen ein. Er versuchte, einen Ausdruck zu finden für den Überfluß eines technologischen Zeitalters, dessen Städte in der Vision des Architekten geprägt waren von Wolkenkratzern, Apartmentblöcken in Modulbauweise, die auf riesigen Betonpfeilern ruhten, und vom Verkehr, der auf Hochbautrassen entlangraste.

Le Corbusiers Geist und Phantasie entwuchsen sehr früh den provinziellen Grenzen von La Chaux-de-Fonds, seinem Geburtsort in der französischen Schweiz. Seine Familie hatte nur wenig Verständnis für den künstlerisch und musisch begabten Jungen, der sich in einer örtlichen Kunstgewerbeschule einschrieb. Mit 18 Jahren reiste Le Corbusier 1905 nach Italien, wo er durch das Erlebnis der alten Kunst angeregt wurde. Nachdem er bei Joseph Hoffmann in Wien den Jugendstil kennengelernt hatte, zog Le Corbusier weiter nach Paris und Berlin, wo er bei Auguste Perret und Peter Behrens in die Lehre ging.

Le Corbusier übte sein Metier mit bewundernswerter Leidenschaft aus, allerdings begegnete er seinen Kollegen und seinen Auftraggebern häufig abweisend und herablassend. Trotz des wachsenden Erfolgs blieb sein künstlerischer Ehrgeiz offensichtlich unbefriedigt. Nachdem er sich 1917 in Paris niedergelassen hatte, startete er einen weiteren Versuch, sein revolutionäres Anliegen zu verbreiten: Mit seinem Künstlerkollegen Amédée Ozenfant gründete er 1920 die Zeitschrift *L'Esprit Nouveau*, ein Forum für zeitgenössisches Gedankengut. Gemeinsam riefen sie den Purismus ins Leben, einen zahmen Ableger des Kubismus, der scharfe Konturen und klare Farben in den Vordergrund stellte. Obwohl die Verkaufszahlen von Le Corbusiers Grafiken unwesentlich waren, hegte er nie Zweifel an seinem Talent. Daneben nahm die Zahl der Architekturaufträge zu. Sein „Dom-Ino"-Projekt von 1914, ein (niemals gebautes) Massenwohnheim in Fertigbauweise, und das Citrohan-Haus-Projekt von 1919/20 fanden große öffentliche Beachtung. In den 30er Jahren wurde Le Corbusiers Büro von allen Großstädten konsultiert, die sich im Zustand der Umstrukturierung befanden.

Von schmächtiger Gestalt und äußerst eitel hinsichtlich Kleidung und Benehmen – selten trat er öffentlich ohne Fliege auf –, verschrieb Le Corbusier in den folgenden Dekaden Antwerpen, Barcelona, Stockholm, Algier und seinem geliebten Paris (dessen Zentrum er in zwei Teile schneiden wollte) radikale Veränderungen. Seine Arbeit sowohl für die Vichy-Regierung als auch für das Nachkriegs-Frankreich wurde ehrfurchtsvoll geschätzt, ebenso wie seine Ratschläge bei der Planung von Brasiliens futuristischer Hauptstadt Brasilia. Er gehörte auch zu dem zehnköpfigen Team, das den Hauptsitz der Vereinten Nationen in New York entwarf.

Le Corbusiers Einfluß ist unumstritten, auch wenn seine Architektur, die auf dem Zeichenbrett freundlich und formschön wirkte, in der Realität oft steril und hermetisch erscheint. Zweifellos wollte der Künstler seine Gebäude in den Himmel ragen lassen, wie die Wallfahrtskirche von Ronchamps mit ihrem Flügeldach, doch sein nüchterner Geist fesselte ihn an die Erde.

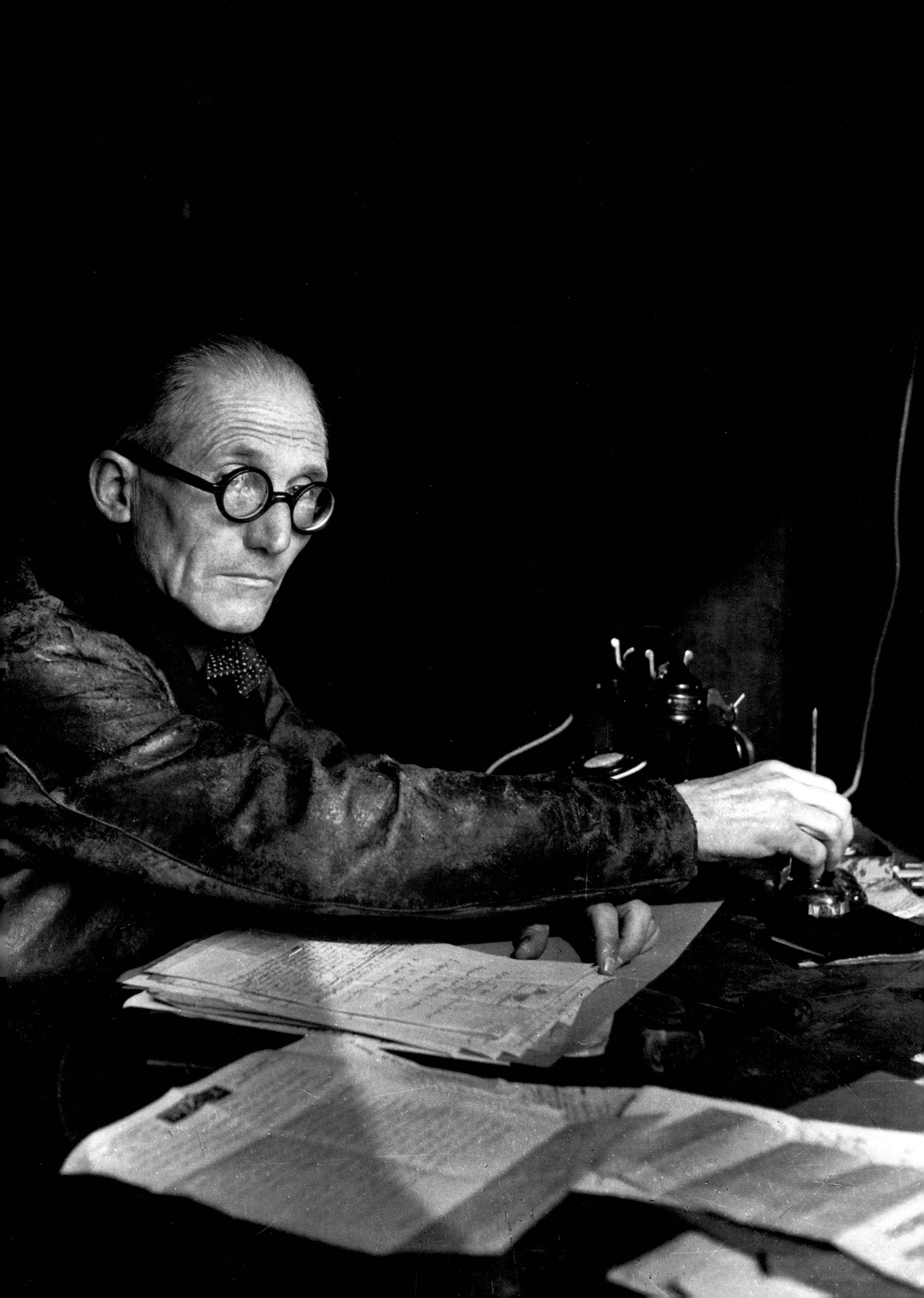

JACQUES COUSTEAU
1910-1997

DIE SEE hat den Meeresforscher Jacques Cousteau im Laufe seines rastlosen Lebens immer wieder gelockt, zum ersten Mal in seiner Kindheit, während eines Ferienlagers in der Nähe seiner Geburtsstadt St. André-de-Cubzac in Frankreich. Er wurde zum leidenschaftlichen Schwimmer und beschloß im Alter von zehn Jahren, Marineoffizier zu werden. Schon als Jugendlicher beschäftigte sich Cousteau mit Tauchgeräten und sammelte erste wertvolle Taucherfahrungen. Zehn Jahre später ging sein Jugendtraum in Erfüllung, und er wurde zur Ecole Navale in Brest zugelassen. Zu diesem Zeitpunkt war Cousteau bereits ein begeisterter Dokumentarfilmer und besaß eine der ersten Filmkameras, die es überhaupt in Frankreich gab.

Einige Jahre später folgte Cousteau erneut dem Ruf des Meeres. Bei einem Aufenthalt an der französischen Mittelmeerküste erforschte er das klare, warme Wasser durch eine Taucherbrille und war überwältigt von dem Anblick, der sich ihm darbot: einem „kristallisierten Dschungel". Seither wird der Mann in dem berühmten schwarzen Taucheranzug „das Gewissen des Meeres" genannt. Sein Leben lang fühlte er sich für dessen Schutz verantwortlich, und er weihte Millionen von Zuschauern in seine Geheimnisse ein.

Einen ersten bedeutsamen Beitrag zur Meereskunde leistete Jacques Cousteau während des Zweiten Weltkriegs, als er zusammen mit seinem Freund Emile Gagnan die revolutionäre Aqua-Lunge entwickelte, ein Tauchgerät, das den Taucher über einen Atemregler mit Luft versorgte, deren Druck der Wassertiefe angepaßt war. 1943 unternahm Cousteau seinen ersten historischen Tauchgang mit einem tragbaren Unterwasseratemgerät – SCUBA genannt. Diese bahnbrechende Neuerung eröffnete jedem den Zugang in die Tiefe, doch ermöglichte sie gleichzeitig die kommerzielle und militärische Nutzung der Unterwasserwelt. Es entbehrt nicht einer gewissen Ironie, daß ausgerechnet Cousteau die gewaltigen Ölvorkommen im Persischen Golf entdeckte – denn die Ölteppiche sollten später zu seinem Schreckgespenst werden.

Im Centre d'Etudes Marines Avancées, das Cousteau in Marseille gründete, entwickelte er in den 50er Jahren Tauchboote für Ein- bis Zweimannbesatzungen. Später richtete er Tauch- und Arbeitsstationen auf dem Meeresboden ein, sogenannte Unterwasserlabore, die für einen längeren Aufenthalt mit schwimmenden Versorgungsstationen ausgestattet waren. Zu den bekanntesten gehörten Conshelf I (Marseille) und II (im Roten Meer), die mit Hilfe druckfester Tauchkugeln Tausende von Metern abgesenkt werden konnten. Die Ergebnisse der Tauchgänge wurden von Unterwasserkameras mit druckfesten Spezialgehäusen gefilmt, die Cousteau eigens entwickelt hatte.

Nur wenige wissen von seiner Spionagetätigkeit während der Résistance, für die er sowohl den Orden der französischen Ehrenlegion als auch die Tapferkeitsmedaille erhielt. Abgesehen von den Momenten, in denen er sich bewußt an die Öffentlichkeit wandte, legte Cousteau großen Wert darauf, seine Privatsphäre zu wahren. Doch der tragische Tod seines designierten Nachfolgers, der bei einem Flugzeugabsturz ums Leben kam, sorgte für Schlagzeilen, und eine nicht autorisierte Biographie von Richard Munson enthüllte unter anderem, daß Cousteaus Bruder Pierre wegen Kollaboration mit den Nazis im Gefängnis gesessen und Jacques mehrfach vergeblich versucht hatte, ihn vor der Gerichtsverhandlung nach Südamerika zu schmuggeln. Munson beschrieb auch Cousteaus privilegierte Pariser Kindheit. Cousteau selbst sah sich trotz seiner vier Kinder und der tatkräftigen Unterstützung seiner Ehefrau Simone weniger in der Rolle des Familienvaters als vielmehr in der des ruhelosen Seefahrers, so wie man ihn auch aus seinen Filmen kennt – an Bord der berühmten Calypso, einem umgebauten Minensuchboot, das er 1949 kaufte. Seine Reiseberichte und spektakulären Entdeckungen – in zahlreichen Bestsellern, preisgekrönten Dokumentarfilmen und beliebten Fernsehsendungen wie der jahrelang erfolgreichen Serie *Geheimnisse des Meeres* festgehalten – machten ihn schon zu Lebzeiten zu einer Legende.

Noch als 60jähriger kundschaftete Cousteau alle nur erdenklichen Wasserstraßen von der Arktis bis zum Amazonas aus. 1973 gründete der Gewinner mehrerer Emmys und Oscars die Cousteau-Gesellschaft mit dem Ziel, auf unterhaltsame Weise Wissen über das Meer und seine Bewohner zu vermitteln und die Tiefsee weiter zu erforschen. Mitte der 80er Jahre brachte Cousteaus Gesellschaft die erforderlichen finanziellen Mittel für den Start der Alcyone auf, des ersten Turbo-Segelschiffs der Welt. Cousteau gründete ferner eine eigene Stiftung mit Sitz in Paris, die ozeanografische Daten aus aller Welt zusammenträgt, sowie das Multi-Millionen-Dollar-Unternehmen Aqua Lunga International. Nachdem er seinem Sohn Jean-Michel die Leitung der Unternehmen überlassen hatte, verstärkte Cousteau als über 80jähriger seine Bemühungen, die internationalen Kontrollen der Atomwaffen, des Giftmülls und des Fischfangs zu verschärfen, und unterstützte die weltweiten Anstrengungen, die Probleme des Hungers, der Überbevölkerung und der Zerstörung der Meere zu mindern. 1993 enthob Cousteau seinen Sohn des Amtes und übergab seiner zweiten Frau die Geschäftsleitung. Als Jean-Michel seine Club-Anlage für Tauchsportler auf den Fidschiinseln nach seinem Vater benannte, eskalierten die Familienstreitigkeiten und gipfelten schließlich in einem Prozeß.

Cousteau plante währenddessen die Aufnahme eines Vierzig-Millionen-Dollar-Kredits, um seine geliebte Calypso wieder in heimatliche Gewässer zu holen, nachdem sie im Hafen von Singapur mit einem Lastschiff kollidiert und gesunken war. Wo immer er Gehör fand, warnte er vor den Gefahren der Umweltzerstörung. Und er hörte niemals auf, vom Meer zu schwärmen, von seiner atemberaubenden Schönheit, von den Banden, die zwischen dem Meer und der Menschheit beständen, und von der ungeheuren Kraft, die die See ihm gegeben habe.

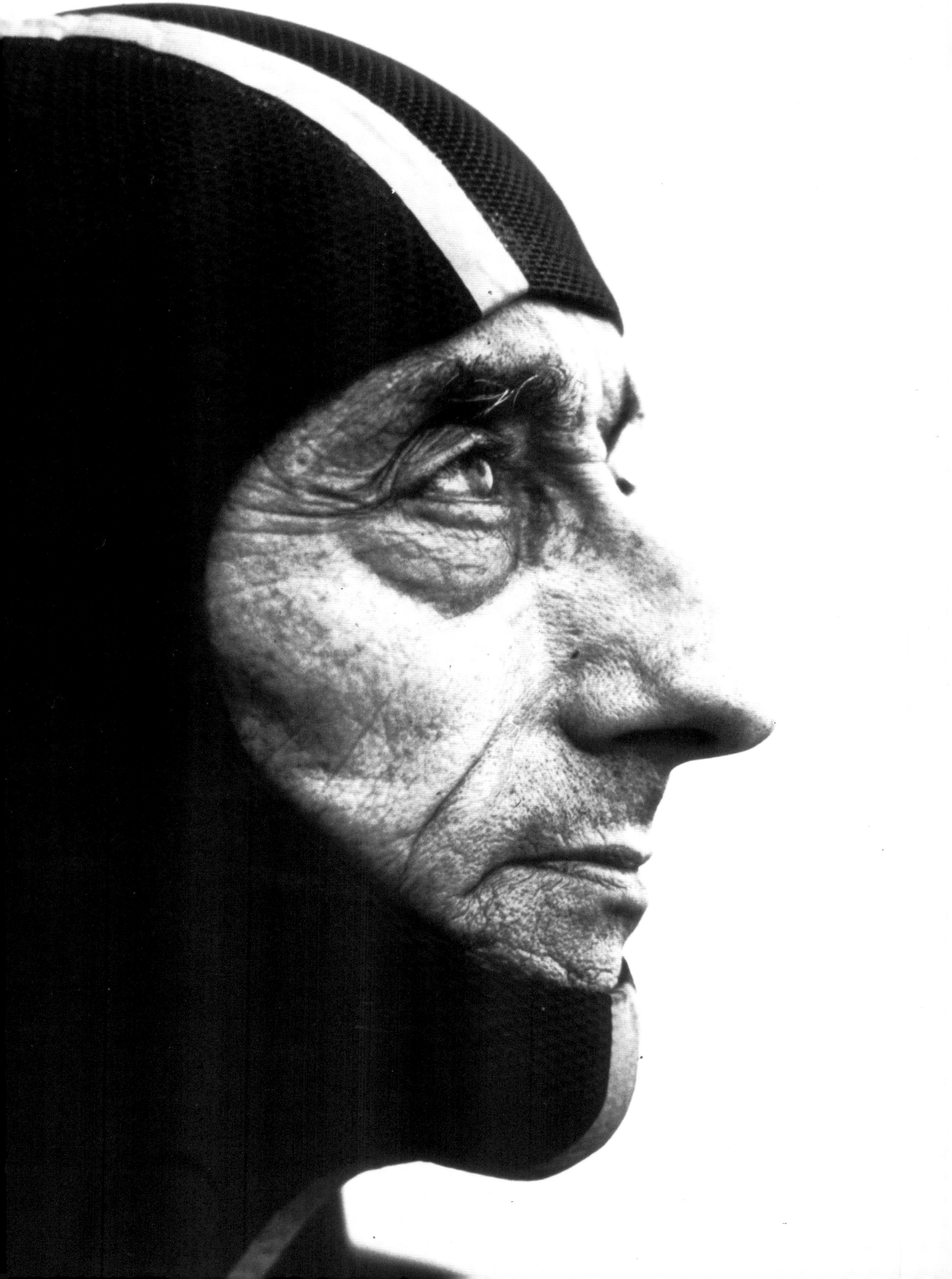

MARIE CURIE
1867-1934

DIE GESELLSCHAFT POLENS, die bis zur Jahrhundertwende noch stark unter russischem Einfluß stand, bereitete Marie Curie gewissermaßen auf die Benachteiligungen, die eine Frau in der Wissenschaft damals erwarteten, vor. Dank der Entdeckung des Radiums und des strahlenden Geheimnisses dieser Materie, war sie nicht nur die erste Frau, die den Nobelpreis erhielt, sondern auch die erste Professorin Frankreichs. Die bedeutungsvolle wissenschaftliche Leistung verlieh Marie Curie und ihrem Mann Pierre Unsterblichkeit – und kostete sie gleichzeitig das Leben.

Als Tochter des Lehrerehepaars Wladislaw und Bronislawa Sklodowski wuchs Manya in Warschau auf. Eigentlich beabsichtigte sie, in die Fußstapfen ihrer Eltern zu treten, doch ihre außergewöhnliche Begabung für Physik und Mathematik zwang sie, einen ungewöhnlicheren Weg einzuschlagen. Trotz ihrer Begabung – und des Vorbilds ihrer Schwester Bronia, die an der Sorbonne einen Doktortitel der Medizin erwarb – war das nicht einfach. Eine Universitätskarriere war damals für Frauen nahezu unmöglich, aber Manya nahm, nachdem sie sich an der höheren Schule durchgesetzt hatte, das Studium der Natur- und Sozialwissenschaften zunächst an einer inoffiziellen Einrichtung auf, der vor allem weibliche Mitglieder angehörten. Nach einem Studienaufenthalt am örtlichen Museum für Industrie und Landwirtschaft schrieb sie sich 1891 an der Sorbonne ein.

In Paris lebte die 24jährige Studentin, die sich seit ihrer Ankunft Marie nannte, bei ihrer Schwester und deren Mann, einem emigrierten polnischen Arzt. Obwohl sich ihr völlig neue Perspektiven eröffneten, war sie fest entschlossen, nach ihrem Studium nach Warschau zurückzukehren, um den Posten ihres Vaters zu übernehmen. Als Beste ihres Jahrgangs erhielt sie 1893 die Licence és sciences in Physik. Im Jahr darauf machte sie ihr Diplom in Mathematik. Das erworbene Wissen versuchte Marie sogleich in die Praxis umzusetzen und stürzte sich voller Entschlossenheit und Energie in die Erforschung des Magnetismus. Als sie beschloß, einen Doktortitel zu erwerben – zu der Zeit eine unglaubliche Anmaßung für eine Frau –, lenkte das Schicksal ihre Schritte in das Labor Pierre Curies in der École de Physique et de Chimie in Paris.

Sie heirateten 1895, dem Jahr, in dem der deutsche Wissenschaftler Wilhelm Conrad Röntgen die Röntgenstrahlen entdeckte. Das Aufsehen über diese Entdeckung war so groß, daß kaum jemand Notiz von Antoine Henri Becquerels mindestens ebenso spektakulärer Entdeckung der mysteriösen Uranstrahlen nahm, die von Uranverbindungen ausgingen, bis Marie Curie diesem Phänomen in ihrer Doktorarbeit nachging. Sie isolierte das Uran aus Tonnen von Pechblende, einem uranhaltigen Erz, und stellte fest, daß die „Radioaktivität" des Erzes – ein Begriff, der 1898 von ihr geprägt wurde – intensiver war als die des Urans. Auf der Suche nach den Ursachen stießen sie und Pierre – der seine eigene Arbeit aufgab, um sich an der bahnbrechenden Forschung seiner Frau zu beteiligen – noch im gleichen Jahr auf ein neues Element, das sie, zu Ehren ihres Heimatlandes, Polonium nannten. Doch aus der Tatsache, daß die Strahlung des Erzes stärker war als die der beiden anderen Elemente, folgerten sie, daß im Erz noch weitere unbekannte Elemente vorhanden sein müßten, deren Radioaktivität die des Urans und des Poloniums übersteige. In einer Probe Barium fanden sie schließlich, wonach sie gesucht hatten: das Element, dem die Curies den Namen Radium gaben.

Doch wurde Marie Curie nicht über Nacht berühmt, weil der Entdeckung jedes neuen Elements – damals wie heute – zunächst mit einer gewissen Skepsis begegnet wurde und wird. Erst nach jahrelanger Analyse und sorgfältiger Prüfung wurde ihr 1903 – das Jahr, in dem sie auch ihre Doktorwürde erlangte – gemeinsam mit ihrem Mann und Antoine Becquerel der Nobelpreis für Physik verliehen. Sie verzichtete darauf, sich die Methode der Radiumgewinnung patentieren zu lassen, da sie der festen Überzeugung war, solch eine Entdeckung müsse sämtlichen Wissenschaftlern frei zugänglich sein. Derweil trieb sie ihre Forschung und Lehre weiter voran und fand sogar die Zeit, zwei Töchter, Irène und Eve, zur Welt zu bringen, die 1935 ebenfalls Nobelpreisträgerinnen wurden. 1906 verunglückte Pierre Curie tödlich. Trotzdem forschte Marie weiter, um die Eigenschaften des Radiums zu ergründen, von dem man sich – insbesondere für die Behandlung von Krebs – viel versprach. Pierres letzte wissenschaftliche Abhandlung hatte die praktische Anwendbarkeit des Radiums bei der Behandlung von Geschwüren und Hautkrebs zum Thema gehabt. Marie, die seinen Unterricht an der Sorbonne übernahm, schrieb in ihr Tagebuch: „Mein geliebter Pierre, nie hätte ich mir etwas Grausameres träumen lassen, als deinen Platz einzunehmen."

1911 erhielt sie einen zweiten Nobelpreis, dieses Mal in Chemie. Doch der Preis entschädigte sie nur unzureichend für die öffentlichen Kränkungen, die ihr durch die Veröffentlichung des zärtlichen Briefwechsels zwischen ihr und einem attraktiven, jedoch verheirateten französischen Physiker widerfahren waren. Während des Ersten Weltkriegs überwachte sie die Röntgenuntersuchungen in Feldlazaretten, nach dem Krieg aber wandte sie sich als Leiterin des Radium-Instituts wieder ausschließlich ihrer Forschung zu. Neben Albert Einstein war sie nun die berühmteste Wissenschaftlerin der Welt.

Schon zu Beginn ihrer Arbeit hatten Marie und Pierre bemerkt, daß Radium Verbrennungen verursachen konnte. In völliger Sorglosigkeit gegenüber der zerstörerischen Eigenschaft des Radiums setzten sie sich dem Element jedoch jahrelang schutzlos aus (Maries Notizhefte sind so verstrahlt, daß man sie noch heute nicht berühren darf). Und so konnte es nicht ausbleiben, daß Marie erkrankte. Obwohl sie erblindete, setzte sie ihre Arbeit fort; sie starb 1934 an Leukämie. 1955 wurde ihre Urne zusammen mit der ihres Mannes im Pariser Panthéon beigesetzt.

IKONEN DES 20. JAHRHUNDERTS

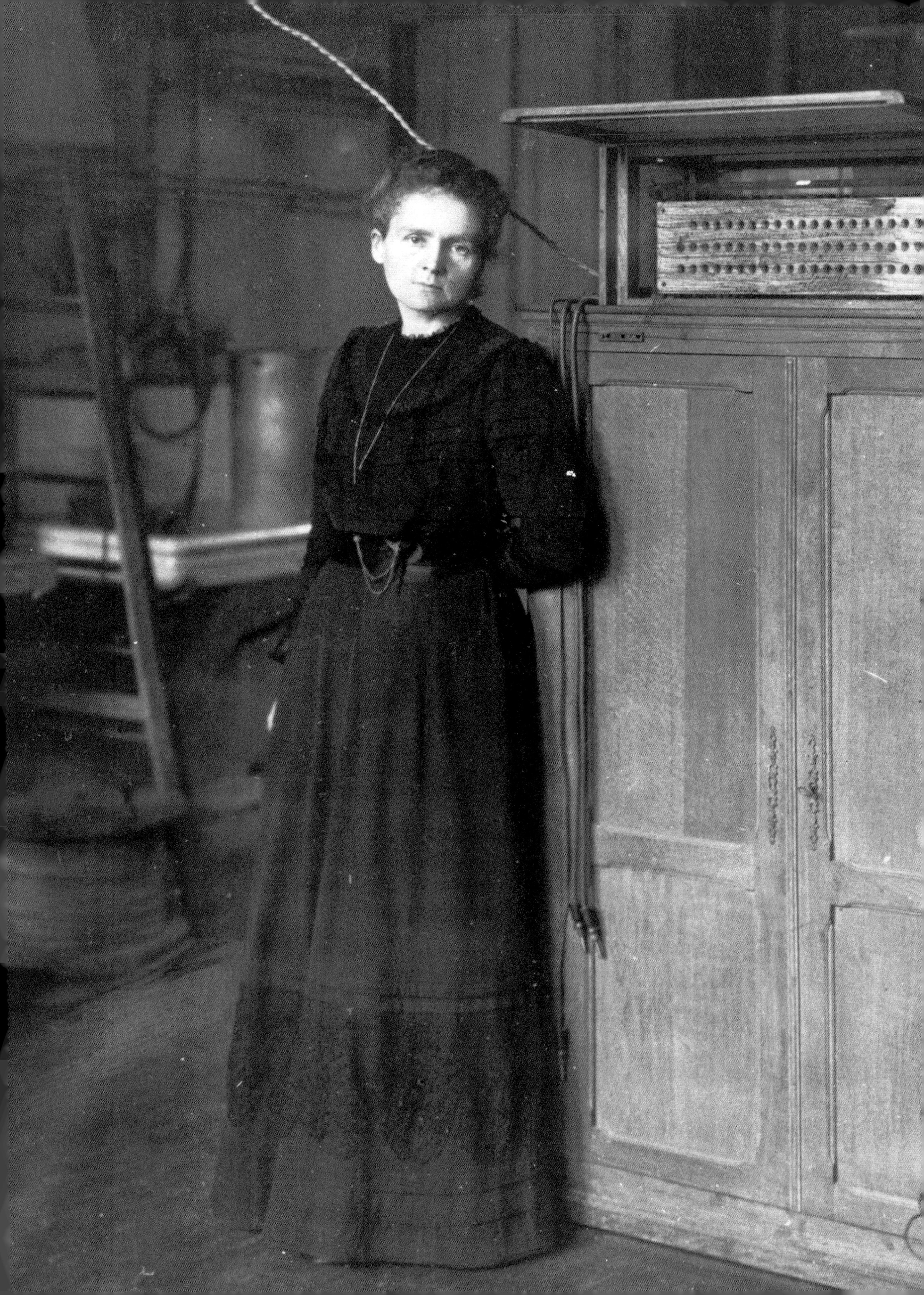

DALAI LAMA

*1935

ALS REINKARNATION von Chenrezi, dem Buddha des Erbarmens, wird Jetsun Jamphel Ngawang Lobsang Yeshe Tenzin Gyatso, 14. Dalai Lama, von den gläubigen tibetischen Mahayanana-Buddhisten als „Heiliger Herr, gütiger Herrscher, beredter, barmherziger, weiser Verteidiger des Glaubens" verehrt. Sein Titel, Dalai Lama, bedeutet „Ozean der Weisheit". Er ist der heilige König der alten theokratischen Gesellschaft Tibets, einem Land, das er heute nicht mehr betreten darf, da er als Oberhaupt seines Volkes nicht anerkannt und von seinen politischen Gegnern, den chinesischen Kommunisten, ins Exil verbannt wurde.

Die Mönche Lasas, der Tempelhauptstadt des geheimnisvollen „Dachs der Welt", begannen ihre Suche nach dem Nachfolger des 13. Dalai Lama 1937. In Trance sah einer von ihnen einen Tempel mit einem jade- und goldfarbenem Dach und daneben ein Bauernhaus. Die Hohepriester erkannten die Bedeutung dieser Vision, und schickten ihre Abgesandten durch das ganze Königreich. Schließlich fand man im Dorf Taktser einen kleinen Jungen, der alle acht Körpermale des reinkarnierten Chenrezi trug. Er bestand alle Prüfungen und wurde nach Lasa gebracht, wo der Vierjährige von nun an in der Potala lebte, dem Palast der 1000 Zimmer, dem tibetanischen Vatikan. Er bewohnte das ehemalige Zimmer des verstorbenen Großen Fünften Dalai Lama und wurde in Religion und Metaphysik unterrichtet. Er erlangte einen Doktortitel in buddhistischen Studien, wozu Logik, tibetanische Kunst, Sanskrit, mittelalterliche und buddhistische Philosophie, Dichtung, Musik, Theater, Astrologie sowie die Dialektik gehörten. Seine Fähigkeiten schulte er in langen Debatten mit den Tsenshaps, Experten der Logik und Rhetorik. Der junge Dalai Lama versetzte seine Mentoren oft in Erstaunen, zum Beispiel mit seinem Faible für Oldtimer. Einen davon reparierte er eigenhändig, um ihn sogleich an den nächsten Pfeiler zu setzen. Wenn er nicht studierte, Hof hielt oder Autos zu Schrott fuhr, spielte er in den Gärten der Potala mit zahmen Tieren.

Die hermetisch abgeriegelte Welt des jungen Mannes wurde erstmals 1949 erschüttert. Die chinesischen Kommunisten unter Mao Tse-tung hatten die hoffnungslos korrupten Nationalisten Tchiang Kai scheks besiegt und nahmen nun die kleine Theokratie im Westen ins Visier. Im folgenden Jahr marschierten die Chinesen unter dem Vorwand, „imperialistische Aggression" unterbinden zu müssen, in Tibet ein. Von seinen Ratgebern und dem Volk gedrängt, floh der Dalai Lama nach Indien und kehrte erst zurück, als seine Gegner ihm volle politische und religiöse Freiheit zusicherten. Neun Jahre lang kämpfte er mit Mao um Autonomie für Tibet und versuchte, die ständigen chinesischen Übergriffe einzudämmen. Er wurde Maos Freund und Vertrauter, obwohl er dessen militärisches Vorgehen zur Lösung politischer Probleme niemals akzeptierte. Doch die buddhistischen Prinzipien von Gewaltlosigkeit und Wahrheit konnten gegen die krude Propaganda der Volksbefreiungsarmee nichts ausrichten. Der Dalai Lama konnte selbst seine eigenen Leute nicht davon abhalten, einen Guerrilla-Aufstand zu organisieren, der von den Khampa in Osttibet finanziert und von der amerikanischen CIA unterstützt wurde. Die Revolte rief, wie zu erwarten, furchtbare Vergeltungsmaßnahmen der chinesischen Besatzungstruppen hervor. Im März 1959 luden die Chinesen den Dalai Lama zu einer Theateraufführung ein, unter der Bedingung, daß er seine Bodyguards zu Hause ließe. Eingedenk der Erfahrung, daß schon andere tibetanische Führer zu solchen Feierlichkeiten gegangen und niemals zurückgekehrt waren, umstellten Tausende von Menschen die Sommerresidenz des Dalai Lama, um den Besuch zu verhindern. Auch das chinesische Militär ging rund um den Palast in Stellung, doch gelang es dem Würdenträger, sich in der Nacht des 17. März als Soldat verkleidet herauszuschleichen. Als die Chinesen drei Tage später zum Angriff übergingen, den Aufstand der Tibeter niederwarfen und Tausende töteten, war er längst aus seinem Land geflohen, gefolgt von mehr als 100 000 mittellosen tibetischen Flüchtlingen. Er richtete sich wieder in Indien ein, wo ihm die freundlich gesonnene Regierung gegen den Willen Chinas half, eine Exilregierung aufzubauen. Der Dalai Lama fühlte sich stark genug, sich trotz offizieller Warnungen wieder politisch zu betätigen, vielleicht weil jetzt auch der indische Premierminister Nehru zu seinen engen Freunden zählte. Während die Chinesen grausam unter den Anhängern der religiösen Gemeinschaft Tibets und dessen Bevölkerung wüteten, warb der Dalai Lama in der ganzen Welt geduldig um die Anerkennung Tibets als Nation.

Gäste des Dalai Lama, insbesondere aus westlichen Demokratien, lernten ihn als wissbegierigen freundlichen Menschen kennen, der vor allem von der Wissenschaft fasziniert war. Im Spaß ging er einmal so weit, vorzuschlagen, die Worte Buddhas, die nicht mit den Naturwissenschaften übereinstimmten, sollten verworfen werden. Doch bewahrte er sich gleichzeitig einen sehr unwissenschaftlichen Glauben an Orakel und Magie. Trotz der seinen Untertanen zugefügten Greueltaten blieb er ein überzeugter Pazifist. Er verhandelte 1965 mit den Vereinten Nationen und besuchte 1979 die Vereinigten Staaten, vermied es jedoch bei beiden Gelegenheiten, seine Gegner zu verurteilen. Er verwies darauf, daß ihre Philosophen auch seine spirituellen Lehrer gewesen seien, und gestand ihnen sogar zu, daß sie einiges Gutes für Tibet getan hätten. 1989 verlieh das norwegische Nobelkomitee dem Dalai Lama den Friedensnobelpreis und bezog damit auch Stellung gegenüber China. Bei der Verleihung sagte der Preisträger: „Ich bin ein einfacher buddhistischer Mönch – nicht mehr, nicht weniger." Die Chinesen brachten ihr Mißfallen zum Ausdruck, indem sie seine Wahl des Pantschen Lama zurückwiesen und das Amt statt dessen mit einem ihnen genehmen Tibeter besetzten. Auch am Ende des Jahrhunderts ist der Kampf zwischen dem Dalai Lama und der Weltmacht China noch nicht entschieden.

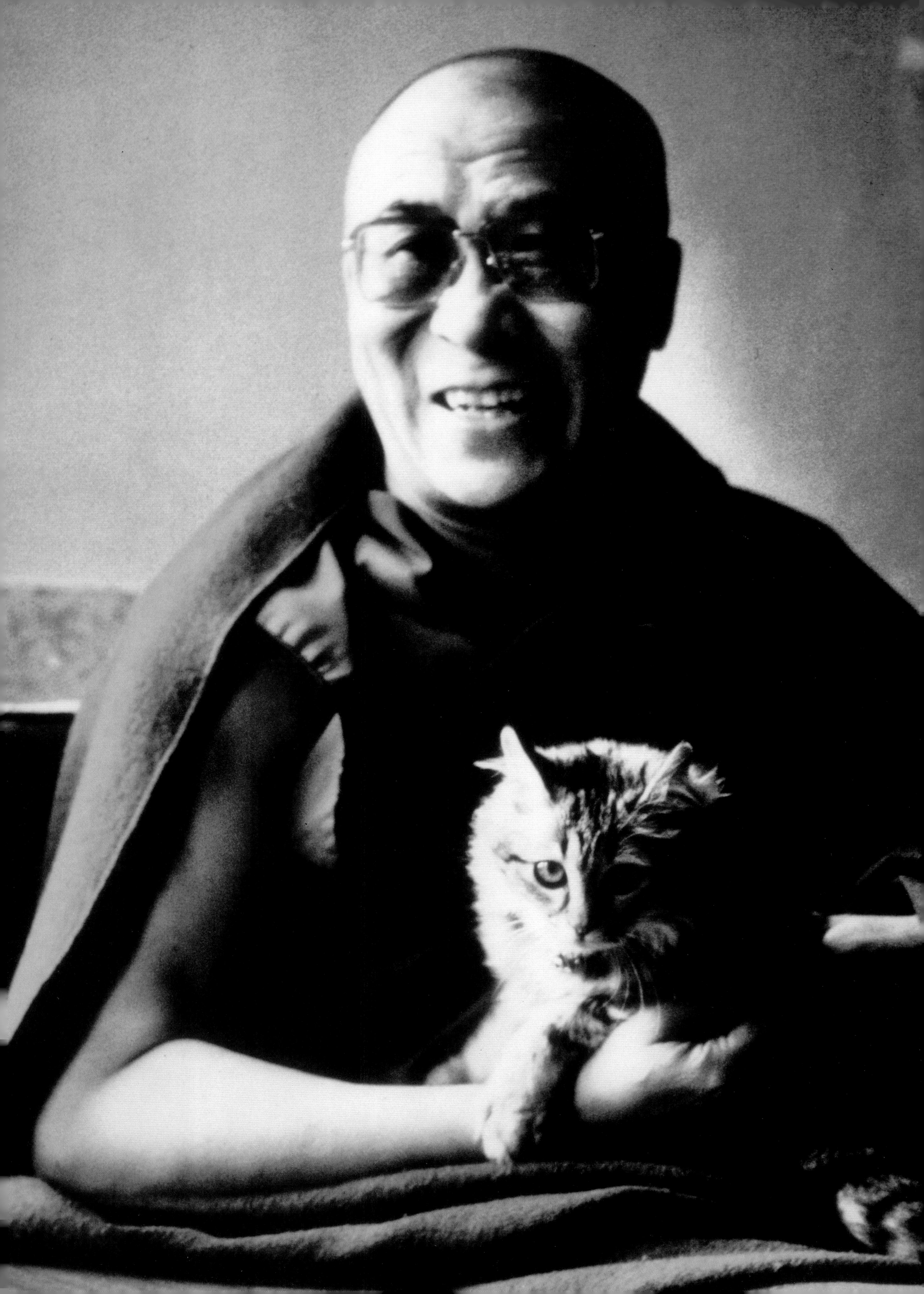

SALVADOR DALI
1904–1989

DER SPANISCHE MALER Salvador Dalí, anfangs als Meister des Surrealismus bejubelt, später als Bote des Kitsches verhöhnt, gilt als Prototyp des modernen Selbstdarstellers. Nicht nur seine kalt berechnende Verletzung moralischer Tabus, sondern auch sein unstillbarer Drang nach Publicity machten Dalí zum geistigen Vater späterer Berühmtheiten wie Andy Warhol und Jeff Koons. In seiner Glanzzeit genoß Dalí als Anführer der revolutionären Surrealistenbewegung großes Ansehen. Der Maler, dessen weiche Chronometer und halluzinatorischen Bilder sehr bald Eingang in die Sprache der Psychologie und der Kunst fanden, verfiel jedoch immer mehr der Sensationsgier und wurde schließlich ebenso bizarr wie seine Kunst.

Salvador Felipe Jacinto Dalí y Domènech wurde in der spanischen Stadt Figueras in Katalonien geboren. Die Eltern waren von tiefer Trauer über den frühen Tod von Salvadors älterem, gleichnamigem Bruder erfüllt. All seine Exzesse, behauptete der Maler später, seien auf sein frühkindliches Bestreben zurückzuführen, aus dem Schatten seines verstorbenen Bruders zu treten. Mit der für ihn typischen Skandalsucht machte Dalí ferner keinen Hehl daraus, daß ihm als Kind Gewalt „riesengroße" Freude bereitet habe. Abgesehen von seiner Überreiztheit und seinem starken Hang zum Theatralischen, die sein ganzes weiteres Leben prägten, verlief seine Kindheit jedoch in normalen Bahnen.

Mit 14 Jahren stellte er seine ersten Bilder aus, und mit 17 besuchte er die Escuela Nacional de Bellas Artes de San Fernando in Madrid. Dort malte der talentierte Dalí zunächst traditionelle Bilder, um schließlich den metaphysischen Stil von Giorgio de Chirico aufzunehmen, einem wichtigen Vorläufer des Surrealismus. Dalí stieß auf die bizarre Welt von Dada. Er geriet wegen seines exzentrischen Verhaltens in Konflikt mit der Verwaltung der Kunstakademie und wurde vorübergehend sogar der Schule verwiesen. Bei seiner Rückkehr lehnte der dandyhafte Dalí es vehement ab, sich von seinen Lehrern prüfen zu lassen, fühlte er sich ihnen doch weit überlegen. 1926 wurde er endgültig exmatrikuliert. Im darauffolgenden Jahr malte er das Bild *Blut ist süßer als Honig*, ein Vorbote seines späteren halluzinatorischen und morbiden Werkes.

1928 reiste Dalí hochherrschaftlich im Taxi von Madrid nach Paris, wo er vom „Papst" der Surrealistischen Bewegung, dem Dichter André Breton, in den Kreis der Surrealisten eingeführt wurde. Inspiriert von diesem Treffen, malte der Katalane eine ganze Serie von Traumlandschaften des Unterbewußten, wobei er sich auf die Lehre Sigmund Freuds stützte, der Ikone der Surrealistenbewegung; er bezeichnete seine Malerei klangvoll als „paranoisch-kritisch". Das Neue bestand darin, daß der Betrachter je nach Vorstellungskraft in einem Bild verschiedene Motive erkennen kann Eine beispielhafte Illustration von Dalís Stil ist *Das traurige Spiel* aus dem Jahr 1929, ein Bild, an dessen onanistischen Motiven selbst Breton Anstoß nahm.

Noch im selben Jahr arbeitete Dalí, der sich auch erfolgreich als Schriftsteller betätigte, zusammen mit seinem Landsmann Luis Buñuel an einem Drehbuch für den 17 Minuten langen Stummfilm *Ein andalusischer Hund*. Die berühmt gewordene erste Einstellung zeigt die alptraumhafte Großaufnahme eines Frauenauges, das von einer Rasierklinge aufgeschlitzt wird. Als 1931 Dalís Bild *Die Beharrlichkeit der Zeit* entstand, war sein Verhältnis zu den Surrealisten bereits durch seine maßlose Ruhm- und Geldsucht getrübt, aber auch seine faschistoiden Neigungen stießen in Surrealistenkreisen, die dem Kommunismus zugetan waren, auf große Ablehnung. Während des Zweiten Weltkriegs kam es zum Bruch mit Breton. Dalí verließ Frankreich und reiste nach Amerika, um dort mit seiner Frau Gala, einer gebürtigen Russin, das Exotische der Surrealisten-Bewegung zur Gänze auszukosten. Mit Modeentwürfen – nach seinen Ideen wurden die „Schuh-Hüte" und die „Hummer-Kleider" der Designerin Elsa Schiaparelli angefertigt – und anderen einträglichen Geschäften, die von zahllosen Fototerminen, schlagzeilenträchtigen Publicity-Gags und kommerziellen Clownerien begleitet wurden, vermarktete Dalí sein kostbarstes Produkt: sich selbst. Er arbeitete auch mit Alfred Hitchcock zusammen und schrieb 1945 die Traumsequenzen für dessen Film *Ich kämpfe um Dich*. Doch in dem Maße, in dem sein Ruhm wuchs, nahm seine Kunst Schaden.

Dalís überraschende Rückkehr zum Katholizismus nach dem Zweiten Weltkrieg mündete in eine ganze Reihe von durchaus kunstvollen, aber recht oberflächlichen Bildern, wie die fast fotorealistisch anmutende *Madonna von Port Lligat* (1951), die er selbstherrlich zum künstlerischen Inbegriff einer neuen Renaissance erklärte und dem Papst als Geschenk überreichte. Die künstlerische Kraft solcher Bilder wie *Leda atomica* (1949) und *Das letzte Abendmahl* (1955) ist zwar noch stark, doch sind diese Werke eher als raffinierte Virtuosenstücke einzustufen. Als Kuriositätenfabrikant erlebte Dalí einen steilen wirtschaftlichen Aufschwung. 1964 signierte er Hunderte, wenn nicht Tausende von weißen Papierbögen, die später, mit dem Stempel „streng limitierte Auflage" versehen, einfältigen Kunstsammlern angeboten wurden und insgesamt 625 Millionen Dollar einbrachten.

Während Dalís Kunst allmählich dahin tendierte, zur Farce zu werden, wurde sein Aussehen zunehmend exzentrischer. Sein schulterlanges, schwarzes Haar und sein gewachster, hochgezwirbelter Schnurrbart wurden zu seinem Markenzeichen, wie die Schnecken, die erotischen Klaviere und die brennenden Giraffen, die seine Bilder beherrschten. Seit Gala, seine Muse und Schutzheilige, mit der er 48 Jahre zusammengelebt hatte, 1982 starb, schwankte Dalí zwischen tiefster Verzweiflung und der alten Bauernschläue, mit der er seine dubiosen Geschäftspraktiken fortsetzte. Doch seine Inspiration war endgültig erloschen, und 1989 entschwand auch er in jenes Nichts, aus dem einst seine besten Bilder emporgestiegen waren.

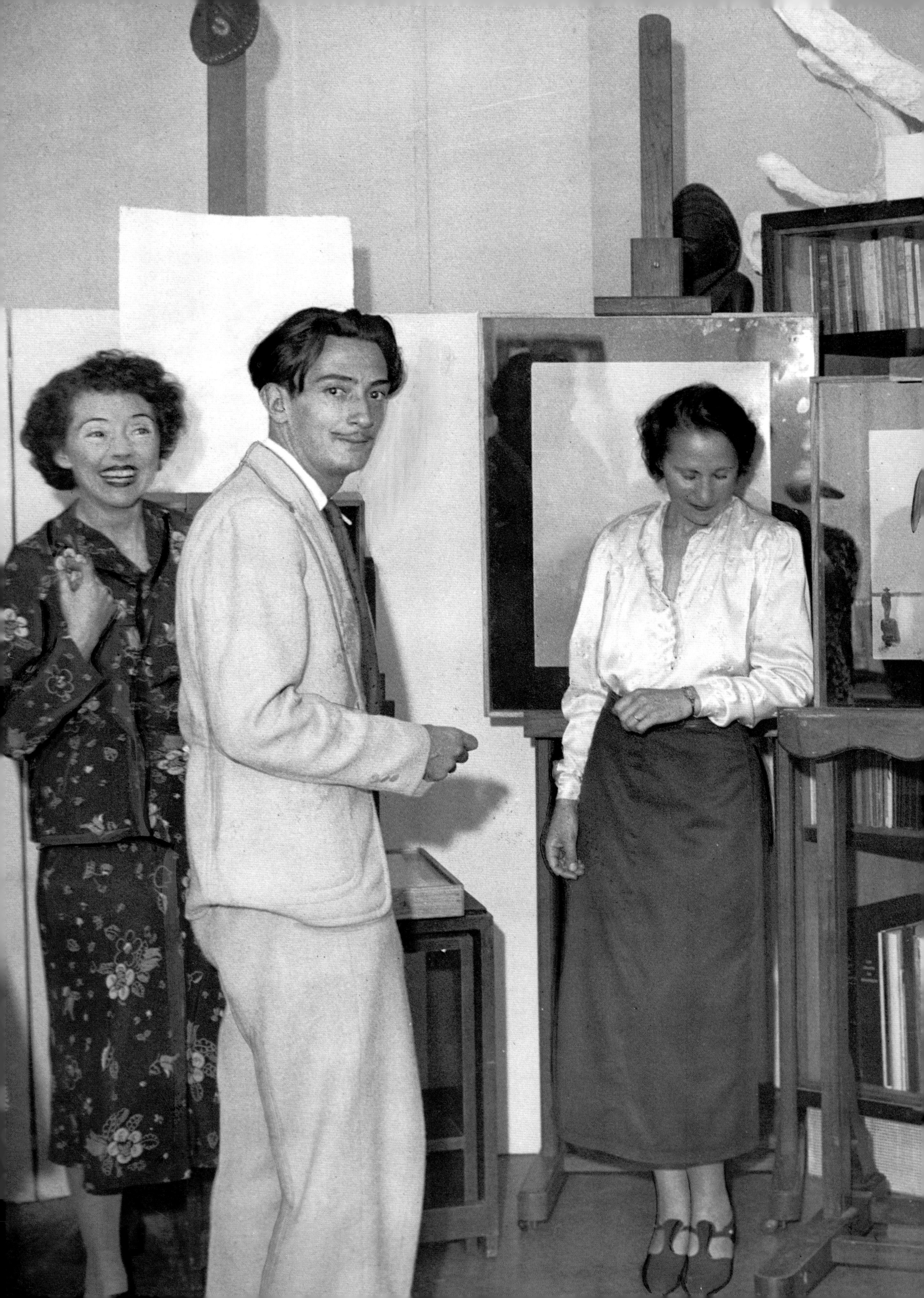

BETTE DAVIS
1908–1989

KEINE SCHAUSPIELERIN IN der Geschichte des Kinos, bemerkte die Kostümbildnerin Edith Head einmal, habe einen Nerz so fallen lassen wie Bette Davis. Diese beiläufige und doch so elegante Geste in *Alles über Eva* von 1950 ist ebenso bezeichnend wie ihre berühmte Aufforderung aus dem gleichen Film, jeder im Raum solle sich anschnallen, weil eine „unruhige Nacht" bevorstehe. Die virtuose Darstellerin vermittelte Bedeutung oft durch die unauffälligsten Bewegungen: etwa durch das ungeduldige Zucken ihres juwelengeschmückten Handgelenks als herrische Elisabeth in *Günstling einer Königin* (1939) oder durch ihre arrogante Körperhaltung als Regina Giddens in *Die kleinen Füchse* (1941). Und wer konnte ausdrucksstärker eine Zigarette rauchen?

Es gibt keine andere Schauspielerin, die dieser nicht unbedingt schönen Wasserstoffblondine aus Lowell, Massachusetts, ähnlich gesehen oder die ähnlich geklungen hätte. Ein Filmboß spottete einmal, sie sei eine Frau, mit der man am Ende eines Films nicht ins Bett gehen wolle. Mit hohen Augenbrauen, einem makellosen Teint und einem leicht niedergeschlagenen Zug um den Mund fehlten der Davis die Attribute einer Sexgöttin, die über Nacht eine Sensation auslöst. Doch ihre Diktion, klar wie ein Wintermorgen und auf die Millionstel Sekunde genau, war unverwechselbar. Ebenso ihre Stimme, die sie wie eine Sängerin einsetzte, Tonhöhe und Oktaven wechselnd, um subtile emotionale Effekte zu erzielen. Sie konnte Worte hervorstoßen wie Granaten oder sie mit samtiger Zartheit in der Luft schweben lassen. In ihren späteren, erfolgreicheren Jahren war die energische und verbissen ehrgeizige Schauspielerin in der Position, Drehbücher zu wählen, die stärker auf ihre Persönlichkeit zugeschnitten waren. Bette Davis forderte sich selbst heraus wie noch keine Mimin vor ihr und spielte mit unübertroffener Meisterschaft alles, von der feinen Dame zum billigen Flittchen, von der schicklichen Gouvernante zur leidenden Ehefrau.

Nachdem sich Bette Davis' Karriere wegen schlechter Drehbücher zunächst schleppend anließ, machte sie 1934 schließlich Furore mit ihrer leidenschaftlichen Darstellung der Kellnerin aus dem Londoner East End in Somerset Maughams *Der Menschen Hörigkeit*. Nach dieser Rolle wurde sie mit einigen der denkwürdigsten Drehbücher belohnt, die je geschrieben wurden, so daß sie ihre Begabung für die Darstellung der emanzipierten Frau unter Beweis stellen konnte, der zurückhaltenden, doch nicht weniger rebellischen Schwester der klassischen Meckertante. „Frauenfilme", wie sie herablassend genannt wurden, wurden zu ihrer Stärke, ein Genre, das sie mit ihrer Intelligenz und ihrem Witz veredelte.

Bette kam am 5. April 1908 als Ruth Elizabeth Davis zur Welt. Ihre Mutter war eine energische Frau, die nach ihrer Scheidung – Bette war sieben – ihr Hobby, das Fotografieren, zu ihrem Beruf machte, um sich und die beiden Kinder zu ernähren. „Kann ich nicht, gab es für meine Mutter nicht", sagte Bette Davis später, und so besuchte auch ihre Tochter, die mit Kellnerjobs zum Lebensunterhalt beitragen mußte, eine gute Schule. Schon als Teenager träumte sie von der Schauspielerei und wirkte bei Amateurproduktionen mit. Nach dem Besuch der Schauspielschule und einigen Erfahrungen bei Sommeraufführungen debütierte sie 1929 am Broadway in der Komödie *Broken Dishes*. 1930 vermasselte sie Probeaufnahmen für die Paramount Studios in Astoria, New York, doch bei einem Aufenthalt in Hollywood 1931 wurde das entmutigte Starlet von George Arliss entdeckt, der sie einlud, neben ihm die Hauptrolle im Warner-Brothers-Film *The Man Who Played God* zu spielen. Warner Brothers war so beeindruckt, daß Bette Davis für mehrere Jahre unter Vertrag genommen wurde, ohne daß ihr Talent jedoch planmäßig gefördert worden wäre.

Nachdem sie vier mühselige Jahre lang sechs Filme jährlich gedreht hatte, rebellierte Bette Davis schließlich. Sie ärgerte sich über die niedrigen Gagen, die sie für solch peinliche Produktionen wie *20 000 Jahre in Sing Sing* erhielt, und nachdem sie ein weiteres schwaches Drehbuch abgelehnt hatte, floh sie nach England und wurde 1936 prompt wegen Vertragsbruchs verklagt. Warner Brothers gewannen den Prozeß, doch da Bette Davis' Verhalten letztendlich als symbolischer Angriff auf das schikanöse Vertragssystem betrachtet wurde, hatte sie die Symphatien auf ihrer Seite. Fortan bekam sie bessere Rollen, mehr Geld und längeren Urlaub, von dem höheren Status unter ihresgleichen ganz zu schweigen. Für die Rolle der alkoholabhängigen Schauspielerin in *Dangerous*, in der sie ihr Publikum vor allem durch ihre Unscheinbarkeit verblüffte, bekam Bette Davis 1935 einen Academy Award. Drei Jahre später erhielt sie für *Jezebel – Die boshafte Lady*, ihre zweite Trophäe, die sie, wie Hollywoods Gerüchteküche kolportiert, nach dem zweiten Vornamen ihres damaligen Ehemannes Oscar nannte – seitdem die inoffizielle Bezeichnung der Ehrung. Dem mysteriösen Tod ihres zweiten Ehemanns folgten einige Affären, unter anderem mit Howard Hughes und William Wyler.

Trotz ihrer Begabung war die dreimal geschiedene Davis nicht in der Lage, Ehe und Beruf miteinander zu vereinbaren. Sie blieb aber auch in den späteren Jahren ihres Lebens ein Faktor im Filmgeschäft; mit *Was geschah wirklich mit Baby Jane?* (1961) erreichte sie den Höhepunkt ihrer Karriere. Sie mußte die Folgen größerer medizinischer Eingriffe und eines Schlaganfalls hinnehmen. Noch schmerzlicher aber war die Publikation eines bösartigen Enthüllungsbuches ihrer Tochter B.D. Hyman. Jähzornig und herrschsüchtig, nie zum Nachgeben bereit, arbeitete die sarkastische Schauspielerin – zur Feier ihres 70. Geburtstags hängte sie einen schwarzen Kranz an die Tür – bis kurz vor ihrem Tod an ihrem letzten Film. „Altwerden ist nichts für Feiglinge", witzelte die unbeugsame Davis gerne. Sie starb mit 81 Jahren und war so ihrem Lieblingsspruch gerecht geworden.

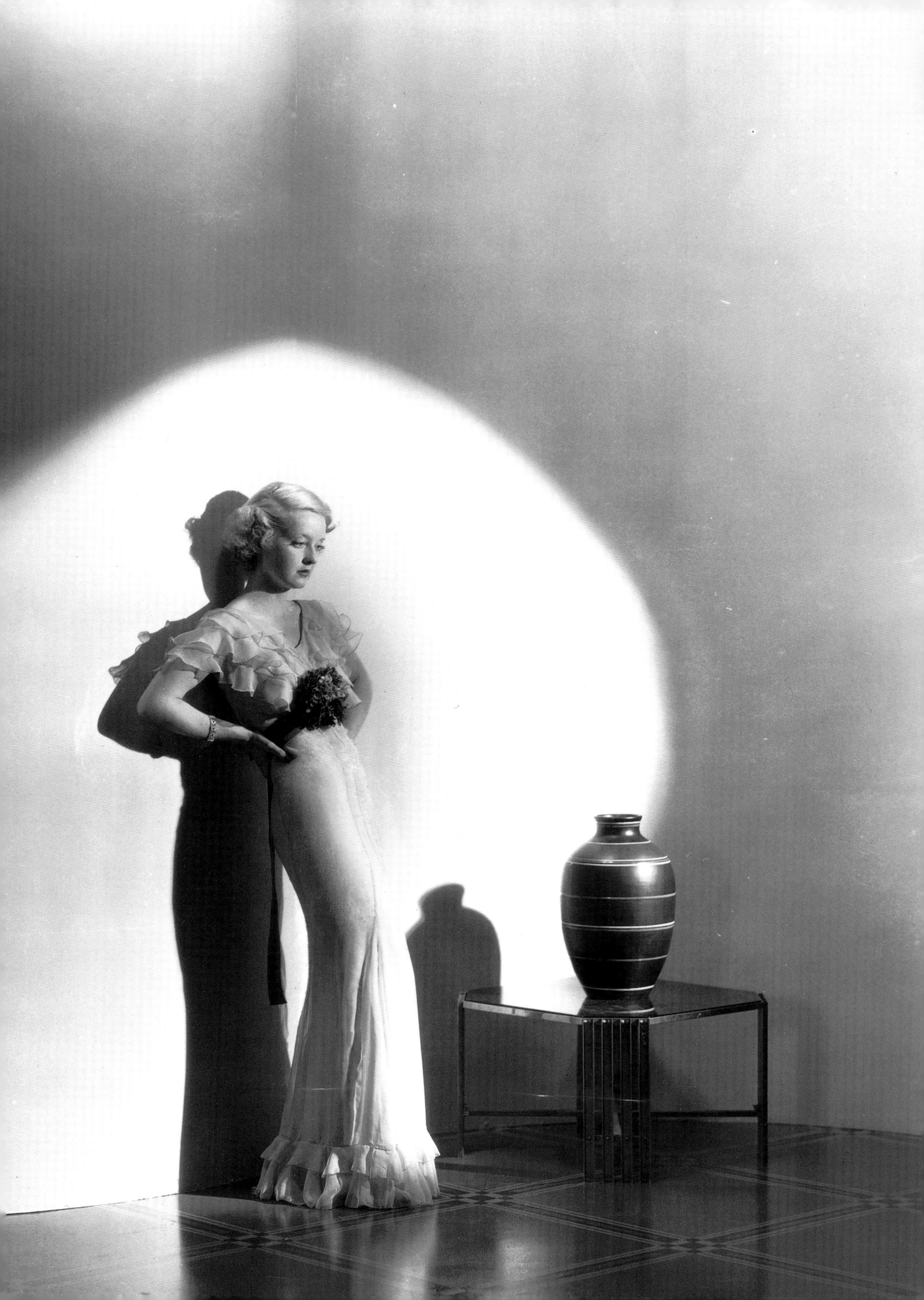

JAMES DEAN
1931–1955

DIE LEGENDE JAMES DEAN wird uns wohl deshalb in Erinnerung bleiben, weil wir so wenige Erinnerungen an ihn haben. Diese Legende basiert auf nur drei Filmen, die er als 24jähriger in einem Zeitraum von 18 Monaten drehte. In Elia Kazans Verfilmung von John Steinbecks Roman *Jenseits von Eden* spielte er 1954 den verstörten Sohn Cal. Im darauffolgenden Jahr konnte man ihn als Hauptfigur in Nicholas Rays berühmtem Film über Jugendkriminalität *Denn sie wissen nicht, was sie tun* sehen. Einige Monate später drehte er an der Seite von Rock Hudson und Elisabeth Taylor *Giganten*, George Stevens breit angelegtes Epos über das Leben in Texas. In der Rolle des herumlungernden, aufsässigen Farmarbeiters Jett Rink, altert Dean vom unreifen Jüngling, der sich in die Frau seines Bosses (Elisabeth Taylor) verliebt, zum ergrauten 50jährigen, der am Ende versucht, ihre Tochter zu verführen. Dean selbst wurde nicht einmal 25 Jahre alt.

Die Symbolfigur – mit viel Sex-Appeal – einer verdrossenen amerikanischen Jugend – für manche auch einer homosexuellen Versuchung – kam auf dem Land, in Indiana, zur Welt. Seine Eltern Winton und Mildred Dean tauften ihn James Byron, nach dem englischen Dichter der Romantik. Als Dean zwei Jahre alt war, zog die Familie in die amerikanische Kleinstadt Fairmount. Zwei Jahre später wurde sein Vater nach Kalifornien versetzt. Wenn es eine Ursache für den Schmerz gibt, den James Dean der Welt zur Schau stellte, dann war es der Tod seiner Mutter, die an Krebs starb, als er gerade neun Jahre alt war. Sein Kummer verschlimmerte sich noch, als sein Vater ihn, zusammen mit den sterblichen Überresten seiner Mutter, zurück nach Indiana schickte. Zurück in Fairmount wohnte der sensible Junge bei seiner Tante und seinem Onkel, einem Quäkerehepaar, und führte ein in vielerlei Hinsicht harmonisches Leben. Doch schließlich fand er in der Lehrerin Adeline Nall seine Mentorin, die die Theatergruppe der High School betreute. Dean spielte nicht nur für das Basketballteam der Fairmount Quakers, er trat auch in dieser Theatergruppe auf, verbesserte seine Ausdrucksweise und seine Argumentation in Diskussionsrunden und gewann einen Rezitationswettbewerb des Staates Indiana. 1950 kehrte er nach Kalifornien zurück, wo er das College besuchte.

Dean trat in einer Macbeth-Inszenierung der Universität von Los Angeles (UCLA) auf. Sonst hinterließ das College keine weiteren Spuren. Seltsamerweise faszinierte ihn ausgerechnet das Fernsehen: Hier fand er seine künstlerischen Vorbilder. Und auch er selbst bestritt einen Großteil seiner beruflichen Karriere mit kleineren und größeren Rollen in Fernsehsendungen wie Father Peyton's TV Theatre, U.S. Steel Hour und Treasury Men in Action. Dean besuchte das berühmte Actors Studio in New York und entwickelte hier den grüblerischen Stil, der sein Markenzeichen werden sollte. Was er dort nicht lernen konnte, erwarb sich Dean „draußen". Er erwies sich als ein geschickter Imitator und irritierte seine Freunde häufig durch seine gekonnten Parodien. 1954 wurde er, nachdem er am Broadway in *Der Unmoralische* nach dem Roman von André Gide aufgetreten war, in Hollywood unter Vertrag genommen.

Deans Darstellung des Jim Stark in *Denn sie wissen nicht, was sie tun* erklärt voll und ganz, wie er trotz der kurzen Karriere zu einer Kultfigur des Jahrhunderts wurde. Allein sein eindrucksvolles Porträt rettete den Film davor, als ein zweitklassiges Melodram in Vergessenheit zu geraten. Selbst Schauspieler sahen ehrfürchtig zu, wie der Kriminelle mit dem mürrischen Gesichtsausdruck vor Empörung tobt oder ganz sanft wird, bald mit der unschuldsvollen Miene eines Engels, bald mit dem kaltblütigen Blick eines Mörders. Mit der meisterhaften Darstellung einer verborgenen Verletzlichkeit gelingt es Dean, die Qualen des rebellischen jungen Mannes auf der Suche nach der Wahrheit perfekt darzustellen.

Sehr zum Leidwesen seiner Regisseure liebte Dean schnelle Autos. Und dank seiner Filmerfolge konnte er sich immer bessere Sportwagen leisten. Mit der Ernsthaftigkeit eines Sportlers nahm er an einer ganzen Reihe gefährlicher Autorennen teil, in denen er Profis wie Amateure besiegte. Am 30. September 1955, drei Tage nach dem Abschluß der Dreharbeiten zu *Giganten* und zwei Wochen nach der Fertigstellung eines Werbespots des amerikanischen Verkehrsministeriums für mehr Sicherheit auf den Straßen, stieg Dean in seinen brandneuen Porsche Spyder 55, um zu einem Rennen nach Salinas zu fahren. Um 15.30 Uhr geriet er in der Nähe von Bakersfield in eine Polizeikontrolle und erhielt einen Verweis wegen Geschwindigkeitsübertretung – statt der erlaubten 40 war er 60 Meilen (fast 100 km) pro Stunde gefahren. Zweieinviertel Stunden später stieß Dean auf der Kreuzung der Route 466 und 41 in der Nähe von Paso Robles mit einer geschätzten Geschwindigkeit zwischen 75 und 100 Meilen pro Stunde frontal mit einem Ford zusammen, der von einem College-Studenten gefahren wurde. Der Junge überlebte; Dean war auf der Stelle tot. Am Unfallort ragte ein Riesenknäuel Metall in den Himmel.

Vier Wochen nach dem Unfall fand die Uraufführung von *Denn sie wissen nicht, was sie tun* statt, *Giganten* folgte einige Monate darauf. Jack Warner, der Direktor der Filmstudios, bemerkte zynisch, daß kein Zuschauer auf der Welt ins Kino gehen werde, um sich eine Leiche anzusehen. Doch sie taten es – und tun es noch. Dean, der von Jugendlichen aus aller Welt vergöttert wird, ebnete vielen späteren Idolen adoleszenter Rebellion, darunter so unterschiedliche Persönlichkeiten wie Elvis Presley oder Bob Dylan, den Weg. Von seinen Schauspielkollegen wurde er sofort zum Mythos verklärt. Dutzende von Büchern und Essays sind erschienen, die nach den Ursachen für die besondere Faszination suchen, die bis heute von ihm ausgeht. Nach wie vor gilt er als Verkörperung des amerikanischen Helden schlechthin – sein Leben war kurz, intensiv, glanzvoll und selbstzerstörerisch.

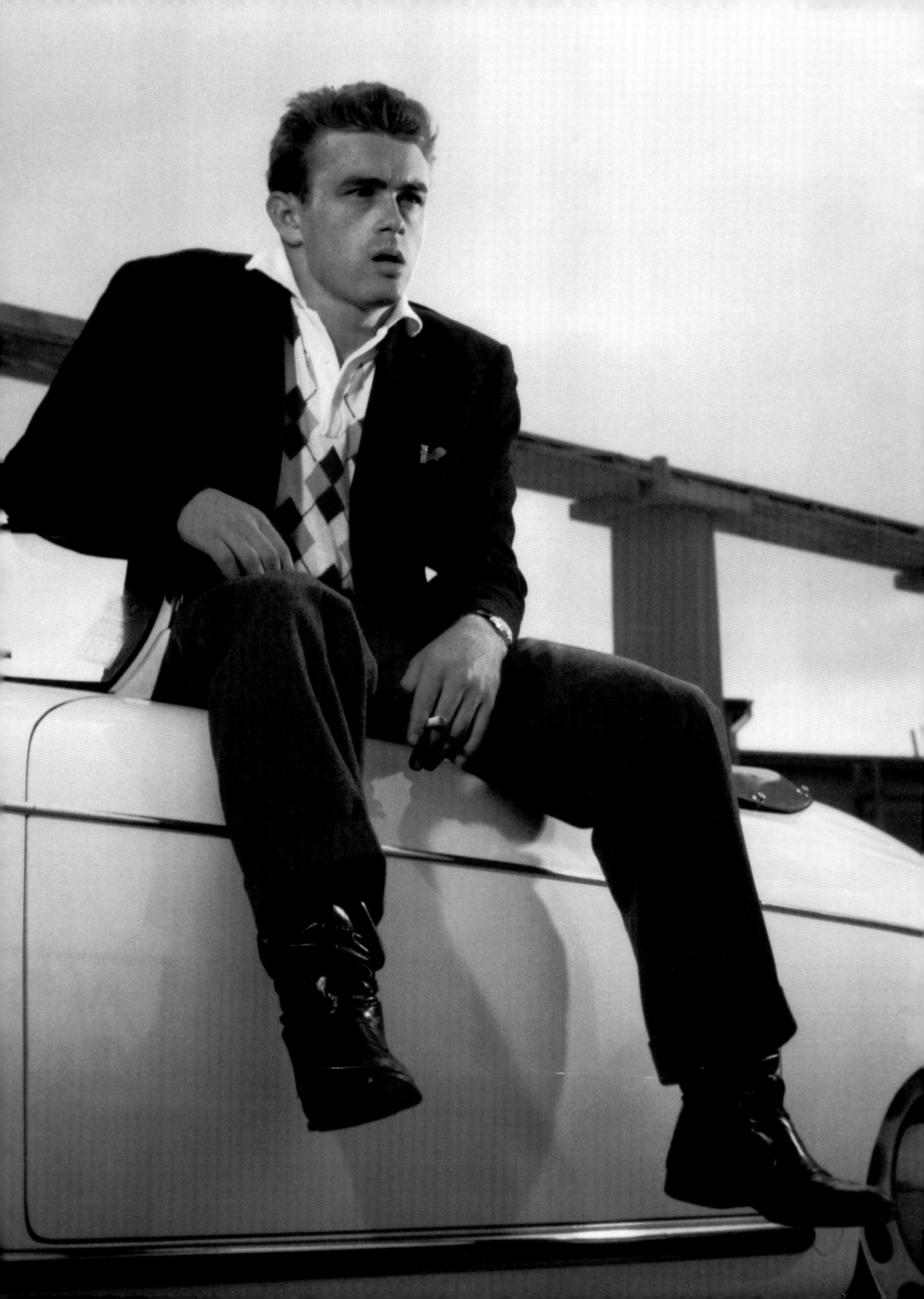

SIMONE DE BEAUVOIR

1908–1986

DIE FRANZÖSISCHE PHILOSOPHIN und Schriftstellerin Simone de Beauvoir enwickelte ihre Ideen während der turbulenten Jahre der Pariser Okkupation nach 1940, in denen das kulturelle Leben von den gegensätzlichsten -ismen beherrscht wurde. Ihre philosophischen Gedankengebäude entwarf die leidenschaftliche und engagierte Autorin im Café Flore, den Stift in der einen, die Zigarette in der anderen Hand – an ihrer Seite für gewöhnlich Jean-Paul Sartre, der bis zu seinem Tod im Jahr 1980 die unterschiedlichsten Rollen in ihrem Leben spielte: Er war Beauvoirs Liebhaber, Freund, Vorbild, Mentor, Gegenspieler, Mitverschwörer und „ihr Traumgefährte". Ihr gemeinsames Leben – beinahe fünfzig Jahre intensiver Erfahrungsaustausch – wurde weltberühmt und gilt heute nicht nur als eine der faszinierendsten Beziehungen des 20. Jahrhunderts, sondern auch als legendäres Beispiel von tiefer Liebe, aber auch ebenso großer Enttäuschung. Es ist fast unmöglich, vom einen zu sprechen, ohne nicht im selben Atemzug auch den anderen zu erwähnen.

Sartre und Simone de Beauvoir lernten sich im Jahr 1929 an der École Normale Supérieure kennen. Sie waren beide Anfang Zwanzig und studierten Philosophie. Zwischen den beiden funkte es sofort, und Sartre schlug ihr umgehend vor, nicht zu heiraten, aber doch eine Art Pakt zu schließen. Er formulierte es folgendermaßen: „Was wir haben, ist eine essentielle Liebe, aber es ist eine gute Idee, wenn wir auch noch zufällige Liebschaften erleben." Beide hielten sich strikt an ihren Vertrag der offenen Beziehung. Simone de Beauvoir brachte es auf nicht wenige Liaisons, die fast alle aus dem Kreise der engsten Freunde und Freundinnen Sartres erwählt wurden. Über viele Jahre hinweg unterhielt sie eine Liebesbeziehung zu dem amerikanischen Schriftsteller Nelson Algren sowie zum Filmemacher Claude Lanzmann, der durch den Film *Shoa* bekannt wurde. Aber viel mehr als alle diese Romanzen außer der Reihe liebten es Sartre und Simone de Beauvoir, sich bis ins kleinste Detail gegenseitig davon zu berichten. Ein solches Verhalten war von Simone de Beauvoirs behüteter Kindheit im gutbürgerlichen Milieu von Montparnasse meilenweit entfernt. Doch so gut wie alle Bemühungen der Mutter, ihr eine streng katholische Erziehung angedeihen zu lassen, schlugen von Anfang an fehl: Mit vierzehn Jahren erklärte das eigensinnige Mädchen, daß es nicht mehr an Gott glaube.

Drei Jahre später – sie erinnert sich in ihren fünfbändigen Memoiren noch daran – beschloß sie, Schriftstellerin zu werden. Indem sie ihr eigenes Leben schildere, so ihre Schlußfolgerung, könne sie sich selbst neu erschaffen und dadurch ihr Sein legitimieren. Auf diese Weise könne sie in einer Welt ohne Gott ihrem Leben einen Sinn geben und Verantwortung für die eigene Existenz übernehmen. So legte sie bereits in jungen Jahren den Grundstein für ihr späteres literarisches Werk und lebte schon zu diesem frühen Zeitpunkt im Sinne jener existentialistischen Ethik, die einen so großen Raum in ihrem Leben einnahm. Auch in späteren Jahren waren ihre Gedanken und Erfahrungen stets aufs engste mit ihrem literarischen Schaffen verwoben, stellen doch ihre Werke immer auch eine Reflektion ihres Lebens dar.

Nachdem sie zunächst in Marseille und Rouen Philosophie unterrichtet hatte, kehrte Simone de Beauvoir endgültig nach Paris zurück. Sartre hatte sie während dieser Zeit energisch zum Schreiben angehalten. Sie schrieb Romane und Theaterstücke ebenso wie anspruchsvolle philosophische Werke, beispielsweise *Für eine Moral der Doppelsinnigkeit* (1947), eine brillante Verteidigung des Existentialismus. Doch erst *Das andere Geschlecht* (1949) begründete ihren Ruhm und löste eine unter Linken und Rechten gleichermaßen heftige Kontroverse aus. Mit großer Leidenschaft und auf ebenso erfrischende wie scharfsinnige Weise analysiert Simone de Beauvoir darin die Inferiorität der Frau in der westlichen Gesellschaft und führt diese Unterdrückung nicht auf biologische Gegebenheiten zurück, sondern macht ausdrücklich kulturelle Gegebenheiten dafür verantwortlich. Ihren revolutionären Aphorismus „Man kommt nicht als Frau zur Welt, man wird dazu gemacht" schreibt sich die im Entstehen begriffene internationale Frauenbewegung sogleich auf ihre Fahnen. Sie selbst stieg erst verhältnismäßig spät mit auf die Barrikaden des Feminismus, erkannte aber, daß sich der Kampf um die Rechte der Frau, parallel zum Klassenkampf, als Triebkraft für gesellschaftliche Veränderungen durchaus eignete. In den siebziger Jahren unterschrieb sie das Manifest der 343 – eine Erklärung, in der 343 Frauen öffentlich bekannten, abgetrieben zu haben, was damals gesetzlich verboten war. Auch am Protest gegen Gewalt an Frauen war sie maßgeblich beteiligt.

Mit fortschreitendem Alter nahmen Simone de Beauvoirs radikale Aktivitäten immer mehr zu. Gemeinsam mit Sartre unternahm sie ausgedehnte Reisen, um mit Staats- und Regierungschefs aus aller Welt zu sprechen und gegen die Unterdrückung und Mißhandlung der Rebellen in Algerien und die amerikanische Intervention in Vietnam zu protestieren, und fungierte als Präsidentin der französischen Frauenrechtsbewegung. In ihrem unermüdlichen Kampf gegen das Privateigentum verkaufte sie noch als Sechzigjährige zusammen mit Sartre auf Pariser Straßen eine verbotene maoistische Zeitung und wurde dafür auch verhaftet. 1963 hatte sie sich mit ihrer Mutter ausgesöhnt, was sie auf berührende Weise in ihrem Buch *Ein sanfter Tod* schildert, das im darauffolgenden Jahr erschien. Ihrem eigenen Lebensabend schaute sie gefaßt entgegen. 1970 entstand einer ihrer letzten Essays, *Das Alter*, eine harsche Kritik am Umgang der Gesellschaft mit älteren Menschen. Als Sartre 1980 starb, ohne ein Testament zu hinterlassen, fiel sein gesamtes Vermögen seiner jungen algerischen Geliebten zu, die er 1965 adoptiert hatte, so daß Simone de Beauvoir nicht einmal die Briefe, die er ihr geschrieben hatte, ohne deren Einverständnis veröffentlichen durfte. Trotz der erlittenen Demütigung blieb sie Sartres Andenken bis zu ihrem eigenen Tod sechs Jahre später treu.

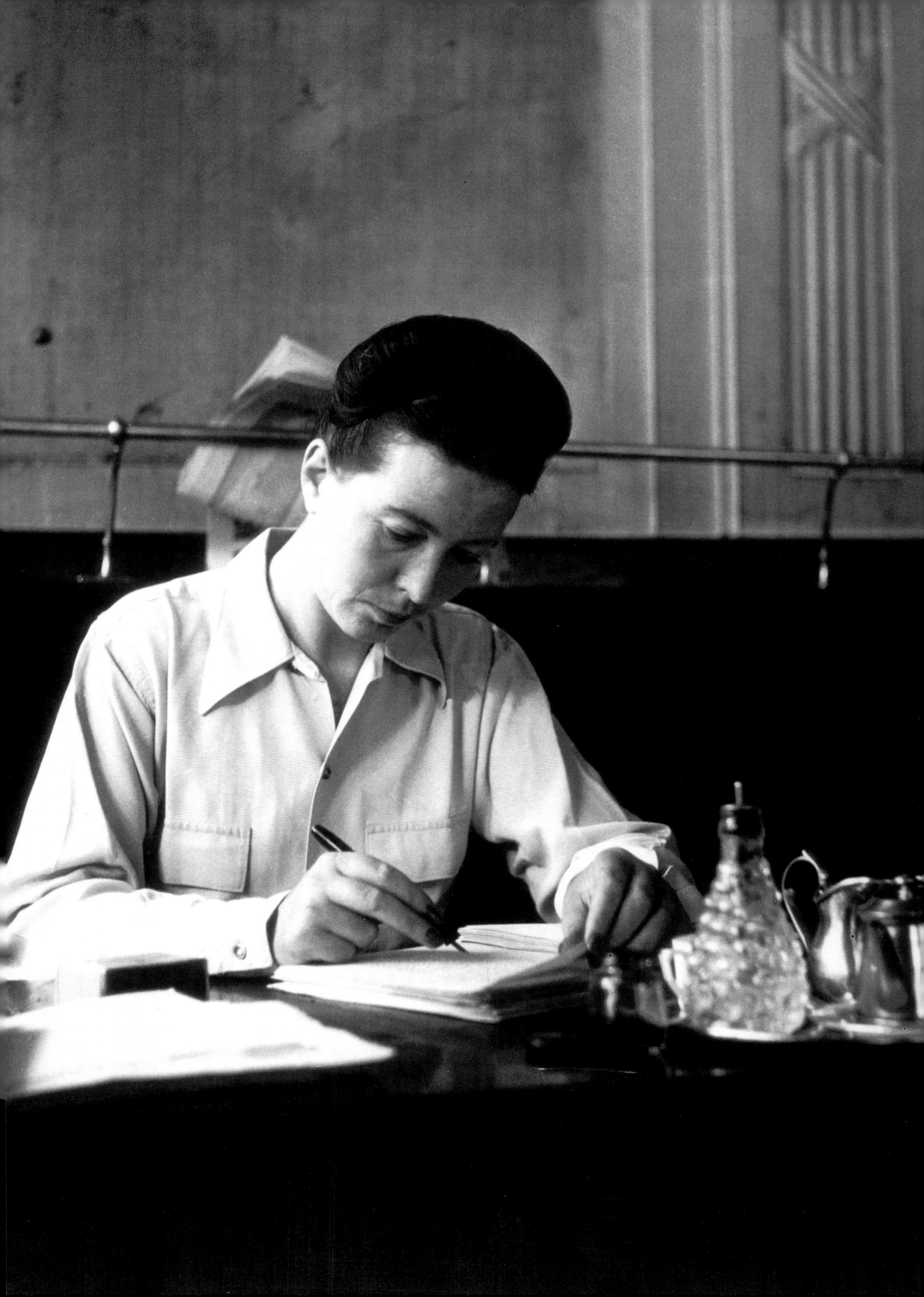

CHARLES DE GAULLE
1890-1970

ES ENTBEHRT NICHT einer gewissen Ironie, daß die alliierten Mächte ausgerechnet dem rebellischen jungen französischen General, der 1940 die Schmach einer Entwaffnung durch die Deutschen verhindert und sie vier Jahre später von französischem Boden vertrieben hatte, am D-Day die Landung in der Normandie verwehrten. So betrat er erst acht Tage später die blutigen Strände, und als er am 24. August 1944 seinen triumphalen Einzug ins Hôtel de Ville von Paris hielt, legte ganz Frankreich ihm sein verwundetes Herz zu Füßen. Dank seines stolzen, unbeugsamen und unerschrockenen Naturells beherrschte der Soldat und brillante Staatsmann bis zu seinem Tod 26 Jahre später nicht nur die Politik seiner Nation, er polierte auch das angeschlagene Image Frankreichs wieder auf.

De Gaulles Sinn für Grandeur verdankte er seinen hochgebildeten Eltern. Charles wurde in Lille geboren und von Jesuiten erzogen. Sein Vater, ein Professor, der gegen die Preußen gekämpft hatte, ermahnte ihn, stolz zu sein, als Katholik die Uniform zu tragen. Nach seinem Studium an der Ecole Militaire de Saint-Cyr kämpfte de Gaulle im Ersten Weltkrieg in der Schlacht bei Verdun, in deren Verlauf er dreimal schwer verwundet und in Fort Douaumont im März 1916 gefangen genommen wurde. Während der drei Jahre in Kriegsgefangenschaft schrieb er sein erstes Buch *La discorde chez l'ennemi* (1924), in dem er das Verhältnis von ziviler und militärischer Gewalt in Deutschland untersuchte. De Gaulle, dessen literarische Ader stets mit seinem außerordentlichen Talent, mitreißende Reden scheinbar aus dem Stehgreif zu halten, konkurrierte, schrieb eine Vielzahl erhellender Werke über militärische Kriegführung, von denen die meisten jedoch entweder gar keine Beachtung fanden oder aber von Frankreichs linken Parteiführern bekämpft wurden. Mit seiner Schrift *Vers l'armée de métier* (1934), in der er sich für taktische Mobilität aussprach, stellte er politischen Weitblick unter Beweis und sagte zu Recht voraus, daß in zukünftigen Kriegen der Schlüssel zum Sieg in der mechanisierten Berufsarmee liegen werde.

Im Zweiten Weltkrieg zeichnete sich de Gaulle als Kommandeur einer Panzerdivision aus. Unter Premierminister Paul Reynaud zog er 1940 als Unterstaatssekretär für nationale Verteidigung ins Kabinett ein. Als die Wehrmacht den Norden Frankreichs besetzte, verfolgte er mit großem Interesse, wie sein früherer Mentor, Feldmarschall Henri-Philippe Pétain – die nationale Führung übernahm. Doch als der junge Brigadegeneral von Pétains Plan erfuhr, in Vichy eine mit Deutschland kollaborierende Regierung zu gründen, widersprach er energisch und flog sofort nach London. Binnen kurzer Zeit ernannte er sich selbst zum Anführer der Résistance und rief, mit Billigung Winston Churchills, seine Landsleute durch das Radio auf, nicht zu kapitulieren. „Die Flamme des französischen Widerstands darf und wird nicht erlöschen", erklärte der Soldat ohne Armee, „die französische Nation ist nicht allein! Sie ist nicht allein! Sie ist nicht allein!" Zwei Wochen nach seiner ersten Radioansprache wurde er am 2. August 1940 von einem französischen Kriegsgericht in Abwesenheit wegen Landesverrats zum Tode verurteilt.

Ohne eine Armee im Rücken, sammelte er seine wenigen Gefolgsleute und begann von 1942 an, die Bindungen zu den französischen Kolonien in Westafrika und zur Widerstandsbewegung im Untergrund zu konsolidieren. Als die amerikanischen und britischen Truppen im November des Jahres in Nordafrika landeten, sah er seine große Chance gekommen. Er verlegte seine Zentrale nach Algier und gründete zusammen mit General Henri Giraud das Französische Komitee der nationalen Befreiung, aus dem 1944 die provisorische Regierung der Französischen Republik hervorging.

Churchill betrachtete den eigensinnigen General und seine nationalistischen Bestrebungen als ein notwendiges Übel. Der amerikanische Präsident Franklin D. Roosevelt war weit weniger geneigt, de Gaulles messianische Haltung hinzunehmen. Doch die Franzosen übertrugen ihm den Vorsitz des Komitees, und in zähen Verhandlungen mit Churchill und Roosevelt erreichte er, daß Frankreich von den anderen Alliierten als gleichwertige Siegermacht anerkannt wurde.

1946 setzte sich de Gaulle vorübergehend zur Ruhe und kehrte erst 1958 mit seiner Wahl in das Amt des Staatspräsidenten der Fünften Republik ins öffentliche Leben zurück. Er nahm großen Einfluß auf die neue Verfassung und erreichte schließlich das, was 123 Regierungen in 83 Jahren nicht gelungen war: Stabilität und Kontinuität. Zudem betrieb er eine neue Außenpolitik der Dekolonisierung, in deren Verlauf unter anderem Algerien in die Unabhängigkeit entlassen wurde. Eine äußerst umstrittene Entscheidung, die Frankreich an den Rand eines Bürgerkriegs brachte und de Gaulle bei zwei Mordanschlägen fast das Leben gekostet hätte. Als ein energischer Verfechter nationaler Souveränität ließ sich de Gaulle niemals in den Kampf der Supermächte um die Vormachtstellung in der Welt verwickeln. Viele seiner politischen Entscheidungen, wie etwa der Austritt Frankreichs aus der NATO im Jahr 1966, wurden international als antiamerikanisch eingestuft, seine Bemühungen um eine größerer Unabhängigkeit der Staaten Osteuropas wiederum als antisowjetisch.

Die politischen Unruhen im Mai 1968 zogen auch de Gaulles Regierung in Mitleidenschaft, und als ein unbedeutender Volksentscheid, auf den er bestanden hatte, scheiterte, verließ er Paris, um sich in sein bescheidenes Häuschen nach Colombey-les-Deux-Églises zurückzuziehen. Dort lebte er einfach und meist ohne Gesellschaft, allein mit seiner Frau Yvonne. Als er im Jahr 1970 starb und Staatspräsident Georges Pompidou „Frankreich zur Witwe" erklärte, gedachte man eines Mannes voller Ideale, eines hartnäckigen Visionärs, der seine Persönlichkeit in den Dienst der Nation gestellt hatte und über ein Vierteljahrhundert der Inbegriff Frankreichs gewesen war.

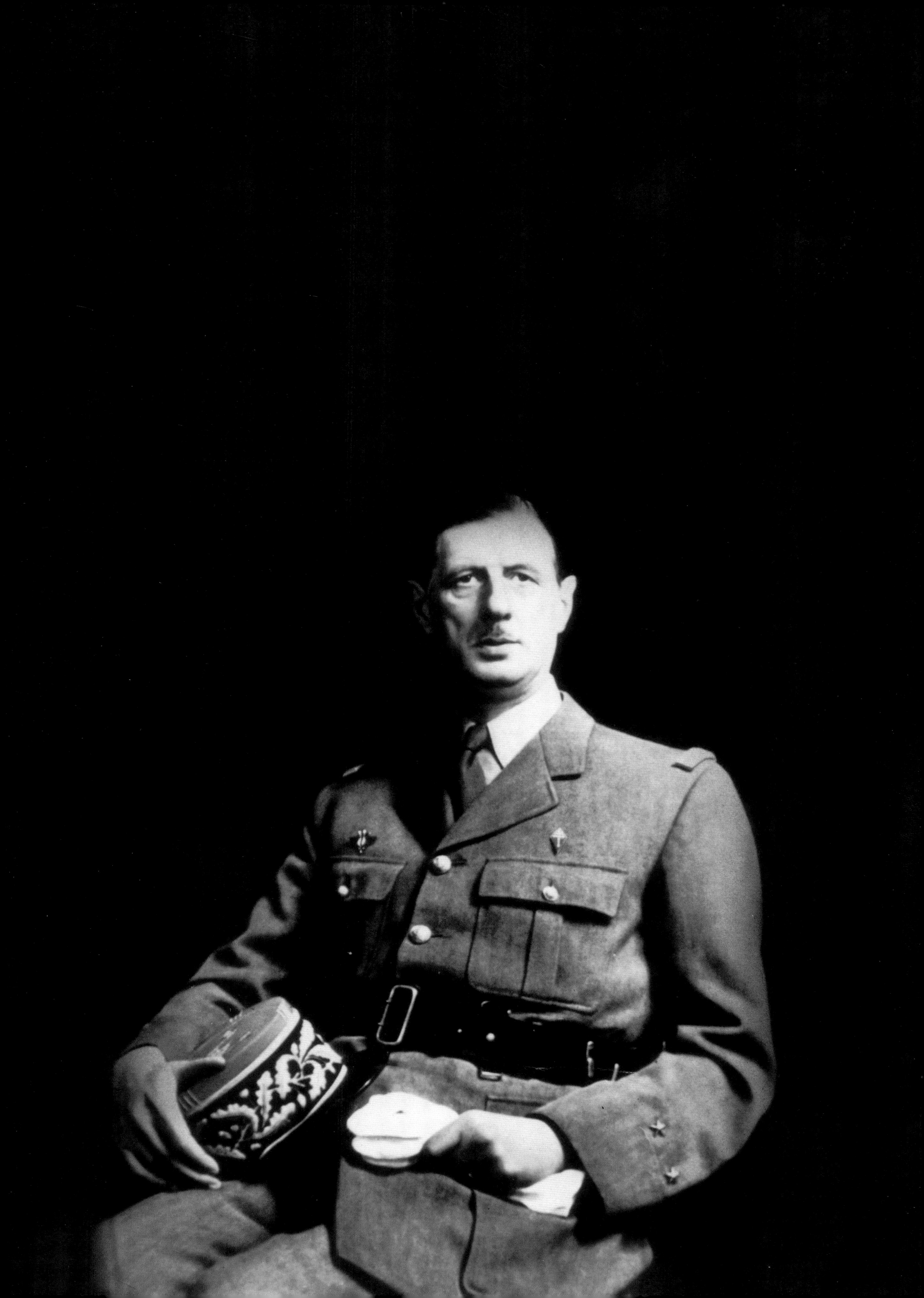

DIANA, PRINZESSIN VON WALES

1961–1997

ALS DIE PRINZESSIN VON WALES mit 36 Jahren bei einem tragischen Autounfall ums Leben kam, schien die sonst so gespaltene Welt für einen Moment in Trauer vereint. Menschen der verschiedensten Nationen strömten herbei, um ihr die letzte Ehre zu erweisen, sich in Kondolenzbücher einzutragen oder Blumenkränze niederzulegen. Sie trauerten um eine Frau, die sie gut zu kennen glaubten. Schließlich hatte die ganze Welt seit langem das Leben der meistfotografierten Frau des 20. Jahrhunderts mitverfolgen können.

Dianas Eheprobleme und ihr verzweifeltes Bemühen, ihre Selbstachtung wiederzugewinnen, waren vielen bekannt. Die Art und Weise, wie die lebensprühende, junge Frau um ihr Glück gebracht wurde, löste tiefes Mitgefühl aus. Selbst die reißerische Berichterstattung in den Medien, die immer geschmacklosere Formen annahm, bis sie am Ende einer königlichen Seifenoper glich, vermochte es nicht, das Ansehen Dianas zu schädigen, die sich bemühte, ihrem Leben einen neuen Sinn zu geben. Ihre Anstrengungen, sich selbst zu finden, ihr Kampf um eine Ehe, die zum Scheitern bestimmt war, und ihr Bemühen, das Leben ihrer Kinder vor den Augen der Öffentlichkeit zu verbergen, trugen ihr die Sympathie der Menschen ein, die sie bewunderten und ihre Gefühle nur allzu gut verstanden. Hinter dem glamourösen Äußeren schien sich eine aufrichtige und warmherzige Frau zu verbergen, deren soziales Engagement von Herzen kam. Nicht wegen der Dinge, die Prinzessin Diana zustande brachte, wurde sie zu einer Ikone des 20. Jahrhunderts, sondern wegen der Vorhaben, die sie noch hätte in Angriff nehmen können.

Dianas Leben und die Faszination, die es auf die Öffentlichkeit ausübte, waren bezeichnend für die gesellschaftlichen und technischen Entwicklungen unseres Jahrhunderts, das 1901, mit dem Tod von Königin Viktoria begann – die sich selten in der Öffentlichkeit zeigte und von der Presse respektvoll behandelt wurde. Auch die heimlichen Liebschaften von König Edward VII., der ihr auf den Thron folgte, drangen nie an die Öffentlichkeit. Doch schon 1936 lauschten Radiohörer auf der ganzen Welt seinem Sohn, Edward VIII., der für seine Geliebte, eine geschiedene Amerikanerin, die britische Krone niederlegte. Das Leben des Königshauses, das sich bis zu diesem Zeitpunkt hinter verschlossenen Türen abgespielt hatte, rückte nun zunehmend ins Blickfeld der Öffentlichkeit. Mit dem neuen Massenmedium Fernsehen war der königlichen Familie ein wichtiges Instrument in die Hand gegeben, sich in der Öffentlichkeit darzustellen. Sie nutzte es mit großem Erfolg bei Königin Elisabeths Thronbesteigung im Jahr 1952 und bei Dianas Hochzeit mit Prinz Charles im Jahr 1981, die Millionen Zuschauer auf der ganzen Welt am Bildschirm verfolgten. Doch verlor das Königshaus zunehmend die Kontrolle über das neue Medium, das zwangsläufig immer sensationsgieriger wurde und der königlichen Familie nahezu kein Privatleben mehr zugestand.

Anfangs schien Diana wie geschaffen, das Ansehen der Monarchie zu stärken. Sie war hübsch, liebenswert und 13 Jahre jünger als der Mann, den sie heiraten sollte. Als Tochter des Grafen Spencer und seiner Frau Frances Roche war sie von sehr vornehmer Abstammung. Nach der Scheidung ihrer Eltern wuchs Diana bei ihrem Vater auf, besuchte die West Heath School und machte ihren Abschluß an einem Pensionat für Töchter aus gutem Hause. Die natürliche und aufgeschlossene junge Frau arbeitete anschließend als Kindermädchen, Erzieherin und Kindergärtnerin. Mit ihrer erfrischenden Offenheit und ihrem makellosen Lebenswandel war sie in den Augen der königlichen Familie die ideale Frau für einen Junggesellen, der als verschlossen und ungesellig galt. Diana schien die perfekte Ergänzung für das britische Königshaus, das sich vornehmlich durch seine Steifheit auszeichnete.

Von dem Augenblick an, als ihre Verlobung bekanntgegeben wurde, stand Diana im Rampenlicht der Öffentlichkeit. Ihre Hochzeit im Juli 1981, um die jede Frau sie heimlich beneidete, war bis ins kleinste Detail gelungen. Die Bekanntgabe ihrer ersten Schwangerschaft und die Geburt ihrer beiden Söhne, des Thronfolgers William und Harrys, rundeten das Bild vom perfekten Leben der Prinzessin ab. In den folgenden Jahren konnte die Öffentlichkeit beobachten, wie aus der schüchternen jungen Frau eine elegante Dame wurde, deren Liebe zu ihren Kindern stets spürbar war. Aber der Presse blieb auch die wachsende Distanz zwischen ihr und Charles nicht verborgen. Die Ehekrise selbst, vor allem aber ihre Ursachen waren ein billiger Stoff für jene Journalisten, die der Prinzessin auf Schritt und Tritt folgten.

1985 erreichte Dianas Leben einen Tiefpunkt. Sie litt an Eßstörungen, schluckte Aufputschtabletten und begann, sich selbst zu verstümmeln. Weder die exquisiten Kleider, die kostbaren Juwelen noch die Schlösser vermochten es, ihre tiefe Verzweiflung und Enttäuschung über die Untreue ihres Ehemanns zu lindern. Als die Ehe 1996 geschieden wurde, stürzten sich die Pressefotografen vor dem Gerichtsgebäude auf eine schmerzerfüllte und tränenüberströmte Diana.

Schon lange vor dem offiziellen Ende der Ehe hatte die Öffentlichkeit Partei für die junge Frau ergriffen, die so offensichtlich unter ihrem Leben in den Zwängen der Monarchie litt. Doch am Ende siegte Diana über das Haus von Windsor, das die telegene Frau einst in ihre Mitte geholt hatte. Als ihr schließlich der Titel entzogen wurde, schenkte ihr die Welt einen neuen: Sie wurde Diana, die „Prinzessin der Herzen". Mit Befriedigung beobachteten die Menschen, wie Diana ihre Popularität in den Dienst karitativer Zwecke stellte

Mit ihrer Güte, ihrer Mildtätigkeit und ihrer Nächstenliebe stellte sie die britische Monarchie auf den Prüfstein. Durch ihren frühen Tod wird Diana in der Erinnerung der Menschen ewig jung, schön und strahlend bleiben.

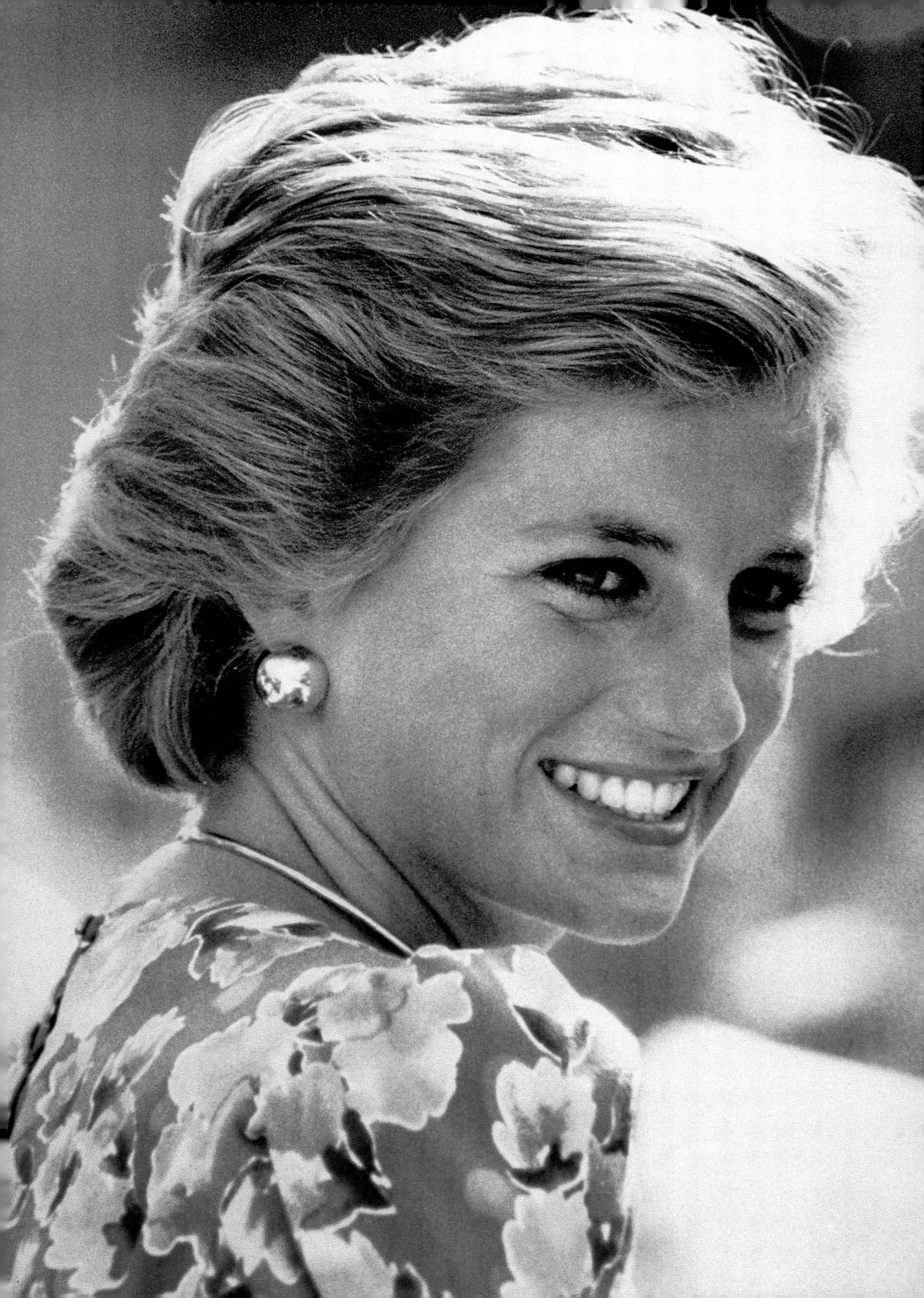

MARLENE DIETRICH
1901–1992

OB SIE IN TADELLOS SITZENDEM SMOKING und Zylinder über die Bühne stolzierte oder im hauchdünnen Gazekleid durch schummerige Räume schwebte, Marlene Dietrich war die androgyne Versuchung par excellence. Die bezaubernde und geheimnisvolle femme fatale des Films der 30er und 40er Jahre besaß einen betörenden Charme, von dem sich ihre Fans – und auch ihre Liebhaber und Liebhaberinnen, angefangen bei George Patton über Edward III. bis hin zu Edith Piaf und Gertrude Stein – unwiderstehlich angezogen fühlten.

Eine Verletzung an der Hand war Schuld daran, daß Maria Magdalena Dietrich von Losch im Alter von 18 Jahren ihre Träume von einer Karriere als Konzertgeigerin aufgeben mußte. Statt dessen beschloß sie, ihrer zweiten großen Leidenschaft nachzugehen, und sprach an der Schauspielschule in Berlin vor. Die junge Darstellerin schulte ihre schauspielerischen Fähigkeiten in zahlreichen kleinen Nebenrollen, während sie ihren Lebensunterhalt als Arbeiterin in einer Handschuhfabrik verdiente. Die Tochter aus gutem Hause, geboren in Weimar, schnupperte Großstadtluft und genoß das freizügige Unterhaltungsprogramm der Berliner Kabaretts der Vorkriegszeit. In jenen turbulenten Jahren lernte sie den Regieassistenten – und stadtbekannten Playboy – Rudolf Sieber kennen, den sie kurze Zeit später heiratete und mit dem sie auch ihre einzige Tochter, Maria, hatte. Obgleich ihre Ehe ab 1928 nur noch auf dem Papier existierte, ließen sich die beiden niemals scheiden. Sie blieben ein Leben lang Freunde und enge Vertraute.

Der österreichische Film-Regisseur Josef von Sternberg sah Marlene Dietrich in dem Musical *Zwei Krawatten* und erkannte in ihr die ideale Besetzung für seinen neuen Film: das heißblütige Showgirl Lola Lola in *Der blaue Engel* nach dem Roman *Professor Unrat* von Heinrich Mann. Er zwang die mollige Dietrich, zwanzig Pfund abzunehmen, und unterzog sie in Vorbereitung auf die Rolle einer radikalen Verwandlungskur – er änderte ihr Make-up, ihre Frisur, ihre Stimme, ihre Garderobe, ja selbst ihre etwas spröde Persönlichkeit. Zum Vorschein kam eine Leinwandgöttin. Ihr Profil, das – in Bühnenlicht getaucht – wie aus Stein gemeißelt wirkte, ließ sie zu einem blonden Vamp werden, großer Leidenschaft ebenso fähig wie heimtückischer Bosheit. Die Gäste der Premiere des *Blauen Engels* waren begeistert. Marlene Dietrich brach noch am selben Abend nach Amerika auf.

Da Paramount Pictures den *Blauen Engel* erst Ende 1930 in die Kinos brachte, debütierte die Dietrich in Amerika mit dem Film *Marokko*, der einige laszive und zugleich für ihre Karriere richtungweisende Szenen enthielt. Bekleidet mit weißer Krawatte, Zylinder und Frack, nimmt sie einer anderen Frau eine Blüte aus dem Haar, gibt dieser Frau vor Gary Coopers Augen einen Kuß auf den Mund, um ihm dann – was die bisexuelle Atmosphäre verstärkt – die Blüte ganz beiläufig zuzuwerfen. Diese schamlose Geste verschlug ganz Amerika den Atem und machte „La Dietrich" auf einen Schlag berühmt. Die amour fou zwischen dem leidenschaftlichen Sternberg und der kühlen Marlene Dietrich dauerte einige unvergeßliche Filme: *X.27* (1931), *Shanghai-Expreß* (1932), *Die Blonde Venus* (1932), *Die scharlachrote Kaiserin* (1934) und schließlich *Die spanische Tänzerin* (1935), in dem der Regisseur angeblich seiner Verbitterung über seinen treulosen Schützling Ausdruck verlieh und ihre berufliche wie persönliche Beziehung kurzerhand beendete.

Diszipliniert und einfallsreich wie sie war, überwand sie die Trennung bald. Mit Unterstützung ihrer Tochter Maria begann sie, ihr sprödes Image etwas umzuwandeln. Sie spielte weiter hochkarätige Rollen, wie die Frenchy – an der Seite von James Stewart – in *Der große Bluff* (1939). Mit ihrer berühmten Whiskey-Stimme gab sie *See What the Boys in the Back Room will Have* zum Besten. Zwar wurden ihr kaum noch so verführerische Charakterrollen angeboten, wie sie bei Sternberg zu ihrem Repertoire gehörten, doch niemand wagte es, ihr die Rolle einer naiven Hausfrau anzutragen. Als ihre Karriere Anfang der 40er Jahre zum Stillstand kam, gab sie immer öfter Konzerte vor amerikanischen Soldaten – sehr zur Bestürzung Adolf Hitlers, von dem es heißt, er habe sie inständig gebeten, in ihr Vaterland zurückzukehren. Marlene Dietrich gefiel sich in ihrer neuen Rolle als Patriotin und hielt die alliierten Truppen an der Front mit ihren heiseren Gesangsdarbietungen – darunter so berühmte Nummern wie *Ich bin von Kopf bis Fuß auf Liebe eingestellt* und *Lili Marleen* bei guter Laune. Später behauptete sie, ihr Engagement im Krieg sei das einzig Wichtige in ihrem Leben gewesen. Ihr Heldenmut wurde mit der Freiheitsmedaille und dem Orden der französischen Ehrenlegion belohnt.

Marlene Dietrich arbeitete mit nahezu allen großen Regisseuren zusammen – darunter Alfred Hitchcock, Billy Wilder, Ernst Lubitsch, Fritz Lang und Stanley Kramer. Nach einer langen Schaffenspause eröffnete sich ihr ganz unerwartet eine neue berufliche Perspektive: Ende der 60er, Anfang der 70er Jahre wurde sie eine der bestbezahlten Chansonsängerinnen der Welt. Ernest Hemingway prophezeite, „auch wenn sie sonst nichts hätte – mit ihrer Stimme bricht sie dein Herz". Die „Königin der Welt" hielt das Zepter fest in der Hand, bis es auf der Bühne zu Unfällen kam, die wahrscheinlich nicht zuletzt auf ihre „mörderische" Garderobe zurückzuführen waren – sie trug Kleider, die ihr im wahrsten Sinne des Wortes auf den Leib geschneidert waren. Als der Tod ihres Mannes sie schließlich völlig unvorbereitet traf, zog sie sich zurück.

1978 tauchte sie zum großen Erstaunen der Öffentlichkeit an der Seite von David Bowie in *Schöner Gigolo – Armer Gigolo* noch einmal aus der Versenkung auf. Dann fiel der Vorhang erneut. Trotz ihres zunehmenden Alkohol- und Drogenkonsums, mit dem sie ihren Kummer zu vergessen suchte, blieb Marlene Dietrich bis zu ihrem Tod von jenem Geheimnis umweht, das mehr als 60 Jahre einen kühlen, strahlenden Mythos aus ihr gemacht hatte.

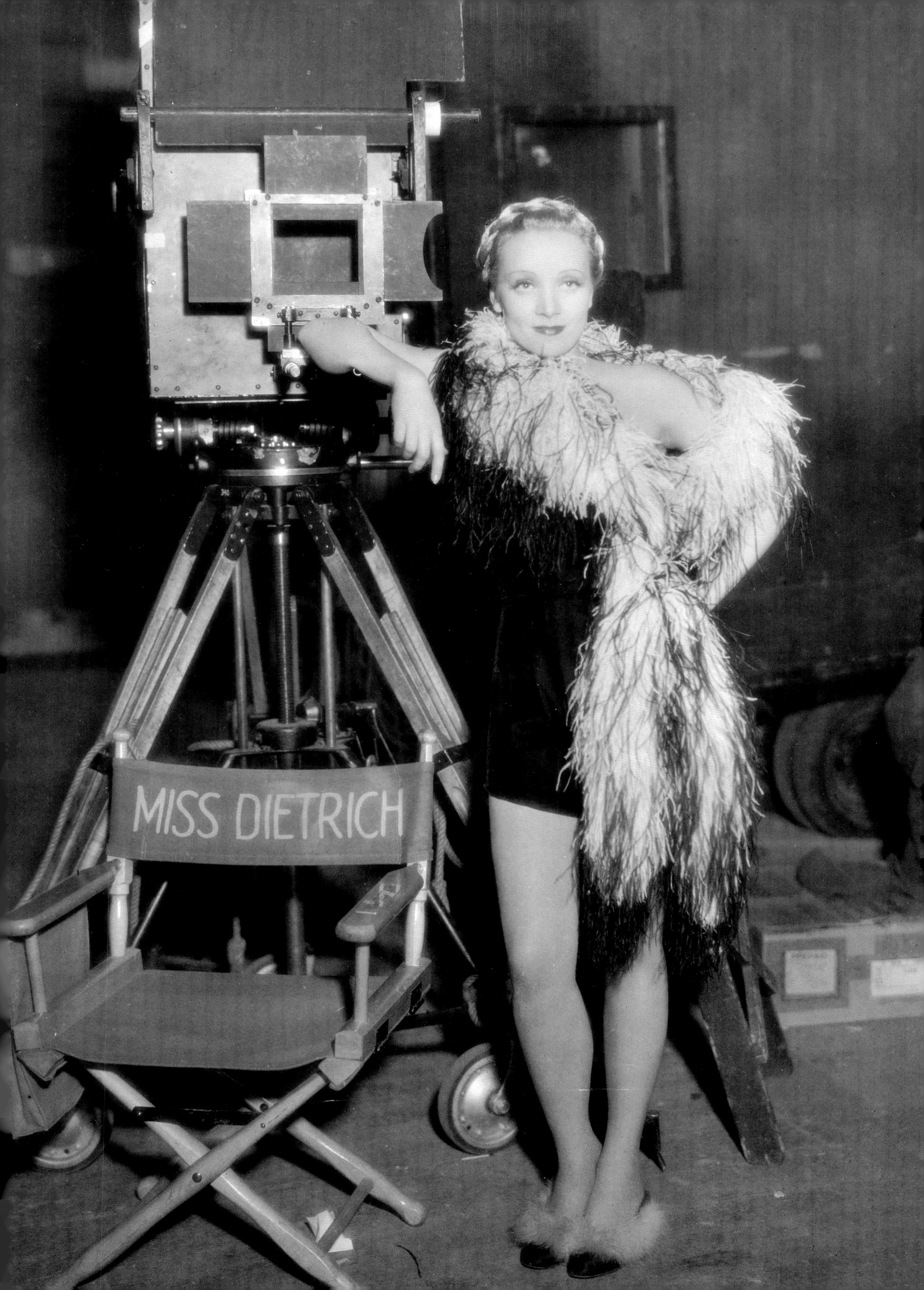
MISS DIETRICH

KAREN DINESEN
1885-1962

DIE UNTER DEM PSEUDONYM Tania Blixen bekannt gewordene Baronin Karen Christence Blixen-Finecke, geborene Dinesen, war nicht nur eine starke, unabhängige und entschlossene Frau, deren unverwechselbarer Charakter Eingang in ihre berühmten Memoiren *Afrika, dunkel lockende Welt* fand, in denen sie ihr Leben auf der Kaffeeplantage am Fuße der Ngong-Berge in Kenia beschrieb; sie war auch eine begnadete Schriftstellerin, die, obwohl Dänin, einen Großteil ihres Werkes in englischer Sprache verfaßte. Das Leben der sensiblen Erzählerin war ebenso ereignisreich und dramatisch wie ihre Geschichten.

Am glücklichsten war sie, wenn sie im Mittelpunkt des Interesses stand und solche Augenblicke in Worte und Bilder fassen konnte. Im Laufe ihres Lebens ereigneten sich viele Tragödien: der Selbstmord ihres Vaters, eine unglückliche Liebe, das Scheitern ihrer Ehe, der Verlust ihrer Kaffeeplantage und eine Syphiliserkrankung. Als Schriftstellerin war sie stets bemüht, den Geschehnissen einen tieferen Sinn zu verleihen. „Wer Gott wirklich liebt", schrieb sie einmal, „der liebt auch den Witz." Ein Großteil ihrer Werke erschien unter dem Pseudonym „Tania Blixen".

Der Tod ihres Vaters, der wegen einer Syphiliserkrankung Selbstmord beging, als Karen zehn Jahre alt war, verfolgte sie ihr Leben lang. Von ihm, dessen Lieblingskind sie gewesen war, sollte sie schließlich auch ihren unstillbaren Drang nach Abenteuern erben. Als Soldat hatte er jahrelang in der Wildnis von Wisconsin und Nebraska unter Chippewa- und Pawnee-Indianern gelebt, bevor er sich mit 35 Jahren niederließ, um eine Familie zu gründen. Am deutlichsten tritt sein Einfluß in Karens Pseudonym „Osceola", dem Namen eines Seminolen-Häuptlings, zutage, unter dem sie ihre ersten Schauernovellen schrieb.

Karen Dinesen stammte aus gehobenen Verhältnissen. Sie wurde 1885 im dänischen Rungstedlund, dem abgelegenen Landsitz der Familie, geboren, wo sie auch sterben sollte. Sie studierte Kunst in Paris und Kopenhagen sowie Englisch an der Oxford University. Ihr künstlerisches Talent offenbarte sich in zahlreichen Bildern, die sie während dieser Zeit malte. Nach dem Studium kehrte sie nach Dänemark zurück, wo sie bis zu ihrer Hochzeit blieb. Viele Jahre später schrieb ihr Bruder Thomas über seine Schwester: „... ihr sehnlichster Wunsch waren Flügel, die sie davontragen würden." Karens Eintritt ins Erwachsenenalter war von einer schmerzlichen Enttäuschung geprägt: Unglücklich verliebt in einen schwedischen Cousin, der ihre Gefühle nicht erwiderte, heiratete sie 1914 dessen Zwillingsbruder, den Baron Bror von Blixen-Finecke. Mit 28 Jahren bekam Karen Blixen dann endlich „Flügel". Das Paar kaufte eine Kaffeeplantage in Kenia und ließ sich in Nairobi nieder, wo sie auf ausgedehnte Safaris gingen und elegante Soiréen für die weiße Oberschicht veranstalteten. Dort verfaßte Karen auch eine wahre Flut von Briefen an ihre Lieben – die posthum unter dem Titel *Briefe aus Afrika* veröffentlicht wurden –, in denen sie von ihren herrlichen Tagen und Nächten am Fuße der in leuchtendes Blau getauchten Ngong-Berge berichtete. Als ihre Ehe 1921 scheiterte (bereits im ersten Ehejahr hatte ihr Mann sie mit Syphilis angesteckt), blieb sie allein auf der Farm zurück. Kurz darauf begann ihre leidenschaftliche Liebesaffäre mit dem Großwildjäger Denys Finch-Hatton, der ihr viele geistige Anregungen gab. Er brachte ihr Latein bei, las mit ihr die Bibel und griechische Dichtungen. Karen, die seit ihrer Kindheit Gedichte und kleinere Erzählungen verfaßt hatte, erzählte auf ihrer riesigen Veranda Geschichten, bald um Finch-Hatton zum längeren Bleiben zu verführen, bald um ihre Hausangestellten in Entzücken zu versetzen, die ihre Fabulierkunst „reden wie Regen" nannten. Abends schrieb sie Märchen und Liebesgeschichten, die sie auf lange Reisen in ferne Länder und andere Zeiten entführten.

Zu ihrer Krankheit kamen 1931 eine Reihe unglückseliger Ereignisse, die ihr Leben für immer veränderten: Nicht nur ihr geschiedener Mann, mit dem sie ein nach wie vor freundschaftliches Verhältnis verband, und Denys Finch-Hatton starben, sondern sie verlor auch, als Folge sinkender Kaffeepreise, ihre geliebte Plantage. Sie mußte auf einer Auktion versteigert werden. Der Baronin Blixen, wie sie noch immer genannt wurde, blieb nichts anderes übrig, als mit einem Koffer voller Erinnerungen und einer Schachtel, gefüllt mit afrikanischer Erde, nach Dänemark und Rungstedlund zurückzukehren. Der finanzielle Ruin zwang sie dazu, ihren Lebensunterhalt fortan als Schriftstellerin zu verdienen.

Ihr Novellenband *Sieben romantische Erzählungen*, mit dessen Niederschrift sie inmitten der afrikanischen Wildnis begonnen hatte, um sich von ihrem Unglück abzulenken, erschien 1934 und wurde ein großer Erfolg. Wie die Geschichten der legendären, arabischen Märchenerzählerin Scheherazade – mit der sie sich selbst oft verglich – beschworen auch ihre eine faszinierende Welt voll Liebe und Intrigen herauf. Auf *Sieben romantische Erzählungen* folgten im Jahr 1937 ihre eindrucksvollen Erinnerungen *Afrika, dunkel lockende Welt*. 1942 erschien ihr Erzählband *Wintergeschichten*, den sie trotz der großen Not im besetzten Dänemark während des Zweiten Weltkriegs fertiggestellt hatte. Obwohl sich ihr Gesundheitszustand immer mehr verschlechterte, schrieb sie unermüdlich weiter und verfaßte unter anderem *Die Rache der Engel* (1946), *Widerhall. Letzte Erzählungen* (1957) und *Schatten wandern übers Gras* (1960). Für ihr literarisches Werk wurde sie nicht nur mit dem dänischen Kritikerpreis ausgezeichnet, sondern erhielt auch eine Gastdozentur an der American Academy of Arts and Letters.

Die quirlige Baronin starb schließlich an Auszehrung – eine Folge ihrer langen Krankheit. Sie gilt als eine der lebendigsten Beschwörerinnen der Vergangenheit und hinterläßt nicht nur eine Fülle überwältigender und zauberhafter Erzählungen über Afrika, das „Land ihres Herzens", sondern auch eine beträchtliche Anzahl brillanter Schauergeschichten.

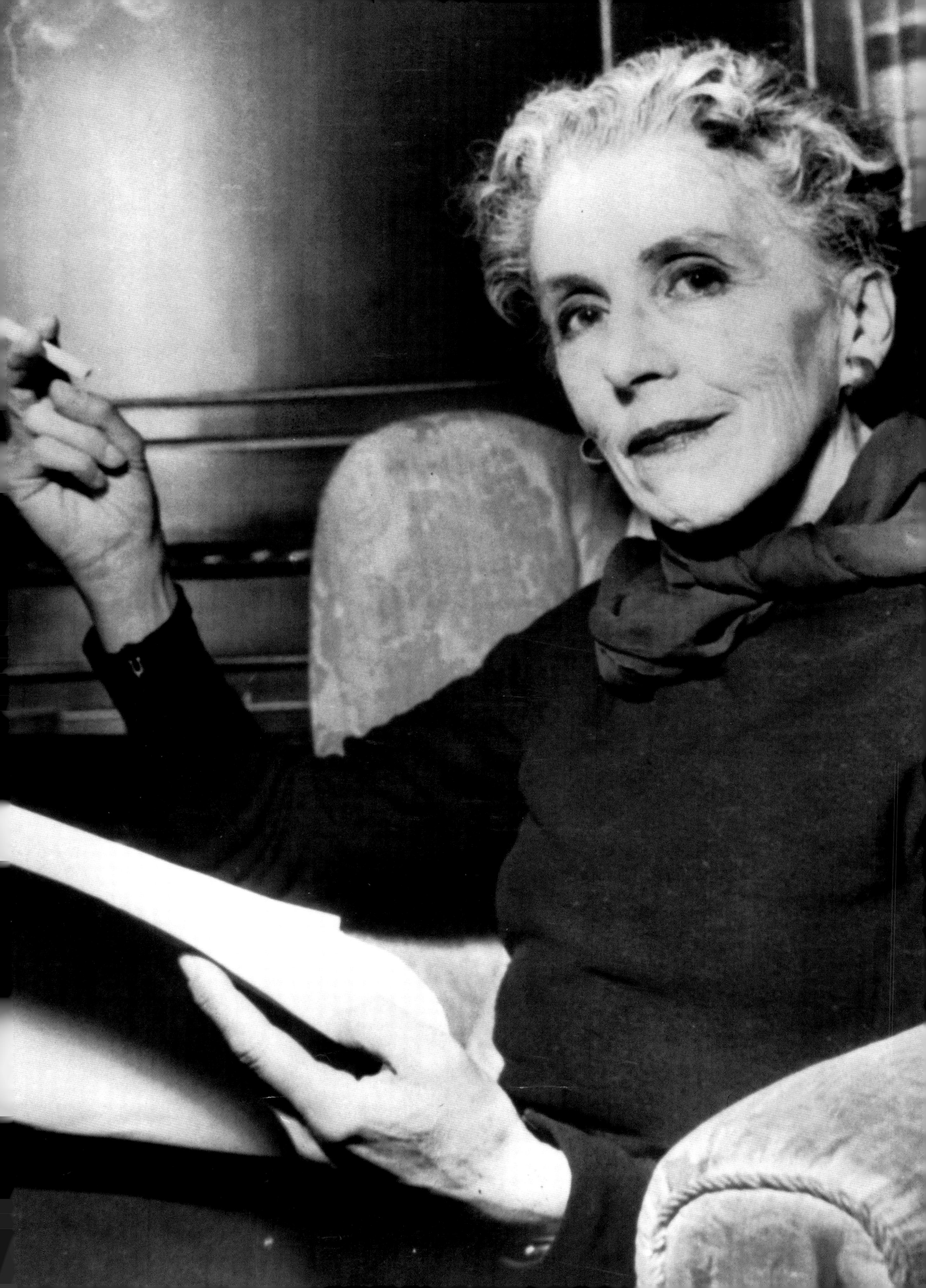

WALT DISNEY
1901-1966

MICKEY MOUSE soll 1928 auf einer Zugfahrt von New York an die amerikanische Westküste geboren worden sein. Sein Vater war Walt Disney, ein 27jähriger Zeichner, der gerade die Rechte an seiner Trickfilmserie *Oswald das Kaninchen* verloren hatte und darüber nachdachte, wie ein neuer Versuch im Trickfilmgeschäft aussehen könnte. Disney erinnerte sich an eine kleine Feldmaus, die eine Zeitlang seinen Papierkorb bewohnt hatte, und als der Zug in Los Angeles eintraf, war eine der populärsten Zeichentrickfiguren der Welt geboren.

Mickey Mouse, dessen kreischende Stimme von Walt Disney selber stammte, wurde für die von der Großen Depression geplagten Amerikaner innerhalb kurzer Zeit zum Inbegriff von Wagemut. Und bald nach dem Kinostart von *Plane Crazy*, 1928, konnte sich der draufgängerische Mickey auch mit einer ganzen Reihe internationaler Künstlernamen schmücken: Michael Maus in Deutschland, Miguel Ratonocito in Südamerika oder Miki Kuchi in Japan. Allmählich wurde ihm eine ganze Familie von Nebenfiguren an die Seite gestellt, darunter Minnie Mouse, Donald Duck, Goofy und Pluto. Die Disney Brothers Studios brachten einen ganzen Zoo mit den drolligsten Kreaturen hervor, zu dem fliegende Zirkuselefanten, gelehrte Kröten, errötende Blaumeisen und singende Wasserspeier gehörten.

Ursprünglich war Mickey alles andere als der sympathische Scherzbold gewesen, dessen verschmitztes Gesicht überall auf der Welt bekannt ist. Als er, bekleidet mit roter Hose, gelben Schuhen und mit wedelndem Schwanz, voller Tatendrang 1928 in dem kurzen musikalischen Animationsfilm *Steamboat Willie* sein Debüt gab, war er eher frech als nett. Unter der Regie von Disney und seinem Chefzeichner Ub Iwerks wurde die Figur jedoch immer freundlicher und entfernte sich optisch zusehends vom Erscheinungsbild einer echten Maus.

Walt Disney wurde in Chicago als jüngstes von fünf Kindern geboren. Die Familie zog nach Missouri und kaufte eine Farm, deren Tiere eine große Faszination auf ihn ausübten. Walter Elias Disney zeigte schon früh seinen bemerkenswerten Geschäftssinn. Im Alter von zehn Jahren verkaufte er dem ansässigen Friseur als Gegenleistung für einen Haarschnitt seine ersten kleineren Skizzen. Nachdem er zwei Jahre das Kansas City Art Institute besucht hatte, meldete er sich in den letzten Monaten des Ersten Weltkriegs freiwillig und wurde beim Roten Kreuz als Krankenwagenfahrer eingesetzt. Einige Jahre später drehte Disney in Kansas City für die Newman-Kinos gemeinsam mit Ub Iwerks, seinem lebenslangen Mitarbeiter, kurze Zeichentrickfilme. Er kam bald zu dem Entschluß, daß Hollywood der richtige Ort für ihn sei. Er und sein Bruder Roy wurden Partner. Die Entwürfe und Dreharbeiten zu *Alice* (1923), einer Comedy-Serie, in der gezeichnete Figuren mit echten Schauspielern agieren, markierten den Beginn ihrer Karriere.

Als ehrgeiziger Trickfilm-Regisseur eiferte er nicht nur den Spitzentalenten dieser Branche nach, wie Pat Sullivan (*Fritz the Cat*) und Bill Nolan (*Krazy Kat*), sondern auch, was Komik und deren Darstellung anging, so berühmten Hollywood-Komikern wie Charlie Chaplin, Laurel und Hardy oder Buster Keaton. Experimentierfreudig plante er etwas noch nie Dagewesenes: Seine Geschöpfe sollten denken, fühlen und handeln. „Ich möchte," sagte er, „daß aus meinen Figuren Persönlichkeiten werden." Annähernd zehn Jahre, die vom zähen Konkurrenzkampf und Solvenzproblemen geprägt waren, benötigte Disney, bis er schließlich das goldene Zeitalter des Zeichentrickfilms, wie es Filmkritiker heute nennen, einläutete. Kinder auf der ganzen Welt erfreuten sich an Cinderellas Glück und weinten, als Bambis Mutter starb.

Jedes auch noch so winzige Detail unterzog Disney einer genauen Prüfung. Geradezu obsessiv brütete der Geschichtenerzähler stundenlang über Liedertexten und Spezialeffekten. Die ganz großen Ideen ließ er jahrelang in seinem Kopf reifen, bevor sie auf der Leinwand Gestalt annahmen. Er arbeitete oft bis spät in die Nacht im Filmstudio und überredete seine Frau Lilly, auf seiner Büro-Couch zu übernachten.

Walt Disney traf eine wichtige Entscheidung, die nach Meinung seiner Biographen ebenso für seine Genialität spricht wie die Erschaffung von Mickey Mouse. Als 1927 der Tonfilm aufkam, erkannte er sofort das Potential, das darin verborgen lag, und macht es sich in *Steamboat Willie* sogleich zunutze. Mit einem Metronom paßte er die Bilder dem Takt der Musik an und ließ Mickeys Bewegungen mit der Melodie *Turkey in the Straw* unterlegen, was ihm nicht nur einen Kassenschlager bescherte, sondern ihm auch zum technischen Durchbruch verhalf.

Disneys künstlerische Fähigkeit, alles, was seine Zeichner malten, in lebende Bilder zu verwandeln, nahm im Jahr 1937 mit seinem ersten abendfüllenden Zeichentrickfilm *Schneewittchen und die sieben Zwerge* eine völlig neue Dimension an. Fast drei Jahre arbeitete Disney an der Fertigstellung dieses 1,6 Millionen teuren „Wahnsinns", wie Insider es nannten, der in Rekordzeit acht Millionen Dollar einspielte und als Meilenstein in die Geschichte des Trickfilms einging. Kurz darauf erzielte er weitere Erfolge mit *Pinocchio* (1939) und *Fantasia* (1940).

Als das Fernsehen Amerikas Wohnzimmer eroberte, wurde „Onkel Walt« selbst zum Star und moderierte 29 Jahre seine eigene Show *Disneyland*. 1966 starb Disney, der starker Raucher war, an Lungenkrebs, doch sein Märchenreich sah rosigen Zeiten entgegen – mit Unternehmensexpansionen, erheblichen Vergrößerungen der firmeneigenen Vergnügungsparks überall in der Welt und einem eigenen Fernsehsender. Mit Kino-Zeichentrickfilmen wie *Arielle – Die Meerjungfrau* (1989), *Die Schöne und das Biest* (1991), *Aladin* (1992), *Der König der Tiere* (1994), *Pocahontas* (1995) *Hercules* (1997) und *Mulan* (1998) wurde die Erfolgsgeschichte der Disney-Studios fortgeschrieben, die auch heute noch an der Spitze der Familienunterhaltung stehen.

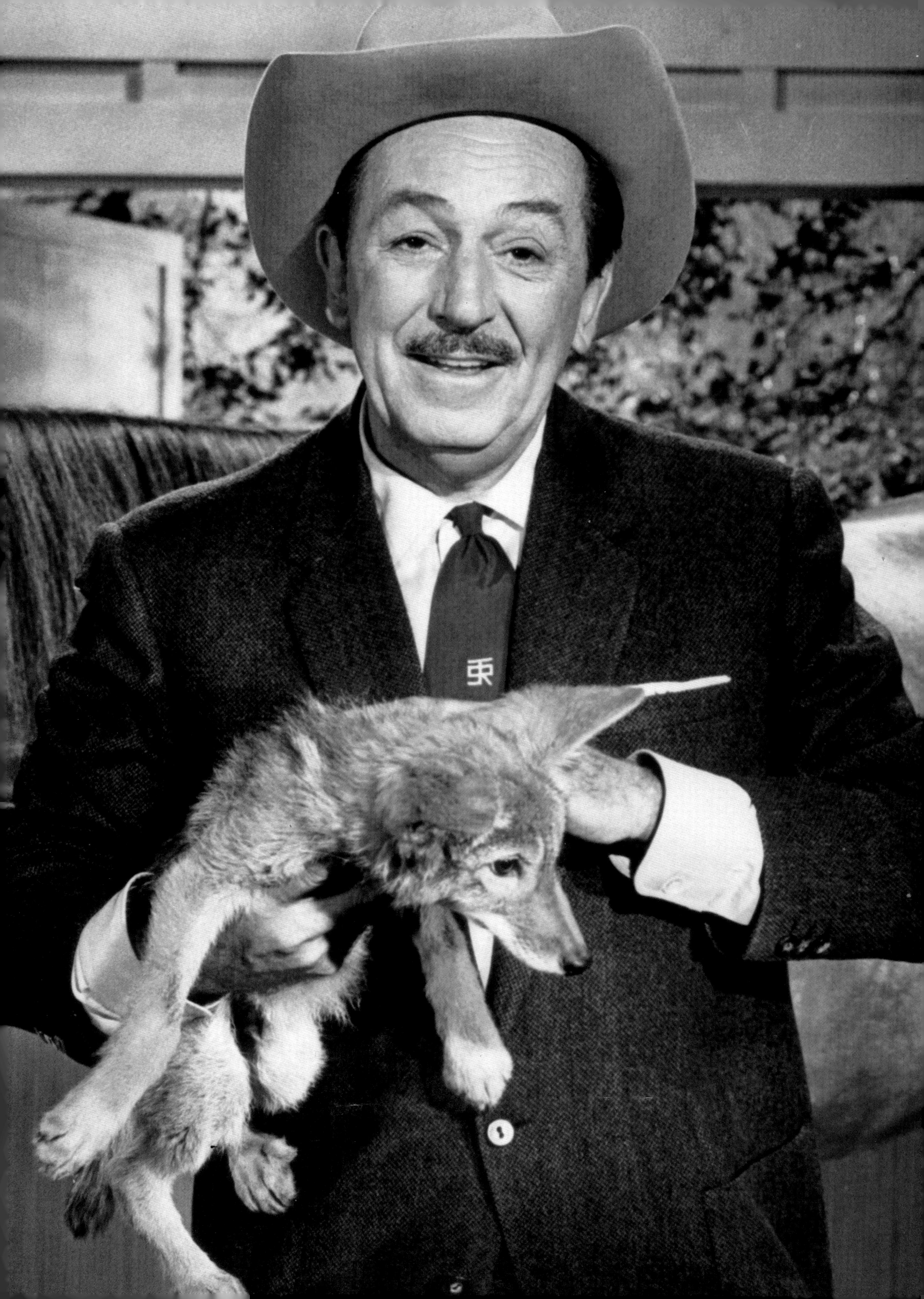

ISADORA DUNCAN
1878-1927

DIE STETS AUF BLOSSEN Füßen und in selbstentworfenen, durchsichtigen Gewändern tanzende Isadora Duncan gilt als die Begründerin des Modernen Tanzes. Sie führte ein völlig neues Bewegungsprinzip in den Tanz ein, das der menschlichen Seele viel unmittelbarer entspringt als die stilisierten Formen des klassischen Balletts. Duncan, die pure Technik und „schöne Bewegungen" ablehnte, betrachtete Tanz als Ausdruck der Persönlichkeit, als natürliche Kunstform, in der alle Künste – Musik, Literatur, Malerei und Theater – zu einer einzigen unendlichen Wahrheit verschmelzen. Künstlerische und persönliche Freiheit waren für sie von höchster Wichtigkeit, und sie verbrachte viel Zeit ihres kurzen, aber intensiven Lebens damit, die Zwänge des Viktorianismus, die sich ihrem unbändigen Freiheitsdrang in den Weg stellten, abzuschütteln. Während des Ersten Weltkriegs eroberte Isadora Duncan ganz Paris mit ihrem Tanz zur Marseillaise. Als deutsche Granaten in Verdun niedergingen, kleidete sie sich ganz in rot und entblößte beim Refrain der Hymne ihre Brust, wie die Marianne, das Symbol Frankreichs.

Als Verfechterin der freien Liebe im Zeitalter der Prüderie lagen der hübschen Tänzerin, die ihre besonderen Vorzüge – ihr wallendes rötliches Haar, ihren gelenkigen, sinnlichen Körper und ihre Freizügigkeit – geschickt zu nutzen wußte, in Europa Scharen von Intellektuellen und Adligen zu Füßen. Während Duncans Vaterland alles andere als begeistert über ihre Unbeschwertheit war, schwärmte ganz London für ihre Interpretationen von Brahms, Wagner und Gluck. Berlin feierte sie als die „göttliche Isadora", und begeisterte Studenten zogen sie in der Kutsche durch die Straßen. Die höchste Instanz des sogenannten imperialen Balletts, die unvergleichliche Anna Pawlowa, kam in Begleitung des großen Intendanten Konstantin Stanislawski und Sergej Diaghilews, des Direktors der Ballets Russes, um Isadoras Vorstellung in Petersburg (1904/1905) beizuwohnen. Michel Fokine, der in Rußland geborene Tänzer, Choreograph und Mitbegründer des Modernen Balletts, betrachtete Isadora Duncan als „die Grundlage seiner gesamten Arbeit" und „Amerikas größtes Geschenk an die Tanzkunst".

Bereits als junges Mädchen zeigte sich ihr Hang zu unkonventionellen Einfällen. Kaum hatte Angela – so ihr Taufname –, das jüngste von vier Kindern einer Familie in Oakland, Kalifornien, laufen gelernt, machte sie ganz spontane und phantasievolle Körperbewegungen. Ihre Mutter war über zehn Jahre gezwungen, allein für den Lebensunterhalt der Familie zu sorgen. Trotz der Armut bemühte sie sich, ihren Kindern ein schönes Zuhause zu bieten und in ihnen die Liebe zur Literatur und zur klassischen Musik zu wecken. Die selbstbewußte Angela teilte schon früh dieses „kulturelle Sendungsbewußtsein", indem sie Nachbarskindern Tanzstunden gab und später Unterricht in Gesellschaftstanz erteilte. Isadora – wie sie sich jetzt nannte – trat der Theatergruppe des New Yorker Regisseurs Augustin Daly bei, der sich jedoch vergeblich bemühte, das starrköpfige junge Talent für Ballett zu interessieren. Als die Duncans 1899 bei einem Hotelbrand ihr gesamtes Hab und Gut verloren, reisten sie nach Europa, um dort ein neues Leben zu beginnen.

Dieser Akt der Verzweiflung zahlte sich aus. Unter der Patronage einer angesehenen Schauspielerin wurde die reizende Ausdruckstänzerin bald bei sämtlichen Londoner Gesellschaften engagiert, stets begleitet von dem Maler Charles Halle, der sie in die besten Kreise der Gesellschaft einführte. Bereits wenige Monate später zeigte Isadora Duncan ihre sinnlich-entrückte, magische Kunst in der New Gallery. Ihre Interpretation von Mendelssohns *Frühlingsfeier* war eine wahre Sensation, ebenso wie ihre tänzerische Darstellung homerischer Gedichte. Isadora Duncan war die erste, die ein komplettes symphonisches Werk interpretierte, sie tanzte zu Beethovens 7. Symphonie. Gewiß gab es Kritiker, die sich fragten, ob die junge Tänzerin auch wirklich tanzen könne und ob es sich bei diesen auf griechische Vasen zurückgehenden Posen mit Tunika tatsächlich um eine künstlerische Disziplin handele oder um die betörenden Experimente einer überdrehten Avantgardistin. Doch sie selbst war fest von ihren künstlerischen Fähigkeiten überzeugt, und in eben diesem Bewußtsein der Einmaligkeit ihrer eigenen Persönlichkeit lag das Geheimnis ihrer unwiderstehlichen Ausstrahlung.

In Deutschland lernte Isadora Duncan den Kostüm- und Bühnenbildner Gordon Craig kennen, in den sie sich verliebte. 1906 wurde er der Vater des ersten ihrer beiden Kinder und trug ganz beträchtlich zur wirtschaftlichen Misere seiner ohnehin verschwenderischen Frau bei. Nach ihrer Trennung verliebte sie sich in den Millionenerben des Singer-Unternehmens, der, obgleich verheiratet und Vater von vier Kindern, ihr zweites Kind zeugte. Während ihrer leidenschaftlichen Affäre gelang es Isadora Duncan zeitweise, sich von ihrem hektischen Terminkalender zu erholen, den sie sich aufzwang, um ihre Schule des Freien Tanzes in Berlin-Grunewald finanzieren zu können. Doch dann ertranken auf tragische Weise ihre beiden Kinder zusammen mit dem Kindermädchen, als ihr Auto rückwärts in die Seine rollte. Völlig verzweifelt reiste Isadora Duncan wie eine Besessene umher und schockierte ihr Publikum mit wilden Eskapaden. Sie heiratete schließlich den russischen Dichter Sergej Aleksandrowich Jessenin, einen viele Jahre jüngeren, jähzornigen und krankhaft eifersüchtigen Mann. Als sie sich 1922 auf einer Tournee in den Vereinigten Staaten aufhielt, um Gelder für ihre geplante Ballettschule in Rußland aufzubringen, geriet sie in Verdacht, eine bolschewistische Spionin zu sein. Kurze Zeit später beging ihr Ehemann Jessenin Selbstmord. Isadora starb auf ähnlich tragische und theatralische Weise. Auf ihrem Ruhesitz an der Côte d'Azur brach sie an einem Herbsttag im Jahr 1927 zu einer kleinen Spritztour auf. „Adieu, mes amis, je vais la gloire", verabschiedete sie sich. Das Tuch, das sie um ihren Hals geschlungen hatte, verfing sich in den Speichen der Autoräder und brach ihr sofort das Genick.

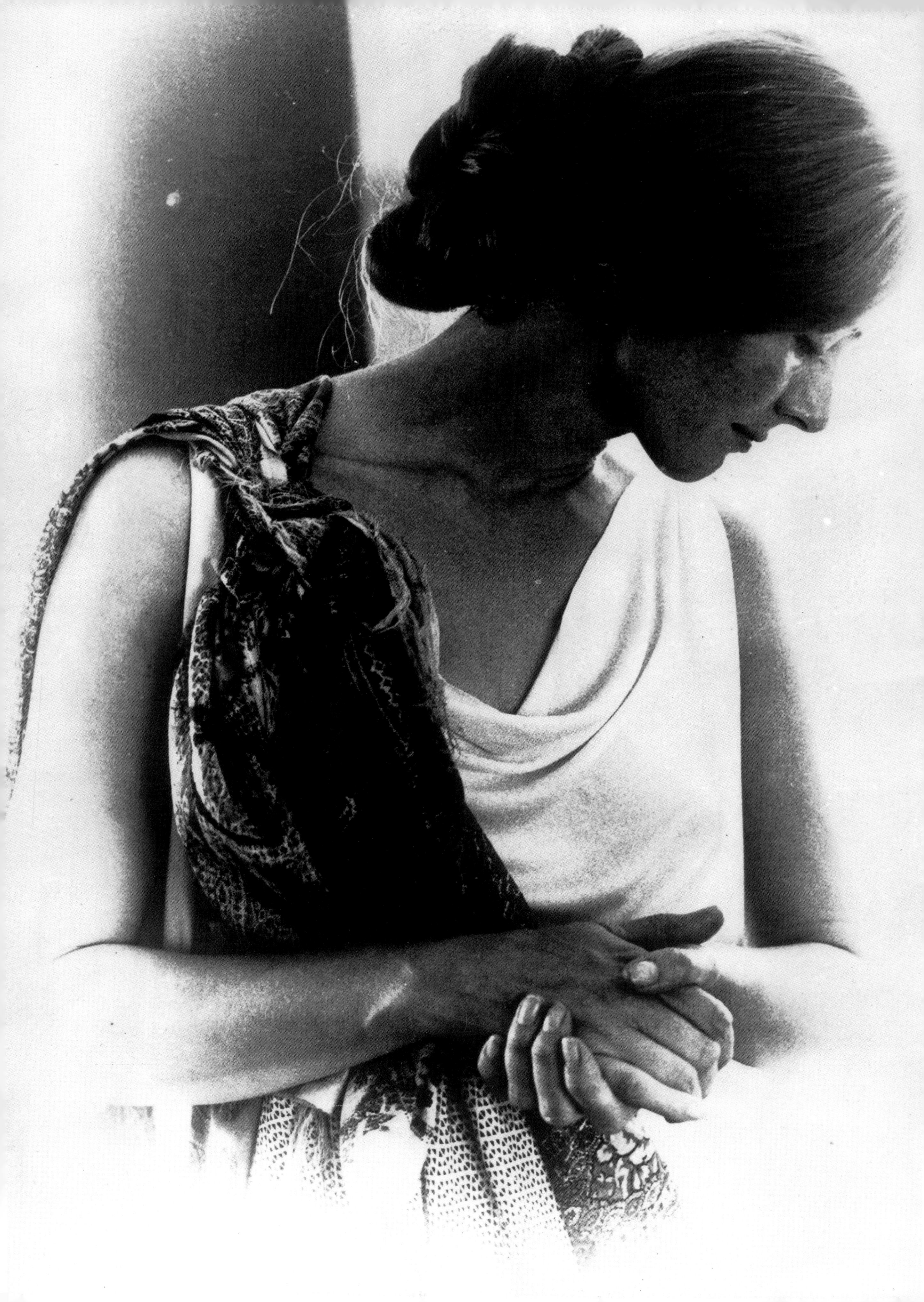

BOB DYLAN
*1941

DER AUTODIDAKT BOB DYLAN lebte in ständiger Furcht davor, man könne ihn als Schwindler entlarven. Der als Robert Zimmerman in Duluth, Minnesota, geborene Sänger hörte in seiner Kindheit Countrymusik im Radio und lernte Gitarre und Klavier. In der High School spielte er in verschiedenen Rockbands mit. Bei einem Talentwettbewerb der elften Klasse stand der schüchterne Robert vom Klavierhocker auf und schleuderte seinen verblüfften Klassenkameraden seine Lieder entgegen. Erst in seiner Zeit an der University of Minnesota, wo er zur Beatszene gehörte und in die Blues-Folk-Welt seines Idols Woody Guthrie eintauchte, änderte er seinen Namen in Bob Dylan und fing an, Folksongs zu schreiben. Seine Musik sollte einen tiefgreifenden Einfluß auf eine ganze Generation ausüben.

Dylan brach 1961 sein Studium ab, verließ Minnesota und ließ sich kurze Zeit später in Manhattan nieder. Dort stieg er schnell zum Liebling der Künstlerszene von Greenwich Village auf. Daß er bereits perfekt Folk und Blues beherrschte, stellte er mit seinem Debütalbum *Bob Dylan* (1962) unter Beweis. Einen Namen machte er sich allerdings erst mit seinem zweiten Album *The Freewheelin' Bob Dylan*, das 1963 erschien. Mit Liedern wie *Blowin' in the Wind* und *A Hard Rain's A Gonna Fall* markierte das Album den Beginn von Dylans kurzer, aber außerordentlich einflußreicher Protestzeit, deren Höhepunkt der Klassiker *The Times They Are-A Changin'* (1964) bildete. Bob Dylan verfaßte aufrüttelnde Kampflieder für die Jugend seiner Zeit, die geprägt war von Demonstrationen gegen die Regierung, von der Bürgerrechtsbewegung, von Drogen und allgemeiner kultureller Unzufriedenheit. Innerhalb weniger Jahre erfand er die Folkmusik praktisch neu.

Schnell jedoch entwuchs Dylan diesem Stadium des Protestgesangs; neue Inspiration fand er in den Versen der Symbolisten, in den vom Jazz inspirierten Gedichten der Beat-Poeten Lawrence Ferlinghetti und Allen Ginsberg und in den Gitarrenriffs von Chuck Berry. Auf dem Newport Folk Festival 1965 präsentierte er sein bahnbrechendes Album *Bringing It All Back Home*. Obwohl die Platte wie auch die Darbietungen bei den Folkpuristen Stürme der Entrüstung hervorriefen, wurden Lieder wie *Subterranean Homesick Blues* ebenso zu Ikonen ihrer Zeit wie Dylans frühere Songs. In den nächsten zwei Jahren brachte er zwei weitere Alben heraus, *Highway 61 Revisited* (1965) und *Blonde on Blonde* (1966). Sie waren formal und inhaltlich eine Weiterentwicklung und enthielten einige der besten Stücke der Popgeschichte, die je aufgenommen wurden. So unterschiedliche Songs wie *Mr. Tambourine Man, Like A Rolling Stone, Rainy Day Women #12 & 35* und *Just Like a Woman* sind für Dylans künstlerische Bandbreite beispielhaft und Ausdruck des produktivsten und kreativsten Abschnitts seiner Karriere. Seine Welttourneen in den Jahren 1965 und 1966 brachten ihm zahllose neue Fans. Einer von ihnen war der Dokumentarfilmer D. A. Pennebaker, der Dylan auf und hinter der Bühne für den Dokumentarstreifen *Don't Look Back* (1965) aufnahm. Die Anfangseinstellung – Dylan hält den auf einige Pappschilder geschriebenen Text von *Subterranean Homesick Blues* in die Kamera, während Allen Ginsberg unauffällig im Hintergrund zu sehen ist – kündigte ebenso das Ziel filmischer Wahrhaftigkeit an, wie sie das Zeitalter der Videoclips vorwegnahm.

In dem Jahr, als *Blonde on Blonde* herauskam, wurde Dylans nicht versiegender Kreativität durch einen fast tödlich verlaufenen Motorradunfall ein vorläufiges Ende gesetzt. Er zog sich mit seiner Frau Sara Lowndes, die er 1965 geheiratet hatte, für zwei Jahre in sein Haus in der Nähe von Woodstock im US-Bundesstaat New York zurück. Hin und wieder nahm er etwas auf und jammte mit seinem Freund Robbie Robertson und den anderen Mitgliedern von The Band. Diese Sessions wurden später aufgenommen und kamen unter dem Titel *The Basement Tapes* (1975) in den Handel. Nach der selbst auferlegten Pause trat ein neuer Dylan mit einem neuen Countryrock-Sound und dem Album *John Wesley Harding* (1968) zum Vorschein. Der neue Dylan griff auf das Alte Testament zurück, um Songs wie *All Along the Watchtower* zu schreiben, oder er verarbeitete Material des Bluessängers Leadbelly für *I'll Be Your Baby Tonight*.

In den 70er und 80er Jahren wurden Bob Dylans Auftritte etwas ruhiger, seine Wandlungen dagegen immer radikaler. Nach Jahren sporadischer Live-Auftritte ging er 1974 mit The Band auf Welttour und brachte das Live-Album *Before the Flood* heraus, das ein großer Erfolg wurde und auch bei den Kritikern Anklang fand. Seine variable Persönlichkeit spiegelte sich jeweils in der Musik; er erfand seine eigenen Klassiker neu und spielte sie neu ein. Diese Angewohnheit sollte er nie aufgeben. Unmittelbar nach seiner Tournee und als Reaktion auf seine gescheiterte Ehe nahm Dylan mit *Blood on the Tracks* (1975) ein weiteres Meisterwerk auf.

Am Ende des Jahrzehnts hatte Dylan mit *Slow Train Coming* (1979), dem ersten von drei eindeutig christlich inspirierten Alben, eine Wende vollzogen, auf die in den frühen 80ern ein erneut aufflammendes Interesse am Judentum folgte. Mit Ausnahme von *Infidels* (1983) und *Oh, Mercy* (1989), Dylans erster Arbeit mit dem Produzenten Daniel Lanois, waren die Alben dieses Jahrzehnts eher enttäuschend. Unbeeindruckt davon zog er mit seiner sogenannten Never Ending Tour rastlos durch die Lande.

1997 trat er vor Papst Johannes Paul II. in Bologna auf, und im selben Jahr erschien ein weiteres Meisterwerk. Wieder in Zusammenarbeit mit Daniel Lanois hatte er *Time Out Of Mind* aufgenommen, eine Betrachtung der eigenen Sterblichkeit, die ihm einen Grammy für das beste Album des Jahres einbrachte. Die Platte paßte zu dem 56 Jahre alten Künstler, der vier Kinder großgezogen, eine schmerzvolle Scheidung verarbeitet, eine schwere Krankheit überlebt hatte und keineswegs beabsichtigte, seine Rolle als poetischer Prophet aufzugeben.

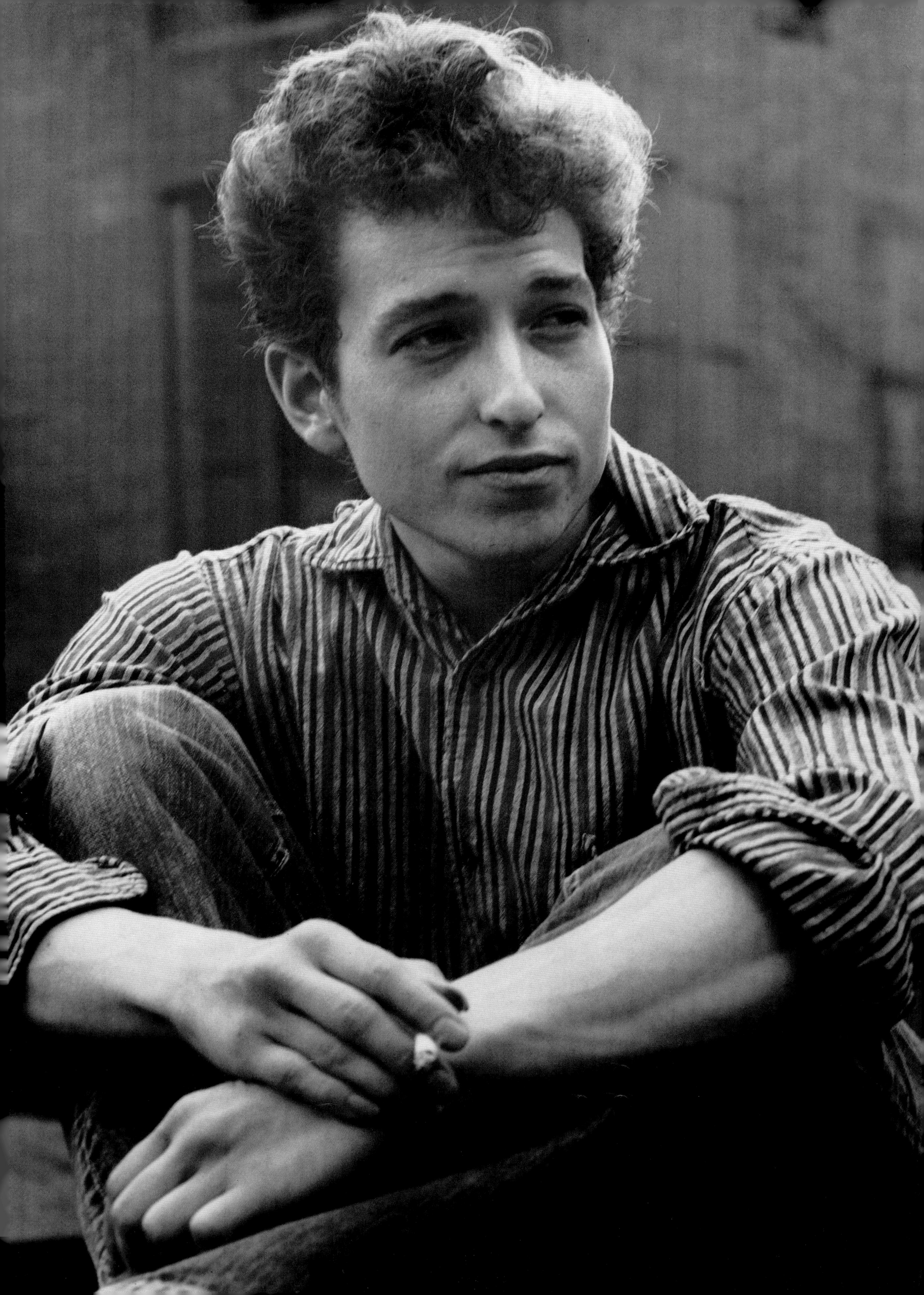

AMELIA EARHART
1897-1937

KURZ VOR DER TRAUUNG überreichte Amelia Earhart ihrem zukünftigen Mann einen Brief, in dem sie ihn höflich über ihre Bedingungen in Kenntnis setzte. Sie wolle weiterhin ihr eigenes Leben führen, schrieb die Frau, die als eine der frühen Heldinnen der Luftfahrtgeschichte ihren Platz neben Charles Lindbergh hat – und sie sei nicht bereit, sich durch einen „mittelalterlichen Treuekodex" ihrer Freiheit berauben zu lassen. Sollten sie im Laufe eines Jahres kein glückliches Paar geworden sein, fuhr Amelia Earhart fort, würden sie wieder getrennte Wege gehen.

Der Brief spiegelt nicht nur die für sie so bezeichnende kühle Sachlichkeit wider, sondern auch ihren Mut, mit überkommenen Traditionen zu brechen. Vor allem aber ist er ein Zeugnis ihres stark ausgeprägten Bedürfnisses nach Selbstbestimmung. Diese für das hübsche Mädchen aus dem Mittleren Westen charakteristische Eigenschaft, gepaart mit grenzenloser Energie und unstillbarer Abenteuerlust, erwies sich als ideale Voraussetzung, um in einem neuen und extrem gefährlichen Abenteuer der Menschheit erfolgreich zu bestehen und den unbekannten Himmel herauszufordern. Amelia Earheart errang die Bewunderung der Welt durch eine beeindruckende fliegerische Leistung. Als erste Frau überflog sie ohne Zwischenlandung die Vereinigten Staaten, sie überquerte als erste Frau allein den Atlantik. Ihr gelang der erste Alleinflug über den Pazifik – von Hawaii nach Kalifornien –, der ihr schließlich das Fliegerkreuz einbrachte. Während ihres ersten Flugs um die Welt verschwand Amelia Earheart 1937 spurlos, und so ist ihre legendäre Karriere bis heute von einem Geheimnis umwittert.

Die große, zerzauste, ein wenig zurückhaltende, aber überaus geistreiche Amelia Earhart verbrachte ihre frühe Kindheit, die infolge der Trunksucht ihres Vaters, eines Rechtsanwalts, von ernsten Geldsorgen überschattet war, in Kansas. Sie hegte zunächst keine klaren Berufswünsche. Während des Ersten Weltkriegs half sie in Lazaretten aus, um dann für kurze Zeit an der Columbia University Medizin zu studieren. Mit 23 Jahren wurde AE, wie ihre Kollegen sie später nannten, dann vom Flugfieber erfaßt: Bei einer Luftfahrtausstellung in Kalifornien stieg sie in einen der Flieger und spürte sofort ihre Berufung. 1928 – sie arbeitete gerade als Sozialarbeiterin in Boston – nahm ihr Leben eine unerwartete, folgenschwere Wende: Sie sollte der erste weibliche Passagier einer Atlantiküberquerung sein. Obwohl ihre Anwesenheit in erster Linie eine Werbemaßnahme war, ließ sie sich auf das Abenteuer ein. Die Anerkennung wollte sie damals noch den zwei männlichen Piloten überlassen. Als die dreimotorige Friendship mit einigen Hüpfern in Burry Port, Wales, landete, erzählte sie den ungeduldigen Reportern voller Bescheidenheit, sie sei nichts weiter als „ein Gepäckstück" gewesen. Doch die Welt sah es anders.

Einer der beiden Piloten, die sie zu diesem Flug eingeladen hatten, war ihr zukünftiger Mann, George Palmer Putnam, Enkel des Verlegers G.P. Putnam und ein außerordentlicher Werbefachmann. Als Mann hinter Charles Lindberghs spektakulärer Atlantiküberquerung im Jahr 1927 witterte er bei Amelia Earhart dieselben tollkühnen Eigenschaften und vor allem das gewaltige Vermarktungspotential, das darin schlummerte. Mit viel Geschick vermarktete er sie als „Lady Lindy" – ein Name, den sie selbst stets ablehnte –, arrangierte Kunstflüge, die alle Rekorde brachen, und sorgte für die nötigen Sponsoren. Frühe Biographen behaupteten, Earharts Ehe mit Putnam sei rein geschäftlicher Natur gewesen, wohingegen man heute eher der Ansicht ist, die Verbindung habe doch auf Liebe beruht. Trotzdem wird Putnam, der ständig Druck auf die Fliegerin ausübte, auch eine Mitschuld an ihrem schrecklichen Ende zugeschrieben, hatte er sie doch gedrängt, sich ohne die üblichen Sicherheitsvorkehrungen auf die letzte und riskanteste Etappe ihres Fluges zu begeben. Amelia Earhearts Engagement für den internationalen Frieden und die Rechte der Frau sowie ihr Einsatz für einen größeren Anteil an Frauen in der Luftfahrt haben sie zum Glück davor bewahrt, als bloße Opportunistin angesehen zu werden. Was immer sie auch tat, sie tat es aus Abenteuerlust und Liebe zur Fliegerei, nicht, um Ruhm zu erlangen.

Am 2. Juli 1937 brach Amelia Earhart völlig überstürzt von Lae, Neuguinea, zur gefährlichsten Etappe ihres Fluges um die Welt auf und ließ leichtsinnigerweise unter anderem ihr Morsealphabet, den Fallschirm und die Rettungsweste zurück. Ihr Kopilot war Fred Noonan, ein erstklassiger Flugzeugnavigator, der einst für die Pan American Airways gearbeitet hatte, mittlerweile jedoch zum Alkoholiker geworden war. Die beiden nahmen Kurs auf Howland Island, ein winziges Korallenriff 4115 Kilometer vor der Küste. In einer ihrer letzten Funksprüche teilte Amelia Earhart mit, es sei weit und breit kein Land in Sicht und sie habe nur noch wenig Benzin. Tragischerweise gab sie ihre genaue Position nicht an, und auch die Küstenwache vermochte nicht, sie zu lokalisieren, weil ihr Funk auf eine falsche Frequenz eingestellt war. Insofern war auch die Vier-Millionen-Dollar-Suchaktion nach der Lockheed Elektra von Anfang an zum Scheitern verurteilt. Die Spekulationen über Amelia Earharts mysteriöses Verschwinden halten bis heute an. Die Veröffentlichungen neueren Datums sind der Ansicht, daß ihr Flugzeug ganz einfach ins Meer gestürzt sei, wohingegen andere behaupten, sie sei im Auftrag des amerikanischen Geheimdienstes unterwegs gewesen und von den Japanern gefangengenommen worden.

Ihr Ruhm indes wuchs selbst nach ihrem Verschwinden weiter. Sie hatte „Mumm in den Knochen", wie man zu sagen pflegt, und mit ihrem Selbstvertrauen, ihrem Freiheitsdrang und ihrem Mut beflügelte sie eine ganze Generation von Frauen. „Mein bisheriges Leben ist so glücklich gewesen", schrieb die furchtlose Fliegerin am Vorabend ihrer Atlantiküberquerung in einem Brief an ihre Mutter, „daß ich selbst seinem Ende getrost entgegenblicke."

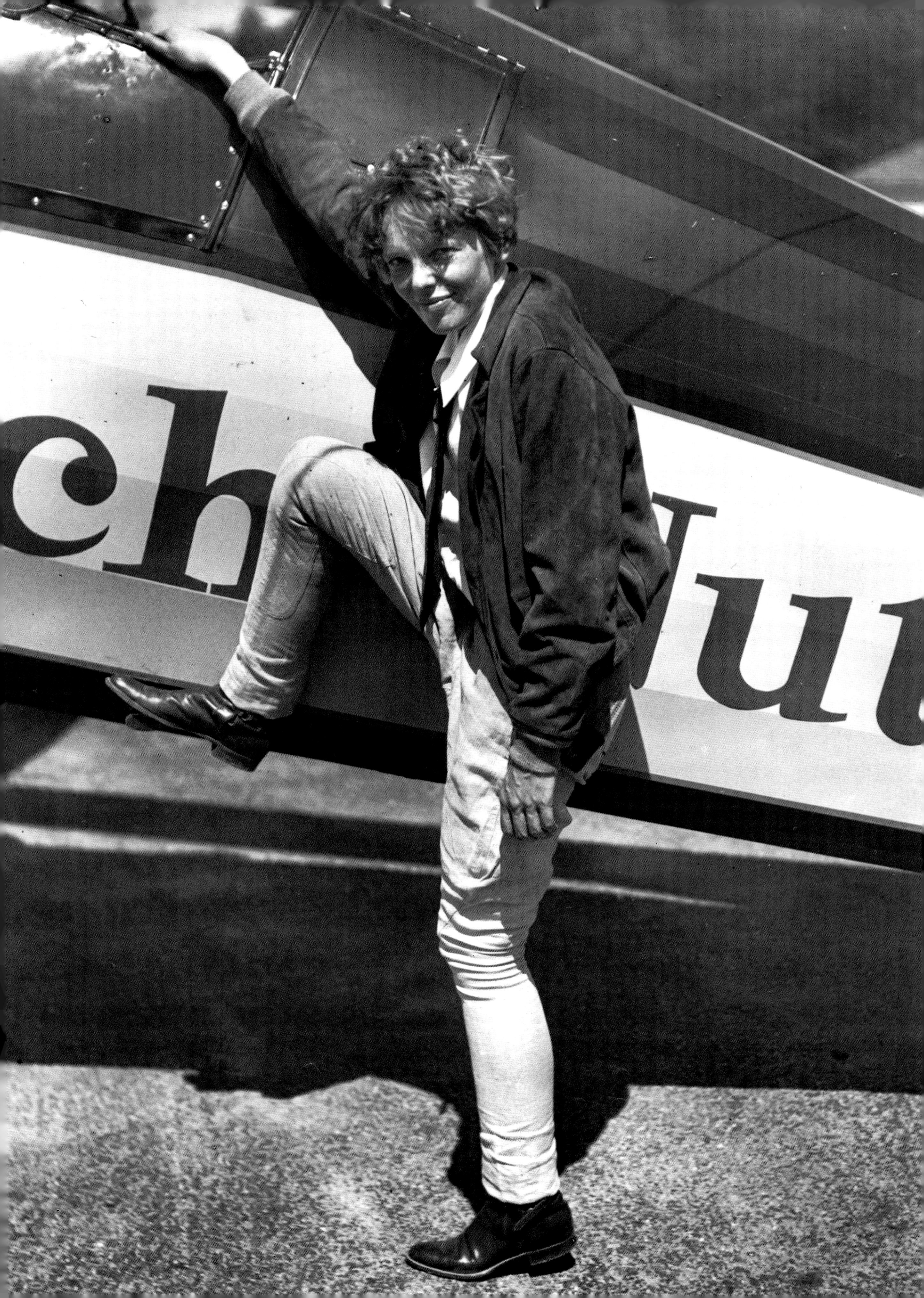

THOMAS ALVA EDISON

1847–1931

ENTGEGEN DER WEITVERBREITETEN Annahme war Thomas Alva Edison kein Wissenschaftler, sondern einer jener seltsamen Vögel, die vor allem Amerika so zahlreich hervorgebracht hat: ein Erfinder. Edison, der sich im Laufe seines Lebens insgesamt 1093 Erfindungen patentieren ließ – die meisten Patente, die je einem Menschen erteilt wurden – , war ein exzentrischer, ruheloser Selfmademan, ein Eigenbrötler, der nach der Trial-and-error-Methode arbeitete, und ein technologischer Zauberer, der, so kann man es durchaus sagen, das 20. Jahrhundert erfand.

Allein der Umfang, vor allem aber die Tragweite seiner Erfindungen stellen die anderer Genies in den Schatten: die Kohlefadenglühlampe, das Stromleitungssystem, der Phonograph und der Kinematograph, um nur einige zu nennen. Jede seiner Erfindungen brachte einen neuen Industriezweig hervor – und weitere Erfindungen. Obwohl Edisons Talent eher darin bestand, bereits vorhandene Erfindungen zu verbessern oder die genialen Ideen anderer weiterzuentwickeln, ging er dank seines unerschöpflichen Einfallsreichtums, seiner Beharrlichkeit und seines Willens zum Erfolg als genialer Bastler in die Annalen ein.

Als Sohn einer Familie aus Ohio, die auf der Seite der Verlierer zweier Revolutionen gekämpft hatte – sein Urgroßvater hatte im Unabhängigkeitskrieg auf der Seite der Engländer gestanden, und sein Vater gehörte den Widerstandskämpfern der Mackenzie-Rebellion an –, war Edison geradezu prädestiniert für eine erfolgreiche industrielle Einmannrevolution. Infolge einer Mittelohrentzündung hatte er schon in jungen Jahren ein sehr schlechtes Gehör, und seine schulischen Leistungen waren eher bescheiden. Mit zwölf Jahren nahm Alva, wie ihn seine Familie nannte, mit der Erlaubnis seines verzweifelten Vaters einen Job als Zeitungsverkäufer bei der Eisenbahn an. Danach zog Edison fünf Jahre lang, von 1863 bis 1868, von Stadt zu Stadt und arbeitete als Telegraphist für verschiedene Telegraphen- und Eisenbahnunternehmen. Seine Erfahrungen führten den mittellosen Jugendlichen zu seiner ersten Erfindung im Jahr 1868, ein telegraphisches Übertragungsgerät, das zwei Nachrichten gleichzeitig übermitteln konnte. Danach erfand er einen Börsenkursanzeiger, der die neuesten Aktienkurse telegraphisch durchgab. Die Western Union Company – eine der ersten Firmen, die die industrielle Forschung in den Vereinigten Staaten unterstützten – zahlte Edison 1870 für dieses Gerät 40 000 Dollar. Er nutzte das Geld, um sich ein Laboratorium in Newark, New Jersey, zu bauen.

Zeit seines Lebens sprach er geringschätzig von Theoretikern. Der praktisch veranlagte, ungesellige Edison war auch nicht besonders moralisch. Er war darauf aus, möglichst viel Geld zu verdienen, und arbeitete deswegen stets für den Meistbietenden. Für die Western Union, seinen Geldgeber in den folgenden Jahren, erfand er auch den „Quadruplex", ein Telegraphiergerät, das vier Nachrichten gleichzeitig übermitteln kann. Doch als der Finanzier Jay Gould in das Geschäft einstieg und ihm 100 000 Dollar für das neue Gerät bot, nahm der Erfinder freudestrahlend an. Doch dafür mußte er sich jedoch vor Gericht verantworten – in einem Prozeß, den die empörte Western Union angestrengt hatte. 1876 verlegte Edison, der inzwischen eine unglückliche Frau an seiner Seite hatte und sich wegen Steuerbetrügereien in ernsten Geldschwierigkeiten befand, seinen Wirkungskreis nach Menlo Park, New Jersey. Dort entwickelte er 1877 das Kohlenkörnermikrophon, eine Erfindung, durch die das 1876 patentierte Telefon von Alexander Graham Bell für große Entfernung brauchbar wurde, und das auch heute noch ein integraler Bestandteil des Geräts ist.

Noch im selben Jahr konstruierte er den Phonographen. Wie so viele große Erfindungen war auch diese ein Zufallsprodukt. Bei Versuchen, Töne in Schrift umzusetzen, indem er eine Schreibfeder über einen Papierzylinder führte, war Edison erstaunt, als er vage Töne, die vom Zylinder ausgingen, hören konnte. Er arbeitete Tag und Nacht, um zum technischen Durchbruch zu gelangen. Im Dezember 1877 präsentierte er einen verbesserten Phonographen mit einer Stanniolwalze, aus dem unverkennbar seine eigene Stimme tönte. Eine verblüffte Weltöffentlichkeit erklärte ihn daraufhin zum „Zauberer von Menlo Park", und der gefeierte Erfinder verkündete, daß er im Kopf der Freiheitsstatue einen Phonographen einbauen werde.

Seine uneingeschränkte Aufmerksamkeit galt nun dem Schreckgespenst der zeitgenössischen Wissenschaft, der Glühlampe. Indem er den herkömmlichen Glühfaden gegen einen widerstandsfähigeren eintauschte, entwickelte er 1879 eine Kohlefadenlampe, die heller und länger brannte als jede andere Lampe zuvor. 1882 schuf er die Grundlage für die Elektrifizierung, als es ihm gelang, einen kleinen Teil Manhattans mit elektrischem Licht zu versorgen. Doch durch seinen erbitterten, irrigen Kampf gegen das Wechselstromsystem seines ehemaligen Assistenten Nikola Tesla wurde eine weitreichendere Energieversorgung zunächst vereitelt. 1888 entwickelte er das Kinetoskop. Nachdem seine Gucklochkonstruktion von den Leinwandprojektoren der Brüder Lumière verdrängt wurde, machte Edison von seinem geschäftlichen Spürsinn Gebrauch: Er erwarb die Rechte an einem anderen Projektionsgerät, das er als „Vitaskop, Edisons neustes Wunder" verkaufte.

Edison war ein gleichgültiger Ehemann und Vater. Nur ganz selten schlief er zu Hause, gab er doch dem Fußboden seines Labors den Vorzug. Um die Jahrhundertwende entwickelte er weitaus mehr Vergnügen daran, die unzähligen Firmen, die seine Ideen hervorgebracht hatten, auszubauen, als neue Dinge zu erfinden, obwohl er im Ersten Weltkrieg an einer Reihe militärischer Projekte mitarbeitete. Über Jahre hinweg sonnte er sich in seinem Ruhm und wähnte sich in dem festen Glauben, daß es nichts gebe, was er nicht könne. Doch behielt er nur beinahe Recht. Selbst er vermochte es nicht, eine Maschine zu erfinden, die dem Menschen Unsterblichkeit verleiht.

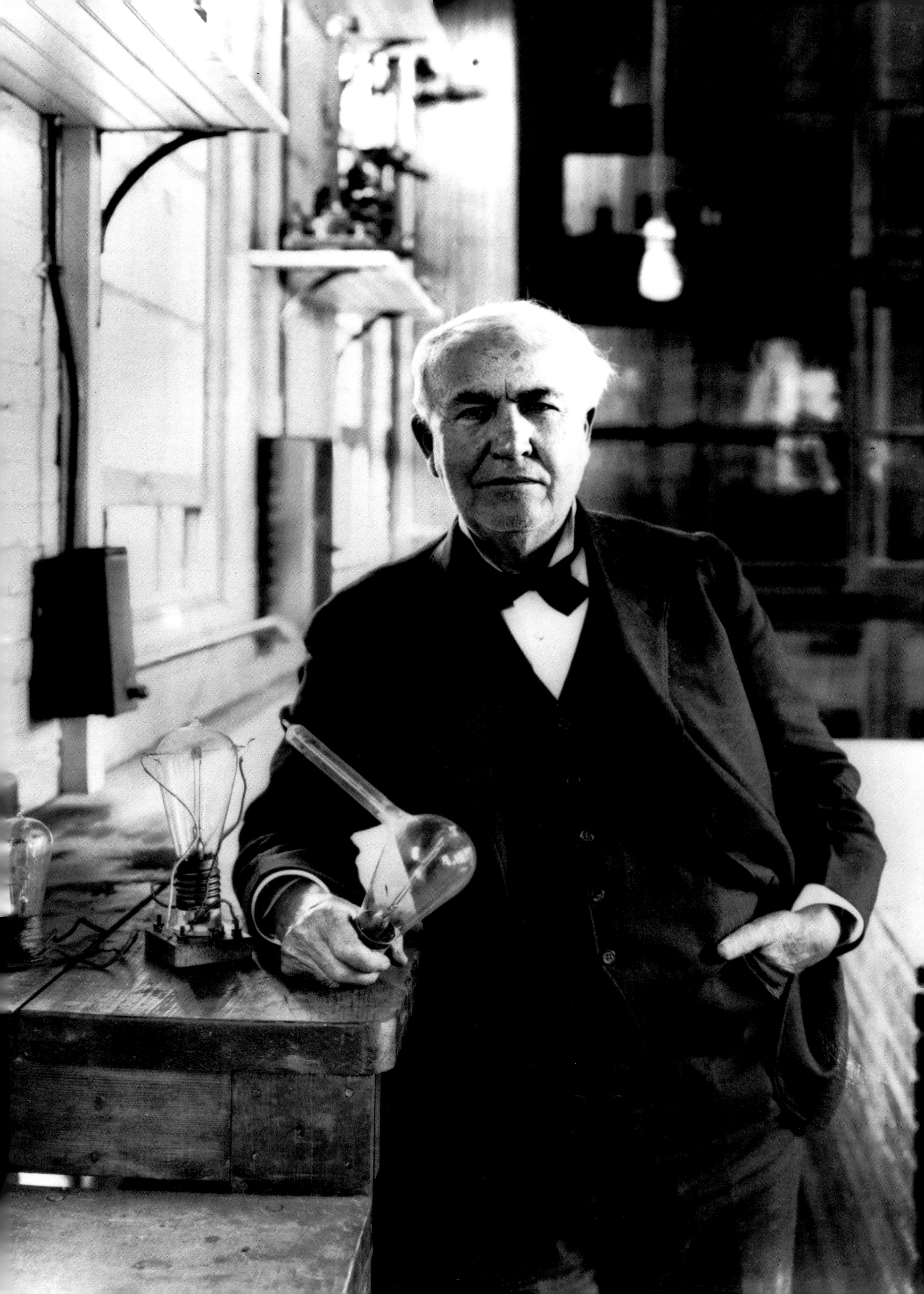

ALBERT EINSTEIN

1879-1955

ALS ALBERT EINSTEIN, der bedeutendste Wissenschaftler unseres Jahrhunderts, 1955 im Alter von 76 Jahren starb, trauerte die ganze Welt – nicht nur, weil er den komplexen Zusammenhang zwischen Masse und Energie erkannt hatte, der unser gesamtes Weltbild nachhaltig revolutionierte, sondern auch wegen seiner bedingungslosen und unermüdlichen Suche nach der Wahrheit, die ihm den Ruf eines weltlichen Heiligen eingetragen hatte. „Plötzlich", schrieb C. P. Snow in *Variety of Men*, „stand er als Symbol der Wissenschaft und als führender Denker des 20. Jahrhunderts im Mittelpunkt der Weltöffentlichkeit." Kriegsmüde und zermürbt von den Greueltaten des Nationalsozialismus schauten Menschen aus aller Welt auf den großväterlich wirkenden, unorthodoxen Professor und sahen in ihm den Wortführer eines neuen Zeitalters der Hoffnung für die Menschheit.

Am 14. März 1879 kam Albert Einstein als Kind jüdischer Eltern in Ulm zur Welt. Da er als Säugling einen ungewöhnlich großen Kopf hatte, befürchteten seine Eltern, er werde geistig zurückbleiben. Seine Amme rief ihn „Pater Langweil". Mit sechs Jahren erhielt der musikalische Junge Geigenunterricht und beglückte noch im fortgeschrittenen Alter seine Besucher mit Proben seiner Kunst. Ein Onkel weckte das Interesse seines faulen Neffens an der Mathematik mit einem Trick. Er verwandelte die algebraische Unbekannte x in ein kleines Tier, dessen Fährte er verfolgen mußte. Trotzdem machte ihm später ausgerechnet die Mathematik zu schaffen: Als er sich für die theoretische Physik entschied, mußte er die Aufnahmeprüfung für die Eidgenössische Technische Hochschule in Zürich wiederholen. Nach seinem Studium fand Einstein zunächst keine Arbeit, trotzdem heiratete er seine Studienkollegin Mileva Martisch. Die Armut der jungen Eheleute war derart groß, daß sie gezwungen waren, ihr erstes Kind – eine Tochter – im Alter von eineinhalb Jahren, zur Adoption freizugeben. Einstein hatte seine Assistentenstelle am Polytechnikum verloren.

Mitte 1901 arbeitete er zeitweilig als Mathematiklehrer an der Technischen Hochschule von Winterthur sowie an einer Privatschule in Schaffhausen. Erst 1902 erhielt er eine sichere Anstellung im Schweizerischen Patentamt in Bern, die allerdings in keiner Weise seinen Fähigkeiten angemessen war. Er nutzte aber jede freie Minute dazu, seine wissenschaftlichen Theorien weiterzuentwickeln. Mileva brachte in dieser Zeit zwei Söhne zur Welt.

Die Früchte seiner intensiven Arbeit erntete Albert Einstein 1905, dem annus mirabilis, wie es Wissenschaftshistoriker nennen. In diesem Jahr wurden drei seiner Arbeiten – allesamt brillante und äußerst komplexe wissenschaftliche Abhandlungen – in der angesehenen Zeitschrift *Annalen der Physik* publiziert, unter anderem seine bahnbrechende Entdeckung des fotoelektrischen Effekts und seine Spezielle Relativitätstheorie. Aus der erstgenannten Arbeit, die besagt, daß Licht aus winzig kleinen Energiepartikeln besteht, sogenannten Quanten oder Photonen, entwickelten die Physiker der nachfolgenden Generation die Quantentheorie, ein Eckpfeiler der Physik des 20. Jahrhunderts. Ebenso große Bedeutung besitzt Einsteins Allgemeine Relativitätstheorie, seine revolutionäre Analyse der Anziehungskraft aus dem Jahr 1916. Raum und Zeit, behauptete Einstein, seien relative und nicht absolute Einheiten, als die sie die tägliche Wahrnehmung erscheinen läßt. Die Zeit ist tatsächlich keine maßgebliche Größe in einem dreidimensionalen Universum, wohl aber Element eines vierdimensionalen Raum-Zeit-Kontinuums. In seiner Speziellen Relativitätstheorie hatte er nachgewiesen, daß Lichtgeschwindigkeit absolut ist. Aber nun, 1916, verkündete er, daß Licht gekrümmt werden könne.

1919 erlangte Einstein internationale Anerkennung, als unabhängige Experimente seine Allgemeine Relativitätstheorie bestätigten. Den Nobelpreis, der ihm 1921 verliehen wurde, konnte er nicht persönlich in Empfang nehmen, weil er sich auf einer Japanreise befand. Er erhielt den Preis kurioserweise für seine Beiträge zur Quantenphysik. Das Nobelkomitee war offenbar nicht davon überzeugt, daß es sich bei seinem Lehrsatz der Relativität um eine wirkliche Entdeckung handelte. Nichtsdestoweniger war mit der berühmten Formel $E = mc^2$ der Geheimcode für die Kernspaltung geknackt, was ihm später den etwas zweifelhaften Titel „Vater der Atombombe" eintrug – eher unpassend für Einstein, der überzeugter Pazifist war. Als er 1939 Präsident Franklin D. Roosevelt schriftlich dazu aufforderte, die Atombombe zu bauen, bevor dies den Deutschen gelänge, wählte er nur zwischen zwei Übeln.

1933 konfiszierten die Nationalsozialisten seinen gesamten Besitz und erkannten ihm die deutsche Staatsbürgerschaft ab. Zur Emigration in die USA gezwungen (er wurde 1940 eingebürgert), nahm er hier angesichts der Grauenhaftigkeit des Holocausts einige seiner pazifistischen Überzeugungen zurück. Nach dem Krieg war Einstein, mittlerweile am Institute for Advanced Study in Princeton, New Jersey, tätig, an der Abfassung einer internationalen Übereinkunft zur Kontrolle der Atomenergie beteiligt. Zudem setzte er sich tatkräftig für den Zionismus ein. Als ihm das Amt des israelischen Staatspräsidenten angetragen wurde, lehnt er allerdings ab.

Einsteins Erbe – neben kleinen Wundern wie Transistoren und fotoelektrischen Zellen, und großen wie der Kernspaltung und einer modernen Kosmologie – war sein herausragendes Gehirn, das bis zum Schluß um die Weltformel rang. Bis heute aufgehoben in einem Laboratorium, sucht es immer noch nach der letzten Ruhestätte. Von einer Ruhestätte für seine Seele hat Einstein nie geträumt, doch war ihm vom „Alten Herrn", wie er jene höhere Intelligenz nannte, die sich ihm in einem unbegreiflichen Universum offenbarte, eine „heilige Neugier" in die Wiege gelegt worden. Sie war die treibende Kraft in Einsteins Leben und für ihn gewiß Wunder genug.

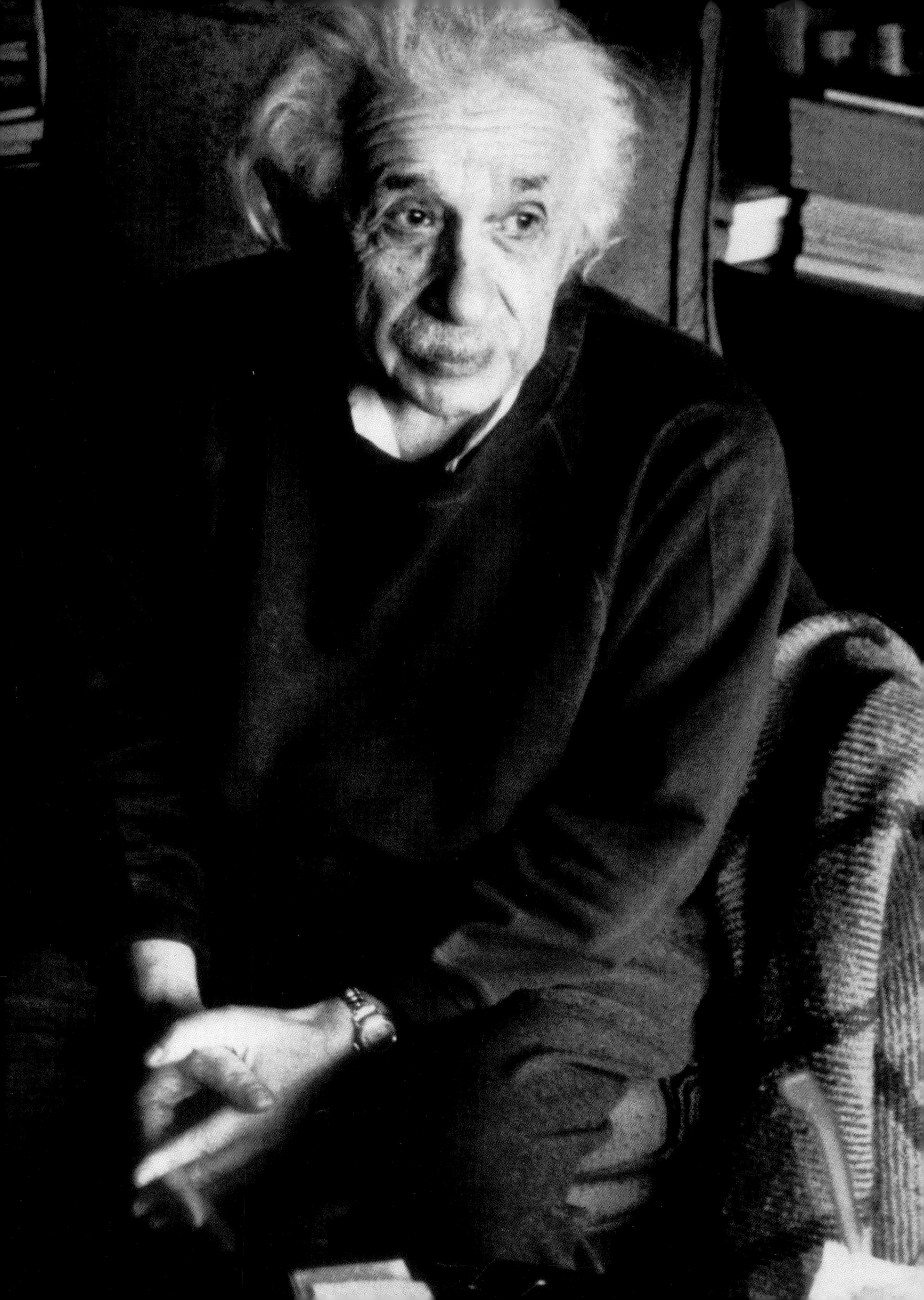

EISENHOWER

1890–1969

DWIGHT DAVID

EISENHOWER, OBERBEFEHLSHABER DER alliierten Truppen auf dem europäischen Kriegsschauplatz und 34. Präsident der Vereinigten Staaten, wurde als Sohn eines ärmlichen Molkereiarbeiters und seiner gebrechlichen Frau in der unbedeutenden Stadt Denison, Texas, geboren. Schon bald zog die Familie nach Abilene, Kansas, wo der junge Dwight gezwungen war, die Familie mit Gelegenheitsarbeiten als Laufbursche, Erdarbeiter und Cowboy finanziell zu unterstützen.

Eisenhower, der sich nicht einmal ein staatliches College leisten konnte, schaffte die Aufnahmeprüfungen bei den Militärakademien in Annapolis und in West Point. Nach seinem Abschluß in West Point trat er 1915 der Armee bei. Im darauffolgenden Jahr lernte er während seiner Stationierung in San Antonio, Texas, Mamie Geneva Doud, die Tochter eines wohlhabenden Fleischfabrikanten, kennen und heiratete sie. Da seine Frau alles andere als eine gute Hausfrau war, erledigte zunächst Ike, wie ihn seine Klassenkameraden getauft hatten, das Kochen und Putzen. Während des Ersten Weltkriegs nahm er zwar an einer ganzen Reihe von Schulungen teil, doch nach dem Krieg wurde er vom Oberstleutnant wieder zum Hauptmann degradiert. Als Fußballtrainer der Armee schien seine militärische Karriere schon am Ende, als zwei einschneidende Erlebnisse sein Schicksals jäh veränderten: 1921 starb sein jüngerer Sohn an Scharlach, und Eisenhower nahm, um seinem Kummer zu entfliehen, ein Angebot von General Fox Conner an und ließ sich als Batterieoffizier nach Panama versetzen.

Er witterte die Gunst der Stunde und besuchte mit Connors Unterstützung die Generalstabsakademie, die er als Jahrgangsbester absolvierte. Nach seiner Ernennung zum Major diente er dem brillanten, aber grenzenlos selbstgefälligen Stabschef der Armee, General Douglas MacArthur, der ihn 1935 mit nach Manila nahm.

Ike – 1939 noch immer im Rang des Majors – zeichnete sich in mehreren Stabspositionen durch seine besonderen Führungsqualitäten aus. Drei Jahre später rief George Marshall, Stabschef der Armee, den hochbegabten, jedoch im Felde unerfahrenen Soldaten in sein Quartier und fragte ihn: „Wie sollen wir im Pazifik strategisch vorgehen?" Eisenhower gab zur Antwort: „Nehmen Sie die Philippinen als Zentrum, auch wenn sie nicht zu halten sein sollten, denn Asien achtet darauf, was wir tun. Dann verstärken sie Australien, bevor es ebenfalls unterliegt." Marshall gefiel die Mischung aus psychologischer und strategischer Kriegsführung, und Eisenhower wurde sofort befördert. Als er 1942 das Kommando über die amerikanischen Streitkräfte in Europa erhielt, bekleidete der Sohn aus einfachem Hause gerade den Rang des Generalmajors.

Mit Ausdauer und diplomatischem Gespür durchmaß der Stratege – charmant und erbarmungslos zugleich – sicheren Fußes die Minenfelder der Politik und des öffentlichen Lebens. Ike nutzte all das, was ihn das harte Leben in einfachsten Verhältnissen gelehrt hatte, mit dem einen Ziel: den Krieg zu gewinnen. Indem er die Truppenbewegungen von Millionen Soldaten, die unter einem Dutzend Fahnen kämpften, koordinierte, gigantische Flotten mobilisierte und imposante Kampfflugzeuggeschwader befehligte, plante er Aktionen, die sich über den halben Erdball erstreckten. Einem Salomon gleich vermittelte er zwischen den sich gegenseitig mißtrauenden Geheimdiensten, schlichtete die Eifersüchteleien und Machtkämpfe unter den alliierten Kommandeuren, verwaltete eroberte Gebiete und brachte die Egonzentrik und das Talent einer außergewöhnlichen Runde unter einen Hut: George Patton, Bernard Montgomery, Charles de Gaulle.

Als ausgewiesener Pokerspieler nutzte der sonst eher vorsichtige Mann aus Kansas den Bluff der Natur am D-day, dem 6. Juni 1944, aus, als er trotz des schlechten Wetters die Invasion in der Normandie befahl. In England, weit weg von den stillen französischen Stränden, stand die mächtige, etwa zweieinhalb Millionen starke Armee der Alliierten, nervös und in höchster Alarmbereitschaft. „Ihr startet jetzt den Großen Kreuzzug", gab Eisenhower den Soldaten mit auf den Weg, „die Augen der Welt sind auf euch gerichtet." Nachdem er die Fallschirmjäger der 101. amerikanischen Luftdivision verabschiedet hatte, nahm er, wohl wissend, daß viele ihre Mission mit dem Leben bezahlen würden, mit Tränen in den Augen seine Amtsgeschäfte wieder auf. Ebenso wie seine höchst kontrovers diskutierte Entscheidung, mit den Vichy-Franzosen in Nordafrika zu verhandeln und Pattons Vorstoß nach Berlin zu verlangsamen, hatte auch die Operation Overlord nur ein einziges Ziel, und zwar, den Krieg so schnell wie möglich zu gewinnen. Die Schlacht dauerte genau 50 Tage, und Eisenhower gewann sie. Ebenso verantwortlich für die Befreiung Italiens und Nordafrikas, nahm er am 7. Mai 1945 die deutsche Kapitulation persönlich entgegen.

Nach dem Krieg wurde er Präsident der Columbia University. Angebote, für das Amt des Präsidenten der Vereinigten Staaten zu kandidieren, lehnte er zunächst ab. Doch schließlich trat er an und gewann die Präsidentschaftswahlen 1952 und 1956. Präsident Eisenhower befreite Amerika, wie versprochen, aus seinen Verwicklungen mit Korea und bewahrte es vor der Tigerfalle Vietnam, indem er eine militärische Intervention untersagte. Sein behutsamer politischer Kurs wurde indes beeinträchtigt durch mangelnde Initiative in Bezug auf die Bürgerrechte – immerhin entsendete er 1957 die 82. Luftflotte nach Little Rock, Arkansas, um Rassenunruhen zu beenden – und dadurch, daß er seinem Außenminister John Foster Dulles, und damit der rigiden Politik des Kalten Krieges, freie Hand ließ. Er selbst warnte in weiser Voraussicht vor einem „militärisch-industriellen Komplex".

Eisenhower wurde nicht von jedermann gemocht und wohl noch weniger respektiert, doch führten seine Intelligenz, sein Fleiß und sein Glauben an sich selbst und an Gott dazu, daß das Ende des Zweiten Weltkrieges, des einschneidendsten Ereignisses unseres Jahrhunderts, in seiner Hand lag.

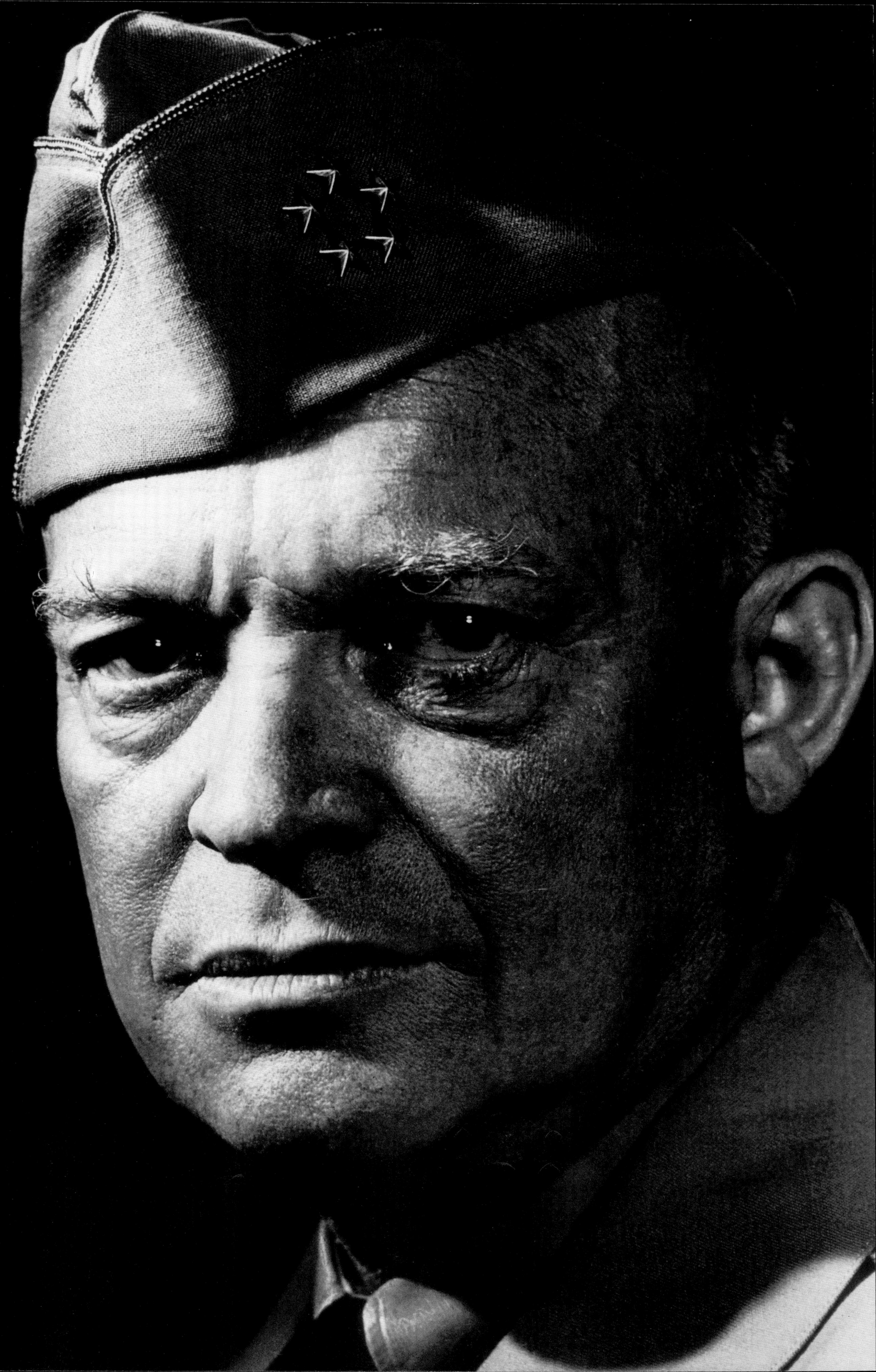

SERGEJ EISENSTEIN
1898-1948

DIE SORGFÄLTIG ARRANGIERTEN, heroischen und oft verstörend grausamen Bilder der Filme des großen russischen Regisseurs Sergej Eisenstein verfolgen den Zuschauer noch, nachdem ihr anfänglicher Zauber verflogen ist. In einer der berühmtesten Szenen, in dem Stummfilmklassiker *Panzerkreuzer Potemkin* von 1925, sieht man die ausdruckslosen Gesichter der Soldaten, die auf der langen Hafentreppe einen Menschenauflauf zerschlagen. Ein mutterloser Kinderwagen rollt die Treppe hinunter auf sein schreckliches Schicksal zu; eine andere Szene, in *Alexander Newski* (1938), zeigt die weiten, gefrorenen Tundragebiete, übersät mit gefallenen Soldaten, wo Menschen mit Laternen in einem wogenden grauen Meer von Leichen nach ihren Angehörigen suchen.

Der Filmtheoretiker, Intellektuelle und fähige Propagandist der Kommunistischen Partei setzte das Mittel der visuellen Erfahrung nicht in erster Linie als Selbstzweck ein, sondern um einen politischen und gesellschaftlichen Wandel zu erreichen. Der Film stellte für ihn eine ästhetische Kunstform dar, mittels derer er eine völlig neue und unerwartete emotionale Reaktion auslösen konnte. Er betrachtete Kunst als dialektischen Konflikt und benutzte seine Montagetechnik (zwei Bilder treffen aufeinander, um im Kopf des Betrachters ein drittes zu bilden), um einer Szene die nächste als Antithese gegenüberzustellen. Die sich daraus ergebende Synthese würde – so seine Hoffnung – beim Betrachter eine politisch relevante Einsicht hervorrufen.

Auch wenn Eisenstein D. W. Griffith verehrte, waren seine theoretischen Ansichten Lichtjahre von der Denkweise Hollywoods entfernt. Trotz der bösartigen Behandlung durch eifersüchtige Rivalen innerhalb der Partei und trotz der zerstörerischen Einwirkungen des sowjetischen Diktators Stalin, den er nie zufriedenzustellen schien, wich Eisenstein nicht von seinen Überzeugungen ab. In seiner experimentellen und doch immer realistischen Kunst blieben die Massen gleichzeitig Publikum und Hauptdarsteller.

Als Sohn einer russischen Mutter und eines deutsch-jüdischen Vaters im lettischen Riga geboren, wurde Sergej Michailowitsch Eisenstein christlich erzogen und wuchs in einer kultivierten Umgebung auf, die seine früh sich zeigenden Talente förderte. Als er zehn Jahre alt war, sprach er bereits fließend Russisch, Deutsch, Französisch und Englisch; später kam noch Japanisch hinzu. Mit 17 trat er in die Fußstapfen seines Vaters und studierte Ingenieurwesen und Architektur in St. Petersburg. Doch die Revolution führte zum Bruch zwischen dem Vater, der zur Weißen Armee ging, und dem Sohn, der in der Roten Armee diente.

Nachdem er im Krieg als Maler von Propagandaplakaten gearbeitet hatte, baute Eisenstein in Moskau seine eigene Amateurtheatertruppe auf. So begann sein kometenhafter Aufstieg in der pulsierenden Welt des russischen Avantgardetheaters. Als Autor, Regisseur, Bühnen- und Kostümbildner war er mit 25 Jahren der angesehenste realistische Theatermann der Hauptstadt.

Aber die von Eisenstein durch die Verwendung schneller Bildschnitte beabsichtigte Intensität von Konflikt und Veränderung konnte seiner Meinung nach nur durch das Medium Film realisiert werden. Mit Hilfe seiner Entwürfe, seiner Technik und seiner architektonischen Kenntnisse gab er seinem neuen Handwerk visuelle Schärfe, vertiefte er sich in jeden Aspekt des kinematographischen Schaffensprozesses und ging mit einer Intelligenz, Energie und einem Einfallsreichtum vor, die seines großen Vorbilds Leonardo da Vinci würdig gewesen wäre. Der Film *Streik* kam 1924 in die Kinos, ein Jahr später folgte *Panzerkreuzer Potemkin*, der ihn auf einen Schlag in der ganzen Welt berühmt machte. Anhand der einfachen Geschichte einer aufständischen Schiffscrew stellte er die gescheiterte Revolution von 1905 dar. Dieser Film sollte einer der einflußreichsten und gefeiertsten aller Zeiten werden.

Nachdem er von der Partei gezwungen worden war, große Teile von *Oktober (Zehn Tage, die die Welt erschütterten)* herauszuschneiden, ging Eisenstein nach Hollywood. 1930 kam er mit der Absicht in den USA an, für Paramount zu arbeiten, doch es gelang ihm nicht, auch nur für eines seiner Projekte Unterstützung zu bekommen. Wegen seiner politischen Ansichten wurde er öffentlich schikaniert. Auf Anraten von Charlie Chaplin überzeugte er den linksgerichteten amerikanischen Schriftsteller Upton Sinclair, an einem Film über Mexiko mitzuarbeiten. *Que viva Mexico* erschöpfte Sinclairs Geduld, und als amerikanische Zollbeamte in Eisensteins Besitz homoerotische Zeichnungen fanden, rief Stalin den abtrünnigen Regisseur nach Moskau zurück, wo er sowohl von seinen Kollegen als auch von der Regierung scharfe Kritik erfuhr, da es ihm nicht gelungen sei, in seiner Kunst den Grundsätzen des sozialistischen Realismus treu zu bleiben. Als dem Regisseur endlich erlaubt wurde, seinen ersten Tonfilm, *Die Beshin-Wiese*, zu drehen, wurde die Arbeit nach monatelangen Vorbereitungen von seinem Hauptwidersacher, dem Direktor der sowjetischen Filmstudios, gestoppt. Selbst nach dem Kritikererfolg von *Iwan der Schreckliche, Teil I* warf man ihm vor, den barbarischen Diktator im zweiten Teil zu schwach und unentschlossen dargestellt zu haben – der Film wurde verboten.

1948 starb Sergej Eisenstein an einem Herzinfarkt. Sein Leben war geprägt von großem künstlerischem Erfolg und von einer gewaltigen schöpferischen Enttäuschung. Da er zuließ, daß seine Werke im Namen der kommunistischen Lehre verstümmelt wurden, nannten ihn Filmpuristen einen Opportunisten. Hätte er sich anders verhalten können? Der Kameramann Nestor Almendros stellte, Sartre zitierend, fest, daß jeder Mensch die Freiheit besäße, sein Gefängnis selber zu wählen. „Eisenstein hätte einfach keinen seiner Filme drehen sollen", sagte Almendros, „zumindestens hätte er es nicht so gut machen sollen."

102 IKONEN DES 20. JAHRHUNDERTS

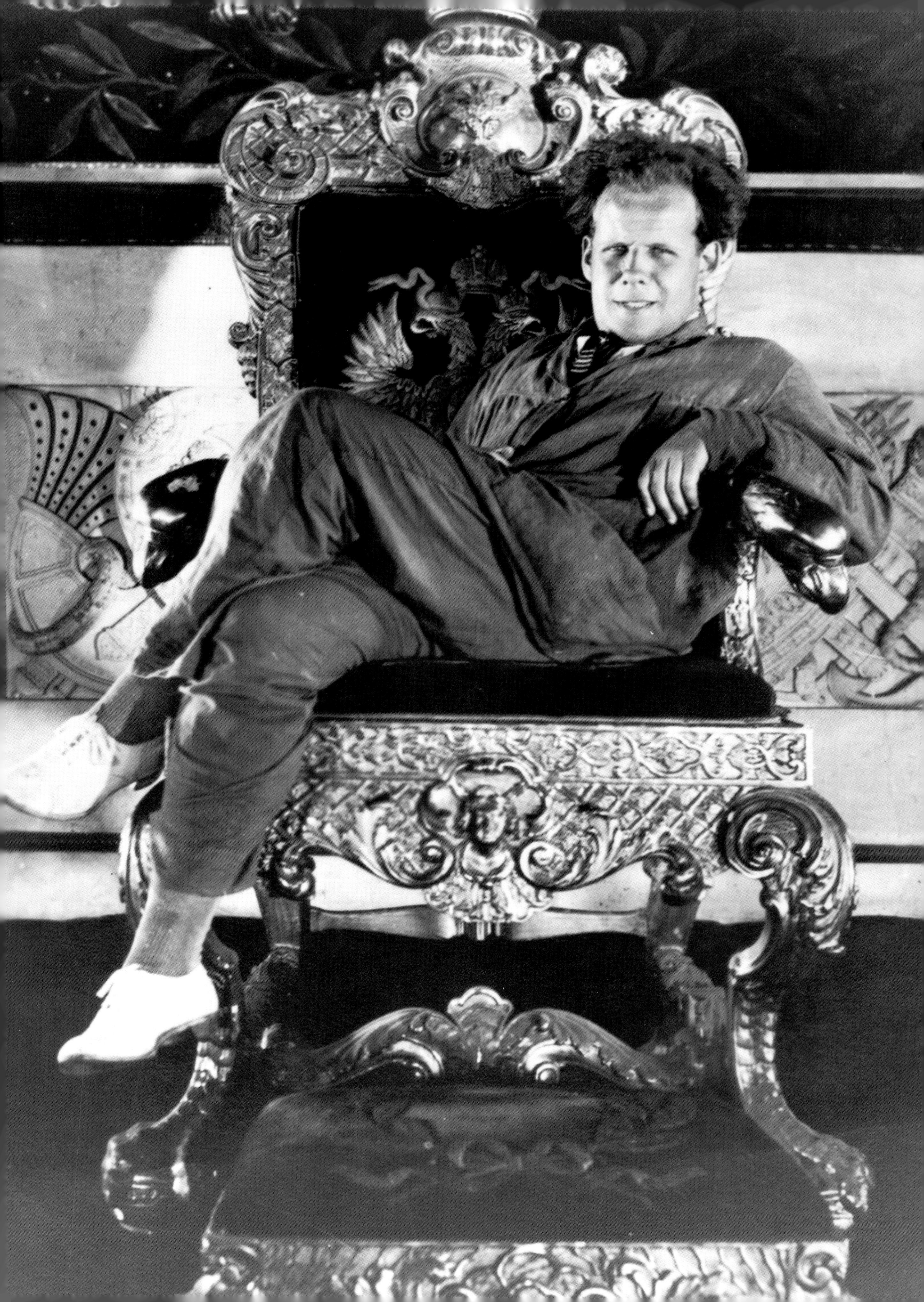

T. S. ELIOT
1888–1965

THOMAS STEARNS ELIOT fühlte sich als Gefangener des 20. Jahrhunderts. Um die Gefühlskälte seiner presbyterianischen Vorfahren, seine kleinbürgerliche Erziehung im Mittleren Westen und seinen stupiden Alltag anzuprangern, beschrieb er all das mit schonungsloser Offenheit. Seine glänzende Karriere an der traditionsreichen Bostoner Harvard University und sein beruflicher Erfolg als Bankangestellter bei Lloyds in London waren gleichzeitig die Kapitulation vor diesem Erbe und der Ausbruch in die Freiheit. In dem Bewußtsein, sich selbst nicht entfliehen zu können, ergab er sich. Befreiung fand er jedoch im Schreiben. Seine Wehklage schlug sich in einer kritischen, verstörenden Dichtung, die die moderne Lyrik prägen sollte, nieder.

Von Kindheit an fühlte sich Eliot in Amerika fremd und erdrückt von der übertriebenen Vorsicht seiner Familie. Der junge Eliot widersetzte sich schon früh den strengen Sitten seines Elternhauses, indem er durch die Nachbarschaft seines Geburtsortes St. Louis streifte und sich in Gegenden herumtrieb, die noch kein Eliot vor ihm betreten hatte. Harvard schien seinen umstürzlerischen Neigungen entgegenzukommen. Eliot kam dort erstmals mit den Dichtern des Symbolismus in Berührung. Schon bald kehrte der höfliche, aber mit sich selbst unzufriedene junge Mann den Vereinigten Staaten den Rücken, um, zunächst in Frankreich und später in England, Philosophie zu studieren. Zum großen Entsetzen seiner Familie beschloß Eliot, in Europa zu bleiben, um sich ganz der Poesie zu widmen, anstatt in den USA seine Dissertation abzuschließen.

Das erste bedeutende Gedicht des Lyrikers, das 1915 in der Chicagoer Zeitschrift *Poetry* veröffentlicht wurde, trägt den Titel *J. Alfred Prufrocks Liebesgesang*. Prufrock wurde das Modell eines modernen Gedichtes und sein Protagonist zum Inbegriff des „kleinen, grauen Mannes". Eliot wurde von Virginia und Leonard Woolf unterstützt, die fortan die Publikation seiner Gedichte übernahmen, und von dem amerikanischen Dichter Ezra Pound, seinem Vorbild und Herausgeber. Ab 1925 arbeitete Eliot für den Londoner Verlag Faber & Faber, dessen Leitung er später übernehmen sollte.

Der Gedichtzyklus *Das wüste Land*, der 1922 veröffentlicht wurde, besteht aus fünf Teilen und beschreibt eine nach der Erschütterung des Krieges sinnlos gewordene Welt, eine Menschheit, die jegliche Perspektive, jeglichen Glauben, ja selbst ihre Seele verloren hat. In seinem Meisterwerk evoziert der Dichter der Moderne eine geistig verlassene Landschaft, wo Leben Tod und Tod Leben bedeutet, wo sich Gutes nicht mehr vom Bösen unterscheiden läßt. Das Gedicht ist inspiriert von Sir James Frazers *The Golden Bough* und Jessie Westons *From Ritual to Romance* und enthält zahlreiche Anklänge an die Gralssage und das Motiv des verwundeten Fischerkönigs. Eliots umfassendes Wissen über die französischen Symbolisten, die Upanischaden, mittelalterliches Schrifttum und die metaphysical poets fand seinen Niederschlag in einem höchst abwechslungsreichen Stil. Im Rückgriff auf die Vergangenheit schuf er etwas völlig Modernes. Sein Bild des Menschen, der mit zerbrochenen Balken Ruinen zu stützen versucht, wurde zum Inbergriff der Moderne.

Angewidert von der ihn umgebenden zeitgenössischen Kultur, suchte Eliot Trost in der Anglikanischen Kirche und der britischen Staatsbürgerschaft. Anders als die meisten Dichter, die er bewunderte, war er weder Romantiker noch Bohemien. Sein stark akademisch geprägtes Wesen – und die akkuraten Nadelstreifenanzüge – deuteten vielmehr auf einen nüchternen Gelehrten hin. Sein asketischer Charakter offenbarte sich nicht nur in seiner Vorliebe für klassische Literatur, sondern auch in dem weltabgewandten Brahmanismus, der seine gedankenschwere Dichtung durchzieht.

Doch blieb selbst ein so geordnetes Leben wie dieses nicht vom Chaos verschont. Eliot legte bisweilen ein bigottes Verhalten an den Tag, warf er doch den Amerikaner vor, ihr Blut mit „fremden Rassen" zu verunreinigen. Einige seiner Zeitgenossen machten seine glücklose Ehe mit der labilen und kränklichen Ballerina Vivienne Haigh-Wood für diese Ausbrüche verantwortlich. Eliot hatte sie gepflegt und sie auch nach beruflichen Mißerfolgen gestützt, bis er schließlich den Entschluß faßte, sich von ihr zu trennen. Nachdem er sie verlassen hatte, flüchtete er sich in ein anglikanisches Gemeindehaus, um sich dort, aus Reue über sein kaltherziges Verhalten gegenüber seiner Frau, sechs Jahre lang in tiefster Selbstverleugnung zu üben. Eliots Rückzug schien richtig zu sein, war doch das Leiden – das er nicht nur analysieren, sondern auch so intensiv wie möglich erleben wollte – der Stoff, aus dem seine Gedichte sind.

Eliot war ein produktiver und vielseitig begabter Schriftsteller. Neben Kritiken und literarischen Essays begann er Anfang der dreißiger Jahre, neoklassizistische Versdramen, wie etwa *Mord im Dom*, zu schreiben. Die Uraufführung von *Der Familientag* (1939), einem Theaterstück, das auf die Moralvorstellungen der griechischen Tragödie und des mittelalterlichen Mysterienspiels zurückgreift, wurde mit Beifall aufgenommen. Im Gegensatz zu vielen anderen berühmten Literaten seiner Zeit gelang es Eliot, sein Œuvre einem breiten Publikum zugänglich zu machen. Doch war sein Leben auch von Widersprüchen gekennzeichnet, die selbst nach seinem Tod Zündstoff für Auseinandersetzungen boten: Bis heute diskutiert die Forschung über den Antisemitismus, den einige aus seinen Versen herauslesen.

1948 erhielt Eliot den Nobelpreis für Literatur. Sein Triumph machte aus dem unscheinbaren, angstgeplagten Menschen plötzlich eine strahlende Gestalt. Nach seinem Tod im Jahr 1965 wurde Eliots Asche in dem kleinen Dorf East Cocker in Somerset beigesetzt. Von dort war sein Vorfahre Andrew Eliot drei Jahrhunderte zuvor ausgewandert. Der perfekte Aufenthaltsort für jenen pessimistischen Anglikaner, der die hinduistische Überzeugung von der ewigen Wiederkehr teilte.

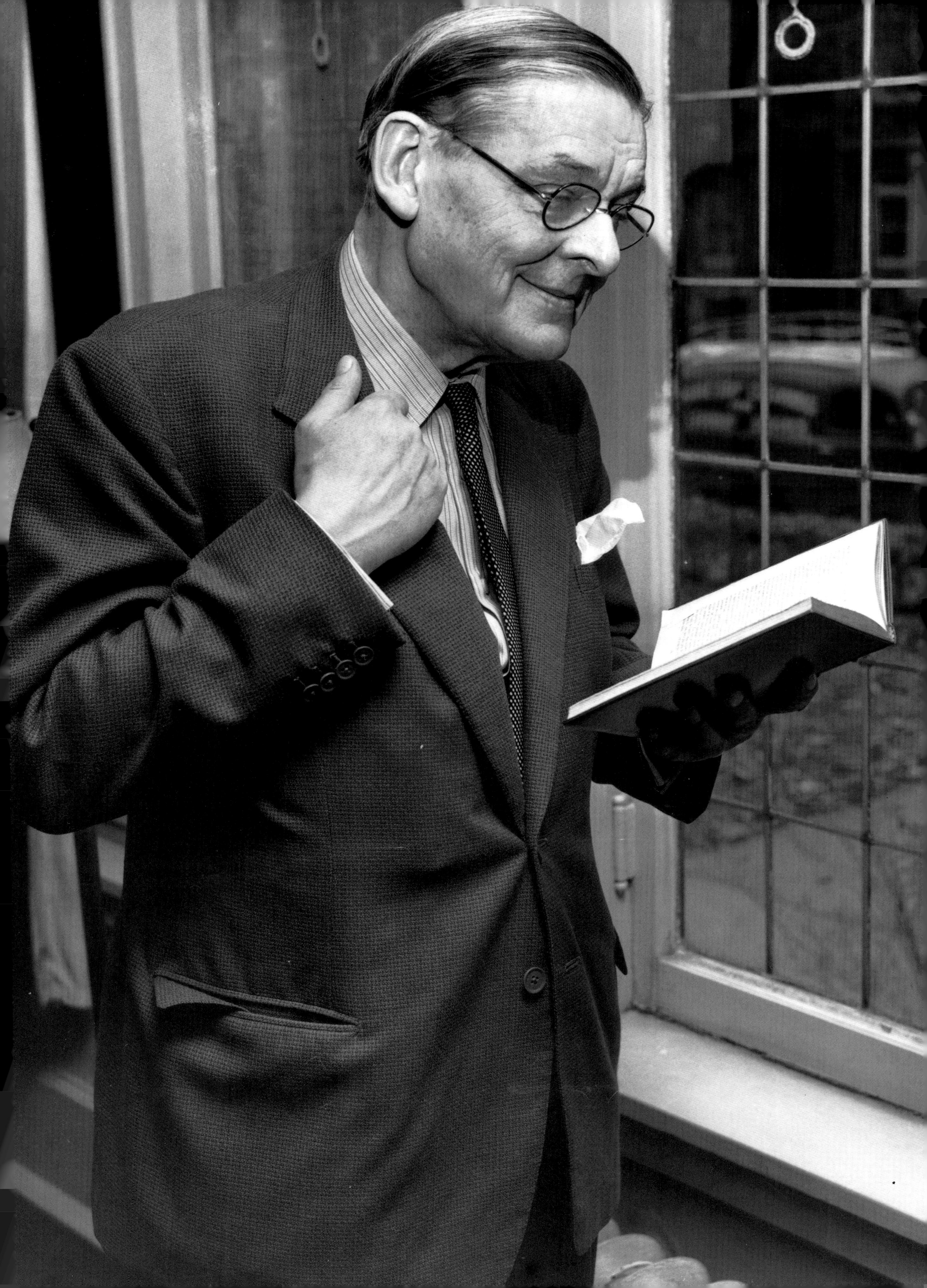

ELISABETH

*1900

KÖNIGIN

FÜR ADOLF HITLER WAR Großbritanniens Königin, geborene Elizabeth Bowes-Lyon, aufgrund ihrer tatkräftigen Unterstützung an der Heimatfront „die gefährlichste Frau Europas". Bei ihren Untertanen machte sie der Mut, den sie während des Zweiten Weltkriegs bewies, zur meistgeliebten Frau des Landes. Queen Mum, wie das Volk sie liebevoll nennt, wurde zum Symbol für Solidarität mit einer belagerten Nation, schien sie doch während der Bombardierungen überall gleichzeitig zu sein. Sie spendete Trost, wo Menschen erschüttert vor den Ruinen standen, und besuchte Verwundete im Krankenhaus. Während andere königliche Familien ihr Land verließen oder untertauchten, blieben sie und ihr Gemahl, König Georg VI., in England und bewiesen Loyalität und Mut, die niemals vergessen wurden. Die Identifikation mit dem Volk trug Georg schließlich den Titel „Bürgerkönig" ein, und Elizabeth wird gewiß als wichtigste Kraft hinter dem Thron in die Geschichte eingehen.

Sie, die mit ihren nicht wirklich eleganten, extravaganten Hüten so gar nicht dem Bild eines Landesretterin entsprach, eilte ihrem Land mehrmals zu Hilfe: Im Jahr 1936, als die Monarchie durch die Abdankung von König Eduard VIII. ernsthaft in Gefahr war, sorgte sie dafür, daß ihr schüchterner und stotternder Gemahl den Thron bestieg. Mit ihrem extrovertierten Wesen und ihrem unwiderstehlichen Charme verfügte sie über das nötige Rüstzeug, um dem zunächst widerwilligen Prinzen den Rücken zu stärken und einen respektierten Monarchen aus ihm zu machen. Unter ihren Fittichen wurde das Königshaus zu einem warmen Herd, an dem die Nation ihr Herz wärmen konnte.

Die zierliche, hübsche Adelige, die am 26. April 1923 mit Prinz Albert, Herzog von York, den Bund der Ehe einging, wurde am 4. August 1900 in St. Paul's Walden Bury in Hedfordshire, Schottland, als neuntes von zehn Kindern geboren. Als Tochter von Graf und Gräfin von Strathmore verbrachte Lady Elizabeth Angela Marguerite Bowes-Lyon ihre Kindheit hinter den Mauern von Glamis Castle. Ihre Mutter lehrte sie die Anstandsregeln einer höchst tugendhaften Zeit – die unbeugsame Königin Viktoria war erst vor kurzem gestorben – und ihr Leben verlief ruhig, bis der Prinz auf sie aufmerksam wurde.

Die Verlobung der beiden wirft ein Licht auf ihre Charaktere. Der völlig hingerissene, doch scheue Prinz hatte nicht den Mut, persönlich um die Hand seiner Angebeteten anzuhalten, und schickte einen Freund. Elizabeth lehnte höflich ab, indem sie erwiderte, Albert müsse schon persönlich kommen. Als er schließlich erschien, willigte sie aus einem recht unerwarteten Grund ein: „Es war meine Pflicht, ihn zum Mann zu nehmen", gestand sie später, „erst danach habe ich mich in Bertie verliebt."

Die Bekanntgabe der Verlobung im Jahr 1923 erregte Aufsehen, nicht zuletzt wegen des Geburtsstands von Elizabeth: Sie erfreute sich zwar bester britischer Herkunft, doch floß kein Tropfen königlichen Bluts in ihren Adern. Folglich bedurfte die Vermählung der Einwilligung des Königs. Georg V. gab seine Zustimmung gerne, und als die Hochzeitsglocken von Westminster Abbey läuteten und in jener altehrwürdigen Kirche die erste königliche Trauung seit über fünf Jahrhunderten stattfand, war Lady Elizabeth gerade 23 Jahre alt.

Nach der Geburt ihrer beiden Töchter, Elizabeth und Margaret, nahm Lady Elizabeth, nunmehr Herzogin von York, ihre Verpflichtungen auf, die sämtliche Bereiche des politischen und kulturellen Lebens umfaßten. Über ein Jahrzehnt verbrachte sie mit der Eröffnung von Waisenhäusern, übernahm den Vorsitz bei den Pfadfinderinnen und andere Ehrenämter, wie es von einem Mitglied der Königsfamilie erwartet wurde. Die Abdankung Edwards VIII. veränderte ihr Leben über Nacht. Unerwartet energisch setzte sie sich dafür ein, daß Edward und seine Geliebte, Wallis Simpson, niemals wieder englischen Boden betreten sollten. Mit politischem Weitblick erkannte sie, daß die ins Wanken geratene Monarchie in Anwesenheit des schönen und geselligen Paares nur schwer zu stabilisieren sein würde. Am 10. Dezember 1936, dem Tag, an dem ihr Schwager abdankte, bestieg ihr Gemahl den Thron, und Lady Elizabeth blieb nur wenig Zeit, sich auf ihre neue Rolle vorzubereiten. Fünf Monate später ernannte Georg VI. seine Gemahlin zur Lady of the Most Noble Order of the Garter – Ritterin des Hochedlen Ordens vom Hosenbande –, und kurz darauf fanden die Krönungsfeierlichkeiten statt.

Während des Zweiten Weltkriegs bewährte sich Königin Elizabeth als Oberbefehlshaberin des britischen Militärdienstes für Frauen, eilte in einem gepanzerten Wagen Bedürftigen und Obdachlosen in ganz London zu Hilfe und vertrat die Amtsgeschäfte ihres häufig verreisten Gemahls. Ihre Untertanen schlossen die Königin in ihre Herzen, als sie sich weigerte, ihre Töchter nach Kanada in Sicherheit zu bringen: „Die Prinzessinnen können nicht ohne mich gehen", erklärte sie, „ich darf nicht ohne den König gehen. Und der König wird unter gar keinen Umständen gehen."

In tiefer Trauer über den Tod ihres Gemahls übernahm die Königin 1952, als ihre älteste Tochter den Thron bestieg, eine neue Rolle. Mit ihrer Begeisterung für Pferde und Lachsfang und ihrer Schwäche für Gin sorgte Queen Mum, wie die *London Times* es formulierte, für „frischen Wind" in den stickigen Mauern des königlichen Palastes. Sie wurde in ihrem neuen Domizil, dem eleganten Clarence House, zu einer Quelle der Harmonie und zur Ratgeberin ihrer Familie, für deren Ansehen sie während ihrer eigenen Amtszeit so erbittert gekämpft hatte. Der Niedergang dieser Familie, die oft scherzhaft „die Firma" genannt wird, läßt die treuen Anhänger sich nach jenen Tagen sehnen, als die Windsors ihre Streitereien und kleinen Sünden für sich behielten und Herrscher wie der Gemahl der Königinmutter regierten, die ihre Morgentoilette noch zu den Klängen der schottischen Dudelsackpfeife, die vom Schloßhof erklang, erledigten.

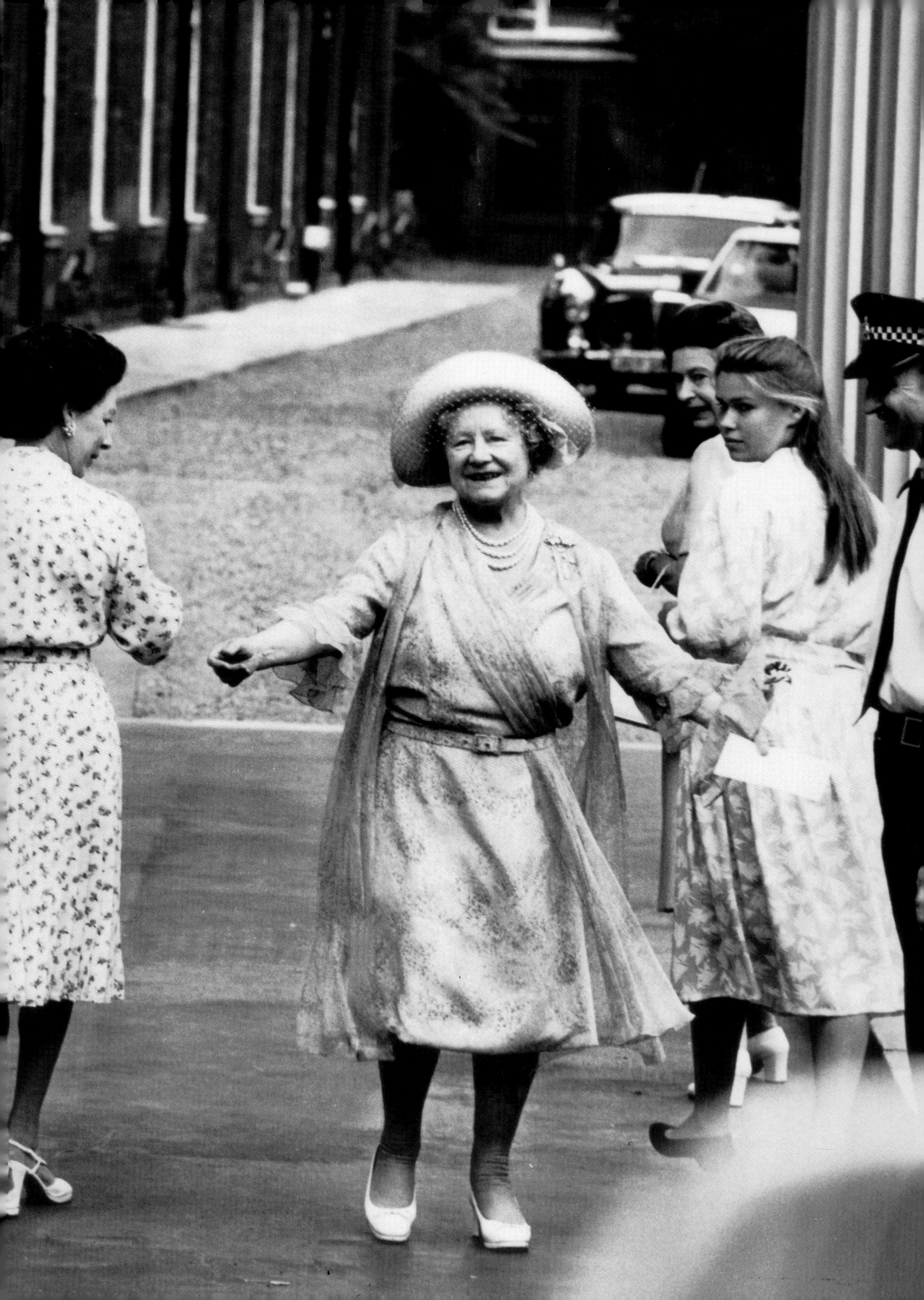

ELISABETH II.

*1926

KÖNIGIN

IHRE MAJESTÄT ELISABETH II., Königin der Briten, steht für Tradition in einem Jahrhundert, das ungeduldig nach Veränderung strebte. Ruhig und willensstark widmete sie ihr ganzes Leben dem Dienst an der Krone und konnte doch nur tatenlos zusehen, wie deren Würde und Ansehen durch das skandalöse Benehmen ihrer eigenen Nachkommen geschädigt wurde. Ihr Sohn und Thronerbe, der Prinz von Wales, wie auch ihre Schwiegertöchter, die Herzogin von York und die Prinzessin von Wales, waren weniger Repräsentanten der Krone als beliebte Objekte der Sensationspresse und von Enthüllungsbüchern. Königin Elisabeth mußte mitansehen, wie Diana nach ihrer Scheidung von Charles zu einer Art Schattenkönigin aufstieg und bedeutend populärer wurde als sie selbst. Nach dem unerwarteten und tragischen Tod der Prinzessin bei einem Autounfall sank das Ansehen der Königin und der Monarchie bedrohlich. Gerüchte, ihr Enkel werde den Platz seines Vaters in der Thronfolge einnehmen, sind zwar inzwischen verstummt, aber Empfehlungen, die Windsors mögen sich auf einen ehrbaren Unterhaltserwerb vorbereiten, fanden den Weg in die Schlagzeilen. So hatte sich Elizabeth ihr Leben als Regentin nicht vorgestellt, als sie 27jährig 1953 in der Westminster Abbey gekrönt wurde.

Elizabeth Alexandra Mary Windsor wurde als Kind des Herzogs von York und seiner Ehefrau Elizabeth Bowes-Lyon in der Bruton Street 17 in London geboren. Ihr Vater, Prinz Albert, war als zweiter Sohn von Georg VI. kein Thronfolger, dennoch war Elizabeth zusammen mit ihrer jüngeren Schwester Margret von ihrer Großmutter, Königin Mary, ins Protokoll und in die Sitten des Königshauses eingeführt worden. Sie bekam Privatunterricht, lernte die Etikette und schien dazu bestimmt, als eine der königlichen Hilfskräfte Schiffe zu taufen und Bänder zur Krankenhauseinweihung zu durchschneiden. Als ihr Onkel unerwartet abdankte, um eine geschiedene Amerikanerin zu heiraten, wurde die Last der Monarchie auf die Schultern des Vaters der zehnjährigen Elizabeth gelegt, während die Politik auf den Zweiten Weltkriegs zusteuerte.

Während der Kriegszeit lernte die junge Elizabeth als freiwillige Helferin beim Auxiliary Territorial Service, einen Lastwagen zu fahren und Reifen zu wechseln. Doch wie ölverschmiert sie auch war, sie vergaß nie, daß sie als ältestes Kind nun die mutmaßliche Thronfolgerin war (nicht die gesetzliche, da immer noch ein Sohn geboren werden konnte). Ihr Vater, der vor der Besteigung des Thrones, wie er selbst zugab, niemals ein staatliches Dokument gesehen hatte, schwor, seine Tochter besser zu wappnen, und ließ sie dementsprechend ausbilden. 1947 heiratete sie ihren Cousin dritten Grades, Lieutenant Philip Mountbatten, und gebar ihm im darauffolgenden Jahr den Sohn und Erben namens Charles. Weitere Kinder folgten: Prinzessin Anne, 1950, und die Prinzen Andrew, 1960, und Edward, 1964.

Georg VI. starb 1952. Der Ruf des Schicksals erreichte die Prinzessin auf einer Reise durch die Staaten des Commonwealth. Ihre Krönung am 2. Juni 1953 war das erste Ereignis dieser Art, das im Fernsehen übertragen wurde. Elizabeth erklärte ihren Gemahl zum „First Gentleman Of the Realms" und verfügte, daß sie und ihre Kinder das „Haus Windsor" genannt werden sollten, wodurch sie die deutsche Linie herunterspielte.

Es folgte ein Leben im Dienst königlicher Pflichten: Teilnahme an der Eröffnung des Parlaments, Anwesenheit bei den Wohltätigkeitsveranstaltungen am Gründonnerstag, Zusammenstellung der Honors List – Tätigkeiten, die wie Sakramente Monat für Monat, Jahr für Jahr durchgestanden werden, wie es dem historischen Erbe gebührt. Aufgrund der ungeschriebenen Verfassung des Landes besitzt Elizabeth keine wirkliche Macht – sie repräsentiert mehr, als daß sie herrscht. Aber ihre Anwesenheit, die Monarchie selbst, galt als strahlendes Sinnbild der Unvergänglichkeit, als Verkörperung von Tugenden wie Pflichtbewußtsein, Loyalität und Selbstlosigkeit.

Als ihr Sohn Charles 1981 mit großem Prunk die schöne 20jährige Lady Diana Spencer heiratete, waren die Windsors so populär wie selten. Zwölf Jahre später diskutierten die Briten ernsthaft die Abschaffung der Monarchie. Die Flut von Klagen erreichte ihren Höhepunkt 1992, als die Gemahlin Prinz Andrews, Sarah Ferguson, am Swimmingpool mit einem liebestollen Texaner fotografiert wurde. Charles und Diana ließen sich nach einer Reihe geschmackloser Geschichten scheiden.

Abgesehen von den Schäden, die die Windsors durch die familiäre Misere erlitten, suchte sie auch ein ganz konkretes Unglück heim. Ein Brand fegte durch Windsor Castle und zerstörte Kunstobjekte von unschätzbarem Wert. Die Renovierung sollte mindestens 100 Millionen Dollar kosten. Das Volk begann zu murren, weil es für den Schaden aufkommen sollte; man argumentierte, daß die Windsors zu den reichsten Familien auf dem ganzen Erdball gehörten (das persönliche Vermögen der Königin wird auf 11 Milliarden Dollar geschätzt), und es erschien lächerlich, daß das Schloß nicht feuerversichert war. Da machte die Königin dem Restaurationsfonds eine große Schenkung und bot an, auf ihre 12 Millionen Dollar Jahresgehalt Steuern zu zahlen. Kein Wunder, daß die Königin dieses Jahr in einer Rede vor dem Parlament als *Annus horribilis* bezeichnete.

Der Palastsprecher war den ausdauernden Enthüllungen der Presse nicht gewachsen. Königin Elisabeth konnte ihre Sorgen nur still ertragen und ihre Standardantwort abgeben: „We could not possibly comment." Es blieb die offene Spekulation über die Fortdauer der Monarchie. Zum Ende des Jahrhunderts scheint die Monarchie jedoch wieder gesichert, nicht zuletzt, weil Elisabeth II., die „niemals einen falschen Schritt tat", sie durch ihre Persönlichkeit zusammenhält. Doch was, so fragen sich ihre Untertanen, wird passieren, wenn die geplagte Königin einmal nicht mehr ist?

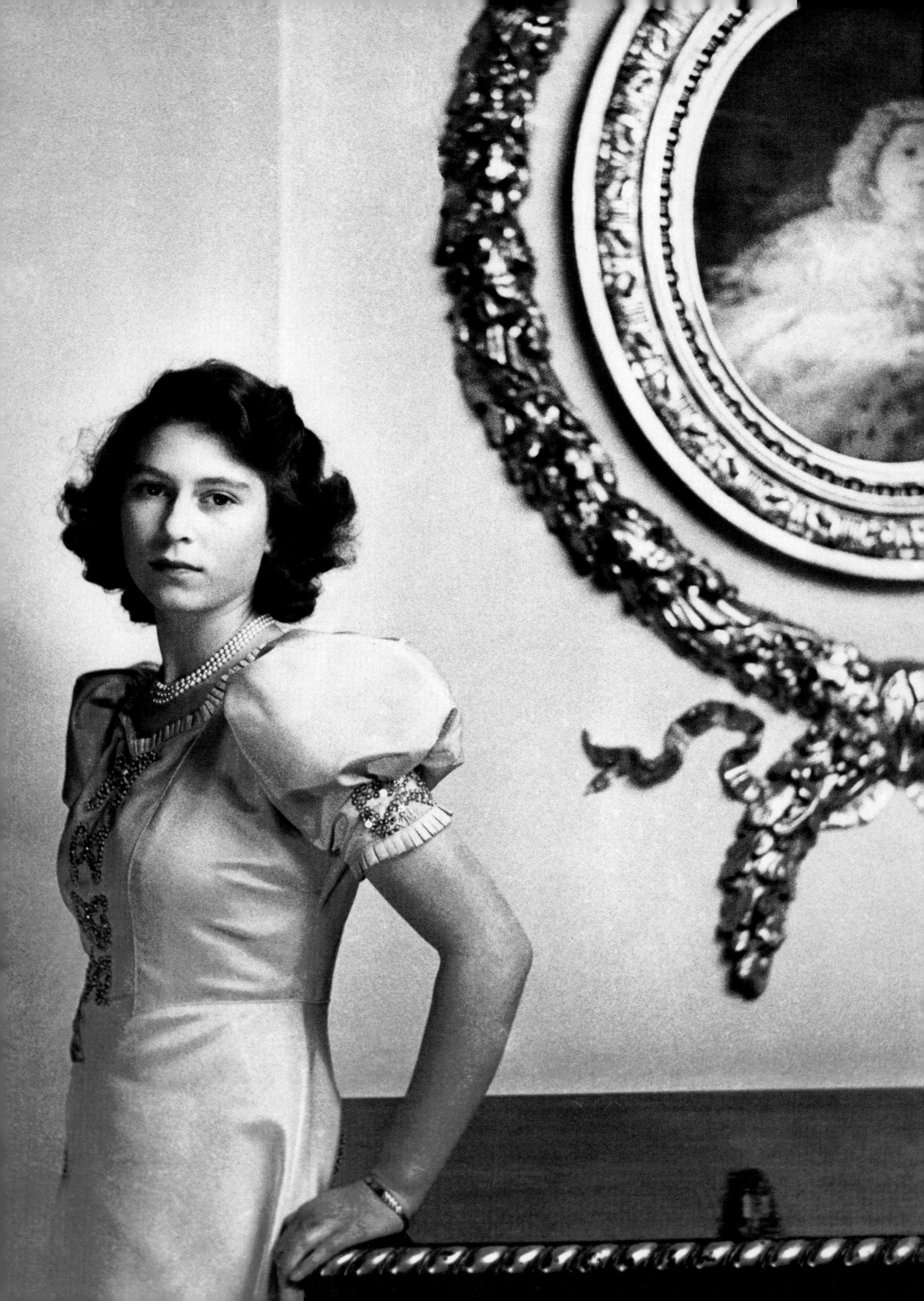

DUKE ELLINGTON

1899-1974

DER GRÖSSTE UND PRODUKTIVSTE Jazzkomponist des Jahrhunderts nahm oft Anstoß, wenn Kritiker seine Musik als „Jazz" bezeichneten. Duke Ellington, der Instrumentalstücke, Broadway-Shows und eingängige Filmhits wie *Anatomy of a Murder* schrieb, war diese Bezeichnung schlichtweg zu eng. Von der wilden Energie seiner frühen „Jungle Beat"-Vorstellungen, mit denen er in den späten 20er Jahren in Harlems legendärem Cotton Club begann, bis zur Geschmeidigkeit seines sanften, sinnlichen Blues und zur Würde seines tief bewegenden liturgischen Werkes war Ellingtons Musik zu facettenreich, um in eine einzige Schublade gesteckt zu werden, seine musikalische Vision zu weit, um sie in einem Begriff fassen zu können.

Auf den Wogen dieses unendlichen Ozeans segelte das Duke Ellington Orchestra, wie ein Kritiker einmal schwärmte, als ein schnittiger Luxusliner, edel genug, um in der Scala spielen zu können, und groß genug, um einigen der hervorragendsten Musiker der damaligen Zeit eine Heimat bieten zu können, darunter so bedeutende Künstler wie die Saxophonisten Johnny Hodges und Harry Carney, der Bassist Jimmy Blanton, der Posaunist Lawrence Brown, die Klarinettisten Barney Bigard und Joe „Tricky Sam" Nanton sowie der Trompeter Cootie Williams.

Mit fast täglichen Auftritten blieb Ellingtons Big Band 65 Jahre lang zusammen. Sie überlebte Kriege und eine verheerende Wirtschaftskrise, navigierte sicher durch Bebop, Dixieland, Rock 'n' Roll und Ellington-Klassiker wie *Mood Indigo*, *Solitude*, *Don't Get Around Much Anymore* und *Satin Doll* und führte in ihrem Kielwasser einige der schönsten und intelligentesten Musikstücke, die je geschrieben wurden. Der Sound der Band war ebenso präzise wie kraftvoll, eine unverwechselbare Mischung aus Ellingtons warmen, pulsierenden und oft witzigen Kompositionen und einer Art polterndem Frohsinn. In seiner Funktion als Komponist, Arrangeur, Dirigent und Mentor seiner Virtuosen wollte Ellington in seinen Stücken den „tonalen Persönlichkeiten" der einzelnen Instrumentalisten gerecht werden. So schuf er eine vielschichtige, harmonische Sprache, die nicht kopiert werden konnte. Er selbst spielte nicht nur Klavier, sondern beherrschte auch jedes andere Instrument seines Orchesters. Der unverwechselbare Sound und das „Feeling" des Orchesters waren Teil des großen Vermächtnisses, das Ellington zusammen mit mehr als tausend Kompositionen hinterlassen sollte.

Wie seine Musik war auch der hochgewachsene Ellington in jeder Hinsicht elegant. Immer prächtig gekleidet – er kaufte sich jede Woche mindestens einen neuen Anzug und ließ sich Hosen mit breitem Aufschlag schneidern –, ging er wohlerzogen und zurückhaltend mit Frauen um und wurde selten ohne Begleitung gesehen. Mit 19 Jahren heiratete er seine Jugendliebe. Nachdem seine Ehe gescheitert war, entwickelte er sich allmählich zum Einzelgänger – freundlich und unterhaltsam, aber unerreichbar für seine Musikerkollegen. Die Ausnahme bildete Billy „Swee' Pea" Strayhorn, sein kreativer Schatten, der mit dem Gouverneur (wie Ellington von den Bandmitgliedern genannt wurde) meistens bis zum frühen Morgen zusammenarbeitete und dabei solche Klassiker wie *Take the 'A' Train* und die spätere Erkennungsmelodie *Lush Life* hervorbrachte.

Als kleiner Junge erlernte Edward Kennedy Ellington die Grundlagen des Jazz, indem er auf dem elektrischen Klavier seiner Familie klimperte. Seine Eltern, so schrieb er in seiner Autobiographie, bescherten ihm eine wohlbehütete Kindheit, und seine tief religiöse Mutter nahm ihn sonntags zweimal mit in den Gottesdienst. Ellington bekam den ersten Musikunterricht mit sieben Jahren, später studierte er die komplizierten Harmonien und Rhythmusstrukturen der flippigen Ragtime-Arrangements von Oliver „Doc" Perry, der wie viele andere in den Billardhallen und Clubs von Washington D.C. spielte, Ellingtons Geburtsstadt. Trotz seines Talents als Aquarellmaler lehnte er das Kunststipendium der Nationalen Vereinigung zur Förderung der Farbigen für das Pratt Institute in New York zugunsten seiner musikalischen Arbeit ab. Schon bald tourte sein Orchester in zwei Pullmanwagen durch das Land.

Die Washingtonians, die sich nun Duke Ellington and His Orchestra nannten, traten 1927 im Nachtclub Cotton Club ins Rampenlicht, dem berühmten Symbol der Renaissance Harlems. Der Ruhm im Inland brachte die Band in europäische Städte und später, Ende der 30er und Anfang der 40er Jahre, als sich Ellingtons Kreativität auf dem Höhepunkt befand, auch nach Hollywood, wo er in Filmen wie *She Got Her Man* (1935) und *The Hit Parade* (1937) auftrat.

In den 30er Jahren experimentierte Ellington mit längeren Tongedichten, Stimmungsstücken und Concerti. 1943 debütierte er in der Carnegie Hall mit seiner *Black, Brown and Beige-Suite*, einer dichten und bewegenden Meditation über die Erfahrungen der Afroamerikaner, ein Thema, das er auch in anderen Stücken wie *Black Beauty* aufgriff. Der ewig jung wirkende Ellington – nur die Tränensäcke unter den Augen, die er „eine Ansammlung von Tugenden" nannte, verrieten sein Alter – verlor auch in den 50er und 60er Jahren nicht an Schwung. Seine einzige Extravaganz bestand darin, sein Orchester alles, was er komponierte, fast umgehend spielen zu lassen. Der abstinent lebende Mann, der täglich in der Bibel las, hielt die devotionale Musik für seine größte künstlerische Herausforderung. Dieser Herausforderung stellte er sich 1969 mit der Premiere seiner Komposition *In the Beginning, God* in der Grace Cathedral von San Fransisco. Ebenso fühlte er sich verpflichtet, sein internationales Publikum von der emotionalen Tiefe der afroamerikanischen Kultur zu überzeugen. Gerade sein Ernst, mit dem er diese Anliegen verfolgte, machte Ellington während seiner letzten Jahre zu einem höchst respektierten und bewunderten Musiker. Er war ein Kenner der unvergänglichen Melodien, die die Geschichte seines Volkes erzählten – eine Musik, die, wie er immer sagte, ausschließlich ihnen gehörte.

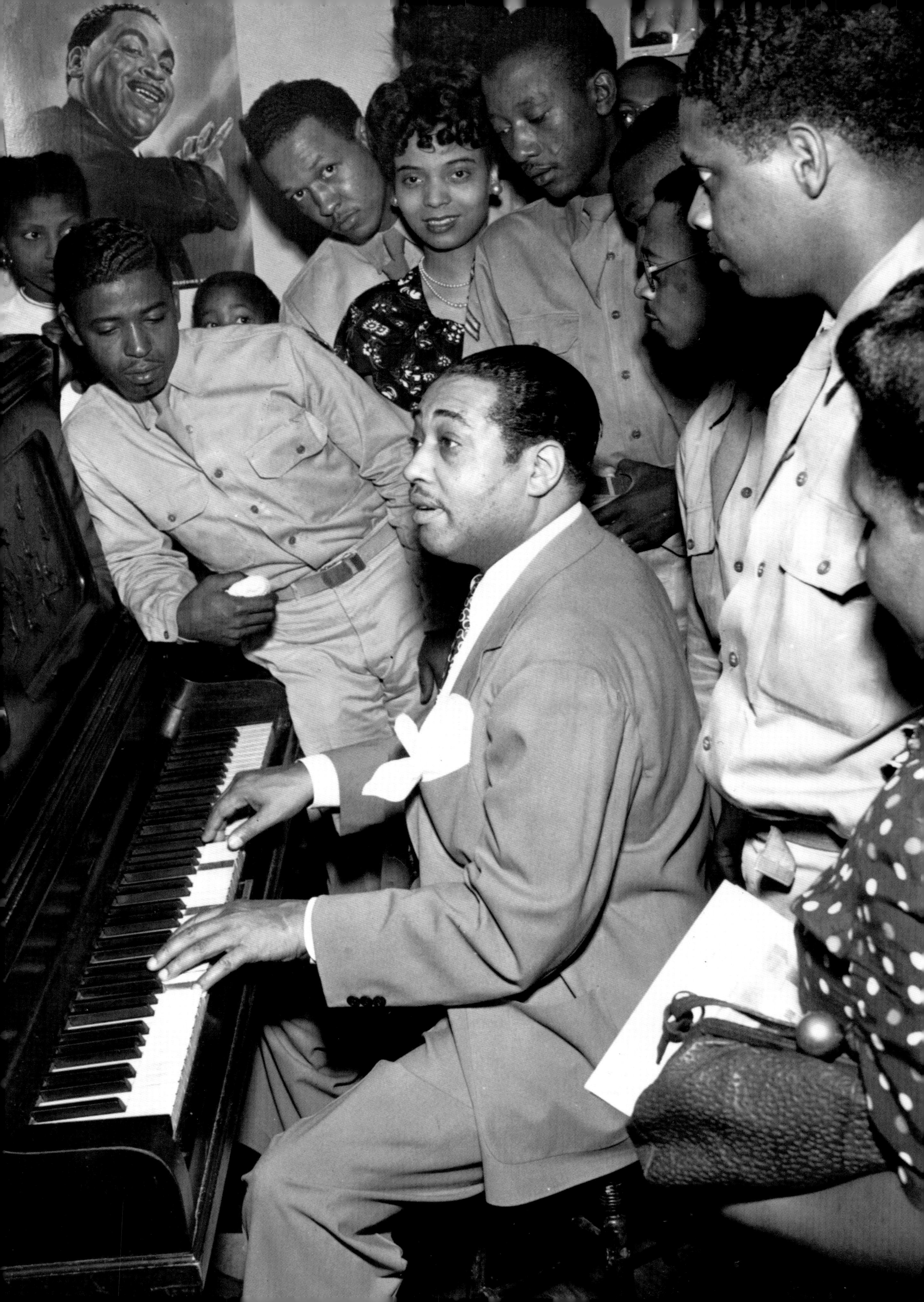

FELLINI

FEDERICO

1920–1993

WO DIE MEISTEN FILMEMACHER seiner Zeit sich eng an Erzählungen mit erkennbarem Anfang und Ende hielten, da spann Federico Fellini ein feines Garn ineinander fließender Träume. Hervorgegangen aus tiefsitzenden Sehnsüchten, sind Fellinis Phantasielandschaften bevölkert mit bizarren und oftmals komischen Besuchern aus dem Unbewußten: vergnügte Genußmenschen, vollbusige Erdenmütter und groteske Figuren, die den Betrachter gleichermaßen anziehen und abstoßen. Mit dem Megaphon in der Hand, den schwarzen Stetson verwegen ins Gesicht gedrückt, spielte „il maestro" den Direktor eines selbsterfundenen, cinematischen Zirkusses. Schon bei seinen ersten Versuchen, etwa dem autobiographischen Film Die Müßiggänger (1953), einer tragikomischen Reminiszenz an die eigene Jugend, bis hin zu seinem internationalen Erfolg Das süße Leben (1960), einer satirischen Erzählung über die Promiskuität des damaligen Roms, war Fellini immer dann am erfolgreichsten, wenn er in seinen Filmen persönliche Obsessionen erforschte. Idealerweise war sein Talent zur Selbstparodie ebenso groß wie sein Hang zur Selbstausbeutung, und sein produktiver Humor nicht minder ausgeprägt als sein Interesse an seelischen Krisen.

Während Kritiker und Filmhistoriker Fellinis Neorealismus und erotische Träumereien interpretierten, schien der Regisseur überzeugt, seine Filme sprächen für sich selbst. Sein Auftreten, seine Kenntnisse, sein Geschmack – gar nicht die eines kleinen Provinzlers aus dem Adriahafen Rimini – straften seine herausgestellte anti-intellektuelle Haltung jedoch Lügen.

Die Muse des Maestros war Giulietta Masina, seine Ehefrau und Vertraute sowie der strahlende Star vieler seiner Filme. Ihre Stimme hörte er zum ersten Mal 1943, als sie im Radio einen seiner Texte las – acht Monate später waren sie verheiratet. Zu diesem Zeitpunkt verdiente Fellini seinen Lebensunterhalt als Gerichts- und Kriminalreporter und hatte bereits einige Kurzgeschichten geschrieben. Davor, mit 19, hatte er sich einer reisenden Artistentruppe angeschlossen, eine unvergeßliche Erfahrung, die ihn mit der harten Realität des Zirkuslebens konfrontierte, eines in seinem Werk immer wiederkehrenden Bildes. In Interviews übertrieb er oft und erzählte, er sei bereits mit sechs Jahren von zu Hause fortgelaufen. Tatsächlich verlief seine bürgerliche Kindheit durchaus glücklich, getrübt nur durch die asketische Strenge der Patres im Internat.

Nachdem er während des Zweiten Weltkriegs den Dienst an der Waffe umgehen konnte, eröffnete Fellini mit einigen Freunden den profitablen Funny Face Shop, in dem die in Rom stationierten GIs Grüße an ihre Lieben aufnehmen und Karikaturen von sich zeichnen lassen konnten, die sie in die Heimat schickten. Er lernte den noch unbekannten Regisseur Roberto Rossellini kennen, mit dem er in dem Drehbuch für den neorealistischen Klassiker Rom, offene Stadt (1945) seine Erlebnisse während des Zweiten Weltkriegs verarbeitete. Drei Jahre später verwendete Rossellini in seinem Film Il miràcolo eine Geschichte Fellinis. Fellini selbst gab darin sein Leinwanddebüt als redseliger Vagabund, der eine ahnungslose Bauersfrau (Anna Magnani) schwängert, die ihn für den heiligen Joseph hält. Nach einigen erfolglosen eigenen Regie-Versuchen gelang ihm schließlich der Kritikererfolg Die Müßiggänger. 1954 begann Fellini mit der Arbeit an La strada – Das Lied der Straße, dem düsteren Märchen von dem grausamen „starken Mann" eines Zirkusses – meisterhaft dargestellt von Anthony Quinn –, dessen Hartherzigkeit die verletzliche Seele seiner einfältigen Assistentin (Giulietta Masina) zerstört. Für La strada erhielt Fellini den ersten seiner vier Oscars für den besten ausländischen Film.

Nach Die Nächte der Cabiria, einer Komödie von 1956, in der Giulietta Masina wiederum eine bewegende Vorstellung als einfache römische Prostituierte gab, die sich ihren Humor und ihr Vertrauen in die Zukunft trotz all des Pechs, das ihr widerfährt, nicht nehmen läßt, gelang Fellini in den 60er Jahren endgültig der Durchbruch. Sein erster Ausstattungsfilm, die pulsierende und satirische Geschichte Das süße Leben, zeigte in der Hauptrolle Marcello Mastroianni, den Schauspieler, der bald zum Alter ego des Filmemachers werden sollte. Er spielt einen Journalisten, der auf der Suche nach dem Glück in das seelenlose, leichtlebige Treiben des nächtlichen Roms eintaucht. Der antireligiöse Tenor des Films, ganz zu schweigen von der berüchtigten Szene, in der die üppige Anita Ekberg in einem Brunnen tanzt, führten zur Verdammung durch den Vatikan und bescherten dem Streifen einen Riesenerfolg beim Publikum. Fellinis Kunst erreichte ihren Höhepunkt 1963 mit 8 1/2, benannt nach der Anzahl der von ihm bis zu diesem Zeitpunkt gedrehten Filme (sieben Spiel- und drei Kurzfilme). Mit Mastroianni in der Hauptrolle beschwört dieses Werk die absurden Heimsuchungen eines blockierten Filmregisseurs herauf, der eine bunte Mischung von Menschen und Bildern aus seiner Vergangenheit erscheinen läßt, um seine Schaffenskrise zu überwinden. Die unvergeßliche Schlußszene des Films, in der der gequälte Regisseur seine streitsüchtigen Kollegen mit einem Megaphon durch eine Zirkusmanege treibt, wurde zum Symbol eines erstaunlich fruchtbaren Lebenswerks.

Zu den beachtlichsten Filmen, die auf 8 1/2 folgten, gehören die surrealistische Erzählung Satyricon (1969), die die Abenteuer einer Gruppe junger Männer in einer vorchristlichen Welt ohne Erbsünde aufzeichnet, sowie der anrührend nostalgische Film Amarcord (1974), ein liebevoller Blick auf die provinzielle Kindheit des Regisseurs in den 30er Jahren. Fellinis zärtlichkomischer Erzählstil und seine unvergeßliche Bildsprache berühren auch heute noch Millionen von Zuschauern, besonders seine Landsleute, von denen er sich inspirieren ließ und mit denen er bevorzugt zusammenarbeitete. Als er einen Tag nach seinem 50. Hochzeitstag starb, trauerte die italienische Nation um eines ihrer großen Idole, dessen unverwechselbare Extravaganz und großes Herz sich perfekt ergänzt hatten.

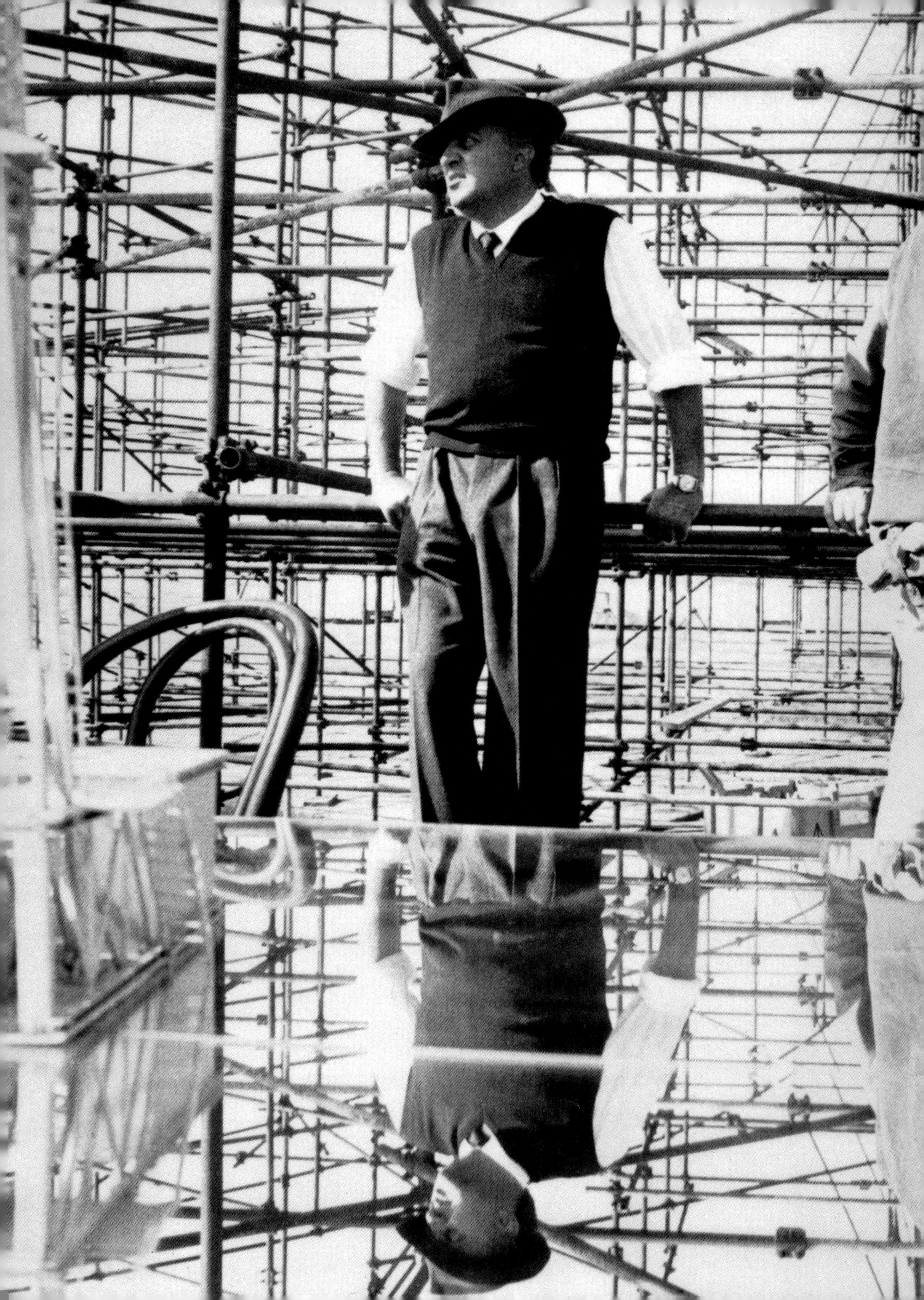

ENRICO FERMI
1901–1954

ALS DAS SCHICKSAL 1939 ein Genie suchte, um das Geheimnis der Materie zu entschlüsseln, stieß es auf Enrico Fermi. Der Physiker, Mathematiker und Ingenieur wurde der Vater der nuklearen Kettenreaktion, der entscheidenden Voraussetzung für die Entwicklung der Atombombe. Die Quintessenz seines Schaffens sicherte den Triumph der Demokratie, leitete aber zugleich ein Zeitalter der Angst ein.

Der in Rom geborene Fermi, Großenkel eines kleineren Beamten der Herzöge von Parma, zeigte sich bereits früh zum herausragenden Wissenschaftler bestimmt. Schon als kleiner Junge zeigte er ein außergewöhnliches Interesse an Mathematik und Naturwissenschaften und durchstöberte die Bücherregale nach lateinischen Abhandlungen über Physik. Mit zehn Jahren begriff er komplexe mathematische Funktionen, und am Ende seiner Schulzeit war sein größtenteils selbsterworbenes Wissen dem eines graduierten Studenten ebenbürtig. Auf der Reale scuola normale superiore unterrichtete der selbstsichere 17jährige seine eigenen Professoren in der revolutionären Quantentheorie.

Aber um mit den kühnen Denkansätzen und immer neuen Techniken einer sich rapide entwickelnden modernen Physik Schritt halten zu können, mußte er weitere Studien betreiben, was ihm durch Forschungsstipendien in Göttingen und im niederländischen Leiden ermöglicht wurde.

1924 begann Fermi an der Universität Florenz zu lehren. Im Laufe von zwei Jahren entwickelte er eine neue Art von Statistik im Rahmen der Quantentheorie, die das Problem von Wolfgang Paulis Ausschlußprinzip löste. Sie zeigte, warum niemals zwei Elektronen denselben Zustand besetzen können. 1927 wechselte er an das Institut für Physik der Universität Rom, der Wiege der neuen italienischen Physik. Seine aufsehenerregende Arbeit in den verborgensten Winkeln der Nuklearforschung führte schließlich zur Ernennung zum Mitglied der Academia d'Italia durch Benito Mussolini. Da Fermi jedoch spürte, daß die theoretische Nuklearphysik stagnierte, verlegte er seinen Forschungsschwerpunkt auf die experimentelle Kernphysik. Obwohl es ungewöhnlich ist, daß ein Wissenschaftler in Theorie und Praxis gleichermaßen begabt ist, formulierte Fermi nach kurzer Zeit eine neue natürliche Konstante, die Fermi-Konstante, auch G genannt. Sie beschreibt die Bedeutung des Beta-Zerfalls im Atomkern und stellte einen bedeutsamen Durchbruch in der Theorie der Atomforschung dar. Nachdem das französische Physikerehepaar Marie und Pierre Curie einige Eigenschaften von Radioaktivität entdeckt hatten, experimentierte Fermi mit verschiedenen Elementen, die er mit Neutronen beschoß. Obwohl er die Kernspaltung bei Uran- und Thoriumbeschuß nicht selbst erkannte, führte sein Experiment direkt zur Entdeckung der Kernspaltung im Jahre 1938. Erstaunlicherweise führte er seine gesamte Forschungsarbeit, die 1936 ihren Höhepunkt erreichte, mit den einfachsten technischen Mitteln durch; die Kosten beliefen sich auf die unglaublich niedrige Summe von etwa 1000 Dollar.

Je näher der Zweite Weltkrieg rückte, desto schwerer wurde das Arbeiten für Fermi, da er sich um das Überleben seiner Familie sorgen mußte. 1928 hatte er Laura Capon geheiratet, Tochter eines jüdischen Admirals der italienischen Marine. Mussolini hatte dem Druck der Nazis nachgegeben und mit der systematischen Verfolgung der Juden begonnen, die in den antisemitischen Pogromen von 1938 gipfelte. Aus Angst um seine Frau, aber auch weil er von Natur aus sehr zurückhaltend war, kam für Fermi ein öffentlicher Protest nicht in Frage. Da er keine antifaschistischen Erklärungen abgeben wollte, ließ er die Columbia-Universität unter der Hand wissen, daß er zur Umsiedlung bereit sei. Als ihm 1938 in Schweden der Nobelpreis verliehen wurde, reiste er von dort direkt nach New York, ohne jemals nach Italien zurückzukehren.

Nach seiner Ankunft in den Vereinigten Staaten besuchte Fermi im Januar 1939 einen Kongreß theoretischer Physiker in Washington, auf dem sein Freund, der große dänische Physiker Niels Bohr, seinen Zuhörern berichtete, daß das Uranatom, wenn es gespalten werde, eine millionenfach stärkere Energie freisetze, als man bisher für möglich gehalten hatte. Als Fermi um nähere Erklärungen bat – Bohr hatte seine Rede undeutlich vorgetragen – versetzte der Disput das Publikum in Staunen. Die Entdeckung der Kernspaltung erregte Fermi; er erkannte sofort die Möglichkeit einer Kettenreaktion und begann mit intensiven Experimenten auf diesem Gebiet.

Fermi war sich schon damals bewußt, daß seine Experimente in dem aufkeimenden politischen Konflikt eine Rolle spielen würden. Die Amerikaner stellten ihm mit Blick auf die Entwicklung einer neuartigen, atomaren Waffe alles zur Verfügung, was er zum Forschen und Arbeiten brauchte. In einem Squashcourt unter dem Fußballfeld der Universität von Chicago baute er den ersten Atomreaktor, einen kleinen, mit Graphit beschichteten Uranmeiler, der durch Bor- und Kadmiumstäbe gedämpft wurde.

Bald verlegte Fermi seinen Wohnsitz in die Wüste von Los Alamos, New Mexico, wohin ihn die amerikanische Regierung im Rahmen des sogenannten Manhattan-Projekts schickte, eines streng geheimen Unternehmens, das Präsident Franklin Roosevelt mit gut zwei Milliarden Dollar ausgestattet hatte. Dort setzte er die verborgenen Kräfte der Natur frei und machte das Atom zum Bau einer verheerenden Bombe nutzbar.

Die meisten Amerikaner erfuhren von Fermis erfolgreicher Arbeit erst, als Hiroshima und Nagasaki zerstört waren. Der Agnostiker Fermi versuchte, eine emotionale Distanz zu den Ereignissen zu wahren. Aber schließlich wurde seine brillante Entdeckung von dem zerstörerischen Ergebnis überschattet – einer Katastrophe, deren Ausmaß er sich nicht verschließen konnte.

$$-\frac{\hbar}{i}\frac{\partial}{\partial t} = \frac{p^2}{2m} - \frac{Ze^2}{r}$$

$$\alpha = \frac{\hbar^2}{ec}$$

HENRY FORD
1863-1947

UNTER DEM ERWARTUNGSVOLLEN Blick seiner Ehefrau unternahm der 33 Jahre alte Ingenieur Henry Ford, der für die Edison Illuminating Company in Detroit arbeitete, an einem regnerischen Sommermorgen im Jahr 1896 die Jungfernfahrt mit seinem „Vierrad". Mit Ungeduld riß der Erfinder die Ziegelsteinwand seines Schuppens ein, als er bemerkte, daß die Tür für sein neues pferdeloses Gefährt zu klein war. Zwölf Jahre später nutzte Ford die Konstruktionsprinzipien dieses vierzylindrigen, bremsenlosen Kastens auf Rädern, den er in seiner Freizeit zusammengeschraubt hatte, für das erste Automobil, das für die breite Öffentlichkeit gedacht war: Model T. Die Ford Motor Company, die Henry Ford 1903 mit 28 000 geliehenen Dollars gründete, widmete sich der Produktion dieses unglaublich robusten, günstigen und zuverlässigen Fahrzeugs, nachdem mehrere weniger profitable Modelle verworfen worden waren. Dem leidenschaftlichen Unternehmer zufolge sollte es „ein Auto für das Volk" werden, das „sich jeder leisten kann, der einen guten Lohn bekommt". Ein Jahr nach Markteinführung waren Tausende Model Ts auf den Straßen von Amerika unterwegs. Im Jahr 1920 war jedes zweite Auto auf der Welt ein Ford, und Henry Fords Erfolg überstieg selbst seine kühnsten Träume.

Nur wenige Jahre, nachdem die erste legendäre schwarze „Tin Lizzie", wie der Ford liebevoll genannt wurde, die Ford-Fabrik in Highland Park, Michigan, verlassen hatte, stellte dieses Unternehmen alle drei Minuten ein Auto her. Verbesserte Produktionsmethoden drückten den ursprünglichen Preis dann zusätzlich von knapp 900 Dollar auf ungefähr 500 Dollar. Sein Erfinder wurde Milliardär, und sein „Universalbilligauto" veränderte Schritt für Schritt das natürliche, gesellschaftliche und wirtschaftliche Gefüge des amerikanischen Alltagslebens. Als man für das Model T 1924 gerade einmal 290 Dollars zahlen mußte, wandelte sich das ländliche Amerika sehr rasch, denn die Zeitung und größerer Wohlstand erreichten auch die ehemals entfernt gelegenen Farmhäuser, und die Isolation der Provinz war mit einen Schlag beendet. Der Absatzmarkt der Farmer vergrößerte sich, denn zum ersten Mal entstand ein landesweites Wirtschaftsnetz, und die Bewohner der Städte fuhren hinaus in die Natur. Innerhalb weniger Jahrzehnte wuchs ein komplexes Straßennetz, und neue Städte entstanden, wo einst nur Weideland gewesen war. Das Automobil veränderte das Land ebenso wie den Arbeitsalltag und die Freizeitgestaltung der Amerikaner.

Henry Fords bedeutendster Beitrag zum 20. Jahrhundert war die Einführung des Fließbandes im Jahr 1913. Mit dieser Innovation, zu der er durch eine in Schlachthäusern benutzte Vorrichtung zum Transport von totem Vieh inspiriert worden war, leitete er das Zeitalter der Massenproduktion ein – samt Förderbändern, einheitlichem Design und serienmäßig hergestellten Bauteilen und unterstützt von einem effizienten Vertrieb und einem Ersatzteillagersystem. Die Geschwindigkeit des Fließbands, die Wirtschaftlichkeit und die technische Präzision wurden zum Symbol für Amerikas industrielle Überlegenheit und Henry Ford zum Paradebeispiel der amerikanischen Erfolgsstory: Aus dem armen Bauernjungen, der in seinem kleinen Zimmer Uhren repariert hatte, war ein mächtiger Industriemagnat geworden, der seine eigene Regierung leiten oder sie auch herausfordern konnte, wenn er wollte. Ford tat beides. 1918 kandidierte er erfolglos für einen Senatssitz in seinem Heimatstaat Michigan und ließ sich 1933 auf eine Machtprobe mit Franklin D. Roosevelt ein, als er sich weigerte, sich den vom Präsidenten der Vereinigten Staaten im Rahmen des National Recovery Act auferlegten Vorgaben für die Autoindustrie zu beugen.

Fords Ansehen in der Öffentlichkeit nahm auch keinen Schaden, als der leidenschaftliche Pazifist in seiner Naivität 1915 einen Ozeandampfer charterte und nach Europa fuhr, um den Ersten Weltkrieg zu beenden. Fords Slogan für das Unternehmen lautete: „Heraus aus den Schützengräben und Weihnachten zu Hause." Er überstand auch die erfolglose Senatskandidatur und seine Millionenklage gegen die *Chicago Tribune*, die ihn als Anarchisten bezeichnet hatte. Seine Aussage vor Gericht entlarvte ihn als einen Mann, der von allgemein bekannten historischen Fakten so wenig Ahnung hatte, daß das Gerücht aufkam, er könne weder lesen noch schreiben. Die Öffentlichkeit verzieh es ihm sogar, daß in seiner Zeitung, dem *Dearborn Independent*, antisemitische Artikel abgedruckt wurden, da Ford sich damit entschuldigte, daß er über den Inhalt der Zeitung nicht informiert sei. Hartnäckig widersetzte er sich der Gründung von Gewerkschaften, aber nach den Streitigkeiten von 1937, bei denen der Gewerkschaftsführer Walter Reuther und drei andere Streikende brutal zusammengeknüppelt worden waren, und dem Streik der Automobil-Arbeitergewerkschaft im Jahr 1941 war Ford schließlich gezwungen, beizugeben.

Ford umgab sich sogar mit ein wenig Glamour. Um Finanziers seine Automobilforschung schmackhaft zu machen, brach er mit seinen eigenen Rennwagen Geschwindigkeitsrekorde. Er sprach mitreißend von der Bedeutung des Motors für die Befreiung der Arbeiter und Farmer vom Joch harter Arbeit und strich seine eigene bedeutende Rolle heraus. Als Ford den Mindestlohn seiner Angestellten auf noch nie erlebte fünf Dollar pro Tag anhob – fast das Doppelte des üblicherweise gezahlten Lohns –, die tägliche Arbeitszeit verkürzte und den Samstag zum arbeitsfreien Tag erklärte, staunten die anderen Arbeitgeber ungläubig, während die Arbeiter jubelten. Doch Ford stellte lediglich seinen Scharfsinn unter Beweis. Er hatte erkannt, daß eine Massenproduktion nur dann erfolgreich sein kann, wenn es einen Massenkonsum gibt. Indem er den Arbeitern die Mittel in die Hand gab, ein Auto bezahlen zu können, und ihnen auch die Zeit einräumte, es zu nutzen, stimulierte Ford eine große Nachfrage, die ihrerseits zu einer Steigerung der Produktion führte. Fords Erfindung veränderte das Leben der Amerikaner und der ganzen Welt grundlegend.

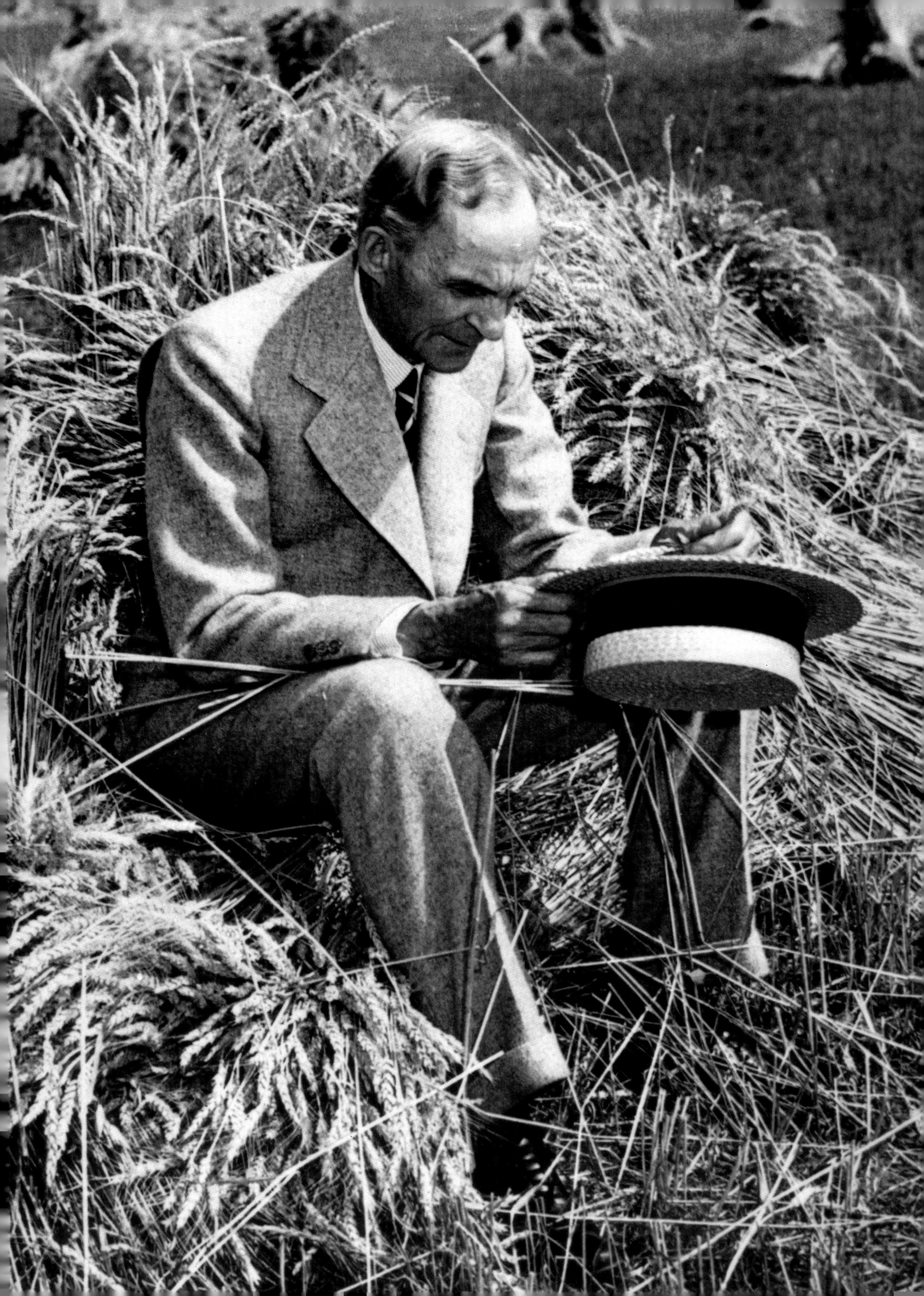

FRANCISCO FRANCO
1892–1975

UNTER ALLEN DIKTATUREN des 20. Jahrhunderts währte das faschistische Regime Francisco Francos in Spanien am längsten. Während seiner autoritären Herrschaft, die im Jahre 1939 begann, führte der Despot sein Land durch 36 Jahre gewalttätiger Unruhen und internationaler Zurückweisung.

Der zähe, egozentrische Generalissimo bekleidete das unrechtmäßig erworbene Amt auf so hartnäckige Weise, daß seine Landsleute noch lange nach seinem Tod im Alter von 83 Jahren witzelten, Franco sei „noch immer tot". Aber dieser schwarze Humor wirft nur wenig Licht auf das komplexe Verhältnis des spanischen Volkes zu seinem ebenso verehrten wie gefürchteten Führer, einem Mann, der in der Morgenmesse fromm die heilige Eucharistie empfangen konnte, um am Nachmittag kaltblütig den Befehl zu 20 Exekutionen zu geben. Jüngere internationale Einschätzungen Francos fallen weniger zweideutig aus. Hielt man ihm früher zugute, daß er einem rückständigen, aber anarchischen Land sozialen Frieden und bescheidenen wirtschaftlichen Wohlstand beschert habe, stellen ihn die meisten Historiker heute als einen machtbesessenen Hasardeur dar, dessen rigorose Herrschaft Spanien sogar daran gehindert habe, einen höheren kulturellen und politischen Status in der westeuropäischen Gemeinschaft zu erlangen.

Seine prominente Stellung in der Geschichte erwarb sich Franco durch seine Führerrolle im Spanischen Bürgerkrieg. Entschlossen und methodisch, stieg er vom rangniederen Fußsoldaten zum Generalissimo der rebellischen nationalistischen Streitkräfte auf. Franco wurde in der kleinen galizischen Stadt El Ferrol als Sproß einer mittelständischen Familie geboren, die traditionell der Marine verbunden war. Doch Francisco Paulino Hermenegildo Teódulo Franco Bahamonde trat 1907 in die Militärakademie der Infanterie in Toledo ein. Zwischen 1912 und 1927 zeichnete er sich bei mehreren Feldzügen im spanischen Protektorat Marokko aus. So unterwarf er den rebellischen Anführer der Rifkabylen, Abd-el Krim. Zu diesem Zeitpunkt hatte der 33jährige schon den Rang eines Brigadegenerals erreicht und war damit seit Napoleon der jüngste General Europas. 1927 zog er mit seiner wohlhabenden österreichischen Ehefrau in die nordspanische Stadt Saragossa, wo er die Leitung der Militärakademie übernahm. Als die Zweite Republik 1931 König Alfonso XIII. vertrieb, wurden Royalisten – darunter auch des Königs Lieblingsgeneral Franco – in die Verbannung auf die Balearen-Inseln geschickt.

Nach seiner Rückkehr auf das spanische Festland zwei Jahre später berief ihn die neue Mitte-Rechts-Regierung, um einen Streik der Minenarbeiter in Asturien niederzuschlagen. Dies geschah auf solch brutale Weise, daß sich Franco den Beinamen „der Schlächter" verdiente und sich auf ewig die Verachtung der Linken zuzog. Die faschistische Einheitspartei der Falange befand sich bereits auf dem Vormarsch, denn die Koalition von Linken und Liberalen schien die sozialen und ökonomischen Probleme des Landes nicht in den Griff zu bekommen. Franco beschloß, die Volksfront zu stürzen, und ging zu diesem Zweck ein Bündnis mit Rechten, Monarchisten und Offizieren ein. Der Bürgerkrieg brach aus, als Franco am 18. Juli 1936 mit Unterstützung der Nazis und der italienischen Faschisten von Marokko aus mit seinen Truppen auf das spanische Festland übersetzte. Was dann folgte, war verheerend. Die grausamen Kämpfe hatten weitreichende Folgen für das Land. Mehr als eine halbe Million Spanier, darunter viele Zivilisten, kamen während der folgenden 30 Monate um. Infolge der Berichte über eine neue Art der Kriegsführung, die für Zivilisten keine Gnade gelten ließ, formierte sich auf seiten der Republikaner eine Allianz von Idealisten, Abenteurern, Künstlern und Intellektuellen aus aller Herren Länder – darunter auch die Franco so verhaßten Bolschewiken. Als Mussolinis Truppen Wohnhäuser und Kirchen beschossen und deutsche Piloten das Abwerfen von Bombenteppichen probten, hielt der Konflikt zwischen Demokratie und Faschismus die Welt in Atem.

Der Bürgerkrieg endete im März 1939 mit einem Sieg El Caudillos. Vom Militär und der katholischen Kirche unterstützt, handelte er nun sehr schnell. Seine Geheimpolizei eliminierte die gesamte Opposition und unterwarf das Leben in Spanien Francos pathologischem Bedürfnis nach totalem Gehorsam. Doch nur fünf Monate später sah er sich mit Hitlers Gier nach neuem Lebensraum konfrontiert. Anfangs schien es unvorstellbar, daß er angesichts der nationalsozialistischen Unterstützung während des Bürgerkriegs den Beitritt zur Achse vermeiden könne. Doch mit seiner sturen und geschickten Diplomatie erreichte er genau das; er beschwichtigte die Achsenmächte mit dem Versprechen, „wachsam neutral" zu sein, und nutzte jedes Treffen mit Hitler, um für den Fall, daß Spanien in den Krieg eintreten werde, territoriale Nachkriegskonzessionen in Gibraltar und Französisch-Marokko auszuhandeln. Franco spielte dieses Verzögerungsspiel in der Hoffnung, am Ende des Krieges auf der Seite des Siegers zu stehen, und verbarg dabei seine nazifreundlichen Gefühle. Als aber die Deutschen in Rußland einmarschierten und er zuließ, daß spanische Bürger für die „Blaue Division" rekrutiert wurden, die an der Ostfront eingesetzt werden sollte, enthüllte er seine wahre Gesinnung. Dennoch blieb Spanien während des Krieges offiziell neutral.

Schritt für Schritt schien die Welt Franco nach 1945 zu verzeihen. Botschafter gingen im Pardo-Palast wieder ein und aus, und im Dezember 1955 wurde die Ächtung Spaniens mit der Aufnahme in die Vereinten Nationen offiziell beendet. Während das Land sich wirtschaftlich gut entwickelte, lockerte der 80jährige seinen Würgegriff. Im Juli 1969 beugte er sich dem Druck seiner Umgebung und bestimmte seinen politischen Nachfolger: Spanien sollte wieder einen König haben, und Prinz Juan Carlos erhielt schließlich den Titel, den der Generalissimo zeit seines Lebens begehrt hatte.

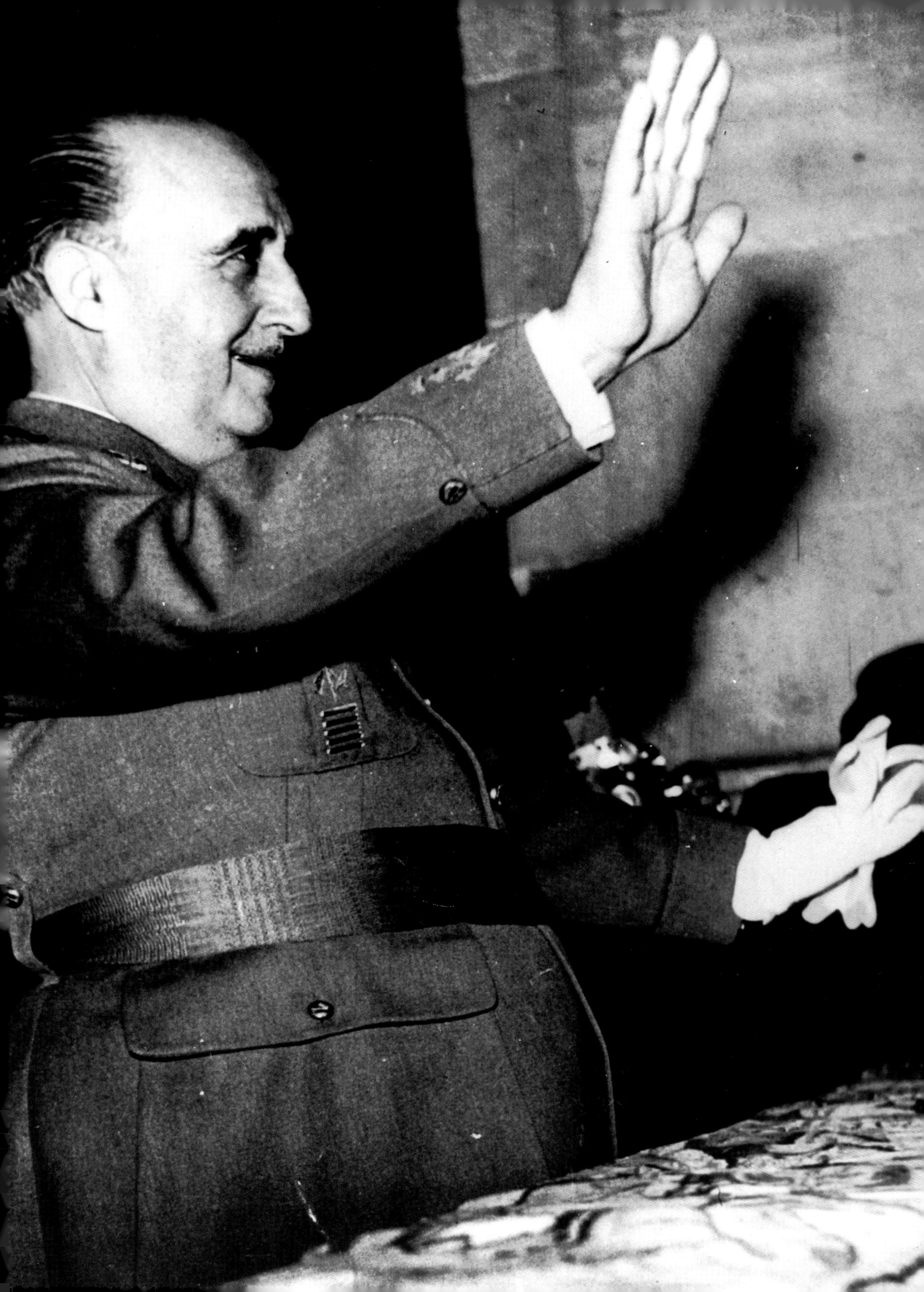

ANNE FRANK
1929–1945

ANNE FRANK, ein fröhliches, intelligentes und idealistisches junges Mädchen, schrieb ihr berühmtes Tagebuch in einer Amsterdamer Dachbodenwohnung, in der sich ihre Familie zwei Jahre lang vor den Nationalsozialisten versteckt hielt. Sie träumte davon, eine berühmte Schriftstellerin zu werden.

Die Franks waren 1933 von Frankfurt nach Amsterdam geflohen, da sie sich nach Hitlers Machtübernahme in Deutschland nicht mehr sicher fühlten. Tatsächlich konnte das Familienoberhaupt Otto Frank, ein wohlhabender Geschäftsmann, der im Tagebuch liebevoll „Pim" genannt wird, seine Familie in der Amsterdamer Altstadt anfangs noch schützen. Doch die deutsche Armee marschierte in Holland ein und verfolgte die Juden auch dort gnadenlos. Als nach Annes älterer Schwester Marion gefahndet wurde – sie sollte zum Arbeitseinsatz in ein Lager im Osten geschickt werden –, bauten ihre verängstigten Eltern die Räume über dem Lagerhaus in der Prinsengracht 263 heimlich zum Versteck um, das schließlich der Zufluchtsort der ganzen Familie wurde. Sie teilte das Versteck mit dem Ehepaar van Pels (im Tagebuch van Daan genannt) und deren 15jährigem Sohn Peter sowie mit einem Zahnarzt namens Fritz Pfeffer (im Tagebuch Albert Dussel).

Der Dachboden wird für die nächsten zwei Jahre Annes Zuhause, und in dieses unsichere Versteck nimmt sie ihr Tagebuch mit, ein Geschenk ihres Vaters. Mit romantischem Optimismus und gelegentlich aufflackernder Ironie, mit großem Witz und großer Wärme hält sie den überraschend reichen Alltag eines heranwachsenden jungen Mädchens unter diesen außerordentlichen Umständen fest. In einem starken, gleichzeitig feinfühligen Stil bringt sie mit der Direktheit eines jungen Menschen ihr Tagebuch zu Papier. Sie schreibt über die Liebe, das Erwachsenwerden und über die innerfamiliären Beziehungen, besonders über die zu dem von ihr angebeteten Pim.

Das von Millionen gelesene Buch war eine von ihrem Vater bearbeitete Version. Sie hatte zwei verschiedene Tagebücher hinterlassen – eines für ihre täglichen Eintragungen und ein zweites, das sie mit der Hoffnung auf Veröffentlichung geschrieben hatte. Als ihr Vater sich entschied, den Wunsch seiner Tochter zu erfüllen und ihr Tagebuch zu publizieren, erstellte er eine Kombination aus beiden. Er strich alle Hinweise auf die erwachende jugendliche Sexualität sowie jegliche Bemerkungen über ihre Menstruation oder ihre schwärmerische Anbetung des jungen Peter van Pels.

Anne Frank wollte leben wie alle anderen Jugendlichen, doch der deutsche Rassenwahn verhinderte das. Selbst als die Nachrichten aus der verwüsteten Außenwelt immer schrecklicher wurden, setzte sie, ein großherziges, reines, intelligentes Wesen, das in düsteren Zeiten lebte, die Einträge in ihr Tagebuch fort. Auf jeder Seite spürt man ihren tiefgründigen Humor und ihre spielerische Ernsthaftigkeit, ob sie nun von ihrer anhaltenden Zuneigung zum Vater spricht oder von der wachsenden Wut auf die Mutter, mit der sie das selbstauferlegte Gefängnis teilen muß. Ihr denkwürdiger Ausspruch „Trotz allem glaube ich noch, daß die Menschen im Grunde ihres Herzens gut sind." beweist, daß *sie* es in der Tat war. Von ihren Feinden läßt sich das nicht behaupten.

Besonders bewegend sind Anne Franks Einträge vom Juni und Juli 1944: Sie sind voller Freude und Hoffnung angesichts der Nachrichten über die Invasion der Alliierten in der Normandie, von der sie im Radio gehört hatte. Woche für Woche notierte sie die Rückeroberung jeder wichtigen Stadt durch die alliierte Armee. Am 1. August 1944 reißen ihre Einträge abrupt ab, als halte sie den Atem an. Ein anonymer Informant (vermutlich einer der Lagerarbeiter) hatte ihr Versteck an die Gestapo verraten. Drei Tage später durchsuchten die Deutschen das Lagerhaus, fanden die zu Tode geängstigten Bewohner auf dem Dachboden und transportierten sie mit anderen Juden in einem Viehwagen nach Auschwitz ab. Von den anderen Familienmitgliedern getrennt, endete Margots und Anne Franks Weg in Bergen-Belsen, wo zuerst die ältere Schwester und dann auch Anne an Typhus erkrankte und starb – wenige Wochen, bevor im April 1945 Engländer dieses Konzentrationslager befreiten.

Freunde der Franks fanden das Tagebuch dort, wo es während der Festnahme vergessen worden war, und übergaben es nach dem Krieg dem einzigen überlebenden Familienmitglied, Otto Frank alias Pim. Das Tagebuch wurde 1947 zum erstenmal veröffentlicht. Von den Bewunderern Anne Franks als literarische Offenbarung gepriesen und von den Tagebuchgegnern als Fälschung und Propagandatrick der siegreichen und rachsüchtigen Alliierten verschrien, wurde es zuerst in Europa und dann auch in den USA ein Bestseller. In seiner Bearbeitung für die Bühne beeindruckte es das Publikum derart, daß viele Zuschauer in Tränen ausbrachen.

1991 erschien eine zweite, ungekürzte Ausgabe, die um ein Drittel umfangreicher ist als das Buch, das Otto Frank kurz nach Kriegsende herausgab. In *Die Tagebücher der Anne Frank* entdecken wir ein schärfer formulierendes, trotziges und auch unzufriedenes junges Mädchen, das neidisch auf ihre Schwester war und sich häufig über ihre Mutter ärgerte. Außerdem gibt diese Ausgabe einen noch besseren Einblick in die angespannte Atmosphäre in dem von Angst erfüllten Gefängnis der Franks.

Die Wirkung des Tagebuchs der Anne Frank ist weiterhin bedeutend. Es gab dem Holocaust ein menschliches Gesicht. Ihre persönliche Erfahrung wurde zum Symbol der Widerstandsfähigkeit und der Würde des menschlichen Geistes. Durch ihr Schicksal früh gereift, drückte sie es selbst am besten aus: „Ich kann die Leiden von Millionen fühlen, aber jetzt, wenn ich in den Himmel schaue, weiß ich, alles wird sich zum Guten wenden, diese Grausamkeiten werden enden und Frieden und Ruhe wieder einkehren."

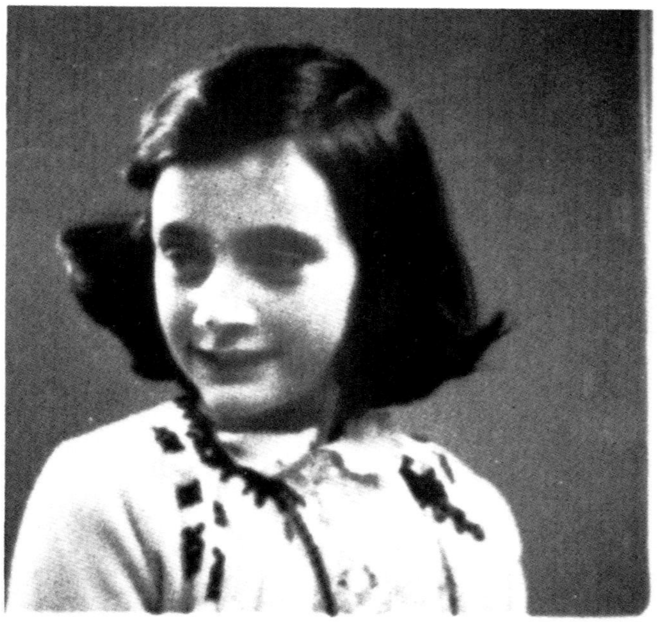
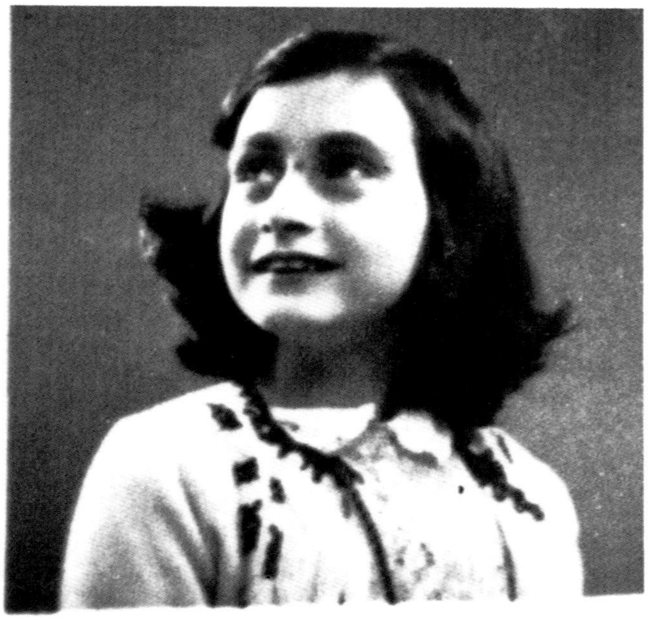
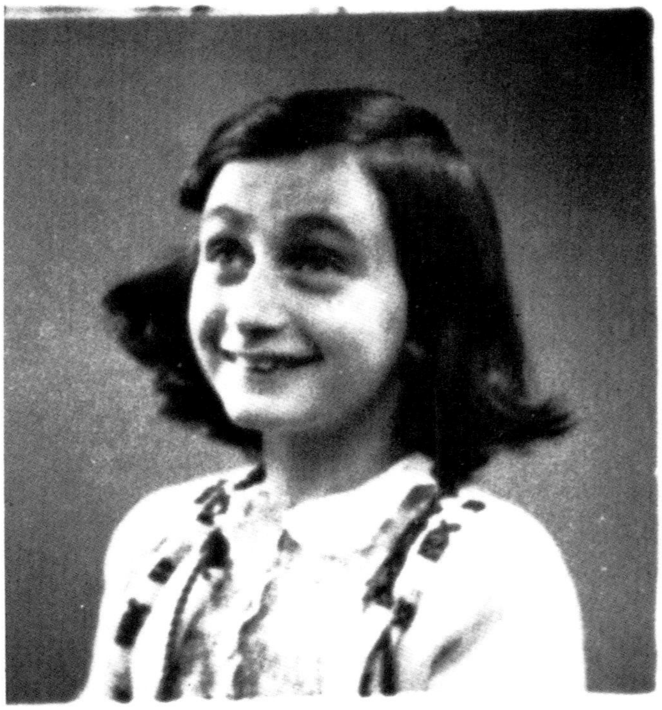
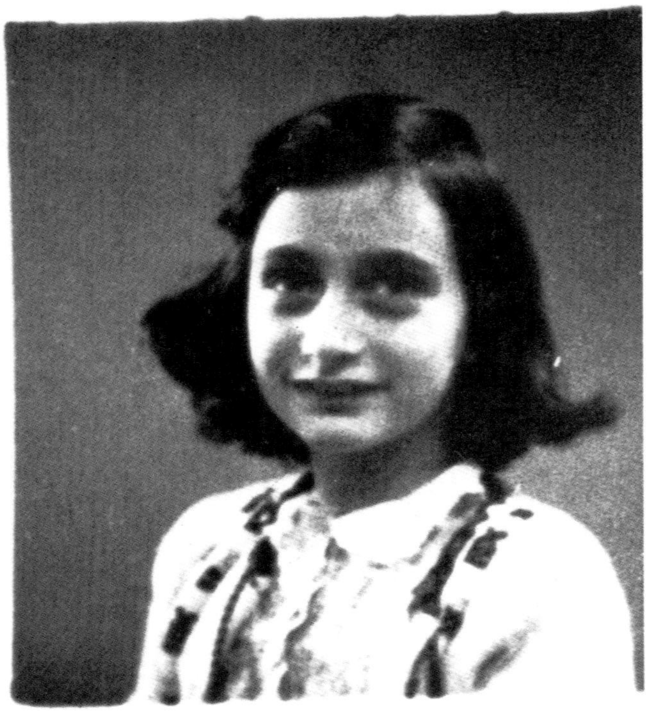
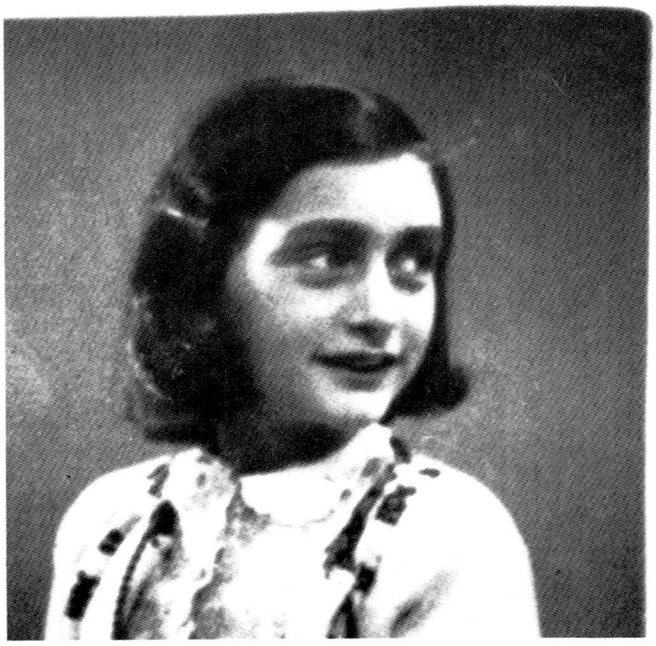
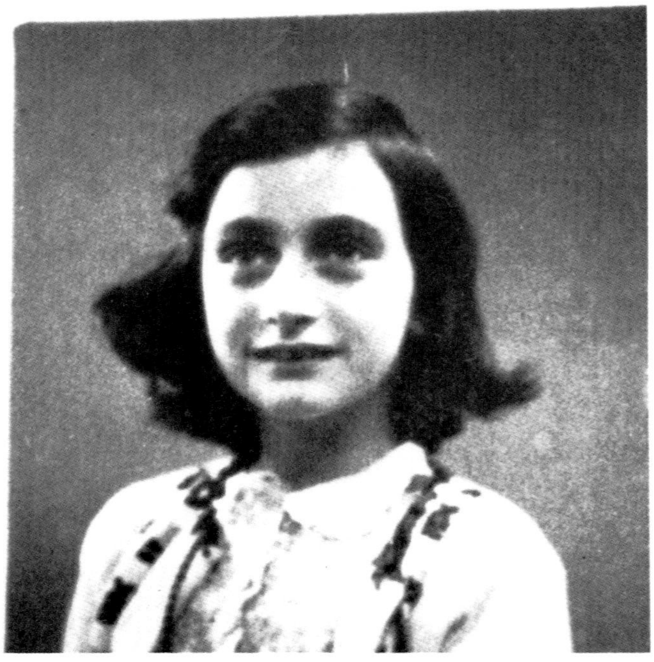

ARETHA FRANKLIN
*1942

DIE KÖNIGIN DES SOUL wurde in Memphis, Tennessee, als Tochter eines bekannten Baptistenpfarrers, Reverend Clarence Franklin, geboren. In Detroit wuchs sie buchstäblich auf den Knien von Mahalia Jackson auf, einer der größten Gospelsängerinnen, die Amerika jemals hervorgebracht hat. Als Kind war Aretha Solosängerin im Kirchenchor ihres Vaters, dem New Bethel Baptist Church Choir, und sang, wie sie selbst sagte, „jeden Tag von morgens bis abends". Mit 14 spielte sie bei der Plattenfirma Chess ihr erstes Album ein, und während ihrer High-School-Zeit trat sie als Interpretin religiöser Lieder auf. Ihre Tante, die Gospelsängerin Clara Ward, ermutigte sie zum Weitermachen; Aretha folgte dem Beispiel weltlicher Soul-&-Blues-Sänger wie Sam Cooke, Dinah Washington und B.B. King, die alle regelmäßig im Haus der Franklins zu Gast waren, und versuchte es mit Popmusik. Mit 18 reiste sie nach New York und gab John Hammond eine Kostprobe ihres Gesangs, der ihr sofort einen Vertrag mit Columbia Records zur Unterzeichnung vorlegte. Leider versagte die berühmte Nase des legendären Produzenten im Fall von Aretha Franklin: Welche Stilrichtung er sie auch singen ließ – ob Jazz, Blues, die gängigen Popstandards oder Broadwayhits –, sie erstickten nur ihr natürliches Improvisationstalent, und das Ergebnis war eine Reihe saft- und kraftloser Nummern, die sich allesamt schlecht verkauften.

Als Franklins Vertrag mit Columbia 1966 auslief, wechselte sie zu der flexibleren und risikobereiten Plattenfirma Atlantic Records, deren kreative Köpfe Jerry Wexler und Ahmet Ertegun es nicht erwarten konnten, die Neuentdeckung unter ihre Fittiche zu nehmen. Bei Studioaufnahmen in Muscle Shoals, Alabama, kam der prägnante, imposante Soulsong *I Never Loved a Man (The Way I Love You)* heraus und brachte ihr 1967 den Durchbruch. Es wurde über eine Million Mal verkauft und gefolgt von Hits wie *Do Right Woman – Do Right Man*, *Respect* (ihr Erkennungslied), dem kaum weniger bekannten *A Natural Woman*, *Chain of Fools* und *Since You've Been Gone*. Zwischen 1967 und 1974 gewann sie zehn Grammys.

Doch dann blieben weitere Anerkennungen schlagartig aus. Mitte der 70er stellten Discosound und andere Musikrichtungen Aretha Franklins melodische Interpretationen von nicht immer tanzbarem Soul-Rock vollkommen in den Schatten. Außerdem hatte sie mit gesundheitlichen Problemen zu kämpfen und verschwand so unerwartet von der Bildfläche, daß Steely Dan Anfang der 80ger Jahre einen 19jährigen besang, der sich nicht mal an die Queen of Soul erinnern konnte. Doch Aretha Franklin hatte nicht die Absicht, in Vergessenheit zu geraten. 1980 unterschrieb sie bei Clive Davis' Arista Records und begann ihr neues Leben Mitte der 80er mit der von Luther Vandross produzierten LP *Jump to It* (1982) und den Hits *Get It Right*, *Freeway of Love* und *Who's Zoomin' Who?*.

Wieder folgte Triumph auf Triumph. 1985 erklärte der Staat Michigan ihre Stimme zum Kulturerbe. Ein Jahr später trat Aretha Franklin in der ihr gewidmeten TV-Show *Aretha!* auf. 1987 wurde sie als erste Frau in die Rock 'n' Roll Hall of Fame aufgenommen und hatte im Duett mit George Michael mit *I Knew You Were Waiting (For Me)* einen weiteren Nummer-Eins-Hit.

Hinter der glänzenden Fassade des Erfolgs gab es jedoch Turbulenzen. Aretha Franklins erste Ehe mit dem Manager Ted White wurde in den späten 60ern geschieden. In die Zeit der zweiten Ehe mit dem Schauspieler Glynn Turman (1978 bis 1984) fielen Krankheit und Tod ihres Vaters, der, seit er 1979 von Einbrechern angegriffen worden war, im Koma gelegen hatte. Aretha hatte ihren Vater sehr verehrt, und sein Ableben erschütterte sie zutiefst, zumal sie fünf Jahre lang zwischen Detroit und ihrem Haus in Kalifornien hin und her gependelt war, um bei seiner Pflege zu helfen. Als ihre Schwester Carolyn 1988 an Krebs starb, zog sie sich noch mehr zurück. Im darauffolgenden Jahr gab sie ihr erstes Gospelalbum nach 16 Jahren heraus: *One Lord, One Faith, One Baptism*. Eine bewegende Erinnerung an ihren Vater, die Kritiker mit ihrem Gospelalbum von 1972, *Amazing Grace*, gleichstellten. Ihre Schwestern, Erma und Carolyn, ihr Bruder, Reverend Cecil Franklin, und Reverend Jesse Jackson hatten sie dabei unterstützt. Doch obwohl das Album gut aufgenommen wurde, nahm ihre Scheu vor der Öffentlichkeit weiter zu.

Aretha Franklins Karriere schien dem Auf und Ab ihres Befindens zu entsprechen. Nach einer langen Schaffenspause, die sie aus Angst vor dem Fliegen eingelegt hatte, einer Phobie, die sich nach einer beängstigend knappen Landung in einem kleinen Flugzeug entwickelt hatte und die lukrative Tourneen im Ausland unmöglich machte, befreite sie sich schließlich aus ihrer selbstgewählten Isolation. 1993 sang sie auf Bitten Präsident Clintons und der First Lady, die zu ihren Millionen Fans aus der Babyboomer-Generation gehörten, auf dem Ball zu seinem Amtsantritt. Zwei Jahre später wurde Aretha Franklin als jüngste Künstlerin, der diese Auszeichnung bisher zuteil wurde, im Kennedy Center for the Arts für ihr Werk geehrt. Und während sie ständig mit ihrem Gewicht kämpfte, hörte sie erfolgreich mit dem Rauchen auf, wodurch ihr Stimmumfang wieder zunahm. 1997 kehrte sie zurück in die Öffentlichkeit, so daß ihr lange Zeit unterbeschäftigter Biograph ankündigen konnte, nun sei es Zeit für ein Buch, sie wolle ihre private Geschichte endlich mit anderen teilen. Im Frühjahr des Jahres veranstaltete sie zusammen mit einer Gruppe von Gospelsängern im Lincoln Center in New York eine Veranstaltung namens Aretha's Crusade Against Aids und trat überraschenderweise bei der Grammy-Verleihung auf. Mittlerweile verzichtet sie darauf, während ihrer Konzerte Klavier zu spielen. Doch Aretha Franklin, die große Soulsängerin, die der Welt den Groove des schwarzamerikanischen Kirchengesangs näherbrachte, hatte Begleitung ohnehin niemals wirklich nötig. Ihre volle, leidenschaftliche Stimme war immer überwältigend.

ONE LORD
ONE FAITH ONE BAPTISM

SIGMUND FREUD
1856–1939

GESCHNITZTE UND GEMEISSELTE Skulpturen aus den Anfängen der Zivilisation standen auf den polierten Schreibtischen von Sigmund Freuds Arbeitszimmern sowohl in Wien als auch in London. Diese Auswahl seiner museumsreifen Sammlung primitiver Kunst – Totems einer mythischen Vergangenheit – wurde Zeuge von Freuds leidenschaftlichem Unterfangen, als Vater der Psychoanalyse die tiefsten Abgründe der menschlichen Seele zu beleuchten. Was der erklärte „Archäologe der Seele" dort fand, war ein Bild der Natur des Menschen, das gleichzeitig verstörend und revolutionär war. Seine Forschung, die auf der sorgfältigen Analyse seiner Patienten und seiner selbst fußte, zeigte der Menschheit des 20. Jahrhunderts ein fremdes Ich, das von verborgenen Motiven, seltsamen Schuldgefühlen, unterdrücktem Haß und düsterem sexuellen Verlangen besessen war.

Freuds Erforschung des Unbewußten und seine Überzeugung, es beeinflusse das menschliche Verhalten, brachten ihm den Spott seiner Kollegen ein und verschafften ihm den Ruf, der umstrittenste Wissenschaftler in der Geschichte des modernen Denkens zu sein. Seine Theorien – speziell die Theorien über sexuell begründete Neurosen, kindliche Sexualität und den damit verbundenen Ödipus-Komplex – sind noch immer Themen von Anfeindungen und Kritik. Aber Freuds Lehrgebäude und die Begriffe, die er zu dessen Beschreibung erfand, haben unsere Kultur und Sprache nachhaltig und unwiderruflich geprägt.

Der in Freiberg in Mähren geborene Sohn von Jakob und Amalie Freud, der Älteste von zehn Geschwistern, war der Liebling seiner Mutter. Von Anfang an war er ein intelligenter Schüler, der sich später für ein Medizinstudium an der Universität von Wien entschied.

Nach einer äußerst produktiven wissenschaftlichen Laufbahn, während der er sowohl zur Evolutionstheorie als auch zu den Grundlagen der modernen Neurologie bedeutsame Beiträge geliefert hatte, wandte sich Freud der Erforschung der Psyche zu. Als seine zusammen mit Josef Breuer verfaßten *Studien über Hysterie* (1895) veröffentlicht wurden, interpretierte er die verworrenen Persönlichkeiten seiner Patienten bereits mit Hilfe der „freien Assoziation", bei der der Analysierte spontan über alles spricht, was ihm gerade einfällt. Einige Jahre später entwickelte er selbst eine ihn stark beeinträchtigende Psychoneurose, zu deren Bekämpfung er die eigenen beunruhigenden und verwirrenden Träume unerbittlich unter die Lupe nahm. Das Ergebnis dieses mutigen Selbstversuchs war *Die Traumdeutung*, der bei ihrem Erscheinen 1900 eine Welle des Spotts entgegenschlug. Das Werk erforscht die Natur und die Bedeutung von Träumen sowie die Funktionsweise des Unterbewußtseins und kommt zu dem Schluß, es sei geprägt von Kindheitserlebnissen und wimmele nur so von Gedanken und Gefühlen, die das Bewußtsein für unannehmbar halte und deshalb um jeden Preis zu ignorieren versuche. Die Veröffentlichung von *Drei Abhandlungen zur Sexualtheorie* (1905) rief erneute Empörung hervor. Die beunruhigendsten Kapitel handelten von der bisher unbekannten kindlichen Sexualität, einer stürmischen Entwicklungsphase, die Freud als eine Aneinanderreihung starker, unausweichlicher erotischer Bindungen an die Eltern beschrieb – die andererseits ebenso starke Haßgefühle hervorriefen.

Das war eine schockierende Theorie, für die er sich von allen Seiten Tadel zuzog. Freud hatte bereits seine Glaubensgenossen verprellt, indem er in *Der Mann Moses und die monotheistische Religion* behauptet hatte, der große Anführer der Hebräer sei ein Ägypter gewesen. Elf Jahre zuvor hatte er mit *Die Zukunft einer Illusion* einen Sturm der Entrüstung entfacht, weil er schrieb, religiöser Glaube entspringe dem Bedürfnis des Menschen nach einem übernatürlichen Wesen, da er Angst vor dem Tod und Verlangen nach Unsterblichkeit habe.

Freuds Zeitgenossen wollten keine Belehrungen über ihre Sexualität und anderes Zwangsverhalten von jemandem hören, der selbst nicht ohne Schuld, Rücksichtslosigkeit und Neurosen war. Seine Biographen verdächtigen ihn, eine Affäre mit Minna, der jüngeren Schwester seiner Frau Martha Bernays, gehabt zu haben, und das vielleicht sogar über die gesamte Dauer der Ehe (C. G. Jung, damals noch ein Schüler Freuds, behauptete, Minna habe ihn bei seinem ersten Besuch im Hause der Freuds 1907 beiseite genommen und zugegeben, ihre Beziehung zu ihrem Schwager sei „sehr intim"). Freud selbst gab zu, „unlenkbare homosexuelle Gefühle" für seinen besten Freund und wichtigsten Vertrauten Dr. Wilhelm Fliess zu hegen, dessen Theorie der menschlichen Bisexualität Freud später zu einem Grundprinzip ausarbeitete. Er bot Kuren zur Bekämpfung von Phobien an, selbst litt er unter einer übergroßen Angst vor Zugreisen. Obwohl er die Ausdrücke „orale Befriedigung" und „Todesinstinkt" geprägt hatte, rauchte er zwanzig Zigarren am Tag und experimentierte lange Zeit mit Kokain. Seine vielleicht unverständlichste Entscheidung war die analytische Behandlung seiner eigenen Tochter Anna. In seinen Büchern hatte er die Psychoanalyse von Menschen, denen man persönlich nahesteht, strikt abgelehnt.

Da Freud in bezug auf seine persönlichen Angelegenheiten äußerst verschlossen war, vernichtete er mehr als einmal in seinem Leben große Teile seiner Aktensammlungen, vielleicht um der Neugierde der Nachwelt vorzubeugen. Er hatte wenig Vertrauen in Biographen, erklärt der Freud-Biograph Peter Gay, doch muß Freud auch erwartet haben, daß er von zukünftigen Generationen ähnlich mißverstanden werden würde wie von seiner eigenen. Obwohl sie nach wie vor großen Anfeindungen ausgesetzt ist, hat sich die freudianische Analyse bis heute behauptet. Diese Tatsache spricht wohl am deutlichsten für den großen Bekenner, der die Menschen zwang, sich auf die oft schmerzvolle Suche nach Selbsterkenntnis zu machen, indem er ihre Illusionen über sich selbst zerstörte.

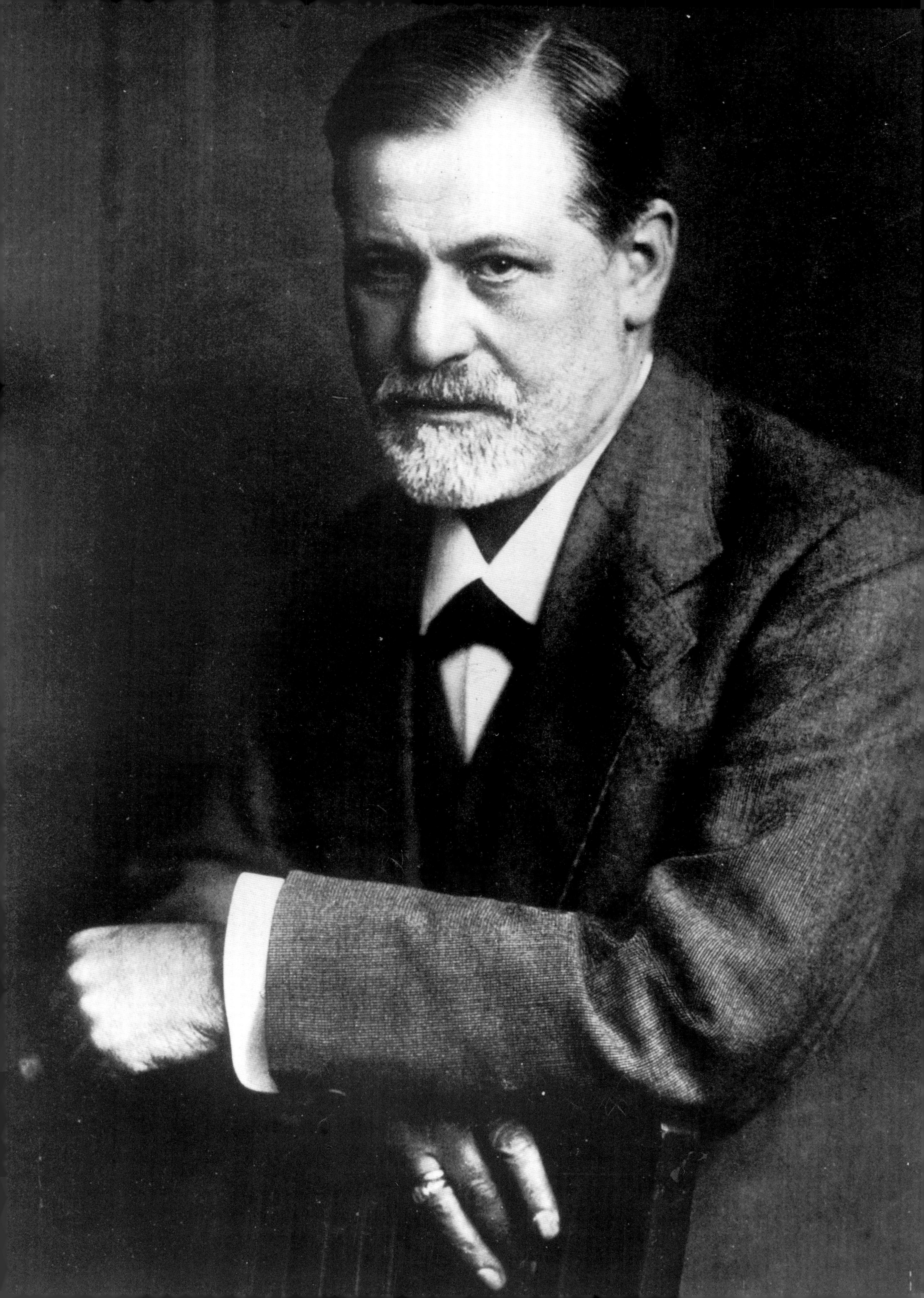

BETTY FRIEDAN
*1921

„ICH BIN GAR NICHT SO ANDERS als Jedefrau", sagte die Frauenrechtlerin Betty Friedan einmal. Der Wahrheit etwas näher kommt wohl, daß Betty Friedan – eine Hausfrau und dreifache Mutter – das Konzept einer „Jedefrau" vor allem aus ihrer eigenen schmerzlichen Erfahrung und mitfühlenden Empörung heraus entwarf. Vor Betty Friedans Klassiker *Der Weiblichkeitswahn* wurden Frauen größtenteils über ihre Rolle als Helferin, Sexualpartnerin und Mutter definiert. Ihr ist es zu verdanken, daß sich der Status ihres Geschlechts veränderte, indem sie das Bild der Frau umformte – und zwar in den Köpfen von Männern und Frauen gleichermaßen. Sie war es auch, die die damals aktuellen Theorien über die Bedeutungslosigkeit der Mittelklasseexistenz, vorher nur für Männer gültig, auf das Leben von Frauen anwendete. Seitdem haben Frauen einen gewaltigen Schritt in Richtung sozialer Gleichheit mit Männern getan und das Recht erkämpft, mehr über sich selbst herauszufinden.

Dabei hatte Betty Friedan eine recht bürgerliche Vision, und wie so viele große Reformer tendierte sie zur Idealisierung der unteren Klassen, die sie befreien wollte. In Betty Friedans Gynotopie – einer von Frauen beherrschten Zukunft – gibt es weibliche Richter, aber keine weiblichen Mörder, die nicht selbst Opfer gewesen wären, weibliche Bankiers, aber keiner von ihnen wirft arme Frauen auf die Straße, es gibt Politikerinnen, aber keine davon geht falsche Wege. Trotzdem machte die „Päpstin der Frauen" – wie sie sich selbst im Scherz nannte –, Männer niemals zu Dämonen (wie es die radikalen Feministinnen taten, mit denen sie sich später überwarf), sondern betrachtete sie als Verbündete im Kampf für eine bessere, menschlichere Gesellschaft.

Betty Naomi Goldstein wurde in Peoria, Illinois, als Tochter eines Juweliers geboren. Als Jüdin in einer kleinen Stadt im Mittleren Westen Amerikas entwickelte die schüchterne Betty ein feines Gespür für die subtilen Formen von Diskriminierung, und ihre angeborene Sensibilität führte sie zum Studium der Psychologie am Smith College in Northampton, Massachusetts, wo sie auch an der Gründung eines literarischen Magazins beteiligt war. Nach dem Abschluß mit Summa cum laude wurde Betty Goldstein 1942 ein Forschungsstipendium der Universität von Kalifornien angeboten, damals eine seltene Anerkennung für eine Frau. Ein Jahr lang studierte sie Psychologie in Berkeley. Als die Uni ihr 1943 eine Fortsetzung des Stipendiums anbot, lehnte sie jedoch ab, um der Eifersucht jenes jungen Physikers keine Nahrung zu geben, mit dem sie damals befreundet war.

Später verließ Betty Goldstein Berkeley (und auch den Physiker) und ging nach New York. Dort teilte sie das Leben der Bohemiens in Greenwich Village und arbeitete als Journalistin, bis sie 1947 Carl Friedan heiratete, einen Theaterproduzenten, der sich später aber der Werbung zuwandte. Ihr Leben glich nun dem aller verheirateten Mittelklassefrauen in den 50er Jahren. Sie wurde entlassen, als sie um einen zweiten Mutterschaftsurlaub bat. Später empörte sie sich über diese Entlassung, aber zum damaligen Zeitpunkt war sie erleichtert: „Ich fühlte mich schuldig, weil ich arbeitete." Daher ließ sie sich mit einem Gefühl der Erleichterung mit Ehemann und Kindern in einem viktorianischen Haus nieder, von dem aus man über den Hudson blicken konnte.

Dort fand sie sich in einer Art Gegenwelt wieder – voller Wäsche, Kinder und Cocktails mit den immer gleichen, langweiligen Leuten. Sie schrieb weiterhin für Frauenzeitschriften und mußte es hinnehmen, daß in ihren Artikeln jeder Satz, der nicht dem Bild der glücklichen Hausfrau entsprach, gestrichen wurde. Schließlich startete die ausgebildete Psychologin auf dem 15. Jahrestreffen ihrer ehemaligen Kommilitoninnen des Smith College eine Umfrage und stellte bei der Auswertung des selbstentwickelten Fragebogens fest, daß „das Problem ohne Namen" beherrschender war, als sie sich jemals hätte träumen lassen. Bestärkt durch diese Entdeckung und durch ein wachsendes Sendungsbewußtsein schrieb sie 1960 einen Artikel für die Zeitschrift *Good Housekeeping* mit dem Titel „Frauen sind auch Menschen!". Die Reaktionen der Leser und Leserinnen waren so überwältigend und einhellig, daß Betty Friedan ihre Erkenntnisse in einem Buch veröffentlichte.

Das Erscheinen von *Der Weiblichkeitswahn* (1963) hat nach Meinung vieler Menschen sogar eine größere Auswirkung auf die moderne Gesellschaft gehabt als die Werke von Freud. Es wurde sofort zum Bestseller, und seine Wirkung – eine radikale Neuorientierung des weiblichen Selbstverständnisses und der Einstellung der Männer gegenüber Frauen – ist nach mehr als 30 Jahren noch immer zu spüren. Die schlichten Forderungen, daß Frauen den Männern vollkommen gleichgestellt sein müssen und daß Gleichheit ein absolutes Recht sei, erwiesen sich in der Praxis als sehr komplex: Nicht jeder stimmte zu, und aufgrund der politischen Reaktionen rief Betty Friedan 1966 die National Organization for Women (NOW) ins Leben.

Während sie sich ununterbrochen engagierte, Artikel und Bücher schrieb, Lesungen hielt und an Demonstrationen teilnahm, zerstörte ihr Einsatz für die Frauenbewegung allmählich ihre Ehe und spaltete ihre Familie. Für Betty Friedan war das ein schwerer Schlag, schließlich hatte sie als Vertreterin starker Familienwerte die Ehe als Institution niemals angegriffen und sich in diesem Punkt sogar mit den radikaleren Mitgliedern ihrer Gruppe überworfen.

Mit zunehmendem Alter widmet sie ihre ganze Aufmerksamkeit den Problemen älterer Frauen. 1993 veröffentlichte sie nach zehn Jahren Forschung *Mythos Alter*, worin sie die Anschauung, Altern sei ein Prozeß des Schwächerwerdens, korrigierte. Der Feminismus verbreitete sich immer weiter, und Betty Friedan, die Humanistin, feierte auf ihren Reisen durch dieses Neuland große Triumphe. Ihr größtes Anliegen blieb jedoch, die Qualität jedes einzelnen Lebens zu verbessern.

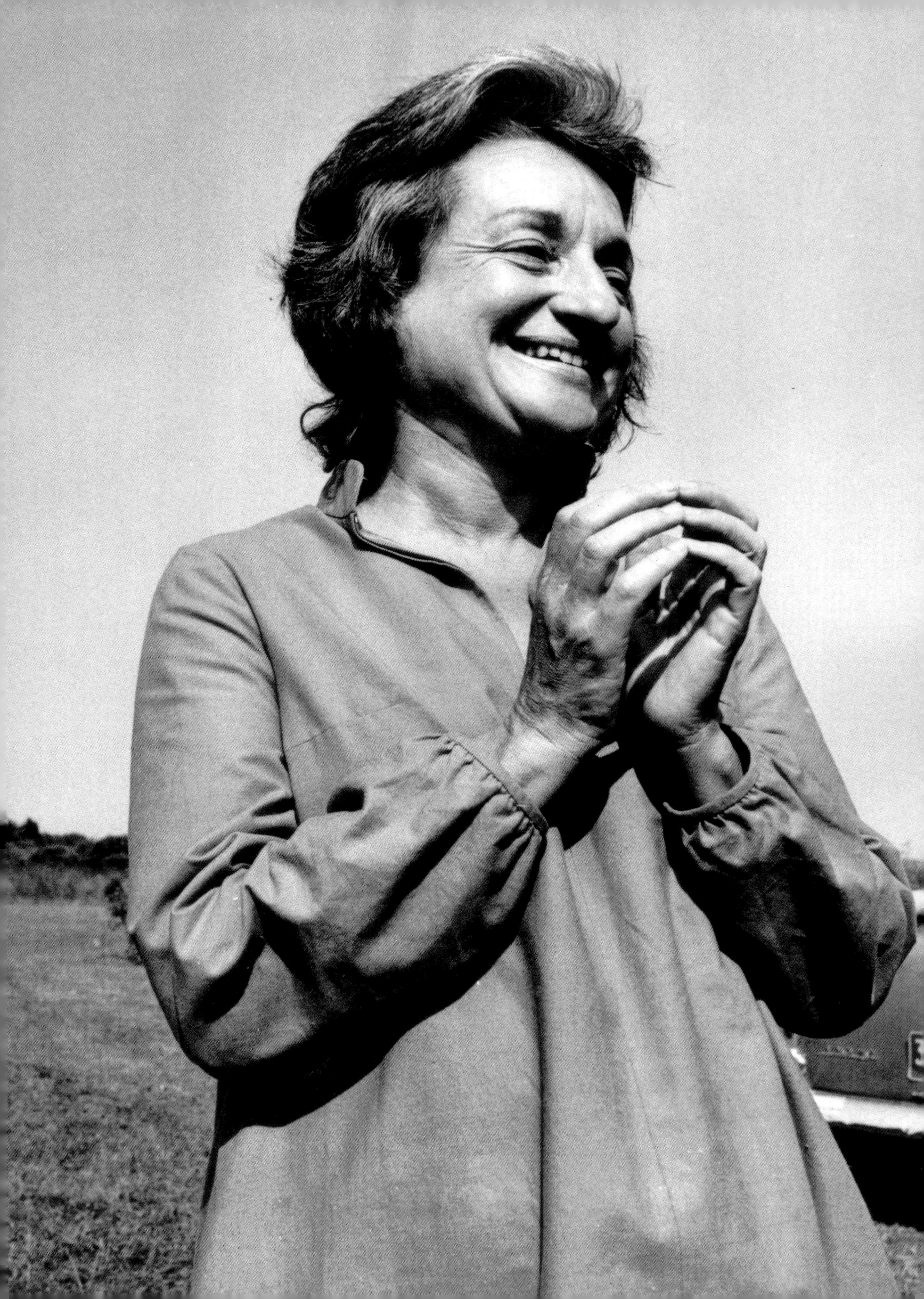

JURI GAGARIN
1934-1968

AM 12. APRIL 1961, UM GENAU 9.07 Uhr Moskauer Zeit, hob der Kosmonaut Juri Gagarin in Vostok I von der Erde ab und flog als erster Mensch dorthin, wo man einst die Heimat der Götter vermutet hatte. In seiner beinahe fünf Tonnen schweren Raumkapsel schwebte er 108 Minuten durch das All und flog dabei schneller (33.336 km/h) und höher (348 km) als je ein Mensch zuvor. Als der mutige Patriot von seiner Erdumrundung zurückkehrte, war die Welt nicht mehr dieselbe. Er bezeichnete sich selbst als „einfachen Menschen"; als Mitglied der Kommunistischen Partei fügte er jedoch immer ein „Sowjet" hinzu. Juri Alexejewitsch Gagarin wurde in Kluschino in der Nähe des nach ihm benannten Dorfes Gagarin, 160 Kilometer westlich von Moskau, geboren. Auch wenn manchmal behauptet wird, er sei ein Nachfahre des Zarenprinzen Gagarin gewesen, so steht doch fest, daß sein Vater entweder Bauer oder Schreiner war und seine Mutter als Melkerin arbeitete. 1941 wurde Gagarin in seinem von der deutschen Wehrmacht besetzten Dorf Zeuge einer mutigen Tat, die sein Leben beeinflussen und auf sein eigenes Ende vorausweisen sollte. Er beobachtete einen von Flakschützen schwer getroffenen sowjetischen Kampfflieger, der einen Zug deutscher Soldaten beschoß und sich anschließend tötete, indem er seine Maschine mitten in die Reihen der feindlichen Soldaten steuerte.

Nach dem Krieg nahm Gagarin seine unterbrochene Ausbildung wieder auf und schrieb sich 1950 in der Gießereifachschule in Liubertsi in der Nähe Moskaus ein. Es sah ganz danach aus, als solle er – wie es sich für einen guten sowjetischen Staatsbürger gehörte – ein fleißiger Arbeiter in der Schwerindustrie werden. Doch in Liubertsi gab es auch eine Flugzeugfabrik, wo sich Gagarin mit den Piloten unterhielt und mit Feuereifer ihre Testflüge beobachtete. Im folgenden Jahr ging er auf die Industriefachschule in Saratow. Ganz in der Nähe befand sich eine Flugschule, in der er erste Flugstunden nahm. So lautet zumindest die offizielle Version; doch Saratow war eine von mehreren sowjetischen Städten, in denen unter Ausschluß der Öffentlichkeit geheime Projekte durchgeführt wurden, darunter auch solche zur Weltraumforschung. Möglicherweise war Gagarin nicht ganz zufällig dort.

Er studierte das Fliegen in der Theorie und lernte alles über Nachtflüge, machte seinen ersten Fallschirmsprung und durfte endlich ein Kampfflugzeug fliegen. Dieser erste Flug war für ihn, so erzählte er später, eine Offenbarung. 1955 schloß er die Gießereiausbildung ab und erhielt seinen Flugschein. Was ihn jedoch interessierte, war die Kampffliegerei. Im Herbst begann er eine Ausbildung an der Flugakademie in Orenburg, die er 1957 abschloß. Danach ging er als Kampfflieger zur sowjetischen Luftwaffe. Er war so klein – gerade einmal 155 cm –, daß er bei Paraden immer in den hinteren Reihen marschieren mußte, und beim Flugtraining in den MiGs mußte er sich ein Kissen unterlegen. Später sollte sich jedoch seine kleine Statur als äußerst vorteilhaft für die enge Raumkapsel erweisen. 1957 heiratete er eine angehende Krankenschwester und wurde zum Leutnant befördert. Zwei Jahre darauf erfuhr er vom geheimen sowjetischen Raumfahrtprogramm und meldete sich als Freiwilliger. Möglicherweise war er auch von höherer Stelle ausgewählt und vorbereitet worden. Gagarin war ehrlich, selbstbewußt, furchtlos und neugierig – gerade die richtigen Eigenschaften, um eine derart gefährliche Aufgabe erfolgreich durchzuführen, die vor ihm noch niemand in Angriff genommen hatte. Er war körperlich und geistig in bester Verfassung, trieb jeden Tag Sport, trank und rauchte nicht – der ideale Mann, um ein Fluggefährt zu steuern, das eigentlich eher einer Kanonenkugel glich.

Aber das dreijährige, intensive Training konnte ihm nur eine vage Ahnung von den ungeheuren Kräften vermitteln, die bei der Beschleunigung der Rakete freigesetzt würden. Niemand wußte tatsächlich, wie sich die Schwerelosigkeit auswirken und wie der Wiedereintritt in der Praxis aussehen würde. Als sich Major Gagarin am Abflugtag von seiner Familie verabschiedete, um den Planeten zu verlassen, gab es noch viele Unsicherheiten. Niemand wußte genau, wie der menschliche Körper unter Weltraumbedingungen reagieren würde. Wie würde er beispielsweise die extremen Temperaturschwankungen verkraften? Und wie groß würde die psychische Belastung sein? Ein kleiner technischer Fehler, und Gagarin könnte mit Haut und Haaren verbrennen oder dort draußen in den Tiefen des Weltraums einsam und verlassen sterben. Gagarin allerdings war die Ruhe selbst, als er in die Kapsel stieg, die wie ein winziger Käfer auf der riesigen Rakete saß. Dann wurde der Antrieb gezündet und Gagarin in die Erdumlaufbahn geschossen. Mit seinem triumphalen Erfolg stellten die Russen alle Flugrekorde in den Schatten und machten zugleich die Hoffnung der Amerikaner zunichte, als erste den Weltraum zu erobern. Dieser Kosmonaut verschaffte seinem Land die Vorrangstellung im Wettstreit der Supermächte, der 1957 mit dem sowjetischen, unbemannten Sputnik eingesetzt hatte. Als Vostok I wieder in die Erdatmosphäre eintrat, beobachtete der angespannte Gagarin, wie vor seinem Guckloch die Flammen hochschlugen.

Er landete sicher auf dem unbestellten Feld einer landwirtschaftlichen Genossenschaft. Man zeichnete ihn mit dem Ehrentitel „Held der Sowjetunion" aus und verlieh ihm den Leninorden. Im Gespräch mit dem sowjetischen Staats- und Parteivorsitzenden Chruschtschow äußerte der Kosmonaut unverhohlen seine Freude darüber, die Kapitalisten düpiert zu haben. Durch einen Unfall, bei dem sein Gleichgewichtssinn erheblich in Mitleidenschaft gezogen worden war, blieb ihm das All künftig versperrt. Am 27. März 1968 stürzte er bei einem Trainingsflug in einer MiG ab – wie der unbekannte sowjetische Kampfpilot 27 Jahre zuvor. Im Gegensatz zu ihm aber war Gagarins Name mittlerweile jedem Kind bekannt.

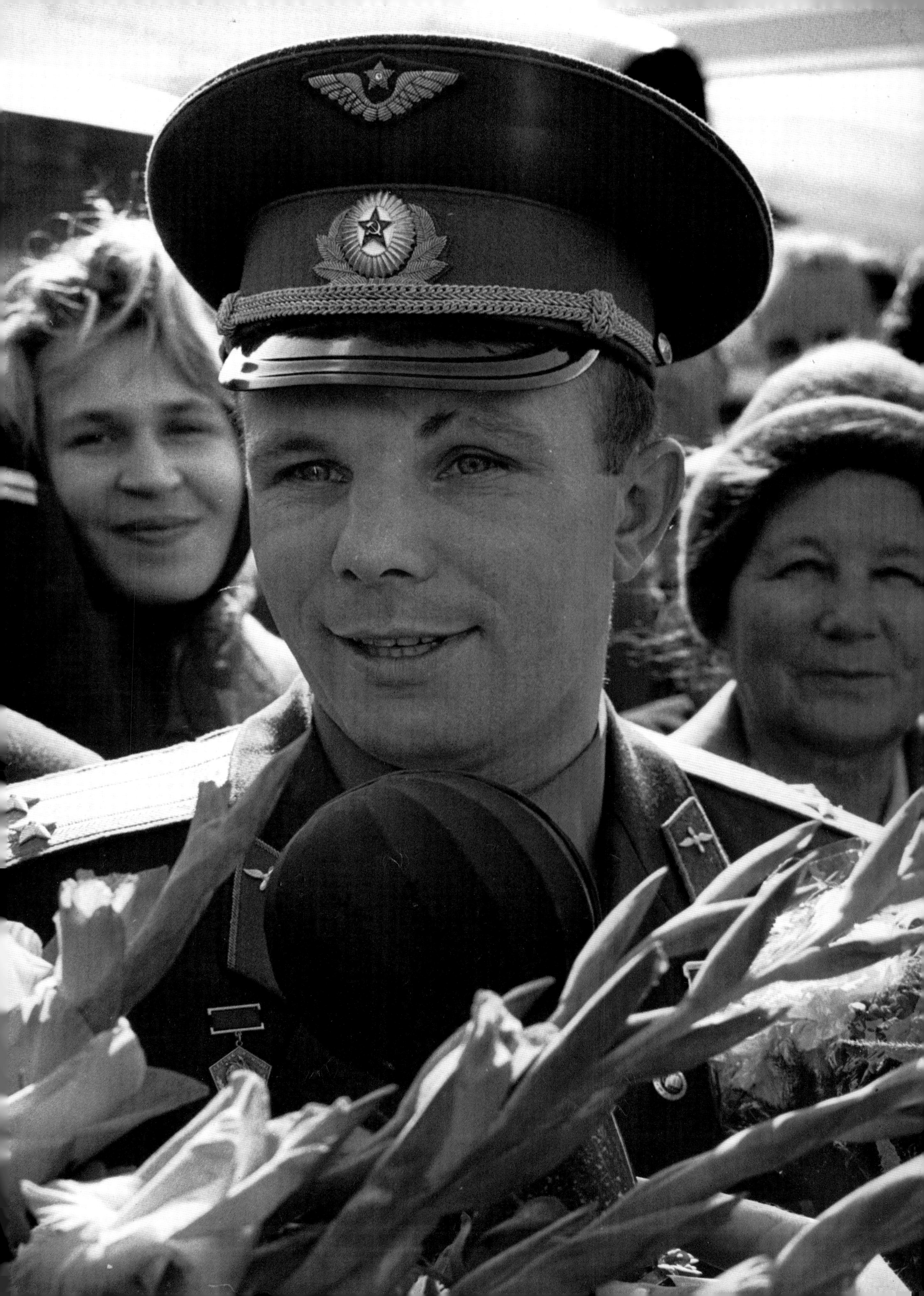

INDIRA GANDHI
1917–1984

FÜR FAST EINE HALBE MILLIARDE Staatsbürger war Indira Gandhi, erster weiblicher Premier eines größeren Landes und Erbin einer der großen Politdynastien Indiens, die Amma („Mutter") oder schlicht „Sie". Die überwiegend hinduistische Bevölkerung empfand das Bild der Mutter als mehrdeutige, kraftvolle Anspielung auf ihre mächtigen Göttinnen.

Indira Priyadarshini Nehru wurde in Allahabad in Nordindien in die vornehme Brahmanenfamilie des zukünftigen Wortführers Jawaharlal Nehru und seiner jungen Frau Kamala hineingeboren und wuchs dort, geprägt von den Unruhen der indischen nationalistischen Bewegung, auf. Sie nahm Teil an jedem Schritt Indiens auf dem Weg in die Unabhängigkeit. Als Kind wohnte sie dem Prozeß gegen ihren Vater und ihren Großvater Motilal Nehru bei, die wegen Ungehorsams gegenüber der britischen Krone angeklagt waren. Als der Vater des Bestreikens von Läden schuldig gesprochen wurde, in denen ausländische Produkte verkauft wurden, übergaben die Nehrus ihren Samt und ihre Seide aus Europa den Flammen und schworen, nur noch Kleider aus einheimischer Produktion zu tragen.

Da ihr Vater oft zu Protestkundgebungen unterwegs oder von den Briten inhaftiert war, verbrachte die junge Indira viel Zeit allein. Der Großteil ihres Wissens stammte nicht aus der Schule, sondern aus den Briefen, die ihr der Vater aus den Gefängnissen schrieb, und die zu einer Vorlesung über Weltgeschichte anwuchsen. Sie war einsam und melancholisch und behauptete später, ihr frühes Seelenleid habe ihren Charakter geprägt. 1926 besuchte sie eine Schule in der Schweiz, wo ihre kränkelnde Mutter wegen Tuberkulose behandelt wurde. 1927 kehrte sie nach Indien zurück und organisierte als Zwölfjährige, inspiriert durch die gewaltfreien Aktionen Mohandas, genannt Mahatma Gandhis, eines engen Freundes ihres Vaters, die Monkey Brigade, eine Gruppe nationalistischer Kinder, die für den nach Souveränität strebenden Indian National Congress Nachrichten schmuggelte.

Nach dem Tod ihrer Mutter im Jahre 1936 besuchte Indira das Somerville College in Oxford, wo sie moderne Geschichte studierte und eine Beziehung mit Feroze Gandhi (nicht verwandt mit Mahatma Gandhi) einging, einem politisch aktiven Studenten der London School of Economics. Ihre Zeit in Oxford wurde von häufigen Reisen mit ihrem Vater unterbrochen, auf denen er um Unterstützung für die indische Unabhängigkeitsbewegung warb. Als sich der Zweite Weltkrieg näherte und das empörte Indien vom britischen Vizekönig zu einem Kampf auf seiten des Empire gezwungen wurde, entschied sich Indira für die Heirat mit Feroze. Die Hochzeit fand 1942 gegen den energischen Einspruch der aristokratischen Nehrus statt, denn Feroze war ein Parse, dessen Eltern einen Laden besaßen. Doch als der Mahatma die Verbindung segnete, lenkte Jawaharlal ein. Während dieser Zeit wurde Nehru aufgrund der Kampagne für zivilen Ungehorsam zum neunten Mal ins Gefängnis geworfen.

Feroze Gandhi, ebenfalls Mitglied des Indian National Congress, mußte fliehen. Indira wurde auf einer öffentlichen Versammlung in Allahabad festgenommen und in das berüchtigte Naini-Gefängnis gesteckt, wo sie 13 Monate lang analphabetische Gefangene unterrichtete. Nach ihrer Freilassung kehrte sie zu ihrem Mann zurück und gebar 1944 ihren Sohn Rajiv. Zwei Jahre später boten die Briten Indien die Unabhängigkeit an. Noch im selben Jahr wurde ihr zweiter Sohn Sanjay geboren. Bei der Ernennung ihres Vaters zum Premierminister des neuen Indien erlebte Indira Gandhi die Geburtsstunde einer Nation am 15. August 1947 inmitten blutiger Straßenkämpfe zwischen Moslems und Hindus, die dazu führten, daß das Land in Indien und Pakistan geteilt wurde. Ein Jahr später wurde Mohandas, genannt Mahatma Gandhi, der Freund und Weggenosse Nehrus, ermordet.

Indira Gandhi wurde zur Beraterin und Vertrauten ihres Vaters und übernahm von ihm das Beharren auf der Blockfreiheit des Landes und seine Politik der Stärkung der indischen Ökonomie. Sie war entschlossen, diese in die Tat umzusetzen, und wurde zu einer mächtigen Figur in der regierenden Kongreßpartei, der sie seit 1955 angehörte. Als Nehru 1964 starb, willigte Indira Gandhi ein, in der Regierung des neuen Premiers Lal Bahadur Shastri ein kleineres Ministeramt zu bekleiden. Zwei Jahre später starb auch Shastri, und Indira Gandhi, als Nehrus Tochter ein Symbol der nationalen Einheit, wurde zur Premierministerin gewählt. Sie hatte zunächst mit den Folgen eines verheerenden chinesisch-indischen Grenzkrieges und einer furchtbaren Dürre zu kämpfen. Doch sie lernte schnell, gegen Probleme wie die Inflation oder die Aufstände im Punjab vorzugehen. Sie setzte ein umfassendes Projekt zur Geburtenkontrolle durch und steigerte die Nahrungsmittelproduktion im Rahmen eines ehrgeizigen, moderat sozialistisch beeinflußten Regierungsprogramms, mit dem Indien industrialisiert und die Armut beseitigt werden sollte. Unter ihrer Herrschaft stieg Indien zur führenden Macht unter den blockfreien Nationen auf.

Ihre Amtszeit war zu keinem Zeitpunkt friedlich, sie wurde mehr als einmal der Korruption beschuldigt. 1975 wegen Wahlverfälschung verurteilt, verhängte Indira Gandhi den Ausnahmezustand und ließ zahlreiche politische Gegner verhaften. 1977 verlor sie die lang hinausgezögerten Wahlen und wurde kurzerhand unter Korruptionsverdacht verhaftet; 1980 war sie wieder im Amt, doch dieser Triumph wurde durch den Tod ihres politischen Erben Sanjay bei einem Flugzeugabsturz getrübt. Indira Gandhi wurde zunehmend mit den Seperationsbestrebungen konfrontiert. 1984 befahl sie der indischen Armee, den Goldenen Tempel von Amritsar zu stürmen, das Heiligtum der Sikhs, in dem sich bewaffnete Gläubige verbarrikadiert hatten. Am 31. Oktober des Jahres erschossen zwei Sikhs aus ihrer Leibwache Indira Gandhi in ihrem Garten und lösten damit die schlimmsten Unruhen seit der Teilung 1947 aus.

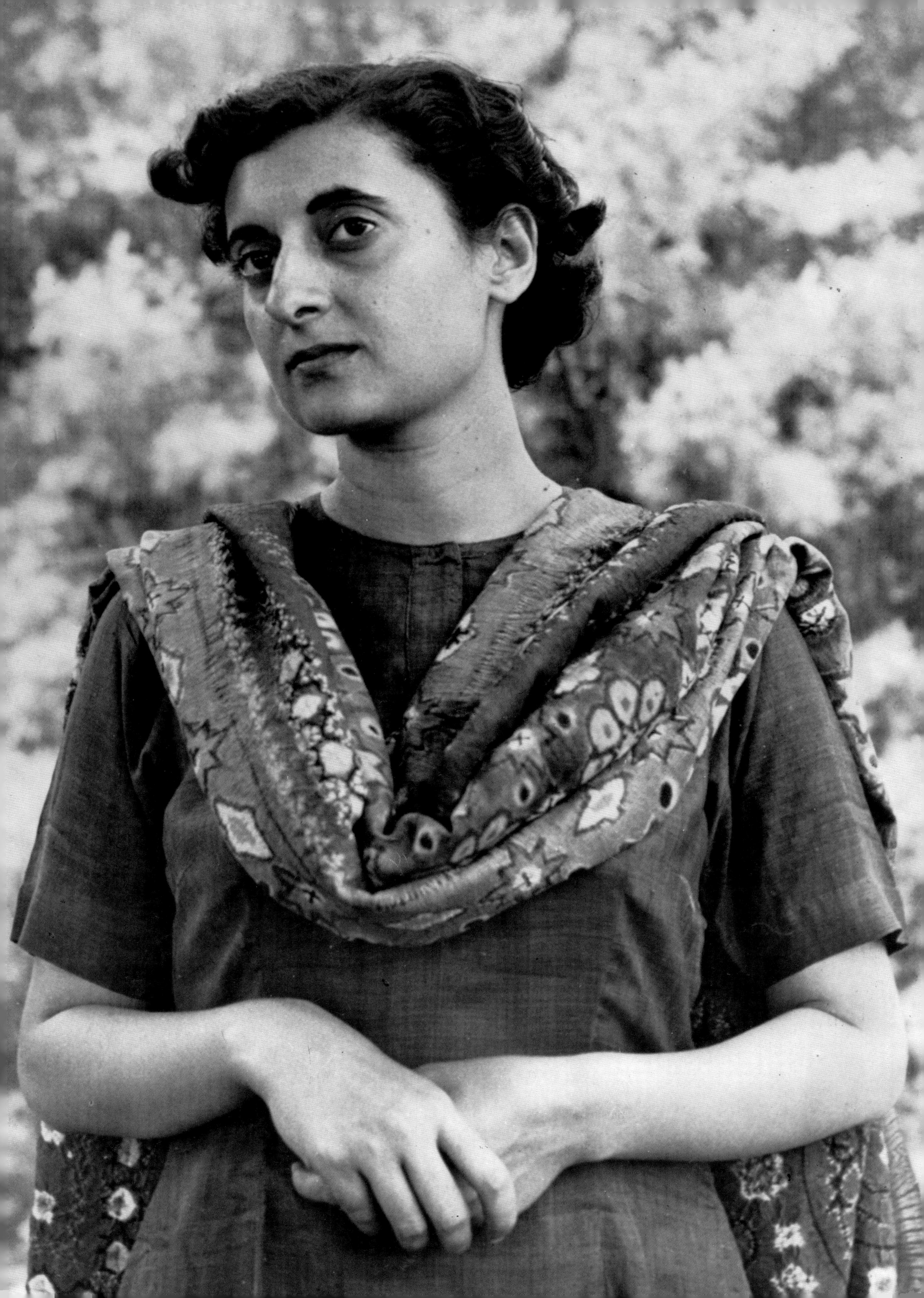

GANDHI
1869-1948
MAHATMA

DIE UNIFORM eines der größten Revolutionäre dieses Jahrhunderts war ebenso symbolisch wie absichtsvoll: ein schlichtes Tuch aus ungefärbtem, handgewebtem Leinen. Seine Waffen – Beten, Fasten und gewaltloser Widerstand – waren ebenso ungewöhnlich und übten gerade dadurch große Macht aus. Ein wandelnder Heiliger, ein Märtyrer für Indiens Kampf um Unabhängigkeit, der seine Landsleute drängte, materielle Werte zugunsten eines einfachen, am Geistigen orientierten Lebens zurückzuweisen, dieser Mohandas Karamchand Gandhi, der von seinen unzähligen Bewunderern Mahatma (Sanskrit für „dessen Seele groß ist") genannt wurde, widmete den größten Teil seines fast 80 Jahre währenden Daseins der Überzeugung, daß jede Art von Leben heilig sei und um jeden Preis geachtet werden müsse.

Gandhi wurde in dem kleinen Fischerdörfchen Porbandar an Indiens Westküste geboren. Als Mitglied der Vaishnavite-Sekte genoß seine Familie eine Mittelposition im strengen Kastensystem der Hindus und verfügte über eine komfortable Anzahl „unberührbarer" Diener, die die rituell unreinen Arbeiten im Haushalt erledigten. 1891 verbannte seine Kaste Gandhi jedoch aus ihrer Gemeinschaft, weil er drei Jahre in der „unreinen" Umgebung Londons verbracht hatte, um Jura zu studieren – für den jungen Menschen ein Vorfall von großer Tragweite.

Während der Zeit im Ausland bewegte sich Gandhi ständig auf dem schmalen Grat zwischen den Traditionen seiner Heimat und den unerforschten Verlockungen der britischen Weltgewandtheit. Da er sich schon in Indien teilweise als „Brauner Brite" assimiliert hatte, trug der Neuankömmling in London bald Bowler und Spazierstock und nahm Unterricht im Tanzen und in der Redekunst. Zu seiner Enttäuschung jedoch stellten maßgeschneiderte Anzüge und einwandfreies Benehmen keinen ausreichenden Schutz gegen kulturellen und rassistischen Chauvinismus dar. Als seine Finanzen schrumpften, widmete sich Gandhi völlig seinem Studium, wobei ihm sein eiserner Wille zugute kam, der ihm später durch zahllose Gefängnisaufenthalte und viele Kampagnen für gewaltfreien Widerstand gegen die britische Herrschaft helfen sollte.

In London griff der fragile und schüchterne junge Mann begierig philosophisches und religiöses Gedankengut auf und setzte sich vom Christentum über das Vegetariertum und die Theosophie mit einer Menge utopischer Weltentwürfe auseinander. Er hatte schon als Kind die Grundsätze dschainistischer Gewaltlosigkeit kennengelernt und entdeckte nun auch die Vorstellungen von liebendem Mitleid und Selbstverleugnung sowohl im Neuen Testament wie auch in der Bhagavadgita, die er später auswendig lernte. Bei Thoreau fand er die Idee vom zivilen Ungehorsam, Tolstoi lehrte ihn die Übel moderner Staaten, und in Ruskins Schriften erfuhr er vom Segen der Arbeit. Nach seiner Rückkehr nach Indien ließ er sich als Anwalt in Bombay nieder, doch verließ er seine Heimat zwei Jahre später wieder, diesmal für einen Job als Berater einer muslimischen Firma in Südafrika. Dort praktizierte er erstmals sein Modell eines aufgeklärten, passiven Widerstandes, das später das Schicksal des indischen Subkontinents verändern sollte.

Nachdem er aus dem Erste-Klasse-Abteil des Zugs Durban-Pretoria geworfen worden war und danach von einem Busfahrer geschlagen wurde, weil er seinen Sitzplatz nicht für einen Weißen räumen wollte, gab Gandhi viele seiner in Europa angenommenen Anschauungen wieder auf. Die nächsten 21 Jahre verbrachte er mit der Organisation südafrikanischer Inder, um den Briten die Bürgerrechte abzuringen. Er kam zu der Überzeugung, daß er sein eigenes Wohl und das seiner Familie durch den Verzicht auf Reichtum und die Gelüste des Fleisches opfern müsse, um sich ganz dem Wohl der Allgemeinheit widmen zu können. Um auch das sexuelle Verlangen zu unterdrücken, schwor der Vater von vier Söhnen 1906 vollkommene Abstinenz – und erneuerte das Gelübde in späteren Jahren immer wieder, indem er sich selbst in Versuchung führte und eine Nacht an der Seite weiblicher Anhänger ruhte.

Nachdem Gandhi 1914 nach Indien zurückgekehrt war, organisierte er gewaltlosen Widerstand gegen alle Formen sozialer Ungerechtigkeit; er zog sowohl gegen die koloniale Unterdrückung als auch gegen die gewissenlose Unberührbarkeits-Doktrin orthodoxer Hindus zu Felde. Seine Anhänger lehrte er, die Verantwortung für die Folgen ihres zivilen Ungehorsams zu tragen. Er trat dem Indian National Congress bei und formte dessen reformistische Haltung schrittweise zu einer umfassenden Unabhängigkeitsbewegung um. Die herrschenden Briten erhielten in dem garnspinnenden Befürworter eines bäuerlichen Lebens einen ernstzunehmenden Gegner. „Er ist ein gefährlicher und unbequemer Feind", sagte ein Beobachter, „weil sein Körper, den man ohne weiteres besiegen könnte, so wenig Macht über seine Seele verleiht." Der moralischen Wirkung von Gandhis gefährlich langen Fastenzeiten und öffentlichen Protesten – wie dem dramatischen „Salzmarsch" gegen das britische Salzmonopol 1930 – konnten die Kolonialmächte nur wenige wirksame Strategien entgegensetzen.

Kritiker warfen Gandhi Naivität vor, wenn er sich entsetzt zeigte über seine eigene Unfähigkeit, dem Blutvergießen Einhalt zu gebieten, das oft eine Folge seiner friedlichen Demonstrationen war. Landsleute wie Jawaharlal Nehru zuckten bei Gandhis merkwürdiger Glorifizierung der Entbehrung zusammen, während Sarojini Naidu aufzeigte, wie kostspielig es sei, „Gandhiji" in Armut zu halten. Mit der Unabhängigkeit kam 1947 die Teilung Indiens in einen muslimischen und einen hinduistischen Staat – für Gandhi eine tragische „Vivisektion" seiner Heimat, der er nur widerstrebend zustimmte. Sein gewaltsamer Tod ein Jahr später – ein fanatischer Hindu ermordete ihn – schockierte die gesamte Welt. Millionen folgten klagend seinem Leichnam zum heiligen Fluß Jumna.

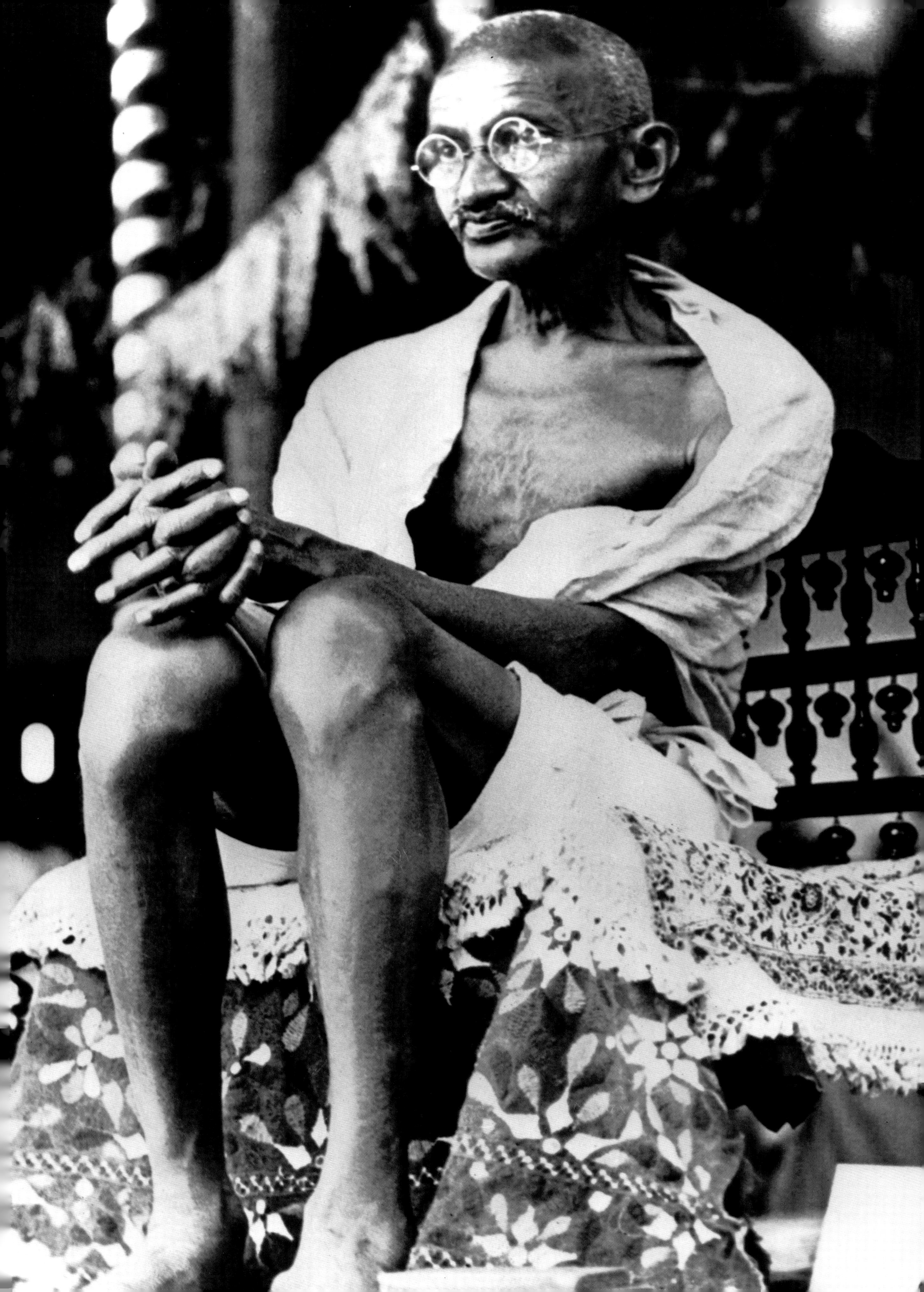

GRETA GARBO
1905–1990

DIESES GESICHT. UNSAGBAR schön, und doch erfüllt von einer unbestimmten Traurigkeit. Matt und gleichgültig, und doch in der Lage, verzehrende Leidenschaft darzustellen. Keine Schauspielerin begegnete dem scharfen Auge der Kamera mit solcher Distanz und nutzte deren verklärende Macht so gründlich aus. Und kein anderes Gesicht zeigte so tiefe Gefühle mit der gleichen widersprüchlichen Mischung aus Intensität und Gelassenheit.

Ihr Vater, ein Landschaftsmaler aus Stockholm, starb, als Greta Lovisa Gustafsson 14 Jahre alt war. Der darauffolgende Tod ihrer Schwester verstärkte ihr Gefühl des Alleingelassenseins, machte sie hypersensibel und ließ sie anderen Menschen gegenüber scheu werden. Daß sie aus ihrem Heimatland Schweden 1925 nach Hollywood gelangte, war gewissermaßen ein Zufall. Louis B. Mayer von Metro-Goldwyn-Mayer gab der Forderung eines Regisseurs nach, auf den er alles setzte: Mauritz Stiller, Garbos Mentor und Liebhaber. Der polnische Immigrant, der seinen Schützling als Studentin an der Königlich Dramatischen Theaterschule in Stockholm entdeckt hatte, sah in der unscheinbaren 17jährigen Garbo den schillernden Schmetterling und gab ihr die zweite Hauptrolle in dem vierstündigen Stummfilm *Gösta Berling* von 1924. Der Film machte Greta Garbo sofort zu einem Filmsternchen, was wohl auch daran lag, daß Stiller von ihr verlangt hatte, zehn Kilo abzunehmen und sich die Zähne richten zu lassen. Trotzdem tat sich MGM schwer, ein vermarktbares Image für Stillers unauffällige Gefährtin zu finden,– bis ihre zurückhaltende Einstellung gegenüber der Presse sie zur „schwedischen Sphinx" machte.

1925 begann die Garbo die Dreharbeiten zu ihrem ersten MGM-Film *Fluten der Leidenschaft*, einer von Vicente Blasco-Ibanez geschriebenen Geschichte über einen spanischen Adligen, dessen Mutter die Heirat mit einem armen Mädchen verhindert. Trotz des reichlich simplen Drehbuchs waren die Aufnahmen atemberaubend; allmählich ahnten die Studiochefs, von welchem aufregenden Phänomen Stiller die ganze Zeit gesprochen hatte. Die Kamera liebte sie aus jedem Winkel, und sie projizierte eine süchtigmachende Erotik. Für Stiller war das das Ende. Im nächsten Film, *Totentanz der Liebe*, wurde er durch einen anderen Regisseur ersetzt. Er ging nach Schweden zurück, wo er zwei Jahre später starb.

Als Partnerin von John Gilbert in *Es war* von 1927 und kurz darauf in *Love*, einer Adaption des Romans *Anna Karenina*, entwickelte sich die Garbo bald zu einer selbstsicheren Schauspielerin, obwohl sie sich zu einem großen Teil auf Gilberts Anweisungen verließ. Die beiden hatten eine Affäre, doch Greta Garbo beendete das Verhältnis in dem Jahr, in dem sie im Kassenschlager *Anna Christie* 1930 die ersten Worte sprach. Zu diesem Zeitpunkt war sie bereits der Star bei MGM, und der Produktionsfirma war für ihre einträgliche Diva nichts zu teuer – außer vielleicht gute Drehbücher. Tatsächlich war es einer von Greta Garbos Trümpfen, daß sie in der Lage zu sein schien, selbst die schlechteste Vorlage zu retten, was oft auch nötig war. Von den Drehbüchern der 24 Filme, die sie für MGM drehte, war eins so mittelmäßig wie das andere, mit Ausnahme von Ernst Lubitschs *Ninotschka* (1939). Doch die übrigen „Zutaten" waren von bester Qualität: teure Sets, extravagante Kostüme, talentierte Regisseure und hervorragende Kameramänner wurden aufgeboten. Da sie sich als nicht ausgebildete Mimin ihrer Unzulänglichkeiten bewußt war, bestand ihre Leistung am Set vor allem im intuitiven Spiel, in äußerster Konzentration und extremer Anpassungsfähigkeit.

Greta Garbo arbeitete hart. Der Regisseur Clarence Brown bemerkte einmal: „Wenn sie fertig war, war sie erledigt." Dann kam ein Mädchen in die Kulisse, reichte Greta Garbo ein Glas Wasser, die Schauspielerin verabschiedete sich und ging. Vor ihrem Privatleben fiel der Vorhang. Je zurückgezogener die Schauspielerin lebte, desto neugieriger wurde das Publikum. Sie selbst war hin- und hergerissen zwischen dem Vergnügen, im Rampenlicht zu stehen, und dem Bedürfnis, sich zurückzuziehen. Sie trotzte den Gepflogenheiten Hollywoods, indem sie sich weigerte, Autogramme oder Interviews zu geben oder an ihren eigenen Premieren teilzunehmen. Selbst das Filmstudio kannte ihre Telefonnummer nicht. Später verteidigte sie sich, sie habe nie so einen kühlen Eindruck vermitteln wollen, doch es lag auf der Hand, daß die meistens ungebundene Greta Garbo ihre Worte „Ich will allein sein!" in dem Film *Menschen im Hotel* (1932) auch so meinte. Daß sie dieses Versteckspiel auch humorvoll sehen konnte, geht aus einer Szene in *Ninotschka* hervor, in der sie gefragt wird: „Möchten Sie allein sein, Genossin?" und die Bolschewikin antwortet: „Nein!"

Greta Garbo verkleidete sich gerne – „Miss Harriet Brown" war eine ihrer bevorzugten Identitäten. Auch auf anderen Gebieten schien sie oft provozierend unkonventionell. War ihr Aufenthaltsort schon oft ein Rätsel, so waren ihre sexuellen Vorlieben ein vieldiskutiertes Mysterium. Die Garbo selbst nährte die Gerüchte. Man hörte von heißen Affären mit einigen ihrer Kollegen, flüsterte aber hinter vorgehaltener Hand über Liaisons mit Schönheiten des eigenen Geschlechts. Was auch immer sie bezweckte, ihre schwer faßbare, zweideutige Sinnlichkeit eignete sich vortrefflich für MGMs Werbemaschinerie.

Nachdem sie ihren Ruhm durch Erfolge wie *Königin Christine* (1933), *Anna Karenina* (1935) und *Die Kameliendame* (1936) gesichert hatte, forderte „die Göttliche" von MGM ungeheure Gagen. Nach *Die Frau mit den zwei Gesichtern* (1941), einem verunglückten Versuch, sie zu einer Komödiantin zu machen, legte sie, gerade 36 Jahre alt, eine angeblich durch den Zweiten Weltkrieg bedingte Schaffenspause ein. Die Kamera war nicht mehr so freundlich. Das Schicksal einer alternden Diva kann man sich ohne viel Phantasie ausmalen. Ihr vorzeitiger Abschied bewahrte jedoch ihre melancholische Schönheit und machte ihre Legende unvergänglich.

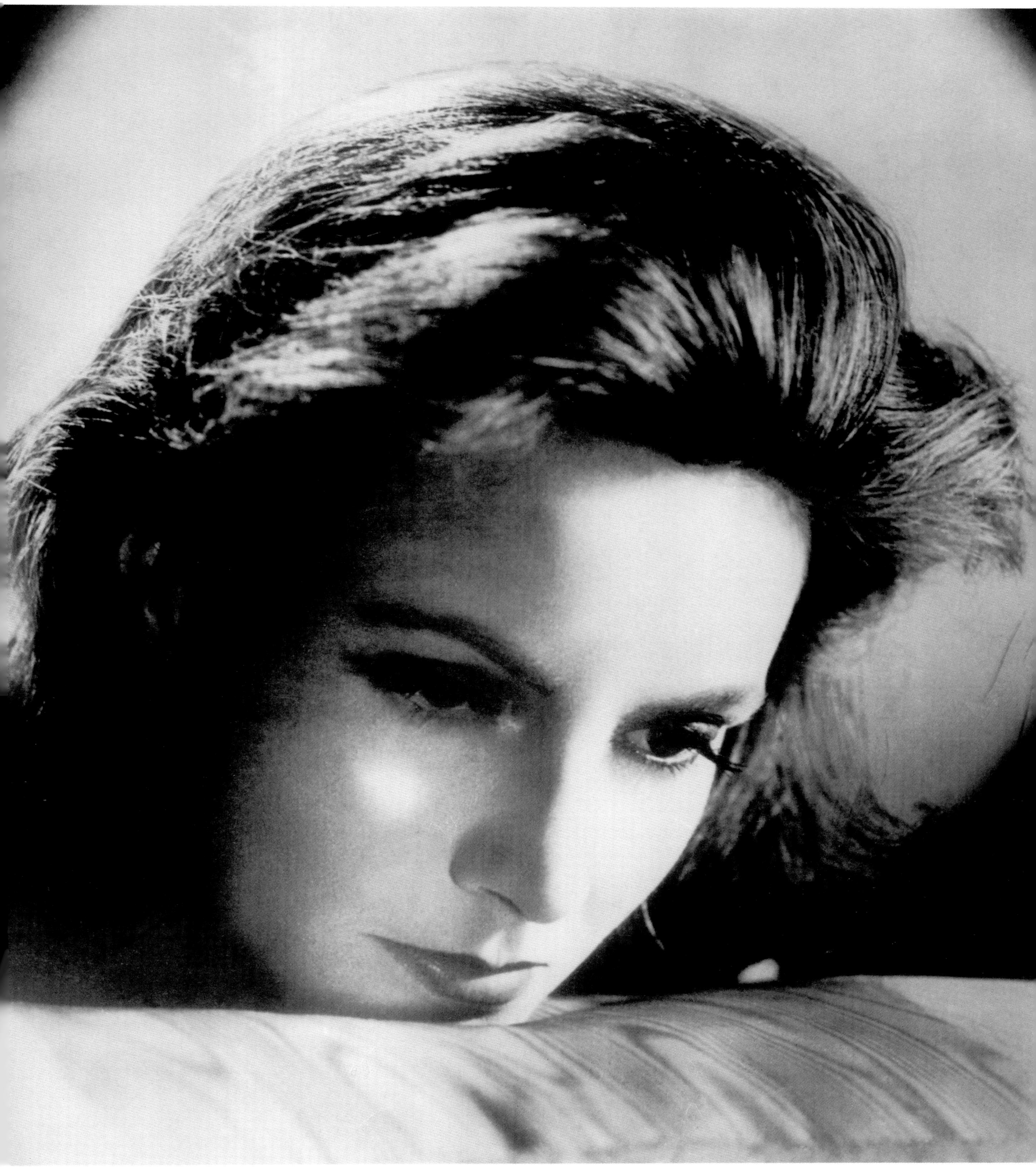

GABRIEL GARCÍA MÁRQUEZ
*1928

VIELLEICHT KONNTE NUR der südamerikanische Regenwald einen Schriftsteller wie Gabriel García Márquez hervorbringen. In seinen sehr populären Werken, zu denen auch das Meisterwerk *Hundert Jahre Einsamkeit* gehört, hat er eine so vollkommen eigentümliche Landschaft geschaffen, wie es nur ganz wenigen Autoren gelungen ist. Der Hauptvertreter des literarischen magischen Realismus und einer der berühmtesten Dichter Latein- und Südamerikas brachte die einzigartige Sensibilität seiner Kultur der ganzen Welt nahe.

Gabriel García Márquez wurde in Nordkolumbien geboren, in der verschlafenen Stadt Aracataca, die in seinen Geschichten zum sagenumwobenen Königreich von Macondo werden sollte. Sein Vater, ein Telegraphenbeamter, hatte zu wenig Geld, um ihn großzuziehen, und schickte deshalb den Jungen zu den Großeltern, die in einem riesigen, unheimlichen Herrenhaus lebten. Dort erzählte der Großvater dem Jungen unglaubliche Geschichten aus der Vergangenheit des Dorfes, einer ehemals prosperierenden Stadt von Bananenpflanzern, und über seine Abenteuer als Soldat. Die ihm in nichts nachstehende Großmutter dachte sich makabre Märchen von Geistern und den gequälten Seelen der Vorfahren aus. Dieses doppelte erzählerische Erbe, zugleich weitschweifig und bizarr, findet sich im reiferen Stil des Schriftstellers wieder.

1946 schrieb sich García Márquez an der Universität von Bogotá für ein Jurastudium ein, das er fünf Jahre lang durchhielt, dabei jedoch eine derartige Abneigung gegen das Fach entwickelte, daß er auf einen Abschluß verzichtete. Schon an der Universität veröffentlichte die Zeitung *El Espectador* seine frühen Erzählungen, die eher düster als geheimnisvoll waren. Als die Universität im Zuge des Bürgerkrieges, La Violencia genannt, geschlossen wurde, führte ein nun politisierter García Márquez sein Studium in Cartagena fort und begann, als linksgerichteter Journalist zu arbeiten. Es verschlug ihn in die Stadt Barranquilla, wo er als schlecht bezahlter Kolumnist für *El Heraldo* arbeitete. In seiner Wohnung über einem Bordell las er die Werke der großen internationalen Autoren wie Joyce, Hemingway, Faulkner, Woolf und vor allem Kafka. Dessen Erzählung *Die Verwandlung* war für ihn Offenbarung und Inspiration in einem. Unzufrieden mit seinem eigenen Prosatext *La Casa* (1951), ließ er das erzählerische Schreiben erstmal ruhen und konzentrierte sich auf Filmkritiken und journalistische Texte über Politik.

1955 erschien *La Casa* nach einer gründlichen Überarbeitung unter dem Titel *Der Laubsturm* in Buchform. Die Geschichte weist starke Anlehnungen an die schaurige Romanatmosphäre Faulkners auf, und ihre Veröffentlichung wurde in den Schriftstellercafés, in denen García Márquez verkehrte, gelobt, ohne größere Wirkung zu haben. In der Zwischenzeit wurde der Autor als Auslandskorrespondent für *El Heraldo* nach Paris geschickt, wo er blieb, nachdem die Zeitung 1955 die Machthaber in Kolumbien so sehr erzürnt hatte, daß sie verboten wurde. In Paris machte sich García Márquez in einem kalten Dachstübchen an sein zweites Buch. Zeitweilig war er so arm, daß er Flaschen in Zahlung geben mußte. Doch trotz der harten äußeren Umstände vertraute er so sehr auf seine Fähigkeiten, daß er zwei verschiedene Bücher konzipierte. Seine Hauptfigur war so vielschichtig, daß sie nicht in nur einem Buch unterzubringen war. Der *Oberst hat niemand, der ihm schreibt* wurde 1957 vollendet, als García Márquez Paris verließ und nach Venezuela zog. 1961 wurde der Roman zusammen mit seinem Zwilling *Die böse Stunde* in Bogotá veröffentlicht, wo *Der Oberst* als bester kolumbianischer Prosatext der letzten 40 Jahre gefeiert wurde.

Von 1961 bis 1965 arbeitete García Márquez weiterhin als Journalist und als Drehbuchautor. Durch die zahllosen Kurzgeschichten, die er vor seinem Hauptwerk verfaßte, fand er schließlich seine eigene Stimme in dem üppigen, phantastischen Vermächtnis seiner Großeltern. Inmitten einer Welt von Magie und Humor erforschte er besonders die Themen Einsamkeit und Liebe. Den Anfang von *Hundert Jahre Einsamkeit* schrieb er in einem Stück nieder, so als sei es ihm eingegeben worden. Dann schloß er sich in einem Zimmer in Mexiko City ein und schrieb 18 Monate lang acht Stunden pro Tag. Als er wieder herauskam, hatte er pro Monat, den er in der selbstgewählten Isolation verbracht hatte, 1000 Dollar Schulden gemacht, aber er hielt ein Manuskript von unschätzbarem Wert und enormer Kraft in den Händen.

Hundert Jahre Einsamkeit wurde in mehr als 30 Sprachen übersetzt und weltweit über 15 Millionen Mal verkauft. Heute ist der Name des Autors so berühmt wie die Vorbilder, die ihn einst inspirierten. 1975 schrieb er *Der Herbst des Patriarchen*, und 1982 wurde ihm der Nobelpreis für Literatur verliehen. Es folgten *Die Liebe in den Zeiten der Cholera* (1985) und *Von der Liebe und anderen Dämonen* (1994). In den letzten Jahren widmet er sich wieder verstärkt dem Drehbuchschreiben und seinen Vorlesungen an der Filmstiftung, die er 1985 in Kuba eingeweiht hat. Er veröffentlichte auch eine literarische Reportage über das Vorhaben des kolumbianischen Drogenhändlers Pablo Escobar, seine Auslieferung an die Vereinigten Staaten dadurch zu verhindern, daß er zehn prominente Kolumbianer kidnappte; das Buch erschien 1997 unter dem Titel *Nachricht von einer Entführung*. Seine lange Freundschaft mit dem kubanischen Diktator Fidel Castro war Anlaß für manche Diskussion, doch García Márquez stand der Kritik immer entschlossen gegenüber und blieb Castro loyal, während er seinem Handwerk mit Hingabe nachging. Obwohl er langsam schreibt – schon fünf Zeilen pro Tag sind für ihn ein Erfolg – läßt sich García Márquez nicht in Zugzwang bringen. Er vertraut darauf, daß das traurige und schöne Land, über das er schreibt, so viele Geschichten für ihn bereithält, wie es Schmetterlinge in Macondo gibt.

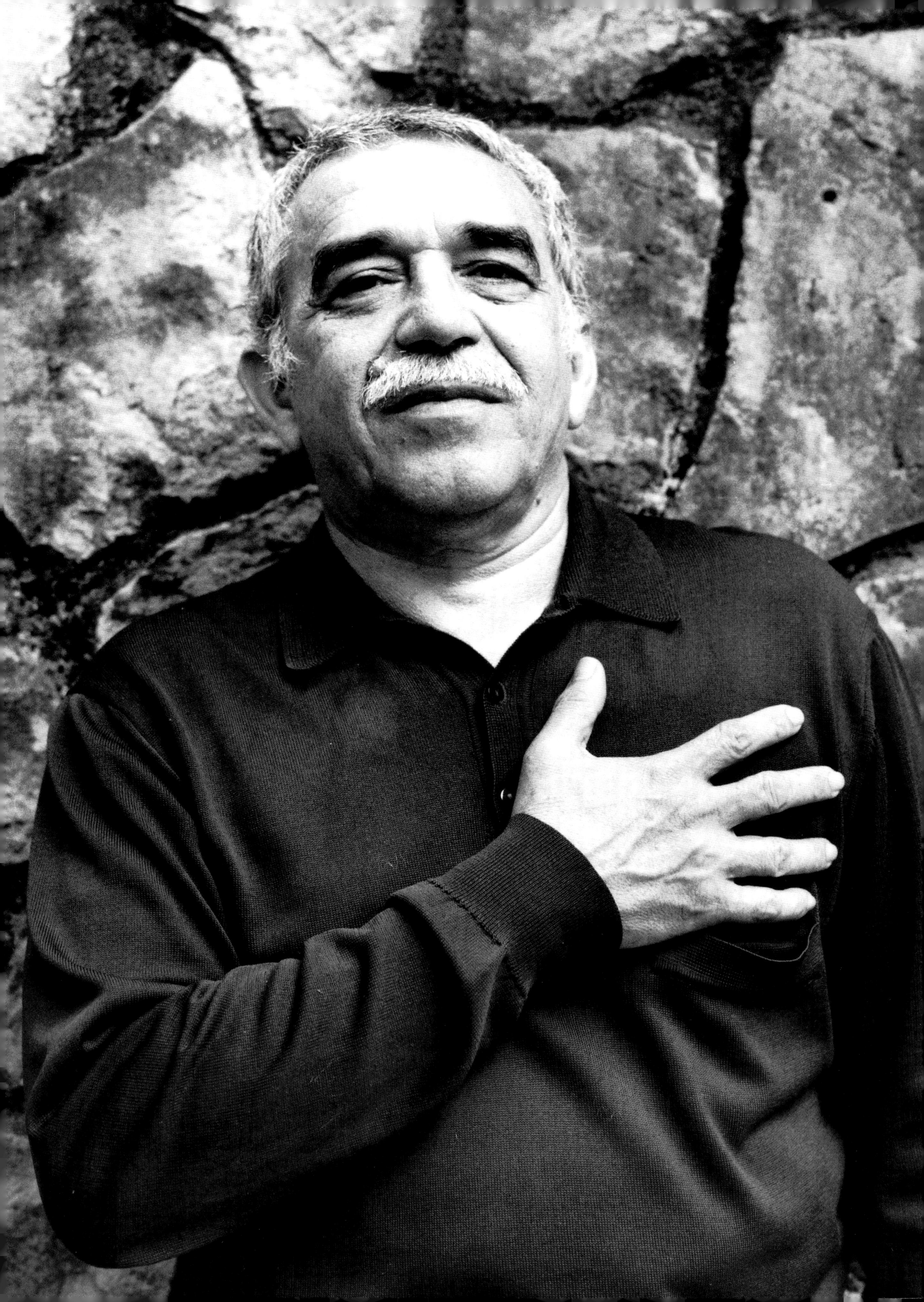

JUDY GARLAND
1922-1969

DAS ÜBERRASCHENDE an Judy Garland, so das Magazin *Life* nach ihrem Tod, „war eigentlich, daß sie überhaupt 47 Jahre alt geworden ist". Die als Frances Gumm in Grand Rapids, Minnesota, geborene Judy Garland war gerade 17 Jahre alt, als sie die Welt mit ihrer Darstellung der Dorothy in *Der Zauberer von Oz* in Entzücken versetzte. In diesem Filmmusical spielte sie ein draufgängerisches Mädchen aus Kansas auf der Suche nach dem Glück. Qualvolle 30 Jahre später, nach zu vielen Drinks und zu vielen Medikamenten, war die Frau, die das Publikum mit ihrer herzzerreißenden Stimme zu verzaubern vermochte, eine ausgebrannte Schnulzensängerin, deren Darbietungen beschämend wirkten. Judy Garland zog bereits in frühester Kindheit mit ihren Eltern und zwei Schwestern als „Baby Gumm" mit einer Wanderbühne durch die Lande. Ihr Vater starb drei Monate nachdem die zwölfjährige Frances einen Vertrag bei Metro-Goldwyn-Mayer unterschrieben hatte; was ihr noch an Kindheit blieb, gehörte nun MGM. Judy Garland stand ständig unter der Aufsicht des Studios, dessen Ärzte ihr Diätpillen ebenso bedenkenlos verschrieben wie Schlaftabletten oder Aufputschmittel. Judy behauptete später, die Medikamente hätten ihr noch junges Nervensystem geschädigt. Mit erst 20 Jahren stand sie bereits vor ihrer ersten Scheidung. Als Star der Filme *Broadway-Melodie 1938*, *Love Finds Andy Hardy*, *Everybody Sing*, *Listen, Darling* und des Klassikers *Der Zauberer von Oz* hatte sie zu diesem Zeitpunkt für MGM Millionen eingespielt und bereits einen ersten Nervenzusammenbruch erlitten.

Für die vielen Fans von Judy Garland, die es auch heute noch gibt, da ihr großartiges Talent auf Zelluloid und auf Tonträger gebannt ist, war es gerade die emotionale Verletzlichkeit, die sie zu einer der größten amerikanischen Entertainerinnen dieses Jahrhunderts gemacht hat. Die Verehrung einer loyalen Fangemeinde war ihr jederzeit sicher. Und das beruhte auf Gegenseitigkeit. Judy Garland betete ihr Publikum an, und spätestens wenn sie ihre Auftritte mit dem Erkennungslied *Over the Rainbow* beendete, entstand eine enge Bindung zwischen ihnen. Ihre Zerbrechlichkeit sprach sie frei: Man verzieh ihr Tobsuchtsanfälle, abgesagte Auftritte und am Ende auch den Anblick eines gebrochenen Idols, das sein dünnes Stimmchen mit Mühe über Noten hinwegrettete, die ihm in besseren Zeiten keinerlei Probleme bereitet hatten.

Doch auch auf dem Höhepunkt ihrer Karriere gab es für Judy Garland nur eine Handvoll glücklicher Tage. MGM wollte sein wertvolles Eigentum nicht ungenutzt lassen, deshalb erhielt sie einen Lehrer am Drehort; man stellte ihr sogar „Freundinnen" zur Verfügung, die petzten, wenn sie ihre Hühnersuppendiät nicht einhielt. Ihr einziger echter Freund war Mickey Rooney, ebenfalls ein Kinderstar, mit dem sie in den äußerst beliebten Andy-Hardy-Filmen auftrat. Judy Garland war ein echtes Naturtalent. Sie war bekannt dafür, daß sie ihre Rolle schneller als alle anderen auswendig lernte, nie eine Stunde Tanz- oder Gesangsunterricht erhalten hatte, keine Noten lesen konnte, aber ein Lied nur einmal hören mußte und es perfekt wiedergab. In dem Jahr, in dem sie ihren ersten Zusammenbruch erlitt, hatte sie hervorragende Kritiken für ihre erste Rolle als Erwachsene erhalten, neben Gene Kelly in *For Me and My Gal*. Einige Jahre später, nach Kassenschlagern wie *Heimweh nach St. Louis* (1944) und *The Harvey Girls* (1946), stand sie für *Der Pirat* (1948) wieder mit Kelly vor der Kamera und nahm Cole Porters *Be a Clown* in ihr Repertoire auf. Im selben Jahr trat sie mit dem unvergleichlichen Fred Astaire in Irving Berlins *Osterspaziergang* auf und sang in ihrer Rolle als Tramp eines ihrer beliebtesten Lieder überhaupt: *A Couple of Swells*.

Ende der 40er Jahre war ihr geistiger und körperlicher Verfall unübersehbar. Sie war mittlerweile mit dem Regisseur Vincente Minnelli verheiratet und hatte eine Tochter, Liza Minelli, zur Welt gebracht. Judy Garland kam oft zu spät zum Drehort und versuchte immer wieder, ihren aufreibenden Stundenplan zu reduzieren, doch das Studio blieb unerbittlich. Als sie eines Morgens nicht zu den Dreharbeiten von *Königliche Hochzeit* erschien, wurde ihr wegen Vertragsbruchs vorzeitig gekündigt; aber erst 1950 ließ sie MGM endgültig gehen. Später bemerkte die Schauspielerin, die von ihren 47 Jahren 45 gearbeitet hat, daß sie für einen „unzuverlässigen Menschen doch eine ganze Menge Filme" gemacht habe.

Obwohl sie in den 50er Jahren von weiteren Zusammenbrüchen heimgesucht wurde, zahllose Prozesse durchzustehen hatte und mehrere Selbstmordversuche unternahm, gelang ihr mit ihren mittlerweile legendären Konzerten im Londoner Palladium und im Palace Theatre in New York ein grandioses Comeback. Gemanagt von ihrem dritten Ehemann Sid Luft, mit dem sie eine zweite Tochter, Lorna, hatte, und mit einem Aufnahmevertrag bei der Plattenfirma RCA Victor nahm auch Judy Garlands Popularität als Fernsehstar wieder zu. Als sie 1954 in *Ein neuer Stern am Himmel* neben James Mason wieder einen großen Kinofilm drehte, brachte ihr die bewegende Darstellung einer an der Liebe zerbrechenden Schauspielerin eine Oscarnominierung ein.

In den frühen 60er Jahren büßte Judy Garland jedoch endgültig jegliche Willenskraft ein, die sie bis dahin noch aufrechterhalten hatte. Sie nahm hochdosiertes Ritalin ein, um ihre Auftritte durchzustehen, verarmte und war häufig ohne festen Wohnsitz. 1969 starb sie in einem bescheidenen Haus in London, in dem sie mit ihrem fünften Ehemann zusammenlebte. Dort wurde sie am Morgen des 22. Juni tot aufgefunden; Todesursache war eine wohl versehentlich eingenommene Überdosis Schlaftabletten. Judy Garland hat ein stürmisches Leben geführt. Ihr Vermächtnis ist jene zeitlose Musik, die im Lauf der Jahre immer ergreifender wurde. Bing Crosby hat einmal über Judy Garland gesagt: „Es gab nichts, was das Mädel nicht konnte – außer auf sich selbst aufpassen."

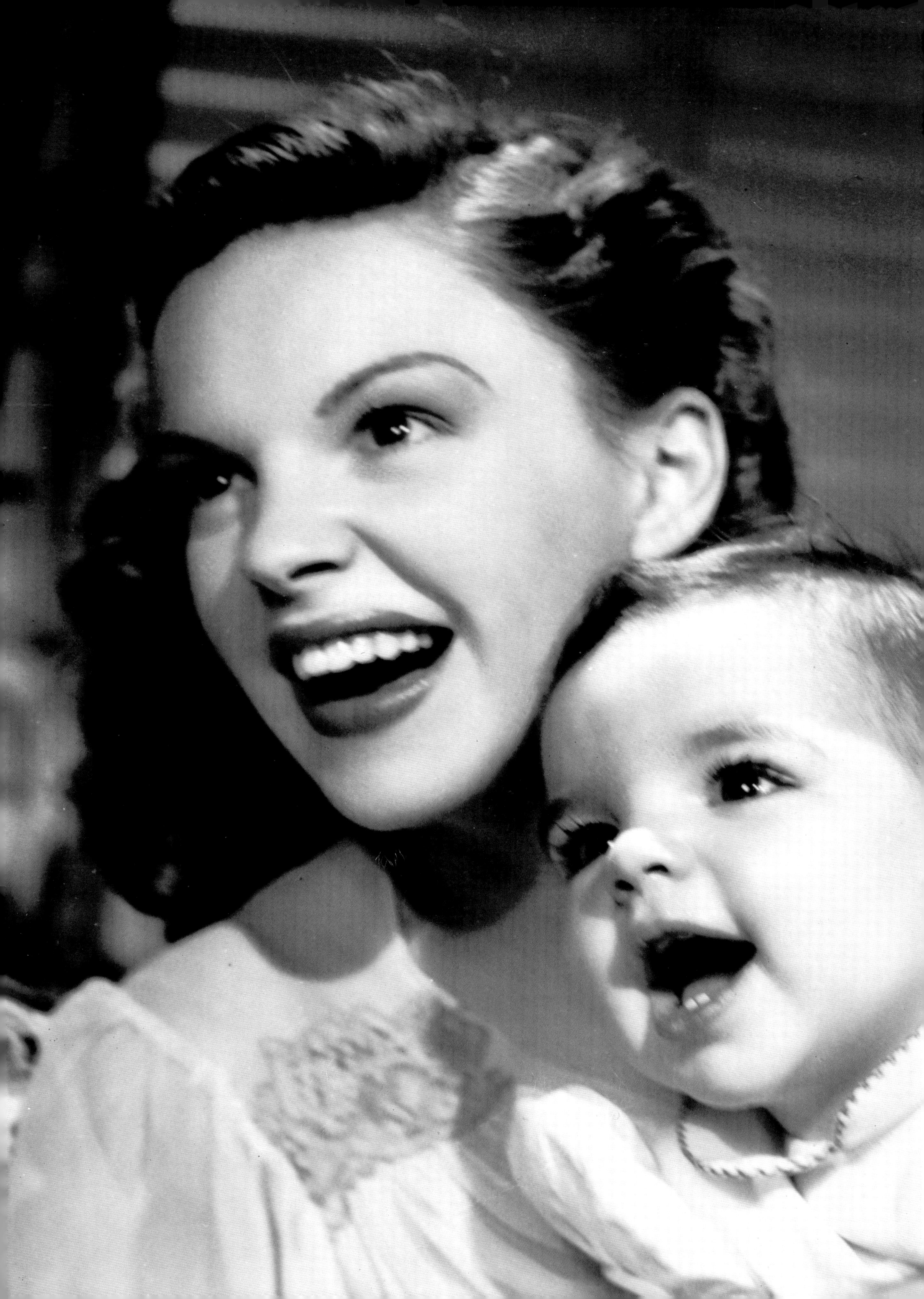

BILL GATES

*1955

AM ENDE DES 20. JAHRHUNDERTS laufen fast 90 Prozent aller Personal Computer in den Vereinigten Staaten mit Windows-Programmen. Entwickelt wurde diese Software von Microsoft, einem milliardenschweren Konzern unter Vorsitz von William Henry Gates III., einem Visionär unseres postindustriellen Zeitalters. Windows ist mittlerweile neben dem älteren Betriebssystem MS-DOS ein unverzichtbarer Bestandteil des Alltagslebens und Bill Gates der reichste Mann der Welt und einer der einflußreichsten Unternehmer in der Geschichte der Menschheit. Die Vorherrschaft von Microsoft-Software wird von einigen als Mißbrauch einer Monopolstellung beklagt. Im Oktober 1997 mußte sich Microsoft vor Gericht verantworten, weil PC-Hersteller gezwungen waren, den Internet-Browser Microsoft Explorer zu laden, wenn sie ihre Hardware mit Windows 95 ausstatten wollten. Gates wies alle Vorwürfe zurück. In den Augen zahlreicher Fachleute sind die langwierigen Rechtsstreitigkeiten des Software-Giganten ein Prüfstein für die existierenden Kartellgesetze. Es ist aber sehr umstritten, ob Gesetze, die ihre Wurzeln im 19. Jahrhundert haben, für die technologischen Entwicklungen des 21. Jahrhunderts noch von Belang sein können.

Der jugendlich wirkende Gates ist nicht nur ein exzellenter Computerfachmann, er verbindet zudem profunde ökonomische Kenntnisse mit großer Energie und Hingabe sowie einem ausgeprägten Gespür für richtiges Timing. Sein Vater war ein bekannter und erfolgreicher Anwalt in Seattle, seine Mutter Schuldirektorin und Vorsitzende einer Wohlfahrtsvereinigung. Das Mathematikgenie besuchte eine exklusive Privatschule, dort saß er zum ersten Mal vor einem Computer, einem primitiven ASR 33, ausgestattet mit der Computersprache BASIC. Hier freundete er sich mit dem zwei Jahre älteren Paul Allen an, der wie Gates Computerfreak und Unternehmer in einem ist. Mit 16 Jahren gründete Gates gemeinsam mit Allen und einigen anderen Freunden seine erste Firma Traf-O-Data. 1973 ging Gates nach Harvard. Allen stieß 1975 auf einen Zeitungsartikel, der ihrer beider Leben verändern sollte. Der Artikel über den ersten einigermaßen erschwinglichen Personal Computer MTS Altair 8800 überzeugte die beiden, daß die Zukunft im Software- und nicht im Hardwarebereich lag. Ein wesentlicher Teil ihres Erfolges war ihre Erkenntnis, daß Software vor allem benutzerfreundlich und leicht zu erlernen sein sollte.

1975 gründeten die beiden die Firma Microsoft. Als erstes schrieben sie Software für den MTS Altair, die sie MTS anboten. Bis dato war der PC etwas für eine kleine Handvoll Begeisterter gewesen, die ihre Programme selber entwickelten und an ihre Freunde weitergaben. Insofern war Gates' Schritt, mit Softwareprogrammen Geld zu verdienen, geradezu revolutionär. Außerdem sollte seine rigorose Haltung gegenüber Software-Piraterie die Zukunft der Industrie ganz entscheidend prägen. 1977 verließ Gates Harvard, und Allen begann, nunmehr ganztags für Microsoft zu arbeiten. Gates warb bei potentiellen Kunden für seine Produkte. Im selben Jahr kaufte die Tandy Corporation, die eine Elektrohandelskette betrieb, die Lizenz für Gates' und Allens BASIC-Version. Damit brach für Microsoft die Zeit des Erfolgs an. Aber der wirklich große Durchbruch gelang den beiden 1980, als IBM sie um Hilfe bat: Der Konzern brauchte Software und ein Betriebssystem für seine neueste, noch geheime Entwicklung, einen Personal Computer, der im folgenden Jahr in die Läden kommen sollte. Mit diesem engen Terminauftrag gerieten Gates und Allen erheblich unter Druck, lösten aber das Problem dadurch, daß sie die Lizenz für ein bestehendes Betriebssystem von Seattle Computers erstanden. Das war die Basis für MS-DOS.

Mit dem sprunghaften Wachstum der Computerbranche in den 80er Jahren machte Microsoft Milliardengewinne, was nicht zuletzt auch an Gates' Verhandlungsgeschick und seinem extremen Perfektionismus lag. IBM zahlte Microsoft eine bestimmte Summe für jeden mit MS-DOS ausgestatteten und verkauften Computer. Allerdings hatte IBM keine Exklusivrechte an der Software, so daß Microsoft auch die Konkurrenz beliefern konnte. Jedes Jahr brachte der Softwarehersteller erfolgreiche neue Produkte auf den Markt, so etwa Word für MS-DOS, die Microsoft-Maus und Windows 3.0.

Der innovative Gates wagte sich auch in andere Gebiete vor. So richtete er die Unterhaltungs-Webseite MSN ein, betreibt gemeinsam mit NBC den Kabelkanal MSNBC und verwaltet ein digitales Bildarchiv, das Corbis Archive, das täglich um 40 000 Bilder anwächst. In den letzten Jahren wandte sich Gates der Zukunft jenseits des Internets zu: dem sogenannten Televisionspace, einer Snythese von Computer und Kabelfernsehen. 68 Millionen Haushalte – und nicht nur die 20 Millionen, die über einen PC verfügen – könnten mit Daten versorgt werden, die mit diesem neuen Medium hundertmal schneller übertragbar sind als mit herkömmlichen Modems. Im April 1997 kaufte Gates für 425 Millionen Dollar WebTV, womit er das Internet ins Fernsehen bringen kann. Zwei Monate später zahlte er 1 Milliarde Dollar für 11,5 Prozent der Aktien von Comcast, den viertgrößten Kabelbetreiber der USA. Damit besitzt er nunmehr auch Anteile an Fernsehproduktionen und Satellitenübertragungen. 1998 verkündete Gates die Zusammenarbeit mit TeleCommunications Inc. So sollen künftig die neuen Set-Up-Boxen mit Windows CE ausgestattet werden, der neuen Software von Microsoft, die auf winzige Computer ebenso geladen werden kann wie auf digitale Telefone.

Wenn dieses Jahrhundert zu Ende geht, wird der geniale Erfolgsmann Bill Gates erst fünfundvierzig Jahre alt sein. Er hat vieles gemein mit berühmten Visionären der Technik wie Thomas Edison und Henry Ford. Die Zukunft der Computertechnologie liegt noch vor uns, aber eines scheint sicher: Bill Gates wird ganz vorne dabei sein und sie für uns gestalten.

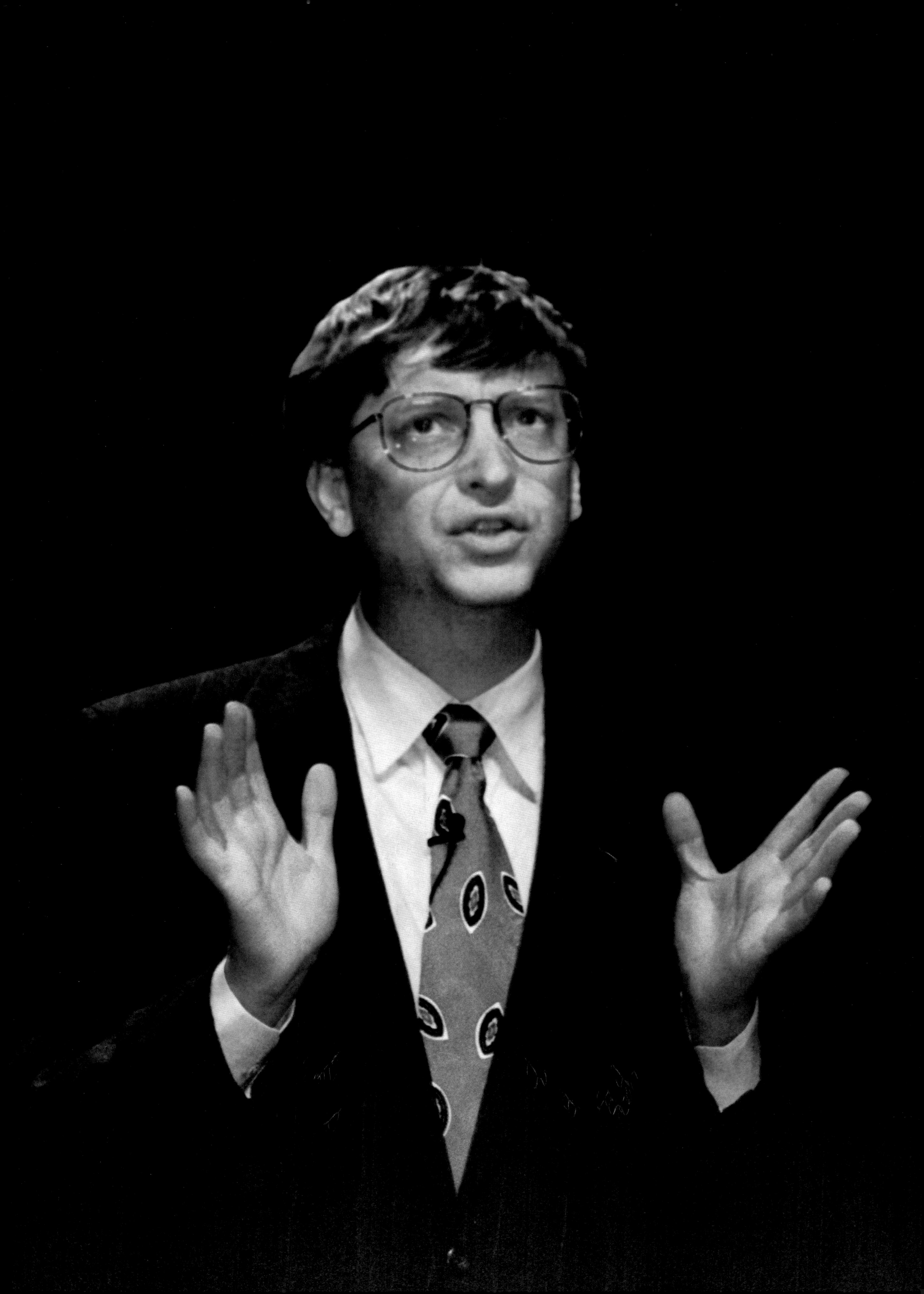

ALLEN GINSBERG
1926–1997

ALLEN GINSBERG WAR der berüchtigste amerikanische Verseschmied des 20. Jahrhunderts. Anfangs wurde der „Poète maudit" vom Establishment gemieden, von dem er sich gleichzeitig angezogen und abgestoßen fühlte. Der literarische „Outlaw" entführte die Dichtung aus den heiligen Hallen der Hochschulen und feierte sie in Jazzclubs, auf der Straße und in den Armen ungezählter Liebhaber. Es war seine Stimme, die die Gegenkultur der 60er Jahre mit ihren Gesängen für Frieden, Liebe und die Erforschung menschlicher Grenzen beherrschte.

Allen Ginsberg wurde in Newark, New Jersey, als Sohn von Louis Ginsberg, einem Englischlehrer und konventionellen Dichter, und seiner Frau Naomi geboren, einer Kommunistin und Nudistin, die an Angstzuständen und Schizophrenie litt. Als Kind mußte er, anstatt zur Schule zu gehen, häufig zu Hause bleiben und auf seine verstörte Mutter aufpassen, die im Haus auf und ab wanderte und Wahnvorstellungen hatte. Währenddessen versuchte der unglückliche Junge, Bücher zu lesen. Als Ginsberg 1942 ein Stipendium für die Columbia University erhielt, wollte er zuerst Rechtsanwalt werden, doch die Vorlesungen Mark Van Dorens und Lionel Trillings bewogen ihn, sich der Literatur zuzuwenden. Noch während er am College traditionelle Gedichte schrieb, geriet er in den Einfluß des „spontanen" Schriftstellers Jack Kerouac, eines ehemaligen Footballspielers der Universität, der die amerikanische Literatur mit seinem Roman *Unterwegs* auf den Kopf stellen sollte. Kerouac führte den Anfänger bei William Burroughs und Neal Cassady ein. Experimente mit Drogen, Sex und Schreibtechniken waren die Conditio sine qua non des Quartetts, von dem die Beat-Bewegung der 50er Jahre ausging. Der Begriff „Beat" ist eine Schöpfung Kerouacs, komponiert aus „beaten down", niedergeschlagen, und „beatitude", Glückseligkeit.

1945 geriet Ginsberg in Schwierigkeiten, weil er zum einen unschuldig in einen Mord verwickelt wurde, den Lucien Carr, ein unbedeutenderes Mitglied der Gruppe, begangen hatte. Zum anderen war er im College zusammen mit Kerouac im Bett erwischt worden und wurde deshalb für ein Jahr von der Universität verwiesen. Diese zwölf Monate schlug er sich als Tellerwäscher, Matrose bei der Handelsmarine und als Reporter durch, bevor er 1949 wieder an die Universität zurückkehrte, um seinen Abschluß zu machen.

Noch immer fasziniert vom Lebensstil der Unterwelt, zog er mit dem Gelegenheitsdichter und Vollzeitdieb Herbert Huncke zusammen, dessen Gewohnheit, sein Diebesgut in der gemeinsamen Wohnung zu horten, Ginsberg zum zweitenmal in Konflikt mit dem Gesetz brachte. Um sich aus der Affäre zu ziehen, plädierte Ginsberg auf verminderte geistige Zurechnungsfähigkeit und wurde für acht Monate in das Psychiatrische Institut der Columbia University eingewiesen. Dort führte ihn die glückliche Vorsehung mit Carl Solomon zusammen, dem „heiligen Irren", der ihn mit den Arbeiten der Surrealisten vertraut machte und mit der politischen und prophetischen Kraft seiner Verse beeindruckte.

Nach Ginsbergs Entlassung und seiner Rückkehr ins Elternhaus in Paterson unterrichtete ihn ein ganz anderer Dichter, nämlich William Carlos Williams, in der Kraft der Alltagssprache. In brillanter Weise gelang es Ginsberg, die Einflüsse von Williams, Kerouac und Cassady zu einem neuen umgangssprachlichen Stil zu verschmelzen, den er in Anlehnung an den „Vollgasstil" seiner Texte und seinen Gebrauch von Amphetaminen „speedworthy" nannte. Als er 1953 kreuz und quer durchs Land fuhr, um Neal Cassady zu finden, hielt es ihn zunächst in San Francisco, wo er einen gutbezahlten Job als Marktforscher annahm und mit einer Freundin in eine Wohnung in Nob Hill zog. Doch nach einem Jahr verließ er mit dem Segen seines Psychotherapeuten Job, Wohnung und Frau, um ein Bohemeleben mit Peter Orlovsky zu führen.

Im August 1955 setzte sich Ginsberg vor seine Schreibmaschine und verfaßte in einem langen, schmerzvollen Wutanfall das Langgedicht *Geheul*, seinen melvillehaft-biblischen Angriff auf den „Moloch", den allesverzehrenden bösen Geist amerikanischer Macht. Als das Poem 1956 in San Francisco von Lawrence Ferlinghettis Verlag *City Lights Books* veröffentlicht wurde, brachte es Ferlinghetti ein Gerichtsverfahren ein, weil er beschuldigt wurde, ein obszönes Buch verlegt und vertrieben zu haben, während Ginsberg in den nicht unerwünschten Genuß landesweiter Bekanntheit kam. Bei Dichterlesungen trat er nicht nur für sein eigenes Werk ein, sondern auch für das Kerouacs und Burroughs'; „Freundlichkeit" war zu seinem jüdisch-buddhistisch inspirierten Leitwort geworden. Unter Anleitung von Timothy Leary begann er, LSD als Stimulans für seine Kreativität zu nutzen. 1961 schrieb er unter dem Einfluß von Morphinen und Amphetaminen *Kaddish*, einen Trauergesang auf seine Mutter, die fünf Jahre zuvor in einem Irrenhaus gestorben war. Seine Mitstreiter hielten das Gedicht für ebenso bedeutend wie *Howl*, während Kritiker ihm technische Schlamperei, moralische Perversion und Inhaltsleere vorwarfen.

Ginsbergs Antwort auf all diese Aufmerksamkeit war eine Flucht nach Indien. Dort reiste er ein Jahr lang umher. Nach seiner Rückkehr hatte er harten Drogen abgeschworen und sich Meditation und Yoga zugewandt, obwohl er vor dem US-Kongreß aussagte, LSD sei ein Weg zu universeller Liebe. Als Schöpfer des Ausdrucks „Flower Power" stand er als Initiator hinter dem ersten Hippie-Sit-In im Golden Gate Park in San Francisco im Januar 1967. Als Guru der 60er Jahre propagierte Allen Ginsberg eine Philosophie persönlicher Freiheit, die einen enormen und lang anhaltenden Einfluß ausübte. Als Dichter der Gegenkultur inspirierte er so bedeutende Musiker wie Bob Dylan oder die Beatles. 1997 starb er in seiner New Yorker Wohnung, so freimütig und so umstritten wie je und weder von Freund noch Feind vergessen.

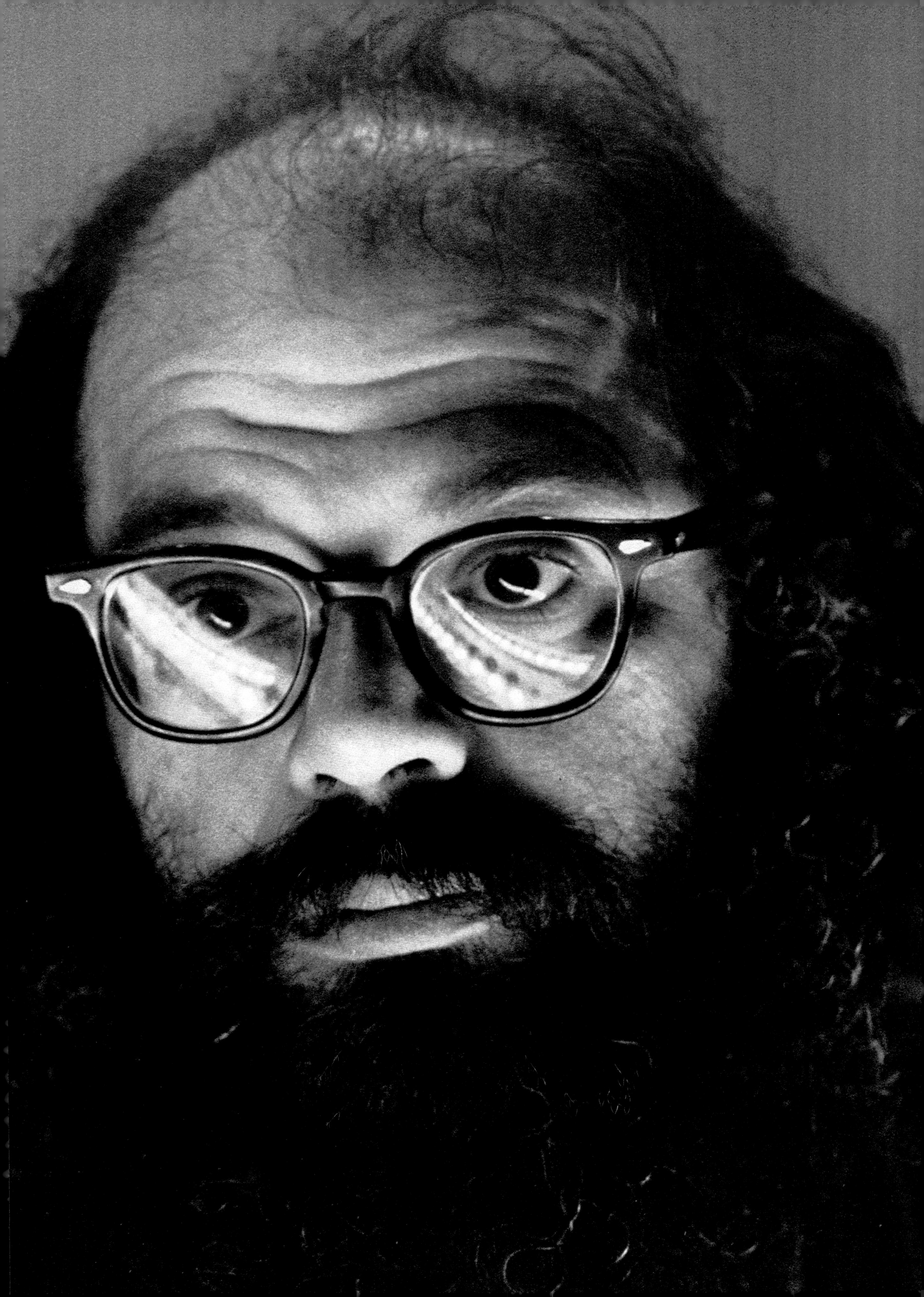

JANE GOODALL
*1934

„ALS ICH ZUM ERSTEN MAL nach Gombe fuhr, haben mich die Reporter gefragt, ob ich Tarzan treffen will", erzählt Jane Goodall. Sie reiste nach Tansania, um das Verhalten der Schimpansen zu untersuchen. Trotz hämischer Bemerkungen wagte sich die unerfahrene 26jährige Wissenschaftlerin 1960 in den Busch, um herauszufinden, wie stark die Verwandtschaft von Schimpansen mit Menschen sei, und entdeckte, wie sehr sie einander gleichen. Jane Goodall gilt heute als eine der bedeutendsten Zoologinnen des 20. Jahrhunderts; sie brach mit traditionellen Vorgehensweisen und erreichte eine nicht für möglich gehaltene Nähe zu den Affen. Sie lebte unter ihnen, aß und spielte mit ihnen und erwarb sich nach und nach ihr Vertrauen, indem sie das faszinierende Leben der Tiere ganz einfach beobachtete. Die meisten Expeditionen zur Erforschung unserer biologisch gesehen nächsten Verwandten waren so groß und auffällig gewesen, daß sich die verschreckten Schimpansen tief in den schützenden Regenwald zurückzogen. Jane Goodall verbrachte längere Zeit allein im Busch und konnte dabei mehr Informationen über Menschenaffen sammeln als alle ihre Vorgänger zusammen.

Sie wurde in London als Tochter einer Schriftstellerin und eines Ingenieurs geboren. Von klein auf an der Natur interessiert, war schon die Siebenjährige fasziniert von den Geschichten über Dr. Dolittle, den exzentrischen Wissenschaftler, der mit den Tieren sprechen konnte. Zusammen mit ihrem Stofftier, dem Schimpansen Jubilee, verbrachte das kleine Mädchen viele Stunden damit, Würmer in der Erde, Hühner im Stall und Insekten im Garten zu beobachten. Nach ihrem Schulabschluß 1952 arbeitete Jane Goodall als Sekretärin an der Oxford University. Schon damals war sie sicher, daß sie einmal in Afrika leben wollte. Das Schicksal meinte es gut mit ihr: 1957 lud eine Freundin sie nach Kenia ein; einige Monate später segelte sie an Bord eines alten Frachters zum Schwarzen Kontinent. Dort lernte sie den bekannten Anthropologen Louis S. B. Leakey kennen, der sie, von ihrem Enthusiasmus begeistert, als Assistentin anstellte. Sie nahm an seinen Grabungen in der Olduvai-Schlucht teil und suchte dort nach Überresten urzeitlicher Menschen. Da Leakey von Jane Goodalls Interesse an Menschenaffen wußte, empfahl er sie für ein zweijähriges Forschungsprojekt, bei dem das Verhalten von Schimpansen im Gombe-Reservat beobachtet werden sollte.

Die Entscheidung einer jungen Frau, die weder einen Universitätsabschluß noch eine entsprechende wissenschaftliche Ausbildung vorweisen konnte, mit einem so mühseligen und anstrengenden Projekt zu betrauen, war sehr umstritten. Leakey hatte großes Vertrauen zu Jane Goodall, doch seine Kollegen prophezeiten, daß die Anfängerin niemals auch nur in die Nähe eines Schimpansen kommen werde. Sie irrten sich. Nachdem sie sich in England einige Monate auf die Aufgabe vorbereitet hatte, kehrte Jane Goodall mit ihrer Mutter als Assistentin nach Tansania zurück und baute ein Camp in der Wildnis auf. Die Schimpansenhorde, die sie fand, flüchtete jedes Mal, wenn sie sich näherte, so daß sie gezwungen war, anders vorzugehen. Statt den Tieren zu folgen, beobachtete sie, auf einem Felsvorsprung sitzend, ihr Verhalten und ihre Gewohnheiten mit einem Fernglas. Die Affen sahen sie und konnten sich so an sie gewöhnen. Der Trick funktionierte, und schließlich betrachteten die Tiere ihre Anwesenheit als selbstverständlich.

Von ihrem Aussichtspunkt aus machte Jane Goodall eine Reihe überraschender Entdeckungen. Schimpansen stellen Werkzeuge her, um damit Ameisen und Termiten aus ihrem Bau auszugraben; sie sind Jäger und Fleischfresser; sie umarmen und küssen sich, halten Händchen und – was vielleicht am erstaunlichsten ist – sie empfinden Liebe. Jane Goodalls bahnbrechende Erkenntnis war, daß Schimpansen zu einer ganzen Bandbreite von Gefühlen fähig sind, so auch zu Wut und gar zu Trauer.

Sie verwarf den konventionellen, akademisch-trockenen Stil traditioneller wissenschaftlicher Forschungen und gab ihren Affen Namen, so daß alle Welt bald die Geschichten von der Anführerin Flo, dem kühnen David Graubart, dem mörderischen Pom und der verführerischen Gigi kannte. Das wissenschaftliche Establishment machte sich über diese Namensgebungen lustig, doch wenn es darum ging, Unterstützung von Dritten zu erhalten, erwiesen sie sich als äußerst vorteilhaft. Außerdem unterstrichen die Namen Jane Goodalls Überzeugung, daß Menschenaffen Individuen mit einzigartiger und durchaus mit Menschen vergleichbarer Persönlichkeitsstruktur sind. Das ist auch die unermüdlich wiederholte Botschaft ihrer berühmten und einflußreichen Bücher *Wilde Schimpansen* (1967), *Mein Leben mit den Schimpansen* (1971) und *Unschuldige Mörder* (1971). Zusammen mit ihren zahllosen Filmen, Fernsehsendungen und Zeitschriftenbeiträgen machten sie Jane Goodall zu einer der bekanntesten Wissenschaftlerinnen dieses Jahrhunderts.

1965 erhielt Jane Goodall als achte in der Geschichte der Cambridge University einen Doktortitel, ohne vorher einen Hochschulabschluß gemacht zu haben. Während der 1964 geschlossenen Ehe mit dem Naturfotografen Hugo van Lawick gebar sie einen Sohn. Nach der Scheidung 1974 heiratete sie Derek Bryceson, einen Abgeordneten des Parlaments von Tansania, der 1980 an Krebs starb.

In den 90er Jahren setzte sich Jane Goodall unermüdlich für den Erhalt der Lebensräume der Schimpansen ein und archivierte ihr Material über das Verhalten der Tiere auf CD-ROM und auf Video. Ihre Bemühungen, die Primaten zu retten, wurde von diesen allerdings nicht immer so gewürdigt, wie sie es verdienten. 1994 biß ihr ein eingesperrter Schimpanse den Daumen ab. Der Unfall stand in völligem Gegensatz zu jener weit zurückliegenden Begegnung mit einem wilden Affen, der sein Mißtrauen gegenüber der jungen Jane Goodall überwand und aus ihrer Hand eine Banane nahm.

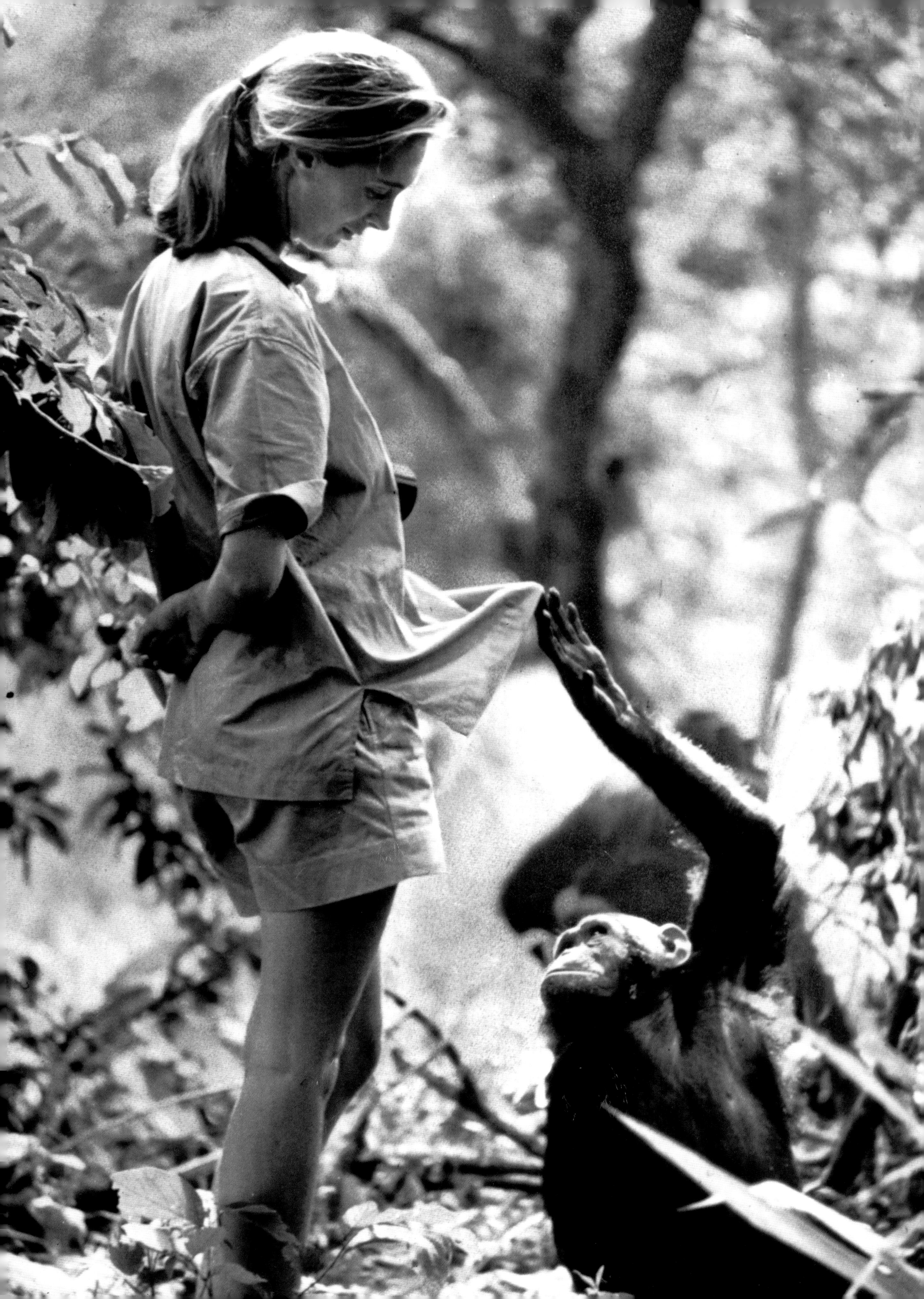

MICHAIL GORBATSCHOW
*1931

ER ERLEBTE DIE LETZTEN MOMENTE eines Dramas, das am 20. Dezember 1922 begann und 69 Jahre und elf Tage später endete, als die Flagge der Sowjetunion zum letzten Mal eingeholt wurde. Michail Gorbatschow war der letzte Staatspräsident der UdSSR, der Architekt von Glasnost und Perestroika und der widerstrebende Totengräber des Kommunismus in Rußland.

Gorbatschow stammt von Kosaken ab, die am Rande des sowjetischen Reichs als Bauern lebten. Sein zu bescheidenem Wohlstand gekommener Großvater wurde von neidischen Nachbarn denunziert und von Stalins Geheimpolizei in einen Gulag verschleppt. Das lernte er neben vielen Liedern der Bauern auf den Knien seiner Großmutter. Für seine Leistungen in der Landwirtschaft wurde ihm mit 18 Jahren der Orden des Roten Banners der Arbeit verliehen, 1952 trat er in die Kommunistische Partei ein. Später studierte er Jura an der Lomonossow-Universität in Moskau. 1955 heiratete Gorbatschow Raissa Titorenko, eine Intellektuelle, die ihn zu wissenschaftlichem Arbeiten anregte. Sie half ihm, Englisch zu lernen, und war auch später seine engste politische Beraterin.

Er kehrte in seinen Geburtsort, Stawropol im Nordkaukasus zurück, und stieg in den 50er und 60er Jahren in der lokalen Parteiorganisation auf. 1970 wurde er in den Obersten Sowjet gewählt und wurde später Sekretär für Landwirtschaft. 1980 berief ihn sein Förderer Jurij Andropow ins Politbüro.

Als Gorbatschow 1985 zum Generalsekretär der KPdSU ernannt wurde, war ihm bewußt, daß die Partei und das Land sich in einem hoffnungslosen Zustand befanden. Gorbatschow drängte ältere konservative Politbüromitglieder zum Rücktritt und ersetzte sie durch jüngere, die seine Visionen teilten. Das System war nicht mehr in der Lage, die einfachsten täglichen Bedürfnisse der Bevölkerung zu befriedigen.

Der nachdenkliche und pragmatische Gorbatschow mußte eine widersprüchliche Doppelrolle übernehmen. Als Parteichef und Parteireformer war er gezwungen, gegen die schwerfällige, unfähige Bürokratie anzugehen, von der andererseits sein ganzer Einfluß und damit indirekt auch der Erfolg der eingeleiteten Reformen abhing. Er versuchte daher durch die Darstellung einer reformbereiten Sowjetunion gegenüber dem Westen den Partei- und Staatsapparat zu den nötigen Änderungen zu bewegen. Mit der freundlichen, aber bestimmten Raissa an der Seite zog er auf seinen Reisen rund um den Erdball Premierminister und Präsidenten in seinen Bann.

Die zwangsläufige Folge seiner Politik war, daß sich die Ostblock- und Unionsstaaten emanzipierten. 1989 löste sich Polen, dann folgten Ungarn und die Tschechoslowakei. Was als Rinnsal begann, wurde schnell zu einer Flutwelle. Auch die drei baltischen Staaten und die Provinzrepubliken begannen, ihre Unabhängigkeit einzufordern. Je stärker ihr Protest anschwoll, desto tiefer verschanzte sich die sowjetische Bürokratie.

Gorbatschow fühlte sich dem Ideal des Kommunismus verpflichtet, weshalb er die Partei nicht auflösen, sondern reformieren wollte, aber die ökonomische Krise, verschärft durch die Entwicklungen in Osteuropa, bestimmte die Abfolge der Ereignisse. Drei Jahre nach der atomaren Katastrophe von Tschernobyl, drei Jahre, nachdem das von ihm vorgeschlagene zehnjährige Moratorium über eine Aufrüstung im Weltall von den Amerikanern zurückgewiesen worden war, mußte sich die Rote Armee 1989 aus Afghanistan zurückziehen, und die Berliner Mauer fiel. Die wirtschaftliche Situation verschlechterte sich rapide. Der Verlust der sowjetischen Dominanz in Osteuropa, die Forderung der baltischen Staaten und Georgiens nach Unabhängigkeit sowie ein Streik der Bergarbeiter veranlaßten einen Umsturzversuch der alten Garde des Politbüros, des KGB und des Innenministeriums. Die Kräfte gegen den Putschversuch wurden von Boris Jelzin geführt, der als russischer Präsident die Macht übernahm, während Gorbatschow noch im Amt war. Jelzin handelte schnell, er verbot die Kommunistische Partei, beschlagnahmte das Parteivermögen und erkannte die Unabhängigkeit der baltischen Staaten und der Ukraine an. Im September hörte die Sowjetunion zu existieren auf, im Dezember trat die Gemeinschaft Unabhängiger Staaten (GUS) an ihre Stelle. Dieser geopolitische Zusammenschluß wurde von Gorbatschow heftig kritisiert, und doch hat er ihm den Weg geebnet.

Im Westen blieb er der heldenhafte Staatsmann, der den Kalten Krieg beendet hatte. Seine Memoiren verkaufen sich gut im Ausland, wo er sogar mit Winston Churchill verglichen wird. Für Reden erhält er bis zu 100 000 Dollar, und das von ihm gegründete Institut in San Francisco ist heute ein Zentrum politischer Forschung.

Im eigenen Land aber wird er nunmehr weitgehend ignoriert, und die Kritik, daß seine nur halbherzig in Angriff genommenen Reformen der Hauptgrund für den Zerfall der Sowjetunion gewesen seien, hat ihn politisch mundtot gemacht. Russische Journalisten sprechen von der „Tragödie Gorbatschow", wenn sie ihn nicht gar verleumden. „Es ist mein größtes Unglück und mein größtes Leid", sagte er 1995, „daß es nicht möglich gewesen ist, das Land zusammenzuhalten."

1996 versuchte Gorbatschow, von neuem ein politisches Amt zu erlangen, und trat gegen Jelzin als Bewerber um das Amt des russischen Präsidenten an. Sein Versuch scheiterte kläglich: Nur etwa ein Prozent der russischen Wählerschaft gab ihm die Stimme. Die Altkommunisten hassen ihn, für die Intellektuellen, die er von Geheimpolizei und Zensur befreit hat, gehört er einer vergangenen Epoche an, und der Mann von der Straße gibt ihm die Schuld an fast allem, was seit der Einführung von Glasnost passiert ist. Gorbatschow arbeitet jedoch unbeirrt weiter, denn er will nicht nur als der Mann in die Geschichtsbücher eingehen, der die Sowjetunion zerstört hat.

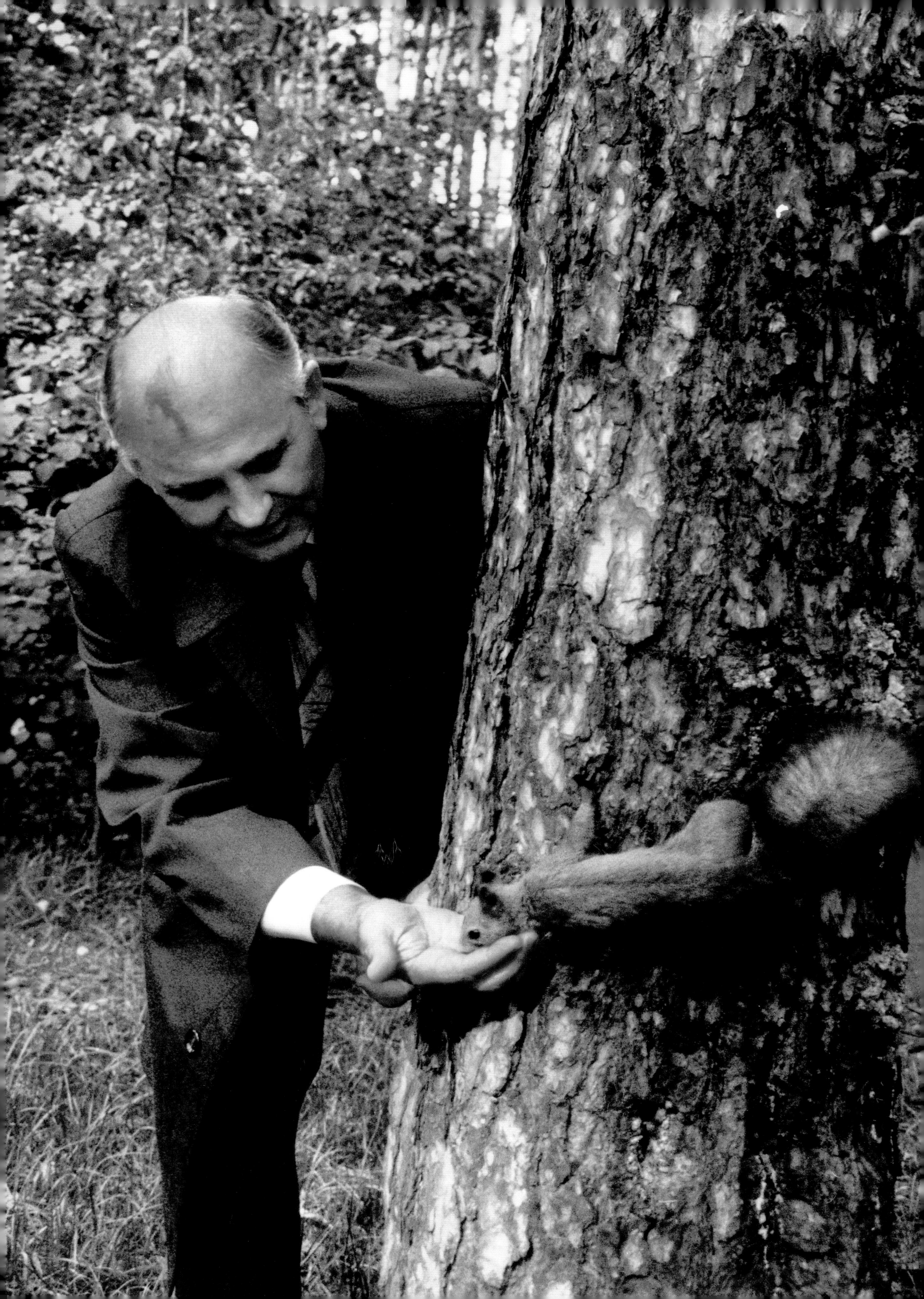

BILLY GRAHAM
*1918

ALS BILLY GRAHAM in den 40er Jahren begann, vom beschwerlichen Weg zu Gott zu predigen, schien er vom Schicksal zur herausragenden Figur der Evangelistenbewegung bestimmt zu sein. Niemand war energischer und erfolgreicher, niemand war mitreißender und charismatischer. „Gott kann deine Stimme nutzen", sagte ihm der bekannte christliche Erzieher Bob Jones. Graham hörte es und begann bescheiden als herumreisender Priester. Sein Kreuzzug füllte bald Hallen und Stadien. Niemand in der Geschichte hat vor mehr Menschen gesprochen. Er versuchte, mehr als 100 Millionen Männer und Frauen zu überzeugen, „Jesus Christus als ihren Retter anzunehmen." (Nach Angaben seines Stabes sind 2 847 082 Personen seinem Ruf gefolgt.) Heute, mit 80, nachdem er seine weißen Schuhe und seine pastellfarbenen Anzüge schon längst abgelegt hat, ist sein Status, in langen Jahren auf Podien und auf Golfplätzen an der Seite von Präsidenten erworben, größer denn je. Und seine Aura moralischer Aufrichtigkeit strahlt immer noch. „Ich esse nicht allein mit schönen Frauen", erklärte er Hillary Clinton, die ihn zum Frühstück einlud, als er in Little Rock, Arkansas, predigte.

Beim letzten in der Reihe der alten protestantischen Erweckungsprediger reichen die fundamentalistischen Wurzeln bis zu Jonathan Edwards zurück, dem strengen calvinistischen Theologen des 18. Jahrhunderts, dessen flammende Reden den Weg für das „Große Erwachen" auf dem nordamerikanischen Kontinent um das Jahr 1740 herum bereitet hatten. Der rhetorisch hochbegabte Graham, der ebenso bewegend wie unterhaltsam ist, steht in der Tradition so berühmter Vorgänger wie D. L. Moody, Billy Sunday und Aimee Semple McPherson. Es war Grahams mitreißende „Zeltkathedralen"-Kampagne mit unzähligen Bekehrten, die 1949 die Aufmerksamkeit des Zeitungsmagnaten William Randolph Hearst auf sich gezogen hatte, der den jungen Baptistenpfarrer zum elektrisierenden Star der Erweckungsbewegung aufbaute.

Der Mann, der als Amerikas Hirte bekannt wurde, fällte seine Entscheidung für Christus im Alter von 16 Jahren; denn 1934 hatte er sich auf einem von einem Wanderprediger abgehaltenen Treffen der Erweckungsbewegung selber bekehrt. Das Kind reformierter Presbyterianer aus der Nähe von Charlotte, North Carolina, war als junger Mann religiösen Dingen gegenüber gleichgültig, obwohl seine Mutter ihm und seinen drei Geschwistern aus religiösen Büchern vorlas. Graham gab seinen Traum auf, seinem Vorbild, dem Baseballstar Babe Ruth, nachzueifern, und arbeitete statt dessen eine Zeitlang als Verkäufer. Mit 18 spürte er seine Berufung zum Priester, und nach seiner Ordination 1929 schloß er seine Ausbildung am fundamentalistischen Wheaton College ab. Dort lernte er auch seine Frau, Ruth McCue Bell, kennen, Tochter eines in der Mission tätigen Arztes. Schon bald war Billy Graham die Hauptattraktion auf den „Youth for Christ"-Treffen im ganzen Land.

Als Showstar der Erweckungsbewegung zeigte Graham nicht nur Charisma und Charme, sondern auch ein außergewöhnliches Organisationstalent. Jedes Jahr veranstaltet die „Billy Graham Evangelistic Association" mehrmals seine weltweit berühmten Prediger-Tourneen. Diese Organisation dirigierte außerdem viele Unternehmen im Verlagswesen und in der Werbung: eine Filmproduktionsfirma, eine wöchentliche Radiosendung und eine über Satellit weltweit ausgestrahlte Fernsehsendung. Um nur ein Beispiel für Grahams beeindruckende Wirkung zu geben: Sein Missionszug in Hongkong 1990 wurde live von mehr als einer Milliarde Fernsehzuschauern in ganz Asien am Bildschirm verfolgt.

Der vor Vitalität berstende, gutaussehende Junge vom Land, von dem der Produzent Cecil B. DeMille unbedingt Probeaufnahmen machen wollte, erreichte in den 50er Jahren den Höhepunkt seiner Karriere. Unterstützt von einem gewaltigen Chor und einer Mannschaft persönlicher Berater, die die Bekehrten sofort in ihre Obhut nahmen, sprach Graham mit bezwingender Eindringlichkeit zu einer Zuhörerschaft, deren Grundfesten infolge des Zweiten Weltkriegs und der Unsicherheiten des Kalten Krieges ins Wanken geraten waren. Seine Botschaft war einfach: Die Menschen seien von Geburt an voller Sünde, da sie von Gott getrennt leben. Weil Jesus Christus aber für ihre Sünden gestorben ist, kann ihnen vergeben werden, wenn sie bereuen, Christus als persönlichen Retter annehmen und in seiner Kirche für ihn arbeiten.

Obwohl er als einer der meistverehrten religiösen Führer des Jahrhunderts gilt und er die Gelder aus seinen Veranstaltungen Wohltätigkeitsvereinen und seiner evangelistischen Organisation zufließen ließ und sich persönlich nicht bereicherte, wird Grahams Lebensleistung kritisiert. Viele Theologen verspotten seine verwässerte Heilsbotschaft und seine sentimentale Darstellung der Beziehung zwischen Gott und Mensch. Graham betonte stets seine Abneigung, Religion und Politik zu vermengen, auch wenn er von konservativen Werten überzeugt war, aber seine Gegner fanden einen für sie unwiderlegbaren Beweis in seiner unglücklichen Unterstützung Richard Nixons, dessen Anklage wegen Amtsmißbrauchs eine tiefe Enttäuschung für den inoffiziellen Kaplan des Präsidenten war. Später erklärte Billy Graham: „Nixon ist mir vollkommen fremd gewesen."

In den 90er Jahren änderte sich Graham. Ideologisch distanzierte er sich von seinen ultrakonservativen Positionen der Vergangenheit und nahm eine ökumenische, sozial engagierte Haltung ein. Behindert durch die Parkinsonsche Krankheit, weigerte sich „Amerikas Pastor", wie ihn Präsident George Busch nannte, weniger aktiv zu sein als ihn die Krankheit ohnehin zwang. Viele Tele-Evangelisten traten vor, Grahams Nachfolge anzunehmen, aber keiner hat sein Sendungsbewußtsein. Er wußte nie, warum Gott ihn ausgezeichnet hatte. Er werde ihn fragen, sagte Graham, „wenn ich im Himmel angekommen bin."

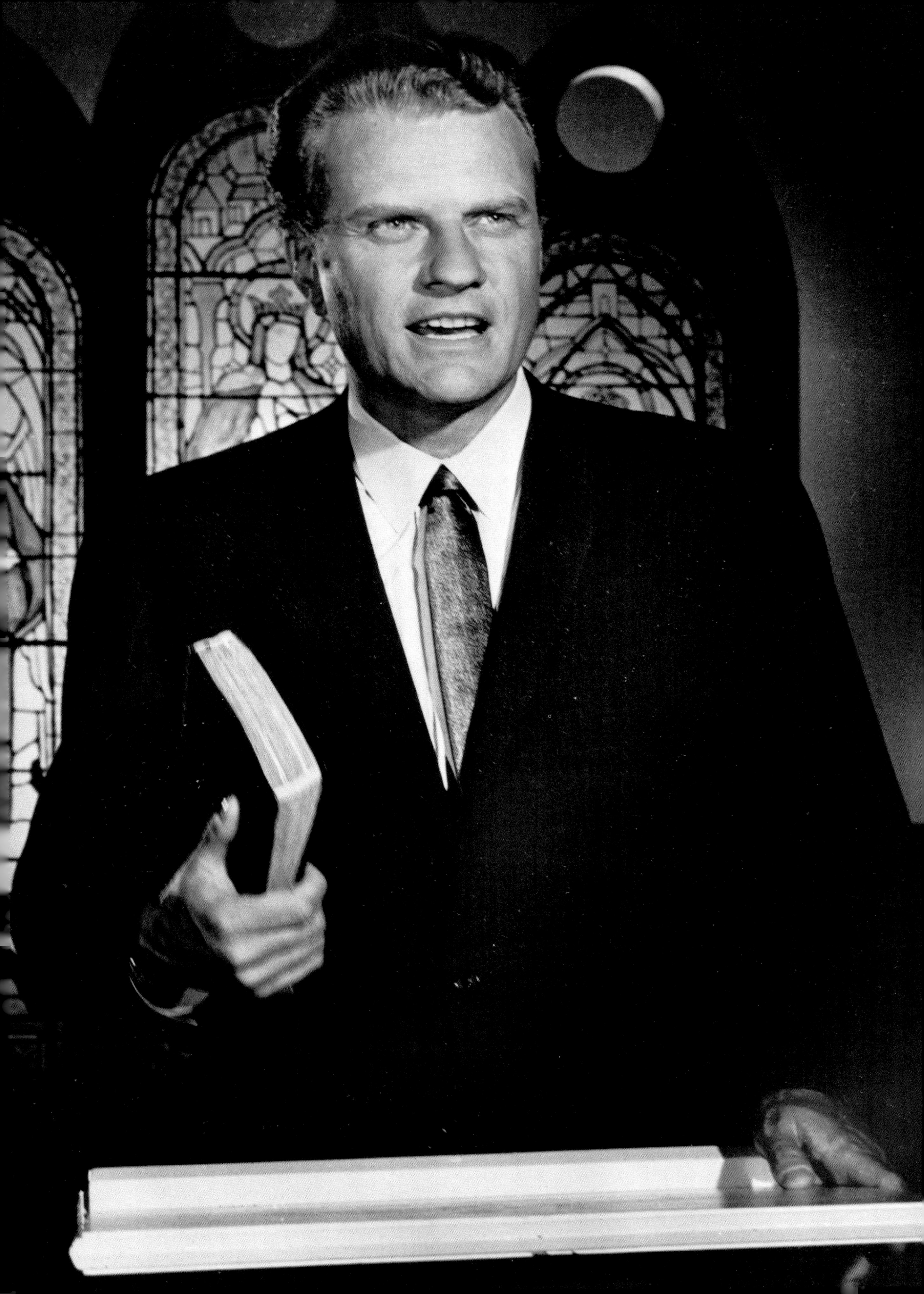

MARTHA GRAHAM

1894–1991

FÜR MARTHA GRAHAM, die große Dame des modernen Tanzes, verkörperte nicht Schönheit, sondern Bewegung die Wahrheit. Von ihrem Vater lernte sie schon in ihrer Kindheit in Allegheny, Pennsylvania, daß Bewegungen nicht lügen können, und sie verwandte alle Energie und ihr gesamtes Talent darauf, diesem einfachen Satz in 60 Jahren einflußreichen Bühnenwirkens immer wieder von neuem Ausdruck zu verleihen. Das Ergebnis war eine völlig neue, revolutionäre Form des Tanzes, der – losgelöst von den Normen des klassischen Balletts – auf Natürlichkeit und Emotionen setzte.

„Ich tanzte anders als die anderen", schrieb Martha Graham mit koketter Bescheidenheit in ihrer Autobiographie *Der Tanz, mein Leben*, die 22 Jahre nach ihrem unfreiwilligen Bühnenabschied im Jahr 1991 erschien. Sie tanzte, als sei sie nicht von dieser Welt, und hatte immer selbst behauptet, nicht sie habe sich den Tanz ausgesucht, sondern der Tanz sie. Mit ihrer völlig neuartigen Körpersprache suchte sie die Tiefen der menschlichen Psyche auszuloten. Die Bewegungen ihres Tanzes sollten Empfindungen und Seelenzustände ausdrücken. Martha Graham lehrte ihre Schüler, wie sie durch Kontraktion und anschließendes plötzliches Entspannen des Solarplexus Pirouetten drehen und durch Bewegungen unter extremer Körperanspannung elementare Gefühle ausdrücken konnten. Sie setzte eindeutig sexuell konnotierte Bewegungen ein, zum Beispiel kreisende Beine oder ruckartige Aufwärtsbewegungen der Hüfte, und behauptete, alle diese verwegenen Tanzformen würden wie von selbst aus einer fernen Vergangenheit kommen und universelle, ewige Wahrheiten ausdrücken. Die Kritiker spotteten häufig über ihre gewagten und dezidiert abstrakten Choreographien, aber das Publikum in der ganzen Welt war hingerissen. Martha Graham bestach insbesondere mit Solostücken wie etwa *Lamentations*; fest eingehüllt in ein großes Tuch stellte sie durch heftige Bewegungen den verzweifelten Kampf der Seele gegen die eigenen inneren Qualen dar.

Martha Graham kam erst sehr spät zum Tanz, eigentlich zu spät für eine professionelle Karriere. Sie war bereits 17 Jahre alt, als ihr Vater, dessen Einfluß ihr gesamtes, turbulentes Leben prägen sollte, sie zu einer Tanzaufführung mitnahm. Sie sahen die anmutige und exotische Ruth St. Denis, eine einstige Varieté-Künstlerin, die neuartige, von außereuropäischen Einflüssen inspirierte Tanzformen präsentierte. Martha Graham war begeistert von dieser orientalisch anmutenden Darbietung, auch wenn sie in späteren Jahren eine ganz andere Richtung einschlug. 1916, sie war 22 Jahre alt, begann sie bei Ruth St. Denis zu studieren und debütierte 1920 bei einer Varieté-Show als aztekische Tänzerin. Aufgrund künstlerischer Differenzen verließ sie 1924 das Denishawn Institute und trat mit den Greenwich Village Follies auf. 1927 gründete sie gemeinsam mit ihrem Geliebten und musikalischen Mentor Louis Horst in New York ihr eigenes Compagnie. Sie gab eigene Kompositionen in Auftrag, und viele ihrer berühmtesten Werke, darunter *Appalachian Spring* mit der Musik von Aaron Copland, entstanden auf diese Art.

Obwohl Martha Graham in ihren sehr individuellen Stücken stets die Hauptrolle übernahm und ihre Übungsstunden für strenge Disziplin, Härte und Länge berüchtigt waren, fand sie immer talentierte Tänzerinnen, die mit ihr arbeiten wollten. Bald wurden auch die Kritiker auf ihre rein weibliche Compagnie aufmerksam. 1930 tanzte sie ein exzellentes Solo als Auserwählte in Leonide Massines lyrischer Choreographie *The Rite of Spring*. Martha Graham hatte nun ihren eigenen leidenschaftlichen und eigenwilligen Stil gefunden und hatte sich zu einer außerordentlich ausdrucksstarken Künstlerin entwickelt.

Sie besaß ein sanguinisches Temperament, das ihr nach eigener Aussage Kraft für die Arbeit gab. Der ewige Machtkampf zwischen Mann und Frau interessierte sie ebenso wie das faszinierende Schicksal der tragischen Heldinnen der klassischen Literatur und der Mythologie, und so suchte sie sich häufig Figuren wie Medea, Jokasta und Klytämnestra als Protagonistinnen aus. Die Darstellung weiblicher Mörderinnen brachte ihr den Ruf ein, eine Männerhasserin zu sein, doch sie rechtfertigte sich mit den Worten: „Alles, was ich darstelle, steckt in jeder Frau. Jede Frau ist eine Medea, jede eine Jokasta." 1936 lernte sie durch die Vermittlung des wohlhabenden, tanzbegeisterten Amerikaners Lincoln Kirstein den Tänzer Erick Hawkins kennen, der das erste männliche Mitglied ihrer Truppe wurde. Ihre Verbindung ging bald über das Berufliche hinaus, und die Kritiker stellten fest, daß ihre Choreographien schon nach kurzer Zeit rhapsodischer und erotischer wurden. Viele halten die 40er für Martha Grahams besten Jahre, in denen sie ihre inhaltsschwersten und anspruchvollsten Werke schuf. 1950 beendete die Tänzerin ihre Beziehung zu Hawkins, und abgesehen von *Klytämnestra* – von vielen als ihre bedeutendste choreographische Arbeit eingestuft – brachte sie bis Ende der 60er Jahre kaum noch etwas Nennenswertes zustande. Das Altern, dem auch mehrere Faceliftings nichts entgegensetzen konnten, bereitete Martha Graham ebenso große Probleme wie eine schmerzhafte und sie stark einschränkende Arthritis. Ihr tägliches Glas irischen Whiskeys wuchs sich bald zur Alkoholabhängigkeit aus. Ende der 60er Jahre war sie nicht mehr imstande zu tanzen.

1973 jedoch „stand Martha von den Toten wieder auf", wie es ihre Biographin Agnes de Mille formulierte. Mit der ihr eigenen Willenskraft beschloß sie, nicht mehr zu trinken, das Krankenbett zu verlassen und wieder zu arbeiten. Bis kurz vor ihrem Tod arbeitete sie als Choreographin, auch wenn die letzten Stücke an die Originalität ihrer früheren Arbeiten nicht mehr heranreichten. Sie hatte sich wieder unter Kontrolle, und ihre heroische Wiederauferstehung bewies einmal mehr, daß nichts sie aufhalten konnte.

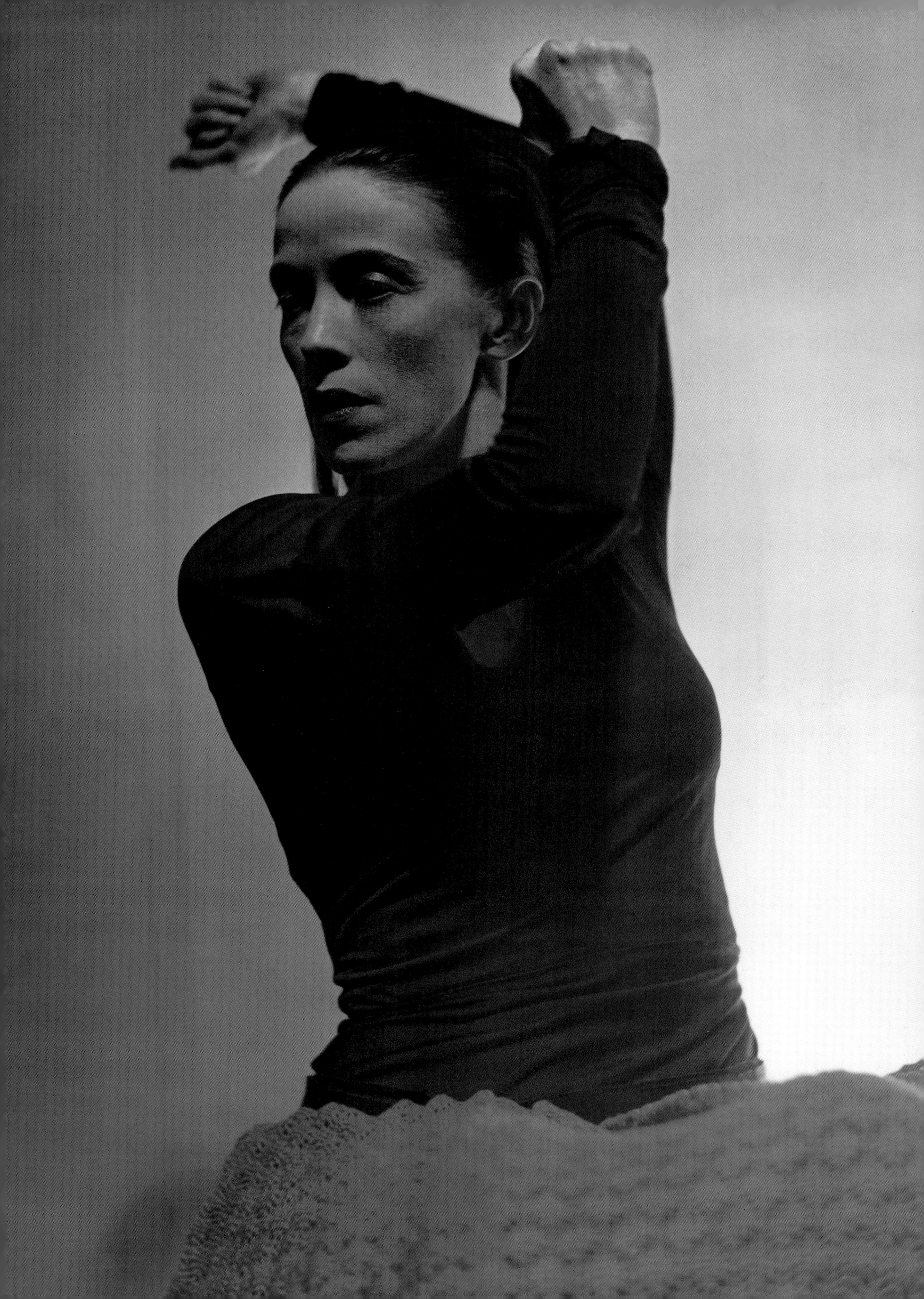

CARY GRANT
1904–1986

CARY GRANT WURDE vor allem deshalb zur Kinolegende, weil er einfach umwerfend gut aussah und bis ins hohe Alter hinein seine jugendliche Ausstrahlung behielt. Drei Jahrzehnte lang war er *der* Star in Hollywood. 1970 wurde er mit einem Oscar für sein Lebenswerk ausgezeichnet – und noch immer sah er genauso gut aus wie einst als leidenschaftlicher Verführer von Marlene Dietrich in Josef von Sternbergs *Blonde Venus* aus dem Jahr 1932. Mit seiner selbstbewußten und nonchalanten Art und dem leichten Cockney-Akzent war er unwiderstehlich. Er war aber nicht nur ein romantischer Held, sondern besaß auch einen hinreißend komödiantischen Charme.

Das Leben dieses Erfolgsmenschen begann in bitterster Armut. Als Archibald Leach wurde er im englischen Bristol als Sohn geschiedener Eltern geboren. Als Jugendlicher schloß er sich einer Akrobatentruppe an. Nach einer Tournee durch die Vereinigten Staaten im Jahr 1920 kehrte der singende Jongleur nicht nach England zurück. Zunächst verdiente er seinen Lebensunterhalt als Krawattenverkäufer und Rettungsschwimmer, später trat er in Vaudevilletheatern auf. 1923 ging er zurück nach London, um dort Theater zu spielen. Dort entdeckte ihn Arthur Hammerstein, der ihn für das Broadway-Musical *Golden Dawn* seines Bruders Oscar anheuerte. Doch Leach zog weiter nach Hollywood, wo er von Paramount als Stichwortgeber beim Vorsprechen für eine junge Schauspielerin eingestellt wurde. Die junge Frau bekam die Rolle nicht, doch Cary Grant, wie er sich mittlerweile nannte, bot man einen Fünfjahresvertrag an. Auf seinen ersten Film, das Musical *This is the Night* (1932), folgten zahlreiche Nebenrollen. Paramount war begeistert.

Nachdem der Jungschauspieler neben Marlene Dietrich in *Blonde Venus* und neben Mae West in *Sie tat ihm Unrecht* und *Ich bin kein Engel* (beide 1933) gespielt hatte, wurde er für die Hauptrolle in George Cukors *Sylvia Scarlett* (1936) an RKO ausgeliehen und spielte an der Seite von Katherine Hepburn. Noch bevor der Film zum Kassenschlager wurde, hatte Grant, nunmehr freier Schauspieler, Verträge mit RKO und Columbia ausgehandelt, die ihm ein Mitspracherecht am Drehbuch einräumten. In den folgenden Jahren bewies er ein nahezu untrügliches Gespür für Rollen, die ihn als unbeschwerten Helden bestens in Szene setzten. Er hatte auch das Glück, mit den besten Regisseuren zusammenzuarbeiten. Während England unter Hitlers Angriff litt, folgte er dem Rat des britischen Botschafters und blieb in Hollywood. George Stevens gab ihm die Rolle des munteren, liebenswürdigen britischen Soldaten in dem Abenteuerfilm *Aufstand in Sidi Hakim* (1939), dessen Story auf einem Gedicht von Rudyard Kipling basierte. Im gleichen Jahr engagierte ihn Howard Hawks für seinen Film *SOS Feuer an Bord*, in dem er einen kaltherzigen Mann spielt, der durch den Tod seines besten Freundes Gefühle kennenlernt. Mit Hawks und Cukor drehte er *Leoparden küßt man nicht* (1938), *Sein Mädchen für besondere Fälle* (1940) und *Ich war eine männliche Kriegsbraut* (1949) sowie *Die Schwester der Braut* (1938) und *Die Nacht vor der Hochzeit* (1940) – die beiden letzten mit Katherine Hepburn. Damit führte er das Genre der *Screwball Comedy* auf den unbestrittenen Höhepunkt.

Seinen Ruf als ernsthafter Schauspieler begründete er mit *Verdacht* (1941). In diesem Film spielte er einen untreuen Schurken, dessen Ehefrau, gespielt von Joan Fontaine, befürchtet, daß er sie umbringen wolle. Obwohl das Ende kurz vor Abschluß der Dreharbeiten noch geändert werden mußte, war dieser Film dank Alfred Hitchcocks exzellenter Regie ein Riesenerfolg.

In Frank Capras heiterer Komödie *Arsen und Spitzenhäubchen* (1941) spielte Grant einen jungen Mann, der sich nicht entschließen kann, seine beiden verrückten Tanten wegen Mordes der Polizei zu übergeben. Ein Jahr später heiratete Hollywoods beliebtester Star eine der reichsten Frauen der Welt. Als die Ehe drei Jahre später geschieden wurde, war Grant, der bereits eine Ehe mit der Schauspielerin Virginia Cherrill hinter sich hatte, noch genauso gefragt wie zuvor und Barbara Hutton noch ebenso reich. Der Schauspieler hatte vor der Trauung einen Vertrag unterschrieben, mit dem er auf alle finanziellen Ansprüche im Falle einer Trennung verzichtete.

1946 arbeitete Grant erneut mit Alfred Hitchcock zusammen. In dem exzellenten Thriller *Berüchtigt* spielte er einen amerikanischen Agenten, der Nazis in Südamerika verfolgen soll und sich dabei in die Frau verliebt, mit der er zusammenarbeitet. In einer aufregenden Liebesszene küssen die beiden einander leidenschaftlich und reden dabei gedankenverloren über das bevorstehende Essen. Ebenfalls unter der Regie Hitchcocks spielte Grant 1955 an der Seite von Grace Kelly einen ehemaligen Einbrecher in dem romantischen Kriminalfilm *Über den Dächern von Nizza*. Zwei Jahre später verliebte er sich bei den Dreharbeiten zu *Stolz und Leidenschaft* in Spanien in die italienische Schauspielerin Sophia Loren. Nach *Hausboot* (1958) arbeitete Grant noch einmal mit Hitchcock für den Spionagethriller *Der unsichtbare Dritte* zusammen. In einer der berühmtesten Szenen der Filmgeschichte überhaupt flieht Grant vor einem Flugzeug durch ein Weizenfeld.

1966 bekam der 62jährige mit seiner vierten Frau Dyan Cannon eine Tochter. Als die beiden sich zwei Jahre später scheiden ließen, warf sie ihm öffentlich vor, sie geschlagen und LSD genommen zu haben. In der Tat hatte er während seiner dritten Ehe mit der Schauspielerin Betsy Drake, mit der er *Jedes Mädchen müßte heiraten* (1948) gedreht hatte, LSD ausprobiert. Als er seine Schauspielkarriere beendete, wurde er Direktor der Kosmetikfirma Rayett-Fabergé. Später war er einmal zu einer Wohltätigkeitsveranstaltung eingeladen und entschuldigte sich bei der Dame am Eingang dafür, seine Eintrittskarte vergessen zu haben. Als er ihr sagte, wer er sei, wollte sie ihm nicht glauben. „Sie sehen gar nicht aus wie Cary Grant." Lächelnd antwortete er: „Wer tut das schon?"

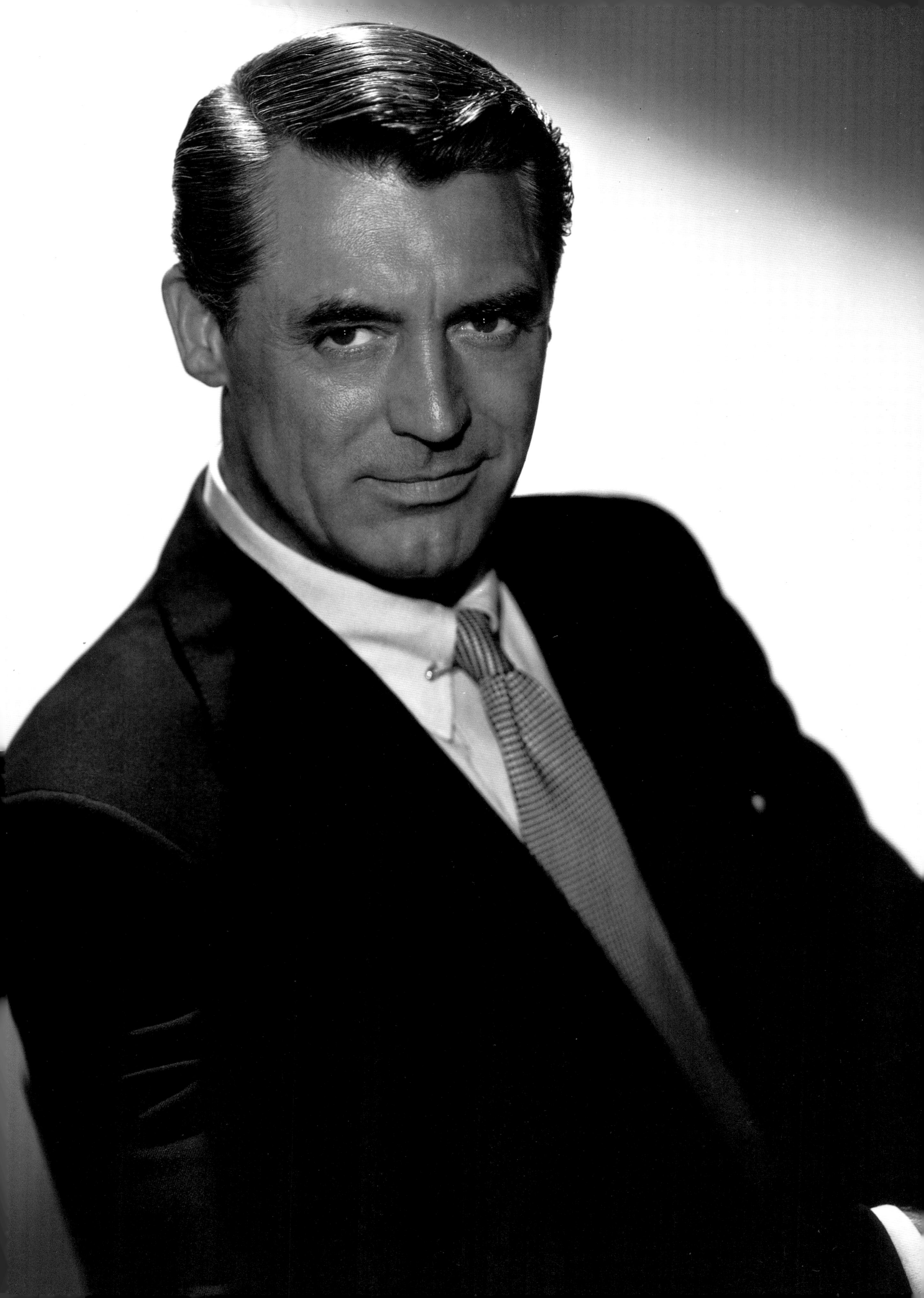

D. W. GRIFFITH
1875–1948

D. W. GRIFFITH war der erste echte Künstler des neuen Mediums Film, ein unabhängiger und ungestümer Diktator, der keine Einmischung, kein Zögern und keine Mittelmäßigkeit duldete. Er demonstrierte den Schauspielern, wie er sich Szenen vorstellte, übte sich zwischen den Aufnahmen im Schattenboxen oder deklamierte in exaltierter Pose Shakespeare-Sonette. Dabei war Griffith ein ernstzunehmender Künstler mit dem monomanischen Anspruch, den Film vom billigen Kintoppvergnügen zur beherrschenden Kunstform des 20. Jahrhunderts zu machen. Mit sicherer Hand vollendete der glänzende Geschichtenerzähler ein enormes Stummfilm-Œuvre (allein zwischen 1908 und 1913 drehte er an die 500 Ein- oder Zweirollenfilme) und entwickelte Regeln der Kamera- und Filmtechnik, die bis heute, trotz neuerer Entwicklungen, weitgehend unverändert geblieben sind.

In Griffiths Hand bekam die Kamera eine ganz eigene Vitalität: Auf dahinrasenden Zügen stürmte sie voran, wechselte die Perspektive innerhalb einer Szene (ein bis dato unerhörter Kunstgriff), schwang gemächlich über Landschaften und zeigte Gesichter in Nahaufnahme, wodurch die Gefühlswelt der Figuren offenbar wurde. Er experimentierte mit von ihm entwickelten Methoden wie Querschnitt, Überblendung und Einstellungswechsel, unterlief damit das dramaturgische Gebot der Einheit von Handlung, Raum und Zeit, und schuf Platz für psychologische Realität. Seine Neuerungen sorgten durch Rhythmisierung und Tempo für den wichtigen Durchbruch der „Filmzeit".

Dabei hatte das Genie anfangs noch über die „Flimmerbilder" gespottet. Diese Haltung war in der Theaterwelt, in der Griffith seine Karriere als Nebenrollendarsteller eines Repertoiretheaters begann, häufig anzutreffen, doch in seinem Fall wurde diese Geringschätzung durch seine Südstaatenherkunft noch verstärkt. Der viktorianischen Lebensidealen verpflichtete Mann mit strenger Moralauffassung hatte seine Kindheit unter kümmerlichen Bedingungen auf einer Farm in Kentucky verbracht, war aber dem vornehmen Lebensstil verbunden, für den sein Vater im amerikanischen Bürgerkrieg sein Leben eingesetzt hatte. Als jedoch der Erfolg als Schauspieler und Bühnenautor ausblieb, stellte Griffith seine Geschichten Edwin S. Porter vor, der 1903 den „ersten echten Kino-Film" *Der große Eisenbahnraub* gedreht hatte. Porter lehnte Griffiths Vorschläge ab, bot ihm aber eine Rolle in dem spannenden Mehrteiler *Aus einem Adlernest gerettet* (1907) an. Griffith akzeptierte das Angebot, präsentierte dennoch weiterhin seine Entwürfe. 1908 schließlich hatten seine Bemühungen Erfolg: Die American Mutoscope and Biograph Company aus Manhattan nahm ihn als Schauspieler und Autor unter Vertrag.

Sofort wurde er mit der Regie eines Filmeinakters namens *Dollys Abenteuer* (1908) betraut, für den es, wie bei fast allen seinen Filmen, kein Drehbuch gab, sondern nur ein grobes Konzept. Die Titel der Hunderte von Kurzfilmen, die er in einer Geschwindigkeit von drei bis vier Filmen pro Woche für Biograph schrieb oder abdrehte, zeugen von seiner Vorliebe für melodramatische Auseinandersetzungen zwischen Gut und Böse: *Die Ehre der Diebe* (1909), *Die Leiden der Treulosen* (1910), *Die Lilie der Mietshäuser* (1911). Die Fließbandproduktionen – reizvolle, kleine Moralitäten-Einakter mit tapferen Helden, grausamen Schurken und zitternden Heldinnen – dokumentieren seine Fähigkeit, Talente zu entdecken und sie zu Höchstleistungen anzutreiben. Zu seinen Stammschauspielern gehörten die jungen Gish-Schwestern Lillian und Dorothy, Mary Pickford und Lionel Barrymore. Sie alle unterwarfen sich Griffiths Bevormundung und den aufreibenden Zuständen am Drehort. Während der Arbeiten zu *Welt im Osten* (1920) beispielsweise erfror Lillian Gish fast, da sie stundenlang auf einer treibenden Eisscholle ausharren mußte.

Wohl aus der Überzeugung heraus, Biograph ein Vermögen beschert zu haben, verlangte Griffith 1914 absolute Kontrolle und zudem eine Gewinnbeteiligung an allen seinen zukünftigen Filmen. Die Geschäftsführer des Studios feuerten ihn umgehend. Sofort begann Griffith, Geld aufzutreiben für eine Verfilmung des Romans *The Clansman* von Thomas Dixon. Der dreistündige Film über den amerikanischen Bürgerkrieg lief 1915 unter dem Titel *Geburt einer Nation* an. In erzählerischer wie technischer Hinsicht eine Tour de force, die 110 000 Dollar kostete, zwölf Filmrollen lang ist und – damals eine absolute Rarität – eine eigene Partitur besitzt, war der Film ein großer finanzieller Erfolg. Doch obwohl er in ästhetischer Hinsicht ein grandioser Triumph war, wirkte seine politische Aussage verheerend: Aufgrund der negativen Darstellung der Schwarzen wurde Griffith Rassismus vorgeworfen. Die Angriffe verblüfften ihn, der die stark vereinfachende Darstellung von Plantagensklaven, gespielt von Weißen mit geschwärzten Gesichtern, die entweder Bösewichter oder harmlose Onkel Toms waren, in seiner Naivität nicht als beleidigend empfand. Um seine Kritiker zum Schweigen zu bringen, drehte er 1916 den Monumentalfilm *Intoleranz*, dessen Thema die Bigotterie ist. Dieser Film, dessen geplantes Budget weit überschritten werden mußte, entsprach zwar Griffiths Ansprüchen an seine eigene Arbeit, doch der erhoffte wirtschaftliche Erfolg blieb aus. Der einstige millionenschwere Regisseur war finanziell ruiniert.

1919 gründete Griffith zusammen mit Charlie Chaplin, Douglas Fairbanks und Mary Pickford United Artists. Mit dem Tonfilm hatte er keine glückliche Hand. Der Mann, von dem Charlie Chaplin behauptet hat, er habe Hollywood erfunden, war unfähig, eine Nische zu finden in der komplexen Filmindustrie. Griffith verbrachte die letzten acht Jahre seines Lebens allein in Cocktailbars, war häufig betrunken und verbittert. Dieses tragische Ende einer brillanten Karriere nimmt eine inzwischen zum Klischee verkommene Platitüde der Filmbranche vorweg: Man ist nur so gut wie sein letzter Film oder – wie in D. W. Griffiths Fall – sein letztes Meisterstück.

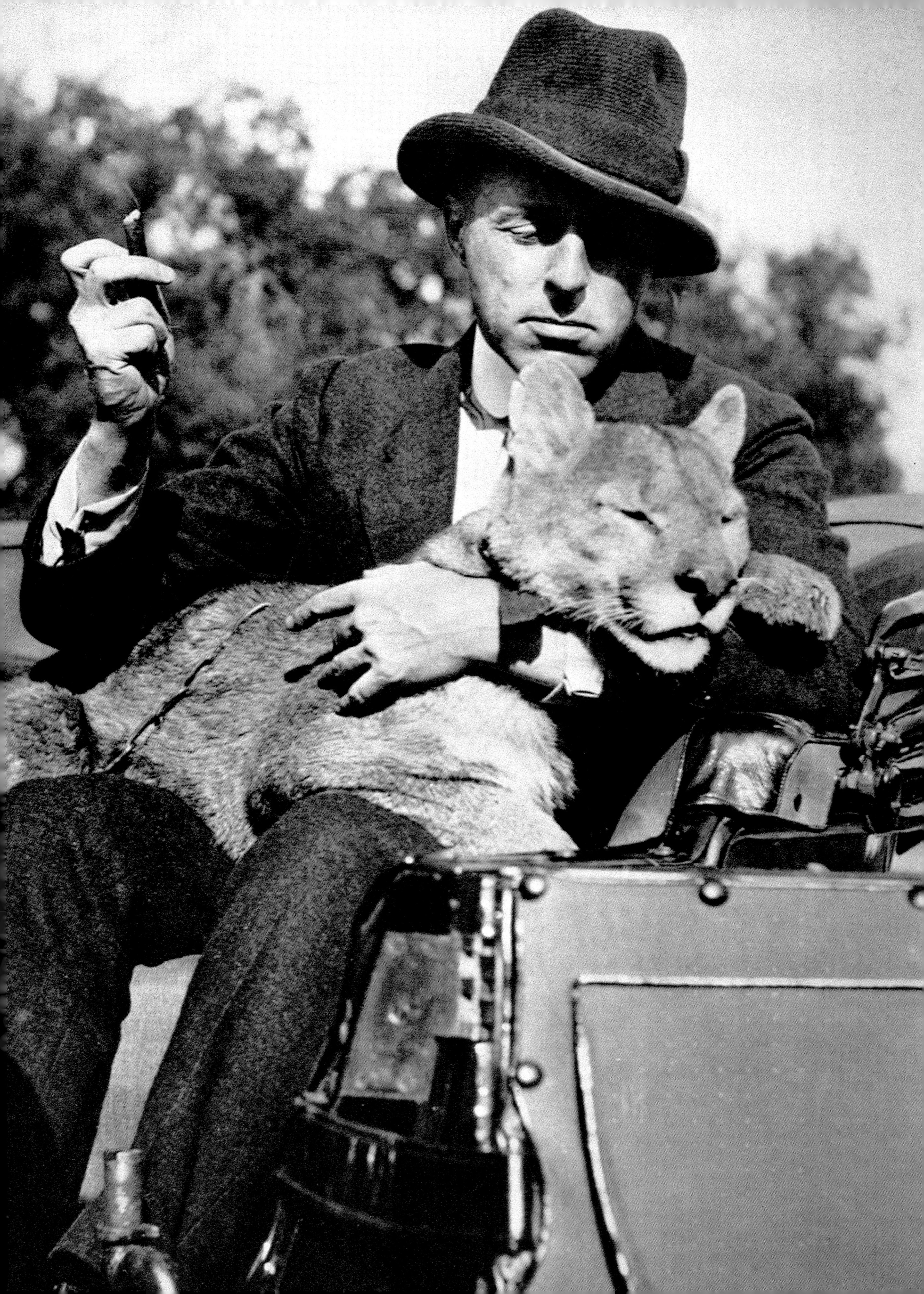

CHE GUEVARA
1928–1967

„DER WAHRE REVOLUTIONÄR wird von den Gefühlen der Liebe getrieben." Diese Aussage Ernesto Guevaras mag jene überraschen, die die Skrupellosigkeit des „Comandante" aus erster Hand kannten, aber nicht diejenigen, die um die tiefe Leidenschaft des radikalen Kämpfers wußten. Beide Eigenschaften waren charakteristisch für das kurze, turbulente Leben eines der bekanntesten Revolutionäre dieses Jahrhunderts.

Wie Lenin wurde auch Ernesto Guevara – bekannt als „Che" – auf einem Gut geboren; er war der älteste Sohn einer irisch-spanischen Aristokratenfamilie der argentinischen Oberschicht, die allerdings schon von ihrem Reichtum eingebüßt hatte. Che wurde in seiner Kindheit reichlich verwöhnt und ging mit Sport und purer Willenskraft gegen seine schwächliche Konstitution an. Aber seiner chronischen Asthmaerkrankung konnte er nie ganz entkommen, letztlich trug sie sogar noch zu seinem Mythos bei.

Von 1945 bis 1951 studierte er an der Universität von Buenos Aires Medizin und bereiste dann im nächsten Jahr den Nordwesten des südamerikanischen Kontinents. Er war in jeder Hinsicht der Prototyp des unangenehm selbstgerechten Hippies, der materiellen Luxus mied, gleichzeitig jedoch seine Eltern drängte, ihm Geld zu schicken. 1953 kehrte er nach Argentinien zurück, um zu promovieren, setzte aber seine Wanderschaft fast umgehend danach wieder fort. Während seines Aufenthalts in Guatemala, wo die linksgerichtete Regierung von Jacobo Arbenz an der Macht war, bildeten sich die politischen Grundüberzeugungen des angehenden Rebellen heraus. Nachdem er 1954 persönlich Zeuge des blutigen Sturzes der Regierung Arbenz durch die CIA geworden war, kam Che zu dem Schluß, daß nur ein bewaffneter Kampf die Rechte der Armen sichern konnte.

Da er als Linksradikaler bekannt war, mußte er außer Landes fliehen. In Mexiko-City bekam er eine Anstellung am Zentralkrankenhaus. Diese Stadt war damals ein siedender Kessel, in dem verschiedene Nachrichtendienste miteinander rivalisierten. 1955 lernte Che einen der berüchtigsten Aufwiegler kennen – Fidel Castro. Dessen Versuch, die Gewaltherrschaft von Fulgencio Batista in Kuba zu stürzen, war gescheitert, und er hatte ins Exil gehen müssen. Che Guevara erkannte in Castro einen Mann mit revolutionärer Zukunft und trat dessen winziger militärischer Kampftruppe bei. Im folgenden Jahr verließ Che seine Familie und schloß sich der Gruppe an, die nach Kuba übersetzte, um gegen das herrschende Regime einen Guerillakrieg zu führen. Sie hofften, ein Regime zu stürzen, das die Bauern in die Armut getrieben und das Land Spekulanten, amerikanischen Investoren und Verbrechern ausgeliefert hatte.

Im Kampf gegen die Batistianos einerseits und gegen die eigene Unerfahrenheit andererseits wurden die Guerilleros von etwa 100 Mann auf weniger als 24 dezimiert, bevor sie sich in die Sierra Maestra zurückzogen. Bis zum Jahr 1957 hatte sich ihre Situation so verbessert, daß Che Guevara von Castro zum Befehlshaber der zweiten Kolonne ernannt werden konnte. Im Jahr darauf führte Che die Gegenoffensive an, bei der die strategisch wichtige Stadt Santa Clara eingenommen wurde. Am 1. Januar 1959 floh Batista, und kurz darauf fiel Havanna in die Hände der Aufständischen.

Nachdem er bei den Standgerichten über die Bastianos den Vorsitz geführt hatte, fand sich der junge Argentinier in der für ihn ungewohnten Rolle eines Ministers wieder. Zunächst leitete er das Institut für Agrarreformen und danach die Nationalbank. Er arbeitete Tag und Nacht und ging von seinem Schreibtisch oft direkt aufs Feld, um Zuckerrohr zu schneiden; er wollte den neuen sozialistischen Mann verkörpern, den Moral und nicht Geldgier antrieb. Gleichzeitig drängte er auf engere Verbindungen zur Sowjetunion und zu China, die er als Alternative zu den verhaßten Vereinigten Staaten sah. Als die Kubaner 1962 den Russen erlaubten, Raketen auf Kuba zu stationieren, trat Che für einen Erstschlag gegen die Amerikaner ein.

Seine rastlose Abenteurernatur ebenso wie sein absoluter Glaube an die bewaffnete Befreiung der Massen trieb ihn 1965 erneut zur Revolte, dieses Mal im Kongo. Dort endete sein Feldzug für den maßlosen Laurent Kabila mit einer Niederlage. Im folgenden Jahr hielt er einen berühmten Vortrag vor der linksradikalen Tricontinental Conference, in dem er „zwei, drei, viele Vietnams" forderte. Sein eigener Ehrgeiz war es, in seiner Hemisphäre so viele Vietnams wie möglich zu schaffen. Mit diesem Ziel vor Augen versuchte er 1966, Bolivien zu unterwandern, aber innerhalb weniger Monate wurde seine kleine Truppe von den Bauern isoliert, von städtischen Radikalen abgelehnt und von ihren Feinden einschließlich der CIA gejagt. Hungrig, ausgeplündert und von Wutanfällen heimgesucht, führte Che Guevara seine dezimierte Gruppe im Zickzackkurs ins Verderben. Am 8. Oktober 1967, nach einem Kampf in einer Schlucht in der Nähe der kleinen Stadt La Higuera, wurde er gefangengenommen. Am nächsten Tag wurde er kurzerhand hingerichtet, seine Hände wurden als Beweis abgehackt und sein Leichnam in einem geheimen Grab verscharrt. 1997 wurden seine sterblichen Überreste exhumiert und nach Kuba überführt.

In Südamerika errichteten die Armen Schreine für ihn, in der Dritten Welt hängten sie Poster mit seinem Porträt auf und skandierten seinen Namen. Aber eine andere Art des Tributs wurde ihm durch die Popkultur und den Kapitalismus gezollt, die das romantische Bild Che Guevaras nutzten, um von T-Shirts bis hin zu Motorrädern alles zu verkaufen. Seine Selbsteinschätzung kommt in einem Brief an seine Eltern zum Ausdruck, den er kurz vor seinem Aufbruch in den Kongo schrieb: „Wieder einmal fühle ich unter meinen Hacken die Rippen von Rosinante. Viele werden mich als Abenteurer bezeichnen, was ich auch bin, allerdings einer von denen, die ihr Leben aufs Spiel setzen, um ihre Wahrheit deutlich zu machen."

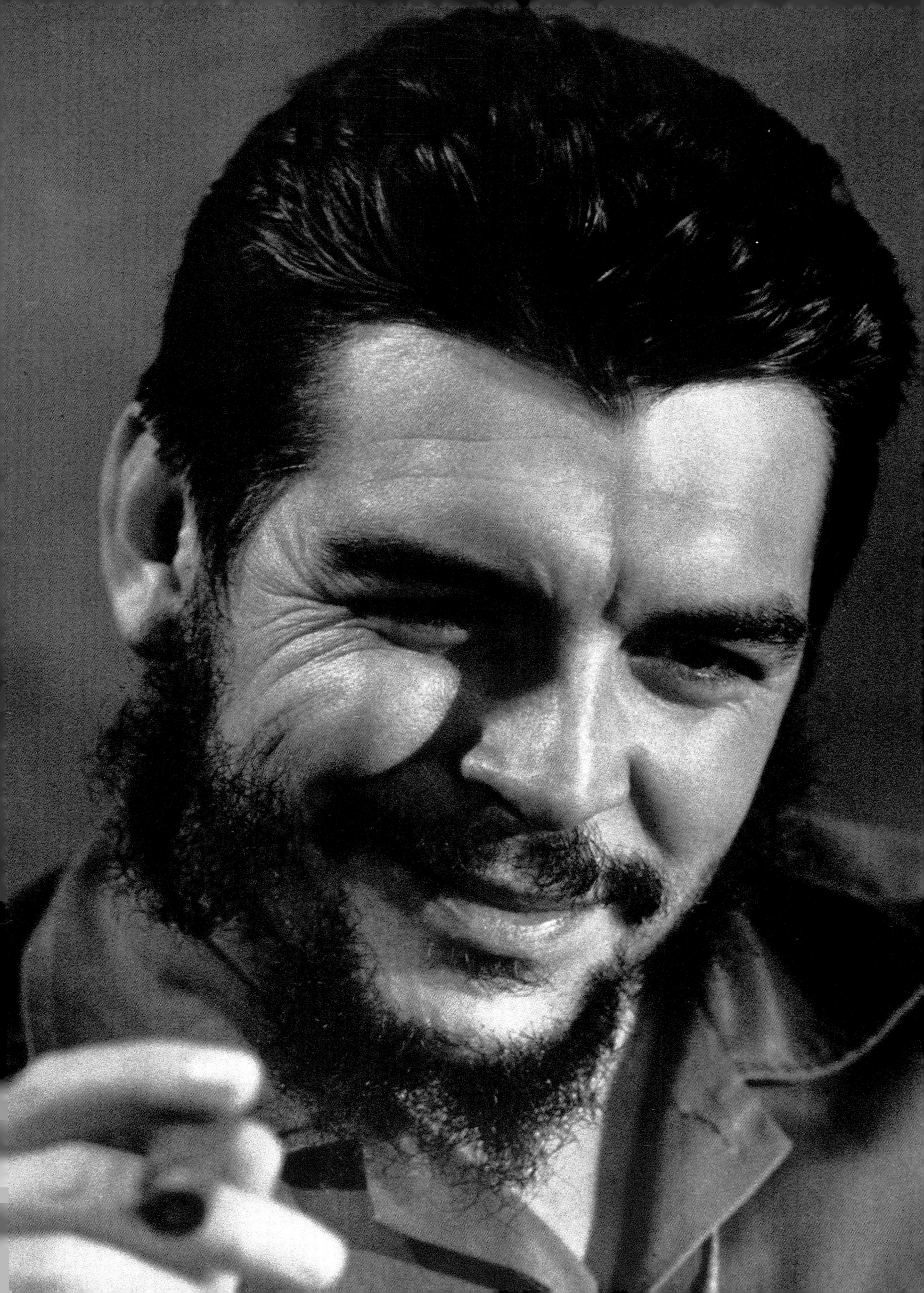

STEPHEN HAWKING

1942-

DER ENGLISCHE KOSMOLOGE Stephen Hawking trotzte seiner schweren Behinderung und seiner eigenen Verzweiflung, um die erstaunlichsten Theorien des Jahrhunderts über Ursprung und Schicksal des Universums aufzustellen. Sein überragender Verstand in dem geschwächten Körper wird nur noch von seinem eisernen Willen übertroffen, das Geheimnis der Entstehung des Lebens zu ergründen.

Hawking, Sohn eines Biologen und dessen lebenslustiger Frau, wurde als ältestes von vier Kindern in Oxford geboren und war schon als Junge überaus neugierig. Da er Sport und Geselligkeit allzu sehr liebte, reichte sein Abschluß von der St. Albans School gerade aus, um ihm 1959 den Zugang zum University College in Oxford zu verschaffen. Dort zeichnete er sich durch eine derart rasche Auffassungsgabe aus, daß er mit nur etwa einer Stunde Mathematik- und Physikstudium pro Tag die nötigen Leistungen erbringen konnte. 1962 ging Hawking dann an die Cambridge University, wo er sich voll und ganz seiner Leidenschaft für die theoretische Astrologie und die Kosmologie widmen konnte. Er wollte der erste sein, der endlich eine Antwort auf die Frage „Woher kommt das Universum?" fand. Kurz darauf nahm er eine gewisse Unbeholfenheit – die phasenweise auftrat – an sich wahr. Es waren die ersten Anzeichen für die einsetzende amyotrophische Lateralsklerose, eine unheilbare Krankheit, die die Muskeln des Skeletts lähmt und mit einer zum Tode führenden Atrophie der Brustmuskulatur endet. Da man ihm nur noch wenige Jahre zu leben gab, sah er keinen Grund, weiter an seiner Promotion zu arbeiten, und verfiel dem Alkohol. Doch dann verliebte Hawking sich in die Studentin Jane Wilde, und ihre Heirat im Jahre 1965 gab ihm neue Kraft. Die Krankheit stabilisierte sich, auch wenn er nun an den Rollstuhl gefesselt war und nicht mehr für sich selbst sorgen konnte.

Die Krankheit hatte keinerlei Einfluß auf seine geistigen Fähigkeiten. Mit außergewöhnlicher Zielstrebigkeit erarbeitete er zusammen mit Roger Penrose eine Theorie der „Singularitäten", zugleich das Thema seiner Doktorarbeit. Einsteins Gleichungen hatten vorhergesagt, daß ein massives Gestirn in sich zusammenfalle, sobald es seine gesamte thermonukleare Energie aufgebraucht habe, und dann eine Singularität herstelle – einen Punkt in einem physikalischen Feld, in dem die Feldgröße unendlich groß wird. Der umgebende Bereich wird zu einem „Schwarzen Loch", da die Anziehungskraft so stark ist, daß Licht und umgebende Objekte, zum Beispiel Planeten, hineingesogen werden. Trotz der indirekten Beweise für die Existenz von Schwarzen Löchern boten die Gesetze der Wissenschaft an diesem Punkt keine Leitlinien mehr. Doch Hawking und Penrose führten 1965 den mathematischen Beweis, daß, sofern Einsteins Relativitätstheorie stimme, es Singularitäten geben müsse. Sie konnten sogar zeigen, daß die allgemeine Relativität widerlegt würde, wenn es sie nicht gäbe. Darüber hinaus, so behaupteten sie, muß eine Singularität der Ursprung des Universums gewesen sein.

Die Arbeit über Singularitäten und Hawkings Ruf in Cambridge brachten ihm ein Forschungsstipendium am Gonville and Caius College ein. Als Fellow demonstrierte er dort – nicht anhand der allgemeinen Relativitätstheorie, sondern mit Hilfe der Quantentheorie, daß die Relativität die willkürliche subatomare Welt nicht genau beschreibt –, daß die Gewalt des Urknalls zahlreiche kleinere Schwarze Löcher geschaffen haben muß, die Partikel aussenden. Diese Behauptung rief großen Unglauben hervor, wird aber heute akzeptiert; jene Emissionen sind heute unter dem Namen Hawking-Strahlen bekannt.

Der Wissenschaftler machte sehr schnell Karriere – trotz seiner Unfähigkeit, komplexe Gleichungen zu erarbeiten. Diesen Mangel glich er dadurch aus, daß er die Gleichungen in geometrische Figuren übersetzte, die er sich konkret vorstellen konnte. 1978 erhielt er den Albert-Einstein-Preis, und im Jahr darauf wurde er zum Lucasian Professor für Mathematik am Trinity College in Cambridge ernannt, eine Stelle, die einst Isaac Newton innehatte.

Nach einem Luftröhrenschnitt im Anschluß an eine Lungenentzündung verlor Stephen Hawking 1985 gänzlich sein Sprechvermögen und ist seitdem auf einen Sprachsynthesizer angewiesen, den er mit dem einzigen Finger bedient, den er noch bewegen kann. Für die einfachsten Dinge braucht er die Unterstützung seiner Frau oder einer anderen Person. Aber dennoch vollendete er auch sein Buch *Eine kurze Geschichte der Zeit. Vom Urknall bis zu den Schwarzen Löchern*, das zum Bestseller in allen Kultursprachen wurde, in dem er seine komplexen Ideen in verständlicher Sprache darstellte.

Hawkings wissenschaftliche Methode hat neben seiner Intuition viel den Ideen des Philosophen Karl Popper zu verdanken, der die klassische wissenschaftliche Reihenfolge von Beobachtung, Hypothese und Experiment in Frage stellte. Bei Poppers Methode, die sich Hawking zu eigen machte, setzt der Wissenschaftler eine Lösung für ein Problem voraus, führt dann Experimente durch, um seine eigene Theorie zu widerlegen, und gelangt im Laufe seiner Arbeit zu einer besseren Lösung. Diese unkonventionelle Art des Denkens führte Hawking zur Entdeckung der kleineren Schwarzen Löcher und auch zu der Vorstellung, daß sich alle Ereignisse in umgekehrter Reihenfolge wiederholen würden, sollte sich das Universum je zusammenziehen – später verwarf er aber diese Theorie wieder. Der temperamentvolle Denker verließ 1990 seine Frau nach 25 Jahren und zog mit seiner persönlichen Krankenschwester Elaine Mason zusammen.

Die Ironie der großen Einsichten Stephen Hawkings liegt darin, daß sie nur im Bereich des Denkbaren existieren. Niemand hat je eine Singularität oder die Implosion eines Schwarzen Lochs beobachtet. Paradoxerweise ist der Atheist Hawking aber davon überzeugt, daß er auch etwas anderes Unsichtbares zu durchdringen vermag – den Geist Gottes.

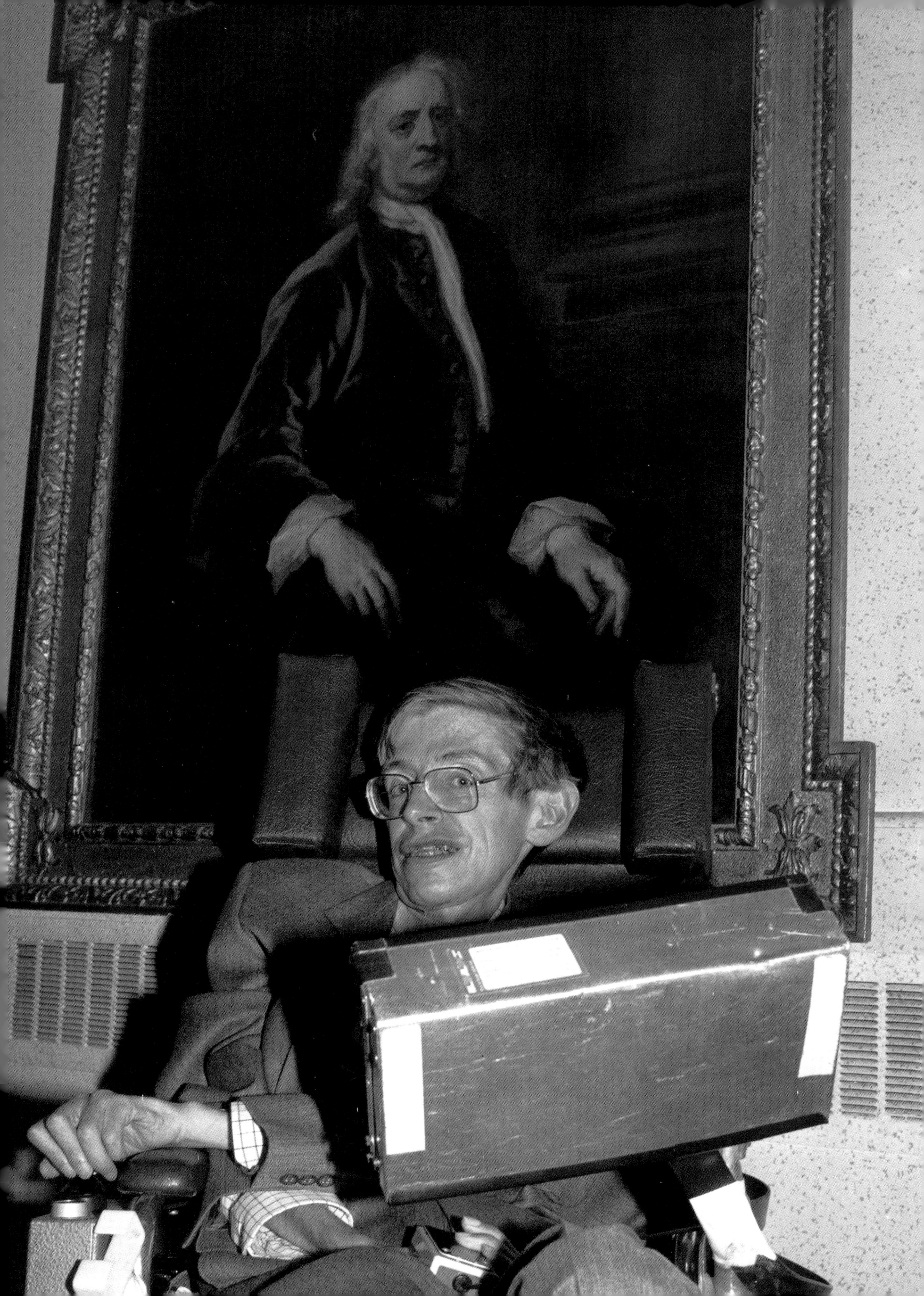

WILLIAM RANDOLPH HEARST

1863–1951

ZWAR ERFAND WILLIAM Randolph Hearst den Sensationsjournalismus nicht, er setzte ihn alllerdings am einflußreichsten und am skrupellosesten ein. Und wenn er auch nicht der erste war, der eine Zeitungskette gründete, so war seine doch gewaltiger als alle anderen zuvor. Hearst stand mit seinem unverhohlenen Pomp den Königshäusern der Welt in nichts nach; in Kalifornien ließ er sich ein Lustschloß errichten, das einige der bedeutendsten Kunstschätze Europas enthielt. Der Medientycoon und Gesellschaftslöwe wollte jedoch mehr als nur reich und berühmt sein. Sein höchstes Ziel war das Amt des Präsidenten der Vereinigten Staaten von Amerika.

Hearsts Vater besaß eine Goldmine und hatte mit klugen Investitionen ein gewaltiges Vermögen gemacht; Hearst selber war ein schwerfälliger, verwöhnter Jugendlicher, der zuerst die St. Paul's School und später Harvard besuchte. Schon 1885, im ersten Studienjahr, mußte er die Universität verlassen. Während seiner Zeit auf dem College fiel er nur durch das geschickte Management der Studentenzeitung *Lampoon* auf, die unter seiner Leitung zum ersten Mal in ihrer Geschichte schwarze Zahlen schrieb. Als er zu seinen nachsichtigen Eltern nach San Francisco zurückkehrte, wollte er weiterhin seiner journalistischen Leidenschaft frönen und bekniete seinen Vater so lange, bis dieser ihm den *San Francisco Examiner* überließ, ein geldverschlingendes Blatt, das Hearst Senior erworben hatte, um seine politischen Ziele in Kalifornien voranzutreiben. Hearst absolvierte eine zweijährige Ausbildung bei Joseph Pulitzers *New York World*, die für ihre farbigen Schlagzeilen und ihre Neigung zu Blut-, Sex- und Skandalgeschichten bekannt war. 1897 hatte er alles gelernt, was nötig war, um den *Examiner* in eine Westküstenversion der *World* zu verwandeln. Zu seiner Strategie gehörten haarsträubende Stories, gepaart mit Kreuzzügen gegen die Korruption. Überdies heuerte er die größten journalistischen Talente zu einem Dreifachen des üblichen Salärs an und senkte den Verkaufspreis, um die Auflage in die Höhe zu treiben. So warf die Zeitung schließlich Gewinn ab.

Mit millionenschwerer Unterstützung seiner Mutter landete Hearst einen weiteren journalistischen Coup. Er kaufte die Zeitung *New York Journal* und griff damit seinen ehemaligen Mentor Pulitzer direkt an, dem er unter anderem einen Teil seiner besten Reporter abwarb. Die beiden lieferten sich einen erbarmungslosen Zeitungskrieg, stahlen einander Texte und Schlagzeilen und brachten Stories heraus, die von vorne bis hinten erfunden waren. Ein Höhepunkt war 1898 erreicht, als Hearst kühn verkündete, die Vereinigten Staaten würden wegen Kuba Spanien den Krieg erklären. Sein aufwieglerischer Bericht über die Explosion an Bord des amerikanischen Kriegsschiffes Maine, in dem er spanischen Agenten die Schuld an der Tragödie gab, rief eine derartige Empörung in der Bevölkerung hervor, daß Präsident McKinley gar nicht anders konnte als Spanien tatsächlich den Krieg zu erklären.

Doch alle von Hearst propagierten Standpunkte – die antibritischen Ausfälle, sein Eintreten für die Gewerkschaften, die Angriffe auf McKinley als angeblicher Marionette des Großkapitals – sie hatten alle nur ein Ziel: die Erfüllung seines brennenden Wunsches, das höchste Amt im Staate einzunehmen. In einem Leitartikel pries er 1901 den politischen Mord. Fünf Monate später starb der Präsident durch die Hand eines Anarchisten. Aber Hearst folgte weder McKinley noch sonst jemandem ins Weiße Haus. Seine Amtszeit als Kongreßabgeordneter von 1903 bis 1907 sollte ihm als Sprungbrett zu nationaler Berühmtheit dienen, ebenso seine erfolglose Bewerbung für den Posten des Bürgermeisters von New York in den Jahren 1905 und 1909 sowie für den Posten des Gouverneurs von New York 1906. Auch warf er 1904 bei der Nominierung des Präsidentschaftskandidaten der Demokraten seinen Hut in den Ring. Das war das letzte Mal, daß Hearst der Erfüllung seines Traums nahe kommen sollte, und er brauchte viele Jahre, um sich innerlich davon zu verabschieden. In den späten 20er und frühen 30er Jahren kaufte er weiterhin fieberhaft Zeitung um Zeitung auf, die ihm in den wichtigsten Städten Amerikas als Medien der Selbstdarstellung dienen sollten. Bis 1935 besaß er 28 Zeitungen, 13 Zeitschriften, acht Radiosender und zwei Filmgesellschaften. Letztere fungierten als Vehikel für seine Geliebte, die nur mäßig begabte Schauspielerin Marion Davies, eine ehemalige Varietétänzerin. Da sich seine Frau, die Tänzerin Millicent Willson, einer Scheidung widersetzte, konnte Hearst Marion Davies bis zum Ende seines Lebens nicht heiraten, obwohl er sie aufrichtig liebte.

Wenn seine Ehe auch hielt, so ruhten dagegen sein Imperium und seine politische Karriere auf tönernen Füßen. Hearsts bittersüßer Triumph, die kalifornischen Delegierten der Demokratischen Partei 1932 auf Franklin D. Roosevelt eingeschworen zu haben, verstärkte nur die ablehnende Haltung der Parteimitglieder. Entmutigt zog er sich nach Kalifornien zurück, wo er den Bau seines Anwesens in San Simeon überwachte, zu dem ein Schloß, ein Park mit wilden afrikanischen Tieren und mehr Marmor gehörten, als in der Villa der Medici zu finden war. Das 33 Millionen Dollar teure Xanadu wurde ein exklusiver Treffpunkt von Hollywood. Die liebenswürdigen Gastgeber, Hearst und Marion Davies, ließen ihre berühmten Freunde mit einem eigenen Zug zu üppigen Wochenendparties anreisen. 1937 wankte sein Zeitungsimperium, und Hearst mußte demütigende Umsatzeinbußen hinnehmen. Erst nach dem Zweiten Weltkrieg schrieb er wieder schwarze Zahlen. Doch seine Tage waren gezählt: Nachdem er seine politischen Ambitionen endgültig hatte begraben müssen, mißtraute man dem selbstsüchtigen Megalomanen, der durch Orson Welles' exzellenten Film *Citizen Kane*, dessen Hauptfigur an Hearst angelehnt ist, 1941 zusätzlich demontiert wurde. Seine letzten Jahre verbrachte Hearst mit seiner Geliebten. Er starb 1951 in ihrem Haus.

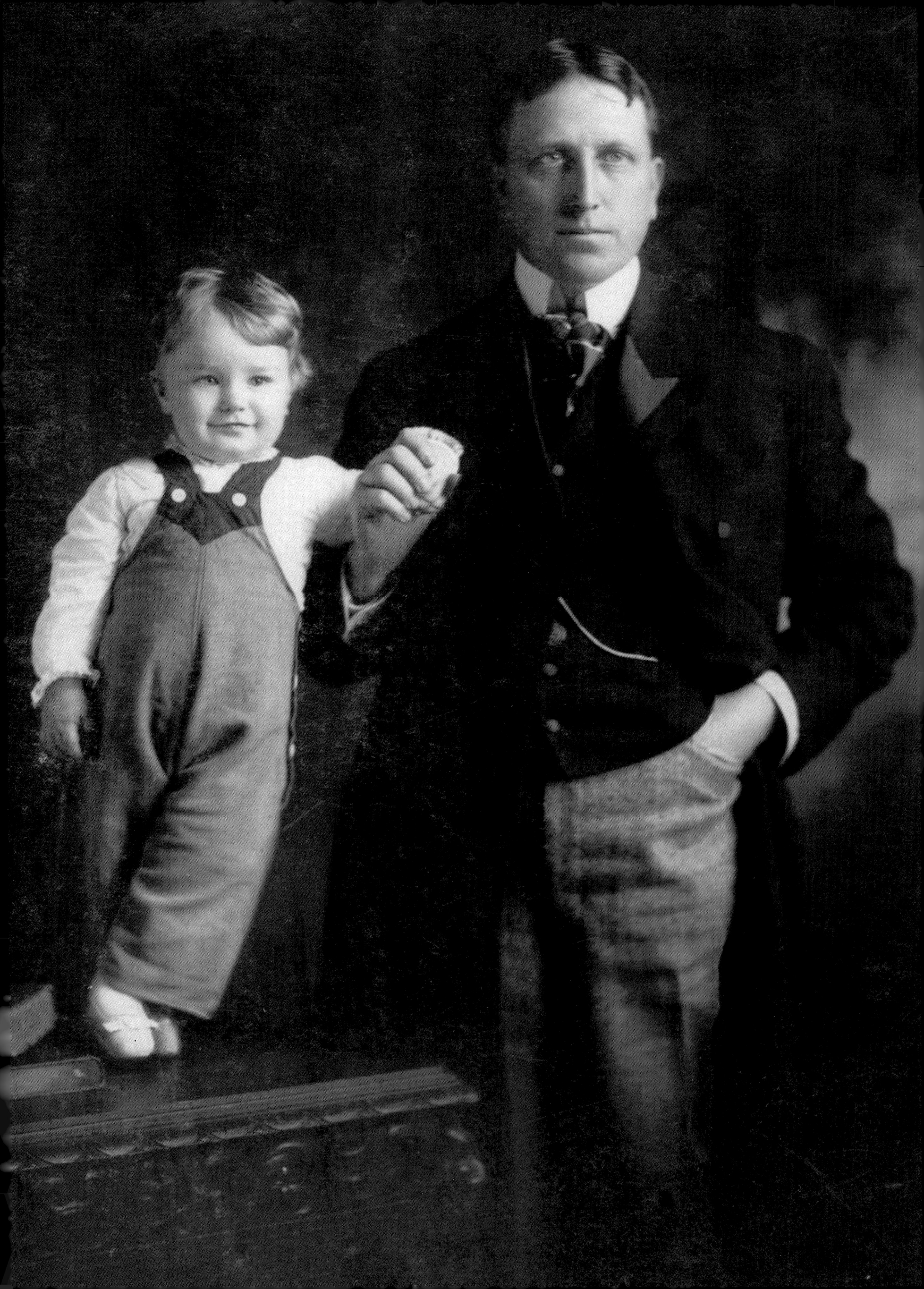

HUGH HEFNER

*1926

HUGH HEFNER HOLTE den Sex aus den Schlafzimmern und Stundenhotels und brachte ihn in die Regale des Zeitungskiosks um die Ecke. Der schüchterne, in sich gekehrte Sohn eines verklemmten Methodistenpaares aus Chicago, leitete aus seiner lieblosen Kindheit eine neue Philosophie der kleinen Leute ab, die die sexuelle Revolution ankündigte und einleitete. Da seine Mutter und sein Vater, ein Buchhalter, ihre Prüderie auf den empfindlichen und liebesbedürftigen Sohn übertrugen, gelangte Hefner als Erwachsener zu der Überzeugung, daß die Unterdrückung von Gefühlen die Wurzel allen sozialen Übels sei. Er war ein unauffälliger Schüler; als ihn aber seine Mutter von einem Psychologen untersuchen ließ, wurde ihr mitgeteilt, ihr unterforderter Sohn besäße einen IQ von 152. Die Ärzte rieten ihr, dem Sohn mehr Zärtlichkeit zu geben; sie reagierte darauf, indem sie ihm zähneknirschend erlaubte, Pin-up-Girls über seinem Bett aufzuhängen.

Obwohl Hefner seine Schüchternheit überwand, fühlte er sich als junger Mann unwohl, wenn er den Arm um eine Frau legte. Während seiner langweiligen Militärzeit ab 1944 und des Studiums an der University of Illinois zwei Jahre später beschäftigte er sich mit seiner fixen Idee: der puritanischen Unterdrückung der Sexualität in Amerika. Die Lektüre des berühmten Kinsey-Reports über die sexuellen Gewohnheiten der Nation beunruhigte den Studenten, nicht wegen der darin enthaltenen klinischen Darstellung von Sex, sondern weil er zeigte, wie unehrlich Amerika mit diesem Thema umging. Wie in so vielen Bereichen unterschied sich der öffentliche Umgang der Amerikaner mit der Sexualität sehr deutlich von ihrem privaten Verhalten. Die sexuelle Heuchelei zu beenden, war Hefners Mission, die Zeitschrift *Playboy* sein Sprachrohr.

1949 heiratete er Millie Williams, seine Jugendliebe. Die beiden ließen sich 1959 scheiden, und Hefner sollte danach lange Zeit keine Neigung zu Monogamie und Ehe erkennen lassen. Damals arbeitete er in mehreren Firmen als Werbetexter und fühlte sich privat und im Beruf unglücklich und unverstanden, bis ihm 1952 die Zeitschrift *Esquire*, für die er Werbeanzeigen verfaßte, in New York einen Job für 80 Dollar pro Woche anbot. Als Hefner fünf Dollar mehr verlangte und *Esquire* ablehnte, kündigte der junge Mann kurzerhand ganz und konnte nun mit dem neu geschöpften Geist der Freiheit ungehindert seiner Mission nachgehen, wie er sie sah: „Eine Zeitschrift verlegen, die ihre Nase in alle Tabus steckte", die ihn gehemmt hatten. Mit 600 Dollar Eigenkapital und zusätzlichem Geld von Investoren machte er seinen Traum wahr. Er begann mit der Produktion einer Zeitschrift für Männer, die das enthielt, was ihr Schöpfer in seinen nächtlichen Betrachtungen als „Playboy-Philosophie" entwickelt hatte.

Im Dezember 1953 hatte der *Playboy* Premiere. In der ersten Nummer fand sich das berühmte Kalenderbild der nackten Marilyn Monroe, für das Hefner 200 Dollar bezahlt hatte. Mit seiner interessanten Mischung aus Anspruchsvollem (Geschichten und Essays namhafter Schriftsteller) und Anspruchslosem (nackte Frauen, bis zur Engelsgleichheit stilisiert durch Hefners Frauenbild des unschuldigen Mädchens von nebenan) wurde der *Playboy* zu einem Riesenerfolg und sein Erfinder berühmt. Dieses Magazin illustrierte Hefners richtige Einschätzung der veränderten Nachkriegskultur, die ein solches Heft möglich machte, und er bewies wieder einmal, daß sich jede gute Idee durchsetzt, wenn sie mit einem sozialen Anliegen verbunden ist. Im Unterschied zum durchschnittlichen Pornographen waren seine Beweggründe nicht nur der Hunger nach finanziellem Erfolg, sondern auch der missionarische Eifer, einen hemmenden Sexualkodex zu ändern.

Der Großteil der Nation war der Ansicht, der *Playboy* käme genau zur rechten Zeit. Schnell schossen die Auflagenzahlen in die Höhe; die Zeitschrift erreichte in Spitzenzeiten bis zu sieben Millionen Leser. Hefner wurde zu einem pepsitrinkenden Lebemann, der über ein buntes Reich herrschte, das exotische Magazine, Privatclubs voller Playboy-Bunnys, Casinos, Plattenlabels und Fernseh-Produktionsgesellschaften umfaßte. In seiner eigens für ihn hergestellten schwarzen DC-9 fuhr er kreuz und quer durchs Land. Zu jeder Tages- und Nachtzeit war zu sehen, wie er im Pyjama, seinem Markenzeichen, durch die Gänge der höhlenartigen Playboy-Mansions in Chicago und später in Los Angeles tappte. An beiden Orten waren die Frauen zweifellos die auffälligsten Ausstattungsstücke: jung und schön, standen sie dem zurückgezogenen Philosophen auf Abruf zur Verfügung, der in seinem großen, runden Bett residierte.

Hugh Hefners Abneigung gegen sexuelle Heuchelei war jedoch auch einseitig. Von Männern wurde erwartet, daß sie Frauen mit in den Club brachten, während Frauen angehalten wurden, allein zu kommen. Auch wollte Hefner nicht, daß seine Vorliebe für sexuelle Abwechslung, ein Eckpfeiler seiner Philosophie, von seinen Auserwählten geteilt wurde. Er erwartete von seinen Gespielinnen vielmehr unbedingte Treue. 30 Jahre lang verkörperte Hefner die Playboy-Philosophie, dann heiratete er 1989 Kimberley Conrad, das Playmate des Jahres, und bekam mit ihr zwei Söhne. Mit dem ihm eigenen Gefühl für das richtige Timing konnten seine späte zweite Ehe und die Vaterschaft belegen, daß er sich vom ausschweifenden Leben zurückgezogen hatte.

Auch wenn sein Reich in den 80er Jahren schrumpfte, Zeitschriften, Privatclubs und das Casino in London eingingen, auch wenn die amerikanische Regierung versuchte, dem *Playboy* die Schuld an einigen Übeln der Gesellschaft zu geben, so schmälerte das nicht Hefners revolutionären Einfluß auf die Moral des 20. Jahrhunderts. Der *Playboy* und Hugh Hefner haben Amerika ihren Stempel aufgedrückt; fast drei Jahrzehnte lang nährten die Visionen eines einzelnen Mannes die Phantasien von Millionen.

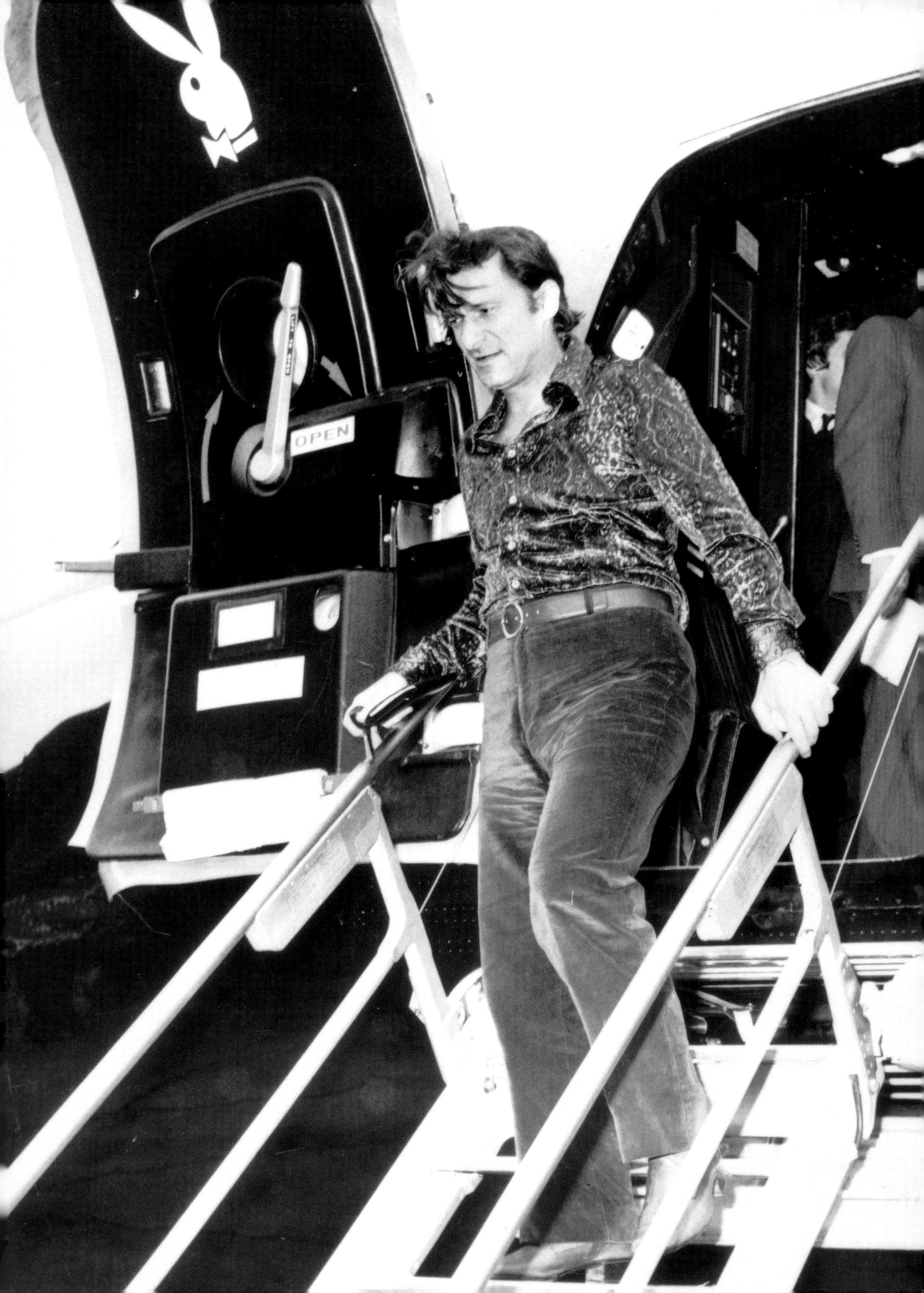
OPEN

JASCHA HEIFETZ
1901-1987

MIT DEM BEGRIFF „Wunderkind" verbindet man das Bild eines kleinen Kindes mit einem Instrument in der Hand, ernst und bemerkenswert reif für sein Alter. Daran gemessen war der außerordentliche Geiger Jascha Heifetz ganz und gar kein Wunderkind, sondern schon im Alter von drei Jahren ein seltenes, voll ausgereiftes Talent. Sein Aufstieg zum größten Geiger des Jahrhunderts war dramatischer und beständiger als bei allen anderen Künstlern vor oder nach ihm.

Sein Vater Rubin Heifetz war Geiger in Wilna. Er gab seinem Sohn den ersten Unterricht, bevor er ihn Meister Ilja Malkin zur weiteren Unterweisung überließ. Nach weniger als zwei Jahren konnte Heifetz das schwierige Violinkonzert von Felix Mendelssohn-Bartholdy ausdrucksvoll spielen. 1910 reiste er nach St. Petersburg, um bei dem für seine Arbeit mit Kindern berühmten Lehrer Leopold Auer am Konservatorium zu studieren. Trotz der Begeisterung des Professors für das junge Genie wurden Jaschas Pläne beinahe hinfällig, als bekannt wurde, daß sich die Aufenthaltsgenehmigung für jüdische Schüler – Juden war das Betreten von St. Petersburg per Gesetz verboten – nicht auch auf deren Eltern erstreckte. Aufgrund einer besonderen Übereinkunft konnte sich Rubin Heifetz zusammen mit seinem Sohn einschreiben. Zwei Jahre später debütierte Jascha Heifetz mit überwältigendem Erfolg in Berlin, und 1917 verließ er Rußland, um in den Vereinigten Staaten auf Tournee zu gehen. Seine erste Vorstellung in Carnegie Hall ließ den bekannten Geiger Mischa Elman die Augenbrauen hochziehen und aufstöhnen: „Es ist heiß hier drin", worauf der Pianist Leopold Godowsky die berühmte Antwort gab: „Nicht für Pianisten." Elman stand mit seiner Meinung nicht allein da; nachdem Fritz Kreisler, alles andere als ein Anfänger, Heifetz in Deutschland gehört hatte, schlug er seinen Kollegen halb im Scherz vor, ihre Instrumente zu zerbrechen – so präzise und kraftvoll war Heifetz' Spiel. Diese Stärke zeigte er der ganzen Welt: Österreich 1921, Palästina 1926 und seinem Geburtsland 1934.

Wie so viele russische Emigranten zog es Heifetz nach Amerika. 1925 erwarb er die amerikanische Staatsbürgerschaft und ließ sich in Beverly Hills nieder. 1926 ernannten ihn die Franzosen zum Ritter der Ehrenlegion. Zwei Jahre später heiratete er den Stummfilmstar Florence Vidor, mit der er zwei Kinder hatte. 1939 wurde er duch einen Film mit dem Titel *Musik fürs Leben* zwischenzeitlich selber zum Leinwanddarsteller. Während des Zweiten Weltkriegs gab Heifetz auf Veranstaltungen der Hilfsorganisation für Militärangehörige Konzerte an der Front – mit überwältigendem Erfolg. Nach dem Krieg trat er seltener öffentlich auf. Inzwischen hatte er Frances Spielberg geheiratet, und er begann an der University of Southern California (USC) in Los Angeles zu unterrichten.

Kritiker schmähten Heifetz als kalt, weil sein Verhalten auf der Bühne so undramatisch wie sein Spiel emotional war. In aufrechter Haltung, den Ellbogen zur Seite streckend, hielt er sein Instrument sehr hoch: im „russischen Stil". Heifetz verließ sich nicht auf theatralische Gesten, um dem Publikum Gefühle zu vermitteln. Statt dessen zeigte er das gesamte Spektrum musikalischen Ausdrucks: Seine Töne sangen, klagten, flüsterten, flackerten auf oder galoppierten, wirbelten oder trompeteten. Doch stets ließ er allein die Musik auf sein Publikum wirken. Er spielte mit derart großer Intensität, daß er während seiner Auftritte an Gewicht verlor. So zurückhaltend er war, er war trotzdem ein ganz und gar romantischer Musiker, ein Künstler, dessen Liebe der Musik seit Beethoven galt. Er besaß nur wenig Sinn für die Avantgarde und nahm ausschließlich jene modernen Komponisten in sein Programm auf, die ebenso konservativ eingestellt waren. Manchmal fügte er eigene Versionen bekannter Stücke in seine Konzerte ein. Solche Gewohnheiten ärgerten seine Fans und freuten seine Kritiker, doch sie trugen dazu bei, Heifetz zum bestbezahlten Geiger seiner Zeit zu machen. Sein Name und sein Ruf waren so viel wert, daß ihm die Plattenfirma RCA Victor eine sechsstellige Pauschalsumme zahlte, obwohl er schon längst keine Platten mehr aufnahm.

Jascha Heifetz' Wandlung vom Wunderknaben zur „grauen Eminenz" erfolgte für ihn offenbar schmerzlos; die Erfahrung der Studenten an der Universität war es allerdings nicht. Als Lehrer war er unerbittlich streng und legte Wert auf die Grundlagen, wozu das endlose Üben von Tonleitern gehörte. Als er gefragt wurde, warum niemand eine Biographie über einen so berühmten Musiker wie ihn geschrieben habe, entgegnete er: „Meine Biographie geht so: Mit drei Jahren spielte ich Geige, mit sieben gab ich mein erstes Konzert. Seitdem habe ich nicht mehr aufgehört zu spielen." Diese Reserviertheit war typisch. Heifetz war immer ein Privatmann geblieben, zurückhaltend und argwöhnisch gegenüber Lob von Öffentlichkeit und Presse. Vielleicht war er von George Bernard Shaw beeinflußt worden, der ihm einmal gesagt hatte: „Nichts auf dieser Welt darf perfekt sein – sonst werden die Götter neidisch und zerstören es. Sie sollten sich daher angewöhnen, jeden Abend einen falschen Ton zu spielen, bevor Sie zu Bett gehen." Seine ganze Karriere hindurch war Heifetz davon überzeugt, daß 99 Prozent seiner Zuhörer auf eben diese falsche Note warteten.

An seinem 80. Geburtstag verschwand er von zu Hause, wurde aber doch von einem beharrlichen Reporter gefunden, der ihn um ein Interview bat. Heifetz antwortete bloß: „Ich habe nichts zu sagen." Er hatte schon alles mit seinem Spiel gesagt. Aber er konnte nicht verhindern, daß sich Geschichten über seine Eigenheiten herumsprachen. Eine Anekdote illustriert vortrefflich seine obsessive Pünktlichkeit. Einmal gab Heifetz eine Feier um vier Uhr nachmittags und öffnete die Türen seines großen Hauses zu genau dieser Zeit. Um eins nach vier schloß er sie wieder und sperrte alle zu spät Kommenden aus. Seine eigene Verabredung mit dem Jenseits hielt er pünktlich am 10. Dezember 1987 ein.

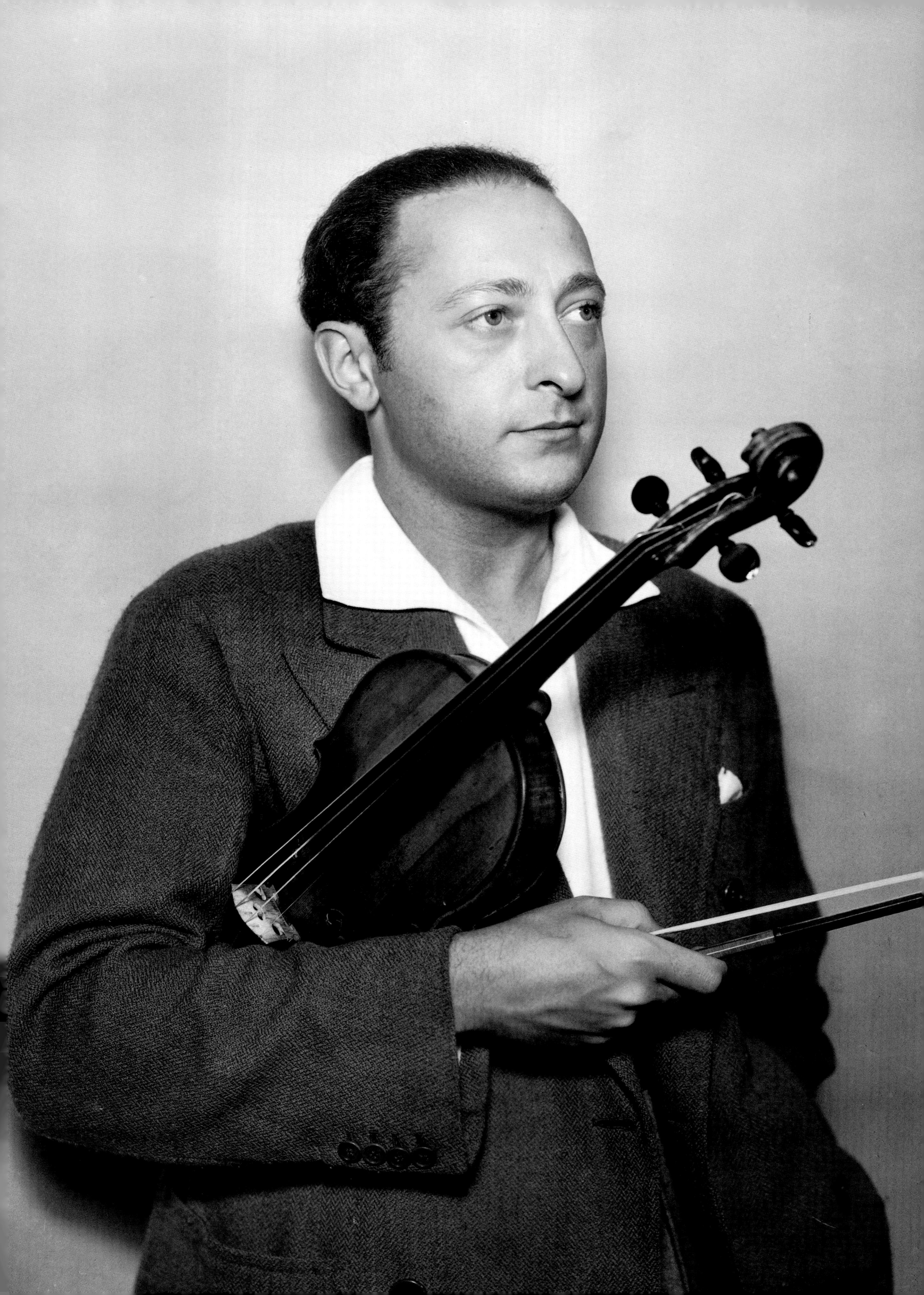

ERNEST HEMINGWAY
1899-1961

HEMINGWAY, DER ALS einflußreichster und am häufigsten kopierter Erneuerer der modernen amerikanischen Literatur gilt, liebte das Risiko wie kein anderer. In den Pressestimmen zu seinem Roman *In einem anderen Land* hieß es, der braungebrannte, kräftig gebaute Dichter, der seine ganze Energie darauf verwendete, sich als Frauenheld, Jäger, vor allem aber als Schriftsteller zu beweisen, und der sein Handwerk aufs Meisterlichste beherrschte, sei „eine Art Halbgott amerikanischer Männlichkeit".

Mit 19 Jahren meldete sich Hemingway freiwillig als Sanitäter beim Roten Kreuz und wurde im Ersten Weltkrieg an die italienische Front geschickt. Nur wenige Wochen nach seinem ersten Einsatz wurde er schwer verletzt. Als Frontberichterstatter nahm Hemingway später am Spanischen Bürgerkrieg teil, wo er auf der Seite der Republikaner kämpfte, und schloß sich kurz nach Ausbruch des Zweiten Weltkriegs einer Gruppe französischer Partisanen an. Obwohl sich Hemingway in Paris niederließ, führten ihn seine unzähligen Reisen unter anderem nach Hollywood, wo er sich mit Marlene Dietrich und Gary Cooper anfreundete, nach Key West und nach Afrika, wo er auf Großwildsafari ging. Hemingway heiratete viermal. Er überlebte drei schwere Autounfälle, mehrere Schlachten, das drohende Kriegsgericht und zwei Flugzeugabstürze. Seine besondere Vorliebe für lebensgefährliche Situationen fand ihren literarischen Niederschlag zumeist in furchtlosen Charakteren: Männer, die vor Tatkraft und Vitalität strotzen und ums nackte Überleben kämpfen.

Die Romane plädieren mit großer suggestiver Kraft für stoische Gelassenheit, Selbstkontrolle, Unerschrockenheit und Tapferkeit. Für Hemingway lauerte der Tod, besonders der plötzliche Tod, überall. Um ihm ins Auge zu sehen, müsse der wahre Held all seinen Mut zusammennehmen oder aber würdelos sterben – letzteres war aber in Hemingways literarischem Universum ausgeschlossen.

Ernest Hemingway wurde als Kind wohlhabender Eltern in Oak Park, Illinois, geboren. Seine früh erwachte Leidenschaft für das Fischen und die Jagd verdankte er seinem Vater Clarence, einem Arzt, der sich 1928 nach schwerer Krankheit und finanziellen Schwierigkeiten das Leben nahm. Hemingway begann seine schriftstellerische Karriere als Journalist in Kansas City und Toronto und arbeitete später als Auslandskorrespondent. Anfang der 20er Jahre zog er nach Paris, gab bei den dort lebenden Amerikanern schon bald den Ton an und verkehrte mit Gertrude Stein, Pablo Picasso, Ezra Pound und James Joyce. Dort beschäftigte sich der mittellose und noch gänzlich unbekannte Hemingway mit der Malerei Cézannes, die, was handwerkliche Sorgfalt und stilistische Darstellung angeht, einen maßgeblichen Einfluß auf sein späteres Werk ausübte.

Hemingway war ein charismatischer Mann von herber Schönheit, der eine geradezu magische Anziehungskraft besaß. *Fiesta* – ein ergreifender, in Pamplona spielender Roman, der von wiedergewonnener Lebensfreude und dem Verlust alter Werte handelt, wurde gleich bei seinem Erscheinen im Jahr 1926 von der literarischen Weltöffentlichkeit enthusiastisch gefeiert. Der Stierkampf mit seiner Mischung aus feierlichem Zeremoniell und todbringendem Ausgang übte eine große Faszination auf Hemingway aus. Doch weit stärker war sein obsessives Verhältnis zum Krieg, in dem sich der von ihm betriebene Männlichkeitskult und seine Glorifizierung des harten Tatmenschen spiegelte. Fast im Handumdrehen wurde Hemingway zum Sprachrohr der „lost generation", einer zwischen den Wirren zweier Weltkriege gestrandeten Generation. Sein Roman *In einem anderen Land* aus dem Jahr 1929, der die Liebesgeschichte zwischen einem amerikanischen Sanitäter und einer englischen Krankenschwester während des Ersten Weltkriegs erzählt, bestätigte sein zur Schau getragenes maskulines Image. Kritiker bewunderten vor allem seinen knappen, unterkühlten Stil.

Vergeblich haben Schriftsteller versucht, Hemingways lakonisch knappen, aber eindringlichen Stil zu imitieren. Unter der Prämisse, nur „wahre Sätze" zu schreiben, entstanden schließlich Hemingways Memoiren *Paris – ein Fest fürs Leben*, in denen der Autor versuchte, nicht nur die Begebenheiten wahrheitsgetreu wiederzugeben, sondern vor allem auch die daraus resultierenden Gefühle und Erfahrungen bis ins Kleinste zu beschreiben. Seine schriftstellerische Leistung trug Hemingway weltweiten literarischen Ruhm ein, der jedoch durch das Erscheinen von *Über den Fluß und in die Wälder* (1950) zeitweilig getrübt wurde. Es war sein erster Nachkriegsroman, den die Kritik verriß. 1952 erschien *Der alte Mann und das Meer*, eine eindrucksvolle Parabel über das ewige Ringen des Menschen mit der Natur, deren Botschaft nur scheinbar so simpel war wie der Titel nahelegte. Zwei Jahre später erhielt Hemingway den Nobelpreis für Literatur.

Im Laufe seines stürmischen Lebens standen sich der ernstzunehmende Schriftsteller Hemingway und der gefeierte Star Hemingway unversöhnlich im Weg. Nicht selten bereute der Autor später seine krankhafte Ruhmsucht, die ihm kostbare Zeit geraubt hatte. Seine wilden Eskapaden, die Hemingway geschickt zu vermarkten wußte, kamen seinen Kritikern sehr gelegen, die darin einen Beweis für seinen im Grunde leichtfertigen Umgang mit der Literatur sehen wollten. Aber so widersprüchlich es klingen mag: Hemingway hatte sich mit Leib und Seele der Schriftstellerei verschrieben, auch wenn er sein Leben scheinbar nicht danach ausrichtete.

Nach und nach wurde „Papa", wie man ihn liebevoll nannte, vom Verfall seiner körperlichen Kräfte aufgezehrt, und Arroganz überschattete seine unleugbar guten Charaktereigenschaften. Hemingway war nicht mehr in der Lage zu schreiben, litt immer stärker unter Depressionen; er nahm sich am 2. Juli 1961 das Leben.

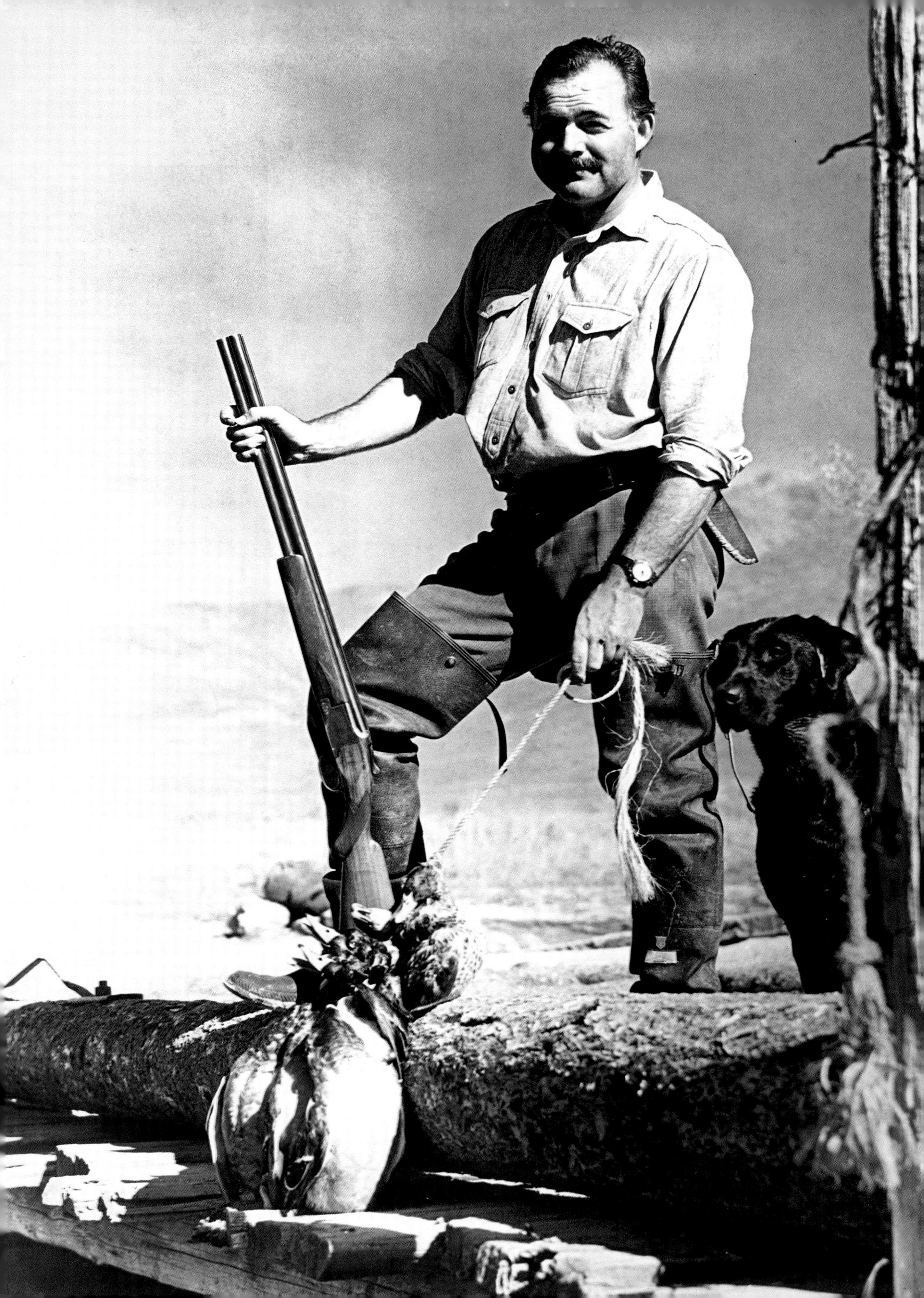

KATHARINE HEPBURN

1907

IN DEN 30ER JAHREN muß es an der Ostküste eine Fülle von schlagfertigen Schauspielerinnen mit prägnanten Wangenknochen und schönen Beinen gegeben haben, die sich in der New Yorker Theaterszene herumtrieben, doch keiner einzigen gelang es, Hollywoods Herzen im Sturm zu erobern. Nur eine schaffte es: Ganz gleich, ob sie eine vor Witz sprühende englische Protestantin oder eine unerschrockene alte Jungfer spielte, die amerikanische Schauspielerin Katharine Hepburn verkörperte über 60 Jahre lang Unabhängigkeit und gesunden Menschenverstand und gilt heute als eine der bedeutendsten Filmschauspielerinnen des Jahrhunderts.

Katharine Hepburn wurde als Tochter eines prominenten Urologen und einer gebildeten Frauenrechtlerin in Hartford im US-Bundesstaat Connecticut geboren. Sie wuchs in einem vornehmen, liberalen und glücklichen Elternhaus auf, doch obwohl sie stets ihre geordneten Familienverhältnisse beteuerte, begingen ihr Großvater und zwei ihrer Onkel Selbstmord, was ihre Familie gerne vertuscht hätte. Die Erinnerung an den Freitod ihres Bruders Tom, der sich 1921 erhängte, ließ sich jedoch nicht so ohne weiteres auslöschen, war Katharine doch diejenige, die seinen Leichnam entdeckte. Fortan machte sie seinen Geburtstag zu dem ihren und wurde an seiner Stelle der Liebling ihres Vaters. „Jimmy", wie sie sich selber nannte, ließ sich, bis sie vierzehn war, jeden Sommer die Haare ganz kurz schneiden.

Während ihres Studiums am Bryn Mawr College setzte sich die eigensinnige junge Frau über die Bedenken ihres Vaters hinweg und beschloß, Schauspielerin zu werden. Die Schauspielerei war seiner Ansicht nach ein dummer, nichtsnutziger Beruf, bei dem es nur auf Jugend und Schönheit ankam. Über beides verfügte seine sommersprossige Tochter mit dem kastanienbraunen Haar zwar in hohem Maße, doch ob sie das nötige Talent besaß, mußte sich erst noch erweisen. Wegen ihrer schrillen Stimme mußte sie sich anfangs mit kleinen Nebenrollen begnügen, begann aber, Sprechunterricht bei Frances Robinson-Duff zu nehmen. Trotz ihrer Übungen entzog man ihr ihre erste große Rolle in dem Theaterstück *The Big Pond* (1928), weil sie ihren Text derart schnell heruntersprach, daß das Publikum nur die Hälfte verstand. Im selben Jahr heiratete sie den adligen Ludlow Ogden Smith, der sie fast ebenso sehr bewunderte wie sie sich selbst. Während ihrer sechsjährigen Ehe mußte die selbstbewußte Katharine Hepburn weitere Rückschläge hinnehmen: Sie verlor eine ganze Reihe von Engagements bei verschiedenen Broadway-Stücken, so auch bei *Death Takes a Holiday* (1929). In einer sehr bezeichnenden Kritik schrieb die Zeitschrift *The Lake*: „Miss Hepburn durchmißt die ganze Skala der Gefühle von A bis B."

1932 erhielt die zähe Katharine Hepburn, die die handwerklichen Grundlagen ihres Berufes immer besser beherrschte, dann eine Rolle in *The Warrior's Husband*, die ihr jedoch schon bald wieder entzogen wurde. Als man sie erneut für das Stück engagierte, gelang ihr schließlich der Durchbruch. Sie ging nach Hollywood, wo sie sehr schnell ihre wahre Berufung entdeckte: den Film. Innerhalb kürzester Zeit gewann sie ihren ersten Oscar für *Morgenrot des Ruhms* (1933). Trotz ihrer Liaison mit ihrem Agenten Leland Hayward verliebte sie sich drei Jahre später während der Dreharbeiten zu *Maria von Schottland* in den Regisseur John Ford, der sich jedoch nicht von seiner Frau trennen wollte.

Auf dem Höhepunkt ihres Ruhms angelangt, kämpfte Katharine Hepburn mit allen Kräften um die Dauerhaftigkeit ihres Erfolgs. Die RKO-Studios setzten sie jedoch in derart schlechten Filmen ein, daß sie schon bald als „Kassengift" galt. Die Verfilmung des Stückes *Die Nacht vor der Hochzeit* (1940), das ihr 1939 auf den Leib geschrieben wurde, rettete ihre Karriere. Zwar scheiterte ihre Affäre mit dem gut aussehenden Millionär Howard Hughes, der die Filmrechte an dem Theaterstück erworben hatte, kurz nach Aufführungsbeginn. Doch gleichzeitig trat Spencer Tracy, ihre große Liebe, in ihr Leben. Als Tracy Katharine Hepburn 1942, kurz vor den Dreharbeiten zu *Die Frau, von der man spricht*, zum ersten Mal begegnete, erschien ihm die Hosen tragende Schauspielerin derart resolut und aggressiv, daß er sie zunächst für lesbisch hielt. Für Katharine Hepburn war der mürrische Alkoholiker der erste Mensch in ihrem Leben, dessen Interessen sie über ihre eigenen stellte. Im Verlauf ihrer heftigen und doch zärtlichen Beziehung, die sie ganz und gar ausfüllte, sollte sie echte Liebe erfahren. Zu ihrem großen Bedauern blieb der strenggläubige irische Katholik jedoch bis zu seinem Tod verheiratet. Das von allen Seiten belächelte, ein wenig merkwürdige Gespann aus vornehmer Dame und gottesfürchtigem Rüpel wurde schließlich zu einem der erfolgreichsten Schauspielerduos der Filmgeschichte.

Im Verlauf ihrer fast 30 Jahre währenden Beziehung drehten die beiden insgesamt neun Filme zusammen, darunter *Ehekrieg* im Jahr 1949. 1951 war Katharine Hepburn an der Seite von Humphrey Bogart in *African Queen* zu sehen, und im Jahr darauf spielte sie mit Tracy in dem Film *Pat und Mike*. 1967 gewann sie ihren zweiten Oscar für *Rat mal, wer zum Essen kommt*, dem letzten gemeinsamen Film mit Spencer Tracy, der im selben Jahr starb. Im folgenden Frühjahr erhielt sie einen weiteren Oscar für *Der Löwe im Winter* und 1981 schließlich noch einen vierten Oscar für ihre Rolle als liebenswerte, alte Dame an der Seite von Henry Fonda als streitsüchtigem Ehemann in dem sentimentalen Film *Am goldenen See*. Obwohl sie sich nie sonderlich um die Gunst des Publikums bemüht hat, wird sie heute als Grand Dame des amerikanischen Kinos verehrt.

Ihren Lebensabend verbringt die Schauspielerin allein in ihrem Haus in New York. Auch wenn Katharine Hepburn nicht mehr im Rampenlicht steht, ist sie doch immer noch so berühmt, wie sie es immer sein wollte.

IKONEN DES 20. JAHRHUNDERTS

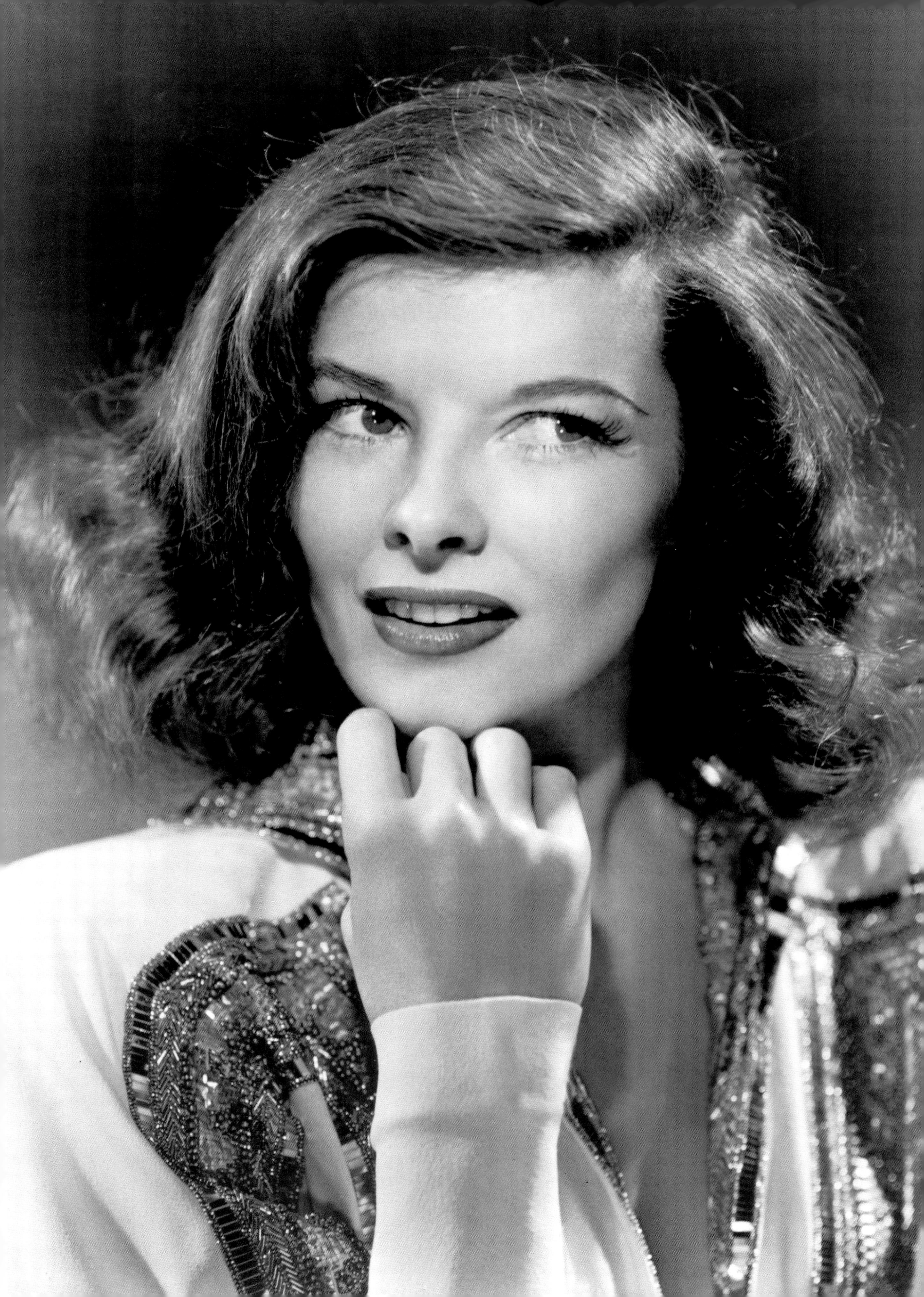

SIR EDMUND HILLARY & TENZING NORGAY

*1919
1914-1986

ZUSAMMEN BESTIEGEN DER neuseeländische Abenteurer und der Sherpa die höchsten und gefährlichsten Berge der Welt. Sie waren die ersten, die den rauhen Gipfel des Mount Everest, 8708 Meter über dem Meeresspiegel, erreichten. Bei ihrer Rückkehr wurden Sir Edmund Hillary und Tenzing Norgay mit Ruhm überhäuft, doch wurde der Berg, der davor und danach das Leben so vieler forderte, durch ihre Leistung nicht zugänglicher und auch nicht weniger gefährlich.

Edmund Hillary wurde 1919 in Neuseeland als Sohn eines Imkers geboren und wuchs in Tuakau, Australien, auf. Er war ein schüchterner, unbeholfener Junge, der unter seinem strengen Vater und gehässigen Mitschülern litt. Als Jugendlicher nahm er an einem Schulausflug zum neuseeländischen Vulkan Ruapehu teil und war vollkommen hingerissen von der Großartigkeit dieses riesigen Bauwerks der Natur; es waren die ersten Berge, die er je gesehen hatte. Voller Energie machte er sich daran, die Gipfel seiner Heimat zu erklimmen.

Obwohl er im Zweiten Weltkriegs ernste Verletzungen erlitten hatte, nahm Hillary das Bergsteigen anschließend wieder auf; 1951 wurde er Mitglied des Neuseeländischen Alpenvereins, der von Jim Rose geleitet wurde, und wandte sich den höchsten Bergen Europas in den Alpen zu. Bei seinem ersten Versuch, auch den Gipfel des Mukut Parbat im Himalaya zu bezwingen, mußte er wegen der Kälte aufgeben.

Hillarys Zorn über die Niederlage der von ihm angeführten Expedition wurde noch im gleichen Jahr besänftigt, als er eingeladen wurde, ein britisches Erkundungsteam unter Leitung des berühmten Eric Shipton an die Westseite des Mount Everest zu begleiten, bis dahin eine terra incognita für Bergsteiger. Der erste Versuch fand durch eine Lawine sein Ende, die beinahe alle Teilnehmer getötet hätte. Während Hillary weiter an kleineren Gipfeln des Himalayas trainierte, verfolgte er mit Unruhe und Neid das Vorwärtskommen der Schweizer Expedition auf dem Everest, die von Raymond Lambert und seinem Sherpa Tenzing Norgay geführt wurde. Zu seiner Erleichterung erreichten Lambert und Norgay nur den Südgipfel.

Norgay war der erste aus seiner Volksgruppe, der als Bergsteiger Ruhm erlangte; die Sherpas hatten das Besteigen von Chomolungma, so nennen sie den Everest, immer für eine Gotteslästerung gegenüber Miyo Lungsungama, der dort beheimateten Göttin, gehalten. Geboren in der nepalesischen Region Thamay, gelangte Tenzing als junger Mann nach Darjeeling, das zu der Zeit ein Bergsteigerzentrum war. Er wurde indischer Staatsbürger und machte sich einen Namen als ausdauernder Bergsteiger und großer Kenner der Berge.

1953 bekam Norgay, zusammen mit Hillary, als Teilnehmer an einer britischen Expedition, die von dem Himalaya-Komitee des Alpenvereins von Großbritannien und der Königlichen Geographischen Gesellschaft unterstützt wurde, eine weitere Chance zur Ersteigung des Chomolungma. Am 27. März begann die Truppe der Aufstieg von der nepalesischen Seite aus – ein nie zuvor versuchter Kraftakt. Angeführt von Colonel John Hunt, war das Team mit den neuen, umstrittenen Sauerstoffflaschen ausgerüstet.

Der Mount Everest ist unberechenbar. Gletscherspalten tun sich auf und verschwinden wieder. Lawinen und Schneestürme verändern unablässig das Terrain. Weniger als 1000 quälende Meter von der Spitze entfernt wurde das erste Team wegen eines defekten Sauerstoffgeräts zur Umkehr gezwungen. Hillary und Tenzing, die zweite Mannschaft, luden zusätzliche Vorräte auf und kämpften sich auf 8450 Meter hoch. Dort schlugen sie auf einer Eisbank ein Zelt auf und verbrachten eine furchtbare Nacht.

Am nächsten Morgen, dem 29. Mai, taute Hillary seine gefrorenen Stiefel über dem Ofen auf und nahm dann mit seinem Kollegen bei ungewöhnlich gutem Wetter die letzten Meter in Angriff. Fünf Stunden später hatten sie die letzten 240 Meter überwunden und standen endlich dort, wo vor ihnen noch niemand gewesen war – auf dem Dach der Welt.

Sie waren auf der Stelle berühmt. Als die Briten den Neuseeländer gegen seinen Willen zum Ritter schlugen, stahl er sich erbost inmitten der Feierlichkeiten davon, um seiner geliebten Louise, der Tochter von Jim Rose, einen Brief zu schreiben. Bei seiner Rückkehr nach Neuseeland heiratete er sie.

Fünf Jahre später vollbrachten die beiden unerschrockenen Abenteurer die erste motorisierte Überlandexpedition zum Südpol. Es sollte drei Jahre dauern, bis diese Leistung erneut erbracht wurde, und weitere zehn Jahre, bis ein amerikanisches Team den Gipfel des Everest erreichte. Hillarys Frau und seine jüngste Tochter starben 1975 bei einem tragischen Flugzeugabsturz in der Nähe von Kathmandu. Danach widmete der Bergsteiger sein Leben der Verbesserung der Lebensbedingungen der Sherpas, der Technik des Bergsteigens und der Beschaffung von Geldern für den Umweltschutz.

Norgay, der 1986 als Alkoholiker starb, wurde in Nepal und Indien stark angefeindet; seinen Lebensunterhalt verdiente er als Lehrer am Himalaya-Bergsteiger-Institut. Während dieser Zeit diktierte er mehrere Bücher über die Bezwingung der kalten Riesen seiner Heimat. Obwohl der beispiellose Kletterer sieben Sprachen beherrschte, hatte er nie schreiben gelernt. Einmal kommentierte er bitter seinen Lebensweg: vom Kuli zur Berühmtheit, die sich über Einkommensteuern Sorgen machte.

Hillary und Tenzing gehörten zu den letzten großen Entdeckern der alten Schule, die in einer Zeit, als die Erde ihre letzten großen Geheimnisse preisgab, für einen erstaunlichen Beweis menschlichen Willens und Wagemutes Berühmtheit erlangten. Die Zeit hat ihre Leistung in keinster Weise geschmälert. Obwohl seither viele Menschen versuchen, den Everest mit immer ausgeklügelterer Technik zu bezwingen, fordert der gewaltige Berg weiterhin Opfer.

IKONEN DES 20. JAHRHUNDERTS

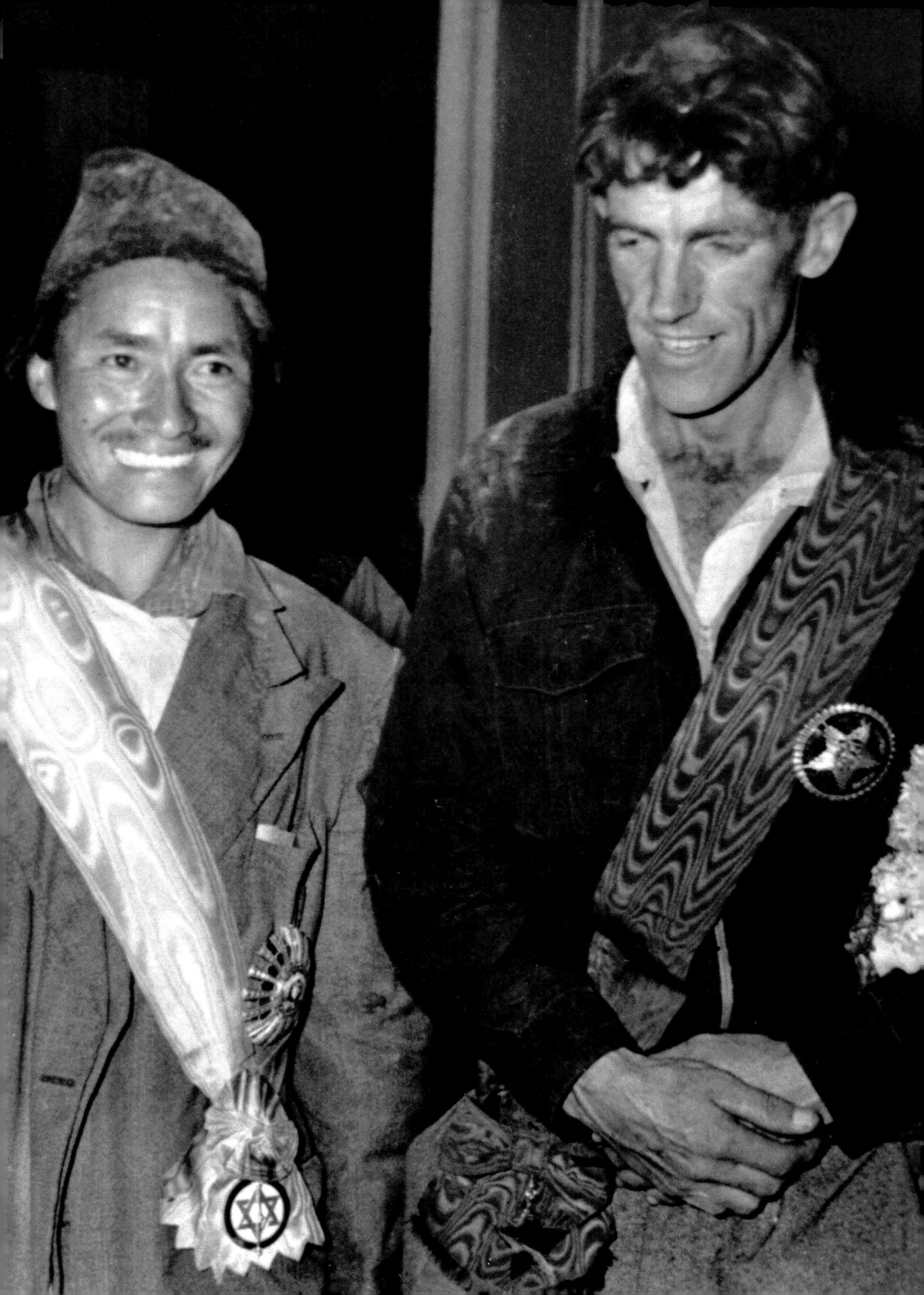

KAISER HIROHITO
1901-1989

DER JAPANISCHE KAISER HIROHITO war gleichzeitig Gottheit auf dem Chrysanthemen-Thron des japanischen Kaiserreiches, direkter und geistiger Nachfahre der Sonnengöttin Amaterasu Omikami, und Hohepriester des Shintoismus. Während seiner 63 Jahre dauernden Herrschaft – länger als die jedes anderen modernen Souveräns – entwickelte sich sein Land von einem isolierten Inselstaat zu einer modernen Weltmacht. Er begleitete den steigenden Einfluß Japans in Asien in den 30er Jahren ebenso wie die Grausamkeiten und die Niederlage im Zweiten Weltkrieg und den anschließenden Aufstieg Japans zu einer der führenden Wirtschaftsnationen. Obwohl er von den siegreichen Alliierten als Kriegsverbrecher angesehen wurde, verschonte ihn der kluge Amerikaner General Douglas MacArthur, der nun das besetzte Land regierte. Als Vertreter eines wilden Militarismus einerseits und einer wohlmeinenden konstitutionellen Monarchie andererseits gibt der Kaiser Historikern noch immer Rätsel auf. Es gibt sehr unterschiedliche Ansichten über seine Rolle in Japans rücksichtsloser Expansionspolitik und im besonderen über das Ausmaß seiner Verantwortung für die Greueltaten während des Krieges.

1901 geboren, wuchs Hirohito dermaßen weltfremd auf, wie es sich nicht einmal seine königlichen Zeitgenossen in anderen Ländern vorstellen können. Als Erstgeborener von Kronprinz Yoshihito und Prinzessin Sadako, später Kaiser Taisho und Kaiserin Teimei, war er dazu bestimmt, der symbolische Herrscher eines Landes zu werden, das den Kulturschock der von Commodore Perry erzwungenen Weltöffnung 1853 überwunden hatte und sich nun in Windeseile sowohl die Segnungen als auch die Flüche der modernen Welt zu eigen machte. 1912 wurde der junge Hirohito, dessen Jugend bestimmt war von den strengen Regeln des Palastlebens sowie der Erfüllung seiner kaiserlichen Pflichten, zum Kronprinz ernannt. Bei seinen Studien war er viel mehr der Meeresbiologie zugeneigt als den Militärwissenschaften. Oft stritt er mit seinen Lehrern über das Primat des Krieges und den göttlichen Ursprung seiner eigenen Familie. Doch akzeptierte Hirohito die Tatsache, daß ihm, dem Kaiser, niemand ins Gesicht blicken und niemand seinen Namen aussprechen oder ihn von einem höheren Standpunkt als seinem ansprechen durfte.

1921 erlebte der zukünftige Herrscher zum allerersten Mal persönliche Freiheit, als er einen Präzedenzfall schuf und als erster japanischer Prinz sein Land verließ. Er besuchte London, wo König Georg V. dem schüchternen 20ährigen auf den Rücken klopfte und ihn ermutigte, nach allem zu verlangen, wonach ihm der Sinn stand. Ihm stand der Sinn nach Eiern und Frühstücksspeck. Dann reiste Hirohito nach Paris, wo er voll Begeisterung mit der Metro fuhr. Den Fahrschein hob er den Rest seines Lebens als Erinnerungsstück auf.

Als sein Vater wahnsinnig wurde, kehrte Hirohito nach Tokio zurück, wurde 1921 Prinzregent und 1926 Kaiser. Seiner Regierungszeit gab er den Beinamen Showa: Friede und Erleuchtung – ein ironischer Titel in einer Zeit, in der sich Japans Militärelite, die nach dem Sieg im russisch-japanischen Krieg immer mehr an Einfluß gewann, auf den Beginn der blutigen Exzesse des japanischen Hyperimperialismus vorbereitete. Trotz seines offen bekannten Desinteresses am Militär erlangte Hirohito in kürzester Zeit den hohen militärischen Rang, der dem Adel unvermeidlich zustand. Auch stellte er sich nicht den Generälen entgegen, die 1931 bei der Plünderung der Mandschurei und 1937 bei dem berüchtigten Überfall auf Nanking in seinem Namen (viele glaubten auch, mit seiner ausdrücklichen Billigung) agierten. Hingegen schlug er 1936 einen Aufstand nieder und ließ die Rädelsführer enthaupten, um seine Macht zu sichern. Doch als er 1941 über einen Krieg gegen die Vereinigten Staaten von Amerika entscheiden sollte, beschränkte sich der Sohn des Himmels darauf, ein kryptisches Haiku über den Wind zu zitieren, und überließ seinen Kommandanten die Entscheidung.

Das Ergebnis nach vier Jahren Krieg war die brutale Vernichtung Japans durch eine in den Augen dieser alten, stolzen Nation junge, unerfahrene Demokratie, die nicht zögerte, für den japanischen Angriff auf Pearl Harbor schreckliche Rache zu nehmen. Die massiven nuklearen Zerstörungen durch Amerika müssen Hirohito zutiefst getroffen haben. Als sich der Japanische Kriegsrat 1945 festgefahren hatte, da auf der einen Seite die Samurais bis zum Tode kämpfen wollten, auf der anderen die Pragmatiker die Niederlage einsahen, löste Hirohito das Problem, indem er öffentlich bekanntgab, Japan müsse das „Unerträgliche ertragen" und sich ergeben.

Mit einer traditionellen und sicherlich ehrlichen Geste verbeugte sich Hirohito vor dem siegreichen MacArthur und übernahm die persönliche Verantwortung für die Taten seiner Nation. Seine Kritiker waren der Ansicht, der Kaiser nähme damit seine Exekution als Kriegsverbrecher in Kauf. Doch MacArthur war überraschenderweise der Ansicht, ein lebender Hirohito könne mehr leisten als ein toter. So war Hirohitos Leben gerettet. Er beugte sich dem amerikanischen Druck, indem er auf seinen göttlichen Status verzichtete und sich einverstanden erklärte, unter einer von den Siegern diktierten neuen Verfassung zu herrschen.

Obwohl er so zurückhaltend war, daß er auf Nachrichten gewöhnlich mit der lakonischen Bemerkung „Ist das so?" reagierte, trat er nun häufiger öffentlich auf und ließ sogar zu, daß Fotos von ihm und Geschichten über seine Familie in den Zeitungen erschienen. Von Zeit zu Zeit entfloh er dem unangenehmen öffentlichen Leben und schrieb Abhandlungen über Meeresbiologie. Als Hirohito starb, wurde sein Ableben von der Welt mit der gleichen Mischung aus Ehrfurcht und Verachtung zur Kenntnis genommen, mit der auch seine turbulente Herrschaft betrachtet worden war.

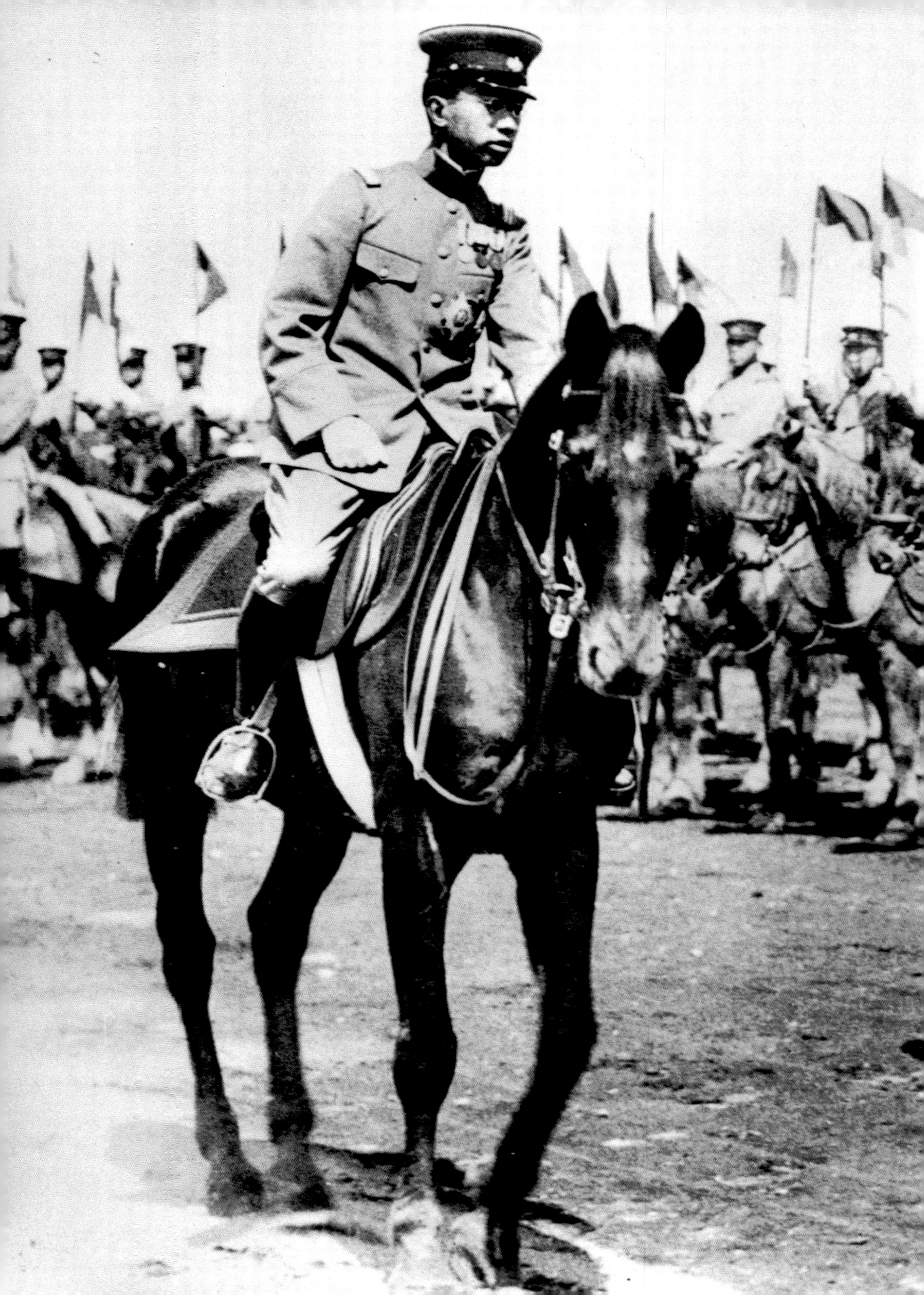

ALFRED HITCHCOCK
1899-1980

DER KAUZIGE REGISSEUR so berühmter Filme wie *Berüchtigt* (1946), *Der Mann, der zuviel wußte* (1934 und 1956), *Vertigo – Aus dem Reich der Toten* (1958), *Psycho* (1960) und Begründer des Thriller-Genres war selbst ein sehr furchtsamer Mensch, der unter Höhenangst und Klaustrophobie litt und Angst hatte vor Sonntagen, kleinen Kindern, großen Menschenmengen, dem Gesetz und offenen Konflikten. Alfred Hitchcock wurde in London als Sohn eines Geflügelfarmers geboren und von Jesuiten erzogen. Seine geradezu panische Angst vor körperlicher Züchtigung und der Polizei – ersteres war auf Schläge mit dem Rohrstock in der Schule zurückzuführen, letzteres auf einen kurzen Aufenthalt im Gefängnis –, verdankte er seinem Vater, der den Sohn auf diese Weise einschüchtern wollte. Vielleicht war es gerade jene übertriebene Furcht, die es Hitchcock ermöglichte, in die unbekannten Tiefen des menschlichen Bewußtseins vorzudringen. Mit seinen Filmen jedenfalls, einer wohl dosierten Mischung aus subtilem Nervenkitzel und trockenem Humor, oft verwoben mit psychologischen Motiven und sexuellen Anspielungen, zog er die Zuschauer in seinen Bann und ließ ihnen förmlich das Blut in den Adern erstarren.

Ein sonniger Tag am Meer war für den legendären Meister der Spannung völlig undenkbar – sowohl in seinen Filmen als auch in seinem ruhigen, streng geregelten Leben. Für Hitchcock war die Welt anarchisch und vom Bösen regiert, das sogenannte „normale Leben" ein Widerspruch in sich, da es plötzlichen Ausbrüchen von Gewalt unentrinnbar ausgesetzt sei. So wäre denn ein Strandtag à la Hitchcock unvollständig ohne eine irgendwo lauernde Gefahr, und sei es nur in Form einer Glasscherbe, die, von einem spazierenden Liebespaar noch unbemerkt, im Sand funkelt. Hitchcocks Genialität bestand zum großen Teil in seinem sicheren Gespür für winzige Details, die das Publikum in ihren Kinosesseln erschauern ließen.

Die beklemmenden Bilder seiner Filmklassiker wird kein Zuschauer so schnell wieder vergessen: Cary Grant in *Verdacht* (1941), der mit einem seltsam schimmernden Milchglas, das womöglich Gift enthält, eine düstere Treppe hinaufsteigt, oder Joseph Cotton, der in *Im Schatten des Zweifels* (1943) versucht, seine wild um sich schlagende Nichte aus dem fahrenden Zug zu stoßen, oder aber die beinah tödliche Hetzjagd auf Grant, der in *Der unsichtbare Dritte* (1959) verzweifelt vor einem Flugzeug flieht, das über einem menschenleeren Kornfeld Schädlingsbekämpfungsmittel abwirft. Am berühmtesten ist jedoch bis heute die schockierende Szene aus dem Thriller *Psycho*, in der Janet Leigh unter der Dusche erstochen wird. Charakteristisch für Hitchcocks Kunst ist hierbei vor allem die schnelle Bildfolge und die geschickte Regie der knapp 45 Sekunden langen, aber dafür um so eindringlicheren Szene, die das Ergebnis einer raffinierten Montage von über 78 Einstellungen ist; sie endet mit einem effektvollen Kameraschwenk auf das weit aufgerissene Auge des Opfers.

Hitchcock erlernte das Filmhandwerk von der Pike auf. 1919 begann er seine Karriere als Zeichner von Titelbildern für die Londoner *Famous Players-Lasky Studios*. Dort lernte er, nachdem er seine anfängliche Schüchternheit überwunden hatte, auch seine zukünftige Frau, die Drehbuchautorin Alma Reville, kennen. Obwohl sich Hitchcock nicht sonderlich für Regie interessierte, führten ihn Dreharbeiten für eine britisch-deutsche Koproduktion bald darauf nach München, wo er die Bekanntschaft des berühmten deutschen Regisseurs F. W. Murnau machte, dessen Film *Der letzte Mann* (1924) einen nachhaltigen Einfluß auf sein künftiges Schaffen ausüben sollte. Für Hitchcock zeugte Murnaus Regie, die sich durch neuartige Kameraführung, starke Kontraste und einfache, aber sehr aussagekräftige Bilder auszeichnete, von höchster filmischer Perfektion. In der Folgezeit konzentrierte sich Hitchcock, ähnlich wie die deutschen Expressionisten der 20er Jahre, auf die Gestaltung einer subjektiven Wirklichkeit, wobei er Form und Struktur über den Inhalt stellte. So verwundert es auch nicht, daß Hitchcock sehr schnell das Interesse an den eigentlichen Regiearbeiten verlor, hatte er doch die filmischen Möglichkeiten des Drehbuchs bereits im Vorfeld genauestens analysiert und ausgearbeitet.

Nach einer Reihe großartiger und überaus erfolgreicher Filme wie *Der Mieter* (1926), *Die 39 Stufen* (1935) und *Eine Dame verschwindet* (1938) ging Hitchcock 1939 nach Hollywood. Dort drehte er eine große Zahl brillanter Thriller, darunter auch *Rebecca,* der 1940 mit einem Oscar für den besten Film ausgezeichnet wurde. An diesem Film war auch der legendäre Produzent David O. Selznick beteiligt, der den rundlichen Briten in die Glamourwelt Kaliforniens gelockt hatte. Seinen späteren Filmen mischte der ehrenhafte Gentleman, der ein Faible für unanständige Witze und Obszönitäten hatte, einen Hauch von Erotik bei – nicht selten gepaart mit Gewalt und Ironie. Auf einfühlsame Weise wandte sich Hitchcock in den 40er Jahren so brisanten Themen wie Homosexualität, sexuellem Mißbrauch, Fetischismus und Transvestismus zu.

In den 50er Jahren erregten *Der Fremde im Zug* (1951), *Bei Anruf - Mord!* (1954) und *Über den Dächern von Nizza* (1955) die Aufmerksamkeit der französischen Filmkritik. In der einflußreichen Zeitschrift *Les cahiers du cinéma* wurde Hitchcock als einer der bedeutendsten zeitgenössischen Drehbuchautoren und Regisseure gewürdigt. Während die Kritiker noch uneins darüber waren, ob Hitchcock mit seinen Filmen eher religiöse oder eher finanzielle Motive verfolgte, war die restliche Welt begeistert. Hitchcock traf mit seinen Filmen den Nerv der Zeit: Nicht Frankensteins Monster wollten die Zuschauer sehen, sondern die Alpträume des einfachen Mannes und die alltäglichen Schicksale in einer aus den Fugen geratenen Welt, in der Zuversicht und Angst einander die Hand reichen und charmante Bösewichte dem Leben ein plötzliches Ende setzen.

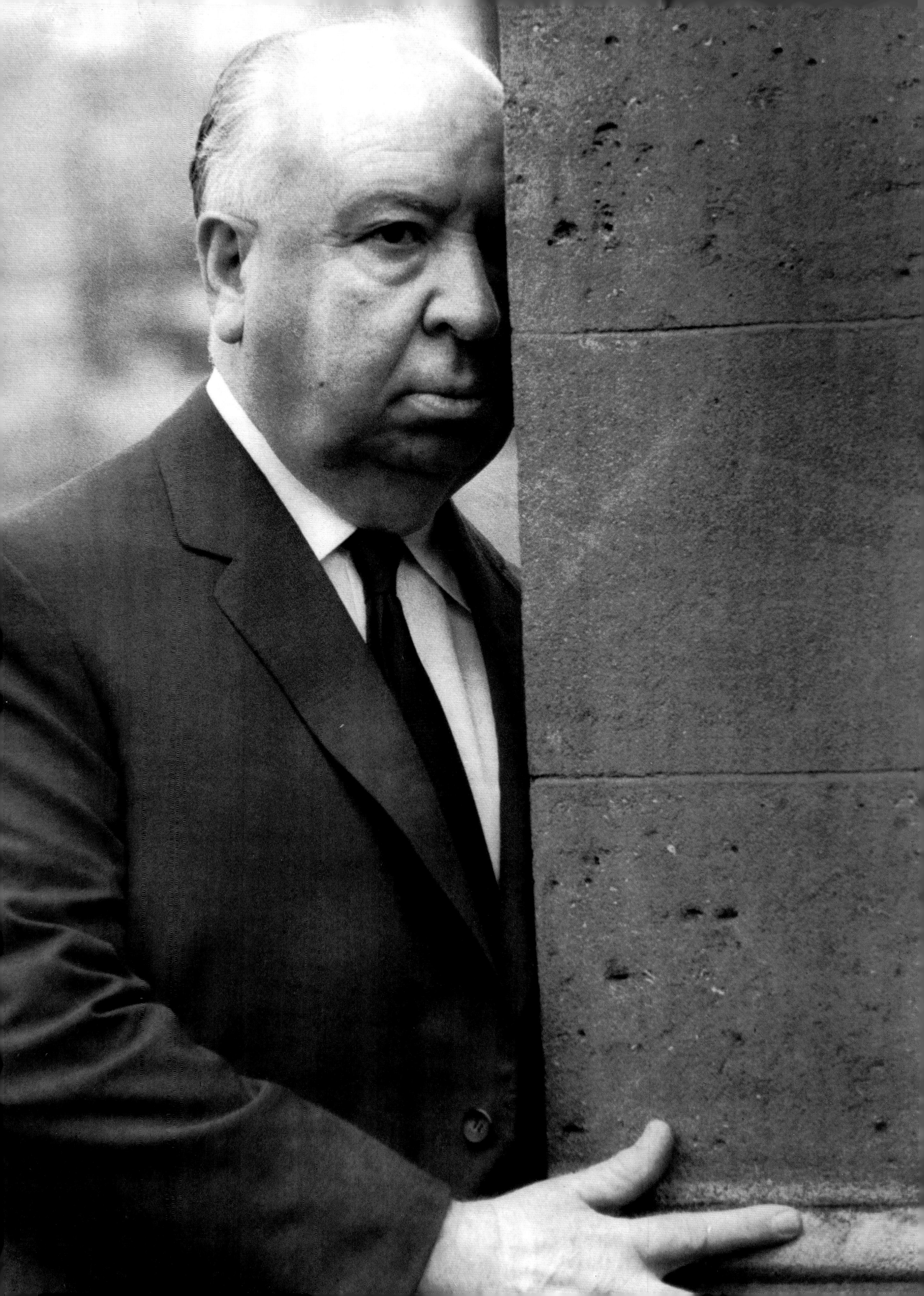

ADOLF HITLER
1889-1945

DER SELBSTERNANNTE „FÜHRER des Dritten Reiches" trägt die Verantwortung für viele Greuel, die das 20. Jahrhundert entscheidend geprägt haben: für den Tod von mehr als 50 Millionen Menschen, für die nahezu vollständige Vernichtung des europäischen Judentums und für die Zerstörungen des Zweiten Weltkriegs, die Unzählige zu Flüchtlingen machten und viele Städte in Europa in Schutt und Asche legten.

Adolf Hitler war der Sohn des österreichischen Zollbeamten Alois Hitler, der der unteren Mittelklasse angehörte. Während der Vater von Disziplin besessen war, verwöhnte seine Ehefrau ihr Kind. Der junge Adolf Hitler vertiefte sich in Kriegsphantasien und in die germanischen Mythen der von ihm über alles geliebten Wagner-Opern. Die Realschule verließ er 1905 ohne Abschluß, und nachdem seine Mutter im Dezember 1907 gestorben war, wurde er zu einem Einzelgänger mit vagen Träumen von einer Karriere als Künstler. Als Hitler seine Heimat in Oberösterreich verließ, um sein Glück in Wien zu suchen, war er schockiert, Juden in jener Stadt anzutreffen, die er für „deutsch" gehalten hatte. Nachdem seine Bemühungen, an der Kunstakademie aufgenommen zu werden, zweimal gescheitert waren, verdiente er durch den Verkauf von selbstgemalten Postkarten nur wenig Geld. Ein Neuanfang in München verbesserte seine Situation nicht. Als der Erste Weltkrieg ausbrach, meldete sich Hitler als Freiwilliger in einem bayerischen Infanterie-Regiment. Er wurde mit dem Eisernen Kreuz I. Klasse ausgezeichnet. Ein Psychiater, der ihn damals untersuchte, beurteilte ihn als Psychopathen, der an hysterischen Symptomen litt. Aber seine Kriegserfahrungen veränderten ihn; durch sie entwickelte der verkrampfte junge Mann eine Neigung zur Gewalt. Als fanatischer Nationalist trat er 1919 der Deutschen Arbeiterpartei bei, die 1920 in Nationalsozialistische Deutsche Arbeiterpartei (NSDAP) umbenannt wurde. Dort fand er Bestätigung als politischer Redner und übernahm zwei Jahre später den Vorsitz.

Deutschland, von einem starken Gefühl der Erniedrigung angesichts des Versailler Vertrages durchdrungen und durch die weltweite Depression wirtschaftlich zerrüttet, war für Hitlers emotionale Botschaft der nationalen Rettung nur zu empfänglich. Seine demagogischen Reden machten ihn zum Sprachrohr des deutschen Nationalismus. Er steigerte sich immer mehr in die paranoide Vorstellung seiner göttlichen Mission hinein und propagierte ein verheißungsvolles Programm, u.a. sollten die 30 Milliarden Dollar Reparationszahlungen nicht geleistet werden. Statt dessen sollte Deutschland zu alter Größe wiederauferstehen, ohne Lebensmittelrationierungen, ohne zerfahrene Parteipolitik – und ohne Juden. Im „Weltjudentum" wie in der bolschewistischen „Bedrohung" fand Hitler Sündenböcke für die Misere, in der sich sein Volk befand. Durch Aufmärsche und Fackelzüge mobilisierte er die Massen. Diese Spektakel erneuerten im Volk den Sinn für patriotische Ziele, die er ganz unverhohlen in *Mein Kampf* schilderte. Dieses Buch verfaßte er während seines Gefängnisaufenthaltes nach seinem gescheiterten Putschversuch im Münchener Bürgerbräukeller 1923, dem sogenannten Hitlerputsch. Im Mittelpunkt seiner Schrift stehen die „Arisierung", die Schaffung einer Volksdiktatur und die Ausdehnung des „Lebensraums" der Deutschen.

Hitler gelangte auf legalem Weg an die Macht. Am 30. Januar 1933, drei Jahre nach dem Sieg seiner Partei bei den Reichstagswahlen, ernannte der Reichspräsident Hindenburg Hitler zum Reichskanzler der rechtsnationalistischen Koalitionsregierung. Wenige Monate später kontrollierte die SA die Straßen, und ein gänzlich ohnmächtiger Reichstag verlieh dem Führer diktatorische Vollmacht. Die Demokratie der Weimarer Republik, die jahrelang durch die faschistische Politik der NSDAP unterwandert worden war, kapitulierte mit der Zustimmung zum Ermächtigungsgesetz, das Hitler bevollmächtigte, Gesetze ohne Zustimmung des Reichstages zu erlassen. Am 23. März 1933 war damit das Dritte Reich installiert.

Nach der widerstandslosen Abtretung der sudetendeutschen Gebiete und dem „Anschluß" Österreichs marschierte Hitler am 1. September 1939, weniger als einen Monat nach der Unterzeichnung des Nichtangriffspakts mit der Sowjetunion, in Polen ein. Durch die Kriegserklärungen Großbritanniens und Frankreichs an Deutschland zwei Tage später begann der Zweite Weltkrieg. Norwegen, Dänemark, die Niederlande, Belgien und schließlich im Juni 1940 auch Frankreich ergaben sich der Wehrmacht. Durch seinen größenwahnsinnigen Angriff auf die Sowjetunion im folgenden Jahr provozierte Hitler deren Zusammenschluß mit den Alliierten. Als er nach dem Angriff der Japaner auf Pearl Harbor auch noch den Vereinigten Staaten den Krieg erklärte, war die Niederlage und das Ende von Hitlers Schreckensherrschaft abzusehen.

Am 30. April 1945 – die Späher der Roten Armee waren keine 100 Meter von seinem Berliner Bunker entfernt – beging Adolf Hitler zusammen mit seiner langjährigen Lebensgefährtin Eva Braun Selbstmord. Der Diktator, der sich selbst als „härtesten Mann aller Zeiten" bezeichnete, hatte sich geschworen, daß der Feind sie „nie zum Schlachthaus führen werde". Eine sarkastische Wortwahl für einen Mann, dessen Schlächterei nie dagewesene Ausmaße angenommen hatte. Man hat immer wieder versucht, der Persönlichkeit Hitlers psychologisch beizukommen. War er durch Kindesmißbrauch zum Psychopathen geworden, oder war er ein kaltblütiger Mörder, der der Welt eine neue Dimension des Bösen vor Augen stellte? Die Auseinandersetzung mit dem Faschismus und dem Holocaust ist nach wie vor dringend geboten, 50 Jahre, nachdem das amerikanische Nachrichtenmagazin *Newsweek* seinen Tod mit den Worten kommentierte: „Ausnahmsweise sorgt der Tod einer Person für ein Lächeln auf den Lippen der Männer und Frauen, für einen hoffnungsvollen Schimmer im Herzen der Menschen."

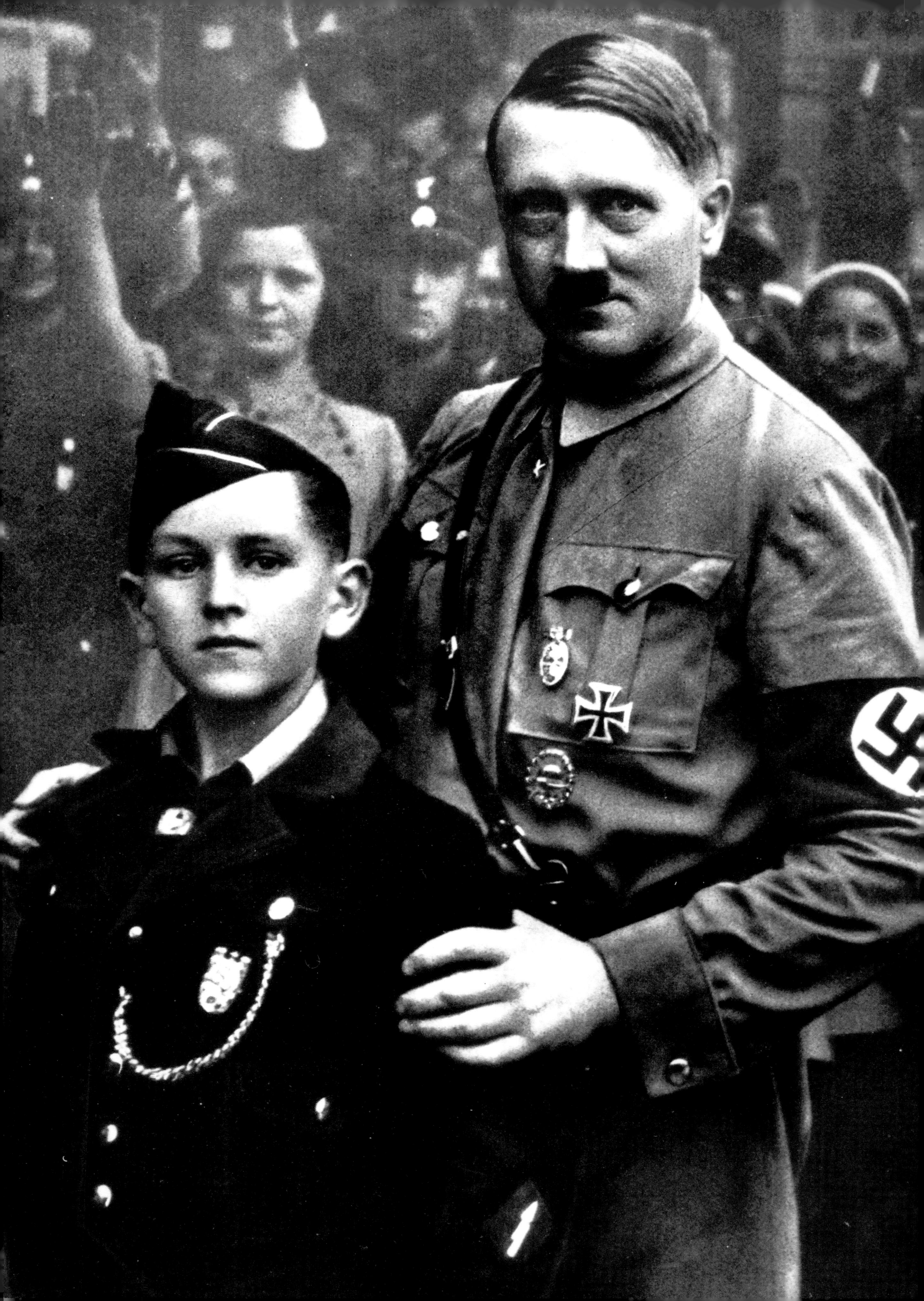

HO CHI MINH

1890–1969

ALS EIN HAGERER, JUNGER indochinesischer Nationalist namens Ho Chi Minh die Teilnehmer der Versailler Friedenskonferenz 1919 für eine Petition interessieren wollte, mit der er eine größere politische Unabhängigkeit seines Landes von Frankreich anstrebte, wurde weder ihm noch seinem Programm Beachtung geschenkt. In den folgenden Jahren, während derer Ho Chi Minhs Kampf gegen die japanischen Besatzer und gegen die französische Kolonialherrschaft ihn zu einem weltweiten Symbol eines gerechten Kampfes für die Unabhängigkeit werden ließ, machte sich die westliche Presse des öfteren über diesen schüchternen, gebrechlich wirkenden Revolutionär lustig. Mitte der 60er Jahre, nachdem er längst Präsident von Nordvietnam geworden war und sein kleines Land Tunnel baute, um sich vor amerikanischen Bomben zu schützen, büßte Ho Chi Minh etwas von seiner geheimnisvollen Aura ein. Für die Linken war „Onkel Ho" – wie das Volk ihn nannte – ein stoischer Heiliger, dessen zielstrebiger Einsatz für die Befreiung seines gepeinigten Landes eine gewisse Rücksichtslosigkeit entschuldigen mochte, selbst den Tod von etwa 50 000 Menschen während der Mitte der 50er Jahre durchgeführten Landreformen. Für die überwiegend konservativen Vertreter eines harten politischen Kurses war dieser in Moskau ausgebildete Bolschewik, der beim Aufbau der kommunistischen Parteien Frankreichs und Indochinas beteiligt gewesen war, ein gefährliches und unbarmherziges Mitglied der internationalen kommunistischen Verschwörung.

Im Jahr 1890 kam er als Nguyen That Thanh in einer zum französischen Indochina gehörenden Region zur Welt und wuchs in einer relativ sorgenfreien Familie auf, die im antifranzösischen Widerstand engagiert war. Er wurde in der chinesisch-vietnamesischen Tradition erzogen und erlernte auf Drängen seines Vaters die Sprache der Unterdrücker. Nach einigen Jahren des Studiums reiste Ho Chi Minh 1911 auf einem französischen Schiff als Küchenjunge nach Europa und ging 1914 bei dem herausragenden Küchenchef Auguste Escoffier im Carlton Hotel in London in die Lehre. Nach der Oktoberrevolution in Rußland 1917 begann sich Ho als Kommunist einen Namen zu machen. Um 1918 – er lebte mittlerweile in Paris – wurde er in Aktivitäten linksgerichteter Gruppierungen verwickelt, die das politische Denken Europas und westliche Werte aufgriffen. Die amerikanische Verfassung diente ihm später als Vorbild für die Vietnams.

1923 ließ sich Ho Chi Minh an der Moskauer Universität der Werktätigen des Ostens in revolutionären Strategien schulen. Kurz darauf begann eine 20 Jahre während Zeit als umherreisender Organisator kommunistischer Zellen und Guerillatruppen in China und Südostasien. Er bildete vietnamesische Exilanten aus, ihr Heimatland zu unterwandern und großangelegte Angriffe zu organisieren. Ho Chi Minh wurde zu einem Phantom, das unzählige Decknamen und falsche Existenzen annahm. 1929 wurde er von der französischen Regierung in Vietnam in Abwesenheit zum Tode verurteilt. Da während des Zweiten Weltkriegs große Teile Südostasiens von den Japanern kontrolliert wurden, verbündete sich Ho Chi Minh zeitweilig mit Tschiang Kai scheks chinesischen Nationalisten, um die Besatzer zu vertreiben. 1941 schloß er sich Vo Nguyen Giap in Südchina an, um die „Liga für die Unabhängigkeit Vietnams" zu gründen, eine Koalition vietnamesischer Nationalisten und indochinesischer Kommunisten, die als Vietminh bekannt wurde. Während dieser Zeit unterstützte er die Amerikaner, indem er Informationen über japanische Aktivitäten an den US-Geheimdienst weitergab. Nur knapp entging er dem Tod durch eine tropische Krankheit.

Den Vietminh-Truppen Ho Chi Minhs gelang es 1945, die Japaner aus Vietnam zu vertreiben. Nachdem er die Demokratische Republik Vietnam mit Berufung auf die Unabhängigkeitserklärung der USA ausgerufen hatte, wählte man ihn zum Präsidenten des jungen Staates. Aber die Franzosen waren nach der japanischen Niederlage im Zweiten Weltkrieg im Gegensatz zu anderen in der Region engagierten Kolonialmächten nicht gewillt, ihr ehemaliges Protektorat in die Selbständigkeit zu entlassen. Nach acht Jahren Krieg mit etwa einer Million Gefallener gaben die Franzosen endlich auf. Im Juli 1954 teilten die Unterhändler in Genf Ho Chi Minhs Vaterland entlang des 17. Breitengrads in Nord- und Südvietnam. Diese Lösung sollte nur vorläufigen Charakter haben und 1956 enden, bis aus den allgemeinen Wahlen ein Führer für das ganze Land hervorgehen sollte. Ho Chi Minh, der nordvietnamesische Präsident, galt aufgrund seiner Popularität als Favorit für den Posten des Präsidenten des vereinten Vietnam, doch die Wahl wurde vom Präsidenten Südvietnams boykottiert, Ngo Dinh Diem genoß starke Unterstützung durch die Vereinigten Staaten, die in ihm ein Bollwerk gegen den Kommunismus in der Region sahen. Von 1961 an führten die Kämpfer der von Nordvietnam unterstützten Nationalen Befreiungsfront, kurz Vietcong, im Süden einen Guerillakrieg. Die Vereinigten Staaten, die einen Großteil der französischen Militäraktionen finanziert hatten, steckten weiterhin große Summen in den Konflikt und entsandten schließlich auch Hunderttausende Soldaten, um an der Seite einer Reihe instabiler und korrupter Regimes im Süden den Norden zu besiegen.

Als die USA am 27. Januar 1973 endlich vertraglich zustimmten, ihre Truppen aus Vietnam zurückzuziehen, war es Ho Chi Minh, der seine Streitkräfte nie selbst befehligt hatte, nicht nur gelungen, eine Supermacht zu besiegen, sondern auch den Idealismus einer neuen amerikanischen Generation von Pazifisten zu entfachen. Doch den endgültigen Sieg seiner Nation hat dieser würdige und geduldige Revolutionär nicht mehr miterlebt, denn vier Jahre zuvor, 1969, war er einem Herzinfarkt erlegen.

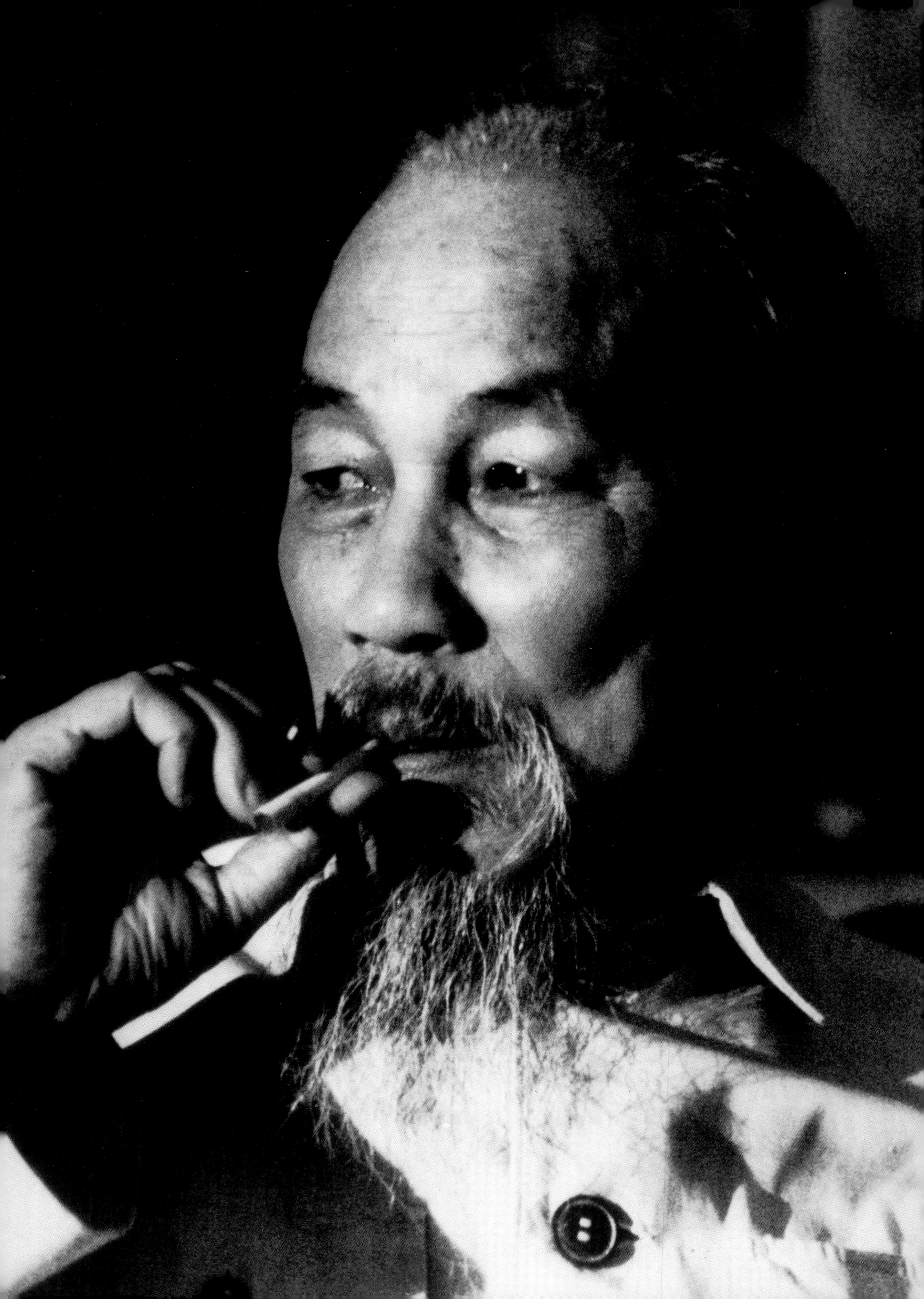

BILLIE HOLIDAY

1915-1959

DIE STIMME DIESER einflußreichsten Jazzsängerin des Jahrhunderts kann im herkömmlichen Sinne nicht als schön gelten, unvergeßlich ist sie allemal. Und sie war noch vieles mehr: mal kraftvoll und raffiniert und von emotionaler Energie getragen, dann wieder langsam, gelassen und entspannt. Ihre Stimme konnte auch leicht, hell und lyrisch oder berauschend sinnlich sein. Und da Billie Holiday fast alles, worüber sie sang, auch am eigenen Leib erlebt hatte, konnte sie tiefstem Schmerz und größter Verbitterung Ausdruck verleihen. In kleinen exklusiven Nachtclubs, wo sie von der Sehnsucht nach Liebe sang, wirkte sie am eindrucksvollsten und am intimsten. Zahlreiche Aufnahmen zeugen noch heute von ihrem Talent: *You've Changed, Good Morning, Heartache, Lover Man* und *God Bless the Child* sind nur einige ihrer zeitlosen Klassiker. Doch den Zauber der Live-Auftritte mit Billie Holidays überaus bewegender und doch zurückhaltender Manier und ihrem Charme können die Aufnahmen nicht wiederaufleben lassen.

Billie Holiday verlebte eine düstere Kindheit in Baltimore. Da sie ohne elementare Schulbildung und ohne die Liebe und Unterstützung des Vaters aufwuchs – Clarence Holiday, Gitarrist in Fletcher Hendersons Orchester, verließ die Familie kurz nach ihrer Geburt –, war die kleine Eleanora Fagan gezwungen, die riesigen Marmortreppen der besseren Häuser der Stadt zu wischen, um die Familie mitzuernähren. Sie war damals sechs Jahre alt. Ihre Mutter Sadie suchte in anderen Städten Arbeit, und das Kind wurde mißhandelt, während es bei seiner Cousine Ida lebte. Mit zehn Jahren wurde Eleanora vergewaltigt; der Täter erhielt eine fünfjährige Freiheitsstrafe, und sie selber wurde in eine Besserungsanstalt gesteckt, da sie den Mann, wie der Richter meinte, verführt habe. Vier Jahre später zog sie zu ihrer Mutter nach New York. Kurz darauf kam sie wegen Prostitution kurzzeitig in Haft. Sie nannte sich von nun an Billie (nach ihrer Lieblingsschauspielerin Billie Dove) und fing an, für ein Bordell Botengänge zu machen, was mit dem Privileg bezahlt wurde, dem Grammophon der Bordellwirtin lauschen zu dürfen. Ihre Lieblingssänger waren Bessie Smith und Louis Armstrong.

Im Alter von 15 Jahren fing Billie Holiday an, als Profisängerin in „Pod's and Jerry's Log Cabin" aufzutreten, einer bekannten Jazz-Kneipe im New Yorker Stadtteil Harlem. Ihre Stimme war nicht ausgebildet, und es mangelte ihr an sicherem Auftreten, aber ihre Fähigkeit, eine Stimmung zu erzeugen, zeichnete sich bereits ab, als sie Stammgäste mit ihrer Darbietung zu Tränen rührte. An ihrem ersten Abend verdiente sie ein Trinkgeld von 100 Dollar. Im November 1933 wurde sie von dem bekannten Talent-Entdecker und Produzenten John Hammond entdeckt, der sie für ihre ersten Aufnahmen mit der Band von Benny Goodman zusammenbrachte. Diese eilig produzierten Platten sind alles andere als erstklassig, doch da die Größen des Jazz vertreten waren – unter anderem Count Basie, Duke Ellington, Chick Webb, Buck Clayton und Freddie Green – stellen sie den ersten erhalten gebliebenen musikalischen Schatz Billie Holidays dar. Hammond überwachte bis 1942 auch ihre Studioaufnahmen unter der Leitung des Pianisten Teddy Wilson, Holidays Arrangeur und Bandleader. Ein Musiker, der viel zu der Qualität dieser Aufnahmen beitrug, war der Saxophonist Lester Young (Prez), mit dem Billie Holiday eine spontane und fruchtbare Zusammenarbeit verband, die auf die Entwicklung des Jazz großen Einfluß nahm. Prez und Lady Day – Young hatte diesen Spitznamen ursprünglich Billie Holidays Mutter gegeben, doch die Sängerin hatte ihn sich dann selber zu eigen gemacht – wurden musikalische Gesinnungsgenossen und erreichten zusammen neue kreative Höhen.

Gereizt durch rassistische Beleidigungen, wurde Billie Holiday zunehmend schwieriger, und in späteren Jahren hing ihr gar der Ruf an, streitsüchtig und in künstlerischen Fragen arrogant zu sein. Die Probleme begannen wahrscheinlich 1938 auf einer Tour mit Artie Shaw. Billie Holiday, die erste schwarze Sängerin, die mit einem bedeutenden weißen Orchester auftrat, wurde auf der Straße permanent schikaniert. In den Südstaaten wurde ihr in Restaurants die Bedienung und der Zugang zu den Toiletten verweigert, so daß die Sängerin die Zusammenarbeit leid wurde und es schließlich zum Bruch mit Shaw kam. Sie hatte es satt, wie sie sagte, daß das Frühstück, das Mittag- und das Abendessen zu einer Propagandaveranstaltung für die Gleichberechtigung Farbiger wurde. Eine unvergeßliche Ballade über die Lynchjustiz in den Südstaaten, *Strange Full*, wurde zu ihrer persönlichen Hymne gegen den Rassismus.

Nachdem sie über ihren ersten Mann in Kontakt mit Heroin gekommen war, war Billie Holiday Mitte der 40er Jahre zur Drogenabhängigen geworden, die pro Woche 500 Dollars für ihre Sucht ausgab. Diesen selbstzerstörerischen Phasen schlossen sich unglückliche Beziehungen an. Sie ertränkte ihren Schmerz in Alkohol und fügte ihrem Körper somit noch mehr Schaden zu. 1947 wurde sie wegen Drogenbesitzes verhaftet und saß ein Jahr lang im Bundesgefängnis in West Virginia. Weitere Inhaftierungen folgten. Sie starb in einem Krankenhausbett mit einem Polizisten vor der Tür. Pfleger fanden 750 Dollar bei ihr, die sie mit Klebeband an ihrem Bein befestigt hatte – das war alles, was sie noch besaß.

Auch wenn Drogen und Alkohol Holidays Stimme veränderten, so vermochten sie sie doch nicht ganz zu zerstören. Wenn die Kritiker auf die reifen Klänge und langsamen Tempi ihrer späten Songs verweisen und von einem verwundeten, aber unverwüstlichen künstlerischen Geist reden, so zeigen sie die Möglichkeit, zwei verschiedene Billie Holidays zu genießen und zu verehren: zum einen die ältere, mattere und tapfere, die ihre schwindende Stimme bis zu äußerster Anstrengung trieb, andererseits die jüngere Stimme voller Ironie und Esprit. Beide waren in ihrer Ausdruckskraft singulär und hinreißend.

IKONEN DES 20. JAHRHUNDERTS

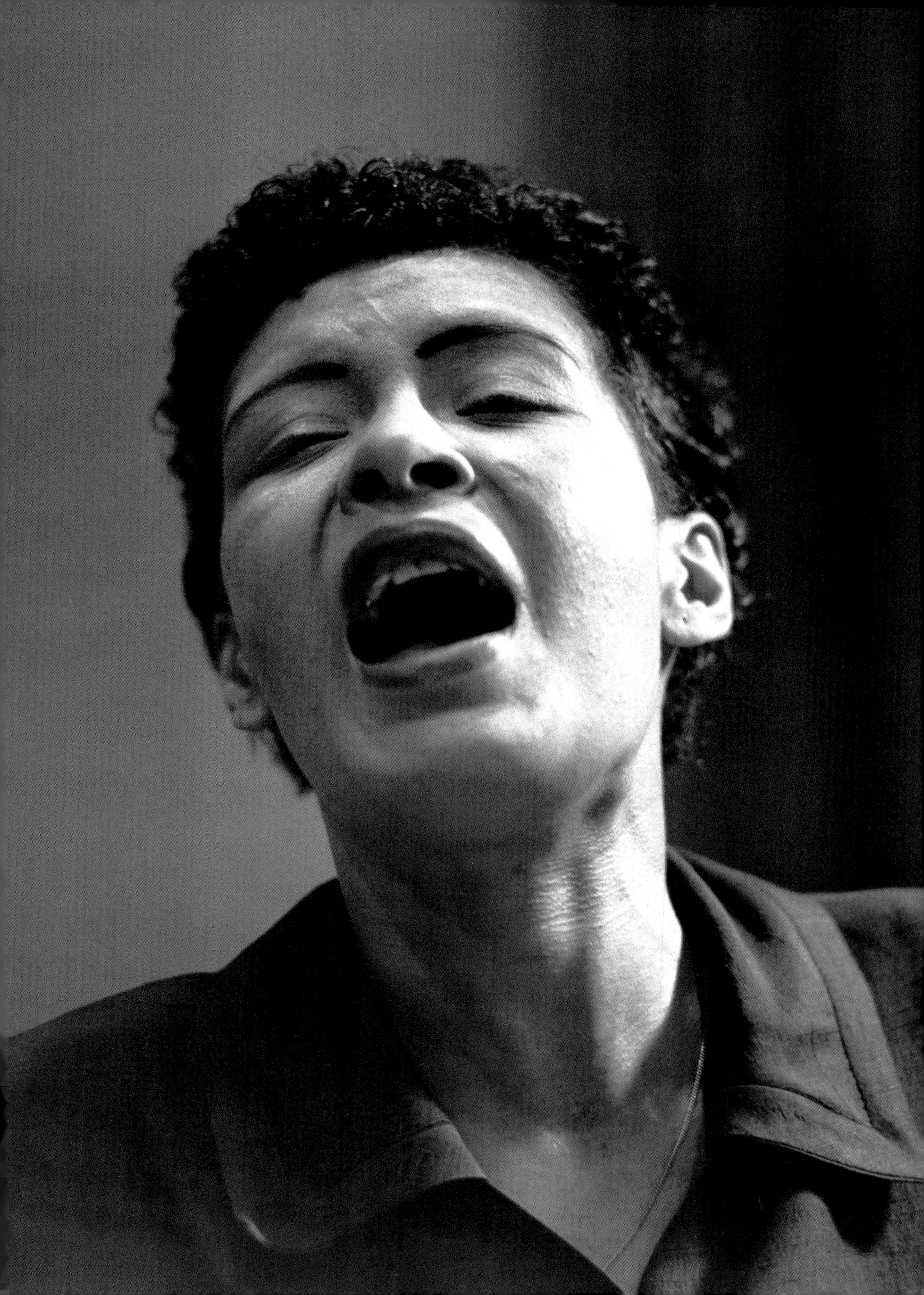

WLADIMIR HOROWITZ
1904–1989

DAS PUBLIKUM WAR HINGERISSEN von seiner brillanten Technik, seinen Interpretationen und den Klängen, die er aus seinem Flügel hervorzauberte. Wladimir Horowitz war einer der größten und beliebtesten Virtuosen des 20. Jahrhunderts.

Wunderbarerweise in der Musikstraße Kiews in der Ukraine geboren, wurde Horowitz zuerst von seiner musikbegeisterten Mutter und dann vom Klaviermaestro Felix Blumenfeld am Konservatorium in Kiew ausgebildet. Der junge Klavierspieler träumte davon, ein großer Komponist zu werden, und schlief mit der Partitur der *Götterdämmerung* unter dem Kopfkissen. Doch während der Russischen Revolution 1917 wurde der gesamte Familienbesitz beschlagnahmt, und die Bolschewiken zwangen den Heranwachsenden in die Konzertsäle des Landes. Dort erlangte er schnell den Ruf eines Wunderkindes. Als er 1925 die Erlaubnis bekam, Rußland für ein Studium in Deutschland zu verlassen, stopfte sich der junge Horowitz russische Banknoten im Wert von 5000 Dollar in die Schuhe und betete, den sowjetischen Grenzsoldaten möge nicht der Gedanke kommen, er könne womöglich nicht zurückkehren. Horowitz erzählte, die Wachen hätten seine Papiere geprüft und gesagt: „Vergessen Sie bitte nicht Ihr Vaterland."

In den folgenden zwei Jahren verblüffte Horowitz das Publikum in allen Hauptstädten Europas mit seinen feuerwerksartigen Darbietungen. 1928 gab er sein amerikanisches Debüt in der Carnegie Hall. Unter der Leitung von Sir Thomas Beecham stand Tschaikowskys Konzert in b-moll auf dem Programm. Beechams Taktschlag war lahm, das Publikum wurde langsam ungeduldig, so daß der beschwingte Horowitz im Finale wie ein ungeduldiges Rennpferd davongaloppierte, und Beecham und der Rest der New Yorker Philharmoniker voller Staunen hinterherjagten. Mit halsbrecherischem Tempo ging der eigensinnige Virtuose einige Takte vor dem Orchester über die Ziellinie, spielte, wie er später sagte, „lauter, schneller und einige Noten mehr als Tschaikowsky geschrieben hat". Das Publikum und die Kritik feierten ihn als Genie.

Horowitz hatte indes nicht nur Freunde und Bewunderer. Man warf ihm Egomanie und Arroganz vor, auch Gleichgültigkeit gegenüber den Noten. In einer kalkulierten Würdigung, die in Wahrheit ein vernichtendes Urteil über Horowitz darstellte, ließ der amerikanische Komponist und Kritiker Virgil Thomson keinen Zweifel daran, daß er den Musiker für bequem und selbstzufrieden hielt. Trotzdem wurden Horowitz' Stil und Interpretationsweise von einer ganzen Generation von Pianisten – häufig ohne Erfolg – nachgeahmt. Wie viele Künstler war sich Horowitz selbst nicht ganz klar, mit welchen Mitteln er arbeitete. Über seine Fähigkeit, schnell und mit feinen Abstufungen der Lautstärke zu spielen, sagte er schlicht: „Das war von Anfang an da." Er wurde als König der Technik gefeiert, obwohl er auf eine eher ungewöhnliche Weise spielte: mit flach gehaltenen Händen und in einer tiefen Sitzposition.

Seine Eigenarten erstreckten sich auch auf sein Privatleben. Über die gesamte Dauer seiner stürmischen Ehe mit Wanda, der Tochter Arturo Toscaninis, die 1933 geschlossen wurde und 56 Jahre währte, betrog Horowitz seine Frau mit Männern. Er hatte viele Marotten: Er liebte elegante Fliegen, aß buchstäblich jeden Tag Seezunge und bestand darauf, seine Konzerte stets Sonntag nachmittags um vier Uhr zu geben. Seine ersten Aufnahmen 1928 waren Verkaufserfolge, und er schrieb Musikgeschichte, weil er sich das Recht ausbat, das Pressen einer Platte zu stoppen – ein Vetorecht, von dem der anspruchsvolle Pianist mehr als einmal Gebrauch machte. Seine Karriere war geprägt von musikalischen Kontroversen und von längeren Ruhepausen, die durch ernsthafte emotionale Probleme verursacht wurden oder schlicht durch Faulheit, je nach dem, ob man dem Biographen oder dem Künstler selbst glaubt.

Anders als sein Schwiegervater Toscanini, der sich auf die Werke der späten Romantik beschränkte, wagte sich Horowitz auch in modernere Bereiche vor. Nie vernachlässigte er Liszt oder Chopin, doch nahm er auch Skrjabin, Prokofjew, Kabalewsky und Schumann in sein breites Repertoire auf, das ebenfalls einen Auszug aus *Carmen* und sogar seine eigene Transkription von John Philip Sousas *The Stars and Stripes Forever* umfaßte – so froh und dankbar war Horowitz, ein Amerikaner zu sein (er wurde 1944 US-Staatsbürger). Was Horowitz auch tat, er tat es immer mit Erfolg: Ob es galt, ein Auditorium zu füllen (er spielte niemals vor einem leeren Haus) oder 1965 ein triumphales Comeback zu feiern, als er nach einer Pause von zwölf Jahren vor einem hingerissenen Publikum in der Carnegie Hall auftrat (natürlich um vier Uhr nachmittags). Es schien keine Schwierigkeit zu geben, die dieser künstlerisch furchtlose, sonst eher scheue Emigrant nicht meistern konnte.

1986 ermöglichte es die vom sowjetischen Generalsekretär Michail Gorbatschow initiierte Glasnost dem 82jährigen Pianisten, der nie vergessenen Bitte jenes unbekannten russischen Wachsoldaten nachzukommen und noch einmal in seine Heimat zurückzukehren. Im musikliebenden Rußland wurde Horowitz wie ein Monarch empfangen. Viele der weinenden Konzertbesucher, die sein emotionsgeladenes Konzert in der Großen Aula des Moskauer Konservatoriums oder seine zweite Vorstellung in Leningrad besuchten, hatten die ganze Nacht gewartet, um in den Besitz von Eintrittskarten zu kommen; in Moskau gab es sogar ein kleines Handgemenge, als einige Studenten verzweifelt versuchten, in die Aula zu gelangen. Horowitz' Spiel verzauberte seine Zuhörer, wie immer. Ein Kritiker schrieb: „Es war eine Art religiöser Erfahrung."

Horowitz starb drei Jahre später und wurde in Italien auf dem Familienbesitz der Toscaninis beigesetzt. Er hatte immer im Land der Musik gelebt, einem Land, das, wie er erfuhr, keine Grenzen kennt.

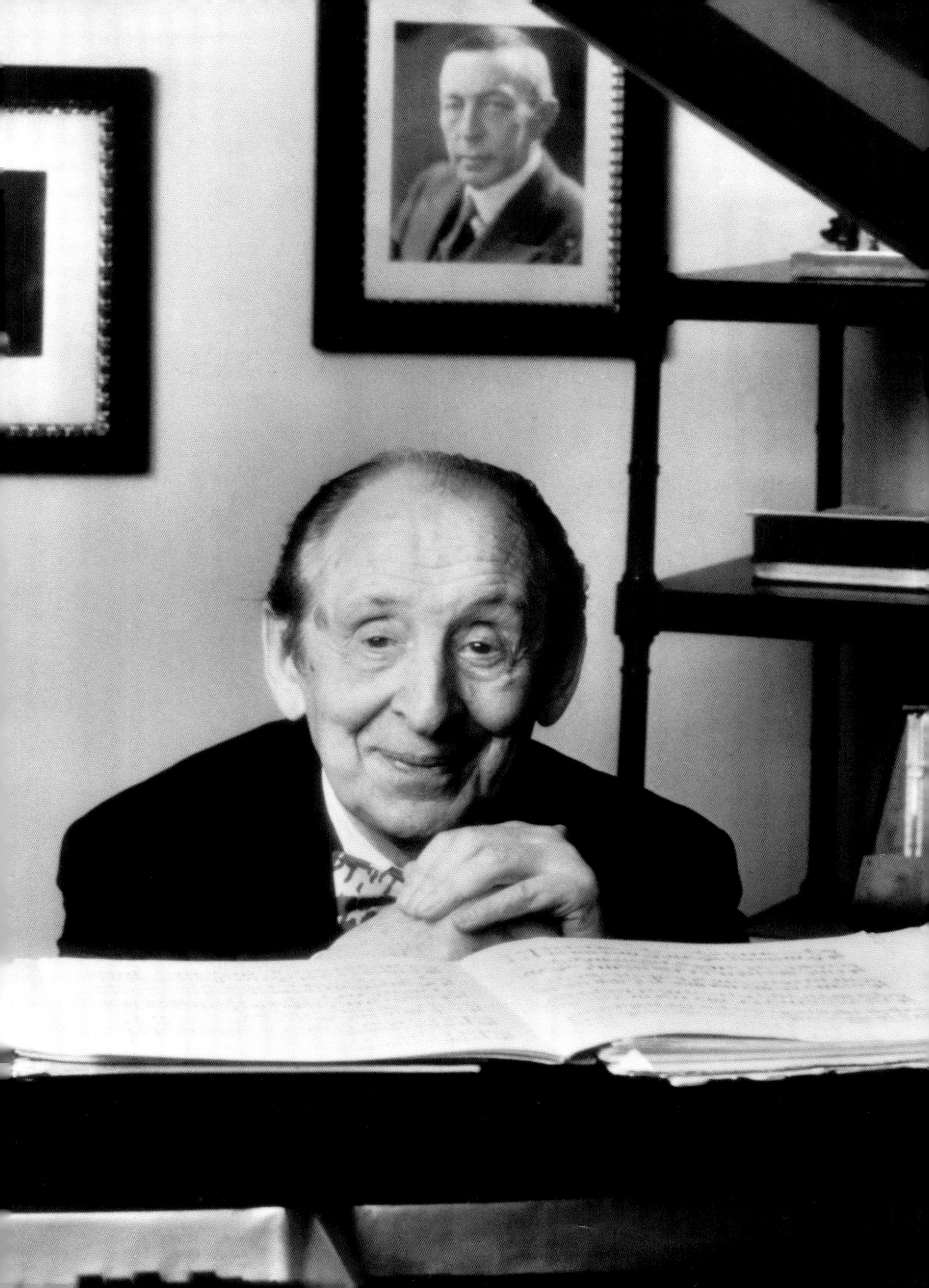

DOLORES IBARRURI

1895-1989

FÜR IHR HEIMATLAND SPANIEN, das unter den Schrecken des Bürgerkrieges litt, war „La Pasionaria" die Inkarnation der republikanischen Sache gegen Franco. Als leidenschaftliche Kämpferin, Mutter Courage der Unterdrückten, inspirierte Dolores Ibárruri ihre bedrängten Genossen durch eine ihrem mutigen Auftreten entsprechende, feurige Rhetorik. Ihrem berühmten Radioaufruf von 1936 „Es ist besser, stehend zu sterben als kniend zu leben!" folgte die Parole der Antifrankisten: „No pasarán!" (Sie werden damit nicht durchkommen!). Als überzeugte Revolutionärin wurde La Pasionaria von rechten, nationalistischen Gegnern verabscheut und verunglimpft. Später geriet sie allerdings durch die unerschütterliche Unterstützung Stalins in den Ruf einer unmoralischen Opportunistin mit besudelten Händen, und zwar nicht nur bei den Rechten. Als die Faschisten 1939 siegreich aus den Kämpfen hervorgingen, floh sie zuerst nach Paris und dann nach Moskau, wo sie als vorbildliche Genossin mehrerer sowjetischer Herrscher verharrte, bis sie 1977 unter großem öffentlichen Interesse in ihre Heimat zurückkehrte.

Ibárruri, die ihr ganzes Leben lang eine treue Verteidigerin des internationalen Kommunismus war, wurde sehr früh radikalisiert. Geboren wurde die von Basken und Kastiliern abstammende Dolores Gómez Ibárruri als achtes von elf Kindern 1895 in der nordspanischen Bergbauprovinz Viscaya. Die harte wirtschaftliche Situation der Region spiegelte sich im geringen Lebensstandard der Familie. Jedes Mitglied außer Dolores arbeitete in den äußerst gefährlichen offenen Gruben. Das junge Mädchen besuchte die Schule, da die Eltern sich wünschten, daß sie Lehrerin werden sollte. Doch die zunehmende Armut der Familie zwang die zarte Jugendliche, als Hausmädchen, Näherin und Fischverkäuferin zu arbeiten. Mit 20 Jahren heiratete sie Julián Ruiz, einen Grubenarbeiter und Aktivisten der sozialistischen Untergrundbewegung. Er gab ihr Bücher über Marx und Lenin zu lesen. Plötzlich, so schrieb sie, wurde ihr bewußt, daß ihr Leben kein „Sumpf" sein mußte – es konnte ein „Schlachtfeld" sein, wenn sie zur engagierten Kämpferin für den Sozialismus würde. Ihr Ehemann, der oft wegen seiner Gewerkschaftsaktivitäten hinter Gittern saß, konnte die Familie nicht ernähren; da kein Geld für die nötige Medizin vorhanden war, mußte sie vier ihrer sechs Kinder zu Grabe tragen.

Kurz nach der Russischen Revolution kam Dolores Ibárruri zu ihrem Namen „La Pasionaria", ein Pseudonym, mit dem sie während der Passionswoche einen Leitartikel in El Minero Vizcaíno unterzeichnet hatte. 1920 trat sie der Baskischen Kommunistischen Partei bei, und ein Jahr später war sie Delegierte auf dem Gründungskongreß der Spanischen Kommunistischen Partei. Als 1931 die Republik ausgerufen wurde, zog sie nach Madrid, wurde dort Herausgeberin der Parteizeitung *Mundo Obrero* und leitete die Frauenaktivitäten des Politbüros. Dolores Ibárruri lebte und atmete ihren Radikalismus, wofür sie des öfteren ins Gefängnis wanderte. Sie schickte ihre beiden Kinder, die mit ihr auf der Straße hatten leben müssen, auf eine besondere Schule in Moskau, was viele außerhalb von Rußland lebende Aktivisten taten. Als Mitglied des Zentralkomitees der kommunistischen Partei Spaniens und als Abgeordnete von Asturien im spanischen Parlament genoß sie beachtlichen Einfluß im Land. Manche Historiker behaupten, ihre parlamentarischen Schmähreden gegen den Führer der Monarchisten, José Calvo Sotelo, hätten dessen Ermordung herbeigeführt, ein Ereignis, das den Bürgerkrieg auslöste.

Während der darauffolgenden Auseinandersetzungen gelangte La Pasionaria zu weltweiter Berühmtheit. Ihr Bild wurde an die Mauern der Hauptstadt plakatiert, ihre feurigen Rundfunkansprachen ließen die republikanische Armee anwachsen und führten zu patriotischen Massenkundgebungen. Auf der Suche nach Unterstützung reiste sie durch ganz Europa und drängte die Russen zu vermehrter Hilfe. Während die Regierung wegen des lange andauernden Kampfes um Madrid nach Valencia umsiedelte, grub sie Schützengräben, organisierte eine kommunistische Miliz, baute Barrikaden und trommelte mehr als 100 000 Frauen zusammen, die für Essen und medizinische Hilfe sorgten. La Pasionaria trug ebenfalls dazu bei, daß sich um die 40 000 Ausländer bei den Internationalen Brigaden registrieren ließen, Freiwilligenverbände, die Seite an Seite mit ihren spanischen Landsleuten kämpften. Sie hieß sie willkommen als Verbündete gegen die weltweite Seuche des Faschismus und die Gefährdung der Demokratie.

Kurz vor der Niederlage der Republik floh Dolores Ibárruri 1939 nach Rußland, wo sie während des Zweiten Weltkriegs im Rundfunk Propagandareden für die Sowjets und gegen Franco hielt. Sie blieb fast 40 Jahre dort und wurde auf ihren Auslandsreisen zu einer oft angefeindeten Sprecherin der Komintern. Ihre Bemühungen hielten die „reine" Flamme des Kommunismus in einem von Faschisten regierten Spanien am Leben. Während ihres Exils vertrat La Pasionaria energisch einen eisernen Kommunismus – abgesehen von ihrem Protest gegen die Invasion der Sowjets in Prag 1968. Unendlich dankbar für Stalins „bedingungslose Unterstützung" der Republikaner während des Bürgerkrieges, hielt sie ihn für den größten Kommunisten, den sie je gekannt hatte, und war blind gegenüber seinen terroristischen Machenschaften. Andere Exilierte, verbittert durch das harte Leben, kritisierten La Pasionaria mittlerweile wegen der bevorzugten Behandlung, die ihr bei ihren russischen Gastgebern zuteil wurde.

1977 kehrte sie, zwei Jahre nach dem Tod von Generalissimo Franco, in ihr Heimatland zurück und wurde erneut ins Parlament gewählt. „Sí, sí, sí, Dolores está aquí", skandierte die Menge zur Begrüßung, als die 82jährige in schwarzer Kleidung, gebeugt, doch immer noch gebieterisch und charismatisch eintraf.

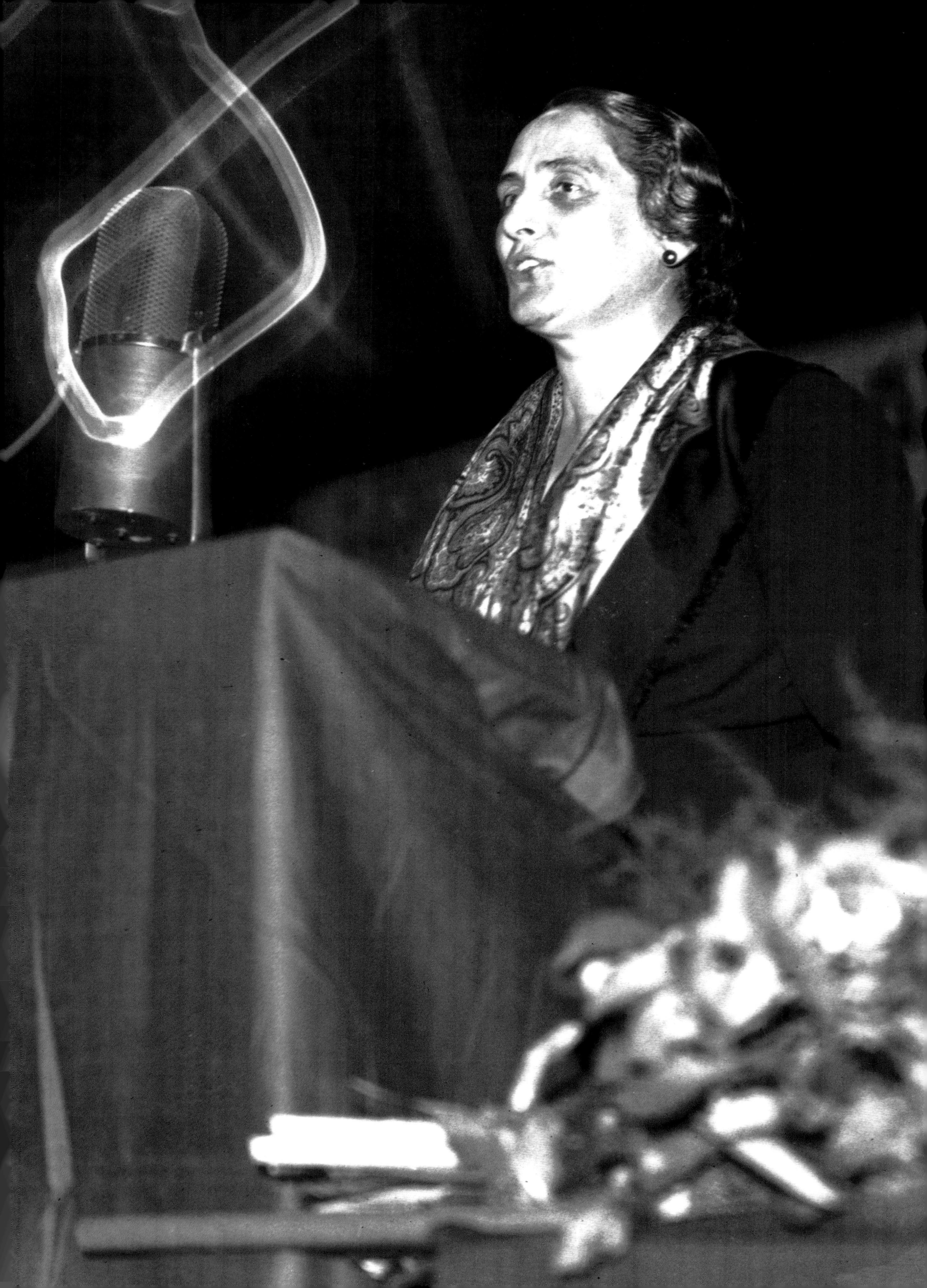

MICHAEL JACKSON
*1958

DER VOLLENDETE SÄNGER und Tänzer Michael Jackson steht seit seinem fünften Lebensjahr auf der Bühne. Zusammen mit seinen Brüdern schrieb er in den 70ern Soul- und Dance-Geschichte. Als Solomusiker stellte er aber bald die Erfolge der Jackson Five in den Schatten und schaffte es, mit nur einer Handvoll Songs den Titel des „King of Pop" zu gewinnen. Durch seine Platten und Videos beeinflußte er unsere Art zu singen, zu tanzen, ja sogar unsere Definition von Popmusik.

Michael Jackson wurde als Sohn eines ehemaligen Musikers geboren, der im Stahlwerk von Gary, Indiana, arbeitete und große Pläne für seine neun Kinder hatte: Aus fünf von ihnen bildete er eine Musikband. So kamen die fünf Jacksons schon früh mit den Feinheiten des Rhythm & Blues-Musikgeschäfts in Berührung. 1968 wurden sie von der Sängerin Gladys Knight bei einem Talentwettbewerb im berühmten Apollo Theater in Harlem entdeckt. Noch im selben Jahr unterzeichneten sie einen Plattenvertrag bei Motown Records, verließen Indiana und zogen mit der Familie nach Encino in Kalifornien. Ihre erste Single *I Want You Back* wurde eine Sensation und Michael nicht ganz freiwillig zum Star der Gruppe. Schnell folgten weitere Hits wie *I'll Be There* und *ABC* von 1970.

Als die Jacksons in den 70ern dem Kinder-Image entwachsen und nicht mehr so erfolgreich waren, versuchte es Michael Jackson mit einer Solokarriere. Er nahm einige Singles auf, am bekanntesten davon wurde das Titellied zum Film *Ben* aus dem Jahr 1972. Ende der 70er versuchte er sich als Schauspieler und trat als Vogelscheuche in *The Wiz* auf, einer schwarzen Adaption von *Das Zauberhafte Land*. Am Set lernte Michael den bekannten Musiker und Produzenten Quincy Jones kennen, der für die Filmmusik verantwortlich war. Als er sein erstes Soloalbum aufnahm, fungierte Jones als Produzent. Das Ergebnis, *Off the Wall* (1979), war ein großer Erfolg, die Singleauskopplungen wie *Don't Stop 'til You Get Enough* und *Rock With You* wurden Nummer 1 in den Pop- und R&B-Charts. Doch der Perfektionist Michael Jackson war noch immer nicht ganz mit diesem Erfolg zufrieden. Sein nächstes Projekt jedoch sollte seine Erwartungen erfüllen.

1982 brachte Jackson *Thriller* heraus. Diese Platte wurde mit acht Grammys ausgezeichnet und verkaufte sich über 48 Millionen Mal. Der überwältigende Erfolg war das Resultat von perfektem musikalischem Können und einem geschickten Marketing. Michael Jackson war zudem einer der wenigen Künstler, die Musikvideos als Chance erkannten, sich persönlich stärker als bisher darzustellen. Anstatt Videos als reines Werbemittel für seine Alben zu benutzen, stellte er seine Lieder in ihren Dienst. Die Videos zu *Billie Jean, Beat It* und besonders zum Titelsong *Thriller*, ein 20minütiges Stück, dessen Produktion die damals astronomische Summe von einer Million Dollar kostete, waren Kurzfilme mit passenden Soundtracks, und seine Fans konnten nicht genug davon bekommen. Jackson veränderte das Videogeschäft und trug seinen Teil dazu bei, es zu einem wichtigen, ja lebensnotwendigen Faktor der Musikindustrie zu machen. Seine Popularität nahm noch zu, als er einen lukrativen Werbevertrag mit Pepsi Cola unterschrieb und mit anderen Künstlern im Jahr 1985 das Lied *We Are the World* schrieb, dessen Erlös den Hungernden in Äthiopien zugute kam.

Das Folgealbum von *Thriller* namens *Bad* (1987) enthielt wiederum eine Reihe von Hits – vier davon wurden Nummer 1 – und verkaufte sich 25 Millionen Mal, doch selbst solch unglaubliche Zahlen wirkten im Vergleich zum Vorgänger enttäuschend. Der Ruhm verblaßte langsam, zugleich wuchs das Interesse der Öffentlichkeit an seinem Privatleben. Obwohl Jackson 1988 die erfolgreiche Autobiographie *Moonwalk* herausbrachte, benannt nach dem von ihm geschaffenen, höchst eigenwilligen Tanz, und 1991 einen Vertrag mit Sony Records unterzeichnete, der angeblich mit einer Milliarde Dollar dotiert war, interessierten sich die Zeitungen mehr für seine persönlichen Probleme. Obwohl er weiterhin mit zahllosen Künstlern Platten aufnahm, wurden Nachrichten über seine Schönheitsoperationen, seine Schlafgewohnheiten (in einem Sauerstoffzelt), seinen erfolglosen Versuch, die Überreste des Elefantenmannes zu kaufen, und sein erfolgreiches Unterfangen, die Rechte an den Liedern der Beatles zu erwerben (was einen Bruch mit dem ebenso daran interessierten Paul McCartney nach sich zog), wichtiger als Neuigkeiten von seiner Karriere als Musiker. Das Album *Dangerous,* das 1991 herauskam, verkaufte sich nicht so gut wie seine Vorgänger, obwohl es solche Nummer-1-Hits wie *Black and White* enthielt.

1993 geriet Jackson in den Verdacht, kleine Jungen sexuell mißbraucht zu haben, woraufhin eine Kommission gebildet wurde, um den Fall zu untersuchen. Jackson wehrte sich nachdrücklich gegen die Anschuldigungen und begab sich inmitten der Ermittlungen auf eine Welttournee, die von Krankheiten überschattet war. 1994 wurde eine Zivilklage außergerichtlich geregelt, aber einiges von den Beschuldigungen blieb doch haften.

Auch in den 90ern blieben die persönlichen Eigenheiten Jacksons ein Medienthema. 1994 gab er überraschend seine Heirat mit Lisa Marie Presley, der Tochter von Elvis Presley, bekannt. Doch trotz der Beteuerungen, die junge Ehe sei glücklich, endete sie nur zwei Jahre später. Jackson heiratete kurze Zeit später Debbie Rowe, eine Krankenschwester, die ein Kind von ihm erwartete.

Ende der 90er sind die unglaubliche Energie und das Talent von Michael Jackson in Gefahr, von seinem privaten und öffentlichen Auftreten in den Schatten gestellt zu werden. Er brachte uns nicht nur eine neue Art zu singen und zu tanzen nahe, sondern führte uns auch vor Augen, wie das Leben eines auf der ganzen Welt bekannten Popmusikers am Ende dieses Jahrhunderts aussieht.

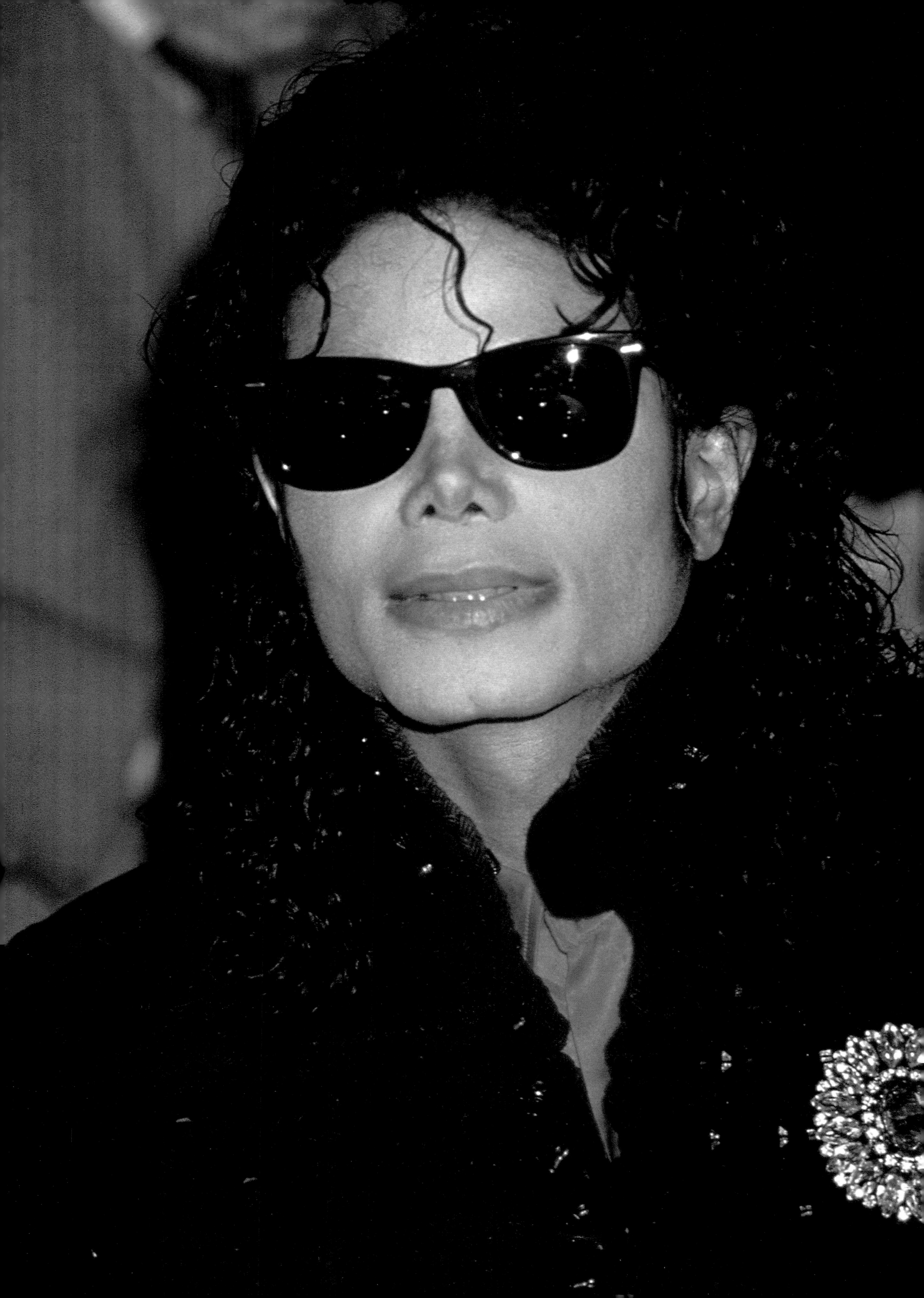

MICK JAGGER

*1943

ER IST DER MANN, für den der Ausspruch „Sex, Drugs & Rock'n'Roll" hätte erfunden sein können, ein Musiker, der ein so ausschweifendes und hedonistisches Leben führte, wie es seine Fans von ihm erwarteten. Doch im Musikbusiness, in dem Bands üblicherweise nur wenige Jahre bestehen, steht Mick Jagger mit seiner Band, den Rolling Stones, seit über 30 Jahren an vorderster Front. Als Leadsänger war Jagger sowohl im übertragenen wie im buchstäblichen Sinn der Kopf der Gruppe.

Michael Phillip Jagger wurde als älterer von zwei Söhnen des Sportlehrers Joe Jagger und seiner Frau Eva in Dartford in der englischen Grafschaft Kent geboren. Schon als Kind war Jagger dominant und in der Schule ehrgeizig. Seine Abende und Wochenenden brachte er im Garten der Familie damit zu, Bluesplatten zu hören und die Stimmen von Muddy Waters, Bo Diddley und Chuck Berry nachzuahmen.

1962 erhielt er ein Stipendium für die London School of Economics, was jedoch seiner Begeisterung für amerikanische Musik keinen Abbruch tat. Weiterhin sang er in den Underground-Clubs der Stadt. Zwei Jahre zuvor, im Jahr 1960, hatte er zufällig den Gitarristen Keith Richard (später in Richards umgeändert) kennengelernt, einen alten Freund vom Gymnasium, der zu seinem lebenslangen Ko-Autor und ständigen emotionalen Trainingspartner werden sollte. Nachdem sich Jagger und Richards mit dem Gitarristen Brian Jones, dem Bassisten Bill Wyman und dem Schlagzeuger Charlie Watts zusammengeschlossen hatten, spielte die Gruppe ein Jahr lang auf kleineren Veranstaltungen, bevor sie Mainstream-Musik machte und bei ihren Auftritten Eigenkompositionen mit Coverversionen ihrer liebsten Rythm & Blues-Lieder mischte.

Die ersten Hits der Band folgten der R&B-Tradition, die Jagger, Richards und Jones so sehr verehrten, doch bald sollte die Zusammenarbeit von Jagger und Richards wie jene von Lennon und McCartney bei den Beatles der Gruppe eine Reihe von Hits bescheren. Der erste – (I Can't Get No) Satisfaction – stammte aus dem Jahr 1965. Rasant entwickelten sich die Stones zu einer weltweiten Sensation, die die eigenen Fans in Aufregung und deren Eltern in Schrecken versetzte. Ihre Absicht war klar: „Die Beatles wollen deine Hand halten", formulierte der amerikanische Publizist Tom Wolfe einmal, „die Stones wollen deine Stadt niederbrennen".

In den 60er Jahren feierte die Gruppe gewaltige Erfolge, dabei kümmerte sich der praktisch veranlagte Jagger, der noch zwei Jahre nach Gründung der Band studierte, um die Finanzen der Band. Hätten sich die Stones 1970 aufgelöst, dann hätten die bis dahin aufgenommenen Songs ausgereicht, um sie zu einer Legende zu machen: 1965 *Get Off Of My Cloud* und *19th Nervous Breakdown*; 1966 *Paint It Black* und *Mother's Little Helper*; *Let's Spend the Night Together* 1967; *Jumpin' Jack Flash* und *Street Fighting Man* 1968 sowie *Honky Tonk Woman* 1969. Aber natürlich hörten sie nicht auf.

Es gab allerdings auch Rückschläge. 1967 wurde Jagger wegen Drogenbesitzes verhaftet. Der Prozeß unterstrich sein sorgfältig gepflegtes Image als Outlaw – die Polizei fand seine Freundin Marianne Faithfull nackt in einen Teppich gewickelt –, forderte jedoch auch seinen Tribut. Auch in musikalischer Hinsicht unterliefen der Band gelegentlich Flops, am deutlichsten mit dem psychedelischen Album *Their Satanic Majesties' Request* (1967). Das Ende des Jahrzehnts wurde für Jagger und seine Band sowohl Höhe- als auch Tiefpunkt ihrer Karriere. 1969 veröffentlichten sie das exzellente Album *Let It Bleed*, kurz darauf wurde Brian Jones tot in seinem Swimmingpool aufgefunden. Er wurde durch Mick Taylor ersetzt. Das letzte Konzert der Stones-Tour von 1969 fand in Altamont im US-Bundesstaat Kalifornien statt. Während des Konzerts erstach ein Ordner der Band, ein Mitglied der Hells Angels, einen Fan. Auch symbolisch kamen die 60er damit zum Stillstand.

Mick Jaggers erster Ausflug von der Band erfolgte kurz darauf, als er in dem Film *Performance* (1970) eine Rolle als Zwitter spielte. Aber schon bald stand er wieder als Leadsänger seiner Gruppe auf der Bühne, so daß in den frühen 70ern zwei wegweisende Alben produziert wurden, *Sticky Fingers* (1971) und *Exile on Main Street* (1972), das vielen als Meisterstück der Gruppe gilt. Gegen Ende der 70er Jahre stellten Alben wie *Some Girls*, auf dem die Stones Punk und Discomusik miteinander kombinierten, unter Beweis, daß sie noch immer Feuer hatten. Und die Welttourneen wurden immer größer: Als 1975 Ron Wood Mick Taylor ersetzte, hatte sich die Band bereits einen Ruf für ihre extravaganten, fast schon mythischen Tourneen erworben, und dieser Trend sollte schließlich seinen kommerziellen Höhepunkt mit der *Steel-Wheels*-Tour 1989 und der *Bridges-to-Babylon*-Tour im Jahr 1997 erreichen.

1985 brachte Mick Jagger sein erstes Soloalbum heraus, *She's the Boss*. Später folgten noch die Platten *Primitive Cool* (1987) und *Wandering Spirit* (1993). Jaggers Soloprojekte waren nur mäßig erfolgreich, ersetzte doch die Stimme ohne die legendäre Rhythmus-Abteilung im Hintergrund nicht die Wirkung der Gruppe (Soloprojekten der anderen Stones-Mitglieder erging es nicht viel besser).

Mick Jagger genoß die Vorzüge eines Lebens als Rockstar – Privatjets, unzählige Geliebte, palastartige Häuser und wunderschöne Ehefrauen (von der ersten, Bianca de Macias, ließ er sich 1979 scheiden; von der zweiten, Jerry Hall, stammen vier seiner sechs Kinder). Die Alben, die die Stones in den 80er und 90er Jahren herausbrachten, waren nicht mehr ganz so bemerkenswert wie ihre mittlerweile klassischen Platten aus den Jahrzehnten davor. Doch hindert das ihre große Fangemeinde nicht daran, exorbitante Preise für die Stones-Konzerte zu zahlen; um den mitreißenden Jagger und die Band zu sehen, die die Rockmusik praktisch erfunden hat, scheint das ein angemessener Preis zu sein.

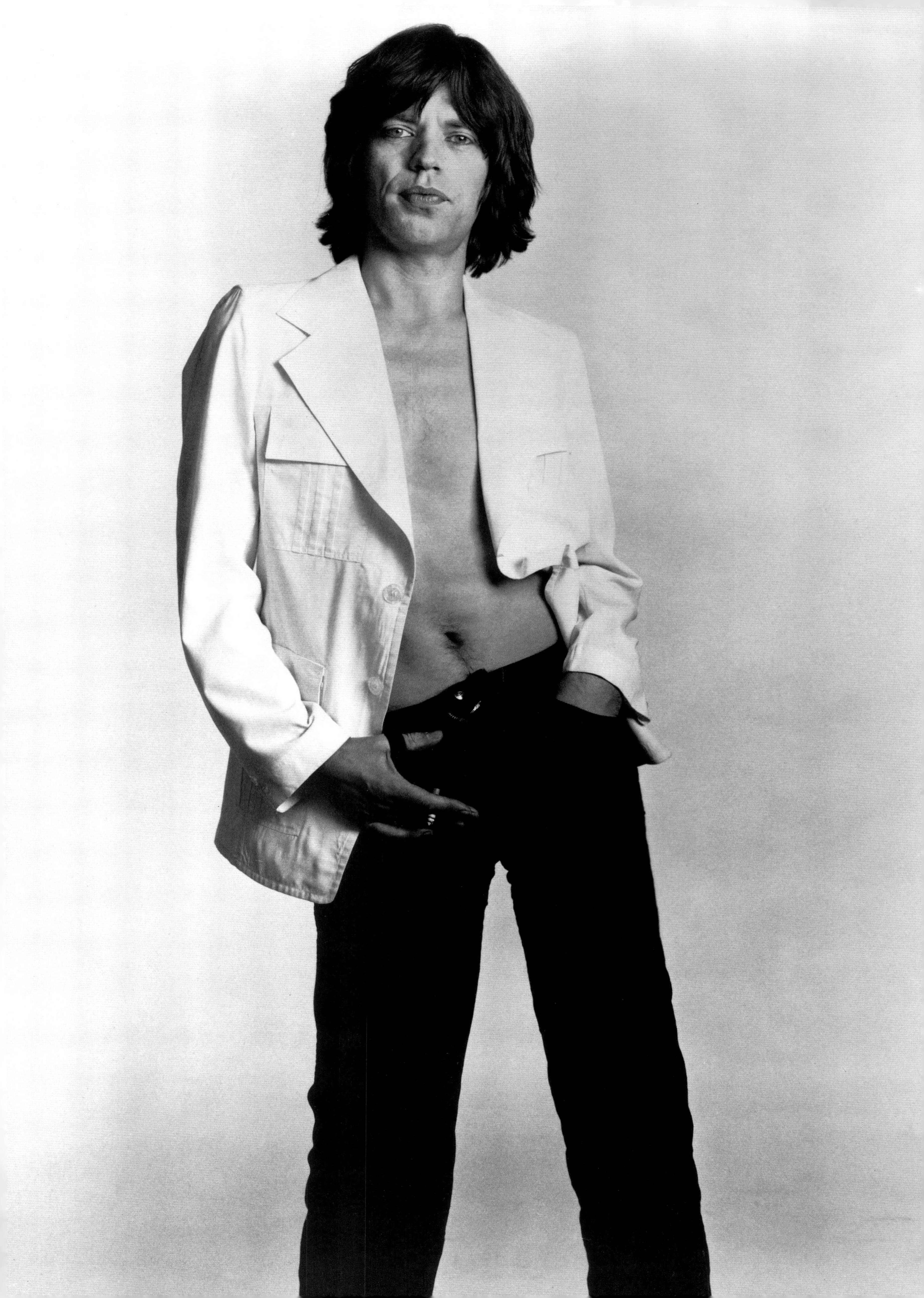

JIANG QING

1914-1991

(MADAME MAO)

WENN MAO TSE-TUNG der Drache der chinesischen Mythologie war – ein wildes, maßloses Ungeheuer, das die alten Nebel der Feudalherrschaft mit seiner feurigen Mischung aus Marxismus und Nationalismus wegfegte –, so war seine letzte Frau, die grausame und intelligente Jiang Qing, die perfekte Partnerin für ihn. Der 20 Jahre ältere Mao lernte die junge Aktivistin, die damals Li Jin genannt wurde, 1937 in seinem Armeelager in Jenan kennen, wohin sie nach der japanischen Besetzung Schanghais geflohen war. Die abgelegenen Höhlen dienten sowohl als Hauptquartier der Kommunistischen Partei Chinas als auch als Auffanglager für Maos Rote Armee, die während des chinesisch-japanischen Krieges zeitweilig mit den Kuomintang von Tschiang Kai-Schek verbündet war. Mao war hingerissen von der ehemaligen Schauspielerin, die bei seinen Vorträgen in der ersten Reihe saß. Seine dritte Ehefrau, die ihn auf dem historischen „Langen Marsch" 1934/35 begleitet hatte, verstieß er, um sich statt dessen mit dem ehemaligen „Jade-Mädchen" (Bezeichnung für attraktive Schauspielerinnen) einzulassen, was seine einflußreichen Kameraden, die ihn ebenfalls auf der zermürbenden Wanderung begleitet hatten, gegen ihn aufbrachte. Seiner neuen Freundin gab Mao den Namen Jiang Qing. Die Partei gestattete ihrem Führer, seine inzwischen schwangere Geliebte zu heiraten, verlangte jedoch, daß Jiang Qing nicht an politischen Aktivitäten teilnehmen und die beiden niemals als Ehepaar in der Öffentlichkeit auftreten dürften.

Li Ju-Ho, so ihr Geburtsname, hatte einen gewalttätigen Vater und eine Mutter, deren Stellung im Haus der einer Sklavin oder Prostituierten gleichkam. Mit fünfzehn Jahren verließ Li das unruhige Elternhaus in der Provinz Schantung und besuchte den Unterricht an einem experimentellen Kunsttheater. Nach ihrem Studium erhielt sie kleinere Bühnenrollen, wandte sich dann aber dem Film zu, wo sie auch ein wenig Ruhm erntete. Mehr Beachtung fand Li Jin mit ihrer Sinnlichkeit und ihrem koketten Charme in der linksgerichteten Boheme des glitzernden Schanghai. Ihr Leben dort nahm allmählich die Züge einer molierschen Farce an – Liebhaber und Ehemänner gaben sich gleichsam die Klinke in die Hand. Wäre sie nicht durch die Invasion der Japaner zur Flucht gezwungen worden – der Klatsch über ihre Eskapaden hätte sie irgendwann auch fortgetrieben.

Mehr als 25 Jahre lang hielt sich Qing an ihr Versprechen, sich aus der Politik herauszuhalten. 1963 jedoch erhielt sie von ihrem Mann den Auftrag, die Künste zu reformieren, d.h. der ideologischen Linie anzupassen. Sie sollte „revisionistisches" Gedankengut und bürgerliche Romantik aus den traditionellen chinesischen Theaterstücken, Opern und Ballets verbannen und eine neue Kunstform für die Massen schaffen. Unter Qings Leitung wurde in den Theatern Pekings ein neuer, aufsehenerregender Typus von Tänzerinnen geschaffen – proletarisch, in Uniform und mit Pistole. Mitte der 60er Jahre wagte Jiang Qing den Schritt in die Öffentlichkeit, um nach der Macht zu greifen. Als stellvertretende Vorsitzende der Kulturrevolutionsgruppe, einer autonomen Organisation, die sich aus dem Programm der Großen Proletarischen Kulturrevolution entwickelt hatte und direkt der KPCh unterstand, hatte sie nun Zugang zur Roten Garde, Maos jugendlicher Gedankenpolizei. In der folgenden Dekade benutzte die harte und rachsüchtige Qing ihre Autorität zur Säuberung der Partei und der Nation von jeglicher doktrinärer Unreinheit und zur Verfolgung alter Feinde. Als Mitglied der „Viererbande", wie sie und ihre Kumpanen genannt wurden, überwachte sie die berüchtigte Kulturrevolution und war damit direkt oder indirekt verantwortlich für Folter, Hunger, Verbannung, Unterdrückung und Inhaftierung Tausender Unschuldiger. Zehn Jahre lang streiften die Roten Garden unter ihrer Ägide durchs Land, verunglimpften und terrorisierten nicht nur die intellektuelle Elite Chinas, sondern auch treue Revolutionäre und viele andere Unglückliche, die ihnen nicht genehm waren. Maos Ziele – eine dezentralisierte Verwaltung, Verjüngung der Partei und die Umwandlung des landwirtschaftlichen Chinas in einen Industriestaat – wurden erreicht, doch war diese Zeit eine der gewalttätigsten Perioden in der modernen chinesischen Geschichte.

Weniger als vier Wochen nach Maos Tod wurde die inzwischen ergraute Jiang Qing als Staatsfeindin inhaftiert und angeklagt, mit ihrem Geheimbund während Maos Siechtums den Sturz der Regierung betrieben und die illegale Exekution einer nicht zu schätzenden Zahl von Gegnern veranlaßt zu haben. Qings Viererbande wurde ebenfalls beschuldigt, mehr als 34 000 Menschen umgebracht und 700 000 weitere fälschlich angeklagt zu haben. Teils ungeduldig, teils unheilvoll schweigend, dann wieder sarkastisch und arrogant wich die 66jährige Witwe nicht von ihrer Meinung ab und weigerte sich, sich nach alter Tradition schuldig zu bekennen. „Teng Hsiao-p'ing ist ein Verräter und Faschist!" rief sie und bezog damit Stellung gegen den mächtigsten ihrer Gegner unter den neu ernannten Parteiführern. Während ihrer sorgfältig inszenierten, öffentlich verfolgten Verhandlung betonte Jiang Qing starrköpfig und trotzig immer wieder, daß ihre „Verbrechen" nicht von der Politik des Mannes zu trennen seien, dem sie ihr Leben gewidmet hatte. „Ich war der Hund des Vorsitzenden Mao", beharrte sie. „Wenn er sagte, beiß zu, habe ich zugebissen." Sie behielt die Kontrolle über sich bis zum Schluß, als ihre Todesstrafe in eine lebenslange Haft umgewandelt wurde, womit ihren Gegnern die Genugtuung einer Strafe verwehrt wurde, die sie sich nicht auszuführen wagten. Nach jahrelanger Haft, Hungerstreiks, einem ständigen Kampf gegen Kehlkopf- und Speiseröhrenkrebs und schwere Depressionen erhängte sich Jiang Qing am Bettrahmen in ihrer Zelle. War sie während ihres Aufstiegs in der Parteihierarchie eine Freundin der Konspiration gewesen, so wurde Qing schließlich das Opfer gerade der Menschen, mit denen sie zuvor verschworen war.

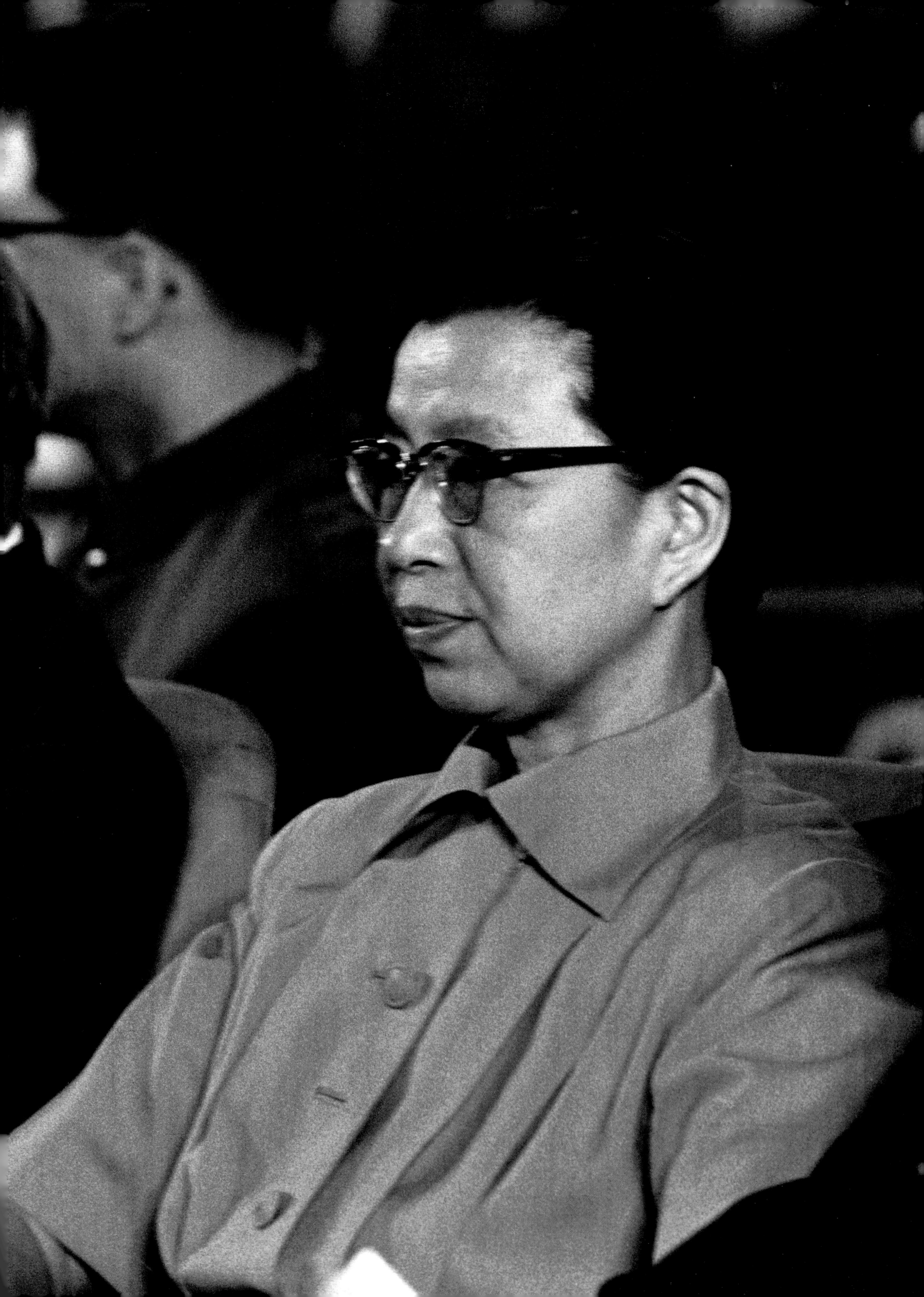

ELTON JOHN
*1947

NACH NAHEZU 30 JAHREN im Rampenlicht fasziniert der englische Sänger, Pianist und Komponist Elton John noch immer die Fans des Glamrocks und singt alte Hits wie *Crocodile Rock* (1972), *Daniel* (1973) und *Don't Let the Sun Go Down on Me* (1974) mit ebensolcher Beständigkeit wie er seine ausgefallenen Riesenbrillen trägt. Mit extravagantem Outfit und exzessivem Lebensstil hat er die gesamte Konkurrenz weit hinter sich gelassen. „Captain Fantastic" wurde immer bejubelt, in guten wie in schlechten Zeiten. Während er in den 70er und frühen 80er Jahren mit Alben wie *Honky Chateau* (1972), *Goodbye Yellow Brick Road* (1973) und *Jump Up* (1982) ein Vermögen verdiente, stürzten ihn Drogen, Alkohol, Selbstmordversuche und die Gerüchte über Beziehungen zu männlichen Prostituierten in den 80er Jahren in eine tiefe Krise. Er beschloß, sein Leben zu ändern, und schaffte es. 1998 wurde er gar von der britischen Königin geadelt.

Begonnen hat alles in eher kleinbürgerlichen und nach eigener Aussage ziemlich traurigen Verhältnissen. Als Reginald Kenneth Dwight wurde er in Pinner, Middlesex, als Sohn eines Majors der Royal Air Force geboren. Der junge Reg war stark übergewichtig und wog fast einhundert Kilo. Seine Mutter Sheila liebte und förderte ihren frühreifen Sohn, der mit vier Jahren nach Gehör Klavier zu spielen begann. Sie war es auch, die ihm seine erste Rock 'n' Roll-Platte schenkte. 1958, zwei Jahre, nachdem Elvis Presley, der King of Rock 'n' Roll, mit *Heartbreak Hotel* die Hitparaden erobert hatte, meldete sie Reg mit gerade elf Jahren an der Royal Academy of Music an.

1964 brach der 17jährige die Schule ab, um Profimusiker zu werden. Eine Zeitlang jobbte er, arbeitete tagsüber als Bote und spielte abends in Pubs Klavier. Er hatte zu diversen Bands gehört, bevor er sich der *Bluesology Band* mit dem Sänger Long John Baldry anschloß. (Als er seinen Namen, den er so sehr verabscheute, änderte, übernahm er „John" von Baldry und „Elton" vom Saxophonisten Elton Dean.) 1967 lernte er bei einer Talentveranstaltung von Liberty Records seinen langjährigen Mitarbeiter Bernie Taupin kennen, mit dem er ein Demoband aufnahm. Elton John schrieb die Musik und Taupin den Text – eine Arbeitsteilung, die sie noch viele Jahre so beibehielten.

Bei Liberty blieb das Duo nicht lange. Der Musikimpresario Dick James, der auch bei den Beatles seine Hand im Spiel gehabt hatte, nahm sie unter Vertrag. Mit ihrem Mainstream-Pop hatten die beiden jedoch wenig Erfolg. Sie mußten mehr auf ihre eigentlichen Stärken setzen. Elton John besaß eine starke, anpassungsfähige Stimme, auch wenn er zuweilen zu viele unterschiedliche Stilrichtungen nachahmte. Das Duo arbeitete weiter und wurde schließlich durch den Erfolg von *Lady Samantha* (1969) und *Empty Sky*, einem mit wenig Geld produzierten Album, belohnt. Damit war der Weg bereitet für das nächste, sehr viel aufwendigere Album *Elton John*, das die berühmten Hits *Your Song* und *Border Song* enthielt. Mit diesem kunstvoll komponierten und arrangierten Album, das bereits den typischen Elton-John-Sound aufwies, sorgten sie auf beiden Seiten des Atlantiks für Furore. In der Zwischenzeit versuchten die Produzenten, ihren Star von seiner Bühnenangst zu befreien und zu Live-Auftritten zu überreden. Er gab schließlich nach. Im selben Sommer trat der inzwischen schlanke Elton John in dem schrillsten Anzug, den er auftreiben konnte, mit seiner neuen Band im Club Troubador in Los Angeles auf. Das verwöhnte Publikum feierte ihn nach dem letzten Lied euphorisch.

Nach *Elton John* landete *Tumbleweed Connection* in den Charts, und schon bald folgte das nächste Erfolgsalbum: *Madman Across the Water* (1971). Der Singer-Songwriter, der mittlerweile seinen eigenen, unverwechselbaren Stil gefunden hatte, genoß nun unwiderruflich Starruhm. 1973 schrieb Elton John mit dem Doppelalbum *Yellow Brick Road* seine Erfolgsgeschichte fort, das neben dem Titelsong noch eine ganze Reihe weiterer Hits enthielt, darunter *Candle in the Wind*, *Bennie and the Jets* und *Saturday Night's All Right for Fighting*. Dieses Album sowie die Alben *Rock of the Westies* und *Captain Fantastic and the Brown Dirt Band* (beide 1975) machten ihn zur Pop-Ikone des Jahrzehnts. Drei Jahre nach der Gründung seiner eigenen Plattenfirma Rocket Records gab Elton John 1976 öffentlich zu, daß er bisexuell sei.

Zwar stand er mit Singles wie *I'm Still Standing* (1983), *I Guess That's Why They Call It The Blues* (1984) und *I Don't Wanna Go On With You Like That* (1988) in den 80er Jahren auch weiterhin ganz oben in den Charts, doch waren diese Jahre nicht seine besten. Die britischen Skandalblätter rieben sich an seiner Heirat mit der ehemaligen Aufnahmeleiterin Renate Blauel und an Gerüchten über seinen Umgang mit männlichen Prostituierten. Obwohl sich die bösartigen Verleumdungen als falsch erwiesen und eine Zeitung ihm eine Million Pfund Schmerzensgeld zahlen mußte, hatten sie schwerwiegende Folgen. Extreme Stimmungsschwankungen, Drogen- und Alkoholmißbrauch und Bulimie setzten ihm hart zu. Dem Flehen seines Liebhabers nachgebend, begab er sich schließlich in therapeutische Behandlung. Keinen Augenblick zu früh, wie er selbst später zugab.

In den 90ern landete Elton John neue Hits wie zum Beispiel *Sacrifice* (1990) und *The Way You Look Tonight* (1997). Mit Billy Joel spielte er vor ausverkauften Stadien und gründete seine eigene AIDS-Stiftung. Für den Titelsong *Can You Feel the Love Tonight* des Disney-Zeichentrickfilms *König der Löwen* erhielt er einen Grammy. 7 000 000 Singles wurden verkauft, und dieser Erfolg wurde nur durch die Neuauflage des Liedes *Candle in the Wind* übertroffen, das er 1997 anläßlich des Todes von Prinzessin Diana neu textete. „Es gehört ihr", sagte er und überließ die gesamten Einnahmen – bisher etwa fünfzig Millionen Dollar – dem Princess Diana of Wales Memorial Fund.

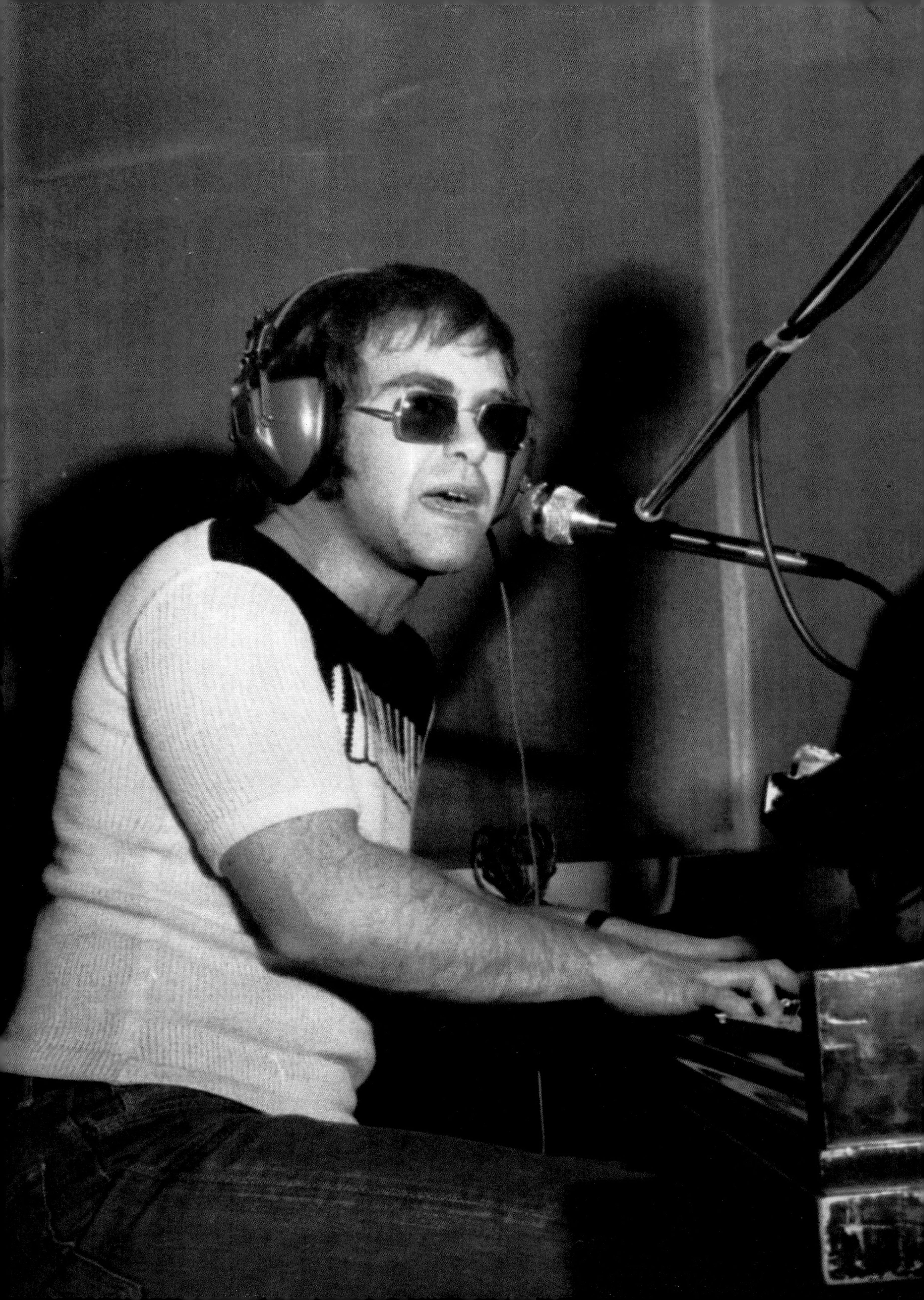

Papst Johannes XXIII.
1881–1963

ALS DIE SCHWEIZER GARDE dagegen protestierte, daß es dem Volk erlaubt sein solle, ihn beim Spazierengehen in den vatikanischen Gärten zu beobachten, antwortete Angelo Roncalli, Papst Johannes XXIII., freundlich: „Warum? Ich mache dort doch nichts Skandalöses." Das war und ist reine Ansichtssache. Johannes XXIII. stieß die für die Kirche wohl umfassendsten Reformen seit der Renaissance an. Dabei war er im Alter von 77 Jahren vom Kardinalskollegium als reiner Kompromißkandidat gewählt worden, da er schon zu alt war, um noch lange regieren zu können und einen längerfristigen Einfluß auf den römischen Katholizismus auszuüben. Als Architekt einer ökumenischen Bewegung versuchte er, alle Christen zu vereinen und sie mit den anderen großen Weltreligionen zu versöhnen. Daher stand er 1962 als treibende Kraft hinter dem 2. Vatikanischen Konzil, das bis zu seiner Auflösung 1965 16 Kirchenreformen verabschiedete, darunter die Anweisung, daß zukünftig die Messe nicht mehr vollständig auf Latein verlesen werden solle. Auf die Beschwerden von Konservativen reagierte Johannes mit der ihm eigenen Nachsicht und mit dem für ihn so typischen Humor: „Wehe dir, wenn alle Menschen gut von dir reden", sagte er einmal zu einem Kollegen. Aber von diesem Mann sprachen alle nur voller Liebe und Bewunderung.

Angelo Roncalli wurde 1881 als Sohn eines mittellosen Bauern in dem italienischen Dorf Sotto Il Monte in der Region Bergamo geboren. „In Italien", erinnerte sich der Papst einmal, „gibt es drei Dinge, die einen Mann ruinieren können: Frauen, Glücksspiel und Landwirtschaft. Mein Vater hat von allen dreien das langweiligste gewählt." Roncalli war kein Franziskaner, sondern ein weltlicher Priester, der im Ersten Weltkrieg als Militärkaplan diente und dessen Lebenslust und Liebe zum Essen ihm den Ruf als „una buona forchetta" („eine gute Gabel") einbrachten. Selbst als Papst nahm er sich bei seinem vollen Terminplan noch Zeit, um den Köchen des Vatikans Tips zu geben, aus welchen Landstrichen der beste Parmesan für die päpstliche Pasta komme. Dabei war der füllige und gutmütige Roncalli ein geschickter Politiker. Während des Zweiten Weltkriegs trug er als Botschafter des Vatikan in der Türkei dazu bei, daß Tausende von Juden gerettet wurden, die vor der Verfolgung der Nazis flohen, darunter auch ein ganzes Schiff voller Kinder. Als päpstlicher Nuntius in Frankreich wehrte er nach dem Krieg geschickt – manche meinen zynisch – Charles de Gaulles' selbstgerechte Forderung ab, der Vatikan solle alle Bischöfe aus dem Amt entfernen, die mit dem Vichy-Regime kollaboriert hätten. Er ließ so lange und so umständlich Einzelfälle untersuchen, daß nur drei von über 30 angeblichen Vichy-Symphathisanten von ihren Posten enthoben wurden.

Wie ein Bürokrat hätte sich Roncalli einfach hochdienen und seinen Lebensabend auf dem bequemen Posten eines Kardinals verbringen können. Aber Kardinal Angelo Roncalli wurde am 28. Oktober 1958, zu einem kritischen Zeitpunkt für Kirche und Menschheit, zum Papst gewählt und befand sich somit in einer einzigartigen Position, um seine Macht zur Verfolgung seiner höchsten Ideale zu verwenden. Das tat er mit großem Nachdruck; als Leitworte seines Pontifikats nannte er „Frieden und Einigkeit" und verlangte ein großes ökumenisches Konzil, an dem auch die „abgespaltenen Brüder" der anglikanischen und griechisch-orthodoxen Kirchen teilnehmen sollten. In den Augen seiner Kritiker wurde Johannes' Vision, die die Glaubensbrüder und -schwestern wieder in den Schoß der katholischen Kirche aufnehmen wollte, dadurch getrübt, daß diese nur als Beobachter am Konzil teilnehmen durften und nicht als vollwertige Deputierte. Umgekehrt sandte Johannes XXIII. 1961 zum ersten Mal katholische Beobachter zur Generalversammlung des Weltkirchenrats und richtete ein Sekretariat für die Einheit der Christen ein.

Die Enzykliken des Papstes spiegelten seine liberalen Ansichten wider. 1961 veröffentlichte er *Mater et Magistra*. Darin billigte er Gewerkschaften, hieß einige Aspekte des Wohlfahrtsstaates gut und forderte eine Landwirtschaftsreform. 1963 verfaßte er die große *Enzyklika Pacem in Terris*, die ein Ende des Kalten Krieges forderte und sich somit nicht nur an die katholischen Gläubigen wandte, sondern an die gesamte Menschheit. Dem Sozialismus nickte er zögerlich zu, doch nur weil er ein Konkordat mit den feindlich gesinnten Regierungen wünschte, das es der Kirche erlaubt hätte, den Wert des Individuums gegenüber dem Staat stärker herauszukehren.

Die Aufgabe, die Kirche der sich ändernden Welt angemessen zu gestalten, war keineswegs leicht. Wenn er nachts allein war, brütete Johannes oft über einem Problem und fragte sich: „Was würde der Papst in so einem Fall tun?", bis er merkte, daß er selbst der Papst war. Einmal sagte er zu einem Journalisten der *Prawda*, der ihn aufsuchte: „Sie sind Atheist, aber Sie haben doch sicherlich nichts dagegen, wenn ein alter Mann Ihre Kinder segnet." Seine stürmischen Besuche von Krankenhäusern, Schulen und Heiligtümern, auf denen er um öffentliche Unterstützung für seine Neuerungen warb, brachten ihm den Beinamen „Johnny Walker" ein. Doch das zermürbende Tempo schädigte die Gesundheit des Gourmands, der mittlerweile 81 Jahre alt war, so sehr, daß er ab Mai 1963 keine feste Nahrung mehr zu sich nehmen konnte. Durch seine eiserne Konstitution blieb der Pontifex jedoch während seines schmerzhaften Verfalls größtenteils bei klarem Verstand. Seine kurze, aber einflußreiche Herrschaft endete mit seinem Tod am 3. Juni 1963. Er hinterließ ein im Werden begriffenes Vatikanisches Konzil und eine Welt in Trauer, gab aber, wohl ohne es zu wollen, die Gefahr eines religiösen Schismas noch vor Ablauf des Jahrhunderts an die Nachwelt weiter. Und dieser Riß, der die Gemeinschaft der Gläubigen hinsichtlich Ausmaß und Tempo der Veränderungen tief spaltete, hatte sich als viel radikaler erwiesen, als möglicherweise auch von ihm selbst vorhergesehen.

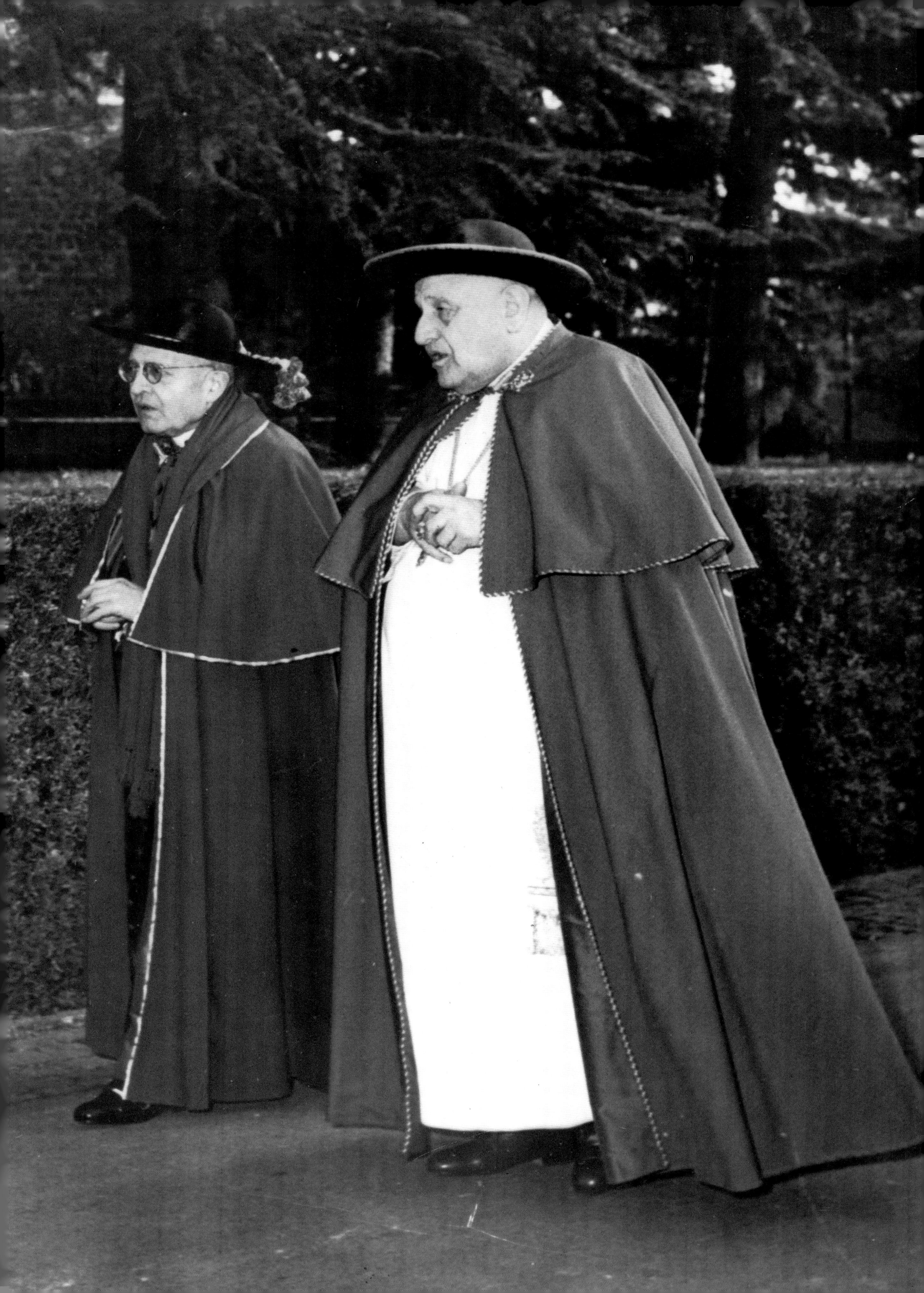

MICHAEL JORDAN

*1963

IN DEN LETZTEN zwei Jahrzehnten war sein Gesicht allgegenwärtig, ob nun auf Litfaßsäulen, in Zeitschriften oder im Fernsehen. Vor allem dort sah man seinen schlanken, athletischen Körper sehr häufig, wie er im schwarz-violetten Trikot durch die Luft auf einen Basketballkorb zusegelte. Michael Jeffrey Jordan ist unvorstellbar reich, wird von Millionen Menschen auf der ganzen Welt verehrt und ist der Inbegriff des erfolgreichen Athleten-Entertainers.

Viele schreiben ihm das Verdienst zu, durch sein außergewöhnliches Talent und sein Charisma Basketball zu seiner heutigen gewaltigen Popularität verholfen zu haben. Seine Fähigkeit, gleichsam durch die Luft zu fliegen und noch im Sprung die Richtung zu verändern, brachte ihm den Spitznamen „Air Jordan" ein. Er ist jedoch mehr als nur ein Basketballspieler. Mit seinen Sprungwürfen, geschickten Pässen, die Schwerkraft überwindenden Dunkings und vor allem seinem Teamgeist hat er seinem Sport ein völlig neues Ansehen verschafft. Mit den Chicago Bulls, die früher kaum mehr als eine mittelmäßige Mannschaft in der National Basketball Association waren, gewann er drei Meisterschaften hintereinander – und dies schafften seine Hauptkonkurrenten Larry Bird von den Boston Celtics und Magic Johnson von den Los Angeles Lakers mit ihren Teams nie. Jordan, gutaussehend, umgänglich und intelligent, ist ein Tausendsassa und ein exzellenter Werbeträger, der großen Firmen wie Coca-Cola, Nike und Hanes zu jährlich steigenden Umsätzen verhilft. Neben den Summen, die der Star mit Werbung verdient, erscheint sein nicht ganz unbeträchtliches Vereinsgehalt wie ein Taschengeld. Zwischen 1990 und Ende 1997 nahm der reichste Sportler aller Zeiten über 300 Millionen Dollar ein.

Michael Jordan wurde in Wilmington, North Carolina, als Sohn einer Familie ohne besondere sportliche Verdienste und Ambitionen geboren, und keiner von ihnen war besonders groß. Schon als Junge begeisterte er sich für Sport und trainierte hart, um ein guter Baseball- und Basketballspieler zu werden. Leider war er nicht groß genug, um im Basketball-Team der Laney High School mitzuspielen, und wurde im zweiten Jahr als nicht ausreichend talentiert aussortiert. Im darauffolgenden Sommer jedoch wuchs er 15 Zentimeter und war nun 1,92 Meter groß. Außerdem verbesserte er sein Spiel so sehr, daß sein Coach ihn in einem Sommer-Trainingscamp für besonders talentierte Schüler unterbrachte. Dort fiel er Dean Smith, dem Trainer der Basketballmannschaft der University of North Carolina auf, der ihn in sein Team aufnahm. Bereits in seinen ersten Spielen bewies Jordan einen Hang zu sensationellen Aktionen: Im Endspiel um die Collegemeisterschaft gegen das Team der Georgetown University machte er mit einem Sprungwurf in letzter Sekunde den entscheidenden Korb. Mit außergewöhnlichen Leistungen eroberte er sich einen Platz im olympischen Basketballteam der Vereinigten Staaten und gewann 1984 die Goldmedaille.

Ein College-Meisterschaftstitel und olympisches Gold allein hätten für eine glanzvolle Karriere schon ausgereicht, doch der ehrgeizige Jordan hatte sich eine Karriere in der National Basketball Association zum Ziel gesetzt. 1984 verließ er die University of North Carolina, um Profi zu werden, und ging zu den Chicago Bulls. Um diese Mannschaft stand es nicht besonders gut, ihre Zuschauerzahlen waren niedrig und die Kassen leer. Ihr neuer Star enttäuschte sie nicht: Er wurde in seinem ersten Jahr als Profi bereits der drittbeste Scorer der NBA, wurde zum „Rookie of the Year", zum besten Jungprofi, und ins NBA-All-Star-Team gewählt. Die Zuschauerzahlen der Bulls verdoppelten sich fast, und Chicago wurde auf einen Schlag eine feste Adresse bei Basketballfans.

Jordan erzielte im Schnitt 28 Punkte pro Spiel – er war fast unschlagbar, sein Team aber war es nicht. In der Meisterschaftssaison 1985/1986 mußten sie mehrmals gegen Larry Birds Celtics antreten. Jordan erzielte in einem Spiel 63 Punkte, den Titel gewann aber Larry Bird. Jordan und die Chicago Bulls mußten noch fünf Jahre warten, bis sie ihren ersten Titel 1991 gegen Magic Johnsons Los Angeles Lakers gewinnen konnten. Im folgenden Jahr verteidigten sie ihn, und im Jahr danach triumphierten sie sogar ein drittes Mal.

1993 wurde Jordans Vater von zwei Gelegenheitsarbeitern ermordet. Der Schock über die grauenvolle Tat und Gerüchte über Jordans Spielleidenschaft raubten dem Sohn jeden sportlichen Ehrgeiz. Als wolle er seinem Vater noch nachträglich beweisen, daß er mit der Annahme, sein Sohn Michael könne ein ziemlich guter Baseballspieler werden, Recht gehabt hätte, schloß er sich dem Baseballteam der Chicago White Sox an. Unter der Hand wurde gemunkelt, daß er keinen einzigen Ball treffen konnte. Und so war es auch. Schließlich gab er sich einen Ruck, kehrte am Ende der Saison 1994/1995 in guter Form zu den Bulls zurück und bewies allen, daß er noch nicht zum alten Eisen gehörte.

Er schaffte etwas, was noch nie zuvor jemandem gelungen war: Nicht allein sein Comeback war erstaunlich, er gewann mit seinem Team auch noch die Meisterschaft. Die Bulls gewannen in der Saison 1995/1996 nicht nur den Titel, sie deklassierten ihre Gegner regelrecht und gewannen unglaubliche 72 Spiele. Jordan war wie immer der beste Topscorer der Liga. Daraufhin erhielt er einen Vertrag, der mit jährlich 30 Millionen Dollar dotiert war und ihn zum bestbezahlten Spieler der Liga machte. Er verdiente jedoch nicht nur auf dem Spielfeld sein Geld; 1996 spielte er im Kinofilm *Space Jam* mit und brachte ein eigenes Eau de Cologne auf den Markt. Als im folgenden Jahr das neue Modell seines Nike-Sportschuhs „Air Jordan" auf den Markt kam, standen die Menschen im ganzen Land Schlange. In den letzten Jahren springt Jordan nicht mehr ganz so hoch und erzielt auch nicht mehr ganz so viele Körbe. Aber nach wie vor gilt er als größter Basketballspieler aller Zeiten.

IKONEN DES 20. JAHRHUNDERTS

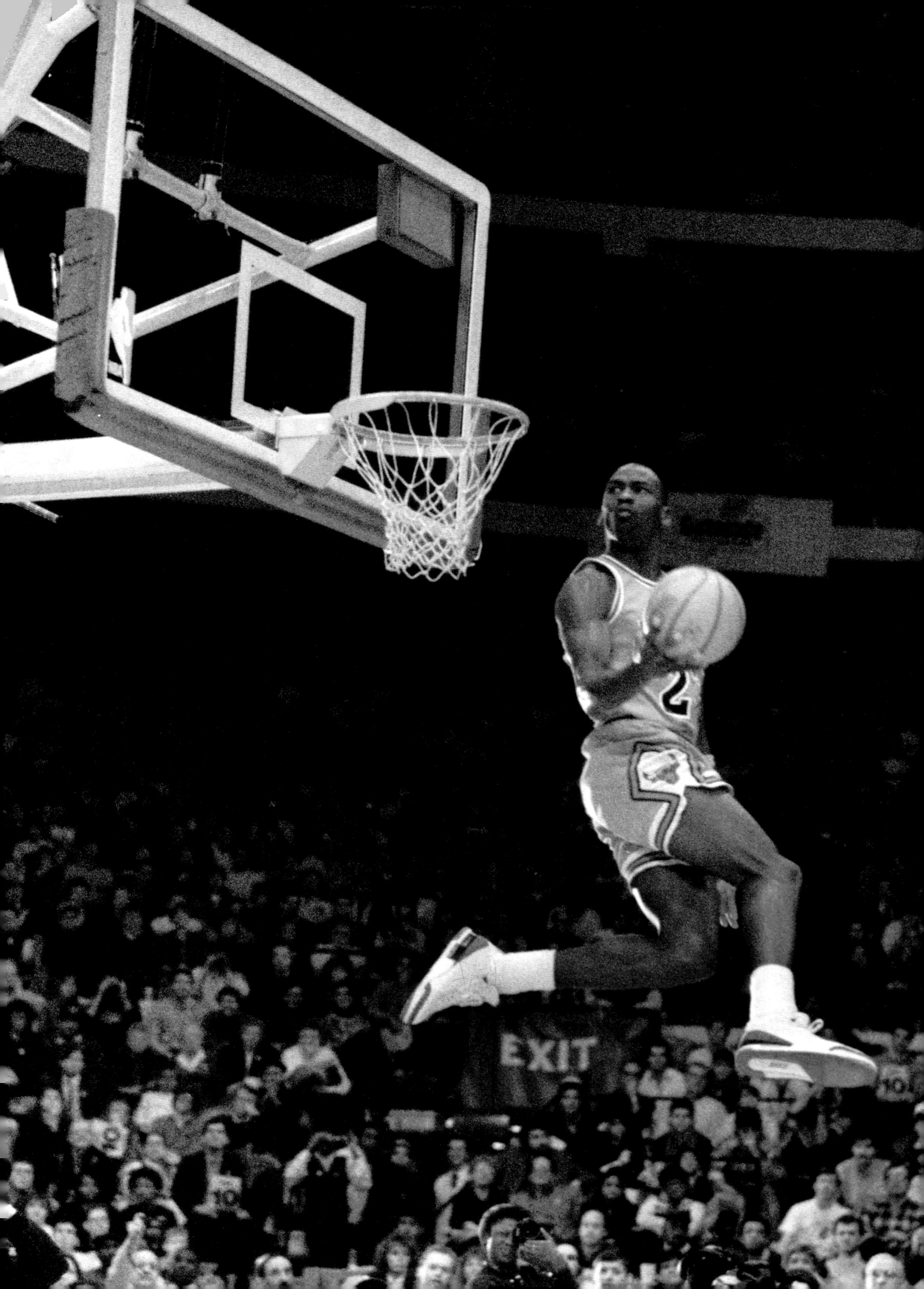
EXIT

JAMES JOYCE
1882-1941

WENN KREATIVITÄT SICH aus der Komplexität einer Persönlichkeit speist, dann war Dublins berühmtester literarischer Vagabund ein Vielfraß am Tisch der Kunst. So kühl, reserviert und ichbezogen der Skeptiker James Joyce auch war, so konnte er doch für andere den Clown spielen und sein Geld mit vollen Händen zum Fenster hinauswerfen. Für seine unumstrittene Vorrangstellung innerhalb der Literatur, von der er selber mit erstaunlichem Hochmut überzeugt war, arbeitete er wie ein Löwe. Als Erneuerer des modernen Romans mußte er viele harte Jahre und bittere Rückschläge hinnehmen. Mit zähem Ehrgeiz überarbeitete er seine Werke unzählige Male, obwohl er unter den schmerzhaften Folgen von zehn Augenoperationen zu leiden hatte.

Die Kindheit des Iren, die von finanziellen Schwierigkeiten und den Tobsuchtsanfällen seines eigensinnigen Vaters überschattet war, schien ihn gegen alles Unglück gestählt zu haben. Gemildert wurden diese harten Umstände einzig und allein durch seine Mutter, eine begabte Pianistin, die ihre zehn Kinder zu guten Katholiken erziehen wollte. Joyce wurde in Irlands bester Jesuitenschule auf ein Leben als Priester vorbereitet, doch mit den Jahren distanzierte sich der junge Ire mehr und mehr von der Kirche. Dennoch bestand er später gegenüber einem seiner Biographen darauf, ein Jesuit zu sein. 13 Jahre unter dem pädagogischen Einfluß dieses strengen Ordens hätten ihm nach eigener Aussage gezeigt, wie man „sich die Dinge so richtet, daß man nie den Überblick verliert". Trotz seiner Abneigung gegen die Kirche und die Kultur Irlands, deren folkloristische Romantik er verabscheute, bewahrte James Joyce stets Hochachtung für seine Eltern und für den Wert der Familie. Auch wenn er später an den verschiedensten Orten in Europa lebte, waren seine Frau Nora und die beiden Kinder immer dabei. Von seinem Bruder Stanislaus wurde er ebenfalls sowohl in finanzieller wie in künstlerischer Hinsicht unterstützt. Zudem gab es eine Reihe von Wohltätern, die das junge Talent bereitwillig förderten. Wenn er Geld brauchte, war er nie zu stolz, darum zu bitten; wenn er es hatte, gab er es großzügig mit seiner Frau Nora wieder aus.

Nach Abschluß seines Studiums am University College in Dublin, wo er sich als Intellektueller und als glühender Kosmopolit einen Namen gemacht hatte, verließ er Ende 1902 das „rückständige" Dublin. Er ging zunächst nach Paris, wo er sich für Literatur und Medizin einschrieb. Bald zog er mit seiner Familie zwischen Paris, Zürich und Triest hin und her. Erstes Ergebnis seiner schriftstellerischen Arbeit war eine Reihe von Kurzgeschichten, die 1914 unter dem Titel *Dubliner* zusammengefaßt wurden. Zwei Jahre später folgte *Ein Porträt des Künstlers als junger Mann*. Dieser Roman, den er in Zürich geschrieben hatte, erschien als Fortsetzungsroman in der avantgardistischen Zeitschrift *The Egoist*, die Ezra Pound herausgab. Pound hatte durch W. B. Yeats von dem komplizierten Iren gehört.

Nach sieben Jahren harter Arbeit beendete der mittlerweile fast blinde Joyce 1922 *Ulysses*, den viele für den bedeutendsten Roman dieses Jahrhunderts halten. Nach dem Vorbild von Homers *Odyssee* erzählt *Ulysses* das Leben Leopold Blooms, eines freidenkerischen jüdischen Annoncenakquisiteurs, der mit der Sängerin Molly verheiratet ist. Der Zeitrahmen der tatsächlichen Handlung erstreckt sich über nur 18 Stunden des 16. Juni 1904, der oft auch als „Bloomsday" bezeichnet wird. Der teils obszöne, teils herzzerreißende Roman stellt mit seiner Mischung aus Tragik und Karikatur, Obskurantismus und derbem Unfug genug Rätsel auf, um ein ganzes Heer von Forschern zu beschäftigen. Genau das hatte Joyce auch beabsichtigt. Sein Ziel war jedoch nicht, den Roman als literarische Form zu zerstören, sondern ihn für das Unbewußte zu öffnen und so zu radikalisieren. Als Stilmittel nutzte er die Technik des Bewußtseinsstroms sowie zahllose Bilder aus dem Bereich des Unbewußten.

Der zunächst in Fortsetzungen erschienene Roman stieß bei den Verlegern auf Ablehnung, da er als obszön galt. Endlich nahm sich eine Freundin von Joyce, Sylvia Beach, der die Buchhandlung Shakespeare & Co. in Paris gehörte, des Mammutwerks an und veröffentlichte es im Selbstverlag. Während das Buch auf dem Kontinent große Beachtung fand, war es in England und in den Vereinigten Staaten aufgrund seines angeblich pornographischen Charakters verboten. Das änderte sich erst mit einem Gerichtsurteil, das neun Jahre später Veröffentlichung und Vertrieb erlaubte.

Das Erscheinen von *Finnegans Wake* (1939), eines experimentellen Romans voller Symbole, Philosophie, Phantasien und Mythen, dem eine zyklische Geschichtsauffassung zugrundeliegt, wurde vom Ausbruch des Zweiten Weltkriegs überschattet. Dieses Werk gab der Joyce-Forschung noch weitaus mehr Rätsel auf als *Ulysses*, mit dem viele es auf eine Stufe stellten. In *Finnegans Wake* wird keine äußere Realität mehr beschrieben, sondern nur noch die Welt des Traums. Der Roman spiegelt die persönliche Situation des Autors wider, seinen Rückzug und die zunehmende Einsamkeit, die vor allem durch das Schwinden seines Augenlichtes, stete Schmerzen und das Abgleiten seiner Tochter in den Wahnsinn befördert wurde. 17 Jahre lang hatte Joyce an diesem Mammutwerk gearbeitet. Schauplatz dieses großen Traumbuches war Irland, auch wenn er die meiste Zeit seines Lebens nicht dort gelebt hatte und die Sprache der Einwohner – das Gälische – nicht beherrschte. 1940 floh Joyce vor dem deutschen Einmarsch mit Nora nach Zürich. Am Ende seines Lebens war er ein von Schmerzen gepeinigter, gebrochener Mann; der lange, vergebliche Kampf seiner Tochter gegen ihre Geisteskrankheit hatte ihn vollständig aufgerieben. Im folgenden Jahr starb James Joyce fern der Heimat, und es dauerte noch sehr lange, bis sein Genie auch dort anerkannt wurde.

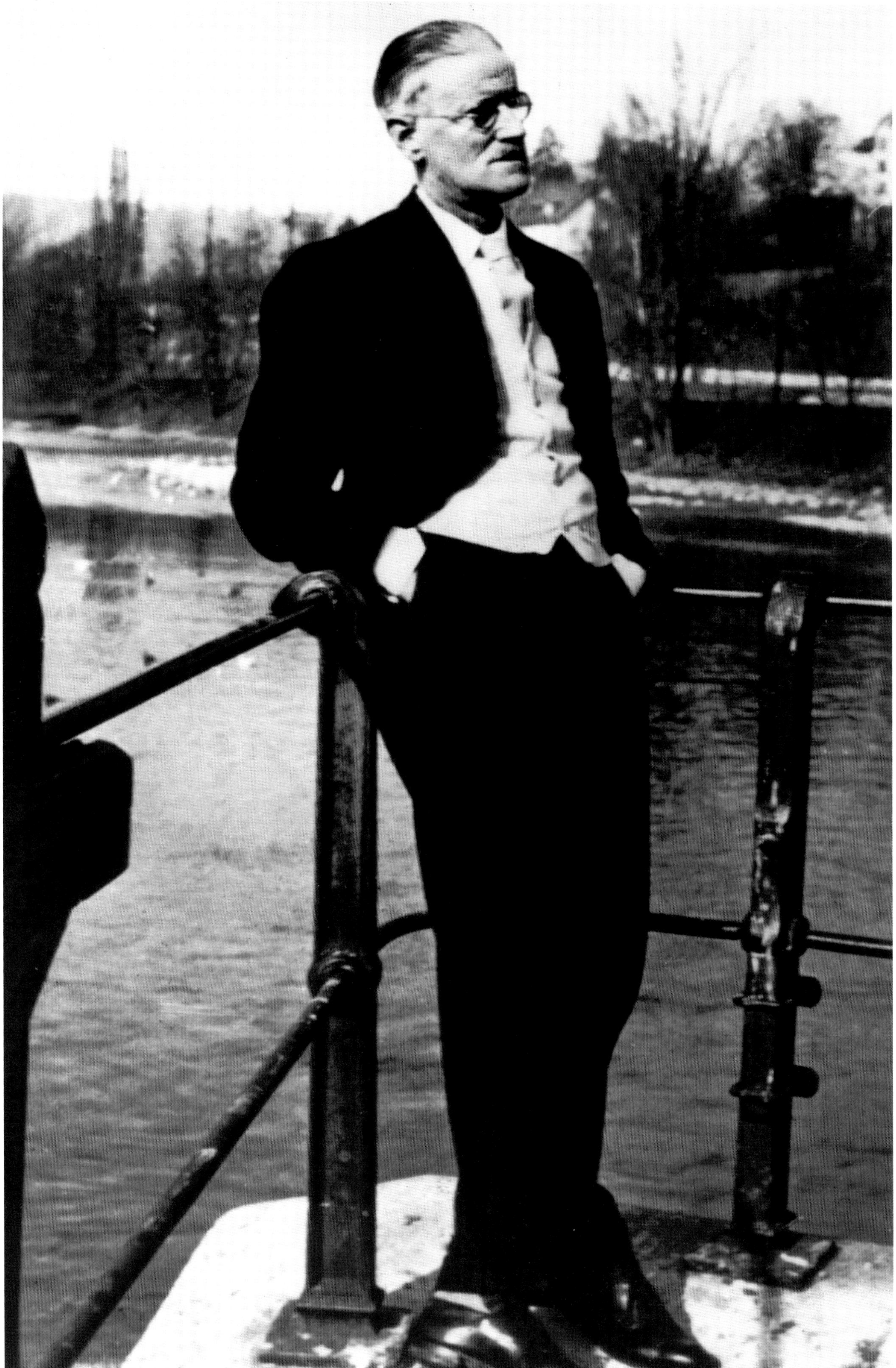

C.G. JUNG
1875-1961

WAR SEIN FRÜHERER Freund und Mentor Sigmund Freud ein Kartograph der menschlichen Seele, so kann Carl Gustav Jung als Erforscher eines unbekannten Gebiets bezeichnet werden, des „kollektiven Unbewußten", einem von ihm geprägten Terminus. Viele seiner Fachbegriffe wie etwa „introvertiert" und „extrovertiert", „Anima" und „Animus" sind heute in den allgemeinen Sprachgebrauch eingegangen. Jung war der treue Protegé Freuds, der sich immer stärker von den psychoanalytischen Dogmen des Meisters entfernte. Das neue Credo nannte Jung „analytische Psychologie". In Jungs Sichtweise war das persönliche Unbewußte eine Tür zum kollektiven Unbewußten, ein dem Menschen angeborenes Füllhorn universell geteilter „Erinnerungen", die sich in Träumen, Phantasien, Märchen, Mythen und Religionen manifestieren und nicht allein mit den Erfahrungen eines Einzelnen erklärt werden können. Die von Jung beschriebenen psychologischen Archetypen, wie etwa der Held, die Hexe, die Erdmutter, der Krieger oder der Weise, sind noch heute auf vielen Gebieten von Bedeutung.

Carl Gustav Jung wurde in der Schweiz als Sohn eines streng religiösen, protestantischen Geistlichen geboren, gegen dessen autokratisches Familienregime er rebellierte, dessen tiefe Religiösität er allerdings niemals in Frage stellte. Schon als Kind war Jung sowohl von den Geistes- als auch von den Naturwissenschaften fasziniert und erbte wohl die familiäre Tradition des Heilens. Um seinen Vater zu beruhigen, schrieb er sich in der medizinischen Fakultät der Universität Basel ein, an der sein Großvater Professor für Medizin gewesen war. Doch selbst bei seinen akademischen Studien ließ sich Jung in erster Linie von der Suche nach spiritueller Bedeutung sowie von dem Bedürfnis leiten, eine Verbindung zu etwas Größerem als dem Individuum herzustellen. Jahre später sollte er in seinen Memoiren schreiben: „Mein ganzes Sein suchte nach etwas noch Unbekanntem, das der Banalität des Lebens eine Bedeutung verleihen könnte." In seiner Doktorarbeit befaßte er sich mit der „Psychologie und Pathologie sogenannter occulter Phänomene", einem Thema, das ihn bis zu seinem Tod interessierte, aber auch den Spott seiner Kollegen herausforderte.

1900 begann Jung seine Laufbahn als Assistenzarzt am Psychiatrischen Krankenhaus Burghölzli in Zürich unter der Leitung des Psychiaters Eugen Bleuler, der die Vorstellung von Schizophrenie revolutionierte. Jung verbrachte den Winter 1902/1903 in Paris und studierte bei Pierre Janet, dessen Forschungen über Hysterie und Schizophrenie Freuds Theorien des Unbewußten vorweggenommen hatten. Ebenfalls 1903 heiratete Jung Emma Rauschenbach, die zu seiner Mitarbeiterin und treuesten Anhängerin wurde. In der Burghölzli-Klinik begann Jung mit der Assoziation als therapeutischem Hilfsmittel zu experimentieren. Seine Erkenntnisse finden noch heute Anwendung, ebenso sein Begriff des „Komplexes", den er prägte zur Beschreibung des komplizierten Knäuels von Eigenschaften und Vorstellungen, die um einen emotionalen Kern herumgelagert sind. Hätten sich seine Errungenschaften darin erschöpft, würde Jung heute als wichtiger, wenn auch nicht revolutionärer Psychologe gelten, als bedeutsamer Statthalter des großen Sigmund Freud. Und tatsächlich füllte er diese Rolle in den ersten Jahren seiner Berufstätigkeit loyal aus. 1910 wurde er sogar der erste Präsident der einflußreichen Internationalen Psychoanalytischen Vereinigung. Aber seine Forschungen führten ihn immer weiter von Freuds strikt sexueller Interpretation der Neurosen weg und zwangen ihn, einen eigenen Weg zu suchen. Die Vater-Sohn-Beziehung zwischen Freud und Jung zerbrach. Nachdem Jung sein wegweisendes Buch *Psychologie des Unbewußten* (1913) veröffentlicht hatte, das verblüffende Übereinstimmungen zwischen primitiven Mythen und psychotischen Wahnvorstellungen aufzeigte, sprachen sie nie wieder miteinander.

Aber so großen intellektuellen Wagemut er auch besaß, privat war Carl Gustav Jung nicht gar so furchtlos und überhaupt nicht unangreifbar. Fast 40 Jahre lang pflegte er eine außereheliche Beziehung zu Antonia Wolff, einer ehemaligen Patientin, die sich zu einer hervorragenden Wissenschaftlerin entwickelte. Sein ganzes Leben lang litt er an Panikanfällen und an depressiven Schüben, ja sogar an Psychosen, die er zum größten Teil selbst verarbeitete. Während der sechs Jahre nach dem Bruch mit Freud führte er ein heimliches Tagebuch, das sogenannte *Rote Buch*, in dem er seine inneren Qualen in Worte und Bilder faßte. Nur weil er sich auf die Krisen, Visionen und Halluzinationen einlasse, behauptete Jung, könne er die zum größten Teil unzugänglichen Winkel in der Psyche seiner Patienten wirklich verstehen.

Carl Gustav Jungs einzigartigen Beitrag zur Psychologie könnte man als Spiritualisierung der Psychologie bezeichnen. Im Lauf seines Lebens wurde er vom psychologischen Establishment, das an der Verehrung Freuds festhielt, immer häufiger wegen seines Interesses am symbolischen Gehalt der katholischen Messe, an Astrologie und Ufos und an Alchemie kritisiert, die für ihn den psychologischen Prozeß der persönlichen Transformation widerspiegelten. Doch gegen Ende des Jahrhunderts, in einer Zeit, in der man allgemein vom Mystizismus fasziniert ist und eine spirituelle und psychische Ganzheit anstrebt, kommt Jungs Ansatz wieder zu seinem Recht, auch weil Sigmund Freuds mechanistische Auffassung des menschlichen Verhaltens Anhänger eingebüßt hat. Der intellektuelle und unglaublich neugierige Jung strebte sein ganzes Leben lang nach dieser Ganzheit. So reiste er 1925 beispielsweise in die Reservate der Pueblo-Indianer, um deren Mythen zu untersuchen, und besuchte später Afrika und Indien. Dabei hielt er an seiner Vorstellung vom Vorhandensein eines transzendenten Wesens fest. Als er einmal von einem Journalisten der BBC gefragt wurde, ob er an Gott glaube, erwiderte Jung: „Ich muß nicht glauben – ich weiß."

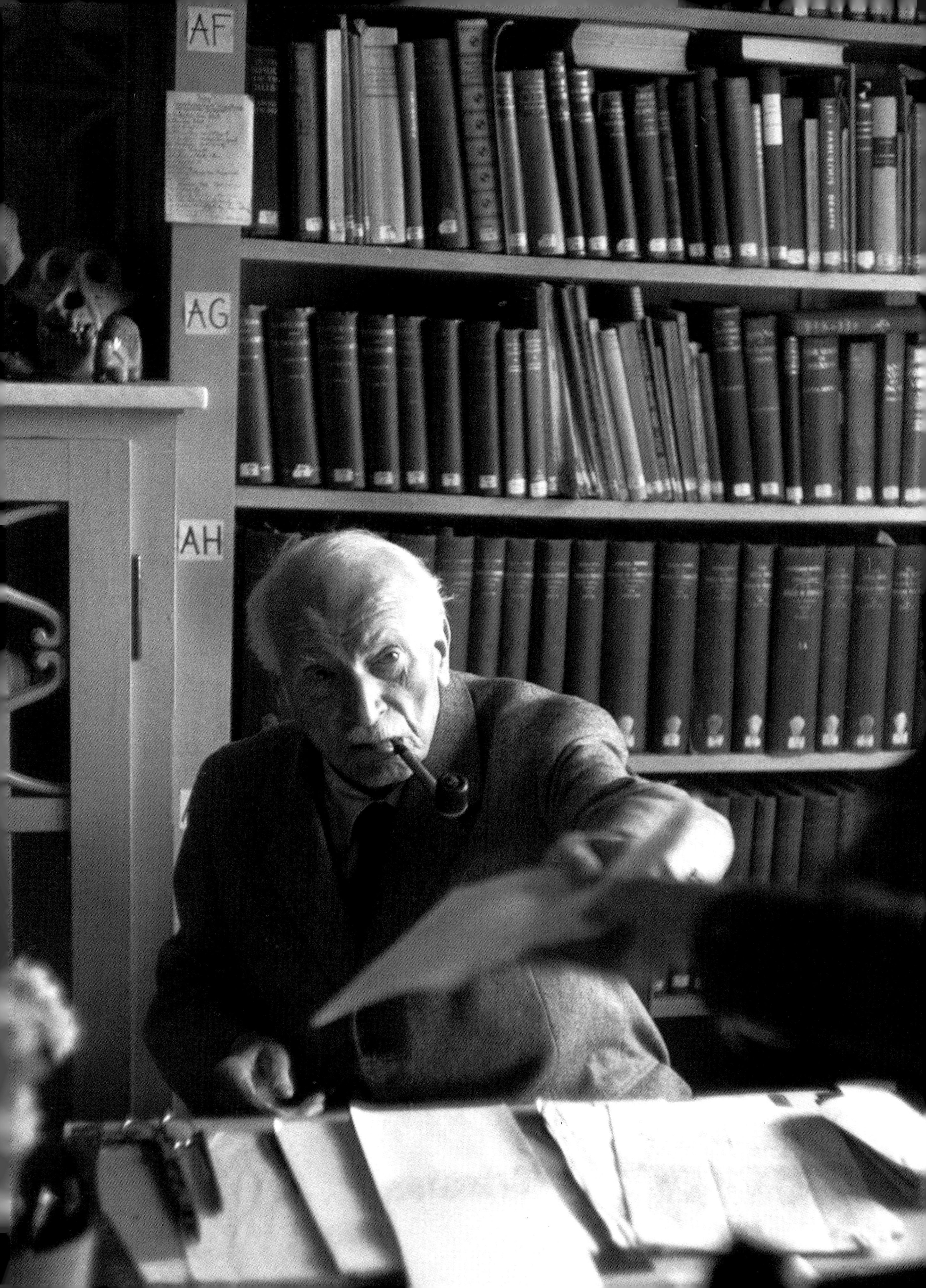
AF
AG
AH

FRANZ KAFKA
1883-1924

MIT SEINEN UNPERSÖNLICHEN, von düsterer Ironie durchzogenen Erzählungen, denen die moderne Literatur entscheidende Impulse verdankt, scheint der Prager Schriftsteller Franz Kafka die tiefgreifenden sozialen Umwälzungen, die schweren Erschütterungen des Geisteslebens und die politischen Verfolgungen des 20. Jahrhunderts gewissermaßen vorweggenommen zu haben. Seine unheilvollen, beunruhigenden Geschichten über die Angst und die Erniedrigung von Menschen, die zu Opfern werden, muteten derart überzeugend an, daß sie von den Kommunisten und von den Nazis verboten wurden.

Franz Kafka kam in Prag, der Hauptstadt des alten Königreichs Böhmen, auf die Welt. Dort wurde er als Sohn eines Unternehmers und dessen sozial höher gestellten Frau geboren. Obwohl es die Kafkas als Juden in einem Land mit stark antisemitischen Tendenzen nicht leicht hatten, konnten sie sich für die Erziehung ihres Sohnes eine Gouvernante leisten, während sie selbst ihr Geschäft leiteten. Franz Kafkas lieblose und einsame Kindheit wurde durch den Jähzorn seines Vaters zusätzlich belastet.

So verwundert es nicht, daß der sensible, melancholische, von starken Selbstzweifeln geplagte Junge die Welt, in der er aufwuchs, als eine einzige menschenverachtende Strafkolonie erfuhr, die von Kälte und Feindseligkeit geprägt war. Es grenzt schon fast an ein Wunder, daß die beklemmenden Zustände seiner Kindheit Kafka nicht für immer paralysierten. Er besuchte das örtliche Gymnasium, um sich 1901 an der Prager Ferdinand-Karls-Universität einzuschreiben, wo er zwischen einem Studium der Kunstgeschichte und der Rechtswissenschaften schwankte. Obwohl Kafka Jude war, hatte er aufgrund seiner deutschen Muttersprache Zutritt zu kulturellen Einrichtungen wie der „Sektion Dichtkunst" in der Lese- und Redehalle deutscher Studenten, die damals als antisemitische Gruppierung galt. Dort machte Kafka erste Bekanntschaft mit anderen Intellektuellen, darunter Max Brod, der ebenfalls jüdischer Abstammung war und mit dem ihn eine lebenslange Freundschaft verband (Brod wurde nach Kafkas Tod sein literarischer Nachlaßverwalter). Seine extreme Zurückhaltung und seine Komplexe hinderten ihn in der Folgezeit weder daran, sich in das Treiben der Cafés und Bordelle zu stürzen noch sein Jurastudium zu absolvieren.

1905 zwangen ihn seine schwache Konstitution, der ständige Leistungsdruck und das gespannte Verhältnis zu seinen Eltern zu einem Aufenthalt im Sanatorium. Dort hatte Kafka die erste sexuelle Begegnung mit einer Frau, deren Identität bis heute unbekannt ist, und wagte, getrieben von einem unerträglichen Gefühl der Fremdheit und Verzweiflung, das von der ständigen Lektüre der Werke Dickens', Goethes und Dostojewskis begleitet war, erste schriftstellerische Versuche. Als er seinem Freund Max Brod die befremdliche Geschichte *Beschreibung eines Kampfes* vorlas, erkannte Brod in ihm sogleich eine neue und wichtige Stimme der deutschen Literatur. Obwohl sich Kafka auch weiterhin der Schriftstellerei widmete, verdiente er von 1906 an seinen Lebensunterhalt als Rechtsgehilfe in einer Prager Anwaltskanzlei und führte auf diese Weise ein bizarres Doppelleben. Kafka, der noch immer unter dem Einfluß seines cholerischen Vaters stand, schien nach außen hin ein ganz normaler, charmanter junger Mann zu sein. Aber zugleich schrieb er einige der erschütterndsten Erzählungen, Tagebücher und Romane der Weltliteratur, die nicht selten ins Makabre hineinspielten, wie etwa die acht Prosastücke, die 1912 unter dem Titel *Betrachtung* veröffentlicht wurden. Einem einzigartigen künstlerischen Schub verdankte Kafka 1912 nicht nur die Entstehung seiner berühmten Erzählung *Das Urteil*, in der es um die Unterdrückung eines Sohnes durch seinen übermächtigen Vater geht, sondern auch *Die Verwandlung*, eine phantastische Groteske, deren Protagonist beim morgendlichen Aufwachen feststellt, daß er sich in einen riesigen Käfer verwandelt hat. Diese außergewöhnlichen Geschichten standen in krassem Gegensatz zu seinem überaus soliden Lebenswandel. Am Vorabend des Ersten Weltkriegs bereits rühmten so gestandene Autoren wie der Österreicher Robert Musil seine düsteren Geschichten, und Franz Kafka wurde für seine nüchternen, in einer klaren Sprache verfaßten Berichte über die von Fabrikmaschinen drohende Gefahr mit dem Fontane-Preis ausgezeichnet.

Kafkas Gefühl der Fremdheit war tief in seinem Wesen verwurzelt. Es verstärkte sich noch durch das schlechte Verhältnis zu seinen Eltern – aus Pflichtbewußtsein ihnen gegenüber verrichtete er nachmittags eine ihm zutiefst verhaßte Tätigkeit in der Asbestfabrik der Familie – und durch die völlig übereilte Verlobung mit der Chefsekretärin Felice Bauer. Seine Furcht vor der Ehe und dem Verlust seiner für das Schreiben als unabdingbar erachteten Einsamkeit nahm bisweilen geradezu krankhafte Züge an, und Kafka ähnelte, bedürftig, unsicher und bindungslos, wie er war, zunehmend den Figuren seiner eigenen Erzählungen. Trotz allem gelang es dem Dichter, im Sommer 1914 den Roman *Der Prozeß* zu schreiben, der als eines seiner besten Werke gilt. Er erzählt das furchtbare Schicksal des Bankangestellten Joseph K., der scheinbar ohne Grund verhaftet wird. Noch im selben Jahr erschien seine Erzählung *In der Strafkolonie*, die von einem „eigentümlichen Apparat" handelt, den ein Kommandant für Folterzwecke erfunden hat, gefolgt von *Ein Landarzt* im Jahr 1917. Dem an Tuberkulose erkrankten Kafka, der sein Ende nahen fühlte, gelang es trotz der treu ergebenen Felice an seiner Seite nicht mehr, seinen letzten Roman *Das Schloß* (1922) zu beenden. Es sollte keine drei Jahre dauern bis seine Stimme und seine Lungen den Dienst versagten. Als Kafka im Sterben lag, bat er Max Brod, nach seinem Tod alle unveröffentlichten Manuskripte zu vernichten und seine bereits publizierten Werke nicht wieder aufzulegen. Die Welt der Literatur kann von Glück sagen, daß sich Brod dem Wunsch seines Freundes widersetzte.

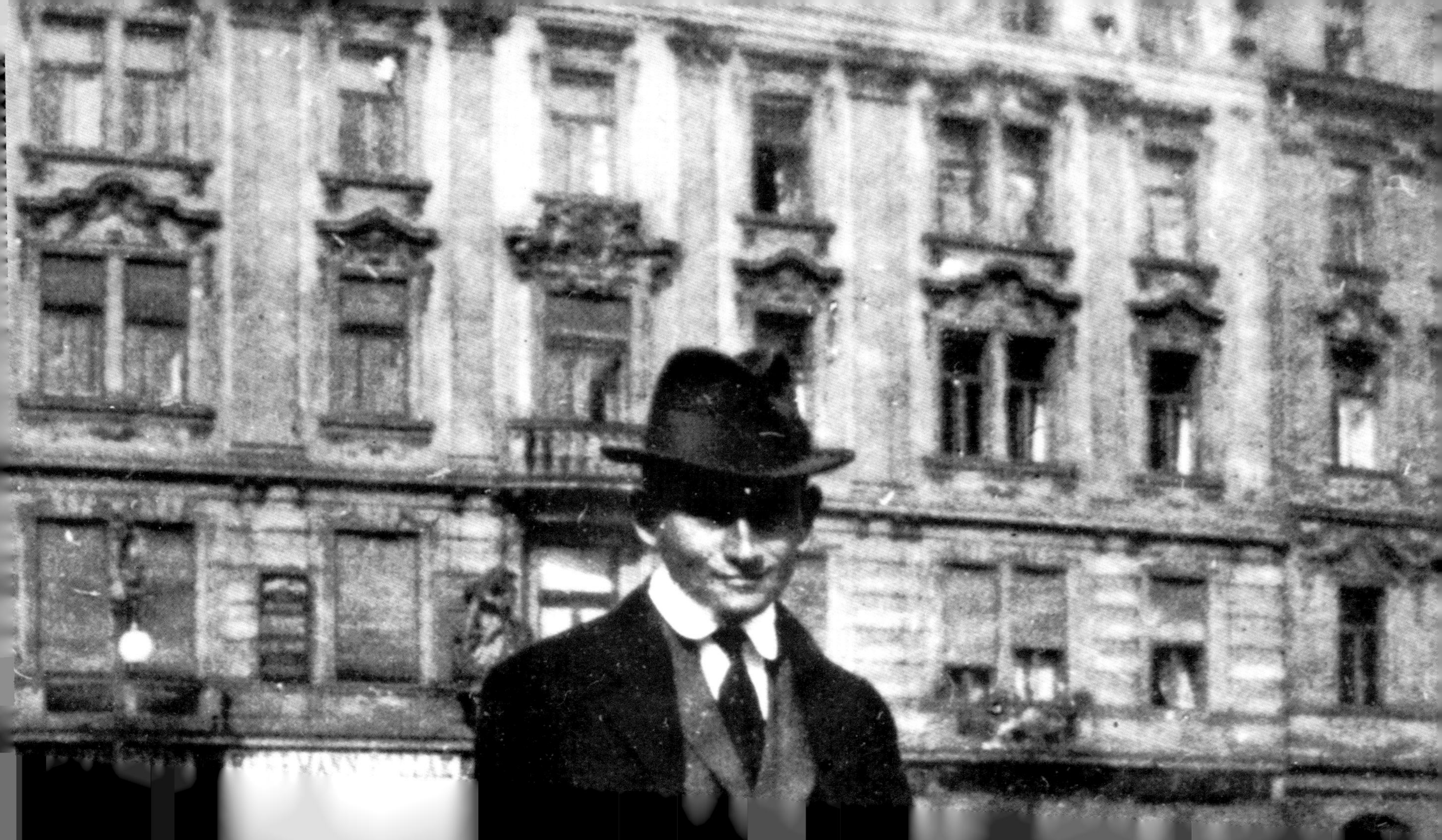

FRIDA KAHLO

1907–1954

DAS LEBEN DER berühmtesten mexikanischen Künstlerin ist ihren Bildern abzulesen. Das vorrangige Thema Frida Kahlos war sie selbst. Ihr schmerzvolles Leben war der Quell, aus dem sich ihr aufwühlendes Werk speiste. Erst drei Jahrzehnte nach ihrem Tod entdeckte sie der Feminismus als Vorläuferin und Ikone. Aus ihren Selbstporträts blickt die ursprüngliche, fast wilde Schönheit mit den dichten, geschwungenen Augenbrauen und den feinen Härchen über der Oberlippe den Betrachter mit versteinertem Blick an. Umgeben von üppigen Symbolen des reichhaltigen kulturellen Erbes ihres Volkes und eines allgegenwärtigen Katholizismus stellte sich Frida Kahlo zumeist vor dem Hintergrund einer fruchtbaren Natur, dichtem Dschungel, grellbunten Blumen und überreifen Früchten dar – ein Überfluß, der überschattet war von verschiedenen Traumata. Es sind verstörende Darstellungen verletzlicher, nackter Körper, blutender Föten und peinigende Erinnerungen an ihre Krankheitsgeschichte – Rollstühle, Venentropf und verschmutzte Laken. Alle diese Gegenstände werden bei Frida Kahlo zu geheiligten Reliquien.

Selbst für mexikanische Verhältnisse war sie übermäßig vom Tod fasziniert, scheiden, heirateten aber im folgenden Jahr schon wieder, weil sie ohne einander nicht leben konnten.

Diego Rivera und Frida Kahlo waren zwei starke und prominente Persönlichkeiten sowohl in politischer als auch in künstlerischer Hinsicht. Beide standen dem Kommunismus nahe, und beide griffen auf ein gemeinsames kulturelles Erbe zurück. Mit Leo Trotzki, der in Mexiko im Exil lebte, war Frida Kahlo eine Zeitlang liiert; dennoch malte sie auch mehrere Bilder, auf denen Stalin verherrlicht wurde. Die gebildete Tochter eines ungarischen Fotografen jüdischer Herkunft und einer katholischen Mutter mit indianischem und spanischem Blut war auch eine Tochter Mexikos. Mit ihrem Formalismus und ihrer oft einfachen Bildsprache reflektierte sie die Volkskunst ihrer Heimat. Sie wählte oft indianische und aztekische Motive. Trotz allem Kosmopolitismus trug sie Blüten und bunte Bänder im Haar, kleidete sich in der Tracht der Tehuanas und malte einfache Szenen auf kleine Zinntafeln, die den „retablos" ähneln, Darstellungen von Wundern, die oft in mexikanischen Kirchen hängen.

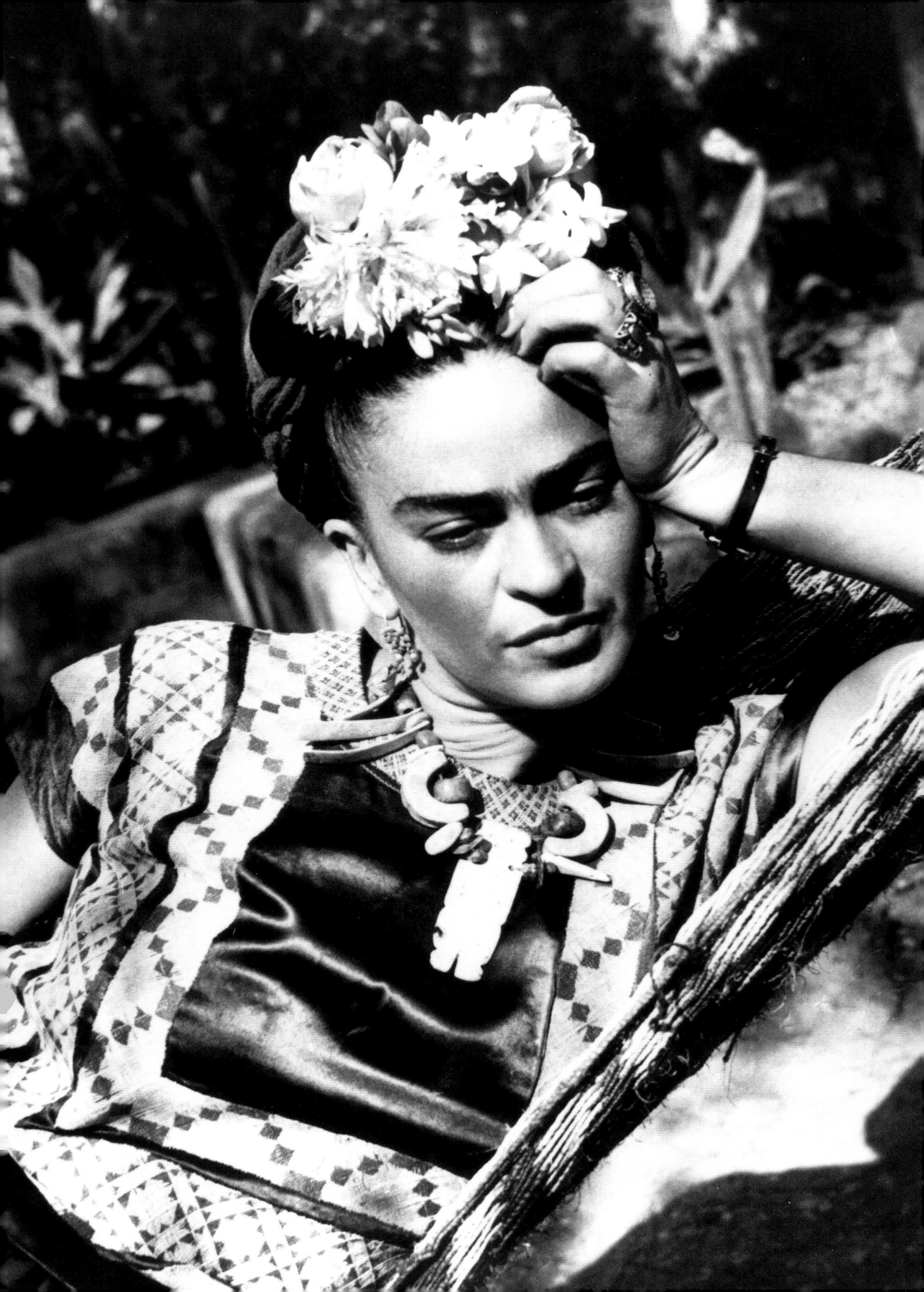

HELEN KELLER
1880–1968

DIE AMERIKANISCHE AUTORIN und engagierte Humanistin Helen Keller, deren großer Triumph über ihr Schicksal als Blinde und Taube die Menschen in der ganzen Welt bewegte, sagte oft, sie sei zweimal geboren worden: das erstemal am eigentlichen Tag ihrer Geburt, dem 27. Juni 1880, und das zweitemal sieben Jahre später, am 3. März 1887. Diesen zweiten Geburtstag nannte sie den Tag der „Geburt ihrer Seele". An diesem Tag trat die lebhafte, intelligente, junge Lehrerin Anne Sullivan in ihre dunkle Welt. Die selbst nahezu blinde Anne brachte zum erstenmal Freude, Abenteuer und Zufriedenheit in Helens Leben.

Helen Keller selbst hat die faszinierende Geschichte ihrer Erweckung in ihrer berühmten Autobiographie *Die Geschichte meines Lebens* (1903) erzählt. Mit 19 Monaten wurde sie von einem unerklärlichen, starken Fieber befallen, das sie völlig blind und taub werden ließ. Was von ihr übrig blieb, war ein „Geist, der in einer Un-Welt lebte". Um mit ihrer Außenwelt kommunizieren zu können, erfand das Mädchen eine primitive Zeichensprache, die ihr jedoch ebensowenig weiterhalf wie ihre Versuche, die Lippen so zu bewegen, wie sie es bei ihren Mitmenschen fühlte. Ihre Unfähigkeit, sich verständlich zu machen, machte sie rasend, und die Anfälle richteten sich meistens gegen ihre besorgten und liebevollen Eltern. Diese sahen sich deshalb bald gezwungen, ihre nicht mehr zu kontrollierende Tochter in geschulte Hände zu geben. 1886 fuhr ihr Vater mit Helen Keller nach Washington, D.C., um den Rat von Dr. Alexander Graham Bell einzuholen. Bell, der selber blind und stumm war, hatte das Telefon erfunden, und diese technische Neuerung war von ihm ursprünglich und in erster Linie als Hilfe für Gehörgeschädigte gedacht gewesen. Auf seine Anregung hin wandten sich die Kellers an die Perkins Institution for the Blind in Boston, die der Familie eine Lehrerin für ihre Tochter zur Verfügung stellte.

Als Anne Sullivan das Haus der Kellers in Tuscumbia, Alabama, betrat, schlug Helen kreischend auf ihre neue Lehrerin ein. Diese ließ sich aber nicht beirren, hielt das kleine Mädchen fest und führte sie zur ersten Unterrichtsstunde auf ihr Zimmer. Innerhalb weniger Wochen konnte die sanfte und geduldige Anne Sullivan die aufgeweckte Siebenjährige bändigen. Sie brachte Helen Keller das Zeichenalphabet bei und gab ihr zu verstehen, daß alle diese Fingerbewegungen eine Bedeutung hatten und alles einen Namen besaß. Nachdem Helen dies verstanden hatte, lernte sie mit erstaunlicher Geschwindigkeit. Innerhalb von nur drei Jahren konnte die perfektionistische Helen sich nicht nur mittels Zeichensprache verständigen, sondern hatte auch gelernt, Brailleschrift zu lesen und mit einer speziellen Schreibmaschine zu schreiben. Auf der Horace Mann School for the Deaf lernte sie sprechen, indem sie mit den Fingern die Bewegungen von Lippen und Zunge anderer ertastete. Bald konnte Helen ihrer Lehrerin sagen: „Ich bin nicht mehr stumm."

Von da an schien ihr Fortschritt unaufhaltsam. Im Alter von elf Jahren sammelte sie Geld für die Ausbildung anderer behinderter Kinder, und als Jugendliche konnte sie fließend Französisch, Deutsch, Latein und Griechisch lesen. Mit 20 nahm die vor Selbstbewußtsein strotzende, aber sich trotzdem bescheiden gebende junge Frau ein Studium am Radcliffe College auf. Ihre Studiengebühren wurden von einer Stiftung bezahlt, die ihr Freund und Bewunderer Mark Twain organisiert hatte. Ihre Lehrerin Anne Sullivan übersetzte ihr die Vorlesungen in Zeichensprache.

Nachdem sie 1904 ihr Studium mit Auszeichnung abgeschlossen hatte, begann Helen Keller – mittlerweile eine Berühmtheit im In- und Ausland und Vorbild für Behinderte in der ganzen Welt –, sich den sozialen Problemen ihrer Zeit zu widmen. Dabei spielte sicher die Vergangenheit ihrer geliebten Lehrerin eine große Rolle: Diese war als Kind ausgesetzt und in einem heruntergekommenen Waisenhaus großgezogen worden. Zudem sensibilisierte sie John Macy, der Mann von Anne Sullivan, der mit den Anliegen der Arbeiterschaft sympathisierte, für die soziale Ungerechtigkeit in der Welt. Nach der Lektüre von H.G. Wells' *New Worlds for Old*, einer Schilderung der furchtbaren Lebensumstände der Industriearbeiter, wurde Helen Keller zur Sozialistin. In den folgenden zehn Jahren hielt sie unermüdlich Reden für die sozialistische Bewegung. 1924 jedoch zog sie sich aus der Öffentlichkeit zurück, auch wenn sie weiterhin überzeugte Sozialistin blieb. 1920 trat sie der neu gegründeten American Civil Liberties Union bei. Außerdem engagierte sie sich in der Industriegewerkschaft Industrial Workers of the World (IWW) und protestierte, Pazifistin, die sie war, gegen den Ersten Weltkrieg und später als Antifaschistin vor Ausbruch des Zweiten Weltkriegs gegen die faschistischen Regimes in Europa. Ab 1924 widmete sie sich in erster Linie der American Foundation for the Blind, der amerikanischen Blindenstiftung. Sie trug wesentlich dazu bei, daß der üblichen Praxis, Taube in Irrenhäusern unterzubringen, ein Ende gesetzt wurde. Als ihre Lehrerin 1936 starb, setzte sie ihr Engagement für die Behinderten gemeinsam mit Polly Thomson fort.

Wenn man Helen Kellers große Leistungen auf gesellschaftlicher wie auf persönlicher Ebene würdigt, denkt man unwillkürlich an jenen entscheidenden Moment, als ihre Lehrerin die Hand ihrer Schülerin unter einen Wasserstrahl hielt und in die andere Hand das Wort „Wasser" buchstabierte. In diesem Augenblick war es Helen, als würde unscharf die Erinnerung an etwas Vergessenes wieder aufleben, und das Denken plötzlich wiederkehren. In diesem Moment wurde ihr bewußt, daß die Buchstaben dieses kalte Etwas auf ihrer Hand verkörpern sollten. Dieses „lebendige" Wort erweckte ihre Seele und ließ die ganze Welt in sie einströmen. Als Dank für diese wunderbare Tat brachte Helen Keller in das Leben zahlloser Menschen Licht und Freude.

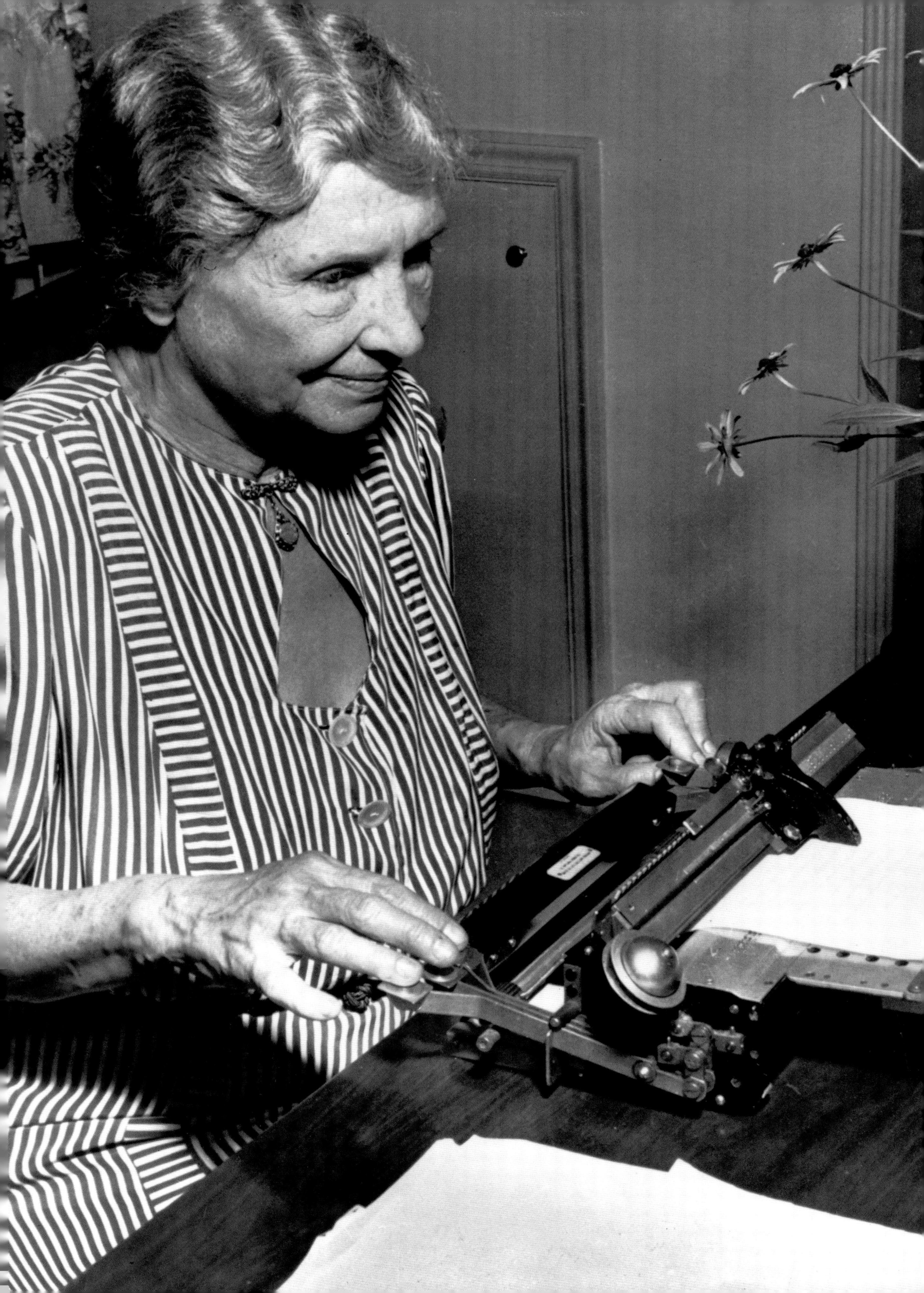

GRACE KELLY

1929-1982

LÄSST SICH EINE so glänzende Karriere wie die der amerikanischen Schauspielerin Grace Kelly, die in einem Zeitraum von nur fünf Jahren in elf Filmen zu sehen war, die noch dazu mit einem Oscar ausgezeichnet wurde, überhaupt überbieten? Eben noch war die gertenschlanke, elegante Amerikanerin mit der jugendlich-frechen Ausstrahlung ein großer Filmstar, und im nächsten Moment schon kehrte sie Hollywood den Rücken, um sich mit feierlichem Gefolge und Truhen voll Ballkleidern in das Fürstentum von Monaco zu begeben, wo sie den schneidigen Fürst Rainier III. heiratete. Ihre prunkvolle Vermählung in der gotischen Kathedrale Saint Nicholas wurde auf der ganzen Welt übertragen. Die Journalisten schwärmten von einer wahrhaften Traumhochzeit. Die Bekanntschaft des Fürsten machte Grace Patricia Kelly, die wohlerzogene Tochter einer gutsituierten Familie aus Philadelphia, im Jahr 1954 während der Filmfestspiele in Cannes. Doch sollte sie den Monarchen erst im darauffolgenden Jahr zu Weihnachten wiedersehen. Und dann ging alles sehr schnell: Zwei Wochen später wurde ihre Verlobung öffentlich bekanntgegeben, und im April war die junge Schauspielerin bereits Ihre Durchlaucht, die Fürstin von Monaco. Als Gräfin Grimaldi war es nun auch ihre Pflicht, der angesehenen Familiendynastie einen rechtmäßigen Erben zu schenken. Sollte ihr dies nicht gelingen, würde das 368 Hektar große Monaco Frankreich zufallen und seinen bevorzugten Status als Steuerparadies verlieren.

Ironischerweise spielte Grace Kelly kurz vor ihrer Hochzeit in dem Film *Der Schwan* (1956) eine junge Frau, die sich unsterblich in einen Kronprinzen verliebt. Im wirklichen Leben fühlte sich die Fürstin nicht als Märchenprinzessin, aber sie war in den 26 Jahren ihrer Regierungszeit stets bemüht, das Vertrauen, das man in sie gesetzt hatte, zu erfüllen. 1958 gebar die Fürstin auch den langersehnten Thronnachfolger. Albert und seine beiden hübschen, aber eigensinnigen Schwestern Caroline und Stephanie sollten später für heftige Schlagzeilen sorgen, entwickelten sie sich doch im Laufe der Zeit zu umtriebigen Jetsettern. Das Leben der Fürstin, die sich ihren Kindern und karikativen Tätigkeiten widmete, war für die Boulevardpresse weit weniger spektakulär. Obwohl Fürst Rainier nach der Hochzeit von seiner Frau verlangt hatte, sich endgültig aus dem Filmgeschäft zurückzuziehen – einen Entschluß, den er 1956, nach seiner Rückkehr von den Dreharbeiten zu *Die oberen Zehntausend*, gefaßt hatte –, und obwohl Grace Kelly nie wieder einen Film drehte, unterhielt sie ihr Leben lang freundschaftliche Beziehungen zu Hollywood. Ihr schauspielerisches Talent brauchte sie, nach ihrer sensationellen Blitzkarriere, die 1954 mit einem Oscar für die beste Darstellerin in *Ein Mädchen vom Lande* belohnt wurde, auch gewiß nicht mehr unter Beweis zu stellen. Doch war es ihr, da sie einmal den Gipfel des Ruhms erreicht hatte, offenbar unmöglich, sich ganz und gar vom Filmgeschäft fernzuhalten.

Der Grundstein für Grace Kellys steile Karriere wurde bereits in ihrer Kindheit gelegt. Das häufig kranke kleine Mädchen erfand aus Langeweile ganze Filmszenen für seine Puppen. Während Graces Mutter das schauspielerische Talent der schüchternen, kurzsichtigen Tochter förderte, warnte der irische Vater seine ehrgeizige Tochter eindringlich vor dem großen Erfolg, der immer auch auf Kosten des Privatlebens ginge. Obwohl ihre Eltern sehr wohlhabend waren, beschloß Grace Kelly schon früh, auf eigenen Füßen zu stehen, und arbeitete als Model, um sich ihre Ausbildung an der American Academy of Dramatic Arts in New York zu finanzieren. 1949 debütierte sie in der Broadwayproduktion *Der Vater* von August Strindberg mit Raymond Massey in der Hauptrolle. Mit einer kleinen Rolle in *Vierzehn Stunden* gelang ihr zwei Jahre später der Durchbruch beim Film. Nach ihrem glänzenden Auftritt in *Zwölf Uhr mittags* (1952) an der Seite von Gary Cooper wurde sie von Goldwyn-Mayer für sieben Jahre unter Vertrag genommen. Im Jahr darauf engagierte sie John Ford für den Film *Mogambo* und nutzte ihre kühle Eleganz als Gegengewicht zu Clark Gable, in der Rolle des glühenden Liebhabers, und der sinnlichen Ava Gardner.

Grace Kelly, eine Frau von überwältigender Schönheit, die zu vornehmer Zurückhaltung ebenso fähig war wie zu starken Gefühlen, hatte es geschafft. Ihr Image als Frau, deren stürmische Leidenschaft hinter der Maske von Gelassenheit und Zurückhaltung verborgen liegt, verdankte sie der Zusammenarbeit mit Alfred Hitchcock. Während der Dreharbeiten zu *Bei Anruf - Mord!* (1954), *Das Fenster zum Hof* (1954) und *Über den Dächern von Nizza* (1955) erreichte die „erotische Eleganz" der Kelly ihre Perfektion. Je nach Rolle brillierte sie auch als Komödiantin. Obwohl das Gerücht umging, Grace Kelly habe mit fast allen männlichen Hauptdarstellern ihrer Filme ein Verhältnis gehabt, setzte sie alles daran, Hollywood mit ihrem untadeligen Verhalten auf Distanz zu halten.

Selbst der tragische Unfalltod der Fürstin im Alter von 52 Jahren hatte noch etwas Unwirkliches. Man erinnere sich nur an jene Filmszene, in der sie zusammen mit Cary Grant, die Moyenne Corniche, die berühmte Serpentinenstraße oberhalb von Monte Carlo, entlangfährt, wo die Dreharbeiten zu *Über den Dächern von Nizza* (1955) stattfanden. Im wirklichen Leben stürzte das Auto jedoch die steile Böschung hinunter und landete, mit Tochter Stephanie auf dem Beifahrersitz, im Vorgarten einer Villa. Stephanie erlitt nur leichte Verletzungen, während Grace innerhalb von 24 Stunden an den Folgen des Unfalls starb. Grace Kelly hatte sich selbst nie als Märchenprinzessin gesehen, vielmehr verstand sie sich als eine moderne, selbstbewußte Frau mit all den Problemen einer Ehefrau und Mutter. Als ihr Sarg aus der Kathedrale, in der sie einst geheiratet hatte, getragen wurde, gedachten ihre Untertanen nicht etwa einer ehemaligen Schauspielerin. Sie trauerten um eine wirkliche Prinzessin.

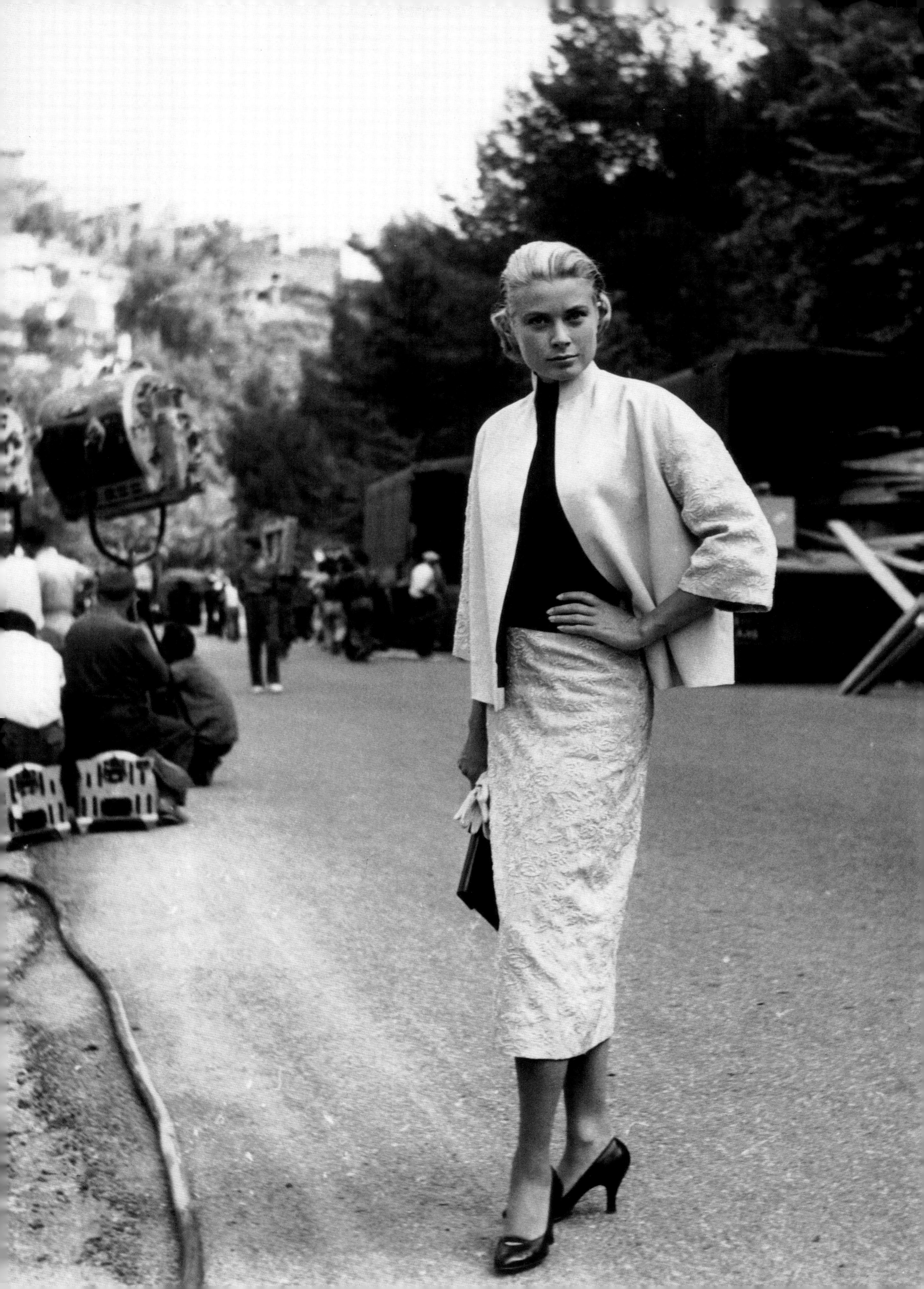

JOHN F. KENNEDY
1917-1963

MEHR ALS 30 JAHRE, nachdem John Fitzgerald Kennedy von den Kugeln eines Heckenschützen getötet wurde, kann die Geschichtsschreibung noch immer nicht eindeutig sagen, ob der 35. Präsident der Vereinigten Staaten – und mit 43 Jahren der jüngste je in dieses Amt gewählte Politiker – ein großer Staatsmann oder ein großer Mythos war. Dies ist nur eines der vielen Rätsel, die den charismatischsten aller amerikanischen Präsidenten dieses Jahrhunderts umgeben, der sowohl Intellektueller als auch Lebemann war, ein Staatsführer mit hoher Gesinnung und ein raffinierter politischer Kombattant.

John F. Kennedy wurde am 29. Mai 1917 in Brookline, Massachussetts, als zweites von neun Kindern geboren. Seine Eltern Joseph und Rose Fitzgerald Kennedy, reiche Amerikaner irischer Abstammung, bauten ihren ältesten Sohn, Joseph Kennedy jr., vom Tag seiner Geburt an als zukünftigen Präsidenten auf. Als dieser im Zweiten Weltkrieg fiel, verlagerten die Eltern ihre politischen Ambitionen automatisch auf ihren zweiten Sohn. Sie vererbten ihm ihre Eigenschaften: der Vater eine gewisse anziehende Rücksichtslosigkeit und Rose einen unnachgiebigen Willen und einen grenzenlosen Glauben an sich selbst. Sie gaben ihm auch das Wichtigste mit, das für eine Karriere in der neuzeitlichen amerikanischen Politik unerläßlich war: ein großes Vermögen.

Kennedy entschied sich für ein Studium an der Harvard University, an der auch sein Bruder Joe studiert hatte. Die ersten beiden Jahre war er ein ziemlich durchschnittlicher Student, wenn auch wegen seines Charmes allgemein beliebt. 1938, sein Vater war zu dieser Zeit gerade Botschafter der Vereinigten Staaten in Großbritannien, arbeitete John F. Kennedy als Sekretär an der Londoner Botschaft und hatte so die außergewöhnliche Gelegenheit, auf Reisen zu gehen, mit Würdenträgern zusammenzutreffen und die Tricks und Kniffe der Diplomatie kennenzulernen. Seine erweiterte Diplomarbeit über die britische Außenpolitik der 30er Jahre kam 1940 mit großem Erfolg als Buch mit dem Titel *Warum England schlief* heraus. Als der Zweite Weltkrieg ausbrach, wurde Kennedy aufgrund eines chronischen Rückenleidens, das er sich bei einer Footballverletzung an der Highschool zugezogen hatte, als untauglich eingestuft. Beziehungen verhalfen ihm jedoch zu einem Posten als Oberleutnant zur See.

Nach dem Krieg befaßte sich Kennedy oberflächlich mit dem Journalismus – dieser Beruf interessierte ihn kaum. 1946 entschied er sich, im 11. Wahlbezirk von Massachussetts für den Sitz des Abgeordneten im Repräsentantenhaus in Washington zu kandidieren. Dank seiner Beziehungen und seines jungenhaften Charismas gewann er ohne Probleme. 1952 nahm der irisch-katholische Kennedy es mit Henry Cabot Lodge jr. auf, der aus einer der angesehensten Familien der Bostoner Stadtaristokratie stammte, und bewarb sich um einen Sitz im US-Senat, den er mit knappem Vorsprung gewann. Im folgenden Jahr heiratete er die schöne und aristokratische Jacqueline Bouvier. 1956 – ein Jahr, nachdem er mit seiner Biographie *Zivilcourage* Aufsehen erregte und den Pulitzerpreis erhielt – entschloß er sich, für das Amt des Präsidenten der Vereinigten Staaten zu kandidieren. Vier Jahre später erreichte er das Ziel der Familie und schlug nach allen Regeln der Wahlkampfkunst Richard Nixon, Eisenhowers Vizepräsidenten.

Als Präsident der mächtigsten aller Demokratien kam Kennedy sofort in unmittelbaren Konflikt mit den kommunistischen Staaten. Nachdem die Regierung Eisenhower bereits die diplomatischen Beziehungen zu Kuba abgebrochen hatte, ließ Kennedy durch den CIA erfolglos eine Invasion von Exilkubanern in der Schweinebucht unterstützen, mußte aber den peinlichen und beschämenden Fehlschlag eingestehen. Als nächstes kam es zur Konfrontation mit dem sowjetischen Staats- und Parteichef Nikita Chruschtschow, der dem Playboy-Präsidenten unverhohlene Verachtung entgegenbrachte. Im Oktober 1962 wurden die auf Kuba stationierten russischen Raketen auf die USA gerichtet, woraufhin Kennedy mit einer Seeblockade rund um die Karibikinsel reagierte. Nach einer 13 Tage dauernden Politik des atomaren Risikos lenkten die Sowjets ein und zogen die Raketen ab. Seinen größten außenpolitischen Erfolg erzielte er jedoch 1963 mit der Unterzeichnung des Atomteststopp-Abkommens.

Dann folgte der Alptraum Vietnam. Einige Historiker glauben, daß Kennedy gewillt war, die kampfbereite Nation, nachdem er sie zum Putsch gegen das korrupte Diem-Regime ermutigt hatte, sich selbst zu überlassen. Innenpolitisch bewegte sich seine Politik der „New Frontier" mit zunehmender Geschwindigkeit und mit großer Zuversicht auf eine umfassende Revision der Bürgerrechtsgesetze zu. Diese Gesetzgebung stieß auf großen Widerstand im Kongreß – und auf tiefe Feindschaft in anderen mächtigen Kreisen.

Zwischen der Bewältigung all dieser Krisen fand Kennedy die Zeit, eine erstaunliche Anzahl von außerehelichen Liebschaften zu unterhalten, die die Presse damals wissentlich ignorierte. Heute scheinen sie sogar seinen Ruf als verwegener Pragmatiker, der dem Risiko mehr abgewann als der routinemäßigen Arbeit, gefestigt zu haben. Er war mit Sicherheit der geistreichste Präsident des Jahrhunderts. Seine Jugend, seine Vitalität und seine wunderbare Frau sorgten für ein gesteigertes kulturelles Bewußtsein im Weißen Haus.

Kennedys kurze Amtszeit wurde von der Kugel eines Attentäters am 22. November 1963 beendet, während sein Autokorso langsam durch Dallas rollte. In seiner Antrittsrede hatte er die Nation ermahnt: „Laßt uns mit gutem Gewissen – unserem einzigen sicheren Lohn – und mit der Geschichte als letztem Richter über unsere Taten unser geliebtes Land nun in die Zukunft führen." Die Geschichte hat das Urteil über die vorzeitig beendete Präsidentschaft ausgesetzt.

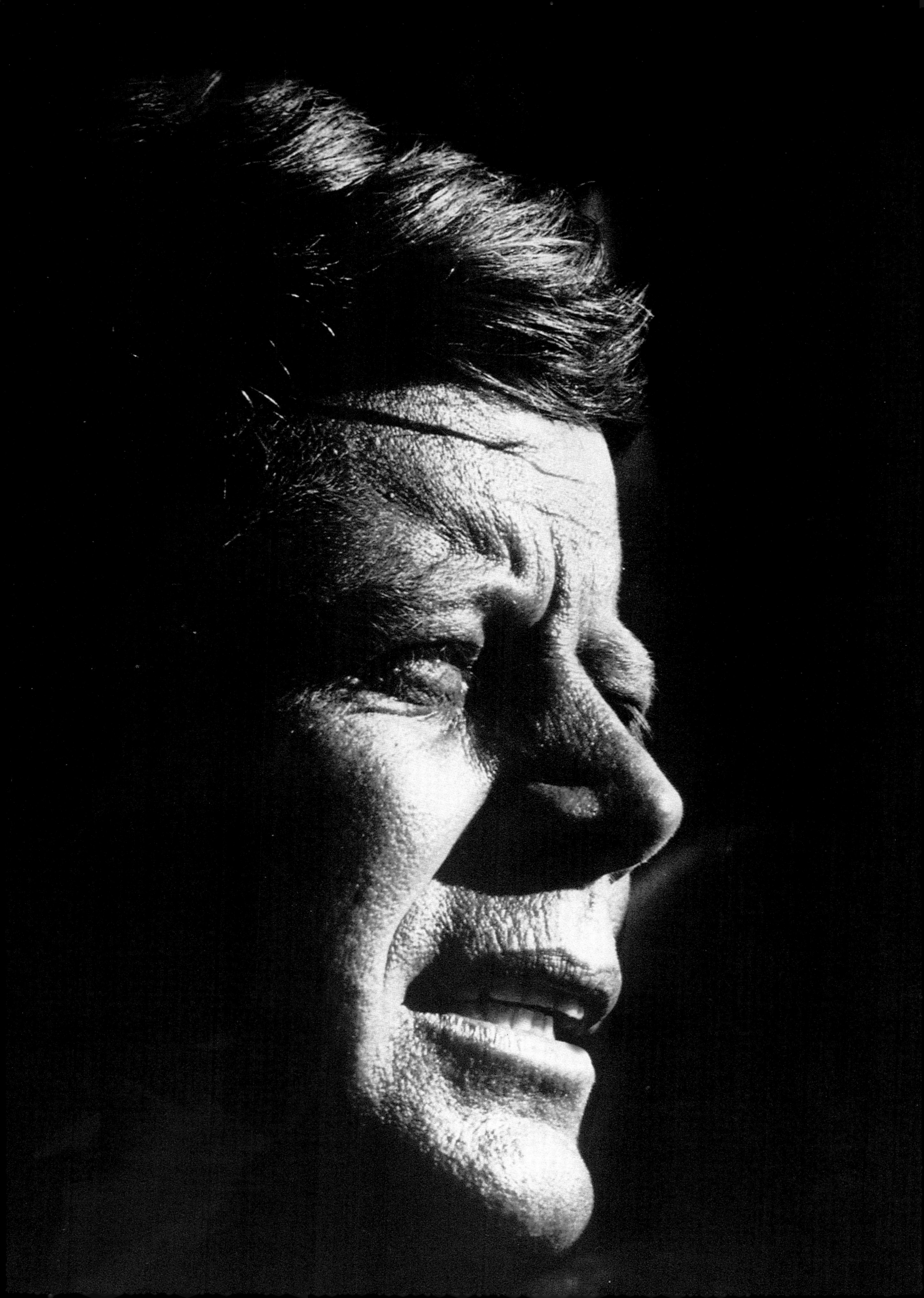

DR. JACK KEVORKIAN

*1928

MAN NENNT IHN „Doctor Death". Der vom Phänomen des Sterbens faszinierte Pathologe trotzte dem Zorn der Staatsanwaltschaft und den Tabus der amerikanischen Gesellschaft, indem er verzweifelten und gequälten Patienten, die ihr Leben lieber beenden wollen als weiterzuleben, bei ihrem Selbstmord „assistierte". Dadurch setzte er die schwerwiegende Debatte über das Recht des Menschen, zu sterben, und die Unantastbarkeit des Lebens in Gang.

Jack Kevorkian wurde in Pontiac, Michigan, als Sohn eines armenischen Fabrikarbeiters und dessen Frau geboren, deren Familien dem türkischen Völkermord im Ersten Weltkrieg zum Opfer gefallen waren. Manche Kritiker waren der Ansicht, daß der Schock, den dieses Ereignis bei der Familie Kevorkian hervorrief, einen unauslöschlichen Eindruck in der Gefühlswelt des zukünftigen Arztes hinterlassen habe. Doch vielleicht prägte ihn der langsame, qualvolle Krebstod seiner Mutter stärker, deren Martyrium der junge Kevorkian hilflos ansehen mußte.

Schließlich sagte sich Kevorkian von seinem armenischen Glauben los und erlernte Deutsch und Japanisch, als der Zweite Weltkrieg nahte. 1945 schrieb er sich an der Universität von Michigan ein, wo er sieben Jahre lang studierte. An einem Krankenhaus in Detroit begann er ein Medizinalpraktikum in Pathologie. Dort traf er auf eine Frau, die an Krebs im Endstadium litt. Sie schien ihn „gleichzeitig um Hilfe und den Tod anzuflehen". Seid dieser Zeit existiert für Kevorkian eine moralische Rechtfertigung für Euthanasie und Selbstmord.

Nachdem er 1953 seine Approbation erhalten hatte, diente Kevorkian zuerst als Armeearzt und kehrte dann nach Michigan zurück, um dort weiter auf dem Gebiet der Pathologie zu forschen. Er benutzte seine Position, um die verschiedenen Phasen des Sterbens zu studieren, und begann mit dem von ihm sarkastisch als „Todes-Folge" bezeichneten Projekt, bei dem er Patienten im Moment des Ablebens fotografierte. Diese Beschäftigung brachte dem Pathologen den Namen „Doctor Death" ein.

1958 trat er öffentlich dafür ein, an den Körpern bewußtloser Verbrecher wissenschaftliche Experimente durchzuführen; später fügte er noch hinzu, die gesunden Organe exekutierter Häftlinge könnten zur Transplantation verwendet werden. Die Kampagne für dieses Programm, von dem er nie abrückte, veranlaßte die Universität von Michigan, die Kündigung des Arztes zu erwirken. Nach dem Wechsel zum Pontiac General Hospital widmete er seine Aufmerksamkeit der Bluttransfusion von Unfallopfern auf gesunde Patienten.

In den nächsten 25 Jahren wechselte Kevorkian von einer Anstellung zur nächsten, von Michigan nach Kalifornien, und beschäftigte sich immer wieder und überall mit dem Tod. Nur eine kleine deutsche Zeitschrift wollte seine radikalen Schriften über Euthanasie und Selbstmord publizieren. Selbst die *Hemlock-Society,* die dem Selbstmord positiv gegenüberstand, distanzierte sich von Kevorkians Vision eines bedingungslosen, unkontrollierten Todes auf Wunsch und nannte dies einen „gefährlichen Weg". Der Arzt seinerseits ignorierte seine Kritiker; aus einem elektrischen Uhrenmotor und einem Flaschenzug entwickelte er eine Todesmaschine, der er zuerst den Namen Thanatron gab (später nannte er sie euphemistisch „Mercitron"). Seine Versuche, die Maschine zu vermarkten, erregten die Aufmerksamkeit der Medien – und die seines ersten Patienten.

Am 4. Juni 1990 legte sich eine 54jährige Frau, die an der Alzheimer-Krankheit in der Anfangsphase litt, in den alten, verbeulten VW-Bus von Kevorkian und betätigte den Schalter des Thanatrons, das eine tödliche Dosis Zyankali durch ihre Adern jagte. „Gute Reise", wünschte ihr Kevorkian. An ein Leben nach dem Tod glaubt er nicht.

Die Behörden traten sofort in Aktion und verboten den Gebrauch der Maschine, doch ließ sich Kevorkian nicht abschrecken. 1991 half er einer zweiten Frau zu sterben, doch fanden sich bei der folgenden Autopsie keine Anzeichen der Krankheit, über die sie geklagt hatte. Nach dem dritten Selbstmord entzog der Staat Kevorkian seine Approbation. Daraufhin verwendete er Kohlenmonoxyd; zehn weitere Leute starben mit seiner Hilfe, bis der Staat Michigan 1993 Sterbehilfe verbot. Die emotionale Gespaltenheit der Gesellschaft über dieses Thema spiegelt sich in dem Umstand, daß das Gesetz innerhalb eines Jahres ausgesetzt und dann wieder eingesetzt wurde; Kevorkian wurde nun erneut strafrechtlich verfolgt, weil er einem jungen Mann beim Sterben geholfen hatte. Nachdem er 1994 freigesprochen worden war, lancierte er eine Petition zur Sterbehilfe: Nach „Gnadenmission Nr. 17" wurde er wieder inhaftiert, woraufhin er in einen Hungerstreik trat. Und wieder weigerte sich die Jury, ihn für schuldig zu erklären.

Trotzig und provokativ rief Kevorkian noch mehr Kritik hervor, als er versuchte, eine Ausstellung von Bildern Adolf Hitlers als Wohltätigkeitsveranstaltung zu organisieren. 1994 schrieb er ein Buch – *Prescription: Medicine* –, in dem er seine Ansichten darlegte. Er beschrieb seine Vision einer „Obitiatrie", eines neuen Medizinzweiges, der sich mit dem Prozeß des Sterbens beschäftigen sollte. Außerdem verfolgte er weiterhin seine Idee, Kriminelle für medizinische Experimente zu nutzen.

1996 dann nahm er seine erste Kampagne erneut auf, leistete wieder zwei Frauen Sterbehilfe und plädierte für die „absolute persönliche Eigenverantwortlichkeit". Wieder einmal wurde er trotz der schweren Gesetzeslücken in Michigan vor Gericht zitiert und – wie es vorherzusehen gewesen war – abermals freigesprochen. Die Debatte um Kevorkians ärztlich unterstützte Selbstmorde ist zum Ende des Jahrhunderts noch nicht beendet. Auch wenn er von seinen Kritikern angezeigt wurde, stellte sein Einsatz der amerikanischen Gesellschaft ernstzunehmende Fragen über die Einmischung des Staates, persönliche Freiheit und selbst über das Recht eines Menschen, sein eigenes Schicksal zu kontrollieren.

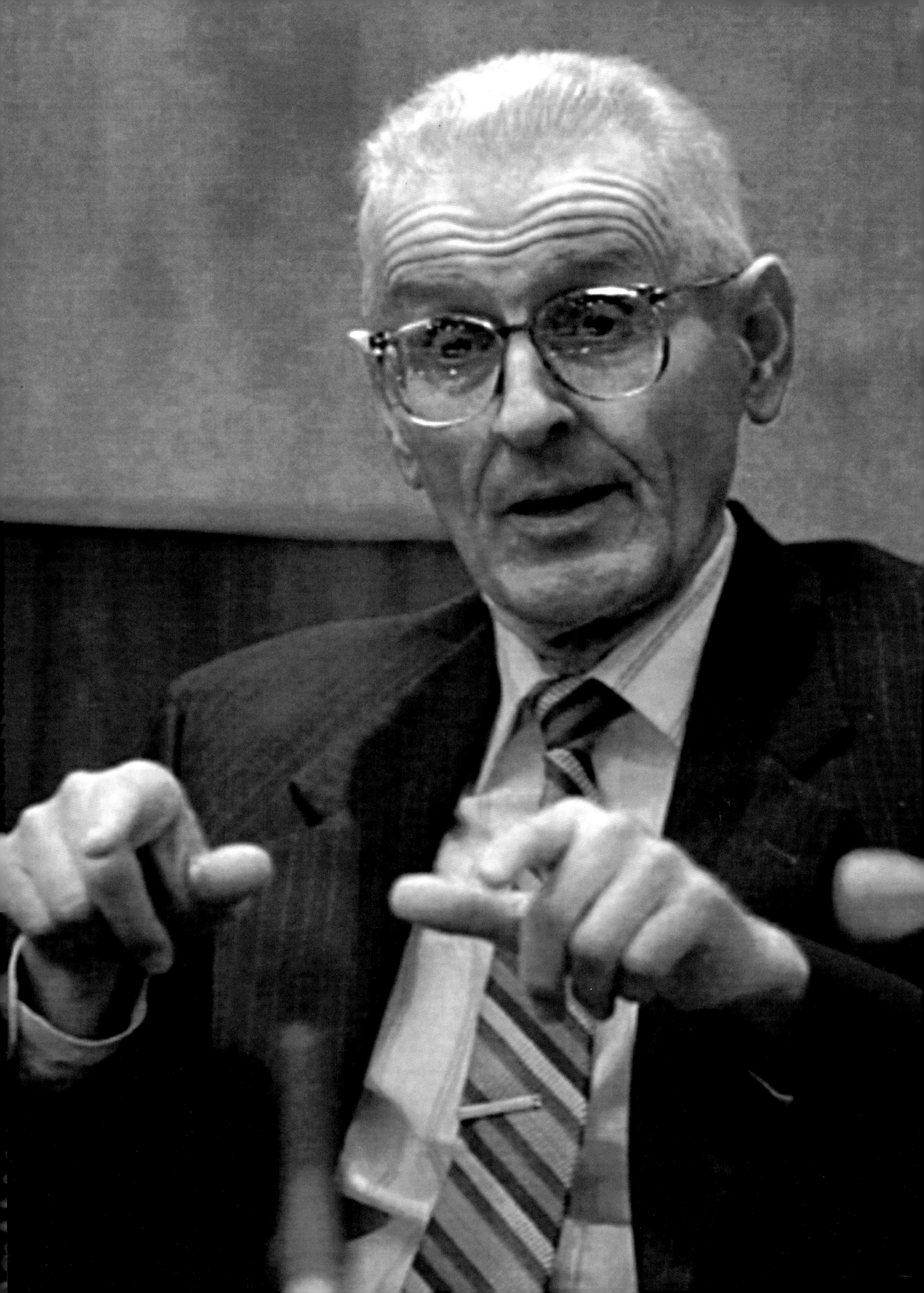

BILLY JEAN KING
*1943

ALS BILLY JEAN MOFFITT in den Kindergarten kam, wußte sie bereits, daß sie später einmal etwas Großartiges vollbringen würde. Auf die Frage ihres Pfarrers, des ehemaligen olympischen Stabhochspringers Bob Richards, welche Ziele sie sich für ihr Leben gesteckt habe, antwortete die 13jährige selbstbewußt, sie wolle die beste Tennisspielerin der Welt werden. Und in der Tat: 1961 stand das 1,62 Meter große Energiebündel auf dem Tennisplatz in Wimbledon und warf die an Platz eins gesetzte, altgediente Australierin Margaret Smith in der ersten Runde aus dem Turnier. Die Zuschauer konnten es kaum fassen, Billy Jean King selber nahm ihren Sieg zwar nicht als Selbstverständlichkeit hin, war aber kaum überrascht. Schließlich hatte sie auf dieses Ziel mit unerbittlicher Disziplin hingearbeitet und sich psychisch und physisch lange darauf vorbereitet.

Zu Beginn ihrer Karriere ging es Billy Jean King wie damals allen Frauen im Hochleistungssport: Das Medieninteresse für Frauensport war sehr begrenzt, und es gab keine nationalen Verbände zur Förderung und Unterstützung der Sportlerinnen. Am Ende ihrer Karriere hatte sie mit ihrem Talent nicht nur 39 Grand-Slam-Siege in Einzel, Doppel und Mixed errungen, sondern zugleich durch ihr unermüdliches Engagement praktisch das professionelle Damentennis ins Leben gerufen. Sie gab den Frauen auf der ganzen Welt ein neues Rollenverständnis. Außerdem war sie davon überzeugt, daß Tennis nicht nur ein Sport für Kinder reicher Leute sei. Sie machte diese männlich dominierte Freizeitbeschäftigung der oberen Zehntausend populär, indem sie Tenniskurse für Kinder aller gesellschaftlichen Schichten anbot.

Vieles hatte Billy Jean Moffitt ihren Eltern zu verdanken, ihrem Vater, einem Feuerwehrmann, der seine elfjährige, Softballspielende Tochter an das Tennis heranführte, und der Mutter, einer Sekretärin, die die Leidenschaft ihrer Familie für den Sport teilte. Schnelligkeit, Kraft und ausgezeichnete Konzentrationsfähigkeit waren Billy Jean Moffitt in die Wiege gelegt. Die Ausdauer und Disziplin, so behauptete die Mutter, sei ein Erbteil ihrer indianischen Vorfahren. Den Kampfgeist und die Energie entwickelte sie ganz von sich aus. Mit 14 Jahren gewann die Teenagerin 1958 in ihrer Altersklasse die Meisterschaften von Südkalifornien. Nachdem sie mit Frank Brennan und der berühmten Tennisspielerin Alice Marble hart trainiert hatte, gewann sie 1961 in Wimbledon zusammen mit Karen Hantze das Damendoppel. Zwei Jahre später mußte sie hier im Finale gegen Margaret Smith eine Niederlage einstecken. Ihr Verlobter Larry King munterte sie geduldig auf und überzeugte sie davon, daß sie sich voll und ganz dem Tennis widmen müsse. Billy Jean King folgte dem Rat, verließ das Los Angeles State College – und Larry –, um sich in Australien unter die Fittiche von Mervyn Rose zu begeben. Mit ihm verbesserte sie ihr Spiel und steigerte ihre Kondition.

Zurück in Amerika setzte Billy Jean King ihren Höhenflug fort. 1965 schlug sie die gesamte amerikanische Konkurrenz, verlor jedoch in Wimbledon das Halbfinale und unterlag bei den US-Meisterschaften in Forest Hills wiederum gegen ihre schärfste Konkurrentin Margaret Smith. Doch Billy Jean King hatte mittlerweile gelernt, mit Niederlagen fertig zu werden. Sie vergrößerte ihre Konzentrationsfähigkeit, feilte weiter an ihrer Technik und verbesserte ihre Taktik. In der Öffentlichkeit zeigte sie sich ausgelassen und gesprächig. Mit ihrer lebhaften Körpersprache wurde sie bald zum Publikumsliebling und zu einer der größten Attraktionen in der Geschichte des Damentennis.

1966 war ihr erfolgreichstes Jahr. Sie gewann alle wichtigen internationalen Turniere und schließlich auch das Endspiel in Wimbledon. Am Ende ihrer Laufbahn hatte sie noch 19 weitere Wimbledon-Siege errungen. Trotz ständiger Gewichts- und Knieprobleme hatte sie 1971 als erste Frau in der Geschichte des Tennis mehr als 100 000 Dollar in einem Jahr verdient. Nun kümmerte sie sich um die Einkommen ihrer Konkurrentinnen. Mittlerweile gab es dank der Mühen Billy Jean Kings bereits eine Profitour für die Damen, doch das war der Feministin – eine Bezeichnung, die sie haßte – nicht genug: Sie wollte gleiche Preisgelder für die Damen, zumal das Damentennis mittlerweile zur Zuschauerattraktion geworden war. So hielt sie in einem Hotelzimmer in Wimbledon regelmäßige Sitzungen mit ihren Tenniskolleginnen ab. 1973 entstand daraus die Women's Tennis Association. Im gleichen Jahr bekam die Siegerin der U.S. Open erstmals das gleiche Preisgeld wie der Sieger bei den Herren.

Der ehemalige Topspieler Bobby Riggs fand, die Damen sollten bekommen, was sie verdienten – nämlich 25 Prozent dessen, was die Herren bekamen. Der „Geschlechterkampf" – ein Tennismatch zwischen ihm und Billy Jean King, das am 20. September 1973 ausgetragen und in mehr als 30 Länder übertragen wurde – endete mit einer beschämenden Niederlage für den überheblichen Riggs. 1981 erhielt der gute Ruf der Tenniskönigin jedoch dunkle Flecken. Mittlerweile war Billy Jean King eine erfolgreiche Trainerin und Geschäftsfrau, besaß eine eigene Tennismarke und gab das erste Sportmagazin für Frauen heraus. Sie versuchte damals, ihre langjährige Sekretärin und Freundin Marilyn Barnett aus ihrem Haus in Malibu zu werfen, doch diese verklagte die Tennisspielerin auf Unterhaltszahlungen. Die Öffentlichkeit war schockiert, denn gerade bei Sportlern waren gleichgeschlechtliche Beziehungen nicht akzeptiert. Aber die vorbildliche Haltung Billy Jean Kings während ihrer Laufbahn, ihre Disziplin und ihr Wille zum Erfolg überwand die anfängliche Irritation ihrer Anhänger. Noch einmal hatte sie einen wichtigen Sieg für den Sport errungen. Sie war immer der Ansicht gewesen, daß Tennis mit seinen Höhen und Tiefen, Siegen und Niederlagen genau wie das Leben sei. „Die Nummer Eins bist du nur ganz kurz. Du mußt es einfach öfters sein."

IKONEN DES 20. JAHRHUNDERTS

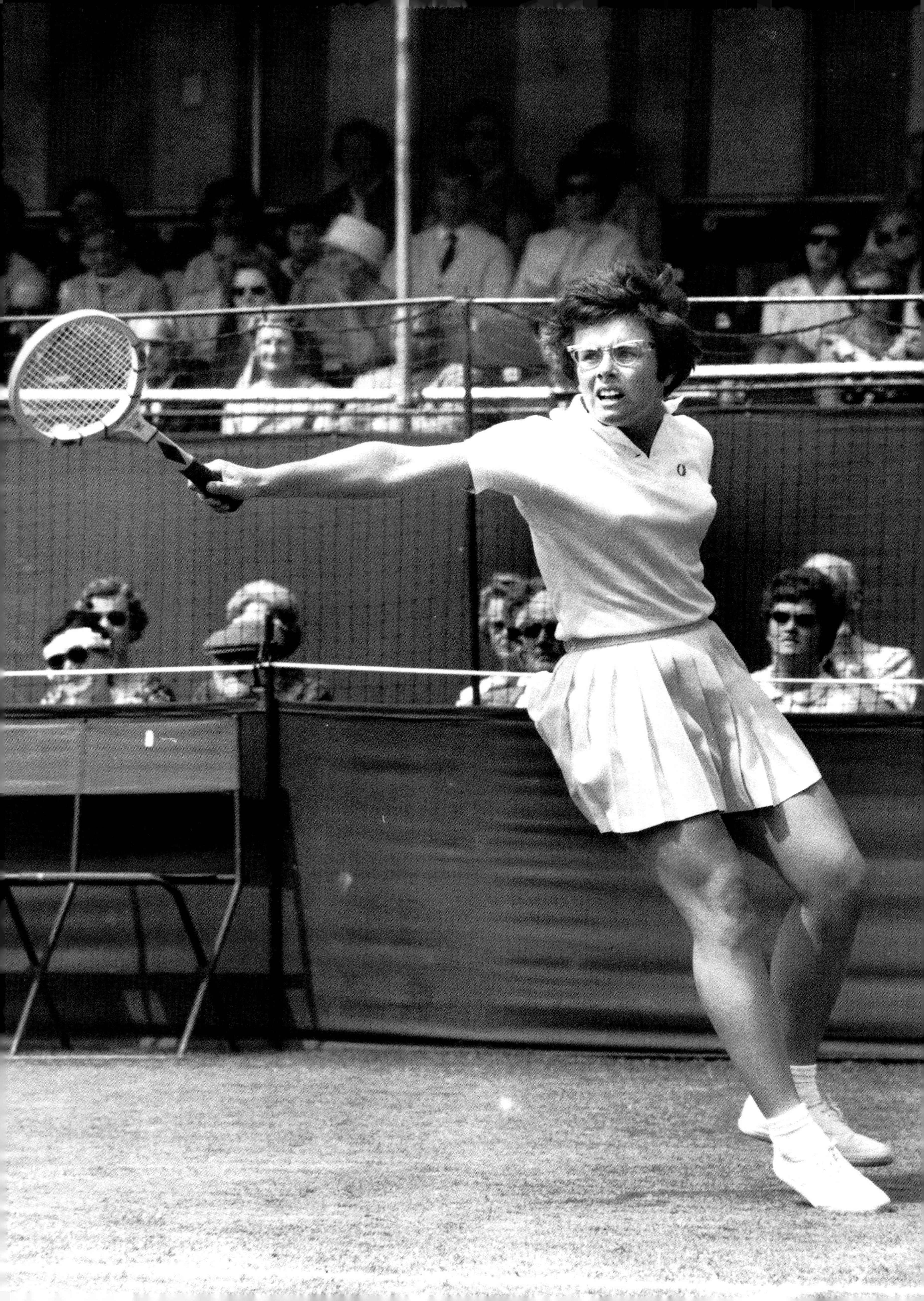

MARTIN LUTHER KING
1929-1968

DREI JAHRZEHNTE, NACHDEM Martin Luther Kings Stimme für immer verstummte, klingt seine Botschaft noch in den Ohren der Amerikaner. Ihm gelang etwas Einzigartiges: Er zerrte die dunklen Rassenvorurteile und die ungerechte Behandlung der Schwarzen ans Licht und entwarf die Vision einer friedlichen Zukunft und einer geeinten Nation. Mit seinem Aufruf zum gewaltlosen Widerstand gegen die Rassentrennung erlangte der charismatische Schwarzenführer landesweiten Ruhm. Später setzte er sich für die Armen und Unterdrückten ein, wurde zum Vater der Bürgerrechtsbewegung und zum Vorbild für Aktivisten auf der ganzen Welt.

Als Sohn des Geistlichen Martin Luther King Sr. und einer Lehrerin wuchs King in geordneten Mittelstandsverhältnissen in Atlanta, Georgia, auf. Mit der Absicht, Medizin oder Jura zu studieren, ging er 1944 auf das Morehouse College, wo ihn der Religionswissenschaftler Dr. Benjamin Mays für die Theologie zu interessieren begann. King trat der NAACP, einer Gesellschaft für die Unterstützung von Schwarzen, bei und las Hegel, Thoreau und vor allem Mahatma Gandhis Schriften über gewaltlosen Widerstand. 1947 wurde er in der Gemeinde seines Vaters, der Ebenezer Baptist Church in Atlanta, zum Priester geweiht. Er arbeitete dort als Assistent und schrieb nebenbei seine Doktorarbeit in Theologie an der Boston University.

Nach seiner Heirat mit Coretta Scott 1953 wurde er in Montgomery, Alabama, Pastor an der Dexter Avenue Baptist Church. Dort begegnete er seinem Schicksal in Gestalt der mutigen schwarzen Näherin Rosa Parks, die nach einem harten Arbeitstag nicht bereit war, einer Weißen im Bus ihren Sitzplatz zu überlassen, wie es die kommunalen Vorschriften zur Rassentrennung forderten. Sie wurde umgehend verhaftet und am 5. Dezember 1955 vor Gericht gestellt. King rief die schwarze Bevölkerung von Montgomery für diesen Tag zum Boykott des öffentlichen Personennahverkehrs auf – immerhin stellten sie 75 Prozent der Passagiere. Er sagte ihnen: „Wenn ihr euch mutig wehrt und die Grundsätze menschlicher Würde und christlicher Nächstenliebe wahrt, so werden künftige Generationen von euch sagen: Es gab einst ein großes Volk – ein schwarzes Volk –, das der Welt neue Wege aufzeigte."

Der Boykott dauerte 382 Tage und war der erste Sieg für Kings Synthese aus Grundsätzen des Christentums, Thoreaus politischer Agitation und Gandhis Idee des gewaltlosen Widerstands. Der Schwarzenführer war davon überzeugt, daß Widerstand ebenso wichtig war wie Gewaltlosigkeit. Er hatte Erfolg, und viele Bürgerrechtler nach ihm haben seine Vorgehensweise nachgeahmt.

Der Montgomery-Busboykott erregte im In- und Ausland großes Aufsehen. Bald war Kings Gesicht auf den Fernsehbildschirmen der ganzen Welt zu sehen. Er reiste nach Ghana und nach Indien und gründete in Amerika die Southern Christian Leadership Conference, eine Bewegung für den gewaltlosen Widerstand gegen die Rassendiskriminierung. Seine Konfrontation mit Bull Connor, dem rassistischen Sheriff von Birmingham, brachte ihm eine Gefängnisstrafe ein, die er nutzte, um sein literarisches Manifest *Letter from a Birmingham Jail* zu verfassen. Dieses Werk hat zu einer schnelleren Verabschiedung des Civil Rights Act, der amerikanischen Bürgerrechts- und Gleichstellungsgesetze von 1964, beigetragen. Kings Erfolg brachte ihm aber auch eine ganze Reihe von Feinden ein, beispielsweise J. Edgar Hoover, den Direktor des FBI, der eine Kampagne gegen ihn inszenierte, um ihn zu diskreditieren. Seinen Anhängern jedoch war der Bürgerrechtler eine Quelle der Hoffnung und Inspiration. Ihren Höhepunkt erreichte die Widerstandsbewegung im August 1963 mit dem Marsch auf Washington. 250 000 Bürgerrechtler aller Hautfarben und aller gesellschaftlichen Schichten hörten vor dem Lincoln Memorial seine unvergeßliche, bewegende Rede „I Have a Dream". Inhaltlich wie rhetorisch war die Rede dem Gospel-Stil nachempfunden – und wer hätte das besser gekonnt als der gläubige Christ Martin Luther King?

Im folgenden Jahr erhielt der 35jährige den Friedensnobelpreis. Die nächsten drei Jahre kämpfte er für die Durchsetzung der Bürgerrechte in den Vereinigten Staaten. Trotz scharfer Kritik erweiterte er 1967 sein Betätigungsfeld. Er verurteilte den Vietnamkrieg als moralisch verwerflich. Dadurch wuchs die Zahl seiner Gegner und ihre Gewaltbereitschaft gegenüber der Bürgerrechtsbewegung und ihm persönlich, da er sich in ihren Augen als schlechter Patriot erwiesen hatte. King wußte, daß die Armut ein Hemmnis auf dem Weg zu gleichen Rechten ist. Er plante für 1968 einen Marsch auf Washington für die Armen des Landes. Er hielt an seinem Glauben an die Macht des gewaltlosen Widerstands fest, im Gegensatz zu militanten Aktivisten, die mittlerweile versuchten, die Ungerechtigkeit gegenüber Farbigen mit Gewalt zu beenden.

Am 4. April 1968 wurde Martin Luther King auf dem Balkon eines Hotels in Memphis, Tennessee, erschossen. Er hatte die dortigen Angestellten im Gesundheitswesen in ihrem Arbeitskampf unterstützen wollen. James Earl Ray wurde des Mordes angeklagt und im März 1969 für schuldig befunden und verurteilt, obwohl er sein Geständnis später widerrief. Als sich die Nachricht von Kings Tod im ganzen Land verbreitete, kam es in mehr als hundert amerikanischen Städten zu Ausschreitungen.

Noch am Tag vor seinem Tod hatte King seinen Anhängern versichert, daß er den Tod nicht fürchte: Er habe den Gipfel des Berges erreicht, erklärte er, und das Gelobte Land gesehen. Auch wenn er selbst nicht mehr dort hinkäme, sei er sich sicher, daß sie es schaffen würden. 30 Jahre später scheint dieses Ziel noch immer unerreicht zu sein. Doch im Herzen all jener, die Kings Erbe zu bewahren suchen, brennt das Licht der Hoffnung weiter.

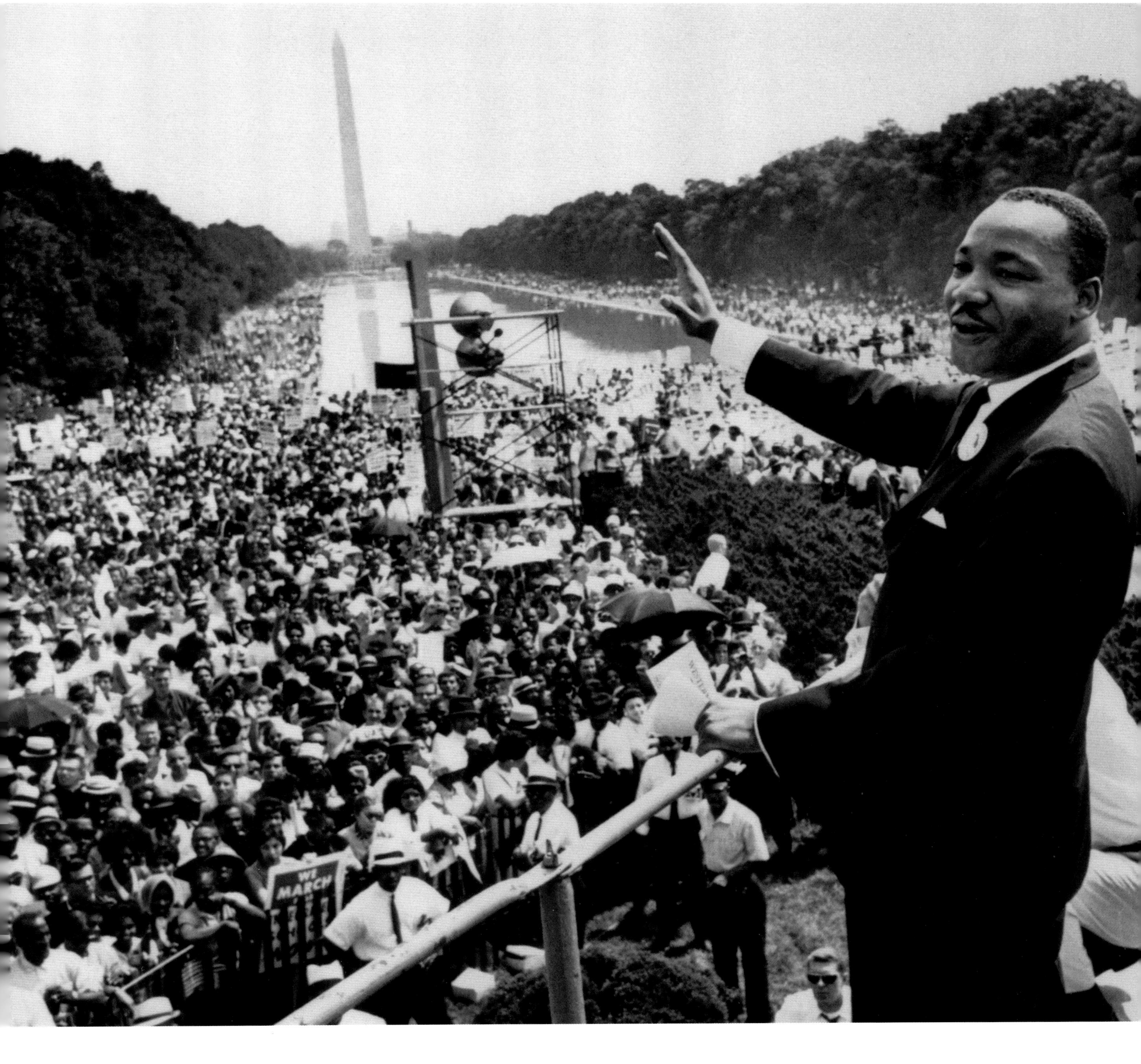
WE
MARCH

LANDERS & VAN BUREN

*1918

DIE UNTER DEN NAMEN Ann Landers und Abigail Van Buren bekannten Zwillingsschwestern begannen 1955, in Zeitungskolumnen ihre praktischen Ratschläge zu allen möglichen Themen zu geben. In einem nicht enden wollenden Wettstreit beantworteten die Geschwister die Fragen der Verzweifelten und Verlassenen, der Verliebten, Besorgten und Verwirrten Amerikas. In einem Land, in dem die Macht der Kirche, der Familie und der Gesellschaft als moralische Instanzen dramatisch schwand, gaben Ann und Abby ihren Lesern ein Stückchen gesunden Menschenverstand – mitfühlend und humorvoll verpackt – mit auf den Weg. Sie befaßten sich in erster Linie mit Familienangelegenheiten und Beziehungsproblemen, doch hatten die beiden auch keine Angst, zu heiklen Tabuthemen oder aktuellen Debatten Stellung zu beziehen.

Sie wurden als Esther Pauline Friedman und Pauline Esther Friedman am 4. Juli 1918 geboren; die Neigung zum Belehren wurde ihnen mit in die Wiege gelegt. Ihr Vater, ein Theaterbesitzer in Sioux City, Iowa, der auf der Flucht vor den Wladiwostoker Progromen mit seiner Frau in die Staaten emigriert war, ließ Freunde und Fremde gleichermaßen an seinem Wissen teilhaben. Die Zwillinge machten alles gemeinsam: Tennis, Verabredungen, Schulband. Nach dem Abschluß der Highschool 1936 besuchten sie zusammen das Morningside College in ihrer Heimatstadt. 1939 gab es eine Doppelhochzeit der beiden 21jährigen. Esther heiratete einen ehrgeizigen Geschäftsmann namens Jules Lederer, Pauline vermählte sich mit Morton Phillips.

17 Jahre lang lebten die Schwestern an unterschiedlichen Orten das Leben von Hausfrauen und Müttern. Jede betätigte sich politisch und beteiligte sich an Wohltätigkeitsveranstaltungen, wobei sie viele einflußreiche Freunde gewannen. An einen dieser Freunde wandte sich Esther 1955 um Hilfe, als sie sich bei der *Chicago Sun-Times* als Ersatz für die Krankenschwester Ruth Crowly bewarb, durch deren Tod die von ihr unter dem Pseudonym „Ann Landers" ins Leben gerufene Leserbriefkolumne verwaist war. Esthers flotte Antworten auf die von der Zeitung bereitgestellten Musterbriefe und ihre Strategie, Fachleute wie den Bischof Sheen und den Obersten Bundesrichter William O. Douglas zu zitieren, brachten ihr unter einer Vielzahl von Mitbewerbern den Job ein.

Die Arbeitsbelastung war so enorm, daß sie zur Beantwortung der Briefe, die sie erreichten, schnell die Hilfe ihrer Schwester Pauline in Anspruch nahm. Innerhalb eines Jahres hatte sich die Zahl der Zeitungen vervierfacht, die Esthers Kolumne druckten. Ihr phänomenaler Erfolg als neue Ann Landers ließ auch ihre Schwester Pauline nicht ruhen, die im fernen Hillsborough, Kalifornien, anonym ihre Antworten verfaßte. Sie lieh sich ein Auto, fuhr nach San Francisco und redete dort so lange, bis sie eine Ratgeberseite im *San Francisco Chronicle* schreiben durfte. Selbstsicher borgte sich Pauline den Namen Abigail von der biblischen Prophetin und den Nachnamen Van Buren vom amerikanischen Präsidenten. Dann begann sie, ihre eigene Armee von Bittstellern mit geistreichen Antworten zu versorgen. Als ihr eine junge Frau schrieb, sie hätte an ihrem 21. Geburtstag zu viele Cocktails getrunken, und wissen wollte, ob sie etwas falsch gemacht hätte, antwortete Van Buren trocken: „Wahrscheinlich."

Als Esther von den Aktivitäten ihrer Schwester erfuhr, brach sie jeden Kontakt zu ihr ab und sprach 20 Jahre lang nicht mit ihr (inzwischen haben sich die beiden versöhnt). Doch keine von ihnen konnte es sich leisten, die Arbeit für eine Gesellschaft einzustellen, die für alles und jedes Ratschläge wünschte, angefangen beim Ehebruch bis hin zu der Frage, ob man den angeheirateten Verwandten zu Thanksgiving Kreplach servieren könne. Jede Schwester verfügte über eine Reihe ausgezeichneter Mitarbeiter, die bei der Beantwortung einer wachsenden Flut von Post halfen. Dann machten sich beide daran – immer noch im Wettbewerb miteinander –, Bücher zu schreiben. Ann veröffentlichte u.a. *Since you asked me* (1964), *The Ann Landers Encyclopedia* (1978), *Ann Landers Talks to Teenagers About Sex* (1981) und *Wake Up and Smell the Coffee* (1996). Zu Abigails Büchern zählten *Dear Abby* (1958), *Dear Abby on Marriage* (1962) und *The Best of Dear Abby* (1989).

Zu Esthers Unglück, die eine strenge Scheidungsgegnerin war, scheiterte ihre Ehe mit Lederer 1975. Abgesehen von der Behauptung, sie hätte keine Ahnung, was da passiert sei, wollte sie nicht weiter über die Angelegenheit sprechen. Es überraschte nicht, daß sich ihre Meinung über die Dauerhaftigkeit des Ehestandes bald darauf änderte. Doch weder die Scheidung noch ihr Sinneswandel bewirkten einen Rückgang ihrer Anhängerschaft, noch hielt es sie davon ab, ihre Ansichten so selbstsicher wie je zu vertreten.

Inzwischen sind über vier Jahrzehnte vergangen, seit Ann Landers den ersten prallgefüllten Postsack öffnete. Seither haben beide Zwillingsschwestern, jede für sich, Schritt für Schritt den Niedergang der westlichen Zivilisation kommentiert, haben Urteile gefällt und Auskünfte erteilt über Freizeitdrogen, Aids, Masturbation, sexlose Ehen, ehelosen Sex sowie unzählige andere große und kleine Fragen. Die Schwestern haben gemeinsam eine Leserschaft von ungefähr 90 Millionen Menschen in annähernd 1200 Tageszeitungen; jede von ihnen erhält wöchentlich 7000 bis 10 000 Briefe. Wie Walter Winchell, Hedda Hopper und Louella Parsons früher den Weg für eine neue Generation von Klatschkolumnisten ebneten, so richteten sich auch Ann und Abby eine journalistische Nische ein, einen mitfühlenden Blick auf die Zeit, den andere „Dear Abbys" in der ganzen Welt bald nachahmen sollten. Gelegentlich fanden ihre Fans, sie seien zu spitzzüngig und manchmal zu nachgiebig. Doch blieben sich Ann und Abby treu und boten Amerika nicht nur eine, sondern zwei Schultern zum Ausweinen an.

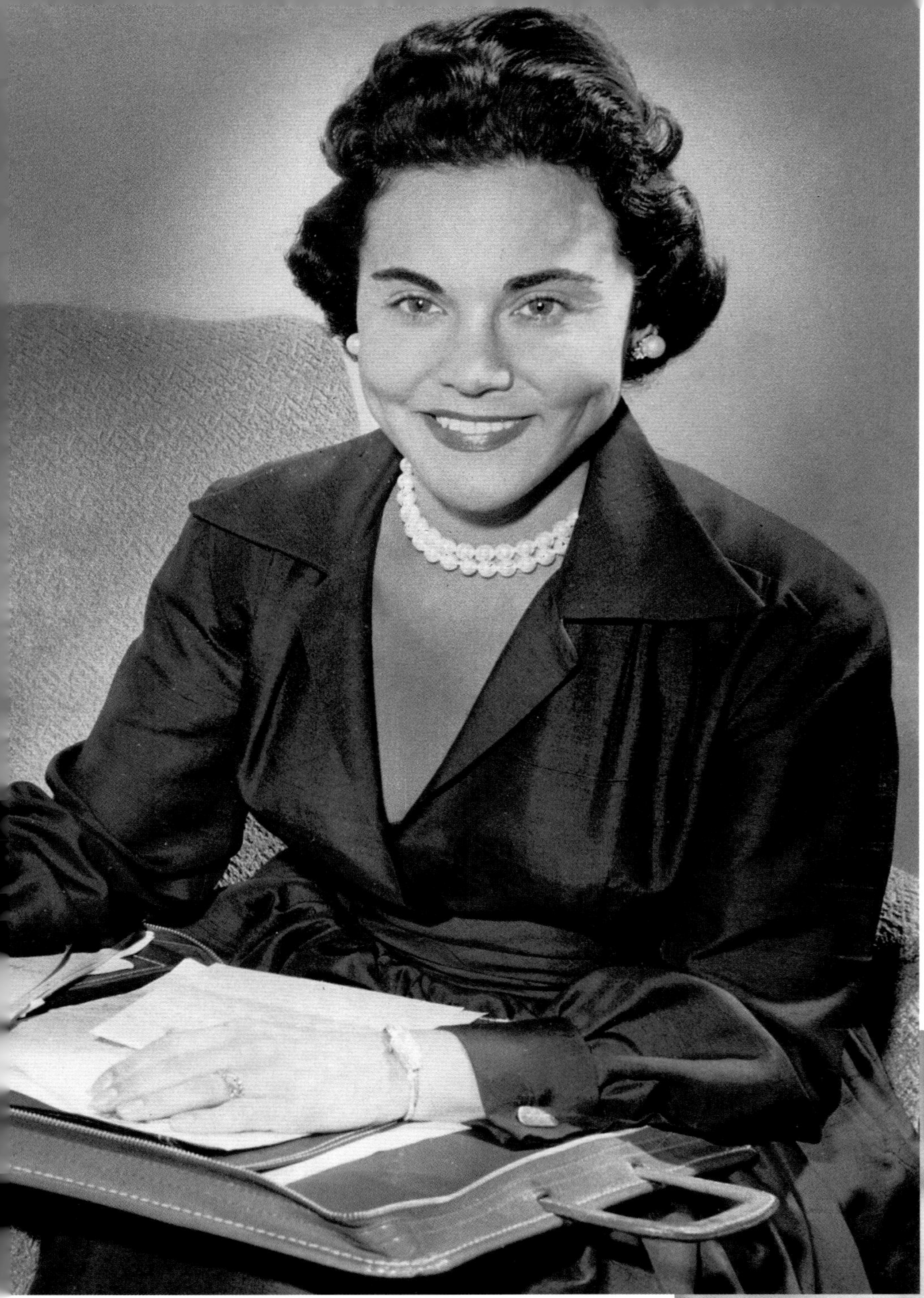

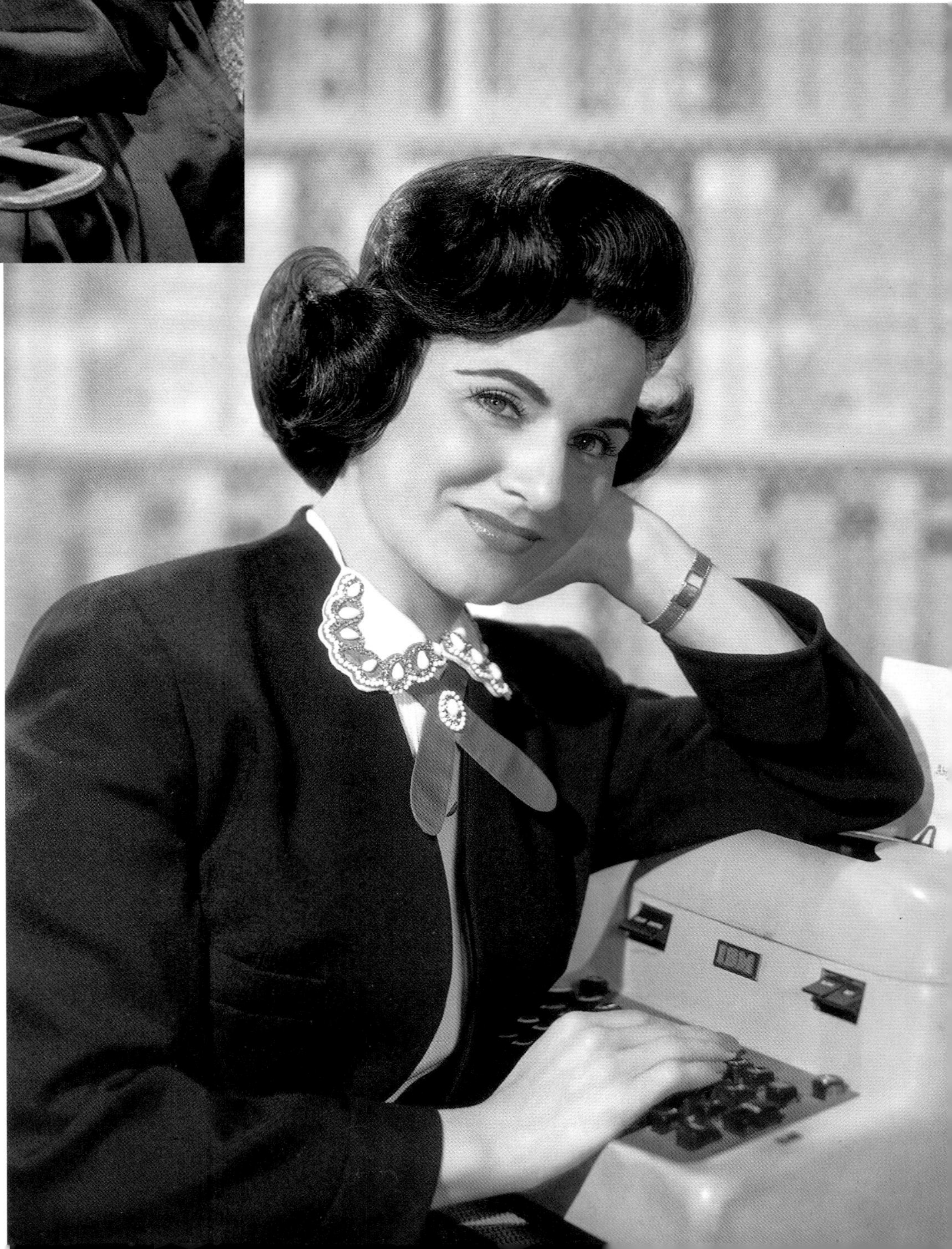

WLADIMIR LENIN
1870-1924

ANGESPANNT UND ERWARTUNGSVOLL kehrte der Führer der russischen Bolschewiki am 16. April 1917 in einem von Deutschland zur Verfügung gestellten plombierten Eisenbahnwaggon aus dem Exil nach St. Petersburg zurück. Seine Heimat war von Krieg und Hungersnot verwüstet. Dem Zusammenbruch und der Anarchie nahe, nahm Rußland die leidenschaftliche Botschaft Wladimir Iljitsch Lenins dankbar auf: „Das Volk braucht Frieden, das Volk braucht Brot, das Volk braucht Land ... Wir müssen für die sozialistische Revolution kämpfen!"

In den folgenden sieben Jahren brachte Lenin seinen Landsleuten eben jene Revolution, eines der zentralen Ereignisse des 20. Jahrhunderts. Mit ihr brachte er aber auch Chaos über das Land, eine noch größere Hungersnot und Terror, der in seinen Ausmaßen einzigartig war. Lenins Einparteien-Diktatur verband erstmals Intellekt mit Gewalt und änderte die weltweite politische Ordnung von Grund auf. Als Lenin 1924 starb, war das Bollwerk des sowjetischen Totalitarismus – Massenhinrichtungen, Geheimpolizei, intellektuelle Repression und Zensur, willkürlich ausgeübte Gewalt und Internierungslager – schon voll und ganz gefestigt.

Am 22. April 1870 wurde Wladimir Iljitsch Uljanow in der kleinen Provinzstadt Simbirsk geboren und erlebte bereits als Jugendlicher das Engagement seiner Familie für die Verbesserung der Lage des einfachen Volkes. Er spielte Klavier und war ein hervorragender Schachspieler, der sich in Sieg und Niederlage gleichermaßen großmütig gab. „Wolodja", wie er in der Familie liebevoll genannt wurde, war ein glänzender Student, konnte aber voller Spott und Kälte sein. Kurz bevor er das Jurastudium an der Universität von St. Petersburg aufnahm, wurde sein Bruder Alexander wegen Planung eines Attentats auf Zar Alexander III. gehängt. Als Lenin seine Abschlußprüfungen ablegte, war er bereits ein Anhänger der marxistischen Theorien. Als internationaler Aktivist und Mitglied des radikalen Kampfbundes wurde er 1895 verhaftet und nach Sibirien verbannt, wo er sein erstes größeres theoretisches Werk, *Die Entwicklung des Kapitalismus in Rußland*, abschloß. Es spiegelte seine Überzeugung wider, daß nur ein Funke vonnöten war, um das Bewußtsein der russischen Arbeiter zu entfachen und zu radikalisieren. Nach seiner Entlassung verbrachte Lenin die folgenden 17 Jahre überwiegend in Westeuropa, wo er an sozialistischen Zeitungen mitarbeitete. 1902 erschien sein einflußreiches Traktat *Was tun?*, in dem er eine geheime Vorhut von Berufsrevolutionären forderte, die die russische Gesellschaft durch den Aufstand des Proletariats erneuern sollte. Drei Jahre später war er in einen ebensolchen Aufstand verwickelt. Er scheiterte, und Lenin ging wieder in die Emigration, aus der er den bolschewistischen Flügel der Sozialdemokratischen Arbeiterpartei Rußlands gegen die zahlenmäßig überlegenen Menschewiki anführte, die mit der despotischen Tendenz seiner revolutionären Elite nicht einverstanden waren.

Wenn Lenin nicht schrieb, las er. Eislaufen, Skifahren und Jagen liebte er ebenfalls. Seine politischen Überzeugungen trübte kein Mitgefühl: „Hängen sollen sie", schrieb er einmal, „ganz sicher hängen, damit das Volk nicht weniger als hundert bekannte Kulaken, Reiche, Blutsauger sieht... Macht es so, daß das Volk es kilometerweit sieht, erzittert, weiß, ruft ..."

Lenin kämpfte leidenschaftlich gegen die Teilnahme seiner Nation am Krieg und wünschte sich, die Sozialisten würden überall gegen den Krieg protestieren. Mit dem Gefühl, daß die Zeit endlich reif sei, verließ er im April 1917 die Schweiz in einem Zug – in einem Waggon, den die Deutschen bereitstellten, denn das Deutsche Reich war nur allzusehr daran interessiert, daß der fähige Agitator die militärischen Operationen des Feindes aus der Balance brachte. Als der Putschversuch im Juli scheiterte, floh Lenin nach Finnland. Kurze Zeit später kehrte er wieder zurück, formte aus den Bolschewiki das Militärische Revolutionskomitee und leitete nach der Abdankung von Zar Nikolaus II. zusammen mit Leo Trotzki den relativ unblutigen Putsch, der schließlich das provisorische Regime von Alexander Kerenskij stürzte. Dies geschah am 7. November 1917, nach dem alten russischen Kalender am 25. Oktober, daher auch die Bezeichnung „Oktoberrevolution".

Nach der Unterzeichnung des erniedrigenden Abkommens von Brest-Litowsk mit Deutschland im Jahr 1918, in dem Rußland einen Separatfrieden mit Deutschland schloß, brach ein Bürgerkrieg aus, der durch ausländische Interventionen und die Unterstützung der antibolschewistischen „Weißen" durch die Alliierten noch in seiner Gefährlichkeit gesteigert wurde. Als die demokratischen und monarchistischen Kontrahenten bezwungen waren, machte sich in Rußland tiefe Unzufriedenheit breit. Da Lenin Aufstände befürchtete und sich um den Außenhandel sorgte, führte er 1921 die sogenannte Neue Ökonomische Politik (NEP) ein, die den Bauern eine eigenständigere Nutzung ihres Acker- und Nutzlandes zugestand. Im selben Jahr, in dem Rußland von einer Hungersnot heimgesucht wurde, nahm er amerikanische Hilfe an, betonend, daß der Kommunismus immer noch funktionieren würde.

Wie wird die Geschichte letztlich diesen strengen Messias sehen, an dessen Anspruch sich alle Revolutionäre maßen? Wie wird sie diesen Anführer beurteilen, der vorgab, für das Volk zu reden, aber an Attentate und Säuberungsaktionen glaubte? In Herzensangelegenheiten war er jenen treu, die seinem Anliegen gegenüber treu waren, allen voran Nadeschda Krupskaja, mit der er bis zu seinem Tode verheiratet war, und Elisabeth d'Herbenville Armand, genannt Inessa, einer in Paris geborenen Kämpferin für die gemeinsame Sache. Seine russischen Landsleute haben sich heute vom Lenin-Kult verabschiedet. Die Standbilder des Anti-Zaristen wurden geschleift, und am Ende des Jahrhunderts war das revolutionäre Reich ebenso dem Tod geweiht wie sein Gründer.

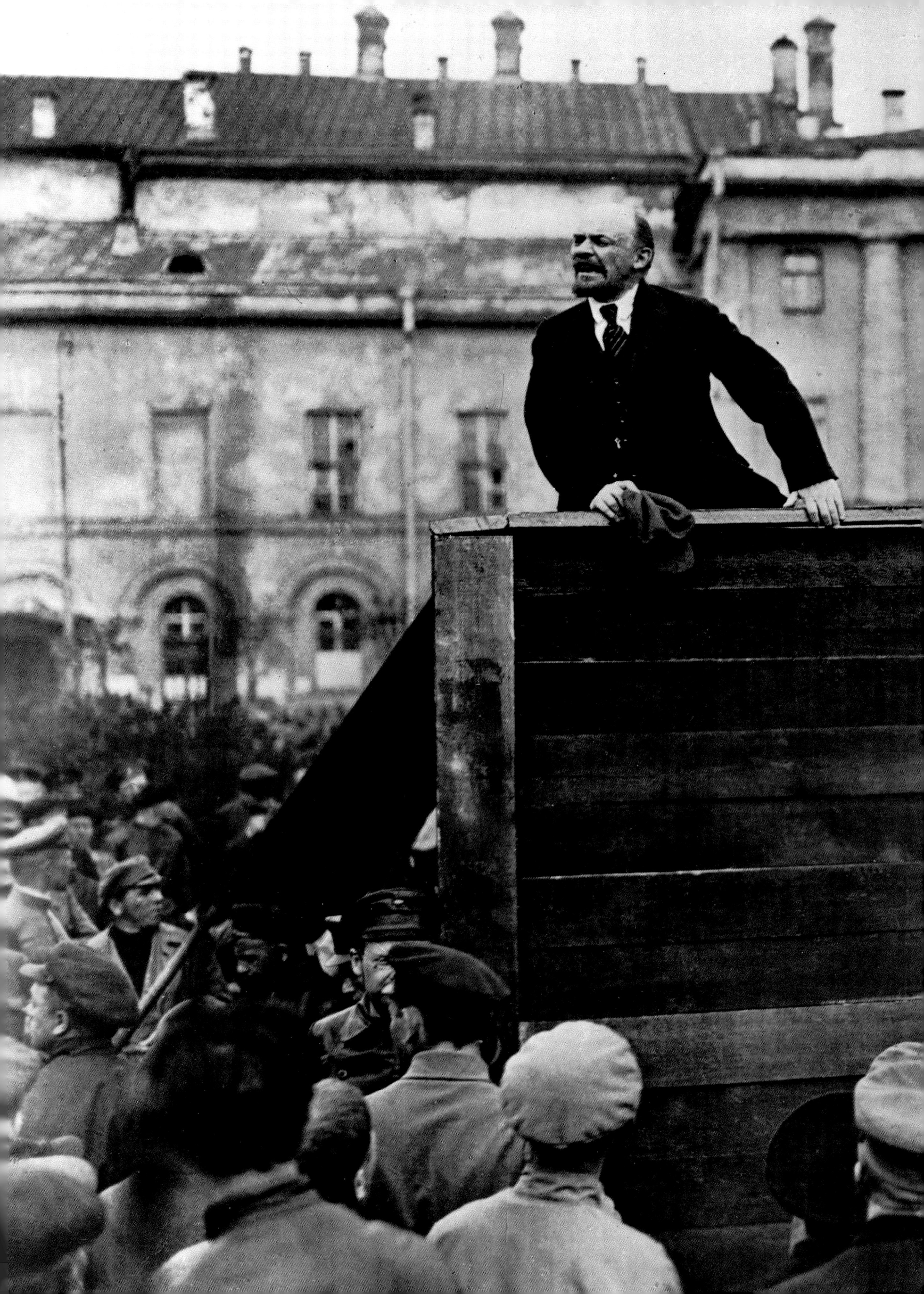

CHARLES LINDBERGH
1902–1974

ER WAR EIN TOLLKÜHNER, junger und sehr gutaussehender Mann, der auf den Flügeln klappriger Flugzeuge stand, die über den Köpfen staunender Menschen Kunststücke vollführten; der durch den Nachthimmel flog, um an Sommerabenden ein Feuerwerk zu entzünden, oder atemberaubende Stunts mit einem Doppelfallschirm vorführte – zunächst wurde der erste Fallschirm abgeschnitten, der zweite öffnete sich erst nach einigen Sekunden im freien Fall.

Charles Lindbergh war Mitte 20, als er den Mut aufbrachte, sich am 20. Mai 1927 in eine winzige, knapp zehn Meter lange, einmotorige Maschine zu setzen, um als erster Mensch allein über den Atlantik zu fliegen. Diese außergewöhnliche Leistung gelang ihm trotz schlechter Sichtverhältnisse und ohne ein Funkgerät oder einen Fallschirm an Bord. Auf beides hatte er zugunsten zusätzlichen Kraftstoffs verzichtet. Sogar Kaffee zum Wachhalten versagte er sich, da er befürchtete, seine Konzentration könnte beeinträchtigt werden. Mit den ersten wackeligen Momenten nach dem Abheben auf Long Island begann sein Kampf gegen Müdigkeit und Angst, die ihn bei diesem riskanten Unternehmen von Anfang an begleiteten. Bei früheren Versuchen waren schon sechs Piloten ums Leben gekommen. Aber als die *Spirit of St. Louis* 33 Stunden und 32 Minuten nach dem Start auf dem Pariser Flugplatz Le Bourget landete, lag ihm die Welt zu Füßen – und nebenbei hatte er 25 000 Dollar Preisgeld verdient. In diesem Augenblick schien sich alles gelohnt zu haben.

Der Ruhm des „Einsamen Adlers" in diesen Pioniertagen der Luftfahrt war grenzenlos. Zu einer Zeit, in der es noch keine Massenmedien gab, gelangte Lindbergh zu einer internationalen Berühmtheit, die die Welt bis dahin nicht erlebt hatte. Auf dem ganzen Globus waren die Menschen von seiner Leistung wie auch von seiner gelassenen Selbstbeherrschung und Bescheidenheit fasziniert. Unmittelbar nach seinem historischen Flug wurde Lindbergh mit Ehrungen überhäuft, unter anderem mit dem Großkreuz der französischen Ehrenlegion. Aber auch die Amerikaner ließen es sich nicht nehmen, ihren Landsmann gebührend zu feiern. Auf einem Kreuzer der U.S. Navy brachten sie den blonden Helden in die Vereinigten Staaten zurück, um ihm dort einen überschwenglichen Empfang zu bereiten. Lindbergh erhielt sowohl das Ehrenkreuz der Luftfahrt mit Auszeichnung als auch die Ehrenmedaille der Vereinigten Staaten, und als er nach New York kam, ertrank die Stadt in Telegrammen, die den fabelhaften „Lucky Lindy" in der Heimat willkommen hießen.

Lindbergh verabscheute seinen neuen Spitznamen, zumal er wußte, daß sein Erfolg nur zu einem geringen Teil dem Glück zu verdanken war. Auch seines Lebens als berühmter Star war er bald schon überdrüssig. Als Kind hatte Charles sehr häufig die Schule gewechselt und nie wirklich die Möglichkeit gehabt, feste Freundschaften zu schließen, so daß er zum Einzelgänger geworden war. Sein neuer Status als Held verwirrte ihn im selben Maße wie ihn die Aufdringlichkeit der Presse verärgerte. Verzweifelt versuchte er, den Verkehrsstaus und dem hektischen Getriebe zu entkommen, die seine Anwesenheit auslöste.

1929 heiratete er Anne Spencer Morrow, die schüchterne Tochter des amerikanischen Botschafters Dwight W. Morrow. Mit ihr fand Lindbergh endlich jene dauerhafte Partnerschaft, die ihm gefehlt hatte. Gemeinsam erarbeiteten sie Reiserouten und flogen um die Welt. Das sympathische Paar regte die Phantasie der Menschen an, wo immer es auch auftauchte. Als ihr Sohn Charles jr. geboren wurde und sich Lindbergh mit seiner Familie nach New Jersey aufs Land zurückzog, schien das harmonische Bild perfekt zu sein.

Dann wendete sich über Nacht das Blatt. 1932 wurde ihr 22 Monate altes Baby entführt, bis zur Zahlung eines Lösegeldes gefangengehalten und anschließend ermordet. Der verweste Leichnam wurde neun Wochen später nur wenige hundert Meter von ihrem Haus entfernt aufgefunden. Die Untersuchung, die Lindbergh selbst leitete, wurde zu einem Desaster, und das Verhalten der Presse – von der Öffentlichkeit ganz zu schweigen – machte aus der persönlichen Tragödie eine Zirkusvorstellung. Als es einige Journalisten schafften, den Leichnam des Kindes in der Leichenhalle zu fotografieren, waren die Lindberghs derart angewidert, daß sie nach England flohen. 1935 wurde in dem „Prozeß des Jahrhunderts" der Zimmermann Bruno Richard Hauptmann des Verbrechens angeklagt und zum Tode verurteilt. Obwohl er bis zum Schluß seine Unschuld beteuerte, wurde er 1936 hingerichtet.

In den 30er Jahren sympathisierte Lindbergh seltsamerweise mit den Nationalsozialisten. Auf Einladung von Hermann Göring besuchte er die deutschen Flugzeugfabriken; er wurde ein Bewunderer der Deutschen Luftfahrt und erhielt das „Verdienstkreuz vom Deutschen Adler", das Hitler persönlich unterzeichnete. Leider war Lindbergh auch von der nationalsozialistischen Propaganda und der strengen Kontrolle über die Medien beeindruckt. Dabei bestimmte ihn wohl seine Überzeugung, daß die Presse für das Unglück seiner Familie verantwortlich war. Er beschuldigte die Juden, die amerikanische Presse zu beeinflussen, und schürte eine Prokriegsstimmung. Als die Japaner Pearl Harbor angriffen und Lindbergh wieder in das Army Air Corps aufgenommen werden wollte, aus dem er 1941 wegen seiner isolationistischen Haltung verärgert ausgeschieden war, gab Präsident Franklin D. Roosevelt seiner Bitte nicht statt.

Seine Einberufung erreichte der frustrierte Pilot schließlich doch durch seine Beratungstätigkeit für das Army Air Corps. 1954 wurde er von Präsident Eisenhower durch die Anerkennung seiner Kampfeinsätze im Pazifik rehabilitiert. Aber sein neuer Ruhm war nicht der gleiche wie 1927, als er mit seinem Jahrhundertflug eine ganze Generation begeistert hatte.

IKONEN DES 20. JAHRHUNDERTS

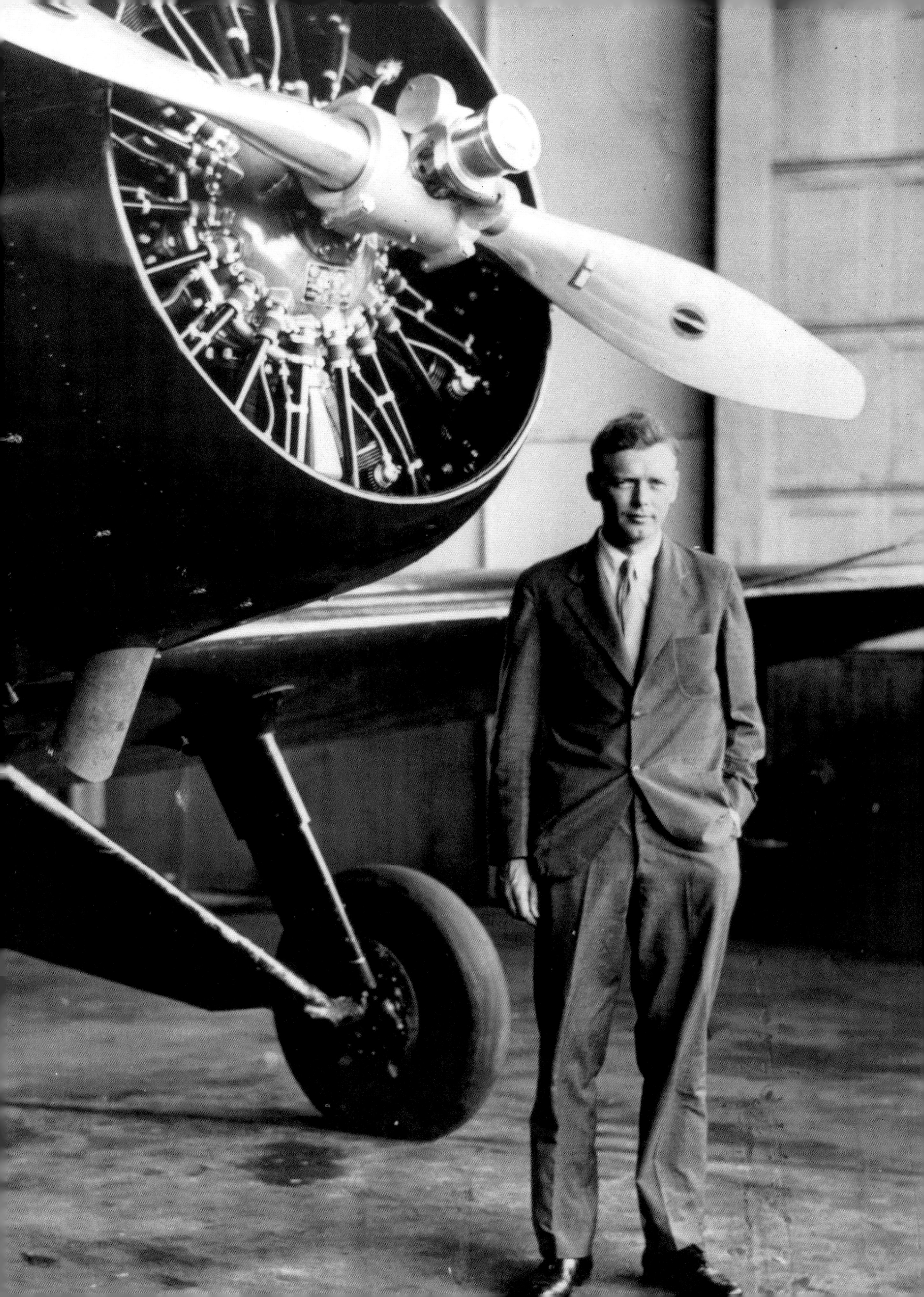

SOPHIA LOREN
*1934

ALS MÄDCHEN AUS den Slums von Neapel stieg Sophia Loren zu einem der großen Sexsymbole des Films auf. Die Welt sah in ihr die verführerische, typisch europäische Frau, die gleichzeitig warmherzig, erdverbunden und mütterlich ist. Sie erregte derart große Begeisterung, daß das Colosseum in Rom hätte gefüllt werden können. Doch vielleicht war die Dauerhaftigkeit dieser Ausstrahlung ihre bedeutendste Leistung.

Sophia Loren wurde als Sofia Scicolone in einem römischen Armenhospital als Tochter von Romilda Villani geboren, deren Liebhaber sich weigerte, sie zu heiraten, obwohl Sophia und ihre jüngere Schwester Maria später seinen Nachnamen tragen durften. Von der italienischen Gesellschaft als uneheliches Kind abgelehnt, zog die vierjährige Sophia mit ihrer Mutter nach Pozzuoli, einem heruntergekommenen Vorort von Neapel, wo Romilda Villani in schäbigen Cafés Klavier spielte, um Geld zu verdienen. Während des Krieges war Neapel die am stärksten bombardierte Stadt Italiens, und Sophia Loren lebte unter ärmlichsten Bedingungen, die unauslöschliche Narben hinterließen. Nie war genug zu essen da, und als die Bomben vom Himmel fielen, suchte die Familie Zuflucht in Eisenbahntunneln.

Als Jugendliche verwandelte sich Sophia Loren von dem von Entbehrungen gekennzeichneten Mädchen in eine große, üppige Frau mit beeindruckenden Formen. Ihr exotisches, schönes Gesicht wurden zum Ticket aus ihrer Armut, zu ihrer Flucht aus dem Alptraum. Die großen Augen, die vollen Lippen und der überaus attraktive Körper, gehüllt in ein rosafarbenes Kleid, das ihre Mutter aus einem Vorhang genäht hatte, brachten ihr den zweiten Platz in einem Schönheitswettbewerb ein. Daraufhin gab die 15jährige ihre Lehrerausbildung auf und reiste mit ihrer Mutter, selbst eine enttäuschte Schauspielerin, nach Rom, um Karriere beim Film zu machen. Die beiden erhielten zwei winzige Rollen in dem Breitwandepos *Quo Vadis* (1951), doch von den 33 Dollar, die sie dabei verdienten, konnten sie nicht lange leben. Als Fotomodell wurde sie mit Hinweis auf ihre Maße abgelehnt, obwohl diese sie später zu einem internationalen Star machen sollten. Daher wandte sich Sophia Loren der „Schauspielerei" für Fumetti zu, Fotozeitschriften mit Seifenopergeschichten, die wie Comics mit Sprechblasen illustriert waren. Meistens stellte sie den Typ der verführerischen Zigeunerin dar, einmal erregte ihre Positur den Unmut der italienischen Zensoren. Sophia Loren versuchte weiterhin, im Show-Business Fuß zu fassen. 1950 belegte sie bei der Wahl zur „Miss Italien" den zweiten Platz. Im gleichen Jahr wurde sie Vizekönigin bei der Wahl zur „Miss Rom", doch hier gewann sie viel mehr als nur die Misskrone, denn der Filmproduzent Carlo Ponti saß in der Jury. Er war von ihrer Schönheit verzaubert und ließ sich durch ihre unglücklichen Probeaufnahmen nicht entmutigen.

Als erstes nahm sie eine kleine Rolle als Haremsdame in Giorgio Bianchis Film *Era lui... sì! sì!* (1951) an. Doch erst im Jahr darauf sollte sie zu Sophia Loren werden, als ein Produzent ihr den neuen Namen gab, damit sie nicht mehr mit den Fumetti in Verbindung gebracht wurde. Es folgte eine Reihe unbedeutender Filme, bis Ponti ihr einen Vertrag anbot – und sie seine Geliebte wurde. Ponti war jedoch bereits verheiratet und hatte zwei Kinder. Während er sich über eine mögliche Scheidung den Kopf zerbrach, drehte Sophia Loren einen Film nach dem anderen und führte einen „Busenkrieg" mit der verführerischen Rivalin Gina Lollobrigida. Ihre sorgfältig inszenierte Beliebtheit sowie eine Rolle in Vittorio de Sicas *Das Gold von Neapel* (1954) brachten sie nach Hollywood. In dem Film *Der Knabe auf dem Delphin* (1957) konnte das Publikum in einer bezaubernden Szene ihre berühmten Reize betrachten, als sie in einem nassen, durchsichtigen Kleid aus dem Wasser stieg. In *Stolz und Leidenschaft* (1957) drehte sie mit einem verzauberten Cary Grant, der ihr spontan einen Heiratsantrag machte. Die von Grants Leidenschaft verursachte Krise brachte Ponti schließlich vor das Scheidungsgericht in Mexiko, wo sowohl die Auflösung seiner Ehe als auch die Hochzeit mit Sophia Loren vollzogen wurden. Dies wurde vom Vatikan öffentlich verurteilt; er erkannte die mexikanische Scheidung nicht an, verunglimpfte Ponti als Bigamisten und seine neue Frau als Konkubine. Beobachter amüsierten sich über das ungleiche Paar, hier der kleine, korpulente Ponti und dort die kurvenreiche Sirene, doch die Braut selbst sah ihre Situation sehr deutlich: „Ich brauchte einen Vater. Ich brauchte einen Mann. Carlo hat mich adoptiert, und ich habe meinen Vater geheiratet."

Nichts davon tat Sophia Lorens Karriere Abbruch. *Hausboot* (1958) mit Cary Grant war ein sicherer Erfolg an den Kinokassen. Auch ließ sie Europa nicht im Stich, sondern drehte 15 Filmromanzen mit Marcello Mastroianni, von denen die bedeutendste wohl *Hochzeit auf italienisch* (1964) war. Den Gipfel ihrer Laufbahn erreichte sie 1961 mit ihrer Rolle in De Sicas *Und dennoch leben sie*. Für ihre Darstellung eines Vergewaltigungsopfers aus dem Krieg erhielt sie einen Oscar.

Nach mehreren Fehlgeburten schenkte die Schauspielerin schließlich zwei Söhnen das Leben, Edoardo und Carlo Jr., und stand eine Zeitlang nur für Werbeaufnahmen für ihr Parfüm *Sophia* und ihre Brillenentwürfe zur Verfügung. 1982 tauchte sie wieder in der Presse auf, als die italienischen Behörden sie wegen Steuerhinterziehung 19 Tage lang inhaftierten. Nach ihrer Entlassung machte sich „La Simpatica" wieder an die Arbeit und drehte vermehrt Fernsehfilme. 1994 trat sie mit vielen anderen Stars in Robert Altmans *Prêt-à-Porter* auf, ihrer letzten Komödie mit dem alten Freund Marcello Mastroianni, und ein Jahr später in *Ein noch verrückteres Paar*. In beiden Filmen war sie so sexy wie bei ihren ersten Auftritten 40 Jahre zuvor. Ihr Geheimnis hatte sie schon 1990 verraten: „Ich mag mich immer noch, von innen und von außen. Ich bin nicht eitel – ich fühle mich einfach wohl in meiner Haut."

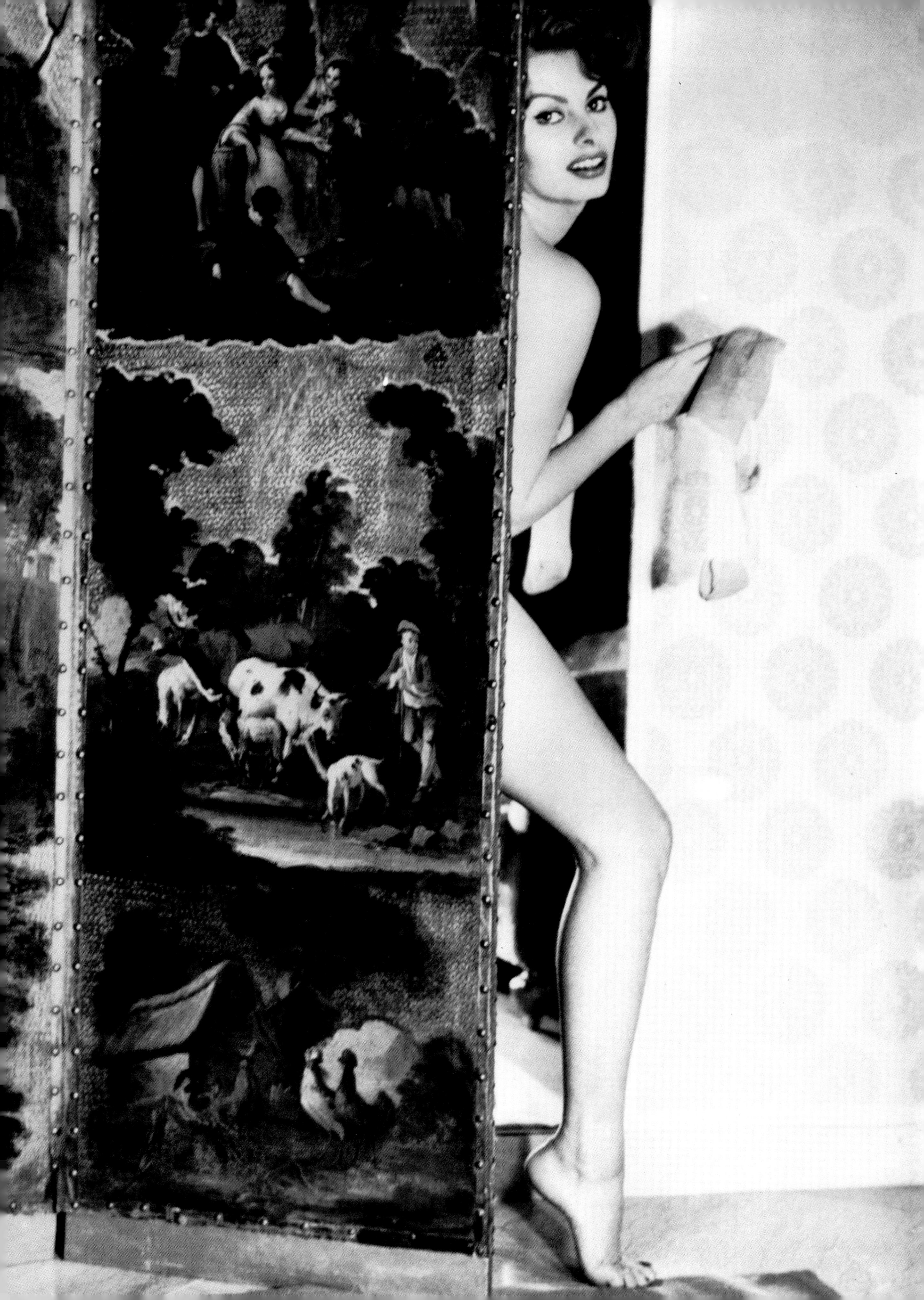

ROSA LUXEMBURG
1871–1919

WIE KAUM EIN ANDERES Jahrhundert ist das 20. Jahrhundert von gesellschaftlichen Umstürzen geprägt, und Rosa Luxemburg war sicher eine der tragischsten Figuren unter den Revolutionären. Als Kämpferin für das internationale Proletariat vereinte sie die wesentlichen Grundzüge der Theorie des Kommunismus in ihrer Person – scharfen Intellekt, romantische Verklärung und Gewaltbereitschaft. Die politische Denkerin Rosa Luxemburg wurde oft auf eine Stufe mit Karl Marx gestellt, war sie doch in ihrem relativ kurzen Leben innerhalb der internationalen sozialistischen Arbeiterbewegung von großem Einfluß. Im Gegensatz zu zeitgenössischen Agitatoren war sie aber auch den schönen Dingen des Lebens nicht abgeneigt, liebte die Kunst ebenso wie die Literatur. Sie war keineswegs eine auf das eine Ziel fixierte Fanatikerin, so wie es ihr Geliebter, Leo Jogiches, war, dem sie einmal folgende Zeilen schrieb: „Wenn ich Deine Briefe öffne und eine sechsseitige Abhandlung über die sozialistische Partei Polens sehe und kein einziges Wort über das normale Leben, wird mir schlecht."

Rosa Luxemburg war körperbehindert, Jüdin und Frau – und das alles im zaristisch beherrschten Polen. Es verwundert also kaum, daß sie von einer Welt träumte, in der Abstammung, Religion und Geschlecht bedeutungslos wären. Als Tochter eines kultivierten Kaufmannsehepaars wuchs sie fern von dem sozialen Milieu auf, für dessen Befreiung sie später kämpfte. Die Eltern weckten ihr Interesse für Literatur und Politik. Sie schrieb Gedichte, weil die Kinderlähmung sie von jeder körperlichen Betätigung abhielt. Später wurde das Studium subversiver, aufrührerischer Literatur für sie zum Ventil. Die Bestrafung kam prompt: An der Schule wurde ihr eine Auszeichnung für besonders gute Leistungen aufgrund radikaler Aktivitäten und zivilen Ungehorsams verweigert. Als sie von ihrer bevorstehenden Verhaftung durch die zaristische Polizei erfuhr, floh die gerade 18 Jahre alte Agitatorin in die Schweiz, wo sie sich als Studentin an der Universität Zürich einschrieb. Bereits 1897 promovierte sie mit einer marxistischen Analyse der Industrie Polens. Ihre Theorie setzte Rosa Luxemburg später in die Praxis um, als sie mit dem Exilanten und Aufrührer Leo Jogiches die Sozialdemokratische Arbeiterpartei des Königreiches Polen und Litauen gründete. Jogiches, rebellischer Sprößling einer reichen Familie, hegte eine tiefe Verachtung für den Kapitalismus. Mit ihm hatte Rosa Luxemburg eine langjährige, konfliktreiche Beziehung. Als sie selbst durch ihre vielen theoretischen Schriften berühmt wurde, beobachtete er dies voller Neid.

1896 war sie bereits eine der führenden Persönlichkeiten der internationalen Arbeiterbewegung. Mit ihrer beharrlichen Ablehnung des Nationalismus, den sie als Feind des Sozialismus verstand, stieß sie ihre polnischen Mitbürger vor den Kopf. Ein Jahr später heiratete sie den Berliner Gustav Lübeck, um die deutsche Staatsbürgerschaft zu erlangen und in Deutschland auf vielversprechenderem Terrain die Revolution voranzutreiben. Sie verließ Zürich und Jogiches. Sieben Jahre lang schrieb sie für Blätter wie *Die Neue Zeit*. Mit ihren Analysen und Propagandaschriften untermauerte sie zwar ihren Ruf als politische Denkerin, gelangte aber kaum zu einem tieferen Verständnis der tatsächlichen Bedürfnisse des Durchschnittsbürgers.

Als die Russische Revolution 1905 ausbrach, kehrte sie voller Hoffnung nach Polen zurück, wurde aber zusammen mit Jogiches festgenommen und inhaftiert. Durch Intervention ihrer Familie kam sie frei und reiste über Finnland nach Deutschland zurück. In Finnland stattete sie Trotzki und Lenin einen Besuch ab und verfaßte eines ihrer wichtigsten Werke, *Gewerkschaftskampf und Massenstreik*. Trotz ihrer blutigen Rhetorik, die ihrem Spitznamen „Rote Rosa" einen brutalen Beigeschmack gab, verabscheute und fürchtete sie Gewalt. Anders als Lenin wäre sie nie imstande gewesen, Terrormaßnahmen zu organisieren. Lenins antidemokratischer Kommunismus erschien ihr schlimmer als die Übel, die damit ausgerottet werden sollten.

1913 hielt Luxemburg vor Arbeitern mehrere Reden über die Frage, ob sie mit Waffen gegen ihre Brüder in den Nachbarländern kämpfen sollten oder nicht. Kurz nach Ausbruch des Ersten Weltkrieges wurde sie dafür erneut inhaftiert. Mittlerweile hatte sie ihr berühmtes Werk *Die Akkumulation des Kapitals* vollendet. Die Kriegsjahre verbrachte sie im Gefängnis, wo sie literarische Texte übersetzte, politische Traktate und Gedichte schrieb. Die von Lenin erfolgreich durchgeführte Oktoberrevolution feierte Rosa Luxemburg in ihrer Zelle. Sie forderte daraufhin die Deutschen auf, es ihm gleichzutun. Mit ihrem Spartakusbund konnte sie allerdings wenig ausrichten. Es gelang ihr nicht, den Sozialismus in Deutschland durchzusetzen. 1919 entstand im Zuge des linken Widerstands gegen die neue Weimarer Republik aus dem Spartakusbund die Kommunistische Partei Deutschlands.

Im Januar desselben Jahres nahm Rosa Luxemburg am Aufstand des Spartakusbundes teil. Der Versuch, die Regierung durch eine Massenrevolte zu stürzen, schlug jedoch fehl, und ihr Vertrauen in die Macht der Massen erwies sich als naive Wunschvorstellung. Die Bevölkerung interessierte sich überhaupt nicht für die Revolution, und die Regierung blieb im Amt. Am 15. Januar 1919 wurden sie und Karl Liebknecht in Berlin von Freikorpsoffizieren verhaftet, verhört, verprügelt und erschossen. Ihre Leichen wurden in den Landwehrkanal geworfen.

Rosa Luxemburgs Tod setzte ihrem engagierten Leben ein brutales Ende. Sie war eine brillante Theoretikerin, die den Sozialismus zu ihrem Credo erhoben hatte und für eine soziale Schicht stritt, der sie nie angehört und die sie nie richtig verstanden hatte. Während sie einerseits den Elfenbeinturm nie richtig verließ, propagierte sie andererseits die bewaffnete Revolution. Nach ihrem Tod bezeichnete Lenin sie als einen Adler, der zu tief geflogen war, so tief, daß die Raubtiere ihn zerfleischen konnten.

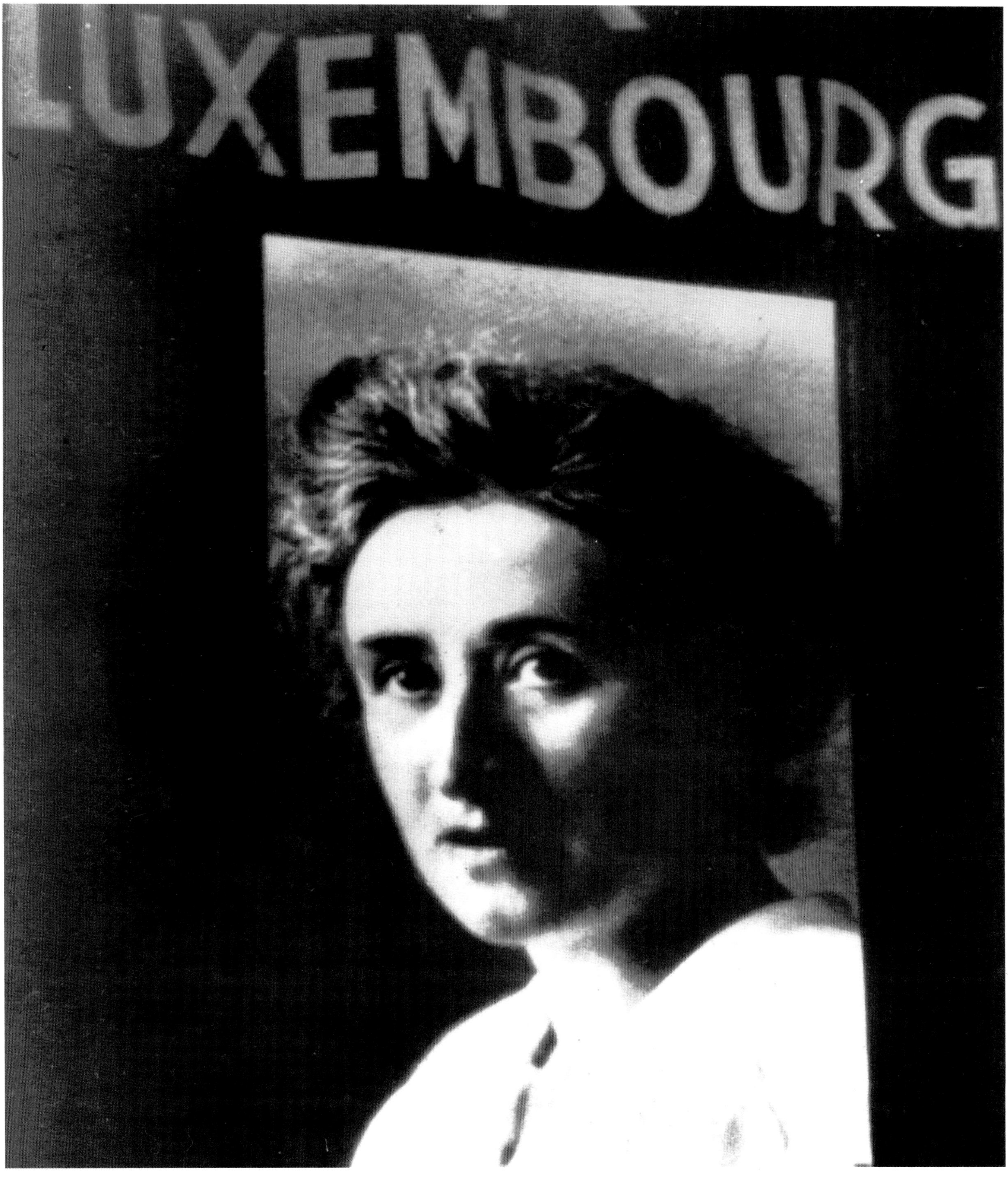
LUXEMBOURG

MacArthur
1880-1964
General Douglas

ALS EINER DER GRÖSSTEN und bemerkenswertesten Befehlshaber Amerikas zog General Douglas MacArthur seine Kraft aus den drei geheiligten Worten: Pflicht, Ehre, Vaterland. Er diente in jedem militärischen Rang, vom Adjutanten des Präsidenten über den Fünf-Sterne-General bis hin zum faktischen Vizekönig Japans. Nur wenige sind berufen gewesen, so viel Macht in so großer Öffentlichkeit auszuüben, noch dazu mit solch dramatischen Auswirkungen auf die Weltgeschichte.

Douglas MacArthur war Sohn einer amerikanischen Familie mit einer langjährigen Tradition als Staatsdiener und Militärangehörige: Sein Vater war ein hochdekorierter Veteran des Bürgerkrieges sowie des spanisch-amerikanischen Krieges, sein Bruder ein hervorragender Flottenkapitän und sein Großvater Gouverneur von Wisconsin gewesen. Dieses Vermächtnis führte MacArthur als Hauptgrund für seinen eigenen Erfolg an. Doch vielleicht hatte seine Mutter, Mary Pinkney Hardy, den größten Einfluß auf ihn. Sie schickte ihrem Sohn in Augenblicken großer Belastung aufmunternde Gedichte.

Nach einer Kindheit, die er in diesem und jenem staubigen Außenposten verbrachte, besuchte MacArthur West Point und schloß 1903 als Klassenbester ab. Statt zur Infanterie wurde er in die Pioniertruppe geschickt. Als Adjutant seines Vaters während dessen Dienstzeit in Asien kam er erstmals mit der Gegend in Berührung, die zum Schauplatz seines größten Triumphs und seiner größten Niederlage werden sollte. Diensterfahren stieg er zum Adjutanten von Präsident Theodore Roosevelt auf. Nachdem er kurz nach Eintritt der Vereinigten Staaten in den Ersten Weltkrieg zum Oberst befördert und dann in die Infanterie versetzt worden war, wurde MacArthur 1917 ebenfalls zum Stabschef der 42. (Regenbogen-) Division ernannt. Er wurde zweimal verwundet und erhielt insgesamt sieben Silberne Sterne für Tapferkeit im Kampf. 1918 wurde er Brigadegeneral.

Von 1919 bis 1922 diente MacArthur als Leiter der amerikanischen Militärakademie, ein Posten, auf dem er radikale Reformen einleitete, die man von einem Militaristen eigentlich nicht erwartet hätte, wie beispielsweise die Anhebung des akademischen Niveaus. Drei Jahre später verließ er West Point und kehrte auf die Philippinen zurück, wo er die nächsten acht Jahre verbrachte; 1928 wurde er zudem Vorsitzender des amerikanischen Olympischen Komitees. 1930 ernannte man ihn zum Generalstabschef der U.S.-Army. Während seiner Amtszeit litt sein guter Ruf, da er arbeitslose Veteranen verjagte, die durch einen Protestmarsch auf Washington die ihnen zustehenden Zulagen einfordern wollten. Als er den Posten als Generalstabschef abgab, zählte die Armee der Vereinigten Staaten 139 000 Truppen aller Dienstgrade und war jämmerlich unterversorgt. Mit einem Aufruf zu besserer Vorbereitung nahm MacArthur das Angebot an, dem neugegründeten Philippinischen Commonwealth als militärischer Berater zu helfen, sich auf die Unabhängigkeit vorzubereiten und die Abwehr zu stärken.

Doch war es schon zu spät. Am 7. Dezember 1941 zerstörten die japanischen Truppen fast die halbe philippinische Luftwaffe und nahmen innerhalb einer Woche Luzon ein. Da er 1942 gezwungen wurde, das Hauptquartier in Corregidor zu verlassen, flüchtete er nach Australien, wo er sein denkwürdiges Versprechen gab, das zum Motto der Alliierten im Pazifik wurden: „Ich habe es überlebt, und ich komme zurück." MacArthur war gründlich geschlagen worden, wurde aber dennoch als Held der Nation gefeiert und erhielt die höchste Tapferkeitsauszeichnung. Sein Versprechen erfüllend, kehrte er als Kommandant der alliierten Streitkräfte im Südpazifik zurück, wo er zur Vertreibung und Isolierung der japanischen Truppen die Taktik des „Inselspringens" verfolgte. Am Ende des Krieges hatte MacArthur, inzwischen Fünf-Sterne-General, den größten Teil von Luzon zurückerobert.

Nach dem Sieg im Pazifik wurde MacArthur die schwere Aufgabe übertragen, die japanische Gesellschaft neu zu organisieren. Er entfernte die herrschende, militaristische Elite, setzte Landreformen durch und gab den Frauen das Wahlrecht. Indem er den Kaiser symbolisch im Amt beließ, bekam MacArthur im japanischen Parlament die Unterstützung für die neue Verfassung, in der auf Krieg und den Einsatz bewaffneter Streitkräfte ausdrücklich verzichtet wurde.

Als 1950 der Koreakrieg ausbrach, wurde MacArthur zum Oberbefehlshaber der UNO-Truppen berufen. Als Präsident Harry Truman ihm befahl, den Südkoreanern nach der Invasion durch die Nordkoreaner Unterstützung zu schicken, ging MacArthur einen Schritt weiter und bombardierte ohne Trumans Wissen nordkoreanische Flugplätze. Dann zerschlug er einen Vorstoß der Kommunisten durch eine außerordentlich riskante Amphibienlandung im Hafen von Inchon, wodurch die UNO-Truppen in der Lage waren, Seoul einzunehmen. Im September 1950 rückte der General in der falschen Annahme, China würde den Kommunisten nicht zur Hilfe eilen, bis zum 38. Breitengrad, der Grenze zwischen den beiden Koreas, vor und verkündete voreilig, die Soldaten seien „bis Weihnachten zu Hause". Die Befreiungsarmee des chinesischen Volkes brachte daraufhin seinen geteilten Truppen eine demütigende Niederlage bei.

Da MacArthur chinesische Militärbasen bombardieren wollte, beklagte er sich über die zögernde Haltung des Präsidenten. Doch Truman verweigerte die Zustimmung, woraufhin MacArthur mit dem Streit an die Öffentlichkeit ging. Im April 1951 entzog ihm der verärgerte Truman das Kommando. In seiner Rede an den Kongreß bestand der General darauf, daß der Sieg in Korea noch immer möglich sei.

Elf Jahre später hielt er bei der Verleihung des Thayer Awards in West Point eine bewegende Rede von den länger werdenden Schatten und dem verzaubernden Klang der Hornsignale und verabschiedete sich von seinen Waffenbrüdern.

IKONEN DES 20. JAHRHUNDERTS

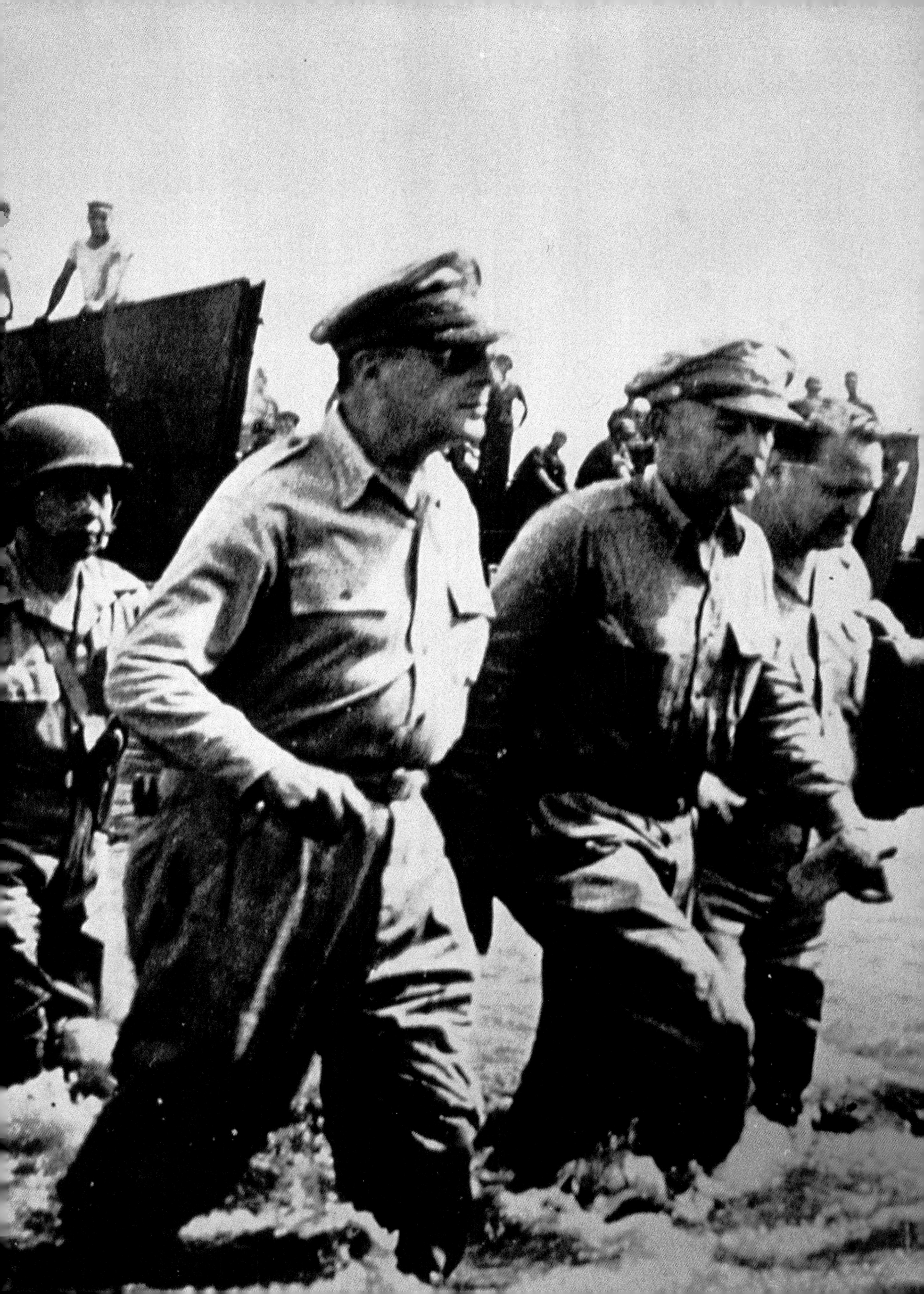

MADONNA
*1959

SIE BEHERRSCHT DIE KUNST, sich selbst zu vermarkten, perfekt. Die Songs, Filme und Outfits der extrem wandlungsfähigen und immer perfekt gestylten amerikanischen Popsängerin und Schauspielerin Madonna waren von Anfang an Teil einer raffiniert ausgeklügelten Strategie. Jeder Fan kann sich eine Madonna aussuchen, die ihm gefällt, sei es nun die frühe Püppchen-Version, das Möchtegern-Marilyn-Girl, die ultracoole Domina im supergestylten Gaultier-Look oder die reife Mutter Erde ihrer jüngsten Musikaufnahmen. Hinter all diesen Figuren verbirgt sich eine Künstlerin von großer Kreativität: Voll Spannung erwarten ihre Fans jedes neue Madonna-Projekt — ganz gleich was es ist, ein neues Album, ein neuer Film oder auch etwas völlig anderes wie etwa ihr hocherotischer Fotobildband *Sex* (1990) — und jedes neue, faszinierende Image, das damit einhergeht.

Madonna Louise Ciccone, benannt nach ihrer Mutter, die an Krebs starb, als Madonna sechs Jahre alt war, wuchs in einem kleinen Vorort von Detroit auf und träumte davon, Tänzerin zu werden. Eine Zeitlang studierte sie an der University of Michigan, ging dann aber 1978 ohne Abschluß und einen Pfennig Geld in der Tasche nach New York, um ein berühmter Star zu werden. Um ihren Lebensunterhalt zu verdienen, arbeitete die 19jährige als Aktmodell, oder sie lebte auf Kosten ihrer neugewonnenen Freunde. Es kam auch vor, daß sie ihr Essen aus Mülltonnen zusammensuchen mußte. Nach einer kurzen Ausbildung bei Martha-Graham-Schülerin Pearl Lang wurde Madonna schließlich in Langs Tanztruppe aufgenommen. Später tanzte sie auch bei Alvin Ailey, doch Tanz allein füllte sie nicht aus. Also beschloß sie, in die Musikszene zu wechseln, wo sie Unterricht bei dem Rockmusiker Dan Gilroy, einem ihrer früheren Liebhaber, nahm, der ihr Schlagzeug und Gitarre beibrachte — und in dessen Band The Breakfast Club sie hin und wieder Schlagzeug spielte und sang. Doch erst, als sie ihren Manager Camille Barbone kennenlernte, kam es zum großen Durchbruch. Mit einer neuen Band trat Madonna schon bald in den besten Clubs der Stadt auf. In ihrer Lieblingsdiskothek, der Danceteria, spielte DJ Mark Kamins ihr Demo-Band für die späten Gäste, die hellauf begeistert waren. Kamins verdankte sie auch ihre Bekanntschaft mit Seymour Stein, dem Direktor von Sire Records, die einen entscheidenden Einfluß auf ihre Karriere haben sollte: Madonna trennte sich von Barbone, um weiter zu kommen.

Ihr erstes Album für Sire Records, *Madonna*, fand zunächst nur wenig Anklang in den Charts. Doch dann griff die Popsängerin unverfroren zum Telefonhörer, um ihrem Glück ein wenig nachzuhelfen. Sie überredete Freddie DeMann, den Manager von Michael Jackson, die Publicity für sie zu übernehmen. Im Frühjahr 1984 erreichte ihr Song *Borderline* Platz 10 der amerikanischen Single-Charts. Anfang 1985 kam schließlich ihr Album *Like A Virgin* — bekannt durch ihren skandalösen Auftritt bei der Verleihung der MTV Video Music Awards und ihre Videoclips — auf Platz 1. MTV und Madonna waren von da ab über viele Jahre eine unzertrennliche Einheit.

In der Folgezeit wuchs Madonnas Fangemeinde stetig. Weibliche Teenager auf der ganzen Welt vergötterten die Sängerin und ihre befreienden Songs über Sex und Power. Doch nicht alle Teile der Bevölkerung reagierten so begeistert auf ihre Musik: Viele empfanden ihre Lieder, vor allem *Papa Don't Preach* (1991) — die Geschichte eines jungen Mädchens, das ungewollt schwanger wird und gegen den Willen der Eltern beschließt, ihr Kind auszutragen —, als unmoralisch. Die Kritik erreichte ihren Höhepunkt, als 1989 Madonnas Album *Like a Prayer* erschien. Ihr Videoclip zum Titelsong, in dem sich Madonna Wundmale zufügt, löste einen ungeheuren Skandal aus und führte zum Ausschluß der Sängerin aus der katholischen Kirche.

Obwohl ihre Konzerte jedes Mal restlos ausverkauft waren und ihre Platten mehrfach „Platin" gewannen, hatte Madonna einen weiteren großen Traum: Schauspielerin zu werden. Für ihre gelungene Darstellung der intriganten Hippie-Sängerin in *Susan, verzweifelt gesucht* (1985) erntete sie sehr viel Beifall, während ihre nächsten beiden Filme, *Shanghai Surprise* (1986) — mit Sean Penn, ihrem damaligen Mann, in der männlichen Hauptrolle — und *Who's That Girl* (1987) kaum Beachtung fanden. Ihre Rolle der Breathless Mahoney in *Dick Tracy* sorgte fünf Jahre später wieder für einiges Aufsehen. Doch noch viel interessanter fand die Öffentlichkeit ihr Verhältnis mit Warren Beatty, dem Regisseur und Star des Films. 1991 überzeugte Madonna das Publikum mit ihrem autobiographischen Dokumentarfilm *In Bed with Madonna*, der Einblick in ihr Privatleben und ihre Arbeit als Sängerin gewährte. Auch Penny Marshalls *Eine Klasse für sich* (1992) wurde ein großer Erfolg, doch einen Leinwandstar machte auch dieser Film, dem sie die Freundschaft mit Rosie O'Donnell, der zweiten weiblichen Hauptdarstellerin verdankte, nicht aus ihr. Erst ihre Rolle der Eva Peron in Alan Parkers Verfilmung von *Evita* (1996) brachte den sehnlichst erwünschten Welterfolg. Für ihre eindrucksvolle Darstellung der Schauspielerin, die zur argentinischen Nationalheldin aufsteigt, wurde Madonna mit einem Golden Globe als beste Schauspielerin in einem Musical ausgezeichnet.

1996 änderte sich ihr Leben einschneidend durch die Geburt ihrer Tochter Lourdes. Ihre neuen Erfahrungen als Mutter — statt ihrer täglichen Workouts machte sie nun nur noch Yogaübungen — verarbeitete sie schließlich in ihrem neuesten Album *Ray of Light* (1998). Auch vertiefte sie ihr Studium der Kabbalah, einer alten, mystischen Glaubensrichtung des Judentums, die im Zuge der Esoterikwelle neue Popularität gewann. Heute hat Madonna ihre eigene Plattenfirma, Maverick, die sie mit großem Elan betreibt, immer auf der Suche nach neuen Sternen am Musikhimmel.

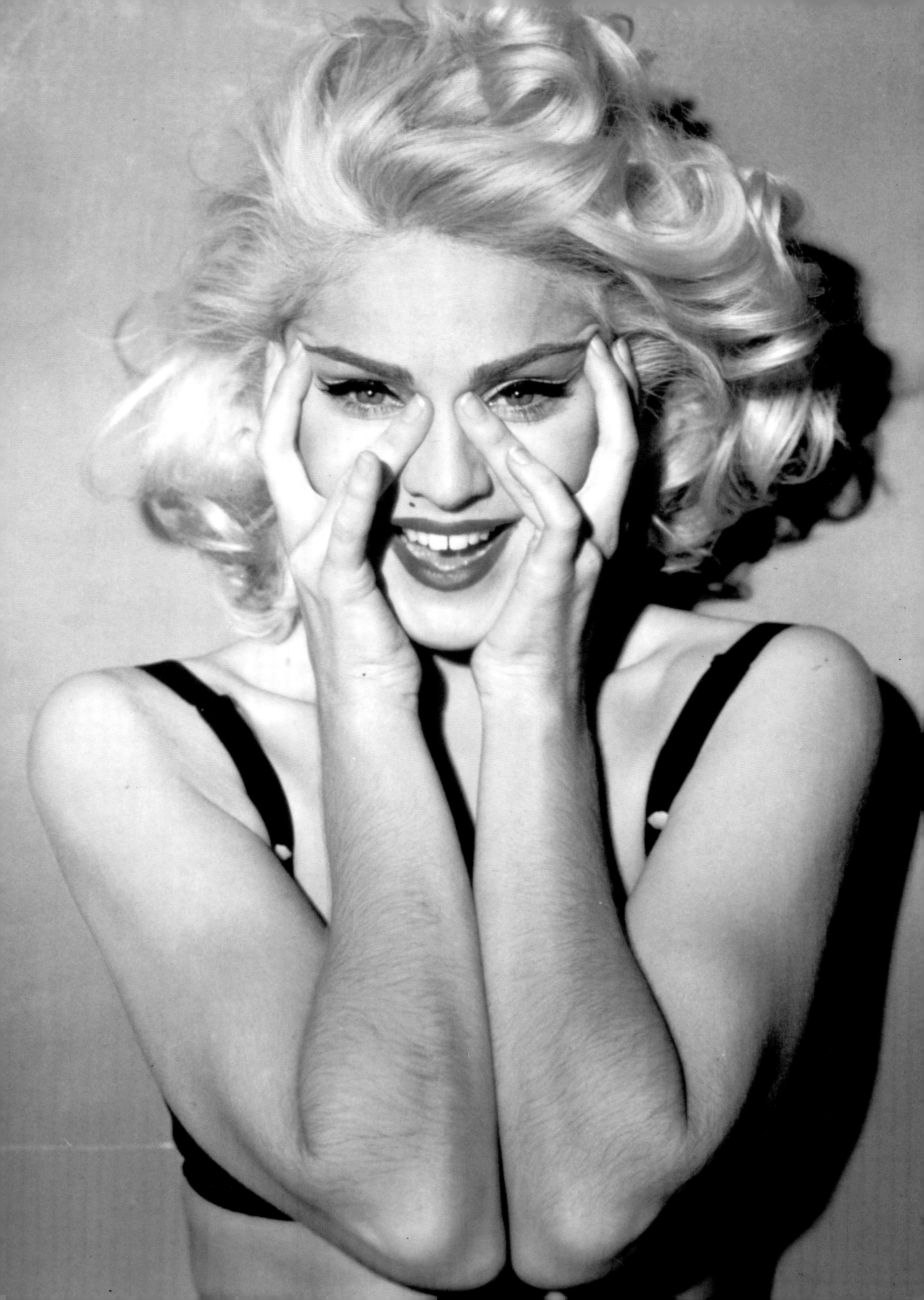

MALCOLM X

1925-1965

IN SEINEM KURZEN und turbulenten Leben trug er viele Namen: Als jugendlicher Kleinkrimineller nannte man ihn „Detroit Red", im Gefängnis „Satan", und später nahm er auf der Pilgerfahrt nach Mekka den Namen El Hajj Malik El Shabazz an. Bekannt wurde er jedoch als „Malcom X", einer Kombination aus seinem Geburtsnamen und der bitteren Anspielung auf die Sklaverei, die sein Volk zu identitätslosen Ziffern in ihrem eigenen Land degradiert hatte. Der erbitterte Kämpfer gegen die weiße rassistische Gesellschaft vollzog einen einschneidenden Gesinnungswandel, als er in späteren Jahren vom wütenden Agitator zum Verkünder der Nächstenliebe wurde.

Geboren wurde Malcolm Little in Omaha, Nebraska. Sein Vater, der baptistische Reverend Earl Little, war in der schwarzen Separatistenorganisation Universal Negro Improvement Association aktiv, und seine Mutter Louise war die Tochter einer Schwarzen, die von einem Weißen vergewaltigt worden war. Der Zorn über dieses Verbrechen war stets in ihrem Sohn präsent. Die Familie wurde jedoch noch von zahlreichen weiteren Verbrechen heimgesucht. Die politischen Aktivitäten des Vaters blieben dem Ku-Klux-Klan nicht verborgen, dessen Gefolgsleute im Haus der Little alle Fenster einwarfen. Die Familie flüchtete angsterfüllt zunächst nach Milwaukee, dann weiter nach East Lansing im US-Bundesstaat Michigan. 1931 wurde Reverend Little erschlagen auf einem Bahngleis gefunden.

Louise Little hielt der Belastung, mitten in der Weltwirtschaftskrise für zehn Kinder sorgen zu müssen, nicht stand und wurde in ein psychiatrisches Krankenhaus eingeliefert. Kurze Zeit später verwies man Malcolm X wegen schlechten Betragens der Schule. Er kam in eine Jugendstrafanstalt. Er besserte sich, schloß 1941 die Junior High School ab und überredete eine Tante in Boston, für ihn die Vormundschaft zu übernehmen.

Dort akklimatisierte er sich rasch und wurde zum Ghetto-Kid. Er trug einen Zoot Suit und ließ sich wegen seiner rötlichen Haut- und Haarfarbe „Red" nennen. Er glättete sich das krause Haar, dealte mit Marihuana und verdiente seinen Unterhalt als Zuhälter. Eine Zeitlang arbeitete er als Sandwich-Verkäufer, aber 1942 zog er nach Harlem, wo Drogen und bewaffnete Raubüberfälle zu seinem Lebensinhalt wurden. Die Morddrohungen eines Rivalen trieben ihn zurück nach Boston. Er schlug sich weiterhin mit Überfällen und Diebstählen durch, bis er schließlich festgenommen wurde. 1946 wurde der 20jährige zu einer Haftstrafe von zehn Jahren verurteilt.

Das Gefängnis war seine Lehranstalt. Nachdem er den anfänglichen Trotz und Hochmut überwunden hatte, begann Malcolm X, seinen Verstand zu schulen. Ein Mithäftling überredete ihn, Fernunterricht zu nehmen. Malcom lernte Englisch und Latein und besuchte häufig die Gefängnisbibliothek. Dem Vorbild seiner Brüder folgend, schloß er sich der Nation of Islam (NOI oder nur die „Nation") an und entsagte Drogen, Tabak und Schweinefleisch. Die „Nation" war von Elijah Muhammed alias Wallace Ford, einem ehemaligen Handelsreisenden, gegründet worden und vertrat die Ansicht, daß die Schwarzen Allahs Auserwählte seien. Muhammed schwor seine Anhänger auf harte Arbeit und das Vertrauen in sich selbst ein; sie sollten ein ehrliches Leben führen, um so der rassistischen Gesellschaft keine Angriffspunkte zu bieten.

Nachdem er 1952 aus dem Gefängnis entlassen worden war, trat Malcolm unverzüglich der „Nation" bei und nahm das berühmte Pseudonym „X" an. Elijah Muhammed setzte ihn als Leiter der Moschee in Detroit ein, wo er derart erfolgreich war, daß er bald nach New York versetzt wurde. Dort gründete er die Zeitschrift *Muhammed Speaks* und trug wesentlich zum Wachstum der „Nation" bei. 1958 heiratete er Betty X, mit der er sechs Töchter hatte. Im folgenden Jahr wurde er durch die landesweite Ausstrahlung seiner schärfsten Reden in einer recht einseitigen Fernsehdokumentation bekannt. Die Medien beschuldigten ihn der Hetzerei, worauf Malcolm X undiplomatisch antwortete: „Die Weißen haben keinerlei moralisches Recht, andere des Hasses zu zeihen."

Im Stillen begann Malcolm X allerdings an den ziemlich borniertten Ansichten der „Nation" zu zweifeln. Seine Zweifel wurden noch bestärkt, als er erfuhr, daß Muhammed Vater mehrerer unehelicher Kinder war. Sein früherer Mentor ließ Malcolm unter einem Vorwand schleunigst von seinen Aufgaben entbinden. Als Malcom X erfuhr, daß man sich in den Reihen der „Nation" gegen ihn verschworen hatte und ihn töten wollte, schied er 1964 aus, gründete die Muslim Mosque Inc. und unternahm eine Pilgerreise nach Mekka.

Die Begegnung mit Glaubensbrüdern aus der ganzen Welt am heiligsten Ort ihres Glaubens veränderte seine Einstellung. Er beschloß, nach Amerika zurückzukehren, sich der Bürgerrechtsbewegung anzuschließen und eine Philosphie zu finden, die nicht mehr national geprägt ist.

Er fand sie in der „Befreiungsbewegung" der Dritten Welt. Er bereiste einige postkolonialistische Länder in Afrika und verkündete anschließend in New York: „Kapitalismus ohne Rassismus gibt es nicht." In der letzten, frustrierendsten Phase seiner Karriere erkannte er die Notwendigkeit, gemeinsame Sache mit radikalen Weißen zu machen, und versuchte, Amerika davon zu überzeugen, daß vor allem „Dummheit und Gier" an den Problemen des Landes, nicht zuletzt auch an der Rassentrennung, Schuld waren.

Die Todesdrohungen seitens der NOI-Führung sowie von weißen Rassisten nahmen zu, und Mitte Februar 1965 wurden zwei Molotow-Cocktails in sein Haus in Queens geworfen. Eine Woche später, am 21. Februar 1965, wurde er von zwei Männern erschossen, als er das Rednerpult im Audubon Ballroom besteigen wollte. Seine ganze Familie mußte sein Ende mitansehen – ein Ende, das die Hoffnung auf eine Gleichberechtigung der Rassen in Amerika erschütterte.

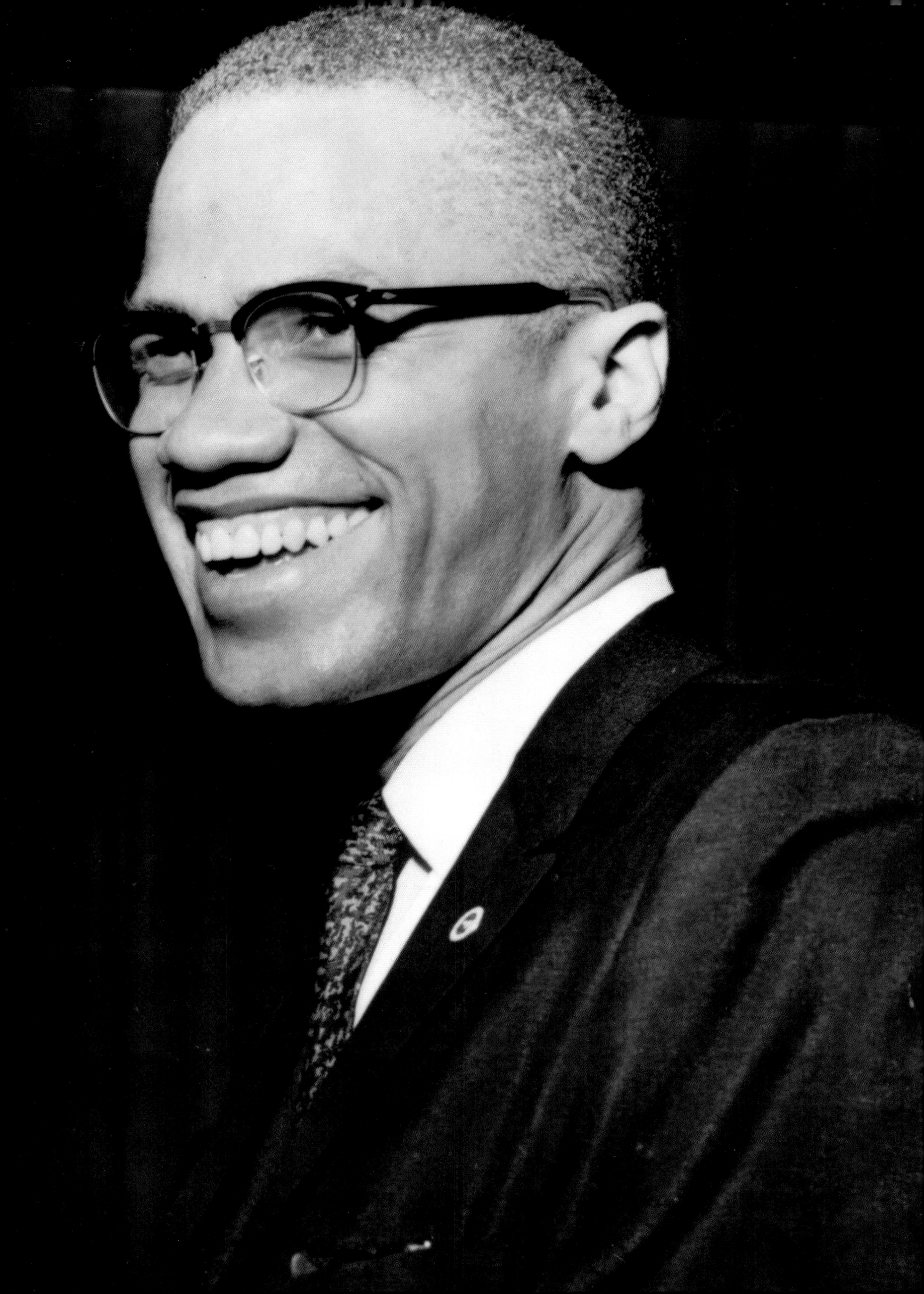

NELSON MANDELA
*1918

ER WAR DER GEISTIGE Führer des African National Congress (ANC), der revolutionären Befreiungsbewegung, die sich in der Republik Südafrika mit der weißen Regierung über Jahrzehnte einen erbitterten Kampf um die Gleichberechtigung der Schwarzen lieferte. Der Rechtsanwalt Nelson Mandela fühlte sich nach eigener Aussage Mahatma Gandhis Grundsätzen des gewaltfreien Widerstands verpflichtet. Übrigens war auch Gandhi als Vertreter der indischen Minderheit mit der Burenrepublik in Konflikt geraten. Mandela selbst war kein Marxist, doch riet ihm sein politischer Verstand, die Nähe der Kommunisten zu suchen. Dieser feine Unterschied wurde von der National Party (NP) nicht wahrgenommen, jener reaktionären Partei, die von den Buren, Südafrikanern holländischer Abstammung, dominiert wurde. Die NP war 1948 an die Macht gekommen und hatte umgehend das grausame System der Apartheid durch Gesetze institutionalisiert. Die Rassentrennung sollte zum typischen Kennzeichen Südafrikas werden.

Als die Regierung den „Suppression of Communism Act", das Gesetz zur Unterdrückung des Kommunismus, erließ, eine Anordnung, die alle Feinde der Apartheid zu Kommunisten erklärte, dauerte es nicht lange, bis sich Mandela auf der falschen Seite des Gesetzes wiederfand. Als Mitbegründer der Jugendliga des ANC organisierte er 1952 die erste großangelegte Protestbewegung, die „Defiance campaign", deren Prinzip gewaltfreie Übertretungen der Rassengesetze waren. Zunächst schränkte der Staat seine Bewegungsfreiheit ein. Er durfte sich sechs Monate lang nur in Johannesburg aufhalten, wo der „verbannte" Mandela mit seinem ANC-Kollegen Oliver Tambo eine Rechtsanwaltspraxis gründete. Im folgenden Jahr wurde er des Hochverrats angeklagt und zu neun Monaten Gefängnis verurteilt. Außerdem erhielt er die Auflage, aus dem ANC auszuscheiden. Doch er setzte ganz im Gegenteil seinen noch immer gewaltlosen Kampf gegen die Regierung fort. 1955 proklamierte er die Freiheits-Charta, eine Charta der Menschen- und Bürgerrechte, die ein nicht-rassistisches Südafrika und die Neuverteilung des Landes forderte. Mehr als einmal stellte die afrikanische Regierung Mandela wegen der Propagierung seiner Ideen vor Gericht, aber noch war die südafrikanische Rechtsprechung einigermaßen unabhängig, so daß es nicht gelang, ihn zu verurteilen. Nach dem Verbot des ANC im April 1960 formierte der afrikanische Rebell 1961 aus den Reihen des ANC die Militärorganisation Umkhonto we Sizwe (Speer der Nation), die nur im Untergrund agierte. Im Dezember explodierten zum erstenmal Bomben an einem Verwaltungsgebäude in Durban.

Trotz seines erstaunlichen Talents, immer wieder den Kräften der Staatssicherheit zu entschlüpfen, wurde er nach einer illegalen Auslandsreise innerhalb Afrikas und nach England verhaftet und angeklagt. Im Prozeß präsentierte er sich als Patriot und als Befürworter der konstitutionellen Demokratie, wurde aber trotzdem für schuldig befunden und am 12. Juni 1964 zu lebenslanger Haft verurteilt. Mehr als 27 Jahre lebte Mandela im Gefängnis auf Robben Island, hielt sich mit Turnübungen und Boxen fit, organisierte Unterricht für die Inhaftierten und behielt seine politische Linie unter sehr strengen Haftbedingungen weiterhin bei. Während dieser Zeit wählte ihn der ANC zum offiziellen Führer. Unter dem Druck der Vereinten Nationen und der internationalen Wirtschaftssanktionen begann eine nervöse Regierung, eine Liberalisierung zu initiieren, wozu auch eine Lockerung der Haftbedingungen Mandelas gehörte. 1990 wurde Nelson Mandela, der zum unangefochtenen Symbol der schwarzen Befreiungsbewegung geworden war, unter dem Jubel der ganzen Welt freigelassen. Gemeinsam mit seiner Frau Winnie sah er sich mit der schweren Aufgabe konfrontiert, die Zukunft mit seinen Feinden aushandeln zu müssen. Er hatte es mit der intern zerstrittenen National Party zu tun, mit den eigensinnigen Zulus, die ihr eigenes Homeland anstrebten, und mit rechtsextremen Buren, die sich auf einen Umsturz vorbereiteten. Auch seine Ehefrau Winnie, von der er sich schließlich scheiden ließ, hatte in ihrem radikalen Kampf für die Rechte der Schwarzen Schuld auf sich geladen und wurde überführt, den Totschlag eines Jungen aus Soweto angeordnet zu haben. Mandela selbst wurde zum Eingeständnis gezwungen, daß der ANC während seiner Haft Verdächtige mißhandelt habe.

Die neue Frau an seiner Seite heißt Graca Machel und ist die Witwe des vormaligen Präsidenten von Mosambik, Samora Machel. Doch da beide große symbolische Bedeutung für ihre Heimatländer haben, kam das Paar überein, nicht zu heiraten.

Währenddessen besuchte Mandela weiterhin die Hauptstädte der Welt, wurde als großer Staatsmann gefeiert, sprach vor dem Kongreß der Vereinigten Staaten und machte deutlich, daß die Zukunft seines Landes von ihm abhinge. Er betonte die Notwendigkeit der Rassengleichheit als unabdingbare Vorbedingung für den Aufbau eines neuen Südafrikas. Es kam zum Bündnis mit seinem Hauptgegner, dem südafrikanischen Präsidenten F. W. de Klerk. 1993 erhielten sie den Friedensnobelpreis. Im Jahr darauf übernahm der große, elegante und fast vollständig ergraute Mandela als erster demokratisch gewählter Präsident des neuen Südafrika die Führung über eine hoffnungsvolle, aber zerrissene Nation.

Diese Aufgabe war kaum zu bewältigen; und die Versöhnung der verschiedenen Volksgruppen bildete nur ein Teilproblem. Der neue Präsident setzte eine Wahrheitskommission ein, damit sich Kriegsverbrecher und andere politische Missetäter öffentlich erklärten, doch viele weigerten sich, und die Basis wandte sich gegen eine Generalamnestie. Parallel zum Anstieg der Verbrechensrate wuchs auch die Zahl der Kritiker. Nelson Mandela ist nicht der erste Rebell im 20. Jahrhundert, der erfahren muß, daß eine Revolution zu gewinnen das eine und ein Land zu regieren etwas ganz anderes ist.

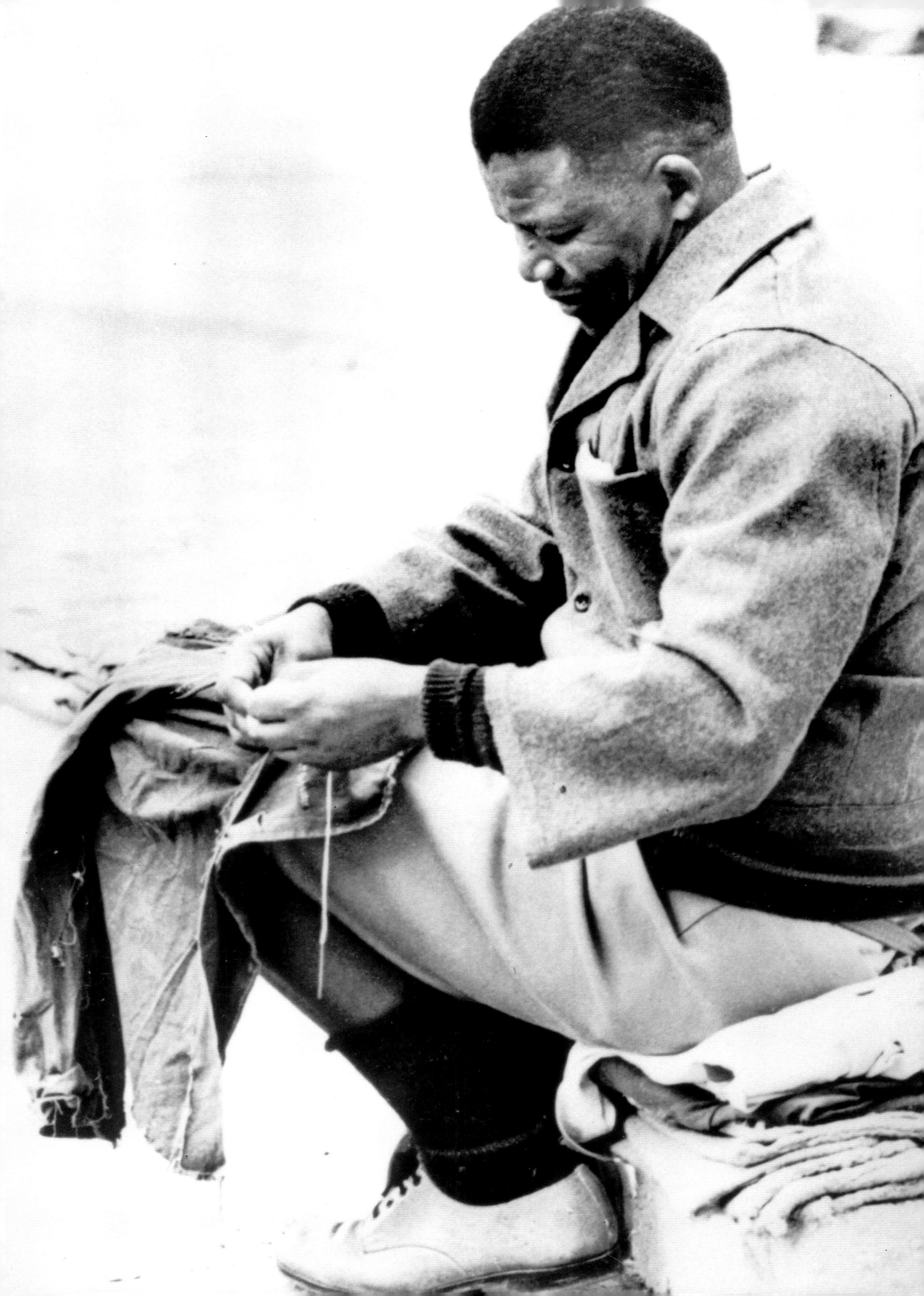

MAO TSE-TUNG

1893-1976

DER GRÜNDER DER VOLKSREPUBLIK China, Mao Tse-tung, zeigte der Welt zwei Gesichter: Er war zugleich ein Mann der Tat und des Intellekts. Er formte das Jahrhundert nicht nur als Leitfigur eines Viertels der Weltbevölkerung, sondern auch als Schriftsteller, dessen Gedanken über Kommunismus, Guerillakriege und revolutionären Kampf äußerst einflußreich waren, besonders in den aufstrebenden Ländern der Dritten Welt. Seinem Land gegenüber erwies er sich als rücksichtsloser Visionär, der die chinesische Gesellschaft verändern wollte, ungeachtet des Preises, den die Menschen dafür zahlen mußten. Dieser Reformer und Idealist war für das Leid und den Tod von Millionen von Menschen verantwortlich.

Mao Tse-tung wuchs in relativem Wohlstand auf. Sein Vater hatte sich vom einfachen Bauern zum Getreidehändler emporgearbeitet, war aber immer ein Mann der Praxis geblieben, der nie intellektuelle Ambitionen hatte. Mao dagegen war ein leidenschaftlicher Leser, der von der östlichen Tradition und chinesischen historischen Romanen ebenso beeinflußt war wie von den verschiedensten staatstheoretischen Schriften und Werken westlicher Autoren wie Mill, Spenser und Rousseau. Maos erste „Revolution" richtete sich gegen seinen Vater, gegen das Leben auf dem Hof der Familie wie auch gegen die vom Vater arrangierte Heirat. 1911 kämpfte Mao als Rekrut in der republikanischen Armee von Sun Yatsen gegen die Mandschu-Dynastie, studierte dann in Changsha, wo er sein Wissen über Philosophie und politische Theorie, einschließlich der marxistischen Lehre, vertiefte. 1917 veröffentlichte der 24jährige seinen ersten Aufsatz.

Nachdem er 1921 bei der Gründung der Kommunistischen Partei Chinas (KPCh) mitgewirkt hatte, organisierte Mao Bauern- und Arbeiterversammlungen in seiner Heimatprovinz Hunan und leitete 1926 die Bauernbewegung der Kuomintang. Nach dem Bruch zwischen Tschiang Kai-scheks Kuomintang und der KPCh im Sommer 1927 führte Mao im gleichen Jahr den „Herbsternte-Aufstand" an, nach dessen Scheitern er aus dem Zentralkomitee der Partei ausgeschlossen wurde. Seine zweite Frau und seine Schwester wurden 1930 von Chiangs Truppen erschossen. Mao organisierte von 1928 bis 1931 Arbeiter- und Bauernräte auf dem Land und baute die Rote Armee auf. 1931 wurde Mao zum Vorsitzenden der Chinesischen Sowjetrepublik gewählt.

Als Maos Stützpunkt im Oktober 1934 von Chiang Kai-scheks Truppen umstellt war, zogen 90 000 Männer und Frauen der Roten Armee fast 10 000 Kilometer weit nach Westen. 370 Tage später hatten sie 18 Bergketten und 24 Flüsse überquert. Ihre Reihen hatten sich deutlich gelichtet, trotzdem war der „Lange Marsch" laut Mao sowohl ein Sieg als auch eine Demonstration: „Er zeigte der Welt, daß die Rote Armee eine Armee von Helden ist." Nicht zuletzt hatte er auch Maos absolute Führerschaft bestätigt.

Der Bürgerkrieg währte bis 1949 – kaum unterbrochen durch den chinesisch-japanischen Krieg. Nach dem Sieg der Kommunisten rief Mao die Volksrepublik China aus und setzte sich als Vorsitzender der Zentralen Volksregierung an deren Spitze. Sein Ziel, China in das moderne Zeitalter zu führen, verfolgte er mit brutalen Maßnahmen. In den frühen 50er Jahren unterblieb der Schutz privater Gewerbe, Ausländer wurden des Landes verwiesen, und die gnadenlose Verfolgung der sogenannten Konterrevolutionäre begann – gemeint waren jene Millionen von Menschen, die in ihrer Jugend Tschiang Kai-schek gedient hatten. 30 000 wurden hingerichtet. Mao stellte einen Fünf-Jahres-Plan auf, der auf dem sowjetischen Modell basierte und sowohl antikapitalistisch als auch antiimperialistisch war. Daraufhin strömten Tausende von sowjetischen Beratern nach China, um Fabriken, Wasserkraftwerke und die Schwerindustrie aufzubauen. Gleichzeitig wurden Tausende chinesische Intellektuelle „umerzogen". Bis zum Jahr 1957 waren 300 000 von ihnen in Gefängnislager gesteckt, inhaftiert oder aufs Land zwangsverschickt worden. Während das maoistische China emporstrebte, wurde die alte, 4000 Jahre zurückreichende Kultur systematisch zerstört. 1958 proklamierte Mao den „Großen Sprung nach vorn", einen Plan zur Modernisierung und Kollektivierung der Landwirtschaft, dessen Scheitern für den Hungertod von über 20 Millionen Menschen, darunter viele Kinder, verantwortlich war. Während dieser Zeit brach Mao auch mit der Sowjetunion, die ihre Wirtschaftshilfe und politische Unterstützung einstellte.

Unter dem Druck von innen und außen beeilte sich die Partei, das Bild Maos als Chinas auserwählter und unersetzlicher Führer zu stärken. Bis 1963 wurden die *Worte des Vorsitzenden Mao*, das *Rote Buch*, von Millionen von Chinesen gelesen – die Grundlage für eine fast kultische Verehrung Maos. Der Höhepunkt von Maos Terrorherrschaft war dann die sogenannte Große Proletarische Kulturrevolution, die von 1966 an ein Jahrzehnt prägte. Die Roten Garden zerstörten „alte Sitten, alte Gewohnheiten, die alte Kultur und das alte Denken", um für ein neues sozialistisches Bewußtsein Platz zu schaffen. Mehr als 700 000 Chinesen wurden terrorisiert, über 35 000 starben durch die Rotgardisten.

Als Mao im September 1976 starb, wurde für sieben Tage Staatstrauer angeordnet. Bei der Beerdigung, die im Radio und Fernsehen übertragen wurde, waren auch die vier Anführer der Kulturrevolution anwesend, darunter seine Witwe Jiang Qing. Weniger als einen Monat später wurde diese „Viererbande" verhaftet und vor Gericht gestellt. Dies war der Auftakt zur Zerschlagung des Mao-Kultes.

Mao Tse-tung war ein Revolutionär und ein Visionär, der versuchte, aus einer feudalen Gesellschaft einen modernen Staat zu formen, doch sein Beitrag zum politischen Denken des 20. Jahrhunderts wurde verdunkelt durch seine Grausamkeit.

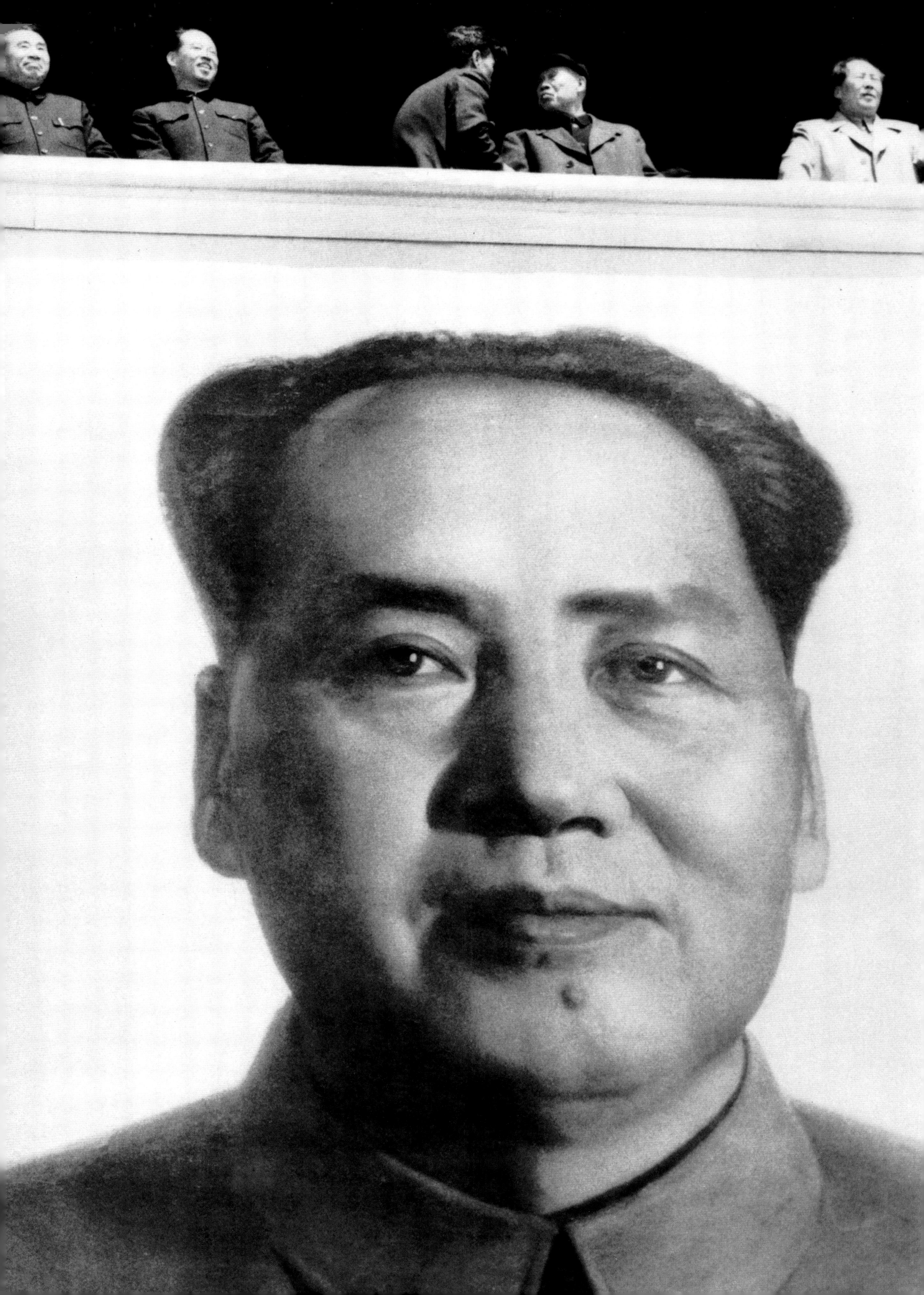

1886–1961
1888–1964
1890–1977
1893–1977
1901–1979

THE MARX BROTHERS

KAUM JEMAND VERSTAND es so ausgezeichnet, die höflichen Floskeln des gesellschaftlichen Umgangs und die alles beherrschende Vernunft aufs Korn zu nehmen, wie die Marx Brothers. Das zunächst vier-, später dreiköpfige Komikerteam begeisterte mit einer Mischung aus surrealistischen Bildern, Vaudeville-Einlagen und Slapstick-Elementen seine Fans. So unnachahmlich ihre Komik war, so unverwechselbar waren ihre typischen Markenzeichen: Grouchos angemalter Schnurrbart, die dichten Augenbrauen und die unvermeidliche Zigarre; Harpos zerknitterter Hut und krause Perücke; Chicos alberner Tirolerhut.

Die Marx Brothers wuchsen in den ärmlichen Verhältnissen der Upper East Side New York Citys auf, einem Immigrantenviertel, das geprägt war von den täglichen Kämpfen der verschiedenen ethnischen Gruppen um ihre Existenz. Die Söhne des französisch sprechenden, elsässischen Schneiders Sam (auch „Frenchie" genannt) und seiner charmanten und lustigen, deutsch sprechenden Ehefrau Minna („Minnie") Schoenberg ließen sich durch den ehrgeizigen Traum der Mutter von einer Karriere im Show Business antreiben. Immerhin war ein Onkel der Familie, Al Shean, bereits eine Berühmtheit auf den damaligen Vaudeville-Bühnen. Alle fünf Brüder wurden nacheinander von Minnie auf ein zukünftiges Leben als Showstars vorbereitet. Chico bekam Klavierunterricht von einem Lehrer, der nicht so recht wußte, welche Rolle die linke Hand beim Bedienen dieses Instruments spielt. Weil es die finanzielle Situation der Familie nicht anders zuließ, gab der junge Pianist sein Halbwissen an Harpo weiter, der in der Zwischenzeit sich selbst das Harfespielen beigebracht hatte. Die Gitarristen Groucho und Gummo traten mit einem Mädchen zusammen als The Three Nightingales auf, aus denen bald vier wurden, als Harpo dazukam. Gemeinsam mit der Mutter und einer Tante gründeten Groucho, Chico, Gummo und Harpo The Six Musical Mascots. Minnie hielt die Familie zusammen, was keine leichte Aufgabe war, denn ihre Jungs waren im wirklichen Leben ein mindestens ebenso wilder Haufen wie auf der Bühne. Die Brüder verehrten ihre Mutter und gaben ihr zu Ehren später all ihren Töchtern Namen, die mit „M" begannen.

Eingebunden in die verschiedensten Musikgruppen fristeten die Marx Brothers jahrelang eher ein künstlerisches Schattendasein. Ohne festes Engagement traten sie mal hier, mal dort auf. Mit der Zeit gewannen sie, unterstützt von Onkel Al, Routine und entwickelten jene Charaktere, die sie schließlich berühmt machten. Groucho war das wortgewandte, anarchistische Großmaul, Harpo der überall Chaos stiftende, stumme Lüstling mit einem Hang zur Kleptomanie, der unglaubliche Grimassen schneiden konnte, Chico der verschlagene italienische Gauner mit dem Straßenjargon. Zeppo schließlich, der Gummo bald ersetzte, verkörperte den netten Jungen von nebenan und agierte in den ersten fünf Filmen eher im Hintergrund. Ihre Spitznamen hatten ihnen ein Kollege verpaßt: der mürrische Julius wurde zu Groucho, Frauenheld Leonard zu Chicko (später Chico) und Harfenspieler Adolph zu Harpo. Gummo (Milton) wurde nach seinen weichen Gummischuhen benannt und Zeppo (Herbert) nach einem Bühnenaffen namens „Zippo".

Mit ihrem reichen komödiantischen Repertoire – Wortspiele, Witzeleien, Taschenspielertricks, Beleidigungen und Zweideutigkeiten – eroberten die Brüder 1924 mit dem Bühnenstück *I'll Say She Is*, gefolgt von *The Cocoanuts* (1925) und *Animal Crackers* (1928), den Broadway. 1928 drehten sie ihren ersten Kinofilm, *The Cocoanuts*, mit dem ihre große Zeit begann. Nach der Filmversion von *Crackers (Animal Crackers)* 1930, folgten in kurzen Abständen *Die Marx Brothers auf See* (1931), *Blühender Blödsinn* (1932), *Die Marx Brothers im Krieg* (1933), *Die Marx Brothers in der Oper* (1935), *Ein Tag beim Rennen* (1937), *Zimmerdienst* (1938) und *Die Marx Brothers im Zirkus* (1939).

Erstaunlicherweise war *Die Marx Brothers im Krieg* ein Mißerfolg, woraufhin die Paramount Studios die Brüder fallenließen und Zeppo überredeten, Agent zu werden. Doch MGM nahm sie wieder unter Vertrag, und an Zeppos Stelle trat die ewig begriffsstutzige Margaret Dumont, die „Grande Dame" der Gesellschaftskomödie. Grouchos Sprüche, etwa „Ich verteidige deine Ehre – das ist mehr, als du jemals getan hast" oder „Wenn wir verheiratet sind, müssen wir umziehen. Ich mag es nicht, wenn Junior die Gleise überqueren muß, um zur Schule zu gehen ... wenn ich's mir recht überlege, mag ich Junior nicht." sind heute klassisch. Zu Harpos Stil gehörte die Taxihupe ebenso wie seine Gewohnheit, anderen Männern die Krawatte abzuschneiden. *Die Marx Brothers in der Oper*, einer ihrer besten Filme, in dem eine Pointe die nächste jagt, ist beispielhaft für die umwerfende Komik der Brüder.

Mit Beginn des Zweiten Weltkriegs wurden die Drehbücher fader, das Verhältnis zu den Filmstudios schlechter und die Brüder älter. *Go West* (1940) war eine Enttäuschung, der verrückte Schwanengesang *Die Marx Brothers im Kaufhaus* (1941) hingegen noch einmal eine Glanzleistung. Als Chico, Harpo und Groucho über 50 waren, zogen sie sich zurück, um sich nur noch einmal für *Eine Nacht in Casablanca* (1946) zusammenzutun.

Abgesehen von einigen kleineren Auftritten lebten Chico und Harpo zurückgezogen. Chico vertrieb sich die Zeit mit Glücksspielen, und Harpo begnügte sich einem Freund zufolge damit, „einer der nettesten Menschen überhaupt" zu sein. Nur Groucho setzte seine Karriere als Radio- und Fernsehstar fort und moderierte die heitere Rateshow „You Bet Your Life". Das Ratequiz selbst spielte allerdings eher eine untergeordnete Rolle; Star der Show war uneingeschränkt der 60jährige Groucho. Als ihm ein Minister für all den Spaß dankte, den er in die Welt gebracht habe, entgegnete der Komiker schlagfertig, er danke dem Minister für den Spaß, den er der Welt genommen habe.

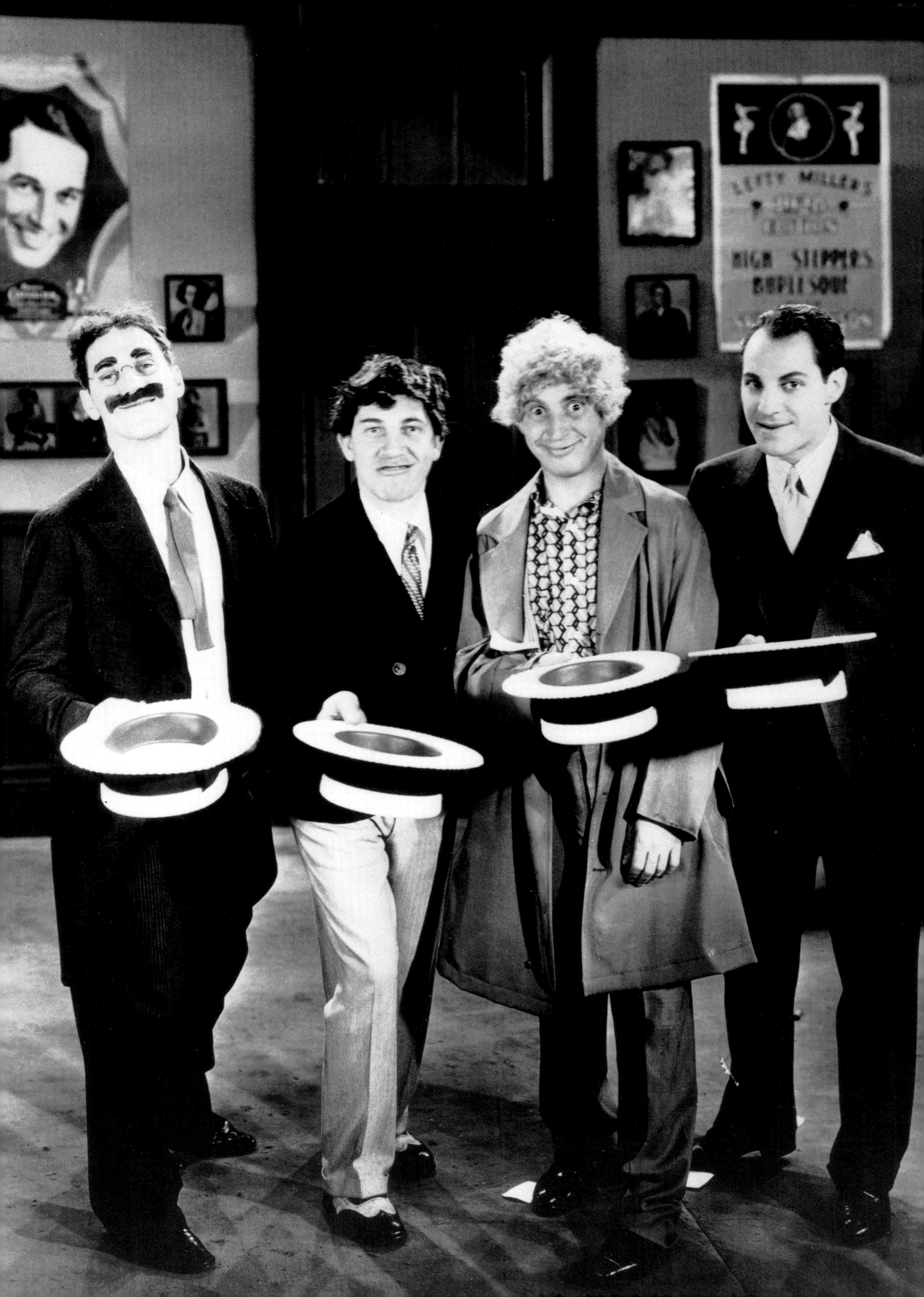
HIGH STEPPERS

MATA HARI
1876–1917

DIE GESCHICHTE DER MATA HARI, der berühmtesten Spionin aller Zeiten, ist ebenso irisierend wie die hauchdünnen Gewänder, die die skandalumwitterte junge Tänzerin vor Ausbruch des Ersten Weltkriegs bei ihren Darbietungen auf den Bühnen und in den eleganten Salons Europas trug. In Paris, Wien, Rom und Berlin „schlängelte" sie sich durch ein Repertoire heiliger orientalischer Tänze, die sie angeblich in einem indischen Tempel der Göttin Shiva erlernt hatte. Zur Vorstellung gehörte auch das langsame Ablegen der Schleier, fast bis zur totalen Nacktheit, was ihr ein begeistertes Publikum verschaffte. Doch die dunkelhaarige Verführerin war nicht, wie sie erzählte, das Kind einer brahmanischen Tempeltänzerin, die bei ihrer Geburt gestorben war, sondern die Tochter einer holländischen Familie der Mittelschicht mit einem Hang zum Melodramatischen und einem unbändigen Durst nach Glamour, Reichtum und mächtigen Männern. Als eine der berüchtigtsten Kurtisanen ihrer Zeit ließ sie sich lustvoll treiben, bis sie sich durch ihre Lügen so sehr in ein Netz aus Intrigen und Täuschungen verstrickte, daß sie dafür mit ihrem Leben bezahlte.

Margaretha Geertruida Zelle wurde in der von Grachten durchzogenen Stadt Leeuwarden im Norden der Niederlande geboren, wo die zukünftige Spionin schon in ihrer Jugend den ersten Skandal verursachte: Sie wurde von der Schule verwiesen, weil sie den Direktor, einen Priester, verführt hatte. Man schickte sie zu ihrer wohlhabenden Tante nach Den Haag. Von dort aus besuchte sie ein Lehrerkolleg in Leiden, doch anstatt sich anschließend eine Schule zu suchen, antwortete sie aus einer Laune heraus auf eine Bekanntschaftsanzeige, in der Hoffnung, durch eine Heirat der unvermeidlichen Langeweile einer Kleinstadtzukunft zu entkommen. So kam es 1895 zur Eheschließung mit Campbell MacLeod, einem schottischen Hauptmann der holländischen Kolonialarmee, mit dem sie zwei Jahre später nach Java aufbrach. Die Ehe endete in einer Katastrophe: Ihr Mann war untreu und gewalttätig, dann vergiftete ein Sklave auch noch ihre beiden Kinder, ihr Sohn starb. Nach ihrer Rückkehr in die Niederlande entführte MacLeod 1902 ihre Tochter Jeanne, die die verzweifelte Mutter nur noch einmal in ihrem Leben wiedersehen sollte.

Mata Hari, was auf Malaiisch „Auge der Morgendämmerung" bedeutet, war eine Kunstfigur, die die gebeutelte Margaretha nach der Scheidung erfand. Sie machte sich nach Paris auf, wo sie nach dem mißlungenen Versuch, als Künstlermodell zu arbeiten, eine neue Karriere als „Hindutänzerin" in Angriff nahm. Zehn Jahre lang glitt sie durch das geschäftige Treiben der europäischen High Society und zog ein Gefolge von angesehenen und finanzkräftigen Liebhabern an, darunter auch den deutschen Kronprinzen. Doch der Erste Weltkrieg brachte der alternden Schönheit Armut, und als ihre Vorliebe für Alkohol ebenso schnell wuchs wie ihre Taille an Umfang zunahm, begann sie, öffentlich von ihren wagemutigen Heldentaten als Untergrundagentin zu erzählen. Entsprachen ihre außergewöhnlichen Geschichten der Wahrheit, oder waren sie nur die Prahlereien einer gebrochenen und verbitterten Frau? Sicherlich hatte sie sowohl die Kontakte als auch die Möglichkeiten; als Bürgerin eines neutralen Landes durfte sie uneingeschränkt reisen, und tatsächlich suchte sie erstaunlich oft die Hauptstädte Europas auf, immer in Begleitung hochrangiger Amts- und Würdenträger aus allen Nationen. Die Franzosen jedenfalls glaubten ihre abenteuerlichen Geschichten, wohl auch deshalb, weil das Kriegsglück ihnen nicht gewogen, die Kampfmoral am Boden war und sie einen Sündenbock brauchten. Mata Hari kam gerade recht. Im Juli 1917 wurde sie der Spionage angeklagt; man warf ihr vor, ihre Enthüllungen über den militärischen Geheimdienst der Alliierten hätten 50 000 Soldaten das Leben gekostet. Obwohl sie auf ihrer Unschuld beharrte, wurde sie zum Tode verurteilt.

War Mata Hari wirklich der deutsche Agent H21? Die Beweislage ist undurchsichtig, es ist unmöglich, Dichtung und Wahrheit voneinander zu trennen. Angeblich war sie 1908 auf der deutschen Spionageakademie in Lörrach von der berühmten Dr. Elsbeth Schrägmüller in Abhörtechnik ausgebildet worden. Sie gab zwar zu, daß ihr die Deutschen 20 000 Francs gezahlt hatten, um die Franzosen zu bespitzeln, bestand aber darauf, daß sie niemals vorgehabt habe, ihren Teil der Abmachung einzuhalten und es auch nicht getan habe. Einige Quellen besagen, daß sie den Deutschen zwar Informationen zukommen ließ, es sich dabei aber hauptsächlich um Gerüchte und Geschichten aus der Klatschpresse gehandelt habe. Andere spekulierten, Mata Hari sei eine Doppelagentin der Franzosen gewesen, die wiederum falsches Spiel mit ihr trieben. Sie selbst sagte aus, vom Chef des französischen Geheimdienstes, einem Capitaine Georges Ladoux, angeworben worden zu sein. Hatte sie Geld von den Deutschen angenommen und diese Tatsache dann den Franzosen gegenüber verschwiegen? Der Journalist Russell Warren Howe, der in den 80er Jahren die Akten des Mata Hari-Prozesses sichtete, kam zu dem Schluß, daß beide Länder sie loswerden wollten. Die Deutschen hatten sie möglicherweise auffliegen lassen, indem sie ihr eine Botschaft in einem Code zuspielten, von dem sie wußten, daß die Franzosen ihn geknackt hatten. Die Franzosen verhinderten bei dem Geheimprozeß die Aussage zweier wichtiger Zeugen, die die Angeklagte eventuell hätten entlasten können.

Wem auch immer Mata Haris Loyalität galt – klar ist, daß die geheimnisumwobene Abenteuerin ein gefährliches Spiel spielte, das zu gewinnen sie weder geschickt noch informiert genug war. Doch sie wußte zu sterben. Am 15. Oktober 1917 schritt Mata-Hari elegant gekleidet, mit Handschuhen und Hut, feierlich zu ihrer Hinrichtung. Sie lehnte eine Augenbinde ab, und bevor sie vom Sperrfeuer niedergestreckt wurde, hauchte sie ihren Henkern einen zarten Kuß zu.

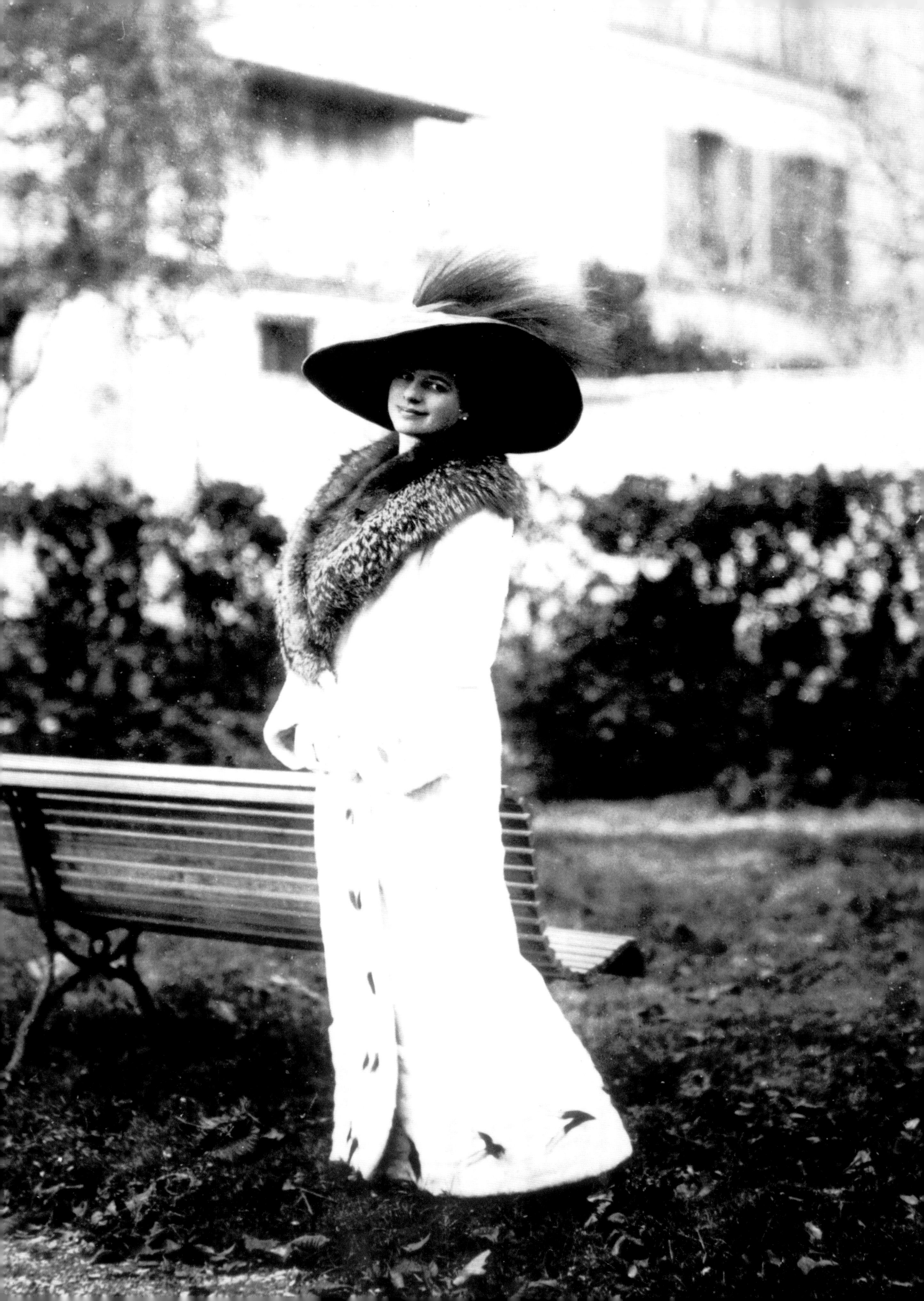

HENRI MATISSE
1869-1954

DAS LANGE LEBEN des Henri Matisse umspannte weite Teile des 19. und des 20. Jahrhunderts und entspricht seiner herausragenden Stellung in der Geschichte der Kunst. Zusammen mit seinem Freund und Konkurrenten Pablo Picasso verließ er die gewohnten Pfade des Realismus und suchte die Herausforderung der abstrakten Malerei. So groß ist die Bedeutung dieser beiden Meister für die moderne Kunst, daß sie manchmal auch scherzhaft als „Ma Tisse und Pa Casso" bezeichnet werden.

Im Gegensatz zu dem berühmt-berüchtigten Spanier führte Matisse ein sehr geregeltes, ja bürgerliches Leben. Hinter dem rechtschaffenen, stets korrekt gekleideten Herrn hätte man kaum jenen libertinistischen Geist vermutet, der sich in seiner künstlerischen Vorliebe für die weibliche Gestalt offenbarte. „Sie" ist in seinen Bildern allgegenwärtig – auf sonnenbeschienenen Wänden tanzend, nackt am Strand oder, wie in seinen berühmtesten Werken der 20er und 30er Jahre, als Odaliske leicht oder gar nicht bekleidet, in einem üppig ausgestatteten Serail. Allerdings scheint seine Leidenschaft für die Formen seiner Modelle rein künstlerischer Natur gewesen zu sein, ungeachtet der Tatsache, daß er sie immer aus allernächster Nähe zeichnete.

Matisse hatte eine solide künstlerische Ausbildung genossen und verfügte über das handwerkliche Rüstzeug, um mit Flächen und Formen zu experimentieren. Auch wenn er scheinbar mühelos Formen gestalten und Emotionen mit Farben auszudrücken verstand, so war diese Leichtigkeit doch das Ergebnis jahrzehntelanger Arbeit und harter Disziplin. Mit der *Frau mit Hut* sorgte der Vater des Fauvismus, der Farbgebung und Perspektive gleichermaßen auf den Kopf stellte, für Wirbel unter den Avantgardisten. Das Bild wurde 1905 im Pariser Salon d'Automne ausgestellt und zeigt seine Frau mit einem aufwendig bunten Hut. Er malte Ozeane rosafarben und Laubbäume saphirblau, so wie er sie als Künstler sah.

Henri Matisse entdeckte sein Talent erst spät. Er wurde im wenig anregenden Dörfchen Le Cateau-Camrésis in Nordfrankreich geboren und von seinem Vater, einem Kaufmann, zu einer juristischen Ausbildung angehalten. Im Alter von 21 Jahren war er aufgrund einer akuten Blinddarmentzündung zwei Monate lang ans Bett gefesselt – ein Umstand, den er später als ein Wunder bezeichnete. Um ihm die Langeweile zu vertreiben, gab ihm seine Mutter ein Zeichenlehrbuch und Farben. Dies war der Auslöser für seine spirituelle und kreative Entfaltung. Von da an gab es für Matisse nur noch die Kunst. 1892 begann er sein Kunststudium bei dem französischen Symbolisten Gustave Moreau, der seinem Protégé riet, zwar von den großen Meistern zu lernen, aber eigene Meisterwerke zu schaffen. Moreaus Einfluß ist es auch zu verdanken, daß Matisse sich von seiner Vorliebe für düstere Töne lossagte, um vorwiegend starke, satte Farben zu verwenden. Dieser einschneidende Wandel offenbarte sich vor allem in dem farbenfrohen Bild *Der gedeckte Tisch* (1908). 1898 heiratete Matisse Amélie Parayre aus Toulouse. Gemeinsam adoptierten sie Marguerite, die uneheliche Tochter aus einer früheren Liebschaft des Künstlers, und bekamen noch zwei weitere Söhne. Amélie, selbst halbe Invalidin, lebte nur für ihren vollkommen ichbezogenen Ehemann.

Nach dem Salon von 1905 begannen berühmte Sammler, sich für Matisse zu interessieren, so Gertrude Stein und ihre Brüder und der russische Kaufmann und Kunstmäzen Sergej Schtschukin, der 1909 *Musik* und *Der Tanz* in Auftrag gab. Auf seinen Reisen nach Nordafrika entdeckte Matisse die komplexen Motive der islamischen Kunst und war fasziniert von ihrer erotischen Exotik. Im Anschluß an seinen Aufenthalt in Marokko entstanden *Klavierstunde* (1916) und *Betende Marokkaner* (1916). Sein berühmtes Werk *Das Atelier am Quai Saint-Michel* (1915–1916) zeigt gleichfalls sein Interesse am Kubismus. 1917 ließ er sich in Nizza nieder. Während draußen das türkisblaue Meer der Côte d'Azur glitzerte, saß Matisse drinnen und malte buntgewandete Haremsdamen vor reich verziertem Hintergrund. Er entfernte sich damit weit von seinen fauvistischen und kubistischen Ursprüngen, und wenn die opulenten Haremsphantasien der 20er Jahre seinen Ruhm auch steigerten, so wurde ihm doch von der Kunstszene ein „banaler Ornamentalismus" vorgeworfen. Zu Unrecht, denn nichts lag Matisse ferner als eine hedonistische Verführung. Er strebte vielmehr nach einer reinen, klaren Kunst; alles Bedrückend-Schwüle suchte er zu vermeiden.

Nachdem er den Zweiten Weltkrieg relativ unbeschadet überstanden hatte, verabschiedete er sich mit seinem Meisterwerk *Das große Interieur in Rot* (1948) von der Malerei. Zunehmend von Altersschwäche gezeichnet, zog er sich in die Einsamkeit zurück. Es war ein Glück für die Kunst, daß er eine Schere mitnahm. Er saß auf seinem Bett oder im Rollstuhl und begann mit zitternden Händen, die kaum noch einen Pinsel hätten führen können, aus großen, mit Wasserfarben bemalten Bögen Formen auszuschneiden. Die auf diese Art entstandenen Figuren verwendete er zur Illustration von *Jazz*, einem Buch, in dem er 1947 seine Ansichten über das Leben und die Kunst niederlegte. Mit dieser Schnittechnik glaubte Matisse ein ideales Medium gefunden zu haben, um die verschiedenen Elemente der Kunst – Zeichnung, Farbe und Skulptur – miteinander zu vereinen.

Später fertigte er ganze Wandbilder auf diese Weise. Sieben Jahre vor seinem Tod schuf er mit der Ausgestaltung der Chapelle du Rosaire im südfranzösischen Vence in dieser Technik ein einzigartiges Kunstwerk. Die lebhaften Formen in den großen bunten Fenstern der Kirche legen Zeugnis ab von jener lyrischen Freiheit und glanzvollen Schlichtheit, die das gesamte Werk des Künstlers auszeichnen und stets richtungsweisend für die moderne Malerei waren.

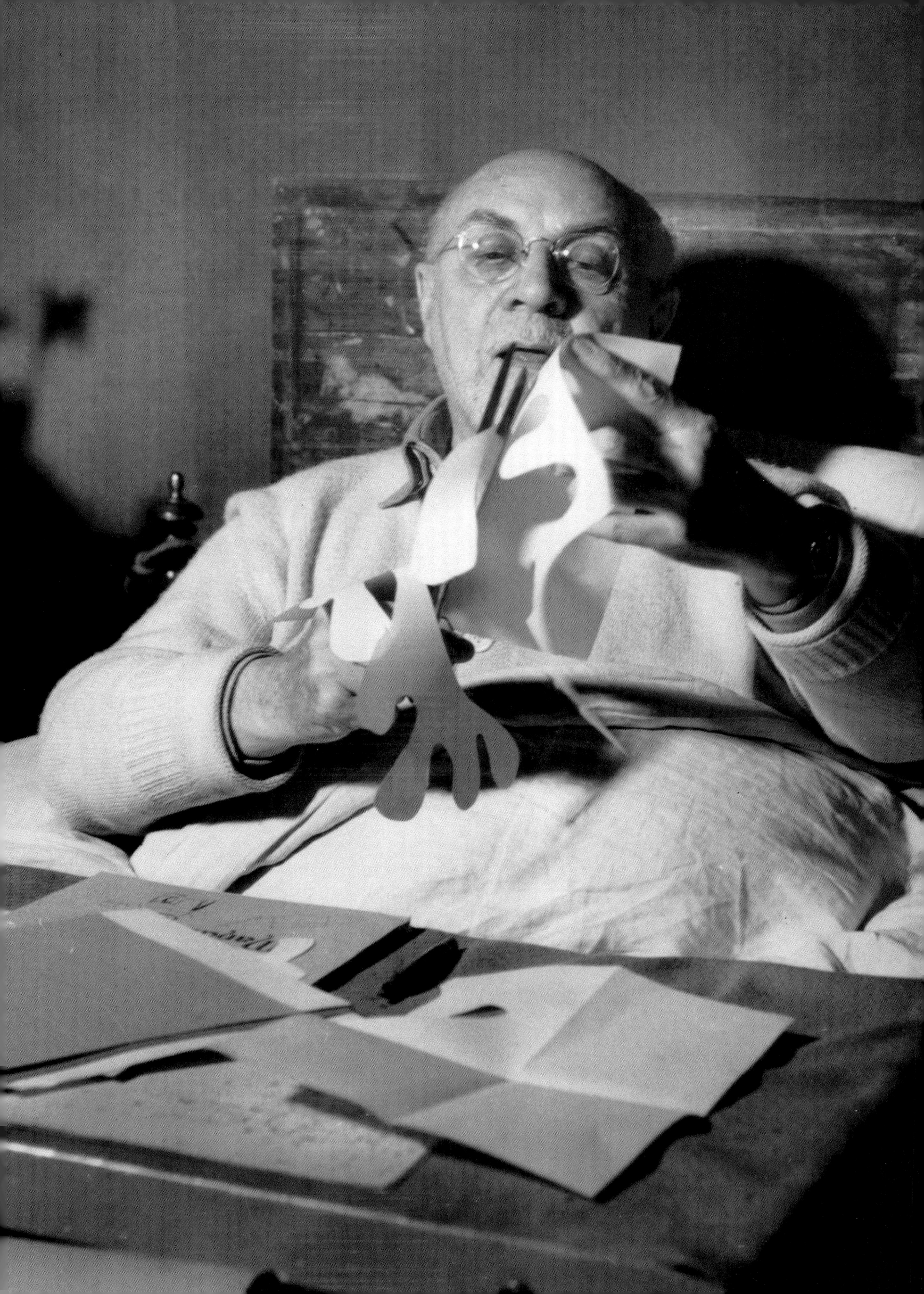

MARGARET MEAD
1901-1978

IN EINER AUSGABE DES *Life*-Magazins von 1976, das „bemerkenswerte amerikanische Frauen" ehrte, ist auf einem bezaubernden Schwarzweißfoto die junge Margaret Mead zu sehen, gekleidet in einen locker drapierten Sarong und umgeben von üppiger Tropenflora. Um den Hals, die Handgelenke und im krausen Haar trägt sie Blumenschmuck, den rechten Arm hat sie um die nackten Schultern eines ähnlich gekleideten Mädchens gelegt, eine Häuptlingstochter. Das Foto wurde 1925 aufgenommen, in dem Jahr, in dem die abenteuerlustige 24jährige Anthropologin mit mehreren Notizbüchern, 1000 Dollar von ihrem Vater und der Unterstützung des legendären Franz Boas in den milden Südpazifik segelte, um das Verhalten und die Ansichten heranwachsender Samoa-Mädchen zu erforschen. Boas war ihr Mentor und der Vorsitzende der anthropologischen Abteilung an der Universität Barnard. Meads neunmonatige Expedition brachte das auf ihrem Gebiet zukunftsweisende Buch *Coming of Age in Samoa* hervor, in dem das Leben von Jugendlichen auf Samoa mit dem von Jugendlichen in der westlichen Welt verglichen wird. Die darauffolgende internationale Anerkennung sollte es dieser leidenschaftlichen Wissenschaftlerin erlauben, ihre originellen, provokativen Ansichten über Geschwisterrivalität, außerirdisches Leben, Geburtenkontrolle bis hin zu Stadtplanung, gesunde Diäten und Gleichberechtigung zwischen den Geschlechtern zu verbreiten.

Mead war scharfsinnig und neugierig, ein Kaleidoskop von Wissen, das in sich vernetzt, ständig im Fluß, neue Verstehensmuster bildete. Sie verfaßte 24 Bücher, und weil sie klar und flüssig schrieb und sich nicht der sozialwissenschaftlichen Fachsprache bediente, konnten auch Laien ihre Ausführungen verstehen. Während ihres langen Berufslebens erlernte sie sechs Sprachen, entwickelte maßgeblich die Semiotik – die Wissenschaft von der Kommunikation der Menschen über Zeichen – sowie den Gebrauch der Fotografie bei der Feldforschung und bezog zahllose andere Gebiete wie Psychologie, Psychoanalyse und Biologie in ihre theoretischen Betrachtungen mit ein.

Von klein auf wurde Mead von ihrer Mutter, einer Soziologin, und ihrer Großmutter, einer ehemaligen Lehrerin, in den Techniken der sozialwissenschaftlichen Forschung ausgebildet. Bei diesem Kind schien es naheliegend, daß es begann, seine Umwelt zu erforschen. Eines ihrer ersten Projekte mit acht Jahren war, die Sprachmuster ihrer jüngeren Schwester schriftlich festzuhalten. In späteren Jahren fühlte sich Mead genötigt, sich zur Situation der Menschen und den Problemen des Planeten zu äußern, doch waren ihre Ansichten trotz ihrer tadellosen akademischen Referenzen und ihrer langjährigen Arbeit als Kuratorin des angesehenen Amerikanischen Naturgeschichtlichen Museums in New York nicht immer populär. Kritiker warfen ihr Einmischung und Dilettantismus vor, weil sie zu Themen öffentlich Stellung bezog, die außerhalb ihres Fachgebiets lagen. Für die entfremdete Jugend wurde sie jedoch zur Heldin, weil sie deren Eltern den Generationenkonflikt erklärte und zu bedenken gab, daß die zivilisierte Welt etwas von den primitiven Gesellschaften über Kindeserziehung lernen könnte. Als sie für die Legalisierung von Marihuana eintrat, wurde Mead als „dirty old woman" beschimpft; ebenso bösartig waren die empörten Angriffe der gesellschaftlichen Moralwächter, als sie eine entkrampftere Einstellung gegenüber der Sexualität forderte. Unverzagt trat Mead weiterhin kämpferisch in Talkshows auf, leitete Konferenzen über Kindererziehung, Kybernetik und die Frauenbewegung und stand einer Reihe einflußreicher Organisationen vor, darunter die Amerikanische Vereinigung zur Förderung der Wissenschaft, die Weltvereinigung für geistige Gesundheit und das Institut der Wissenschaftler für Öffentliche Information.

Bei der Erforschung von Geschlechterrollen und der Beziehung zwischen Mann und Frau leistete Mead Pionierarbeit – ihr Buch *Mann und Weib* erschien 1949. Als sie nach der Heirat ihren Mädchennamen beibehielt, sorgte das für Schlagzeilen, doch sie zögerte auch nicht, den Zorn der Frauenbewegung auf sich zu ziehen, als sie arbeitende Mütter zurechtwies, die ihre Babies ganztägig betreuen ließen. Mead war dreimal verheiratet, wollte jedoch eine Scheidung durchaus nicht als Versagen sehen.

Obwohl Meads Interessen universell waren, blieb ihre Arbeit mit den Stämmen der Südsee, den Manus, Arapesh, Iatmul, Tchambuli und Mundugumor, im Zentrum ihrer Aufmerksamkeit. Wenn sie einzelne eingeborene Stämme beobachtete, wandte Mead das, was sie dort über Entwicklung und Sozialisation erfahren hatte, auf die ganze Welt an. Ihr Ziel war es immer, Wissenschaft mit Humanität zu vereinen. Die heutige Gesellschaft mit ihren scheinbar unlösbaren Problemen wie weltweiten Hungersnöten, Überbevölkerung, mechanisierter Kriegsführung und beängstigender technologischer Entwicklung könne – so ihre Überzeugung – von den primitiven Kulturen viel lernen. Meads späteres Werk war durchdrungen von solchen kulturübergreifenden Ideen. Sie unterrichtete an den Unversitäten von Yale, Vassar, Fordham und New York und veröffentlichte weiterhin die Ergebnisse ihrer Studien. Ihre persönlichen Erfahrungen als Ehefrau, Mutter und Großmutter bei drei Scheidungen und etlichen Fehlgeburten vertieften ihr Wissen und stärkten ihren Mut. Trotz einer Schwäche, die sie zwang, am Stock zu gehen, bemühte sie sich auch in späteren Jahren immer noch, Einzelpersonen, Familien und Regierungen zu unterrichten, damit sie „mit menschlicher Erfindungsgabe, Phantasie und Vertrauen" die neuen Anforderungen einer sich ändernden Welt nicht nur verstanden, sondern sich zu eigen machten.

Als sie 1978 starb, schienen die Medien ratlos zu sein, wie sie diese vielseitige Humanistin einschätzen sollten. Vielleicht traf es das Magazin *Time* am besten, als es sie die „liebevolle Großmutter des globalen Dorfes" nannte.

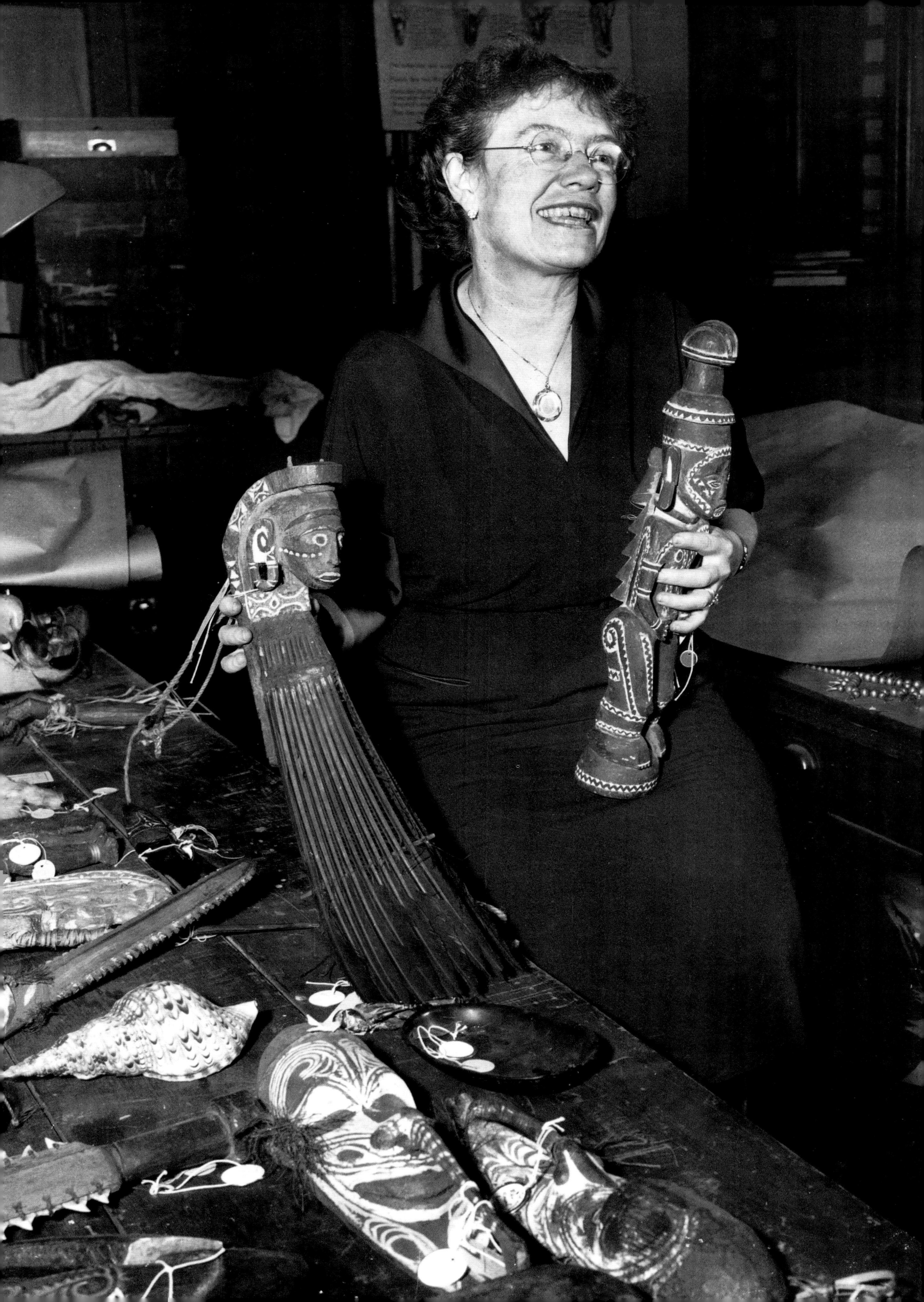

GOLDA MEIR
1898-1978

GOLDA MEIR, EINE Pionierin in der Gründerzeit des Staates Israel, war eine Frau voller Widersprüche. Sie war klug und entschlossen, eine ebenso geschickte Politikerin wie mütterliche Beschützerin ihres jungen Landes. Mit unerbittlicher Strenge regierte sie ihr Volk und verpflichtete Tausende junger Soldaten zur Verteidigung Israels, von einer tiefen Liebe zu ihrem Land geleitet. Als Ministerpräsidentin war sie oft zu Tränen gerührt, wenn sie neuankommende Einwanderer am Flughafen begrüßte. Unermüdlich warb sie um finanzielle Unterstützung für den jungen Staat. Von einer ihrer ersten Vortragsreisen durch Amerika brachte sie 50 Millionen Dollar mit nach Israel, doppelt soviel als Ben Gurion, damaliger Vorsitzender der Jewish Agency, erwartet hatte. Nachdem der Kampf um Israels Unabhängigkeit gewonnen war, versorgte Golda, wie ihre Landsleute sie nannten, Parteifreunde, Bodyguards und Kabinettsminister gleichermaßen mit strengen Instruktionen und selbstgemachter Hühnersuppe.

Auch wenn die überzeugte Revolutionärin Blutvergießen haßte, konnte sie doch vehement zum Kampf aufrufen; obwohl der Frieden ihr eigentliches Ziel war, vertrat sie die Überzeugung, daß nur ein kampftüchtiges Israel überleben könne. Die Vorstellung von einem „freundlichen, liberalen, antimilitaristischen, toten Israel" war ihr ein Greuel. Niemals konnte sie vergessen, wie ihr Vater damals zu Hause in Kiew und Pinsk die Türen verbarrikadierte, um die Familie vor den Judenpogromen zu schützen. Die Schreie der Menschen, die geschlagen und geprügelt wurden, begleiteten sie ihr Leben lang. Aus der Erfahrung des Holocaust heraus kam sie zu der festen Überzeugung, daß nur militärische Schlagkraft ihr Volk vor einem neuen Auschwitz bewahren konnte. Viele Jahre später, als Papst Paul VI. ihr gegenüber Israels Aggressivität beklagte, entgegnete sie: „Als wir friedlich waren und schwach und ohne Heimatland, steckte man uns in Gaskammern."

Schon als junges Mädchen in Milwaukee, Wisconsin, wo sich ihre Familie 1906 niedergelassen hatte, war Goldie Mabovich stets engagiert und aktiv. Dem Vorbild ihrer Schwester Sheyna folgend, wurde die junge Studentin sozialistische Zionistin und organisierte Demonstrationen gegen die Judenverfolgung in Rußland. 1915 trat sie der sozialistischen Poale Zion (Zionistische Arbeiterpartei) bei und half gemeinsam mit ihren Eltern bei der Rekrutierung jüdischer Soldaten für den Befreiungskampf Palästinas. Schließlich genügte ihr dieser „Wohnzimmer-Zionismus" nicht mehr, wie sie in ihrer Autobiographie *Mein Leben* schrieb, und entschloß sich zu ihrer eigenen Alija bzw. Emigration ins Gelobte Land. 1921 überredete sie ihren weniger begeisterten Ehemann, Morris Meyerson, mit ihr auszuwandern. Im Kibbuz Merhavia lehnte man zunächst ihre Bewerbung ab, da man sich nicht vorstellen konnte, daß eine Amerikanerin willens sei, körperlich hart zu arbeiten, doch durfte sie später Hühner füttern und die Gemeinschaftsküche bewirtschaften. Ihren Namen Meyerson wandelte Golda schließlich in das hebräische Meir um. Auf Betreiben ihres Gatten, dem das primitive Leben im Kollektiv überhaupt nicht behagte, gingen sie nach Tel Aviv, wo ihre beiden Kinder geboren wurden. Kurz nach Geburt des zweiten Kindes trennten sie sich.

Unermüdlich arbeitete sie beim Frauenrat der Gewerkschaftsvereinigung Histadrut. Als 1930 die Mapai (Arbeiterpartei) gegründet wurde, gehörte sie bald zu den führenden Parteimitgliedern und beschaffte auf Auslandsreisen Gelder für die Jewish Agency und die Internationale Zionistenvereinigung. 1936 übernahm sie die Führung des politischen Flügels der Histadrut, und als sich die Feindseligkeiten mit den Briten und Arabern verstärkten, befand sich Golda Meir plötzlich im Zentrum der Macht Palästinas. 1946 wurden Ben Gurion und mehrere einflußreiche Mitglieder der ultranationalen Jewish Agency von den Engländern verhaftet, und Golda Meir wurde Vorsitzende der mächtigen politischen Abteilung der Jewish Agency. Während dieser ganzen Zeit kämpfte sie unablässig für die uneingeschränkte Einwanderung von Juden in Palästina sowie die Befreiung jüdischer Emigranten aus britischen Gefangenenlagern.

Nach Unterzeichnung der israelischen Unabhängigkeitserklärung am 14. Mai 1948 wurde Golda Meir als Botschafterin nach Rußland geschickt, doch schon 1949 kehrte sie zurück und wurde Ministerin für Arbeit und soziale Sicherheit. In dieser Funktion versuchte sie, ihrem Land bei der Bewältigung der Einwanderungsströme zu helfen. Sieben Jahre später wurde sie unter Ben Gurion Außenministerin und 1969 Ministerpräsidentin. Trotz ihrer einfachen Erscheinung war sie eine beeindruckende Persönlichkeit, die mit leidenschaftlicher Hingabe, aber auch mit hohem Verantwortungsbewußtsein für ihre Soldaten um das Überleben ihres Staates kämpfte.

In die Regierungszeit der Politikerin fielen zwei wichtige militärische Konflikte – 1967 der Sechstagekrieg, in dessen Verlauf Israel die West Bank und den Gazastreifen eroberte, und 1973 der katastrophale Jom-Kippur-Krieg, ausgelöst durch einen ägyptisch-syrischen Überraschungsangriff, der das Ansehen der Ministerpräsidentin schwer beschädigte. Sie war dem Rat ihrer militärischen Berater gefolgt und hatte nur einen Teil ihrer Streitkräfte mobilisiert. Diese Entscheidung hatte zur Folge, daß über 2500 Israelis starben, und Golda Meir verzieh sich diesen Fehler nie. 1974 trat die Ministerpräsidentin zurück. Ihren Feinden gegenüber war sie unerbittlich, wenn auch nicht ohne Mitgefühl. „Wenn eines Tages Frieden herrschen sollte," so erklärte sie 1969, „dann können wir den Arabern vielleicht verzeihen, daß sie unsere Söhne getötet haben. Aber nicht verzeihen können wir ihnen, daß sie uns gezwungen haben, ihre Söhne zu töten."

1978 erlag die „tapfere Löwin" ihrem Lymphdrüsen-Krebs, unter dem sie seit fünfzehn Jahren gelitten hatte.

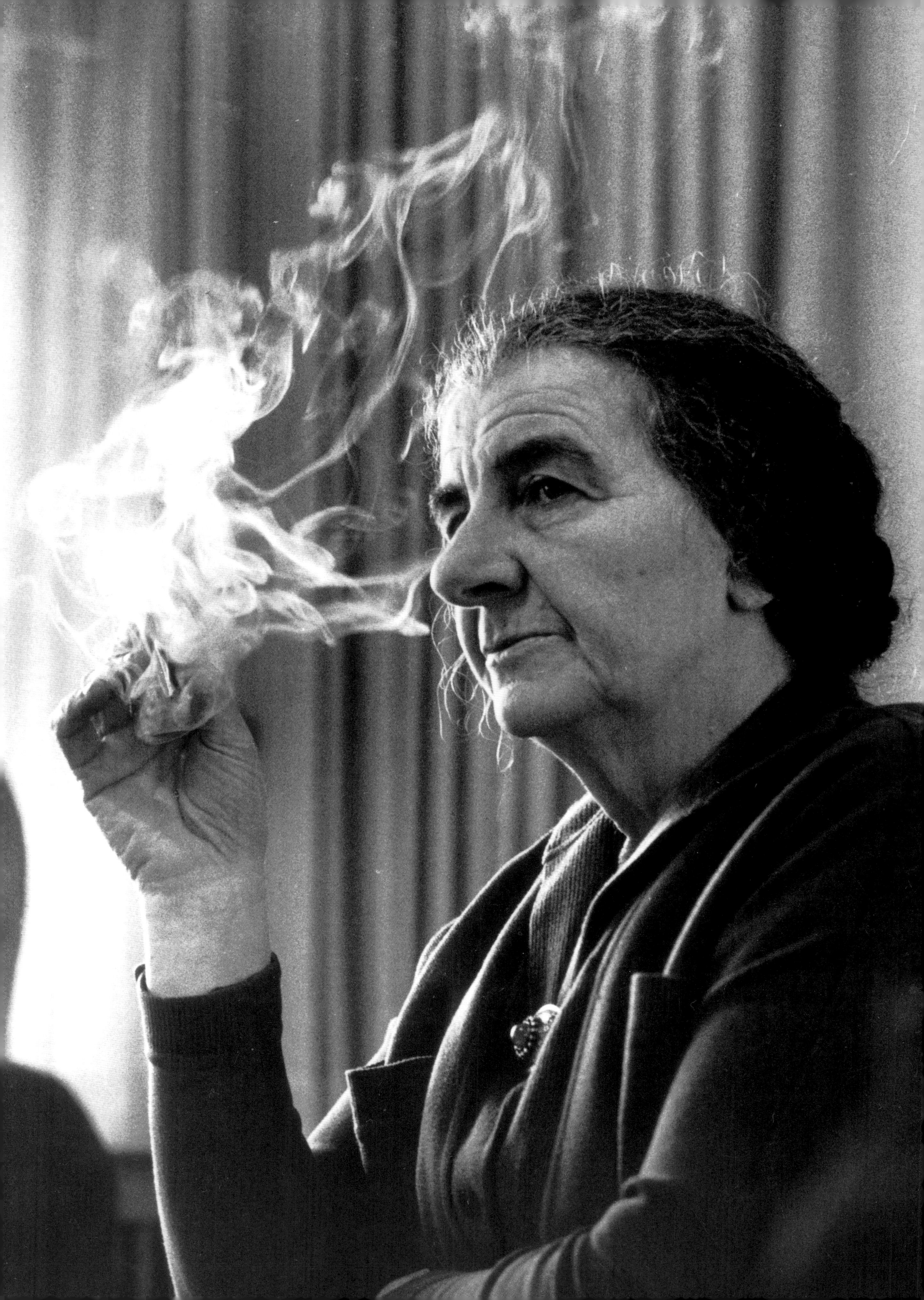

MARILYN MONROE
1926–1962

IN *ALLES ÜBER EVA* (1950), einer Parodie auf die New Yorker Theaterwelt, wurde Marilyn Monroe als „Absolventin der Copacabana-Theaterschule" bezeichnet. Auch wenn dies nur eine beiläufige Notiz war, so wurde sie trotz allen Ruhms ihr ganzes Schauspielerleben lang mit ähnlicher Herablassung behandelt. Verzweifelt versuchte sie zwar, als Schauspielerin ernstgenommen zu werden, doch Hollywood schätzte ihr Talent kaum. Sie sollte die ewig Naive, der süße Engel der Begierde bleiben, der die moralischen Grenzen der repressiven 50er Jahre herausforderte. Zu Anfang gefiel sich Marilyn Monroe in dieser Rolle, später wurde sie ihr zum Fluch.

Marilyn Monroes vielbeschriebenes Leben begann in tiefster Armut und Einsamkeit. Sie wurde als uneheliche Tochter der Cutterin Gladys Mortensen in Los Angeles geboren. Der Vater von Norma Jean Mortensen alias Marilyn Monroe war einer von unzähligen Liebhabern ihrer Mutter. In ihrer frühen Kindheit wurde Norma Jean sehr vernachlässigt. Nachdem ihre Mutter mit paranoider Schizophrenie in eine Anstalt eingeliefert worden war, wurde das siebenjährige Mädchen von einer Pflegefamilie zur nächsten weitergereicht und landete mit neun Jahren für zwei Jahre in einem Waisenhaus. Daher rührt wohl auch ihr verletzliches Wesen und ihr unstillbares Bedürfnis nach Anerkennung. Norma Jean – die Mutter nannte sie nach dem Filmstar Norma Talmadge – flüchtete sich in die Phantasiewelt des Kinos. Sie stellte sich vor, ihr Vater sei Clark Gable. Nachdem sie die Schule nach der elften Klasse verlassen hatte, war sie kurz mit einem Matrosen verheiratet. Als dieser im Zweiten Weltkrieg zur See fuhr, arbeitete sie in einer Fabrik in Burbank. Hier wurde sie von einem Armee-Fotografen beobachtet, wie sie Flugzeugteile mit Farbe besprühte. Er schoß ein Bild von ihr, das mit einem Artikel zur Leistung der Frauen an der Heimatfront in *Yank*, einer Armeezeitschrift, erschien. Dies war der Beginn ihrer Karriere – und für Norma Jean zugleich der Anlaß, sich die Haare blond zu färben. Twentieth Century-Fox schnappte dem Filmmagnaten Howard Hughes von RKO das platinblonde Mädchen mit dem strahlenden Lächeln vor der Nase weg, kurz bevor dieser sie unter Vertrag nehmen konnte. 1948 unterschrieb sie – bereits als Marilyn Monroe – einen Vertrag, der aber nach nur zwei Filmen wieder aufgelöst wurde. Ihr 69jähriger Freund Joseph M. Schenck verschaffte ihr einen Vertrag bei Columbia Pictures, doch Präsident Harry Cohn ließ sie nach *Ladies of the Chorus* (1949) wieder fallen.

Marilyn Monroes Filmkarriere lief 1950 mit *Asphaltdschungel* und *Alles über Eva* langsam an. Zum Star wurde sie jedoch erst mit den kurz hintereinander gedrehten Filmen *Niagara*, *Blondinen bevorzugt* und *Wie angelt man sich einen Millionär* (beide 1953) – und mit der Veröffentlichung eines Kalenders, für den sie sich 1949 hatte nackt fotografieren lassen. Der Kalender hätte in den 50er Jahren jede Karriere zerstören können. Doch Marilyn Monroe erklärte, sie habe damit ihre Miete finanzieren müssen, und Amerika – entwaffnet von ihrer naiven, offenen Art – verzieh ihr. Selbst die Filmkritiker verhielten sich zurückhaltender und rühmten ihr großes komödiantisches Talent und ihre Fähigkeit zu nachdenklicher Selbstparodie.

Auf dem Höhepunkt ihres Ruhmes wurde die üppige Blondine, die in *Das verflixte siebte Jahr* (1955) mit der Aufnahme des hochgebauschten Rocks über dem Luftschacht eine der berühmtesten Szenen der Filmgeschichte gedreht hatte, ihrer stereotypen Rolle als schönes Dummchen überdrüssig. Sie hatte in zwei Dutzend Filmen mitgespielt, war aber immer nur als leichtes Mädchen oder – schlimmer noch – als untreue Ehefrau besetzt worden. Marilyn Monroe empfand sich selbst als schöne, aber leere Hülse. So gründete sie ein eigenes Unternehmen und begann, Filme zu produzieren, zunächst *Bus Stop* (1956) und anschließend den weniger erfolgreichen Film *Der Prinz und die Tänzerin* (1958). Mittlerweile hatte sie eine Ehe mit dem Baseballstar Joe DiMaggio hinter sich und war mit dem Schriftsteller Arthur Miller verheiratet, dessen Intellekt sie anbetete. Doch allmählich begann sie, den Sinn für die Realität zu verlieren. Als nach dem Erfolg von *Manche mögen's heiß* (1959) mit dem Film *Misfits – nicht gesellschaftsfähig* (1961), in dem sie an der Seite von Clark Gable spielte, ein Flop folgte, war sie völlig niedergeschlagen. In der Rolle als Roslyn, die Miller eigens für sie geschrieben hatte, wirkte sie wieder einmal nur wie ein naives Dummchen. Außerdem setzten ihr die Gerüchte zu, sie habe mit ihrem chronischen Zuspätkommen bei den Dreharbeiten dazu beigetragen, daß Gable kurze Zeit später an einem Herzinfarkt starb. Am Ende ihrer Kräfte angelangt, begab sie sich 1961 in eine psychiatrische Klinik, um sich von ihrer Alkohol- und Tablettenabhängigkeit heilen zu lassen. Mit Grauen mußte sie feststellen, daß man sie in eine Gummizelle steckte. DiMaggio besorgte ihr einen Platz in einem presbyterianischen Hospital. Nach dem Tablettenentzug begann sie mit Dreharbeiten zu *Something's Got to Give* (1962), doch Depressionen, Alkohol und Drogen machten ihr die Arbeit fast unmöglich. Mitte 1962 wurde Marilyn Monroe wegen ständigen Nichterscheinens entlassen und war nun ohne Engagement. Kurz vorher hatten auch Präsident John F. Kennedy und sein Bruder Robert Kennedy ihre Affären mit ihr beendet.

„Was ist bloß mit diesem Mädchen los?" Diese Frage stellte sich Clark Gable, und auf diese Frage versucht die Öffentlichkeit noch immer eine Antwort zu finden. War Marilyn Monroe psychisch krank? Oder wurde ihr Selbstmord, wenn es denn einer war, durch die Zurückweisung der Kennedy-Brüder ausgelöst? Oder war sie einfach nicht in der Lage, ihr widersprüchliches Leben zu ertragen? Vielleicht haben alle Faktoren, ihre Naivität und ihr Ehrgeiz dazu geführt, ihrem glamourösen Leben ein Ende zu setzen. „Geld interessiert mich nicht," soll sie einmal gesagt haben, „ich will nur wunderbar sein".

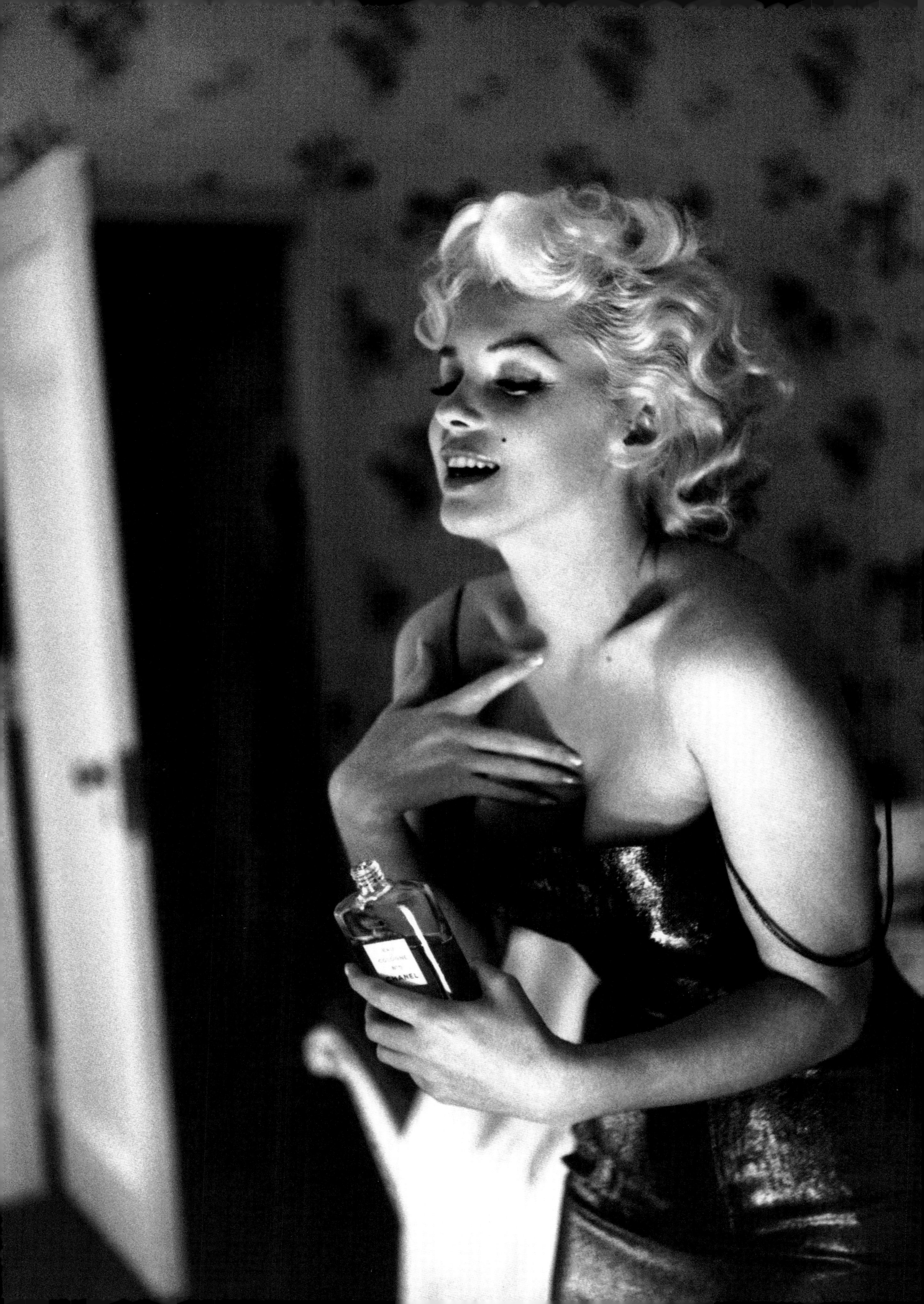
COLOGNE

MARIA MONTESSORI
1870–1952

MARIA MONTESSORI WAR die typische Feministin der Jahrhundertwende. Die engagierte, unabhängige junge Frau aus dem italienischen Provinzort Chiaravalle besaß ein waches Bewußtsein für soziale Probleme und machte sich gleich in mehreren von Männern dominierten Berufsfeldern einen Namen. Als erste Frau Italiens erhielt sie, die ein mathematisches Wunderkind gewesen war, einen Doktortitel in Medizin. Dabei war sie an der Universität Rom nur zugelassen worden, nachdem sich Papst Leo XIII. für sie eingesetzt hatte. Zu Berühmtheit gelangte „La Dottoressa" jedoch vor allem aufgrund ihrer neuartigen schulischen Erziehungsmethoden. Sie rückte das Kind und seine individuellen Anlagen und nicht den Lehrer in den Mittelpunkt des Lernprozesses und revolutionierte damit nicht nur die traditionelle Pädagogik, sondern auch das gesamte Konzept der Grundschulausbildung.

Montessoris Schulen waren etwas völlig Neues. Anstatt der herkömmlichen Tisch- und Stuhlreihen, an denen die Schulkinder „wie aufgespießte Schmetterlinge saßen", forderte Maria Montessori möglichst viel Freiraum für die Kinder und wollte, daß sie sich bewegen und ihre Kreativität frei entfalten konnten. Es sollte Rücksicht genommen werden auf die unterschiedliche Lernfähigkeit und Lerngeschwindigkeit. Die Lehrer sollten nicht mehr Faktenübermittler und Ordnungshüter sein, sondern Partner und Beobachter, die den Schülern behutsam dabei helfen sollten, Lösungen zu finden und Ziele zu erreichen. Montessori war der Ansicht, daß das Lernen keine Tortur, sondern ein spannendes, von den Kindern selbst inszeniertes Spiel sein sollte, das gleichzeitig vergnüglich und lehrreich ist, womit ebenso gute oder bessere Resultate erzielt werden könnten.

Zu diesem Zweck entwickelte „Mammolina", wie sie von ihren Anhängern genannt wurde, Lehrmittel und Möbelstücke für Vorschüler. Sie entwarf eine kindgerechte Umgebung mit winzigen Tischen, Stühlen, Schränken und Regalen sowie niedrigen Fenstern. Dazu kamen didaktische Gegenstände, mit denen sich die Schüler nach ihrem Motto „erst die Hände, dann der Kopf" den Lehrstoff selbst erarbeiten sollten. Montessori stellte fest, daß die Kinder Dinge aus der Arbeitswelt der Erwachsenen interessanter fanden als jedes Spielzeug. Es gab Kugeln zum Rechnenlernen, Schuhriemen zum Schnüren, Knöpfe zum Knöpfen und große Holzbuchstaben zum Lesenlernen. Zum großen Erstaunen ihrer Kollegen brachte diese revolutionäre Bildungsmethode Vierjährige hervor, die ihre eigenen Kinderreime lesen konnten, und Fünfjährige, die mathematische Gleichungen lösten.

Die Ideen zu ihren Lehrmethoden kamen der jungen Psychiaterin während ihrer zweijährigen Assistenzzeit an der Scuola Magistrale Ortofrenica in Rom, einem Ausbildungszentrum für Lehrer geistig behinderter Kinder. Überzeugt, daß Lernbehinderung weniger ein medizinisches als vielmehr ein pädagogisches Problem sei, formulierte sie ihren radikalen Ansatz. Mit ihrer sogenannten Psycho-Pädagogik erzielte sie so außerordentliche Erfolge, daß einige ihrer angeblich minderbegabten Schüler bald sehr gute Leistungen erbrachten und Aufsätze schreiben konnten. Damit war aus der Psychiaterin eine Erzieherin geworden.

In der Casa dei Bambini, einer Tagesstätte für die flegelhaften Kinder der umliegenden Wohnmietshäuser, fand ihre Methode dann auch bei durchschnittlich intelligenten Kindern Anwendung. Innerhalb weniger Wochen hatte sie aus dem wilden Haufen ungezogener Zwei- bis Sechsjähriger zufriedene, kooperative kleine Schüler gemacht. Montessori erklärte der Presse, daß ihre Schützlinge sich nicht aufgrund ihres sozialen Milieus so schlecht betragen hätten, sondern weil sie intellektuell nicht genug gefördert worden seien. Die Casa dei Bambini wurde bald zum Vorbild für eine Reihe weiterer fortschrittlicher Schulen, und Maria Montessori fand in aller Welt eifrige Nachahmer, die in ihrem System den einzig wahren Weg zur Selbstverwirklichung sahen.

Maria Montessori selber setzte sich über gegensätzliche Ansichten und Kritik mit dem Hinweis auf ihre Erfolge selbstbewußt hinweg. Schließlich hatte sie aus kleinen Schreihälsen fleißige Bücherwürmer gemacht. Und außerdem konnte sie höhere akademische Grade vorweisen als ihre Kritiker. Immerhin war sie Psychiaterin mit umfangreichen Kenntnissen in Psychologie, Anthropologie und Erziehungsphilosophie und nicht zuletzt eine anerkannte Kämpferin für die Rechte der Kinder. Sie hatte einflußreiche Bücher über ihr pädagogisches Modell veröffentlicht, das bald als „Montessori-Methode" weltberühmt wurde.

In den 30er Jahren allerdings ließ die Begeisterung für ihr System deutlich nach. Viele Gelehrte, darunter vor allem die Anhänger des amerikanischen Pädagogen John Dewey, widersprachen Montessoris grundsätzlicher Überlegung, daß Intelligenz nicht angeboren sei und man Benehmen nicht allein mit Belohnung und Bestrafung beeinflussen könne. In der Praxis sahen Montessoris Gegner in ihrem Grundsatz der Spontaneität im Klassenzimmer eine Einladung zum Chaos. Möglicherweise war der Grund für die plötzliche Ablehnung der einst so gerühmten Bildungsmethoden Montessoris auch ein ganz privater: Das konservative Wissenschaftsestablishment hatte herausgefunden, daß der Adoptivsohn und Assistent der „Dottoressa" in Wahrheit ihr unehelicher Sohn war.

In den 50ern wurde ihre Methode wiederentdeckt, und es entstanden Montessori-Schulen auf der ganzen Welt, von Japan bis nach Venezuela. Als „offene Klassenzimmer" und Bildungsförderungsprogramme wie das amerikanische Head-Start-Programm populär wurden, erkannten selbst Montessoris skeptische Kollegen den Wert vieler ihrer Konzepte an. Kurz vor ihrem Tod sagte die Revolutionärin des Bildungswesens ihrem Sohn, sie glaube, ihre Aufgabe erfüllt zu haben: Die Schmetterlinge seien nun frei.

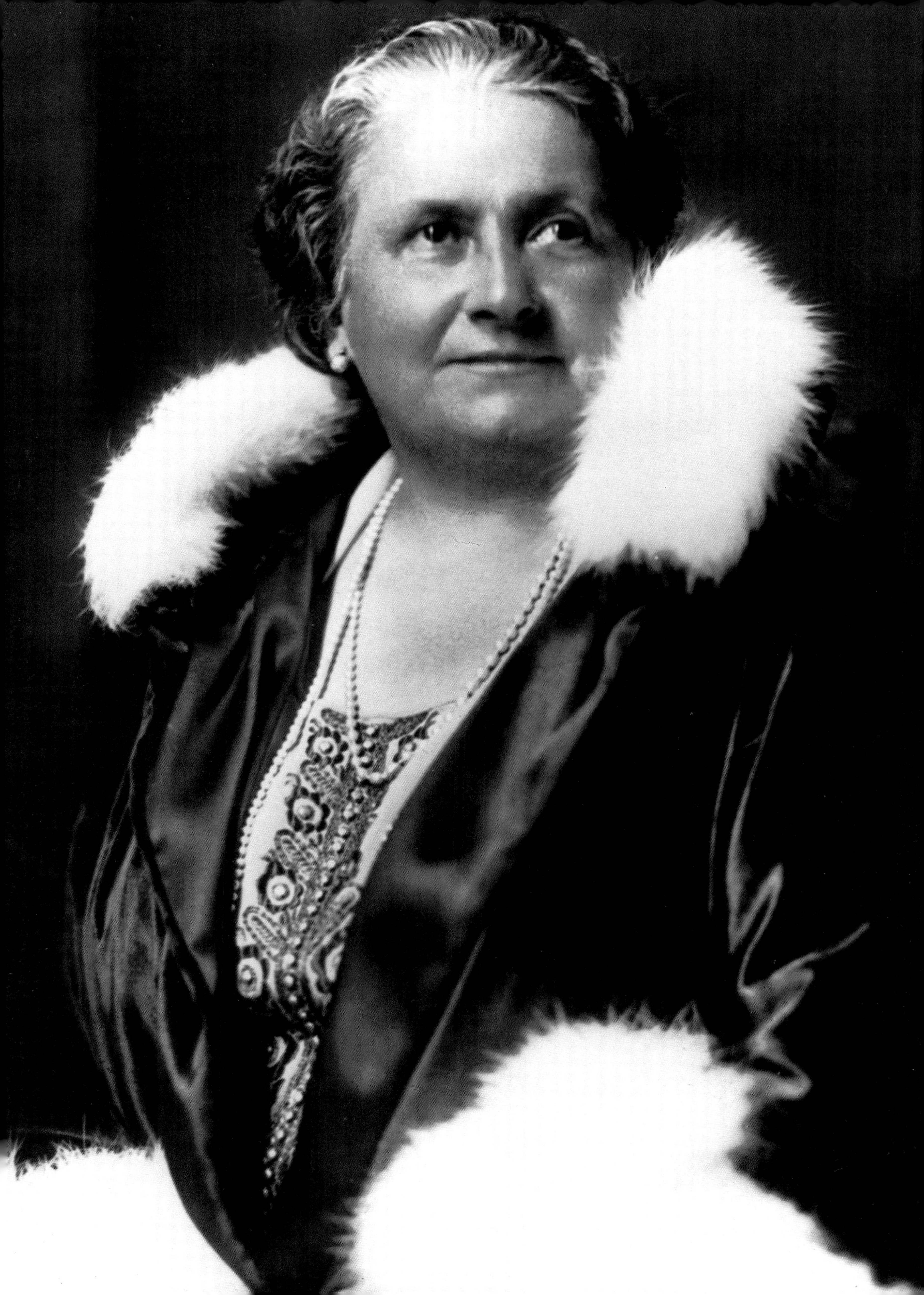

HENRY MOORE
1898–1986

DER ENGLISCHE KÜNSTLER Henry Moore war physisch und psychisch mindestens ebenso robust wie die massiven Stein- und Holzblöcke, die er bearbeitete. Die monumentalen Skulpturen des berühmtesten Bildhauers unseres Jahrhunderts sind mächtige Stützpfeiler der Moderne und stehen heute in aller Welt auf unzähligen öffentlichen Plätzen und in privaten Gärten. Moore liebte die harte, körperliche Arbeit mit seinen großen, kräftigen Händen und war überzeugt, daß die Widerstandskraft und Energie des Materials auf ihn überströmte. Diese Eigenschaften spiegeln sich in seinem umfangreichen Werk, das von seiner Liebe zur Natur und von seinem tiefen Respekt vor der Schönheit und Ausdruckskraft des menschlichen Körpers zeugt. In seinen heroischen Frauenskulpturen, ineinander verschlungenen Familien, liegenden Figuren und eng aneinandergeschmiegten Paaren, wobei die größeren Figuren die kleineren zu beschützen scheinen, drückte Moore seine Achtung vor der inneren Ruhe und dem Mut der Frauen aus.

Henry Moore wurde – fern jeden künstlerischen Zentrums und Einflusses – als siebtes von acht Kindern eines Bergarbeiters in Castleford, Yorkshire, geboren. Inspiration fand der junge Bildhauer in der Literatur; die Grundlagen der Dreidimensionalität erlernte er beim Massieren des rheumageplagten Rückens seiner Mutter. Von der Mutter hatte er auch die außergewöhnliche körperliche Vitalität geerbt. Als er bereits Hilfslehrer an der Grundschule seines Wohnortes war, ermutigte ihn seine engagierte Kunstlehrerin Alice Gostick und verhalf ihm zu einem Stipendium, damit er seine künstlerischen Studien fortsetzen und intensivieren konnte.

Noch bevor er seine Arbeit als Lehrer aufnehmen konnte, begann der Erste Weltkrieg, und Moore ging zur Armee. Bei der Schlacht von Cambrai erlitt er eine Gasvergiftung und verbrachte mehrere Monate im Hospital. Als ehemaliger Soldat erhielt er ein weiteres Stipendium und ging nach Leeds auf die Kunstakademie. 1921 wechselte er zum Royal College of Art nach London, und hier begann seine eigentliche künstlerische Lehrzeit. Regelmäßig besuchte er die wunderbaren Museen der Stadt, vor allem das British Museum mit seinen großen Sammlungen etruskischer, ägyptischer, afrikanischer und mexikanischer Skulpturen. Bei der Lektüre eines Kunstbuches faszinierte ihn besonders der unbesiegbar wirkende Regengott Chacmool der Mayas, der sein späteres Werk *Liegende Figur* (1929) inspirierte. Seine Streifzüge durch die Londoner Museen führten ihn auch ins Naturhistorische und ins Geologische Museum, wo er stundenlang Struktur, Form und Farbe von Knochen und Muscheln studierte.

Nach mehreren Studienreisen nach Paris bekam Moore 1925 vom Royal College of Art ein Stipendium für Italien. In Florenz bewunderte er die Gemälde von Giovanni Masaccio, die Skulpturen von Pisano und die großen Meisterwerke Michelangelos. Die überwältigende Wirkung dieser einzigartigen Werke auf den jungen Bildhauer kollidierte mit früheren Einflüssen der eher primitiven Vorbilder, was zu einer Schaffenskrise führte. Doch nach seiner ersten Ausstellung in London erhielt er 1929 seinen ersten Auftrag. Im selben Jahr noch heiratete er die Russin Irina Radetzky und ließ sich in Kent nieder, wo er neben seiner Teilzeitstelle als Lehrer am Royal College an seinen Skulpturen arbeiten konnte. In den 30ern entstanden einige seiner berühmtesten Werke, die deutlich im Zeichen des Surrealismus stehen und das Abstrakte mit dem Gegenständlichen verbinden. Bald begann er, „Löcher" – Moore nannte sie „Formen in der Form" – zu gestalten, wofür die *Liegende* von 1935 (zu sehen in Buffalo, New York) ein hevorragendes Beispiel ist. Er gelangte zu internationalem Ruhm, und die Behauptung verschiedener Kunstliebhaber, er sei ein Ikonoklast, steigerte seine Popularität natürlich noch mehr.

Während des Zweiten Weltkriegs wurde Moore, der damals an der Kunstschule in Chelsea lehrte, zum offiziellen Kriegskünstler ernannt. Während der Luftangriffe zeichnete er in Londoner U-Bahn-Schächten seine berühmten *Shelter-Zeichnungen* der Jahre 1940–1941, düstere Skizzen der kriegsgeschädigten Londoner Bevölkerung, die zu den aufrüttelndsten Bildern der Zeit gehören. Er begann, seine Figuren enger zusammenzurücken und zu verhüllen, wie es etwa die *Madonna und Kind* (1943–44) demonstriert, die er für die St.-Matthew-Kirche in Northampton schuf. Seine Kunst erhielt einen menschlicheren Charakter, wozu sicher auch die Geburt seiner Tochter 1946 beitrug.

Den fruchtbaren 40ern mit seinen zärtlichen Familiengruppen folgten zwei Jahrzehnte weltweiten Ruhmes. Er wurde mit Aufträgen überhäuft und fuhr fort, die ganze Welt mit seinen mächtigen, in Stein gemeißelten und aus Metall geformten Skulpturen zu „übersäen". In dieser Zeit schuf er die Bronzefigur *Bekleidete liegende Figur* (1952–53) für das Skulpturmuseum in Antwerpen, die fünfeinhalb Meter hohe Marmorskulptur im Pariser Gebäude der Unesco (1957–58) und die monumentale weiße *Square Form with Cut* von 1969–70, die er im Auftrag eines privaten Kunden im italienischen Prato schuf. Er wurde zum inoffiziellen Botschafter britischer Kunst, verbrachte aber doch die meiste Zeit zu Hause auf seiner Farm und arbeitete zehn bis zwölf Stunden am Tag.

Später gerieten seine Werke trotz großer Retrospektiven aus der Mode. Kunststudenten, die unter dem Motto „weniger ist mehr" ausgebildet wurden und Moore langweilig fanden, vergaßen, daß der Künstler schon drei Jahrzehnte zuvor als einer der ersten seine skeptischen Landsleute mit den neuen Formen der Moderne konfrontiert hatte. Jung wie sie waren, wußten sie nichts über Zeit und Vergänglichkeit, über Beständigkeit und Widerstandskraft als Maß aller Dinge für einen Bildhauer und über die Kraft eines geduldigen Mannes, für den die alten, verwitterten Steine von Stonehenge echte Inspiration bedeuteten.

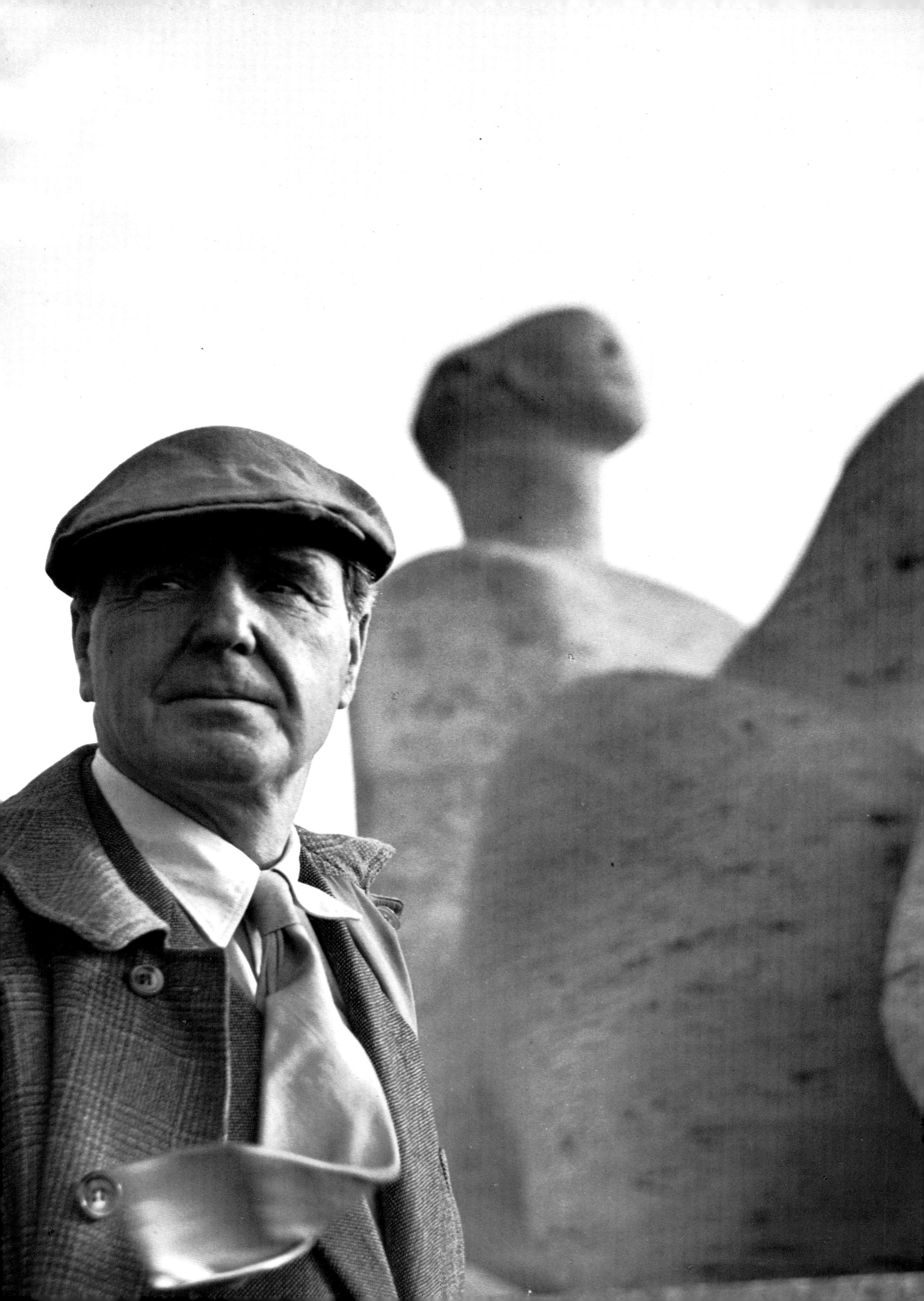

EDWARD R. MURROW

1908–1965

DIE STIMME DES 20. JAHRHUNDERTS gehörte dem Rundfunkpionier Edward R. Murrow, von dem ein Kritiker einmal sagte, er klinge wie „Gottes älterer Bruder". Zurückhaltend, nachdenklich, intelligent wie der Reporter selbst wurde diese Stimme zuerst im Radio, später dann im Fernsehen mit den wichtigsten Augenblicken des Jahrhunderts identifiziert: mit Hitlers Einverleibung Österreichs 1938, der „Luftschlacht um England", Pearl Harbor, der Entdeckung der Schrecken von Buchenwald und mit dem Beginn der Feindseligkeiten zwischen der Sowjetunion und den USA. Murrow war der kenntnisreichste und umtriebigste mündliche Historiker seiner Generation – ein listiger, oft deprimiert klingender Zeitzeuge, dem das Publikum ebenso sehr wegen seiner unbedingten Wahrheitsliebe wie auch wegen seines Talents, die Wahrheit herauszufinden, vertraute. Nach den Worten seiner Frau war er ein „Leidender", ein Außenseiter in seinem Metier, der sich über seine eigene Moral wie über die der anderen Gedanken machte und über seinen Texten schwitzte. Mit sprichwörtlicher Ehrlichkeit und einem Anflug wohlverdienter Arroganz kämpfte er couragiert für journalistische Unabhängigkeit und Objektivität.

Murrow wurde während des Zweiten Weltkriegs fast schlagartig bekannt, nachdem der Präsident der CBS, William Paley, den 29jährigen als Programmdirektor für Europa nach London geschickt hatte. Obwohl er keine Erfahrungen als Journalist besaß, gefiel Murrow sein erster Einsatz am Mikrofon im März 1938. Auf einen Tip hin war er in einem Transportflugzeug der Lufthansa, das er für 1000 Dollar gechartert hatte, nach Wien geflogen und kam gerade rechtzeitig an, um von der Besetzung der Stadt durch die Nazis zu berichten. Spontan blieb Murrow zehn Tage lang vor Ort und etablierte so eine neue Art der Live-Reportage.

Seine denkwürdigsten Momente hatte er mit seinen lebhaften, doch gefühlvollen Berichten vom Angriff auf London, die von der CBS live auf Kurzwelle übertragen wurden. Während die Bomben vom Himmel regneten und die verschreckte Bevölkerung unter der Erde Zuflucht suchte, stand Murrow auf den Dächern der Hauptstadt, um das Ausmaß der Zerstörung zu beschreiben. „Das ist London", sprach er ernst. „Die Fenster im West End reflektieren rot das Feuer, und die Regentropfen auf den Scheiben sehen aus wie Blut". Die Zuhörer in der Heimat waren gefesselt. Innerhalb kurzer Zeit war seine Stimme so bekannt wie die von Churchill oder Roosevelt. Es war kein Zufall, daß die Vereinigten Staaten kurz darauf zu den Alliierten stießen.

Murrow stammte aus einer äußerst einfachen Familie in Greensboro, North Carolina. Als dritter Sohn eines Gutspächters mußte Edward Murrow in seiner Kindheit hart arbeiten und erhielt Unterweisungen im Bibellesen. Nach seinem Abschluß am Washington State College 1930 arbeitete er sich im Amerikanischen Studentenbund nach oben und wurde bald Stellvertretender Direktor des Institute of International Education, an dem er Studentenaustausche organisierte und verfolgten deutschen Akademikern bei der Umsiedlung in die Staaten half. Seine Laufbahn bei der CBS, die 25 Jahre dauern sollte, begann 1935, als er zum Koordinator der tagespolitischen Sendungen ernannt wurde.

Nach seinem spektakulären Debüt während des Krieges legte Murrow eine kurze, jedoch erfolglose Phase als Vizepräsident der CBS ein. Danach arbeitete er vor der Kamera und wuchs schnell in die Rolle des erfahrenen Profis hinein. Für seine Anhänger verkörperte er Weltgewandtheit und Autorität; doch hinter dieser Maske versteckte sich ein nervöser Journalist, der an Schlaflosigkeit, Depressionen und heftigen Anfällen von Lampenfieber litt. Außerdem war er Kettenraucher, was schließlich zum tödlich verlaufenden Lungenkrebs führte. Selbst wenn er von seinen Millionen Zuhörern und Zuschauern, die treu seine Reportagen einschalteten, nie wirklich geliebt wurde, so wurde er doch aufrichtig respektiert und gewürdigt – auch von seinen Berufskollegen.

Seine 1951 angelaufene wöchentliche Fernsehsendung *See It Now* mit ihren präzisen Berichten über alle möglichen Themen formte maßgeblich das Genre des Dokumentarfilms im Fernsehen. Als sich McCarthys Kreuzzug zur Vernichtung kommunistischer „Verschwörer" in den höchsten Regierungskreisen gerade auf ihrem Höhepunkt befand, entlarvte Murrow den Senator als den verlogenen Tyrannen, der er war. Doch als Unterhaltungs-Shows wie Pilze aus dem Boden schossen, darunter auch sein eigener peinlicher Ausrutscher „Person to Person", rückte Murrow immer mehr vom Fernsehen ab. 1958 hielt er sogar eine Rede, in der er die leitenden Fernsehleute drängte, im Dienst der Allgemeinheit auf übermäßige Gewinne und inhaltsleere Unterhaltungssendungen zu verzichten. Er selbst leistete mit seiner Dokumentation *Harvest of Shame*, die sich mit der Misere von Gastarbeitern beschäftigte, 1960 seinen eigenen Beitrag, der zu den einflußreichsten Ausstrahlungen in der Fernsehgeschichte gehört. Im darauffolgenden Jahr kündigte er der CBS und nahm das Angebot von Präsident John F. Kennedy an, Direktor des Informationsamtes der amerikanischen Regierung zu werden.

So prestigeträchtig Murrows letzter Posten auch war – der Murrow, der uns im Gedächtnis bleibt, ist der mutige junge Reporter mit dem Gespür für Gefahr und dem Bedürfnis, mitten im Geschehen zu stehen; später dann der unbestechliche Journalist, der Ungerechtigkeit aufdeckte und überzeugt war, daß die Information das letzte, beste Mittel für sozialen Wandel sei. Obwohl er keine Angst vor wahren Gefühlen hatte (während einer Kriegsberichterstattung brach er in Tränen aus), war Murrow intelligent genug zu wissen, daß das Geheimnis seines Berufs ebensosehr in der Zurückhaltung wie in der Wahrhaftigkeit lag. Seine Kunst war es, die entscheidenden Fragen unserer Zeit zu beleuchten, nicht sie aufzuheizen.

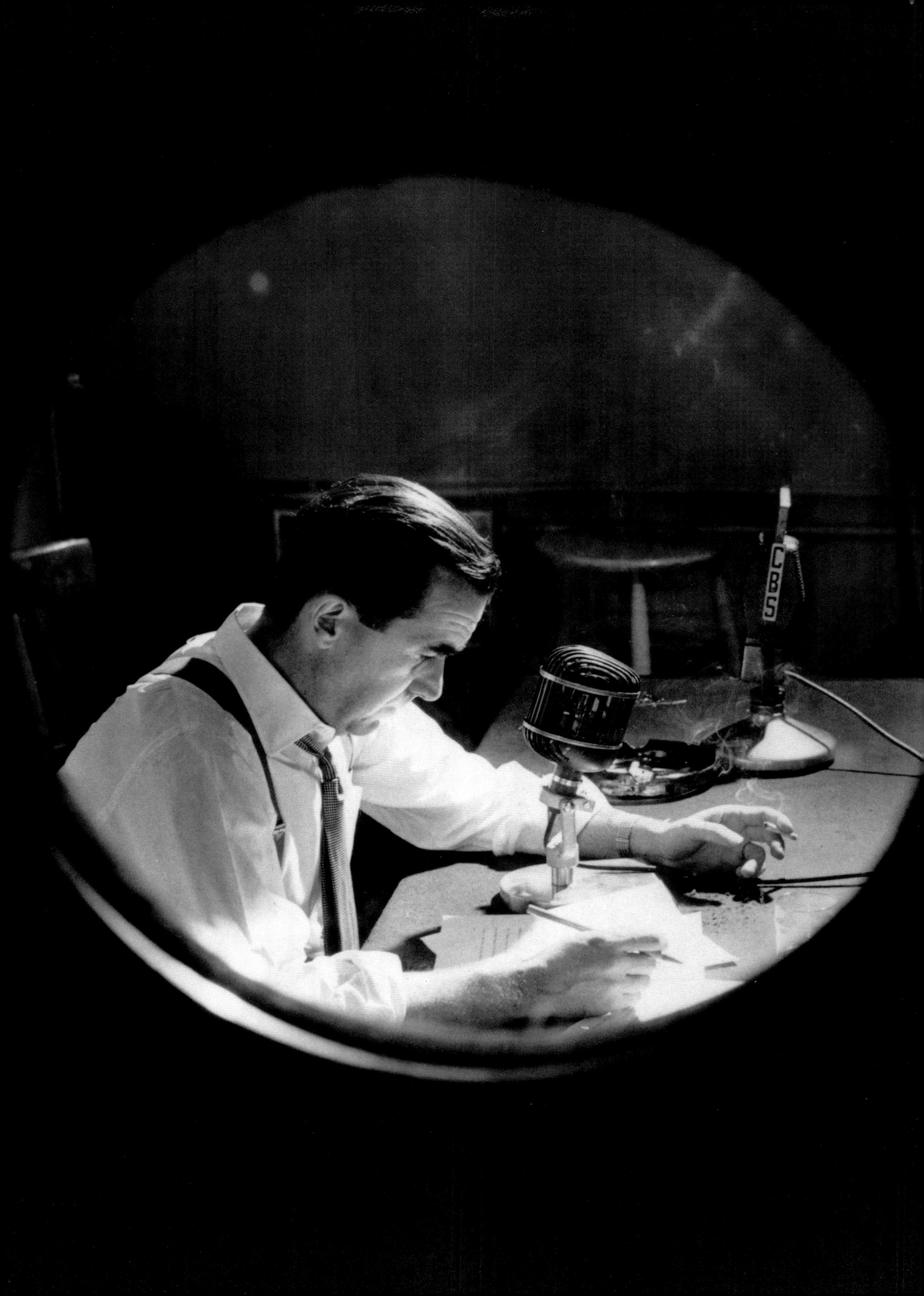
CBS

BENITO MUSSOLINI
1883-1945

ALS SELBSTERNANNTER CÄSAR eines im Ersten Weltkrieg siegreichen Volkes, dessen Forderungen im Friedensvertrag jedoch nicht erfüllt wurden, setzte er es sich zum Ziel, dem verarmten Italien neues Selbstvertrauen zu geben. Er glaubte daran, daß das Land, wenn es erst einmal wiederaufgebaut wäre und seinen fürstlichen Glanz zurückerhalten hätte, unter seiner Führung die frühere Vorherrschaft im Mittelmeerraum wiedererlangen könne. Der „Duce" bekannte sich mit seinen Ansichten über die Notwendigkeit eines geeinten Proletariats und die unumgängliche Pflicht des Staates, die Einheit des Landes mit Gewalt aufrechtzuerhalten, zum Faschismus. Er versprach das Ende der Arbeiterunruhen, der Korruption und der radikalen Aufwiegelung durch kommunistische und sozialistische Randgruppen.

Voller Sehnsucht nach der glanzvollen Zukunft, die Mussolini ihnen versprach, nahmen seine betörten Landsleute, wie auch viele Politiker und Intellektuelle außerhalb Italiens, dessen Visionen ernst. Einer von ihnen, Winston Churchill, bewunderte zunächst Mussolinis Ziel, Italiens instabile Wirtschaft zu stärken, änderte aber später seine Einschätzung des launenhaften Anführers und nannte ihn einen „Schakal". Andere lobten ihn anfangs für seine entschieden antibolschewistische Haltung sowie für sein Eintreten für die Volksbildung. Auch die großen staatlichen Beschäftigungsaufträge, vor allem im Bauwesen, waren positive Aspekte von Mussolinis Programm. Mussolinis Ansehen sank rapide mit den erniedrigenden Niederlagen seines Landes im Zweiten Weltkrieg.

Der Mann, der sich als Retter Italiens fühlte, stammte aus Dovia, einer Stadt in der ärmlichen norditalienischen Region Romagna. Seine Mutter, eine Lehrerin, war glühende Katholikin; sein Vater, ein verarmter Schmied, legte als Sozialist großen Wert darauf, das Interesse seines Sohnes für Politik zu wecken. Benito Mussolini verfügte über eine gute Auffassungsgabe, sein Temperament aber erwies sich als unbezähmbar. Mit 18 Jahren nahm er eine Stellung als Lehrer in der Stadt Tolmezzo in den Alpen an. Er heiratete während des Ersten Weltkriegs, und da er kein bestimmtes Ziel vor Augen hatte, begann er mit Mitte 20, durch Europa zu reisen. Schon bald wurde er zu einem erklärten Sozialisten, der zu vereinen versuchte, was er von Philosophen wie Nietzsche, Kant, Spinoza und von Georges Sorel gelernt hatte.

Mussolinis Aufstieg innerhalb der sozialistischen Partei Italiens begann 1910 mit der Übernahme eines Parteiamtes in Forlí. Während der ersten Monate des Ersten Weltkriegs wandelte er sich vom leidenschaftlichen Verfechter der Neutralität zum ebenso leidenschaftlichen Befürworter der Intervention – eine Kehrtwendung, die seine späteren ideologischen Kehrtwendungen bereits erahnen ließ. Für die Partei war die Wandlung Mussolinis, der leitender Redakteur von deren offiziellem Sprachrohr, der Zeitschrift *Avanti* war, ein Skandal. Nachdem er zur Kündigung gezwungen worden war, gründete der unbeirrbare Mussolini seine eigene Zeitung, *Il Popolo d'Italia*, diente im Krieg und kehrte dann nach Hause zurück, um mit dem Aufbau einer eigenen Bewegung zu beginnen.

Mussolini verlor keine Zeit. Er versammelte eine Gruppe von arbeitslosen Veteranen und desillusionierten Jugendlichen um sich, um für seine ultrachauvinistische, antiliberale Sache zu kämpfen. Er zog auch verstärkt Konservative an, die fürchteten, daß sich die Armut der Nation und die gewalttätigen Arbeiterunruhen zu einer marxistischen Revolte entwickeln würden. Als in Italien fast schon anarchische Zustände herrschten, begann er 1919, seine faschistische Partei zu formen und initiierte den berühmten Marsch auf Rom. 1922 konnte er mit seinen Schwarzhemden die Macht ergreifen. Um das Schlimmste zu verhindern, ernannte König Viktor Emanuel III. den 39jährigen Benito Mussolini zum Ministerpräsidenten. Von nun an beherrschte der vulgäre und ungepflegte Mussolini die Wochenschauen der Welt. Eitel und machistisch ließ er sich hoch zu Roß fotografieren, als er die italienischen Brigaden inspizierte, die 1935 Äthiopien erobern sollten. Im Jahr darauf schickte er Truppen nach Spanien, um Franco bei seinem verheerenden Kampf gegen die republikanische Volksfront beizustehen.

Wegen seiner Expansionspolitik von Frankreich und Großbritannien isoliert, betrachtete Mussolini Hitler als den mächtigsten, wenn auch nicht unbedingt wünschenswertesten Verbündeten. Seine Allianz mit den Achsenmächten bekam 1939 mit einem Militärbündnis, dem sogenannten „Stahlpakt", eine feste Form. Er wartete allerdings den militärischen Zusammenbruch Frankreichs im Juni 1940 ab, um selbst in den Krieg einzutreten. Den deutschen Diktator bewunderte und verabscheute er gleichzeitig, reagierte höchst argwöhnisch auf dessen Schmeicheleien und ärgerte sich zunehmend über seine eigene demütigende Position als „Hitlers Schlußlicht". Der Führer hatte seinerseits viel von der hypnotisierenden Rhetorik und der modernen Medienbeherrschung seines inkompetenten Partners gelernt.

Italiens schmachvolle Niederlagen in Griechenland, Nordafrika und vor Stalingrad, wo Mussolini fast seine gesamten Invasionstruppen einbüßte, sowie die Landung der Alliierten auf Sizilien 1943 kündigten das Ende des Diktators an. Der König ließ ihn verhaften, doch die deutsche Wehrmacht befreite ihn aus der Gefangenschaft. In seinem Hauptquartier am Gardasee träumte er noch einmal von der Wiederbelebung seiner faschistischen Regierung, bis die alliierten Truppen ihn schließlich eingekreist hatten. Mussolini und seine Geliebte Clara Petacci wurden von italienischen Widerstandskämpfern gefangengenommen, erschossen und dann an den Füßen auf dem Mailänder Piazzale Loreto aufgehängt. Das italienische Volk, das dem „Duce" jahrelang gehuldigt hatte, verwandelte sich in einen blutrünstigen Pöbel, der sich auf das Paar stürzte und auf ihre Leichname einprügelte, bis diese nicht mehr zu identifizieren waren.

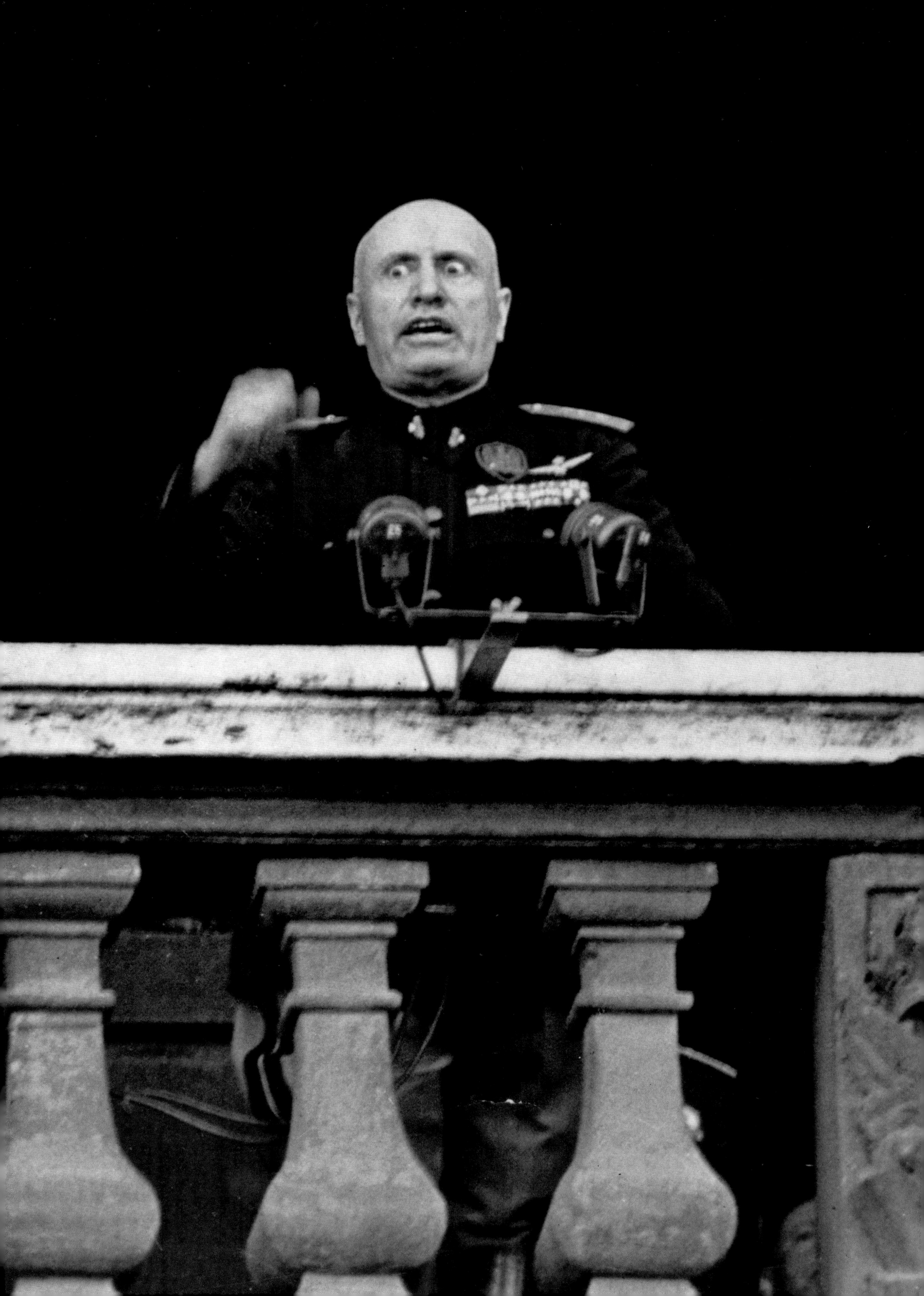

JOE NAMATH
*1943

ALS JOE WILLIE NAMATH 1965 als langhaariger, auffällig gekleideter und vielumjubelter Quarterback die Universität von Alabama verließ, war er der erste Rock 'n' Roll-Footballer der Nation. Der sympathisch freimütige Sportler und Entertainer wurde zum Vorläufer einer neuen Art von Superstar, der clever mit den Medien umzugehen wußte – ein genialer Geschäftsmann, der den Sport von der Anzeigetafel auf die Werbetafel brachte. Die New York Jets von der emporstrebenden American Football League (AFL) boten ihm einen Vertrag an und bezahlten ihm soviel wie nie zuvor einem Anfänger in der Geschichte des Profi-Footballs.

Namath wurde als jüngstes von fünf Kindern in der kleinen Mühlenstadt Beaver Falls in Pennsylvania geboren. Als er fünf Jahre alt war, ließen ihn seine drei älteren Brüder bei ihren Football-Spielen die freie Stelle des Quarterbacks einnehmen. Er konnte bald so gut mit dem Ball umgehen, daß er einen Baumstumpf aus 40 Meter Entfernung treffen konnte. Seine Kindheit war erfüllt von Abenteuern à la Huckleberry Finn und einer Unzahl von Sportarten. Nach seinem Abschluß auf der Highschool erhielt der 1,85 m große Athlet von mehr als 50 Colleges Angebote, in ihren Football-Mannschaften mitzuspielen; nicht weniger als sechs Teams aus der Baseball-Liga boten ihm Verträge an. Doch er kam dem Wunsch seiner Mutter nach und bewarb sich an der Universität von Maryland. Als er dort wegen zu schlechter Ergebnisse im Aufnahmetest abgelehnt wurde, rettete ihn ein Stipendium der Universität von Alabama durch Coach Paul „Bear" Bryant vor einem Leben zwischen den Mühlen seiner Heimatstadt.

Seine Zeit am College, gekrönt vom Sieg Alabamas in der nationalen Meisterschaft 1963 und dem beeindruckenden Punktestand von 29:4, wurde durch zwei Ereignisse gestört: von einem zeitweiligen Ausschluß wegen Trunkenheit in seiner ersten Saison und der ersten von vielen Knieverletzungen.

Namath war der Typ von Spieler, den sich die meisten Profimannschaften wünschten. Die Jets und die St. Louis Cardinals stritten sich so lange um ihn, bis der Präsident der New Yorker Jets, Sonny Werblin, ehemaliger Eigner von MCA Records, einschritt. Er wollte Namath, der seiner Autobiographie den Titel *I Can't Wait for Tomorrow 'Cause I Get Better Looking Every Day* gab, gewinnen, weil er ein Publikumsliebling und ein hervorragender Sportler war. Für 427 000 Dollar und einen Lincoln Continental Cabrio unterschrieb Namath bei den Jets.

Trotz normaler Anfängerprobleme, sich an das Profispiel zu gewöhnen, schloß die Spielzeit 1965 mit Namath auf dem dritten Platz für sein Paßspiel und auf dem ersten Platz in den Zeitungen und im Fernsehen. Sein grinsendes Gesicht mit der Hakennase erschien auf so vielen Titelseiten und in so vielen feinen Restaurants und Clubs mit so vielen schönen Frauen, daß ihn einer seiner Teamkollegen liebevoll „Broadway Joe" taufte. Dieser Spitzname blieb an ihm haften, und die Kombination von Namaths Können auf dem Spielfeld und seinem Sexappeal brachten, wie Werblin gehofft hatte, die Fans in Scharen ins Stadion. Trotz seiner Vorliebe für Limousinen und Ladys vergaß Namath jedoch nie die Lektion, die ihn sein Ausschluß am College gelehrt hatte: Nie ließ er Frauenabenteuer mit sportlichen Leistungen kollidieren.

Seine Fans, sein Eigner und der Star selbst waren im folgenden Jahr sehr erleichtert, als der Quarterback durch die Tauglichkeitsprüfung für die Armee rasselte. Seine trockene Antwort auf die Nachricht lautete: „Was soll ich dazu sagen? Wenn ich sage, ich freue mich drüber, bin ich ein Verräter. Wenn ich sage, es tut mir leid, bin ich ein Idiot."

Was ein Verlust für die Armee war, war ein Gewinn für die Geschichte des Football. In der Saison 1966/67 war die AFL eine so ernsthafte Bedrohung für die etablierte NFL geworden, daß die beiden Ligen sich einigten, jedes Jahr zwischen den jeweiligen Meistern einen Pokal auszuspielen, dem sie 1969 den Namen „Super Bowl" gaben. Vor dem dritten Spiel dieser Art versprach Namath, den die alte Garde der Footballer noch immer nicht ernstnahm, die Jets würden gegen die beste Mannschaft der rivalisierenden Vereinigung, die Baltimore Colts, gewinnen. So prahlte er auch in der Öffentlichkeit und – was das gegnerische Team noch wütender machte – wiederholte diese Ankündigung sogar gegenüber einigen Spielern von Baltimore persönlich. Selbstsicher führte Namath die Jets in eine dampfwalzenartige Offensive, die in einem 16:7-Sieg über Baltimore endete. Es war eine der größten Überraschungen der Sportgeschichte und eines der aufregendsten Super-Bowl-Spiele überhaupt. Die Fernsehbilder von Namath, der das Feld nach dem Spiel verläßt und das Siegeszeichen macht, gehören zu den bleibenden in der Ikonographie des Sports.

Da ihm seine Knieprobleme immer mehr zu schaffen machten und seine Beweglichkeit stark eingeschränkt war, konnte er diese Leistung nie mehr wiederholen. 1977 verzichteten die Jets auf ihn, und er unterschrieb bei den Los Angeles Rams. Es sollte seine letzte Saison werden. Doch hatte er seine Interessen von Anbeginn seiner Karriere breit gestreut, hatte in Restaurants und Clubs investiert und Werbeverträge abgeschlossen. In einem seiner berühmtesten Werbespots führt der ergraute Veteran eine Damenstrumpfhose vor. Nach seiner aktiven Zeit war Namath so beschäftigt wie immer, arbeitete als Sportkommentator und Schauspieler, heiratete 1984 und gründete eine Familie. Er hörte auf zu trinken, ließ seine Knie operieren und widmete sich der Erziehung seiner beiden Töchter. Wenn seine Fans ihn nicht persönlich sehen können, treffen sie ihn in der virtuellen Welt, kaufen von ihm unterschriebene Werbeartikel und chatten mit ihm im Internet auf der offiziellen Joe Namath Homepage. Jahrzehnte, nachdem ihr Held den Football in die Hauptsendezeit katapultiert hat, suchen sie noch immer den Kontakt mit ihm.

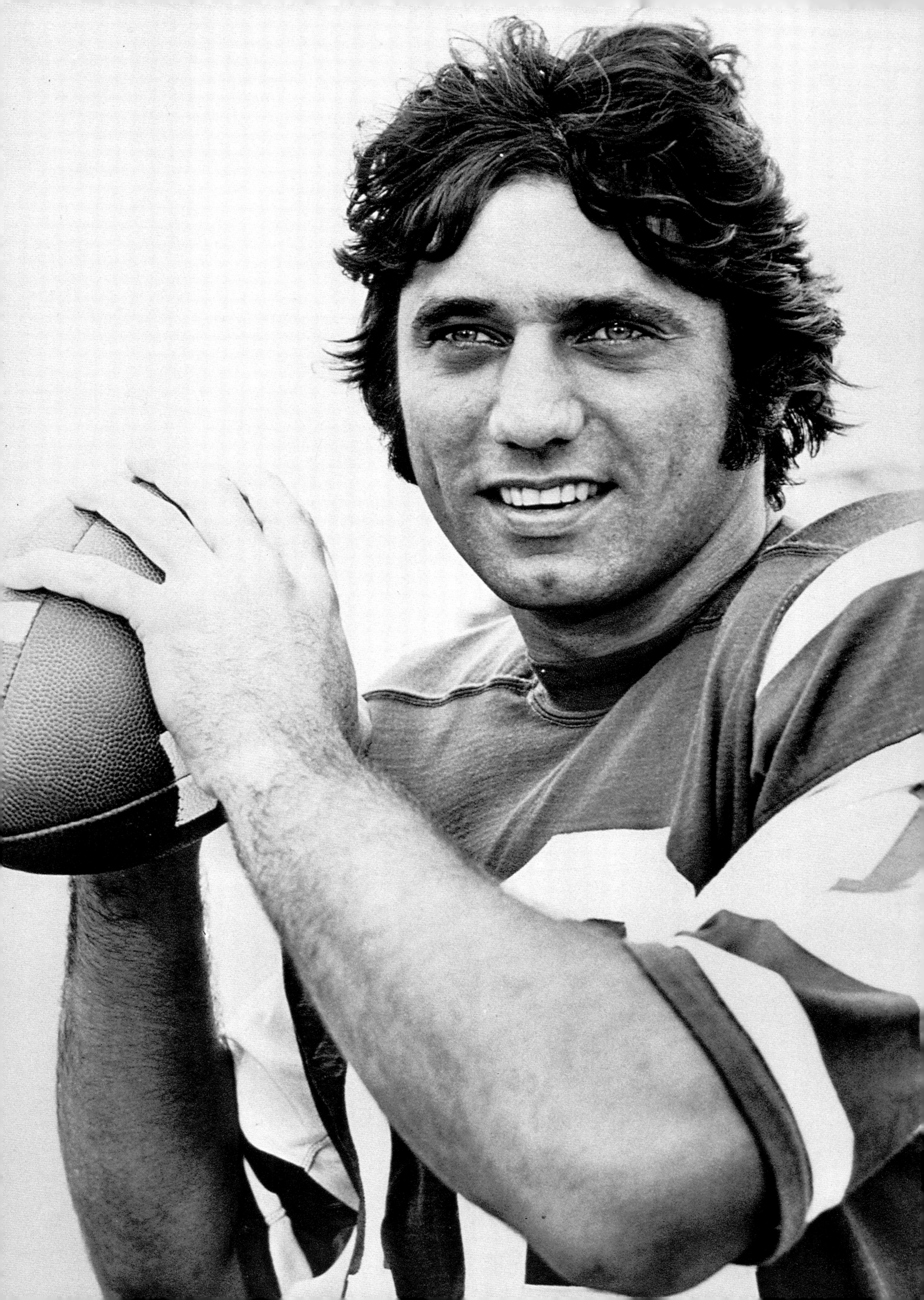

GAMAL ABD EL NASSER

1918–1970

ALS KÄMPFER FÜR DIE Einheit Arabiens, die soziale Revolution und den Antikolonialismus nach dem Zweiten Weltkrieg wurde der ägyptische Staatspräsident Gamal Abd el-Nasser von der arabischen Welt ebenso geliebt, wie ihm der Westen und das Amerika des Kalten Krieges mißtrauten. Man verdächtigte ihn, Beziehungen zur Sowjetunion zu pflegen. Doch fühlte sich Nasser, ein Patriot, zu dessen frühesten politischen Aktivitäten eine Studentendemonstration gegen die britische Besatzung Ägyptens gehörte, keinem anderen Staat als dem eigenen verpflichtet. Sein Leben widmete er der Aufwertung der fellahin oder Bauern, dem Bündnis der Arabischen Staaten unter ägyptischer Vorherrschaft und der Entwicklung eines echten Nationalbewußtseins unter seinen Landsleuten. Wie kein anderer arabischer Führer vor ihm besaß er die Macht, die Massen zu aktivieren, besonders die shaab, die Vergessenen. Sein Charisma brachte ihm den Titel „El Rais" (der Chef) ein.

Nasser wurde als Sohn eines Postbeamten und dessen Frau, der weltoffenen Tochter eines Bauunternehmers, in Alexandria geboren. Als britisches Protektorat gehörte Ägypten zum Empire, das noch immer große Teile der Welt beherrschte. Nicht Arabisch, sondern Englisch und Französisch waren die Umgangssprachen in den höheren Kreisen der Gesellschaft; das Land wurde nominell von einem korrupten Monarchen regiert, de facto von den britischen Residenten; kein Sohn eines Regierungsfunktionärs der unteren Mittelklasse konnte erwarten, einmal Offizier der Armee zu werden. Als unbedeutender „Wog", eine abschätzige Bezeichnung der europäischen Herren des Landes für seine Bewohner, hatte Gamal Abd el-Nasser sehr schlechte Perspektiven.

Seine Kindheit begann in dem verarmten Dorf Khataba im Nildelta, er wuchs dann aber bei einem Bruder seines Vaters in Kairo auf, wo ihm eine bessere Schulbildung ermöglicht werden konnte. Einsam und unbeaufsichtigt (besonders nach dem frühen Tod der Mutter und der erneuten Heirat des Vaters) verbrachte der junge Gamal seine Zeit damit, amerikanische Filme anzusehen und sich an politischen Aktionen zu beteiligen. Als sich für Araber schließlich Ausbildungsmöglichkeiten eröffneten, studierte Nasser einige Monate lang Jura, bevor er 1937 an die Königliche Militärakademie in Kairo ging. Ein Jahr später machte er seinen Abschluß und diente dann in einer Schützenbrigade in Oberägypten. Dort machte er die Bekanntschaft von Anwar el-Sadat. 1941 wurde Nasser als Ausbilder an die Akademie versetzt; später arbeitete er am Kriegscollege für Armeeangehörige.

Die ägyptische Armee spiegelte die fast feudale Gesellschaftsstruktur des Landes mit seinen tiefen kulturellen und finanziellen Gegensätzen. Der Patriot Nasser war entschlossen, sowohl die Armee als auch das Land zu verändern. Jahrelang bereitete er geduldig die Revolte vor. Als er im arabisch-israelischen Krieg 1948 verletzt wurde, erkundigte er sich bei seinem Gegner, wie dessen Land den Abzug der Briten erreicht habe. „Vielleicht können wir von euch lernen", fügte er hinzu. Später sollte der gläubige Moslem das Alte Testament lesen, um seine israelischen Gegner besser verstehen zu können. 1952 stürzten Nasser und sein „Komitee der freien Offiziere" König Faruk I. und schickten ihn ins Exil.

Zuerst operierte Nasser als stellvertretender Ministerpräsident hinter Generalmajor Mohammed Nagib, den er jedoch 1954 stürzte. Bei der breiten Masse des Volkes war der dynamische und Optimismus ausstrahlende Nasser äußerst beliebt. Doch kann er kaum als Demokrat bezeichnet werden: 1956 schaffte er das Parteiensystem ab und löste das Parlament auf. Sein Konzept war ein arabischer Sozialismus.

Durch Landreformen schränkte er den Privatbesitz ein und verteilte weite Landstriche an Bauern. Sein großes Projekt, der Bau des Assuan-Staudamms, kam in Schwierigkeiten, als die Vereinigten Staaten und Großbritannien, verärgert über ägyptische Waffenkäufe in der Sowjetunion, die finanzielle Unterstützung versagten. Um das Projekt selbst finanzieren zu können, verstaatlichte er im Juli 1956 den Suezkanal, worauf Großbritannien, Frankreich und Israel mit einer Militäraktion reagierten. Obwohl seine Truppen umfassend besiegt wurden, ging Nasser mit einem persönlichen Triumph aus der militärischen Niederlage hervor, da die Vereinten Nationen unter Führung der Vereinigten Staaten und der Sowjetunion in seltener Eintracht die Invasion verurteilten.

Infolge der Suezkrise stieg Nassers Ansehen in den arabischen Staaten, ebenso sein Einfluß in der Dritten Welt. Sein Traum von einer großen panarabischen Koalition, die mit dem Zusammenschluß von Syrien und Ägypten zur Vereinigten Arabischen Republik 1958 ihren Anfang nahm, scheiterte 1961 mit Syriens Rückzug. Die Wirtschaft erlahmte, und das Land wurde in einen verhängnisvollen Krieg im Jemen verwickelt (1962–67). 1967 erlitt es außerdem eine demütigende Niederlage gegen Israel im Sechstagekrieg. Mit Israels Eroberung der West Bank, des Gazastreifens und der Golanhöhen war Ägyptens Vorherrschaft innerhalb der arabischen Welt zu Ende. Nasser bot seinen Rücktritt an, nahm ihn jedoch auf (teilweise verordneten) Druck der Bevölkerung wieder zurück.

Nasser widmete sich nun der Friedensstiftung. Er trug zur Beendigung des jemenitischen Krieges bei, akzeptierte in der Palästina-Frage die Lösung „Land für Frieden" und vermittelte in der bewaffneten Auseinandersetzung zwischen Jordanien und der Palästinensischen Befreiungsorganisation PLO, die eine wachsende Herausforderung für seine Führungsrolle darstellte. Am 28. September 1970 erlag Nasser einem Herzinfarkt. Der glühende Verfechter eines arabischen Nationalismus hatte als Sprecher der blockfreien Staaten neben Mao Tse-tung, Nehru, Castro und Ho Tschi Minh zu den Helden der antikolonialen Revolution gehören wollen.

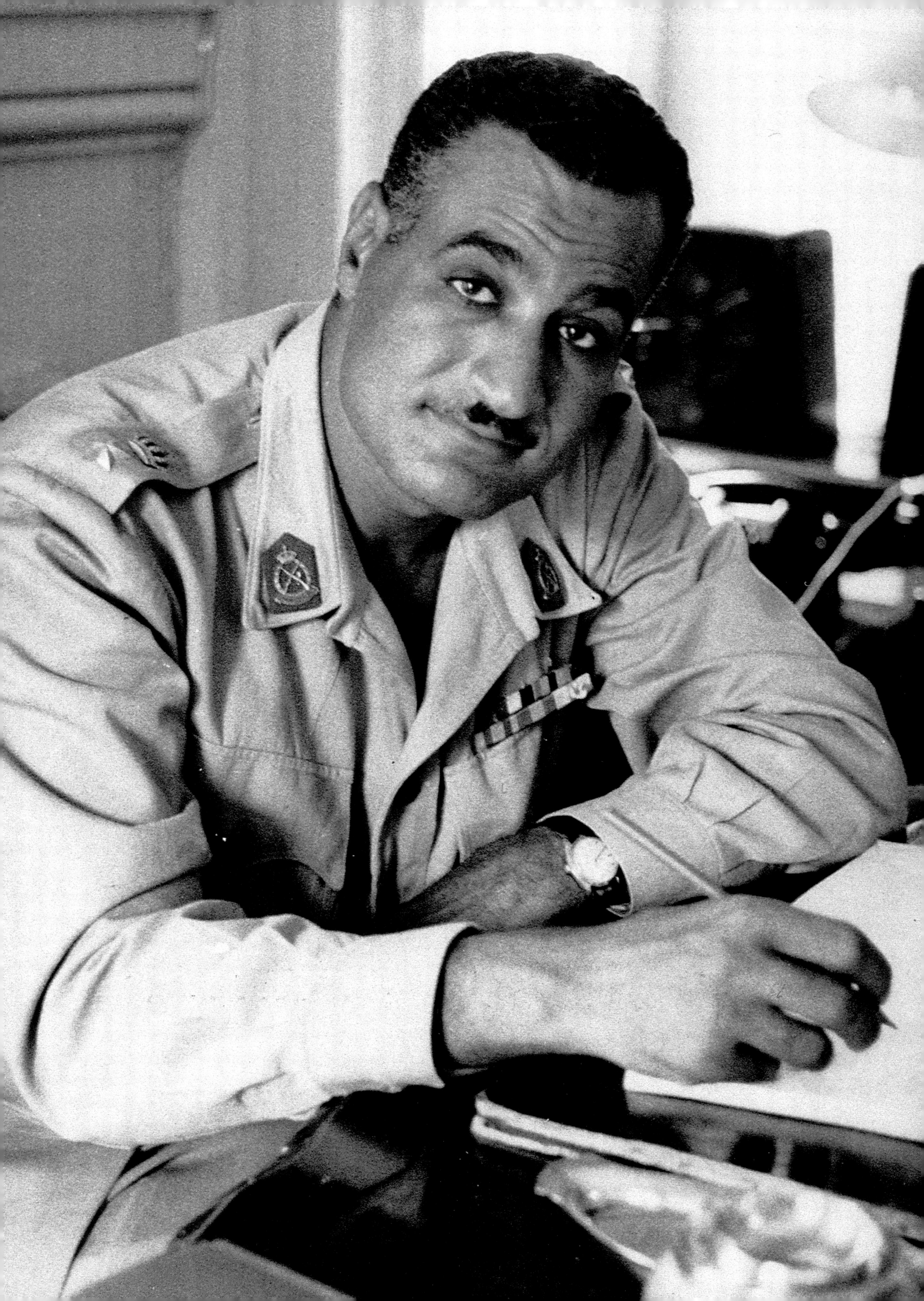

RICHARD M. NIXON

1913-1994

DIE POLITISCHE KARRIERE VON Richard M. Nixon hatte von beginn an ihre dunklen Seiten; als er höhere Ämter bekleidete, wurde der Schatten immer größer und verdeckte schließlich das Positive, das er politisch erreicht hatte.

Richard Nixon wurde in Yorba Linda im US-Bundesstaat Kalifornien als zweiter von fünf Söhnen von Francis A. Nixon, einem Zitronenfarmer, und Hannah Milhous Nixon, einer strenggläubigen Quäkerin, geboren. Die Nixons hatten wenig Geld, und Richard litt unter den Sticheleien von Kindern wohlhabender Eltern. Seine Wut über diese Kränkungen verwandelte sich in Ehrgeiz. Nachdem ihm die Aufnahme in den elitären Franklin Club des Whittier College verwehrt worden war, gründete der gewandte Redner die Orthogonians („die anständigen Kerle"). 1934 machte er seinen Abschluß, bekam ein Stipendium für die Duke University Law School und schloß 1937 mit Erfolg sein Jurastudium ab. Als er in New York keine Anstellung fand, kehrte er nach Kalifornien zurück.

Als Anwalt in der kleinen Stadt La Habra lernte er Thelma Patricia Catherine („Pat") Ryan, eine Lehrerin und Laienschauspielerin, kennen. Seine Heirat 1940 nannte er später „die beste Entscheidung meines Lebens". 1942, nur acht Monate nach der Bombardierung von Pearl Harbor durch die Japaner, trat Nixon in die Marine ein. Er verbrachte den Zweiten Weltkrieg im Südpazifik, wo er beim Pokern 10 000 Dollar gewann, die er 1946 zur Finanzierung seiner Kandidatur für den Kongreß einsetzte. Er gewann den Wahlkampf, indem er seinen Gegner Jerry Voorhis, einen Demokraten und Verfechter des New Deal, prokommunistischer Tendenzen beschuldigte. Nixons Kesseltreiben gegen die Kommunisten hielt an, als er nach Washington ging und in den Ausschuß des Repräsentantenhauses zur Bekämpfung unamerikanischer Umtriebe berufen wurde.

Nach zwei Amtsperioden als Kongreßabgeordneter kandidierte Nixon gegen die liberale Demokratin Helen Gahagan Douglas für einen Sitz im Senat. In einer Verleumdungskampagne, die noch heute als eine der schmutzigsten in der Geschichte der USA gilt, bezichtigte Nixon Douglas, die er „Pink Lady" nannte, kommunistischer Sympathien. Sein Sieg veranlaßte Dwight D. Eisenhower, Nixon im Jahr 1952 zu seinem Mitstreiter im Kampf um das Amt des Präsidenten der Vereinigten Staaten zu ernennen.

Richard Nixons Einzug ins Weiße Haus schien unsicher, als publik wurde, daß er von einem besonderen Wahlkampffonds Geld angenommen hatte. Sein politisches Ende vor Augen, verteidigte er sich im Fernsehen mit der berühmten „Checkers-Rede", in der er abstritt, jemals Geschenke angenommen zu haben mit Ausnahme des Familienhundes Checkers. Die Wähler glaubten ihm. Und das Eisenhower-Nixon-Team ging aus dem Präsidentschaftswahlkampf siegreich hervor.

Selbst im farblosen Amt des Vizepräsidenten schaffte es Nixon, im Licht der Öffentlichkeit zu bleiben, so, als er den sowjetischen Ministerpräsidenten in der hitzigen „Küchen-Debatte" in eine Diskussion verwickelte. 1960 wurde Richard Nixon von seiner Partei zum Präsidentschaftskandidaten gewählt. Sein Gegner war John F. Kennedy, der reiche, charismatische Senator aus Massachussetts, der all das verkörperte, was Nixon nicht war – und dieser Gegensatz kam in einer Reihe von Fernsehdiskussionen deutlich zum Vorschein. Der telegene Kennedy machte einen durchtrainierten und selbstsicheren Eindruck, während Nixon, schwitzend und verlegen, eine schlechte Figur machte. Verbittert durch seine Niederlage, zog sich Richard Nixon nach Kalifornien zurück, wo er zwei Jahre später auch in der Gouverneurswahl unterlag.

1968 nahm es Nixon erneut in Angriff, das Weiße Haus zu erobern. Diesmal war sein Gegner Vizepräsident Hubert Humphrey, der die undankbare Aufgabe hatte, die Haltung der Demokraten im Vietnamkrieg zu rechtfertigen. Mit der Behauptung, einen „geheimen Plan" zur Beendigung des Konflikts vorlegen zu können, schlug Nixon Humphrey mit einem Abstand von 500 000 Stimmen. Der Krieg ging weiter, aber an anderer Stelle demonstrierte Nixon außenpolitischen Sachverstand: Unerschrocken nahm er Beziehungen zu China auf, stärkte die Verbindung zu Ägypten im zerstrittenen Nahen Osten und verhandelte geschickt mit der Sowjetunion. Im eigenen Land rief er einen „Krieg gegen den Krebs" aus, erließ neue Gesetze zur Verbrechensbekämpfung, verbesserte die Situation der amerikanischen Ureinwohner und setzte Umweltreformen durch. Aber er begann auch eine bedenklich reaktionäre Kampagne für „Recht und Ordnung", die zur Verfolgung zahlreicher linker Aktivisten und persönlicher politischer Feinde führte.

Sein Haß gegen jeden, der ihm widersprach, führte zu dem juristischen und moralischen Tiefpunkt der Watergate-Affäre. Wenige Monate bevor Nixon in den nationalen Wahlen George McGovern schlug, hatte das Weiße Haus im Juni 1972 Einbrecher beauftragt, in das Hauptquartier der Demokratischen Partei einzudringen, das in einem Washingtoner Apartmentkomplex mit Namen Watergate untergebracht war. Die Entdeckung und Verhaftung der Einbrecher sowie die anschließende Verschleierung der Aktion durch Nixon und seine Helfer führten zu der schwersten Verfassungskrise des Landes seit dem amerikanischen Bürgerkrieg. 1973 wurden Kongreßausschüsse eingesetzt, die im folgenden Jahr dafür stimmten, den Präsidenten unter Amtsanklage zu stellen. Eine Grand Jury auf Bundesebene hatte Nixon bereits als Mitwirkenden bezeichnet, ohne jedoch öffentliche Anklage zu erheben. Heimlich im Oval Office aufgezeichnete Gespräche bewiesen seine Schuld, und am 9. August 1974 erklärte Richard M. Nixon seinen Rücktritt.

In späteren Jahren beriet der erfahrene Staatsmann jüngere Politiker, und in den 80er Jahren erlebte er sogar eine neue Welle der Popularität, doch die Erinnerung an seinen Hochmut und seinen tiefen Fall konnte sie nicht auslöschen.

IKONEN DES 20. JAHRHUNDERTS

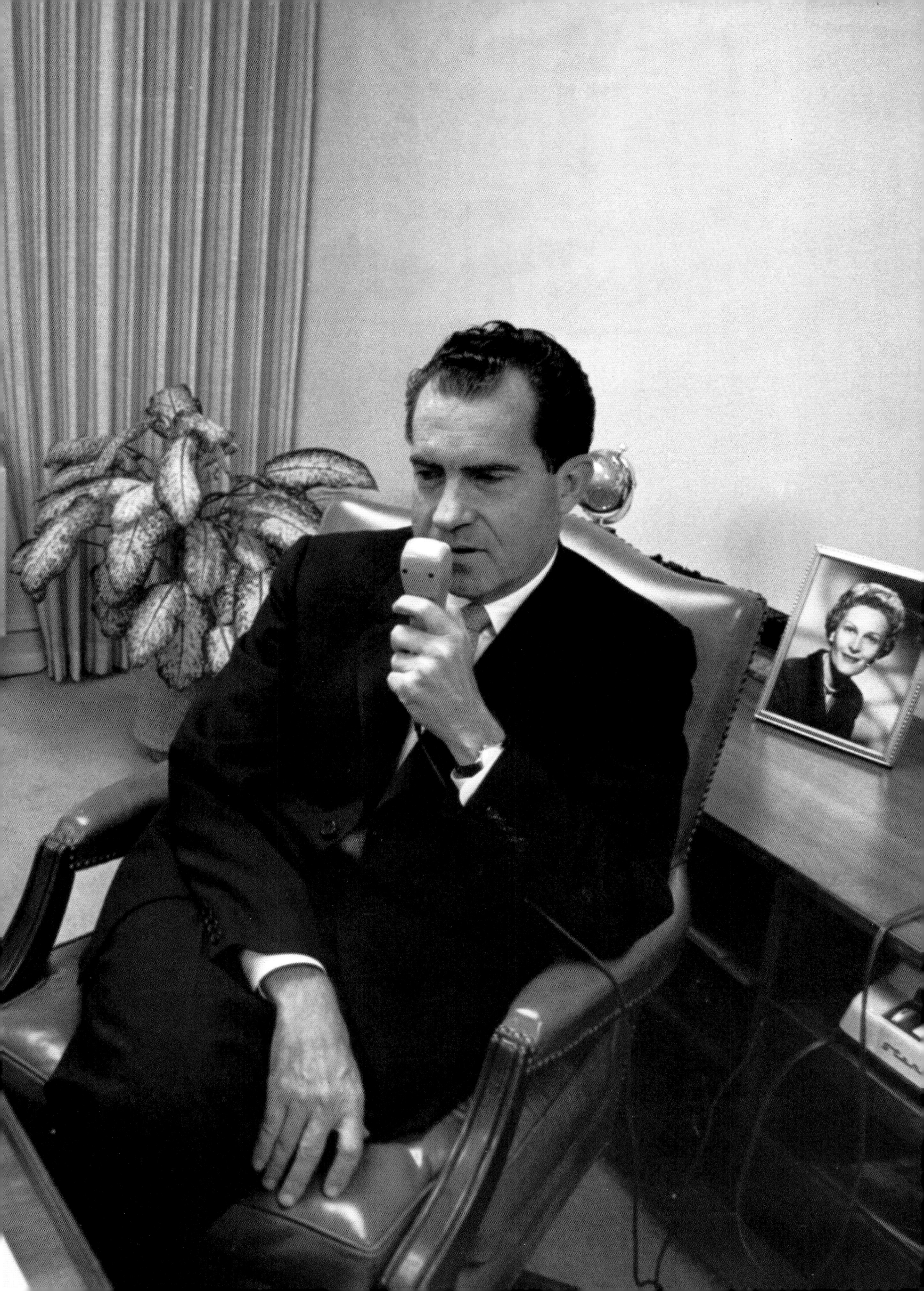

RUDOLPH NUREJEW
1938–1993

SEINE BEWEGUNGEN WAREN KRAFTVOLL, kontrolliert und von geradezu animalischer Grazie. Wenn der elegante und athletische russische Tänzer Rudolph Nurejew zum Sprung ansetzte, kreiste er förmlich über seinen Partnerinnen, als wollte er sie verschlingen. Obwohl er im persönlichen Umgang zynisch und herablassend war, enttäuschte er nie die glühenden Bewunderer seiner Kunst und auch nicht die Kartenverkäufer auf dem Schwarzmarkt, die von seinen hysterischen Fans profitierten. Er lebte allein für das Tanzen. Sein außergewöhnliches Talent und sein wunderbarer Körper brachten eine seltene Dramatik auf die Bühne, und sein feuriges Temperament belebte die steife Atmosphäre des klassischen Balletts.

Sein Debüt im Westen gab der gefeierte junge Tänzer 1961 in Paris. Dort gelang ihm auch seine aufsehenerregende Flucht vor den sowjetischen Sicherheitskräften, die beim westlichen Publikum wahre Begeisterungsstürme auslöste.

Im Grunde seines Herzens war Nurejew Tatar, ein Bewohner der Steppe, dessen Blut, wie er zu sagen pflegte, von Natur aus heißer war und schneller floß als das anderer Menschen. Als Tänzer, dessen Rollen zumeist dem lyrischen Fach zuzurechnen waren, liebte er es, von den abenteuerlichen Begleitumständen seiner Geburt zu berichten, die für ihn das romantischste Ereignis seines Lebens war. Nurejew wurde in einem fahrenden Zug am Ufer des Baikalsees in der Nähe der mongolischen Grenze geboren. All diese Faktoren, so schrieb er 1963 in seiner Autobiographie, hätten sein Schicksal als Weltbürger vorweggenommen, im weiteren Sinne auch seine Existenz als Außenseiter, dessen Leben von Ruhe- und Heimatlosigkeit geprägt sei.

Nurejews Kindheit verlief alles andere als romantisch. Während der Kriegsjahre lag die Gefahr des Hungertodes wie ein dunkler Schatten über seiner Heimatstadt Ufa. Ausgerechnet in jener „kalten, düsteren und vor allem anderen elenden Welt" – so Nurejew in seiner Autobiographie – fand er seinen Rettungsanker. Als er acht Jahre alt war, nahm ihn seine Mutter das erste Mal mit ins Ballett, und dem Kind verschlug es vor Begeisterung buchstäblich die Sprache. Auf der Stelle erkannte Rudolph Nurejew seine eigentliche Berufung: Tänzer. Dank seiner eisernen Disziplin und eines harten Trainings wurde der 17jährige schließlich an der renommierten Leningrader Ballettschule angenommen. Obwohl er schon relativ alt für einen Anfänger war, machte er aufgrund seiner außergewöhnlichen Begabung, seiner Ausstrahlung und nicht zuletzt durch seinen Trainer und Mentor, den legendären Alexander Puschkin, große Fortschritte. Drei Jahre später schloß er sich dem Kirow-Ballett an, nachdem er dem Bolschoi eine Absage erteilt hatte.

Nurejew war in vieler Hinsicht ein Rebell. Bereits in jungen Jahren verweigerte er sich hartnäckig dem Komsomol, setzte sich über das verhängte Ausgangsverbot hinweg, kritisierte die Politik seiner Tanzcompagnie und schloß Freundschaft mit Ausländern. Am 17. Juni 1961 – er war gerade auf dem Pariser Flughafen Le Bourget und wartete auf seine Maschine nach London – erreichte seine Rebellion ihren Höhepunkt: Als Nurejew kurz vor dem Abflug erfuhr, daß sein Flugziel nicht London, sondern Moskau sei, befürchtete er das Schlimmste. Wegen Insubordination bereits häufig in die Kritik gekommen, nahm er an, man wolle ihm seine Karriere als Tänzer zerstören, sobald er wieder auf sowjetischem Territorium sei. So machte er den weitesten Sprung seines Lebens – über eine Flugsteigabsperrung hinweg geradewegs in die Arme zweier französischer Sicherheitsbeamter – und keuchte: „Ich will hier bleiben!" Nurejew hatte fünf Minuten Zeit, seine Entscheidung noch einmal zu überdenken. Dann verließ er ganz ruhig den Flughafen, um ein neues Leben zu beginnen.

Für einige Zeit ging Nurejew mit dem Ballet International des Marquis de Cuevas auf Tournee, um sich dann dem Royal Ballet in London anzuschließen. Gemeinsam mit Margot Fonteyn, der Primaballerina der Truppe, gelang ihm schließlich der Durchbruch im Westen. Der ungestüme 24jährige und seine 42 Jahre alte Partnerin waren ein sehr ungleiches Paar: hier Margot Fonteyn mit ihrem Charme, ihrer strengen Grazie und ihrer weiblichen Ausstrahlung und dort Rudolph Nurejew mit seiner Expressivität, seiner Kraft und seiner narzißtischen Anmaßung. Die Welt des Balletts wurde von diesem Paar derart elektrisiert, wie in keinem anderen Fall zuvor und danach.

Doch Margot Fonteyns „junger springender Löwe" kehrte dem klassischen Repertoire wie *Schwanensee* oder *Dornröschen*, das er meisterhaft beherrschte, schon bald den Rücken und wandte sich experimentellen Choreographien von George Balanchine und Martha Graham zu, die 1975 für ihn und Fonteyn das Ballett *Lucifer* choreographiert hatte. Alles in allem tanzte Nurejew annähernd 100 verschiedene Rollen. Am fruchtbarsten erwies sich allerdings seine Zusammenarbeit mit dem Royal Ballet und dem Opéra Ballet in Paris, das er von 1983 bis 1989 leitete. Neben seiner Tätigkeit als Choreograph trat er auch längere Zeit in der Broadway-Show *Nurejew and Friends* auf, in der er eine bunte Mischung aus bekannten modernen und klassischen Piècen präsentierte.

Nurejews Privatleben war nicht minder rebellisch und ausschweifend. In seinem berühmten schwarzen Leder-Outfit feierte er in Nachtclubs und Discos die Nächte durch. Der brillante und leidenschaftliche Tänzer war auf der anderen Seite ein erotisches Popidol und ein reicher Megastar, dessen Gefolge sich aus weiblichen und männlichen Bewunderern aller Altersstufen zusammensetzte. Die Reize des Nachtlebens konnten Nurejews Liebe zum Tanz jedoch nie ernsthaft Konkurrenz machen. Erbittert kämpfte der Künstler gegen den altersbedingten Verfall seines Körpers an und stand noch lange auf der Bühne. Auch seine Infizierung mit AIDS, die er bis zuletzt verschwieg, vermochte nicht, ihn zu bremsen.

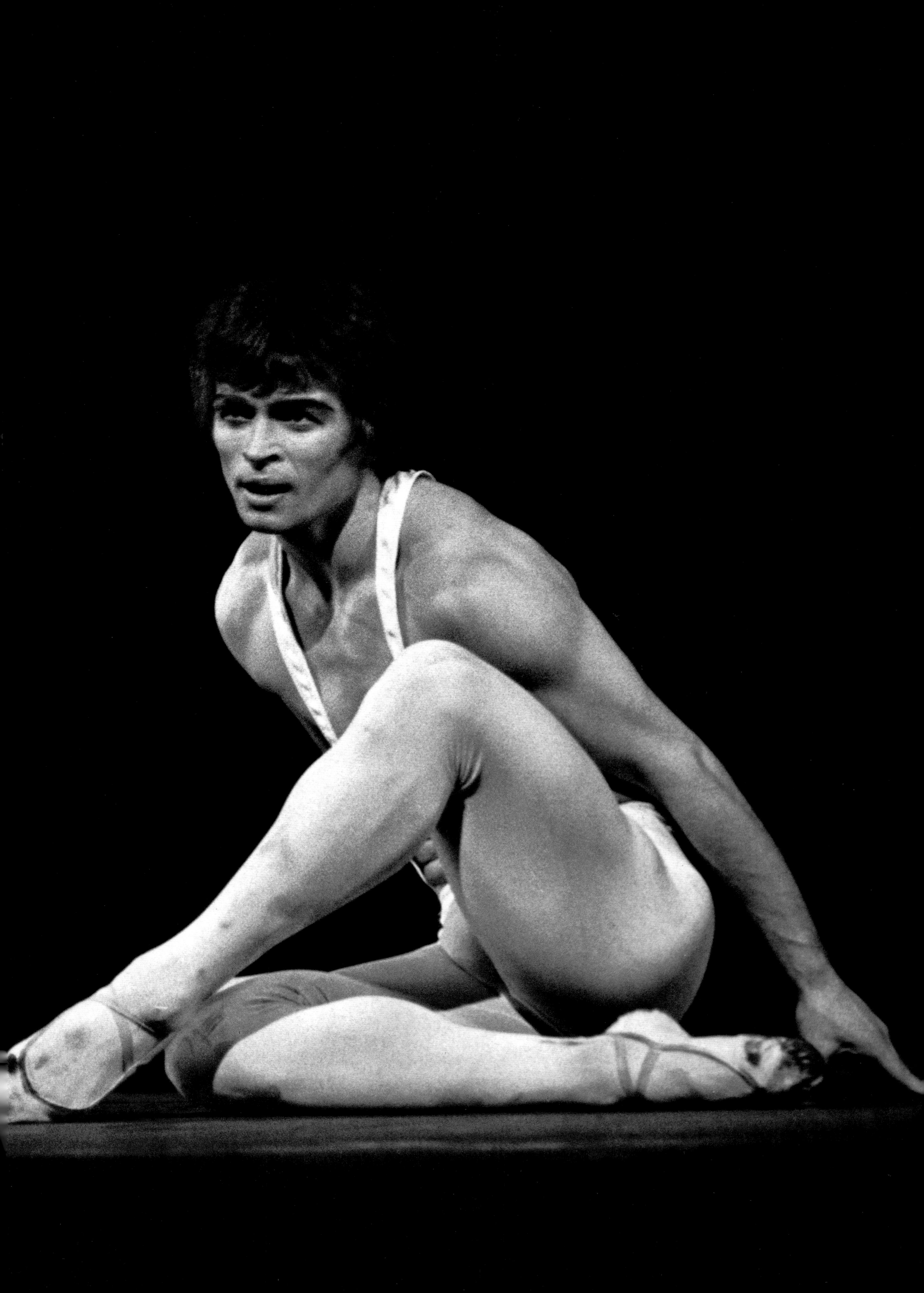

GEORGIA O'KEEFFE
1887–1986

IN DER ZWEITEN HÄLFTE ihres langen Lebens hatte die Künstlerin Georgia O`Keeffe jedes Detail ihres Alltags zu einer höchst stilisierten und eleganten Ästhetik minimiert: von ihrem streng zurückgekämmten Haar und den langen, einfarbigen Kimonos bis zu ihrem spärlich eingerichteten Haus aus Adobeziegeln, das mit ausgeblichenen Knochen und verwitterten Steinen geschmückt war. All dies harmonierte visuell mit der von ihr geliebten Wüste Neumexikos, deren einsames Panorama die poetische Strenge ihrer Kunst inspirierte. O`Keeffe tauchte in die rauhe Schönheit „dieser wilden Welt" ein und schuf aus dieser Landschaft geisterhafte Rinderschädel, einsame Kreuze und zahllose Ansichten des sich stetig verändernden Pederval-Berges. Von dessen blauviolettem Gipfel behauptete sie einmal: „Gott hat mir gesagt, wenn ich ihn oft genug male, gehört er mir."

Mit Anfang 20 entdeckte O`Keeffe die Wüste, als sie mit ihrem alten Ford durch die dürre Ebene fuhr. Sie verinnerlichte deren Farbtöne und gespenstische Vegetation und entwickelte bald ihren eigenen, unverwechselbaren Stil: reine, erhabene Umrisse, die zwischen Abstraktion und Abbild schwanken, klare, fließende Linien und eine charakteristische Palette von Erdtönen, tieforange, blutrot und violettbraun, dazwischen überraschendes Rosa, Gelb und Hellblau. Die Künstlerin gilt als Pfadfinderin der abstrakten Malerei.

O`Keeffe war die stolze Tochter der Prärie von Wisconsin, gewöhnt an Weite und Natur; ihr ganzes Leben lang waren Landschaften privat und beruflich extrem wichtig für sie. Ihre ungarisch-amerikanische Mutter, eine Aristokratin, fuhr sie und ihre Schwestern (es waren insgesamt sieben Kinder) samstags in einem Buggy zum Kunstunterricht in die nahe Sun Prairie. Im Alter von zwölf Jahren war Georgia entschlossen, Künstlerin zu werden, und Ida O`Keeffe unterstützte die Entscheidung ihrer Tochter von ganzem Herzen. 1905 schickte sie sie an das Kunstinstitut von Chicago, einige Jahre später zur angesehenen Liga der Kunststudenten nach New York. 1908 wandte sich die 22jährige eine Zeitlang enttäuscht von ihrer Kunst ab und arbeitete als Illustratorin.

Zu diesem Zeitpunkt traten drei Männer in O`Keeffes Leben, die großen Einfluß auf sie haben sollten. Der erste war Alon Bement von der Universität Columbia, ein Anhänger Arthur Wesley Dows, der seine Schüler ermutigte, ihre eigene Kunst zu schaffen, statt andere Künstler nachzuahmen. Bement lehrte eine Bildkomposition, die auf japanischen Vorbildern beruhte, nicht auf westlichen. Er sollte O`Keeffes intellektueller Mentor werden; sie wurde später seine Assistentin an der Universität von Virginia. Der zweite Mann war Arthur Dow selbst, der, ein Schüler des französischen Postimpressionisten Paul Gauguin, ebenfalls in Columbia unterrichtete. Er war es, der O`Keeffe 1915 für die reduzierten Formen und die Farbraffinesse der asiatischen Kunst endgültig begeisterte und ihren kreativen Ehrgeiz weckte. Nachdem ein Bekannter ihre neuen Arbeiten zur Gallerie 291 in New York gebracht hatte, traf die Malerin 1916 auf die dritte und bedeutsamste Person in ihrer Karriere, Alfred Stieglitz. Er war ein berühmter Fotograf, Anwalt des amerikanischen Modernismus und leidenschaftlicher Befürworter der Fotografie als Kunstform. Der deutlich ältere Stieglitz und O`Keeffe wurden zu einem der faszinierendsten Paare der modernen Kunst.

O`Keeffes Arbeiten beeindruckten Stieglitz derart, daß er ihre Zeichnungen im gleichen Jahr ohne ihr Wissen in eine seiner Ausstellungen aufnahm. Bei O`Keeffes erster Exklusiv-Ausstellung in der Gallerie 291 im folgenden Jahr bat er sie, für ihn Modell zu stehen, womit die berühmte, sich über 15 Jahre erstreckende Serie von über 500 Fotografien ihren Anfang nahm, die die Tiefe ihrer leidenschaftlichen Beziehung dokumentiert. Als Stieglitz' Frau, mit der er seit 24 Jahren verheiratet war, die äußerst intimen Fotos sah und ihrem Mann ein Ultimatum stellte, verließ er sie. Stieglitz bot seinem Protégée Zugang zur Öffentlichkeit und zu seinem erlesenen Freundeskreis. O`Keeffe sollte sich niemals dankbar für seine Hilfe zeigen, auch nicht für die anderer Mentoren; in ihrer illustrierten Autobiographie von 1976 erwähnt sie nicht einmal ihre Heirat.

Die beiden heirateten 1924, doch ihre unbiegsamen Persönlichkeiten und ihr ausschweifendes Leben erschwerten das Zusammenleben. Stieglitz war gesellig, besessen und argwöhnisch; O`Keeffe war eine asketische Grüblerin, die Frieden und Abgeschiedenheit brauchte. Als sie entdeckte, daß Stieglitz eine ernste Affäre hatte, erlitt O`Keeffe einen Nervenzusammenbruch und suchte fortan Trost auf ihren jährlichen langen Reisen nach Taos, Neumexiko, die sie 1929 aufnahm. Dort begann sie eine Beziehung zu der reichen, unkonventionell lebenden Erbin Mabel Dodge Luhan, was Stieglitz rasend vor Eifersucht machte. Inzwischen hatte sie mit ihren kühnen Blumenbildern Berühmtheit erlangt; die freudianische Interpretation solcher Gemälde wie *Schwarze Iris* (1926) und *Two Calla Lilies on Pink* (1928), zwei ihrer berühmtesten Arbeiten, lehnte sie allerdings ab.

Im Laufe der Jahre entwickelte sich ihre Kunst von den gigantischen Blumenbildern, den Zeichnungen von New Yorks Stadtbild und den Darstellungen von Kirchen und Kreuzen zu den von der Wüste inspirierten Landschaftsgemälden. Ihre Malerei zeigt die Gefühle, die eine Landschaft hervorruft. Ihre Sicht der roten Hügel war fließend, warm und mütterlich, die Gestalt des Landes wurde zu den Formen des weiblichen Körpers. 1945 schrieb O`Keeffe: „Ich habe ein Bild gemalt, nur die Arme von zwei roten Hügeln, die nach dem Himmel greifen und ihn festhalten."

Nach Stieglitz' Tod 1949 zog sie für den Rest ihres Lebens nach Neumexiko. Zum Ende verinnerlichte sie so gut wie jeden natürlichen und spirituellen Aspekt jenes Reiches, das sie zu ihrem Refugium gemacht hatte.

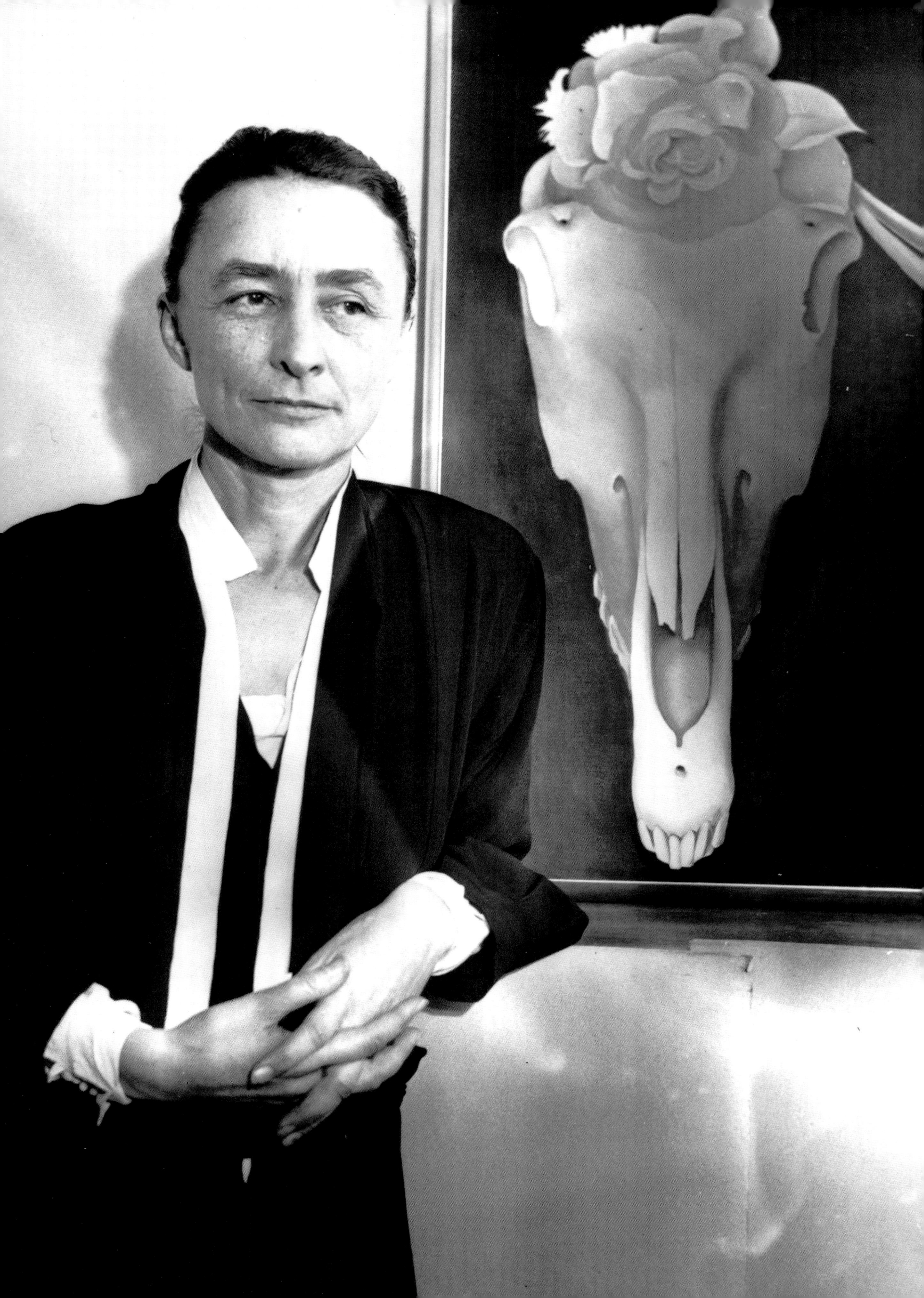

SIR LAURENCE OLIVIER
1907-1989

SEINE LEINWANDERFOLGE SIND unvergeßlich geblieben: der grüblerische Heathcliff in William Wylers Klassiker *Sturmhöhe* (1939), der scharfzüngige Archie Rice, ein drittklassiger Komiker in dem Film *Der Entertainer* (1960) und sein Othello (1965), gespielt mit wilder Leidenschaft und kopfloser Wut. Trotzdem hat er sich auf der Bühne während seiner beinahe sieben Jahrzehnte umspannenden Karriere immer wohler gefühlt. Seine Theaterkunst ist indessen nur noch in der Erinnerung derjenigen lebendig, die das Glück hatten, ihn in so großen Rollen wie dem Oedipus von Sophokles, Onkel Wanja von Tschechow oder James Tyron in Eugene O'Neills *Eines langen Tages Reise in die Nacht* erleben zu dürfen. Wenn man Olivier nicht auf der Bühne gesehen hat, kennt man das englischsprachige Theater dieses Jahrhunderts nur zur Hälfte.

Olivier war einer der größten modernen Interpreten des Shakespeare-Dramas auf der Bühne wie im Film. Wie kaum ein anderer brachte er den unsterblichen Barden einem zeitgenössischen Publikum nahe. In der legendären Spielzeit 1937/38 spielte Olivier auf der Bühne des Londoner Old Vic innerhalb von acht Monaten nicht weniger als sieben Shakespeare-Helden. Um seine Landsleute ein wenig von den Grauen des Zweiten Weltkrieges abzulenken, wurde er für eine Technicolor-Verfilmung von *Heinrich V.* (1945) von seinen Militärpflichten entbunden. Trotz widrigster Umstände wurde der Film zu einem vollen Erfolg. Oliviers Leistung als Produzent, Regisseur und Hauptdarsteller wurde vom Publikum wie auch von der Kritik hochgelobt. Der Film wurde mit einem Academy Award ausgezeichnet.

Sir Laurence wuchs in der englischen Kleinstadt Dorking als Sohn des anglikanischen Priesters Gerard Olivier und seiner Frau Agnes Crookenden in ärmlichen Verhältnissen auf, die ihn schon früh seinen Willen zum Erfolg entwickeln ließen. Nach einem Umzug nach London kam er unter die Obhut von Geoffrey Heald, der für die Theatergruppe der dortigen Gemeinde zuständig war, wo er auch die Chorschule besuchte. Bereits mit zehn Jahren spielte Olivier den Brutus und andere Shakespeare-Rollen. Er verbrachte seine Jugend in Furcht vor seinem Vater. Die Mutter hingegen liebte der Sohn über alles. Der Zwölfjährige ging gerade in Oxford zur Schule, als seine Mutter unerwartet an einem Gehirntumor starb. Dieser frühen Verlust, gepaart mit seiner Unfähigkeit, dem Vater zu gefallen, führten zu einem unlösbaren seelischen Konflikt. Der Theaterkritiker und Freund Oliviers, Kenneth Tynan, erklärte, der Schauspieler habe nie die in seiner Kindheit erlittenen Verletzungen überwinden können.

In nur einem Jahrzehnt entwickelte sich Sir Laurence vom frühreifen Talent zum erfahrenen Künstler. 1929 debütierte er am Broadway mit *Murder on the Second Floor* und hatte im darauffolgenden Jahr mit Noel Cowards *Intimitäten* seinen ersten größeren Erfolg. Für den Hollywoodfilm *The Yellow Ticket* (1931) war er gut genug, doch für Greta Garbo reichte es noch nicht – sie lehnte ihn als Filmpartner in *Königin Christine* (1933) ab. Die frühen 30er verliefen für Olivier enttäuschend, sowohl auf der Bühne wie auf der Leinwand. Hinzu kam, daß seine Frau, die begabte Schauspielerin Jill Esmond, begann, erfolgreicher zu werden als er.

Dann trat die wunderschöne englische Aktrice Vivien Leigh in sein Leben. 1937 spielten die beiden zusammen in dem Film *Fire Over England* (1937), und als sie noch im selben Jahr gemeinsam mit der Old Vic Company in einer Wiederaufnahme des *Hamlet* auftraten – gespielt auf Schloß Elsinore in Kronborg –, verliebten sich der zweifelnde Däne und die vielleicht fragilste Ophelia aller Zeiten auch im wirklichen Leben. Noch waren beide gebunden, und erst, nachdem sich Olivier in Hollywood mit *Sturmhöhe* einen Namen gemacht und Vivien Leigh als Scarlett O'Hara in *Vom Winde verweht* Filmgeschichte geschrieben hatte (beides 1939), heirateten sie.

Der Zweite Weltkrieg hatte gerade begonnen, und die nunmehr berühmten Oliviers trugen sich schwer mit der Entscheidung, ob sie, wie viele britische Künstler, nach Hause zurückkehren sollten. Gemeinsam mit Cary Grant und einigen anderen flog Olivier nach Washington, um diese Frage zu klären. Der britische Botschafter wies sie darauf hin, daß die Rollen von Engländern in Kriegsfilmen am besten auch von Engländern gespielt werden sollten. Olivier kehrte nach Los Angeles zurück, um die Dreharbeiten zu Alfred Hitchcocks *Rebecca* (1940) – mit Joan Fontaine – zu beenden. Anschließend drehte er mit Vivien Leigh *Lord Nelsons letzte Liebe* (1941) – ein Film über die Geschichte von Lord Horatio Nelson, eine Aufforderung zum Kriegsdienst. Sein nächster patriotischer Film war *Heinrich V.* Er hatte nach der Erfahrung mit *Sturmhöhe* seine hochmütige Haltung gegenüber dem Kino abgelegt. 1948 spielte er mit seiner *Hamlet*-Verfilmung einen Oskar ein.

Für seine außerordentlichen Leistungen verlieh man ihm 1947 den Adelstitel, und 1970 wurde er als erster Schauspieler zum Peer of the Realm ernannt. Als Gründer und Direktor des britischen Nationaltheaters war er in den Jahren zwischen 1963 und 1973 ausschließlich mit der Bühnenarbeit befaßt. 1960 hatte er sich von Vivien Leigh scheiden lassen und die Schauspielerin Joan Plowright geheiratet. Als Vivien Leigh 1967 nach langem Kampf gegen manische Depression und Tuberkulose starb, lag er gerade mit einer Lungenentzündung im Krankenhaus. Er verließ sein Krankenlager und hielt bei Vivien Totenwache.

Der athletische und imposante Schauspieler fürchtete sich nie davor, in seinem Streben nach wahrhaftiger Darstellung komisch oder vulgär zu sein, ihn reizte der Punkt, an dem Tragik plötzlich in Komik umschlagen kann. Sein eigenes Ende allerdings war tragisch. Eine Dermatomyositis löste bei jede Berührung unsägliche Schmerzen aus – und das bei einem Menschen, der ein ganzes Leben lang andere mit seiner Kunst zutiefst berühren konnte.

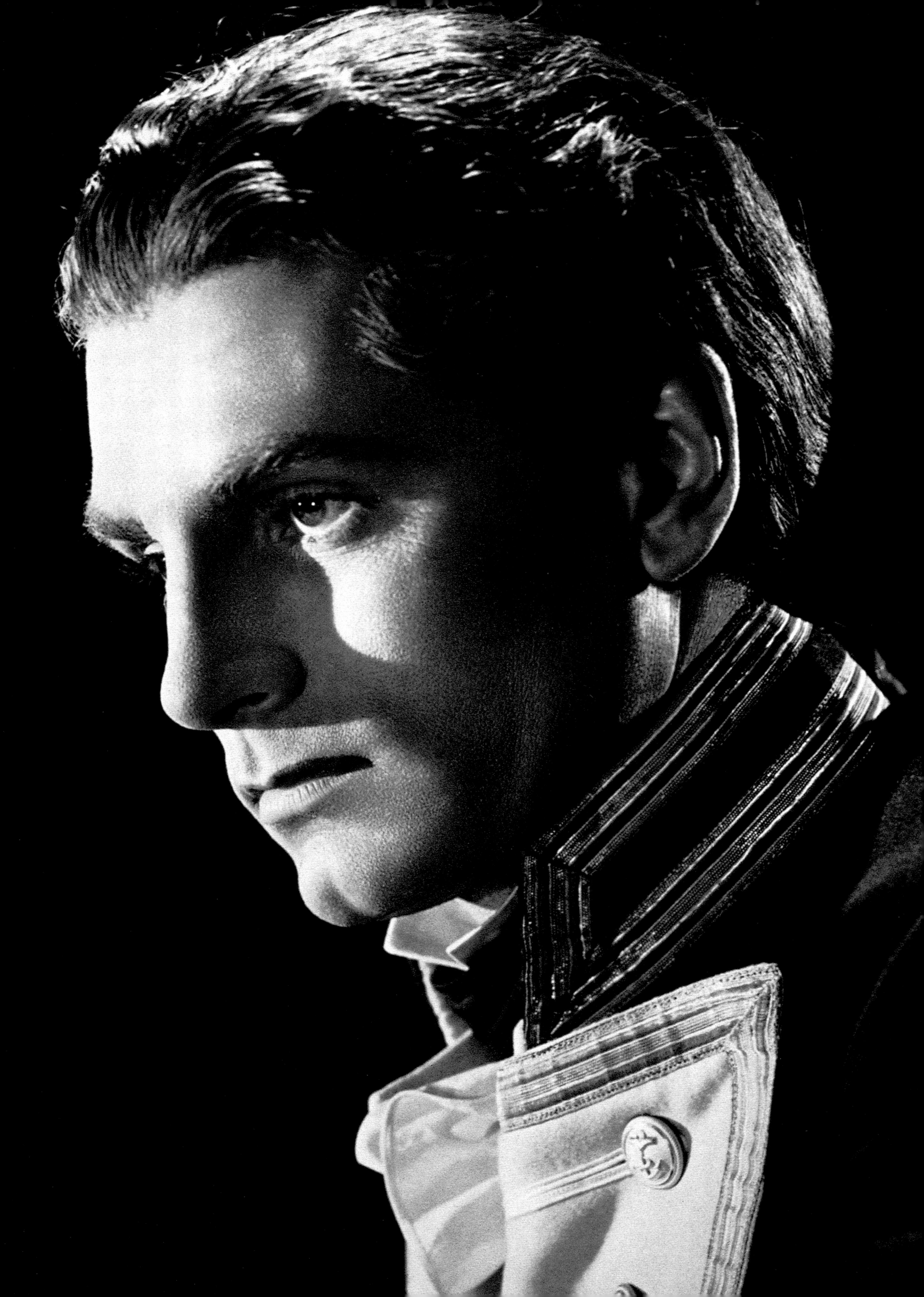

JACQUELINE KENNEDY ONASSIS
1929–1994

TAUSEND TAGE LANG war sie die unbestrittene Königin eines Landes, das eigentlich keine Könige duldet. Die Ehefrau des jüngsten und blendendsten Präsidenten, den die Vereinigten Staaten je hatten, war die perfekte First Lady einer Epoche, um die sich heute Mythen ranken. Jackie, wie sie auf der ganzen Welt genannt wurde, war gebildet, elegant und glamourös wie ein Filmstar. Sie verlieh dem Weißen Haus Stil und einen besonderen Flair und wurde zum Vorbild für eine ganze Frauengeneration. In einer der dunkelsten Momente der Geschichte Amerikas strahlte sie wie ein heller Stern.

Jacqueline Bouvier wurde am 28. Juli 1929 in Southampton, New York, als Tochter des Wall-Street-Geschäftsmannes „Black Jack" Bouvier und seiner attraktiven Ehefrau Janet Lee geboren. Während der Depression verlor die Familie fast ihren gesamten Besitz und zerbrach darüber. Die kleine Jacqueline liebte Pferde und verehrte ihren charmanten, draufgängerischen Vater. Dessen besitzergreifende Art, seine maßlose Eifersucht gegenüber Hugh Auchincloss, dem unglaublich reichen zweiten Ehemann seiner Ex-Frau, und die ständigen Auseinandersetzungen mit Janet trugen ihren Teil dazu bei, daß aus Jacqueline ein höchst unsicheres Mädchen wurde – was man ihr in der Öffentlichkeit allerdings nie anmerkte.

1947 wurde sie zur Debütantin des Jahres gekürt, ging auf das Vassar College und anschließend nach Europa, wo sie in Grenoble und an der Sorbonne studierte. 1951 schloß sie ihr Studium an der George Washington University ab.

In jeder Weise auf das gute Leben als Dame der gehobenen Gesellschaft vorbereitet, bekam sie einen passenden Job als Fotografin beim *Washington Times Herald* und verlobte sich mit einem angesehenen Wall-Street-Broker. 1952 lernte sie auf einer Dinner-Party in Washington den unwiderstehlichen John Fitzgerald Kennedy kennen. Der junge Kongreßabgeordnete, Kriegsheld und ehrgeizige Politiker, der das Weiße Haus fest im Blick hatte, ähnelte in seinem Wesen sehr ihrem Vater. Als man sie davor warnte, daß Kennedy ein Playboy sei, antwortete sie nur: „Das sind alle Männer." Am 12. September 1953 heirateten sie, und so wurde Jackie Bouvier Mitglied der großen Kennedy-Familie. Zu den Hochzeitsfeierlichkeiten waren 900 Gäste geladen, und weitere 3000 Schaulustige standen vor der Kirche. Black Jack Bouvier durfte seine Tochter nicht vor den Altar führen, weil man fürchtete, er würde in betrunkenem Zustand erscheinen.

Als Kennedy acht Jahre später bei der Präsidentenwahl gesiegt hatte, wurde Jacqueline Kennedy die First Lady. Eine ihrer bedeutendsten Leistungen als Präsidentengattin war die Restaurierung des Weißen Hauses. Als sie das Ergebnis im Fernsehen präsentierte, verstummten selbst ihre schärfsten Kritiker. Im Laufe der Ära Kennedy (zu deren nachträglicher Glorifizierung Jackie Kennedy unzweifelhaft viel beitrug) entwickelte sie sich zu einer herausragenden Förderin der schönen Künste. Auch wenn die übrigen Kennedy-Frauen an ihrer rauchigen Stimme und vornehmen Art Anstoß nahmen, schien die hochattraktive Jackie für Höheres bestimmt zu sein. Während die Damenwelt ihrem modischen Vorbild nacheiferte, ärgerte sich ihr Gatte über die exorbitanten Summen, die Jackie in Geschäften ausgab. Dennoch respektierte Kennedy die Popularität und den Einfluß seiner Frau. Zuweilen stellte er sich selbst ironisch als „Jackie Kennedys Ehemann" vor.

Die Ehe selber war jedoch alles andere als märchenhaft. Jackie Kennedy verschloß so gut es ging die Augen vor den Affären ihres Gatten. Bei der Fehlgeburt ihres ersten Kindes 1956 amüsierte sich der Präsident gerade mit Freunden auf einer Jacht im Mittelmeer. Im Gegenzug verbrachte sie mit Gianni Agnelli, dem Erben der Fiat-Werke, einige Zeit auf dessen Jacht vor der Küste Italiens. In den Zeitungen erschien ein Foto, auf dem man sie barfuß tanzend auf der Jacht sah. Aber Notzeiten schienen das Präsidentenpaar wieder zusammenzuschweißen. Die Kubakrise und das Fiasko in der Schweinebucht gaben Jackie Kennedy Gelegenheit, ihrem Mann Rückhalt zu bieten, und als ihr zwei Tage alter Sohn Patrick starb, stand John Kennedy seiner zutiefst unglücklichen Frau bei.

Die Herzen der Nation eroberte sich Jackie Kennedy mit ihrem Verhalten in den düsteren Tagen nach dem tragischen Tod ihres Mannes. Als er am 22. November 1963 in Dallas erschossen wurde, bewahrte sie Haltung und bewies, daß sie eine Frau mit starkem Charakter und exzellenter Erziehung war. Diese außergewöhnliche Kraft und die für sie typische Würde einte die Nation.

Nach der Ermordung ihres Schwagers Robert Kennedy im Jahr 1968 kehrte Jackie dem ihr fremd gewordenen Amerika den Rücken und heiratete zum Erstaunen ihrer Landsleute den griechischen Schiffsmagnaten Aristoteles Onassis. Viele glauben, daß sie diese Entscheidung allein ihrer Kinder zuliebe traf. Ihre Ehe endete nach wenigen Jahren mit dem Tod von Onassis, und „Jackie O.", wie man sie nunmehr nannte, erbte ein riesiges Vermögen. In den folgenden Jahren führte sie ein zurückgezogenes Leben. Sie tauchte nur selten in der Öffentlichkeit auf. Ab und zu sah man sie bei einem Spaziergang im Central Park oder bei einer von ihr und ihrem langjährigen Freund, dem Financier Maurice Templesman, veranstalteten Benefiz-Gala. Stets war sie darum bemüht, ihre Kinder Caroline und John vor den neugierigen Blicken der Öffentlichkeit abzuschirmen.

Im Alter von 64 Jahren erlag sie am 19. Mai 1994 einem Krebsleiden. In der Straße vor ihrem Appartment in Manhattan drängten sich, als die Nachricht von ihrem Tod bekannt wurde, zahllose Menschen, die der Verstorbenen ihren Respekt zollten. Die trauernde Nation veranstaltete ein Staatsbegräbnis für sie, und sie wurde an der Seite ihres Mannes John F. Kennedy auf dem Arlington National Cemetery, dem Heldenfriedhof des Landes, beigesetzt.

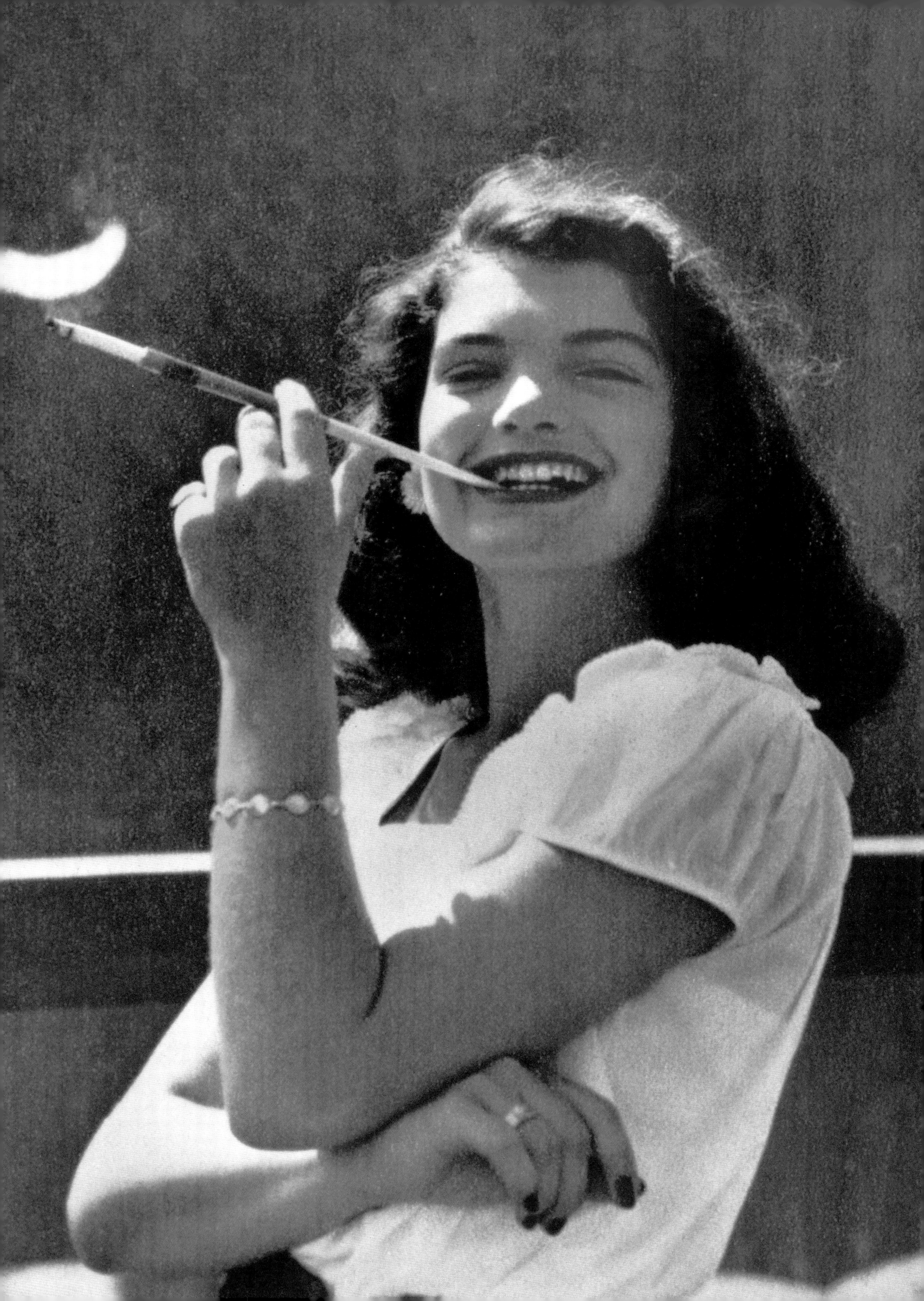

J. ROBERT OPPENHEIMER

1904-1967

WAS HAT WOHL DEN amerikanischen Physiker J. Robert Oppenheimer bewogen, für sein Land die Atombombe zu erfinden? War es die Überzeugung, in einem historischen Augenblick – in politischer wie wissenschaftlicher Hinsicht – eine Schlüsselrolle spielen zu können? Oder wollte er einfach nur seinem Land in einer schwierigen Zeit dienen? Oder glaubte er Winston Churchill, der die Bombe für die „wundersame Erlösung" nach so viel Blutvergießen hielt? All diese Motive mögen für diesen widersprüchlichen Charakter eine Rolle gespielt haben, doch selbst für seine engsten Freunde, von denen er einige später verraten sollte, blieb er ein Rätsel.

Oppenheimers akademische Karriere verlief ebenso unproblematisch wie seine wohlbehütete Kindheit. Er wurde als Sohn einer Künstlerin und eines reichen Textilimporteurs in New York City geboren. Robert Oppenheimer (das J. hatte sein Vater hinzugefügt, weil es so distinguiert klang) ging auf die liberale Ethical Culture School, wo er Latein, Griechisch und Naturwissenschaften begierig in sich aufnahm. Sein 1922 in Harvard aufgenommenes Studium beendete er nach nur drei Jahren mit Summa Cum Laude. Anschließend setzte er seine Studien in Cambridge bei Ernest Rutherford fort, wo er sich bald mit der Quantenmechanik vertraut machte. Als er 1927 in Göttingen promovierte, kannte er sich so gut in der Physik aus, daß sein Doktorvater nur äußerst ungern von ihm geprüft worden wäre.

Nach zwei weiteren Studienjahren in Europa kehrte Oppenheimer 1929 nach Amerika zurück, wo er an der Universität von Kalifornien und am Kalifornischen Institut für Technologie zu lehren und zu forschen begann. Es war eine glückliche Zeit. Er verbrachte die Ferien auf Korfu oder auf seiner Ranch bei Los Alamos in New Mexico, lernte Italienisch und Sanskrit, um die großen italienischen Dichter sowie die *Bhagavad Gita* im Original lesen zu können. Freunden gegenüber erklärte er, Proust auf Französisch zu lesen, habe ihn mehr bewegt als alles, was er bisher erlebt habe. Er war finanziell so unabhängig, daß er erst 1930 vom Zusammenbruch der Börse im Jahr zuvor erfuhr.

Der Zweite Weltkrieg veränderte sein Leben für immer. Im Wettstreit um die Entwicklung der wirksamsten Geheimwaffe beauftragten die Vereinigten Staaten ihn 1942, ein Team der besten Wissenschaftler zusammenzustellen, um das Ziel als erste zu erreichen. Oppenheimer wurde ausgewählt, obwohl bekannt war, daß er mit kommunistischen Intellektuellen in Verbindung gestanden hatte (darunter Katherine Harrison, die er 1940 geheiratet hatte und mit der er später zwei Kinder bekam). Das hochkarätige Wissenschaftler-Team, dem auch Edward Teller und Enrico Fermi angehörten, zog sich in ein verlassenes Schulgebäude in Los Alamos zurück und arbeitete an dem sogenannten „Manhattan Projekt". „Oppie", wie er liebevoll genannt wurde, sorgte für den Informationsaustausch zwischen der Armee und den unsichtbaren Göttern der geheimnisvollen Atomwelt.

Nach drei überaus anstrengenden Jahren intensiver Forschungsarbeit, in denen der ohnehin spindeldürre Oppenheimer 30 Pfund verlor, war die Bombe fertig und konnte getestet werden. Als der unheimliche Atompilz wie ein gigantischer Todesbote über der Wüste von New Mexico aufstieg, zitierte der schockierte Oppenheimer die *Gita:* „Ich bin der Tod, Zerstörer der Welten."

Nachdem die Bombe nun tatsächlich existierte, entbrannte eine heftige Diskussion zwischen Präsident Truman, seinen Beratern und Amerikas Wissenschaftlern: Sollte man den Japanern mit der Waffe nur drohen, ihnen zeigen, welche Schlagkraft die Amerikaner besaßen, oder sollte sie tatsächlich eingesetzt werden, um den Krieg zu beenden? Selbst unter den Wissenschaftlern herrschte keine Einigkeit, auch wenn Oppenheimer stellvertretend für das Team schrieb: „Wir sehen keine Alternative zu einem direkten militärischen Einsatz."

Niemand konnte voraussagen, welche Wirkung diese neue Waffe haben würde. Oppenheimer, der mehr über die Atombombe und ihr Potential wußte als irgendjemand sonst, rechnete mit etwa 20 000 Toten. Als er jedoch erfuhr, was in Hiroshima und Nagasaki wirklich geschah, änderte sich seine Meinung schlagartig. Zutiefst bestürzt ging er zu Präsident Truman und sagte, er habe Blut an den Händen. Der pragmatische Truman entgegnete: „*Ich* habe Blut an den Händen. Lassen Sie das meine Sorge sein."

Doch Oppenheimer wollte die Verantwortung nicht einfach abgeben. Ungeachtet seines langjährigen Vorsitzes bei der Atomenergie-Kommission und seiner Beraterfunktion für die amerikanische Delegation der Vereinten Nationen sprach er sich aus moralischen und technischen Gründen entschieden gegen die Entwicklung einer Wasserstoffbombe als Reaktion auf die russische Zündung einer Atombombe aus. Er wurde zu einem leidenschaftlichen Verfechter der internationalen Rüstungskontrolle. Seine Kritik an der amerikanischen Atompolitik führte schließlich dazu, daß er 1953 aus der Atomenergie-Kommission mit der Begründung ausgeschlossen wurde, er sei ein Sicherheitsrisiko – ein Schritt, der äußerst umstritten war. J. Robert Oppenheimer hatte fortan keinen Zugang mehr zu den Geheimnissen, die er selbst aufgedeckt hatte.

Doch das Genie des Physikers war auch andernorts gefragt. 1947 war er zum Direktor des Institute for Advanced Study in Princeton gewählt worden. 1954 wurde er einstimmig wiedergewählt. Er zählte zu den anerkanntesten Forschern seiner Zeit, der Großes für Bildung und Wissenschaft geleistet hatte. Oppenheimer hat das 20. Jahrhundert entscheidend geprägt: nicht nur durch seine physikalischen Entdeckungen, sondern vor allem auch durch die moralischen Implikationen, die mit der Erfindung der Atombombe verbunden waren. Als Oppenheimer starb, war die Welt nicht mehr die, die sie bei seiner Geburt gewesen war.

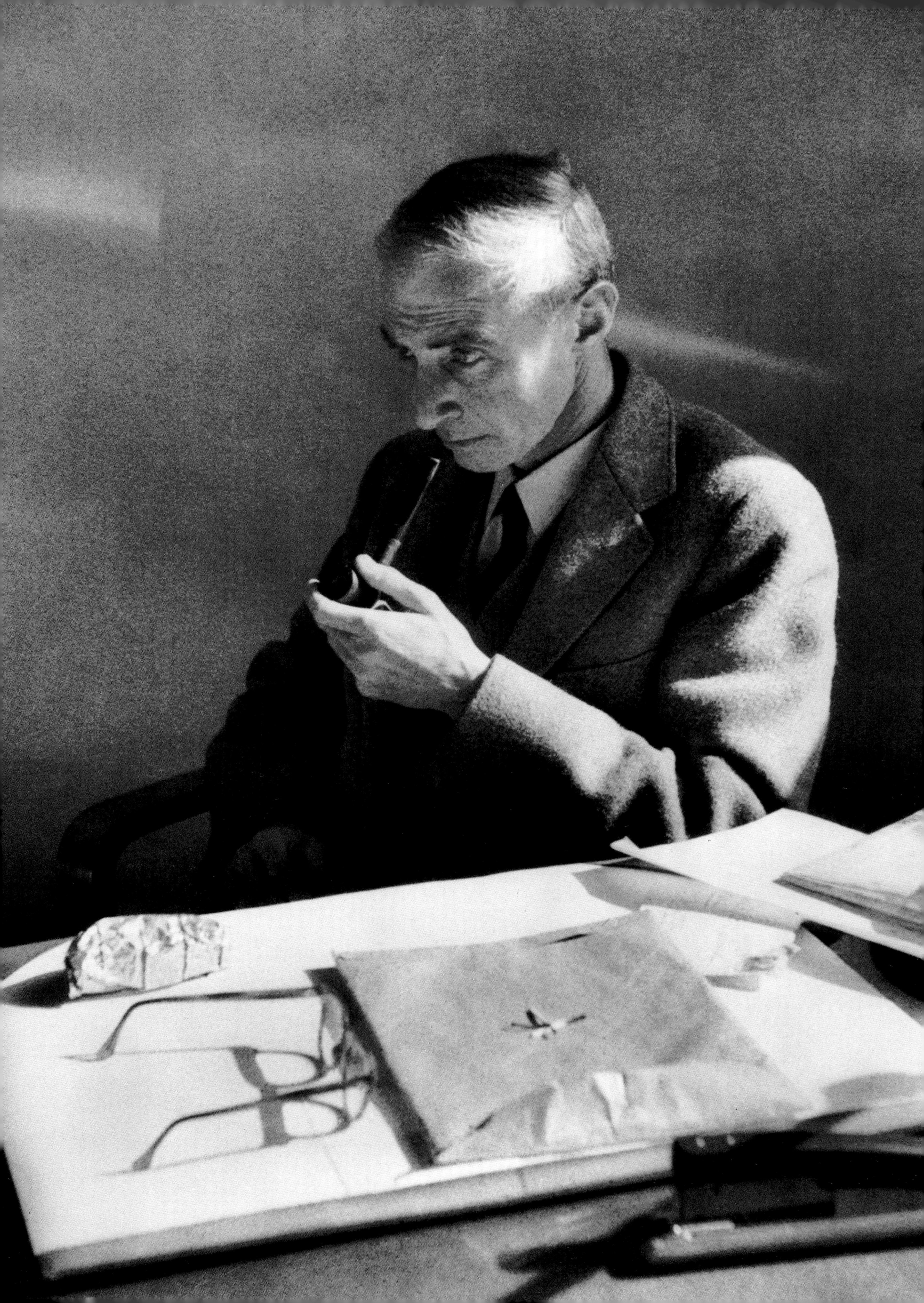

JESSE OWENS
1918-1980

„EIN GOLDENER MOMENT" – so sah der außergewöhnliche Athlet James Cleveland Owens, genannt Jesse, seinen Triumph bei den Olympischen Spielen von 1936 in Berlin. Mit seinen Siegen über 100 und 200 Meter, im Weitsprung und in der 400-Meter-Staffel gewann der 22jährige viermal Gold für die Vereinigten Staaten und schrieb damit olympische Geschichte. Außerdem machte er Hitlers wahnsinnigen Vorsatz zunichte, die Welt bei den Spielen in Berlin von der Überlegenheit der „arischen Rasse" zu überzeugen. Dieser umfassende Sieg des Afro-Amerikaners über Zeit, Schwerkraft, sämtliche Konkurrenten und den Fanatismus der Nazis hat nicht seinesgleichen. Doch eine bittere Erfahrung erwartete ihn zu Hause: „Als ich zurück nach Amerika kam, mußte ich im hinteren Teil des Busses sitzen und den Hintereingang benutzen," sagte er. „Jetzt sagen Sie mir einmal, was ist hier anders als in Deutschland?" Dazu nur soviel: Owens hätte unter Hitler überhaupt keine Chance gehabt. Im Amerika der 30er Jahre hatte er zumindest eine kleine – und die nutzte der große Sprinter mit Optimismus und eisernem Willen.

Als siebtes von elf Kindern war der Sohn des armen Landarbeiter-Ehepaars Henry und Emma Owens ein dünner, kränklicher Junge mit Atemproblemen. Er ging in eine Schule, in der es nur ein Klassenzimmer gab. Je öfter der erwachsene Owens diese Geschichte zum Besten gab, desto kleiner und primitiver wurde das Schulzimmer. Er wurde älter und rannte immer und überall: zur Schule, zum Einkaufen, zum Horizont. Dies waren die einzigen sportlichen Ziele, die ein armer Junge mit großen Träumen erreichen konnte. Große Träume hatte er; so wollte er zum Beispiel aufs College. Kurz nach dem Ersten Weltkrieg zog die Familie nach Cleveland in Ohio, wo der drahtige Teenager sich an der High School als Laufkönig einen Namen machte. Als Jesse seinen Eltern erklärte, er wolle zur Universität, erregte sich sein Vater lautstark über Schwarze, die die ihnen gesetzten Grenzen überschreiten. Seine Mutter jedoch unterstützte seinen Wunsch mit Freuden.

Obwohl Owens außerordentlich talentiert war, erhielt er keine schulische Förderung; schließlich lebte er in einem Staat, in dem der Ku-Klux-Klan sich gerade wieder neu formierte. Um das Schulgeld aufzubringen, war er gezwungen, als Kellner zu arbeiten, aber seine Zuversicht und Zielstrebigkeit halfen ihm über die Probleme, die man ihm wegen seiner Hautfarbe machte, hinweg. 1935 brach er bei den Meisterschaften von Ohio innerhalb von 45 Minuten drei Weltrekorde: im Weitsprung, im 200-Meter-Sprint und 200-Meter-Hürdenlauf – und das mit einer schmerzhaften Muskelzerrung im Rücken. Er wurde in das olympische U.S.-Team aufgenommen, das sich auf die Spiele in Berlin vorbereitete.

Die Propagandamaschinerie der Nazis lief in der Zwischenzeit auf Hochtouren. Die Deutschen überboten den amerikanischen Rassismus noch und verkündeten bereits den totalen Sieg der Athleten, die Hitler um sich versammelt hatte. Neben dem Diktator auf der Tribüne saßen seine drei Handlanger: Hermann Goering, Joseph Goebbels und Heinrich Himmler. Aber es war bereits ein schlechtes Omen für die Deutschen, als Owens über 100 Meter Sprint die Goldmedaille gewann. Am nächsten Tag lieferte er sich beim Weitsprung einen packenden Wettkampf mit dem unbekannten Deutschen Luz Long. Beim letzten Versuch sprang Owens 8,13 Meter und stellte damit einen neuen Weltrekord auf, der erst 25 Jahre später gebrochen werden sollte. Der faire Sportsmann Luz, mit dem sich Owens angefreundet hatte, zeigte seinem Konkurrenten mutig seine Anerkennung, indem er ihm den Arm um die Schulter legte und gemeinsam mit ihm an Hitler vorbeimarschierte (Owens sah Luz damals zum letzten Mal, da dieser im Zweiten Weltkrieg als Soldat in Sizilien fiel, doch nach dem Krieg reiste der Amerikaner noch einmal nach Deutschland und besuchte die Witwe und den Sohn seines Freundes). Begleitet von Jubelrufen der vorwiegend deutschen Zuschauer lief der Mann, den Goebbels als „schwarzen Ersatzmann der Amerikaner" bezeichnet hatte, als nächstes einen Weltrekord über 200 Meter. Dann fällten die Amerikaner eine dramatische Entscheidung: In letzter Minute wurden die beiden jüdischen Läufer der Staffel durch Owens und einen zweiten Afro-Amerikaner, Ralph Metcalfe von der Marquette Universität, ersetzt. Über die Gründe für diese Entscheidung wird noch heute diskutiert, doch das sportliche Ergebnis war eindeutig – eine vierte Goldmedaille sowie ein weiterer Weltrekord, der wieder Owens zu verdanken war. Der wütende Hitler zeigte keinerlei Anerkennung für diese sportliche Höchstleistung und verließ während der Siegerehrung demonstrativ das Stadion. Owens bekannte später seine Erleichterung über diese Nichtachtung, ersparte sie ihm doch die unangenehme Pflicht, einem Mann die Hand reichen zu müssen, den er verachtete.

Owens hatte mehr erreicht, als man sich je hätte vorstellen können. Doch als er nach Amerika zurückkehrte, mußte er feststellen, daß wie Hitler auch Franklin D. Roosevelt sich weigerte, ihm die Hand zu schütteln. Die folgenden Jahre bestritt er mit Schaurennen gegen Hunde, Pferde, ja sogar Autos und wurde zu einer Art Jahrmarktattraktion degradiert. Bis in das für einen Sprinter hohe Alter von 35 Jahren nahm er an Wettkämpfen teil, und erst, als er die 110 Meter nicht mehr in 10,3 Sekunden laufen konnte, hörte er auf. Später nutzte er seine Redegewandtheit und wurde ein erfolgreicher Public-Relations-Mann in Chicago. Er reiste durch ganz Amerika und sprach über Themen wie Bürgerrechte, Wettrennen und Sport. Sein Erfolgsgeheimnis sei es gewesen, so bekannte er, während des gesamten Laufes die Luft anzuhalten. Doch wollte es das Schicksal, daß die Packung Zigaretten, die er seit seiner Jugendzeit täglich geraucht hatte, schließlich zum Lungenkrebs führte, dem er mit 62 erlag.

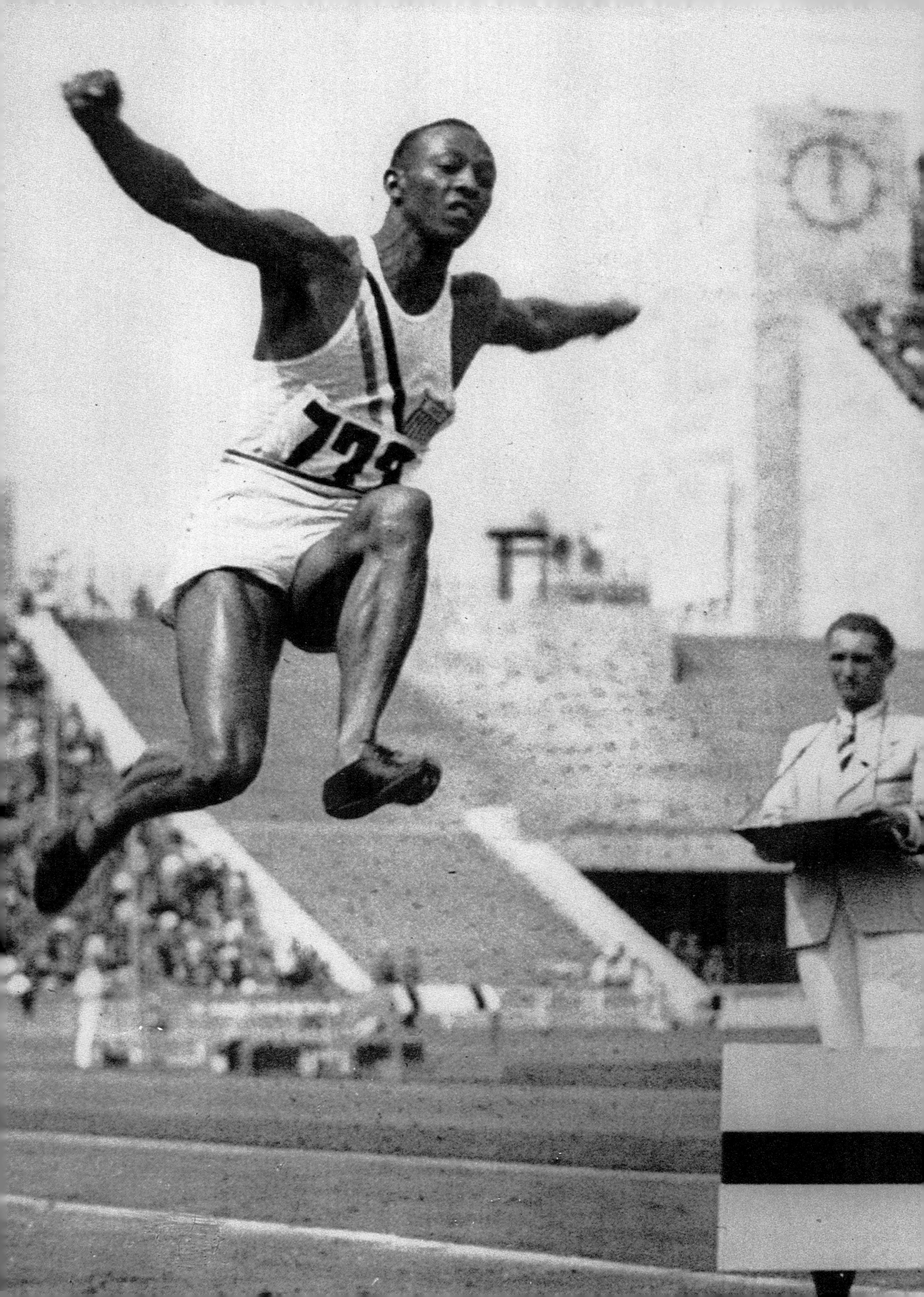

EMMELINE PANKHURST

1858-1928

EMMELINE PANKHURST SETZTE Maßstäbe für den militanten Feminismus und entwickelte effektive Kampfstrategien von der parlamentarischen Arbeit bis hin zu öffentlicher Agitation. Überzeugt, daß Frauen in jeder Hinsicht gleichberechtigt mit Männern sein sollten, machte sich diese engagierte Engländerin jede bekannte Taktik politischer Ruhestörung zu eigen: Reden, Krawalle, Schlagzeilen und sogar ein paar Steine, die die Fensterscheiben von Downing Street Nr. 10 zerbrachen. Dieses Ereignis – das größte politische Spektakel im England Edwards V. – zog zahlreiche Schaulustige an.

Pankhurst stammte aus der Industriestadt Manchester im Norden Englands. Ihr Vater gehörte zur aufgeklärten Mittelklasse jener Zeit, die in naivem, utopischem Glauben zugleich dem Kapitalismus wie dem Sozialismus anhing. Mit ihrem angeborenen Widerspruchsgeist formulierte seine Tochter ihre Lebensauffassung auf vornehme Art und Weise, fast schon auf künstlerischem Niveau. Ihre Ausbildung hatte sie in Manchester und an der Ecole normale in Paris erhalten, mit 21 heiratete sie dann einen Gesinnungsgenossen im Kampf für die politische Gleichberechtigung der Frau, den Anwalt Richard Marsden Pankhurst. Emmeline Pankhursts Interesse für den Staatsdienst und Politik führte sie als Kandidatin der Unabhängigen Labour-Partei (ILP) 1894 ins Chorlton Board of Guardians, eine öffentlichen Wohlfahrtseinrichtung, und sechs Jahre später zur Schulbehörde von Manchester. Doch ihre zur Schau getragene Menschenliebe war für sie ebenso ein Schmuck wie die teuren Kleider und Hüte, die sie leidenschaftlich gern trug. Sie verbarg dahinter ihre tiefe Ablehnung der Gesellschaft in ihrer damaligen Form. Diese in ihrem Wesen reizende, charmante und wohlerzogene Frau machte eine Karriere als radikale Kämpferin für ihre Ziele.

Eine ihrer ersten Zielscheiben bildete die Suffragetten-Gruppe um Dame Lydia Becker, die der streitbaren Pankhurst zu zahm schien. Becker verlangte das Wahlrecht für besitzende Frauen, das alle verheirateten ausgeschlossen hätte. Pankhurst jedoch machte keine Einschränkungen. Hintergrund ihrers leidenschaftlichen Kampfes für das Frauenwahlrecht waren ihre Erfahrungen als gesetzlich bestimmter Vormund für Arme. Sie hatte erlebt, wie Frauen durch die Armut zu Verzweiflungstaten getrieben wurden. Nachdem sie in London acht Jahre lang versucht hatte, die parlamentarische Laufbahn ihres Mannes wiederzubeleben, gründete sie 1889 zusammen mit ihm die Women's Franchise League, um ihre Ideale in die Tat umzusetzen, doch wurde die Organisation nach einigen Jahren aus Geldmangel aufgelöst.

Obwohl sie Männer vielleicht als moralisch minderwertig betrachtete, hatte Emmeline Pankhurst geheiratet und fünf Kinder zur Welt gebracht. 1898 starb Richard Pankhurst und hinterließ seiner Frau Schulden. Um ihre vier Kinder ernähren zu können (das älteste war 1889 an Diphtherie gestorben), verkaufte sie ihre Möbel, was die Schulden tilgte, und nahm eine Stellung als Standesbeamtin an. In dieser Position kam sie in einen noch engeren Kontakt mit der Arbeiterklasse. Ihre Unterstützung für die ILP stellte sie ein, als sich zeigte, daß diese das Frauenwahlrecht zu zaghaft propagierte.

Pankhursts Tochter Christabel ging ihr im militanten Einsatz für die gemeinsamen Ziele voran. Sie wurde festgenommen, als sie mit ihrer Forderung nach dem Frauenwahlrecht ein Treffen der Liberalen Partei gestört hatte. Das Vorbild ihrer Tochter baute Pankhurst auf: „Ich liebe den Kampf!" sollte sie später sagen. Ohne bei ihren würdevollen Auftritten auch nur ein einziges Mal aus der Rolle zu fallen, führte die Unruhestifterin eine verbotene Demonstration nach der anderen an, unterbrach Sitzungen der Opposition (für sie jede organisierte Partei in Großbritannien) und lernte den Gebrauch einer Steinschleuder, so daß sie ein paar Steine am Kopf des sich duckenden Premierministers Asquith vorbeischießen konnte. Unzählige Male wurde sie verhaftet, trotz ihrer „Leibwächter", sportlichen Mädchen aus der Arbeiterklasse. Mit Pankhursts Zustimmung, wenn nicht mit ihrer Hilfe, versuchten ihre Anhänger sogar, einen Polizisten zu kidnappen, der bei ihrer Verhaftung allzu viel Begeisterung gezeigt hatte. Bald folgten auch terroristische Aktionen der Suffragetten: Sie setzten Häuser in Brand, zerstörten Gärten, verunstalteten Kunstwerke und legten sogar eine Bombe im Haus von Lloyd George. Pankhurst wurde zu drei Jahren Zuchthaus verurteilt. Im Gefängnis trat sie mehrfach in den Hungerstreik, um die Regierung zu beschämen. Statt ihre Bewegung im Sinne der propagierten demokratischen Prinzipien zu gestalten, regierte Emmeline Pankhurst wie ein Diktator, gab Kommandos und Befehle, beförderte ihre Schützlinge und verbannte die Gegner.

Es bedurfte des Ersten Weltkriegs, um Pankhurst Gelegenheit zu geben, das Wahlrecht für Frauen durchzusetzen. Als Patriotin, die von der Überlegenheit der britischen Nation und der Gefährdung der englischen Kultur durch den Krieg überzeugt war, stellte sie ihre Führungsqualitäten und ihre Suffragetten-Organisation in den Dienst des bevorstehenden Krieges. Nach Ende des Krieges 1918 war Lloyd George nicht daran interessiert, den Kampf gegen die Suffragetten wieder aufzunehmen, so daß er den Kompromiß anbot, Frauen über 30 das Wahlrecht zu gewähren.

Pankhurst stritt weiter, hielt Vorträge in Amerika, eröffnete einen englischen Teesalon an der französischen Riviera und wurde zu einer konservativen Grande Dame, der es vor dem Sozialismus, kurzen Röcken und Jazz grauste. Ihre Kräfte verließen sie schließlich, als ihre Tochter Silvia, die die altmodischen Vorstellungen ihrer Mutter über Sex nie geteilt hatte, ein uneheliches Kind bekam. Pankhurst fiel vor Scham in eine Ohnmacht, die 1928 zu ihrem Tod führte. Sie starb in der Stunde, als das Parlament allen Frauen das Stimmrecht zusprach.

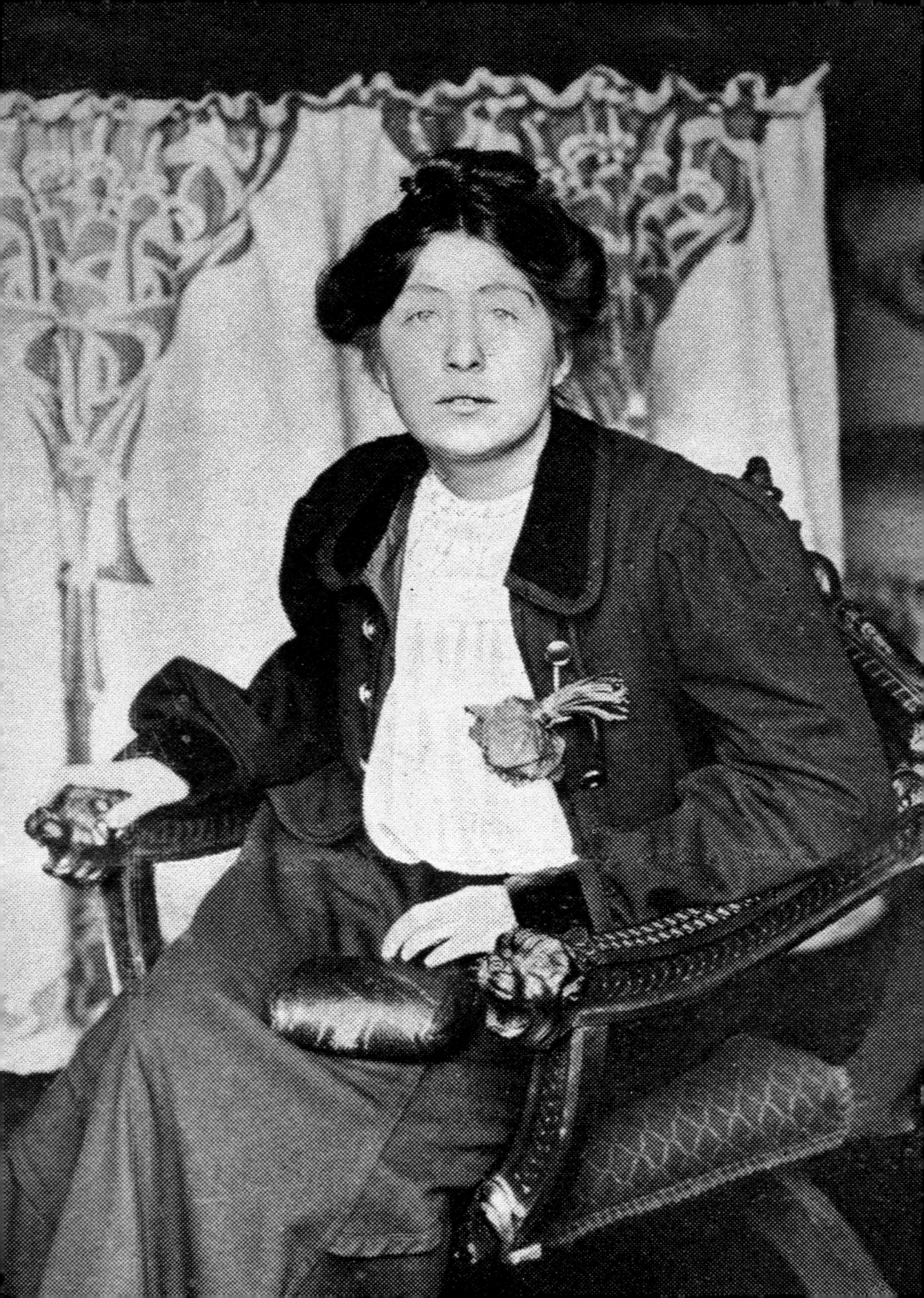

CHARLIE PARKER
1920–1955

KAUM EIN KÜNSTLER WAR sich seiner schöpferischen Bestimmung so sehr bewußt wie der große Künstler des Modern Jazz, Charlie Parker. Sein rasantes Leben stand im Dienst der Musik und seines Talents, das er leidenschaftlich bis an die Grenzen des Wahnsinns ausschöpfte und mit Alkohol und Drogen schließlich begrub. Sie raubten ihm Kraft und Kreativität, so daß seine Karriere frühzeitig endete – doch sein Sound, sinnlich und oft scharfkantig, blieb der Inbegriff überragender technischer Fähigkeiten.

Als Teenager gab sich Parker als älter aus, um mit seinem Altsaxophon (sein Lieblingssänger Rudy Vallee spielte es auch) in den kleinen, verrauchten Clubs von Kansas City, Missouri, auftreten zu dürfen. Die Stadt vibrierte von Jazz, und der großspurige junge Parker jammte jede Nacht ohne irgendeine musikalische Ausbildung mit hartgesottenen Straßenmusikern, wobei er Gig für Gig seinen frei fließenden, höchst persönlichen Stil weiterentwickelte. Er kombinierte komplexe Melodien mit erweiterten Akkordfolgen und Bluessequenzen; wilde Rhythmen, extreme Tonfolgen und seine improvisatorischen Höhenflüge wurden sein Markenzeichen. Doch mit seinem Talent entwickelte sich ebenfalls die Neigung zu den typischen Lastern des Jazzclub-Lebens. Er war wohl nicht volljährig, als er bereits Narkotika und Alkohol konsumierte.

„Bird" war eine rastlose Seele, in musikalischer und jeder anderen Hinsicht. Zum ersten Mal ging er mit der Band von Jay McShann auf Tour, mit der er auch 1941 in Dallas die ersten Plattenaufnahmen machte. Zu Beginn der 40er Jahre tat er sich dann in New York mit Dizzy Gillespie zusammen und bildete das Herz von Billy Eckstines Band. Um seinem Idol aus der Jugendzeit, Buster Smith, so nah wie möglich zu kommen, absorbierte er alles, was Virtuosen wie Don Byas, Oran „Hot Lips" Page und Charlie Shavers ihm beibringen konnten. Er war ein begeisterter Fan des Pianisten Thelonious Monk und des Saxophonisten Lester Young. Seine Offenheit für alle Anregungen ließ ihn die Botschaften von modernen Komponisten wie Strawinsky, Schönberg und Hindemith vernehmen und in seiner eigenen Musik verwerten.

Parker wurde schließlich in seinem Bereich ein Prophet der Moderne, so wie es Strawinsky in seinem gewesen war. Musikboxsounds und Kneipenblues, die Verbindung von afrikanischem Musikgespür mit europäischen Instrumenten prägten seine Form des Avantgardismus. Es gab nur wenige Regeln im Modern Jazz, und die wurden oft gerade dadurch geheiligt, daß man sie verletzte. Im spontanen Improvisieren war Parker ein wirkliches Genie.

Zu der Zeit, als der 25jährige mit seiner Band am erfolgreichsten war, hatten sich Gillespie und er als die beiden Könige einer neuen Strömung des Jazz etabliert, des Bebops, der akrobatischer und technisch anspruchsvoller war als der damals populäre Swing. Bebop war zwangsläufig auch weniger kommerziell ausgerichtet, und die Musikkritiker waren nur äußerst langsam für ihn zu gewinnen. Viele waren der Ansicht, Parker und Gillespie hätten sich völlig von der Jazztradition verabschiedet, doch ignorierte Bird seine Kritiker und fuhr fort, aus der Mode gekommene Stilrichtungen zu untersuchen. Seine komplexen Harmonien, die großartige Beherrschung des Instruments und die rasanten Tempi begeisterten seine Fans weiterhin und forderten die anderen Musiker heraus. Im Mai 1945 nahm die Parker-Gillespie-Combo geschmeidige Versionen von *Shaw 'Nuff*, *Hot House* und *Salt Peanuts* auf, die zu Hymnen des Bebop wurden.

Die Musikszene der Ost- und Westküste stand allerdings nicht auf Parkers Seite. Obwohl der Singleklassiker *Lover Man* während seiner Stippvisite in Hollywood 1945 entstand, erregte sein Aufenthalt im dortigen Krankenhaus aufgrund eines Nervenzusammbruchs im Zusammenhang mit seinem Drogenkonsum größeres Aufsehen als seine Musik. Zurück in seiner Welt, in New York, wo er sich leichter Heroin beschaffen konnte, bildete Parker ein Quintett, unter anderem mit dem vielversprechenden Trompeter Miles Davis. Obwohl diese Zeit in musikalischer Hinsicht außerordentlich produktiv war, gestaltete sich sein Leben katastrophal. 1951 erzwang das New Yorker Rauschgiftdezernat den Einzug seiner Varietélizenz, was dem verschuldeten Saxophonisten noch größere finanzielle Probleme bescherte. Drei Jahre später versuchte er zweimal, sich das Leben zu nehmen.

Parkers Schwierigkeiten lagen größtenteils in seiner neurotischen Persönlichkeit begründet, die abwechselnd offenherzig und abweisend, verspielt und finster, oft auch nur zerstörerisch aggressiv war. Seine Drogenabhängigkeit verschärfte diesen Widerspruch noch. Andere Faktoren waren der lebenslange Kampf gegen den Rassismus und sein anhaltender Streit mit den Kritikern. Doch sein chaotisches Leben, das von der Gier nach allem beherrscht wurde, war wahrscheinlich der wesentliche Grund für Parkers persönliches Drama. Als er zum letzten Mal öffentlich auftrat, bezeichnenderweise im Jazzclub Birdland, der ihm zu Ehren diesen Namen erhalten hatte, blickte er zurück auf eine Reihe gescheiterter Beziehungen und zahlreiche Kinder. Parker starb mit 34 Jahren, als er im Apartment der Baroness Nica de Koenigswarter fernsah. Der Doktor, der den Tod feststellte, mußte sein Alter schätzen und notierte „55 Jahre". Parkers Körper war so krank, daß sich der Arzt eine beliebige Todesursache aussuchen konnte.

Obwohl er von seinen Schülern verehrt wurde, erlangte Parker nie den großen Ruhm, den er immer angestrebt hatte. Erst nach seinem Tod wurde seine Bedeutung als einer der außerordentlichsten Jazzmusiker aller Zeiten erkannt, und Aufnahmen von seinen Auftritten sowie Kompositionen wie *Ornithology*, *Anthropology* und *Scrapple from the Apple* setzten Maßstäbe.

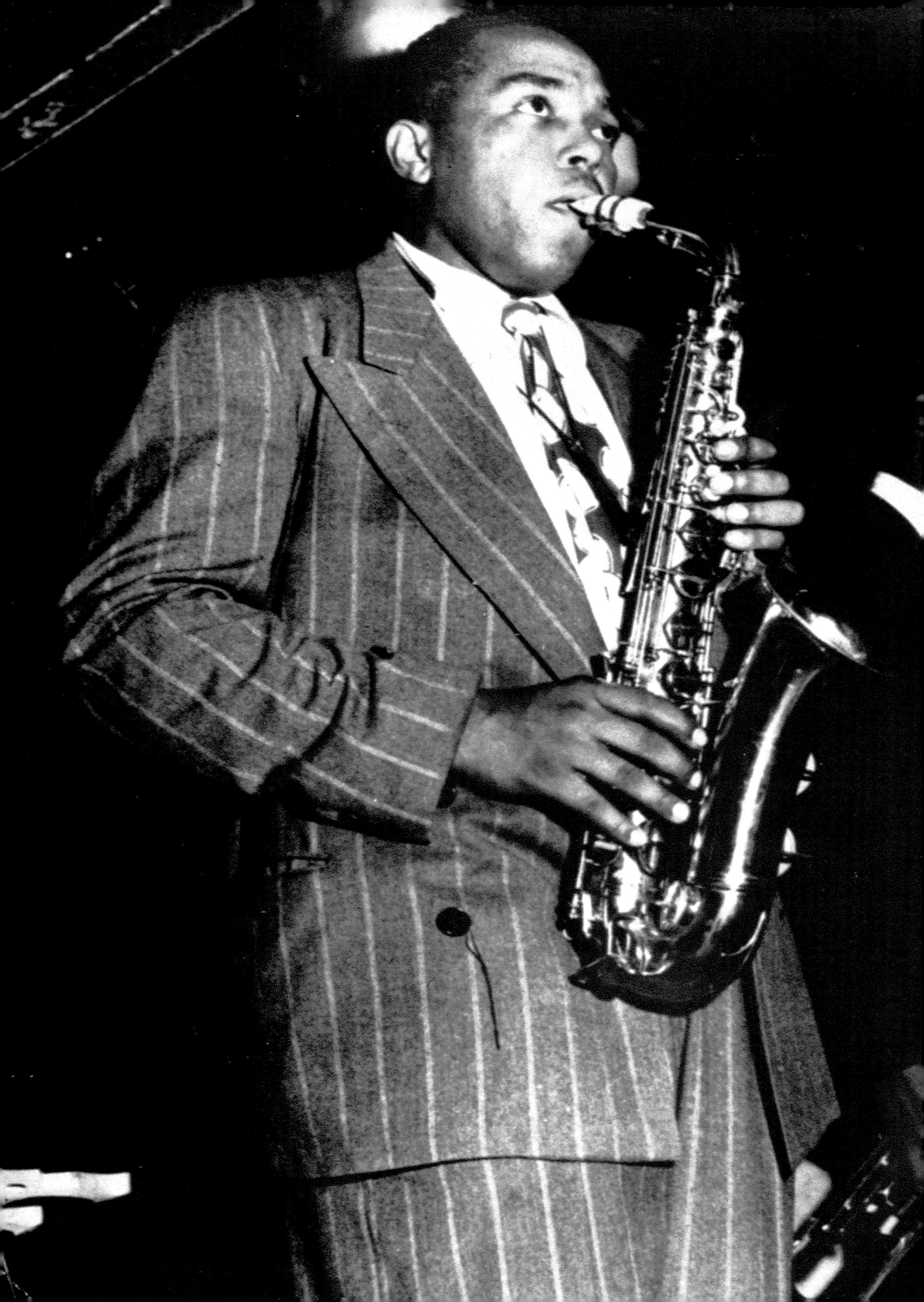

BORIS PASTERNAK
1890-1960

DAS 20. JAHRHUNDERT hatte Boris Pasternak dazu auserkoren, in die literarischen Fußstapfen seines berühmten russischen Landsmannes, des Schriftstellers Leo Tolstoi, zu treten. Pasternak gilt als einer der bedeutendsten Dichter der russischen Moderne und hinterließ ein lyrisches Werk von beispielloser Originalität und großem Bilderreichtum, das von leidenschaftlicher Liebe ebenso durchdrungen ist wie von dem unermeßlichen Leid, das zwei Bürgerkriege und ein Weltkrieg über die Menschen brachten. Sein einziger, teilweise autobiographischer Roman *Doktor Schiwago* trug wesentlich dazu bei, daß Pasternak 1958 der Nobelpreis für Literatur verliehen wurde, den er jedoch aus politischen Gründen ablehnen mußte. Als David Lean 1965 die ergreifende Liebesgeschichte über einsame Wanderschaft und ewige Treue verfilmte, wurde der stets ein wenig melancholisch dreinblickende Intellektuelle mit den dunkel umrandeten Augen über Nacht weltberühmt. Die sogenannte „Pasternak-Affäre" lieferte genügend Zündstoff für verbale Gefechte im sich immer mehr zuspitzenden Ost-West-Konflikt. Von Paris über London bis nach New York bewunderte man Pasternak für seinen Mut angesichts der drohenden politischen Verfolgung, die einen Menschen mit weniger festen Prinzipien sicher schnell zermürbt hätte. In Moskau wurde das Buch auf den Index gesetzt, Pasternak als Verräter bezeichnet und sogar als „spießiges Schwein" beschimpft, das die „glorreiche" Oktoberrevolution in den Schmutz ziehe. Vorwürfe seitens der sowjetischen Kritiker, Pasternak verstoße absichtlich gegen die ästhetischen Maßstäbe der Poesie, führten trotz Ablehnung des Literaturnobelpreises zum Ausschluß des Dichters aus dem Schriftstellerverband der Sowjetunion.

Kritik kümmerte Pasternak jedoch wenig, waren ihm die plötzlichen Ausbrüche von Gewalt in seiner Heimat doch ebenso vertraut wie die Unsicherheiten des alltäglichen Lebens. Im Laufe seines dichterischen Schaffens bediente er sich nicht nur unterschiedlichster stilistischer Mittel, sondern wandte sich auch gewichtigen Themen wie etwa der Integrität von Schriftstellern in kommunistischen Ländern zu. Boris Pasternak wuchs als Sohn einer gebildeten Familie – sein Vater war ein geschätzter Porträtmaler, seine Mutter eine bekannte Konzertpianistin – inmitten zahlreicher illustrer Gäste des Elternhauses auf, zu denen auch der alternde Tolstoi gehörte, der das Interesse des schwärmerischen Jungen für den Pazifismus weckte. Einen entscheidenden Einfluß auf seine künstlerische Entwicklung übte auch der Komponist Alexander Skrjabin aus, der Pasternak für die Musik begeisterte.

In seiner Jugend freundete sich Pasternak immer mehr mit der Vorstellung der Revolution als einem Vehikel gesellschaftlicher Erneuerung an. Zwischen 1926 und 1927 entstand sein Gedicht *Leutnant Schmidt*, das von einem rebellierenden Marineoffizier während der Revolution von 1905 handelt und als Folie für die historisch bedeutenderen Ereignisse von 1917 diente. Pasternaks stark autobiographisch gefärbte Kunst, die der Tradition des Symbolismus und der Mystik verhaftet war, ließ sich in den Folgejahren immer weniger mit dem sozialistischen Realismus vereinbaren. Anfang der 30er Jahre wurde der Dichter, nachdem zunächst seine Gedichtsammlung *Meine Schwester, das Leben* (1922) und dann seine erste Autobiographie *Sicheres Geleit* (1931) großes Aufsehen erregt hatten, als „Abweichler" etikettiert und erhielt Publikationsverbot. So war er nunmehr gezwungen, seinen Lebensunterhalt als Übersetzer klassischer Autoren zu verdienen. Während die russische Intelligenzija in den 30er Jahren stark dezimiert wurde, überlebte Pasternak überraschenderweise die blutigen Säuberungsaktionen, vielleicht nicht zuletzt deshalb, weil er mehrere Dichter aus Georgien, Stalins Heimat, ins Russische übersetzt hatte.

Ausgerechnet in diesen Jahren der stärksten Verfolgung verliebte sich der politisch verfolgte Dichter in Olga Iwinskaya, die für die russische Literaturzeitschrift *Novy Mir* tätig war (ironischerweise sollte gerade diese Zeitschrift später die Veröffentlichung von *Doktor Schiwago* ablehnen). Nichts konnte ihre leidenschaftliche Liebe aufhalten, weder Pasternaks zweite Frau noch sein berühmtes Telefonat mit Stalin, in dem der Diktator ihn wegen seines jämmerlichen Versagens bei der Verteidigung seines kurz zuvor verhafteten Schriftstellerfreundes Ossip Mandelstam verhöhnte. Als Lara, die Geliebte des jungen Doktor Schiwago, Pasternaks Alter Ego im Roman, dessen Gedichte an verschiedenen Stellen des Romans eingestreut sind, erlangte Olga Iwinskaya – 14 Jahre lang seine Lebensgefährtin, Muse und Sekretärin, seine „goldene Sonne" – Unsterblichkeit. Aber sie sollte während ihrer unerschütterlichen Liebe noch große seelische Qualen ertragen und wegen ihrer Beziehung mit Pasternak insgesamt neun Jahre im Gefängnis verbringen. Als sie ein Kind von ihm erwartete, kündigten die Gefängniswärter ihr eines Tages seinen Besuch an. Als man sie zum Leichenschauhaus des Gefängnisses führte, dachte sie, Pasternak sei tot, und erlitt eine Fehlgeburt.

Boris Pasternak wurde im Westen als Bollwerk der persönlichen Freiheit gefeiert und findet seit kurzem, wenngleich zögerlich, auch in seinem eigenen Land Anerkennung. Gewiß ist es zu einfach, in ihm eine Art Heiligen zu sehen, der kompromißlos für seine Ideale eintrat, denn schließlich war auch er aus reinem Selbstschutz gezwungen, eine ganze Reihe von Zugeständnissen zu machen. Seinen Lebensabend verbrachte Pasternak tief betrübt und von Reue erfüllt über den erniedrigenden Brief, den er 1958 unterzeichnet und in dem Olga Nikita Chruschtschow angefleht hatte, ihn nicht ins Exil zu schicken.

Aber es waren gerade jene winzigen Risse seines verletzlichen Charakters, die Pasternaks Leben so faszinierend und bewundernswert machten. Selbst Stalin kam nicht umhin, Pasternaks Größe anzuerkennen, als er seinen Untergebenen riet, diesen „Himmelsboten" in Ruhe zu lassen.

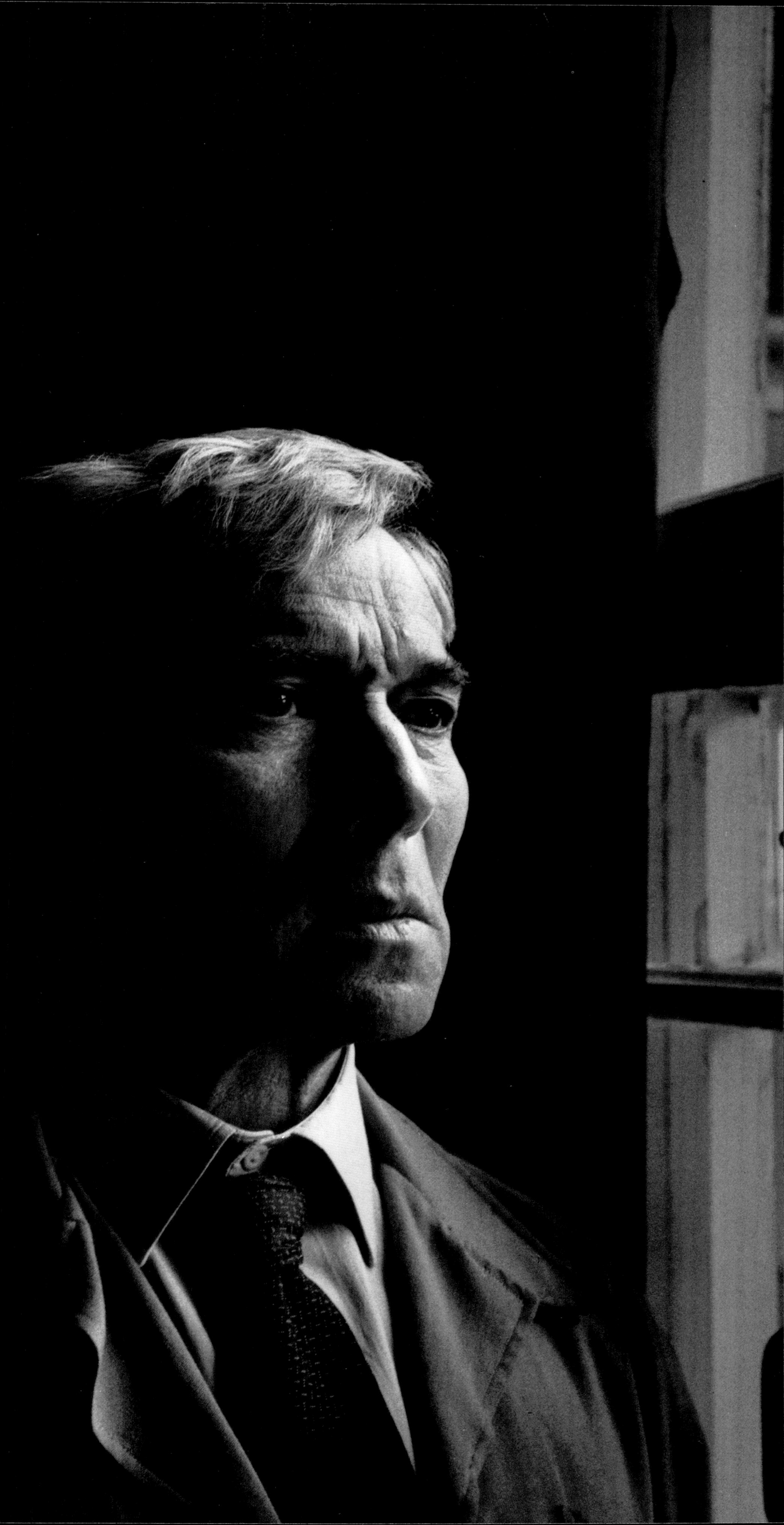

PAVAROTTI
LUCIANO
*1935

LUCIANO PAVAROTTI HAT mit seinen wundervollen Opernaufführungen und -aufnahmen einen bedeutenden kulturellen Beitrag zu diesem Jahrhundert geleistet und mit Musik mehr Geld verdient als es je einem Menschen zuvor gelungen ist. Außerdem hat der größte Tenor des 20. Jahrhunderts wie kein anderer die Welt Verdis, Puccinis und Wagners einem breiten Publikum eröffnet und die Oper zu einem Multi-Media-Spektakel gemacht. Nahezu alles, was „Big Luciano" – wie ihn seine Landsleute nennen – getan hat, diente der Oper, von Meisterkursen und Privatunterricht bis hin zu Sponsoren-Wettbewerben. Bei Wettbewerben für junge Sänger ist der Preis, gemeinsam mit Pavarotti auftreten zu dürfen, stets besonders begehrt. Den traditionellen Opernliebhabern mißfällt die neue Fangemeinde, die Pavarotti mit seinen per Satellit übertragenen Auftritten in riesigen Sportstadien statt in Opernhäusern gewinnen konnte, ganz und gar. Sie haben oft Anstoß an Pavarottis Interpretationen sentimentaler, neapolitanischer Liebeslieder und populärer Arien genommen, wie er sie zum Beispiel 1993 im Central Park sang. Die konservativen Puristen erwarten von einem wirklichen Opernfan Ehrfurcht gegenüber dem Werk und profunde Kenntnisse. Sie halten gar nichts von den Abstechern des Sängers in die Werbung oder von Groupies, die um die halbe Welt reisen, um jedes Pavarotti-Konzert mitzuerleben. Und was soll man von diesen kommerziellen Spektakeln der „Drei Tenöre" halten, mit denen Pavarotti, Placido Domingo und José Carreras gemeinsam die Massen begeistern?

Doch diese vereinzelten, kritischen Kommentare gehen unter in den Jubelrufen der Millionen, die vor Begeisterung mit den Füßen stampfen und dem Italiener langstielige Rosen zuwerfen, wenn er seine honigsüßen Töne verströmen läßt. Pavarottis klare makellose Stimme mit der gleichmäßigen Tongebung, den feinen Abstufungen und dem strahlenden Timbre ist oft mit der eines mindestens ebenso populären Sängers verglichen worden – der des legendären Enrico Caruso, dessen mächtige Stimme in der großen Zeit der Oper, kurz vor dem Ersten Weltkrieg, die Opernhäuser füllte. Im Gegensatz zu Caruso kann der Bäckerssohn aus der Poebene jedoch das hohe C singen. Er war sogar einer der ersten Tenöre unserer Zeit, der die neun hohen Cs in der ersten Tenorarie in Donizettis *Regimentstochter* zu singen vermochte (zu einem ersten Versuch war er von der Sopranistin Joan Sutherland und ihrem Ehemann Richard Bonynge während der Proben für den Auftritt in Covent Garden 1966 überredet worden). Diese Spitzentöne waren eine außerordentliche Belastung für Pavarottis empfindliche Tenorstimme, doch es ist nun einmal das hohe C, das das Geld einbringt. Und obwohl er nicht nur als „King of High C's" gelten möchte und ihm die hohen Register eher unangenehm sind, bringt er weiterhin die enorme Kraft auf, diese „Scassavoces" zu singen. Wenn dann der tosende Beifall zu seinen Füßen losbricht, genießt er ihn in vollen Zügen. Er ist Sauerstoff für ihn, der Beweis für die Bewunderung seiner Fans, sein Lebenselixier. „Ausverkauft" – dies sei das einzige Wort, das er hören wolle, so erklärte er einmal seinem Manager gegenüber. Er hört es immer wieder und verdiente in den 90ern 20 Millionen Dollar jährlich.

Doch wichtiger als der materielle Reichtum ist ihm das Glück. Noch immer verbringt er viel Zeit in seinem Geburtsort Modena zusammen mit seiner Frau und den drei Töchtern, die er über alles liebt – genauso wie Pasta, Tennis, schnelle Autos und Ölgemälde. Im Gegensatz zu vielen anderen Tenören ist er von jeglichen Neurosen verschont geblieben, und seine Familie und die zahlreichen Freunde bedeuten ihm alles.

Luciano hatte zunächst Lehrer werden wollen, aber das enge Verhältnis zu seinem Vater, einem talentierten Tenor, der im örtlichen Opernchor sang, führte schließlich dazu, daß er selbst anfing zu singen. Nachdem auch er einen Weile im Opernchor gesungen hatte, gewann er 1961 den Gesangswettbewerb Concorso Internazionale in seiner Heimatstadt. Der Preis war sein erster öffentlicher Auftritt in einer kompletten Oper in einer nahegelegenen Stadt. Es handelte sich um die Rolle des Rodolpho in Puccinis *La Bohème*, ein Part, der seine ganze Karriere in besonderem Maße begleitete. Diese Aufführung führte zum Debüt in Covent Garden 1963, wo er für sein Vorbild, Giuseppe di Stefano, als Rodolpho einsprang. Nur fünf Jahre später, mit 33, sang er das erste Mal an der Met.

Als Teenager hatte Pavarotti durch den Sport Muskelkraft und Durchhaltevermögen erworben, die elementare Technik der Zwerchfellatmung jedoch lernte er erst, als ihn die großartige, korpulente Joan Sutherland unter ihre Fittiche nahm. Dame Sutherlands Gesangskunst hatte „Big P.", wie sie ihn nannte, viel zu verdanken, und aus ihrer langen Partnerschaft gingen einige der schönsten Opernaufnahmen hervor.

Nach seinen frühen, lyrischen Tenorpartien, wie dem Nemorino in Donizettis *Liebestrank*, erarbeitete sich Pavarotti ein schweres, dramatisches Repertoire, so zum Beispiel den Manrico in Verdis *Troubadour* und den Enzo in Ponchiellos *La Gioconda*. Die Kritiker bescheinigten ihm, daß dieses behutsame Vorgehen sehr weitsichtig war. Pavarotti selbst stellte bald fest, daß die Verkaufszahlen von Videos und CDs mit der leichteren italienischen Kost beständig in die Höhe gingen.

Einen Teil seines beträchtlichen Einkommens mußte der Sänger seiner Frau Adua überlassen, als diese sich nach 35 Ehejahren wegen seiner Affäre mit der 26jährigen Sekretärin Nicolletta Mantovani von ihm scheiden ließ.

Doch zum Glück haben weder die privaten Probleme noch der Verlust von Millionen Pavarottis Gesang etwas anhaben können. Wenn seine voce lungo einmal verklungen ist, wird in den Herzen vieler Opernfans eine schmerzliche Leere entstehen, denn den König des „issimo" wird so rasch niemand ersetzen können.

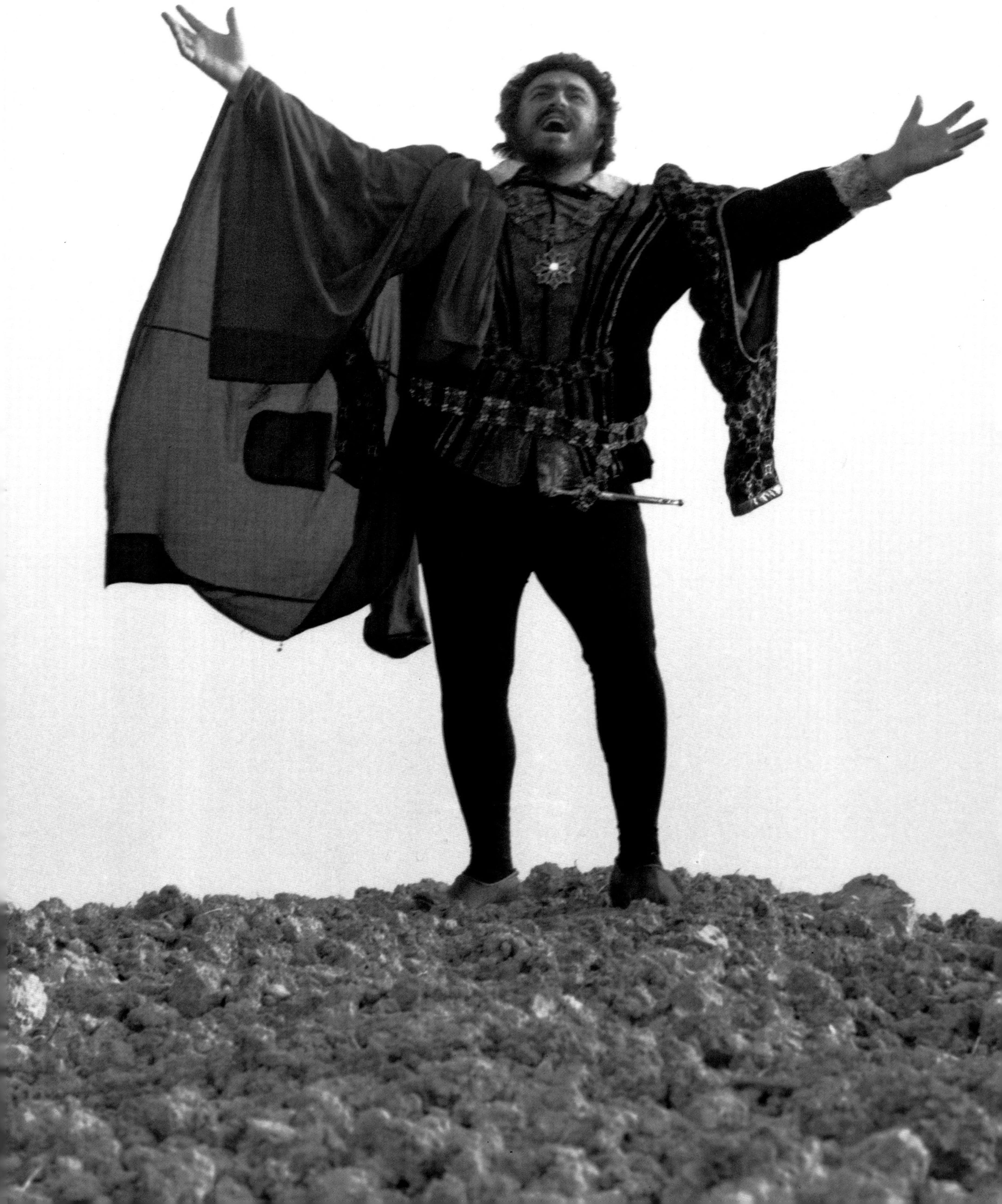

ANNA PAWLOWA
1881?–1931

ANNA PAWLOWA WAR *die* Ballerina des 20. Jahrhunderts, und sie beherrschte ihre Kunst perfekt. Mit ihrer himmlischen Leichtigkeit, ihren hohen Sprüngen und ihrer natürlichen, schwanengleichen Anmut war sie der Inbegriff des goldenen Zeitalters des klassischen Balletts. Anna Pawlowa war eine Tänzerin der großen Gefühle, die einen erlesenen Musikgeschmack besaß. Die wenigen, sorgfältig ausgewählten Choreographien, die sie während ihrer langen Karriere tanzte, waren größtenteils eigens für sie geschaffen worden und stellten in der Regel ein Thema aus der Kultur, der Tier- oder Pflanzenwelt in den Mittelpunkt. Ihr leicht zugänglicher Tanzstil, mit dem sie auf ihren zahllosen Gastspielen das Publikum in ihren Bann zog, machte sie zu einer Missionarin des Balletts: Nie zuvor hatte sich der klassische Tanz einer solchen Beliebtheit erfreut.

Die in Sankt Petersburg geborene Anna Pawlowa stammte aus so bescheidenen Verhältnissen, daß man getrost behaupten kann, der Tanz rettete ihr das Leben. Sie wuchs bei ihrer Mutter auf – ihr Vater starb, als sie zwei Jahre alt war –, und wurde wegen ihrer früh erkannten tänzerischen Begabung 1892 an der kaiserlichen Ballettschule, heute unter dem Namen Kirow-Ballett bekannt, aufgenommen. Dort erhielt sie Unterricht bei den berühmtesten russischen Tänzern ihrer Zeit, zu denen auch die ebenso feinsinnige wie brillante Olga Preobraschenskaja gehörte. Nach ihrer Ausbildung, die sie 1899 abschloß, dauerte es sieben Jahre, bis sie von der grazilen coryphée, der Solotänzerin einer kleineren, aus drei oder vier Tänzern bestehenden Gruppe, zur Primaballerina avancierte. Als *Giselle* ging Anna Pawlowa im Jahr 1907 zusammen mit den ersten Solotänzern der kaiserlichen Ballettschule, darunter auch der berühmte Vaclav Nijinsky, auf Europatournee und tanzte kurze Zeit bei den Ballets Russes, der Compagnie des russischen Impresarios Serge Diaghilew. Diaghilews Mischung aus avantgardistischer Kunst und populären Elementen entsprach hingegen nicht ihren Vorstellungen, war doch der Tänzer in diesem Konzept von eher untergeordneter Bedeutung. Die Hauptrolle in Igor Strawinskys *Feuervogel* lehnte sie mit der Begründung ab, daß sich die Partitur nicht für das Ballett eigne, und folgerte mit kindlicher Naivität, daß bei Diaghilew nicht der Tanz, sondern die Musik im Vordergrund stehen würde. Für Anna Pawlowa hingegen hatte die Musik nur eine zweitrangige Bedeutung. Gewöhnlich gab sie sogar volkstümlichen Melodien den Vorzug vor symphonischen Meisterwerken, da diese sich besser dazu eigneten, ihre Tanzkunst herauszustellen. Ballett war für sie reines Gefühl, und klassischen Tanz definierte sie als „die Ausmerzung alles Häßlichen, um zur einzig wahren, ewigen Schönheit vorzudringen."

Doch gab es noch einen anderen Grund, warum Anna Pawlowa nicht bei Diaghilew tanzen wollte: Sie brauchte dringend Geld. Ihr berühmt-berüchtigter Mann – es ist bis heute umstritten, ob sie tatsächlich mit ihm verheiratet war –, Victor Dandré, der dem niedrigen Adel entstammte, verbüßte gerade eine Haftstrafe in einem russischen Gefängnis. Anfangs ihr Gönner und Liebhaber, wurde er später ihr Ehemann und Manager und trieb dunkle Geschäfte, die schließlich zu seinem Bankrott führten. Um ihn auszulösen, trat Anna Pawlowa eine äußerst strapaziöse, aber finanziell höchst einträgliche Gastspielreise durch England, Irland und Frankreich an, in deren Verlauf sie nicht nur ihre mittlerweile berühmte *Giselle* tanzte, sondern auch den *Sterbenden Schwan*, den die Zuschauer bei jedem Auftritt verlangten. Das russische Tanzgenie Michel Fokine hatte den *Sterbenden Schwan* nach Saint-Saëns' *Karneval der Tiere* 1905 für sie choreographiert. Mit ihrer Darbietung rührte sie das Publikum jedesmal zu Tränen.

Schließlich ließ sich Anna Pawlowa in London nieder, wo sie ein Haus kaufte, das einst dem Maler Turner gehört hatte (in einem der Räume befindet sich heute das Pawlowa-Museum). 1911 ging sie mit ihrer eigenen Truppe und ihrem Manager Dandré auf Welttournee. In der Tradition der Varietés führte sie auch spanische und indische Tänze sowie russische Volkstänze auf. Die nervöse, von ihrer Arbeit besessene und aufbrausende Anna Pawlowa arbeitete ohne Unterbrechung und verlangte von allen anderen das gleiche. Ob sie nun zufrieden oder wütend war, die Worte sprudelten aus ihr heraus – meist unzusammenhängend, denn sie reihte oft unlogische, bisweilen sogar widersprüchliche Gedanken aneinander. Sie bedauerte sehr, daß sie nicht in der Lage war, ihre Tanzkunst zu erklären, geschweige denn zu unterrichten. Von den schweren Tumulten während ihrer Tournee durch das revolutionäre Mexiko – ihre Compagnie stand die ganze Zeit über unter dem Schutz von Soldaten – schien die zerstreute Anna Pawlowa nicht die geringste Notiz zu nehmen. Obwohl sie Dandré gegenüber häufig sehr ausfallend wurde, war sie eine großzügige und auch liebenswerte Frau, die ihrem Ensemble Kranken- und Urlaubsgeld zahlte und die Menschen, die sie liebte – und davon gab es sehr viele –, mit Geschenken überhäufte. Außerdem war sie sehr abergläubisch: Einmmal stand die melodramatische Anna Pawlowa im Garten eines Freundes bewundernd vor einem Rosenstrauch und verkündete: wenn die Rosen stürben, dann würde auch sie sterben.

Es war erstaunlich, daß die nicht mehr ganz junge Tänzerin angesichts ihres überfüllten Terminkalenders, der sie jahraus, jahrein in die entlegensten Orte der Welt führte, nicht schon früher einer Krankheit erlag. 1931 eilte sie in einer frostkalten Januarnacht, während ihr Mann mit einer Tänzerin aus dem Ensemble flirtete, zu einem Auftritt nach Den Haag. Eine leichte Erkältung führte rasch zu einer gefährlichen Rippenfellentzündung, und Anna Pawlowa fiel ins Koma. Drei Tage später kam sie wieder zu Bewußtsein, und richtete ihre letzten Worte an Manya, ihr geliebtes Dienstmädchen: „Bring mir mein Schwanenkostüm."

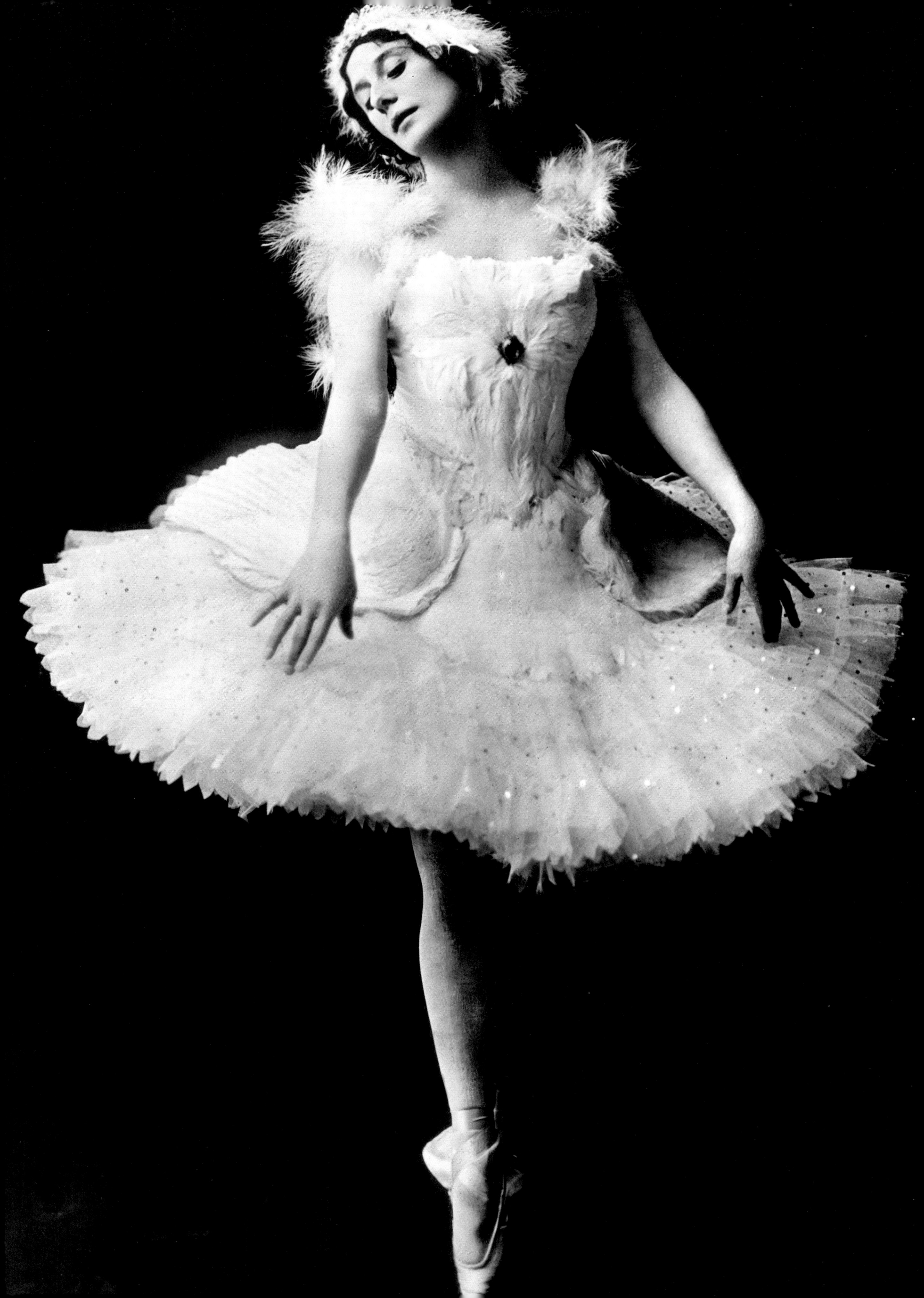

PELÉ

*1940

MAN NANNTE IHN „Die schwarze Perle", „Den König des Fußballs" oder auch „La Tulipe Negro". Edson Arantes do Nascimento – besser bekannt als Pelé – zählt zu den berühmtesten Sportlern der Welt. In seinen besten Tagen war er der uneingeschränkte König eines Sports mit fanatischen Anhängern in der ersten, zweiten und dritten Welt. Eine Ausnahme bilden allein die Vereinigten Staaten, wo der Fußball niemals die Popularität von American Football oder Baseball erreichen konnte. Pelé ist allerdings der einzige Fußballspieler, den selbst die meisten Amerikaner kennen.

Seine sportlichen Leistungen waren geradezu gigantisch: er erzielte im Laufe seiner Karriere mehr als 1200 Tore, doppelt so viele wie sein nächster Konkurrent. Pelé schoß bei jedem Meisterschaftsspiel ein Tor und brachte die brasilianische Nationalmannschaft dreimal auf das Siegerpodest bei den Weltmeisterschaften 1958, 1962 und 1970. Mit seinem Fußballclub Santos führte er lange die Liga an und gewann zweimal die Mannschaftsweltmeisterschaften. Insgesamt errang er mit seinen Vereinen 52 Titel. Doch was ihn vor allem auszeichnete, war sein unvergleichlicher Stil, seine Eleganz und Schnelligkeit. Er sprang, köpfte, schoß Pässe und Tore wie kein anderer.

Pelé lernte das Fußballspielen in Tres Coracoes, seiner kleinen, brasilianischen Heimatstadt, wo sein Vater Dondinho sich als mittelmäßiger Ligaspieler den Lebensunterhalt verdiente. Als Dondinho den Fußballclub wechselte und nach Bauro zog, arbeitete sein Sohn, der dort die Grundschule besuchte, als Schuhputzer und Schusterlehrling, um so das magere Einkommen der Familie aufzubessern. Der fröhliche, sportliche Junge war alles andere als ein begeisterter Schüler. Lieber verbrachte er seine Tage damit, einen aus alten Socken genähten Ball durch die Slumviertel von Bauro zu kicken. Zunächst wurde er von seinem Vater trainiert, mit zehn Jahren dann nahm ihn Waldemar de Brito, ein Freund der Familie, unter seine Fittiche. Mit 14 war Pelé einer der besten Spieler im Bauro-Team, und 1956 brachte ihn de Brito nach Sao Paulo, wo ihn die dortigen Profispieler als „Provinzratte" verspotteten. Der Fußballclub von Santo war weniger arrogant, und der berühmte Coach Lula gab Pelé eine Chance.

Wie so oft waren seine neuen Arbeitgeber nicht auf Anhieb von ihm überzeugt. Doch in seinem ersten Spiel schoß Pelé zu aller Überraschung vier von sieben Toren, und innerhalb von einem Jahr avancierte er zum Fußballstar Brasiliens. 1958 wurde er weltberühmt, als er bei den Weltmeisterschaften in Stockholm das spektakuläre Siegertor gegen Wales schoß. Anschließend gewann seine Mannschaft das Endspiel gegen Schweden, und Pelé hatte seinen ersten Weltmeisterschaftstitel in der Tasche.

Dem Fußballspieler war inzwischen bewußt geworden, daß es durchaus auch negative Seiten haben kann, der Beste zu sein. In jedem Spiel versuchten die gegnerischen Spieler, ihn mit allen Tricks auszuschalten, er wurde getreten und angerempelt. Ihre Taktik, stets drei Mann auf ihn anzusetzen, führte indes nur dazu, daß er noch gewitzter spielte. Bei einem seiner schönsten Tore spielte er neun gegnerische Spieler aus – dieses Tor wurde einen Monat lang mehrmals am Tag im brasilianischen Fernsehen wiederholt.

Pelé hatte eine unglaubliche Übersicht; er sah alles, was vor und neben ihm vor sich ging. Wie ein Schachgroßmeister wußte er im voraus, wie seine Mannschaftskollegen und die Gegner agieren würden. Dank des harten Trainings, dem ihn sein Vater als Junge unterzogen hatte, war er außerordentlich gut durchtrainiert. Er sprang nach den unglaublichsten Kopfbällen und rannte neunzig Meter in weniger als zehn Sekunden. Immer wieder bewies er seinen Teamkameraden und sich selbst, daß er zu beinahe allem in der Lage war. Während des blutigen Biafra-Krieges in den 60ern vereinbarten die einander bekämpfenden Parteien einen Waffenstillstand, um Pelé Fußball spielen zu sehen.

Mit 35 war der mittlerweile reich gewordene, verheiratete Pelé der sportlichen Höchstleistungen müde. Er war es leid, immer und überall belästigt zu werden, entweder auf dem Spielfeld von frustrierten, hinterhältigen Gegnern oder auf der Straße von aufdringlichen Fans. 1974 kehrte er dem Sport den Rücken und widmete sich seiner Familie, seinen Aktien und einer beginnenden Filmkarriere. Eine Kaffeesorte wurde nach ihm benannt, seine Werbeeinnahmen stiegen in die Millionen.

1975 stellte ihm der zur nordamerikanischen Fußballiga (NASL) gehörende Verein Cosmos New York eine letzte Herausforderung. Er sollte die widerspenstigen Amerikaner endlich von der Schönheit des Fußball überzeugen, wofür man ihm beinahe fünf Millionen Dollar zahlte. Pelé zog nach New York und genoß die relative Anonymität einer Stadt, in der eine ganze Schar berühmter Sportler lebte. Drei Jahre lang versuchte er mit missionarischem Eifer, die Yankies für den Fußball zu begeistern. 21 000 Menschen sahen ihm bei seinem ersten Spiel bei Cosmos zu. Drei Jahre später jubelten ihm 76 000 Zuschauer zu, als er sein letztes Tor schoß. Doch die NASL und Cosmos gehören mittlerweile der Vergangenheit an.

Pelés Leistungen wurden auch von offizieller Seite gebührend anerkannt. 1978 erhielt er den internationalen Friedenspreis, 1980 wurde er als Sportler des Jahrhunderts ausgezeichnet. In den folgenden Jahren war er als UN-Botschafter für Kinder und Jugendliche sowie für Ökologie und Umwelt und als UNESCO-Botschafter tätig.

Noch einmal kam Amerika in den Genuß von Pelés Talent – diesmal als Fernsehkommentator während der Weltmeisterschaften 1994, die in den Vereinigten Staaten stattfanden. Wenn die Amerikaner Pelé immer noch weit mehr schätzen als seinen Sport, dann stehen sie damit sicher nicht allein in der Welt da.

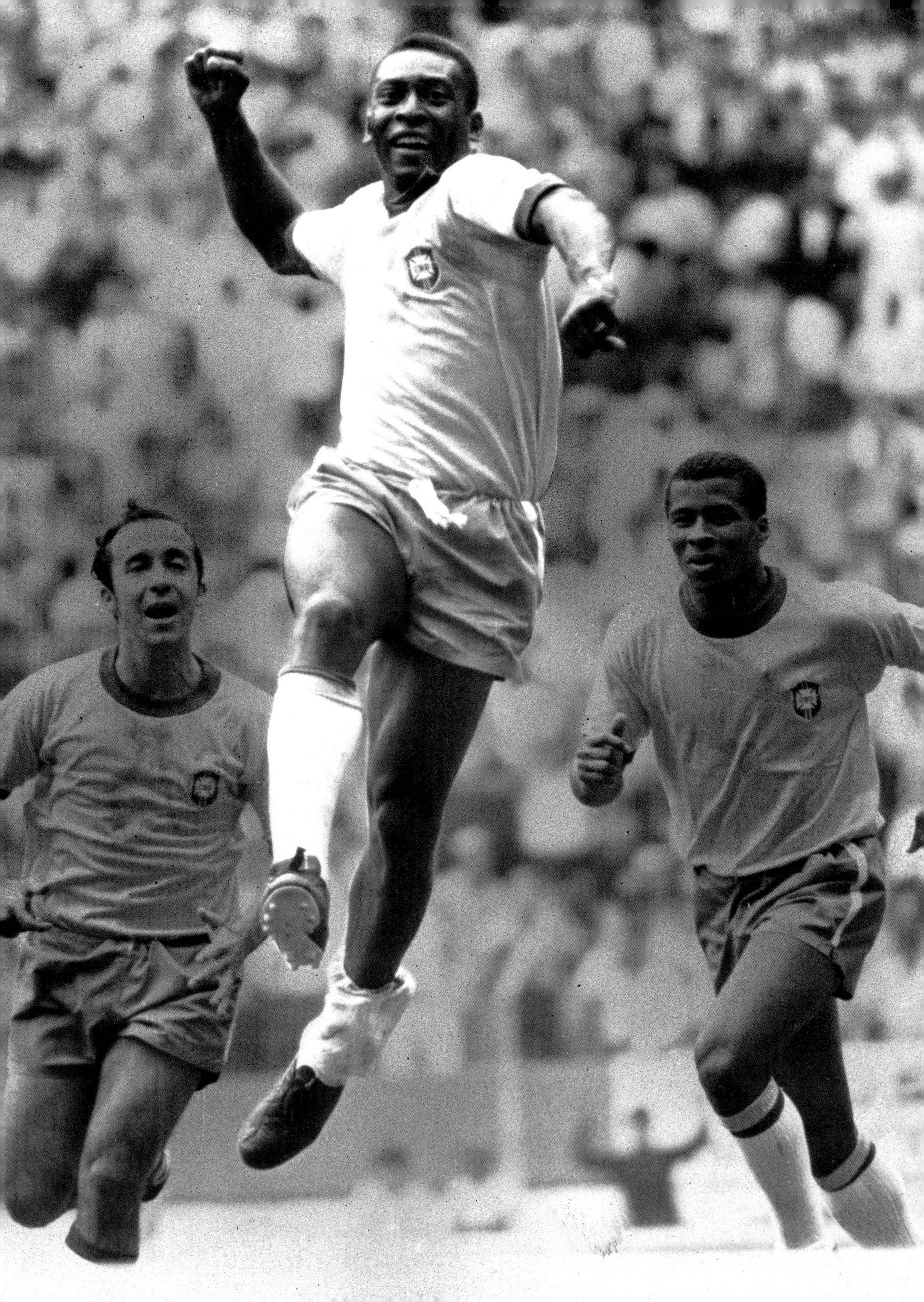

EVA PERON
1919-1952

EVA PERON, EHEFRAU DES argentinischen Präsidenten Juan Perón und eine der mächtigsten Frauen des 20. Jahrhunderts, war eine schillernde Persönlichkeit voller Ehrgeiz, Charisma und unfehlbarem politischem Instinkt. Die Schauspielerin und spätere Politikerin verkörperte während ihres Lebens geradezu jeden Frauentypus: Hure, gütige Mutter, aufopferungsvolle Ehefrau und Göttin, deren Launen über Leben und Tod entschieden. Ironischerweise wurde Evita von ihren Anhängern als Heilige verehrt, ungeachtet ihrer verschwenderischen Lust an Juwelen, Pelzen und Haute-Couture-Kleidern. Für die Mehrzahl der Menschen war sie die großzügige Wohltäterin der Armen, die ihr Leben hingab für die geliebten descamisados, die „Hemdlosen" – all jene Arbeiter, die die Peróns bedingungslos unterstützten. Als sie 1952 an Krebs starb, ersuchten treue Peronisten Papst Pius XII. um ihre Seligsprechung als ersten Schritt zur Heiligsprechung. Ohne Erfolg.

Eva Maria Duarte wurde als uneheliche Tochter einer Köchin in dem kleinen, abgelegenen Dorf Los Toldos in der Provinz Buenos Aires geboren. Als junges Mädchen kehrte Eva Maria ihrer Heimat und ihrer Kindheit den Rücken, um in der großen Stadt Karriere als Schauspielerin zu machen. Da sie weder besonders schön noch gebildet und ohne gesellschaftlichen Schliff war, kämpfte sie fast zehn Jahre, bevor sie kleinere Erfolge z.B. in Radio-Soaps verzeichnen konnte. Mit 24 lernte die ehrgeizige junge Frau bei einer Benefizveranstaltung für Erdbebenopfer kurz nach dem Militärputsch vom 4. Juni 1943 ihre „große Liebe" kennen – den gutaussehenden Witwer Colonel Juan Domingo Perón. Der damalige Arbeits- und Kriegsminister machte sie zu seiner Geliebten und richtete ihr in der eleganten Calle Posados ein Appartement ein. Zwei Jahre später, nachdem Juan im Verlauf eines der zahllosen argentinischen Machtkämpfe verhaftet worden war, mobilisierte Evita 50 000 Gewerkschaftsanhänger, die für seine Freisetzung demonstrierten. Vier Tage später heirateten die beiden, und die hinreißende Evita, die ihren Gatten glühend verehrte, leistete wertvolle Aufbauarbeit für die Infrastruktur seines quasimarxistischen Ein-Parteien-Regimes.

Während seiner ersten sechsjährigen Amtsperiode nach Peróns Wahl zum Präsidenten im Jahre 1946 machte es sich die First Lady zur Aufgabe, die Beziehungen seiner Partei zu den Gewerkschaften zu festigen, indem sie sie von unliebsamen Führern befreite. Diejenigen, die sie für eine politische Dilettantin hielten, hatte sie bald vom Gegenteil überzeugt. So unerfahren sie auch im politischen Agieren war, so leidenschaftlich war ihr Haß auf die Oligarchie (Anhänger Evitas führen diese tiefe Abneigung darauf zurück, daß sie als junges Mädchen von zwei Gutsbesitzersöhnen vergewaltigt worden war). Die Armut an sich schmerzte sie „weniger als das Wissen, daß es gleichzeitig Reichtum gab". 18 Arbeitsstunden am Tag nützte sie dazu, die Landarbeiter aufzuwiegeln und so die einflußreichste Gewerkschaft General Confederation of Labor in ein Machtinstrument des Peronismus zu verwandeln. Die Dankbarkeit und der Respekt der Frauen des Landes war ihr durch ihren Einsatz für das Frauenwahlrecht und das Recht auf Scheidung gewiß. Mit der Gründung der Perónistischen Frauenpartei verhalf sie ihrem Ehemann zur Wiederwahl.

Während Juan das Militär unter Kontrolle hielt und weitreichende Landreformen durchsetzte, kümmerte sich Evita um die sozialen Bereiche. Als ihr die aristokratischen Damen der Sociedad de Beneficiencia den Ehrenvorsitz der Gesellschaft verwehrten – eine Position, die traditionell von der Frau des Präsidenten eingenommen wurde – löste Evita die ganze Organisation auf und gründete ihre eigene Eva-Duarte-de-Perón-Stiftung. Als eine der verschwenderischsten Wohltätigkeitsorganisationen aller Zeiten verfügte die Stiftung über 100 Millionen Dollar pro Jahr aus öffentlichen Abgaben, Geldern, die zum Teil auch in den Händen der Partei landeten. Die Stiftung half den Armen der Nation, errichtete prächtige Wohnheime für alleinstehende Mütter, luxuriöse Altersheime mit Butlern und Bediensteten sowie ein ganzes Kinderdorf mit winzigen Häusern und einem Miniaturgefängnis. Evita war ein PR-Genie; sie reiste durch ganz Argentinien und verteilte Medikamente, Lebensmittel und Jobs – natürlich meist unter Anwesenheit der Presse. In ihren eleganten Kostümen sah sie eher aus wie die Schauspielerin, die sie einst hatte sein wollen, als wie die Retterin ihrer verzweifelten Landsleute, die begonnen hatten, sie zu verehren. Trotz seiner gutgefüllten Schweizer Bankkonten führte das Ehepaar Perón ein einfaches Leben, stand früh auf und arbeitete hart.

Evita Peróns Gesundheit war bereits angeschlagen, als sie im Sommer 1951 erstmals ein offizielles Amt anstrebte. Sie wollte bei den nächsten Wahlen als Vizepräsidentin ihres Gatten antreten, doch das Militär, dem die Vorstellung von einer Frau als Oberbefehlshaberin ein Greuel war, hielt Perón dazu an, seine Frau zum Rücktritt zu zwingen. Kurz vor der Wahl mußte sich Evita einer Krebsoperation unterziehen und starb wenige Monate später, doch nicht bevor Juan Perón ihr ein ehrenvolles Staatsbegräbnis versprochen hatte.

Das Volk versank in tiefe und langwährende Trauer über Evitas Tod. Tagelang waren Regierung und Wirtschaft einfach stillgelegt. Ihr weißer Sarg mit dem gläsernen Deckel wurde im Hauptquartier der Arbeiterpartei aufgebahrt, und vor dem Gebäude entstand ein Meer aus Blumen. Nachdem Evitas ausgemergelter, aber sorgfältig hergerichteter und einbalsamierter Leichnam solchermaßen der Öffentlichkeit präsentiert worden war, lag er drei Jahre lang im Leichenschauhaus, um dann plötzlich zu verschwinden. Jahrzehntelang tauchte er immer wieder auf und verschwand erneut, bis er 1971 eingeäschert und die Urne an Perón zurückgegeben wurde. In der Familiengruft auf dem Recoleta-Friedhof von Buenos Aires wurde Evita Perón endlich zur Ruhe gelegt.

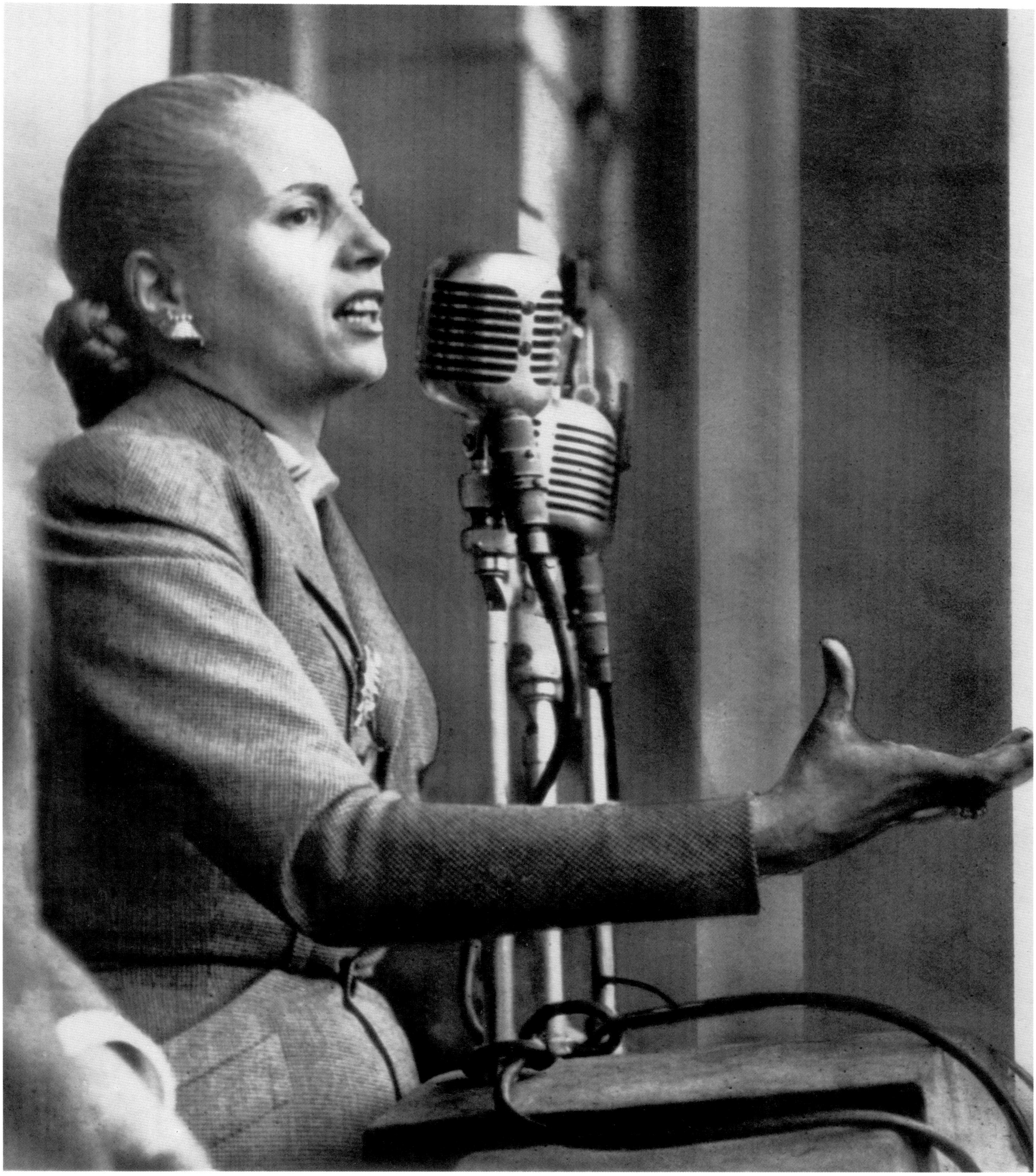

EDITH PIAF
1915–1963

DER IM GRELLEN BÜHNENLICHT so klein und zerbrechlich wirkende „Spatz von Paris" bewegte sich bei seinen Auftritten mit geradezu rührender Schüchternheit. Breitbeinig, ihre winzigen Füße weit auseinander, ohne Make-up und ohne auch nur das kleinste Accessoire, in ihrem kurzen, schwarzen Kleid und mit zurückgeworfenen Locken erhob sie ihre kraftvolle Stimme und schlug das Publikum mit traurigen Balladen über zerstörte Illusionen und erloschene Liebe in ihren Bann. Ihre rauhe, leicht vibrierende Stimme war vom Singen auf der Straße geprägt und in Kabaretts geschult worden, aber von Krankheit, Unfällen, Drogen und Alkohol gezeichnet; sie spiegelte die schmerzlichen Erfahrungen eines leiderfüllten Lebens.

Buchstäblich auf dem Bürgersteig im Beisein von zwei Gendarmen geboren, wurde Edith Gasson im Alter von zwei Monaten von ihrer Mutter, einer französisch-algerischen Café-Sängerin, verlassen, die sie der Fürsorge ihrer Großeltern mütterlicherseits überließ. Ihr Vater, ein Wanderakrobat, wurde Soldat und kämpfte im Ersten Weltkrieg. Als er zwei Jahre später zurückkehrte, fand er seine Tochter in völlig verwahrlostem Zustand vor und brachte sie unverzüglich zu seiner Mutter in die Normandie. Infolge einer schweren Bindehautentzündung erblindete Edith Piaf mit drei Jahren. Als ihre Großmutter vier Jahre später mit ihr zum Schrein der Heiligen Theresa von Lisieux pilgerte, erhielt Edith Piaf wie durch ein Wunder ihre Sehkraft zurück. Von nun an trug sie stets ein Medaillon mit dem Bildnis der Heiligen bei sich. Später sah man sie nie ohne ihr mit Smaragden besetztes Kreuz, das ihr einmal Marlene Dietrich zu Weihnachten geschenkt hatte.

Als Edith Piaf alt genug war, um mit dem Wanderzirkus ihres Vaters von Ort zu Ort zu ziehen, begann sie, auf Jahrmärkten und in kleineren Straßencafés in Frankreich und Belgien zu singen. Mit 15 Jahren ging sie nach Paris, um dort in den engen Gassen von Montmartre zu singen. Fünf Jahre später wurde sie von Louis Leplée, dem Besitzer eines berühmten Cabarets auf den Champs-Elysées, entdeckt. Er ermutigte sie nicht nur, vor den noblen Gästen seines Etablissements aufzutreten, sondern bestand vor allem darauf, daß sie nichts an ihrer heruntergekommenen Erscheinung änderte, die er für sehr bühnenwirksam hielt. Selbst ihren Spitznamen „La Môme Piaf" oder „Der Spatz von Paris" verdankte sie Leplée. Er half der Sängerin auch, ihre selbst verfaßten, etwas kuriosen Chansons zu überarbeiten und ein anspruchsvolles Repertoire aufzubauen. Am Vorabend des Zweiten Weltkriegs war Leplées schmuddeliger kleiner Vogel, der vor Auftritten mit Kaffee gurgelte, der gefeierte Star des Pariser Nachtlebens.

Der Mord an „Papa Leplée", wie Edith Piaf ihren Mentor liebevoll nannte, rund sechs Monate nach ihrem glanzvollen Debüt im Jahr 1935, hatte verheerende Folgen für die 19jährige Sängerin, die von der französischen Polizei als wichtige Zeugin festgehalten wurde. Diesem traumatischen Ereignis war der Tod ihrer unehelichen Tochter Marcelle vorausgegangen. In der Folgezeit verfiel die Sängerin mehr und mehr dem Alkohol, erlitt schwere Nervenzusammenbrüche, feierte triumphale Comebacks und fand immer wieder die „ewige Liebe", die sich am Ende dann doch als vergänglich herausstellte. Vor allem wegen ihrer gescheiterten Liebesbeziehungen verfiel Edith Piaf immer wieder in tiefe Verzweiflung, war sie doch derart liebesbedürftig, daß sie keine Nacht allein schlafen konnte.

Während des Zweiten Weltkriegs reiste Edith Piaf häufig nach Deutschland, um für die französischen Kriegsgefangenen zu singen. Dies deuteten ihre Landsleute in der Zeit der Befreiung fälschlicherweise als Kollaboration. Aber der Verdacht zerstreute sich nach dem Krieg sehr schnell, als Edith Piafs mutige Versuche bekannt wurden, jüdische Freunde vor der Verhaftung zu retten, und die tödliche Gefahr geschildert wurde, der sie sich während der Bombenangriffe durch die Alliierten ausgesetzt hatte. Obwohl Edith Piaf Nachtklubs haßte und sie Angst davor hatte, daß das amerikanische Publikum die besondere Atmosphäre bei ihren Auftritten zerstören könnte, tourte sie zehnmal durch die Vereinigten Staaten. Mit ihrer Stimme, von der Jean Cocteau einmal sagte, sie würde sich wie eine Welle schwarzen Samts entrollen, verzauberte sie die ganze Welt. Nach ihrer Hauptrolle in dem Film *Etoiles sans lumière* schloß sich Edith Piaf 1946 der Gesangsgruppe Les Compagnons de la Chanson an, deren Lied *Les Trois Cloches* Ende der 40er Jahre ein internationaler Erfolg wurde. 1949 traf sie erneut ein schwerer Schicksalsschlag – ihre große Liebe, der Boxweltmeister Marcel Cerdan, kam bei einem Flugzeugabsturz ums Leben. Aber Edith Piaf verfiel nicht in Selbstmitleid und arbeitete weiter. Mit Chansons wie *Milord*, ihrem letzten großen Erfolg, begeisterte sie in den 60er Jahren Fans auf der ganzen Welt. Noch mehr liebte das Publikum ihre frühen Chansons wie *Non, je ne regrette rien*, *La vie en rose* und *L'Accordéoniste*, eine Ballade über die Liebe zwischen einem Freudenmädchen und einem Musiker, der im Krieg fällt.

Edith Piafs Kunst stand in großem Gegensatz zu ihrem Leben, das leidenschaftlich und chaotisch war. Sie war sich ihres großen Talents überaus bewußt und vervollkommnete es diszipliniert. Sie schuf eine Bühnenpersönlichkeit, die zugleich frei erfunden und authentisch war. Jede Geste und jede Miene waren exakt in Szene gesetzt und dienten dem übergeordneten Ganzen. Ihre Chansons wählte Edith Piaf sehr sorgfältig aus und feilte lange mit ihren Komponisten an den Texten, die sie teilweise selber schrieb. Am Ende war alles, was sie sang, von bestürzender Echtheit, hatte der bläßliche, stets ein wenig bekümmert dreinblickende Spatz doch alles Leid dieser Welt in sich versammelt, um es auf der Bühne mit bewegenden Liedern auszudrücken. Daß dies Edith Piaf gelungen war, bezeugten Zehntausende trauernder Fans, die bei ihrem Begräbnis im Jahr 1963 die Straßen von Paris säumten.

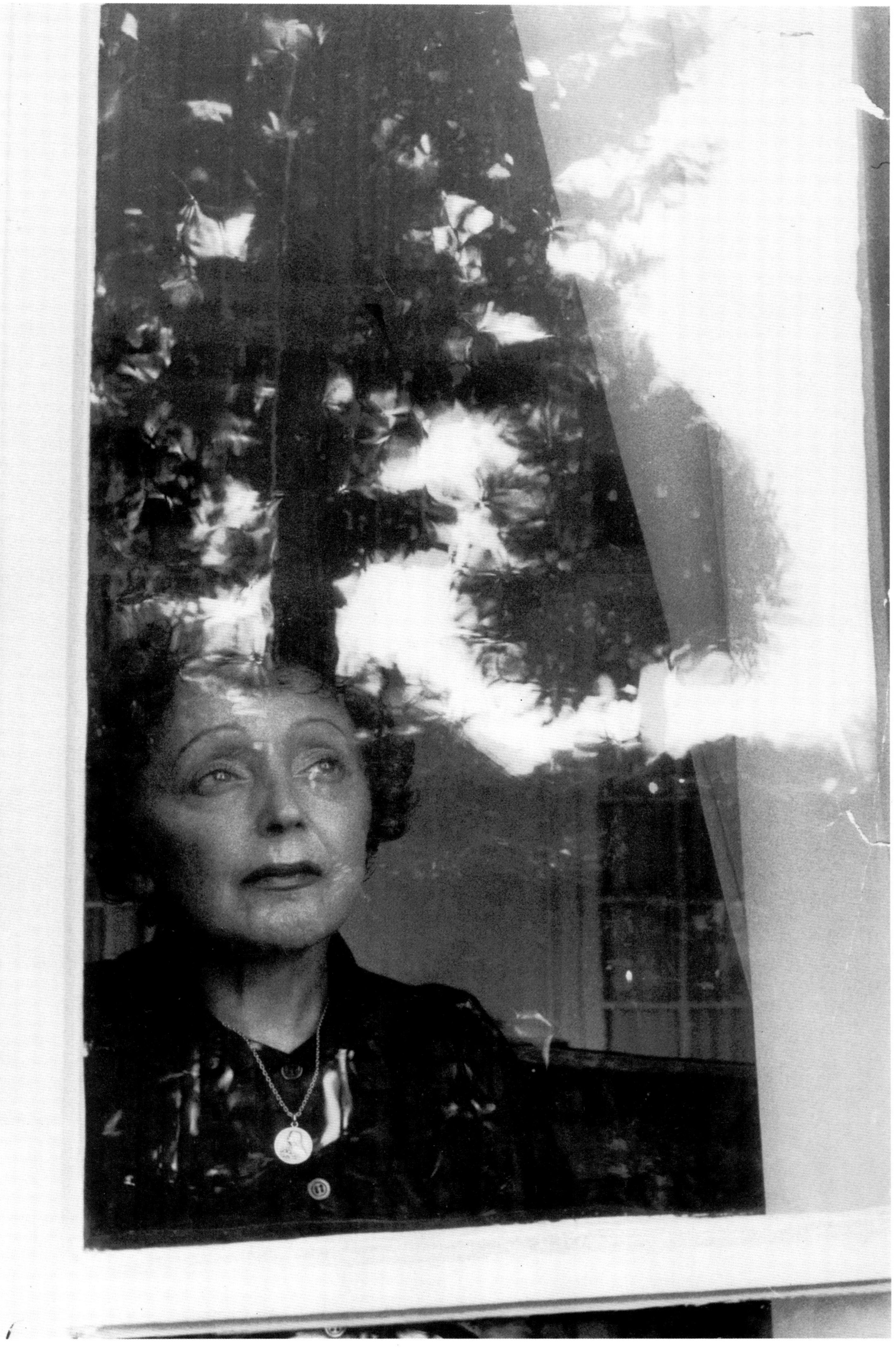

PABLO PICASSO
1881–1973

DER MEISTER DER MODERNEN Malerei verdankte sein Genie in hohem Maße einer überschäumenden, spielerischen Freude am Experimentieren. Bis zum Ende seines 91 Jahre währenden Lebens, von denen 80 Jahre ungemein produktiv waren, bewahrte sich Picasso jene erfrischende Spontaneität und große Kreativität, die ihn zusammen mit seinem außergewöhnlichen Talent zu dem wohl bedeutendsten Künstler des 20. Jahrhunderts machten.

Mit knapp zehn Jahren begann Pablo Ruiz y Picasso seine künstlerische Ausbildung bei seinem Vater, José Ruiz Blasco, einem Maler und Kunstlehrer. Nach dem Besuch der Kunstschule in Barcelona ließ sich der ehrgeizige 16jährige in Madrid nieder, wo er schon bald seine Leidenschaft für den Prado entdeckte. Picasso studierte in der Folgezeit die Malerei von Goya, El Greco und Velàzquez, doch strebte er keine akademische Laufbahn an, sondern reiste stattdessen im Jahr 1900 zusammen mit seinem Freund Carlos Casagemas nach Paris. Die Befreiung, die Picasso angesichts der Malerei van Goghs, Toulouse-Lautrecs und Cézannes empfand, sollte aber nicht von Dauer sein; nach Casagemas' Selbstmord verfiel er in tiefe Depressionen. Dieses Ereignis schlug sich in zahlreichen Bildern nieder und läutete schließlich die berühmte Blaue Periode ein. Die Motive menschlichen Elends, die diese Werkphase kennzeichnen, wurden jedoch Ende 1904 durch die auf klassische Motive zurückgreifende Rosa Periode abgelöst, deren bevorzugtes Sujet die Welt der Gaukler und Harlekine wurde.

1907 vollzog sich mit dem epochalen Werk *Les Demoiselles d'Avignon* eine Stilwende in Picassos Schaffen. Das Bild gilt als die Geburtsstunde des Analytischen Kubismus. Diese revolutionäre Stilrichtung, die Picasso zusammen mit Georges Braque entwickelte, stellte einen provokanten Bruch mit dem klassischen Schönheitsideal und der perspektivisch exakten Darstellung dar. Insbesondere der afrikanischen Skulptur, der frühen iberischen Plastik und der christlichen Ikonographie verdankte die neue, schockierende Malerei mannigfaltige Anregungen. Hier dokumentiert sich auf eindrucksvolle Weise Picassos einzigartiges Talent, überkommene Stilformen aufzugreifen und abzuwandeln, um etwas gänzlich Neues zu schaffen.

Als weitere Inspirationsquelle diente Picasso die Literatur. Vor allem die Werke Oscar Wildes und Guillaume Apollinaires übten einen entscheidenden Einfluß auf sein Schaffen aus.

In der Liebe war Picasso von ebenso heftiger Leidenschaft beherrscht. Im Laufe seines Lebens war der Künstler mit insgesamt vier Ehefrauen und mehreren langjährigen Geliebten liiert, die ihm nicht nur als Partnerinnen, sondern auch als Musen dienten. Zugleich besessen und abgestoßen von seinen Frauen, spielte Picasso sie nicht selten gegeneinander aus, und ihre oft rasende, aus seinen schlau eingefädelten Dreiecksgeschichten resultierende Eifersucht schien ihm große Genugtuung zu bereiten. Die jugoslawische Fotografin Dora Maar, die Mitte der 30er Jahre nicht nur den Platz seiner ersten Frau, der russischen Tänzerin Olga Koklova, sondern auch den seiner Geliebten Marie-Thérèse Walter einnahm, erlitt schließlich einen Nervenzusammenbruch, und Marie-Thérèse Walter erhängte sich seinetwegen. Françoise Gilot dagegen verließ ihn einfach und nahm zu seiner großen Bestürzung ihre beiden gemeinsamen Kinder, Claude und Paloma, mit. Jacqueline Roque, seine letzte Frau, setzte ihrem Leben mit einem Revolver ein Ende. Picassos Misogynie und auch seine unterlassene Hilfe für seinen langjährigen Freund, den Dichter Max Jacob, der in Nazigefangenschaft geraten war, gaben Biographen und Kritikern bei ihren Versuchen, seine starke und schillernde Persönlichkeit zu ergründen, immer wieder Rätsel auf.

Es scheint, als habe Picassos schöpferische Begabung ihren Ursprung in eben jenen irrationalen, häufig destruktiven Elementen seines Charakters genommen. Und so schuf der Künstler, der zugleich Opfer und Täter war, jene sarkastisch anmutenden körperlichen Verschmelzungen, aus denen später die sogenannte Minotauromachie hervorging, die den antiken Minotaurus-Mythos mit modernen Stierkampfszenen verknüpft, und die seine besondere Faszination für den Dualismus von Liebe und Haß ausdrückte. Doch weiß jeder große Bewunderer seiner Kunst, daß Picasso nicht von negativen Gefühlen beherrscht wurde. Seine zügellosen und egozentrischen Züge wurden durch menschliche Wärme und Großzügigkeit ausgeglichen. Picasso verfügte über ungeheure schöpferische Kräfte, die es ihm ermöglichten, seine Eingebungen in jede Form von Kunst zu verwandeln, seien es nun Skulpturen, Lithographien, Bühnenbilder, Radierungen, Zeichnungen, figürliche Keramik oder andere, „constructions" genannte Plastiken. Picasso soll angeblich vor keinem Gegenstand haltgemacht haben, nichts sei vor ihm sicher gewesen.

Nach dem Analytischen Kubismus wandte er sich zunächst der Collage und dem Synthetischen Kubismus zu und bezog später aus der Begegnung mit dem Surrealismus entscheidende Impulse für sein weiteres Schaffen. Charakteristisch für diese Werkphase ist sein wohl berühmtestes Gemälde *Guernica* (1937) – der flammende Protest gegen die Bombardierung der baskischen Stadt Guernica durch deutsche Kampfflugzeuge während des Spanischen Bürgerkriegs. Wie in seinem übrigen Werk flossen auch hier seine ganz persönlichen Ansichten und Gefühle mit ein. Mit der Technik des Bewußtseinsstroms, einem zentralen Element der modernen Kunst, gelang es Picasso, seine Emotionen auf die Leinwand zu bannen. Mit zunehmendem Alter verdüsterte sich seine Farbpalette, und der Tod wurde zum beherrschenden Thema seiner Kunst. Aus Furcht vor dem nahenden Ende arbeitete Picasso wie ein Besessener und durchlebte eine Phase einzigartiger Produktivität, die ihn in seinen allerletzten Lebensjahren einsam und verbittert, vielleicht aber auch menschlicher werden ließ.

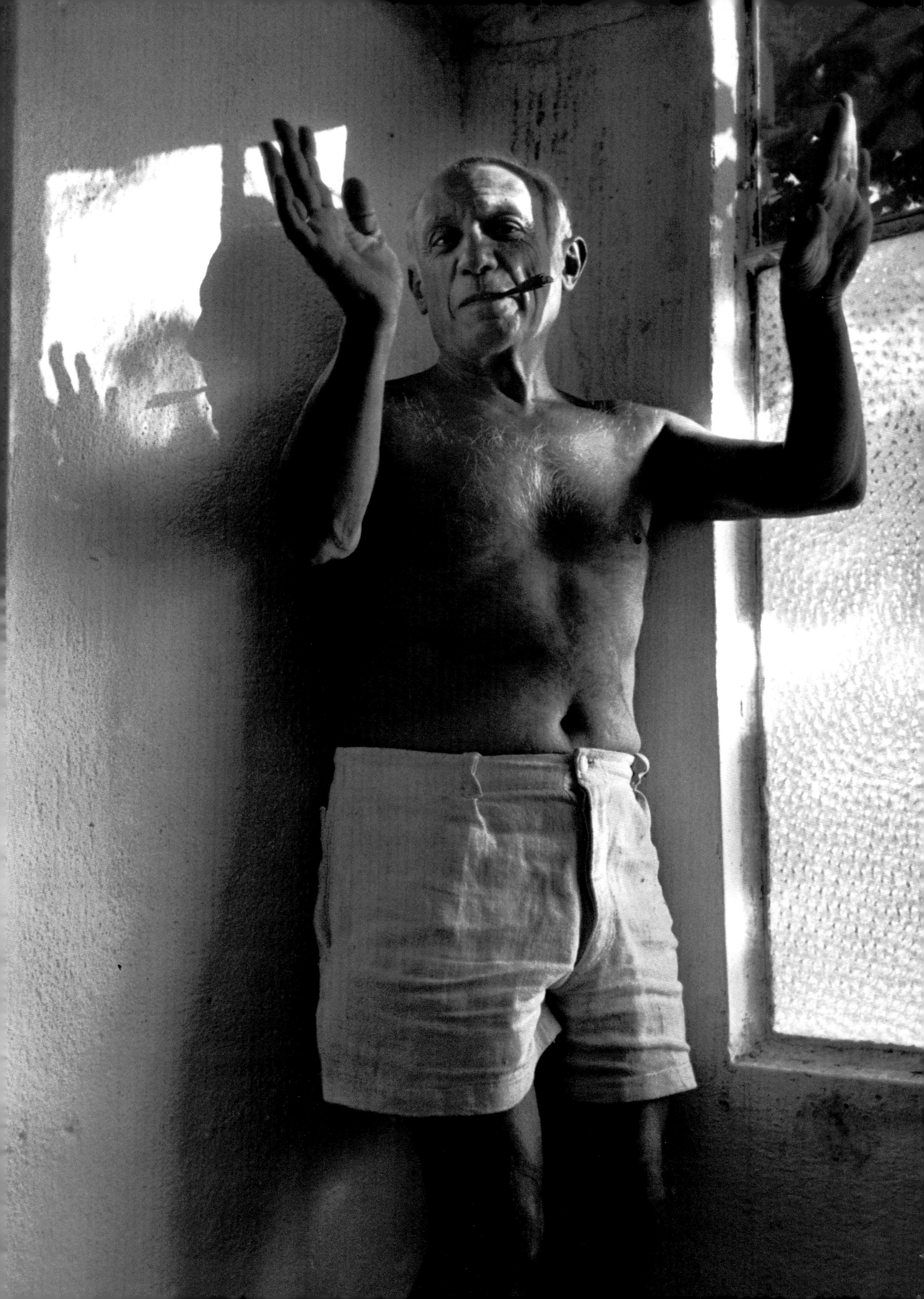

MARY PICKFORD
1893-1979

„EVERYBODY'S DARLING" WAR das herzerfrischende junge Mädchen mit den goldenen Locken, das nicht nur zum ersten großen Kinostar, sondern auch zur berühmtesten Frau ihrer Zeit wurde. Trotz ihrer einflußreichen Position in dem Medium, das ihre Kollegen für das wichtigste des gesamten Jahrhunderts hielten, betrachtete Mary Pickford den Film als vorübergehendes Phänomen. Sie machte es sich zum Prinzip, ihre Filme aufzukaufen, damit sie nicht ohne ihr Einverständnis gezeigt werden konnten, und hatte vor, sie am Ende zu verbrennen. Sie sorgte sich darum, daß „Little Mary", wie sie von Millionen von Bewunderern genannt wurde, irgendwann einmal lächerlich erscheinen könnte. Glücklicherweise gelang es neben anderen Lillian Gish, sie von diesem Plan abzubringen, so daß sie schließlich sogar eine Stiftung zur Erhaltung und Restaurierung ihrer Filme ins Leben rief. Dank der Überzeugungkraft ihrer Freundin kann man „Little Mary" noch heute in solchen Klassikern wie *Rebecca of Sunnybrook Farm* (1917), *The Poor Little Rich Girl* (1917) und *Sonne im Herzen* (1920) sehen.

Die warmherzige, erfrischend offene Mary Pickford spielte die Rolle der bedrängten Jungfrau, als sei sie ihr auf den Leib geschrieben. Zu ihrem Verdruß gestattete es ihr das Publikum nicht, dieses Klischee zu durchbrechen und erwachsen zu werden. Man verlangte von der komödiantisch begabten Schauspielerin, daß sie noch tugendhafte junge Damen spielte, als sie schon auf die 40 zuging. Noch als Mary Pickford schon eine gute und erfahrene Filmproduzentin war, ärgerte sie sich über die Rollenfestlegung, die sie in ihrem schauspielerischen Ehrgeiz gehemmt hatte.

Als Gladys Mary Smith geboren, sammelte sie erste Schauspielerfahrungen in einem fahrenden Sommertheater zusammen mit ihrer „Zigeunerfamilie" aus Toronto: Schwester Lottie, Bruder Jack und Mutter Charlotte, eine Witwe mit starkem Willen, die, um ihre Kinder zu ernähren, kleine Rollen in Theateraufführungen annahm. Die Natürlichkeit von Baby Gladys Smith, wie das Kind bald genannt wurde, sicherte ihr schon früh Erfolg und der ganzen Familie ihr Auskommen. Seit 1906 nannte sich die Schauspielerfamilie nach der Großmutter väterlicherseits Pickford. Ein Jahr später fädelte die gerissene 14jährige Mary ein Treffen mit dem Broadway-Produzenten David Belasco ein und verschaffte sich auf diese Weise eine Rolle in *The Warrens of Virginia*. Zwei Jahre später bewarb sie sich, nun unter dem Bühnennamen Mary Pickford, bei dem Stummfilmmeister D. W. Griffith, der sie nach kurzem Gespräch unverzüglich an den Drehort von *Pippa Passes* schickte. Als der Regisseur ihr eine Tagesgage von fünf Dollar bot, verlangte sie das Doppelte – und bekam es. Insgesamt arbeitete sie mit Griffith bei etwa 74 Filmen zusammen. Die zumeist rührseligen Drehbücher erhielten durch ihre Spontaneität große Lebendigkeit. Hinter all den entehrten Jungfrauen und leidenden jungen Müttern verbarg sich eine feinsinnige, lebhafte Schauspielerin mit überzeugendem Talent, das ihr mühelos gestattet hätte, über das melodramatische Genre hinauszugehen.

Innerhalb kurzer Zeit machte Mary Pickford enorme schauspielerische Fortschritte, mit denen sie die Leistung aus ihrem ersten Film, *The Violin Maker of Cremona* (1909), in den Schatten stellte. Nach ihrer Hochzeit mit dem Schauspieler Owen Moore, begann ihre in finanzieller und künstlerischer Hinsicht überaus lohnende Beziehung zu dem berühmten Produzenten Adolph Zukor. Er verhalf Mary Pickford durch die Filme *Hearts Adrift* und *Tess of the Storm Country* aus dem Jahr 1914 zu einem überwältigenden Erfolg und bot ihr einen unglaublichen Vertrag an: eine bis dato nie dagewesene Wochengage von 10 000 Dollar, 250 000 Dollar Garantiesumme pro Film sowie 300 000 Dollar Prämie plus Gewinnbeteiligung und überdies noch Unterstützung beim Aufbau ihrer eigenen unabhängigen Produktionsgesellschaft. In seiner Autobiographie, die 1923 erschien, schrieb Zukor: „Es dauerte oft länger, einen Vertrag mit Mary auszuhandeln, als einen Film mit ihr zu drehen". In ihrer Spitzenzeit hatte Mary Pickford ein Jahresnettoeinkommen von über einer Million Dollar, das sie in Immobilien und Landbesitz investierte. 1919 tat sie sich mit Charlie Chaplin, D. W. Griffith und Douglas Fairbanks zusammen und gründete United Artists, ein Unternehmen, das ihnen, wie die vier hofften, kreative Unabhängigkeit und Profit garantieren würde.

Mary Pickford ließ sich von Moore scheiden und heiratete 1920 den ewig jungen Douglas Fairbanks, den sportiven Star des Kostümfilms. Der schneidige Fairbanks war genau der Typ, den sich das Land als Traumprinzen für seine Heldin gewünscht hatte, um über das Scheitern ihrer letzten Ehe hinwegzukommen. Tatsächlich aber hatte Pickford schon seit fünf Jahren eine Affäre mit Fairbanks unterhalten. Auf ihrer Hochzeitsreise nach Europa wurde das Paar von hysterischen Massen im wahrsten Sinne des Wortes verfolgt. Als sie schließlich nach Amerika zurückkehrten, ließen sich der König und die Königin des Filmgeschäfts in Pickfair nieder, ihrem weitläufigen Anwesen in der Nähe des Benedict Canyon. 1929 bekam Pickford einen Oscar für ihren ersten Tonfilm *Coquette* und drehte mit Fairbanks eine Tonfilmversion von *Der Widerspenstigen Zähmung*. Doch dieser Film wurde ein Riesenflop. Als sie die Indiskretionen des rastlosen Weiberhelden schließlich leid war, beendete sie die Ehe 1936. Niedergeschlagen durch die Scheidung und nicht zuletzt auch wegen mehrerer fehlgeschlagener Versuche, im Tonfilm Fuß zu fassen, fand sie im folgenden Jahr Trost in der Heirat mit Buddy Rogers.

Mary Pickford war bis 1956 aktive Teilhaberin bei United Artists, verkaufte dann aber ihre Anteile. In den 70ern zog sich die Menschenfreundin nach Pickfair zurück und genoß dort die Gesellschaft von Buddy Rogers und einigen alten Freunden. Die Academy of Motion Picture Arts and Sciences verlieh ihr 1976 einen Ehrenoscar für ihr Lebenswerk.

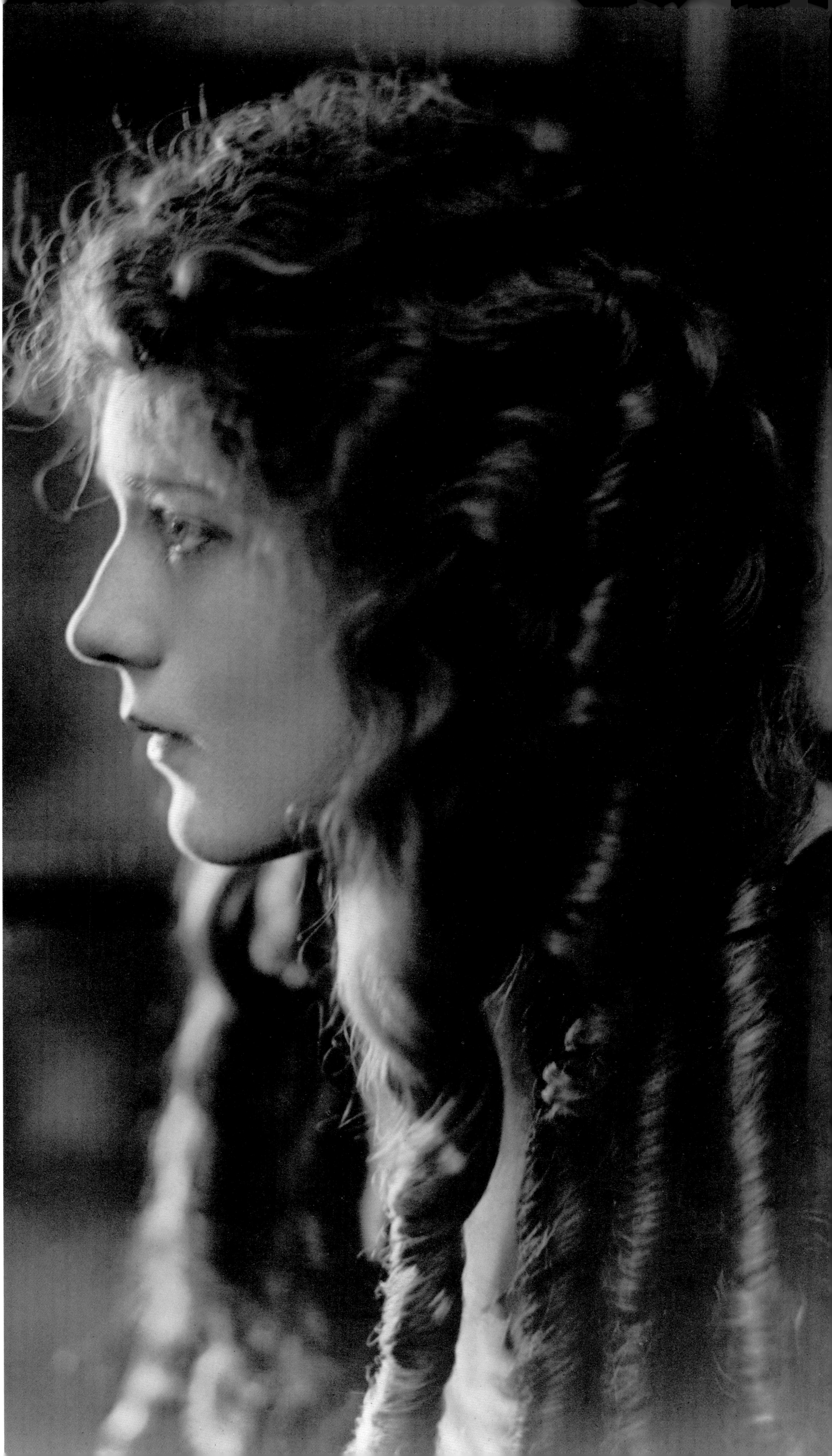

JACKSON POLLOCK
1912–1956

DIE KÜNSTLERISCHE TECHNIK des amerikanischen abstrakten Expressionisten Jackson Pollock war wie eine Naturgewalt. Seine Energie sprengte nicht nur die Grenzen der Leinwand, sondern die der modernen Kunst selbst. Über Pollocks Arbeitsweise sagte der Malerkollege Barnett Newman: „Vergeßt die Hände. Es ist die Seele, nicht der Verstand, sondern die Seele, das Herz, Konzentration, Instinkt." Doch diese Seele, die Bilder mit so unerhört schillernden Mustern hervorbringen konnte, Linien und Bewegung, Schicht auf Schicht, war krank. Sein ganzes Leben lang litt Pollock unter Gewaltausbrüchen, Alkoholabhängigkeit, Blackouts und Produktivitätsblockaden. Selbst in seiner kreativsten und erfolgreichsten Periode gelang es ihm oft nicht, seine privaten Dämonen unter Kontrolle zu halten.

Er wurde in Wyoming geboren und war zu Hause in der unendlichen Weite des amerikanischen Westens. Paul Jackson, der jüngste von fünf Brüdern – vier von ihnen wurden später Maler –, verbrachte seine ersten Lebensjahre auf einer Schaf-Farm in der Stadt Cody. Die Familie zog oft um, bis sie sich schließlich in Los Angeles niederließ, wo sich Jack, wie er von allen genannt wurde, in der Highschool für bildende Künste einschrieb. Seine Schwerfälligkeit im Umgang mit den traditionellen Techniken wie Abzeichnen und Kopieren bereitete ihm Probleme. Mit 16 wandte sich Pollock unter der Anleitung des hinduistischen Dichters und Philosophen Khrishnamurti der Theosophie zu. Es war das erste Mal in seinem Leben, daß Pollock spirituelle und psychologische Hilfe in Anspruch nahm. Später sollte er das noch oft tun. Nachdem er zweimal von der Highschool ausgeschlossen worden war, entschloß er sich, sein Glück in New York zu versuchen. Er studierte an der Art Student's League unter Thomas Hart Benton, einem der Meister des gegenständlichen Zeichnens. Der machistische Benton – von eindrucksvoller Gestalt, rebellisch, ein berüchtigter Casanova – sollte Pollock tief beeinflussen. Der Student imitierte nicht nur den künstlerischen, sondern auch den persönlichen Stil seines Vorbilds. Obwohl Pollock später zu Bentons berühmtestem Schüler wurde, war die Ausbildung nicht gerade leicht. Pollocks Ungeschicklichkeit und Schwerfälligkeit behinderten ihn sehr. In Bentons Augen war er unfähig, in logischer Folge zu arbeiten. Ein Mitschüler erinnerte sich später an den „ständig schwelenden Kampf" zwischen Pollock und seinem Werkzeug.

Während der Depression arbeitete Pollock an verschiedenen staatlich geförderten Kunstprojekten; so bemalte er zum Beispiel eine Leinwand mit einem Pferd, das stilistisch sowohl von Benton als auch von Chagall beeinflußt war. Zwischen den späten 30er und den frühen 40er Jahren vollendete Pollock eine Reihe von Gemälden mit mythischen, manchmal auch brutalen Inhalten, die von Picasso und den Surrealisten inspiriert waren. Kurz darauf lernte er durch den Mexikaner David Alfaro Siqeros unkonventionelle Techniken wie Sprayen und Schablonieren kennen.

Diese neuen Techniken veränderten seine künstlerischen Visionen. Seine Beziehung zu der Künstlerin Lee Krasner, die er 1945 heiratete, war zusätzlich dafür verantwortlich, daß seine Kreativität angeregt wurde. Pollock und Krasner zogen von New York nach Springs auf Long Island, in ein Atelier, dessen Geräumigkeit seiner neuen Malweise entgegenkam. Die nächsten vier Jahre waren die glücklichsten und produktivsten seines Lebens. Pollock entfernte sich von der darstellenden Kunst und fing an, Farbe direkt auf die Leinwand zu tröpfeln, manchmal sogar Heizungsfarbe. Kurz darauf verzichtete er selbst auf die Staffelei und nagelte die Leinwand auf dem Boden fest. Der Maler bewegte sich um sie herum, manchmal auch darauf; er sprühte, schleuderte, spritzte die Pigmente aus verschiedenen Winkeln darauf und legte so eine Farbschicht über die nächste. Energetische Linien traten mit überraschender Klarheit aus den Werken hervor. Befreit von den herkömmlichen Werkzeugen, mit denen er nie wirklich zurechtgekommen war, experimentierte Pollock immer weiter, verwendete verschiedene Oberflächen – Leinwand, Skizzentafeln, Metall und Pappe –, auf denen er mit unterschiedlichsten Methoden versuchte, die Farbpigmente anzubringen. Um seine Bilder noch weiter von Inhalt und bildlicher Darstellung abzugrenzen, gab er ihnen keine Titel, sondern numerierte sie.

Als das Magazin *Life* 1948 ihn und sein Werk vorstellte – die Titelzeile fragte: „Ist er der größte lebende Maler der Vereinigten Staaten?" –, wurde er zur Berühmtheit. 1949 wurden auf einer Ausstellung 27 seiner Werke gezeigt; 18 davon verkauften sich an Kunstmäzene, darunter auch Mrs. John D. Rockefeller. Mit 37 Jahren war Pollock ein gefeierter Künstler. Doch weder sein Erfolg noch die neugefundene künstlerische Freiheit erlösten ihn von den gewalttätigen Wutausbrüchen, dem Alkohol und den Perioden, in denen er nicht arbeiten konnte. Der Erfolg schien ihm allerdings nur ein weiteres Fenster zur Selbstzerstörung zu öffnen. Die unbeständige und drastische Ehe wurde immer schwieriger; beide Partner sprachen immer öfter von Scheidung. Freunde und Bekannte distanzierten sich von dem unberechenbaren, gewalttätigen Künstler. Der einst gutaussehende Mann verfiel auch körperlich. Die Bilder, die Pollock Mitte der 50er Jahre hervorbrachte, schienen aus der Sicht der Kritiker nicht an seine früheren Arbeiten heranzureichen. Im Jahr 1956 dann überstürzten sich die Ereignisse: Pollock wandte sich einer jüngeren Frau zu, Ruth Kligman, und Lee Krasner floh nach Europa. Am 12. April, nach einer durchzechten Nacht, stiegen Pollock, seine Geliebte und die Freundin Edith Metzger in sein Auto. Nur Ruth Kligman überlebte den Unfall. Mit 44 Jahren starb der Mann, der die amerikanische Kunst an ihre Grenzen geführt hatte. Er hinterließ ein enormes Vermächtnis: eine riesige, leuchtende Landschaft der Seele, darunter die legendären Arbeiten *Schimmernde Substanzen* und *Blaue Pfähle*.

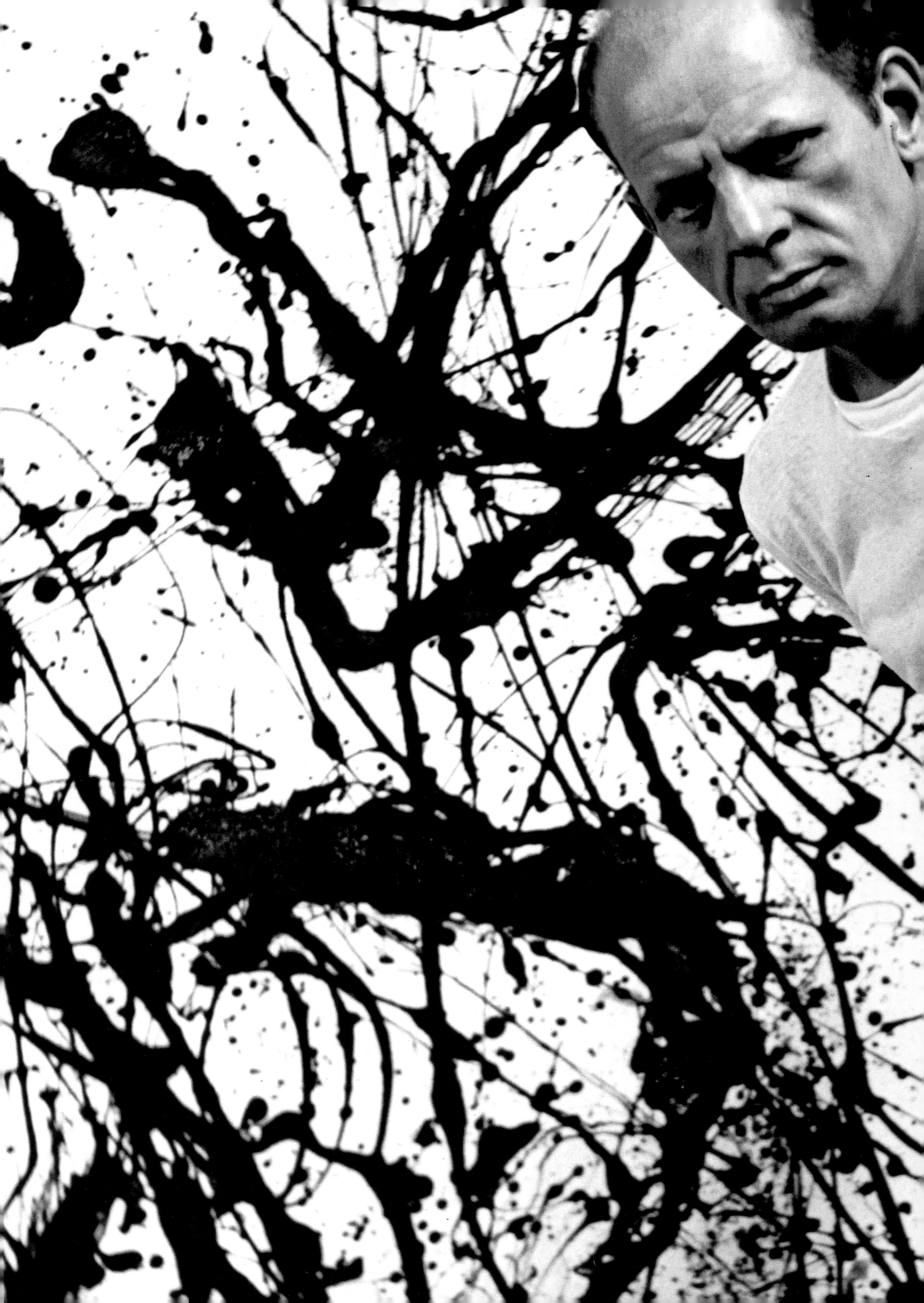

ELVIS PRESLEY
1935–1977

MIT EINER MISCHUNG aus Rhythm and Blues, Gospel und Country riß Elvis Aron Presley die 50er Jahre aus ihrem Tiefschlaf. Seine Musik sollte eine ganze Generation inspirieren und zusammenschweißen. Der brave Junge aus Tupelo, Mississippi, der der unbestrittene „King of Rock and Roll" werden sollte, liebte seine Mutter, seine Kirche und seine Gitarre und ernährte sich selbst als vielfacher Millionär vorzugsweise von fritierter Erdnußbutter und Bananensandwiches. Elvis Presley sang als Kind mit seinen armen, auf dem Land lebenden Eltern bei Versammlungen der Erweckungsbewegung Spirituals. Mit zehn Jahren gewann er auf einer Landwirtschaftsausstellung den zweiten Preis für seine Darbietung von *Old Shep* und dachte später sogar darüber nach, Gospelsänger zu werden. Doch noch bevor er 25 Jahre alt war, war er das Idol einer neuen, rebellischen Musikrichtung geworden.

Entschlossen, der nächste James Dean zu werden, und permanent auf sein Aussehen achtend, folgte er seinem Instinkt und entwickelte allmählich seinen unverwechselbaren Musikstil. Elvis Presleys Auftritte mit seiner rauhen, kontrastreichen Stimme und dem anstößigen Hüftkreisen waren mitreißend. Er war aufsässig, aggressiv und cool, trug Schlaghosen und eine mit reichlich Pomade in Form gebrachte Tolle. Sein Aussehen und seine Musik bildeten den Funken der kulturellen Revolution, die Teenagern ermöglichte, sich anders und gewagter zu kleiden und zu verhalten. Verärgert über seinen schlechten Einfluß, verboten Autoritäten wie Eltern und Kirche, die meist generell gegen „schwarze Musik" waren, den Jugendlichen, sich diese neue Musik anzuhören. Aber es war zu spät; der Rhythmus des Rock 'n' Roll war bereits zum Herzschlag der amerikanischen Jugend geworden.

Sam Phillips, der Besitzer von Sun Records in Memphis, war der erste aus der Musikszene, den Elvis Presleys Sound überzeugte. Presley, damals gerade 18 Jahre alt und als Lkw-Fahrer tätig, hatte in seinem Tonstudio eine vier Dollar teure Single für seine abgöttisch geliebte Mutter Gladys aufgenommen. Zu Hause spielte er das Band immer wieder ab, und genauso sollten sich später seine Fans verhalten. Als der Produzent nach einem Weißen suchte, der „Negermusik" singen sollte, holte er sich Elvis Presley ins Studio und schrieb mit *That's All Right (Mama)* im Jahr 1954 Musikgeschichte. Elvis, der sich stets in der Tradition der afroamerikanischen Musik sah und ihr viel verdankte, entwickelte seine eigene „überdrehte" Version, während er mit den *Blue Moon Boys* durch die Lande zog. Schließlich wurde Colonel Tom Parker, ein schillernder Agent holländischer Herkunft, auf ihn aufmerksam. Er sollte Elvis Presleys Manager für den Rest seines Lebens werden.

Doch der große Durchbruch kam erst im Frühjahr 1956. Für einen 35 000-Dollar-Vertrag mit der Plattenfirma RCA Victor nahm Elvis Presley die Liebesballade *Heartbreak Hotel* auf. Zur großen Überraschung von Sam Phillips verkaufte sie sich zwei Millionen Mal. Es folgte eine außergewöhnliche Serie von Top-Ten-Hits, darunter *Don't Be Cruel, Hound Dog, Blue Suede Shoes* und *Love Me Tender*. Noch im selben Jahr baten ihn die Dorsey-Brüder, in ihrer wöchentlich und landesweit ausgestrahlten Fernsehshow *Stage Show* aufzutreten. Der wirkliche Durchbruch gelang ihm jedoch, als er in der Ed-Sullivan-Show auftrat und Mr. Sunday-Night 54 Millionen Amerikanern versicherte, die angebliche Bedrohung für die Moral der Jugend sei in Wirklichkeit „ein feiner, anständiger Junge". Diese Behauptung untermauerte Sullivan, der kein Risiko eingehen wollte, dadurch, daß er Elvis Presley nur von der Taille aufwärts filmen ließ.

Die nächste Station war Hollywood, und 1956 unterzeichnete Elvis Presley einen Siebenjahresvertrag mit dem Filmproduzenten Hal Wallis. Sein erster Film *Pulverdampf und heiße Lieder* spielte fast das Sechsfache der Produktionskosten ein. Die Kritiker verloren keine guten Worte darüber, auch nicht über die folgenden 32 zweitklassigen Produktionen, in denen das weichgespülte Popidol in solch unpassenden Rollen wie der eines Thunfischfischers zu sehen war. Obwohl Elvis Presley immer der Aufmerksamkeit seiner weiblichen Fans sicher war, fühlte er sich in Hollywood nie wirklich wohl; die Gesellschaft seiner alten Freunde zu Hause war ihm lieber. Als bezahlte Kräfte schirmten die Mitglieder der „Memphis-Mafia" den schüchternen und zurückhaltenden Star ab, zechten mit ihm die Nächte durch und pflegten seine teuren Marotten. Doch wie ungeheuerlich seine Exzesse auch waren, stets blieb er tief religiös und betrachtete sein Talent als Geschenk Gottes.

Auf die schmalbrüstigen Filme folgte der Wehrdienst. Erst 1968 war Elvis wieder im Fernsehen zu sehen und trat auch öffentlich auf; damals begann er ein Comeback als Schnulzensänger im Las-Vegas-Stil. Inzwischen hatte er Priscilla Beaulieu geheiratet und sang nun vor gealterten Massen, denen es nichts ausmachte, daß er längere Zeit fort gewesen war oder daß seine glitzernden Kostüme nicht länger über den durch jahrelange Drogensucht aufgeschwemmten Körper hinwegtäuschen konnten.

Am Ende dieser glitzernden Showbusiness-Zeit, die im Jahr 1973 mit einem Konzert auf Hawaii, das eine Milliarde Menschen vor dem Fernseher verfolgten, ihren Höhepunkt erreichte, zog sich Elvis Presley mehr denn je zurück. Nach der Scheidung im selben Jahr verbarrikadierte er sich zwischen seinen Auftritten in seiner riesigen Villa mit Namen Graceland. Der übermäßige Konsum von Medikamenten führte zusammen mit anderen Gesundheitsproblemen schließlich zu seinem Tod am 16. August 1977. Noch am selben Tag pilgerten Tausende von Fans nach Graceland; viele weinten hemmungslos. In der gesamten Umgebung von Memphis waren alle Blumen ausverkauft. Was immer mit Elvis zu tun hatte, war superlativisch. John Lennon von den Beatles brachte es auf den Punkt: „Elvis brachte es einfach."

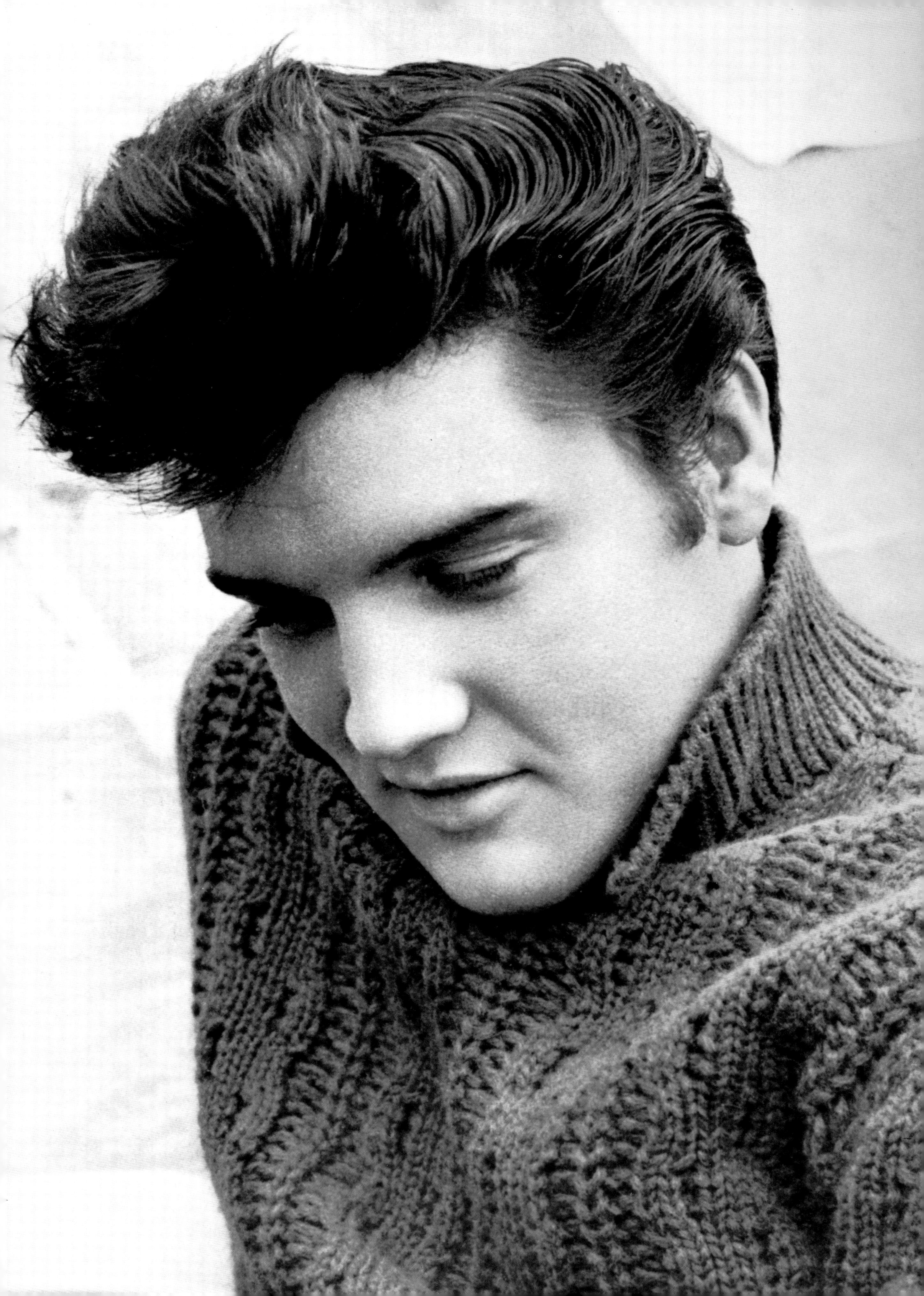

MARCEL PROUST
1871–1922

DER BEDEUTENDSTE FRANZÖSISCHE Schriftsteller des 20. Jahrhunderts verbrachte den Großteil seines Lebens in Paris, wo er, zurückgezogen von der mondänen Welt, die eigene Vergangenheit aufleben ließ. Dem asthmatischen, stets kränkelnden und hochgradig neurotischen Marcel Proust gelang es, einen aus sieben Teilen bestehenden Romanzyklus zu schaffen, der seines stilistischen Reichtums und seiner ungeheuren Wirkung wegen von vielen Interpreten als „Kathedrale" bezeichnet wurde. Trotz des immensen Umfangs und der epischen Breite gilt *Auf der Suche nach der verlorenen Zeit* (1913–1927) als feinsinnig ausgeklügeltes Romangeflecht, dessen Reiz für den Leser in der erkenntnistheoretischen und ästhetischen Durchdringung jeder Nuance des Stoffes liegt.

Die *Suche* konfrontiert den Leser mit einer nahezu unüberschaubaren Fülle von Personen und sich überlagernden Themen. Über allem steht der zentrale Begriff der Zeit, jene rational nicht faßbare Substanz, deren unaufhörliches Fortschreiten mit einem permanenten Wandel einhergeht und die nur kraft menschlicher Erinnerung der Vergangenheit entrissen werden kann. Proust unterscheidet dabei den bewußten und den unwillkürlichen Gedächtnisakt, wobei er letzterem den Vorzug gibt.

Sein Romanzyklus, der stark autobiographische und allegorische Züge trägt, setzt mit der berühmten Madeleine-Episode am Anfang von *In Swanns Welt* ein. Das Aroma eines in Lindenblütentee getauchten Gebäckstücks ruft dem Erzähler Marcel überraschend seine Jugend ins Gedächtnis zurück. Dieses banale Ereignis bildet den Auftakt zu einem der subtilsten und faszinierendsten Romane der Weltliteratur.

Prousts *Suche* spielt in der Zeit der Dritten Republik vor dem Hintergrund der eleganten und lasterhaften Welt der Aristokratie und stellt die verzweifelte Suche des Erzählers nach der Vergangenheit dar. Es handelt sich um ein beklemmendes Zeugnis irdischer Vergänglichkeit. Frankreich wurde damals von tiefgreifenden gesellschaftlichen Umwälzungen erschüttert, und die Dreyfusaffäre stürzte das Land in eine innenpolitische Krise. Die Pariser Aristokratie, der Proust trotz seines gesellschaftlichen Rangs und der besonderen Faszination, die sie auf ihn ausübte, mit ambivalenten Gefühlen gegenüberstand, war dem Untergang geweiht. Ihren allmählichen Verfall – von winzigen Verstößen gegen die Etikette über hemmungslose hetero- und homosexuelle Liebschaften bis zum desaströsen Verlust der gesellschaftlichen Stellung – schildert er in den schwärzesten Farben. Die unterschiedlichen Figuren der *Suche* legen hierbei Zeugnis ab von der Vergänglichkeit menschlicher Leidenschaft und führen vor Augen, daß Liebe unmöglich ist. Am Ende der *Suche* findet sich der Leser zu seinem Erstaunen am Anfang des Werkes wieder. Auf der Suche nach der verlorenen Zeit entdeckt der Erzähler Marcel seine dichterische Berufung und entschließt sich, den Roman zu schreiben, den der Leser soeben beendet hat, und mit diesem Vorgang wird die Zeit von neuem in Gang gesetzt.

Marcel Proust wurde als Sohn eines berühmten katholischen Professors für Medizin in Auteuil in der Nähe von Paris geboren. Ein Asthmaleiden führte zu einer ungewöhnlich starken Bindung an die Mutter, einer gebildeten Frau, die den hochsensiblen Sohn über alle Maßen verwöhnte. Als Schüler fiel es Proust daher besonders schwer, seine Bedürfnisse in einer Welt zu befriedigen, die sich ihm gegenüber gleichgültig gab und sich spürbar von seinem wohlhabenden, fürsorglichen Elternhaus unterschied. Auch stießen Prousts wiederholte Avancen bei seinen Jugendfreunden auf wenig Gegenliebe. Doch schließlich sollten dem belesenen Dandy das Geld seiner Mutter – sie war die Tochter eines reichen jüdischen Börsenmaklers – und seine beiden Studienabschlüsse in Literatur- und Rechtswissenschaften an der Sorbonne Zugang zu den begehrten literarischen Salons öffnen. Von den gebildeten jungen Männern, die dort verkehrten, wurde der künstlerisch ambitionierte Proust sogleich in die vornehme Gesellschaft der Belle Epoque eingeführt. Binnen kurzem genoß er hohes gesellschaftliches Ansehen in jener hermetisch abgeriegelten Welt der Pariser Hocharistokratie.

Dank seiner eindringlichen Schilderungen der feudalen Pariser Gesellschaft, ihrer verfeinerten Sensibilität und ihres übertriebenen Personenkults gelang es dem empfindsamen Romancier auf höchst kunstvolle Weise, eine Brücke vom ausgehenden 19. ins rauhe, materialistisch beherrschte 20. Jahrhundert zu schlagen. Prousts Liebe zur Sprache und seine Naturverbundenheit sind das kulturelle Erbe des Viktorianismus. Der Nachwelt hinterläßt er psychologisch überzeugende Dialoge, einprägsame Bilderfolgen, Themen und Symbole mit leitmotivischem Charakter sowie ausgewählte Figuren, deren eigentliches Wesen erst während des Schreibprozesses zur vollen Entfaltung gelangte. Proust begann seine Entdeckungsfahrt in die unbekannten Tiefen der Erinnerung mit *Jean Santeuil* (1896–1904), einem unvollendeten Werk, das erst in den 50er Jahren entdeckt wurde und sich zur *Suche nach der verlorenen Zeit* wie ein Entwurf verhält; er setzte sie mit *In Swanns Welt* und *Im Schatten junger Mädchenblüte* (1918), dem zweiten Band seines Meisterwerkes fort, der ihm den renommierten Prix Goncourt einbrachte. Er bewegte sich mit einer verblüffenden Überlegtheit durch sein Leben. Als er dessen Ende erreicht hatte, gelangte er auch ans Ende seines gewaltigen und einflußreichen Epos. *Die wiedergefundene Zeit*, der letzte Teil des Zyklus, wurde 1927 posthum veröffentlicht.

Der sehnlichste Wunsch des ewigen Grüblers Proust war, seine Nachwelt möge jene seltenen Augenblicke, in denen die Erinnerung unvermutet aufblitzt und den Menschen mit längst Vergessenem überrascht, wie einen Schatz hüten. Proust, der Tag und Nacht schrieb, starb am 18. November 1922 – völlig ausgezehrt – an Lungenentzündung, aber mit der Gewißheit, daß seine sorgfältig formulierte Botschaft nicht so schnell vergessen sein würde.

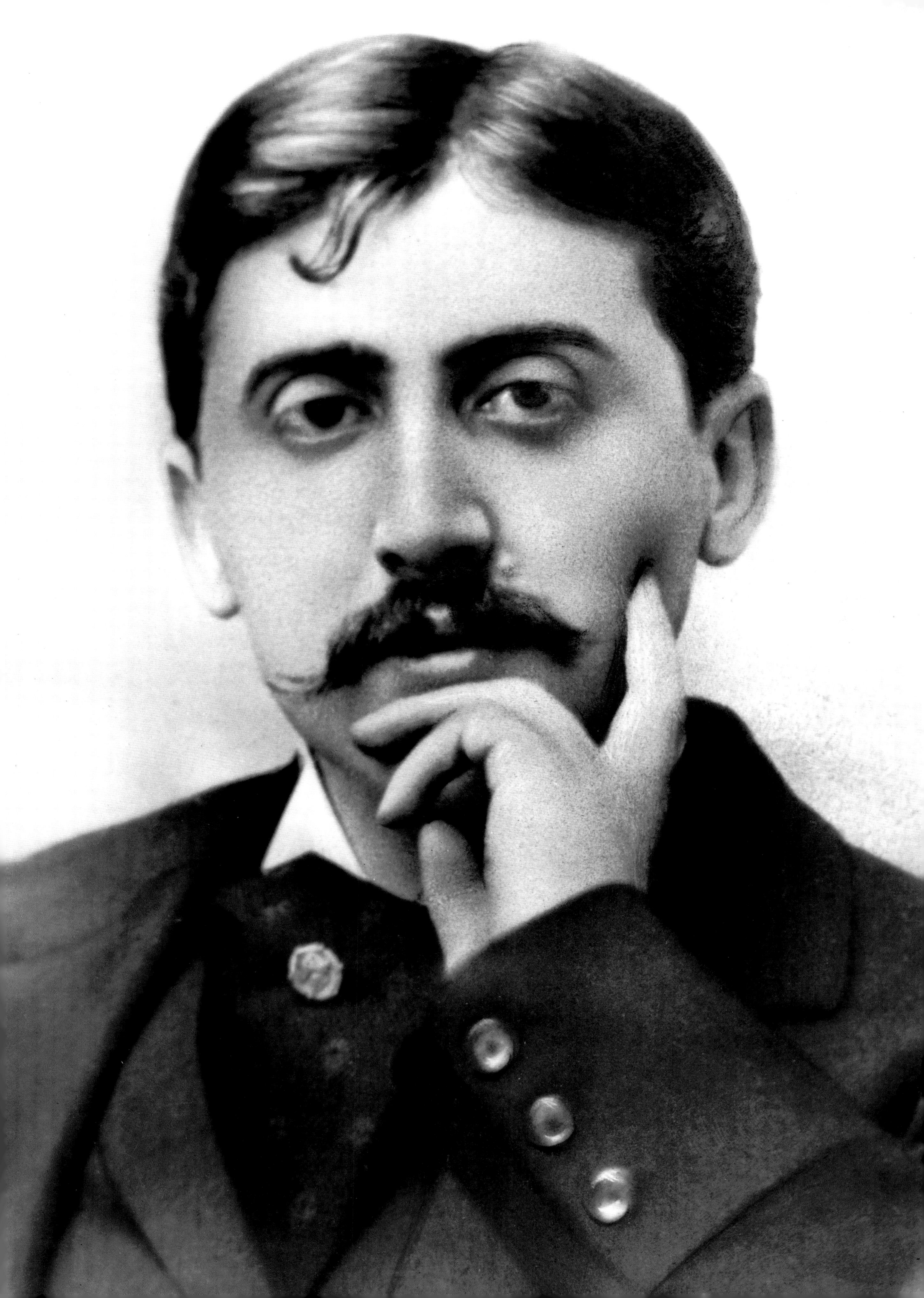

AYN RAND
1905-1982

SELBSTLOSIGKEIT WIRD IN DEN meisten Gemeinschaften und Religionen als Tugend betrachtet. Die Bestsellerautorin und selbsternannte Philosophin Ayn Rand verkündete Anfang der 40er Jahre eine andere Botschaft. Ihre sogenannte objektivistische Philosophie war eine „Morallehre vernunftbestimmten Eigeninteresses", ein Verhaltenskodex für eine Realität, in der für Nächstenliebe kein Platz war. Die russische Immigrantin, die zu einer patriotischen Amerikanerin wurde, war entschlossen, zur Vorreiterin eines uneingeschränkten Individualismus und eines grenzenlosen Kapitalismus zu werden. Selbstbewußt plazierte sie sich als Philosphin gleich hinter Aristoteles. In ihren zwei äußerst erfolgreichen Romanen, Der ewige Quell (1943) und Atlas wirft die Welt ab (1957), verpackte sie ihre unbarmherzige Philosophie in romantische Liebesgeschichten, was die Zeitung Newsweek 1961 so kommentierte: In Rands Wertesystem sei „Brunnenvergiftung eine Kunst der freundlichen Art".

Die Philosophin Rand sammelte eine kleine, aber loyale Gefolgschaft um sich. Ihre Anhänger vertraten die Ansicht, der moralische Imperativ des Menschen laute, sein eigenes Glück zu suchen, die persönlichen Ziele zu verfolgen und sich ausschließlich von der Vernunft leiten zu lassen. Am Rande ihrer Philosophie verkündete die humorlose Rand noch eine Reihe ihrer Vorlieben und Abneigungen. Eine Laissez-faire-Regierung, freier Handel, Atheismus, Einsamkeit, erfolgreiche Menschen, das Rauchen und die von ihr verehrten romantisch-realistischen Romane, zu denen sie natürlich auch ihre eigenen zählte, fanden ihre Zustimmung. Die Negativliste war weitaus umfangreicher. Sie beinhaltete Altruisten jeder Couleur, ganz besonders religiöse, Totalitarismus, Konservative und Liberale, Mittelmäßigkeit, arme Menschen (der „Mob", den sie als Bedrohung für die amerikanische Lebensart betrachtete), die Frauenbewegung („ein groteskes Phänomen"), Kollektivisten (besonders Kommunisten) und jeden, der nicht ihre Meinung teilte.

Noch heute, viele Jahre nach Rands Tod, verkaufen sich ihre Bücher gut. Von der Kritik wurden sie nicht freundlich aufgenommen, wenn auch die New York Times Book Review in ihrer Besprechung von Der ewige Quell Rands „subtilen, genialen Geist" lobte. Unbestritten war es das Ziel der Rationalistin Rand, ihre Theorien mit großen Gefühlen zu verbrämen. Schon mit sechs Jahren lernte Alice Rosenbaum, die wißbegierige Tochter eines jüdischen Apothekers, in Rußland lesen und schreiben. Drei Jahre später entschloß sie sich, Schriftstellerin zu werden. Mit 13 schrieb sie in ihr Tagebuch: „Heute habe ich beschlossen, Atheistin zu sein." In einem Universum ohne Gott boten ihre Romane andere Objekte der Verehrung an: ideale Menschen mit Mut und Grundsätzen, die mit Vorliebe das Unmögliche möglich machten. Alice Rosenbaum bewunderte insbesondere das Werk von Fjodor Dostojewski und Victor Hugo und natürlich die These Friedrich Nietzsches vom moralisch ungebundenen Übermenschen.

Sie erlebte die harten Zeiten der bolschewistischen Revolution, die ihren Vater in den Bankrott trieben. 1924 absolvierte Rand das Examen an der Universität Petrograd mit Bestnote. Von einem Verwandtenbesuch in Chicago kehrte sie nie mehr zurück. 1926 zog es sie in die Traumfabrik Hollywood, wo sie ihr Englisch durch das Verfassen von Drehbüchern perfektionierte. Ihren neuen Nachnamen lieh sie sich von der Remington-Rand-Schreibmaschine, die sie aus ihrer Heimat mitgebracht hatte. Sie arbeitete unter anderem für Cecil B. DeMille, den sie buchstäblich vor seiner Studiotür kennenlernte, nahm aber auch alle anderen Aufträge an, mit denen sie ihre literarische Arbeit finanzieren konnte. Dieser Überlebenskampf, nach der Heirat mit dem Schauspieler Charles Francis O'Connor weniger hart, stählte von Anfang an ihr Durchsetzungsvermögen. 1932 wurden ihre Bemühungen mit dem Verkauf eines Drehbuchs belohnt. Drei Jahre später dann folgte die Broadwayproduktion ihres ersten Schauspiels unter dem Titel Night of January 16th.

Sieben Jahre nach der Veröffentlichung von We the Living von 1936 kam Rands großer Erfolgsroman Der ewige Quell heraus, der von dem genialen Architekten Howard Roark und dessen Bestreben, seine Individualität in einer zunehmend kollektivistischen Gesellschaft auszudrücken, handelt. Gegen eine Welt ankämpfend, die in einer „Orgie von Selbstopferung" zugrunde geht, setzt sich der Held durch, indem er ein von ihm entworfenes Wohnprojekt in die Luft jagt, weil Bürokraten seine Originalentwürfe verändert haben. Oft wurde vermutet, die Geschichte basiere auf dem Leben von Frank Lloyd Wright. Nachdem sie Der ewige Quell für den Film adaptiert hatte, verfaßte Rand Atlas wirft die Welt ab. Mit seinen mehr als tausend Seiten, die mit ihrer in Dialoge gekleideten Philosophie angefüllt waren, festigte der Bestseller Rands Ruf als Außenseiterin. Atlas wirft die Welt ab spielt in einem futuristischen Amerika, das von einem komplexen Netzwerk bürokratischer Unterdrücker regiert wird, gegen das der Held John Galt ankämpft.

Nach Atlas wirft die Welt ab beendete Rand das Schreiben, wurde jedoch eine bekannte Rednerin. Ihr treuer Anhänger Nathanien Branden, mit dem sie sich 1950 anfreundete, richtete ein Institut ein, an dem ihre Philosophie gelehrt wurde. Als er sich nach einer mehrjährigen Pause weigerte, die Affäre mit ihr fortzusetzen, geriet Rand so in Wut, daß sie den 33jährigen aus ihrem Leben verbannte. Noch in den 60ern und 70ern genoß sie große Anerkennung, vielleicht weil sich ihre Vorstellung vom hart arbeitenden Selfmademan mit der narzistischen Attitüde jener Zeit deckte. Rand starb 1982, überzeugt, ihr Objektivismus sei ein gültiges, in sich schlüssiges System. Die scharfzüngige Demagogin hatte eine lebhafte Debatte sozialer und politischer Fragen angestoßen, doch am Ende war ihre Sozialphilosophie nicht so verbreitet, wie sie gehofft hatte.

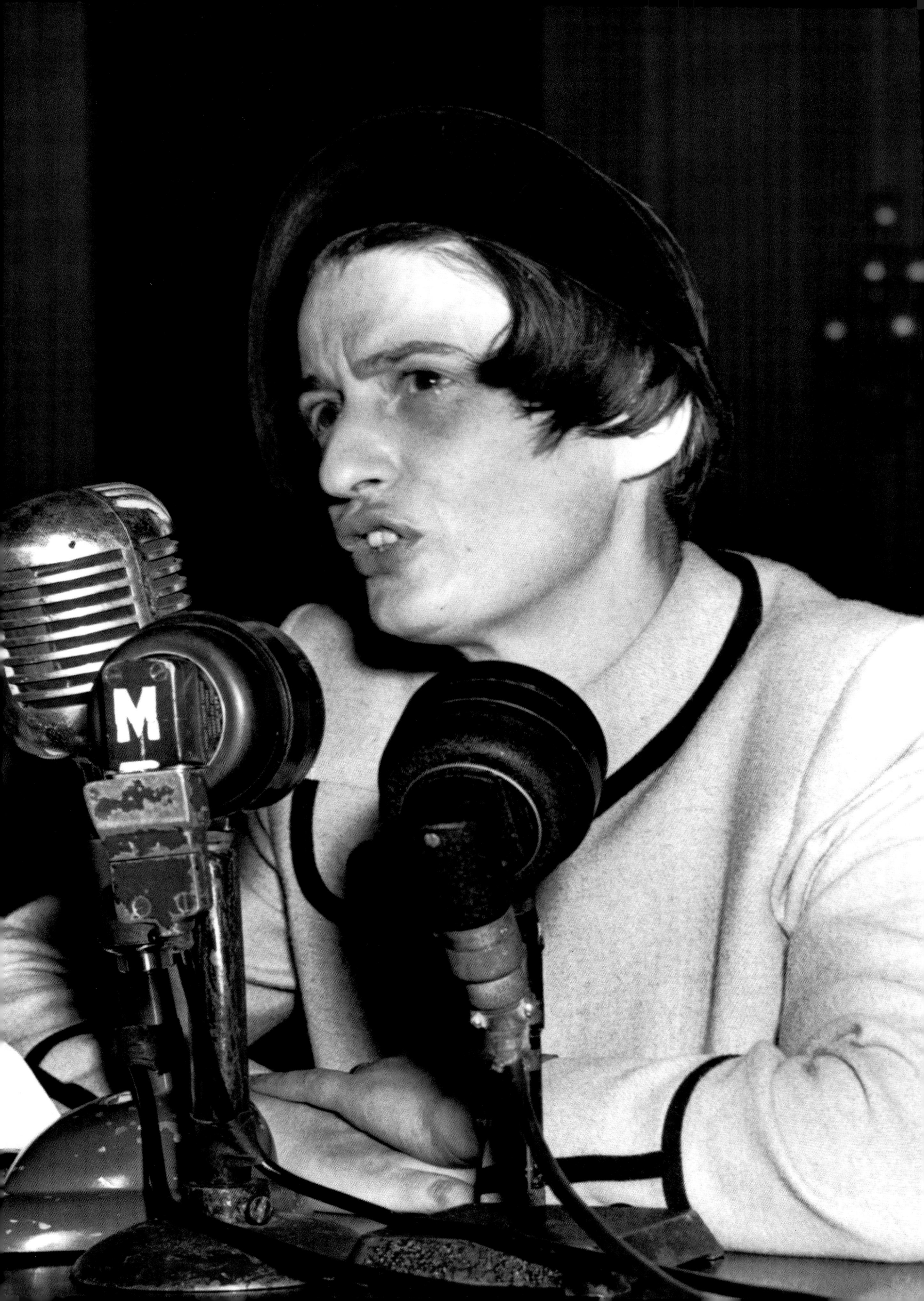
M

RONALD REAGAN
*1911

DER SCHAUSPIELER RONALD WILSON REAGAN, der zum Politiker wurde, war einer der am wenigsten geeigneten und zugleich einer der beliebtesten amerikanischen Präsidenten. Er ging nach Washington, um die Macht der „Starken Regierung" zu demontieren, doch die Regierung – oft in Gestalt seiner vertrautesten Berater – hätte um ein Haar ihn demontiert.

Ronald Reagan kam in Tampico, Illinois zur Welt. Die Fähigkeit seiner Mutter, trotz eines harten und entbehrungsreichen Lebens Sorglosigkeit auszustrahlen, ging auf den Sohn als Talent zum Schauspielern über. Seine sportlichen Neigungen lebte er beim Football am Eureka College aus, wo er bald auch zum Vorsitzenden der Studentenvertretung gewählt wurde. Seine Vorliebe für das Theater brachte ihm einen Schauspielpreis ein. Probeaufnahmen in Hollywood verdankte er vor allem seinem guten Aussehen, sie führten dazu, daß er 1937 von Warner Brothers unter Vertrag genommen wurde. Er war in einigen Actionfilmen und anspruchslosen Komödien zu sehen. Während des Zweiten Weltkrieges spielte er in Spielfilmen mit und übernahm in Schulungsfilmen der US-Army den Part eines Offiziers, doch der kurzsichtige Reagan war – entgegen späterer Behauptungen – nie Soldat. Von 1947 bis 1952 leitete er als Vorsitzender die Gewerkschaft der Filmschaffenden, sagte aber auch heimlich vor dem FBI über kommunistische Aktivitäten innerhalb der Filmbranche aus. Das neue Medium Fernsehen war für ihn wie geschaffen, doch die Politik übte eine ebenso anhaltende Faszination auf ihn aus, die während seiner Gewerkschaftstätigkeit entstanden war. Er spielte nun ernsthaft mit dem Gedanken, für den Gouverneursposten in Kalifornien zu kandidieren. Schon früh war Reagans Charisma erkennbar. Aber was seine Kritiker unterschätzten, war die Macht der wenigen einfachen Ideen, die er propagierte: Freiheit und Verantwortung des einzelnen sowie eine Regierung, die sich den Bürgern unterordnen solle – und nicht umgekehrt. Auch religiöse Fundamentalisten waren von seinem moralisierenden Pathos angezogen. 1962 verließ er die Demokratische Partei, die er einst bewundert hatte, und wurde Republikaner. Seine programmatische Rede für Barry Goldwater, den republikanischen Präsidentschaftskandidaten im Jahr 1964, ließ ihn zu einem Führer des konservativen Flügels der Partei aufsteigen. Zwei Jahre später schlug er den demokratischen Gouverneur Pat Brown bei den Gouverneurswahlen in Kalifornien. Seine rigide Sparpolitik führte zu einer Steuerentlastung und zu einem Überschuß im Haushalt des Bundesstaats, so daß er wiedergewählt wurde.

Nach einer erfolglosen Präsidentschaftskandidatur gegen Gerald Ford 1976 gewann Ronald Reagan 1980 die Wahl zum Präsidenten gegen den Amtsinhaber Jimmy Carter. Im Wahlkampf präsentierte er sich auf kluge Art und Weise als mitreißender Optimist im Gegensatz zu dem Südstaaten-Baptisten Carter, der auf ein Programm der persönlichen Selbsteinschränkung setzte. Mit 69 Jahren war Reagan der älteste Amtsinhaber, der je ins Weißen Haus einzog. Seit Ulysses Grants Präsidentschaft im 19. Jahrhundert waren die folgenden acht Jahre die am schwersten von Skandalen erschütterte Amtszeit eines Präsidenten. Trotzdem konnte Reagan in dieser Zeit den bemerkenswertesten ökonomischen Aufschwung in der Geschichte der Vereinigten Staaten, der in keinem Zusammenhang mit einem großen Krieg stand, für sich reklamieren. An der Spitze einer Armee von konservativen Anwälten, PR-Spezialisten und ehemaligen Mitgliedern der Marines, die mit ihm in Washington eingezogen waren, kürzte Ronald Reagan die Sozialleistungen, beseitigte bürokratische Investitionshemmnisse, senkte die Steuern in Abstimmung mit der umstrittenen Doktrin der „angebotsorientierten" Wirtschaftspolitik und ließ dem Kapitalismus freien Lauf. Ein großer Teil des Spar- und Darlehen-Systems des Landes brach zusammen, was gerade jene massiven Subventionen erforderlich machte, die Reagan angeblich so ablehnte. Weit davon entfernt, die Ausgaben des Bundeshaushalts zu reduzieren, trieb er das nationale Defizit mit enormen Rüstungsausgaben in die Höhe. Dies war keineswegs ein Zeichen von Zynismus: Reagan, 1981 nur knapp dem Tod durch die Kugel eines Attentäters entkommen, glaubte fest daran, daß die Sowjetunion das „Reich des Bösen" und es seine Mission sei, sein Heimatland vor einem atomaren Vernichtungskrieg zu bewahren. Vergeblich versuchte Michail Gorbatschow 1985, Reagan auf dem Gipfeltreffen in Reykjavík davon abzubringen, Unsummen von Dollars in das „Star-Wars"-Programm zu pumpen, jenen gigantischen Verteidigungsschild im Weltraum gegen Atomraketen, mit dem die bankrotte Sowjetunion nicht mithalten konnte. Reagans Entschlossenheit beschleunigte den wirtschaftlichen und politischen Zusammenbruch der Ostblockstaaten.

Von 1985 an manövrierten ihn die Männer, denen er die Sicherheit der Nation anvertraut hatte, in den außenpolitischen Skandal hinein, der unter dem Namen „Iran-Contra-Affäre" bekannt wurde. Dieser geheime Plan umfaßte den Verkauf von Waffen an den Iran im Austausch für die Freilassung von Geiseln sowie die Verwendung des Erlöses, um insgeheim einen Guerillakrieg in Nicaragua zu finanzieren. „Was wußte der Präsident, und wann hat er davon erfahren?" war die Frage, die sich 250 Millionen Amerikaner stellten; doch nach mehreren Jahren der Ermittlung ging Reagan – im Gegensatz zu vielen seiner Untergebenen, die mit Ächtung und Haftstrafen bedacht wurden — aus dieser Katastrophe unbeschadet hervor.

Als er 1989 aus dem Amt schied, war Reagan fast 80 Jahre alt. Er hatte der Nation mit seiner optimistischen Energie ein neues Selbstbewußtsein gegeben, aber seine große Vision vom „schlankeren Staat" nicht verwirklichen können. Erkrankt an der Alzheimer-Krankheit, wird er von seiner tatkräftigen Frau Nancy gepflegt.

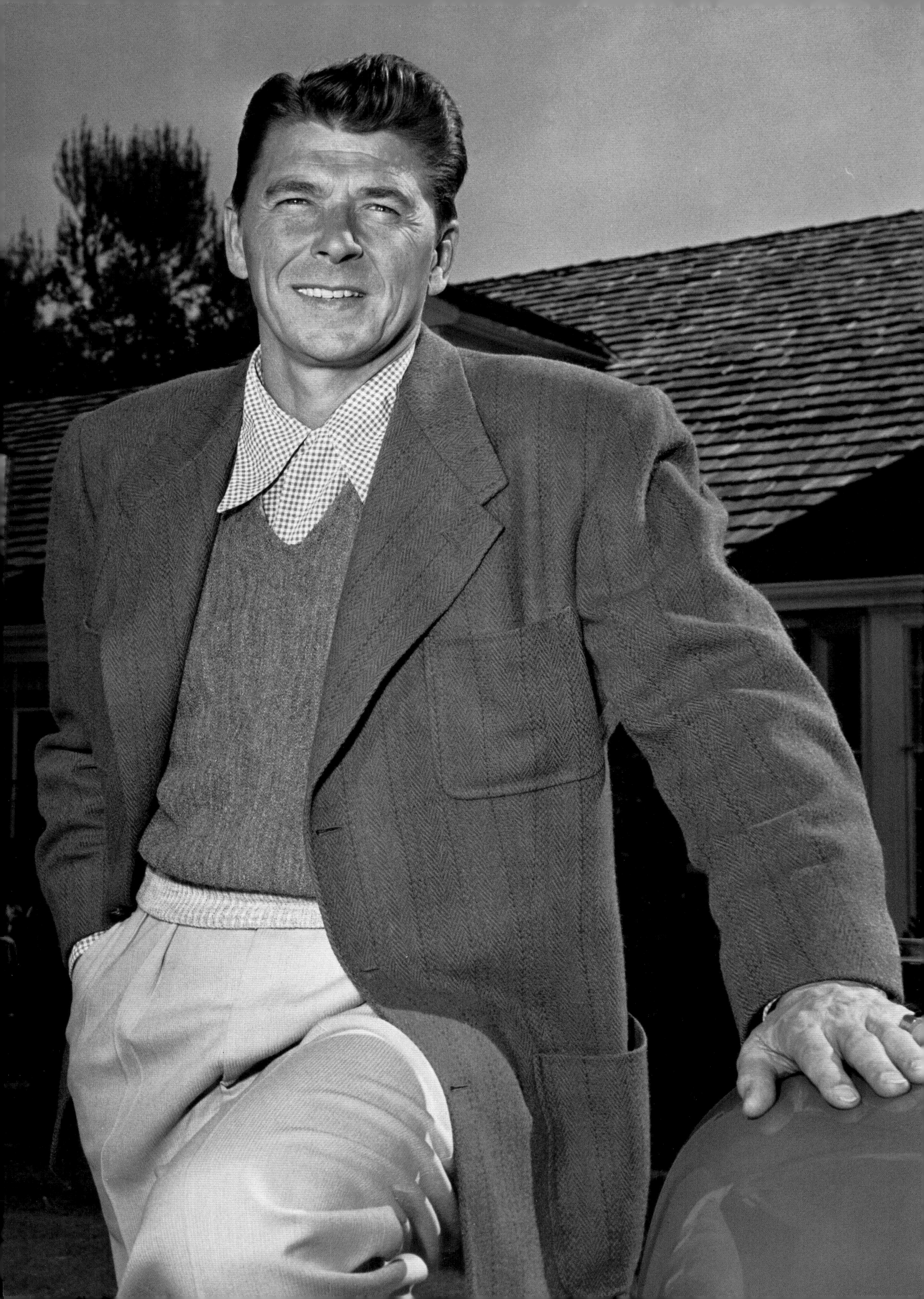

LENI RIEFENSTAHL

*1902

1934, ALS DIE NAZIS ihre Macht ausbauten, wurde die begabte deutsche Regisseurin und Schauspielerin Leni Riefenstahl nach Berlin gerufen, um einen Dokumentarfilm über den Nürnberger Parteitag zu drehen. Sie zögerte zunächst, doch Hitler selbst garantierte ihr völlige künstlerische Freiheit. Das Ergebnis, *Triumph des Willens*, war einer der besten Propagandastreifen, die je gedreht wurden. Der Film verherrlichte den Führer und verlieh ihm vor den Augen der Welt eine Glaubwürdigkeit, die zu vermitteln den Nazis selbst niemals gelungen wäre. Riefenstahl allerdings zahlte dafür, daß sie ihr Talent in den Dienst Hitlers gestellt hatte, einen hohen Preis. Sie zerstörte ihre Karriere und löste eine heftige Diskussion über die moralische Verantwortung des Künstlers aus.

Berta Helene Amalie Riefenstahl wollte eigentlich Tänzerin werden, doch ihr Vater, ein Geschäftsmann, hatte für sie eine Wirtschaftslaufbahn vorgesehen. Die eigensinnige Teenagerin nahm heimlich Tanzstunden und arbeitete bald mit dem großen Regisseur Max Reinhardt zusammen. Eine Knieverletzung ließ ihren Karrieretraum 1924 zerplatzen. Dann jedoch sah sie zufällig einen Film des Bergfilm-Spezialisten Arnold Franck. Leni Riefenstahl arrangierte ein Treffen mit Franck und erhielt die Hauptrolle für mehrere seiner Filme, in denen die junge Schönheit als eine „Greta Garbo in Wanderstiefeln" populär wurde.

1931 verwandte die nunmehr berühmte Schauspielerin ihr gesamtes Vermögen darauf, ihren ersten eigenen Film *Das blaue Licht* zu drehen. Für ihre innovative Beleuchtungstechnik, einem wirkungsvollen Spiel mit Licht und Schatten, sowie bezwingenden Nahaufnahmen wurde sie 1932 auf dem Filmfestival von Venedig preisgekrönt. Leni Riefenstahl, mittlerweile eine bekannte Schauspielerin und Regisseurin, war begierig, den Mann kennenlernen, dessen völkische Visionen sie so begeisterten. Damit begann ihre verhängnisvolle Beziehung zu Adolf Hitler.

Kritiker halten Leni Riefenstahls zweiten Film *Triumph des Willens* für ihr schändlichstes Machwerk. Die erste Szene zeigt Hitler, der in seinem Flugzeug zu den majestätischen Klängen Wagners durch die Wolken auf die Erde herabsinkt. Mittels geschickter Kameraführung und Montagetechnik wird Hitler – vor dem Hintergrund eines Fackelzuges durch das mittelalterliche Nürnberg – von der strahlenden, starken Vaterfigur in einen gottgleichen Herrscher verwandelt. Der Film ist inzwischen ein wichtiges historisches und vor allem politisch aufschlußreiches Dokument über die Selbstsicht der Nazis. Die Regisseurin hat allerdings damit den besten Beweis für ihre eigene Schuld geliefert: Weder Hitler noch seine Helfer hatten auch nur eine Szene des Films vor der Premiere gesehen, so daß der gezeigte Enthusiasmus für den Führer offensichtlich der Überzeugung der Künstlerin entsprach. So urteilte auch die Zeitschrift *Film Quarterly*: „Der Film hätte niemals von jemandem gedreht werden können, der nicht fanatischer Anhänger Hitlers wäre".

Bald darauf wurde Leni Riefenstahl beauftragt, einen Dokumentarfilm über die Olympischen Spiele 1936 in Berlin zu drehen. Der Zweiteiler „Fest der Völker" und „Fest der Schönheit" wurde bei den Fimfestspielen in Venedig 1938 als bester Film ausgezeichnet. In ihrem anspruchsvollsten Werk glorifiziert die Regisseurin die Schönheit und Kraft des menschlichen Körpers. Allerdings muß man Leni Riefenstahl zugute halten, daß im Mittelpunkt des Films der schwarze Amerikaner Jesse Owens steht, dessen vierfacher Goldmedaillensieg Hitler so erbitterte, daß er das Stadion verließ. Zudem ist der poetische Enthusiasmus der Regisseurin kaum verwunderlich, da sie selbst begeisterte Sportlerin und Tänzerin war.

Nach dem Krieg verbrachte die Künstlerin drei Jahre in Gefängnissen der Alliierten. Nachdem sie von amerikanischen, französischen und westdeutschen Gerichten vernommen worden war, wurde sie 1952 von jeder Schuld mit der Begründung freigesprochen, daß sie nie politisch für das Nazi-Regime aktiv gewesen sei. Trotzdem kehrte ihr die Filmindustrie wegen ihrer bereitwilligen Unterstützung des Nationalsozialismus den Rücken. Sie wurde jedoch nicht müde, ihre Unschuld zu beteuern. Wohl sei sie von Hitler fasziniert gewesen, habe aber von seinen Greueltaten nie etwas gewußt. Gerüchte, sie habe ein Verhältnis mit Hitler gehabt, wies sie ebenfalls entschieden zurück. Fest steht, daß Leni Riefenstahl von ihm gefördert und unterstützt worden ist. Eine gewisse Freundschaft bezeugen jedoch nicht nur die zahlreichen Fotos der beiden, sondern auch die Tatsache, daß Propagandaminister Goebbels sie haßte und aus dem Weg zu räumen wünschte. Ohne Hitlers Rückhalt hätte Goebbels sich daran gewiß nicht hindern lassen. Doch selbst wenn sie weder ein Nazi noch Hitlers Geliebte gewesen sein sollte, so hat Leni Riefenstahl ihm und seiner Sache doch große Dienste geleistet.

Sie erhielt nie wieder einen Filmauftrag. Nachdem mehrere Projekte fehlgeschlagen waren, ging sie in den Sudan, wo sie das Leben des Nuba-Stammes mit ihrer Kamera festhielt. Die Bilder aus dieser Zeit erschienen 1973 in dem Buch *Die Nuba*, das als ethnologisch höchst aufschlußreich gelobt wurde. Um die Schönheit der Unterwasserwelt filmen zu können, erwarb sie noch mit 70 Jahren einen Tauchschein – allerdings mußte sie dafür ihr wahres Alter verheimlichen.

Mit 90 beteuerte Leni Riefenstahl noch immer ihre Unschuld. Trotz aller Rehabilitierungsbemühungen der letzten Zeit werden die Filme der Frau, die mittlerweile als beste Regisseurin ihrer Zeit gilt, nur selten gezeigt. Auch wenn sie nie etwas anderes tun wollte, als gute Filme zu drehen, ist die Erinnerung an sie stets auch mit Verachtung verbunden. Genial, kreativ und ehrgeizig, hat sie sich als Mensch disqualifiziert – vor allem, weil sie sich weigerte, einen Zusammenhang zwischen Kunst und Moral zu sehen. Die Konsequenzen ihrer Haltung muß sie ein Leben lang tragen.

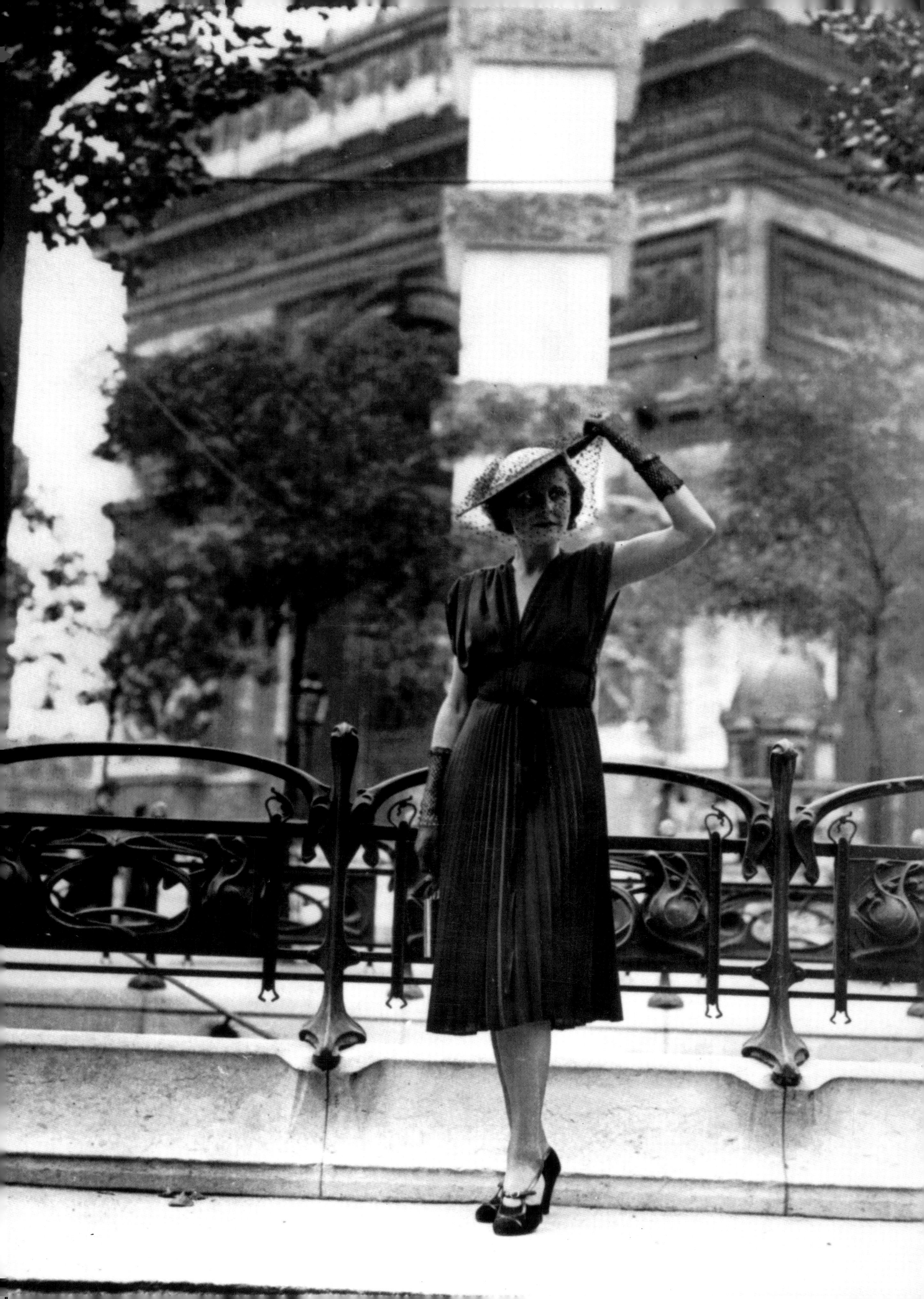

JACKIE ROBINSON
1919–1972

ALS ERSTER AFROAMERIKANER in der obersten Spielklasse des Baseball mußte sich Jackie Robinson in besonderem Maße als überragender Sportler beweisen. Daß er sich gegen alle Hindernisse behaupten konnte, gegen bösartige Intoleranz und Schikanen aller Art, spricht für seine Begabung und seinen Mut. In seiner Mannschaft, den Brooklyn Dodgers, setzte sich Robinson ohne Unterstützung von Freunden durch, obwohl jedes seiner Worte, jede seiner Handlungen und jeder seiner Fehler besonders scharf beurteilt wurde. Er war sich seiner Rolle und Verantwortung als Wegbereiter einer Legion von schwarzen Spielern, die es ihm gleichtun wollten, bewußt. Sollte er versagen, würde so bald kein anderer Club die Rassentrennung überwinden.

Jack Roosevelt Robinson wurde in Cairo, Georgia, geboren. Sein Vater verließ die Familie, als Jackie sechs Monate alt war, worauf die Mutter mit ihren fünf Kindern nach Pasadena, Kalifornien, zog. Dort nahm sie verschiedene Jobs als Haushaltshilfe an, um ihre Familie zu ernähren. Als Schüler schien Robinson seine beachtliche Intelligenz in erster Linie dafür einzusetzen, den minimalen Notendurchschnitt für die Teilnahme am Sportprogramm zu erreichen. An der John-Muir-Technical-Highschool war er von allen Sportarten im Baseball, der Sportart, die ihn später weltberühmt machen sollte, am schlechtesten, wogegen er für seine Leistungen in Football, Basketball und Leichtathletik viele Auszeichnungen errang. Sein Bruder Mack hatte bei den Olympischen Spielen 1936 eine Silbermedaille gewonnen, Robinson stellte am Pasadena Junior College 1937 einen Rekord im Weitsprung auf. Zwei Jahre später wurde ihm ein Sportstipendium für die Universität von Kalifornien in Los Angeles verliehen. Dort erzielte er als Running Back phänomenale zwölf Yards pro Flugstrecke und führte die Pacific-Coast-Conference-Basketball-Liga mit einem Durchschnitt von 25 Punkten pro Spiel an. Doch betrachtete er Baseball noch immer als reine Freizeitbeschäftigung. 1940 gewann er den Weitsprungwettkampf in der National Collegiate Athletic Association.

Als er 1942 zur Armee eingezogen wurde, musterte man Robinson wegen eines „Football-Knöchels" aus, doch trug er als moralischer Repräsentant seines Landes ganz andere Kämpfe aus. Obwohl es hieß, Schwarze dürften die Schule für Offiziersanwärter nicht besuchen, bewarb sich Robinson trotzdem und schloß als Leutnant ab. Als er sich der Anordnung eines Busfahrers widersetzte, sich in den hinteren Teil eines Armeebusses zu begeben, entwickelte sich ein heftiger Streit, der schließlich zur Anklage wegen Insubordination vor einem Kriegsgericht führte. Robinson wurde freigesprochen, doch belastete diese Erfahrung sein Armeeleben so sehr, daß er 1944 um seine Entlassung bat.

Nach einer kurzen Episode als Basketballtrainer am College unterzeichnete er einen Vertrag bei den Kansas City Monarchs aus der Negro American Baseball League. Damals waren schwarze Profis von den rein weißen höchsten Spielklassen ausgeschlossen; seit 1888 hatte kein Farbiger mehr dort gespielt. Ohne Robinsons Wissen hatte der weitblickende Manager der Brooklyn Dodgers, Branch Rickey, einen Plan entwickelt, der die Baseball-Szene für immer verändern sollte.

Als der gerissene Rickey Robinson im August 1945 in sein Büro bestellte, öffnete er *Life of Christ* von Papini und begann laut daraus vorzulesen. Der Sinn war klar: Rickey forderte Robinson auf, bei Beleidigungen, die er als Spieler der Dodgers zweifellos hören würde, „die andere Wange hinzuhalten". Ohne dieses Entgegenkommen, warnte Rickey, würde kein Team der höchsten Spielklasse in den nächsten 20 Jahren einen Schwarzen unter Vertrag nehmen. Robinson, der bis dahin niemals die andere Wange hingehalten hatte, entgegnete: „Sie wollen also einen Spieler, der Angst hat, sich zu wehren?", worauf Rickey antwortete: „Ich will einen Spieler, der genug Mumm hat, sich nicht zu wehren!"

Von dem Augenblick an, als er am 10. April 1947 seinen Vertrag unterzeichnete, war Robinson das Ziel infamster Beleidigungen von Fans und Gegnern gleichermaßen. Einer seiner eigenen Mannschaftskollegen, Dixie Walker, lehnte es ab, mit ihm zu spielen, und wurde schließlich verkauft. In Saint Louis weigerte sich das Hotel, ihn mit seinen Kameraden zusammen dort wohnen zu lassen. In Cincinnati wurde er vom Werfer der Reds mit rassistischen Pöbeleien beleidigt, in Atlanta drohte der Ku-Klux-Klan, ihn zu erschießen.

Robinson reagierte auf die rassistischen Ausfälle, indem er doppelt so viele Male erlief wie je einer in der National League; prompt wurde er zum Anfänger des Jahres gewählt. Während seiner Spielzeit schlug er .311, erreichte die Homebase in einem Meisterschaftsspiel und wurde 1949 zum „Most valuable Player" gewählt. Er konnte laufen, fangen, werfen, schlagen, treffen und schneller denken als jeder andere auf dem Feld. Mit ihm gewannen die Dodgers sechsmal den Siegeswimpel der National League und einmal die Meisterschaft.

1956 dann verkauften sie ihn, zehn Jahre, nachdem sie ihn ins Scheinwerferlicht der Nation gestellt hatten, ausgerechnet an die verhaßte Mannschaft am anderen Ende der Stadt, die New York Giants. Sofort kündigte Robinson seinen Rückzug an. Im späteren Leben schrieb er Zeitungskolumnen über Bürgerrechtsfragen und mischte sich in die Politik ein, was ihm von seinen Leuten den Schimpfnamen Onkel Tom (Überläufer) einbrachte. Wie stets ignorierte Robinson seine Gegner und blieb bei seinen Überzeugungen. Als Afroamerikaner mußte er mehr als nur gut sein. Um Erfolg zu haben, mußte er überragend sein. Mit Hilfe des Managers, der an ihn glaubte, befreite dieser stille, aber leidenschaftliche Athlet den Baseball vom lähmenden Rassismus und verbesserte somit die Moral des Sports beträchtlich – und auch die seines Landes.

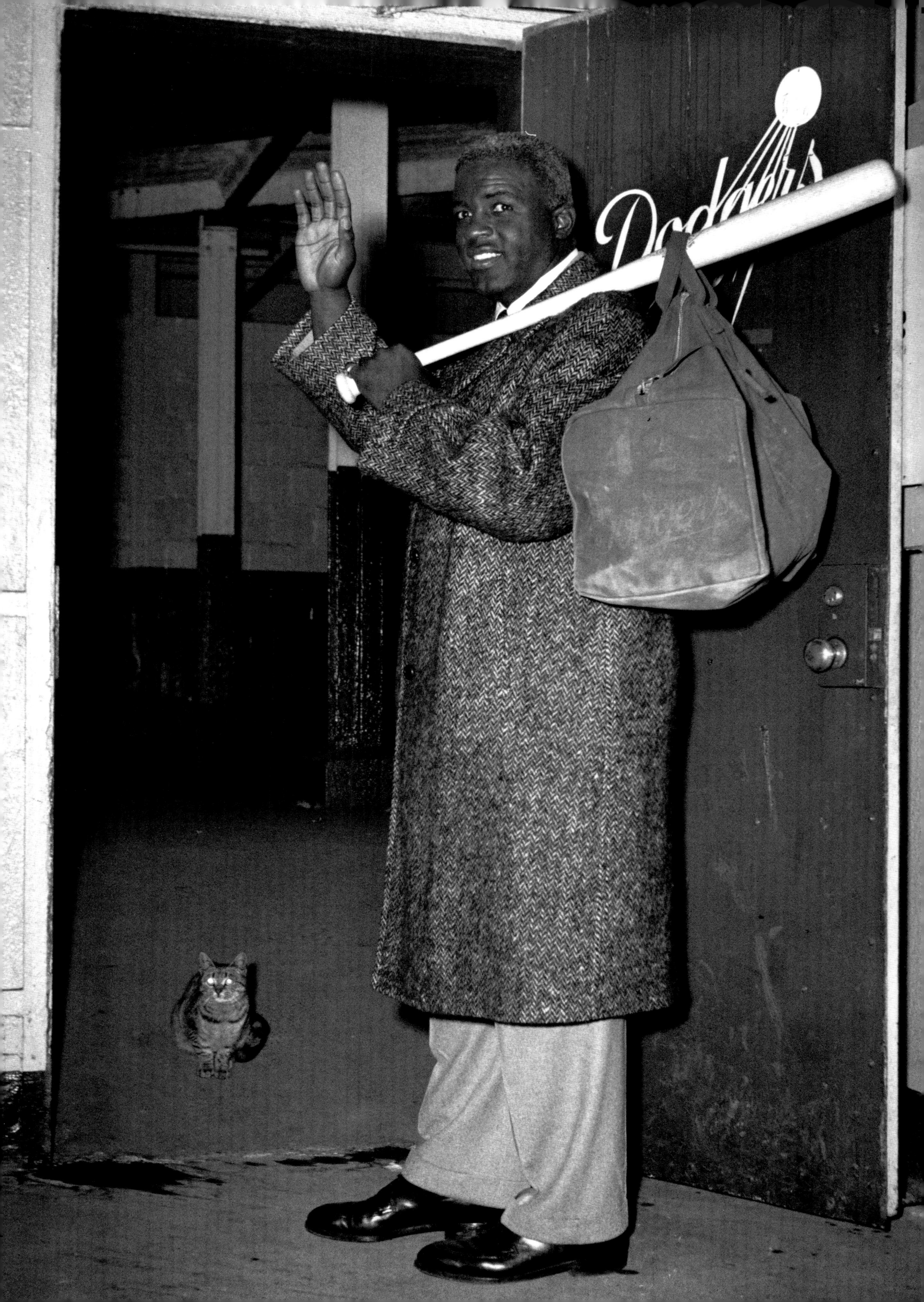
Dodgers

JOHN D. ROCKEFELLER
1839–1937

SELTEN IN DER GESCHICHTE des Kapitalismus ist ein einziger Mann derart reich geworden und hat so viele Schmähungen auf sich gezogen wie John Davison Rockefeller. Der Gründer der Standard Oil Company und Vater des Standard Oil Trust gilt als Sinnbild für das amerikanischen Streben nach Geld, als Synonym für Glück. Zu seinen Lebzeiten wurde er sowohl als Menschenfreund gefeiert wie als skrupelloser Kapitalist verteufelt. Seinen Reichtum gab er an religiöse Einrichtungen und Bildungsinstitute weiter und ignorierte den ihm entgegenschlagenden Haß mit der Überzeugung, daß sein Handeln christlichen Werten entspräche.

John D. Rockefeller wurde auf einer Farm in Richmond im Bundesstaat New York als Sohn von Eliza Davison und William Rockefeller geboren. Rockefeller Senior reiste in Nordamerika umher und gab sich als Krebsspezialist Dr. William Rockefeller aus, verteilte quacksalberische Heilmittel, verführte die Töchter der Farmer und spekulierte mit Holz und Vieh. Er vererbte seinem Sohn ein überragendes Verkaufstalent und großes Verhandlungsgeschick. Rockefellers Mutter dagegen war eine schottische Baptistin, die ihm die christliche Ethik von Wohltätigkeit und Nachsicht vermittelte. Der Tenor dieser Erziehung war: Tugendhaftigkeit und List werden gleichermaßen von Erfolg gekrönt. Diese Lehre wandte bereits der junge Rockefeller erfolgreich an, als er einem Bauern für ein Darlehen von 50 Dollar Zinsen in Rechnung stellte.

Bei dieser Erziehung nahm es nicht wunder, daß Rockefeller sein späteres Vermögen auf diesen beiden Pfeilern – rücksichtslose Geschäftstaktik und hoher moralischer Anspruch – errichtete. Er begann 1855 mit einem Verdienst von dreieinhalb Dollar pro Woche als Buchhalter bei Hewett & Tuttle. Schon nach vier Jahren machte sich der rastlose 20jährige selbständig und gründete zusammen mit dem Engländer Maurice Clark ein Heu- und Lebensmittelgeschäft, das bei Ausbruch des amerikanischen Bürgerkriegs 1861 einen rasanten Aufschwung erlebte. Rockefeller fühlte sich weder der Armee noch den Sklavenbefreiern verpflichtet; sein einziges Ideal war Geld, und sein Schlachtfeld – dies erkannte er auf dem Höhepunkt des Bürgerkriegs – waren die ertragreichen Ölfelder von Pennsylvania. Rockefellers unfehlbarer Instinkt für den richtigen Augenblick und seine Ordnungsliebe sagten ihm, daß man die chaotische Eigentumslage der Ölfelder ausnutzen konnte, wenn man die Ölraffinerien kontrollierte.

Mit dem Ausbau des Bahnnetzes während des Krieges wurde Cleveland zum Knotenpunkt des Transports und der Raffinerien der aufstrebenden Ölindustrie. Gemeinsam mit seinem Partner und Glaubensgenossen Samuel Andrews dominierte Rockefeller schnell das Ölgeschäft in Cleveland, kaufte Konkurrenzunternehmen auf, wo dies möglich war, oder löschte sie, wenn nötig, aus. Rockefeller war ein Organisationsgenie sowie ein brillanter Geschäftsmann, dessen Erfolgsgeheimnis zum einen eine akribische Buchhaltung, zum anderen eine Unternehmensstruktur war, die auf einem System miteinander verknüpfter Ausschüsse basierte, an dem seine Nachfolger bei der Standard Oil Company bis heute festhalten.

1875, nachdem er einen Boykott von Ölproduzenten unbeschadet überstanden hatte, expandierte Rockefeller durch Aufkäufe und Unternehmensfusionen nach Philadelphia und Pittsburgh. Ein Jahr später war er in New York, um unter dem Dach der Standard Oil Company seine Unternehmen von der Pipeline bis zur Rollfuhre zu organisieren und mit seinen Stellvertretern den Standard Oil Trust zu entwerfen, mit dessen Hilfe er schließlich all seine ausgedehnten Besitztümer koordinierte und leitete. Bis zum Jahr 1878 hatte sich Rockefeller an die Spitze des gesamten Industriezweiges vorgearbeitet und herrschte über ein riesiges Monopol, das die Mehrzahl der Ölraffinerien der USA kontrollierte, Millionen von Menschenleben bestimmte und ihn selbst unvorstellbar reich machte.

Die öffentliche Verurteilung seitens der Regierung, seiner Geschäftskontrahenten und der Öffentlichkeit setzte im folgenden Jahr ein. Skandalblätter untersuchten seine Geschäftspraktiken und informierten ihre entsetzten Leser über die Ergebnisse. Rockefeller führte die Schlacht gegen die Rechtsklagen einzelner Bundesstaaten und die Einschränkungen durch den Sherman Antitrust Act von 1890 wie ein Feldherr von seiner Zentrale in New York aus. Mit seinem hohen Seidenhut und dem Morgenmantel verkörperte er das Bild des Kapitalisten schlechthin. Die belagerte Standard Oil Company wurde nacheinander aus verschiedenen Bundesstaaten vertrieben, und 1907 belegte der strenge und unerschrockene Richter Kenesaw Mountain Landis das Unternehmen mit einem „Bußgeld" von 30 Millionen Dollar wegen Verstoßes gegen die Rabattgesetze. Es dauerte weitere vier Jahre, bis die Gerichte die Auflösung der Holdinggesellschaft anordneten, die 1899 an die Stelle des Trusts getreten war.

Während all dieser Jahre blieb der exzentrische Sonntagsschullehrer, der sogar regelmäßig den Zehnten an die Kirche abgab, als er noch fast mittellos war, davon überzeugt, daß er ohne Sünde war, und er wunderte sich, daß seine Landsleute dies nicht einsahen. Wie der Sieger bei einer ordinären Kneipenschlägerei hielt er sich für den legitimen Gewinner, dem traditions- und naturgemäß der Preis zuerkannt wird. Rockefeller teilte weiterhin seine Einkünfte, gründete 1889 mit 35 Millionen Dollar die University of Chicago und unterstützte annähernd 100 Kirchenprojekte, auch wenn einige Gemeindepfarrer, die zunächst um Almosen gebeten hatten, sie nun als „verdorbenes Geld" ablehnten. Nicht zufällig begründete er eine Dynastie, die nicht nur Unternehmer hervorbrachte, sondern auch Wissenschaftler, Politiker, Wohltäter, Gouverneure und aussichtsreiche Kandidaten für das Amt des amerikanischen Präsidenten.

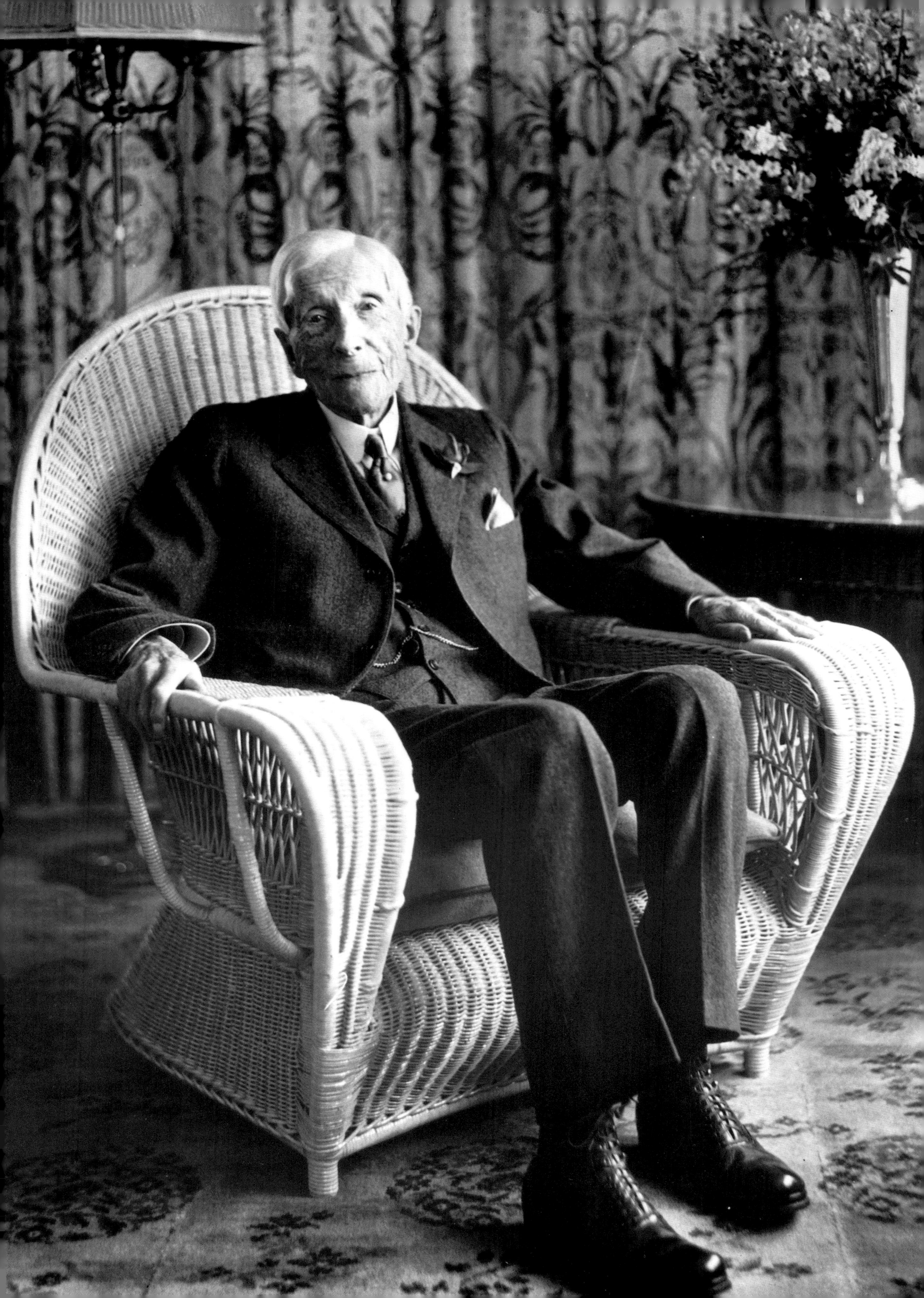

ELEANOR ROOSEVELT
1884–1962

ÜBER ELEANOR ROOSEVELT sagte man, sie habe wie keine andere Frau „die Unglücklichen getröstet und die Glücklichen beunruhigt". Es waren die bitteren Erfahrungen ihrer Kindheit, die sie zu der Wohltäterin gemacht haben, die sie war. Das unscheinbare und verschlossene junge Mädchen, das später zu einer der angesehensten — wenn auch häufig verspotteten – Frauen der Welt wurde, lernte aus der Zurückweisung durch ihre Mutter, sich möglichst im Hintergrund zu halten und keinen Unmut zu erregen. Als Eleanor acht Jahre alt war, starb ihre schöne, doch gefühlskalte Mutter Anna Rebecca Hall, die ihre Tochter stets als häßliches Entlein bezeichnete, an Diphterie. Zwei Jahre später starb auch der geliebte Vater, ein labiler Alkoholiker, der für Eleanor der Dreh- und Angelpunkt ihres kleinen Universums gewesen war. „Ich zog mich völlig in mich selbst zurück", schrieb sie später. Das ernste Mädchen wurde bei seiner Großmutter mütterlicherseits untergebracht, die ihr jedoch ebenfalls keine Liebe geben konnte. Die emotionale Dürre ihrer Kindheit trug wesentlich zu dem späteren Engagement dieser Frau für die Armen und Unterdrückten bei.

Ihre typische Upper-Class-Arroganz verlor sich während eines Aufenthalts an Englands exklusivem Allenswood-Internat, wo sie persönliche Freiheit und Liberalität schätzen lernte. Zurück in New York widmete sie sich den sozialen Aufgaben einer Debütantin der höheren Gesellschaft und trat ein Jahr später als selbstbewußte und nachdenkliche junge Frau der Consumers' League bei, um sich für bessere Gesundheits- und Sicherheitsbedingungen der Arbeiter und Angestellten in der Bekleidungsindustrie einzusetzen. Kurz nachdem ihre Beziehung mit Franklin Delano Roosevelt, einem Cousin fünften Grades, begonnen hatte, nahm sie ihn mit zur Lower East Side, wo sie mit Kindern sozial schwacher Familien arbeitete. Der zukünftige Präsident hatte wie Eleanor ein Herz für die Unterprivilegierten der Gesellschaft. Das gemeinsame soziale Engagement war Grundstein ihrer Ehe und verband die beiden noch, als ihre romantische Liebe zueinander schon längst erloschen war.

Die Hochzeit der beiden fand am 17. März 1905 statt, und Eleanors Onkel, Präsident Teddy Roosevelt, fungierte als Brautvater. In den folgenden Jahren mußte Eleanor ihre sozialen Aktivitäten weitgehend aufgeben, da sie innerhalb von elf Jahren sechs Kinder gebar, von denen eines sehr früh starb. Allmählich überwand sie ihre Trauer und setzte sich gegen ihre Schwiegermutter durch, die sich in nahezu jeden Bereich ihres Privatlebens einmischte. Mit wiedergewonnener Energie unterstützte Eleanor die politischen Ambitionen ihres Mannes und wurde dem jungen Senator des Staates New York zu einer wichtigen Stütze. 1913 ließ sich das populäre und angesehene Paar in Washington D.C. nieder.

Im Herbst 1918 erkrankte Franklin D. Roosevelt an einer schweren Lungenentzündung. Während dieser Zeit mußte sich Eleanor um die Briefe und persönlichen Angelegenheiten ihres Mannes kümmern, und entdeckte dabei, daß er ein Verhältnis mit ihrer eigenen Sekretärin und Freundin Lucy Page Mercer hatte. Obwohl sie zutiefst getroffen war, fand sie, daß er die Frau, die er liebte, auch heiraten sollte. Franklins Mutter allerdings drohte, ihren Sohn zu enterben, wenn er seine Frau verließe. Dieser zog es vor, seine Mutter nicht zu verärgern und arrangierte sich mit seiner Frau. Drei Jahre später, als Franklin mit Kinderlähmung daniederlag, stellte sich die treue Eleanor entschlossen gegen seine Mutter, die ihren Sohn zu sich nach Hause holen wollte. Sie half ihrem Mann, sein Selbstvertrauen zurückzugewinnen und nicht das Interesse am Weltgeschehen zu verlieren. Mit der Hilfe des engen Vertrauten und Beraters ihres Mannes, Louis Howe, gelang es ihr, Roosevelt so gut wie möglich zu ersetzen und seine Geschäfte weiterzuführen.

Als Roosevelt 1933 ins Weiße Haus einzog, definierte Eleanor die Rolle der First Lady für sich neu. Bei vielen umstrittenen Themen war sie der moralische Zeigefinger ihres Mannes; sie schrieb eine Zeitungskolumne mit dem Titel „My Day", hielt Pressekonferenzen für weibliche Journalisten ab und hatte eine eigene Radiosendung. Während der Jahre der Wirtschaftskrise reiste sie als Botschafterin des Präsidenten durch das Land und versicherte den Menschen, daß seine New-Deal-Politik Erfolg haben werde. Sie kämpfte öffentlich gegen Rassismus und Antisemitismus an, nachdem sie deren Folgen erkannt und ihre eigenen Vorurteile abgebaut hatte. Zugleich hatte ER, wie Freunde sie nannten, enge Kontakte zu politisch aktiven Frauen wie Lorena Hickock und Esther Lape geknüpft.

Zu Beginn des Zweiten Weltkriegs setzte sich Eleanor als Mitglied der NAACP (Nationale Organisation zur Unterstützung Farbiger) gegen die Diskriminierung von Afro-Amerikanern im Militär- und Verteidigungswesen ein. Außerdem kämpfte sie für erweiterte Aufgabenfelder für Frauen in Kriegszeiten und besuchte die U.S.-Truppen, wann immer sie konnte. Als ihr Mann 1945 starb, erklärte Eleanor den Reportern gegenüber, „die Geschichte ist aus". Trotzdem setzte sie unerschütterlich ihre Arbeit noch zwei Jahrzehnte lang fort. Sie war das Gewissen ihrer Nation geworden, und das in einer Welt, die kein Gewissen mehr zu haben schien. Den Rest ihres Lebens widmete sie der sozialen Gerechtigkeit. Als U.S.-Delegierte bei den Vereinten Nationen setzte sie sich für die Verabschiedung der Menschenrechtserklärung von 1948 ein.

Auch wenn sie als die „First Lady der Welt" in Erinnerung bleibt, hatte Eleanor Roosevelt doch Feinde, vor allem im Süden der USA und unter den konservativen Politikern. Ihre Kritiker verunglimpften sie als „Bolschewikin", die sich überall einmischte, und man spottete sogar über ihr Äußeres. Einige Jahre nachdem sie im Rosengarten des Roosevelt-Anwesens im Hyde Park beerdigt worden war, schrieb Archibald McLeish, Eleanor sei gar kein häßliches Entlein gewesen, sondern vielmehr eine großherzige, edelmütige Märchenfee.

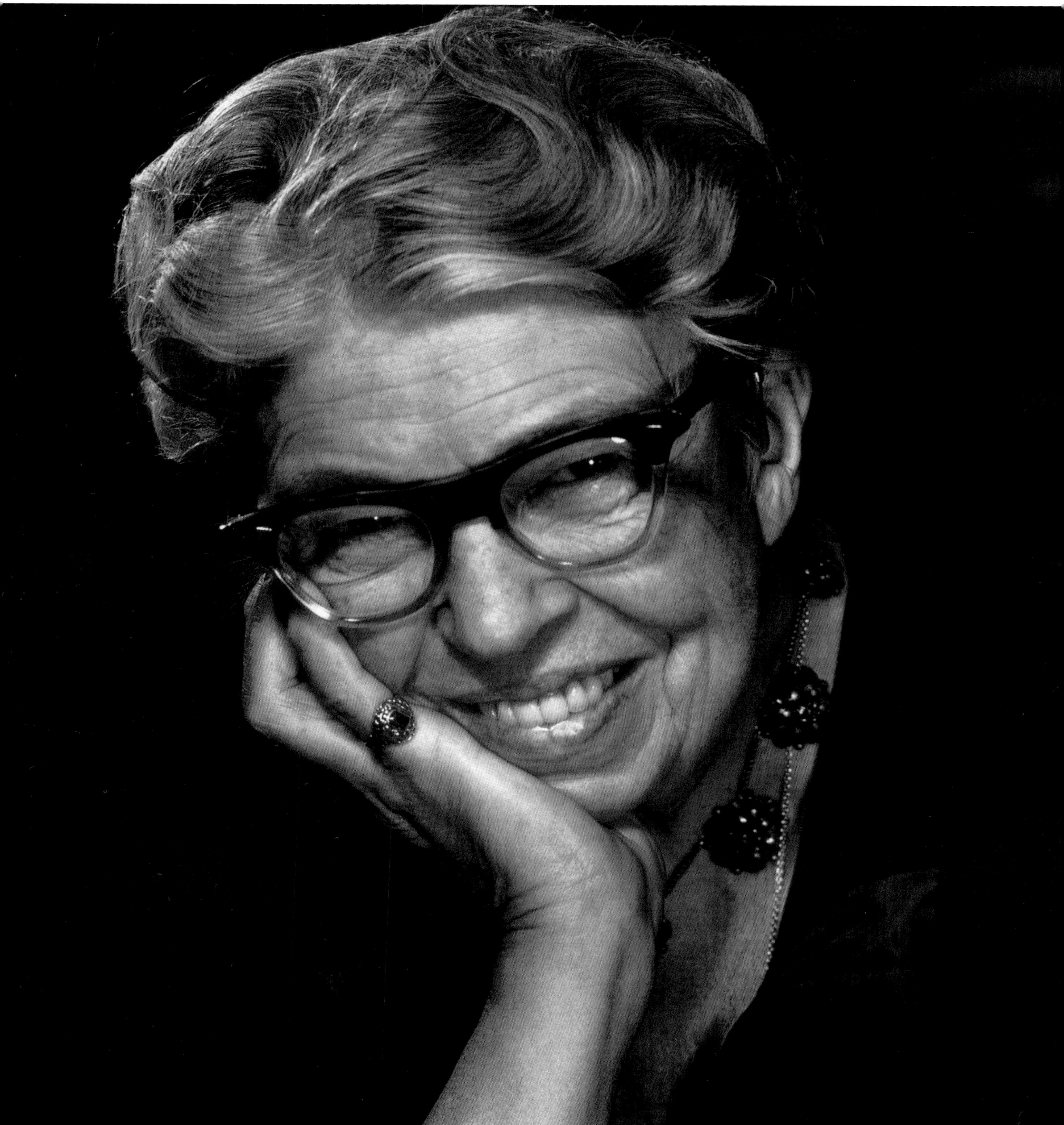

FRANKLIN D. ROOSEVELT
1882–1945

DER AMERIKANISCHE PRÄSIDENT, der die aufrichtigste Teilnahme am Los der sozial Schwachen und Benachteiligten zeigte, entstammte ironischerweise der Oberschicht. 1882 kam Franklin Delano Roosevelt auf dem riesigen Anwesen seiner Familie in Hyde Park im Bundesstaat New York als einziger Sohn von James Roosevelt und Sara Delano Roosevelt zur Welt. Seine Eltern waren Nachfahren der ersten Kolonisten, die mit der Mayflower in Amerika angekommen waren, und gehörten der städtischen Aristokratie von New York an. Der verwöhnte junge Roosevelt, der sein Land später durch die schweren Jahre der Weltwirtschaftskrise und des Zweiten Weltkrieges führen sollte, reiste ausgiebig im Ausland umher, bevor er auf die Eliteschule Groton ging. 1904 machte der gutaussehende, sportliche Roosevelt seinen Abschluß an der Harvard University, wo er sich in der Missionary Society engagiert hatte, und verlobte sich mit Anna Eleanor Roosevelt, einer entfernten Cousine. Sie bekamen sechs Kinder, von denen eins im frühen Kindesalter verstarb.

Nachdem er einige Jahre als Anwalt in einer Kanzlei an der Wall Street gearbeitet hatte, geriet Franklin D. Roosevelt in den Bannkreis seines berühmten Onkels Theodore Roosevelt, des 26. Präsidenten der Vereinigten Staaten. Dennoch machte Roosevelt seinen ersten Ausflug in die Politik als Demokrat und gewann das Rennen um den Senatssitz des Staates New York im republikanischen Hyde Park. 1912 unterstützte er auf der Parteiversammlung der demokratischen Partei Woodrow Wilson als Präsidenten und wurde mit dem Posten des Unterstaatssekretärs der Marine belohnt. Sein rasanter Aufstieg wurde von der Nominierung für die Vizepräsidentschaft gekrönt, doch die bittere Niederlage gegen Harding und Coolidge zwang ihn zum vorläufigen Rückzug aus der Politik. Im August des folgenden Jahres erkrankte Roosevelt an Kinderlähmung, woraufhin er viele Jahre in Warm Springs in Georgia verbrachte und sich einer physiotherapeutischen Behandlung unterzog. Ohne Krücken bewältigte er aber fortan nur einige zögerliche Schritte. In dieser Zeit litt er an Depressionen, doch Eleanors stetige Unterstützung trug entscheidend dazu bei, daß Roosevelt seine Kampfeslust wiedererlangte.

1928 wurde er mit seiner Wahl zum Gouverneur von New York zu einer landesweit bekannten Persönlichkeit. Drei Jahre nach dem Börsenkrach von 1929, als das Land sich in einem Zustand zunehmender wirtschaftlicher Hoffnungslosigkeit befand, zog er nach einem überwältigenden Wahlergebnis ins Weiße Haus ein. Er hatte dem amerikanischen Volk das Reformprogramm des „New Deal" versprochen. Schnell und mit dem ihm eigenen unbekümmerten Selbstvertrauen rief Franklin D. Roosevelt eine Reihe von Institutionen ins Leben, die allesamt zum Ziel hatten, das Leid im Lande zu lindern und Mißstände zu bekämpfen. Er ließ umgehend alle Banken schließen, bis der Nachweis finanzieller Solidität einer jeden nachgewiesen war, und gründete die Federal Deposit Insurance Corporation (FDIC), um die Anleger gegen Konkurse abzusichern. Dann schuf er die Federal Emergency Relief Administration (FERA), die Civilian Works Administration (CWA), eine Behörde zur Arbeitsplatzbeschaffung, die Public Works Administration (PWA), die Straßen, Schulen, Kliniken usw. bauen sollte, und die National Recovery Administration (NRA) zur Stabilisierung des Arbeitsmarktes. Diese Behörden hatten sämtlich den Zweck, die Nation wieder zu stabilisieren. Ein Kommentator bemerkte, daß die Gesetzgeber weniger über Roosevelts Vorlagen diskutierten als vielmehr „vor ihnen salutierten, während sie vorbeirauschten". Andere Kontrahenten, die ihn als „Verräter an seiner Klasse" betrachteten, sagten voraus, daß der Social Security Act (1935), der Pensionen für die Alten und Kranken sicherte, und der Wagner Act (1935), der Tarifverhandlungen billigte, nichts anderes als das allmähliche Ende des Kapitalismus und den Beginn eines sozialistischen Wohlfahrtsstaates bedeuten würden.

Doch Roosevelt drängte auf mehr. Das besorgte Amerika wurde von seiner nachdrücklichen, kultivierten Stimme und von seinen scharfsinnigen „Plaudereien am Kamin" im Radio besänftigt. Er war omnipräsent – mit klugen Äußerungen in der Presse und mit seiner ergrauten Erscheinung in den Nachrichten – und stets charmant und aufmunternd. Als das Oberste Bundesgericht mit vielen seiner Programme nicht mehr einverstanden war, unternahm Roosevelt den Versuch, den Supreme Court mit Leuten aus dem eigenen politischen Lager zu besetzen.

Letztlich war es nicht Roosevelts Politik, sondern der Zweite Weltkrieg, der das Land aus der wirtschaftlichen Misere erlöste. Auch wenn er sich erst spät zum aktiven Antifaschismus bekannte, so gab er doch Amerikas Verbündeten zu verstehen, daß sie mit der Hilfe der USA rechnen könnten. Die isolationistische Haltung des Landes konnte aber nur durch eine starke Provokation durchbrochen werden: den Angriff der Japaner auf Pearl Harbor am 7. Dezember 1941. Innerhalb einer Woche waren die Vereinigten Staaten in einen Zweifrontenkrieg verwickelt.

Die Dauer und das Ausmaß dieses Konflikts forderten Roosevelts Gesundheit einen hohen Tribut ab. Seine politischen Gegner machten seine schlechte Verfassung während seiner vierten Amtsperiode dafür verantwortlich, daß er sich auf der Konferenz von Jalta 1945 allzu nachgiebig gegenüber Stalin verhielt. Ihrer Meinung nach hatte er den Russen die Kontrolle über ganz Ost- und Mitteleuropa überlassen und somit den Grundstein für den Kalten Krieg gelegt. Von den Verhandlungen erschöpft, zog sich Roosevelt im Anschluß nach Warm Springs zurück. Dort starb er am 12. April 1945 an einer Gehirnblutung, weniger als einen Monat vor der Kapitulation Deutschlands. Er bleibt als aristokratischer Architekt sozialer Reformen in Erinnerung, als unerschütterlicher Oberbefehlshaber der gefährdeten Weltdemokratie und als Schöpfer der „Starken Regierung", kurz gesagt, als eine politische Schlüsselfigur der ersten Hälfte des Jahrhunderts.

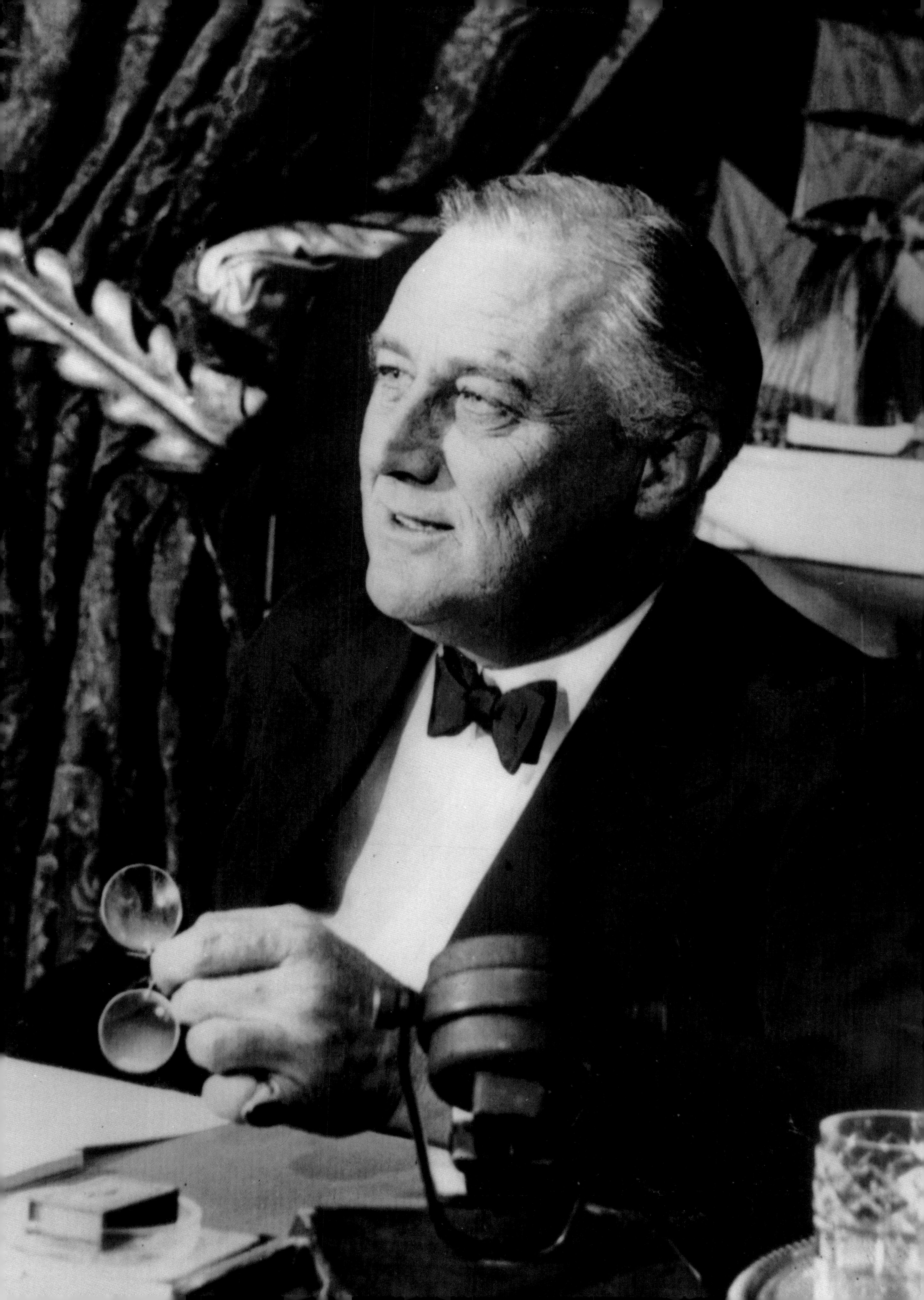

ETHEL & JULIUS ROSENBERG

1916-1953
1918-1953

WAREN SIE DIE UNSCHULDIGEN Opfer einer Hexenjagd der amerikanischen Regierung in der Zeit des Kalten Krieges oder kommunistische Spione, die ihren Tod in Kauf nahmen, um die amerikanische Arbeiterklasse aufzuwiegeln?

Der FBI-Direktor J. Edgar Hoover verurteilte die angebliche Übermittlung von Atomgeheimnissen durch die Rosenbergs in der Nachkriegszeit als „das größte Verbrechen dieses Jahrhunderts." Doch Hoovers Beweise dafür, daß das Paar den Russen irgend etwas von Wert gegeben hatte, basierten nur auf den Aussagen von Informanten und Überläufern. Die Rosenbergs waren lediglich Schachfiguren in Amerikas erbittertem Kampf gegen den Kommunismus. Für Kommunisten, Sozialisten und Linksliberale galten sie als Märtyrer; Reaktionäre und Konservative verurteilten sie als Verräter und hinterlistige Agenten einer bösen Macht. Obwohl in den letzten Jahren einige Hinweise auftauchten, die darauf hinwiesen, daß Julius tatsächlich ein sowjetischer Agent war, wird sich der Fall wohl nie ganz aufklären lassen.

Esther Ethel Greenglass wurde in New Yorks Lower East Side geboren. Ihre Mutter sorgte sich nicht sonderlich um die Tochter, sondern widmete sich ganz ihrem Sohn. Auf der Highschool interessierte sich Esther für Theater und Lyrik; nach dem Abschluß fand sie Arbeit bei einer Versandfirma, wo ihr 1935 gekündigt wurde, da sie der Gewerkschaft beigetreten war. 1936 lernte sie einen Fernmeldeingenieur der U.S.-Army namens Julius Rosenberg kennen. Julius war ebenfalls New Yorker und ein leidenschaftlicher Kommunist, der sich dem Wunsch des Vaters verweigert hatte, Rabbi zu werden, und statt dessen einen ganz anderen Glauben verinnerlicht hatte. Die beiden heirateten 1939 und bekamen zwei Söhne, Robby und Michael, die ihr Leben später der Rehabilitierung ihrer Eltern widmeten.

1943 begann Julius, so einige Historiker, aus eigenem Antrieb einen Amateur-Spionagering aufzubauen, indem er College-Freunde zur Industriespionage anstiftete. Dieser Ring wurde später Gegenstand der Untersuchungen des FBI. Im gleichen Jahr verließen die Rosenbergs, überzeugte Antifaschisten, gemeinsam die kommunistische Partei, ein zweideutiger Schritt, der der Auftakt zu ihrer „geheimen Arbeit" gewesen sein könnte.

Wie es das Schicksal wollte, arbeitete Julius' Schwager David Greenglass als Maschinist beim hochgeheimen Manhattan Projekt in Los Alamos, Neumexiko, wo der amerikanische Geheimdienst die Atombombe entwickelte. Julius warb den begeisterten Greenglass für seine Organisation an.

1950 brach ihr Bund zusammen, als der in Los Alamos tätige englische Atomwissenschaftler Klaus Fuchs vom britischen Geheimdienst als KGB-Spion festgenommen wurde. Fuchs nannte den Chemiker Harry Gold aus Philadelphia als seinen Kurier, und Gold seinerseits brachte David Greenglass mit der Sache in Verbindung. Als Greenglass vom FBI verhört wurde, beschuldigte er Julius Rosenberg als Rädelsführer. Doch dieser stritt es ab, daß Ethel und er etwas mit Spionage zu tun hätten. Am 17. Juli wurde Julius inhaftiert und angeklagt, die Geheimnisse der Atombombe den Russen verraten zu haben – eine merkwürdige Behauptung, da Fuchs auf ganz anderer Ebene wissenschaftlich tätig gewesen war. Um Julius unter Druck zu setzen, ließ Hoover Ethel einen Monat später ebenfalls festnehmen und anklagen. Hoover spekulierte, daß Ethel ihre beiden kleinen Söhne nicht im Stich lassen würde und ihr Mann sie vor einem Leben im Gefängis oder Schlimmerem bewahren wolle. Doch die Rosenbergs hielten an ihrer Aussage fest. Auf dem Höhepunkt des Koreakrieges und der antikommunistischen Hysterie unter McCarthy wurden sie 1951 in New York vor Gericht gestellt. Zwar war die Beweislage gegen Julius relativ stark, Ethel jedoch war so gut wie nichts nachzuweisen, bis ihr Bruder zehn Tage vor dem Richterspruch plötzlich eröffnete, seine Schwester hätte immer die Notizen abgetippt, die er Julius gegeben hatte.

Unter dem Einfluß der nationalen Paranoia jener Zeit und in der naiven Annahme, Greenglass könne nicht so verdorben sein, daß er seinen eigenen Kopf mit einer Lüge rettete und damit seine Schwester an den Galgen brächte, verurteilte die Jury Julius und Ethel. Unerklärlicherweise verhängte der Richter Irving Kaufman, ein Mann mit Ambition auf den Obersten Gerichtshof und ein ergebener Verehrer von J. Edgar Hoover, die Todesstrafe. Mit diesem Urteil handelte er dem ausdrücklichen Wunsch des stellvertretenden Justizministers und Hoovers selbst zuwider, die verlauten ließen: „Wir wollten nicht, daß sie sterben, wir wollten, daß sie reden."

Das jedoch taten sie nicht. Nach zwei Jahren in Sing Sing wurden sie am 19. Juni 1953 durch elektrischen Strom hingerichtet; neben ihnen stand ein Team der Spionageabwehr des FBI, um das Geständnis aufzunehmen, daß Julius nie ablegen sollte. Als die Hinrichtung der beiden bekannt wurde, brachen auf der ganzen Welt Tumulte aus, und selbst Papst Pius XXII. verurteilte das Verhalten der Vereinigten Staaten. Jahrzehntelang wurde die Debatte über Schuld oder Unschuld der Rosenbergs geführt, zahlreiche Kommissionen bemühten sich, den Fall neu aufzurollen. Die Sowjets unterließen es, Licht in die Debatte zu bringen, wenn auch Nikita Chruschtschow in seinen Memoiren behauptete, die Arbeit des Paares habe eine „wertvolle Hilfe zur schnelleren Produktion unserer Atombombe" dargestellt. Doch Boris Brochowitsch, einer der Leiter des sowjetischen Teams, stellte 1989 nüchtern fest: „Wir haben nichts von den Rosenbergs bekommen."

1995 veröffentlichte der Militärische Geheimdienst Amerikas Transkriptionen der geheimen Nachrichten der Russen. Dieses unter dem Namen „Venona" bekannt gewordene Material identifizierte Julius als Spion mit dem Decknamen „Antenna" und später „Liberal". Ethel jedoch wurde nicht erwähnt, was das FBI nicht sonderlich überrascht haben dürfte.

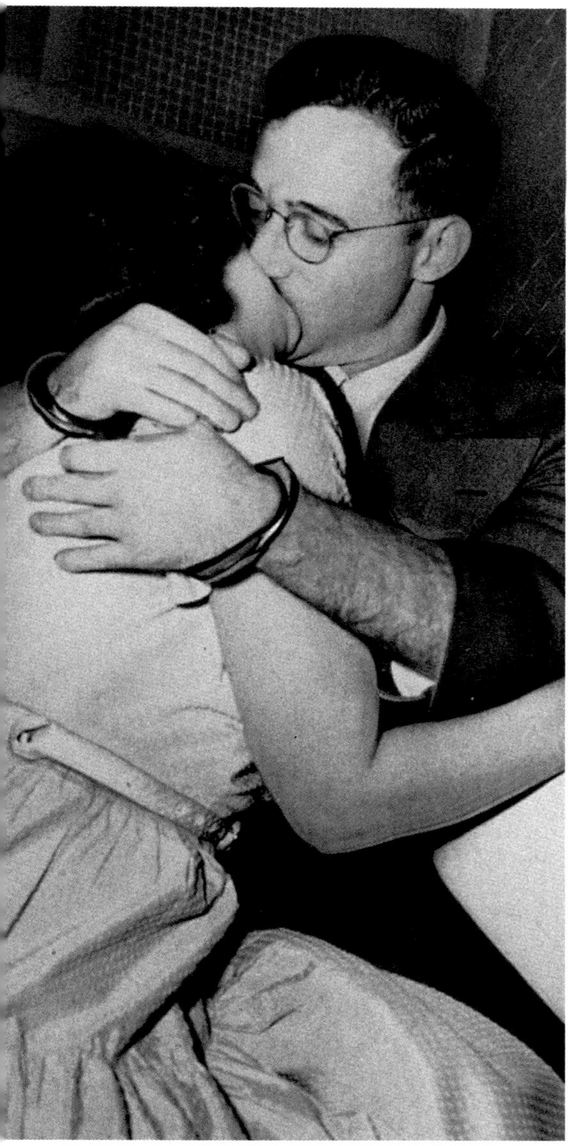
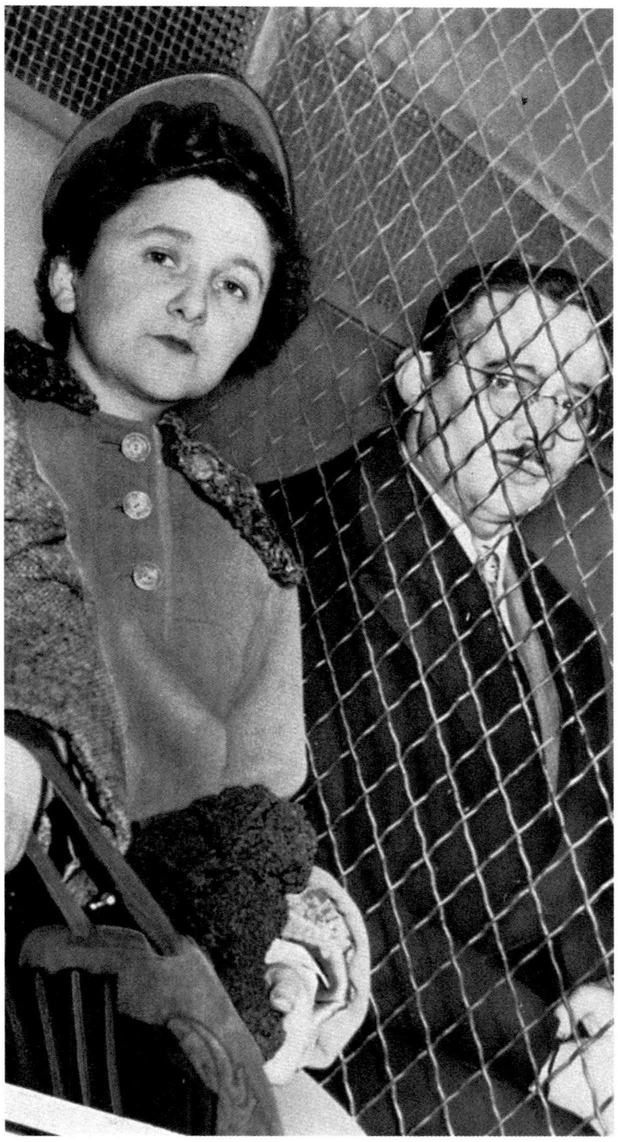
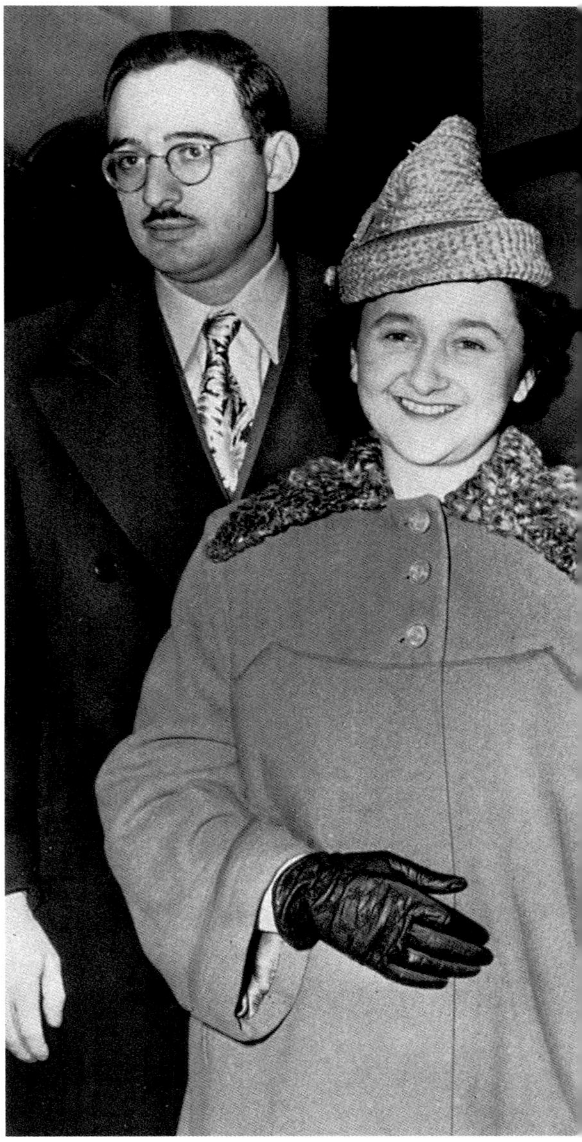

WILMA RUDOLPH

1940–1994

DIE VORAUSSETZUNGEN WILMA Glodean Rudolphs schienen die denkbar schlechtesten zu sein. Das 20. von 22 Kindern des schwarzen Eisenbahnschaffners Ed Rudolph kränkelte von Geburt an; nach einem Anfall von Kinderlähmung im Alter von vier Jahren war ein Bein gelähmt. Mit dieser Krankengeschichte würde die kleine Wilma froh sein können, wenn sie später einigermaßen würde gehen, geschweige denn laufen können. Daher kam es einem Wunder gleich, daß die 20jährige bei den Olympischen Spiele 1960 in Rom als Leichtathletikerin antrat und nicht nur die erste Amerikanerin war, die bei einer Olympiade drei Goldmedaillen gewann, sondern auch die schnellste Frau der Welt.

Wilma Rudolph war ungeheuer wendig und schnell. Als überrasche sie der Schuß aus der Startpistole, schnellte sie hoch und glitt beim Aufrichten in einen scheinbar mühelosen, aber kraftvollen Lauf, wobei ihre langen Beine die Luft durchschnitten und ihre dünnen Arme in schnellem Rhythmus mitgingen. Rudolphs Triumph über ihre körperliche Behinderung wie über den damals den Profisport beherrschenden Rassismus ist eine Geschichte voller Unwahrscheinlichkeiten. Obwohl ihre stolzen Eltern hart arbeiteten, der Vater als Schaffner und die Mutter Blanche als Haushaltshilfe, hatten sie oft Schwierigkeiten, die große Zahl ihrer Kinder zu ernähren. Die zusätzliche Belastung durch Wilmas gelähmtes Bein ließ den täglichen Überlebenskampf heroische Ausmaße annehmen. Als die Spezialisten am Meharry Medical College in Nashville der Mutter mitteilten, ihre Tochter benötige eine intensive Physiotherapie, trat sie, Wilma auf dem Arm, über zwei Jahre lang jede Woche an ihrem einzigen freien Tag die 250 Kilometer lange Busreise zur Klinik in Nashville an.

Die Ärzte empfahlen jedoch bald eine tägliche Behandlung, damit die Muskeln des gelähmten Beins besser aufgebaut werden könnten. Blanche Rudolph bat die Mediziner, ihr die notwendigen Aufbautechniken beizubringen, damit sie mit dem Kind zu Hause üben könne. Wilmas Gesundheit wurde zum Projekt der ganzen Familie; die Mutter und drei Geschwister massierten abwechselnd viermal täglich ihr Bein, und mit acht Jahren begann Wilma, mit Hilfe einer Stütze zu gehen. Schon bald übte sie sich mit Hilfe eines orthopädischen Schuhs anstelle der Krücke im „Nicht-Humpel-Gang", wie sie ihn nannte. Die Brüder hatten ihr an einem Pfosten im Hinterhof einen Korb montiert, so daß sie Basketball spielen konnte. Obwohl Wilma sehr geschickt war, fühlte sie sich wegen des Schuhs oft absonderlich und anders als die Freundinnen. Doch solche Hindernisse spornten ihren Siegeswillen nur noch mehr an.

Sie war optimistisch, was ihre Gesundung anging und wurde von ihrem Vater immer wieder zum Durchhalten ermutigt. Also ging sie als Teenager an die Burt Highschool, um dort Basketball zu spielen. „Skeeter", wie sie ihr Trainer Clinton nannte, brach den Rekord im Mädchenbasketball ihres Bundesstaates mit dem außerordentlichen Resultat von 803 Punkten in 25 Spielen. Um sich außerhalb der Basketballsaison in Form zu halten, schloß sich Wilma der Leichtathletikmannschaft an. Schon bald gewann sie jedes Rennen, zu dem sie antrat: 50, 75, 100 und 200 Meter. Ihre Gewinnsträhne wurde jedoch bei ihrem ersten offiziellen Wettkampf abrupt unterbrochen: sie gewann keinen einzigen Lauf. Für die unbeschwerte, selbstsichere Debütantin war das eine demütigende Erfahrung, die ihr zeigte, daß Begabung allein nicht ausreichte.

Um ihre Kondition und ihr Durchhaltevermögen zu verbessern, trainierte Wilma Rudolph im Sommer mit den Tigerbelles von der Tennessee State University. Das harte Lauf- und Konditionstraining des Trainers Ed Temple schlug sich bald in den Ergebnissen nieder. Bei den nationalen Wettkämpfen des amerikanischen Amateursportverbandes in Philadelphia siegte Rudolph 1956 in jedem Rennen, und die Tigerbelles gewannen ihre erste AAU-Meisterschaft. Mit 16 Jahren qualifizierte sich die Highschool-Schülerin für die Olympischen Spiele in Melbourne, wo sie als jüngstes Mitglied der amerikanischen Mannschaft die Bronzemedaille in der Staffel gewann. Im letzten Jahr an der Highschool verliebte sich Rudolph in einen Football-Spieler und wurde schwanger. Ihre Familie verbot ihr die Heirat, das Kind ließ man vorerst bei der Großmutter aufwachsen. Zwei Jahre später stellte Rudolph bei den Olympischen Spielen in Rom einen neuen Weltrekord über 200 Meter auf.

Den Höhepunkt ihrer Karriere erlebte Wilma Rudolph im römischen Stadio Olimpico. Sie errang ihre erste Goldmedaille im Sprint über 100 Meter, brach inoffiziell den Weltrekord und schlug den Rest des Feldes mit mehr als drei Metern Vorsprung. Das zweite Gold erlief sie sich über 200 Meter, das dritte gewann sie als atemberaubende Schlußläuferin in der Staffel, in der sie sogar eine mißlungene Stabübergabe wettmachte und auf den letzten Metern überraschend das Rennen für sich und ihre Mitläufer entschied. In den beiden Jahren nach diesem phantastischen Erfolg gewann sie zahllose Wettkämpfe und brach mehrere Weltrekorde, doch 1962 zog sie einen Schlußstrich: „Ich kann mich nicht mehr übertreffen", stellte sie mit früher Reife fest, „man soll sich an mich erinnern, wie ich in meiner besten Zeit war."

Rudolph wurde in die Hall of Fame für schwarze Athleten, für amerikanische Leichtathleten und für Olympioniken aufgenommen. 1994 starb sie an einem bösartigen Gehirntumor. Vier Kinder hatte sie großgezogen, als Trainerin gearbeitet und ihr Leben in den Dienst ihrer Wilma-Rudolph-Foundation gestellt, die Sport- und Schulprogramme für Jugendliche entwickelte. „Wenn ich überhaupt etwas hinterlasse", sagte sie, „dann ist das diese Stiftung". Doch der eine Tag des Ruhms, an dem sie in Rom dreimal Gold errungen hatte, bedeutete ihr mehr als alles andere. „Ich liebe die Olympischen Spiele, sie werden immer ein Teil von mir sein."

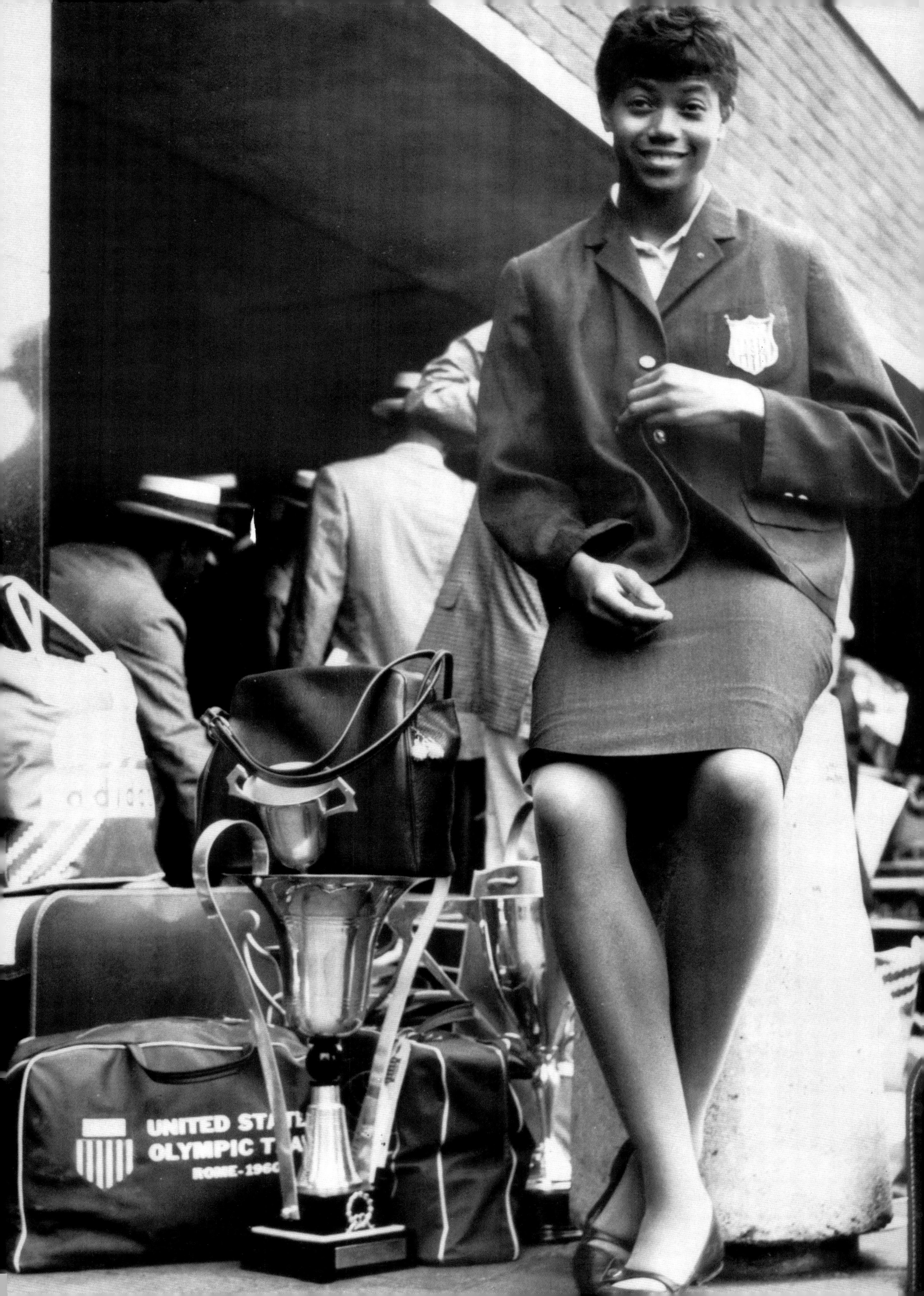
ROME-1960

BERTRAND RUSSELL
1872–1970

ALS DENKER WURDE ER mit Voltaire verglichen, persönlich aber als „lüsterner, triebhafter Erotomane" verunglimpft. Bertrand Arthur William, der dritte Earl Russell und Viscount Amberley, fühlte sich zeitlebens zerrissen zwischen Kopf und Körper, Logik und Lust. Seine Kindheit, die er unter der puritanischen Obhut seiner Großmutter verlebte, gab vielleicht seinem 97 Jahre währenden Leben die entscheidende Richtung. Da er schon früh Waise geworden war und von Privatlehrern erzogen wurde, wuchs das einsame Kind ohne elterliche Liebe und ohne die Gesellschaft Gleichaltriger auf. Seine Flucht vor der eiskalten Rechtschaffenheit von Lady Frances Russell führte ihn in das Reich der Mathematik, für das er bestimmt war: Als sein Bruder ihm die Geometrie Euklids erklärte und Bertrand Russell den schwierigen fünften Euklidischen Satz mit Leichtigkeit errechnen konnte, begann seine Liebe zu den Zahlen.

Am Trinity College in Cambridge, das er ab 1890 besuchte, erlebte Russell eine andere Art von Liebe – die Liebe zu der amerikanischen Quäkerin Alys Pearsall Smith, in die sich der unerfahrene Russell bis zur Besessenheit hineinsteigerte. Er zerstreute jeden ihrer Zweifel über seine Person, setzte sich über die Einwände seiner Familie hinweg und heiratete sie 1894. Doch die Leidenschaft kühlte schnell ab. Es war nur die erste von vier Ehen Russells; es folgten jene mit Dora Black 1921, mit Patricia (Peter) Helen Spence 1936 und mit Edith Finch 1952. Zu dieser Zeit begann er, seine umstrittenen Urteile über Ehe und sexuelle Befreiung zu entwickeln.

Seine mathematischen und philosophischen Ansichten waren bereits gefestigt, als er 1908 zum Fellow der Royal Society gewählt wurde. Fünf Jahre zuvor hatte er sein erstes großes Werk, *Principles of Mathematics* (1903), veröffentlicht. Darin hatte er den ersten Versuch unternommen, seine Begeisterung für die Wissenschaft auf dem abstrakten Gebiet der Mathematik anzuwenden. Doch erst mit dem dreibändigen Werk *Principia Mathematica,* das er von 1910 bis 1913 gemeinsam mit Alfred North Whitehead veröffentlichte, leistete Russell seinen ehrgeizigsten und dauerhaftesten Beitrag zur modernen Philosophie. Dieses Opus wird gemeinhin als Meisterwerk rationalistischen Denkens angesehen. Die Zusammenarbeit mit Whitehead ermöglichte es ihm, der Mathematik ein analytisches Gerüst zu geben. Das Werk war derartig voll von Hieroglyphen des symbolischen Logizismus, daß der wortlose Text Seite für Seite mit der Hand gesetzt werden mußte. Mit dieser Arbeit trug Russell zur Begründung der analytischen Philosophie bei.

Der Erste Weltkrieg machte aus dem Theoretiker im Elfenbeinturm einen sozialen Reformer, der sich nun mit der wirklichen Welt auseinandersetzte. Diese plötzliche Kehrtwendung wurde vielleicht durch seine Bekanntschaft mit Ludwig Wittgenstein begünstigt, den er in Cambridge kennenlernte. Der große Philosoph aus Österreich beschämte seinen Mentor mit seinem durchdringenden Verstand, was verheerende Auswirkungen auf Russells Selbstwertgefühl hatte. Doch Russells Überzeugung, daß sein ehemaliger Schüler der bedeutendere philosophische Kopf von ihnen beiden sei, hielt ihn nicht von seinem Engagement für soziale Reformen ab.

In einem anderen Sinn war Russells Weg von der reinen Logik hin zum sozialen Denken und Handeln durch seine unglückliche Kindheit bedingt. Er setzte sich für die antiautoritäre Erziehung und gegen jede Art von Unterdrückung ein. Abgesehen von einer kurzen Unterbrechung während des Zweiten Weltkrieges (als er den Kampf gegen die Nationalsozialisten unterstützte und die USA zum Krieg gegen die Sowjetunion drängte), war er strikter Pazifist und akzeptierte bewußt die Konsequenzen. 1911 begann er eine relativ einseitige Affäre mit Lady Ottoline Morrell, der Frau eines Freundes. Diese heimliche Beziehung hielt einige Jahre, auch wenn sie fand, daß seine Liebe geradezu erdrückend war.

Doch während Lady Ottoline und andere Frauen Russells Verstand bewunderten, zeigte sich die britische Regierung über seine pazifistische Haltung konsterniert. 1918 wurde er zu einer sechsmonatigen Haftstrafe verurteilt, weil er antibritische Propanda verbreitet hatte, und 1961 kam er erneut wegen Anstiftung zum zivilen Ungehorsam ins Gefängnis. Seine Schriften über Krieg, Bildung, Sex, Ehe und die Gesellschaft waren so umstritten, daß George IV., als er ihm 1949 den Verdienstorden verlieh, sich genötigt fühlte anzumerken, daß ihm tunlichst nicht jeder nacheifern sollte. Russells Schriften über die Religion, zum Beispiel *Was ich glaube* (1925) und *Warum ich kein Christ bin* (1927), sowie seine Ansichten über freie sexuelle Entfaltung in Büchern wie *Ehe und Moral* (1929) lösten derart hitzige Debatten aus, daß ein Prozeß gegen ihn angestrengt wurde, um seine Gastprofessur am New Yorker City College zu verhindern. Der Richter bezeichnete den Posten, den er bekleiden sollte, als „Lehrstuhl für Unanständigkeit", der zu „Entführung und Vergewaltigung" führen würde.

Solche Gesetzeskonflikte ereigneten sich während seiner folgenden Anstellungen an den Universitäten von Chicago, Los Angeles und bei der Barnes Foundation in Pennsylvania nicht. Seine genaue Analyse der Gesellschaft in jenen Jahren, zu der auch die berühmte *Geschichte des Abendlandes* (1945) gehörte, brachte ihm 1950 den Literaturnobelpreis; auch mit einer Reihe anderer Ehrungen wurde er ausgezeichnet. Jedem besonnenen Vorgehen abgeneigt, kämpfte der unermüdliche Aktivist gegen das nukleare Wettrüsten. 1967 vermittelte er seine leidenschaftliche, radikale Politik einer neuen Generation, als er ein Kriegsverbrecher-Tribunal organisierte, das Amerikas Handlungen in Vietnam verurteilte. 1970 starb er im Alter von 97 Jahren, das er trotz sieben Gläsern Scotch pro Tag erreichte. Bertrand Russell bestärkte uns mit seinen über 40 Büchern und seinem brillanten Geist in dem Glauben, daß der Verstand die Probleme der Welt lösen könne.

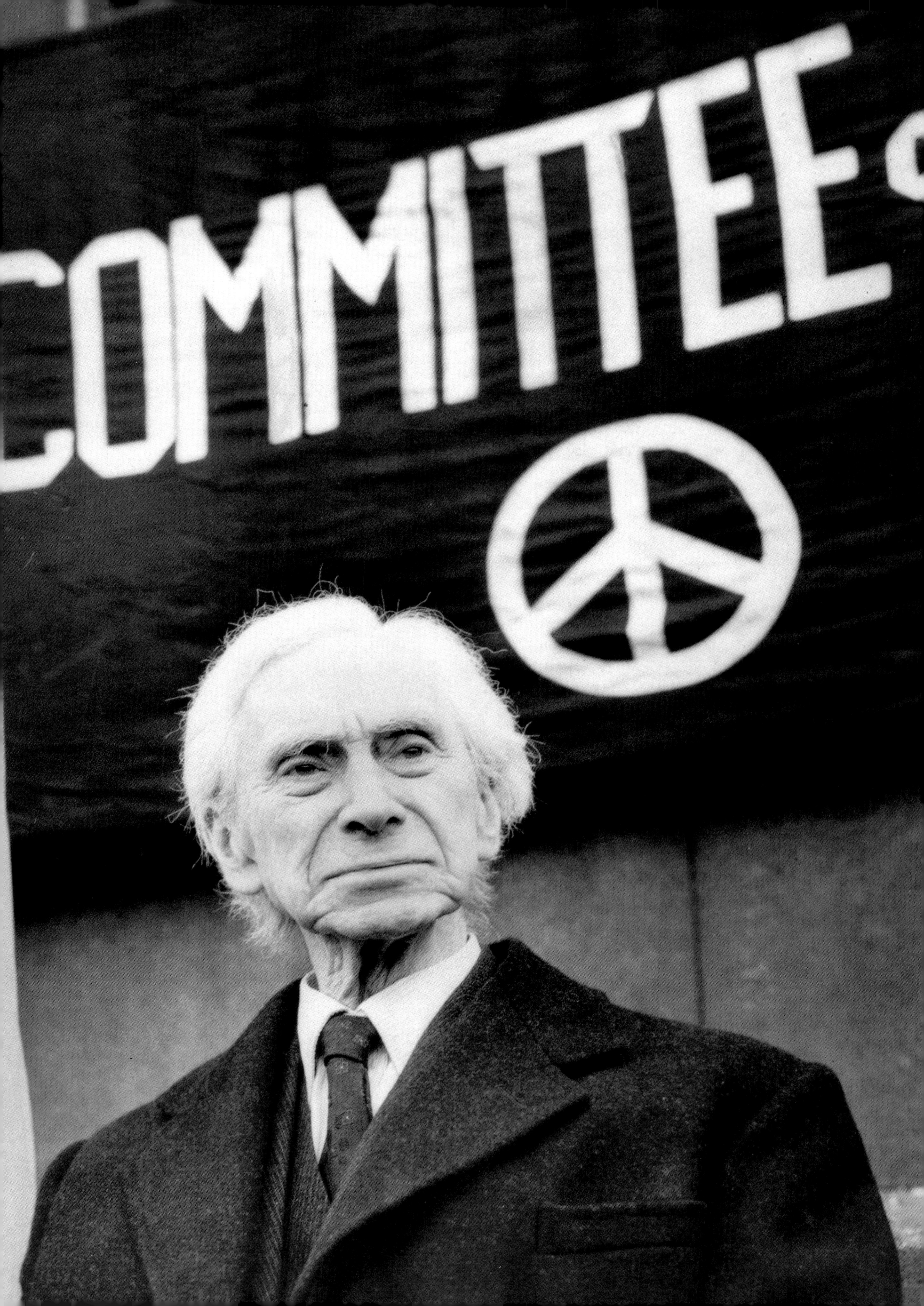
COMMITTEE

"BABE" RUTH

1895–1948

GEORGE HERMAN

DIE STATISTIK DER LEISTUNGEN von George Herman „Babe" Ruth faßt seine phantastische Karriere auf prägnante Weise zusammen: 60 Homeruns in einer Saison (1927), 714 Homeruns in 22 Jahren in der Major League, ein Batting Average von 0,342, ein Slugging Average von 0,690, insgesamt 1300 Strikeouts, 2056 Bases on Balls und 15 Homeruns in 10 Meisterschaftsspielen. Die Zahlen muten genauso eindrucksvoll und gewaltig an, wie es einst der 1,85 Meter große Sportler mit seinen 215 Pfund Gewicht war, der sie aufstellte. Doch machen sie diesen Publikumsliebling mit dem eiernden Gang schon zum größten Baseballspieler aller Zeiten? Wohl nicht. Selbst wenn auch anderen Spielern in der Zwischenzeit mehr Homeruns gelungen sind, so trafen sie doch nicht so perfekt das Grundgefühl der Zeit, wie es „Bambino" tat. Babe Ruth mit seinem ungeheuren Appetit (sowohl in sexueller wie in kulinarischer Hinsicht) war ein echter Held der Arbeiterklasse, ein unbeschwerter Genußmensch, der die Anstrengungen Amerikas verkörperte, puritanische Zwänge abzustreifen.

Viele Sporthistoriker schreiben es Ruths Verdienst zu, den Ruf des Baseball nach dem Skandal der World Series 1919 gerettet zu haben. Damals wurden die Spieler der favorisierten Chicago White Sox beschuldigt, käuflich zu sein und absichtlich ein Spiel verloren zu haben. Ruth füllte die Stadien mit seinen unglaublichen Schlägen und seinem nie ermüdenden Kampfgeist wieder. Er war kein Adonis, der jeden Morgen gut ausgeschlafen ein gesundes Frühstück zu sich nahm. Einmal soll er vor einem Spiel so viele Hotdogs gegessen haben, daß er wochenlang nicht mehr aufgestellt wurde. Der berüchtigte Regelbrecher wurde auch dafür bestraft, während des Winters bei Schauveranstaltungen gespielt zu haben – was in der Major League streng verboten ist –, so daß er erst sechs Wochen nach Saisonauftakt zu seinem Team, den New York Yankees, stoßen konnte. Seine Besuche in Bordellen und Kneipen waren weitaus häufiger als seine werbewirksamen Auftritte in Waisen- und Krankenhäusern. Dennoch war dieser geradlinige Sportler auf ganz besondere Weise mit dem Baseball und seinen Fans verbunden, indem er den Ehrgeiz von Millionen von Kindern auf den Sandplätzen Amerikas anfachte, die alle so werden wollten wie er.

Man sagt, daß Ruth aufgrund seiner eigenen schlimmen Kindheit tiefes Mitleid mit Kindern und Armen hatte. Als eines von fünf Kindern eines armen Saloonkeepers aus Baltimore geboren, verbrachte der kleine George Herman Ruth seine Jugend auf der Straße, da seine Eltern keine Zeit für ihn hatten. Glücklicherweise wurde er auf die St. Mary's Industrial School for Boys geschickt, wo ihm ein gewisser Bruder Matthias die Grundlagen jener Sportart beibrachte, die ihn eines Tages unsterblich machen sollte. Obwohl sich Babe Ruth schließlich mit seinem Vater aussöhnte, war es um sein Selbstbewußtsein nie sehr gut bestellt. „Ich schätze, ich bin einfach zu groß und häßlich, deshalb will keiner was mit mir zu tun haben", hatte er einmal einem Mitschüler auf St. Mary's anvertraut. Doch als er 1914 als Pitcher der Boston Red Sox in der Major League spielte, konnte er sich so viele Zigarren und so viele Kamelhaarmäntel leisten, daß jeder Lottokönig neidisch geworden wäre. Von Anfang an zog seine Show die Zuschauer in Scharen in die Stadien, seine harten Schläge gaben der konservativen Spielweise mit vorher festgelegten Strategien eine völlig andere Richtung.

In den vier Jahren als Pitcher bei den Red Sox legte Ruth den Grundstein für seine phänomenale Statistik. Mit dem Gewinn von 23 Spielen in zwei Jahren half er seiner Mannschaft, dreimal den Siegerwimpel der American League zu erringen, worauf er mit Recht stolz war; in den Meisterschaftsspielen 1916 und 1918 warf Ruth den Ball in 29 2/3 aufeinanderfolgenden punktlosen Innings dem Batter zu. Auch schlug er erstaunlich gut, was den damaligen Trainer Ed Barrow auf die Idee brachte, ihn im Outer Field einzusetzen, damit er bei jedem Spiel aufgestellt werden konnte. 1920 wurde ein weiterer Rekord aufgestellt, als der Besitzer der Red Sox, der in Geldnöten war, Babe Ruth für die noch nie dagewesene Summe von 125 000 Dollar an die New York Yankees verkaufte. Zehn Jahre später war er der bestbezahlte Spieler der gesamten Liga.

In den 15 Jahren, die Ruth für die Yankees spielte, mußte der Club ein neues Stadion bauen, um die Menschenmassen aufnehmen zu können. Die Presse gab dem Stadion den Namen „Das Haus, das Ruth gebaut hat". Als er seine neue sportliche Heimat einweihte, schlug er einen Homerun mit zwei Spielern auf dem Mal und gewann so das Spiel. Und wieder riß es die Zuschauer von ihren Sitzen, als er in der Yankee-Cub-Serie 1932 im Wrigley Field Stadion in Chicago einen legendären Homerun schlug. Eine Version schildert das Geschehen folgendermaßen: Als Babe Ruth an der Reihe war und beim ersten Wurf danebenschlug, grinste er breit in die Zuschauerränge und hielt einen Finger hoch. Beim zweiten Schlagfehler hielt er zwei Finger hoch. Als er dann auf eine Stelle im Center Field zeigte, gingen die Pfiffe in wilde Buhrufe über. Beim nächsten Wurf traf er, und der Ball kam genau an dem Punkt herunter, den er vorher angezeigt hatte – die Zuschauer brachen in Jubel aus. Die Yankees gewannen das Spiel und die Meisterschaft.

Am 25. Mai 1935 drängten sich die Massen durch die Drehkreuze des Forbes Field in Pittsburgh. Es war das letzte Spiel von „Big Guy". Er gab seinen Fans eine letzte Kostprobe seiner Donnerschläge und jagte drei Homeruns in die nicht überdachten Tribünen. 1948 streifte Babe Ruth sein berühmtes Trikot mit der Nummer drei noch einmal über, um mit einer großen Party seinen offiziellen Abschied vom Profisport und gleichzeitig den 25. Jahrestag der feierlichen Übergabe des Yankee-Stadions zu feiern. Kurz darauf, im August jenes Jahres, kehrten an die 115 000 Fans noch einmal dorthin zurück, um George Herman „Babe" Ruth die letzte Ehre zu erweisen.

IKONEN DES 20. JAHRHUNDERTS

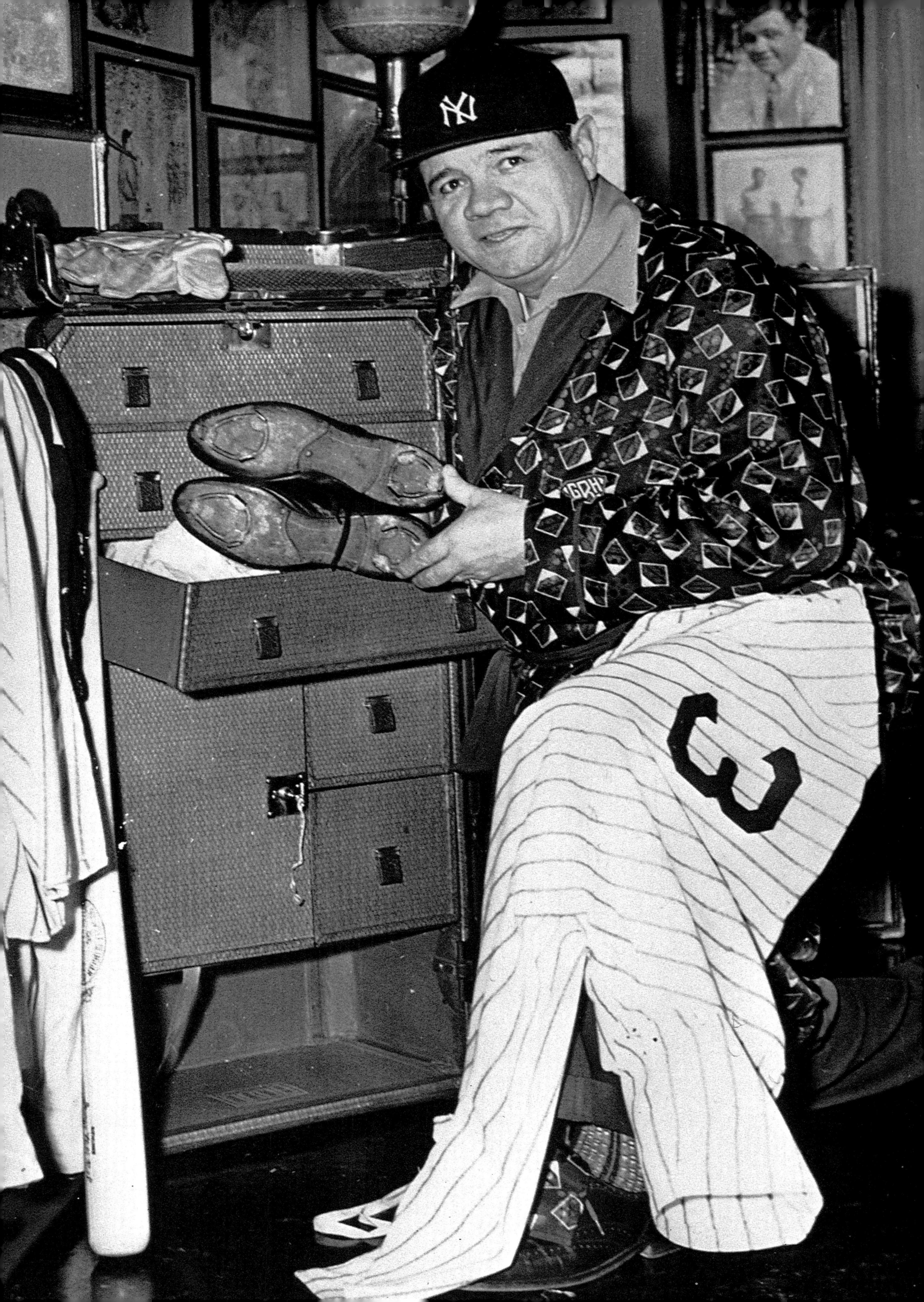
NY
3

MARGARET SANGER
1883–1966

FÜNFZIG JAHRE LANG führte Margaret Sanger einen Kreuzzug für die Empfängnisverhütung als Grundleistung des Gesundheitswesens. Auf der Suche nach einer Bezeichnung für das Ziel ihrer neuen Bewegung fielen Sanger und ihren Kollegen Begriffe wie „Familienplanung" oder „bewußte Generation" ein, doch schließlich einigte man sich auf „Geburtenkontrolle". Das klang recht harmlos, doch wenn Sanger diesen Ausdruck in ihren Zeitschriftenkolumnen und Vorträgen verwendete, löste sie damit regelmäßig kriegsähnliche Zustände aus.

Als Sanger 1912 unter der Schirmherrschaft von Lillian Walds Verein ambulanter Krankenschwestern ihre Arbeit in New Yorks Lower Eastside aufnahm, war „Empfängnisverhütung" in den Vereinigten Staaten nicht einfach nur ein Tabuwort, sondern ein geradezu obszöner Ausdruck. Selbst Ärzten war es qua Gesetz verboten, Informationen zu diesem Thema per Post zu verschicken. In der Überzeugung, Verhütung sei das Recht jeder Frau, kämpfte Sanger für die Befreiung ihres Geschlechts von der unterdrückenden Rolle als „Bruthenne". Ihr Traum war es, Informationen zur Geburtenkontrolle so lange zu verbreiten, bis Frauen von der Angst vor ungewollten Schwangerschaften befreit wären und endlich die Möglichkeit besäßen, ein selbstbestimmtes und sexuell erfülltes Leben zu führen.

Sanger hatte ihre Streitlust von ihrem Vater Michael Hennessey Higgins geerbt, einem abtrünnigen Katholiken, der in den Pubs von Corning, New York, für seine flammenden, freidenkerischen Reden bekannt war. Aufgrund solcher Auftritte fand er nur schwer Arbeit, denn als Steinmetz war er auf Aufträge der Kirche angewiesen. Also mußte Margaret als älteste Tochter mithelfen, die prekäre Finanzlage der Familie aufzubessern. Als Assistentin einer Hebamme lernte sie die schmerzlichen Folgen unerwünschter Schwangerschaften kennen. Ihre Hingabe und Aufopferung für diese Sache rührte aber zweifellos daher, daß sie dem Leiden ihrer eigenen Mutter hatte zusehen müssen. Da deren Tuberkulose nach jeder Geburt schlimmer wurde, war Anne Higgins nach 18 Schwangerschaften und elf Geburten körperlich so geschwächt, daß sie kaum noch sprechen, geschweige denn gehen konnte. Margaret war überzeugt, daß der sich ständig verschlechternde Zustand der Mutter durch das Austragen und Aufziehen zu vieler Kinder verursacht worden war. Anne Higgins starb mit 48 Jahren.

Während der Ausbildung zur Krankenschwester lernte die radikale Jugendliche den Architekten William Sanger, ein ebenso glühender Sozialist wie sie, kennen und heiratete ihn. Margaret Sanger war beeinflußt von den Überzeugungen Emma Goldmans, einer Aktivistin aus den Anfangstagen des amerikanischen Radikalismus, die oft bei den Sangers in Greenwich Village zu Gast war. Wie Goldman glaubte auch Sanger, das Ende der „sexuellen Sklaverei" der Frau sei die Voraussetzung für jede echte Reform. Als Geburtshelferin in Sozialsiedlungen machte Margaret Sanger viele ernüchternde und schreckliche Erfahrungen, insbesondere mit den oft furchtbaren Folgen unprofessionell durchgeführter Abtreibungen. Solche Erlebnisse veranlaßten sie, nach einer humaneren Alternative zu ungewollten Schwangerschaften und den äußerst gefährlichen Fünf-Dollar-Abtreibungen oder den noch verzweifelteren Methoden, die manche Frauen anwendeten, zu suchen. Doch obwohl Margaret Sanger ständig mit Medizinern zu tun hatte, fehlten ihr die praktischen Informationen, um die sie ihre Patientinnen oft baten. Für die sozialistische Tageszeitung *The Call* hatte sie schon mehrere Beiträge unter dem Titel „What Every Girl Should Know" verfaßt, die über die Vorbeugung von Geschlechtskrankheiten informierten. Dezidierte Informationen über Geburtenkontrolle, die zur allgemeinen Verbreitung geeignet und zugelassen waren, konnte man in Amerika nicht bekommen. Sanger durchforstete alle Bibliotheken an der Ostküste, fand jedoch nichts Verwendbares; Ärzte weigerten sich, ihr Auskunft zu geben. 1913 reiste sie nach Frankreich, wo sie erlebte, daß jede Hausfrau Zugang zu dem von ihr gesuchten Material hatte. Ein Jahr später verbreitete Sanger mit ihrer neuen Zeitung *The Woman Rebel* ihre Informationen über Sexualität.

Nach einer Auseinandersetzung mit Anthony Comstock, dem Initiator der Comstock Laws gegen Obszönität und Vorsitzenden der New Yorker Gesellschaft zur Unterdrückung des Lasters, wurde Sanger beschuldigt, „obszöne" Informationen zur Geburtenkontrolle per Post zu verschicken. Um einer Verhaftung zu entgehen, floh sie nach Europa, kehrte jedoch zurück, als sie immer bekannter wurde, und stellte sich dem Gesetz. 1915 gründete sie die Nationale Liga zur Geburtenkontrolle, der Vorläuferorganisation der Amerikanischen Föderation für Familienplanung; 1916 eröffnete sie in einem ehemaligen Ladengeschäft im Stadtteil Brooklyn ihre erste Klinik für Geburtenkontrolle.

1921 verließ Sanger ihren Mann und ihre drei Kinder (sie hatte immer erklärt, das Familienleben fülle sie nicht aus) und führte ihre Kampagne weltweit fort, hielt Vorträge und gründete Kliniken. Sie sammelte Millionenbeträge für ihre Sache, handelte sich aber auch einen lebenslangen Streit mit der katholischen Kirche ein, weil sie versuchte, Politiker und die öffentliche Gesundheitsfürsorge für die Unterstützung des kontrollierten Bevölkerungswachstums zu gewinnen. Ihr entschlossenes Handeln sollte das Leben unzähliger Frauen auf der ganzen Welt verändern.

Der Streit um Geburtenkontrolle ist heute noch ebenso festgefahren wie vor 80 Jahren, als diese zierliche, rothaarige Unruhestifterin vor ihrer Klinik Verhütungsmittel verteilte. Der soziale Aktivismus Margaret Sangers zeichnete sich inbesondere durch ihre Erkenntnis der Wechselwirkung zwischen Armut und Kinderzahl aus. Sie ermöglichte die Trennung zwischen sexuellem Vergnügen und Fortpflanzung und trug damit entscheidend zur Selbstbestimmung der Frau bei.

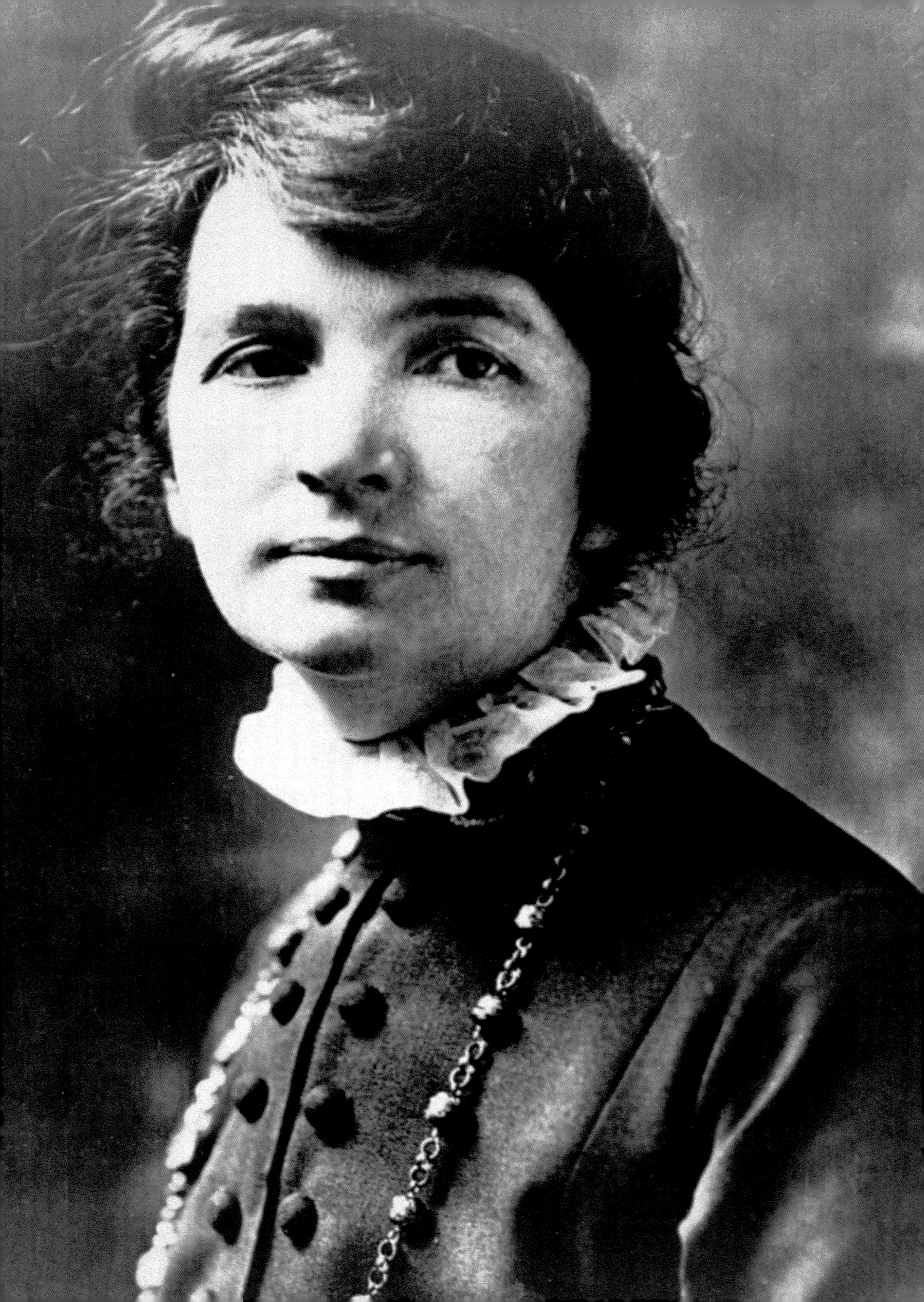

JEAN-PAUL SARTRE
1905–1980

DER FRANZÖSISCHE PHILOSOPH, Dramatiker und Romancier Jean-Paul Sartre gilt als Inbegriff des politisch engagierten Intellektuellen des 20. Jahrhunderts. Seine vielfältigen, häufig umstrittenen politischen Aktivitäten und seine sich stetig wandelnden Ansichten waren aufs Engste mit seiner existentialistischen Philosophie verknüpft. Die Kernaussage der Philosophie des Existentialismus, die von einer gott- und damit sinnlosen Welt ausgeht, lautet: Wenn es keinen Gott gibt und somit kein grundlegendes Muster der „menschlichen Natur", ist der Mensch so „wie er sich konzipiert". Er ist folglich nichts anderes als sein eigener Entwurf und existiert nur in dem Maße, in dem er sich selbst verwirklicht, als die Gesamtheit seiner Handlungen und Unterlassungen. Von seinem Engagement in der französischen Résistance während des Zweiten Weltkriegs über seine Aktivitäten im Nachkriegseuropa bis hin zu seiner Unterstützung von Revolutionären auf der ganzen Welt und seiner Ablehnung des Nobelpreises demonstrierte Sartre die Entscheidungsfreiheit des Einzelnen und das Übernehmen der Verantwortung für seine Entscheidungen. Er war für sein leidenschaftliches Engagement etwa gegen den Kapitalismus, gegen soziale Ungerechtigkeit und gegen den Kolonialismus berühmt sowie für seine ausgeprägte moralische Haltung.

Die 1944 formulierte zentrale These des Existentialismus, daß „der Mensch zuerst existiert, sich begegnet, in der Welt auftaucht und sich danach definiert", ließ ihn zum Gewissen Europas werden. Sartre zog nach Kriegsende mit Ende 40 gegen den latenten und deutlich spürbaren Antisemitismus in Frankreich zu Felde und bat selbst kurz vor seinem Tod noch, bereits schwerkrank und fast blind, im Elysée-Palast den französischen Staatspräsidenten um Hilfe für die vietnamesischen Flüchtlinge und die kambodschanischen Boatpeople.

Als einziges Kind einer katholischen Mutter und eines Marineoffiziers, der knapp zwei Jahre nach seiner Geburt starb, wuchs Sartre bei seinen protestantischen Großeltern in Paris auf. Mit vier Jahren konnte der frühreife Junge bereits lesen. Von den anderen Kindern zurückgewiesen, lebte er in seiner Phantasiewelt und fand Trost in der Literatur. Sein strenger Großvater, der ihn abgöttisch liebte, versuchte ihm vergeblich seine literarischen Ambitionen auszureden. Die Wörter wurden zum Zentrum seines geistigen Kosmos: „Indem ich schrieb, existierte ich", erklärte er 1964 in seiner berühmten Autobiographie *Die Wörter*.

Nach dem Abitur studierte Sartre Philosophie an der Ecole Normale Supérieure und lernte dort Simone de Beauvoir kennen. Obwohl sie niemals heirateten, verband Sartre und die brillante Schriftstellerin ihr Leben lang eine tiefe geistige Verwandtschaft. Trotz zahlreicher Affären beider währte ihre Beziehung bis zu Sartres Tod.

Ein Leben lang war Sartres Philosophie untrennbar mit seinem künstlerischen Schaffen verbunden. Ausgehend vom Rationalismus Descartes' geriet Sartre in den 30er Jahren immer stärker unter den Einfluß der Phänomenologie Edmund Husserls. Seine eigenen existentialistischen Anschauungen, die Sören Kierkegaard und Martin Heidegger viel verdanken, fanden 1938 ihren Niederschlag in seinem ersten Roman *Der Ekel*. In diesem Werk, das stark autobiographische Züge trägt, schildert der Erzähler Roquentin in Tagebuchform seine Abscheu vor der eigenen Körperlichkeit und versucht, dieses Dilemma durch das Schreiben zu überwinden. Ein Jahr nach Erscheinen wurde Sartre, der an verschiedenen Gymnasien als Philosophielehrer tätig war, zum Militär eingezogen. Nach neunmonatiger Kriegsgefangenschaft in Deutschland kehrte er 1941 nach Paris zurück, war in der Résistance aktiv und setzte sich mit seinen politischen Flugschriften und seinem Stück *Die Fliegen* aus dem Jahr 1943 der Gefahr erneuter Inhaftierung aus.

Noch im selben Jahr erschien sein philosophisches Hauptwerk *Das Sein und das Nichts*. Sartre legte hier seine berühmte, von Simone de Beauvoir als „Ästhetik des Widerstands" bezeichnete Theorie dar, derzufolge das menschliche Bewußtsein ein Nichtsein ist, da es, anders als die physische Welt, nicht auf Kausalität gegründet ist. Bewußtsein und menschliche Existenz seien daher frei. Es folgten noch vier weitere philosophische Schriften, neun Theaterstücke und drei Romane. In einer Zeit, die durch die Unfähigkeit der Menschheit, ethischen Geboten zu folgen, an Moral einbüßte und von Mutlosigkeit und Resignation gekennzeichnet war, fiel Sartres Ruf nach selbstbestimmtem, verantwortungsbewußtem Handeln auf fruchtbaren Boden.

Sartre wollte seine existentialistische Weltanschauung mit der Gesellschaftslehre von Karl Marx und später, in seiner Biographie über Gustave Flaubert, mit der Psychoanalyse in Einklang bringen und widmete seine ganze Aufmerksamkeit jenen, die in seinen Augen die gesellschaftlich Unterdrückten waren. Er schloß sich politischen Bewegungen an, organisierte Kundgebungen und gab die Zeitschrift *Les Temps Modernes* heraus, deren Mitbegründer er war. Sartres politische Ansichten wandelten sich mit den Jahren, und selbst sein Verhältnis zum Kommunismus war sehr vielschichtig und kompliziert. Obwohl sein freundschaftliches Verhältnis zur Sowjetunion angesichts des russischen Einmarsches in Ungarn im Jahr 1956 einem „Grauen" wich, besuchte er die UdSSR neunmal innerhalb von nur vier Jahren. Zugleich protestierte er vehement gegen die Menschenrechtsverletzungen, auf die er dort stieß.

1964 lehnte Sartre den Nobelpreis für Literatur mit der Begründung ab, seine Integrität als Schriftsteller wahren zu wollen. Er suchte mit fortschreitendem Alter Trost im Maoismus, einer Ideologie, die wie der Marxismus auf der Macht des Volkes basiert. Für Sartre, der in den 60er Jahren als einer der geistigen Väter der internationalen Studentenbewegung galt, waren die chinesischen Kommunisten der Inbegriff politischen „Engagements", jener Eigenschaft, die andere, selbst seine Kritiker, so sehr an ihm schätzten.

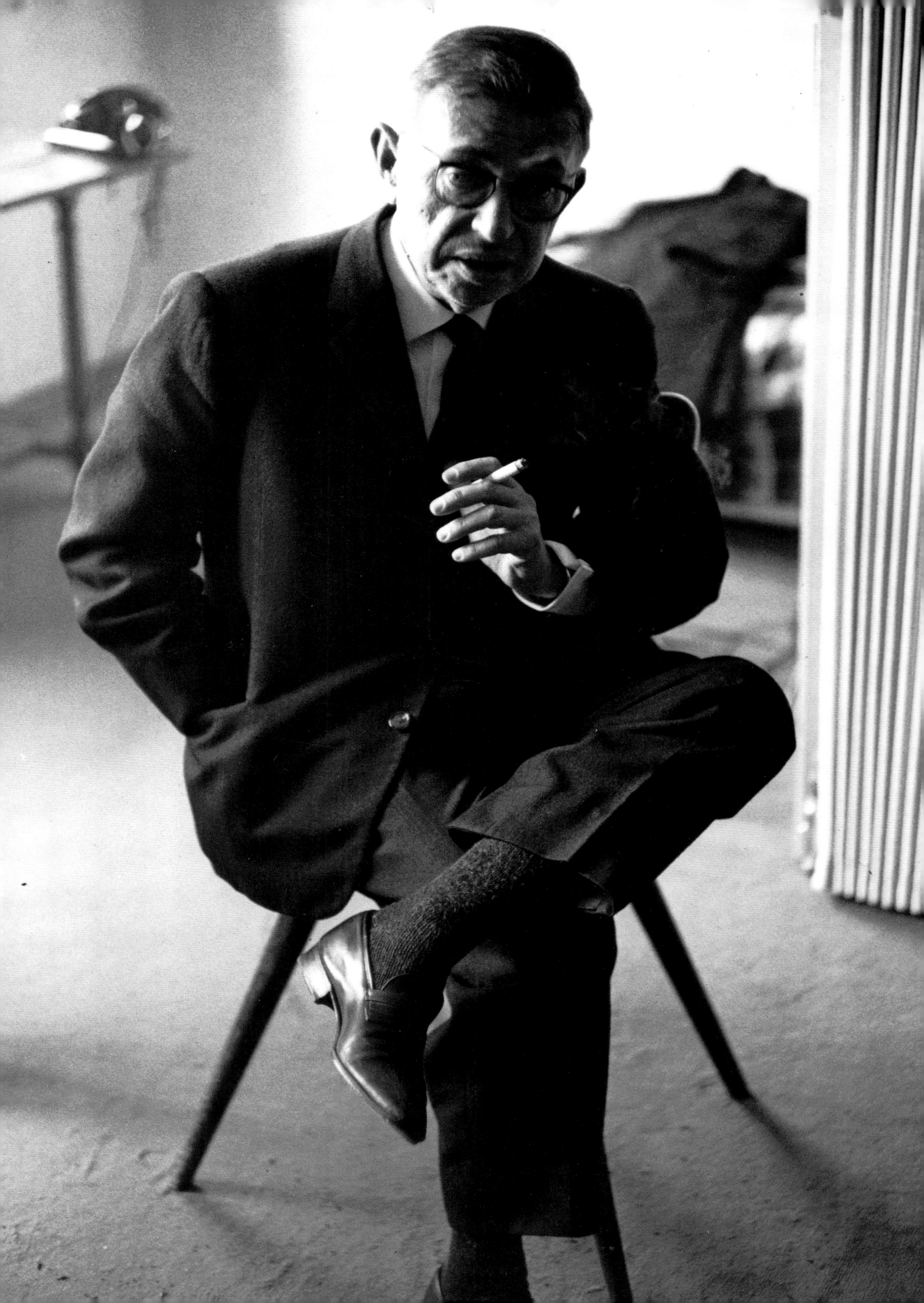

ALBERT SCHWEITZER
1875-1965

AM ENDE EINES LANGEN Arbeitstages in seinem primitiven Tropenhospital in Lambarene spielte Dr. Albert Schweitzer oft auf seinem Klavier, einem Geschenk der Pariser Bach-Gesellschaft, Orgelkompositionen. Ein seltsames Bild: der weißhaarige Messias des Urwaldes allein im schwachen Mondschein des Äquators, vor sich die Noten seines Lieblingskomponisten. Das ganze abwechslungsreiche und außergewöhnliche Leben Schweitzers faßt dieser Ausschnitt zusammen: 90 Jahre Forschung und Selbstaufopferung, in denen er als Arzt, Missionar, Philosoph, Theologe, Musikwissenschaftler, Organist und Pädagoge berühmt wurde.

In seinem streng lutherischen Elternhaus im Elsaß entwickelte Schweitzer seine Hingabe an die Musik und Mitgefühl für das Leid anderer. Anregungen verdankte er seinem Vater, einem Pastor, der ihm im Alter von fünf Jahren das Klavierspielen beibrachte und ihm Geschichten von mutigen Missionaren im fernen Afrika erzählte. Als 21jähriger Student schwor sich Schweitzer, nach dem Examen seine Fähigkeiten in den Dienst der Armen der Welt zu stellen – aus Dankbarkeit für sein eigenes, von Gott geschenktes, bescheidenes, aber angenehmes Leben. Es war ihm immer „undenkbar" vorgekommen, daß er ein glückliches Leben führen sollte, während so viele andere um ihn herum „mit dem Leid zu kämpfen hatten". Diese mitfühlende Haltung Schweitzers, sein tiefer Glauben und seine Überzeugung, daß Taten wichtiger seien als Worte, drückte sich in seiner Losung von der „Ehrfurcht vor dem Leben" aus. Sie hielt er für eine moralische Notwendigkeit, die alles Sein heiligt und von einem jeden verlangt, „daß er einen Teil seines eigenen Lebens für andere opfert".

Im Alter von 30 Jahren tat Schweitzer genau dies. Zu diesem Zeitpunkt hatte er schon eine bemerkenswerte akademische Laufbahn hinter sich: ein Studium an der Pariser Sorbonne, Promotion sowohl in Philosophie als auch in Musikwissenschaft sowie ein Lizentiat in Theologie von der Universität Straßburg. Auch das erste seiner rund 40 Bücher, *Die Religionsphilosophie Kants*, war erschienen und das bahnbrechende Werk *Johann Sebastian Bach* bereits geschrieben, eine zweibändige Biographie, frei von jedem romantischen Sentimentalismus. Darüber hinaus hatte er mit seinem theologischen Meisterwerk begonnen, der *Geschichte der Leben-Jesu-Erforschung*, die gegen die Trennung des biblischen Jesus vom historischen argumentierte – ein theologischer Ansatz, der den Grundstein für den säkularen Humanismus legte.

Ein Aufruf an Ärzte in einer Missionarszeitschrift veranlaßte Albert Schweitzer, der zu diesem Zeitpunkt als Geistlicher und Direktor eines theologischen Stifts tätig war, sich auf tropische Krankheiten zu spezialisieren. 1913 verließ er mit seiner Frau und langjährigen Assistentin Hélène Breßlau Straßburg und brach nach Lambarene in Französisch-Äquatorialafrika, dem heutigen Gabun, auf. Die folgenden Jahre bestanden aus harter körperlicher Arbeit, dem ständigem Kontakt mit tropischen Krankheiten und nicht zuletzt dem mühsamen Auftreiben von Spendengeldern. Doch das Paar ließ sich nicht entmutigen.

Das Leben am Ogowe war hart und das medizinische Personal unzuverlässig. Obwohl Schweitzers Auftreten altmodisch europäisch, manchmal auch schroff oder autoritär war, bemühte er sich, seine Behandlungsmethoden den einheimischen Traditionen anzupassen. Hier hielt man es für selbstverständlich, daß sich die gesamte Familie an der Pflege eines kranken Angehörigen beteiligte. Perfektion konnte man am „Rande des Reiches Gottes" jedoch nicht erwarten, wo es keine Elektrizität gab und die Tiere in den Häusern ein- und ausgingen. Schweitzers afrikanische Patienten wußten seine harte Arbeit zu schätzen, auch wenn Kritiker ihm später Geltungsbedürfnis, eine bevormundend herablassende Art und unhygienische Zustände im Hospital vorwarfen.

Der Erste Weltkrieg brachte besonderes Unglück über den Arzt: Schweitzer wurde in der von den Franzosen kontrollierten Region als Feind angesehen, da er aus dem Elsaß stammte, das damals zu Deutschland gehörte. So wurden er und seine Frau im Herbst 1917 als Zivilgefangene nach Frankreich verschickt. 1924, nach der Veröffentlichung seines philosophischen Hauptwerks *Kultur und Ethik*, in dem er seine Theorie von der „Ehrfurcht vor dem Leben" ausführlich darlegt, kehrte Schweitzer nach Lambarene zurück. Als er die Gebäude in überwiegend baufälligem Zustand und überwuchert von Pflanzen vorfand, baute er sein Krankenhaus in größerem Maßstab wieder auf. Von seinem 50. Lebensjahr an reiste er regelmäßig nach Europa, hielt Vorträge, berichtete über seine Arbeit und gab seine denkwürdigen Orgelkonzerte, um Geld für Medikamente und die in Planung befindliche neue Leprastation zu sammeln. Inzwischen war Schweitzer in der ganzen Welt so bekannt geworden, daß er nach dem Zweiten Weltkrieg, währenddessen das Spital dadurch gefährdet war, daß zeitweise keine Arzneimittel mehr geliefert wurden, seine Position dazu nutzen konnte, der drohenden Gefahr des heraufziehenden atomaren Zeitalters den Kampf anzusagen. 1952 erhielt er den Friedensnobelpreis; drei Jahre später gab er in einer Radioansprache seine „Gewissenserklärung" ab und rief dazu auf, die Regierungen zum Stop von Atomtests zu zwingen.

Mit der Zeit wurde Schweitzer zu einer Zielscheibe des Spotts. Da man mittlerweile die Wichtigkeit ethnischer und kultureller Selbstbestimmung erkannt hatte, legte man nun bei der Beurteilung seiner Arbeit „modernere" Maßstäbe an. In seinem zerknitterten weißen Kittel und mit dem Tropenhelm auf dem Kopf schien er tatsächlich den typischen weißen Mann zu verkörpern, der die Last des 19. Jahrhunderts auf seinen Schultern trug. Dennoch bleibt er vielleicht der berühmteste Christ der ersten Hälfte des Jahrhunderts, ein Vorbild an aufopfernder Nächstenliebe.

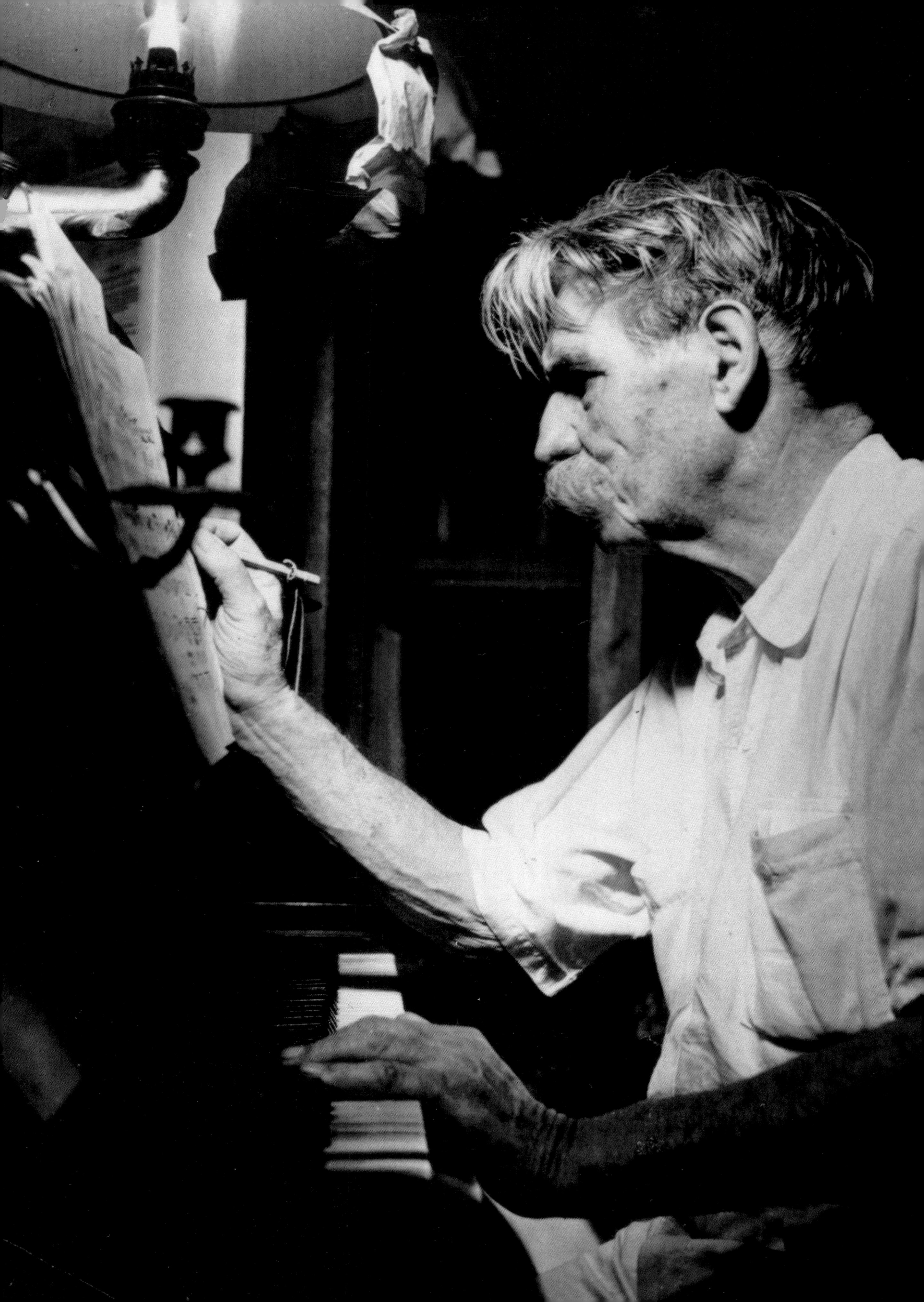

SHAW
GEORGE BERNARD
1856-1950

DER VIELSEITIG GEBILDETE George Bernard Shaw war ein Meister der englischen Sprache und zugleich ein Theatervisionär, der das Schauspiel aus dem viktorianischen Zeitalter in die Moderne führte. Seine Ideendramen lebten von seinem ausgezeichneten Sprachgefühl, seinem Sinn für Witz und von überzeugender Charakterzeichnung. Sein Publikum forderte Shaw mit einem anspruchsvollen und provokativen Theater heraus, im privaten Kreis schätzte man ihn als großmütigen und warmherzigen Freund.

Seine lange und beeindruckende Karriere und die unangefochtene Vorrangstellung in der Geschichte des Ideendramas ließ seine Bewunderer oft vergessen, daß sich der Erfolg bei ihm erst nach vielen Jahren harter Arbeit eingestellt hatte. Shaw, einer der meistgespielten Dramatiker des 20. Jahrhunderts, wurde als Sohn eines Alkoholikers in Dublin geboren. Außer Armut lernte er in seinem Elternhaus einzig den sarkastischen Humor seines Vaters kennen und schätzen, den er durchaus teilte. Da das Geld seiner Eltern für mehr nicht reichte, wurde er auf eine katholische Schule für Kinder der unteren Mittelschicht geschickt. Hier paßte der eigensinnige Junge überhaupt nicht hin, und im Alter von 15 Jahren brach er die Schule ab, um sich mit Hilfs- und Büroarbeiten durchzuschlagen. Der nüchterne Arbeitsalltag kam jedoch seinen literarischen Neigungen nicht im geringsten entgegen.

1876 ging Shaw nach London, wo er an seinem ersten von insgesamt fünf unveröffentlichten Romanen zu arbeiten begann. Erst zwölf Jahre später fand er regelmäßige Arbeit als Journalist und schrieb unter anderem eine geistvolle Musikkolumne für den *Star*. Fehlendes handwerkliches Können glich er durch einen messerscharfen Sinn für Ästhetik aus und durch seine Fähigkeit, Mittelmäßigkeit zu erkennen und bloßzustellen. Sein Geheimnis lag darin, das Richtige mit der größten Leichtigkeit zu sagen. Als er 1890 für die *World* zu schreiben begann, hatte er bereits eine treue Lesergemeinde.

Sein Ruf als Bühnenkritiker festigte sich bald durch seine Tiraden gegen die unrealistischen Dialoge und leeren Handlungen der Salonstücke, die zu jener Zeit Londons Bühnen dominierten. 1895 bis 1898 schrieb er Kritiken für die *Saturday Review*, in denen er seine eigene Theatertheorie entwickelte, die seiner tiefen Verachtung für die Verlogenheit gesellschaftlicher Konventionen entsprang. Shaw hielt das Theater für den idealen Ort, um Ideen zu vermitteln, wenn sie in einer realistischen Darstellung und in der Alltagssprache Ausdruck finden. Als Beispiel nannte er die Dramen Henrik Ibsens, über die er ausführlich schrieb. Doch während bei Ibsen die Psyche der Figuren im Vordergrund stand, ging es Shaw um die sozialen – und damit politischen – Verhältnisse, denen seine Figuren unterworfen waren. Sein Ruf als Gegner des literarischen Establishments festigte sich, als er 1884 die Fabian Society mitbegründete, eine sozialistische Vereinigung, die entgegen dem marxistischen Klassenkampfgedanken einen Sozialismus ohne Revolution anstrebte.

Erst 1892 entstand aus dem Gedankengeflecht von Ideologie, Drama und Kritik Shaws erstes Theaterstück *Die Häuser des Herrn Sartorius*. Unter den Applaus nach der Premiere mischten sich die Buhrufe eines einzigen Zuschauers. Shaws Reaktion darauf war: „Ich bin ganz Ihrer Meinung, aber was sind wir beide gegen so viele?" So wurde der streitbare Kritiker selbst zum Bühnenautor und zur Zielscheibe der Kritik. Mit *Candida* und *Der Teufelsschüler* (1897) stellte sich dann auch finanzieller Erfolg ein. Seine Tätigkeit als Kritiker gab Shaw bald darauf auf und heiratete die Irin Charlotte Payne-Townshend. Auch wenn das Ehepaar in beidseitigem Einverständnis auf Geschlechtsverkehr verzichtete, so mußte Shaw doch auf die Befriedigung seiner körperlichen Gelüste nicht verzichten, gab es doch eine ganze Reihe junger Frauen, die ihn bewunderten und mit denen er eng verbunden war – und dies manchmal nicht nur im übertragenen Sinn. Shaws Biographen haben das Sexualleben des Autors oft übertrieben. Er selber bekannte gegenüber der berühmten Schauspielerin Ellen Terry, seiner platonischen Seelenverwandten: „Ich habe ein unglaubliches Talent dafür, Frauen zu verletzen, obwohl ich eigentlich immer nur das Beste will." Abgesehen von seinen Liebschaften hatte er zwar viele Bekannte und Freunde, aber nur wenige waren wirklich eng mit ihm befreundet. Oscar Wilde faßte es sehr treffend zusammen: „Er hat keine Feinde, und keiner seiner Freunde mag ihn wirklich."

Anders als viele andere bedeutende Künstler feierte Shaw seine größten Erfolge erst spät im Leben. Dazu zählen Stücke wie *Mensch und Übermensch* (1903), *Man kann nie wissen* (1905) und *Androklus und der Löwe* (1912). Zwei Jahre nach der Uraufführung von *Die heilige Johanna* (1923) erhielt er den Nobelpreis für Literatur. *Pygmalion* (1913) kennen die meisten vor allem als Shaw-untypisches Broadway-Musical *My Fair Lady* (1956), das 1964 auch verfilmt wurde. Shaw hätte sich über dieses Geschenk zum 100. Geburtstag wenig gefreut. Alle süßlichen Töne auf der Bühne waren Zielscheibe seines unerbittlichen Spotts.

Shaw schrieb weiterhin Essays; während des Zweiten Weltkriegs schockierte er seine Leser mit der Aussage, er fände weder Hitler noch Stalin besonders abstoßend. Hochmütig erklärte er auch, er wolle nicht, daß seine Stücke in der Schule gelesen würden wie Shakespeares Dramen. Von denen hatte er in seinen Kritiker-Tagen ohnehin nicht viel gehalten, was, wie er später zugab, nicht zuletzt der Werbung für sich selber gedient hätte. Trotzdem zählen Shaws Theaterstücke heute genauso zum Literaturkanon und werden weiterhin regelmäßig gespielt. Noch immer bieten sie nicht nur Unterhaltung, sondern auch moralische Belehrung, die Shaw als wesentlich für „gutes Theater" galt.

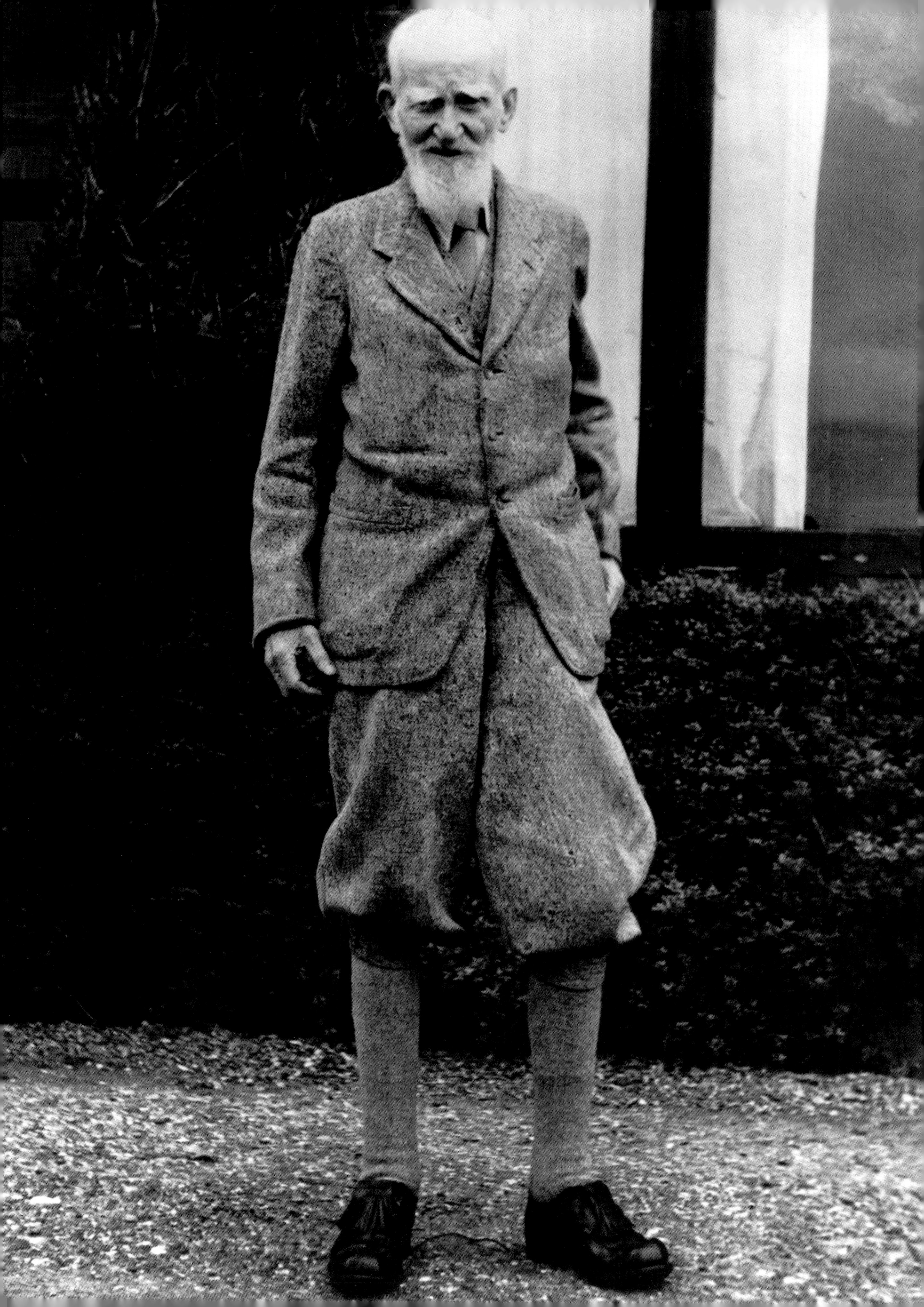

FRANK SINATRA
1915-1998

AN FRANK SINATRAS Entwicklung vom jungenhaften Schnulzensänger über den rüpelhaften Lebemann zum alternden Showstar kann man Amerikas Wachstum ablesen. Die Big Bands seiner Anfangszeit sind heute nur noch blasse Erinnerungen, doch während sich Sinatra und die Welt veränderten, blieb eines unverändert: seine Stimme. Als er jung war, umschmeichelten ihre weichen Töne liebevoll die zärtlichsten Liebeslieder; gegen Ende sang er weltlichere Balladen, und seine Stimme glitt cool und locker über die schweren Arrangements hinweg, die er nun vorzog.

Der in Hoboken im US-Bundesstaat New Jersey geborene Francis Albert Sinatra langweilte sich in der Highschool, die er schon im zweiten Jahr verlassen mußte. Unzufrieden mit seiner Arbeit als Packer für eine Lokalzeitung, brachte ihn ein Konzert von Bing Crosby zum Verdruß seiner Eltern auf die Idee, es mit Singen zu versuchen. Sein Vater Marty war ein ehemaliger Boxer, der inzwischen eine Kneipe betrieb; seine Muter Dolly, eine kräftige, zupackende Frau, hielt ihren aufsässigen Sohn im Zaum. „Aber nicht meine Mutter war hart", sagte Sinatra einmal über sie, „die Umgebung war hart." 1938 trat „Frankie Trent", wie er sich nannte, gegen ein Trinkgeld in der Rustic Cabin auf, einem Rasthaus in New Jersey. Der magere junge Mann sang bei jedem Radiosender vor, der ihn einließ, und erhielt schließlich einen Auftritt in der Radiosendung *Major Bowes' Amateur Hour*. 1939 hörte ihn der Trompeter Harry James im Radio und bot ihm einen Einjahresvertrag als Sänger bei seiner Band an. Sinatra akzeptierte, verließ James aber nach sieben Monaten, um sich dem Posaunisten Tommy Dorsey anzuschließen, dessen musikalischen Ausdruck und intelligente Atemtechnik Sinatra schnell übernahm. Die Jazz-Modulationen der Sängerin Billie Holiday nachahmend, entwickelte er einen eigenen Vortragsstil, der dramatisch-narrativ und zugleich sehr gefühlvoll war. Einige Jahre, nachdem er seine Freundin Nancy Barbato geheiratet hatte, verließ der Sänger 1942 Dorsey. Nun wurde er zu einer Sensation bei schmachtenden Backfischen, die auf ihn so reagierten wie deren Kinder später auf Elvis Presley. Sinatra sah einen Zusammenhang zwischen diesem Phänomen und der „großen Einsamkeit" des Zweiten Weltkriegs: „Ich war der Junge im Laden um die Ecke, der Junge, der in den Krieg gezogen war."

Als die Soldaten heimkehrten, zog es Sinatra nach Hollywood. Dort debütierte er 1943 in dem Film *Higher and Higher* und spielte danach in einer Reihe leichter Musicals wie *Urlaub in Hollywood* (1945) und *Heute gehen wir bummeln* (1949) mit. 1947 jedoch gab es einige Rückschläge für Sinatra: Als leidenschaftlicher Verfechter von Bürgerrechten wurde er von Klatschkolumnisten und dem Ausschuß des Repräsentantenhauses gegen „unamerikanische" Aktivitäten (HUAC) gleichzeitig mit der Mafia und der kommunistischen Partei in Verbindung gebracht. Er verlor auch seine samtene Stimme, sicherlich auch eine Folge der katastrophalen Ehe mit der Schauspielerin Ava Gardner und seiner berüchtigten Neigung zu Trinkerei und Hurerei. Während seine Filmrollen immer kleiner wurden und die Verkaufszahlen seiner Schallplatten sanken, blieb er herausfordernd wie immer, doch zum Einlenken bereit: Er attackierte den HUAC in der Presse, während er intern dem Druck nachgab und einen Mitarbeiter, der auf der schwarzen Liste stand, aus einem seiner Filme entfernte. Da er nicht bereit war aufzugeben, ließ er seine zum Stillstand gekommene Filmkarriere erfolgreich wiederaufleben, als er den Part des reizbaren Angelo Maggio in *Verdammt in alle Ewigkeit* (1953) übernahm. Für seine Leistung erhielt er einen Oscar. Danach wandte sich Sinatra, während er in einer Reihe von Filmen wie *Schwere Jungs, leichte Mädchen* (1955), *Der Mann mit dem goldenen Arm* (1955) und *Die oberen Zehntausend* (1956) mitwirkte, mit neuem Elan dem Singen zu und fand in den üppigen Arrangements von Nelson Riddle den perfekten Hintergrund für den Rohdiamanten, zu dem seine Stimme inzwischen geworden war.

Zusammen mit seinen Kollegen Dean Martin, Sammy Davis Jr., Peter Lawford und Joey Bishop – als „Rat Pack" bekannt und berüchtigt – machte Sinatra die Bars zwischen Los Angeles und Las Vegas unsicher, flirtete mit hübschen Revuemädchen und leistete Mafiosi wie Sam Giancana Gesellschaft. 1960 unterstützte Sinatra den „New Frontiersman" John F. Kennedy; sein Hit *High Hopes* wurde – mit einem neuen Text von Sammy Cahn – 1959 zur Erkennungsmelodie bei Kennedys Wahlkampf um die Präsidentschaft. 1966 heiratete Sinatra, mittlerweile 50 Jahre alt, die Schauspielerin Mia Farrow, damals 21, doch die Verbindung hielt kaum mehr als ein Jahr. Zehn Jahre später führte er Barbara Blakely zum Traualtar, die Witwe von Zeppo Marx. Während Sinatras stille, philanthropische Großzügigkeit zunahm, wurden seine politische Ansichten immer konservativer. Nach Kennedys Ermordung 1963 rückte er mehr und mehr in die Nähe von Richard Nixon und Ronald Reagan.

Obwohl er in den 70er und 80er Jahren weiterhin Musikaufnahmen machte und in Filmen mitspielte, alterte Sinatra nicht in Würde. Manchmal ließ er sein „sizilianisches Temperament" an der Presse aus und griff Journalisten an, die über seinen Abstieg berichteten. Seine neuen Freunde schienen es nicht zu bemerken – Ronald Reagan verlieh ihm 1986 die Freiheitsmedaille –, und das Publikum zeigte sich unberührt. Obwohl seine Stimme in den späteren Jahren etwas an Volumen verlor, erfreute er die Massen weiterhin mit Evergreens wie *Moonlight in Vermont*, *Fly Me to the Moon*, *All Or Nothing at All* und *My Way*. Für seine Fans war „Ol' Blue Eyes" noch immer der fingerschnippende Star, dessen Liebeslieder zwei Generationen davon überzeugt hatten, daß die Romantik das Wichtigste im Leben sei.

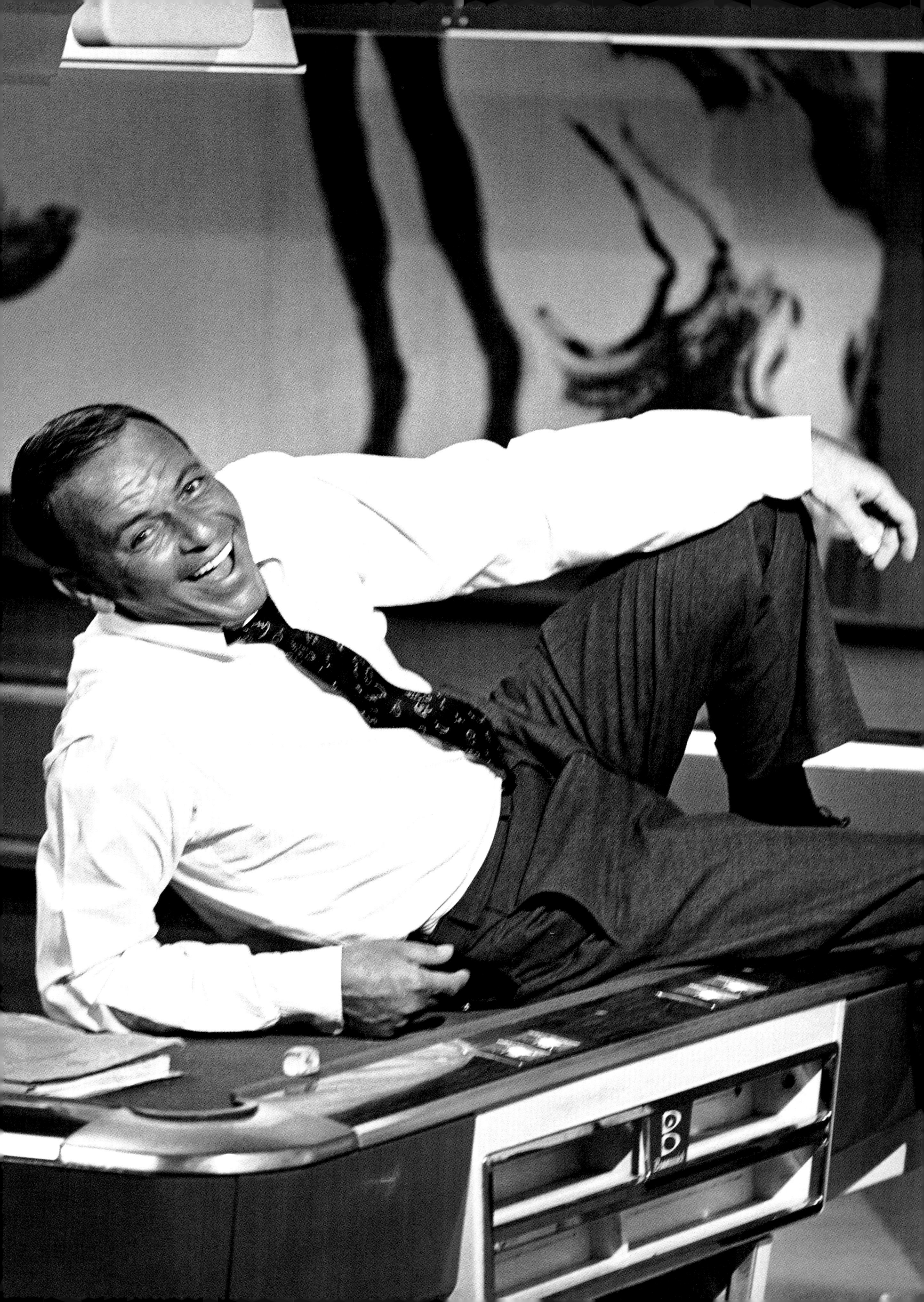

ALEXANDER SOLSCHENIZYN

*1918

DER RUSSISCHE SCHRIFTSTELLER Alexander Solschenizyn verbindet den Scharfblick und die Ausdauer eines großen Romanciers mit dem moralischen Rigorismus eines Propheten des Alten Testaments. Der Schriftsteller, der unter kommunistischer Regierung jahrelang im Zwangsarbeitslager interniert war, wird auf der ganzen Welt als literarischer Erbe Tolstois und Tschechows verehrt.

Solschenizyn wurde 1918, ein Jahr nach der Oktoberrevolution, geboren. Sein Vater, ein Artillerieoffizier, starb sechs Monate vor Alexanders Geburt, so daß der Junge bei seiner Mutter, einer Stenotypistin, und seiner Tante, Irina Schtscherbak – die seine Liebe zur Literatur weckte – in Rostov-na-Donu aufwuchs. Mit neun Jahren war Alexander bereits fest entschlossen, Schriftsteller zu werden.

Obwohl Solschenizyn überzeugter Marxist war, hielt er an den Zeremonien der russisch-orthodoxen Kirche fest, die er schon als kleiner Junge geliebt hatte. Nach dem Abitur am besten Gymnasium von Rostov besuchte er 1936 die dortige Universität, wo er seine erste Frau, Natalia Restetowskaya, kennenlernte. In die Flitterwochen nahm er Marx' *Kapital* mit.

Trotz seiner Leidenschaft für Literatur machte Solschenizyn 1941 sein Diplom als Mathematiker und wurde Lehrer für Mathematik und Astronomie am örtlichen Gymnasium. Als die Nazis in Rußland einmarschierten, wurde er in die Rote Armee einberufen. Artillerieoffizier wie sein Vater, wurde er 1944 mit einer Tapferkeitsmedaille für die Schlacht von Orel ausgezeichnet und zum Leutnant befördert.

Im Jahr darauf verhaftete ihn die russische Geheimpolizei unter dem dringenden Verdacht, einen Brief verfaßt zu haben, der antistalinistische Äußerungen enthalte. Ein inoffizielles Gericht beschuldigte ihn, maßgeblich an der Gründung einer neuen, streng leninistischen Partei beteiligt zu sein, und verurteilte ihn zu acht Jahren Zwangsarbeit. 1947 verlegte ihn die Regierung in das Gefängnis von Marfino, ein wissenschaftliches Forschungszentrum, wo er als Mathematiker arbeitete. Doch Solschenizyn, der sich inzwischen vom Marxismus losgesagt hatte, verweigerte jegliche Mitarbeit an den Forschungsprojekten. Wegen Ungehorsams gegenüber seinen Vorgesetzten wurde er 1950 in das Zwangsarbeitslager Ekibastuz, Kasachstan, verlegt. Sein Aufenthalt dort sollte ihm das Motiv für seinen ersten Roman *Ein Tag im Leben des Iwan Denissowitsch* liefern, den er auf winzige Papierfetzen schrieb.

1953, am dem Tag, als sein Peiniger Stalin starb, wurde Solschenizyn aus der Haft entlassen. Doch der Geist des Diktators verfolgte ihn weiter: Man schickte ihn ins „ewige Exil" nach Zentralasien. Seine Verbannung dauerte indes nur drei Jahre. 1956 hob man das Urteil gegen ihn auf und ließ ihn frei.

Solschenizyn begann wieder zu schreiben, hielt seine Manuskripte jedoch aus Furcht vor politischer Verfolgung geheim. Als die kommunistische Regierung nach ihrem 22. Parteitag einen gemäßigteren politischen Kurs einschlug, faßte Solschenizyn neuen Mut und legte der Zeitschrift *Nowy Mir* („Neue Welt") *Ein Tag im Leben des Iwan Denissowitsch* vor. Chruschtschow genehmigte die Veröffentlichung des Romans, und Solschenizyn wurde ein gefeierter Schriftsteller. Nach dem unerwarteten Rückzug Chruschtschows aus der Politik 1964 wurden Solschenizyns Manuskripte *Der erste Kreis der Hölle* (1968) und *Krebsstation* (1968) von der neuen, konservativen Regierung unter Leonid Breschnew beschlagnahmt. Mit einer Reihe scharfer Angriffe gegen die Partei und den sowjetischen Schriftstellerverband erregte Solschenizyn das tiefe Mißtrauen der Regierung.

Sein ungeheurer Erfolg in der übrigen Welt erwies sich im eigenen Land als große Gefahr. 1970 wurde Solschenizyn der Nobelpreis für Literatur verliehen, den er aus politischen Gründen ablehnen mußte. Mit *August Vierzehn* (1971), einer kritischen Auseinandersetzung mit dem deutsch-russischen Krieg und der Oktoberrevolution, brachte er die Regierung nur noch mehr gegen sich auf. Als schließlich sein Roman *Der Archipel GULAG*, ein schonungsloser Bericht über russische Straflager, veröffentlicht wurde, war der Höhepunkt erreicht. Er machte nicht nur Stalin und Lenin für die Gulags und die Verbrechen an Millionen von Menschen verantwortlich, sondern die gesamte sowjetische Nomenklatura.

Die so massiv angegriffene sowjetische Regierung nahm sofort Solschenizyns Sekretärin fest, die den Aufbewahrungsort des Manuskripts verriet und kurz darauf Selbstmord beging. Solschenizyn, der die Veröffentlichung seines Romans aus Rücksicht auf seine Informanten verschoben hatte, ordnete nun den sofortigen Druck des Buches an. Der erste Band gelangte heimlich nach Paris und kam im Dezember 1973 in die französischen Buchhandlungen. Zwei Monate später wurde der Schriftsteller aus der Sowjetunion ausgewiesen.

Solschenizyn ging schließlich nach Amerika, wo er ein kleines Haus kaufte. Doch kaum hatte er sich in Vermont häuslich niedergelassen, begann er die freien Sitten seiner Wahlheimat anzuprangern. Seine bisherigen Fürsprecher schockierte er darüber hinaus mit seiner These, daß eine gute russische Regierung nicht auf Demokratie, sondern auf einer autoritären Theokratie beruhe, die der Glaubenslehre der russisch-orthodoxen Kirche verhaftet sei. Ungerührt von der Kritik, schrieb Solschenizyn weiterhin Theaterstücke, Essays und Erzählungen. Seine Tiraden gegen den Verfall der westlichen Kultur wurden schließlich von einem unvorhergesehenen politischen Ereignis unterbrochen: dem Zusammenbruch der Sowjetunion. 1994 kehrte Solschenizyn noch einmal in sein Vaterland zurück. Bedauerlicherweise fand sein monumetaler Romanzyklus *Das rote Rad* über den Untergang des alten Rußland kaum Beachtung. Doch der Einfluß dieses Werkes auf die Weltliteratur wird sich spätestens im 21. Jahrhundert bemerkbar machen.

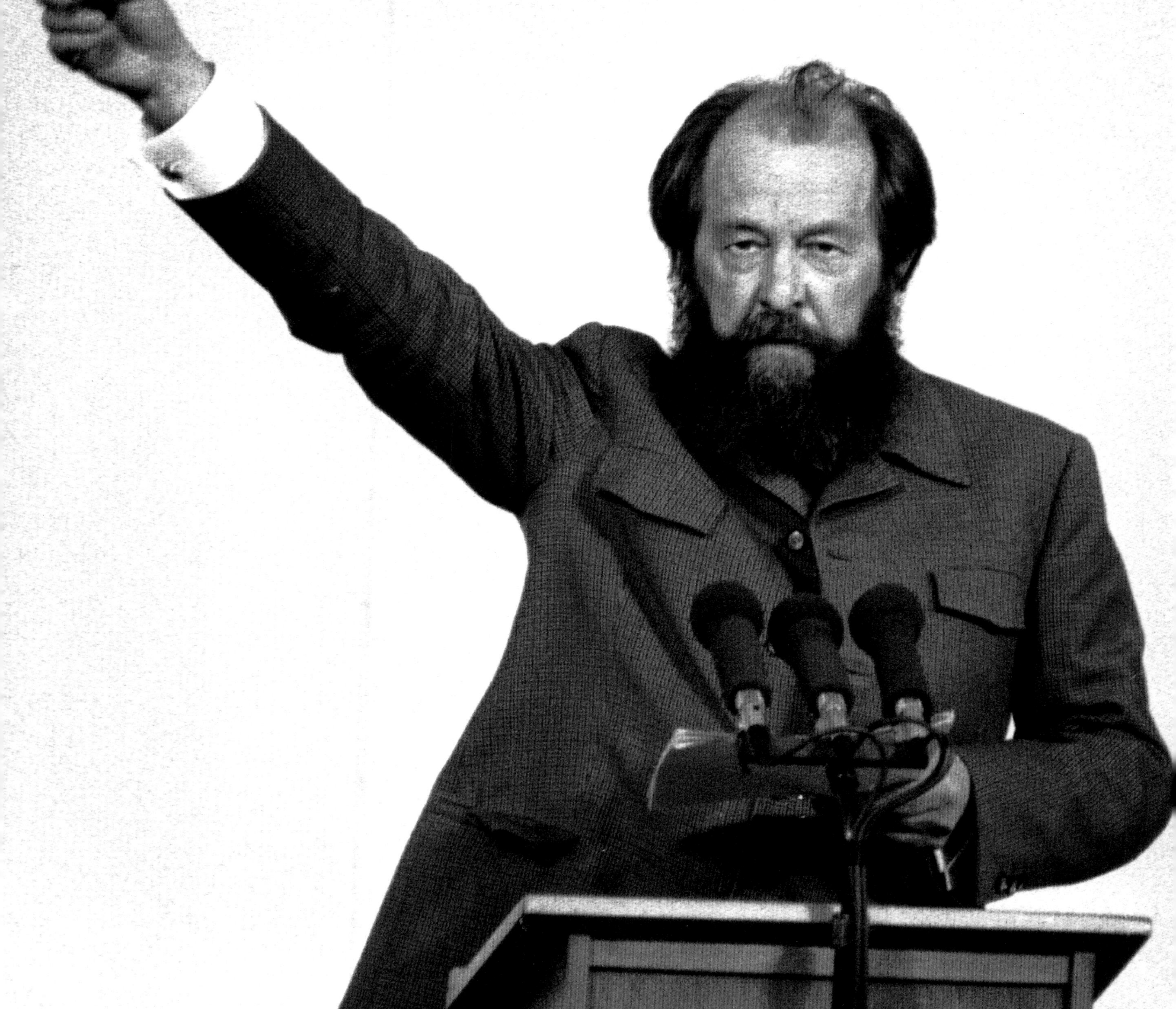

STEVEN SPIELBERG
*1947

NIEMANDEM IST ES GELUNGEN, so viele Zuschauer in die Kinos zu locken wie Steven Spielberg. Seine großen Kinohits *Der weiße Hai* (1975), *Unheimliche Begegnung der dritten Art* (1977), *Jäger des verlorenen Schatzes* (1981), *E.T., der Außerirdische* (1982) und *Jurassic Park* (1991) stehen ganz oben auf der Liste der größten internationalen Kassenschlager. Kein anderer Regisseur vor ihm schuf ein derart umfangreiches und stilistisch in sich geschlossenes Werk, in dem sich die Handschriften früherer Kinogrößen auf raffinierteste Weise miteinander vermischen. Und schließlich vermochte bislang nur Steven Spielberg, modernste Technik mit der Wärme gefühlvollen Geschichtenerzählens zu vereinen.

Dabei waren die Anfänge des „Königs der Regisseure", wie ihn einmal George Lucas, der berühmte Produzent der Krieg-der-Sterne-Trilogie nannte, alles andere als erfolgsverheißend. Steven Spielberg wurde als Sohn des Computerprogrammierers Arnold Spielberg und dessen Frau Leah Posner, einer Konzertpianistin, in Cincinnati im US-Bundesstaat Ohio geboren und wuchs, nachdem die Familie einige Zeit in New Jersey verbracht hatte, in einem verschlafenen Vorort von Phoenix, Arizona, auf. Obwohl seine Eltern ihm und seinen drei Geschwistern ausdrücklich verboten hatten, sich im Kino oder Fernsehen spannende Filme anzusehen, avancierte der Familienfernseher doch schon bald zum „dritten Elternteil". Als Spielberg sechs Jahre alt war und seine Eltern ihn in den Film *Schneewittchen und die Sieben Zwerge* mitnahmen, war der kleine Junge, der später mit seinen riesigen Dinosauriern und glühenden Ufos Millionen von Zuschauern in Angst und Schrecken versetzen sollte, so sehr über die böse Hexe aufgebracht, daß er einige Nächte hintereinander bei seinen Eltern schlafen wollte. Mit der 8-mm-Filmkamera seines Vaters zeichnete der einfallsreiche Junge mit Unterstützung seiner Schwestern und seiner wohlwollenden Mutter das Leben der Familie auf. Einmal bat er seine Mutter sogar darum, Kirschen in einem Schnellkochtopf zu garen, damit die Früchte nachher in alle Richtungen spritzten und er das „Blut" aufnehmen konnte.

Aber Spielbergs Kindheit verlief nicht immer so harmonisch. Seine Eltern stritten oft, die häufigen Umzüge der Familie machten ihm zu schaffen, und von seinen Mitschülern wurde er als Jude gehänselt. Spielberg empfand eine derartige Abneigung gegen die Schule, daß seine Noten darunter litten und ihm, obwohl er mit 13 einen Filmwettbewerb gewonnen hatte, die Aufnahme an der begehrten Film School der University of Southern California verwehrt wurde. Stattdessen besuchte er die Californian State University in Long Beach, wo er Englisch im Hauptfach studierte und sich unablässig Filme anschaute. Nach seinem zwanzigminütigen Kurzfilm *Amblin'*, für den ihn die Universal MCA Filmstudios für sieben Jahre unter Vertrag nahmen, drehte Spielberg 1971 seinen ersten Fernsehfilm *Duell*, der heute als Klassiker gilt. Dank seines großen Erfolgs entstand 1974 sein erster Kinofilm *The Sugarland Express*. Spielbergs raffinierte Technik beeindruckte die beiden Produzenten Richard Zanuck und David Brown, die ihn 1975 als Regisseur für den Horrorschocker *Der weiße Hai* engagierten. Dieser Kinofilm – ein Kassenschlager – machte Spielberg auf einen Schlag weltberühmt.

Bereits 1977 erregte er mit *Unheimliche Begegnung der dritten Art* Aufsehen. Dieser Film erzählt die ergreifende Geschichte des ersten Kontakts von Menschen mit außerirdischen Wesen und spiegelt neben der frühen Faszination des Produzenten und Drehbuchautors für Science-fiction vor allem auch sein außergewöhnliches Talent für große Gefühle, schnelle Action-Szenen und verblüffende Spezialeffekte auf der Leinwand wider. 1981 nahm Spielberg sein Erfolgsrezept in leicht abgewandelter Form wieder auf und drehte zusammen mit George Lucas *Jäger des verlorenen Schatzes*, den ersten von insgesamt drei Indiana-Jones-Filmen, der in Anlehnung an die gleichnamige Fernsehserie entstand. Bei den Sprechproben zu *Indiana Jones und der Tempel des Todes* lernte Spielberg die Schauspielerin Kate Capshaw, seine spätere Frau, kennen. *E.T., der Außerirdische* (1982), in den sämtliche Erfahrungen Spielbergs mit Walt Disneys herzzerreißenden Zeichentrickfilmen einflossen, wurde von einer völlig überwältigten Kritik als sein mit Abstand bester Film gefeiert.

Während E.T., der menschenähnliche Star aus dem Weltall, und sein kleiner Freund die Herzen Amerikas im Sturm eroberten, wurde der Schöpfer von E.T. nicht von allen in Hollywood so enthusiastisch gefeiert. Obwohl die Zeit für einen Oscar reif gewesen wäre, waren die enormen Einspielergebnisse, die er mit seinen Filmen erzielte und an denen Hollywood normalerweise den Erfolg eines Regisseurs mißt, mit einem Mal nur noch zweitrangig. Und als schließlich sein Dinosaurier-Thriller *Jurassic Park* 1993 alle Kassenrekorde brach und selbst *E.T.* weit in den Schatten stellte, warf ihm die Kritik Banalität, Oberflächlichkeit und mangelnde Originalität vor. Mit seinem ebenso erschütternden wie hoffnungsspendenden Holocaust-Epos *Schindlers Liste*, das noch im selben Jahr in die Kinos kam, sorgte Spielberg dann für große Verwirrung in der Filmbranche, die ihn am Ende schließlich doch mit zwei Oscars für die beste Regie und den besten Film auszeichnete.

1994 gründete Steven Spielberg mit dem ehemaligen Direktor der Disney-Studios, Jeffrey Katzenberg, und dem Filmmogul David Geffen die Produktionsgesellschaft DreamWorks, die in Fachkreisen als einflußreichstes Studio des 21. Jahrhunderts gehandelt wird. Dieses Studio finanzierte 1997 den Sklaven-Film *Amistad*, bei dem Spielberg selbst Regie führte. Außerdem arbeitet Spielberg mit dem Computernetzwerk Starbright World zusammen, das schwerkranken Kindern die Möglichkeit bietet, im Cyberspace miteinander zu kommunizieren.

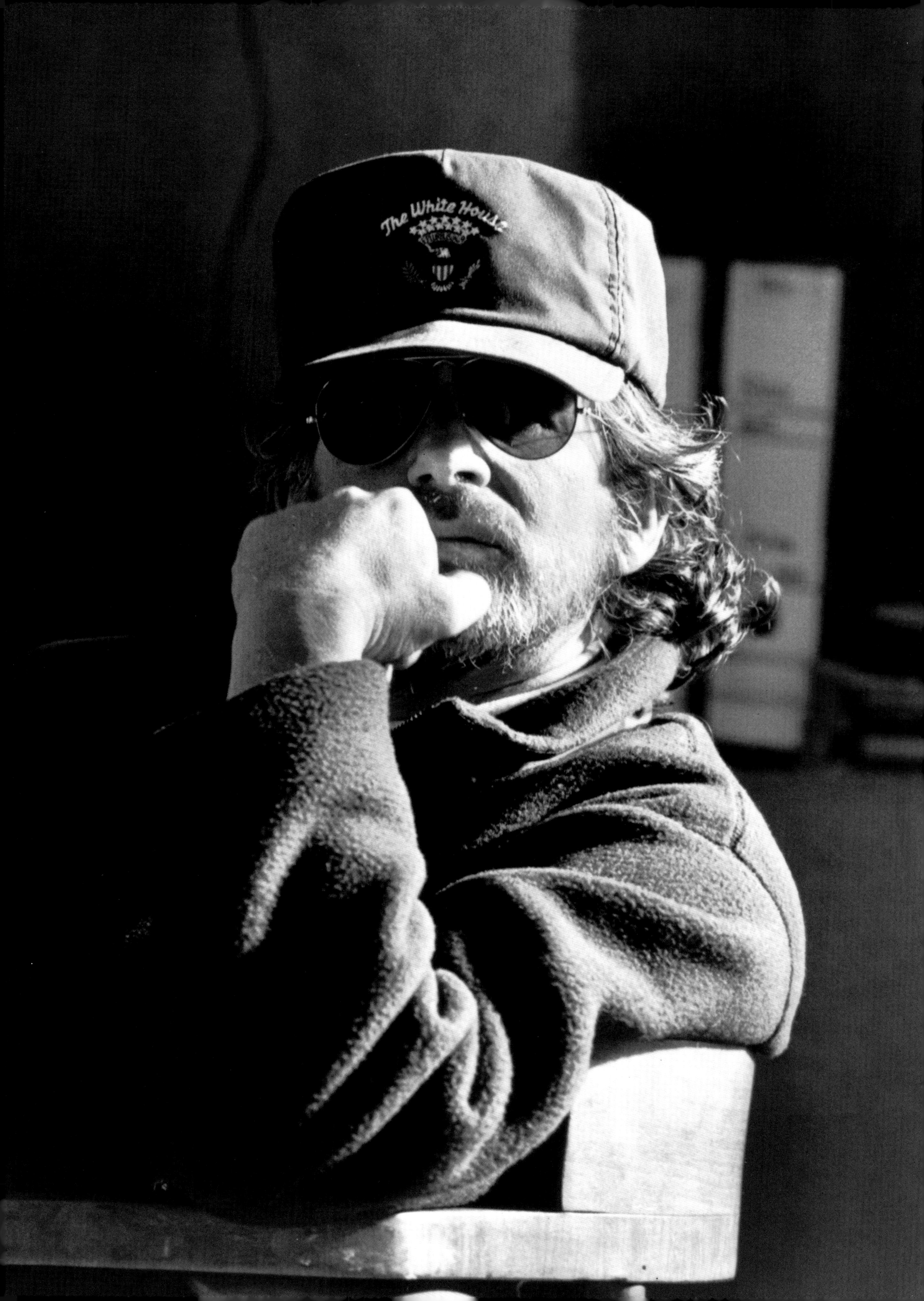
The White House

DR. BENJAMIN SPOCK
1903–1998

VIELE ELTERN VEREHRTEN Dr. Benjamin Spock als Erlöser ihrer Kinder, andere diffamierten ihn als unfreiwilligen Architekten der tabufreien Gesellschaft. Er beeinflußte die Erziehung von drei Generationen amerikanischer Kinder. Sein revolutionärer Baby-Ratgeber mit dem schlichten Titel *Säuglings- und Kinderpflege*, der 1946 mitten im ersten Baby-Boom-Jahr nach dem Krieg erschien, machte ihn auf Anhieb berühmt. Der Kinderarzt warf darin die strengen und manchmal überzogenen Erziehungsmethoden der Vergangenheit über Bord und präsentierte einen, wie er meinte, menschlicheren Ansatz. Eine gesunde Mischung aus Disziplin und Liebe würde, so hoffte er, zu einer gesunden und solidarischen Gesellschaft und dem Seelenfrieden der Eltern beitragen. Im Alter verzweifelte er jedoch an der Entwicklung der Gesellschaft, die seine Hoffnungen nicht erfüllt hatte. Viele seiner schärfsten Kritiker teilten seine düsteren Ansichten, schieben ihm allerdings die Mitschuld an der Krise zu.

Spock wurde 1903 in New Haven, Connecticut, als ältestes von sechs Kindern geboren. Sein ruhiger, bescheidener Vater, ein Anwalt, war der Sohn eines amerikanischen Bürgerkriegssoldaten. Geprägt wurde Spock jedoch vor allem von seiner streng puritanischen Mutter Mildred Stoughton. Moral und strenge Kontrolle waren die Grundpfeiler ihrer Erziehung, ständig horchte sie ihre Kinder über mögliche schändliche Gedanken oder Taten aus. Ihr Verständnis vom Muttersein basierte im wesentlichen auf dem Buch von Dr. Luther Emmett Holt *The Care and Feeding of Children*, in dem kindliches Wohlbefinden mit richtiger Nahrung gleichgesetzt wurde.

Unter diesen Bedingungen wurde aus dem kleinen Ben ein schüchterner, unsicherer Junge, der ständig von einem schlechten Gewissen geplagt wurde. Andererseits identifizierte er sich auch mit seiner Mutter, deren Erziehungsmethode er seinen späteren Beruf verdankte. All seine Geschwister wurden zu Hause geboren, und – so schrieb er in seiner Autobiographie – „die Tatsache, daß in regelmäßigen Abständen ein Arzt ins Haus kam, um ein Baby auf die Welt zu bringen, vermittelte mir eine realistische Vorstellung davon, wo Babies herkommen".

1919 wurde Spock nach Massachusetts auf die Phillips-Akademie geschickt – weit genug entfernt von seiner Mutter, um glücklich sein zu können. Anschließend ging er nach Yale, wo die 1,90 m lange „Bohnenstange" sich dem Sport widmete. Er sehnte sich danach, ein ganz normaler Jugendlicher zu sein, und als der Kapitän der College-Rudermannschaft ihn aufforderte, „diesen echten Männersport" auszuüben, trat er dem Ruderteam bei. 1924 errang er bei den Olympischen Spielen in Paris mit seiner Rudermannschaft die Goldmedaille. Obwohl er nie ein besonders guter Schüler war, reichte sein durchschnittlicher Abschluß doch für ein Medizinstudium gerade aus. Er besuchte die medizinischen Fakultäten in Yale und Columbia und erwarb 1929 den Doktortitel. Zwei Jahre zuvor hatte er Jane Davenport geheiratet, mit der er zwei Söhne hatte.

Zu einer nationalen Berühmtheit wurde er, nachdem er 17 Jahre in seine kinderärztliche Ausbildung investiert hatte. Um sich mit der neuen Forschung über die Vermeidung psychischer Schäden bei Kindern befassen zu können, schrieb er sich am Psychiatrischen Institut von New York ein. Bei dem Direktor des Instituts studierte er Psychoanalyse. Hier lernte er auch eine seiner frühen Mentorinnen, Caroline Zachry, kennen, die führend war auf dem Gebiet progressiver Erziehung. Er nahm an ihrem Seminar zur Persönlichkeitsentwicklung teil. Spock selbst unterrichtete in Cornell und beriet die New Yorker Stadtgesundheitsbehörde auf dem Gebiet der Kinderpsychiatrie.

Dann regte ihn ein Herausgeber bei Pocket Books an, ein Buch über Säuglings- und Kinderpflege zu verfassen, weil er überzeugt war, Amerika brauche unbedingt eine Alternative zu der vorherrschenden „wissenschaftlichen" Theorie, elterliche Liebe und Zuneigung seien schädlich für das heranwachsende Kind. Entgegen der eisernen Vorschrift, Babies müßten nach einem geregelten Zeitplan gefüttert werden und dürften nicht aufgenommen werden, wenn sie schrien, riet Spock den Eltern: „Vertrauen Sie auf sich selbst. Sie wissen mehr als Sie glauben."

Als *Säuglings- und Kinderpflege* für 25 Cents 1946 erschien, war es ein Riesenerfolg. Spock hatte gehofft, 10 000 Exemplare im Jahr verkaufen zu können, doch es wurde zum meistverkauften Buch aller Zeiten, mit einer Auflage von über 46 Millionen in über 30 Sprachen. Die Reaktionen waren allerdings nicht nur positiv. Spocks Gegner kritisierten ihn als zu liberal, da er alle Arten von Fehlverhalten häufig als durchaus normal bezeichnete und entschuldigte. Man machte ihn sogar für den Aufruhr verantwortlich, der von der herangewachsenen Baby-Boom-Generation in den 60ern ausging. Er lehrte seine Methode an den Universitäten von Minnesota, Pittsburgh und an der Western Reserve University sowie in der Mayo Clinic und am Rochester Child Health Institute in Minnesota. Im Fernsehen gab er Millionen von jungen Eltern Tips zum Zahnen und zur Sauberkeitserziehung.

Der Vietnamkrieg war Dr. Spocks größte ethische Herausforderung. Überzeugt, daß Krieg für Kinder ein ebenso großes Unglück bedeutet wie Krankheit und Unterernährung, rief er die Menschen zu gewaltlosem Widerstand gegen den Krieg auf. Sein Pazifismus führte zu mehreren Gefängnisaufenthalten und sein Aufruf zur Wehrdienstverweigerung 1967 zu einer Verurteilung wegen des Verstoßes gegen das U.S.-Wehrgesetz. 1971 ließ er sich von der People's Party als Präsidentschaftskandidat aufstellen, und 1986 kletterte er in Cape Canaveral über einen Drahtzaun, um gegen Raketentests zu protestieren. Sein langes Leben schrieb er seiner gesunden Ernährung, der Meditation und seiner fürsorglichen zweiten Ehefrau Mary Morgan zu. Bis zum Schluß fühlte er sich für das Wohlergehen künftiger Generationen verantwortlich – ein moralischer Imperativ, den er auf den Knien seiner Mutter gelernt hatte.

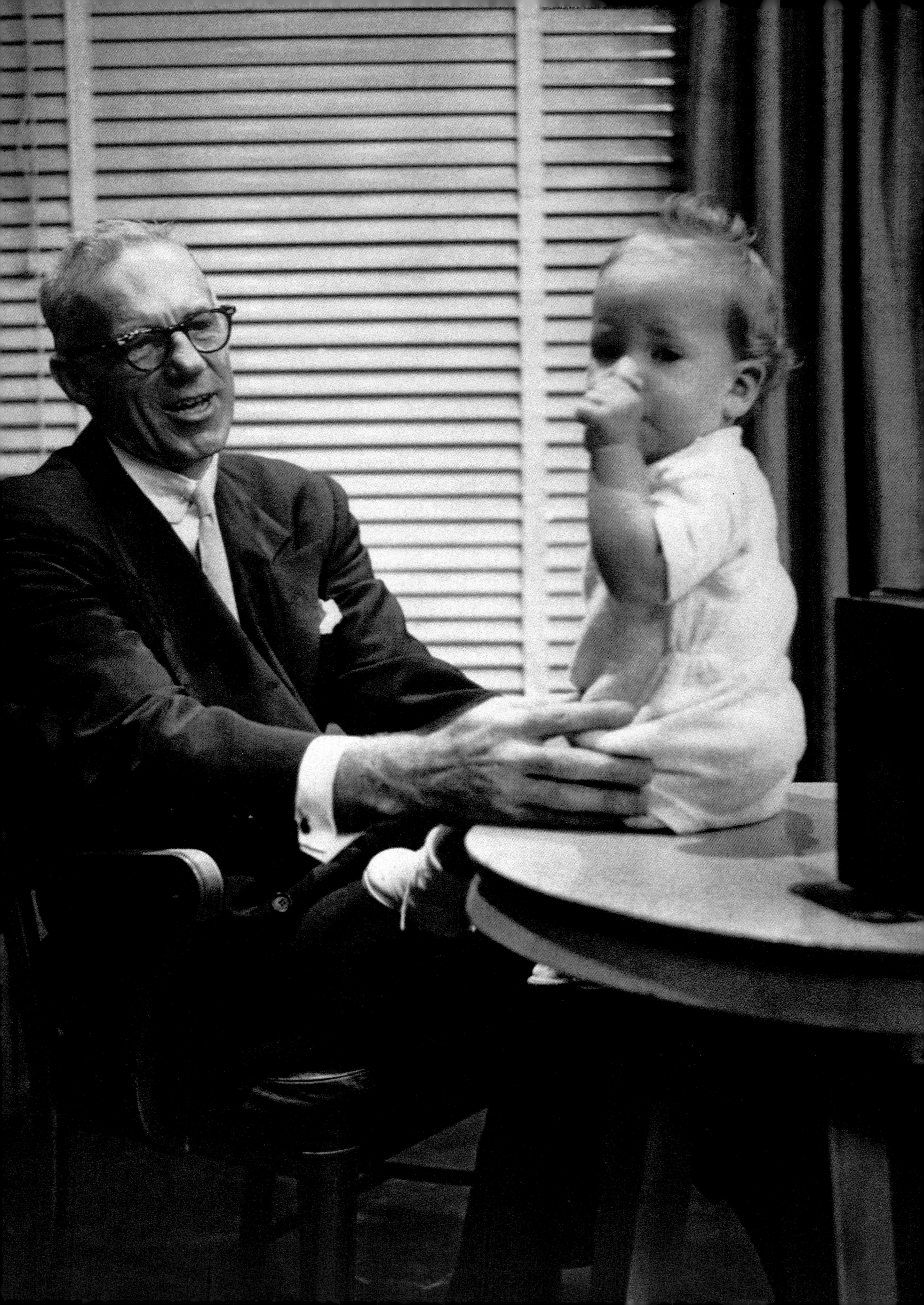

JOSEF STALIN
1879-1953

NACH LENINS TOD IM Jahr 1924 war er für knapp drei Jahrzehnte der unumschränkte Herrscher über die Sowjetunion. Josef Stalins Herrschaft war von Terror und absoluter Kontrolle der Bevölkerung gekennzeichnet. Das Ausmaß seiner „Säuberungsaktionen" war selbst in diesem Land, das seit langem Unterdrückung gewohnt war, ohne Beispiel. Und doch konnte man diesem Tyrannen, der den Kult um seine Person sehr gekonnt betrieb, beträchtliche militärischen Fähigkeiten und großes diplomatisches Geschick nicht absprechen. Am Konferenztisch rang er Franklin D. Roosevelt und Winston Churchill bedeutende Zugeständnisse ab, die zur Errichtung einer großen sowjetischen Einflußzone in Ost- und Mitteleuropa führten. Dieser Aufstieg zur Weltmacht leitete den Kalten Krieg, das machtpolitische und ideologische Kräftemessen mit dem Westen, ein. Nach dem Zweiten Weltkrieg wurde Stalin in seinem eigenen Land als heroischer Anführer gefeiert, und die Schrecken seiner Säuberungen schienen in der Bevölkerung vergessen und vergeben. Auf seiner Beerdigung waren die Lobreden seiner Genossen jedoch merklich gedämpft, während sich riesige Menschenmassen auf dem Roten Platz versammelten und Männer, Frauen und Kinder zu Tode getrampelt wurden.

Jossif Wissarionowitsch Dschugaschwili kam am 21. Dezember 1879 in Gori in Georgien als Sohn einer Waschfrau und eines alkoholkranken Schuhmachers zur Welt. Vier Jahre nach dem Tod des Vaters trat „Sosso", wie ihn seine Mutter nannte, 1894 in das orthodoxe Seminar in Tiflis ein, denn die Priesterlaufbahn schien seiner strenggläubigen Mutter die einzige Chance für den kränkelnden jungen Mann, dessen Gesicht von Pockennarben verunstaltet und dessen einer Arm nach einem Unfall steif geblieben war. Ihre Hoffnungen sollten sich nicht erfüllen; 1899 wurde er wegen Verbindungen zu marxistischen Kreisen aus dem Priesterseminar ausgeschlossen. Zwei Jahre später trat er der Sozialdemokratischen Partei Georgiens bei und wurde unter dem berühmten Namen eines georgischen Geächteten – „Koba", der „Unbezähmbare" – als Anführer von Streiks und Demonstrationen bekannt.

1903 trat er dem bolschewistischen Flügel der Kommunistischen Partei bei, schlug sich auf die Seite Lenins und unterstützte mit dem Druck revolutionärer Pamphlete dessen Ziele. Zwischen 1903 und 1913 wurde er fünfmal verhaftet, aber jedesmal gelang ihm die Flucht. Lenin traf er das erste Mal 1905 in Finnland, anläßlich des ersten Nationalkongresses der Bolschewiki. Der 26jährige war enttäuscht, daß sein Held nicht so eindrucksvoll wirkte, wie er ihn sich vorgestellt hatte. Lenin seinerseits hielt große Stücke auf den Georgier, den er sieben Jahre später, 1912, ins Zentralkomitee berief.

In diesem Jahr wurde Stalin, „der Stählerne", wie er sich mittlerweile nannte, auch einer der ersten Redakteure der Parteizeitung Prawda (russisch für Wahrheit). Wegen seiner Aktivitäten nach Sibirien verbannt, ließ man ihn erst 1917, im Rahmen der Amnestie im Anschluß an die Februarrevolution, wieder frei. Nach der Oktoberrevolution wurde Stalin als Volkskommissar für Nationalitätenfragen Mitglied der ersten Sowjetregierung, 1922 Generalsekretär des Zentralkomitees.

Als Lenin im Januar 1924 starb, bildete Stalin zusammen mit Lew Kamenew und Gregori Sinowjew eine Troika, der es gelang, Leo Trotzki, der auf die Führung des Landes Anspruch erhob, auszuschalten. Nach dessen Verbannung und anschließender Emigration nach Mexiko verbündete sich Stalin mit Nikolai Bucharin gegen Kamenew und Sinowjew. Nachdem diese beiden ebenfalls ihre Macht verloren hatten und aus der Partei ausgeschlossen worden waren, wandte sich Stalin dann auch gegen Bucharin, den er wie die anderen später hinrichten ließ. 1928 stellte Stalin den ersten Fünf-Jahres-Plan auf, der die Industrialisierung des Landes und die Kollektivierung der Landwirtschaft fördern sollte. Im Zuge der Kollektivierung wurden Tausende von Kulaken und Bauern der Mittelklasse deportiert oder umgebracht, viele andere staben an Hunger. Unterdrückung und Terror waren die Instrumente, mit denen Stalin seine Macht ausbaute. Nach der Ermordung des Parteisekretärs von Leningrad, Kirow, benutzte er in den 30er Jahren die bolschewistische Partei, die Rote Armee und sogar die Geheimpolizei, um alle potentiellen Feinde oder Oppositionelle aus dem Weg zu räumen. Scheinprozesse ehemaliger bolschewistischer Mitstreiter endeten mit Hinrichtungen; unzählige gewöhnliche Bürger fürchteten sich vor jenem Klopfen an der Tür, das Gefängnis oder Tod verhieß. Stalins zweite Frau Nadeschda starb 1932 auf mysteriöse Weise, angeblich durch eigene Hand als Reaktion auf die Exzesse ihres Mannes. Damals soll Stalin gesagt haben: „Mit ihr sind meine letzten herzlichen Gefühle für die Menschheit gestorben."

Als Hitler den 1939 geschlossenen Nichtangriffspakt brach und 1941 in die Sowjetunion einmarschierte, proklamierte Stalin den „Großen Vaterländischen Krieg", der das Volk 20 Millionen Tote kostete. Er verteidigte die weit im Osten liegenden Grenzen und hielt den Feind mit brillanter strategischer Taktik, beträchtlicher Hilfe seitens der Alliierten und mit Unterstützung des harten russischen Winters in Schach. 1945 erwies er sich bei der Jalta-Konferenz als Verhandlungskünstler und überzeugte Churchill und Roosevelt davon, die Ausweitung der sowjetischen Kontrolle über Osteuropa und über die östliche Hälfte des geteilten Deutschlands zuzulassen. Entgegen der Hoffnung seiner alliierten Partner führte er nach Kriegsende keine Reformen durch, sondern behielt seine harte Linie bei.

1956, knapp vier Jahre nach Stalins Tod, verurteilte Chruschtschow die Grausamkeit von Stalins diktatorischer Herrschaft, seine Selbsterhöhung und Verzerrung historischer Fakten. Im Rahmen der Entstalinisierung wurden im ganzen Land seine Standbilder und Porträts entfernt, Städte, Straßen, Parks und Plätze, die seinen Namen trugen, umbenannt.

Бакинское Губернское Жандармское

GERTRUDE STEIN
1874–1946

GERTRUDE STEIN GILT vielen als wahre, wenn auch kaum besungene Heldin der Moderne. Obwohl sie sich kaum mehr als eine halbe Stunde am Tag dem Schreiben widmete, hinterließ sie ein umfangreiches literarisches Œuvre, das sich über alle erzählerischen Konventionen hinwegsetzte. Die amerikanische Dichterin gefiel sich sichtlich in der Rolle der geistreichen Intellektuellen. Sie sagte einmal von sich selbst, sie sei der eigentliche literarische Mittelpunkt dieses Jahrhunderts.

Gertrude Stein wurde am 3. Februar 1874 in Allegheny, Pennsylvania, geboren. Kurz nach ihrer Geburt zogen die Steins für drei Jahre nach Europa, um sich dann im kalifornischen Oakland niederzulassen. Den Tod der Mutter im Jahr 1888 und des Vaters im Jahr 1891 nahmen Gertrude Stein und ihre älteren Geschwister mit Gelassenheit hin. Keiner von ihnen hatte die Eltern wirklich geliebt, erinnerte sie sich später. Obwohl ein Vormund bestellt wurde, übernahm schließlich der älteste Bruder, Michael, die Rolle des Familienoberhauptes.

Trotz der ständigen Streitereien zwischen Gertrude Stein und ihrem zwei Jahre älteren Bruder Leo, wer von ihnen das Wunderkind der Familie sei, hatten die beiden ein sehr inniges Verhältnis. Beide gingen in Cambridge, Massachusetts, zur Universität – Leo in Harvard und Gertrude in Radcliffe. Dort studierte sie bei William James Psychologie. Später besuchten beide die Johns Hopkins University in Baltimore, wo sich Gertrude Stein für Medizin einschrieb. Nachdem sie viermal hintereinander durch die Prüfung gefallen war, kehrte sie im Jahr 1903 Amerika den Rücken und ließ sich gemeinsam mit ihrem Bruder in Paris, in der schon bald berühmten Wohnung in der Rue de Fleurus 27, nieder, wo Leo zu malen und Gertrude zu schreiben begann. Das Geschwisterpaar umgab sich mit berühmten Bildern und ebenso namhaften Künstlern. Dazu gehörten unter anderem Henri Matisse, Francis Picabia, Georges Braque und Pablo Picasso, der sie auch porträtierte. Als schließlich die sanftmütige Alice B. Toklas bei ihnen einzog, verließ Leo Stein nach einigen Jahren die gemeinsame Wohnung. Die gesamte Pariser Avantgarde machte Stein und Toklas fortan ihre Aufwartung. Nach dem Essen schickte Gertrude Stein die Frauen für gewöhnlich zu Toklas, während sie die Männer um sich versammelte. In endlosen Gesprächen verbreitete sie sich über die Geheimnisse des Lebens, über den Tod und die Malerei.

Gertrude Steins Salon zählt zu den bedeutendsten literarischen und künstlerischen Salons überhaupt. Neben Impressionisten, Kubisten und Surrealisten und berühmten Schriftstellern wie Jean Cocteau und Guillaume Apollinaire verkehrten dort auch die Hauptvertreter der „lost generation" (den Begriff prägte Gertrude Stein). Und so gingen Ernest Hemingway, der ihr Atelier später in seinen Memoiren *Paris – ein Fest fürs Leben* beschrieb, F. Scott Fitzgerald, Ford Madox Ford und Ezra Pound bei ihr ein und aus, wenngleich Pound wegen seiner Streitsucht und seines Jähzorns schon bald der Zutritt verweigert wurde. Auch James Joyce war nicht wohlgelitten, da Gertrude Stein in ihm ihren schärfsten literarischen Rivalen sah.

In der Rue de Fleurus entstanden Gertrude Steins *Drei Leben*, (1909), drei psychologische Charakterskizzen, die bis heute als ihr bestes Werk gelten, ihr Gedichtband *Zarte Knöpfe*, 1914, ihre Familienchronik *The Making of Americans* (1925), ihre poetologischen Reflexionen *How to write* (1931) und schließlich ihr erfolgreichstes Werk mit dem ironischen Titel *Die Autobiographie der Alice B. Toklas* (1933), eine Lobeshymne auf die Schriftstellerin selber, deren angebliche Verfasserin ihre treuergebene Lebensgefährtin war. Diese Biographie enthielt neben einer ganzen Reihe satirischer Porträts auch höchst amüsante Anekdoten aus der Pariser Künstlerwelt und wurde über Nacht zu einem Bestseller in Amerika. Steins lang gehegter Traum vom literarischen Ruhm wurde endlich Wirklichkeit, und mit äußerster Genugtuung stellte sie fest: „Meine schlichten Sätze sind ihnen unter die Haut gegangen."

Mit ihrem Werk war Gertrude Stein bewußt innovativ. So gab sie etwa dem Klangwert eines Wortes den Vorzug vor dem bloßen Inhalt und verfaßte Arbeiten, die keinerlei Handlung hatten. Doch obwohl sie völlig neue literarische Wege beschritt, auf denen ihr nur wenige folgten, beeinflußte sie so unterschiedliche Autoren wie Ernest Hemingway, William Burroughs, Sherwood Anderson, Jack Kerouac und unzählige andere, weniger begabte Beat-Autoren. Hinter ihrem kunstvoll-schlichten Stil und ihren Sprachexperimenten verbarg sich ein überaus scharfer, analytischer Verstand. Hoch gelobt und zugleich verspottet für Formulierungen wie „(...) sie würde (...) rundherum aber nicht krumm Rose ist eine Rose ist eine Rose ist eine Rose in die Rinde ritzen bis es ganz rundherum reichte" (*Die Welt ist rund*, 1939) und Nonsens-Sätze wie „Pigeons on the grass alas" aus der Oper *Vier Heilige in drei Akten* (1934), befolgte Gertrude Stein strenge logische Regeln. Unter allen ihren Schriftstellerkollegen, die sich zunehmend der Macht des Unterbewußten verschrieben, war sie wahrscheinlich die einzige, die die Vernunft für fähig hielt, die gesamte Wirklichkeit zu erfassen. Gertrude Stein blieb ihr Leben lang sehr stark der Tradition des Rationalismus verhaftet. Obwohl sie eine große Vorliebe für avantgardistische Kunst zeigte und führende Autoren und Maler der Moderne in ihrem Salon versammelte, war sie im Grunde ihres Herzens Republikanerin.

Nachdem Gertrude Stein und ihre Lebensgefährtin von den Schrecken des Ersten Weltkriegs weitgehend verschont geblieben waren, suchten sie bei Ausbruch des Zweiten Weltkriegs Zuflucht in einem kleinen Schweizer Dorf.

Bis zu ihrem Tod im Jahr 1946 bewahrte sich Gertrude Stein ihre Rätselhaftigkeit. Noch auf ihrem Sterbebett flüsterte sie Toklas zu: „Sag, wie heißt die Antwort?" Als Toklas nichts antwortete, entgegnete die unverbesserliche Gertrude Stein: „Wenn das so ist, wie war gleich noch mal die Frage?"

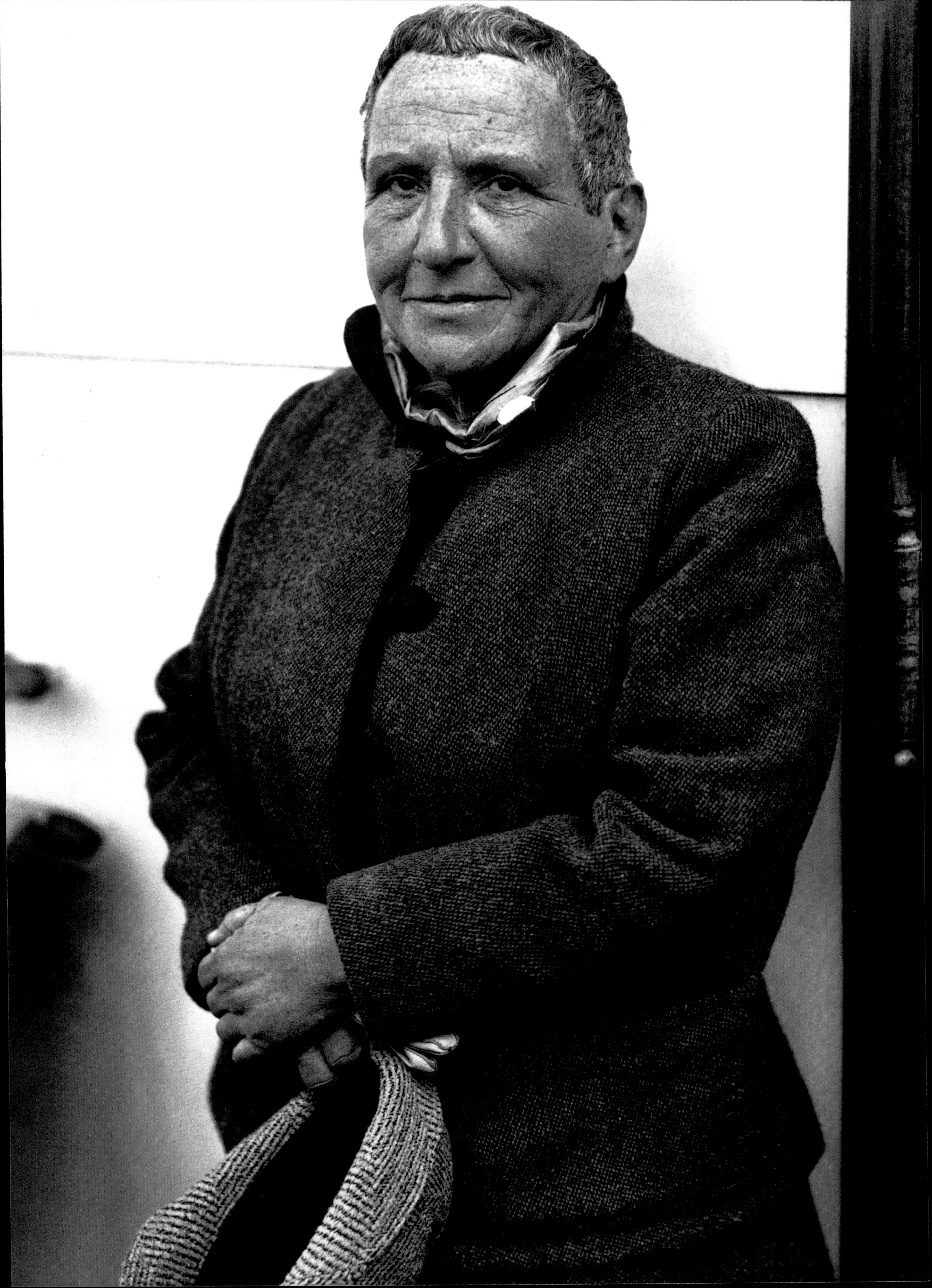

IGOR STRAWINSKY
1872-1971

IGOR STRAWINSKY WAR DIE Schaltstelle zwischen traditioneller Musik und modernem Musikempfinden, ohne selbst wirklich Avantgardist zu sein. Trotz Aufenthalten in Paris, Emigration in die Schweiz und amerikanischer Staatsbürgerschaft blieb der gebürtige Russe immer seiner Herkunft treu. Wohlvertraut mit den alten Traditionen seines Landes, spiegelte seine Kunst diese Wurzeln – die russische Literatur, die Volkserzählungen, Liturgie, Kunst und Mentalität – wider. Neben ihrer intensiven Ausdruckskraft zeugte seine Musik auch vom technischen Genie Strawinskys. Das Ergebnis seines Schaffens war nichts Geringeres als eine musikalische Revolution.

Strawinskys Vater war einer der bedeutendsten Opernsänger des zaristischen Rußlands, den eine Freunschaft mit Tschaikowsky verband. Seine Mutter spielte gut Klavier, doch obwohl der Sohn Unterricht in Klavier, Harmonielehre und Komposition erhielt, rieten ihm seine Eltern von einer musikalischen Karriere ab.

An der Universität von St. Petersburg studierte der schmächtige Strawinsky Jura und benutzte das Improvisieren und Komponieren hauptsächlich als Flucht aus seiner häuslichen Umgebung. Während des Studiums stellte er einige seiner Arbeiten einem Freund seines Vaters, Nikolai Rimskij-Korsakow, vor. Der Komponist erkannte das große Talent des jungen Mannes, unterrichtete ihn privat, riet ihm aber von der traditionellen Ausbildung am Konservatorium ab. Rimskij-Korsakow war verantwortlich dafür, daß sich Strawinsky mit harmonischen Dissonanzen auseinandersetzte und seine ersten Kompositionen regelmäßig öffentlich aufgeführt wurden.

1909, nach dem Tod des bedeutenden Mentors, besuchte Serge Diaghilew ein Konzert, in dem zwei Orchesterwerke von Strawinsky gegeben wurden. Den Impresario beeindruckte das musikalische Talent seines jungen Landsmanns, und er lud ihn ein, einige Orchesterstücke für seine Ballets Russes, das bahnbrechende neue Tanzensemble, zu komponieren. Für die zweite Saison des Ensembles gab Diaghilew bei Strawinsky die Partitur für ein ganzes Ballett in Auftrag: *Der Feuervogel,* bis heute eines seiner populärsten Werke, das seinen Weltruhm begründete, entstand. Mit seiner Frau Katharina Nossenko und seinen zwei Kindern reiste Strawinsky 1910 zur Premiere nach Paris und begann einen neuen Lebensabschnitt in der Stadt an der Seine.

Sein zweites Ballett, *Petruschka,* folgte schnell. 1913 kam die Offenbarung mit der Premiere von *Le Sacre du Printemps. Bilder aus dem heidnischen Rußland,* komponiert nach einer Vision Strawinskys von der rituellen Opferung eines tanzenden Mädchens. Die Partitur ebenso wie die Choreographie des legendären Tänzers Vaclav Nijinskij von den Ballets Russes schockierte durch den Bruch mit der konventionellen, romantischen Darstellung des Frühlingsbeginns. Unter den Zuschauern entstand ein Gemurmel, das schnell zu lautstarken Buhrufen anschwoll. Als sich der Vorhang für den abschließenden „Tanz der Auserwählten" hob, ertönten Rufe wie „Ta gueule!" – „Ruhe!" – im Theater. Ein Tumult folgte, und Strawinsky, der auf den vorderen Sitzen Platz genommen hatte, mußte hinter die Bühne fliehen. Schon im nächsten Jahr erzielte die überaus originelle Komposition mit ihren Dissonanzen, unregelmäßigen Rhythmen und komplexen Akkordfolgen einen überwältigenden Erfolg.

Mit dem Ersten Weltkrieg und der Revolution in Rußland wurde der bürgerliche Igor Strawinsky, der in religiöser Hinsicht so streng orthodox war wie seine Musik unorthodox, ein Mann ohne Heimat. Mit seiner Familie verbrachte er die Kriegsjahre in der Schweiz, wo sie bisher die Winter verbracht hatten, und kehrte 1920 nach Frankreich zurück. In dieser Zeit hatte er eine nur halb geheimgehaltene Affäre mit der Modedesignerin Coco Chanel. Eine andere langjährige Geliebte, die Künstlerin Vera Sudeikina, heiratete er nach dem Tod seiner ersten Frau 1939. Im Jahr darauf zog er mit ihr in die Vereinigten Staaten. Während des Komponierens trank Strawinsky regelmäßig, wobei er in jedem Land ein anderes Getränk bevorzugte: in der Schweiz den Wein aus Neuchâtel, in Frankreich Bordeaux, in Amerika Scotch, um die Wirkung der Medikamente noch zu verstärken, die er permanent einnahm, um die Erkältungen und Grippen zu bekämpfen, von denen er chronisch heimgesucht wurde.

In den USA ließ sich das Paar in Hollywood nieder, wo viele europäische Emigranten während des Zweiten Weltkrieges lebten. Die nächsten 30 Jahre waren finanziell nicht einfach. Dank verschiedener Auftragsarbeiten, Einnahmen aus Dirigententätigkeiten und Konzerten und dank der Großzügigkeit seiner Freunde überstand er diese Zeit. In kreativer Hinsicht war sie außerordentlich erfolgreich. Es entstanden so kraftvolle Werke wie die *Symphony in Three Movements* (1945), *Mass* (1948) und *The Rake's Progress* (1951), seine einzige Oper. Seine engagierte Anhängerschaft war jedoch schockiert, als er im Alter von 70 Jahren eine erstaunliche künstlerische Kehrtwendung vollzog und die von Arnold Schönberg entwickelte Zwölftonmusik in seine Werke einbezog.

Zum Glück wich Strawinsky nie von seinen Überzeugungen und seinem musikalischen Verständnis ab. Mit seinem scharfen Verstand scheute er keine Auseinandersetzung mit wichtigtuerischen Kritikern, die seinen stilistischen Innovationen nicht folgen konnten, mit Dirigenten, die zu unbedarft waren, als daß sie sich an seiner Musik versucht hätten, und mit minderbegabten Kollegen.

Mit zunehmendem Alter wurden die hypochondrischen Beschwerden zu echten Leiden. Strawinsky starb im Alter von 89 Jahren in New York, wurde aber weder in seinem russischen Heimatland noch in einer seiner Wahlheimaten beerdigt, sondern im russischen Teil des Friedhofs San Michele in Venedig, ganz in der Nähe seines großen Förderers Serge Diaghilew.

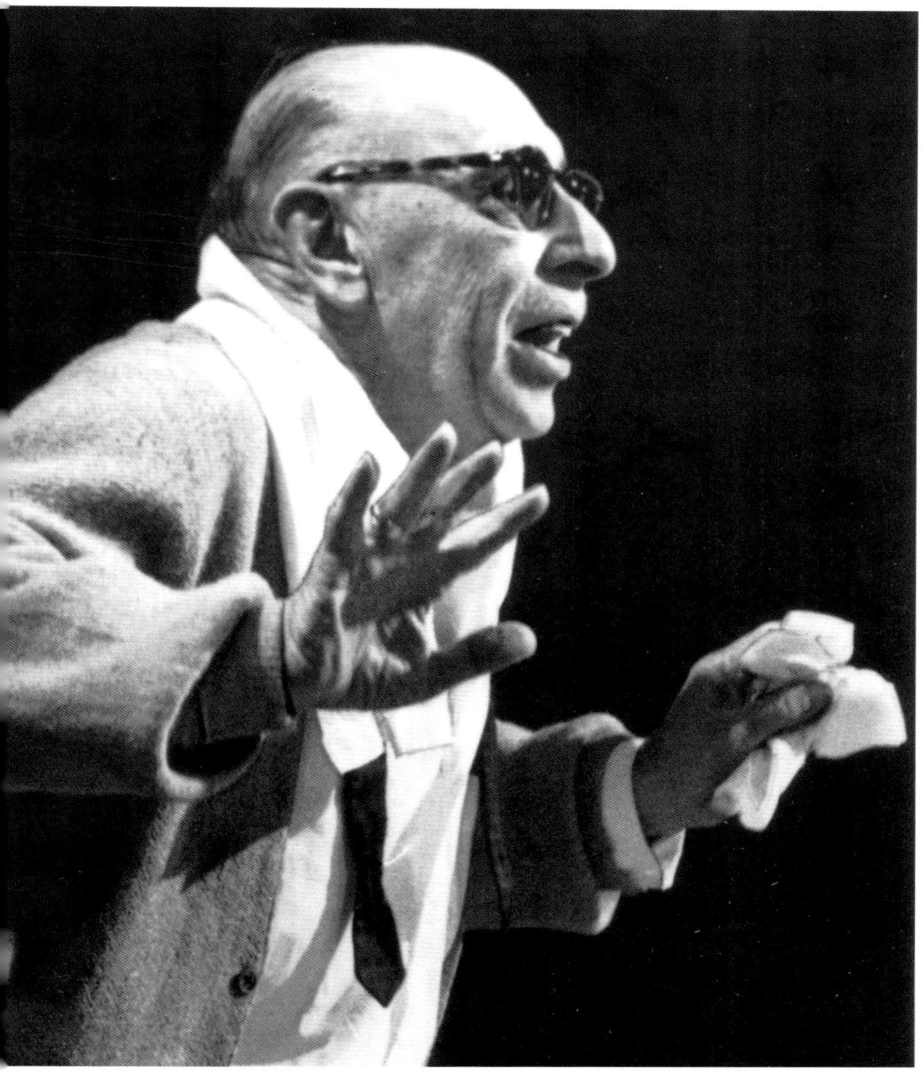
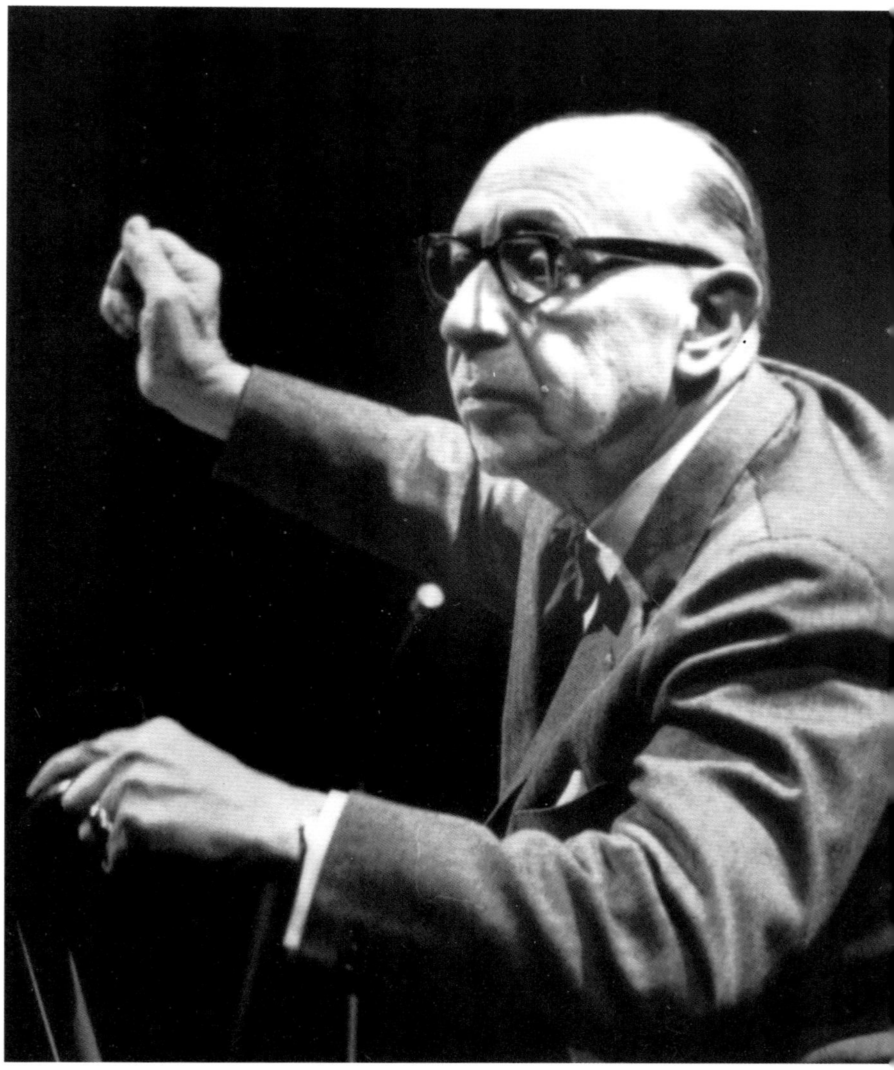
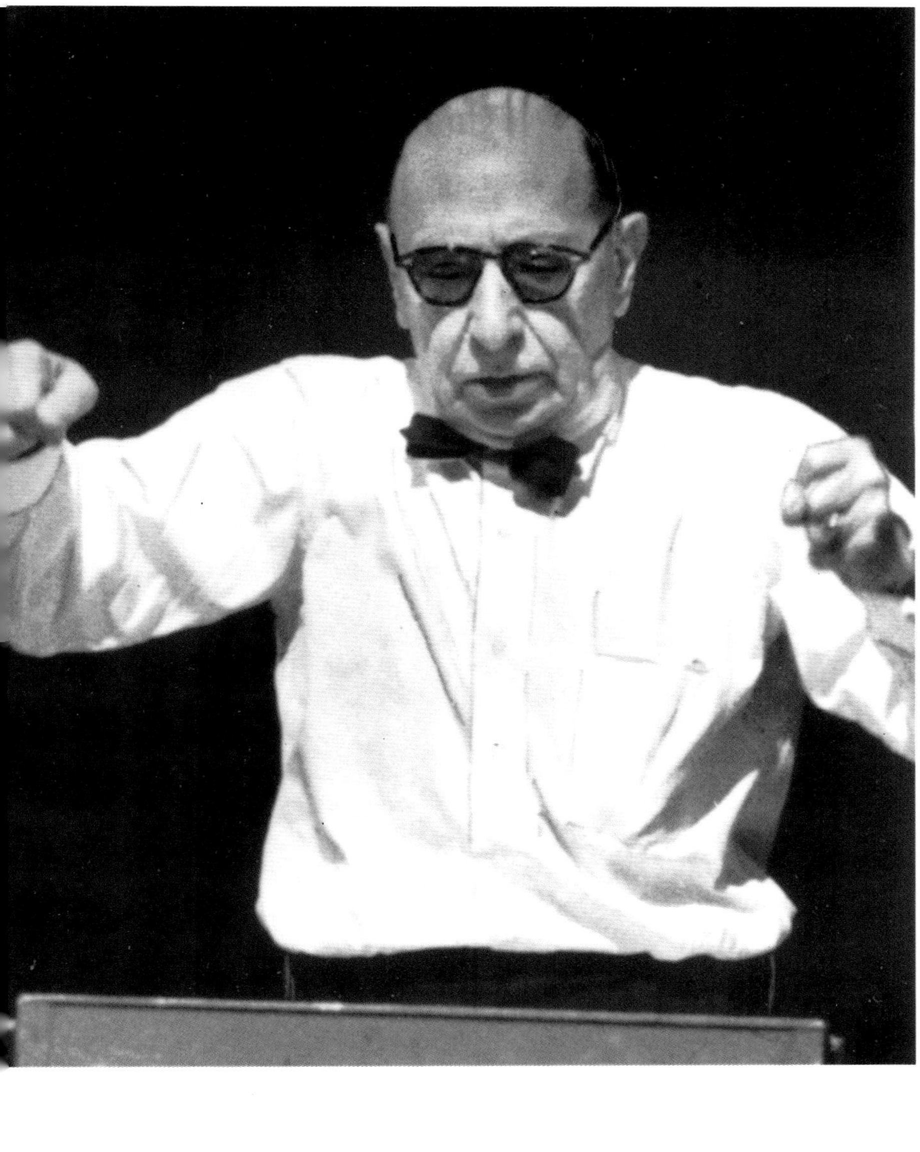
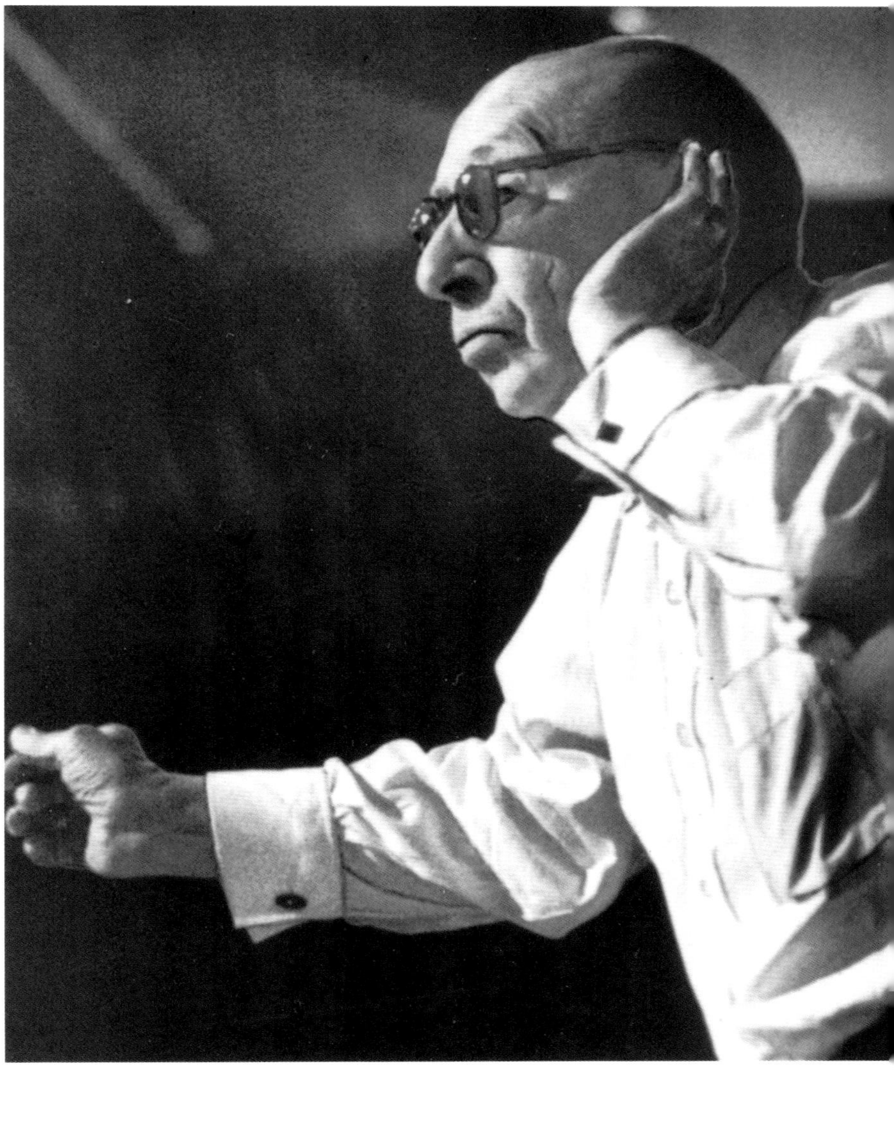

BARBRA STREISAND
*1942

ANFANG DER 60ER JAHRE war Barbra Streisand, heute eine der einflußreichsten Frauen des amerikanischen Showbusiness, bettelarm. Bei ihren Auftritten in den besseren Nightclubs und Schwulenbars Manhattans verdiente die Sängerin so gut wie nichts. Sie trug Secondhand-Kleider und war immer hungrig, so daß die Popsängerin, wenn ihr Stammgäste einen Drink spendieren wollten, stattdessen nach einer deftigen Mahlzeit verlangte. Ihre Karriere verdankt Barbra Streisand ihrem Verstand, ihrem exotischen Aussehen und ihrer außergewöhnlichen musikalischen Begabung. Und diese Gabe besteht in ihrer geschmeidigen, zwei Oktaven umfassenden Stimme, die ebenso sanft und intim wie laut und durchdringend klingen kann. Ende der 60er Jahre wude Barbra Streisand ein Star. Nach ihrem Auftritt als Fanny Brice in dem berühmten Broadway-Musical *Funny Girl* erhielt sie 1969 einen besonderen Tony Award als „Star des Jahrzehnts", gewann zwei Grammys für ihre erste Schallplatte, einen Emmy für ihre Fernsehsendung *My Name Is Barbra* und einen Oscar für ihre Rolle in William Wylers Verfilmung von *Funny Girl* (1968). In den 70ern konzentrierte sie sich mehr und mehr auf den Film, und in den 80ern hatte sie sich, obwohl ihre Schallplatten auch weiterhin „Platin" bekamen, fast vollständig von der Bühne zurückgezogen.

Nachdem Barbra Streisand für ihre Rolle in der gewagten Neuverfilmung des Klassikers *Ein neuer Stern am Himmel* (1976) für vier Oscars nominiert worden war, legte sie als Hauptdarstellerin, Produzentin, Regisseurin und Koautorin ihre ganze Kraft in die Verfilmung von Isaac Bashevis Singers Erzählung *Yentl*, die 1983 in die Kinos kam. Der Film erzählt die Geschichte einer jungen, jüdischen Frau im Polen der Jahrhundertwende, die sich als Mann ausgibt, um den Talmud studieren zu können. Obwohl dieses Meisterwerk ebenfalls vier Oscarnominierungen erhielt, ging Barbra Streisand leer aus. Aber die begabte Regisseurin ließ sich durch diesen öffentlichen Affront seitens der amerikanischen Filmindustrie nicht beirren. Durch *Yentl* entdeckte sie ihr Judentum wieder, was ihr das nötige Selbstbewußtsein gab, Pat Conroys Roman *Herr der Gezeiten* (1991), ein Filmdrama über zerrüttete Familienbeziehungen, auf die Leinwand zu bringen. Der Film fand zwar große Anerkennung, doch sie wurde wieder nicht mit dem Oscar für die beste Regieleistung ausgezeichnet.

Die Ursache der Ressentiments, die Barbra Streisand entgegenschlugen, war ihr Ehrgeiz, der in der Filmbranche als geradezu krankhaft galt. Bei ihren Künstlerkollegen stand sie im Ruf, zu direkt, zu fordernd und zu eigensinnig zu sein. Ihr Verhalten rechtfertigte die Regisseurin mit den Worten: „Ich habe nun einmal sehr genaue Vorstellungen von den Filmen, die ich drehe, von jedem einzelnen Kostüm, jedem einzelnen Möbelstück und auch jeder einzelnen Farbe." Wiederholt beklagte sie sich über die „sexistische" Doppelmoral ihrer Branche: „Einen Mann würden Sie niemals fragen, ob er Verantwortung übernehmen will. Warum sollten wir Frauen da anders sein? Es ist doch selbstverständlich, daß man für seine Arbeit auch die Verantwortung übernehmen will!" Doch hinter ihrem starken Selbstbewußtsein verbirgt sich in Wirklichkeit eine sensible, verletzliche Frau. Barbra Streisand gestand ein, daß sie zwar Erfolg wolle, aber nicht um jeden Preis.

Da Barbara Streisands Vater, ein Englischlehrer, starb, als sie 15 Monate alt war, verlebte sie eine sehr einsame Kindheit. Ihre verbitterte Mutter, Diana Streisand, lehnte die ungeschickte Tochter ab, und der Gebrauchtwagenhändler, den sie 1949 in zweiter Ehe heiratete, verhielt sich dem Kind gegenüber sehr reserviert. Doch Barbara – zu diesem Zeitpunkt gab es noch das zweite „A" in ihrem Vornamen – war ein sehr aufgewecktes Kind und trotz ihrer alles andere als vollkommenen Nase fest entschlossen, Schauspielerin zu werden. Nach dem Highschool-Abschluß, den sie zwei Jahre früher als gewöhnlich und mit Auszeichnung machte, zog sie im Alter von 16 Jahren nach Manhattan, um auf eigenen Füßen zu stehen. 1962 erhielt sie nicht nur die Hauptrolle in dem Broadwaymusical *I Can Get It for You Wholesale*, sondern eroberte auch das Herz des Schauspielers Elliot Gould. Die beiden heirateten und bekamen einen Sohn, Jason. Nach ihrem Auftritt in *Funny Girl* 1964 spielte sie vier Jahre später die Hauptrolle in der gleichnamigen Verfilmung des Stückes. Die beiden Songs *People* und *Don't Rain on My Parade* von Jule Styne wurden fortan feste Bestandteile ihres Repertoires ebenso wie *You're the Top* aus *Is' was, Doc?* (1971), *The Way We Were*, der große Hit aus *Cherie Bitter* (1973) mit Robert Redford in der männlichen Hauptrolle, und das Lied *Evergreen* aus dem preisgekrönten Streifen *Ein neuer Stern am Himmel* (1976), den sie teilweise selber schrieb. Diesen Film drehte Barbra Streisand mit Regisseur Jon Peters, den sie zwei Jahre zuvor nach ihrer Scheidung von Gould bei den Dreharbeiten zu *Bei mir liegst du richtig* kennengelernt hatte.

In den 90er Jahren engagierte sich Barbra Streisand zunehmend in der Politik und gab eine ganze Reihe von Wohltätigkeitskonzerten, deren Erlös der Demokratischen Partei, die sie jahrelang finanziell unterstützte, und ihrem vielversprechenden Präsidentschaftskandidaten Bill Clinton zugute kam. Ferner gründete sie die Streisand Foundation, die sich dem Umweltschutz, den Menschenrechten und der Gleichberechtigung der Frauen widmet. Nach 22 Jahren Pause ging Barbra Streisand 1994 wieder auf Tournee und sang vor ausverkauften Häusern. 1995 traf sie bei einem Blind date den attraktiven Schauspieler James Brolin, der ihr Geliebter, ihr Ersatzvater und ihr „Bar-Mizwa" wurde. Noch im selben Jahr drehte Barbra Streisand den Film *Liebe hat zwei Gesichter* mit dem vielsagenden Song *I Finally Found Someone* (zu deutsch: Endlich habe ich jemanden gefunden).

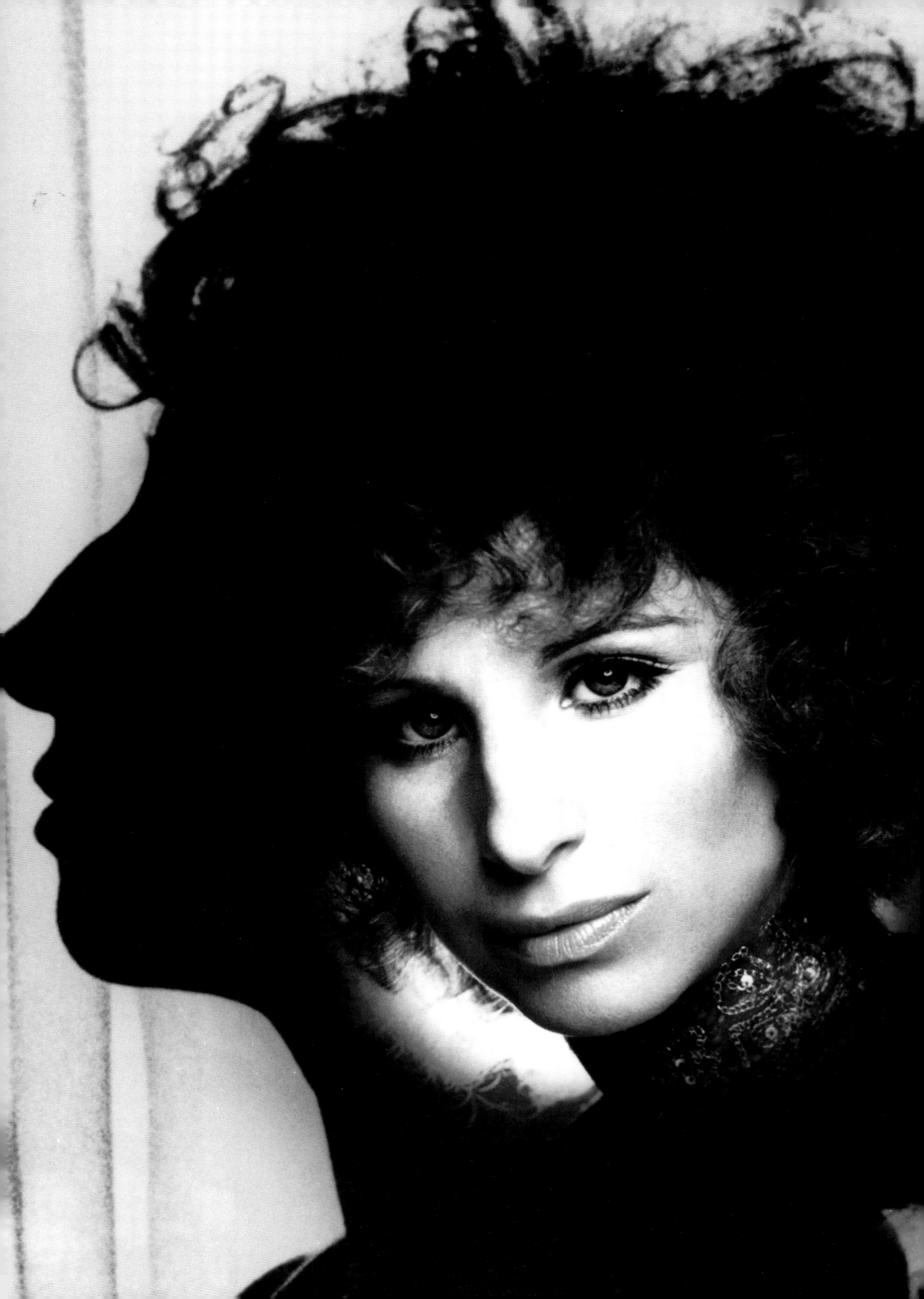

ELIZABETH TAYLOR
*1932

ES SCHEINT NIE EINE Zeit gegeben zu haben, in der die ergreifend schöne Elizabeth Taylor mit ihren violetten Augen nicht berühmt war. An sie denkt jeder, wenn er das Wort „Filmstar" hört. Auch als ihre bemerkenswerten Filme und ihre Affären keine Schlagzeilen mehr machten, erregte ihr Leben noch immer großes Aufsehen. Aber Elizabeth Taylor erlangte diesen Status nicht allein durch permanente Selbstdarstellung, sondern sie vergaß bei all ihren fesselnden Leistungen eines nicht: als Schauspielerin glaubwürdig zu bleiben.

Ihre Filmkarriere begann im Alter von neun Jahren. Da sie überall bewundernde Blicke auf sich zog und eine bemerkenswerte Bühnenpräsenz besaß, brachten ihre Eltern die in England geborene amerikanische Schönheit zum Vorsprechen zu Universal Pictures. Dies brachte ihr eine kleine Rolle in *There's One Born Every Minute* (1942) ein. Nach Probeaufnahmen für Metro-Goldwyn-Mayer erhielt die Elfjährige einen Vertrag für den Lassie-Film *Heimweh* (1943) und wurde dann an Twentieth Century-Fox für eine kleine Rolle in *Die Waise von Lowood* (1943) ausgeliehen. Ihre Kindheit und Jugend verbrachte sie zu großen Teilen im MGM-Filmstudio. Der Kinderstar stand im Mittelpunkt der Aufmerksamkeit und wuchs wie so viele andere in der Filmwelt mit einem schlecht austarierten Selbstwertgefühl auf. Sie wurde stets von der Angst geplagt, die Stellung als Everybody's Darling zu verlieren.

Ihre einstigen Reitstunden erwiesen sich als wichtig für ihre im Aufbruch befindliche Karriere. Für die Rolle des schneidigen jungen Jockeys in *Kleines Mädchen, großes Herz* war sie wie geschaffen; ihre hinreißende Darbietung machte sie über Nacht weithin bekannt. Drei Jahre später lief die Werbemaschinerie der Studios auf Hochtouren, als ihr erster Leinwandkuß in *Cynthia* bevorstand. 1950 hatte sie ihren Highschool-Abschluß geschafft sowie die Rolle als Spencer Tracys Tochter in *Vater der Braut* erhalten. Im folgenden Jahr wurden ihre sich entfaltenden Reize in *Ein Platz an der Sonne* zur Schau gestellt, wo sie neben Montgomery Clift spielte, der zu einem lebenslangen Freund wurde. In *Giganten* aus dem Jahr 1956 wurde sie jedoch neben Rock Hudson und James Dean zur Randfigur, und der darauf folgende Film *Land des Regenbaumes* wurde kühl aufgenommen (obwohl Elizabeth Taylor für ihre Darstellung einer geistig verwirrten Frau für den Oscar als beste weibliche Hauptdarstellerin nominiert wurde.) Doch sie hielt durch und triumphierte schließlich. Im seidenen Unterrock machte sie sich als glühende Maggie, die Katze, in der Verfilmung von Tennessee Williams' *Katze auf dem heißen Blechdach* (1958) einen Namen. Durch diese Rolle etablierte sie sich als Schauspielerin, die enorme Gagen fordern konnte.

Und die bekam sie auch. Für den Ausstattungsfilm *Cleopatra* von 1963 erhielt Elizabeth Taylor die damals unerhörte Summe von einer Million Dollar. In aufwendigen Kostümen trat sie mit dem großen walisischen Schauspieler Richard Burton vor kostspieligen Kulissen auf. Doch das Publikum fesselte nicht die schauspielerische Leistung der beiden, sondern ihre Romanze hinter der Kamera. Die schon viermal verheiratete Taylor ließ ohne große Umstände den aktuellen Ehemann, den Popsänger Eddie Fisher, fallen, der 1959 unter großem Pressegetöse Debbie Reynolds ihretwegen verlassen hatte, und heiratete den schwermütigen Trinker Burton.

Die stürmische Liebe von Liz Taylor und Richard Burton verkam vom großen Drama zur peinlichen Klamotte, doch ihre filmische Zusammenarbeit brachte Meisterwerke hervor wie die Verfilmung von Edward Albees *Wer hat Angst vor Virginia Woolf?* (1966). Als schlampige, versoffene Martha neben dem betrunkenen George gewann sie ihren zweiten Oscar. Den ersten hatte sie für die Darstellung von Laurence Harveys liebenswerter, aber einsamer Geliebten in *Telefon Butterfield 8* gewonnen. Von 1966 bis 1972 drehten Liz Taylor und Richard Burton eine Reihe teurer Flops, während es in ihrer Ehe (sie hatten ein zweites Mal geheiratet) kriselte und ihre Verbindung 1976 endgültig auseinanderbrach. Im gleichen Jahr heiratete sie John Warner, den zukünftigen Senator von Virginia. Doch die Rolle der Politikergattin langweilte sie, so daß sie sich auf der Bühne versuchte, 1981 in *The Little Foxes* auftrat und sich 1983 für eine groß angekündigte, doch uninteressante Neuauflage von Noel Cowards *Intimitäten* mit Richard Burton wieder aussöhnte. Als Burton im darauffolgenden Jahr überraschend an einem Schlaganfall starb, war Liz Taylor tief erschüttert.

In den 80er Jahren machten ihr schwere Krankeiten und in besonderem Maße ihre chronische Rückenschmerzen zu schaffen. Doch sie überstand mehr als zwanzig Operationen und zahlreiche Krankenhausaufenthalte, was sie insgesamt sensibler für das Leid anderer Menschen machte. Kurz nachdem ihr guter Freund Rock Hudson an Aids gestorben war, unterstützte sie 1985 öffentlich als erster großer Star die Aids-Forschung, für die sie mit der American Federation for AIDS Research (AmFar) und mit ihrer eigenen Aids-Stiftung unermüdlich kämpfte.

1991 heiratete die 59jährige Liz Taylor den Bauarbeiter Larry Fortensky, den sie bei einem Aufenthalt in der Betty-Ford-Klinik kennengelernt hatte. Die 1,5 Millionen Dollar teure Hochzeit wurde auf Michael Jacksons Anwesen Neverland gefeiert, und das Privatleben einer Frau, die einmal bemerkt hatte, „erwachsen zu werden" sei die schwerste Aufgabe ihres Lebens, schien in ruhigeres Fahrwasser zu kommen. Doch auch der achte Ehemann kam nicht gegen ihre übermächtige Vergangenheit an, und die beiden trennten sich 1995. Zwei Jahre später mußte sich Elizabeth Taylor wegen eines gutartigen Tumors einer Gehirnoperation unterziehen. Leiden sind für sie im Lauf ihres Lebens kein Fremdwort gewesen. Vielleicht drückte sie selbst das am besten aus, als sie sagte: „Ich habe schon alles erlebt, Baby. Ich bin Mutter Courage."

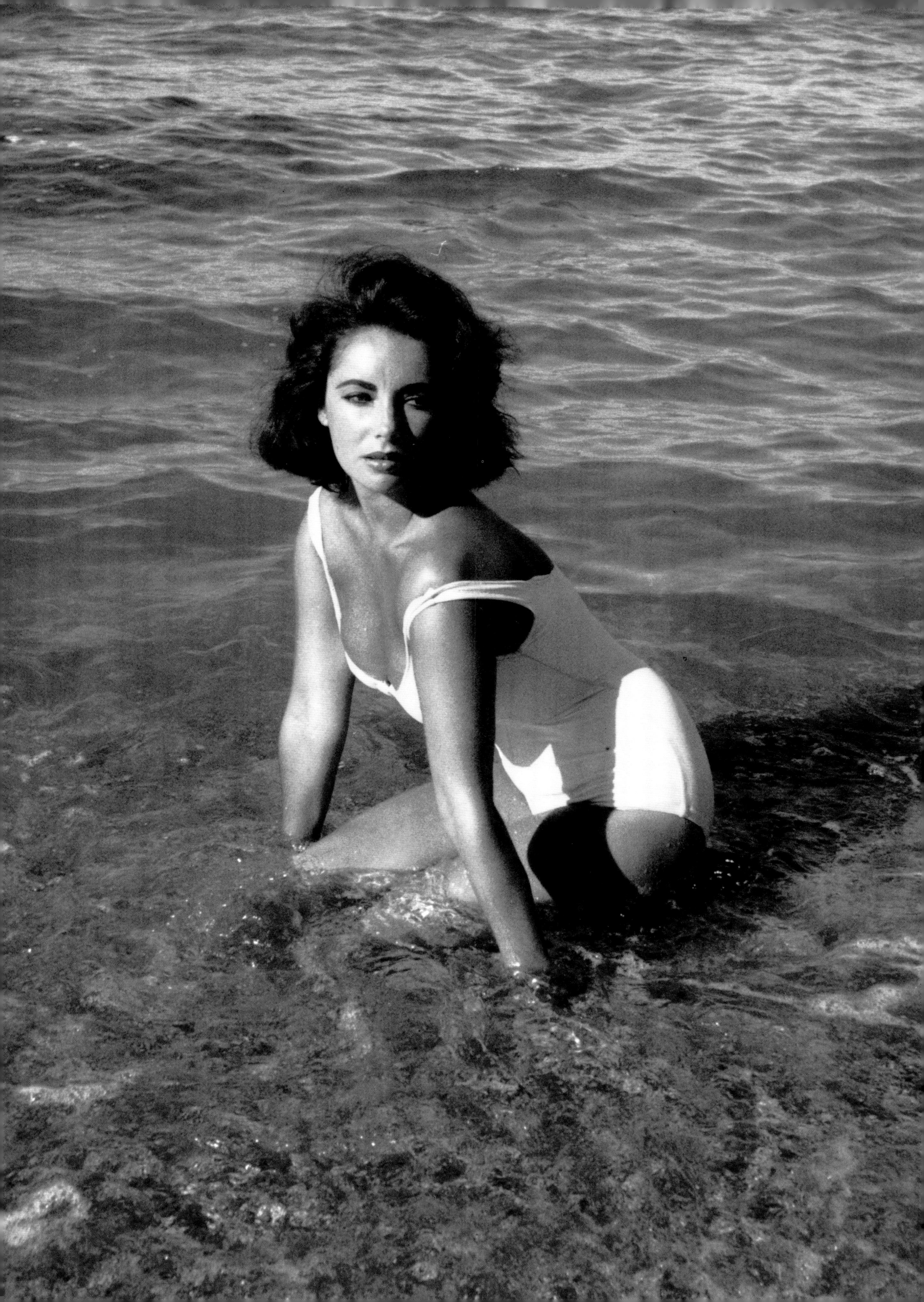

SHIRLEY TEMPLE

*1928

SHIRLEY TEMPLE, DER KINDERSTAR mit dem strahlenden Lächeln, begann schon mit drei Jahren steppend ihre Filmkarriere und wurde zu Amerikas Sonnenschein inmitten der Depression. Als „reizender Fratz", so benannt nach ihrer Rolle in dem gleichnamigen Film aus dem Jahr 1934, erhellte sie den düsteren Alltag einer ganzen Nation. Das vergnügte Wunderkind mit dem blonden Lockenkopf und der lieblichen Stimme holte aus noch so langweiligen und rührseligen Drehbüchern das Beste heraus und eroberte Amerikas Herzen im Sturm. Erstaunlicherweise gefielen ihre Moralpredigten mit erhobenem Zeigefinger – natürlich durfte auch der berühmte Schmollmund nicht fehlen – den Erwachsenen besser als ihren gleichaltrigen Fans. Selbst Presseberichte über die schwindelerregende Höhe ihrer Gage – der talentierte Kinderstar verdiente die unerhörte Summe von 10 000 Dollar in der Woche – taten ihrer Beliebtheit keinen Abbruch.

Auf dem Höhepunkt der „Shirley-Manie" kleideten Mütter ihre Töchter wie Shirley Temple und kauften ihnen Shirley-Temple-Puppen. Mit ihrer unschuldigen und herzerfrischenden Art zog die Kleine die Zuschauer in ihren Bann. Es schien, als könne sich niemand auf der Welt an ihren lebhaften Gesangs- und Tanzdarbietungen sattsehen. Mit erfolgreichen Filmen wie *Heidi* (1937), *Rekrut Willie Winkie* (1937), *Rebecca of Sunnybrook Farm* (1938) und *Little Miss Broadway* (1938) gelangte Shirley Temple Ende der 30er Jahre auf den Gipfel ihres Ruhms und rangierte in der Liste internationaler Kinohits sogar noch vor Clark Gable. Schauspielkollegen schwärmten von ihrem außergewöhnlichen Talent, ihrer beispiellosen Professionalität und ihrem unermüdlichen Eifer. Für ihren außergewöhnlichen Beitrag zur Kinounterhaltung wurde sie 1934 mit einem Miniatur-Oscar ausgezeichnet.

Da Shirley Temple jeden, der mit ihr zusammen vor der Kamera stand, in den Schatten zu stellen vermochte, zog sie den Neid zahlreicher Leinwandprofis auf sich, die neben „dem kleinen Temple-Luder", wie Schauspieler Adolphe Menjou sie halb im Spaß nannte, das Nachsehen hatten. Einigen Zynikern des Filmgeschäfts erschien das sichere Auftreten des Kinderstars derart unnormal, daß sie Shirley für eine Liliputanerin hielten. Graham Green, der ihre kokette Darstellung im *Rekrut Willie Winkie* in einem britischen Magazin kommentierte, behauptete, es handele sich selbstverständlich um eine erwachsene Frau, die ein Kind spiele, was einen Rechtsstreit nach sich zog, der zum finanziellen Ruin der Zeitschrift führte.

Während die gewöhnlichen Fans auf der Straße versuchten, den Star zu Gesicht zu bekommen, suchten prominentere Anhänger wie General Pershing, H. G. Wells und Eleanor Roosevelt die kleine Schauspielerin in ihrem vornehmen Puppenhaus auf dem Filmgelände von Twentieth Century Fox auf. Zu ihren großen Verehrern und Förderern zählte auch Bill „Bojangles" Robinson, der in zahlreichen Filmen ihr Tanzpartner war. Als er bereits 56 und Shirley gerade einmal sechs Jahre alt war, wurden die beiden das erste gemischtrassige Tanzpaar Amerikas. Obwohl Bill Robinson einer der erfolgreichsten Steptänzer der Welt war, staunte er immer wieder über die schier unglaublichen tänzerischen Fähigkeiten der kleinen Shirley, die selbst vor den kompliziertesten Schrittfolgen nicht kapitulierte.

Sie war ein Naturtalent, das schon früh von der Mutter, die ihre Tochter abgöttisch liebte, gefördert wurde. Bei den Dreharbeiten wurde Gertrude Temple, die gleich zu Beginn von Shirleys Karriere unter Vertrag genommen wurde, niemals müde, ihr entzückendes Töchterchen mit einem „lächeln, Shirley, lächeln" anzuspornen. Von Anfang an – seit die kleine Shirley zum ersten Mal vor der Kamera gestanden und für die Fernsehsatire *Baby Burlesks* Marlene Dietrich parodiert hatte – achtete ihre Mutter auf alles: was Shirley zwischen den Mahlzeiten aß und wie sie bei einer Nahaufnahme den Kopf zu halten hatte.

Es schien, als sei Shirley Temple das begabteste Kind aller Zeiten. Ihre Eltern erwiesen sich jedoch im Umgang mit ihrem Geld als weit weniger begabt. Nachdem sie in 19 Jahren in fast 60 Filmen mitgespielt hatte, mußte sie feststellen, daß ihr Vater einen Großteil ihres Millionenvermögens bei Spekulationen verloren hatte. Aber ihrem Naturell entsprechend verzieh sie ihren Eltern schon bald.

Wie viele erfolgreiche Kinderstars konnte Shirley Temple ihre Karriere als Jugendliche nicht fortsetzen. Die Zuschauer wollten den kleinen Lockenkopf sehen, aber mit zwölf Jahren war Shirley – obwohl nicht sehr groß für ihr Alter und immer noch sehr hübsch – ihrer Rolle entwachsen. Im Gegensatz zu anderen Wunderkindern, die Hollywood hervorgebracht hatte, baute sich Shirley Temple ein ganz neues und vor allem sehr erfülltes Leben auf. 1950 heiratete sie in zweiter Ehe den erfolgreichen Geschäftsmann Charles Black, zog drei Kinder groß und feierte in den 50er Jahren ein Comeback in einer Fernsehserie. 1967 kandidierte sie als Abgeordnete der Republikaner für den Kongress, jedoch ohne Erfolg. Ihre Ernennung zur Botschafterin bei den Vereinten Nationen durch Präsident Richard Nixon stieß 1969 zwar auf Kritik, doch machte Shirley Temple ihre Unerfahrenheit als Diplomatin mit ihrem Fleiß wett.

Schließlich kämpfte die ehemalige Schauspielerin noch an einer ganz anderen Front: Shirley Temple war die erste prominente Persönlichkeit in der Geschichte, die in einer Pressekonferenz (1972) öffentlich über ihr Brustkrebsleiden sprach. „Ich dachte, vielleicht hilft es ja meinen Schwestern", erklärte sie Jahre später. Nach ihrer Genesung war Shirley Temple-Black von 1974 bis 1976 Botschafterin in Ghana und übte während der Ford-Ära als erste Frau in der amerikanischen Geschichte das Amt des Protokollchefs aus. Es war der perfekte Job für einen Star, der durch nichts aus der Ruhe zu bringen war – eine Eigenschaft, die Shirley Temple zuletzt bei der Verleihung des Academy Award im Jahr 1998 unter Beweis stellte.

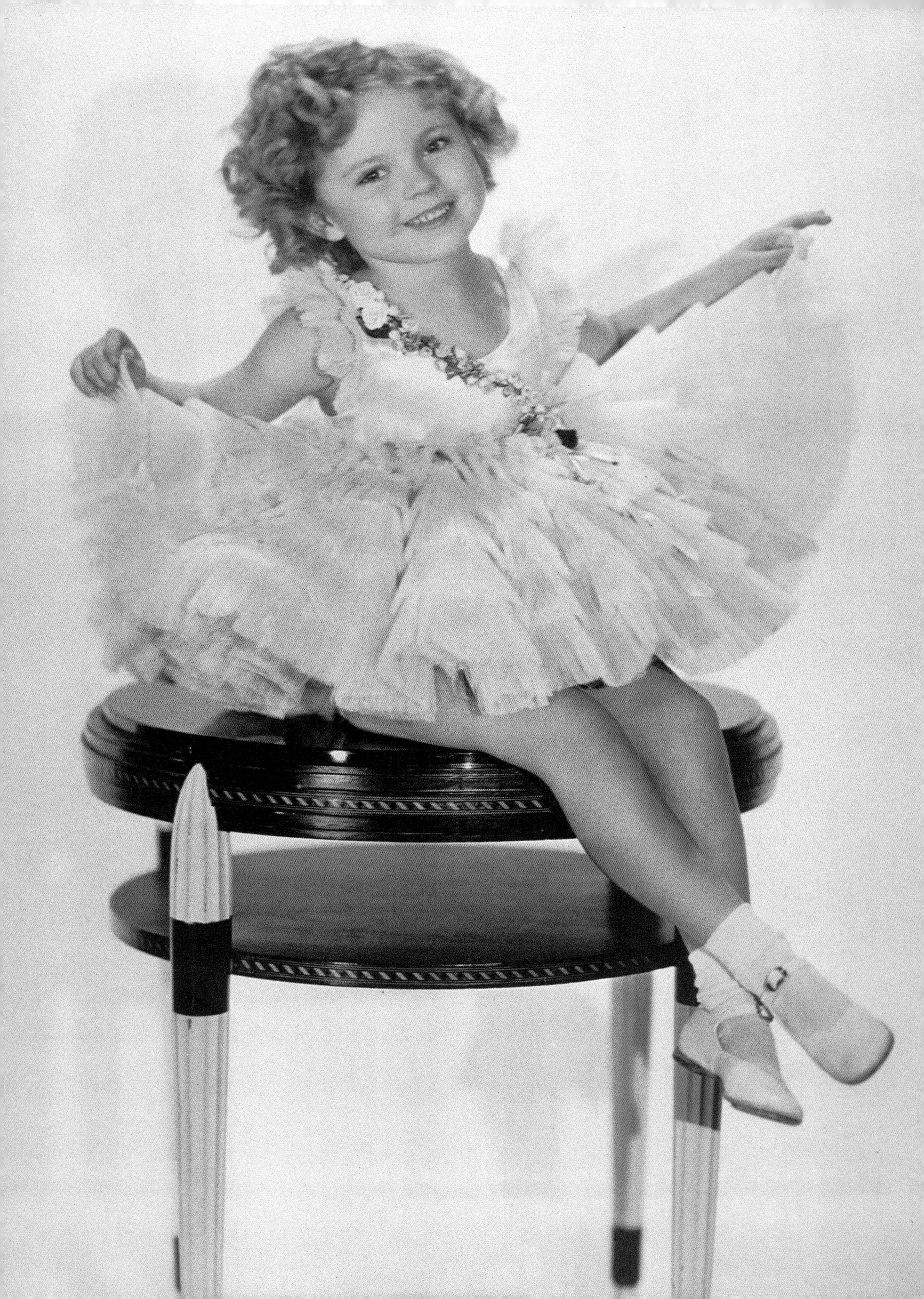

MUTTER TERESA

1910–1997

DIE 36JÄHRIGE SCHWESTER TERESA befand sich auf einer heißen und staubigen Zugfahrt auf dem Weg nach Darjeeling, als sie am 10. September 1946 zum zweiten Mal den Ruf Gottes vernahm. Die Botschaft war klar und eindringlich: Sie sollte das friedliche, abgeschiedene Klosterleben in der St. Mary's Mädchenschule in Kalkutta hinter sich lassen, wo sie als Schwester des Loreto-Klosters seit 17 Jahren Mädchen aus der Mittelklasse in Geschichte und Erdkunde unterrichtete, und sich statt dessen den Armen widmen. Sie sollte ihnen aber nicht nur Nahrung bringen, wie es die Gemeinschaft irischer Nonnen, der sie angehörte, traditionell in den nahen Slums von Moti Jheel tat, sie sollte mit ihnen leben. „Das war ein größeres Opfer", erzählte Mutter Teresa in ihrer von Navin Chawla verfaßten autorisierten Biographie, „als meine Familie und mein Land zu verlassen, um ein gottgeweihtes Leben zu führen."

Die fromme, pragmatische Agnes, die als „Heilige der Slums" bekannt werden sollte, wurde im jugoslawischen Skopje (damals Königreich Albanien) als Tochter des erfolgreichen Bauunternehmers Nicholas Bojaxhiu und seiner venezianischen Frau Dranafile Bernai Bojaxhiu geboren. Ihre Kindheit war eine fröhliche Zeit, obwohl der Tod des Vaters großes Leid und auch Geldknappheit über die Familie brachte. Ihrer Mutter, eine außergewöhnlich religiöse Frau, die niemals einen Bedürftigen wegschickte, stand Agnes sehr nahe. Von ihren drei Kindern „Nana Loke", also „Mutter Seele" genannt, verkörperte sie Mitleid und Hilfsbereitschaft, was ihre Tochter mit ihrem lebenslangen Dienst an den Kranken und Hungernden fortsetzen sollte. Am 26. September 1928 nahmen sie voneinander Abschied, als sich die ernste 18jährige von Zagreb auf den Weg zur Loreto-Abtei nach Irland machte. Sie sollten sich nie wiedersehen.

Nachdem sie ihre neue Berufung erhalten hatte, mußte sie erst die katholische Kirche um Erlaubnis bitten, das Kloster zu verlassen, was ihr nach zwei Jahren gewährt wurde. Als sie ihrer Mutter Oberin Lebewohl sagte, lagen drei weiße Baumwollsaris (das Gewand der ärmsten Frauen Indiens) für sie bereit, die ihr geistiger Ratgeber, Vater Celeste van Exem, segnete, da sie ihre neue, religiöse Tracht werden sollten. Im August 1948 wurde Schwester Teresa der Aufsicht des Erzbischofs von Kalkutta unterstellt, und ihr Leben als „Mutter Teresa" begann. Nach einer dreimonatigen Intensivausbildung in Medizin durch die amerikanischen Missionsschwestern im Norden Indiens eröffnete sie noch im gleichen Jahr in Kalkutta ihre erste Schule für Kinder aus den Slums. Obwohl sie selbst erst Bengali und Hindi lernen mußte, unterrichtete sie draußen auf der Erde und schrieb die Wörter mit einem Holzstöckchen in den Staub. Innerhalb von zwei Jahren wurde Mutter Teresas neuer Orden, die zwölf Frauen zählenden „Missionarinnen der Nächstenliebe", eine offizielle religiöse Gemeinschaft in der Erzdiözese Kalkutta.

Mit der Gründung eines Heims für Sterbende hatte sie 1954 ein ehrgeiziges Projekt ins Leben gerufen. Es befand sich in einem ehemaligen, der Kali geweihten Tempel. „Nirmal Hrida", der Ort des reinen Herzens, war das erste von über hundert offiziellen Sterbehospizen, in denen man sich sowohl um die körperlichen wie auch um die seelischen Nöte der Sterbenden kümmerte. Als ihre helfende Gemeinschaft wuchs, betreute sie auch eine Leprakolonie; heute werden jährlich 15 000 Patienten gepflegt. Schließlich sorgte ihre „Familie", wie Teresa ihre Mitarbeiter nannte, für AIDS-Opfer, verstoßene Frauen, zum Tode verurteilte Gefangene, alte Menschen, behinderte und ausgesetzte Kinder und Waisen.

Als sie 1979 den Friedensnobelpreis erhielt, wurde Mutter Teresa weltberühmt. Sie empfing die Auszeichnung im Namen der Armen, wobei sie mit politischem Scharfsinn bemerkte: „Armut und Hunger und Leid stellen auch eine Bedrohung des Friedens dar." Mit ihrer Energie, dem unermüdlichen Reisen und ihrem harten Management hatte die weise, zart gebaute Nonne Mitte der 90er Jahre ein Reich der guten Taten geschaffen. Es umfaßte über 286 Heime für Bedürftige, über 140 Schulen und fast 840 mobile medizinische Stationen, die jährlich mehr als fünf Millionen Menschen versorgen. Ihren Missionarinnen der Nächstenliebe gehören über 4000 Nonnen und 120 000 Mitarbeiter in über 120 Ländern an. Die asketische Frömmigkeit Mutter Teresas war zupackend und kraftvoll – den schweren Zeiten angemessen. Nie forderte sie etwas von ihren Mitschwestern, das sie nicht auch von sich selbst verlangte. Bis ins hohe Alter behielt sie den anstrengenden 16-Stunden-Tag bei, der um vier Uhr morgens begann, und schlief stets auf dem Boden.

Trotz ihres Dienstes an den Vergessenen der Gesellschaft gab es auch Kritik: In einem Land, in dem die Folgen der Überbevölkerung schockierend sichtbar sind, wich sie nicht von der katholischen Haltung gegenüber Abtreibung und Verhütung ab, ein Standpunkt, der besonders Feministinnen erboste. Andere warfen ihr vor, sich lediglich um die Bekämpfung der Symptome von Armut und Krankheit zu kümmern, ohne auf die Ursachen Einfluß zu nehmen. Doch wies Mutter Teresa stets daraufhin, das Armut sowohl materieller als auch geistiger Art sein könne. Sie bezeichnete die Armut einmal schlicht als „Mangel an Liebe".

Nach ihrem ersten Herzinfarkt 1989 arbeitete sie unbeirrt weiter, doch erlitt sie 1996 zwei weitere, woraufhin sie einen Rückzug in Erwägung ziehen mußte. Sie starb kurz darauf 1997; ihren schlichten Sarg trug derselbe Wagen durch die von Menschen wimmelnden Straßen Kalkuttas, auf dem auch Mahatma Gandhi zum Scheiterhaufen gebracht worden war. „Mutter Teresa prägte die Geschichte unseres Jahrhunderts", ließ sich Papst Johannes Paul II. vernehmen, während in der Presse schon von ihrer Heiligsprechung die Rede war. „Sie ... diente den Menschen, indem sie ihnen Würde gab und Respekt entgegenbrachte, sie ließ die, die vom Leben besiegt worden waren, die Liebe Gottes spüren."

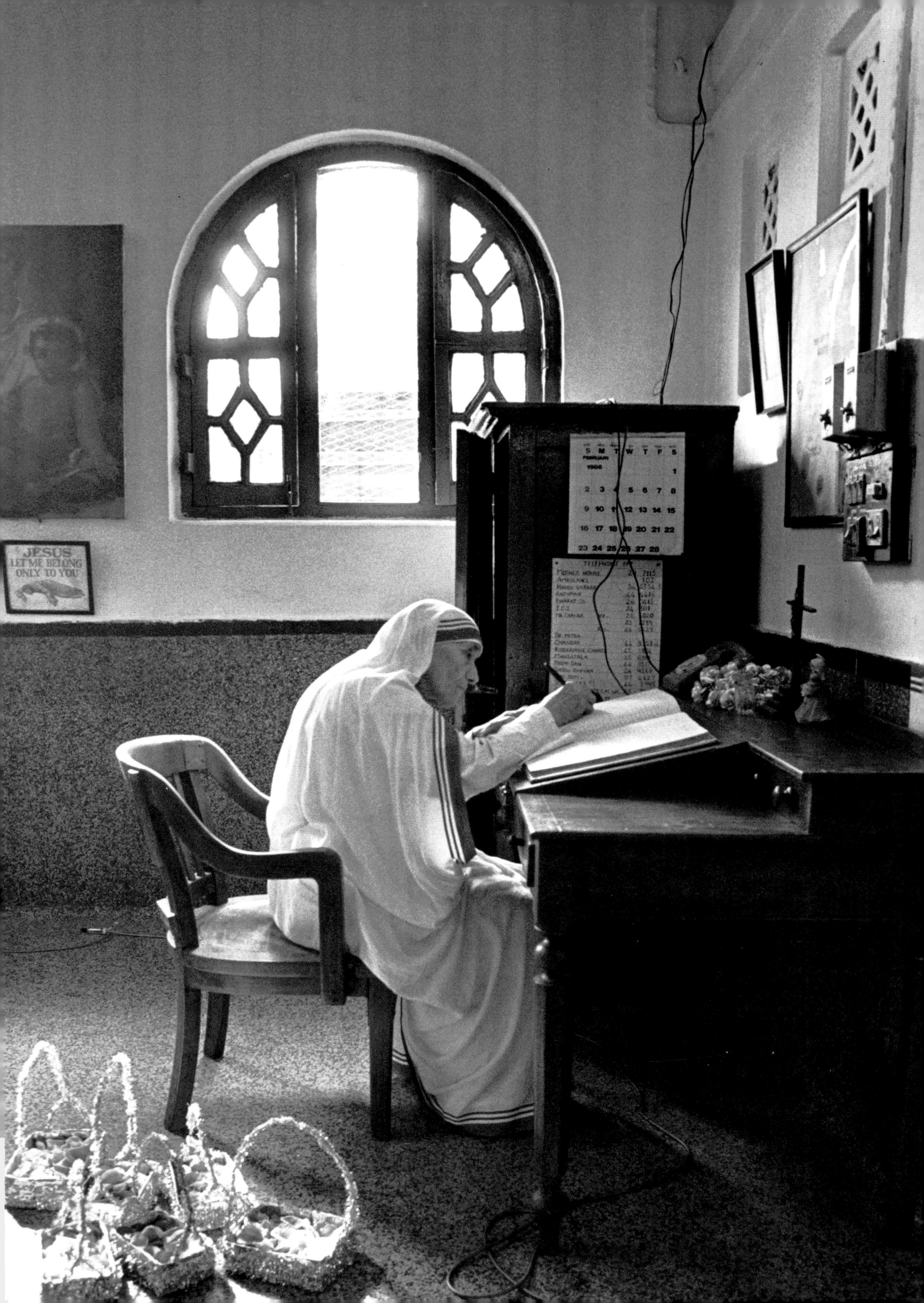
JESUS
LET ME BELONG
ONLY TO YOU

MARGARET THATCHER

*1925

ALS ERSTER WEIBLICHER STAATSCHEF einer großen Industrienation wurde sie von Männern, die weniger willensstark und ehrgeizig waren als sie, „Hunnenkönig Attila" genannt. Der Sowjetführer Michail Gorbatschow bewunderte sie als „Eiserne Lady", und der französische Präsident François Mitterand stöhnte, sie hätte „die Lippen von Marilyn Monroe, aber die Augen von Caligula". Die als Tochter einer Damenschneiderin und eines politisch interessierten Gemüsehändlers aus Grantham geborene Margaret Thatcher regierte Großbritannien elf stürmische Jahre lang, länger als jeder andere britische Premierminister dieses Jahrhunderts. Sie ging mit eiserner Hand gegen den Wohlfahrtsstaat und die Arroganz der Upper Class, die England ihrer Meinung nach zu einem zweitrangigen Land hatten verkommen lassen, vor. Die radikale, wenn nicht gar revolutionäre Politikerin verpflanzte die amerikanischen Konzepte von persönlicher Initiative und Verantwortung in einen englischen Staatskörper, der sie letztlich nicht annehmen wollte.

Nach Meinung der *Sunday Times* „eine populistische Politikerin, die bei den Wählern nie populär war", war Thatcher eine Außenseiterin. Sie gehörte nicht zur Upper Class oder zur Vereinigung der Oxbridge-Absolventen. Margaret Hilda Roberts erhielt ein Begabtenstipendium für das Somerville College in Oxford, wo sie Chemie studierte und ihr Interesse an Politik weiterentwickelte. Nach dem Abschluß 1947 arbeitete sie als Chemikerin in der Forschung, doch 1949 wurde die 24jährige von den Konservativen in Dartford, Kent, gebeten, für einen Parlamentssitz zu kandidieren. Nach der Niederlage stellte sie sich erneut zur Wahl und verlor wiederum. 1950 nahm sie ein Jurastudium auf, und als sie drei Jahre später ihre Zulassung als Anwältin erhielt, hatte sie schon eine der wichtigsten Entscheidungen ihres Lebens getroffen: den Geschäftsmann Denis Thatcher zu heiraten, dessen Loyalität und finanzielle Unterstützung ihr bei ihrem politischen Engagement den Rücken freihielten. Sie praktizierte einige Jahre als Anwältin mit dem Schwerpunkt Steuerrecht, und trat 1958 als konservative Abgeordnete für Finchley an, eine nördlich von London gelegene Enklave der oberen Mittelklasse. Diesmal gewann sie.

1961 wurde Thatcher zur parlamentarischen Sekretärin des Ministeriums für Renten und Sozialversicherung ernannt. 1964 gab sie der Labour-Regierung als Sprecherin der Opposition in der ersten Bank regelmäßig Kostproben ihres scharfen rhetorischen Könnens; drei Jahre später machte Premierminister Heath sie zur Energieministerin seines Kabinetts, dann zur Bildungsministerin. Auf jedem Posten lernte sie mehr über die Verwaltung und über das subtile Messerwetzen in der englischen Politik. Dabei legte sie eine gewisse Unnachgiebigkeit an den Tag und genug Gelassenheit, Kontroversen auszutragen. Nachdem sie 1970 zur Staatssekretärin für Wissenschaft und Bildung gemacht worden war und das Budget auf eine Weise kürzen wollte, die nicht die Bildung beschnitt, strich sie die Flasche Milch für ältere Grundschulkinder und verdiente sich so den Beinamen „Thatcher the Milk Snatcher".

Tory-Führer Edward Heath trat 1974 als Premierminister zurück, ein Jahr darauf nahm Margaret Thatcher seinen Platz als Parteichef ein. Beim Sturz des Labour-Premiers James Callaghan 1979 fädelte sie ein Mißtrauensvotum ein, das eine Unterhauswahl nach sich zog. Im Wahlkampf hämmerte Thatcher den Briten die Grundwerte des Thatcherismus ein: Sparsamkeit, Eigeninitiative, Selbstvertrauen. Ihr Gift sparte sie sich indes für die Gewerkschaften auf.

Es folgte einer der dramatischsten Klassenkämpfe, die Großbritannien je gesehen hatte. Unter Thatcher verdreifachte sich die Arbeitslosigkeit, in mehrheitlich von unterprivilegierten Schwarzen bewohnten Siedlungen brachen Rassenkonflikte aus. Die ersten Neuerungen der Premierministerin waren Anti-Krawall-Maßnahmen; Kurse über Selbstsicherheit für Arbeitslose und Schwervermittelbare zählten zu ihren Spezialitäten. Das Stöhnen über ihre Politik schlug in Begeisterung um, als sie die Briten erfolgreich in einen Krieg gegen Argentinien um die Falklandinseln führte. 1983 wurde sie wiedergewählt; immer noch verdammt von Arbeitern und Intellektuellen, immer noch die Gewerkschaften und die chronische Arbeitslosigkeit bagatellisierend, leitete sie ein aggressives Programm zur Privatisierung der kranken britischen Industrie ein.

In der Außenpolitik erleichterte Thatchers scharfsinnige Einschätzung des Sowjetführers Michail Gorbatschow, er sei ein Mann, mit dem Großbritannien Geschäfte machen könne, den Amerikanern unter Präsident Ronald Reagan, genau das zu tun. Dem aufnahmewilligen Ostblock hielt sie die Botschaft des freien Unternehmertums entgegen. Obwohl sie sich als stramme Verfechterin der NATO langsam ein positiveres Image im Ausland erarbeitete, scheiterte sie schließlich an der Innenpolitik. 1988 führte sie anstelle einer Vermögenssteuer eine für jeden gleich hohe Abgabe für Gemeindeleistungen ein. Die berüchtigte „Kopfsteuer" verursachte derartige Krawalle, daß Margaret Thatcher, die selbst so manchen Minister entlassen hatte, von den liberal gesinnten Rebellen der eigenen Partei aus Angst vor einer Niederlage 1990 abgesetzt wurde.

Thatchers politische Entscheidungen erwiesen sich als ihr Untergang. Ihr britischer Konservativismus in Reinform hatte es ihr zu leicht gemacht, den Armen den Rücken zuzukehren, während ein versteinertes Klassensystem, das Eigeninitiative unterband, unversehrt blieb. Als zur Baroness geadelte Lady Thatcher wurde sie selbst zu einem der von ihr so verabscheuten Titelträger, darauf beschränkt, vor den Adligen in den roten Lederbänken des House of Lords Reden zu halten. Schließlich zog sich Margaret Thatcher, verraten von der eigenen Partei, abgeschmettert vom eigenen Volk, das von ihrer herzlosen Politik enttäuscht war, sogar von der Königin höchstselbst getadelt, widerwillig von der politischen Bühne zurück.

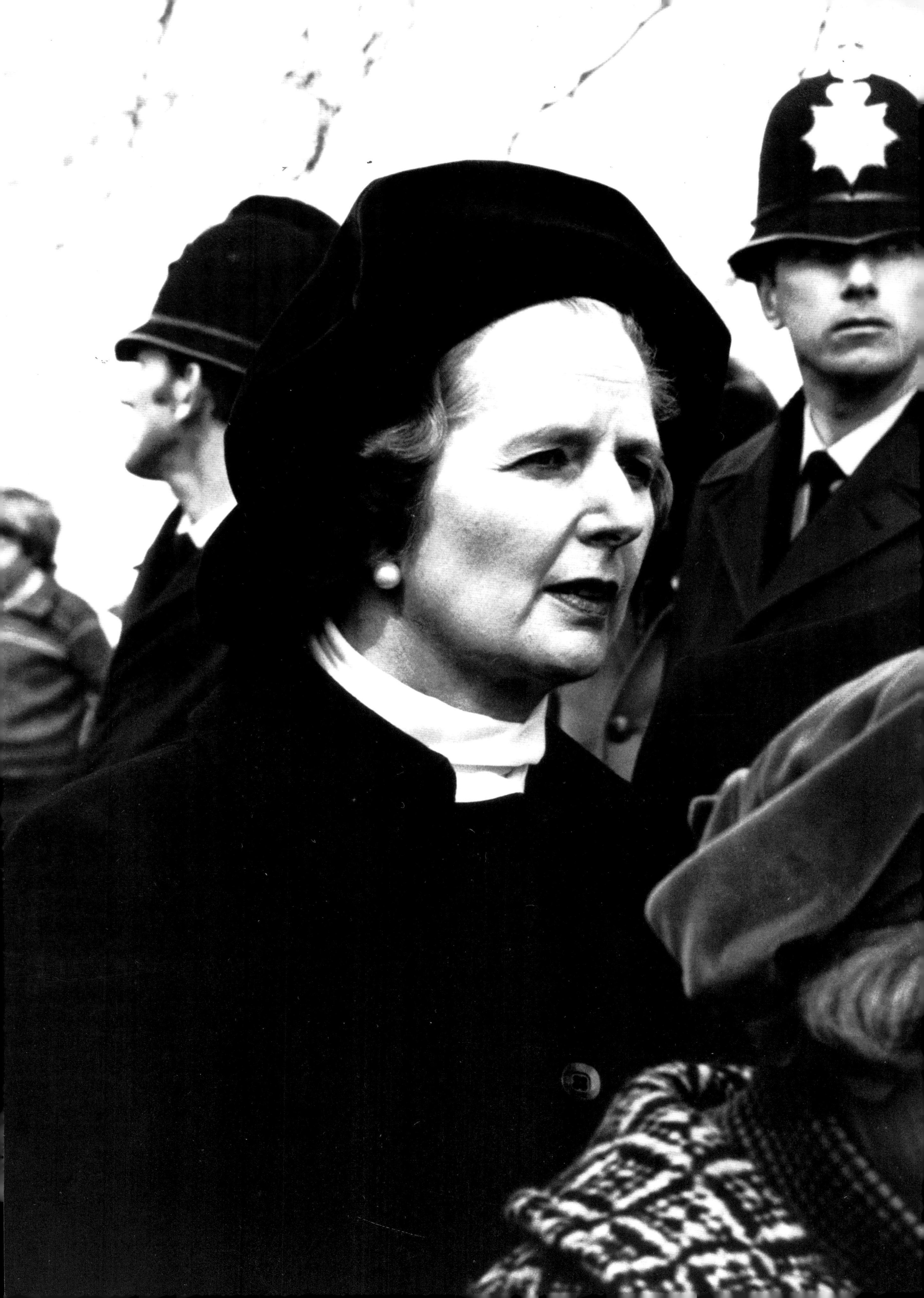

JIM THORPE
1888–1953

ER WAR DER BESTE Allround-Sportler des Jahrhunderts: ein Footballspieler allererster Güte, ein vielseitiger Leichtathlet, der viele Goldmedaillen errang, und ein ausgezeichneter Baseballspieler. In der Geschichte des Sports findet der Algonkin-Indianer aus Oklahoma nicht seinesgleichen. Aber trotz all seiner Leistungen fällt den meisten Menschen bei Jim Thorpe zuallererst die Demütigung ein, die er hinnehmen mußte, als ihm das IOC kaltblütig seine Medaillen aberkannte. Diese Erfahrung lehrte ihn wohl, daß das Leben kein Spiel ist, der sportliche Wettstreit aber durchaus eine Lotterie sein kann. Dennoch zeigte er seine Enttäuschung nicht, sondern war weitere 30 Jahre aktiv, bis er langsam in Vergessenheit geriet.

Jim Thorpe wurde im Oklahoma Territory geboren, dem Vorläufer des späteren gleichnamigen amerikanischen Bundesstaats; seine Mutter war indianisch-französischer Abstammung, sein Vater halb Indianer und halb Ire. Er selbst bezeichnete sich später einmal als „amerikanischer Airdale". Sein indianischer Name lautete Wa-Tho-Huck („Heller Pfad") – vielleicht ein früher Hinweis auf seine späteren Heldentaten auf dem Footballfeld. 1904 ging der sehnige 16jährige an die Carlisle Indian Industrial School von Pennsylvania, eine Einrichtung, die teils Highschool, teils Berufsschule war und deren Lehrplan zum Ziel hatte, die indianischen Wurzeln der jungen Schüler zu beseitigen. Jim Thorpe bereitete es Schwierigkeiten, sich an die neue Umgebung und an die Bevormundung durch die Schulregeln zu gewöhnen. Ganz nebenbei schlug er – in Stiefeln und Arbeitsanzug – den besten Hochspringer der Schule; beim Footballtraining wehrte er sämtliche Angriffe seiner Gegner ab, die er reihenweise umriß. Oft war er der einzige Vertreter der Leichtathletikmannschaft von Carlisle: Das 47köpfige Team des Lafayette College besiegte er in acht Disziplinen. Doch erst als Footballspieler lief Thorpe zu richtiger Hochform auf. Er lief so schnell wie eine Rakete, konnte passen und fangen und den Ball aus der Hand oder mit einem Dropkick über gut 50 Meter befördern. In einem Kräftevergleich mit der großen Mannschaft der Harvard University im Jahr 1911 verließ sich die Carlisle Indian Industrial School ganz auf Jim Thorpe, der prompt alle Punkte machte und das Spiel für sein Team ganz allein entschied. In diesem Jahr wurde er von den Zeitungen in das All-American Team gewählt.

Natürlicherweise gehörte ein solcher Sportler zur Auswahl für die Olympiamannschaft, die sich auf die Spiele in Stockholm 1912 vorbereitete. Dort gewann Thorpe die Goldmedaille im Zehnkampf wie im Fünfkampf, was der schwedische König bei der Medaillenübergabe mit der Bemerkung kommentierte: „Mein Herr, Sie sind der größte Sportler der Welt."

Doch als die Funktionäre des Internationalen Olympischen Komitees zwei Jahre später feststellten, daß Thorpe als Collegestudent außerhalb der Schule Baseball als Semiprofi gespielt hatte, erkannten sie dem jungen Mann seine Siege und seine Medaillen ab. Ihre Begründung lautete, er habe die Vorschrift verletzt, daß nur Amateure an der Olympiade teilnehmen dürfen. Thorpe war mit Sicherheit kein Profi, und Baseball war keine olympische Disziplin, und doch revidierte man diese Ungerechtigkeit jahrzehntelang nicht. Dahinter stand der Vositzende des IOC Avery Brundage, der zu jenen Athleten gehört hatte, die Thorpe in Stockholm auf die Plätze verwies. Die beiden Zweitplazierten weigerten sich, Thorpes Medaillen anzunehmen, aber erst im Jahr 1982 rang sich das heftig kritisierte IOC dazu durch, Jim Thorpe posthum seine Goldmedaillen zurückzugeben.

Er verbarg seine Verbitterung und spielte ab 1915 Profifootball bei den Canton Bulldogs. Als die Bulldogs fünf Jahre später als Gründungsmitglied die National Football League ins Leben riefen, wurde Thorpe zu deren Präsidenten gewählt. Der Superstar machte sich weder Sorgen noch Gedanken über den Gegner. Manche Kritiker warfen Thorpe vor, im Spiel manchmal phlegmatisch und desinteressiert zu sein. Dabei besaß er ein feines Gespür dafür, was das Publikum sehen wollte. Als der junge Lineman Knute Rockne, der frisch von der Notre Dame University gekommen war, ihn einmal ungestüm anging und von den Beinen riß, schimpfte Thorpe: „Laß den alten Indianer rennen, Rock, dafür haben die Leute schließlich bezahlt". Rockne ignorierte den Ratschlag und attackierte Thorpe beim nächsten Spiel wieder. Beim dritten Mal ging Thorpe Rockne so brutal an, daß dieser zu Boden ging und kurze Zeit bewußtlos war, während Jim Thorpe zu einem Touchdown durchstartete. Als Rockne wieder zu sich kam, hörte er Thorpe mit sanfter Stimme säuseln: „So ist es brav, Rock, laß den alten Jim laufen".

Wenn Thorpe nicht gerade die Bears schlug, spielte er Baseball für die New York Giants, die Cincinnati Reds und die Boston Braves – dies dauerte von 1913 bis 1919. Sein Batting Average lag bei 0,252 und hätte sogar noch eindrucksvoller sein können, hätte er sich nur dafür entscheiden können, sich ausschließlich auf Baseball zu konzentrieren. Aber er hielt wenig von regelmäßigem Training. Er bevorzugte es, mit einem Mindestmaß an Aufwand zu gewinnen, und trieb sich nicht immer zu Höchstleistungen an. Man kann nur spekulieren, welche Leistungen er bei ordentlichem Training und mit richtiger Motivation vollbracht hätte. Als Thorpe älter wurde, machte ihn der häufige Griff zur Flasche etwas langsamer, seiner Karriere tat das jedoch keinen Abbruch. Zwischen 1920 und 1925 spielte er in vier Mannschaften der zweiten Liga und hatte 1929 im Alter von 41 Jahren ein Comeback bei den Chicago Cardinals. Von 1933 bis 1937 lebte Jim Thorpe in Hollywood, nahm kleine Rollen in zweitklassigen Filmen an und versuchte sich am Ende in so unterschiedlichen Berufen wie Vortragskünstler, Lehrer für indianische Tänze, Nachtwächter und Straßenarbeiter. Als 1953 sein starkes Herz aufhörte zu schlagen, hatte er der ganzen Welt gezeigt, daß ein Mensch Spaß haben kann und dabei Großes zu leisten vermag.

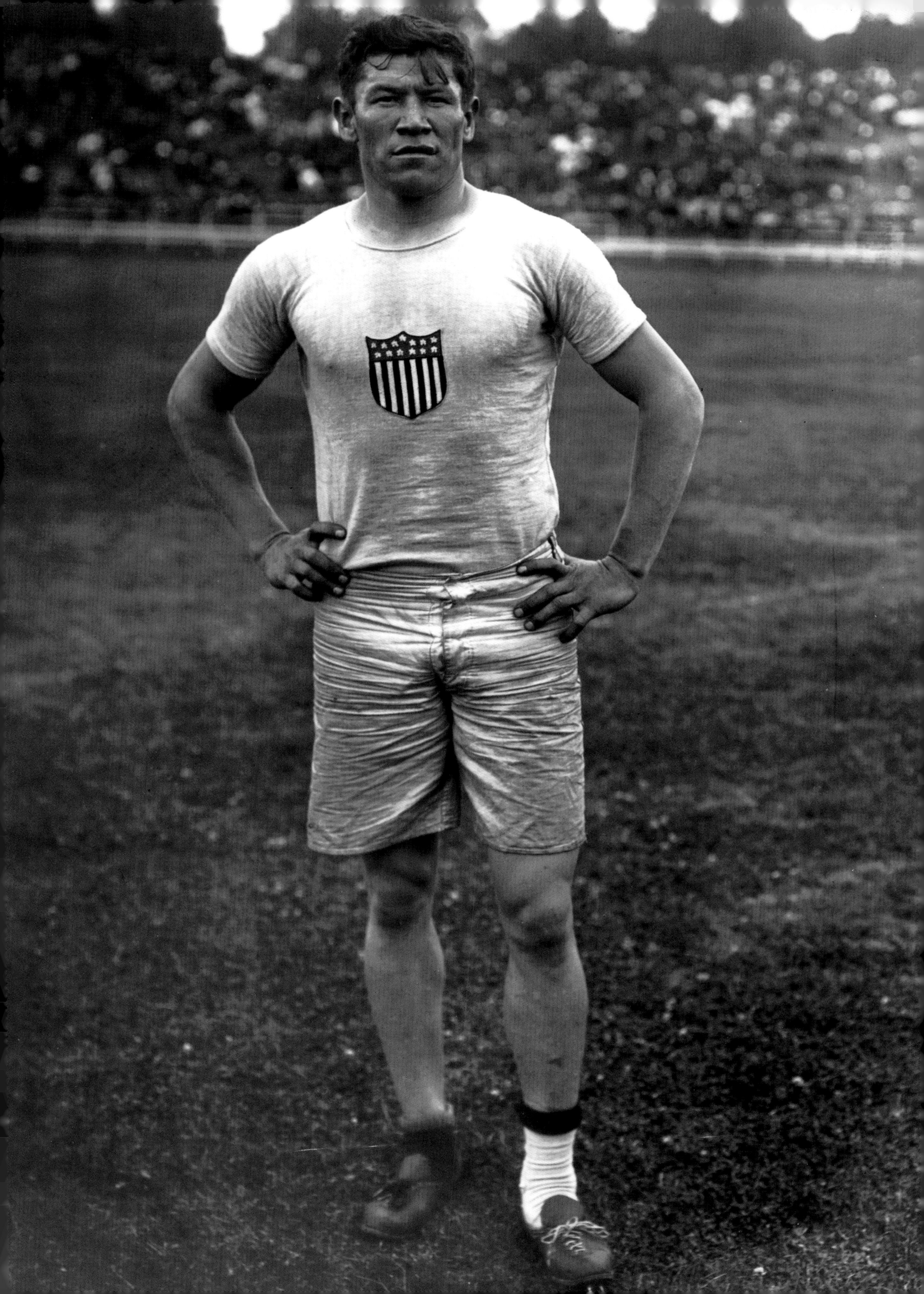

TOKYO ROSE

*1916

EIGENTLICH HAT ES SIE nie gegeben: Diese katzenhafte, einschmeichelnde Stimme, die die amerikanischen GIs in Hunderten von Radiosendungen während der pazifischen Auseinandersetzung im Zweiten Weltkrieg unterhielt und aufmunterte. Mindestens 14 Frauen verkörperter die „Tokyo Rose", wie die Yankees ihre unsichtbare Sirene nannten. Zu keiner Zeit des großen Konflikts wurde sie im japanischen Radio erwähnt, obwohl einiges von dem, was „sie" sagte, Verrat gewesen wäre, hätte es ein Amerikaner ausgesprochen. Als die Nachkriegshysterie in den Vereinigten Staaten auf ihrem Höhepunkt war, wurde eine einzige japanische Amerikanerin angeklagt, ihr Land mit zersetzenden Rundfunkübertragungen verraten zu haben. Es war Iva Ikuko Toguri d'Aquino, eine Nisei der zweiten Generation, die während des Krieges nach Japan geriet und dort gezwungen wurde, für Radio Tokio zu arbeiten.

Iva Toguri mit ihrer dunklen Stimme war eine typische Amerikanerin. Sie wurde am 4. Juli in Los Angeles geboren, liebte Jimmy Stewart, ging begeistert zu Footballspielen und besuchte die Universität von Los Angeles, wo sie Zoologie studierte. Fremdsprachen beherrschte sie nicht, schon gar kein Japanisch, und als sie 1940 wahlberechtigt war, trug sie sich in die Wahllisten der Republikaner ein. Diese friedliche, bürgerliche Existenz wurde zerstört, als Japan und die Vereinigten Staaten in den Krieg eintraten.

Toguris patriotischer Vater wollte nicht wahrhaben, daß es zum Krieg kommen würde, und bat seine Tochter, zur Pflege eines kranken Verwandten nach Japan zu reisen. Widerwillig brach sie am 1. Juli 1941 in Los Angeles nach Yokohama auf. Dort fand Toguri die Sprache unverständlich, die Sitten seltsam und das Essen völlig ungenießbar. Unglücklich, einsam und fremd, sehnte sich die junge Amerikanerin nach dem Tag, an dem sie heimkehren würde. Doch nach dem Angriff auf Pearl Harbor verpaßte sie wegen Problemen mit ihrem Reisepaß und der japanischen Bürokratie das letzte Schiff zurück nach Amerika. Als Staatsangehörige eines kriegführenden Landes wurde Toguri von der japanischen Geheimpolizei überwacht und gedrängt, auf ihre amerikanische Staatsangehörigkeit zu verzichten. Immer wieder lehnte sie ab. Sie verlangte sogar, als feindselige Ausländerin interniert zu werden, was die Japaner ablehnten. Da sie unbedingt arbeiten wollte und mußte, antwortete sie auf eine Anzeige, in der eine englische Typistin als Teilzeitkraft bei Radio Tokio gesucht wurde. Von hier an verzweigt sich ihre Geschichte in undurchsichtige und widersprüchliche Versionen.

Eine davon besagt, Toguri sei von einem geheimnisvollen amerikanischen Kriegsgefangenen – wohl selbst ein Verräter – für Radio Tokio rekrutiert worden. Andere behaupten, ein australischer Kriegsgefangener hätte Toguri versichert, ihre Sendungen seien als „reine Unterhaltung" für amerikanische Soldaten gedacht; diese Behauptung könnte die naive Toguri tatsächlich für bare Münze genommen haben. Eine dritte Version lautet, daß man sie unter Strafandrohung zu der Arbeit gezwungen habe.

Kein Mitschnitt ihrer Sendungen konnte später als Beweis für ihren Verrat verwendet werden. Zwar waren sie von einer feindlichen Station zu dem Zweck ausgestrahlt worden, U.S.-Soldaten zu demoralisieren, doch sagten Augenzeugen im Prozeß aus, daß Toguri ihre Texte nicht selbst verfaßt hätte. Außerdem bestätigten sie unter Eid, daß die Amerikanerin Medizin und Nahrungsmittel zu alliierten Gefangenen geschafft hätte, wann immer sie die Möglichkeit dazu hatte.

Nach der amerikanischen Invasion 1945 verhielt sie sich jedoch sehr unklug und mißverständlich. Als der Journalist Harry T. Brundidge seine Pressekontakte in Tokio spielen ließ und mit d'Aquino zusammentraf (während des Krieges hatte sie den Portugiesen Felippe d'Aquino geheiratet und dessen Familiennamen angenommen), schwor sie, die „einzig wahre Tokyo Rose" zu sein, obwohl sie wußte, daß das nicht zutraf. Für eine beträchtliche Summe verkaufte sie ihre Geschichte exklusiv an Brundidge. Es war eine Art „Beichte", die dieser mit einer Kollegin auf 17 entscheidenden Notizblättern festhielt. Die Geschichte und der Handel flogen auf, als sich die *Cosmopolitan* weigerte, eine „Verräterin" zu glorifizieren. Sie wurde von Geheimdienstagenten verhaftet, jedoch aus Mangel an Beweisen wieder freigelassen.

Bis 1948 interessierte sich keiner mehr für sie. Als aber Präsident Harry S. Truman von den Republikanern vorgeworfen wurde, er sei gegenüber Verrätern zu nachlässig, hielt er den Justizminister Tom Clark dazu an, Toguri d'Aquino strafrechtlich zu verfolgen. Ihr Prozeß in San Francisco war kein Ruhmesblatt für die amerikanische Rechtssprechung. Da sich die Anklage bewußt war, daß ihre Beweisführung nur auf unbewiesenen Annahmen basierte, stützte sie sich ausschließlich auf die Anweisungen von oben. Während die Regierung Zeugen der Anklage von Japan nach San Francisco holte, weigerte sie sich, Zeugen, die d'Aquino hätten entlasten können, den Flug zu ermöglichen. Der einzige Anklagepunkt, in dem sie letztlich verurteilt wurde – ein vager Hinweis auf den Verlust amerikanischer Schiffe – konnte durch keinerlei Aufnahmen oder Zeugen, die sie als Sprecherin identifizierten, bewiesen werden. Angesichts so spärlicher Indizien sprachen die Geschworenen sie erst schuldig, als der Richter es ihnen buchstäblich befahl.

D'Aquino wurde zu zehn Jahren Haft und einer Geldstrafe von 10 000 Dollar verurteilt. Nach ihrer frühzeitigen Entlassung 1956 sollte sie des Landes verwiesen werden, was die Gesetzeslage verhinderte: Niemand kann ein Verräter und gleichzeitig ein unerwünschter Ausländer sein. Sie zog sich aus der Öffentlichkeit zurück und führte ein ruhiges Leben als Angestellte im Geschäft ihres Vaters. 1976 gewährte Präsident Gerald Ford „Tokyo Rose" volle Verzeihung, das verspätete Eingeständnis eines bedauerlichen Justizirrtums.

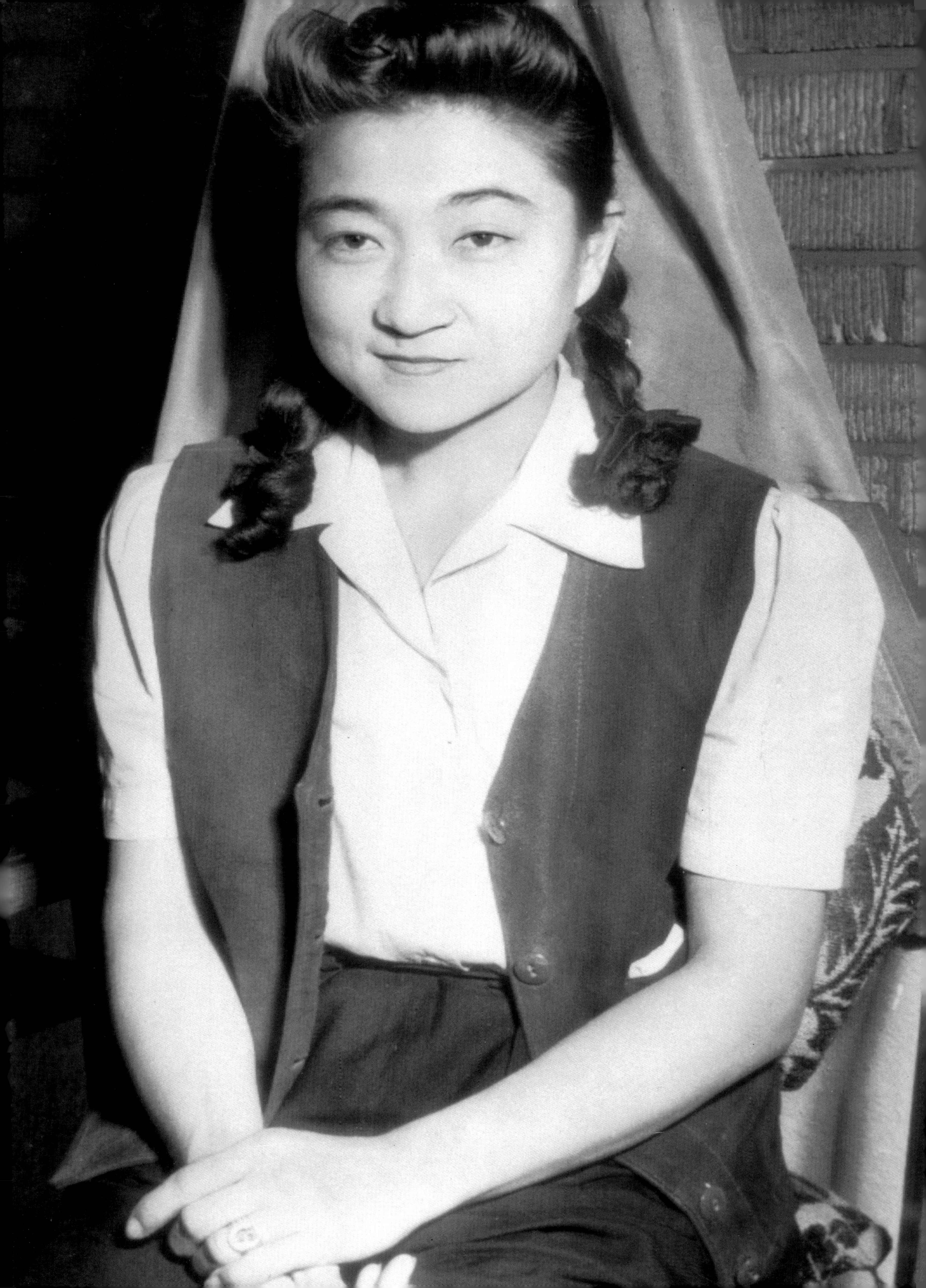

ARTURO TOSCANINI
1867–1957

FÜR DEN BEDEUTENDSTEN Dirigenten der ersten Hälfte des 20. Jahrhunderts gehörte Werktreue zu den obersten Prinzipien. Arturo Toscanini bestand darauf, daß die Musik ausschließlich das Werk des Komponisten sei und die Aufgabe des Dirigenten darin bestünde, das Vorgegebene auszuführen. Toscanini war berühmt für seine dramatische Intensität, die absolute Kontrolle, die er über sein Orchester ausübte, und seine Fähigkeit, die Musiker zur Perfektion anzuregen. Mit seinen Interpretationen der großen klassischen Kompositionen setzte er neue Maßstäbe, indem er sich deutlich von den Dirigenten der romantischen Epoche abhob, die sich oftmals weit von der Partitur entfernten.

Toscanini wurde in Parma als Sohn eines einfachen Schneiders geboren, der unter Garibaldi gekämpft hatte. Mit neun Jahren trat er in das Konservatorium in Parma ein, das er 1885 mit glänzendem Erfolg vor allem in den Fächern Klavier, Cello und Komposition abschloß. Er lernte das italienische Opern-Repertoire auswendig; eine Leistung, die ihm schon im folgenden Jahr sehr nützlich war. Er befand sich gerade als Cellist auf einer Tournee durch Brasilien, als man ihn in Rio de Janeiro kurzfristig bat, als Dirigent einzuspringen. Das Publikum pfiff vor Empörung, als Toscanini den Dirigentenstab ergriff, doch seine leidenschaftliche und zugleich disziplinierte Interpretation von *Aida* fesselte die Zuhörer so sehr, daß nur wenigen auffiel, daß der Dirigent nicht einen einzigen Blick auf seine Partitur geworfen hatte. Diese bewegende Aufführung verschaffte ihm ein festes Engagement für die laufende Spielzeit. Toscaninis erstaunliches Gedächtnis erwies sich als segensreich, als er im Alter sein Sehvermögen verlor und gezwungen war, auswendig zu dirigieren.

Sein wachsendes Ansehen verhalf ihm bald zu Engagements an verschiedenen Opernhäusern in Italiens Provinz wie zum Beispiel in Turin, wo er mit Catalanis *Edmea* seine italienische Dirigentenlaufbahn begann. 1887 begegnete der damalige Cellist während der Proben zur Weltpremiere von *Othello* erstmals Verdi, doch lernten sie sich erst 1896 näher kennen. Toscanini, der mittlerweile zum Spezialisten für die junge Generation der Opernkomponisten geworden war, dirigierte 1892 die Uraufführungen von Leoncavallos *I Pagliacci* und 1896 von Puccinis *La Bohème* sowie die italienischen Erstaufführungen mehrerer deutscher und französischer Opern. Mehr noch als die italienischen Komponisten verehrte er Richard Wagner, den er als „den größten Komponisten des [19.] Jahrhunderts" bezeichnete.

1897 heiratete Toscanini Carla de Martini, die Tochter eines Mailänder Börsenmaklers. Die beiden hatten drei Kinder: Walter, Wally und Wanda; Wanda heiratete später den russischen Pianisten Wladimir Horowitz. 1898 wurde Toscanini Chefdirigent und künstlerischer Direktor der Mailänder Scala, wo er seine erste Spielzeit mit der italienischen Premiere von Wagners *Die Meistersinger von Nürnberg* eröffnete. Er füllte diese Position fünf Jahre lang aus und trat 1903 zurück, da er keine Zugabe mehr geben wollte – er haßte Zugaben mindestens ebenso, wie die im 19. Jahrhundert übliche Praxis, eine Opernaufführung durch ein Ballett zu ergänzen. Toscanini reiste anschließend fünf Jahre durch Europa und Südamerika, um 1908 nach New York an die Metropolitan Oper zu gehen, wo er zusätzliche Probenzeiten durchsetzte und das Orchester strenger Disziplin unterwarf. Die Met erlebte unter Toscanini eine der glanzvollsten Perioden ihrer Geschichte.

Die Wutanfälle des Maestros während der Proben waren legendär. Einmal faße er sein Urteil über die Bemühungen seines Orchesters in einem Wort zusammen: „Mörder". Doch er beherrschte auch die leisen Töne. Um dem Orchester zu verdeutlichen, wie er sich eine bestimmte Passage wünschte (sein Englisch war nicht sehr gut), zog er ein seidenes Taschentuch hervor und warf es in die Luft. Er beobachtete mit den Musikern, wie das Tuch langsam zu Boden glitt und sagte: „Da – so müßt ihr spielen." Die Arbeit mit Toscanini war zwar anstrengend, doch seine Musiker wußten, daß er sich nicht weniger abverlangte als ihnen. „Ich gebe alles – ihr müßt auch alles geben!" trieb er sie an, wenn sie sich mit Brahms oder Verdi abmühten. Wenn das Orchester dann seinen Anforderungen genügte, weinte er vor Freude. Als ihm einmal selbst ein Fehler unterlief, versetzte er sich vor dem Orchester eine Ohrfeige, um zu zeigen, daß auch er sich die Strafe nicht ersparte.

Während des Ersten Weltkriegs opferte er seine eigene Karriere, um mit einer Militärband für italienische Frontsoldaten zu spielen. Später dirigierte er bei Benefizveranstaltungen zugunsten von Kriegsopfern. In der Nachkriegszeit war er zunächst von den faschistischen Ideen Mussolinis beeindruckt, doch bald schon wurde er zum überzeugten Antifaschisten. 1931 griff man ihn in Bologna tätlich an, weil er sich geweigert hatte, die faschistische Hymne zu spielen. Aus Protest gegen die Diskriminierung jüdischer Musiker durch Hitler beendete er seine langjährige Zusammenarbeit mit den Salzburger und Bayreuther Festspielen.

1928 wurde Toscanini Leiter des New York Philharmonic Orchestra und übernahm 1937 auf Bitten des Rundfunkdirektors David Sarnoff das NBC Symphony Orchestra – eine Aufgabe, die er 17 Jahre lang mit größter Begeisterung erfüllte. 1938 emigrierte er endgültig in die Vereinigten Staaten. Dort wurde der weißhaarige Meister mit den feinen, seelenvollen Zügen und dem getrimmten Schnurrbart ein vertrauter Anblick für das amerikanische Fernsehpublikum, das durch sein präzises und lebendiges Dirigat Zugang zur klassischen Musik bekam. Am 4. April 1954 legte der 87jährige Maestro nach dem letzten Akkord des Meistersingervorspiels seinen Dirigentenstab nieder, verließ das Podium und wurde zur Legende – wie die großen Komponisten, deren Werken er den Lebensatem eingehaucht hatte.

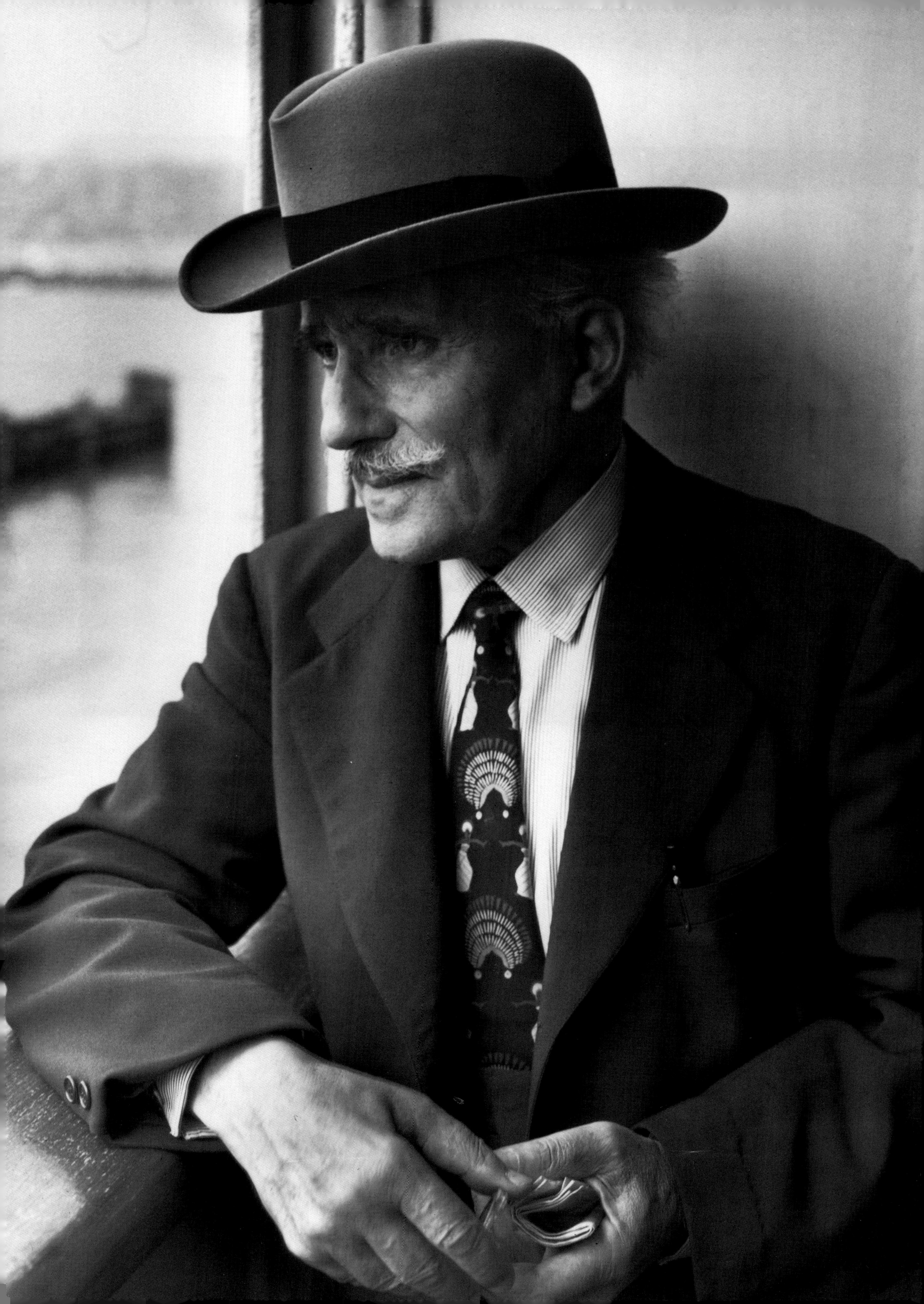

HARRY S. TRUMAN
1884-1972

ES OBLAG HARRY S. TRUMAN, dem 33. Präsident der USA, Entscheidungen zu treffen, die die Weltpolitik über Jahrzehnte hinweg bestimmen sollten. Der forsche, gewissenhafte Politiker dachte schnell und handelte selbstsicher. Als Vizepräsident Franklin D. Roosevelts gestaltete er nach dessen Tod das Ende des Zweiten Weltkriegs und dessen politische Nachwirkungen aktiv mit. Er war es auch, der den Befehl zum Atombombenabwurf über Hiroshima und Nagasaki am 8. August 1945 gab, um den Krieg im Pazifik zu beenden. Nach dem Krieg stand für Harry S. Truman nicht weniger als das Überleben der westlichen Demokratie auf dem Spiel; auf die sowjetische Expansionspolitik reagierte er mit der sogenannten Eindämmungspolitik, die wesentlich zur Aufteilung der Welt in zwei ideologisch konträre und bewaffnete Lager beitrug und die Voraussetzungen für vier Jahrzehnte Kalten Krieges schuf. Doch auch wenn ein versöhnlicherer, außenpolitisch erfahrenerer Staatschef diese Entwicklung hätte abwenden können, wie manche Kritiker mutmaßen, so muß doch gesagt werden, daß sich Truman am Scheideweg der Geschichte für das entschied, was seiner Meinung nach den Interessen seines Landes am besten diente.

Harry S. Truman kam aus einer bäuerlichen Gegend im mittleren Westen. Am 8. Mai 1884 in Lamar, Missouri, als ältestes von drei Kindern geboren, behauptete er später von sich, die „glücklichste Kindheit, die überhaupt möglich war" verlebt zu haben. Doch nachdem die Familie 1889 nach Independence, Missouri, umgezogen war, gefährdeten die Träume seines Vaters vom schnellen Reichtum die finanzielle Sicherheit der Familie. Die Eltern konnten es sich nicht leisten, Harry auf ein College zu schicken, und die Militärakademie in West Point lehnte ihn wegen seiner Kurzsichtigkeit ab. Statt dessen wies ihn sein Vater an, bei der Verwaltung der Farm seiner Großmutter zu helfen, was er die nächsten elf Jahre lang auch tat. Sein Kriegsdienst als Hauptmann der 129. Field Artillery während des Ersten Weltkriegs brachte seine großen Führungsqualitäten zum Vorschein. Als er aus dem Krieg heimkehrte, heiratete er Beth Wallace, um die er fast zehn Jahre lang geworben hatte.

Nach dem Scheitern eines Bekleidungsgeschäfts wurde Truman von dem einflußreichen, aber korrupten Politiker T. J. Pendergast aus Kansas City in die Politik geholt. Mit dessen Rückendeckung wurde er 1922 zum Kreisrichter gewählt. Als er später in den Senat einzog, blieben seine Beziehungen zur Regierung sehr kühl, da Truman weiterhin Verbindungen zum in Ungnade gefallenen Pendergast pflegte. Obwohl dieser 1940 wegen Steuerhinterziehung verurteilt wurde, zog Truman nach einem harten Wahlkampf erneut in den US-Senat ein. Als Vorsitzender der Kommission zur Kontrolle der Rüstungsproduktion brachte ihm seine Aufdeckung von Verschwendung und Mißbrauch öffentlicher Gelder landesweite Bekanntheit ein.

Als den Beratern Roosevelts im Sommer 1944 klar wurde, daß der Präsident kein Jahr mehr zu leben hätte, wurde Truman als Kandidat für den Posten des Vizepräsidenten ausgewählt. Obwohl er für die Anhänger des New Deal, für die Gewerkschaften und für die konservativeren Demokraten akzeptabel war, wollte Truman dieses Angebot anfangs ablehnen. „Das ist ein sehr hohes Amt, vor allem aber eine große Ehre, ich habe jedoch keine Ambitionen, ein solches Amt zu bekleiden", antwortete er. Schließlich lenkte er doch ein.

Harry S. Truman übernahm das höchste Amt der Vereinigten Staaten, ohne von Roosevelt über Hintergründe, Vorhaben oder selbst den Prozeß der Entscheidungsfindung auf höchster Ebene informiert worden zu sein. Dementsprechend war er kaum im Bilde, unvorbereitet und hatte Angst: Weder verfügte er über Erfahrungen und das entsprechende Wissen auf dem Gebiet der Außenpolitik noch über vertrauenswürdige Berater, bei denen er hätte Rat suchen können. Stalin und Churchill kannte er nicht persönlich, mußte mit ihnen aber über das Ende des Krieges verhandeln. Ein weiterer Nachteil war, daß er die direkte Nachfolge des eindrucksvollen Roosevelt nach zwölf Jahren Amtszeit antrat. Wichtige Entscheidungen standen an: Es mußte Stellung bezogen werden zu Deutschlands bevorstehender Kapitulation, zum Schicksal Europas, der zunehmend unkooperativen Sowjetunion und zur Beschleunigung der Niederwerfung Japans. Überraschenderweise ging Truman alle diese Herausforderungen mit großer Entschlossenheit an.

Während des Wahlkampfes im Jahr 1948 reiste Truman, nun ganz er selbst, kreuz und quer durch Amerika und hielt Wahlreden. Am Ende erzielte er das erstaunlichste Ergebnis in der Geschichte der Wahlen in den Vereinigten Staaten, als er Thomas Dewey nur ganz knapp schlug. Innenpolitisch strebte er danach, Roosevelts New Deal durch seinen neuen Fair Deal fortzusetzen, seine Pläne wurden aber von dem von Republikanern dominierten Kongreß blockiert. Seine Außenpolitik ist es, die in Erinnerung geblieben ist. Um das Machtstreben der Sowjetunion einzudämmen, formulierte er seine vielschichtige Truman-Doktrin, die die amerikanische Leitlinie für den Kalten Krieg werden sollte. Als erstes forderte er vom Kongreß ein Hilfspaket in Höhe von 400 Millionen Dollar für Griechenland und die Türkei, damit sich diese Länder kommunistischer Guerillatruppen erwehren konnten. Ein weiterer Eckpfeiler dieser Doktrin war die Gründung der NATO, dann die Lancierung des Marshall-Plans, der den wirtschaftlichen Wiederaufbau Westeuropas sicherte, sowie die Entsendung amerikanischer Truppen nach Korea. 1952 stellte er sich nicht wieder zur Wahl.

Dieser offenherzige Amerikaner trug die Verantwortung zu einem Zeitpunkt, als für das 20. Jahrhundert und die Zukunft der Welt entscheidende Weichen gestellt wurden. Während die Debatte über den Einsatz von Atomwaffen und über Trumans Entscheidung 50 Jahre nach Kriegsende weiterhin anhält, hat der 33. Präsident der Vereinigten Staaten von Amerika noch immer einen besonderen Platz in den Herzen der Menschen.

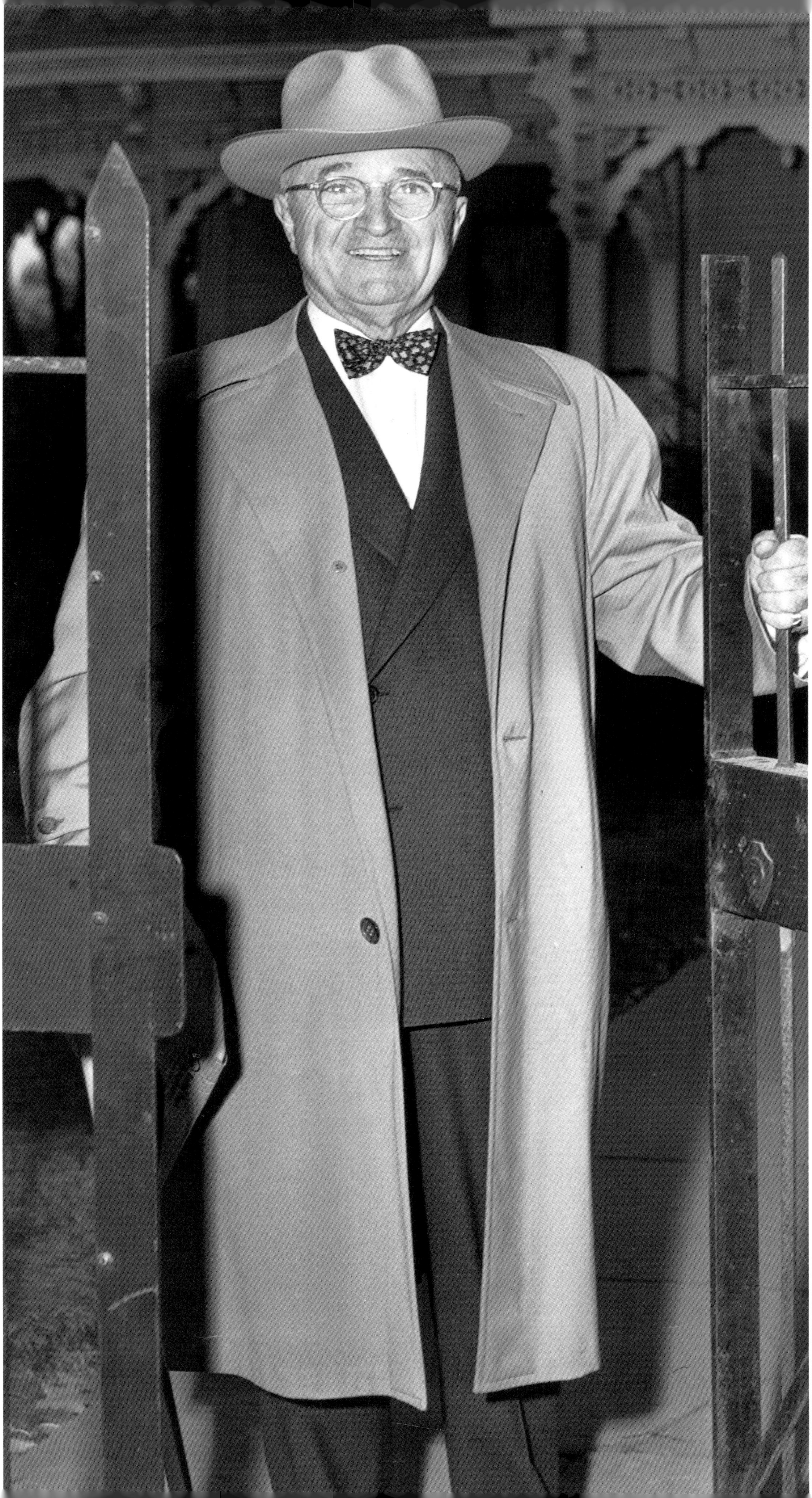

TED TURNER
*1938

DER MANN, DER MIT seiner einzigartigen Vision die Welt in ein „globales Dorf", wie es Marshall McLuhan nannte, verwandelte, hat zwei Gesichter. Zum einen ist er bekannt als „Captain Turner, der Fürchterliche", als junger Industriemagnat, der mit 24 Jahren die Anzeigenfirma seiner Familie vor dem Konkurs rettete und mit den Einnahmen den ersten TV-Kabelsender gründete und später Cable News Network, den ersten weltweiten Nachrichtensender, ins Leben rief. CNN ist der einflußreichste Nachrichtensender mit den meisten Zuschauern auf der ganzen Welt. Anders als die herkömmliche Berichterstattung ermöglicht er den Fernsehzuschauern ein unmittelbares Erleben des Geschehens, und wirkt damit wie kaum ein Sender meinungsbildend auf die Menschen.

Nebenbei kaufte sich der gutaussehende Turner bei dem Baseballverein Atlanta Braves und beim Basketballverein Hawks ein. Mit seinen Kapriolen während der Spiele erregt er nicht selten die Aufmerksamkeit der Zuschauer. Bei den Heimspielen der Braves setzte er sich vorzugsweise hinter den Unterstand und sprang bisweilen auf die Tribüne, um einen Fehlball zu fangen oder über seine persönliche Lautsprecheranlage Kommentare abzugeben. Der Sportsmann mit dem außerordentlichen Kampfgeist begann zu segeln und gewann mehr Hochseerennen als je ein Segler zuvor. 1977 holte er sich den America's Cup.

Kraft und Ehrgeiz hat Turner von seinem hartgesottenen Vater geerbt, einem launischen, cholerischen Alkoholiker. Ed Turner war ein erfolgreicher Kaufmann in Cincinnati, Ohio, der bei der Geburt seines Sohnes Robert Edward Turner III. bereits Millionär war. Seinen Sohn hat er nicht gerade verwöhnt. Einmal war er großzügig, einmal abweisend, dann aggressiv, und nicht selten verprügelte er ihn, wenn er nicht folgen wollte.

„Terrible Ted" (Ted Fürchterlich), wie man ihn auf der McCallie Militärschule in Chattanooga nannte, wäre gerne zur U.S.-Marine gegangen, doch sein Vater zwang ihn, statt dessen Wirtschaft an der Brown University zu studieren. Als Ted von der Universität flog, weil er Frauen mit aufs Zimmer genommen hatte, griff der Vater erneut ein und schickte ihn zur Strafe auf eine Arbeitsfahrt mit der Küstenwache. Die Feindseligkeiten zwischen den beiden brachen offen aus, als Ed das Familiengeschäft just in dem Moment verkaufen wollte, als der Sohn sich daran beteiligen wollte. Und als sein Vater sich dann 1963 erschoß, war Ted zugleich am Boden zerstört und voller Handlungswillen.

Durch clevere Transaktionen verhinderte Ted den Verkauf von Turner Advertising und begann, aus dem väterlichen Erbe sein eigenes Imperium aufzubauen. 1970 kaufte er Channel 17, einen erfolglosen Fernsehsender in Atlanta, den er bald in den Sender WTCG verwandelte und zum Aushängeschild der Turner Communications Group machte. 1980 gründete er, begleitet vom Spott seiner TV-Kollegen, den Nachrichtensender CNN. Als einige Jahre später Millionen Zuschauer die Bombardierung von Bagdad und den Fall der Berliner Mauer via Satellit live miterlebten, wurde deutlich, daß das Fernsehen und die TV-Berichterstattung mit CNN in ein neues Zeitalter getreten waren. Turner erwarb für eineinhalb Millionen Dollar MGMs unermeßlichen Schatz an Filmen und ließ zum Entsetzen der Kritiker viele der Schwarzweiß-Klassiker des Studios kolorieren. Anschließend startete er mit diesem Startkapital den überaus erfolgreichen Kanal TNT.

Mit der Zeit wurde der gereifte Turner sanftmütiger und zeigte nun sein zweites Gesicht – als engagierter Reformer und Philanthrop. Nachdem er seine zeitweilig starken Depressionen überwunden hatte, verwandte er seine ganze Energie auf politische und soziale Themen. Als einer der führenden Persönlichkeiten der Telekommunikationsbranche hatte er die geeigneten Mittel in der Hand, um die Welt über Rassismus, Überbevölkerung, Aufrüstung, Hungersnöte, Umweltverschmutzung und -katastrophen aufzuklären. 1991 heiratete er die Schauspielerin und Fitneßkönigin Jane Fonda, gleichfalls eine eifrige Aktivistin.

Der ältere Turner hat sich vieles von seinem früheren Ego bewahrt. Er ist noch immer charmant, hartnäckig und zielstrebig, und die Leidenschaftlichkeit, mit der er seine sozialen Anliegen verfolgt, erinnert an seinen früheren Kampfgeist beim Segeln. Noch immer liebt er es, sich im Freien aufzuhalten. Auf seiner riesigen Ranch im Westen züchtet er Büffel. Noch immer nutzt er den CNN und seine anderen Medien, um für seine wichtigsten Anliegen Interesse zu wecken.

1996 sah er sich aufgrund der scharfen Konkurrenzsituation zu einem dramatischen Schritt gezwungen. Er schloß sich mit Time-Warner zusammen – eine Fusion, die ihm 2,3 Milliarden Dollar einbrachte, ihn jedoch in der Rangliste der TV-Giganten auf Nummer zwei, hinter Gerald Levin von Time-Warner, „absteigen" ließ. Nun war er nicht mehr sein eigener Herr. Außerdem kooperierten seine „Eigentümer" mit seinen einstigen Rivalen, darunter vor allem Rupert Murdoch, dem australischen Chef von News Corp. Doch auch in seiner neuen Struktur hat Turners Lebenswerk Bestand, und CNN erobert sich weiterhin neue Märkte. Mit seinen für das Kabelnetz produzierten Filmen hat sich Turner auch in Hollywood einen Namen gemacht. Und sein soziales Engagement hat nicht im geringsten nachgelassen.

Am 18. September 1997 sorgte er für Aufsehen, als er den Vereinten Nationen 1 Milliarde Dollar für soziale Zwecke spendete, was ungefähr dem Jahresbudget der UN entspricht. So fand er einen weiteren Weg, an der Gestaltung der Welt mitzuwirken. Das Geld wird eingesetzt in Hilfsprogrammen für Flüchtlinge, Kinder und die Bergung von Landminen. Als er von der *New York Times* nach den Gründen für seine Wohltätigkeit gefragt wurde, antwortete der fortschrittliche Pragmatiker: „Ich habe gelernt, zu geben."

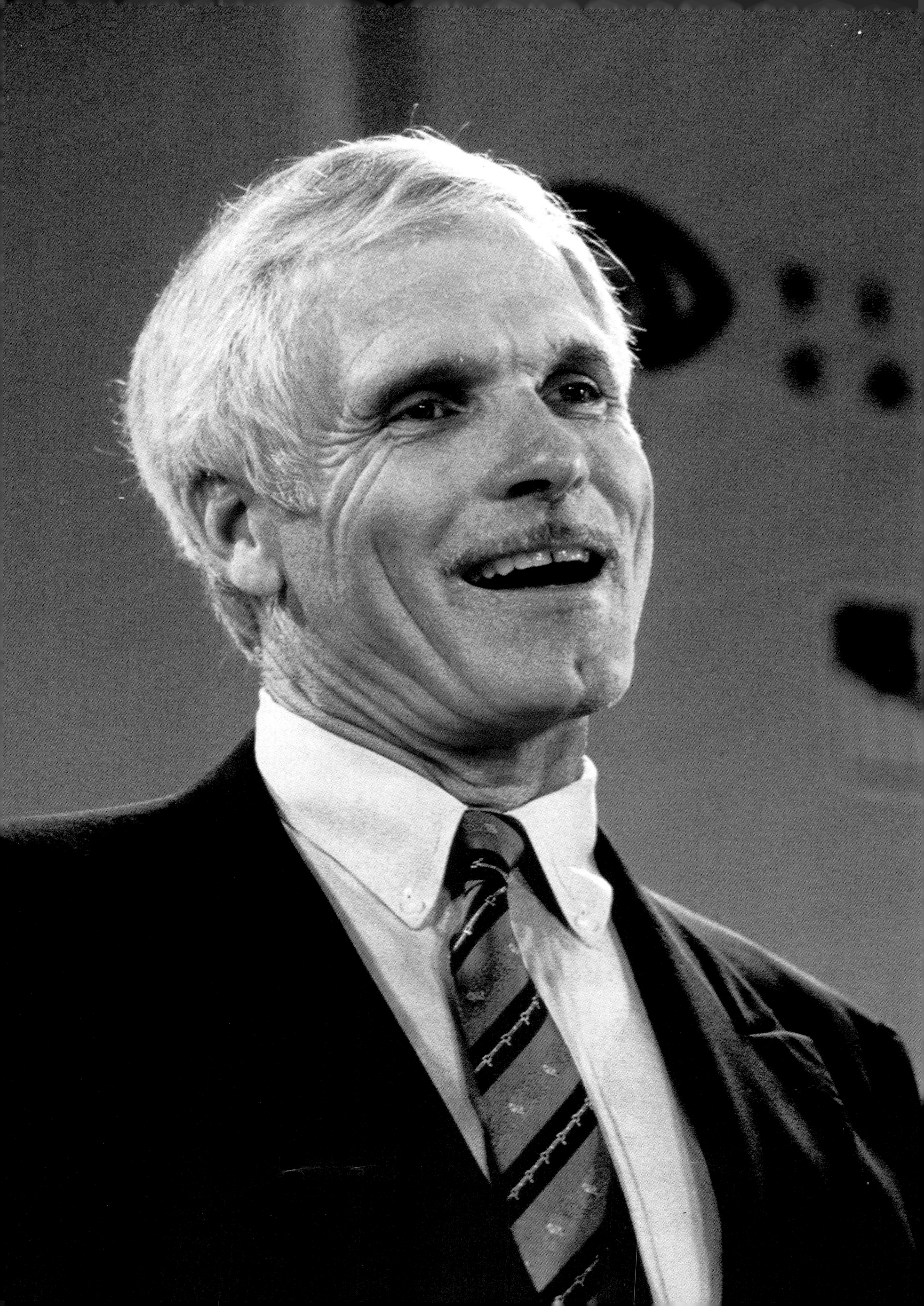

RUDOLPH VALENTINO
1895-1926

DIE WECHSELVOLLE LEBENSGESCHICHTE des größten Liebhabers der Filmgeschichte, Rudolph Valentino, bietet selbst genügend Stoff für ein Hollywood-Melodram. Rodolpho Alfonzo Raffaelo Pierre Filibert Guglielmi di Valentina d'Antonguolla wurde im italienischen Castellaneta geboren. Sein spektakuläres Leben begann mit Ärger und Schwierigkeiten und endete in Einsamkeit. Dabei hat der Schauspieler Millionen Frauen in der ganzen Welt den Kopf verdreht.

Er arbeitete als Taxiboy, als er 1921 für Rex Ingrams Leinwandepos *Die vier apokalyptischen Reiter* entdeckt wurde. Mit der Rolle als argentinischer Gaucho, der verbotene Lust und Melancholie verkörperte, begann sein Weg nach oben. Obwohl er nur in wenigen Szenen zu sehen war, war die Wirkung durchschlagend. In seinen folgenden Hauptrollen auf der Leinwand mimte er den Nordeuropäer mit markanten Gesichtszügen, dessen Begierden nicht mit einem unschuldigen Kuß auf die Wange befriedigt werden konnten. In Wirklichkeit war Valentino völlig anders. Trotz – oder vielleicht gerade wegen – seiner exotischen Vorliebe für schmuckbeladene Turbane und schwere Ringe lagen ihm die Frauen zu Füßen. Und es waren fast ausschließlich die Frauen, die für den feurigen, jungen Leinwandhelden schwärmten. Die Männer konnten sich mit dem „Latin Lover" nicht nur nicht identifizieren – im Gegenteil, sie empfanden ihn als Bedrohung und machten sich über ihn lustig.

Der Sohn eines Tierarztes und einer Französin war schon als Kind wegen seiner wilden Eskapaden von seinen Eltern oft ausgesperrt worden, und als Jugendlicher vertrieb er sich die Zeit mit kleineren Straftaten. Nachdem man ihm an einer Marineschule die Aufnahme verweigert hatte, ging Valentino nach Paris, wo er als Bettler auf der Straße lebte. Als er dann mit 18 Jahren nach Amerika kam, geriet er immer wieder mit dem Gesetz in Konflikt. Der dunkle, attraktive junge Immigrant fand zunächst Arbeit in einer Gärtnerei, um bald eine Karriere als Tänzer zu beginnen. Nachdem er eine Weile als Gigolo in verschiedenen Tanzclubs am Broadway gearbeitet hatte, trat er in den New Yorker Kabaretts – darunter auch das berühmte Maxim's – mit verschiedenen Partnern auf. Als er 1917 nach Hollywood ging, mußte er sich zunächst mit einer Reihe mittelmäßiger bis schlechter Rollen zufriedengeben. Nur langsam ging es aufwärts – wenn auch nicht finanziell. Um sich bei Laune zu halten und sein Image als Lebemann zu pflegen, half er zuweilen in einer Autowerkstatt am Sunset Boulevard aus und kutschierte vor den Augen der staunenden Leute in Luxuskarossen durch die Straßen.

Valentinos unrühmliche Vergangenheit geriet bald durch seinen Erfolg mit *Die vier apokalyptischen Reiter* in Vergessenheit. Der Film spielte viereinhalb Millionen Dollar ein, und das Filmstudio war gezwungen, die Plakate und Ankündigungen zu ändern und Valentino als Star herauszustellen. Als man seiner Forderung nach einer höheren Gage bei Metro nicht nachkam, wechselte er zur Famous Players-Lasky Company (später Paramount), wo er mit seiner Hauptrolle in *Der Scheich* (1921) seinen Ruf als sanfter Bösewicht festigte. Amerika wurde von einer Scheich-Manie ergriffen und Valentino – sehr zum Leid seiner weiblichen Fans – von einer unwiderstehlichen Liebe zu Natasha Rambova. Ihre Ehe sollte jedoch seiner Karriere schweren Schaden zufügen.

Die einstige Ballerina und Filmregisseurin Rambova hatte klare ästhetische Vorstellungen und benutzte Valentino dazu, ihnen Ausdruck zu verleihen. Uncharakteristisch für ihn und so gar nicht seinen Rollen entsprechend war es, daß er alles tat, was seine Frau von ihm verlangte. Auf ihr Betreiben hin forderte er höhere Gagen und bessere Skripts und veränderte zum Bedauern seiner treuen Fans vollkommen sein Image. Er spielte zunehmend feminine Rollen, wie etwa in *Monsieur Beaucaire* (1924). 1925 trat er in *Der junge Rajah* als halbnackter Jüngling nur mit einer Kopfbedeckung, einem Lendentuch und einer üppigen Perlenkette bekleidet auf. Natasha Rambovas Einfluß auf Valentinos tägliche Arbeit wirkte sich so verheerend aus, daß man ihn vertraglich verpflichtete, sie nicht mit zum Set zu nehmen. Die Ehe scheiterte schließlich, und Valentino konnte seine Karriere eben noch retten.

Als er die zweite Mrs. Valentino heiratete, noch bevor seine erste Ehe offiziell geschieden war, verklagte man ihn beinahe wegen Bigamie. Unbeeindruckt drehte der ungestüme junge Held *The Eagle* (1925) und *Der Sohn des Scheichs* (1926). Der stolze und ehrgeizige Schauspieler, der schon immer den Lebensstil der Reichen und Berühmten studiert und nachgeahmt hatte, begann, seltene Bücher zu sammeln, an seiner Ausdrucksweise zu feilen, und wurde ein glänzender Reiter. Doch die Freude an seinem wiederkehrenden Erfolg wurde ihm durch bösartige Angriffe der Presse vergällt. Die *Chicago Tribune* nannte ihn eine „aufgetakelte Tunte" und beklagte seinen negativen Einfluß auf die amerikanische Männerwelt. Außer sich vor Zorn, forderte Valentino den Journalisten zu einem Duell heraus.

Als Valentino am 23. August 1926 plötzlich am Durchbruch eines Geschwürs starb, trauerten die Frauen in ganz Amerika um ihn. Tausende füllten die Straßen, als er beerdigt wurde. Kurz nach seinem Tod trug die sogenante „Lady in Black" dazu bei, daß er zur Kultfigur wurde. Viele Jahre lang legte die mysteriöse Trauernde an Valentinos Todestag Rosen auf seinem Grab nieder. 1950 gab sie der Öffentlichkeit ihre Identität preis (sie war eine Musikerin namens Ditra Flame) und erzählte von dem Schwur, den sie und Valentino einander geleistet hatten. Mit 14 habe sie der Star im Krankenhaus besucht, wo sie schwerkrank daniederlag. Valentino hatte ihr versprochen, jeden Tag eine Rose auf ihr Grab zu legen, wenn sie sterben sollte. Im Falle seines Todes verlangte der Leinwandkönig von ihr nur das eine: sie solle daran denken, daß auch er die Einsamkeit gefürchtet hatte.

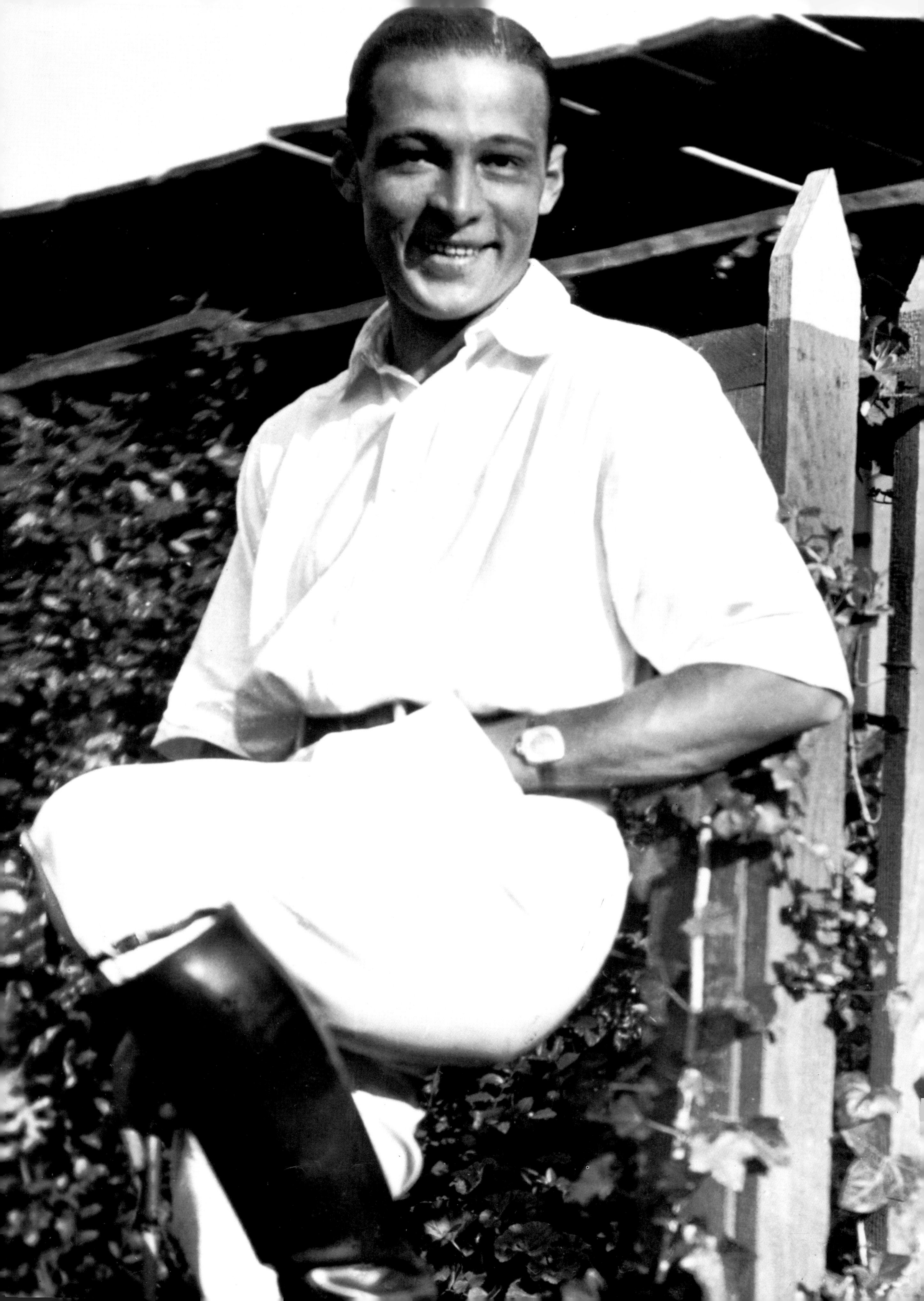

WERNHER VON BRAUN
1912-1977

SEIN NAME STEHT FÜR ein Ereignis, das die Welt veränderte: die Landung des ersten Menschen auf dem Mond. Doch er steht auch für die Entwicklung der V2-Rakete, die für die Zerstörung Londons und einer Reihe anderer englischer Städte während des Zweiten Weltkriegs verantwortlich war. Der deutsche Weltraumexperte und Raketenkonstrukteur Wernher von Braun war ein Wissenschaftler, der moralisch höchst angefeindet war, doch bei der amerikanischen Regierung immer hohes Ansehen genoß. Viele Kritiker warfen ihm vor, seine Kriegsverbrechen vertuscht zu haben, indem er sich als amerikanischer Patriot darstellte.

1945 warben die USA von Braun, den ehemaligen Nazi und technischen Direktor der deutschen Heeresversuchsanstalt, und andere hochkarätige Wissenschaftler an, bei militärischen Forschungsprojekten teilzunehmen, die strengster Geheimhaltung unterlagen. Dieses etwas fragwürdige Vorgehen, von dem die meisten Amerikaner erst Jahrzehnte später erfuhren, führte schließlich zum erhofften Erfolg. Am 1. Februar 1958, um 10.48 Uhr, gelang es von Braun und seinen Experten – von denen die meisten während des Zweiten Weltkriegs auf dem Raketen-Versuchsgelände in Peenemünde an der Ostsee gearbeitet hatten – im Auftrag der US-Armee, den Erdsatelliten Explorer I ins All zu schicken. Der 30,8 Pfund schwere Satellit, der mit Hilfe der Jupiter-C-Rakete von Cape Canaverel, Florida, aus gestartet worden war, machte zwei Desaster des vorangegangenen Jahres wieder wett: den Start der ersten Erdsatelliten, Sputnik I und II durch die Russen ein Jahr zuvor und die Explosion beim Start der vielumjubelten amerikanischen Navy-Rakete Vanguard noch im selben Jahr.

Braun kam seinem Ziel, „die Geheimisse des Universums zu erforschen", bald noch näher. Drei Jahre später startete die erste bemannte amerikanische Rakete ins All, und acht Jahre später, am 20. Juli 1969, brachte Apollo 11 drei Astronauten zum Mond. Einer von ihnen, der Pilot Neill A. Armstrong, betrat als erster Mensch den Erdtrabanten und machte – wie er Millionen von Zuschauern sagte, die gebannt vor ihren Bildschirmen saßen – „einen kleinen Schritt für den Menschen, aber einen großen Schritt für die Menschheit".

Wernher von Braun wuchs in Wirsitz in Deutschland auf. Er wurde als mittlerer von drei Söhnen des Freiherrn Magnus von Braun, einem Kabinettsmitglied während der Weimarer Republik, und dessen Frau, der Baronin Emmy von Quistorp, geboren. Die Mutter, die sich leidenschaftlich für Astronomie interessierte, war die erste, die den Jungen für den Weltraum begeisterte. Nachdem sich die Familie in Berlin niedergelassen hatte, stieß der Achtjährige auf das mathematisch hochkomplizierte Buch *Die Rakete zu den Planetenräumen* von Hermann Oberth, einer Koryphäe auf dem Gebiet der Raumfahrttechnik. Drei Jahre später konstruierte er einen raketengetriebenen Wagen. Zu diesem Zeitpunkt besuchte er bereits die Technische Hochschule in Berlin, wo er sich einem kleinen Kreis von Studenten anschloß, die in einem ehemaligen Munitionslager am Stadtrand von Berlin gefährliche Flugkörper entwickelten. 1932 wurde der große, breitschultrige und auffallend gutaussehende junge Mann von Leutnant Walter Dornberger, einem Physiker der deutschen Wehrmacht, entdeckt, dessen Aufgabe es war, Langstreckenraketen zu entwickeln, die nicht gegen den Versailler Vertrag von 1919 verstießen. Tief beeindruckt von von Brauns schneller Auffassungsgabe, beauftragte Dornberger den Doktoranden mit der Entwicklung von Flüssigkeitsraketen.

1936 wurde der erst 24jährige Braun technischer Direktor des Raketenwaffenprojektes der Heeresversuchsanstalt in Peenemünde, wo er die V2-Rakete („Vergeltungswaffe 2") entwickelte. 1944 wurde er von Gestapo-Führer Heinrich Himmler festgenommen, weil er sich geweigert hatte, der SS die Konstruktionspläne für seine Rakete zur Verfügung zu stellen. Als Dornberger eingriff und Hitler davon überzeugte, daß das V2-Projekt ohne Braun nicht durchgeführt werden könne, wurde er vom Führer höchstpersönlich freigelassen und kehrte nach Peenemünde zurück. Dort arbeitete er weiter daran, Deutschland eine Vormachtstellung auf dem Gebiet der Waffentechnologie zu verschaffen. Kurz bevor von Braun mit Dornberger und anderen hochrangigen Wissenschaftlern in raketengetriebenen Güterwagen in die bayrischen Alpen floh und sich am 2. Mai 1945 in Österreich den amerikanischen Truppen ergab, hatte sein Team Pläne für eine Rakete entwickeln wollen, die New York erreichen sollte.

Brauns Expertenteam wurde sofort von der US-Army in New Mexico unter Vertrag genommen. Als der Korea-Krieg ausbrach, schickte die Army von Braun in das Redstone-Arsenal in Huntsville, Alabama, und beauftragte ihn mit der Entwicklung von Interkontinentalraketen mit nuklearen Sprengköpfen. Schließlich nahm der deutsche Raketeningenieur die amerikanische Staatsbürgerschaft an und trieb, als Direktor des Marshall-Space-Flight-Center, das Raumfahrtprogramm der NASA voran. Als die Apollo mit Hilfe von Saturn 5 ins All startete, wurden seine Kindheitsträume endlich Wirklichkeit.

Die Frage nach von Brauns Nazivergangenheit ist bis heute ungeklärt. 1971 wies er die gegen ihn erhobenen Vorwürfe weit von sich und rechtfertigte sein Handeln mit der Begründung, nicht der Forscher müsse zur Verantwortung gezogen werden, sondern derjenige, der über die Verwendung der jeweiligen Forschungsergebnisse bestimme. Nachweislich hat er den Einsatz von V2-Raketen während der deutschen Luftangriffe auf London im Zweiten Weltkrieg zutiefst bedauert. Von Braun war wie viele andere Wissenschaftler ein überzeugter Christ. Als er 1951 von der *New York Times* gefragt wurde, ob er in Peenemünde in die Kirche gegangen sei, gab er zur Antwort, daß, wenn ein Krieg einmal ausgebrochen sei, „es zu spät sei, in die Kirche zu gehen".

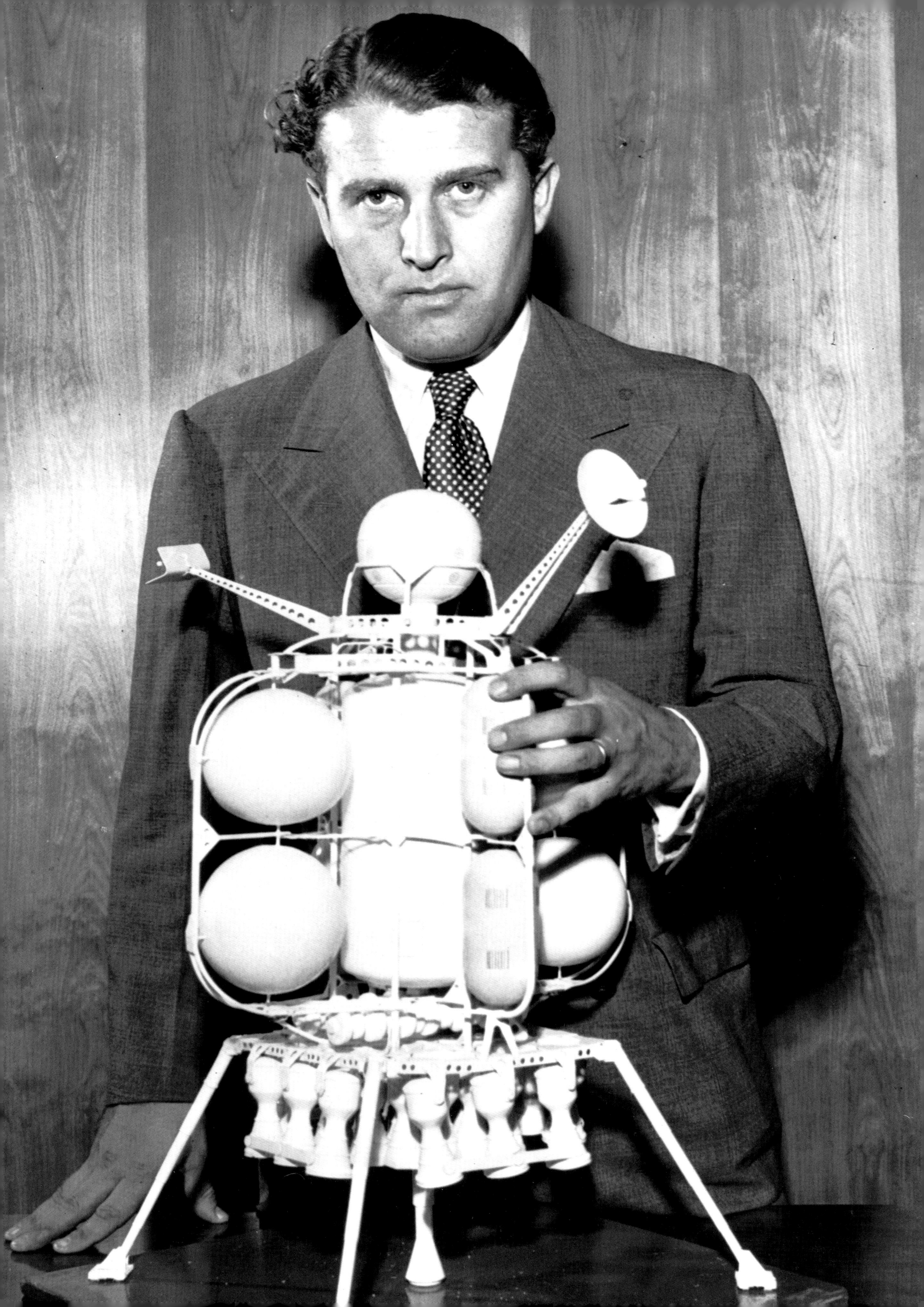

DIANA VREELAND
1903?–1989

SIE UMGAB SICH NUR mit „schönen Menschen" und lebte in der Traumwelt der Modemagazine. In jener schnelllebigen und extrem wettbewerbsorientierten Branche des Modejournalismus sorgte Diana Vreeland für Originalität und ein Elitedenken, das kein Mittelmaß duldete. „Meine Liebe", sagte die Modezarin einmal zu ihrer Assistentin, „du darfst ruhig vulgär sein – nur nicht langweilig, spießig oder dumm." Die von der europäischen Hautevolee verwöhnte Diana Vreeland machte nie einen Hehl aus ihrem Snobismus und ihrer Vorliebe für extravagante Kleidung, die entweder sehr reichen oder sehr klugen Menschen vorbehalten sein sollte. Sie hatte einen sicheren Blick für die neuesten Modetrends auf der Straße oder auf dem Laufsteg. Diana Vreeland war die erste, die die Wichtigkeit modischer Gegenströmungen erkannte und außergewöhnliche Persönlichkeiten wie Cher, Andy Warhol und Mick Jagger in ihren Magazinen groß herausbrachte. Natürlich kreierte sie – zunächst für *Harper's Bazaar* und später für *Vogue* – selbst einige Trends wie etwa den 60er-Jahre-Look mit seinen hohen Stiefeln und Miniröcken. Auch hatte Diana Vreeland ein Faible für Trenchcoats, Hosen für Frauen und Modeschmuck, sowie für durchsichtige Tops, ausgefallene Perücken und Kunststoffe. Obwohl sie selbst keine Schönheit war, entdeckte und förderte sie viele Models, darunter Penelope Tree, Twiggy und Lauren Hutton. Die Fotografen, die sie engagierte – Talente wie Richard Avedon, Irving Penn und Cecil Beaton – wurden ebenfalls große Stars.

Diana Vreeland wurde als älteste Tochter von Frederick Young Dalziel, eines wohlhabenden, schottischen Börsenmaklers und Emily Hoffman Dalziel, einer hübschen und vornehmen Amerikanerin geboren. Ihre Kindheit verbrachte sie in der feinen Pariser Gesellschaft. Sie ging im überaus vornehmen Domizil von Vernon und Irene Castle ein und aus und machte die Bekanntschaft von Sergej Diaghilew, Vaclav Nijinsky, Isadora Duncan und anderen berühmten Tänzern. 1914 beschloß ihre Familie, ihr Pariser Leben gegen eine nicht minder pompöse Existenz in New York einzutauschen. Dort lernte Diana andere bedeutende Persönlichkeiten kennen, allen voran Michail Fokin, der ihr Ballettunterricht gab, und „Buffalo" Bill Cody, mit dem sie durch Wyoming trampte. Ihre Schulbildung kam dabei ein wenig zu kurz, doch dafür war ihr Leben reich an Amüsement und Extravaganzen. Dazu zählte auch ihre exklusive Garderobe, die sie nur bei den ersten Adressen der Haute Couture, darunter Balenciaga und Dior, kaufte. Als sie den eleganten Gentleman Thomas Reed Vreeland kennenlernte, verliebte sie sich Hals über Kopf in ihn. Nach der Geburt ihres zweiten Sohns ließen sich die beiden in London nieder, wo Diana eine Ausbildung zur Revuetänzerin machte.

Als ihr Mann 1936 wieder nach New York versetzt wurde – wo ihr täglicher Dom Perignon wesentlich teurer war als in London –, beschloß Diana Vreeland, das Gehalt der Familie ein wenig aufzubessern. Der Zufall wollte es, daß sie schon bald den idealen Job für eine Frau fand, die in ihrem ganzen Leben noch nie ein Büro betreten hatte. Carmel Snow, der Herausgeber von *Harper's Bazaar*, der sie im St. Regis beim Tanzen beobachtet hatte, bot ihr eine Stelle als Redakteurin in seinem Magazin an, wo die inzwischen 28jährige daranging, Mode neu zu definieren. Die steile Karriere der Luxusfrau mit dem feinen Spürsinn für die allerneuesten Trends, begann mit der völlig versnobten und – angesichts des herrschenden Elends während der Weltwirtschaftskrise – geradezu lächerlichen Kolumne „Why don't you" („Haben Sie schon einmal daran gedacht, …"), in der sie ihren Lesern riet, ihre abgelegten Pelzmäntel in Bademäntel zu verwandeln. Mit ihrer unglaublichen Arroganz und ihrem exzentrischen Auftreten wurde Diana Vreeland schließlich tonangebend in der Modebranche. Ihr Einfluß wuchs, aber nicht ihr Gehalt. Zwischen 1937 und 1962 betrug ihr Jahreseinkommen genau 20 000 Dollar – nicht annähernd genug, um ihre extravaganten Wünsche, wie etwa ihren täglichen Bedarf an frischen Blumen und frisch gebügelten Seidenbettlaken, erfüllen zu können.

1962 wechselte Diana Vreeland zur Konkurrenz und wurde innerhalb eines Jahres Chefredakteurin bei *Vogue*. Mit originellen Fotos und spritzigen Artikeln über die neuesten Trends in der Branche verschaffte die Powerfrau dem angestaubten Modejournal ein völlig neues Image. Im nächtlichen New York atmete Diana Vreeland den aufregenden Zeitgeist der 60er und 70er Jahre ein, der sich auf den Seiten des Magazins niederschlug. „Ein schönes Foto in einem schönen Layout ist einfach stinklangweilig", behauptete die Mode-Diva. „Man muß sich schon etwas einfallen lassen."

Doch abgesehen von ihrem Einfluß auf *Vogue*, spiegelten ihre ästhetischen Vorstellungen von Mode nur ihre eigene Person wider – so wie ihr berühmter „red-red-red"-Salon ihren eigenen Einrichtungsstil zur Schau stellte. Diana Vreeland war nicht nur eine absolute Perfektionistin, sondern auch eine faszinierende Frau. Mit ihren pechschwarzen, streng nach hinten gekämmten Haaren glich sie einer Maya-Skulptur, deren Ausstrahlung niemand widerstehen konnte.

Als *Vogue* Diana Vreeland 1971 entließ, hatte sie keineswegs vor, sich zur Ruhe setzen. Schon bald fand sie beim Metropolitan Museum of Art einen Job, der wie geschaffen war, den Schlußpunkt ihrer glänzenden Karriere zu bilden: Sie wurde Beraterin in der Kostümabteilung und organisierte aufwendige Ausstellungen, die mitunter auf heftige Kritik stießen.

Nach ihrem Tod fragten sich viele, was wohl aus dieser talentierten Frau geworden wäre, hätte sie Karriere auf einem anderen Gebiet gemacht. Diana Vreeland bereute ihre Beschäftigung jedenfalls nicht. Ihr Wunsch war es, das Auge mit „einem Hauch von Luxus" zu verwöhnen und den Fortbestand der Schönheit zu sichern.

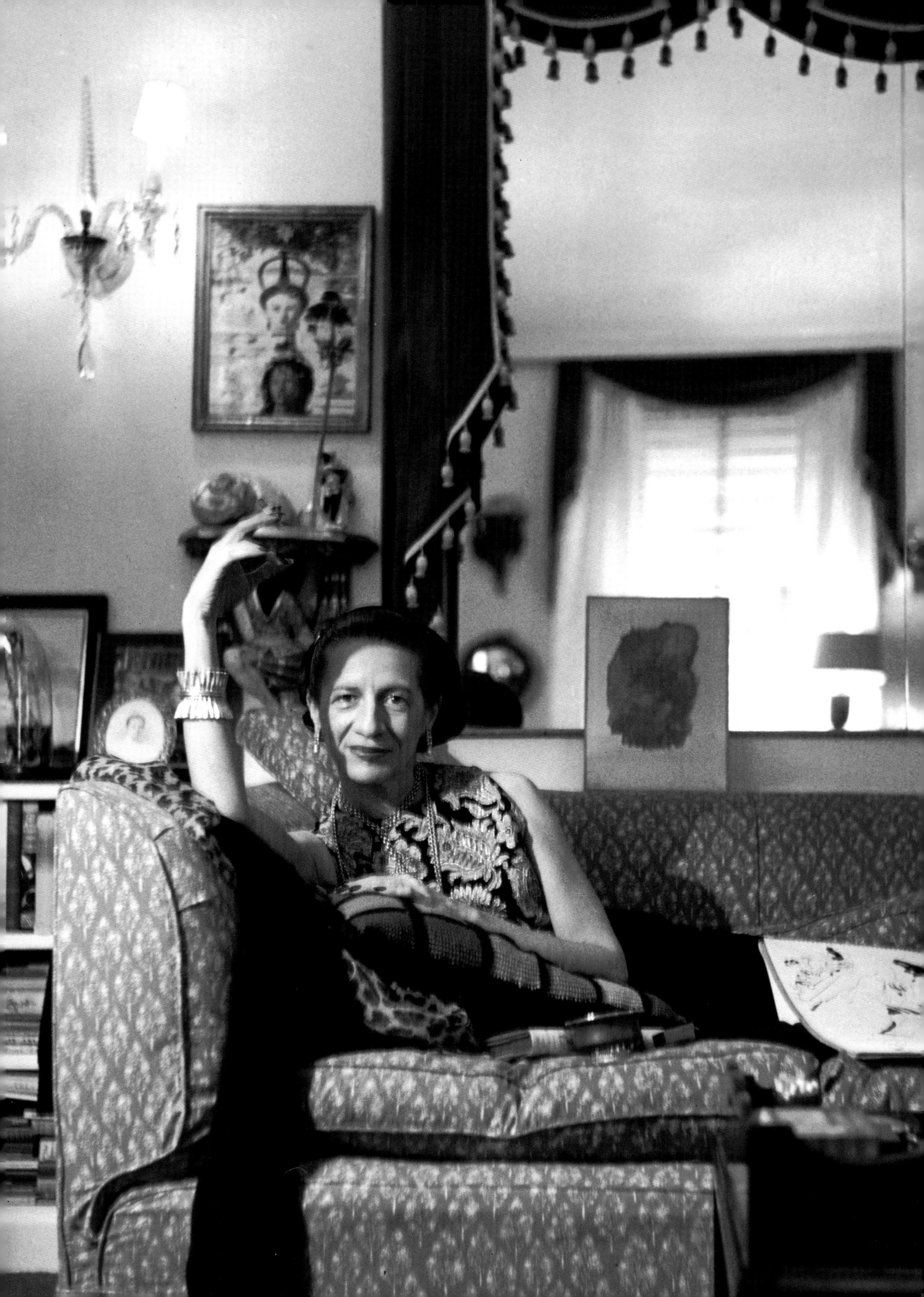

LECH WALESA
1943

IRONISCHERWEISE LÖSTE EIN Arbeiter den Zusammenbruch des Kommunismus in Polen aus. Der gesamte Sicherheitsapparat des Staates – die Armee, die Geheimpolizei, die Spitzel und Parteifunktionäre – konnten letztlich gegen den Elektromonteur von der Leninwerft aus Danzig nichts ausrichten. Lech Walesa verbrachte einen Großteil seines Lebens im Kampf gegen die herrschende kommunistische Partei Polens. Am Ende wurde er der Präsident eines neuen Polen. Sein Triumph gab nicht nur seinen Landsleuten, sondern Demokraten überall auf der Welt neue Hoffnung.

Lech Walesa wurde in dem Dorf Popowo als Sohn eines Zimmermanns und Unternehmers geboren, der zur Zeit der Geburt seines Sohnes in Nazigefangenschaft war. Nach seiner Freilassung bei Kriegsende war seine Gesundheit derart angeschlagen, daß er weniger als zwei Jahre nach seiner Rückkehr starb. Walesas Mutter heiratete dann den Bruder ihres verstorbenen Mannes. Auf der Berufsschule galt Walesa als guter Schüler, aber auch als Unruhestifter. Nach seinem Abschluß im Bereich landwirtschaftliche Mechanisierung 1961 arbeitete er zwei Jahre lang als Techniker für den Staat, bevor er zum Militär eingezogen wurde. Er verbrachte zwei Jahre bei der Armee und schied schließlich als Unteroffizier aus. 1967, nach mehreren Jahren als staatlicher Techniker in der Provinz, wollte er das städtische Leben ausprobieren und ging an die Ostseeküste. Sein ursprüngliches Ziel, die Hafenstadt Gdingen, gab er auf und ließ sich in Danzig nieder, wo die riesige Leninwerft Tausenden von Angestellten Arbeit gab. Dort bekam Walesa eine Stelle als Schiffselektriker.

1968 demonstrierten polnische Studenten und Arbeiter im ganzen Land für mehr Freiheit. Für die Studenten ging es um intellektuelle Freiheit, für die Arbeiter um Gleichberechtigung, Arbeitsbedingungen, Essen und Bezahlung, die alle gleichermaßen schlecht waren. Der Versuch der Regierung, die Studenten gegen die Arbeiter auszuspielen, scheiterte. 1970 hatte sich die Situation derart zugespitzt, daß die Arbeiter einen Streik forderten. Walesa konnte als Streikführer die Arbeiter nicht von Krawallen gegen die Polizei abhalten.

In den nächsten Jahren, während die Regierung und die Arbeiter um die Wirtschaftspolitik rangen, erlernte Lech Walesa die Kunst der politischen Agitation. 1976 hielt er seine erste öffentliche Rede, in der er die Gründung unabhängiger Gewerkschaften forderte. Daraufhin entlassen, suchte er sich eine andere Arbeitsstelle und tat sich mit verschiedenen Arbeitergruppierungen zusammen. Als streikende Arbeiter 1980 die Leninwerft besetzten, wählten sie Walesa zum Anführer und Sprachrohr der Opposition gegen die Kommunisten. Er führte die Verhandlungen für die Gewerkschaft, die unter anderem das Recht auf freie Meinungsäußerung und das Recht auf Streik forderte. Es kam tatsächlich zu Zugeständnissen seitens der Regierung. Die unter der Führung Walesas 1980 gegründete Solidarnosč, Solidarität, fungierte als Dachverband der neuen freien Gewerkschaften. Sie war zusammen mit Intellektuellen und Dissidenten zu einer Massenbewegung von 10 Millionen Menschen angewachsen, die die Arbeiterschaft ganz Polens repräsentierte.

In den folgenden drei Jahren wurden viele der neuen Errungenschaften durch den Regierungschef Jaruzelski wieder rückgängig gemacht, der das Kriegsrecht über Polen verhängte und jeglichen Widerstand unterdrückte. Solidarnosč wurde verboten. Lech Walesa führte in dieser Zeit eine gewaltfreie Kampagne gegen die Kommunisten, die ihm Verhaftung und Hausarrest einbrachte. 1983 wurde ihm für seine friedlichen Bemühungen, der Demokratie in Polen zum Sieg zu verhelfen, der Friedensnobelpreis verliehen.

Erst 1987 wankte die Regierung. Ihr Reformprogramm zur Bewältigung der schwierigen wirtschaftlichen Lage wurde in einem Referendum abgelehnt. Zwei Jahre später ergab sich die Regierung in die Niederlage und lud die Solidarnosč, die mittlerweile mehr einer Partei glich als einer Gewerkschaft, dazu ein, sich an der Regierung zu beteiligen. Walesas Sieg bestätigte sich vollends, als er 1990 zum polnischen Staatspräsidenten gewählt wurde.

Seine Amtsführung war keineswegs unumstritten. So verlangte er, daß Juden, die in Polen für ein Amt kandidierten, ihre „Nationalität" offenlegen sollten. Die Kritik aus dem Ausland folgte schnell. Aber auch zahlreiche Polen, insbesondere in akademischen Kreisen, standen ihm ebenfalls kritisch gegenüberstanden. Als Präsident regierte er autokratisch und unduldsam, so daß er sich vorwerfen lassen mußte, die Macht um ihrer selbst willen an sich ziehen zu wollen. 1994 verabschiedete das polnische Parlament nach einer Reihe peinlicher Fehlgriffe Lech Walesas eine wirkungslose Resolution, in der er als Gefahr für den Staat gerügt wurde.

Ungeachtet der Kritik aus dem In- und Ausland kandidierte Walesa 1995 erneut für das Amt des Staatspräsidenten. In seiner Überzeugung, daß nur er die Probleme des Volkes kenne und lösen könne, strebte er eine Ausweitung der Macht des Präsidenten an. Einige polnische Wähler erinnerten sich daran, daß Walesas Vorbild, der polnische Marschall Józef Pilsudski, 1926 einen militärischen Staatsstreich durchführte und neun Jahre lang als Diktator regierte. Walesa unterlag bei der Wahl einem ehemaligen Kommunisten.

Walesas autoritäre Haltung als Präsident, seine Entfremdung von eben den Menschen, die ihn gestützt hatten, und selbst die Enthüllung, daß die Solidarnosč finanzielle Zuwendungen von der CIA, dem Mossad und seltsamerweise auch vom KGB erhalten hatte – nichts von alledem kann seine große Leistung schmälern, die Demokratie in einem Land des einstigen sowjetischen Einflußbereichs installiert zu haben. Sein Rückzug ins Privatleben war sein letzter konstruktiver Beitrag zu eben dieser Staatsform.

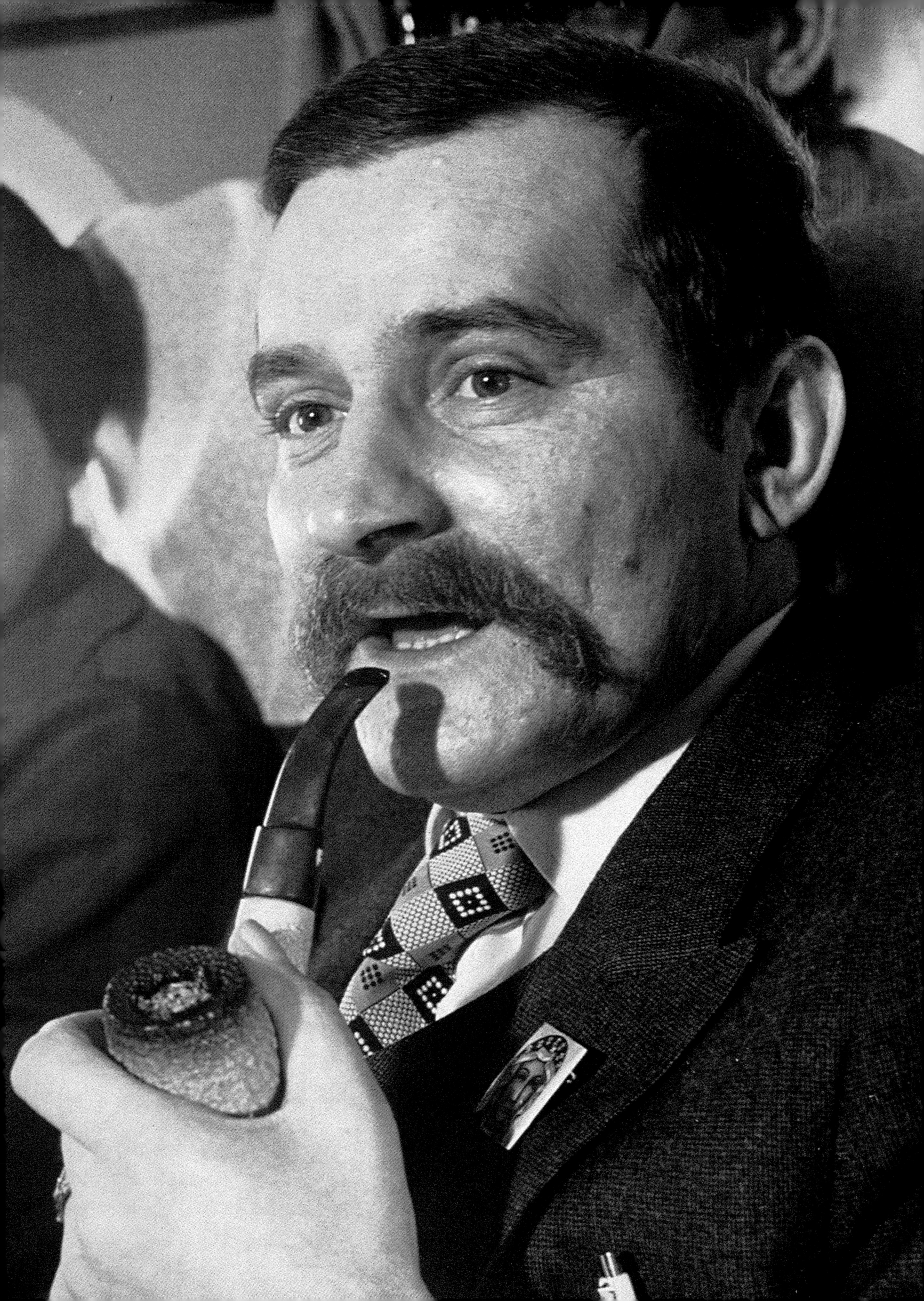

ANDY WARHOL
1928-1987

EINES DER GRÖSSTEN IDOLE unserer Zeit war der Pop-Künstler Andy Warhol, dessen Geltungsbedürfnis von seinen treuen und hörigen Anhängern befriedigt wurde, die ihn ständig umgaben. Der blasse Androgyne mit der hellblonden Perücke wußte die rückhaltlose Verehrung seiner Zeitgenossen für alles, was prominent war, geschickt auszunutzen. Die Motive für seine Kunstwerke entnahm er dem amerikanischen Alltag — von Suppendosen bis hin zu den Gesichtern berühmter Persönlichkeiten. Er verstand es ausgezeichnet, seine Kunst, die er in Massen produzierte, zu vermarkten. Ob es nun Zynismus war, oder arglose Kreativität, die ihn antrieb – die Welt der Kunst wurde durch ihn immens bereichert. Für seine Fans war er ein genialer Graphiker und Künstler, der Fotografie, Druck und Malerei auf revolutionäre Weise miteinander verband. In den Augen seiner Kritiker hingegen offenbarte sich in seinem Werk der Niedergang der Kunst.

Warhol, eigentlich Andrew Warhola, wurde in Pittsburgh als Sohn einer katholischen Arbeiterfamilie aus Tschechien geboren. Der Vater, ein Bauarbeiter, starb, als Andrew 14 Jahre alt war. Als kleiner Junge litt er an der sehr seltenen Veitstanzkrankheit, die für seine fleckige Haut und Zitteranfälle verantwortlich war. Ein Ferienjob in einem Bekleidungsgeschäft weckte sein Interesse für Modedesign und Zeichnen. 1945 schrieb er sich an der Carnegie-Mellon Universität (damals Carnegie Tech) ein. 1949 machte er seinen Abschluß als Graphik-Designer und ging nach New York City, das Mekka der amerikanischen Mode. Warhol war kein Bohemien, auch wenn er in seinen Second-Hand-Kleidern häufig so aussah. Bei den Zeitschriften, für die er arbeitete – darunter so renommierte wie *Vogue* und *Playboy* – , wurde der Künstler für seine Professionalität und Geschäftstüchtigkeit ebenso geschätzt, wie für seine gekonnten Werbezeichnungen von Schuhen, Likören, Kleidung, etc. Er zeichnete alles, was der Kunde wollte und wie er es wollte. Doch sein Ziel, ein freier Künstler zu werden, verlor er nie aus den Augen. Er erkannte, daß sich die Gegenstände des Alltags hervorragend als Basis für „echte" Kunst eigneten.

Die Idee war nicht neu. Bereits Jahre zuvor hatte der Dadaist Marcel Duchamp die herkömmliche Definition von „Kunst" grundsätzlich in Frage gestellt, indem er gewöhnliche Gegenstände schlicht zu „Kunst" erklärte. In Amerika waren Warhols Zeitgenossen Robert Rauschenberg und Roy Lichtenstein diesem Ansatz gefolgt und hatten Gegenstände des alltäglichen Lebens zu Motiven für ihre Arbeit gemacht. Dieser neue Kunstbegriff erhob selbst den einfachsten Comic Strip zur Kunst. Auch Warhols Vorlagen entstammten direkt den Bilderfluten der Massenmedien oder der Werbung. Seine Campbell-Suppendosen von 1962 und das Werk Rauschenbergs und Lichtensteins wurden zu dem, was die Welt bald Pop-Art nannte.

Nach einer Weile hörte Warhol auf, zu zeichnen, und wandte sich dem Siebdruckverfahren zu. Mit dieser Technik konnte er dasselbe Motiv mit nur geringen Veränderungen immer und immer wieder drucken und nebeneinanderreihen. So entstanden seine berühmten Darstellungen von Autounfällen, Dollarnoten sowie von Idolen wie Marilyn Monroe, Jackie Kennedy und Elvis Presley. In den 60ern und 70ern produzierte der Meister der Pop-Art (bzw. seine Mannschaft) in der sogenannten Warhol-Factory Siebdrucke am laufenden Band, gab ein Popkultur-Magazin heraus, schrieb mehrere Sachbücher und einen Roman.

Mitte der 60er Jahre kehrte er der Kunst für eine Weile den Rücken, um sich dem Film zuzuwenden. Er quälte die Filmkritiker mit dem achtstündigen Langweiler *Empire*, der nichts weiter war als ein endloser Blick auf das Empire State Building. Den sechsstündigen Film *Sleep* (1964), der einen schlafenden Menschen zeigt, kommentierte Warhol mit den Worten: „Ich mag langweilige Sachen." Ebenfalls in den 60ern drehte er *The Chelsea Girl*, *Poor Little Rich Girl* und *International Velvet*, die er mit „Hauptdarstellern" aus seinem ausgedehnten Bekanntenkreis besetzte. Es entstanden achtzig Filme, meist unter der Regie von Paul Morrissey, die oft um erotische Obsessionen kreisen.

Auf eine freche und zugleich berechnende Weise diente alles, was Warhol tat, nur dem einen – sich selbst in Szene zu setzen. Im Gegensatz zu seinen Filmen, fehlte es in Warhols Leben nicht an Spannung. Nachdem er 1968 von einer geisteskranken Frau namens Valerie Solanas angeschossen worden war, wandte er sich von der zwielichtigen Welt der Transvestiten, Junkies und Außenseiter ab und der High-Society zu, wo er zum Hofkünstler der Reichen und Berühmten wurde. Während er weiterhin seine nunmehr signierten Porträts produzierte, gründete er 1973 *Interview* – ein Magazin für und über die Prominenz. Ihr Inhalt war, was nicht weiter verwundert, der Kult um die Stars seiner Zeit.

Warhol starb 1987 unerwartet in einem New Yorker Krankenhaus an den Folgen einer eigentlich recht unkomplizierten Operation an der Gallenblase. Nach seinem Tod wurde sein Ruhm noch größer als er zu Lebzeiten gewesen war. Sammler machten Jagd auf seine Werke, das Museum of Modern Art in New York veranstaltete eine große Retrospektive, seine Tagebücher aus den 70er Jahren wurden als Bestseller verkauft, und schließlich, an einem Nachmittag im April 1988, wurden auf einer Auktion ein Paar Keksdosen, die der leidenschaftliche Sammler aller möglichen Gegenstände auf einem Flohmarkt erstanden hatte, für die unglaubliche Summe von 23 100 Dollar versteigert.

Warhol hatte behauptet: „In der Zukunft wird jedermann für 15 Minuten berühmt sein." Es entbehrt nicht der Ironie, daß er selbst diesen Satz mit seinem scheinbar nie enden wollenden Nachleben Lügen straft.

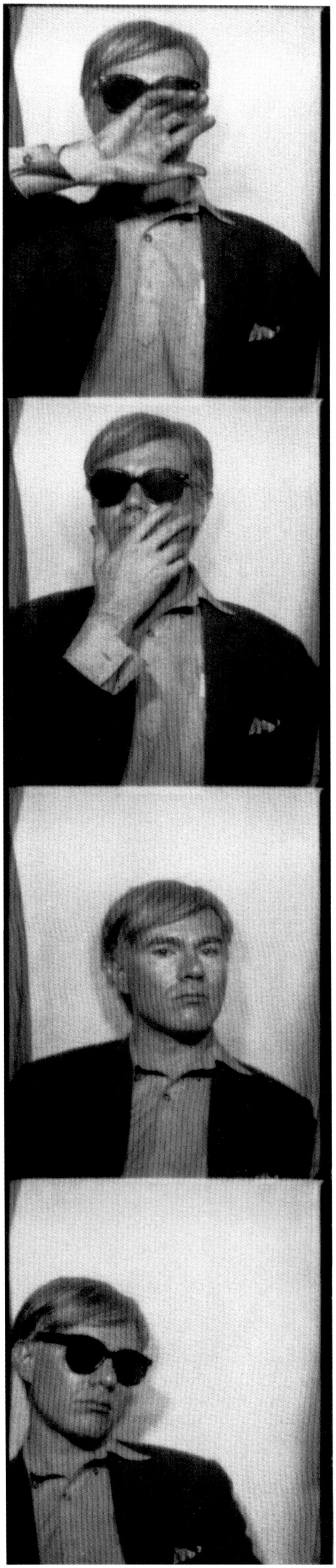

JAMES WATSON & FRANCIS CRICK
1928– 1916–

JAMES WATSON UND FRANCIS CRICK bewegten sich mit einer ähnlichen Vorgeschichte auf ihr gemeinsames Schicksal zu, wenn auch auf unterschiedlichen Kontinenten. James Watson wuchs als Kind armer Leute in der South Side von Chicago auf, hatte aber von seinen Eltern eine große Wißbegier geerbt. Er war eine Art intellektuelles Wunderkind, das bereits mit 15 Jahren seinen Abschluß an der Highschool der University of Chicago machte. Mit 19 Jahren erhielt er einen Abschluß als Bachelor of Science und studierte danach Genetik an der Indiana University.

Francis Crick war der Sohn eines bürgerlichen englischen Schuhfabrikanten aus Northampton, der seine Fabrik nach dem Ersten Weltkrieg schließen mußte. Schon früh fühlte sich Crick von den Naturwissenschaften angezogen, und sein Interesse wurde, wie dies auch bei Watson der Fall war, von seiner Familie unterstützt. „Schade, daß schon alles entdeckt ist", sagte er als kleiner Junge zu seiner Mutter, doch sie versicherte ihm, daß noch eine ganze Welt voller wissenschaftlicher Geheimnisse zu ergründen sei. Glücklicherweise bekam der kleine Francis ein Stipendium für eine Privatschule, wo er, wie zu erwarten war, eine besondere Begabung für Naturwissenschaft an den Tag legte.

Crick erhielt seinen Bachelor of Science in Physik im Jahr 1937 vom University College in London, arbeitete dann während des Krieges begeistert als Sprengstoffexperte für das britische Marineministerium und kündigte schließlich, um Molekularbiologie zu studieren. Er wollte die geheimnisvolle Materie entdecken, aus der das Leben und das Bewußtsein bestehen. Als Watson im Jahr 1951 auf einem wissenschaftlichen Kongreß erfuhr, daß Gene kristallisieren (man wußte bereits, daß es sie gab, allerdings war ihr Aufbau noch nicht erforscht) und sie daher eine regelmäßige Struktur besitzen mußten, die aufgelöst werden konnte, hatte er sein ureigenstes Forschungsgebiet gefunden. Es war ein Glücksfall für die Wissenschaft und für die Menschheit, daß sich Watson am Cavendish-Labor der Cambridge University bewarb, einer medizinischen Forschungseinrichtung, an der Crick bereits dem schwer faßbaren „Unterschied zwischen Leben und Nichtleben" auf der Spur war.

Die beiden teilten nicht nur das Büro, sondern entwickelten bei ihrem Versuch, den Code der Schöpfung zu entschlüsseln, auch Ideen und Theorien gemeinsam. Crick war davon überzeugt, zwei Köpfe seien besser als einer, weil sich „einsame Denker an ihre Ideen klammerten", während Kollegen sich gegenseitig kreativ stimulierten, weil sie gleiche Probleme aus verschiedenen Blickwinkeln betrachteten.

Der ausschlaggebende Punkt war die Form der DNS; sie war der erste Schritt zum Verständnis des chiffrierten Lebens. Intuitiv glaubte Watson, daß die Form „einfach und gleichzeitig schön" sei. Die beiden Forscher wußten, daß die DNS aus Zucker, Phosphaten und Stickstoff bestand, die Zusammensetzung der Inhaltsstoffe war jedoch noch unbekannt. Fotos von Röntgendiffraktionsmustern legten eine leiterähnliche Struktur nahe. Doch handelte es sich um eine, zwei, drei oder gar 1000 Leitern? Da ihnen bewußt war, daß sie nicht die einzigen waren, die nach der Lösung dieses Problems suchten, bastelten sie aus ihren besten Daten schnell ein Modell mit einer Dreifachhelix. Es war so unbrauchbar, daß ihr Vorgesetzter, Sir Lawrence Bragg, der sich schon länger an der arroganten Haltung des Teams gestört hatte, hart durchgriff und ihnen das DNS-Projekt entzog. Gewissermaßen gerettet wurden sie von Linus Pauling, der 1952 sein eigenes Modell einer Dreifachhelix vorstellte. Es war natürlich ebenso falsch, doch sorgte die Gefahr, daß Pauling die beiden auf der Ziellinie noch überholen könnte, dafür, daß Watson und Crick weiterforschen konnten.

Sie entwarfen unzählige mögliche DNS-Strukturen, bevor sie ahnten, daß sie der Wahrheit schon sehr nahe gekommen waren, als sie das genaue Gegenteil der heute berühmten „gedrehten Leiter" schufen. Watson glaubte, die DNS könnte eine einzelne Spirale sein, von der die vier Nukleotiden nach außen abzweigten. Crick schlug vor, ein Modell zu konstruieren, dessen Wirbelsäule sich auf der Außenseite befinden würde. Watson hielt das für zu einfach, worauf Crick konterte: „Warum versuchst Du es dann nicht?"

Eines Tages im März 1953 begann Watson auf den Vorschlag Cricks hin, eine Doppelhelix zu bauen. In einer jähen Einsicht entdeckte er die schlangenförmige Windung der DNS, „des wertvollsten Moleküls von allen" – die Geburtsstunde der Biotechnologie. Watson liebte die Eleganz des Modells, das Crick und er geschaffen hatten. „Es ist so wunderschön, sehen Sie", sagte er einmal in einer Rede, „so schön". Watsons bissiger Bestseller *Die Doppelhelix* verärgerte seine Wissenschaftskollegen, da sie darin heftig kritisiert und angegriffen wurden. Cricks Buch *Das Leben selbst*, das 1981 erschien, war im Ton gemäßigter.

Später wurde Crick leitender Wissenschaftler am Salk Institute in Kalifornien, mußte jedoch wegen gesundheitlicher Probleme zurücktreten. Die Auszeichnung mit dem Nobelpreis für Medizin kommentierte er mit der Bemerkung, diese Auszeichnung sei zwar wichtig, aber im Grunde eine Lotterie, die nicht als Gipfel einer wissenschaftlichen Karriere gelten solle. Man fühle sich trotzdem damit recht gut. Nach seiner Tätigkeit an der Harvard University in den 50er Jahren machte sich James Watson an die Decodierung des menschlichen Genoms, bei dem die gesamte menschliche DNS dechiffriert werden sollte, sowie an den Aufbau des Cold Sprint Harbor-Labors. Bis heute widmet er sich leidenschaftlich der Molekularbiologie. Nachdem er sich 40 Jahre lang wie „eine Giraffe in der Ecke" gefühlt hatte, bewertete der Wissenschaftler sein Leben ganz unsentimental: „Berühmt zu sein ist bei weitem besser als nicht berühmt zu sein."

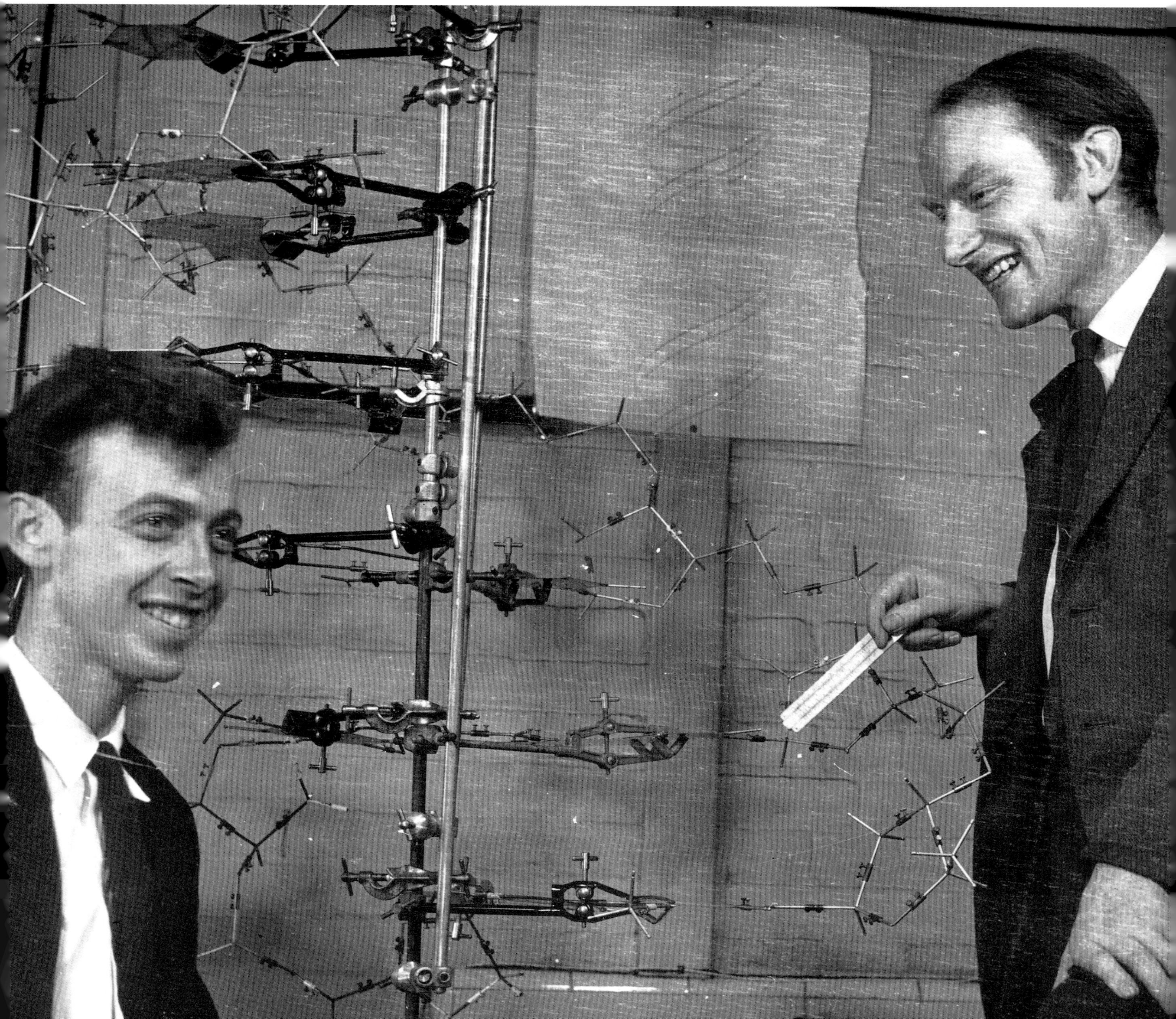

JOHN WAYNE
1907-1979

DER AMERIKANISCHE SCHAUSPIELER John Wayne glich den Helden seiner Filme: Er war ein selbstbewußter Mann, der sich selbst immer treu blieb. Sein Image als Anführer, Held des Schlachtfelds und leidenschaftlicher, wenn auch einsilbiger Liebhaber gilt als eine der bedeutendsten Errungenschaften des amerikanischen Films.

John Wayne wurde als Marion Michael Morrison in Winterset, Iowa, als Sohn einer irisch-amerikanischen Mutter und eines Drogisten schottischer Abstammung geboren. Als der Junge sechs Jahre alt war, ließ sich sein schwindsüchtiger Vater auf Anraten der Ärzte in Kalifornien nieder. So blieb dem kleinen Morrison eine Kindheit in der endlos weiten Prärie, die später zu seiner Filmheimat werden sollte, versagt. Statt dessen wuchs er wie ein ganz gewöhnlicher Junge aus dem Mittelstand auf und blieb nach der Scheidung der Eltern, als er ins College eintrat, bei seiner Mutter. Um sich ein wenig Geld nebenher zu verdienen, verteilte der ehrgeizige Student Handzettel für Filmtheater und hatte auf diese Weise freien Eintritt in sämtliche Kinos der Stadt. Ein Stipendium ermöglichte dem begabten Fußballspieler den Besuch der University of Southern California in Los Angeles, wo er in den Sommerferien als Requisiteur für die William-Fox-Studios arbeitete. Dort lernte er auch John Ford, den Regisseur zahlreicher berühmter Western, kennen, mit dem ihn schon bald eine enge Freundschaft verband. Vom einfachen Stuntman avancierte er schnell zum Komparsen und verbrachte fünf Jahre als Laiendarsteller, bevor John Ford ihm 1930 die Hauptrolle in seinem Film *Die große Fahrt* gab. In den nächsten acht Jahren mußte sich Morrison, der nun in John Wayne umbenannt wurde, mit einer Reihe unbedeutender Filme zufriedengeben. Mit Hilfe der Synchronisation wurde der Westernheld, der in Wirklichkeit gar nicht singen konnte, sogar der erste singende Cowboy der amerikanischen Filmgeschichte.

In der Rolle des Ringo in Fords Film *Höllenfahrt nach Santa Fé* gelang Wayne 1939 endlich der Durchbruch. Seine überzeugende Darstellung des einsilbigen, gutherziger Banditen war das Ergebnis von acht Jahren harter Arbeit. Viele seiner berühmten Marotten wie etwa seine abgehackte Sprechweise, sein x-beiniger, leicht gebeugter Gang oder seine Art, beim Gehen mit den Armen zu rudern, hatte er lange vor dem Spiegel geübt.

Bei John Wayne kam es weniger auf den Ausdruck beim Spiel als vielmehr auf den Eindruck an, den er beim Publikum erweckte – und zwar den Eindruck eines ehrbaren, nur scheinbar gelassenen Mannes, der, wenn es sein mußte, auch extrem gefährlich sein konnte. Jene unverwechselbare Mischung aus Moral und Härte war es, die Waynes Helden auszeichnete, ganz gleich, ob sich die Handlung im Wilden Westen oder auf moderneren Schlachtfeldern zutrug. Sein einzigartiger Charakter, den er selbst abwertend „das John-Wayne-Ding" nannte, war das Ergebnis von zahlreichen Filmen unterschiedlichster Couleur und insgesamt 50 Jahren Filmerfahrung.

Die Liste seiner Filme ist so lang, daß hier nur einige erwähnt werden sollen: die Verfilmung von Eugene O'Neills *Der lange Weg nach Cardiff* (1940), *Red River* aus dem Jahr 1948, Fords *Bis zum letzten Mann* (1948), *Rio Grande* (1950) und *Der Teufelshauptmann* (1953); in allen genannten Filmen spielte John Wayne den unerschrockenen Kavallerieoffizier. 1952 kehrte er dem Western den Rücken, um in Fords hervorragend inszeniertem Heimkehrerfilm *Der Sieger,* eine Liebeserklärung des Regisseurs an Irland, in der Rolle eines innerlich zerrissenen, amerikanischen Preisboxers zu glänzen. Acht Jahre später erfüllte sich Wayne dann mit *Alamo*, einem Film, bei dem er nicht nur die Hauptrolle spielte, sondern auch selbst Regie führte, einen lang gehegten Wunsch. Er investierte mehr als eine Million Dollar in den Film, doch das Ergebnis war ein großer Mißerfolg.

Sein zweiter Film *Die grünen Teufel* (1967), in dem sich John Wayne für den Vietnamkrieg einsetzte, trug ihm obendrein noch den Ruf eines politischen Reaktionärs ein, der sich bereits während der McCarthy-Ära abgezeichnet hatte, als der konservative Filmstar, zusammen mit seinem berühmt-berüchtigten Senatorenfreund, die Filminitiative The Motion Picture Alliance for the Preservation of American Ideals (Filmbündnis zum Schutz amerikanischer Ideale) ins Leben rief.

1969 wurde er für die sensible und humorvolle Darstellung des trunksüchtigen und hinterhältigen amerikanischen Marshalls Rooster Cogburn in *Der Marshall*, einem komödiantischen Film, der den Mythos des klassischen Westernhelden persifliert, mit einem Oscar ausgezeichnet.

14 Jahre nach seinem Tod, 1993, rangierte John Wayne in einer Meinungsumfrage zum beliebtesten Filmstar Amerikas an zweiter Stelle. Nachdem sich das Ergebnis im Jahr darauf wiederholt hatte, kam er 1995 auf Platz Eins und übertraf damit nicht nur alle lebenden Schauspieler, sondern sämtliche Stars der amerikanischen Filmgeschichte. Etwa zur gleichen Zeit begannen auch die Kritiker, ihr Urteil über seine Schauspielkunst, die sie mit einem Mal als wesentlich subtiler und abwechslungsreicher ansahen, zu revidieren.

Nach *Der Marshall* war John Wayne noch in einer Reihe weiterer Filme zu sehen, unter anderem in dem Western *Mit Dynamit und frommen Sprüchen* aus dem Jahr 1975. Seinen letzten großen Auftritt hatte er 1976 in dem Film *Der Scharfschütze*, wo er – mit Würde, aber ohne übertriebenes Pathos – die letzten acht Tage im Leben eines gealterten, unheilbar an Krebs erkrankten Revolverhelden spielt – ein kühnes Unterfangen, wenn man bedenkt, daß John Wayne drei Jahre später selbst einem Krebsleiden erlag. Obwohl Wayne, der mit drei lateinamerikanischen Frauen verheiratet war, kaum Spanisch sprach, lautet seine Grabinschrift „Feo, fuerte y formal" („Häßlich, stark und ehrenhaft"). Von diesen drei Eigenschaften entsprachen gewiß nur die letzten beiden der Wahrheit.

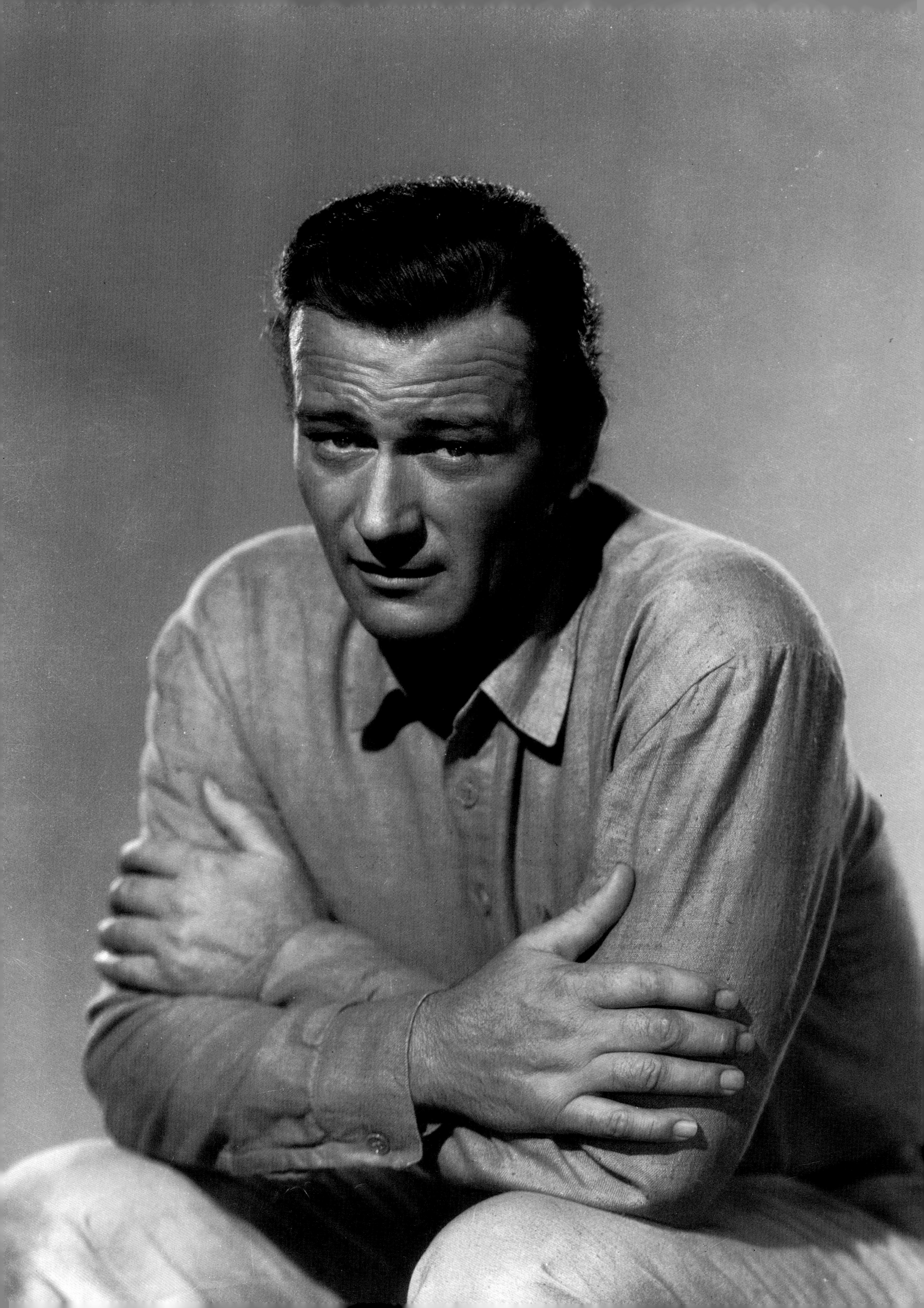

ORSON WELLES
1915-1985

DAS FILM- UND THEATERGENIE Orson Welles war intelligent, jähzornig, cholerisch und überempfindlich zugleich. Schon mit 18 Monaten wurde er zum Genie erklärt. Mit fast unerträglichem Selbstbewußtsein prahlte er einmal, er wisse genau, was in jedem Medium am besten wirke. Aber ob er nun unfehlbar war, wie er behauptete, oder nicht – fest steht, daß er in nahezu allen Bereichen der darstellenden Kunst Außerordentliches geleistet hat. Mit seiner sanften Stimme spielte er jede Rolle mit Intelligenz und kühner Originalität. Doch auch als Regisseur, Produzent, Impresario, Bühnen- und Kostümbildner sowie als Drehbuchautor leistete er Erstaunliches.

George Orson Welles wurde als Sohn eines Erfinders in Kenosha, Wisconsin, geboren. Seine Mutter unterstützte und förderte den kreativen, frühreifen Jungen. Seine Eltern starben, als er Neun war, und mit 16 Jahren begann Orson seine professionelle Karriere. Mit seinem Erbe ging er nach Dublin, wo es ihm mit seinem ausgeprägten Talent zum Bluffen gelang, am Gateway Theater verschiedene Hauptrollen zu spielen. Zwei Jahre später machte er sich auf amerikanischen Bühnen einen Namen. Seine Kollegen fanden ihn schroff, launisch und exzentrisch, doch nie langweilig. Mit seiner Rolle als der mysteriöse Schwarzmarkt-Händler Harry Lime in *Der Dritte Mann* (1949) schrieb er Kinogeschichte.

Aber nicht nur durch sein schauspielerisches Talent wurde Welles berühmt. Er bewies sein überragendes Können als Regisseur mit dem Film *Citizen Kane* (1941), bei dem er auch als Produzent, Co-Autor und Hauptdarsteller fungierte. In Amerika kennt fast jeder den Film, er wird an Universitäten besprochen und von Kritikern immer wieder als Maßstab herangezogen. *Citizen Kane* ist für angehende Filmemacher das Maß aller Dinge. Während jedoch Zuschauer und Kritiker hingerissen waren von Welles' spannendem Thema und der expressionistischen Kameraführung, interessierte sich die Filmindustrie weniger für die filmtechnischen Neuerungen als für die finanziellen Resultate. *Citizen Kane* war ein kommerzieller Mißerfolg. Dessen ungeachtet ragt dieser frühe Erfolg aus dem Schaffen des Multitalents heraus. Welles war gerade 25, als er sich für seinen Film nie dagewesene Vertragsbedingungen erstritt. Zwei Jahre zuvor, 1938, hatte er mit seinem Hörspiel nach H.G. Wells' *Krieg der Welten* weite Teilen der amerikanischen Bevölkerung in Angst vor einer Invasion von Außerirdischen versetzt, was ihn auf die Titelseite des *Time Magazins* brachte. Und schon zwei Jahre früher hatte er im Rahmen eines renommierten staatlichen Theaterprojekts mit einer Inszenierung von *Macbeth*, die nur mit Schwarzen besetzt war und in Harlem spielte, für Aufsehen gesorgt.

Welles erzählte viel und unterschiedliches über seine Kindheit, doch eines scheint sicher: sein Interesse an Shakespeare hat seine Mutter geweckt, die dem Wunderkind — wenn es nicht gerade Nietzsche las oder Klavier spielte – aus den Werken des großen Dramatikers vorlas. So waren auch seine berühmtesten Bühneninszenierungen oder Verfilmungen Shakespeare-Adaptionen: der unvergeßliche *Othello* (1952) und die Bearbeitung des Henry-IV.-Stoffes in *Fallstaff* (1967). Die Tatsache, daß der ausgelassene Fallstaff sein Lieblingscharakter war, spricht Bände über des Schauspielers Vorliebe für geistreiche Gaunereien und sinnliche Genüsse.

Doch mehr noch als in den Shakespeare-Bearbeitungen und verschiedenen anderen Erfolgsfilmen offenbart sich in *Citizen Kane* Welles' Suche nach künstlerischer Erfüllung. Der Film machte ihn nicht nur zur Legende, er verhalf dem amerikanischen Kino zu einem anspruchsvolleren, hintersinnigeren Erzählen. Durch die Verwendung längst vergessener Techniken und eigenen Neuerungen schuf Welles einen erschreckenden, manchmal etwas schauerromantischen Realismus. Seine Effekte erzielte er durch Dialogüberschneidungen, zirkuläre Handlungsführung, schnelle Bildwechsel und ein geradezu poetisches Spiel mit Licht und Schatten. Die Geschichte des millionenschweren Verlegers Charles Foster Kane (ein kaum verhülltes Porträt von William Randolph Hearst) stellt einen Angriff auf Macht und Technologie dar, indem sie das düstere Szenario einer Gesellschaft entwirft, die technologischen Fortschritt über alles setzt und die Liebe verbannt hat.

Nachfolgende Filme, die heute als Klassiker gelten, wie *Der Glanz des Hauses Amberson* (1942) und *Die Lady von Shanghai* (1948), blieben erfolglos. Nach *Shanghai* scheiterte auch Welles' Ehe mit der Hauptdarstellerin Rita Hayworth. Glücklicherweise wußte er selbst mit kleinem Budget gut zurechtzukommen, wie der Film Noir *Im Zeichen des Bösen* (1958) beweist. Der in den Vereinigten Staaten nur selten gezeigte und darum erfolglose Film gilt als Kultfilm.

Noch immer scheiden sich die Geister über die Gründe für das vorzeitige Scheitern dieser so vielversprechenden Karriere. Vielleicht wurde Welles einfach ein Opfer Hollywoods, wo Neid und Mißgunst an der Tagesordnung waren und man sich über die Arroganz und Gleichgültigkeit des Stars gegenüber Budgets und Drehzeiten ärgerte. Vielleicht trug er an seinem Scheitern auch eine Mitschuld. Sein unsteter Charakter war eine in seinem Beruf gefürchtete und verpönte Eigenschaft. Oft überließ er es anderen, die Arbeit an seinen wichtigen Filmen wie *Ambersons* oder *Im Zeichen des Bösen* zu beenden. Was auch immer der Grund war – der Vorhang senkte sich vor seiner Begabung viel zu früh. Er reiste jahrzehntelang durch Europa und spielte unbedeutende Rollen, um Projekte wie den legendären, unvollständigen *Don Quixote* zu finanzieren – um die Arbeit daran ebenso achtlos fallenzulassen wie einen seiner dicken Zigarrenstummel. Welles hatte viele brillante Filmideen, doch sie starben, noch bevor sie geboren waren. Sein Leben wurde damit zu einer der traurigsten Erfolgsstorys der Unterhaltungsindustrie.

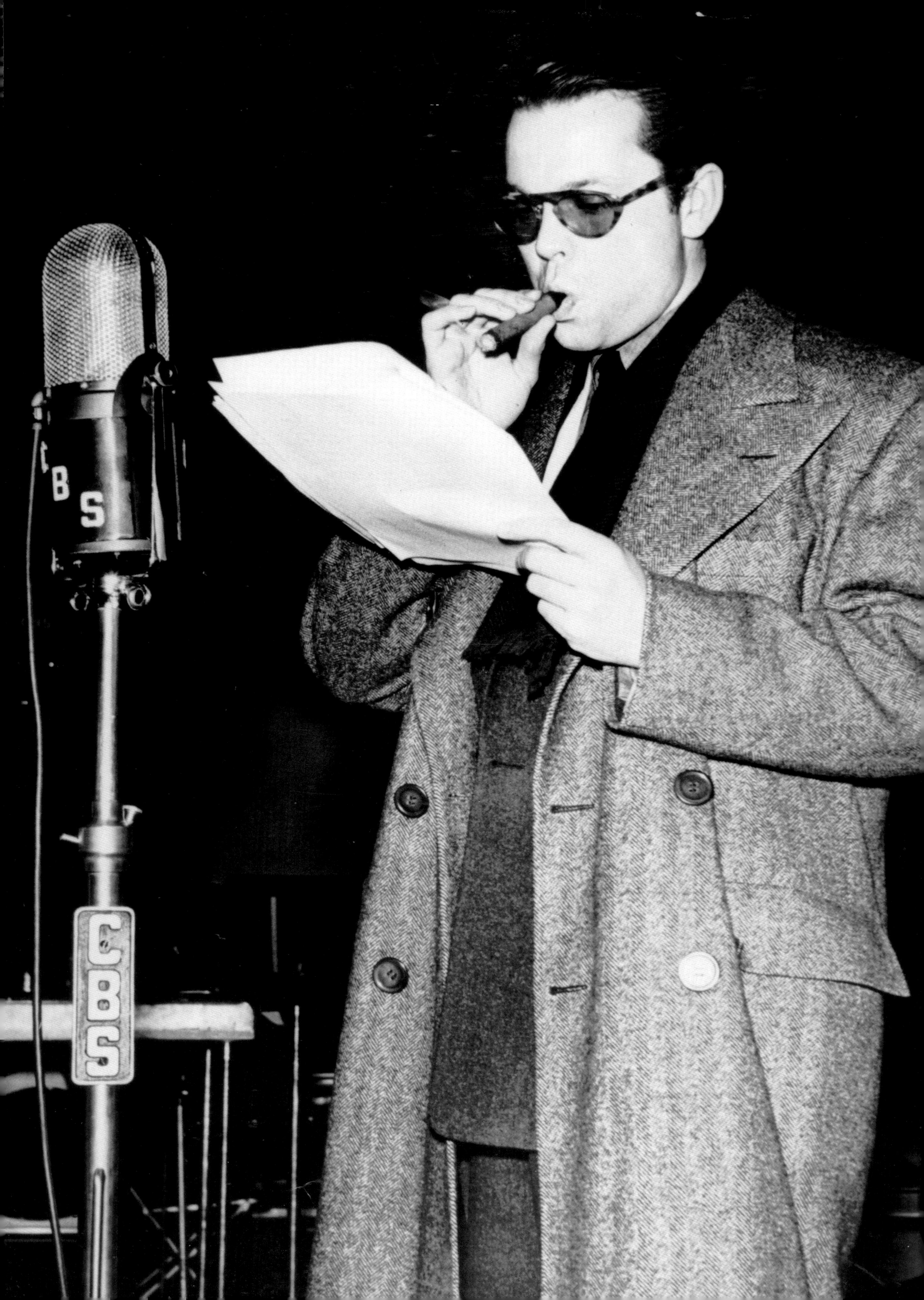
CBS
CBS

MAE WEST
1892–1980

AUCH IM WIRKLICHEN LEBEN mag die Schauspielerin Mae West trotz ihrer strikten Prinzipien – kein Alkohol, keine Zigaretten, keine verheirateten Männer – vielleicht nicht eben das Mädchen von nebenan gewesen sein, aber sie unterschied sich doch deutlich von der extravaganten, sinnlichen Frau, die sie auf der Leinwand verkörperte. Obwohl sie im Laufe ihrer 60jährigen Karriere nur zwölf Kinofilme drehte, war sie dennoch eine der bekanntesten und umstrittensten Schauspielerinnen ihrer Zeit. In den 30er Jahren, auf dem Höhepunkt ihrer Karriere, brachte der ehemalige Bühnen- und Broadwaystar eine ganz neue Art von Sex-Appeal in die Welt des Films – eine geistreiche Erotik, die sich mehr in Wortspielen als in körperlicher Leidenschaft äußerte. Auf dem Schlachtfeld „zwischen Seide und Spitzen" trug sie heitere Duelle aus und ersetzte mit verheißungsvollen Lockungen und pikanten Späßen das herkömmliche Muster filmischer Liebe und Leidenschaft.

Mit ihrer sehr weiblichen Erscheinung, erotischem Hüftschwung und tief ausgeschnittenem Dekolleté unterschied sie sich augenfällig von dem flachbusigen, androgynen Frauentypus, der in den 20er Jahren die Leinwand beherrschte. Durch ihre offene und unverblümte Art, mit dem Thema Sex umzugehen, forderte sie die Zensoren heraus. Sie behauptete sogar, einer der Hauptgründe für die Einrichtung einer offiziellen Selbstzensur der Filmindustrie gewesen zu sein. Sie habe den Vollstreckern des Hays Office – jener Institution, die für die Zensur zuständig war – stets ein Schnippchen geschlagen, weil ihre Filme so viel Sex und Erotik enthielten, daß trotz aller Zensur am Ende immer noch genug davon übrigblieb.

So frech ihre eindeutigen Zweideutigkeiten oft auch waren, die eigentliche Würze erhielten die frivolen Texte erst durch Wests leicht ordinäre und selbstironische Gesten. Dazu gehörte die kokett auf die Hüfte gelegte Hand oder ein Klaps auf die weißblonde Mähne. In einem ihrer ersten Filme, *Sie tat ihm Unrecht* (1933), fragt ihr Filmpartner Cary Grant (der einen Kadetten der Heilsarmee spielt): „Haben Sie noch nie einen Mann kennengelernt, der Sie glücklich gemacht hat?" „Aber ja doch," antwortet sie mit anzüglichem Seitenblick und herablassendem Lächeln, „schon sehr oft." In *Mein kleiner Gockel* (1940) treibt sie ein ähnlich boshaftes Spiel mit ihrem mehrfachen Filmpartner W.C. Fields, dessen Visitenkarte sie laut vorliest: „Kleinkram- und Kurzwarenladen. Wie klein und kurz ist er denn?" Einige der Anzüglichkeiten Mae Wests sind zu klassischen Bonmots geworden: „Früher war ich Schneewittchen, aber ich bin ins Schneegestöber gekommen", oder „Hast du da eine Pistole in der Hosentasche, oder ist es die Freude, mich zu sehen?"

Wests Karriere begann bei einer Talentshow in ihrer Heimatstadt Brooklyn. Im Rüschenkleidchen sang und tanzte sich „Baby Mae", unterstützt und ermutigt von ihrer Mutter Matilda, ans amerikanische Varietétheater. Mit 19 Jahren fühlte sie sich zu alt, um noch als „Baby Vamp" auf den Vaudeville-Bühnen aufzutreten und debütierte 1911 am Broadway mit einer Revue, die berühmte Sketche wie „A la Broadway" oder „Hello, Paris" enthielt. Nach wenigen Shows allerdings kehrte sie ans Varieté zurück, wo sie häufig mit ihrer Schwester Beverly auftrat. Mae West füllte die Häuser mit ihrem verführerischen Shimmy, den sie in dem Musical *Sometime* tanzte. Allmählich hatte sich ihr Bühnen-Image als „aufgedonnerte" Sexbombe etabliert, und sie begann, ihre provokativen Texte selber zu schreiben. Das Ergebnis war zunächst *Sex* (1926), ein unerhörtes und erfolgreiches Stück über eine Prostituierte aus Montreal, das der Autorin eine achttägige Gefängnisstrafe einbrachte. Nach *The Drag*, einem Stück, das von einigen Kritikern als die erste ernsthafte Auseinandersetzung mit Homosexualität bezeichnet worden ist, schrieb Mae West die Bühnensensation *Diamond Lil*, ein Melodrama über die 1890er Jahre, in dem sie als frivole Saloon-Sängerin für die komischen Einlagen sorgte.

Mit *Diamond Lil* wurde die charmante und selbstbewußte Schauspielerin zum Star der internationalen Society. Auf ihrem Weg vom Broadway nach Hollywood sollte sie diese Paraderolle immer und immer wieder spielen. Als sie 1932 an der Westküste ankam, drehte sie zunächst mit George Raft *Night After Night*, um 1933 in *Sie tat ihm Unrecht* (die Filmversion von Diamond Lil) an der Seite Cary Grants zu spielen. Mit beiden Filmen konnte sich Paramount vor dem drohenden Bankrott retten. 1935 war sie eine der bestbezahlten Frauen der Welt, wurde von den wichtigsten und reichsten Familien zum Dinner geladen und verdiente in einem Jahr mehr als viele ihrer Gastgeber in einem Jahrzehnt. Ihr zu Ehren nannten die Piloten der Royal Air Force ihre aufblasbaren Rettungswesten „Mae Wests".

Während sie mit ihren Filmen weiterhin die Zuschauer begeisterte, suchte sie ihre Identität und Eigenständigkeit zu wahren – vor allem in Bezug auf Männer. Trotz zahlreicher Beziehungen war sie fest entschlossen, „Mae West zu bleiben". Immer wieder betonte sie, daß „Job und Sex" für sie das wichtigste im Leben seien. Ihre einzige Ehe mit einem Sänger und Tänzer, den sie 1911 geheiratet hatte, endete fast 30 Jahre später mit einer Scheidung – doch erst, nachdem er auf Unterhaltszahlungen geklagt hatte.

Nach den beiden erfolglosen Comeback-Filmen, *Myra Breckinridge* (1970) und *Sextett* (1978) sowie einer Nachtclub-Tournee mit einem Team von Muskelmännern setzte sich Mae West in ihrem Apartment in Los Angeles zur Ruhe. Wie ihre seltenen Besucher feststellen konnten, hatte sich in diesem Domizil seit ihrem Einzug in den frühen 30ern überhaupt nichts verändert. Bis zum Schluß hielt sie einen strengen Fitneß- und Ernährungsplan ein und setzte sich noch mit 78 gewissenhaft auf ihr Trimmrad. Doch allein an ihrem Alter Ego aus Zelluloid, das nach wie vor verführerisch von der Leinwand zwinkert, ist die Zeit spurlos vorübergegangen.

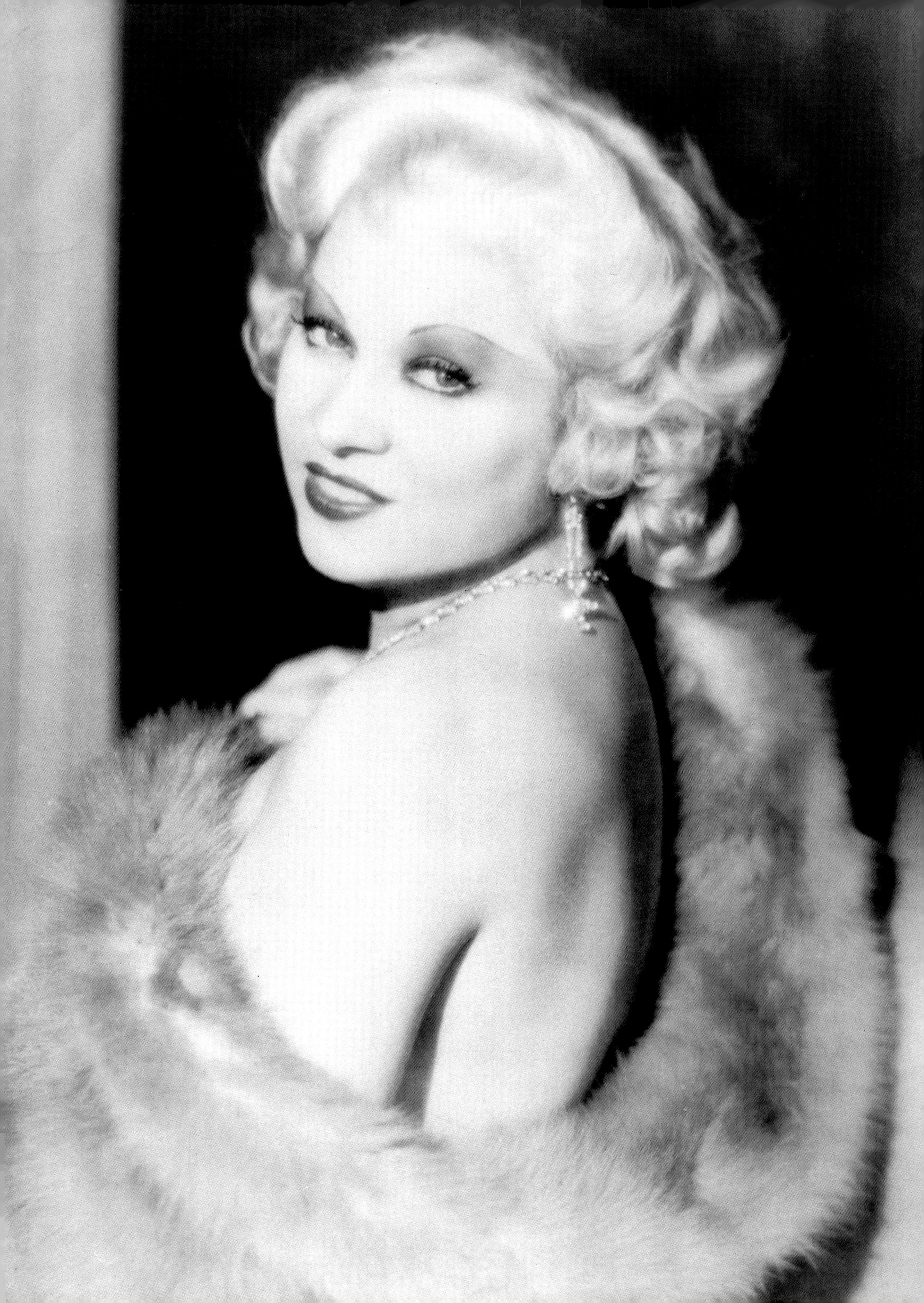

HANK WILLIAMS
1923-1953

DIE EINFACHEN, LEBENSNAHEN TEXTE von Hank Williams, dem wichtigsten amerikanischen Countrymusiker dieses Jahrhunderts, bewegen die Zuhörer noch heute, fast 50 Jahre nach seinem Tod. Er komponierte nicht nur Amerikas bekannteste Country & Western-Songs. Obwohl er früh starb – er war gerade 29 Jahre alt –, schrieb er in den vier Jahren vor seinem Tod allein 27 Top Ten-Hits.

Hiram „Hank" Williams wurde in Lowndes County in Alabama als Sohn von Elonzo Huble Williams, einem Veteran des Ersten Weltkriegs, und seiner klugen Frau Lillie Belle geboren. Die Armut der Familie steigerte sich noch während der Wirtschaftskrise. Hank Williams war erst sechs Jahre alt, als sein Vater in ein Kriegsversehrtenkrankenhaus in Biloxi, Mississippi, eingeliefert wurde und starb. Seine Mutter zog kreuz und quer durch die Südstaaten und verlagerte den Wohnsitz ihrer kleinen Familie alle paar Jahre in eine andere Stadt, während sie verzweifelt nach Arbeit suchte. Unter diesen unsicheren, freudlosen Lebensbedingungen wurde Hank schnell erwachsen. Mit zwölf Jahren war er im Besitz seiner ersten Gitarre, hatte den ersten Whiskey getrunken und die erste Zigarette geraucht. Von einem fahrenden Musikanten namens Rufe „Tee Tot" Payne lernte er verschiedene Songs und den Jargon der Straße. Im Alter von 13 Jahren – er lebte damals mit seiner Mutter in Montgomery, Alabama – gewann er einen Talentwettbewerb im Empire Theatre mit dem selbstgeschriebenen Lied The WPA Blues. Der bittere Text und der feinfühlige Verstand, von dem das Lied zeugte, schienen nicht dem Alter des Komponisten zu entsprechen.

Sein Wissen stammte nicht aus Büchern, sondern aus dem wirklichen Leben; tatsächlich war er 1942, mit 19 Jahren, noch immer in der neunten Klasse. Nachdem er sich vor dem Wehrtauglichkeitstest gedrückt hatte, ging er von der Schule ab und arbeitete auf einem Trockendock in Mobile, während er Lieder schrieb und von einer großen Karriere träumte. 1944 heiratete er die Sängerin Audrey Mae Sheppard und sicherte sich regelmäßige Auftritte beim Radiosender WSFA. Mit der Radiostation als fester Basis tourte er durch Kneipen und Bars innerhalb des Sendebereichs, was eine sehr beschwerliche Art war, sich seinen Lebensunterhalt zu verdienen. Er versuchte auf jede mögliche Weise, sein Einkommen aufzubessern, z. B. durch das Verlegen eines Liederbuchs, das er für 35 Cents anbot.

Nachdem er 1936 nach Nashville, Tennessee, gezogen war, wo ihn die Produktionsfirma Acuff-Rose unter Vertrag genommen hatte, stellte sich der Erfolg ein. Noch im selben Jahr nahm Williams zwei Lieder auf, die die für ihn charakteristische Verbindung von weltlichen und spirituellen Inhalten verdeutlichen: Calling You und Wealth Won't Save Your Soul. Diese Botschaft wurde sowohl den Anforderungen des Showbusiness wie auch seiner eigenen inneren Überzeugung gerecht. Im Jahr darauf folgten Erfolgstitel wie I Saw the Light und das weltlichere Move It on Over. Ebenfalls 1947 nahm er Honky Tonkin' auf, einen seiner größten Hits, und wieder ein Jahr später kam The Lovesick Blues heraus, der 1949 ein Tophit in den Billboard-Charts wurde.

Als fester Mitarbeiter der Live-Radiosendung Louisiana Hayride war Hank Williams reif für die Grand Ole Opry, wo er bei seinem Debütauftritt im Jahr 1949 sechs Zugaben geben mußte. Als im selben Jahr sein Sohn Hank jr. geboren wurde, gab er ihm nach einer Marionette aus der Sendung den Spitznamen „Bocephus". Sein rasanter Lebensstil und sein unmäßiges Trinken forderten ihren Tribut – im Herbst 1949 begab sich Williams zu einer (erfolglosen) Entziehungskur ins Madison Sanitarium in Nashville. Seine inneren Qualen hielten ihn aber nicht vom Komponieren ab: Cold, Cold Heart (1950) wurde mit einem üppigen Streicherarrangement von Tony Bennett aufgenommen und war im ganzen Land ein Hit. Drei andere Lieder, Why Don't You Love Me, Long Gone Lonesome Blues und Moanin' the Blues erreichten im gleichen Jahr die Hitparaden. „Moanin' the Blues" war eine passende Beschreibung für Williams' Stil: Seine melancholische Stimme entsprach seinen Liedern voller Reue, Wut und Leidenschaft perfekt.

Die nächsten beiden Jahre waren gleichermaßen chaotisch und produktiv. 1951 nahm er einen weiteren Klassiker auf, Hey, Good Lookin'. Zusammen mit Cold, Cold Heart und Crazy Heart stieg der Song in die Charts auf. Doch in diesem Jahr mußte er erneut in eine Therapie gehen. 1952 ließ sich seine Frau Audrey, die ihn schon einmal verlassen hatte, von ihm scheiden. Hank Williams unterzog sich einer Drogentherapie und brachte nach seiner Entlassung einen Monat später Jambalaya heraus sowie das schmerzlich prophetische I'll Never Get Out of This World Alive.

Trotz eines weiteren Top-Hits, Take These Chains From My Heart, wurde er wegen ständiger Trunkenheit der Grand Ole Opry verwiesen. Er heiratete eine bildhübsche Telefonistin namens Billie Jean Eshliman, ließ sich in einem anderen Krankenhaus behandeln und ging unmittelbar nach seiner Entlassung auf Tournee. Krank, betrunken und medikamentenabhängig bekam er Silvester 1952 eine Vitaminspritze. Dann wurde er auf den Rücksitz seines himmelblauen Cadillac geschafft, weil ihn sein Fahrer rechtzeitig zum nächsten Auftritt nach Ohio bringen wollte. Irgendwo auf der Autobahn in West Virginia entdeckte er, daß Williams tot war. Bei der Ankunft in einem Krankenhaus in West Virgina am 1. Januar 1953 wurde er für tot erklärt. Sein Hit Jambalaya befand sich gerade auf Platz Drei der Billboard-Charts.

Über sein Ende hinaus begeistert Hank Williams als bester amerikanischer Country & Western-Sänger Fans auf der ganzen Welt. Seine Stimme war rauh, mächtig und unverfälscht, wie geschaffen für Elend und Poesie. Sie kam aus dem tiefsten Inneren und brach seinen Hörern das Herz.

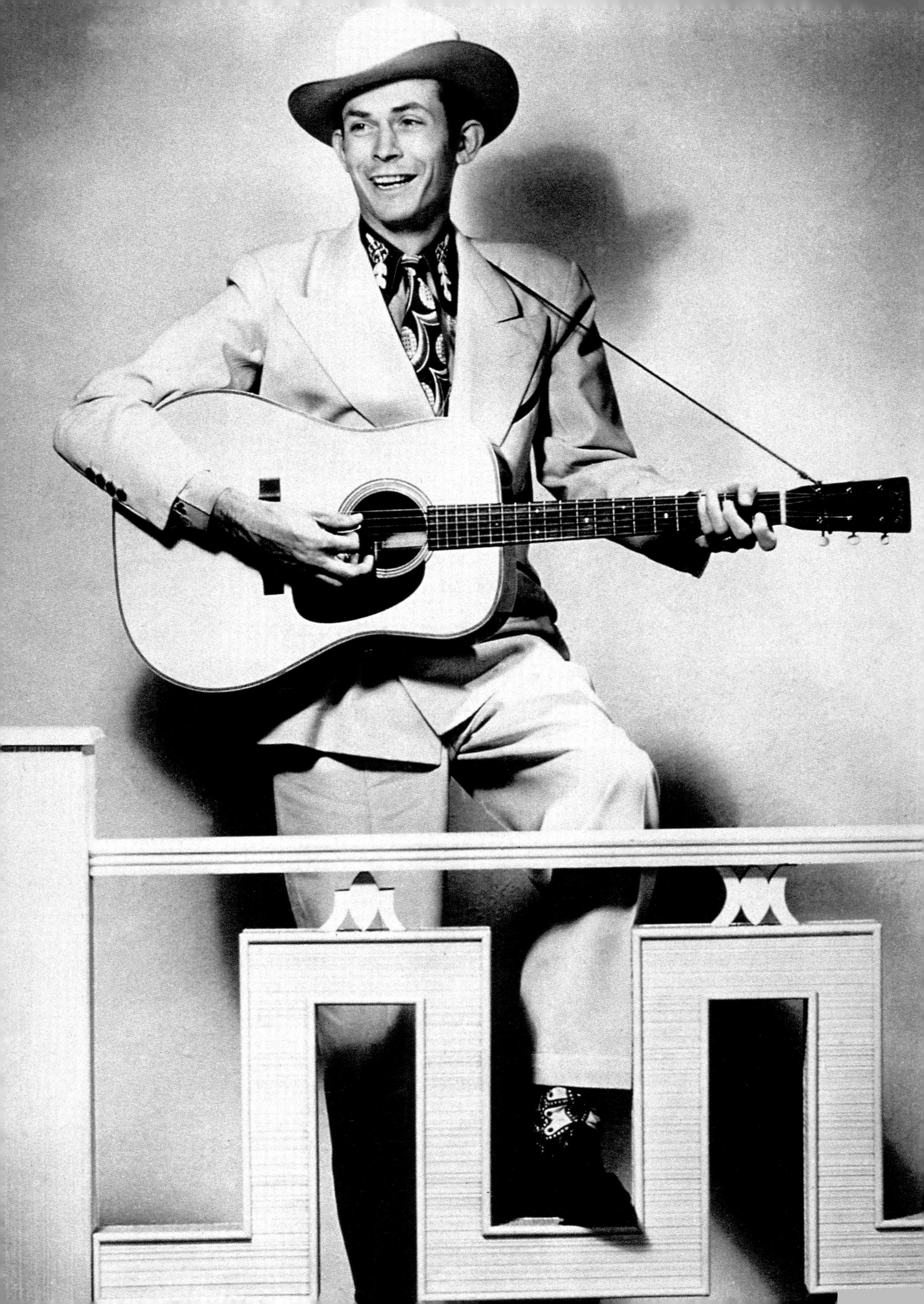

TENNESSEE WILLIAMS
1911–1983

AM LEUCHTENDEN FIRMAMENT des amerikanischen Theaters strahlte der Stern des Dramatikers Tennessee Williams vor allem darum so hell, weil er von den Kritikern hochgelobt wurde. Williams beschrieb eine sehr private, sehr skurrile Welt, deren Bewohner allesamt Außenseiter sind, die um ihre Träumen kämpfen. In vielen seiner Figuren spiegeln sich Charakterzüge von Menschen wider, die eine wichtige Rolle in Williams' „höllischer" Vergangenheit gespielt haben: sein Vater, ein erfolgloser Handelsvertreter und aggressiver Alkoholiker, der seinen femininen Sohn „Nancy" nannte; seine zarte, aber unerbittliche Mutter, bekannt als „Miss Edwina", und die geistesgestörte Schwester Rose, die man später einer Gehirnoperation unterzog. Seinen Bruder Dakin ließ Tennessee in eine Nervenklinik einliefern, als dessen Neurosen in Verbindung mit Alkohol- und Tablettensucht lebensgefährlich wurden. Die Familienmitglieder dienten Williams als Vorbild für die Figuren seiner provokativen, schwarzhumorigen Dramen und wurden zu unvergesslichen Bühnencharakteren. Dazu zählen auch die überaus schüchterne Laura (Schwester Rose) in seinem ersten Erfolgsstück *Die Glasmenagerie* (1944), die verblühende Schönheit Blanche DuBois (Mutter Edwina), kämpfend gegen die Naturgewalt Stanley Kowalski im zerrissenen T-Shirt, im Klassiker von 1947 *Endstation Sehnsucht*, und alle Mitglieder von Big Daddys Brut in *Die Katze auf dem heißen Blechdach* (1955).

Williams neigt in all seinen Dramen und Erzählungen zur Melodramatik. Er versteht es, das Publikum für seine nach Zuneigung und Liebe gierenden Charaktere einzunehmen. So exaltiert sie auch scheinen mögen, alle sind durch einen schmerzlichen Verlust innerlich leer geworden – eine Erfahrung, die für den Autor selbst zu den prägendsten seines Lebens gehörte. Williams brachte Tabuthemen wie Kannibalismus, Drogenabhängigkeit, Homosexualität und Inzest auf die prüde amerikanische Bühne der Nachkriegszeit. Angefangen mit *Glasmenagerie*, über *Endstation Sehnsucht* und *Die Katze auf dem heißen Blechdach*, die beide mit dem Pulitzer Preis ausgezeichnet wurden, *Die tätowierte Rose* (1951), *Plötzlich letzten Sommer* (1958), *Der steinerne Engel* (1948) bis hin zu *Süßer Vogel Jugend* (1959) schockierte er die Amerikaner zwei Jahrzehnte lang mit schwer verdaulicher Kost.

Wie sich in seinem Werk offenbart, war Williams stets auf der Seite derer, die am Rande der Gesellschaft stehen. Er zeichnete seine Figuren aus tiefem Mitgefühl heraus, und nur aus diesem Grund konnte auch sein Publikum sie akzeptieren, so unkonventionell und abstoßend sie auch sein mochten. Das Schreiben war für den Autor beinahe ein körperliches Bedürfnis. Seit seine Mutter ihm mit elf Jahren die erste Schreibmaschine gekauft hatte, kämpfte er bis in die 60er und 70er Jahre hinein tapfer gegen seine „Musen" an. „Ich fürchte, wenn mich die bösen Geister verlassen, dann verlassen mich auch meine Engel," sagte er einmal.

Bisweilen zermürbten ihn die Angriffe bissiger Kritiker so sehr, daß er sich anzupassen versuchte. Vor allem aber litt seine schwache Psyche, die er einer Kindheit unter dem dominierenden Einfluß von Frauen verdankte, die selbst labil waren. Zudem setzten ihm Diphterie und Nierenprobleme so schwer zu, daß er schließlich kaum noch sehen konnte und zeitweilig mit einem gelähmten Bein zu kämpfen hatte. Tom Williams, der sich 1938 in Tennessee umbenannte, wurde 1911 in Columbus, Missouri, geboren und von seinen Großeltern mütterlicherseits aufgezogen. Mit acht Jahren zog die Familie nach Saint Louis. Dort litten er und seine zart besaitete Mutter sehr unter der Ablehnung und den Feindseligkeiten, die ihnen entgegenschlugen. Tom suchte Trost bei seiner Schwester und in den Geschichten und Gedichten, die er sich ausdachte. Ein traumatisches Erlebnis während seiner Europareise mit dem Großvater, einem Geistlichen, ließ ihn zu der Überzeugung gelangen, er sei geisteskrank. Jahre später, nach dem Mißerfolg von *Orpheus steigt herab* am Broadway, beendete Williams abrupt eine psychiatrische Beratung, zu der er sich entschlossen hatte. „Der Mann stellte mir einfach zu persönliche Fragen," war Williams' scherzhafte Begründung. Die Wahrheit war jedoch, daß der Therapeut ihm empfohlen hatte, seine Homosexualität aufzugeben, eine Familie zu gründen und eine Weile nicht mehr zu schreiben.

Seine Schwester zog sich immer mehr in ihre kranke Geisteswelt zurück, und der Vater zerstörte die vermutlich einzige heterosexuelle Beziehung, die Williams je hatte. Diese Ereignisse, sowie die sich herauskristallisierende Homosexualität und die Abneigung gegenüber den ungehobelten Menschen des „neuen" Südens, spiegelten sich in seinem Werk wider. Williams trauerte seinem geliebten „alten" Süden nach, vor allem der heruntergekommenen Stadt New Orleans, die Schauplatz einiger seiner Stücke ist. Er liebte ihre oft lasterhafte Sinnlichkeit und Genußfreude; wie Blanche DuBois schätzte er den starken Willen der Menschen, an ihren Illusionen festzuhalten. Vor allem aber liebte er den melodiösen Klang der Sprache, die er in seine rhythmischen, lebensvollen Dialoge umsetzte.

Die Kritiker des Südens priesen ihn für seine Offenheit, sein feines Gespür für den richtigen Schauplatz und die einfühlsame Darstellung einer niedergehenden Kultur. Andere, nicht unbedingt nur „Nordlichter", konnten mit seiner – wie sie fanden – krassen Sentimentalität und Melodramatik nichts anfangen. Außerdem fühlten sie sich abgestoßen von der überscharfen Thematisierung von Sex und Gewalt. Vielen war der pessimistische Eugene O'Neill oder der politisch engagierte Arthur Miller, beide Williams' Konkurrenten im Wettstreit um den Titel des besten Dramatikers dieses Jahrhunderts, weitaus lieber. Ungeachtet dessen beeinflußte Williams mehr als jeder andere die Dramatiker der Folgezeit und fesselte Amerika mit seiner obszönen Schlafzimmerwelt und den zerrütteten Seelen seiner zerbrechlichen und zügellosen Charaktere.

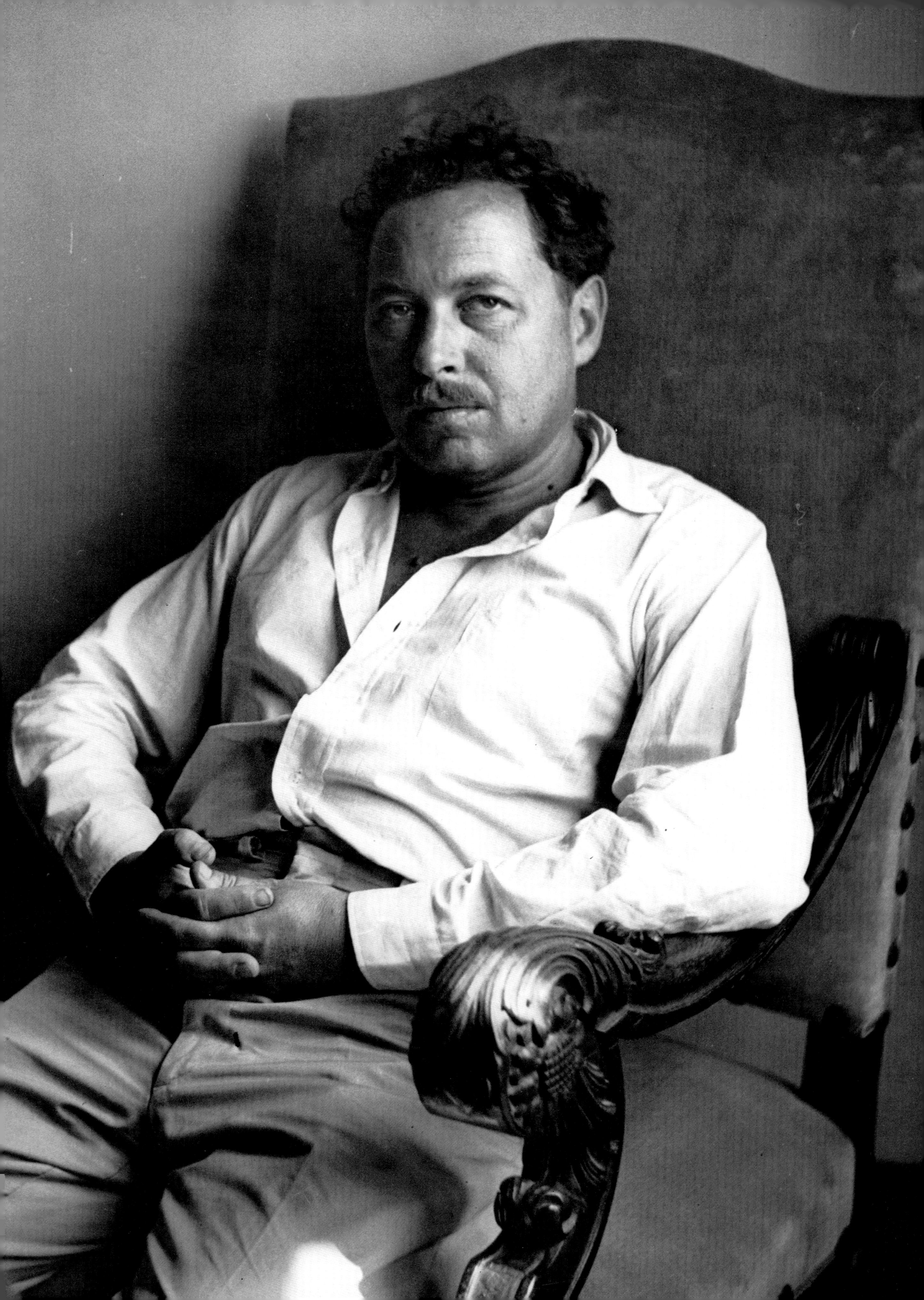

HERZOG & HERZOGIN VON WINDSOR

1894–1972
1896–1986

DIE BERÜHMTESTE LIEBESGESCHICHTE des Jahrhunderts begann mit einem simplen Freundschaftsdienst. Im Januar 1934 beabsichtigte Lady Thelma Furness, die Geliebte von Prinz Edward, dem ältesten Sohn von Königin Mary und König George V., London für kurze Zeit zu verlassen. Beim Lunch im Ritz bat sie die aus Baltimore stammende Wallis Simpson, sich während ihrer Abwesenheit um den attraktiven und abenteuerlustigen Edward zu kümmern. „Paß auf, daß er mir keine Dummheiten macht", sagte Lady Furness. Doch am Ende war sie diejenige, die eine Dummheit begangen hatte, denn der Prinz verliebte sich in Wallis Simpson und legte am 11. Dezember 1936, zehn Monate nach seiner Thronbesteigung, für seine Geliebte die britische Krone nieder.

Prinz Edward hatte während des Zweiten Weltkriegs bei der Königlichen Marine gedient und die folgenden zehn Jahre damit zugebracht, im ganzen Empire Audienzen zu geben. Beides hatte ihm die Sympathie des britischen Volkes eingetragen. Der Playboy aus dem Hause Windsor war allerdings nur ein Produkt seiner, wie er selbst sagte, „freudlosen Kindheit". Die fehlende Zuwendung und Geborgenheit in der Familie hatten seinen Eintritt ins Erwachsenenalter erschwert. Weder geistig noch emotional war er weit über den Entwicklungsstand eines Jugendlichen hinausgekommen. Mit seiner kindlichen Verletzbarkeit war er der dominanten Wallis Warfield Simpson hilflos ausgeliefert.

Doch was faszinierte den zukünftigen König von England an dieser 39jährigen Durchschnittsamerikanerin so sehr, daß er ihretwegen auf den Thron verzichtete, mit der königlichen Familie brach und den Vorwürfen der Kirche und der britischen Regierung standhielt? Angeblich waren es ihr unwiderstehlicher Charme und ihr starker Wille. Obwohl Wallis Simpson nicht gerade eine Schönheit war, verströmte sie eine unbändige Lebensfreude, war schlank, besaß einen zarten Teint und große, blaue Augen. Sie entstammte einer verarmten Adelsfamilie aus den Südstaaten – was auch ihre krankhafte Geldgier erklärte – und wollte sich an ihrer arroganten Verwandtschaft rächen, die mit Verachtung auf ihre Familie herabgeblickt hatte. Doch fehlte ihr für den erwünschten sozialen Aufstieg das nötige Rüstzeug. Naiv und einfältig, hatte sie – genau wie Edward – ihre kulturellen Interessen auf ein Minimum reduziert. Nach dem Scheitern ihrer ersten Ehe heiratete sie den vermögenden Schiffsmagnaten Ernest Simpson, der Zutritt in die höchsten Gesellschaftskreise hatte.

Auf einem Empfang wurden die Simpsons dem zukünftigen König vorgestellt. Es dauerte gar nicht lange, und Ernest, Wallis und Edward wurden zu einem unzertrennlichen Trio der Londoner Hautevolee. Doch schon bald kursierte das Gerücht, im Fort Belvedere, dem Landsitz des Prinzen, sei ein Zimmer für Mrs. Simpson ohne ihren Mann reserviert worden. Empört über das Verhalten seines Sohnes, stellte der König ihn zur Rede.

Mit Georges Tod im Januar 1936 endeten zwar die Unstimmigkeiten zwischen Vater und Sohn, doch nicht Edwards Vernarrtheit in Wallis. Die Befürchtungen der Familie, daß sich der neue König mit Heiratsabsichten trage, bewahrheiteten sich schließlich, als Edward den Thron bestieg und Mrs. Simpson zum zweiten Mal die Scheidung einreichte. Premierminister Stanley Baldwin, der ganz und gar gegen diese Verbindung war, stimmte nicht einmal einer morganatischen Ehe zu, nach der die nicht ebenbürtige Wallis Simpson auf alle königlichen Privilegien hätte verzichten müssen. „Ich habe ihm gesagt, daß ich auf keinen Fall Königin werden möchte", erzählte sie später, „und darauf hat er nur geantwortet, daß er ohne mich auf keinen Fall König werden wolle. Was hätte ich denn tun sollen? Was?" Da faßte Edward einen mutigen Entschluß. Mit fester Stimme teilte er dem britischen Volk über das Radio mit, daß er sich außerstande sehe, seinen Pflichten als König nachzukommen, wenn die Frau, die er liebe, nicht an seiner Seite sein könne.

Verbittert über das Hochzeitsgeschenk seines Bruders, Georges VI. – ein kurzer Brief, in dem er Edward davon in Kenntnis setzte, daß die Herzogin trotz Heirat nicht Mitglied der königlichen Familie sei –, führte der Herzog fortan mit seiner Gattin ein Leben in Luxus und geistiger Leere, eine Existenz im goldenen Käfig. Ihr Schicksal wurde vom Zweiten Weltkrieg überschattet, denn Edward, der zu dieser Zeit als Gouverneur auf den Bahamas diente, wurde verdächtigt, mit den Nazis zu sympathisieren. (Ob Edwards Kontakte zu Nazi-Deutschland eine ernsthafte Bedrohung für Englands inneren Frieden darstellten, wurde erst viele Jahre später genauer untersucht.) Letztlich wollte Edward seiner selbstsüchtigen Frau nur das zukommen lassen, was ihr auch gebührte: Hatte er schon keine Königin aus ihr gemacht, dann sollte sie wenigstens wie eine Königin leben. Edward las seiner Frau während ihrer 35jährigen Ehe jeden Wunsch von den Lippen ab und beschenkte sie mit den kostbarsten Juwelen. Sie ihrerseits tyrannisierte ihn und überwachte schließlich mit drakonischer Strenge jeden Schritt, den er tat.

Der Herzog und die Herzogin von Windsor durften nach der Thronkrise englischen Boden nicht betreten, es sei denn mit der offiziellen Erlaubnis des amtierenden Königs. Die meiste Zeit residierten sie in Paris in einem Herrenhaus mit 30 Räumen, das die Stadt ihnen fast mietfrei überlassen hatte, und verkehrten mit der französischen High Society.

Als Königin Elizabeth sie 1967 zum 100. Geburtstag von Königin Mary einlud, kehrten sie aus ihrem Exil zurück. Fünf Jahre später starb Edward. Einsam und zunehmend vergeßlich, war Wallis bis zu ihrem Tod nur von ihren Dienern umgeben, in ihrer luxuriösen Residenz am Bois de Boulogne: Jeden Abend ging sie in das Schlafzimmer ihres Gatten, um ihm gute Nacht zu wünschen.

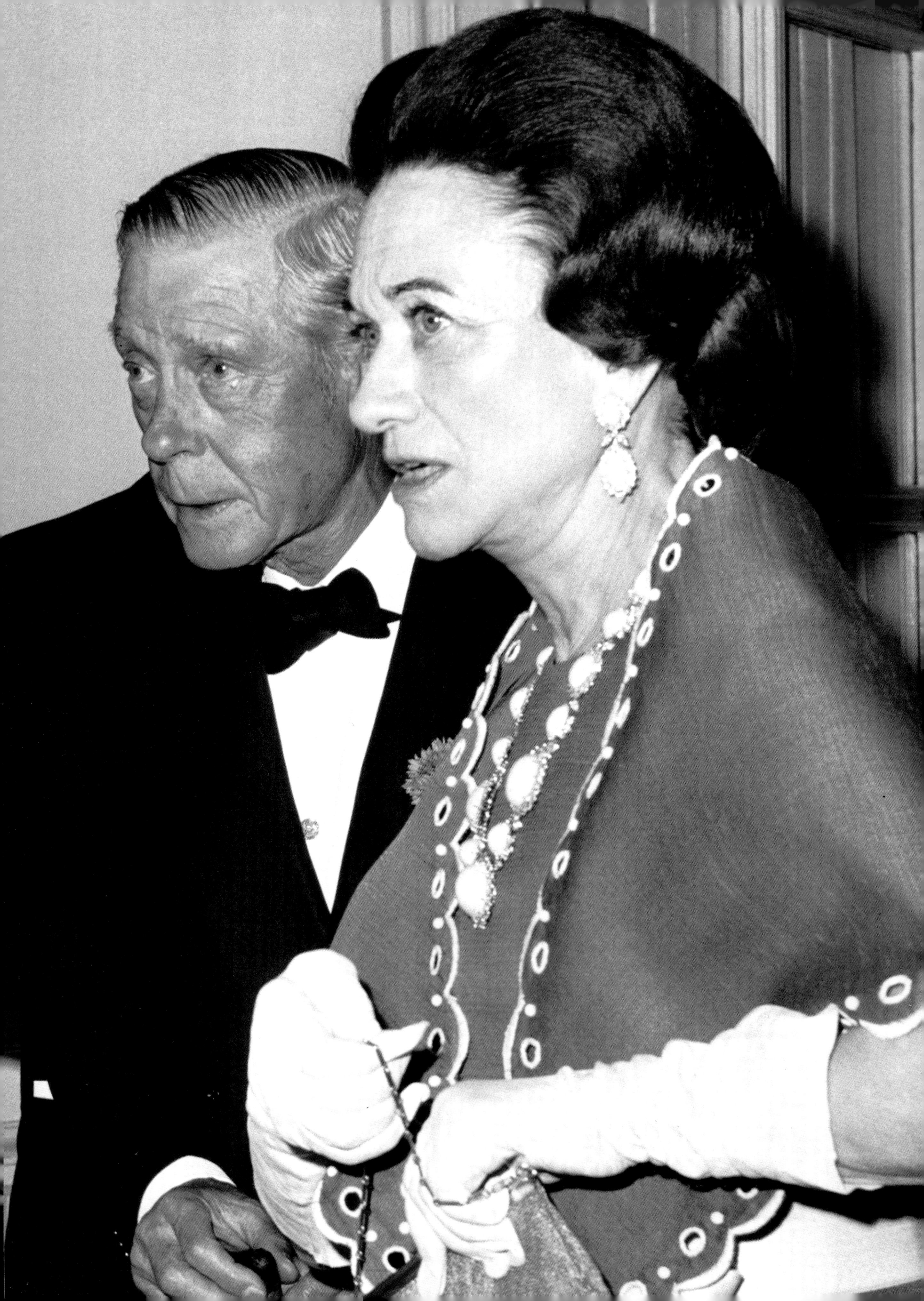

OPRAH WINFREY
*1954

OPRAH WINFREYS KARRIERE ist signifikant für eine Zeit, in der Bekenntnisse nicht mehr in dunklen Beichtstühlen, sondern im grellen Licht von Fernsehstudios stattfinden. Eine furchtbare Kindheit, geprägt von Armut, Rassenhaß und sexuellem Mißbrauch, war der Ausgangspunkt zu ihrem Aufstieg zur Königin des Unterhaltungsfernsehens. Stets gab sie freimütig auch die düsteren Stationen ihres Lebens preis, angefangen von einer Schwangerschaft als Teenagerin bis hin zur Drogenabhängigkeit, und je mehr sie bekannte, desto mehr wurde sie von ihren Zuschauern geliebt. Heute ist sie die reichste Frau Amerikas, eine der mächtigsten Persönlichkeiten der Unterhaltungsbranche und – nebenbei – extrem einflußreich.

Oprah ist eigentlich eine falsche Schreibweise des biblischen Namens Orpah. Ihre Mutter Vernita Lee war erst 14 Jahre alt, als sie die Tochter in Kosciusko im Staat Mississippi gebar. Sie wurde ständig zwischen ihrer im Süden lebenden Großmutter und der unzuverlässigen Mutter in Milwaukee hin- und hergereicht. Während ihrer Aufenthalte bei der Mutter wurde sie von deren diversen Partnern sexuell mißbraucht. Oprah trug tiefe seelische Verletzungen davon und entwickelte sich zu einem haltlosen und aggressiven jungen Mädchen, das nur deshalb nicht in der Jugendstrafanstalt landete, weil dort kein Platz frei war. Wie ihre Mutter bekam Oprah in sehr jungen Jahren ein uneheliches Kind, das allerdings zu früh geboren wurde und bald nach der Geburt starb. Glücklicherweise wurden ihr weitere traumatische Erlebnisse erspart, da ihr Vater Vernon, ein solider Friseur aus Nashville, sie zu sich holte. Unter seiner Obhut blühte das junge Mädchen auf und wurde zu einer exzellenten und redegewandten Schülerin. Sie ging noch zur Highschool, als der Radiosender WVOL sie als Nachrichtensprecherin in Teilzeit engagierte. 1972 nahm sie ihr Studium an der Tennessee State University auf, wo sie sich nicht, wie viele ihrer Klassenkameraden, für die schwarze Bürgerrechtsbewegung einsetzte, sondern mit eiserner Disziplin Literatur und Rhetorik studierte.

1976 bekam Oprah einen Job als Nachrichtensprecherin bei einem kleinen Fernsehsender in Baltimore, dessen Management sie aufforderte, sich die Haare zu glätten. Als mittelmäßige Moderatorin kam die ehemalige „Miss Black Tennessee" bei einer allmorgendlichen Talkshow namens „People Are Talking" unter. Mit ihren direkten und eindringlichen Fragen erregte sie die Aufmerksamkeit des großen Chicagoer Fernsehsenders WLS-TV, der sie 1984 engagierte. Innerhalb von zwei Jahren machte sie dem Talkshow-König Phil Donahue ernsthaft Konkurrenz. In ihrer ersten Chicago Show gestand sie, wie furchtbar fett und nervös sie sich fühlte. Im Vergleich zum Gerede des älteren Donahue empfanden die Zuschauer Oprahs Offenheit wie eine frische Brise. Eine Flut von Briefen und Anrufen ging bei WLS-TV ein. Die Botschaft war immer die dieselbe: Auch wir haben Angst, sind unsicher, einsam und schwach, und es tröstet uns, daß Sie genauso empfinden. Oprah hatte ihren Weg gefunden.

Ihr Aufstieg war steil und unaufhaltsam. Mit ihrer Show, die im September 1985 in *Oprah Winfrey Show* umbenannt wurde, stellte sie die Zuschauerquoten des bis dahin ungeschlagenen Donahue in den Schatten und wurde bald in mehr als hundert Städten gesendet. Gleichzeitig entdeckte sie Steven Spielberg, der ihr die Rolle der Sofia in seiner Alice-Walker-Verfilmung *Die Farbe Lila* gab, eine Rolle, für die sie für den Acadamy Award nominiert wurde. Vier Jahre später spielte sie in der Fernsehserie *The Women of Brewster Place*. Ihr eigentliches Terrain jedoch ist die Talkshow. Hier präsentiert sie der Nation all jene Menschen, denen das Leben übel mitgespielt hat: Alkoholiker, jugendliche Straftäter, ausgesetzte Kinder — und alle breiten vor der Talkmasterin ihr Schicksal aus. Bald war sie so erfolgreich, daß sie die Harpo Productions (Name rückwärts gelesen) gründete. Sie machte 20 Millionen Dollar Umsatz und war nach Mary Pickford und Lucille Ball die dritte Frau mit einer eigenen Produktionsgesellschaft in der Geschichte der amerikanischen Unterhaltungsindustrie. 1988 wurde sie zur „Moderatorin des Jahres" gewählt, nachdem sie schon viele andere Fernsehpreise entgegengenommen hatte.

Wie ein guter General verlangt Oprah Winfrey von ihren Gästen oder Zuschauern nie mehr, als sie sich selbst abverlangen würde. Ihre Gewichtsprobleme – bei der Verleihung des Emmy Award 1992 wog sie 235 Pfund – waren ständiges Diskussionsthema, und als sie unter Tränen von ihren traumatischen sexuellen Kindheitserlebnissen erzählte, weinte die Nation mit ihr. Als sie gestand, in den 70er Jahren Crack geraucht und Kokain genommen zu haben, klatschten die Zuschauer angesichts ihres mutigen Geständnisses laut Beifall.

1994 stand sie an der Seite Bill Clintons, als dieser ein Gesetz unterzeichnete, das sie selbst auf den Weg gebracht hatte: Alle verurteilten Kinderschänder sollten künftig in einer nationalen Datenbank festgehalten werden. Im gleichen Jahr wurde sie in die Television Academy Hall of Fame aufgenommen. Ungeachtet des großen Erfolges ihrer Show verkündete sie jedoch nach einer Weile, daß sie des Sensationsfernsehens überdrüssig sei. Trotz der überwältigenden Zuschauerzahlen solle ihre Show von nun an echte Lebenshilfe bieten. Im Herbst 1996, unmittelbar nach dem Erfolg ihres Fitneßbuches *Make the Connection*, das sie mit ihrem persönlichen Fitneßtrainer geschrieben hatte, erweiterte sie ihr Tätigkeitsfeld mit der Gründung eines Buchclubs. Sie bietet von Autorenlesungen bis zu Buchbesprechungen alles an, was ihren Einfluß auf die amerikanische Kultur stärken kann.

1997 verlängerte sie ihren Vertrag mit King World Productions für die *Oprah Winfrey Show* bis zum Ende des Jahrtausends. Damit ist sie vermutlich Amerikas erste schwarze Milliardärin geworden.

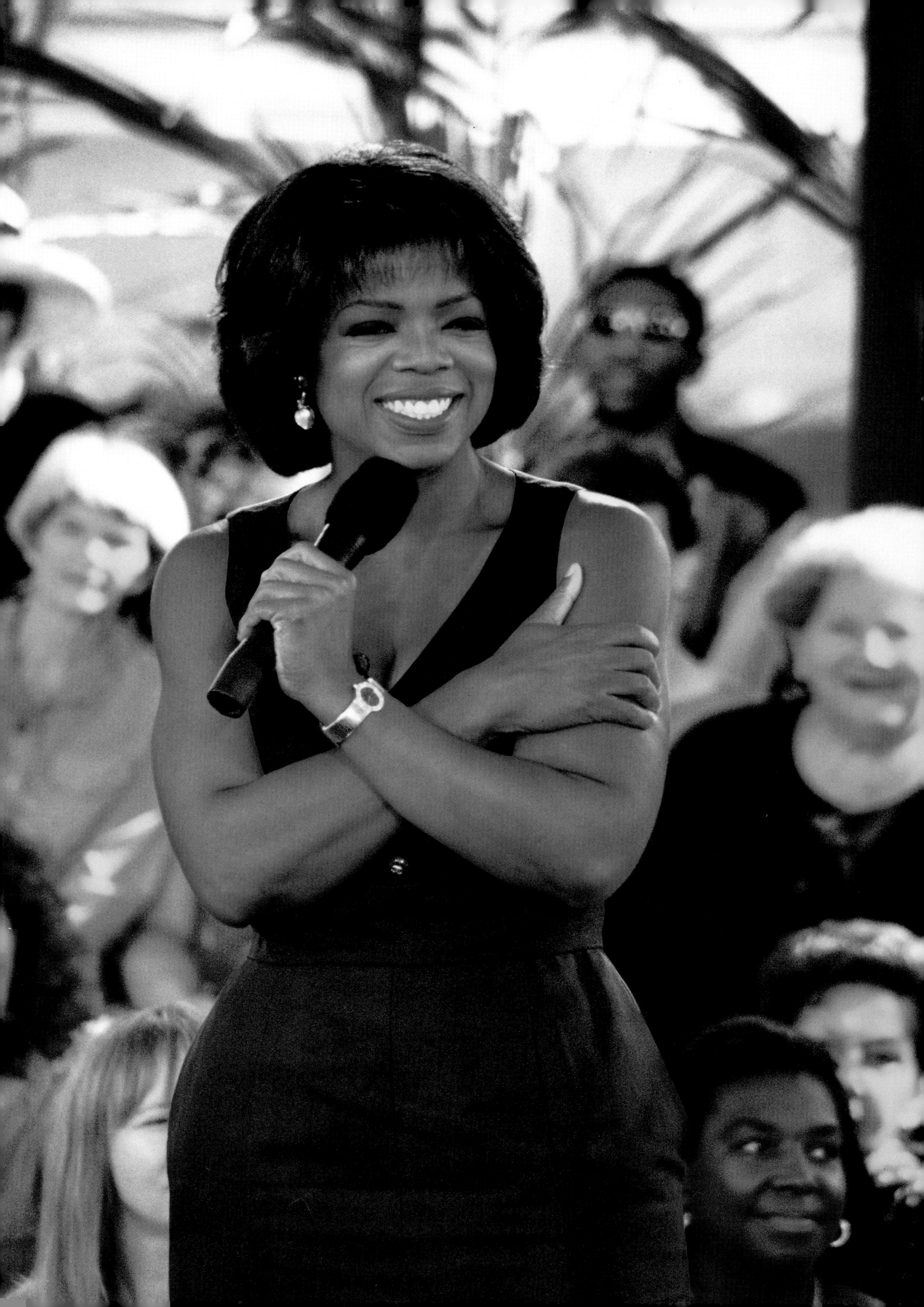

VIRGINIA WOOLF
1882–1941

ALS VIRGINIA WOOLF ihre Manteltaschen mit Steinen gefüllt hatte und in den Fluß in der Nähe ihres Hauses in Sussex stieg, setzte sie damit den Schlußpunkt unter ein Leben, das zwischen gewaltiger Schaffenskraft und Anfällen von Wahnsinn hin- und hergeschwankt war. Ihr sind einige der bedeutendsten Werke der Literatur des 20. Jahrhunderts zu verdanken. Aus der gelehrten Feder dieser Feministin, Romanschriftstellerin, Essayistin und Kritikerin flossen experimentelle Prosa und revolutionäre Ansichten. Als Mittelpunkt des schillernden Bloomsbury-Kreises vertrat sie eine Philosophie, die Freundschaft und das ästhetische Erlebnis als eigentlichen Sinn des Lebens ansah.

Die Tochter des berühmten und für die viktorianische Ära unorthodoxen Vaters Sir Leslie Stephen, der zwar als kühl und beherrscht galt, aber doch emotionalen Druck auszuüben verstand, und der ätherischen Schönheit Julia Duckworth lernte schon in früher Kindheit äußerstes Leid und tiefsten Schrecken kennen. Ihr zwölf Jahre älterer Halbbruder George Duckworth hatte sie seit ihrem sechsten Lebensjahr sexuell mißbraucht, so daß Virginia Woolf zeitlebens Angst vor Sex mit Männern hatte. Als sie 13 Jahre alt war, starb ihre geliebte Mutter, und diesen Tod hatte Woolf mit 40 noch immer nicht verkraftet. Zwei Jahre später folgte ihre Halbschwester und Ersatzmutter Stella Duckworth der Mutter ins Grab, und 1904 erlag ihr Vater seinem schweren Krebsleiden. Der Verlust ihrer kindlichen Unschuld und der ihr nächsten Menschen stürzte Virginia Woolf in ihre erste tiefe Nervenkrise (Fälle von Wahnsinn hatte es in ihrer Familie häufiger gegeben).

Virginia Woolf flüchtete vor dem Gefühlschaos, das ihr die zerrütteten Familienverhältnisse bereiteten, in die Welt der Phantasie und des Schreibens. Schon als Kind hatte sie die Freuden ästhetischer Schönheit erlebt. Ihre finanzielle Unabhängigkeit gestattete es ihr als verheiratete Frau, von allen häuslichen Pflichten entbunden zu sein und sich ganz dem Schreiben zu widmen. Die fragile Autorin liebte die geistige Welt, die ihr Romantik, Leidenschaft und Sorglosigkeit bot, die sie im richtigen Leben nie erfahren durfte. Sie bewegte sich auf einem schmalen Grat zwischen geistiger Klarheit und psychotischen Zuständen, und die disparaten Elemente des Alltags fügten sich in ihrem Werk zu einem neuen Ganzen zusammen. Sie schuf eine revolutionäre Romanform, in der die herkömmlichen Elemente wie Handlung und Personal zugunsten einer reinen Konzentration auf das Thema geopfert wurden.

Nach dem Tod ihres Vaters zog sie in die Gordon Street in Bloomsbury. Ihr folgten Lytton Strachey, der homosexuelle Schöngeist, der 1909 um ihre Hand anhielt (zu seinem größten Erstaunen nahm sie den Antrag an), ihre Schwester, die Malerin Vanessa Bell, Leonard Woolf, ihr späterer Ehemann und Partner, E. M. Forster, Roger Fry, Clive Bell und John Maynard Keynes. Dies war der Kern des Bloomsbury-Kreises, einer der berühmtesten literarischen Zirkel der Geschichte.

„Bloomsbury" bedeutete das Ende der viktorianischen Epoche in Kunst und Literatur und den Beginn der Moderne. 1905 begann Virginia Woolf für das *Times Literary Supplement* Literaturkritiken und Aufsätze zu verfassen. Zehn Jahre später beendete sie ihren ersten Roman *Die Fahrt hinaus*. Die Anstrengungen des Schreibens mündeten in einen neuen Nervenzusammenbruch, der wiederum ihren nächsten Roman *Nacht und Tag* (1919) zur Folge hatte. Sie kämpfte ständig gegen Depressionen an, und die Angst vor dem geistigen Verfall zermürbte sie. Zwei Jahre später erschien ihre Kurzgeschichtensammlung *Montag oder Dienstag*, ein erster Vorläufer ihrer späteren Werke, in denen sie das Innenleben ihrer Protagonisten in den Mittelpunkt der Darstellung rückte. Mit *Jacobs Raum* (1922) gelang ihr der Durchbruch. Die Titelfigur in diesem Roman wird über die Gegenstände, die sich im Raum befinden, und mittels der bruchstückhaften Eindrücke Dritter charakterisiert. Drei Jahre später erschien der Roman *Mrs. Dalloway*, in dem der Bewußtseinsstrom der Heldin minutiös festgehalten wird. Die Kritiker lobten den Roman als eines der anspruchsvollsten und gelungensten Werke, das jemals über die Auswirkungen des Ersten Weltkriegs auf Gesellschaft und Individuum geschrieben wurde. Doch erst mit *Die Fahrt zum Leuchtturm* (1927), der eindringlichen Darstellung einer Familie, die ebenso vom Schicksal getroffen und emotional zerrüttet ist wie es ihre eigene war, sicherte sich Virginia Woolf ihren Platz unter den herausragenden Autoren unseres Jahrhunderts. Dennoch wurde ihr Werk nicht von allen Zeitgenossen verstanden und geschätzt, so wie sie selbst oft von den innovativen Romanen anderer nicht viel hielt. Mit scharfer und unangemessener Kritik stufte sie selbst James Joyce leichtfertig als „zweitklassig" ein. In der Tat hatte dessen Werk nichts gemein mit Woolfs entrückter englischer Salon-Prosa.

Um sich von ihren Depressionen abzulenken, gründete sie mit Leonard Woolf 1917 die Hogarth Press, die Arbeiten junger progressiver Autoren der Zeit, wie etwa W. H. Auden, Katherine Mansfield und Sigmund Freud, verlegte. Doch nichts konnte ihren geistigen Verfall aufhalten, auch die Liebe nicht, obgleich sie mehrere, meist platonische Affären mit Frauen hatte, die berühmteste mit Vita Sackville-West. Der Erfolg ihrer Bücher war ebenfalls kein Heilmittel. 1928 veröffentlichte sie *Orlando*, einen experimentellen Roman, der mit der Doppelgeschlechtlichkeit spielt. Im folgenden Jahr erschienen der feministische Klassiker *Ein Zimmer für sich allein* und 1937 *Die Jahre*. Trotz ihrer literarischen Produktivität und ihrer großen Erfolge verzweifelte sie zunehmend. Der Zweite Weltkrieg bedeutete nicht nur den Untergang der bis dato existierenden Zivilisation – es schien, als würde sich mit ihm auch Virginia Woolfs Ende ankündigen. Sie konnte der zerstörerischen Krankheit nicht mehr länger standhalten und suchte den Tod im Wasser.

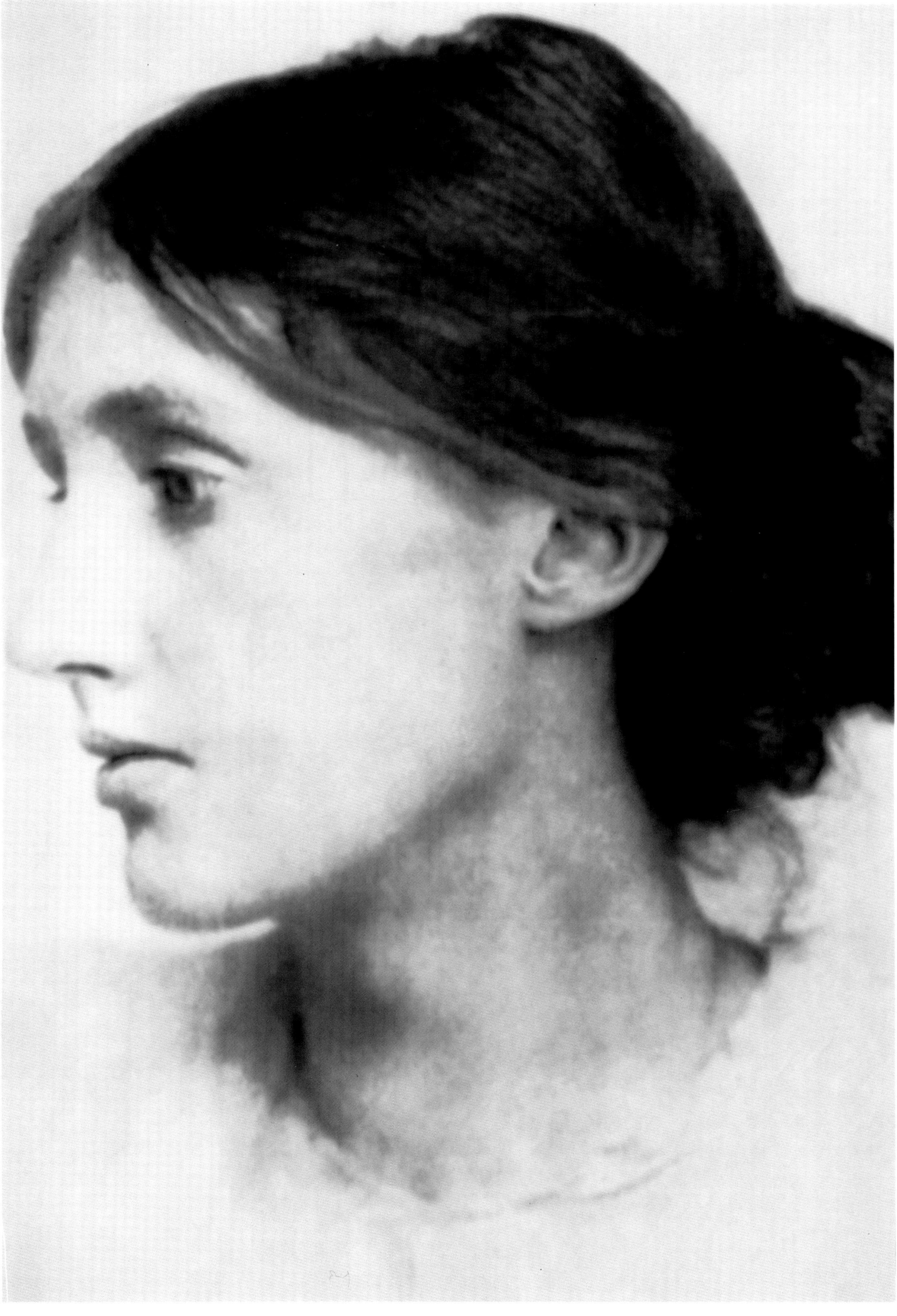

WRIGHT
1867–1959
FRANK LLOYD

DER STETS EXZENTRISCH GEKLEIDETE Frank Lloyd Wright war ein kleiner Mann mit einer großen Vision der amerikanischen Architektur. Sein Werk war auf eine Art und Weise der Natur verpflichtet, die zugleich revolutionär und romantisch war. Wright wuchs auf einer Farm in Richland Center in Wisconsin auf. Sein Vater William C. Wright war ein Wanderprediger und Musiker, seine Mutter Anna Lloyd-Jones legte im wahrsten Sinne des Wortes den Grundstein zur Karriere ihres Sohnes, indem sie ihm als Kind Bausteine zum Spielen gab, aus denen er im Kleinformat Häuser und Türme baute, die schon den Stil erahnen ließen, der ihn später weltberühmt machte.

Da er nach einer architektonischen Ausbildung strebte, die ihm die University of Wisconsin nicht bieten konnte, verließ Wright diese 1887, nach nur zwei Jahren. Er hatte dort genug über Ingenieurwesen erlernt, um es später nutzen zu können. Als junger Student wurde er Zeuge, wie ein im Bau befindliches Gebäude in sich zusammenfiel und mehrere Arbeiter unter sich begrub. Sein Schwur, niemals für ein solches Unglück verantwortlich sein zu wollen, sollte 1923 in Tokio einem harten Test unterzogen werden, als eines seiner größten Projekte, das Imperial Hotel, den ungeheuren Stößen des Erdbebens von Kanto ausgesetzt war. Wright hatte sich dafür entschieden, die Säulen des Gebäudes nicht im instabilen Schlamm zu versenken, sondern – eine brillante Idee – das Bauwerk *auf* dem Schlamm schwimmen zu lassen. Rund 20 Jahre nach diesem Triumph gestattete ihm seine technische Findigkeit, für die von ihm entworfenen Gebäude der S. C. Johnson Wax Company in Racine, Wisconsin, das Sechsfache der gesetzlich erlaubten Maximallast auf eine schmale Säule zu frachten. Hier erreichte Wright mit der Verwirklichung eines der inspirierendsten Bürogebäude, die es auf der Welt gibt, einen Höhepunkt seiner Kreativität.

Nachdem der ehrgeizige junge Mann seinen Heimatstaat Wisconsin verlassen hatte, trat er in die Firma James Lyman Silsbee in Chicago ein. Als er jedoch die Verantwortung für den Unterhalt seiner Mutter und seiner Schwestern übernehmen mußte, suchte er nach einer besser bezahlten Arbeit und trat bei der angesehenen Firma Adler and Sullivan ein. Dort wurde er zur rechten Hand des bedeutenden modernistischen Architekten Louis H. Sullivan. Sullivan, der das Diktum „Form folgt Funktion" geprägt hatte, war der einzige Mensch, den Wright jemals „Meister" nannte, doch änderte er dessen Glaubenbekenntnis in „Form und Funktion sind eins" ab. Mit dem Bau von Wohnanlagen betraut, fing der Juniorpartner bald an, nebenbei für Privatleute tätig zu sein. Seine „Schwarzarbeiten" mit asymmetrischen Grundrissen, ineinander übergehenden Räumen und weit vorkragenden Dächern waren Bauten, die ihm den Ruf des wichtigsten Vertreters des sogenannten Präriestils einbrachten. Das 1909 in Chicago gebaute „Robie House" mit seinem flachen, ausladenden Dach und dem zentralen Kamin ist ein herausragendes Beispiel für diesen Stil. Wrights nächstes Projekt waren die „Usonia-Häuser" (abgeleitet von „USA"), preiswerte Einfamilienhäuser, die das amerikanische Ideal der Freiheit des Individuums verkörperten.

1911 vollendete Wright die erste Fassung seines berühmten Sommerdomizils Taliesin in Spring Green in Wisconsin. Es war als Haus für seine Geliebte Mamah Borthwick Cheney geplant, die wie Wright noch verheiratet war. Dieses Haus brannte zweimal ab, doch Wright baute es jedesmal von neuem auf. Hierhin sollte er vor seiner ersten Familie fliehen, hier sollte er Zeuge werden, wie Cheneys Familie von einem geistesgestörten Angestellten umgebracht wurde, und hier sollte er schließlich eine dritte Familie gründen. All diese Schicksalsschläge und selbst leere Auftragsbücher hielten ihn nie von kreativer Arbeit ab. Alle Gebrauchsgegenstände, von Kleidung bis zu den Tischservietten, entwarf er eigenhändig. Der gesellige und mitteilsame Frank Lloyd Wright hielt sich für einen Frauenhelden und war sich seiner Bedeutung als bahnbrechender Meister der modernen Architektur voll bewußt. Er umgab sich mit Anhängern, die für einen Platz zu Füßen ihres Gurus seine Felder bestellten, seine Wäsche wuschen und im Chor von Taliesin sangen. „Man sagt, ich sei der größte Architekt der Welt", prahlte er. „Aber wen gibt es denn sonst noch? Wenn Architektur das ist, für das ich sie halte, dann hat es außer mir noch keinen anderen Architekten gegeben."

Als sich die 30er Jahre dem Ende zuneigten, mußte Wright seine Vorstellungen gegen die aus Deutschland emigrierten Bauhausarchitekten Walter Gropius und Ludwig Mies van der Rohe, die mit ihren „Glaskästen" auf der amerikanischen Szene erschienen, verteidigen. Mit seiner Abneigung gegen die „Monstrositäten" des International Style, die immer stärker die Skyline von New York dominierten, stand Wright indessen ziemlich allein. Als das Museum of Modern Art 1932 eine Ausstellung über den International Style in der Architektur zeigte, galt Frank Lloyd Wright bereits als hoffnungslos rückständig. Doch das Gegenteil traf zu. 1936 baute er das Haus „Fallingwater" für Edgar J. Kaufmann, ein perfekt in die Landschaft eingebettetes Betongebäude über einem Wasserfall in Pennsylvania, dann das Johnson Wax Building und im Jahr 1943 das Solomon R. Guggenheim Museum in New York. Dieser höchst umstrittene Bau ist die Umsetzung von Wrights Konzeption des offenen Raums. Zugunsten einer langen spiralförmigen Rampe, die bis zur Kuppeldecke hinaufführte, verzichtete er auf einzelne Zwischenstockwerke.

Sein größtes Verdienst bestand darin, die enge Beziehung zwischen Mensch und Natur erfaßt und in eine neue Konzeption des Hauses übertragen zu haben. Für Frank Lloyd Wright war ein Gebäude etwas „Ruhiges und Breites und Vernünftiges, das dort hingehört, wo es steht", etwas, das den Horizont respektierte und ein organischer Teil seiner Umgebung war.

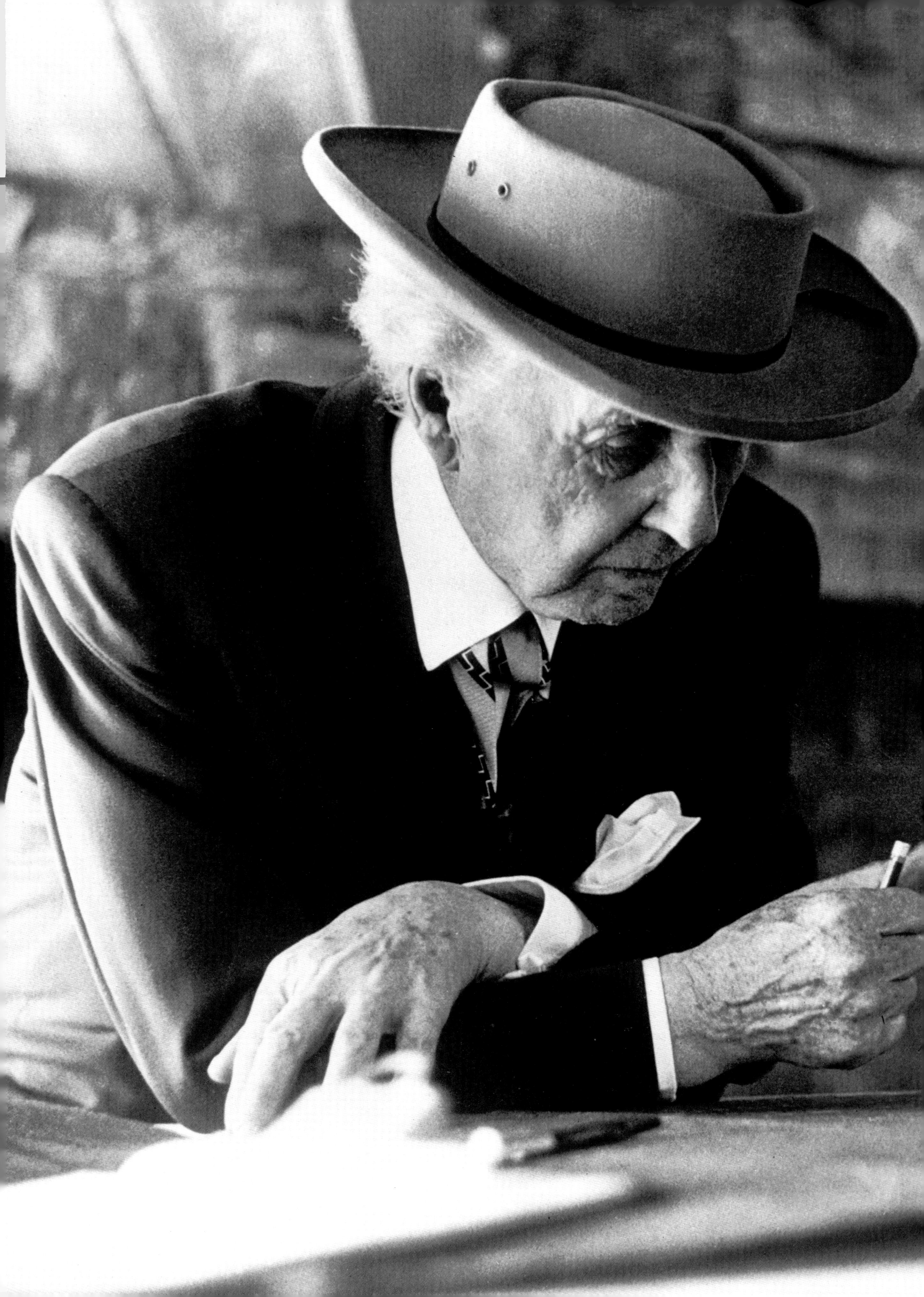

WRIGHT

1867-1912
1871-1948

WILBUR & ORVILLE

SIE WAREN TYPISCH AMERIKANISCHE Genies – Autodidakten, die sich durch große Hartnäckigkeit und noch größeren Wagemut auszeichneten. Zusammen meisterten Wilbur und Orville Wright eine jahrhundertealte Herausforderung, an der Visionäre seit Leonardo da Vinci Ende des 15. Jahrhunderts bis zum Engländer Sir George Cayley im 19. Jahrhundert gescheitert waren: Sie verliehen dem Menschen die Fähigkeit zu fliegen.

Wilbur Wright wurde 1867 in Millville in Indiana geboren; sein Bruder Orville kam vier Jahre später in Dayton, Ohio, zur Welt. Die beiden jüngsten Söhne von Milton Wright, einem Bischof der Kirche der United Brethren in Christ, erbten vom Vater Zuversicht und Sendungsbewußtsein – zwei Eigenschaften, die 1878 in eine ganz bestimmte Richtung gelenkt wurden, als der Vater den Kindern einen Spielzeughubschrauber schenkte, der vom Luftfahrtpionier Alphonse Penaud entworfen worden war. Fasziniert von dem Spielzeug, begannen die Wright-Brüder von Flugapparaten zu träumen, die zu ihrem Lebensinhalt werden sollten.

Obwohl die Wrights ihrem Vater zufolge „so unzertrennlich wie Zwillinge" waren, unterschieden sie sich doch sehr. Der gutaussehende Orville Wright war ein Dandy, der selbst im Sand und Schlamm des Versuchsgeländes von Kitty Hawk immer ein frisches weißes Hemd trug. Wilbur Wright dagegen war weniger um sein Aussehen besorgt. Als er einmal eine wichtige Rede halten mußte, lieh er sich einen Anzug von seinem Bruder. In seiner Jugend neigte er zu Depressionen, später legte er ein Selbstvertrauen an den Tag, das in eine exklusive Egozentrik umschlagen konnte. Der ruhelose Orville Wright war so schüchtern, daß er sich sein Leben lang weigerte, öffentlich zu sprechen, privat war er allerdings stets zu Späßen aufgelegt, ein Optimist mit rascher Auffassungsgabe. Seine Charakterstärke half den beiden manches Mal über Zeiten des Zweifels und der Verzweiflung hinweg.

Die Wrights widmeten sich ihrer Sache mit strenger wissenschaftlicher Disziplin und schier unendlicher Geduld. In ständigem Briefwechsel mit führenden Luftfahrtexperten wie dem französischstämmigen Octave Chanute, der sie über die Entwicklungen in Europa und in den Vereinigten Staaten auf dem Laufenden hielt, konstruierten sie einen Windkanal, in dem sie das Verhalten ihrer Modelle beobachteten. Auf ihrer Suche nach aerodynamischer Stabilität experimentierten sie anfangs mit Drachen, gingen dann zu Gleitern über, deren Flügel allerdings zu wenig Auftrieb besaßen. Bei der Beobachtung von Radfahrern hatten sie herausgefunden, daß sich ein Fahrzeug nicht völlig geradlinig fortbewegt, sondern Tausende kleiner Richtungskorrekturen vornimmt. Diese Entdeckung veranlaßte sie, die unzähligen Bewegungsachsen eines Flugzeugs in der Luft ganz genau zu studieren. Dadurch bekamen sie die Idee, die Oberfläche der Flügel zu krümmen. Beim Radfahren wurden die Brüder auch auf den großen Luftwiderstand, dem der menschliche Körper ausgesetzt ist, aufmerksam. Ihnen wurde klar, daß sie sich flach auf ihre Flugapparate legen mußten.

Die Brüder begannen im Jahr 1900 mit der Konstruktion eines Gleiters, den sie mit den Gewinnen aus ihrem Fahrradgeschäft in Dayton finanzierten. Im Oktober testeten sie den Gleiter in der windtechnisch idealen Hügellandschaft von Kitty Hawk in North Carolina. Das Experiment war ein kleiner Erfolg, so daß sie voller Hoffnung nach Dayton zurückkehrten. Aber mit einem zweiten, größeren Vehikel scheiterten die Brüder kläglich und zogen ihre Schlußfolgerungen: „Wir sahen ein, daß die Berechnungen, auf denen alle unsere Flugmaschinen basierten, unzuverlässig waren. Wir verwarfen eine Erkenntnis nach der anderen, bis wir zum Schluß alles verwarfen."

Nachdem sie alle Ergebnisse der Vergangenheit für ungültig erklärt hatten, lösten sie das Problem der Kontrolle dreier verschiedener Drehmomente (Neigung, Rollen und Scheren), so daß es dem Pilot möglich war, seine Maschine zu steuern. Von da an folgte ein Erfolg auf den nächsten. Nachdem sie zuerst einen Propeller entwickelt hatten, der die Aerodynamik eines Flügels besaß, konstruierten sie als nächstes ihren eigenen Verbrennungsmotor, um das Gefährt anzutreiben. Im heißen Sommer 1903 konstruierten sie einen Doppeldecker und stellten ihn auf Schienen, damit er nicht im tiefen Sand von Kitty Hawk versank. Am 14. Dezember 1903 durfte Wilbur Wright den ersten Flug durchführen. Er stieg kurz auf, würgte den Motor ab und fiel zurück auf die Erde. Er gab sich selber die Schuld an dem Mißerfolg, aber die Brüder telegraphierten ihrem Vater: „ERFOLG SICHER. RUHE BEWAHREN". Drei Tage später, am 17. Dezember, wurde der optimistische Orville Wright für sein Gottvertrauen belohnt, als er das Flugzeug mit Eigenantrieb zwölf Sekunden lang in der Luft halten konnte, wobei es hinter den Schienen noch 36 Meter zurücklegte. Beim vierten Flug an jenem Tag gelang es Wilbur, bei einer gleichbleibenden Höhe von 5 Metern phantastische 59 Sekunden lang 284 Meter weit zu fliegen. Voll Stolz telegraphierten sie diesmal: ERFOLG. VIER FLÜGE DONNERSTAG MORGEN. PRESSE INFORMIEREN. WEIHNACHTEN ZU HAUSE.

Keiner der beiden Wright-Brüder heiratete jemals. Wilbur Wright starb schon 1912 in Dayton an Typhus; Orville Wright überlebte ihn um mehr als 40 Jahre, hörte nie auf zu forschen, flog jedoch nach 1918 nur noch selten. Er lebte lange genug, um Zeuge sowohl des enormen Nutzens wie auch der unvorstellbaren Zerstörungskraft zu werden, die seine Erfindung der modernen Welt bescherte. Diesen Widerspruch verglich er mit Nutzen und Schaden des Feuers. Oft stellte man sich die Wright-Brüder als zwei eifrige Fahrradtüftler vom Land mit mehr Glück als Verstand vor. Tatsächlich waren sie aber gründliche Forscher, die ihre Visionen auf der Analyse der Naturgesetze aufbauten.

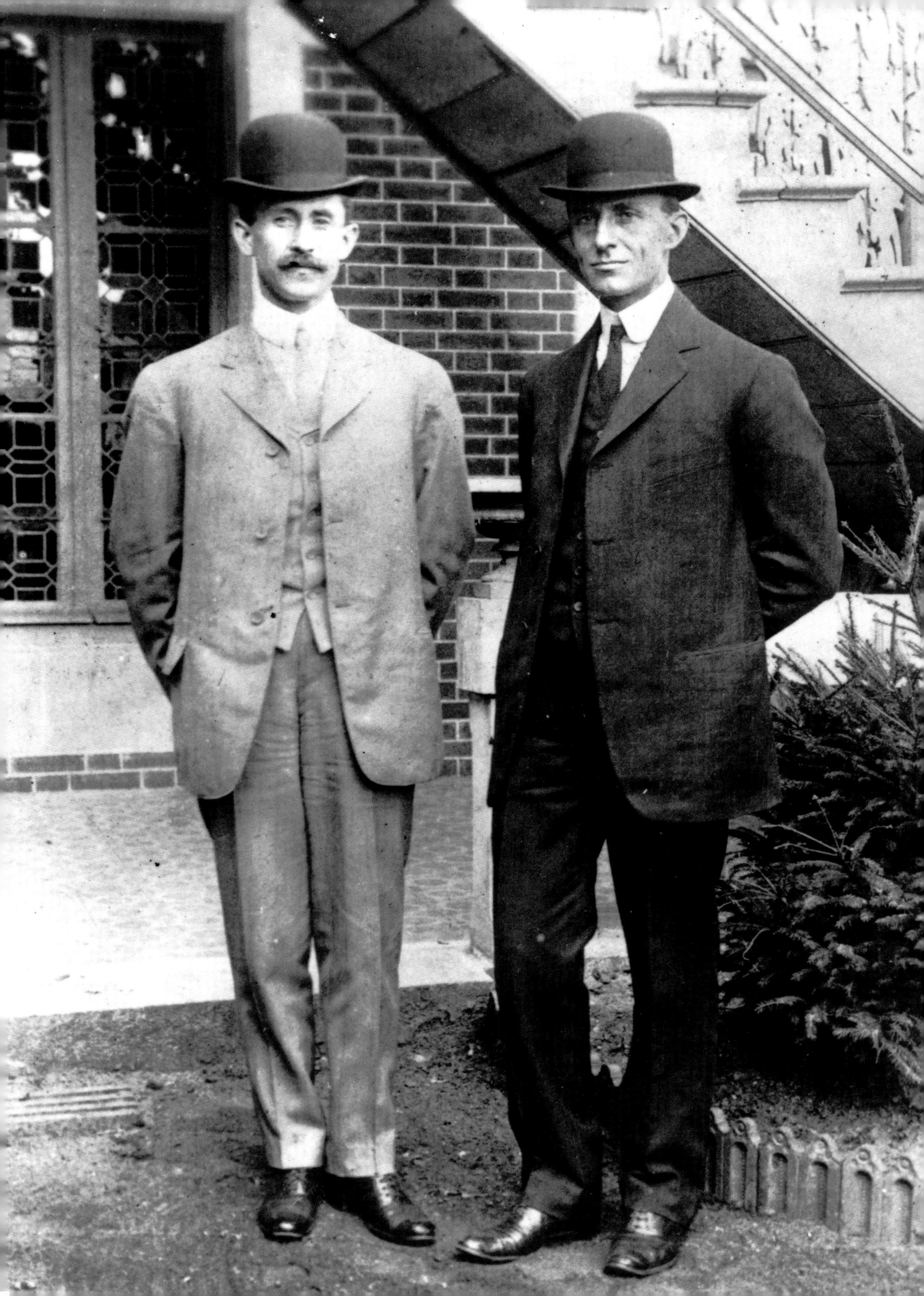

BABE DIDRIKSON ZAHARIAS

1913–1956

IN DEN 30ER JAHREN war es den männlichen Sportjournalisten ein Genuß, wenn sie ihren Lesern nicht nur von den sportlichen Wundertaten der größten Sportlerin aller Zeiten berichten konnten, sondern auch darüber, wie unscheinbar und langweilig diese Frau sei. Babe Zaharias ließ das kalt. Sie war viel zu sehr damit beschäftigt, Weltrekorde aufzustellen und sich auf das nächste Sportereignis vorzubereiten. Wenn sie in einer Mannschaft spielte – ganz gleich, ob es ein Baseball-, Basketball- oder ein Volleyballteam war –, dann trainierte sie noch, wenn alle anderen längst nach Hause gegangen waren. Erlernte sie eine neue Sportart, war sie wie besessen. Als sie beispielsweise das Golfen für sich entdeckte – und diese Sportart sollte ihr den größten Ruhm einbringen –, trainierte sie, bis die Blasen an ihren Fingern bluteten. Babe Zaharias studierte Regeln, nahm Privatunterricht, analysierte die Technik ihrer Konkurrentinnen. Sie tat alles, um herausragende Leistungen zu erreichen, ob es sich nun um Schwimmen, Radfahren, Eiskunstlaufen, Segeln, Bowlen oder um Tennis, Poolbillard, Tauchen, Hürdenlaufen oder Speerwerfen handelte. In allen diesen Sportarten brachte sie es zur Meisterschaft, und bei den Olympischen Spielen in Los Angeles im Jahr 1932 stellte die kampfeslustige 19jährige zwei Weltrekorde auf, im Speerwerfen und über 80 Meter Hürden. Im Hochsprung wurde sie disqualifiziert, weil sie die Latte mit dem Kopf voran nahm, was heute erlaubt ist, damals aber noch verboten war.

Mildred Ella Didrikson war die Tochter norwegischer Einwanderer in Port Arthur, Texas. Als sie drei Jahre alt war, zogen die Eltern, ein Tischler und eine sportlich begeisterte Mutter, mit ihr nach Beaumont, wo sie der Star der Basketballmannschaft Miss Royal Purples an der High School wurde. Der Manager des Golden Cyclones Athletic Clubs des Versicherungsunternehmens Employers Casualty aus Dallas entdeckte sie auf dem Spielfeld. Als sie sich 1930 den Cyclones anschloß, war das ihr erster Schritt in die Unabhängigkeit und zugleich der Auftakt zu zwei erfolgreichen Jahre in der Frauenleichtathletik.

Ihre Mannschaftskolleginnen hielten sie für eine Angeberin, doch den echten Sportfans war das gleich – so erstaunlich war ihr Können und ihre Vielseitigkeit. Mit ihrer Körpergröße von 1,65 Meter war sie ein Muster an physischer Koordination, ein präzises Kraftwerk mit der Anmut und dem Gleichgewichtssinn einer Tänzerin. 1932 wurde sie zum dritten Mal in das All-American-Team berufen, das sich aus den besten Sportlerinnen Amerikas zusammensetzte. Bei einer Doppelveranstaltung, der Nationalen Leichtathletikmeisterschaft der Amateursportler und der Olympiaqualifikation, bildete sie allein eine Mannschaft für die Employers Casualty. Von den acht Disziplinen, an denen sie teilnahm, gewann sie sechs sowie die Mannschaftsmeisterschaft und brach drei Weltrekorde. Schließlich war sie für das weltweite Bekanntwerden des Frauen-Profi-Golfs verantwortlich. Einmal schlug sie einen Ball über 288 Meter, womit sie 1947 die erste Amerikanerin war, die die englische Amateurmeisterschaft für Frauen gewann. Beim Baseball schlug sie den Ball weiter als mancher Major-League-Spieler, einmal lobbte sie einen Wurf 104 Meter vom Center Field bis zur Homebase, ein anderes Mal ließ sie Joe DiMaggio als Batter aussteigen. Grantland Rice, ihr Freund und Mentor (und der erste Sportreporter, der sie mit dem Titel „beste Sportlerin aller Zeiten" belegte) filmte sie beim Footballspielen und wurde Zeuge, als sie einen 43 Meter weiten, zielgenauen Paß warf.

Auf Babe Didrikson Zaharias' Triumph bei den Olympischen Spielen in Los Angeles 1932 folgte ein rascher Abstieg. Als erstes gab es Probleme mit dem Nationalen Leichtathletikverband der USA, weil sie sich für eine Anzeige des Automobilherstellers Dodge hatte fotografieren lassen, was der Sportverband als Verstoß gegen die Bestimmungen für Amateursportler einstufte. Als bekannt wurde, daß die Fotos ohne ihre Genehmigung abgedruckt worden waren, zog die Organisation ihre Entscheidung zurück. Inzwischen war sie jedoch tatsächlich Profisportlerin geworden und zog als Varietékünstlerin durch die Lande, steppte, sang, lief auf einem Laufband, verbunden mit zahlreichen Kostümwechseln. Im Sportteil machte sie keine Schlagzeilen mehr.

1934 nahm sie an ihrem ersten Golfturnier teil – und gewann. 1935 gewann sie die Texas Women's Amateur Championship. Aber der amerikanische Golfverband schloß sie von allen Amateurveranstaltungen aus, was auf Initiative der texanischen Country-Club-Frauen geschah, die sich über ihr „männliches Benehmen" mokierten. Bei Schaukämpfen stieß sie auf ein toleranteres Umfeld. So zog sie mit dem 225 Pfund schweren Profiringer George Zaharias durch die Staaten, den sie 1938 geheiratet hatte. Er betete Babe an. Doch nachdem er das Ringen aufgegeben hatte, um seine Frau zu managen, und sein Gewicht auf fast 400 Pfund angestiegen war, kriselte es in der Ehe. Als Babe zusätzlich entdecken mußte, daß er eine Affäre mit Betty Dodd, ihrer besten Freundin, hatte, war die Ehe für sie beendet.

Seltsamerweise führte Babe Zaharias' Kampf gegen den Krebs die drei wieder zusammen. 1953 mußte sie sich einer Kolostomie, einer operativen Öffnung des Dickdarms, unterziehen. Von George Zaharias und Betty Dodd liebevoll gepflegt, erholte sie sich jedoch schnell und gewann 1954 die US Women's Open. Doch der Krebs hatte schon die Lymphknoten erfaßt, so daß ihr Tod nur noch eine Frage der Zeit war. Sie spielte weitere zwei Jahre bei Turnieren mit, bis die Metastasen 1955 auch ihre Wirbelsäule in Mitleidenschaft gezogen hatten und nichts mehr für sie getan werden konnte. Ihr langsamer, qualvoller Tod 1956, den sie tapfer durchstand, war ein leuchtendes Vorbild für die Öffentlichkeit. Babe Didrikson Zaharias starb im Alter von 43 Jahren, ihre fertig gepackte Golftasche lehnte an der Wand ihres Krankenzimmers.

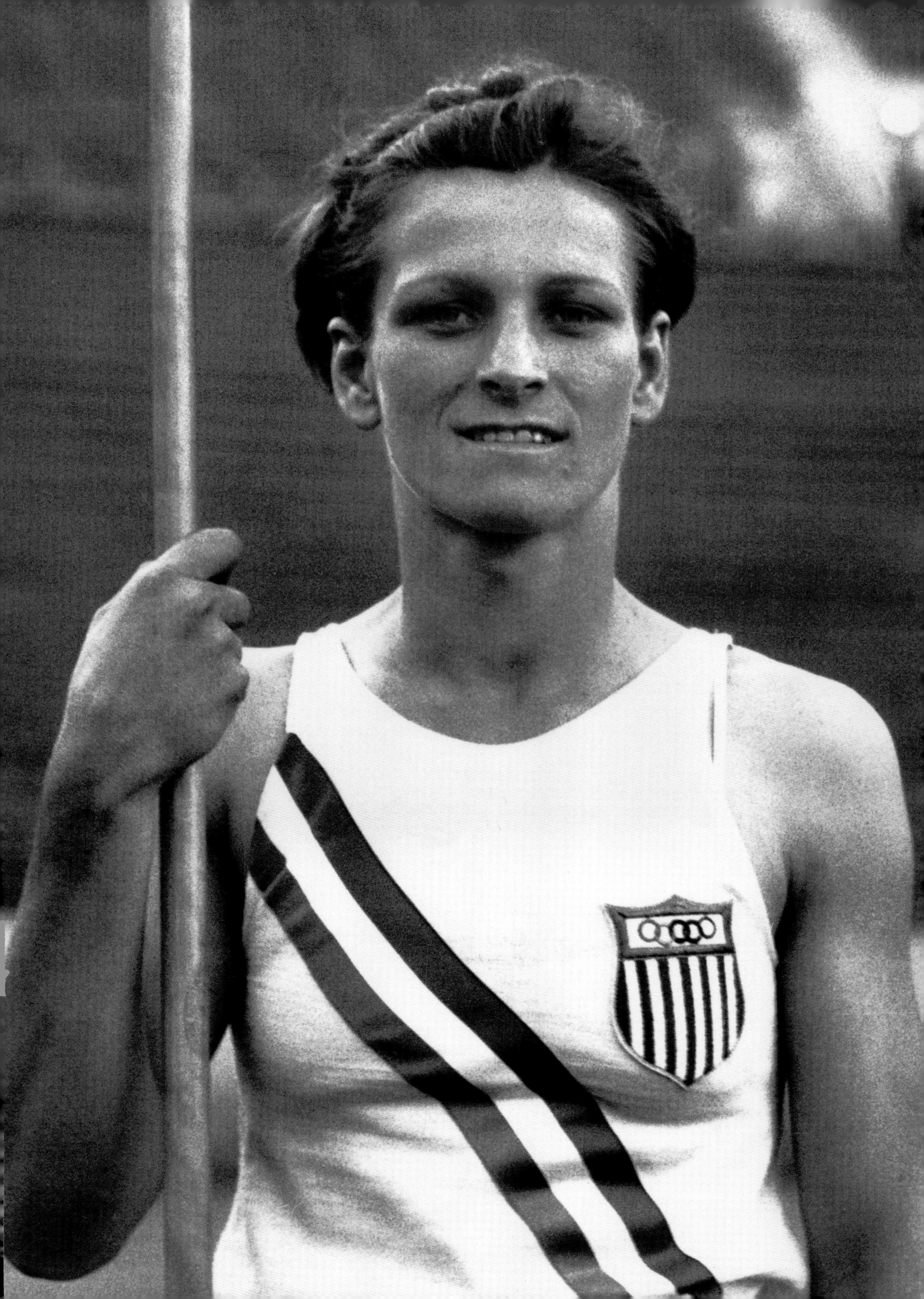

EMILIANO ZAPATA
1879–1919

DER MEXIKANISCHE REVOLUTIONÄR Emiliano Zapata führte ein Leben voll Idealismus und Gewalt und starb so, wie er lebte: im Dienste der Bauern, für deren Sache er kämpfte. Der von ihm organisierte Aufstand war die erste Revolte im 20. Jahrhundert, die von sozialistischen Idealen geleitet wurde, und dies fast zehn Jahre vor dem Sturm auf den Winterpalast in St. Petersburg im Jahr 1917. Bei den Aufständen in Mexiko ging es um die grundsätzliche Verteilung der Macht, weniger um ideologische Prinzipien. Zapata vereinte beide Motive miteinander: Sein oberstes Ziel war es, den mexikanischen Landarbeitern zu helfen, sich aus ihrem Sklavenleben zu befreien und ihnen das Recht zu verschaffen, selber Land zu besitzen. Dieses hochgesteckte Ziel fanden sogar manche Mitstreiter erschreckend.

Emiliano Zapata entstammte einer relativ wohlhabenden Bauernfamilie von Mestizen, Mexikanern mit indianischen und spanischen Vorfahren, aus dem Bundesstaat Morelos, südlich von Mexiko-City. Per Akklamation wurde er zum Calpuleque (Dorfvorsitzenden) ernannt, als er noch keine 30 war. Anfangs forderte er für das Land, das den Indios einst von den europäischen Siedlern geraubt worden war, Entschädigungszahlungen. Doch die Situation zwischen den in Kommunen Ackerbau betreibenden Indios und den wohlhabenden Zuckerrohrpflanzern wurde immer angespannter, weil letztere ihre Besitzungen in Morelos ständig ausweiteten. Da flammte Zapatas revolutionärer Zorn auf. 1910 organisierte er den Bauernaufstand gegen den korrupten mexikanischen Diktator Porfirio Díaz.

Ein kurzer Aufenthalt in Mexiko-City brachte Zapata mit anarchistischen Ideen in Berührung, die er für Anliegen der Campesinos adaptieren konnte. Andere politische Aktivisten eigneten sich Lehren des Sozialismus an, so auch Francesco Madero, eine der vielen Erlöserfiguren in der mexikanischen Geschichte, für den Zapata den Süden eroberte. Doch sobald Madero als Präsident amtierte, wurde Zapata mit seinem Beharren auf einer Bodenreform ihm und seinen aristokratischen Kabinettsmitgliedern lästig. Typisch für die sich ständig verschiebenden Fronten der mexikanischen Revolution, befand sich Zapata schließlich in einer Lage, in der er gegen ein System kämpfte, das Madero nicht überwinden, sondern kontrollieren wollte.

1911 wurde der gestrenge General Victoriano Huerta entsandt, den aufstrebenden Zapata auszuschalten. In seinem Versteck entwarf der Freiheitskämpfer den „Plan von Ayala", eine radikale Land- und Bodenreform, die die Grundbesitzer vollends davon überzeugte, daß er beseitigt werden mußte. Nach einigen Jahren ergebnisloser Scharmützel wagte der verzweifelte Zapata einen taktischen Ausbruch und ging eine Allianz mit dem Kriminellen Pancho Villa ein, der im Norden kämpfte.

Mit seiner engen Charro-Hose, dem großen Sombrero und dem riesigen schwarzen Schnurrbart war der gutaussehende Zapata der Inbegriff des mexikanischen Revolutionärs, den die Bauern ebenso vergötterten wie ihn die Reichen haßten. Allerdings erkannte er, daß weder er noch Villa lange als mexikanische Robin Hoods bestehen konnten, und ihr Bündnis zerfiel nach wenigen Wochen. Zapatas Raubzüge, bei denen er Geld für die Armen erbeutete und seine Feinde in Angst und Schrecken versetzte, dezimierten auf Dauer seine Truppe. Einige Anhänger wurden durch sozialistische Fachleute aus Mexiko-City ersetzt, die den Zapatistas dabei halfen, das Schulsystem zu reformieren und soziale Verbesserungen auf den Weg zu bringen. Ihnen stand schon bald ein neuer Gegner gegenüber – Venustiano Carranza, der mexikanische Staatspräsident, der nach der kommissarischen Herrschaft des freiwillig ins Exil gegangenen Huerta an die Macht gekommen war. Carranza, ein heuchlerischer ehemaliger Lakai von Díaz, machte Lippenbekenntnisse zur Bodenreform, schickte aber zur gleichen Zeit Truppen in den Süden, um die Agrarrevolution niederzuschlagen und die Bauern erschießen, erhängen und vertreiben zu lassen. Als Carranzas Regierungstruppen Zapata 1916 umzingelt hatten, war sein Versprechen, „gegen alles und jeden zu kämpfen", blutige Realität geworden und hatte sich in einen Alptraum ohne jeden Ausweg verwandelt.

Zapata griff nun zu Guerillamethoden wie terroristischen Anschlägen und Sabotage und überließ in einem letzten verzweifelten Versuch seinen Gegnern etwas Terrain, um die Debatte über die Boden- und Landreform weiterhin am Leben zu erhalten. 1917 hatte er erneut genügend Anhänger um sich geschart, um die Terrormaßnahmen einzustellen und wieder ein reguläres Aufständischenheer zu organisieren. Aber es war zu spät. Obwohl der wendige Carranza sich aus Morelos zurückgezogen hatte und Zapata wieder einen Großteil des ein Jahr zuvor aufgegebenen Territoriums zurückerobern konnte, war dies nur ein letztes Aufflackern, ehe die Flamme endgültig erlosch. Der Revolutionär hielt noch zwei weitere Jahre durch und fiel dann seiner eigenen Klugheit zum Opfer. Bei dem Versuch, einen Oberst der Regierung von seiner Sache zu überzeugen, bemerkte Zapata nicht, daß er es mit einem Doppelagenten zu tun hatte, und lief geradewegs in eine Falle. Am 10. April 1919 erschossen ihn Carranzas Spione in Morelos und schafften seine Leiche weg. Bis heute weiß man nicht, wo er begraben liegt.

Aber Zapatas gequälter Geist schwebt noch immer über Lateinamerika. Der mexikanische Freiheitskämpfer war der geistige Ahne des romantischen argentinischen Guerrilleros Che Guevara, und bis zum heutigen Tag verbreiten aufständische Kleinbauern und Tagelöhner große Unruhe in der politischen Landschaft Südamerikas und der Karibik. 1994 benannten sich aufständische Indios in dem armen mexikanischen Bundesstaat Chiapas nach ihrem Vorbild „Zapatista-Armee" und trugen statt der Maske heutiger Terroristen den Sombrero ihres Vorbilds – zur Mahnung an all das, was sich seit Zapatas Ermordung vor 80 Jahren in Mexiko *nicht* verändert hat.

IKONEN DES 20. JAHRHUNDERTS

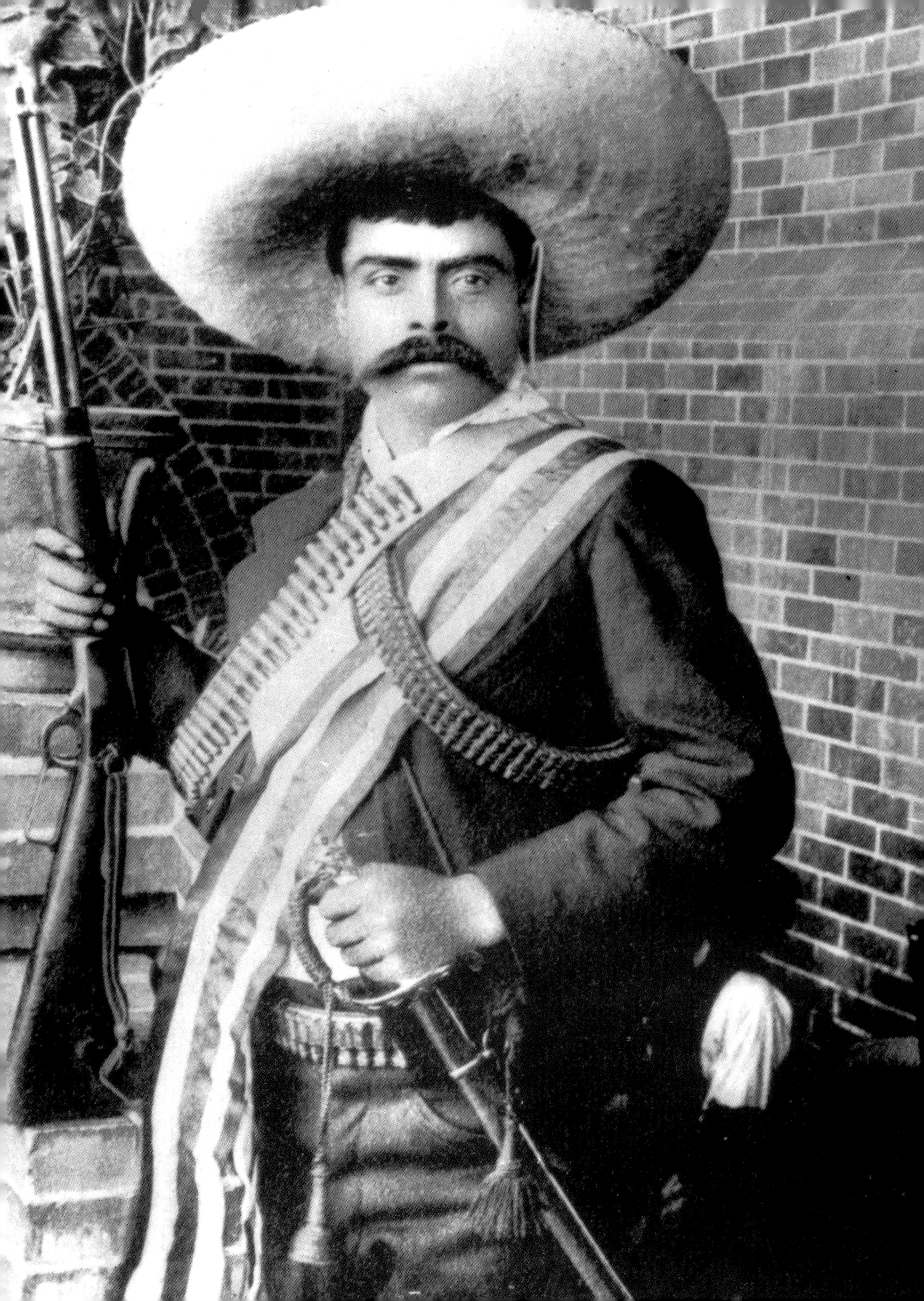

ADDAMS, JANE

ADDAMS, JANE. *Twenty Years at Hull House.* Urbana, IL: University of Illinois Press, 1990.
DAVIS, ALLEN F. *American Heroine: The Life and Legend of Jane Addams.* Oxford/NY: Oxford University Press, 1975.
—— AND MARY LYNNE MCCREE. *Eighty Years at Hull-House.* Chicago: Quadrangle Books, 1969.
DE BENEDETTI, CHARLES (HRSG.). *Peace Heroes in Twentieth Century America.* Bloomington, IN: University of Indiana Press, 1986.
DEEGAN, MARY JO. *Women in Sociology.* Westport, NY: Greenwood, 1991.
EBERHART, CATHY. *Jane Addams.* Rheinfelden, 1995.
HEIMERMANN, BENOÎT. *Les Combats de Muhammad Ali.* Castor astral, 1998.
LASCH, CHRISTOPHER. *The New Radicalism in America, 1889–1963.* NY: Knopf, 1965.
LELORAIN, PATRICE. *Cassius Clay : la légende de Muhammad Ali.* Denoël, 1992.
WHITMAN, ALDEN. *American Reformers.* NY: Wilson, 1985.

ALI, MUHAMMAD

HAUSER, THOMAS. *Muhammad Ali: His Life and Times.* NY: Simon & Schuster, 1992.
——. *Muhammad Ali: In Perspective.* San Francisco: Collins, 1996.
MAILER, NORMAN. *The Fight.* Boston: Little, Brown, 1975.
MILLER, DAVIS. *Muhammad Ali.* Berlin, 1998.
REEMTSMA, JAN PHILIPP. *Mehr als ein Champion.* Stuttgart, 1995.

ALLEN, WOODY

ALLEN, WOODY. *On Being Funny.* NY: Charterhouse, 1975.
——. *Without Feathers.* NY: Random House, 1975.
——. *Death: A Comedy in One Act.* NY: S. French, 1975.
——. *Schriften.* Zürich, o. J.
BENDAZZI, GIANNALBERTO. *Woody Allen.* Liana Levi, 1987.
BRODE, DOUGLAS. *The Films of Woody Allen.* Seacaucus, NJ: Carol Publishing, 1997.
FELIX, JÜRGEN. *Woody Allen.* Marburg, 1992.
GILLAIN, ANNE. *Manhattan, Woody Allen.* Nathan, 1997.
GIRGUS, SAM B. *The Films of Woody Allen.* Cambridge: Cambridge University Press, 1993.
GROTEKE, KRISTI. *Mia & Woody: Love and Betrayal.* NY: Carroll & Graf, 1994.
GUÉRAND, JEAN-PHILIPPE. *Woody Allen.* Rivages, 1995
GUTHRIE, LEE. *Woody Allen: A Biography.* NY: Drake Publishers, 1978.
HIRSCH, FOSTER. *Love, Sex, Death and the Meaning of Life: The Films of Woody Allen.* NY: Limelight, 1990.
LAX, ERIC. *Woody Allen: A Biography.* NY: Knopf, 1991.
MALTIN, LEONARD. *The Great Movie Comedians: From Charlie Chaplin to Woody Allen.* NY: Crown Publishers, 1978.
RAUCH, TAJA UND HENNING, PETER (HRSG.). *Happy Birthday Mr. Manhattan.* Augsburg, 1995.

ARAFAT, JASIR

BOLTANSKI, CHRISTOPHE. *Les Sept Vies de Yasser Arafat.* Grasset, 1997.
FAVRET, RÉMI. *Arafat : un destin pour la Palestine.* Renaudot, 1997.
GOWERS, ANDREW UND WALKER, TONY. *Arafat.* Hamburg, o. J.
HART, ALAN. *Arafat: A Political Biography.* Bloomington, IN: Indiana University Press, 1989.
KONZELMANN, GERHARD. *Arafat.* Bergisch-Gladbach, 1991.
KOSKAS, MARCO. *Yasser Arafat ou le Palestinien imaginaire.* Lattès, 1994.
RUBINSTEIN, DANNY. *Yassir Arafat.* Heidelberg, 1996.
VANAERT, PHILIPPE. *Yasser Arafat, président sans frontières.* Éditions du Souverain, 1992.
WALLACH, JANET AND JOHN. *Arafat: In The Eyes of the Beholder.* London: Mandarin, 1991.

ARENDT, HANNAH

ARENDT, HANNAH. *Between Friends: The Correspondence of Hannah Arendt and McCarthy: 1949–1975.* NY: Harcourt Brace, 1995
——. *Ich will verstehen.* München, 1998.
——. *The Human Condition.* Chicago: University of Chicago Press, 1958.
——. *The Life of the Mind* (Bd. 1, *Thinking*; Bd. 2, *Willing*). hrsg. von Mary McCarthy. NY: Harcourt Brace Jovanovich, 1972.
——. *The Origins of Totalitarianism.* NY: Harcourt, Brace, 1951.
——. *Men in Dark Times.* NY: Harcourt, Brace, 1970.
BENHABIB, SEYLA. *Hannah Arendt.* Hamburg, 1998.
BUNKHORST, HAUKE. *Hannah Arendt.* München, 1999.
DEEGAN, MARY JO. *Women in Sociology.* New York/ Wesport, CT: Greenwood, 1991.
ETTINGER, ELZBIETA. *Hannah Arendt/Martin Heidegger.* New Haven: Yale University Press, 1995.
HUBENY, ALEXANDRE. *L'Action dans l'œuvre de Hannah Arendt : du politique à l'éthique.* Larousse / Sélection du Reader's Digest, 1993.
LEIBOVICI, MARTINE. *Hannah Arendt, une juive : expérience politique et histoire.* Desclée de Brouwer, 1998.
NORDMANN, INGEBORG. *Hannah Arendt.* München, 1994.
YOUNG-BRUEHL, ELISABETH. *Hannah Arendt, for Love of the World.* New Haven, CT: Yale University Press, 1982.

ARMSTRONG, LOUIS

ARMSTRONG, LOUIS. *Satchmo: My Life In New Orleans.* NY: De Capo Press, 1986.
——. *Swing That Music.* NY: Da Capo Press, 1993.
ARMSTRONG, LOUIS U.A. *Jazz.* Freiburg, 1998.
BOUJUT, MICHEL. *Armstrong.* Plume, 1998.
COLLIER, JAMES. L. *Louis Armstrong.* Bergisch-Gladbach, 1987.
HÜBNER, ABBI. *Louis Armstrong.* Waakirchen-Schaftlach, 1994.
GIDDINS, GARY. *Satchmo.* NY: Doubleday, 1992.
LAVERDURE, MICHEL. *Louis Armstrong.* Vade-retro, 1996.
LEDUC, JEAN-MARIE. *Louis Armstrong.* Seuil, 1994.
MILLER, MARC H. *Louis Armstrong: A Cultural Legacy.* Seattle, WA: University of Washington Press, 1994.
STORB, ILSE. *Louis Armstrong.* Reinbek, 1989.

ARMSTRONG, NEIL

ARMSTRONG, NEIL, WITH GENE FARMER AND DORA JANE HAMBLIN. *First on the Moon: A Voyage with Neil Armstrong, Michael Collins and Edwin E. Aldrin, Jr.* Boston: Little, Brown, 1970.
——. *The First Lunar Landing: 20th Anniversary* (as told by the astronauts Neil Armstrong, Edwin Aldrin, Michael Collins). National Aeronautics and Space Administration. [1989?].
FURNESS, TIM. *Die Mondlandung.* Bindlach, 1998.
HELLER, HORST P. UND HELLER, THOMAS. *Die Landung auf dem Mond.* Passau, 1989.
KRAMER, BARBARA. *Neil Armstrong: The First Man on the Moon.* Springfield, NJ: Enslow Publishers, 1997.
PUTTKAMER, JESCO VON. *Wir sehen die Erde. Der Report der ersten Mondlandung.* München, 1999.
WESTMAN, PAUL. *Neil Armstrong, Space Pioneer.* Minneapolis, MN: Lerner Publications Co., 1980.

ASTAIRE, FRED

ADLER, BILL. *Fred Astaire: A Wonderful Life: A Biography.* NY: Carroll and Graf, 1987.
ASTAIRE, FRED. *Steps in Time.* (New Foreword by Ginger Rogers) NY: Da Capo Press, 1981.
DROUIN, FRÉDÉRIQUE. *Fred Astaire.* Mercure de France, 1986.
SATCHELL, TIM. *Astaire, The Biography.* London: Arrow Books, 1988.
THOMAS, BOB. *Astaire: The Man, the Dancer.* NY: St. Martin's Press, 1984.

BAKER, JOSEPHINE

BAKER, JEAN CLAUDE. *Josephine: The Hungry Heart.* NY: Random House, 1993.
BAKER, JEAN CLAUDE UND CHASE, CHRIS. *Josephine : une vie mise à nue.* A contrario, 1995.
BAKER, JOSEPHINE AND JO BOVILLON. *Josephine.* NY: Harper & Row, 1977.
COLIN, PAUL. *Josephine Baker et La Revue nègre : lithographies du Tumulte noir, Paris, 1927.* La Martinière, 1998.
HANEY, LYNN. *Naked at the Feast: A Biography of Josephine Baker.* NY: Dodd, Mead, 1981.
ROSE, PHYLLIS. *Jazz Cleopatra: Josephine Baker in Her Times.* NY: Doubleday, 1989.
RENKEN, SABINE: *Chanteusen. Stimmen der Grossstadt.* Mannheim, 1997.
SMITH, JESSIE CARNEY. *Epic Lives: One Hundred Black American Women Who Made a Difference.* Detroit: Gale, 1995.
——. *Notable Black American Women.* Detroit: Gale, 1995

BALL, LUCILLE

ANDREWS, BART. *I Love Lucy Book.* NY: Doubleday, 1985.
—— and Thomas Watson. *Loving Lucy.* NY: St. Martin's Press, 1982.
BALL, LUCILLE AND BETTY H. HOFFMAN. *Love Lucy.* NY: Putnam, 1996.
BOYER, RAYMOND. *Brigitte Bardot.* Éditions Vade-retro, 1998.
BRADY, KATHLEEN. *Lucille: The Life of Lucille Ball.* NY: Hyperion, 1994.
BROCKER, JIM. *Lucy in the Afternoon: An Intimate Memoir of Lucille Ball.* NY: Pocket, 1990.
CHOKO, STANISLAS. *Brigitte Bardot à l'affiche.* Éditions du Collectionneur, 1992.
DUSSANT, GHISLAIN. *Brigitte Bardot.* Éditions Vade-retro, 1994.
GILBERT, TOM AND COYNE S. SANDERS. *Desilu: The Lives of Lucille Ball and Desi Arnaz.* NY: Morrow, 1993.
HARRIS, WARREN G. *Lucy and Desi: The Legendary Love Story of Television's Most Famous Couple.* NY: Simon & Schuster, 1992.
MCCLAY, MICHAEL. *I Love Lucy.* NY: Time Warner, 1955.
NOURISSIER, FRANÇOIS. *BB 60.* Dilettante, 1996.
ROBINSON, JEFFREY. *Bardot.* Editions de l'Archipel, 1994.
SANDERS, COYNE STEVEN. *Desilu: The Story of Lucille Ball and Desi Arnaz.* NY: Morrow, 1993.
SERVAT, HENRI-JEAN. *Les Années Bardot.* Éditions 1, 1996.
SANDERS, COYNE STEVEN. *Desilu: The Story of Lucille Ball and Desi Arnaz.* NY: Morrow, 1993.

BANNISTER, ROGER

BANNISTER, ROGER. *The Four-Minute Mile.* NY: Dodd, Mead, 1981.
——. *Une seconde vie : autobiographie.* 1993.
Sports and the National Character (proceedings of a symposium held at Grinnell College). Grinnell, IA, 1984.

BARDOT, BRIGITTE

BARDOT, BRIGITTE. *Memoiren.* Bergisch-Gladbach, 1996.
FRENCH, SEAN. *Bardot.* London: Pavillion, 1994.
SHIPMAN, DAVID. *The Great Movie Stars.* London: Argus & Robertson, 1972.
STADELHOFEN, HENRI DE. *Brigitte Bardot 60.* Frankfurt am Main, 1994.
VADIM, ROGER. *Bardot, Deneuve, Fonda.* New York: Simon & Schuster, 1986.

BARNARD, DR. CHRISTIAAN

BARNARD, CHRISTIAAN. *Christiaan Barnard: One Life.* London: Harrap, 1970.
——. *Good Life Good Death: A Doctor's Case for Euthanasia and Suicide.* Englewood Cliffs, NJ: Prentice-Hall, 1980.
CLAUSSEN, PETER CORNELIUS. *Herzwechsel.* München, 1996.
DOOPER, DAVID (HRSG.). *Chris Barnard: By Those Who Know Him.* South Africa: Vlaeberg Publishing, 1992.
HAWTHORNE, PETER. *The Transplanted Heart: The Incredible Story of the Epic Heart Transplant Operations by Professor Christiaan Barnard and His Team.* Chicago: Rand McNally, 1968.
KRUMBELL, ANDREAS. *Ersatzteillager Mensch.* München, 1997.

LEIPOLD, L. EDMOND. *Dr. Christiaan N. Barnard, The Man with the Golden Hands.* Minneapolis, MN: Denison, 1971.
SIEGMUND-SCHULTE, NICOLA. *Organtransplantation.* Reinbek, 1996.

BEATLES, THE

BRAUN, M. *Love Me Do: The Beatles Progress.* London: Penguin, 1964.
GIULIANO, GEOFFREY. *The Beatles Album.* NY: Viking, 1991.
———. *The Lost Beatles Interviews.* NY: Dutton, 1996.
HETSGAAR, MARK. *Die Beatles.* München, 1996.
KOZINN, ALLAN. *The Beatles.* London: Phaidon Press, 1995.
MCKEEN, WILLIAM. *The Beatles.* Westport, Conn.: Greenwood, 1990.
NORMAN, P. *Shout! The Beatles in Their Generation.* NY: Fireside, 1981.
PAWLOWSKI, GARETH L. *How They Became the Beatles: A Definitive History of the Early Years, 1960–1964.* NY: Dutton, 1989.
ROMBECK, HANS U.A. *Die Beatlles.* Bergisch-Gladbach, 1995.
SCHAFFNER, N. *The Beatles Forever.* Harrisburg, PA: Cameron House, 1977.
STAMBLER, IRVIN. *The Encyclopedia of Pop, Rock and Soul.* NY: St. Martin's, 1989.
TOROPOV, BRANDON. *Wer war Eleanor Rigby?* Köln, 1997.

BEN-GURION, DAVID

AVI-HAI, AVRAHAM. *Ben Gourion, bâtisseur d'État.* Albin Michel, 1988.
AVINERI, SHLOMA. *Zionistische Profile.* Gütersloh, 1998.
BAR-ZOHAR, MICHEL. *Ben Gourion.* Fayard, 1986.
BEN-GURION, DAVID. *Israel.* Frankfurt am Main, 1998.
HASKI, PIERRE. *David Gryn.* Autrement, 1998.
KURZMAN, DAN. *Ben-Gurion: Prophet of Fire.* NY: Simon & Schuster, 1983.
LIPSKY, LOUIS. *Memoirs in Profile.* Philadelphia: Jewish Publication Society, 1975.
SILVERSTEIN, HERMA. *David Ben-Gurion.* NY: Watts, 1988.

BERGMAN, INGMAR

BJORKMAN, STIG, MANNS, TORSTEN AND SIMA, JONAS. *Bergman on Bergman: Interviews with Ingmar Bergman.* NY: De Capo Press, 1993.
COWRIE, PETER. *Ingmar Bergman: A Critical Biography.* NY: Scribner's, 1982.
BERGMAN, INGMAR. *An Artist's Journey On Stage, On Screen, In Print.* NY: Arcade Pub., 1995.
———. *Die besten Absichten.* Köln, 1996.
———. *Images: My Life in Film.* London: Bloomsbury, 1994.
———. *Mein Leben.* Hamburg, 1987.
BINH, N.T. *Ingmar Bergman.* Gallimard-Jeunesse, 1993.
LONG, ROBERT EMMET. *Ingmar Bergman: Film and Stage.* NY: Abrams, 1994.
MARKER, FREDERICK J. AND MARKER, LISE-LONE. *Ingmar Bergman: A Life in Theatre.* Cambridge/NY: Cambridge University Press, 1992.
MARTY, JOSEPH. *Ingmar Bergman, une poétique du désir.* Cerf, 1991.
TORNQVIST, EGIL. *Between Stage and Screen: Ingmar Bergman Directs.* Ann Arbor, MI: University of Michigan Press, 1995.
WEISE, ECKHARD. *Ingmar Bergmann.* Reinbek, 1987.

BERGMAN, INGRID

BERGMAN, INGRID UND BURGESS, ALAN. *Mein Leben.* Berlin, 1999
HARMETZ, ALJEAN. *Round Up the Usual Suspects: The Making of Casablanca – Bogart, Bergman and World War II.* NY: Hyperion, 1992.
LEAMER, LAURENCE. *As Time Goes By: The Life of Ingrid Bergman.* NY: Harper & Row, 1986.
LEWIS, AMY, (HRSG.). *American Cultural Leaders.* Santa Barbara, 1993.
MORDDEN, ETHAN. *Movie Star.* NY: St. Martin's Press, 1983.
QUIRK, LAWRENCE J. *The Films of Ingrid Bergman.* NY: Carol Publishing, 1989.

ROSS, LILLIAN. *The Player: A Profile of an Art.* NY: Simon & Schuster, 1962.
SPOTO, DONALD. *Ingrid Bergman.* Düsseldorf, 1998.

BOGART, HUMPHREY

BENCHLEY, NATHANIEL. *Vie et mort d'Humphrey Bogart.* Lherminier, 1984.
BOGART, STEPHEN. *Mein Vater Humphrey Bogart.* Düsseldorf, 1990.
CAHILL, MARIE. *Humphrey Bogart: A Hollywood Portrait.* NY: Smithmark, 1992.
COE, JONATHAN. *Humphrey Bogart.* Calmann-Levy, 1992.
COOKE, ALISTAIR. *Six Men: Charlie Chaplin, Edward III, H. L. Mencken, Humphrey Bogart, Adlai Stevenson, Bertrand Russell.* NY: Arcade, 1995.
HEPBURN, KATHARINE. *The Making of „The African Queen" or How I Went to Africa with Bogart, Bacall and Huston and Almost Lost My Life.* NY: Knopf, 1987.
KÖRTE, PETER. *Humphrey Bogart.* Reinbek, 1992.
MEYERS, JEFFREY. *Humphrey Bogart.* Berlin, 1998.
SKLAR, ROBERT. *City Boys: Cagney, Bogart, Garfield.* Princeton: Princeton University Press, 1992.
SPERBER, A.M. UND LAX, ERIC. *Bogart.* Belfond, 1997.

BRANDO, MARLON

BLY, NELLIE. *Marlon Brando: Larger Than Life.* NY: Pinnacle Books, 1994.
BRANDO, MARLON. *Mein Leben.* München, 1996.
BRANDO, MARLON, AND LINSEY, ROBERT. *Songs My Mother Taught Me.* NY: Random House, 1994.
ENGLUND, GEORGE. *Marlon Brando: A Friend of Mine.* NY: Warner Books, 1995.
MANSO, PETER. *Marlon Brando.* Hamburg, 1998.
MCCANN, GRAHAM. *Rebel Males.* New Brunswick, NJ: Rutgers University Press, 1991.
MOUROUSI, YVES. *Le Destin Brando.* Michel Lafon, 1991.
SCHICKEL, RICHARD. *Brando: A Life in Our Times.* NY: Atheneum, 1991.
ZIMMER, JACQUES. *Marlon Brando.* J'ai lu, 1989.

BRECHT, BERTOLT

BENTLY, ERIC. *The Brecht Memoir.* Evanston, IL: Northwestern University Press, 1991.
BRECHT, BERTOLT. *Arbeitsjournal 1938–1955.* Frankfurt am Main, 1993.
EWEN, FRÉDÉRIC. *Bertold Brecht: sa vie, son art, son temps.* Seuil, 1989.
FUEGI, JOHN. *Brecht & Co.* Hamburg, 1998.
HAYMAN, RONALD. *Brecht: A Biography.* NY: Oxford, 1983.
LYON, JAMES K. *Bertolt Brecht in America.* Princeton: Princeton University Press, 1980.
MAYER, HANS. *Brecht.* Frankfurt am Main, 1996.
MITTENZWEI, WERNER. *Das Leben des Bertolt Brecht.* Berlin, 1997.
NEEDLE, JAN, AND THOMPSON, PETER. *Brecht.* Chicago: University of Chicago Press, 1987.
WILLET, JOHN. *Brecht in Context.* London/NY: Methuen, 1984.

BROWN, HELEN GURLEY

BROWN, HELEN GURLEY. *Helen Gurley Brown's Outrageous Opinions.* NY: Avon, 1982
———. *Sex and the Single Girl.* NY: Geis, 1962.
———. *The Late Show: A Semiwild But Practical Survival Plan for Women Over 50.* NY: Morrow, 1993.
FALKOF, LUCILLE. *Helen Gurley Brown (Wizards of Business).* Garrett Educational Corp., 1991.
LETERMAN, EHNER G. AND T. W. CARILA. *They Dare to Be Different.* NY: Meredith, 1968.
NEWQUIST, ROY. *Conversations.* NY: Rand McNally, 1967.

CALLAS, MARIA

ALBY, CLAIRE UND CARON, ALFRED. *Maria Callas – ihre Stimme, ihr Leben.* München, 1998.

ARDOIN, JOHN. *The Callas Legacy.* NY: Scribners Ref., 1979.
———. *The Callas Legacy: A Biography of a Career.* NY: Scribner's Ref., 1982.
CALLAS, EVANGELIA AND BLOCHMAN, LAWRENCE G. *My Daughter Maria Callas.* Hrsg.: Andrew Farkas. NY: Ayer, 1979.
JELLINEK, GEORGE. *Callas: Portrait of a Prima Donna.* NY: Dover, 1986.
KANTHON, ELENI. *Maria Callas – die Interpretin.* Wilhelmshaven, 1998.
KESTING, JÜRGEN. *Maria Callas.* München, 1998
RASPOU, LANFRANCO. *The Last Prima Donnas.* NY: Knopf, 1982.
SCOTT, MICHAEL. *Maria Meneghini Callas.* Boston: Northeastern University Press, 1992.
STANCIOTT, NADIA. *Callas. Biographie einer Diva.* München, 1994.

CAPONE, AL

BERGREEN, LAURENCE. *Al Capone.* München, 1996.
FRIEDMAN, KINKY. *Der Leibkoch von Al Capone.* Hamburg, 1999.
KOBLER, JOHN. *Capone: The Life and World of Al Capone.* NY: Da Capo Press, 1992.
MURRAY, GEORGE. *The Legacy of Al Capone.* NY: Putnam, 1975.
PASLEY, FRED. *Al Capone: The Biography of a Self-made Man.* Stratford, NH: Ayer, 1977.
SCHOENBERG, ROBERT J. *Mr. Capone.* NY: Morrow, 1992.

CARSON, RACHEL

BROOKS, PAUL. *The House of Life: Rachel Carson at Work.* NY: Houghton Mifflin, 1989.
CARSON, RACHEL. *Der stumme Frühling.* München, 1996.
FREEMAN, MARTHA AND PAUL BROOKS. *Always Rachel: The Letters of Rachel Carson and Dorothy Freeman, 1952–1964, The Story of a Remarkable Friendship.* Boston: Beacon Press, 1994.
GARTNER, CAROL B. *Rachel Carson.* NY: Continuum, 1983.
WHITMAN, ALDEN (HRSG.). *American Reformers.* NY: H.W. Wilson, 1985.

CARTIER-BRESSON, HENRI

BUNNEFOY, YVES. *Henri Cartier-Bresson: Photographer.* Boston: Little, Brown: 1979.
CARTIER-BRESSON, HENRI. *Auf der Suche nach dem rechten Augenblick.* Berlin, 1998.
———. *Européer.* München, 1997.
———. *Henri Cartier-Bresson, Photographer.* London: Thames and Hudson, 1992.
———. *Tête à Tête. Porträts.* München, 1998.
GALASSI, PETER. *Henri Cartier-Bresson, premières photos : de l'objectif hasardeux au hasard objectif.* Arthaud, 1991.
MARTIER, JEAN P. *Henri Cartier-Bresson. Seine Kunst – Sein Leben.* München, 1997.
MONTIER, JEAN-PIERRE. *L' Art sans art d'Henri Cartier-Bresson.* Flammarion, 1995.

CASTRO, FIDEL

BALFOUR, SEBASTIAN. *Castro.* London: Longman, 1995.
ESCALONA, ROBERTO L. *Face to Face with Fidel Castro: A Conversation with Tomas Borge.* NY: Ocean Press, 1994.
GEYER, GEORGIE ANN. *Guerilla Prince: The Untold Story of Fidel Castro.* Boston: Little, Brown, 1991.
SKIERKA, VOLKER. *Fidel Castro.* Reinbek, o. J.
MINA, GIANNI. *An Encounter with Fidel: Interview with Fidel Castro.* NY: Ocean Press, 1993.
PATERSON, THOMAS G. *Contesting Castro: The United States and the Triumph of the Cuban Revolution.* Oxford/NY: Oxford University Press, 1994.
QUIRK, ROBERT E. *Fidel Castro.* Berlin, 1996.
SZULC, TAD. *Fidel: A Critical Portrait.* NY: Morrow, 1986.

CHANEL, COCO

BAUDOT, FRANÇOIS. *Chanel.* Éd. Assouline, 1996.
CHARLES-ROUX, EDMONDE. *Coco Chanel.* Frankfurt am Main, 1997.

DE LA HAYE, AMY AND SHELLY, TOBIN. *Chanel: The Couturiere at Work.* NY: Overlook Press, 1996.
DELAY, CLAUDE. *Chanel solitaire.* J'ai lu, 1983.
HAEDRICH, MARCEL. *Coco Chanel.* Belfond, 1987.
LEYMARIE, JEAN. *Chanel.* Skira, 1987.
MADSEN, AXEL. *Chanel: A Woman of Her Own.* NY: Henry Holt, 1991.
———. *Coco Chanel: A Biography.* London: Bloomsbury, 1991.
MARQUAND, LILOU. *Chanel m'a dit.* Lattès, 1990.
MORAND, PAUL. *Die Kunst Chanel zu sein. Gespräche mit „Coco" Chanel.* München, 1998.
SAINT-BRIS, GONZAGUE. *Les Larmes de la gloire.* Carrière, 1998.
SIMON, MARIE-CLAUDE. *Coco Chanel.* Hachette, 1994.

CHAPLIN, CHARLIE

CHAPLIN, CHARLIE. *Die Geschichte meines Lebens.* Frankfurt am Main, 1998.
COOKE, ALISTAIR. *Six Men: Charlie Chaplin, Edward III, H. L. Mencken, Humphrey Bogart, Adlai Stevenson, Bertrand Russell.* NY: Arcade, 1995.
DIAMOND, ARTHUR. *Charlie Chaplin.* San Diego: Lucent Books, 1995.
EPSTEIN, JERRY. *Remembering Charlie: A Pictorial Biography.* NY: Doubleday, 1989.
HIRZEL, FRITZ. *Chaplins Schatten.* Zürich, 1982.
KAMIN, DAN. *Charlie Chaplin's One Man Show.* Carbondale, IL: Southern Illinois University Press, 1984.
LYNN, KENNETH S. *Charlie Chaplin and His Times.* NY: Simon & Schuster, 1997.
MCCABE, JOHN. *Charlie Chaplin.* Garden City, NY: Doubleday, 1978.
MILTON, JOYCE. *Tramp: The Life of Charlie Chaplin.* NY: HarperCollins, 1996.
ROBINSON, DAVID. *Chaplin. Sein Leben, seine Kunst.* Zürich, 1992.
———. *Charlot entre rires et larmes.* Gallimard, coll. Découvertes, 1995.
TICHY, WOLFRAM. *Charlie Chaplin.* Reinbek, o. J.

CHRISTIE, AGATHA

CHRISTIE, AGATHA. *An Autobiography.* NY: Berkeley, 1991.
———. *Erinnerungen an glückliche Tage.* München, 1997.
GILL, GILLIAN C. *Agatha Christie: The Woman and Her Mysteries.* NY: Free Press, 1992.
RIVIERE, FRANÇOIS. *Agatha Christie's England.* Hildesheim, 1996.
SANDERS, DENNIS AND LOVALL, L. *Agatha Christie Companion.* San Francisco: Berkeley Publications, 1989.
SHAW, MAREN UND VANACKER, SABINE. *Miss Marple auf der Spur.* Hamburg, 1993.
SMITH, LUCINDA. *Women Who Write.* Englewood Cliffs, NJ: J. Messner, 1989.
Wagoner, Mary S. *Agatha Christie.* NY: Scribner's Ref., 1986.

CHURCHILL, WINSTON

CHARMLEY, JOHN. *Churchill's Grand Alliance: The Anglo-American Special Relationship.* NY: Harcourt Brace, 1995.
CHARMLEY, JOHN. *Churchill.* Berlin, 1997.
CHURCHILL, SIR WINSTON. *The Irrepressible Churchill: Stories, Sayings, and Impressions of Sir Winston Churchill.* Compiled by Kay Halle. NY: Facts on File, 1985.
———. *Blood, Sweat, and Tears.* NY: G.P. Putnam's Sons, 1941.
———. *The Churchill War Papers.* Comp., Martin Gilbert. NY: Norton, 1993.
———. *Memoiren.* München, 1948 und 1953.
———. *Memoirs of the Second World War* (An abridgment of the 6 vols.). Boston: Houghton Mifflin, 1959.
HAFFNER, SEBASTIAN. *Winston Churchill.* Reinbek, o.J.
LUKAS, JOHN. *Churchill und Hitler.* München, 1995.
ROBERTS, ANDREW. *Eminent Churchillians.* NY: Simon & Schuster, 1995.
ROSE, NORMAN. *Churchill, The Unruly Giant.* NY: Free Press, 1995.

COLETTE

COLETTE. *Œuvre.* 3 volumes. Gallimard, Bibliothèque de la Pleiade, 1991.
———. *L'Œuvre romanesque.* 2 volumes. Laffont, coll. Bouquins, 1989.
CHALON, JEAN. *Colette.* Flammarion, 1998.
DORMANN, GENEVIEVE. *Colette: A Passion for Life.* NY: Abbeville, 1985.
FERRIER-CAVERIVIÉ. *Colette, l'authentique.* Editions des Presses Universitaires de France, 1997.
FLIEGER, JERRY A. *Colette and the Fantom Subject of Autobiography.* Ithaca, NY: Cornell University Press, 1992.
FRANCIS, CLAUDE. *A Charmed World: Colette, Her Life and Times.* NY: St. Martin's, 1993.
FRANCIS, CLAUDE UND COUTIER, FERNANDE. *Colette.* Hamburg, o. J.
GONTIER, FERNANDE. *Colette.* Éditions Perrin, 1997.
HOLMES, DIANNA. *Colette.* NY: St. Martin's, 1991.
LOTTMAN, HERBERT. *Colette.* Wien, 1991.
NORELL, DONNA M. *Colette: An Annotated Primary and Secondary Bibliography.* NY/London: Garland, 1992.
PICHOIS, CLAUDE. *Colette.* Éditions de Fallois, 1999.
REYMOND, EVELYNE. *Le Rire de Colette.* Nizet, 1988.
SARDE, MICHAEL. *Colette: A Biography.* NY: Morrow, 1989.
SARTORI, EV MARTIN AND WAYNE ZIMMERMAN, DOROTHY (HRSG.). *French Women Writers.* Westport, CT: Greenwood, 1991.
STEWART. *Colette.* NY: Scribners Ref., 1996.
TINTER, SYLVIE. *Colette et le temps surmonté.* Slatkine, 1980.

LE CORBUSIER

BAKER, GEOFFREY H. *Le Corbusier: The Creative Search, The Formative Years of Charles Edouard Jeanneret.* NY: Routledge, 1995.
BLAKE, PETER. *The Master Builders.* NY: Norton, 1996.
BOESINGER, WILLY (HRSG.). *Le Corbusier.* Basel, 1998.
BROOKS, H. ALLEN. *Le Corbusier's Formative Years.* Chicago: University of Chicago Press, 1997.
CURTIS, WILLIAM J. R. *Le Corbusier: Ideas and Forms.* NY: Rizzoli, 1992.
ETLIN, RICHARD. *Frank Lloyd Wright and Le Corbusier: The Romantic Legacy.* NY: St. Martin's, 1994.
FRAMPTON, KENNETH. *Le Corbusier.* Éditions Hazan, 1997.
HUSE, NORBERT. *Le Corbusier.* Reinbek, 1976
KLOPMANN, ANDRÉ. *Le Corbusier.* Slatkine, 1995.
LYON, DOMINIQUE. *Le Corbusier vivant.* Telleri, 1999.
MONNIER, GÉRARD. *Le Corbusier.* La Renaissance, 1999.
PALAZZOLO, CARLO. *In the Footsteps of Le Corbusier.* NY: Rizzoli, 1991.
VÉDRENNE, ÉLISABETH. *Le Corbusier.* Éditions Assouline, 1999.
WEBER, HEIDI. *Le Corbusier – The Artist.* NY: Rizzoli, 1989.

COUSTEAU, JACQUES

CANS, ROGER. *Les Flibustiers de la science : Barnhard, Cousteau, Tazieff et Victor.* Sang de la terre, 1997.
———. *La Passion de la terre.* First, 1991.
COUSTEAU, JACQUES-YVES WITH DUMAS, FREDERIC. *The Silent World.* NY: Harper, 1953.
COUSTEAU, JACQUES-YVES WITH BOURCART, JACQUES. *La Mer.* Paris: Larousse, 1953.
COUSTEAU, JACQUES-YVES WITH DUGAN, JAMES. *The Living Sea.* NY: Harper, 1963.
——— (HRSG.). *World Without Sun.* NY: Harper, 1965.
MADSEN, ALEX. *Cousteau: An Unauthorized Biography.* NY: Beaufort Books, 1987.
MUNSON, RICHARD. *Cousteau: The Captain and His World.* NY: Paragon Books, 1991.
PACCALET, YVES. *Jacques-Yves Cousteau dans l'océan de la vie. Biographie.* Lattès, 1997.
VIOLET, BERNARD. *Cousteau, une biographie.* Fayard, 1993.

CURIE, MARIE

CURIE, EVE. *Madame Curie.* Éditions Gallimard, 1981.
GIROUD, FRANÇOISE. *Marie Curie: A Life.* Tr., Lydia Davis. NY: Holmes and Meier, 1986.
KASS, SIMON GABRIELE. *Women of Science: Righting the Record.* Bloomington, IN: Indiana University Press, 1990.
KERNER, CHARLOTTE. *Madame Curie und ihre Schwestern.* Weinheim, 1997.
KROLL, PETER UND VÖGTLE, FRITZ. *Marie Curie.* Reinbek, 1988.
MEADOWS, JACK. *The Great Scientists.* Oxford/NY: Oxford University Press, 1987.
METZGER, ELISABETH. *Marie Curie.* Hachette, 1991.
MORITZBERGER, LUDWIG. *Das strahlende Metall. Leben und Werk von Marie und Pierre Curie.* Stuttgart, 1992.
OGILVIE, MARILYN BAILEY. *Women in Science: Antiquity Through the Nineteenth Century: A Biographical Dictionary with Annotated Bibliography.* Boston: MIT, 1986.
PFLAUM, ROSALYND. *Madame Curie.* Belfond, 1992.
QUINN, SUSAN. *Marie Curie: A Life.* Reading, MA: Addison Wesley, 1996.
———. *Marie Curie: A Life.* NY: Simon & Schuster, 1995.
REID, ROBERT. *Marie Curie derrière la légende.* Seuil, 1983.

DALAI LAMA

BARROUX, ROLAND. *Die Geschichte des Dalai Lama.* Zürich, 1995.
BELL, CHARLES. *Portrait of a Dalai Lama: The Life and Times of the Great Thirteenth.* Boston: Wisdom Press, 1987.
BSTAN-DZIN-RGYA-MTSHO, DALAI LAMA XIV. *My Tibet.* London: Thames and Hudson, 1990.
DALAI LAMA. *Das Buch der Freiheit*, Bergisch-Gladbach, 1992.
———. *Ethics for the Next Millennium.* NY: Putnam, 1996.
———. *Path to Enlightenment.* Ithaca, NY: Snow Lion Publications, 1994.
HANZHANG, YA. *The Biographies of the Dalai Lamas.* San Francisco: Cypress Book Co., 1991.
LEVENSON, CLAUDE B. *Dalai Lama.* Düsseldorf, 1984.
PINBURN, SIDNEY. *Dalai Lama: A Policy of Kindness.* Ithaca, NY: Snow Lion Publications, 1993.

DALI, SALVADOR

DALÍ, SALVADOR. *The Secret Life of Salvador Dalí.* NY: Dover, 1993.
DE LIANO, IGNACIO G. *Dalí.* NY: Rizzoli, 1993.
ETHERINGTON-SMITH, MEREDITH. *Dalí.* Frankfurt am Main, 1996.
FINKELSTEIN, HAIM. *Salvador Dalí's Art and Writing: 1927–1942, The Metamorphoses of Narcissus.* NY: Cambridge University Press, 1996.
GENZMER, HERBERT. *Dalí und Gala.* Berlin, 1998.
NERET, GILLES. *Dalí.* Köln, 1997.
SWINGLEHURST, EDMUND. *Salvador Dalí: Exploring the Irrational.* NY: Smithmark Publishers, 1996.

DAVIS, BETTE

HADLEIGH, BOZE. *Bette Davis Speaks.* NY: Barricade Bks., 1996.
LEAMING, BARBARA. *Bette Davis: A Biography.* NY: Ballantine, 1993.
QUIRK, LAWRENCE J. *Fasten Your Seat Belts: The Passionate Life of Bette Davis.* NY: NAL, 1990.
RIESE, RANDALL. *All About Bette: Her Life A to Z.* Chicago: Contemporary Books, 1993.
RINGGOLA, GENE. *The Films of Bette Davis.* NY: Bonanza, 1966.
SPADA, JAMES. *More Than a Woman: An Intimate Biography of Bette Davis.* London: Little, Brown, 1993.
WALKER, ALEXANDER. *Bette Davis.* NY: NAL, 1995.

DEAN, JAMES

ALEXANDER, PAUL. *James Dean.* München, 1995.
DALTON, DAVID. *James Dean.* München, 1984.
DALTON, DAVID AND RON CAYEN. *James Dean: American Icon.* NY: St. Martin's 1984.
HYAMS, JOE UND HYAMES, JAY. *James Dean. Der einsame Rebell.* München, 1995.
MARTINETTI, RONALD. *The James Dean Story: A Myth-Shattering Biography of an Icon.* Secausus, NJ: Carol Publishing, 1995.
RIESE, RANDALL. *The Unabridged James Dean.* NY: Wings Books, 1994.
SHROEDER, ALAN. *James Dean.* NY: Chelsea House, 1994.
STOCK, DENNIS. *James Dean Revisited.* NY: Viking, 1978.

DE BEAUVOIR, SIMONE

APPIGNANSI, LISA. *Simone de Beauvoir.* London: Penguin, 1988.
BEIR, DEIDRE. *Simone de Beauvoir.* München, 1990.
CLAUDE, FRANCIS. *Simone de Beauvoir.* Éditions Perrin, 1997.
Crosland, Margaret. *Simone de Beauvoir: The Woman and Her Work.* London: Heinemann, 1992.
DE BEAUVOIR, SIMONE. *In den besten Jahren.* Reinbek, o. J.
———. *Letters to Sartre.* Paris: Editions Gallimard. (Engl Transl.), 1990.
———. *Mémoires d'une jeune fille rangée.* Gallimard, 1958.
———. *Witness to My Life: The Letters of Jean-Paul Sartre to Simone de Beauvoir, 1926–1939.* NY: Macmillan, 1993.
EAUBONNE, FRANÇOIS. *Une femme nommée Castor.* Encre, 1986.
EVANS, MARY. *Simone de Beauvoir. Eine feministische Mandarinin.* Rheda-Wiedenbrück, 1982.
KLAW, BARBARA. *Le Paris de Simone de Beauvoir.* Syllepse, 1999.
FRANCIS, CLAUDE UND GOUTIER, FERNANDE. *Simone de Beauvoir.* München, 1990.
FULLBROOK, KATE AND EDWARD. *Simone de Beauvoir and Jean-Paul Sartre.* NY: Knopf, 1991.
KLAW, BARBARA. *Le Paris de Simone de Beauvoir.* Syllepse, 1999.
MADSEN, AXEL. *Jean-Paul Sartre und Simone de Beauvoir.* Reinbek, 1982.
MOI, TORIL. *Simone de Beauvoir: The Making of an Intellectual Woman.* Oxford: Blackwell, 1994.
MONTEIL, CLAUDINE. *Simone de Beauvoir.* Editions du Rocher, 1996.
OKELY, JUDITH. *Simone de Beauvoir.* London: Virago, 1986.

DE GAULLE, CHARLES

BERNSTEIN, SERGE. *The Republic of de Gaulle, 1958–1969.* Cambridge/NY: Cambridge University Press, 1993.
BROCHE, FRANÇOIS. *De Gaulle secret.* Pygmalion, 1993.
COOK, DON. *Charles de Gaulle.* NY: Putnam, 1983.
CORGAN, CHARLES G. *Charles de Gaulle: A Brief History with Documents.* NY: St. Martin's, 1995.
DEBRAY, REGIS. *Charles de Gaulle: Existentialist of the Nation.* NY: Norton, 1994.
DE GAULLE, CHARLES. *The Complete War Memoirs of Charles de Gaulle.* NY: Da Capo Press, 1984.
KUSTERER, HERMANN. *Der Kanzler und der General.* Stuttgart, 1995.
LE BIHAN, ADRIEN. *Le Général et son double.* Flammarion, 1996.
LEFRANC, PIERRE. *De Gaulle, un portrait.* Flammarion, 1994.
LINSEL, KNUT. *Charles de Gaulle und Europa.* Sigmaringen, 1998.
LOTH, WILFRIED UND PICHT, ROBERT. *De Gaulle, Deutschland und Europa.* Leverkusen, 1991.
MASSU, JACQUES. *Avec de Gaulle.* Rocher, 1998.
PEYREFITTE, ALAIN. *C'etait de Gaulle.* Fayard, 1997.
SCHUNK, PETER. *Charles de Gaulle. Ein Leben für Frankreichs Größe.* Berlin, 1998.
SHENNAN, ANDREW. *De Gaulle: Profiles in Power Series.* Reading, Mass.: Addison-Wesley, 1994.
VAÏSSE, MAURICE. *La Grandeur.* Fayard, 1998.
WILLIAMS, CHARLES. *The Last Great Frenchman: A Life of Charles de Gaulle.* London: Little, Brown, 1993.

DIANA, PRINZESSIN VON WALES

BURDILL, JULIE. *Diana.* Hamburg, 1998.
CAMPBELL, LADY COLIN. *Diana in Private.* London: Smith Gryphon, 1992.
DAVIS, NICHOLAS. *Diana: The Lonely Princess.* NY: Carol Publishing, 1996.
DELANO, JULIA. *Diana, Princess of Wales.* NY: Smithmark, 1993.
KÖRZDÖRFER, BÄRBEL. *Diana. Das Lächeln der Welt.* Berlin, 1997.
MORTON, ANDREW. *Diana. Ihre wahre Geschichte.* München, 1997.
OWEN, NICHOLAS. *Diana – das Porträt.* Braunschweig, 1997.
PASTERNAK, ANNA. *Princess in Love.* NY: Signet, 1994.

DIETRICH, MARLENE

BACH, STEVEN. *Marlene Dietrich: Life and Legend.* NY: Morrow, 1992.
DELGAUDIO, SYBIL. *Dressing the Part: Sternberg, Dietrich, and Costume.* Rutherford, NJ: Fairleigh Dickinson University Press, 1993.
DIETRICH, MARLENE. *Ich bin Gott sei Dank Berlinerin.* Berlin, 1997.
HANUT, ERYK. *I Wish You Love: Conversations with Marlene Dietrich.* Berkeley: Frog, 1996.
HESSEL, FRANZ. *Marlene Dietrich.* Berlin, 1997.
HIGHAM, CHARLES. *Marlene: The Life of Marlene Dietrich.* NY: Norton, 1977.
RIVA, MARIA. *Meine Mutter Marlene.* München, 1995.
SPOTO, DONALD. *Blue Angel: The Life of Marlene Dietrich.* NY: Doubleday, 1992.
STADLAR, GAYLYN. *In the Realm of Pleasure: Von Sternberg, Dietrich, and the Masochist Aesthetic.* Boulder, CO: Colorado University Press, 1993.

DINESEN, KAREN

AHRENS, HELMUT. *Die afrikanischen Jahre der Tania Blixen.* Düsseldorf, 1987.
BLIXEN, TANIA. *Afrika, dunkel lockende Welt.* Stuttgart, 1938.
BRENNECKE, DETLEF. *Tania Blixen.* Reinbek, 1991.
DONELSON, LINDA. *Out of Isak Dinesen in Africa: The Untold Story.* Iowa City, IA: Coulsong List, 1995.
HORTON, SUSAN R. *Difficult Women, Difficult Lives: Olive Schreiner and Isak Dinesen, In and Out of Africa.* Baltimore, MD: Johns Hopkins University Press, 1995.
PELENSKY, OLGA ANASTASIA. *Isak Dinesen: The Life and Imagination of a Seducer.* Athens, OH: Ohio University Press, 1991.
PLIMPTON, GEORGE (HRSG.). *Women Writers at Work: Paris Review Interviews.* NY: Viking Penguin, 1989.
THURMAN, JUDITH. *Tania Blixen.* Reinbek, 1991.
TRZEBINSKI, ERROL. *Silence Will Speak: A Study of the Life of Denys Finch Hatton and His Relationship with Karen Blixen.* Chicago: University of Chicago Press, 1985.

DISNEY, WALT

ELIOT, MARC. *Walt Disney. Ein Genie im Zwielicht.* München, 1994.
FINCH, CHRISTOPHER. *The Art of Walt Disney.* NY: Abrams, 1973.
GROVER, RON. *The Disney Touch.* Homewood: Business One, 1991.
MALTIN, LEONARD. *The Disney Films.* NY: Crown, 1984.
REITBERGER, REINHOLD. *Walt Disney.* Reinbek, 1979.
SCHICKEL, RICHARD. *Disneys Welt.* Berlin, 1997.
TAYLOR, JOHN. *Storming the Magic Kingdom.* NY: Knopf, 1987.
THOMAS, BOB. *Walt Disney: An American Original.* NY: Simon & Schuster, 1976.

DUNCAN, ISADORA

BOORSTIN, DANIEL. *The Creators.* NY: Random House, 1992.
DALY, ANN. *Done into Dance: Isadora Duncan in America.* Bloomington, IN: Indiana University Press, 1995.
DE MILLE, AGNES. *Portrait Gallery.* Boston: Houghton Mifflin, 1990.
DESTI, MARY. *The Untold Story: The Life of Isadora Duncan 1921–1927.* NY: Da Capo, 1981.
DUNCAN, DOREE, PRATT, CAROL AND SPLATT, CYNTHIA. *Life Into Art: Isadora Duncan and Her World.* NY: Norton, 1993.
DUNCAN, ISADORA. *My Life.* NY: Norton, 1995.
KARINA, LILIAN UND SUNDBERG, LENA. *Modern Dance.* Berlin, 1992
LOEWENTHAL, LILLIAN. *The Search for Isadora: The Legend and Legacy of Isadora Duncan.* Princeton: Princeton Book Company, 1993.
STERN, CAROLA. *Isadora Duncan und Sergej Jessenin.* Reinbek, 1998.

DYLAN, BOB

BAULDIE, JOHN (HRSG.). *Wanted Man: In Search of Bob Dylan.* NY: Citadel Press, 1970.
BLUMENSTEIN, GOTTFRIED. *Mr. Tambourine Man.* Berlin, 1992.
COTT, JONATHAN. *Dylan.* NY: Doubleday, 1984.
HEYLIN, CLINTON. *Bob Dylan: Behind the Shades.* London: Penguin, 1992.
MCGREGOR, CRAIG (Hrsg.). *Bob Dylan: The Early Years: A Retrospective.* NY: Morrow, 1972.
RICHARDSON, SUSAN. *Bob Dylan.* NY: Chelsea House, 1995.
RILEY, TIM. *Hard Rain.* NY: Knopf, 1992.
SPITZ, BOB. *Dylan: A Biography.* NY: Norton, 1989.
STUESSY, JOE. *Rock and Roll.* NY: Prentice, 1990.
WILLIAMS, PAUL. *Dylan: A Man called Alias.* NY: Henry Holt, 1992.
———. *Performing Artist.* Novato, CA: Underwood, 1991.
WILSON, PAUL. *For ever young. 1974–1986.* Heidelberg, 1995.
———. *Like a Rolling Stone. 1960–1973.* Heidelberg, 1995.

EARHART, AMELIA

BRINK, RANDALL. *Lost Star: The Search for Amelia Earhart.* London: Bloomsbury, 1994.
BUTLER, SUSAN. *East to the Dawn: The Life of Amelia Earhart.* NY: Addison-Wesley, 1997.
HOF, MARION. *Amelie Earhart. Als erste Frau über den Atlantik.* Trier, 1989.
LOVELL, MARY S. *The Sound of Wings: The Life of Ameila Earhart.* NY: St. Martin's, 1991.
MANDELSOHN, JANE: *Himmelstochter* Berlin.1997.
RICH, DORIS L. *Amelia Earhart: A Biography.* Washington, DC: The Smithsonian Institute, 1996.
WARE, SUSAN. *Still Missing: Amelia Earhart and the Search for Modern Feminism.* NY: Norton, 1993.

EDISON, THOMAS

BALDWIN, NEIL. *Edison, Inventing the Century.* NY: Hyperion, 1995.
BÄR, HARRY. *Sensation aus Menlo Park. Das Leben Thomas Alva Edisons.* Ostheim, 1990.
CONOT, ROBERT. *Thomas A. Edison: A Streak of Luck.* NY: Da Capo, 1986.
JEHL, FRANCIS. *Menlo Park Reminiscences: The Intimate Story of Thomas A. Edison.* New York: Dover, 1990.
JOSHPSON, MATHEW. *Edison: A Biography.* NY: Wiley, 1992.
MELOSIA, MARTIN. *Thomas Alva Edison and the Modernization of America.* Chicago: Scott, Foresman, 1990.
SCHREIER, WOLFGANG UND SCHREIER, HELLA. *Thomas Alva Edison.* Stuttgart, 1987.
VÖGTLE, FRITZ. *Thomas Alva Edison.* Reinbek, 1982.

EINSTEIN, ALBERT

BRIAN, DENIS. *Einstein: A Life.* NY: Wiley, 1995.
CHARPA, ULRICH UND GRUNWALD, ARMIN. *Albert Einstein.* Frankfurt am Main, 1993.
EINSTEIN, ALBERT AND MILEVA EINSTEIN MARIC. *Albert Einstein and Mileva Maric: The Love Letters.* Princeton: Princeton University Press, 1992.
EINSTEIN, ALBERT. *The Collected Papers.* Princeton: Princeton University Press, 1993.
FRENCH, A. P. (HRSG.). *Einstein: A Centenary Volume.* Cambridge, MA: Harvard University Press, 1979.
FÖHRING, ALBRECHT. *Albert Einstein.* Frankfurt am Main, 1995.
FOLSING, ALBRECH. *Einstein.* NY: Viking Penguin, 1997.
HIGHFIELD, ROGER AND PAUL CARTER. *The Private Lives of Albert Einstein.* NY: Dutton, 1994.
HOLTON, GERALD. *Einstein, History, and Other Passions: The Rebellion Against Science at the End of the Twentieth Century.* Reading, MA: Addison-Wesley, 1996.
PAIS, ABRAHAM. *Einstein Lived Here.* Oxford/NY: Oxford University Press, 1994.
SNOW, C. P. *Variety of Men.* London/Melbourne: Macmillan, 1967.
SUGIMOTO, KENJI. *Albert Einstein: a Photographic Biography.* NY: Schocken Books, 1989.
WHITE, MICHAEL. *Einstein.* UK: Dutton, 1993.
——— AND JOHN GRIBBIN. *Einstein: A Life in Science.* London: Simon & Schuster, 1993.
WICHERT, JOHANNES. *Albert Einstein.* Reinbek, 1972.

EISENHOWER, DWIGHT D.
AMBROSE, STEPHEN. *Eisenhower: Soldier and President.* NY: Simon & Schuster, 1991.
BESCHLOSS, MICHAEL R. *Eisenhower: Centennial Life.* NY: HarperCollins, 1990.
BRENDON, PIERS. *Ike.* NY: Harper & Row, 1986.
FROMKIN, DAVID. *In the Time of the Americans: FDR, Truman, Eisenhower, Marshall, MacArthur—The Generation That Changed America's Role in the World.* NY: Random House, 1996.
GERAD, OLIVER. *Konfrontation und Kooperation im Kalten Krieg.* Wiesbaden, 1997.
GREENSTEIN, FRED I. *The Hidden-Hand President: Eisenhower as Leader.* Baltimore, MD: Johns Hopkins University Press, 1994.
JACOBS, WILLIAM JAY. *Dwight David Eisenhower: Soldier and Statesman.* NY: Watts, 1995.
JOCHEN, MICHAEL. *Eisenhower und Chruschtschow.* Paderborn, 1996.
LARRES, KLAUS. *Politik und Illusion.* Göttingen, 1995.
MILLER, MERLE. *Ike: The Soldier as They Knew Him.* NY: Putnam, 1987.
PICKETT, WILLIAM. *Dwight David Eisenhower: An American Power.* Wheeling, IL: Harlan Davidson, 1995.

EISENSTEIN, SERGEJ
AUMONT, JACQUES. *Montage Eisenstein.* Bloomington, IN: Indiana University Press, 1987.
BERMA, YON. *Eisenstein.* Bloomington, IN: Indiana University Press, 1973.
BULGAKOWA, OKSANA. *Eisenstein. Titan der Moderne.* Berlin, 1998.
EISENSTEIN, SERGEI M. *Immoral Memories.* Boston: Houghton Mifflin, 1983.
—— *Yo – Ich selbst.* Berlin, 1998.
Eisenstein und Deutschland. Tagebücher, Briefe, Regienotizen. Berlin, 1998.
LERDA, JAY AND VOYHOW, ZINA. *Eisenstein at Work.* NY: Pantheon/MOMA, 1982.

ELIOT, T.S.
ACKROYD, PETER. *T. S. Eliot.* Frankfurt am Main, 1988.
BUSH, RONALD. *T. S. Eliot.* Oxford: Oxford University Press, 1984.
ELIOT, VALERIE (HRSG.). *The Letters of T. S. Eliot* (Bd. 1). NY: Harcourt Brace Jovanovich, 1988.
ELIOT, T. S. *Briefe 1898–1922.* Frankfurt am Main, 1996.
HESSE, EVA. *T. S. Eliot und das Wüste Land.* Frankfurt am Main, 1973.
LYNDALL, GORDON. *Eliot's Early Years.* Oxford: Oxford University Press, 1977.
MOODY, A. D. *Thomas Stearns Eliot: Poet.* Cambridge: Cambridge University Press, 1980.
TATE, ALLEN (HRSG.). *T. S. Eliot: The Man and His Work.* London: Penguin, 1971.

KÖNIGIN ELISABETH (QUEEN MUM)
DUFF, DAVID. *Elizabeth of Glamis.* London: Frederick Muller, 1973.
LACEY, ROBERTS. *Queen Mother.* NY: Little, Brown, 1987.
LAIRD, DOROTHY. *Queen Elizabeth: The Queen Mother.* London: Hodder and Stoughton, 1966.
MORTIMER, PENELOPE. *Queen Elizabeth: A Life of the Queen Mother.* NY: St. Martin's, 1986.
MCGOWAN, HELENE. *The Queen Mother.* NY: Smithmark, 1992.
WAKEFORD, GEOFFREY. *Thirty Years a Queen: A Study of H. M. Queen Elizabeth, the Queen Mother.* London: Robert Hall, 1968.

KÖNIGIN ELISABETH II.
BRADFORD, SARAH. *Elizabeth. Ihre Majestät die Königin.* Bergisch Gladbach, 1996.
CLAY, CHARLES. *Long Live the Queen.* Philadelphia: John Winston Co., 1953.
CATHCOUT, HELEN. *Her Majesty the Queen.* NY: Dodd, 1962.
DAVID, NICHOLAS. *Queen Elizabeth II: A Woman Who Is Not Amused.* Secaucus, NJ: Carol Publishing, 1994.
FISCHER, GRAHAM. *The Queen's Life.* London: Robert Hale, 1976.
HARRIS, KENNETH. *The Queen.* London: Orion, 1994.
——. *The Queen: Royalty and Reality.* NY: St. Martin's, 1995.
HIGHAM, CHARLES. *Elizabeth and Philip: The Untold Story of the Queen of England and Her Prince.* NY: Berkeley, 1993.

ELLINGTON, DUKE
COLLIER, JAMES LINCOLN. *Duke Ellington.* NY: Macmillan, 1991.
ELLINGTON, DUKE. *Music Is My Mistress.* NY: Doubleday, 1973.
GELLY, DAVE. *The Giants of Jazz.* NY: Schirmer, 1987.
HASSE, JOHN EDWARD. *Beyond Category: The Life and Genius of Duke Ellington.* NY: Simon & Schuster, 1993.
JEWELL, DEREK. *Duke.* NY: Norton, 1977.
RENNERT, RICHARD (HRSG.). *Jazz Stars.* NY: Chelsea House, 1994.
RULAND, HANS. *Duke Ellington.* Waakirchen-Schaftlach, 1983.
TRAVIS, DEMPSEY J. *The Duke Ellington Primer.* Chicago: Urban Research Press, 1996.
TUCKER, MARK. *Ellington: The Early Years.* Chicago: University of Illinois Press, 1995.
—— (HRSG.). *The Duke Ellington Reader.* Oxford/NY: Oxford University Press, 1993.

FEDERICO FELLINI
ALPERT, HOLLIS. *Fellini, A Life.* NY: Atheneum, 1986.
BAXTER, JOHN. *Fellini.* NY: St. Martin's, 1994.
CHANDLER, CHARLOTTE. *I, Fellini.* NY: Random House, 1995.
FELLINI, FEDERICO. *Aufsätze und Notizen.* Zürich, 1974.
TORNABOUNI, LIETTA (HRSG.). *Federico Fellini.* NY: Rizzoli, 1995.
TOTEBERG, MICHAEL. *Federico Fellini.* Reinbek, 1989.
ZAPPONI, BERNADINO. *Mein Freund Fellini.* München, 1997.

FERMI, ENRICO
FERMI, LAURA. *Atoms in the Family: My Life with Enrico Fermi.* Chicago: University of Chicago Press, 1954.
GOTTFRIED, TED. *Enrico Fermi, Pioneer of the Atomic Age.* NY: Facts on File, 1992.
LAND, JON. *Manhattan Projekt.* Bergisch Gladbach, 1999.
LATIL, PIERRE. *Enrico Fermi: The Man and: His Theories.* Tr., by Len Ortzen. NY: P.S. Eriksson, 1966.
SEGRAE, EMILIO. *Enrico Fermi: Physicist.* Chicago: University of Chicago Press, 1970.
VON BAEYER HANS CHRISTIAN: *Das All, das Nichts und Achterbahn.* Reinbek, 1997.

FORD, HENRY
BATCHELOR, RAY. *Henry Ford, Mass Production and Design.* Manchester, England: Manchester University Press, 1995.
FORD, HENRY J. AND SAMUEL CROWTHER. *My Life and Work.* NY: Ayer, 1980.
GELDERMAN, CAROL. *Henry Ford: The Wayward Capitalist.* NY: St. Martin's, 1989.
LACY, ROBERT. *Ford: The Men and The Machine.* NY: Ballantine, 1987.
STIDGER, WILLIAM L. *Henry Ford: The Man and His Motives.* NY: George H. Doran, [c. 1923].
WIK, RENALOD M. *Henry Ford and Grass Roots America.* Ann Arbor, MI: University of Michigan Press, 1973.

FRANCO, FRANCISCO
BERNECKER WALTER L. *Spaniens Geschichte seit dem Bürgerkrieg.* München, 1997.
ELLWOOD, SHEELAGH M. *Franco.* London/NY: Longman, 1994.
FEIS, HERBERT. *The Spanish Story: Franco and the Nations At War.* Westport, CT: Greenwood Publishing, 1987.
HAUBRICH, WALTER. *Spaniens schwieriger Weg in die Freiheit. Band 1, 1973–1975; Band 2, 1975–1977.* Berlin, 1995 und 1997.
MONTALBAN, MANUEL VÁZQUEZ. *Franco.* Reinbek, 1998.
PAYNE, STANLEY G. *Franco's Spain.* London/NY: Routledge, 1968.
PRESTON, PAUL. *Franco: A Biography.* NY: Basic Books, 1994.
——. *The Politics of Revenge and Fascism and The Military in Twentieth Century Spain.* London/NY Routledge, 1995.
REGLER, GUSTAV: *Der große Kreuzzug.* Frankfurt am Main, 1996.

FRANK, ANNE
BARNOUW, DAVID AND VAN DER STROEM, GERROLD (HRSG.). *The Diary of Anne Frank.* NY: Doubleday, 1989.
FRANK, ANNE. *Die Tagebücher der Anne Frank.* Frankfurt am Main, 1993.
GUTMAN, ISRAEL (HRSG.). *Encyclopedia of the Holocaust.* NY: Macmillan, 1990.
LINDWER, WILLY. *The Last Seven Months of Anne Frank.* NY: Pantheon, 1991.
SCHNABEL, ERNST. *Anne Frank. Spur eines Kindes.* Frankfurt am Main, 1997.
TELUSHKIN, RABBI JOSEPH. *Jewish Literacy.* NY: Morrow, 1991.
WILSON, CARA. *Alles Liebe Otto. Das Erbe der Anne Frank.* Basel, o. J.

FRANKLIN, ARETHA
BEGO, MARK. *Aretha Franklin: The Queen of Soul.* NY: St. Martin's, 1989.
GOURSE, LESLIE. *Aretha Franklin: Lady Soul.* NY: Watts, 1995.
HASKINS, JAMES. *Aretha: A Personal and Professional Biography of Aretha Franklin.* NY: Stein and Day, 1986.
O'DAIR, BARBARA. *The Rolling Stone Book of Women in Rock.* NY: Random House, 1997.
SHAW, ARNOLD. *Black Popular Music.* NY/London: Shirman, 1986.

FREUD, SIGMUND
BADCOCK, CHRISTOPHER. *Essential Freud (2. Aufl.).* Cambridge, MA: Blackwell Press, 1992.
EYSENCK, HANS J. *The Decline and Fall of the Freudian Empire.* NY: Viking, 1985.
FERGUSON, HARVIE. *The Lure of Dreams: Sigmund Freud and the Construction of Modernity.* London/ NY: Routledge, 1996.
FORRESTER, JOHN. *Dispatches From The Freud Wars: Psychoanalysis and Its Passions.* Cambridge, MA: Harvard University Press, 1995
FROMM, ERICH. *Schriften über Sigmund Freud.* Stuttgart, 1989.
GARCIA, EMANUEL E. *Understanding Freud: The Man and His Ideas.* NY: New York University Press, 1992.
GAY, PETER. *Freud.* Frankfurt am Main, 1992.
HUGHES, JUDITH M. *From Freud's Consulting Rooms: The Unconscious in A Scientific Era.* Cambridge, MA: Harvard University Press, 1994.
KERR, JOHN. *A Most Dangerous Method: The Story of Jung, Freud, and Sabrina Spielrein.* NY: Vintage, 1994.
LOHMANN, HANS M. *Sigmund Freud.* Reinbek, 1998.
ROAZEN, PAUL. *How Freud Worked: First Hand Accounts of Patients.* Northvale, NJ: Jason Aronson, 1995.
——. *Meeting Freud's Family.* Amherst, MA: University of Massachusetts Press, 1993.

FRIEDAN, BETTY
FRIEDAN, BETTY. *Der Weiblichkeitswahn.* Reinbek, o. J.
——. *It Changed My Life: Writings on the Women's Movement.* NY: Dell, 1991.
——. *Mythos Alter.* Reinbek, 1997.
——. *The Second Stage.* NY: Dell, 1991.
MELTZER, MILTON. *Betty Friedan: A Voice for Women's Rights.* NY: Viking Kestrel, 1985.

GAGARIN, JURI
GAGARIN, YURI AND LEVEDEV, VLADIMIR. *Survival in Space.* Tr. Gabriella Asrael. NY: F.A Praeger, 1969.
GAGARIN, VALENTIN ALEKSEEVICH. *My Brother Yuri: Pages from the Life of the First Cosmonaut.* Tr. Fainna Glagoleva. Moscow: Progress Publishers, 1973.
HOOPER, GORDON. *Soviet Cosmonaut Team.* Woodbridge, England: GRIT Publications, 1986.
KOWALSKI, GERHARD. *Die Gagarin– Story.* Berlin, 1999.
SHARPE, MICHAEL R. *Yuri Gagarin: First Man in Space.* Huntsville, AL: Strode Publishers, 1969.

THOMAS, SHIRLEY. *Men of Space* (Bd. 3). Philadelphia/NY: Chilton, 1961.
TSYMBAL, NIKOLAI (HRSG.). *First Man in Space*. Moscow: Progress Publishers, 1984.
Yuri Gagarin: The First Cosmonaut. Moscow: Novosti Press Agency, 1977.

GANDHI, INDIRA

ABBAS, K. A. *That Woman: Indira Gandhi's Seven Years in Power*. Livingston: Orient Book Distributors, 1973.
ALEXANDER, P. *My Years with Indira Gandhi*. Columbia: South Asia Books, 1991.
FRASER, ANTONIA. *The Warrior Queens*. NY: Knopf, 1989.
GUPTE, PRANAY. *Mother India: A Political Biography of Indira Gandhi*. NY: Scribner's, 1992.
JAYAKAR, PUPUL. *Indira Gandhi: An Intimate Biography*. NY: Pantheon Books, 1993.
MALHOTRA, INDER. *Indira Gandhi: A Personal and Political Biography*. Boston: Northeastern University Press, 1991.
MASANI, Z. *Indira Gandhi: A Biography*. Miami Brown, 1976.
OPFELL, OLGA S. *Women Prime Ministers and Presidents*. Jefferson, NC: McFarland, 1993.
WINDGASSEN, ANTJE. *Kasturbi Ghandi. Eine Mutter für Indien*. Heilbronn, 1997.

GANDHI, MAHATMA

BROWN, JUDITH. *Gandhi: Prisoner of Hope*. New Haven, CT: Yale University Press, 1989.
CLEMENT, CATHERINE. *Gandhi: The Power of Pacifism*. NY: Abrams, 1965.
COPLEY, A. *Gandhi*. NY: Basil Blackwell, 1987.
FISCHER, LOUIS. *The Essential Gandhi*. NY: Random House, 1983.
——. *The Life of Mahatma Gandi*. NY: Harper & Row, 1983.
GHANDI, MAHATMA. *Friedvoll siegen*. München, 1997.
GRABNER, SIGRID. *Mahatma Ghandi*. Berlin, 1992.
NANDA, B. R. *Gandhi and His Critics*. Oxford/NY: Oxford University Press, 1994.
——. *Mahatma Gandhi: A Biography*. London/NY: Oxford University Press, 1996
ROTHERMUND, DIETMAR. *Mahatma Ghandi*. München, 1997.
SCHECHTER, BETTY. *The Peaceable Revolution*. NY: Houghton Mifflin, 1963.

GARBO, GRETA

BAINBRIDGE, JOHN. *Garbo*. NY: Doubleday, 1955.
CAHILL, MARIE. *Greta Garbo*. NY: Smithmark, 1992.
DAUM, RAYMOND. *Walking With Garbo: Conversations and Recollections*. NY: HarperCollins, 1992.
PARIS, BARRY. *Garbo*. Berlin, 1997.
SWENSON. *Greta Garbo: A Life Apart*. NY: Simon & Schuster, 1996.
SOUHAMI, DIANA. *Greta and Cecil*. San Francisco: Harper San Francisco, 1995.
VICKERS, HUGO. *Loving Garbo. Die Affären der Göttlichen*. München, 1995.

GARCIA MARQUEZ, GABRIEL

BELL, MICHAEL. *Gabriel García Márquez: Solitude and Solidarity*. NY: St. Martin's, 1993.
BELL-VILLADA, GENE H. *García Márquez: the Man and His Work*. Chapel Hill, NC: University of North Carolina Press, 1990.
BLOOM, HAROLD (HRSG.). *Gabriel García Márquez*. NY: Chelsea House, 1989.
GARCIA MARQUEZ, GABRIEL. *The Fragrance of Guava: Plinio Apuleyo Mendoza in Conversation with Gabriel García Márquez*. Tr., Ann Wright. London: Verso, 1983.
MCGUIRK, BERNARD AND CARDWELL, RICHARD (HRSG.). *Gabriel García Márquez: New Readings*. Cambridge: Cambridge University Press, 1981.
MINTA, STEPHEN. *García Márquez, Writer of Colombia*. NY: Harper & Row, 1987.
PLOETZ, DAGMAR. *Gabriel García Márquez*. Reinbek, 1992.
SALDIVOR, DASSO. *Reise zum Ursprung*. Köln, 1998.

WILLIAMS, RAYMOND L. *Gabriel García Márquez*. Boston: Twayne Publishers, 1984.

GARLAND, JUDY

EDWARDS, ANNE. *Judy Garland*. NY: Simon & Schuster, 1975.
FINCH, CHRISTOPHER. *Rainbow: The Stormy Life of Judy Garland*. NY: Grosset, 1975.
FORDIN, HUGH. *The World of Entertainment! Hollywood's Greatest Musicals*. NY: Doubleday, 1975.
FRANK, GEROLD. *Judy*. NY: Harper & Row, 1975.
FRICKE, JOHN. *Judy Garland: World's Greatest Entertainer*. NY: Henry Holt, 1992.
SHIPMAN, DAVID. *Judy Garland: The Secret Life of an American Legend*. NY: Hyperion, 1993.
TORME, MEL. *The Other Side of the Rainbow: Behind the Scenes on the Judy Garland Television Series*. NY/London: Oxford University Press, 1991.

GATES, BILL

BOYD, AARON. *Smart Money: The Story of Bill Gates*. Greensboro, NC: Morgan Reynolds, 1995.
BILL GATES. *Der Weg nach vorn*. München, 1997.
——. *Digitales Business*. München, 1999.
ICHBIAH, DANIEL AND KNEPPER, SUSAN L. *The Making of Microsoft*. Rocklin, CA: Prima Pub, 1992
GOLDMAN ROHM, WENDY: *Die Microsoft-Akte*. München, 1998.
MANES, STEPHEN. *Gates: How Microsoft's Mogul Reinvented an Industry and Made Himself the Richest Man in America*. NY: Simon & Schuster, 1994.
WALLACE, JAMES. *Hard Drive: Bill Gates and the Making of the Microsoft Empire*. NY: Harper Business, 1992.

GINSBERG, ALLEN

BURROUGHS, WILLIAM S. *Letters to Allen Ginsberg: 1953-57*. NY: Full Court Press, 1982.
CASSADY, CAROLYN. *Off the Road: My Years with Cassady, Kerouac, and Ginsberg*. NY: Viking Penguin, 1991.
JOHNSON, JOYCE. *Warten auf Kerouac*. München, 1997.
KIRSCH, HANS CHRISTIAN. *On the Road*. Reinbek, 1995.
KRAMER, JANE. *Allen Ginsberg in America*. NY: Fromm, 1997.
MILES, BARRY. *Allen Ginsberg*. NY: Simon & Schuster, 1989.
MORGAN, BILL. *The Response to Allen Ginsberg*. West-port, CT: Greenwood Publishing Group, Inc., 1996.
——. *The Works of Allen Ginsberg, 1941–1944: A Descriptive Bibliography*. Westport, CT: Greenwood Publishing, 1995.
SCHUMACHER, MICHAEL. *Dharma Lion: A Biography*. NY: St. Martin's, 1994.

GOODALL, JANE

GOODALL, JANE. *Ein Herz für Schimpansen*. Reinbek, 1991.
——. *Wilde Schimpansen*. Reinbek, 1991.
MONTGOMERY, SY. *Walking With the Great Apes: Jane Goodall, Dian Fossey, Birute Galdikas* Boston: Houghton Mifflin, 1992.

GORBATSCHOW, MICHAIL

BUSTON, THOMAS G. *Gorbachev: A Biography*. NY: Stein and Day, 1985.
DODER, DUSKO. *Shadows and Whispers. Power Politics Inside the Kremlin from Brezhnev to Gorbachev*. NY: Random House, 1986.
—— AND LOUISE BRANSON. *Gorbachev: Heretic In the Kremlin*. NY: Viking, 1990.
GORBATSCHOW, MICHAIL. *Erinnerungen*. München, 1996.
——. *A Time for Peace*. NY: Richardson & Steirman, 1985.
HAUB, WOLFGANG F. *Gorbatschow*. Hamburg, 1989.
KUHN, EKKEHARD. *Gorbatschow und die deutsche Einheit*. Bonn, 1993.
MCCAULEY, MARTIN. *The Soviet Union Under Gorbachev*. NY: St. Martin's, 1987.

SHEEHY, GAIL. *Why Gorbachev Happened*. Robert G. Kaiser. NY: Simon & Schuster, 1991.
TSCHERNAJEW, ANATOLI. *Die letzten Jahre einer Weltmacht*. Stuttgart, 1993.

GRAHAM, BILLY

FRADY, MARSHALL. *Billy Graham: A Parable of American Righteousness*. Boston: Little, Brown, 1979.
GRAHAM, BILLY. *So wie ich bin*. Giessen, 1998.
——. *World Aflame*. Garden City, NY, 1965.
MARTIN, WILLIAM C. *A Prophet With Honor: the Billy Graham Story*. NY: Quill, 1991.
POLLOCK, JOHN. *Billy Graham: The Authorized Biography*. NY: McGraw-Hill, 1996.
——. *To All Nations: The Billy Graham Story*. San Francisco: Harper San Francisco, 1985.
SETTEL. *Faith of Billy Graham*. NY: Random House, 1995.
WELLMAN, SAM. *Billy Graham: The Great Evangelist*. Uhrichsville, OH: Barbour & Company, 1996.

GRAHAM, MARTHA

ARMITAGE, MERLE (HRSG.). *Martha Graham: The Early Years*. NY: Da Capo Press, 1978.
DE MILLE, AGNES. *Martha*. NY: Random House, 1991.
GARFUNKEL, TRUDY. *Letter to the World: The Life and Dances of Martha Graham*. Boston: Little, Brown, 1995.
GRAHAM, MARTHA. *Blood Memory*. NY: Doubleday, 1991.
TRACY, ROBERT. *Goddess: Martha Graham's Dancers Remember*. NY: Limelight Editions, 1997.

GRANT, CARY

HARRIS, WARREN G. *Cary Grant: A Touch of Elegance*. Garden City, NY: Doubleday, 1987.
HIGHAM, CHARLES AND MOSELEY, ROY. *Cary Grant: The Lonely Heart*. San Diego: Harcourt Brace Jovanovich, 1980.
NELSON, NANCY. *Evenings With Cary Grant: Recollections in His Own Word and by Those Who Knew Him Best*. NY: Morrow, 1991.
SCHICKEL, RICHARD. *Cary Grant: A Celebration*. Boston: Little, Brown, 1983.
WANSELL, GEOFFREY. *Cary Grant*. Rom, o. J.

GRIFFITH, D.W.

BARRY, IRIS AND EILEEN BOWSER. *D. W. Griffith: American Film Master*. NY/London: Garland, 1985.
FÄRBER, HELMUT. *A Corner in Wheat von D.W.Griffith, 1909. Eine Kritik*. München, 1992.
GUNNING, TOM. *D. W. Griffith and The Origins of American Narrative Film: The Early Years at Biograph*. Champaign, IL: University of Illinois Press, 1991.
HENDERSON, ROBERT. *D. W. Griffith: His Life & Work*. NY/London: Garland Publishing, 1985.
HUNT, JAMES (HRSG.). *The Man Who Invented Hollywood: Autobiography of D. W. Griffith*. Louisville, KY: Touchstone, 1972.
SCHICKEL, RICHARD. *D. W. Griffith: An American Life*. NY: Limelight Editions, 1996.
SIMMON, SCOTT. *The Films of D. W. Griffith*. Cambridge/NY: Cambridge University Press, 1993.
WILLIAMS, MARTIN. *Griffith: First Artist of the Movies*. Oxford/NY: Oxford University Press, 1980.

GUEVARA, CHE

ANDERSON, JON LEE. *Che Guevara: A Revolutionary Life*. NY: Grove Press, 1997.
CASTAÑEDA, JORGE G. *Che Guevara*. Frankfurt am Main, 1998.
CASTRO, FIDEL. *Che: A Memoir*. Hrsg.: David Deutschmann. Melbourne/NY: Talman Co., 1994.
GADEA, HILDA. *Ernesto: A Memoir of Che Guevara*. Tr., Carmen Molina and Walter I. Bradbury. Garden City, NY: Doubleday, 1972.
GUEVARA, ERNESTO. *Episodes of the Cuban Revolutionary War, 1956-58*. NY: Pathfinder, 1996.

———. *The Motorcycle Diaries: A Journey Around South America*. Tr., Ann Wright. London/NY: Verso, 1995.
MASSARI, ROBERTO. *Che Guevara. Politik und Utopie*. Frankfurt am Main, 1987.
MAY, ELMAR. *Che Guevara*. Reinbek, 1973.
RODRIGUES, FELIX I. AND JOHN WEISMAN. *Shadow Warrior*. NY: Simon & Schuster, 1989.
TAIBO, PACO IGNACIO. *Guevara, Also Known As Che*. NY: St. Martin's, 1997.

HAWKING, STEPHEN

HAWKING, STEPHEN. *Eine kurze Geschichte der Zeit*. Reinbek, 1992.
———. *Stephen Hawkings Welt*. Reinbek, 1995.
HAWKING, STEPHEN AND REES, MARTIN J. *Before the Beginning: Our Universe and Others*. NY: Addison-Wesley, 1997.
———. *Black Holes and Baby Universes and Other Essays*. NY: Bantam, 1993.
———. *A Brief: History of Time: From the Big Bang to Black Holes*. NY: Bantam, 1990.
MCEVOY, J.P., ZARATO, OSCAR AND APPIGNANESI, RICHARD (HRSG.). *Stephen Hawking. Introducing Stephen Hawking*. Totem Books, 1995.
WHITE, MICHAEL UND GRIBBIN, JOHN. *Stephen Hawkings. Die Biographie*. Reinbeck, 1995

HEARST, WILLIAM RANDOLPH

MILTON, JOYCE. *The Yellow Kids*. NY: Harper, 1989.
NORMAN, KENNETH. *Makers of Modern Journalism*. NY: Prentice Hall, 1952.
ROBINSON, JUDITH. *The Hearsts: An American Dynasty*. NY: Avon, 1991.
SWANBERG, W. A. *Citizen Hearst*. NY: Galahad Books, 1996.

HEFNER, HUGH

BRADY, FRANK. *Hefner*. NY: Macmillan, 1974.
Inside the Playboy Manison. Einleitung von Hugh Hefner. Hombrechtikon, 1998.
MILLER, RUSSELL. *Bunny: The Real Story of Playboy*. NY: Holt, Rinehart and Winston, 1984.

HEIFETZ, JASCHA

BROOK, DONALD. *Violinists of Today*. London: Rockliff, 1953.
SCHONBERG, HAROLD C. *The Virtuose*. NY: Vintage, 1988.
SCHWARZ, BORIS. *Great Masters of the Violin*. NY: Simon & Schuster, 1983.

HEMINGWAY, ERNEST

ASTE, GEORGE A. *Ernest Hemingway*. Reinbek, o. J.
BAKER, CARLOS. *Ernest Hemingway: A Life Story*. NY: Scriber's, 1969.
BURGESS, ANTHONY. *Ernest Hemingway and His World*. NY: Scribner's, 1978.
DONALDSON, SCOTT. *By Force of Will*. NY: Viking, 1977.
FUENTES, NOBERTO. *Sturmfluten des Herbstes*. Hombrechtikon, 1994.
HEMINGWAY, GREGORY H. *Papa: A Personal Memoir*. Boston: Houghton Mifflin, 1976.
HEMINGWAY, MARY WELSH. *How It Was*. NY: Knopf, 1951.
HOTCHNER, A. E. *Hemingway and His World*. NY: Vendome, 1989.
LYNN, KENNETH S. *Hemingway*. Cambridge, MA: Harvard University Press, 1995.
MELLOW, JAMES. *Hemingway: A Life Without Consequences*. London: Hodder and Stoughton, 1993.
MESSENT, PETER. *Ernest Hemingway*. London: Macmillan, 1992.
MEYERS, JEFFREY. *Hemingway: A Biography*. NY: Harper & Row, 1985.
REYNOLDS, MICHAEL. *Hemingway: The American Homecoming*. Cambridge, MA: Blackwell, 1992.
———. *Hemingway: The Paris Years*. Oxford, England: Blackwell, 1989.
———. *The Young Hemingway*. Oxford, England: Blackwell, 1986.
STRESAU, HERMANN. *Ernest Hemingway*. Berlin, 1985.

HEPBURN, KATHARINE

BERGAN, RONALD. *Katharine Hepburn*. München, 1996.
BRITTON, ANDREW. *Katherine Hepburn: A Portrait of the Actress as Feminist*. NY: Continuum, 1995.
HEPBURN, KATHARINE. *Ich*. München, 1993.
———. *The Making of „The African Queen" or How I Went to Africa with Bogart, Bacall, and Huston and Almost Lost My Life*. NY: Knopf, 1987.
HIGHAM, CHARLES. *Kate: The Life of Katharine Hepburn*. NY: NAL, 1981.
LEAMING, BARBARA. *Katharine Hepburn*. München, 1998.
ROBINSON, ALICE, (HRSG.). *Notable Women in American Theatre*. NY: Greenwood Press, 1989.
PRIDEAUX, JAMES. *Knowing Hepburn and Other Curious Experiences*. London: Faber, 1996.

HILLARY, SIR EDMUND AND TENZING NORGAY

FRASER, MARY ANN. *On Top of the World: The Conquest of Mount Everest*. NY: Henry Holt, 1991.
GILLMANN, PETER. *Everest*. München, 1998.
HAKING, SUE MULLER. *Mount Everst and Beyond: Sir Edmund Hillary*. NY: Benchmark Books, 1997.
HILLARY, EDMUND, SIR. *Ascent: Two Lives Explored: The Autobiographies of Sir Edmund and Peter Hillary*. NY: Paragon House, 1991.
———. *High Adventure*. NY: Dutton, 1955.
———. *Ich stand auf dem Everest. Meine Erstbesteigung mit Sherpa Tensing*. Wiesbaden, 1974.
——— AND DESMOND DOIG. *High in the Thin Cold Air: The Story of the Himalayan Expedition*. Garden City, NY: Doubleday, 1962.
———. *Nothing Venture, Nothing Win*. NY: Coward, McCann & Geoghegan, 1975.
———. *Schoolhouse in the Clouds*. NY: Penguin, 1964.
KOOP, FAITH YINGLING. *A World Explorer: Sir Edmund Hillary*. Champaign, IL: Garrard, 1970.
KRAKAUER, JON. *In eisigen Höhen*. München, 1998.
KRAMER, SYDELLE. *To the Top!: Climbing the World's Highest Mountain*. NY: Random House, 1993.
www://everest.mountainzone.com/sherpas.stm/climbing
www.pbs.org/wgbh/nova/everest/history/norgay

KAISER HIROHITO

BEHR, EDWARD. *Hirohito: Behind the Myth*. NY: Villard, 1989.
FIELD, NORMA. *In the Realm of a Dying Emperor*. NY: Pantheon, 1991.
HOYT, EDWIN. *Hirohito: The Emperor and the Man*. NY: Praeger, 1992.
IROKAWA, DAIKICHI. *The Age of Hirohito: In Search of Modern Japan*. NY: Free Press, 1995.
LARGE, STEPHEN S. *Emperor Hirohito and Showa Japan*. London/NY: Routledge, 1992.

HITCHCOCK, ALFRED

DURGNAT, RAYMOND. *The Strange Case of Alfred Hitchcock*. London: Faber, 1974.
HALEY, MICHAEL. *The Alfred Hitchcock Album*. Englewood Hills, NJ: Prentice-Hall, 1981.
KAPSIS, ROBERT E. *Hitchcock: The Making of a Reputation*. Chicago, IL: University of Chicago Press, 1992.
LAVALLEY, ALBERT J. (HRSG.). *Focus on Hitchcock*. Englewood Cliffs, NJ: Prentice-Hall, 1972.
PATALES, ENNO. *Alfred Hitchcock*. München, 1999.
SPOTO, DONALD. *Alfred Hitchcock*. München, 1999.
———. *Alfred Hitchcock und seine Filme*. München, 1999
TRUFFAUT, FRANCOIS. *Mr. Hitchcock, wie haben Sie das gemacht?* München, 1989.
TRUFFAUT, FRANCOIS WITH HELEN G. SCOTT. *Hitchcock*. NY: Simon & Schuster, 1985.

HITLER, ADOLF

BULLOCK, ALLAN L. *Hitler: A Study in Tyranny*. NY: HarperCollins, 1991.
———. *Modern Biography: Hitler*. NY: Smithmark, 1995.
CARR, WILLIAM. *Hitler: A Study In Personality and Politics*. NY: St. Martin's, 1995.
CROSS, COLIN. *Adolf Hitler*. London: Hodder and Stoughton, 1973.
FEST, HANS JOACHIM. *Hitler*. Berlin, 1997.
HERZTSTEIN, ROBERT EDWIN. *The Nazis*. Alexandria, VA: Time/Life 1980.
KERSHAW, IAN. *Hitler 1889–1936*. Stuttgart, 1998.
NICHOLLS, A. J. *Weimar and The Rise of Hitler*. NY: St. Martin's, 1991.
STEFFAHN, HARALD. *Adolf Hitler*. Reinbek, 1983.
STEINERT, MARLIS. *Hitler: A Biography*. NY: Norton, 1997.
TOLAND, JOHN. *Adolf Hitler*. NY: Doubleday, 1992.
WEINBERG, GERHARD L. *Germany, Hitler, and World War II*. NY: Cambridge/Cambridge University Press, 1995.

HO CHI MINH

FENN, CHARLES, CAPTAIN. *Ho Chi Minh: A Biographical Introduction*. NY: Scribner's, 1973.
HUYEN, N. KHAC. *Vision Accomplished? The Enigma of Ho Chi Minh*. NY: Macmillan, 1977.
HALBERSTAM, DAVID. *Ho*. NY: Random House, 1971.
LACOUTRE, JEAN. *Ho Chi Minh: A Political Biography*. Tr., Peter Wiles. NY: Random House, 1968.
MCNAMARA, ROBERT. *Vietnam. Das Trauma einer Weltmacht*. München, 1997.

HOLIDAY, BILLIE

BURNETT, JAMES. *Billie Holiday*. NY: Hippocrene, 1984.
CHILTON, JOHN. *Billie's Bounce: The Billie Holiday Story, 1933–1959*. NY: Da Capo Press, 1989.
CLARK, DONALD. *Billie Holiday*. München, 1995.
HOLIDAY, BILLIE. *The Lady sings the Blues*. Hamburg, 1999.
KLIMENT, BUD. *Billie Holiday*. NY: Chelsea House, 1990.
MUNOZ, JOSE UND SAMPAYO, CARLOS. *Billie Holiday*. Zürich, 1991.
NICHOLSON, STUART. *Billie Holiday*. Boston: Northeastern University Press, 1995.
SANDBERG. *The Billie Holiday Companion*. NY: Macmillan, 1997.
WHITE, JOHN. *Billie Holiday: Her Life and Times*. NY: Universe, 1987.
New Grove Dictionary of Jazz; London: MacMillan, 1988.
Harmony Illustrated Encyclopedia of Jazz. NY: Harmony, 1987.

HOROWITZ, WLADIMIR

DUBAL, DAVID. *Evenings with Horowitz: A Personal Portrait*. London: Robson, 1992.
——— (HRSG.). *Remembering Horowitz: 125 Pianists Recall a Legend*. NY: Schirmer Books, 1993.
KAISER, JOACHIM. *Great Pianists of Our Time*. London: George Allen, 1971.
MACH, ELYSE. *Great Pianists Speak for Themselves*. NY: Dodd, 1980.
PEASHIN, GLENN. *Horowitz*. München, 1990.
SCHONBERG, HAROLD C. *The Great Pianists*. NY: Simon & Schuster, 1963.
———. *Horowitz*. Frankfurt am Main, 1995.

IBARRURI, DOLORES

IBARRURI, DOLORES. *They Shall Not Pass: The Autobiography of La Pasionaria*. NY: International, 1976.
KERN, ROBERT (HRSG.). *Historical Dictionary of Modern Spain*. NY: Greenwood, 1989.
LOW, ROBERT. *La Pasionaria: The Spanish Firebrand*. London: Hutchinson, 1992.

JACKSON, MICHAEL

ANDERSON, CHRISTOPHER P. *Michael Jackson: Unauthorized*. NY: Simon & Schuster, 1994.
CAMPBELL, LISA. *Michael Jackson: The King of Pop*. Boston: Branden Books, 1993.
EBMEIER, JOCHEN. *Michael Jackson – Das Phänomen*. Hamburg, 1997.

GEORGE, NELSON. *The Michael Jackson Story.* NY: Dell, 1987.
TARABORRELLI, J. RANDY. *Michael Jackson: The Magic and the Madness.* NY: Ballantine, 1991.

JAGGER, MICK

DALTON, DAVID (HRSG.). *The Rolling Stones. In eigenen Worten.* Heidelberg, 1995.
ELRISH, JON. *Die Rolling Stones.* Augsburg, o. J.
HIGHWATER, JAMAKE. *Mick Jagger: The Singer, Not the Song.* NY: Curtis Books, 1973.
SANFORD, CHRISTOPHER. *Mick Jagger: Primitive Cool.* NY: St. Martin's, 1994.
SCADUTO, ANTHONY. *Mick Jagger: Everybody's Lucifer.* NY: McKay, 1974.
Starporträts. Die Rolling Stones. Die komplette Chronik von 1969 bis heute. Braunschweig, 1998.
WELCH, CHRIS. *The Rolling Stones.* Miami Springs, FL: Carlton Books, 1994.

JIANG QING

BONAVIA, DAVID. *Verdict in Peking.* NY: Putnam, 1984.
CARTER, PETER. *Mao.* NY: Viking, 1979.
HAN, SUYIN. *Wind in the Tower: Mao Tsetung and the Cultural Revolution.* Boston: Little, Brown, 1976.
TERRILL, ROSS. *Madame Mao: The White Boned Demon.* NY: Simon & Schuster, 1992.

JOHN, ELTON

CLIFFORD, MIKE (HRSG.). *The Harmony Illustrated Encyclopedia of Rock.* NY: Harmony, 1992.
CRIMP, SUSAN UND BURSTEIN, PATRICIA. *Elton John – Rocket Man.* Andrä-Wörden, 1994.
NORMAN, PHILIP. *Elton John.* NY: Simon & Schuster, 1993.

PAPST JOHANNES XXIII.

ALLEGRI, RENZO. *Johannes XXIII.* München, 1997.
BÜHLMANN, WALBERT. *Johannes XXIII.* Mainz, 1997.
COUSINS, NORMAN. *The Improbable Triumvirate: John F. Kennedy, Pope John, and Nikita Khrushev.* NY: Norton, 1984.
HATCH, ALDEN. *A Man Named John.* NY: Hawthorn, 1963.
HEBBLETHWAITE, PETER. *Pope John XXIII: Shepherd of the Modern World.* NY: Doubleday, 1987.
HÜNERMANN, WILHELM. *Der Pfarrer der Welt.* Graz, 1989.
POPE JOHN XXIII. *Letters to His Family.* Tr., Dorothy White. NY/Toronto: McGraw-Hill, 1968.
WALCH, TIMOTHY. *John the Twenty-Third.* NY: Chelsea House, 1987.
WYNN, WILTON. *Keepers of the Keys.* NY: Random House, 1988.

JORDAN, MICHAEL

GREENE, BOB. *Hang Time: Days and Dreams with Michael Jordan.* NY: Doubleday, 1992.
——. *Michael Jordan – Time Out.* Oldenburg, 1998.
JORDAN, MICHAEL. *I Can't Accept Not Trying.* San Francisco: Harper Collins, 1995.
KRÄNZLE, PETER. *Michael Jordan.* München, 1994.
SMITH, SAM. *The Jordan Rules.* NY: Simon & Schuster, 1992.

JOYCE, JAMES

BEJA, MORRIAS. *James Joyce: A Literary Life.* Columbus, OH: Ohio State University Press, 1992.
BENSTOCK, BERNARD. *James Joyce.* NY: Ungar, 1985.
BRUCE, BRADLEY. *James Joyce's Schooldays.* Dublin: Gill and Macmillam, 1982.
COSTELLO, PETER. *James Joyce: The Years of Growth, 1882–1915.* NY: Pantheon, 1993.
ELLERMAN, RICHARD. *James Joyce.* Frankfurt am Main, 1996.
—— (HRSG.). *My Brother's Keeper: James Joyce's Early Years.* NY: Viking, 1958.
HART, CLIVE. *Conversations With James Joyce.* NY: Columbia University Press, 1974.
MADDOX, BRENDA. *Nora: A Biography of Nora Joyce.* London: Hamish Hamilton, 1988.
PARIS, JEAN. *James Joyce.* Reinbek, o. J.
POTTS, WILLARD (HRSG.). *Portraits of the Artist in Exile: Recollections of James Joyce by Europeans.* Seattle, WA: University of Washington Press, 1979.
TRÖGER, WILHELM. *Joyce.* München, 1994.

JUNG, C.G.

ALT, FRANZ (HRSG.). *C. G. Jung – Lesebuch.* Zürich, 1998.
BRUMLIK, MICHA. *C. G. Jung zur Einführung.* Hamburg, 1993.
JUNG, C. G. *The Essential Jung.* Princeton: Princeton University Press, 1983.
KERR, JOHN. *Most Dangerous Method: The Story of Jung, Freud and Sabina Spielrein.* NY: Vintage, 1994.
MCLYNN, FRANK. *Carl Gustav Jung.* NY: St. Martin's, 1997.
STEVENS, ANTHONY. *Jung.* Oxford/NY: Oxford University Press, 1994.
NOLL, RICHARD. *The Aryan Christ: The Secret Life of Carl Jung.* NY: Random House, 1997.
STORR, ANTHONY. *Jung.* London: Fontana/Collins, 1973.
WEHR, GERHARD. *C. G. Jung.* Reinbek, 1989.

KAFKA, FRANZ

BROD, MAX. *Franz Kafka: A Biography.* NY: Da Capo Press, 1995.
KAFKA, FRANZ. *Gesammelte Werke* (Hrsg.: Hans-Gerd Koch). Frankfurt am Main, 1994.
KARL, FREDERICK R. *Franz Kafka, Representative Man.* NY: Fromm, 1993.
NORTHEY, ANTHONY. *Kafka's Relatives: Their Lives and His Writing.* New Haven, CT: Yale University Press, 1991.
PAWEL, ERNST. *Das Leben Franz Kafkas.* München, 1986.
SPANN, MENO. *Franz Kafka.* NY: Macmillan, 1976.
UNSELD, JOACHIM. *Franz Kafka.* Frankfurt am Main, 1984.
WAGENBACH, KLAUS. *Franz Kafka.* Reinbek, o. J.

KAHLO, FRIDA

BILLETER, ERICA (HRSG.). *The World of Frida Kahlo: The Blue House.* Seattle, WA: University of Washington Press, 1994.
DRUCKER, MARIA. *Frida Kahlo: Torment and Triumph in Her Life.* NY: Bantam, 1991.
——. *Frida Kahlo.* Albuquerque, NM: University of New Mexico, 1995.
HARDIN, TERRI. *Frida Kahlo: A Modern Master.* NY: Smithmark, 1997.
HERRERA, HAYDEN. *Frida Kahlo.* Frankfurt am Main, 1997.
KRAUSE, BARBARA. *Diego ist der Name der Liebe.* Freiburg, 1997.
SELBER, LINDE. *Frida Kahlo.* Reinbek, 1997.
TIBOL, RAQUEL. *Frida Kahlo: An Open Life.* Albuquerque, NM: University of New Mexico, 1993.
TURNER, ROBYN. *Frida Kahlo.* Boston: Little, Brown, 1993.

KELLER, HELEN

BROOKS, VAN WYCK. *Helen Keller: Sketch for a Portrait.* NY: Dutton, 1956.
EINHORN, LOIS. *Helen Keller, Public Speaker: Sightless But Seen, Deaf But Heard.* NY: Greenwood Press, 1996.
FONER, PHILIP S. *Helen Keller: Her Socialist Years.* NY: International, 1967.
HURWITZ, JOHANNA. *Helen Keller.* NY: Random House, 1997.
KELLER, HELEN. *Meine Welt.* Birkenau-Lörbach, 1987.
——. *Mein Weg aus der Dunkelheit.* München, 1997.
LASH, JOSEPH P. *Helen and Teacher: The Story of Helen Keller and Anne Sullivan Macy.* NY: Delacourt, 1980.
WAITE, HELEN E. *Offne mir das Tor zur Welt. Das Leben der taubblinden Helen Keller.* Stuttgart, 1998.

KELLY, GRACE

BENHAMOU, SERGE. *Grace Kelly, princesse de cinéma.* Éditions du collectionneur, 1992.
CONANT, HOWELL. *Grace.* La Martinière, 1993.
HAWKINS, PETER. *Prince Rainier of Monaco.* London: William, Kimber, 1966.
LACEY, ROBERT. *Grace.* NY: Putnam, 1994.
SPADA, JAMES. *Grace Kelly. Das geheime Vorleben einer Fürstin.* Berlin, 1996.
SURCOUL, ELIZABETH GILLEN. *Grace Kelly, American Princess.* Minneapolis, MN: Lerner, 1992.

KENNEDY, JOHN F.

ANDERSON, CHRISTOPHER P. *Jack and Jackie: Portrait of an American Marriage.* NY: Morrow, 1996.
CROSS, ROBIN. *John F. Kennedy 1917–1963.* München, 1993.
GARDNER, JOHN W. (HRSG.). *To Turn the Tide.* NY: Harper & Row, 1962.
HAMILTON, NIGEL. *Reckless Youth.* NY: Random House, 1992.
HARPER, PAUL AND KRIEG, JOANN P. *JFK: The Promise Revisited.* Westport, CT: Greenwood, 1988.
KLEIN, EDWARD. *Jack & Jackie.* Berlin, 1997.
MCGINNISS, JOE. *The Last Brother.* NY: Simon & Schuster, 1993.
POSENER, ALAN. *John F. Kennedy.* Reinbek, 1991.
REEVES, RICHARD. *President Kennedy: Profile of Power.* NY: Simon & Schuster, 1993.
REEVES, THOMAS C. *A Question of Character: A Life of John F. Kennedy.* Rocklin, CA: Prima, 1992.
SALINGER, PIERRE. *John F. Kennedy.* NY: Viking, 1997.
SCHWARZ, URS. *JFK 1917–1963.* London: Paul Hamlyn, 1964.
SORENSON, THEODORE. *Kennedy.* NY: Harper & Row, 1965.
——. *The Kennedy Legacy.* NY: Macmillan, 1993.
——. *Modern Biography: Kennedy.* NY: Smithmark, 1995.

KEVORKIAN, DR. JACK

BETZOLD, MICHAEL. *Appointment With Dr. Death.* Troy, MI: Momentum Books, 1993.
KEVORKIAN, JACK. *Prescription: Medicide; The Goodness of Planned Death,* 1991.
LOVING, CAROL. *My Son, My Sorrow: The Tragic Tale of Dr. Kevorkian's Youngest Patient.* Far Hills, NJ: New Horizon Press, 1998.

KING, BILLIE JEAN

KING, BILLIE J. *The Autobiography of Billie Jean King.* Granada
——. *We Have Come A Long Way.* NY: McGraw Hill, 1989.
SANFORD, WILLIAM R. AND CARL R. GREEN. *Billie Jean King.* Crestwood House, 1993.

KING, MARTIN LUTHER

ALBERT, PETER J. AND RONALD HOFFMAN (HRSG.). *We Shall Overcome: Martin Luther King Jr. and the Black Freedom Struggle.* NY: Da Capo Press, 1993.
BRANCH, TAYLOR. *Pillar of Fire: America in the King Years, 1963–65.* NY: Simon & Schuster, 1998.
COLAIACO, JAMES A. *Martin Luther King Jr.: Apostle of Militant Nonviolence.* NY: St. Martin's, 1992.
DAVIS, LENWOOD G. *I Have a Dream: The Life and Times of Martin Luther King Jr.* Westport, CT: Greenwood, 1973.
ITALIAANDER, ROLF. *Martin Luther King.* Berlin, 1986.
KING, CORETTA S. *My Life with Martin Luther King, Jr.* NY: St Martin's, 1994.
KING, MARTIN LUTHER. *Ich hatte einen Traum.* Gütersloh, 1996.
LISCHER, RICHARD. *The Preacher King: Martin Luther King Jr. and the Word that Moved America.* Ocford/NY: Oxford University Press, 1995.
PRESLER, GERD. *Martin Luther King.* Reinbek, 1984.
SCHULK, FLIP. *He Had A Dream.* NY: Norton, 1995.
SCHULKE, FLIP, AND ORTNER MCPHEE, PENELOPE. *King Remembered.* NY: Norton, 1986.
WARD, BRIAN AND TONY BADGER (HRSG.). *The Making of Martin Luther King and the Civil Rights Movement.* NY: New York University Press, 1996.

LANDERS, ANN UND ABIGAIL VAN BUREN

GROSSVOGEL, DAVID I. *Dear Ann Landers: Our Intimate and Changing Dialogue with America's Best-Loved Confidante.* Chicago: Contemporary Books, 1987.
LANDERS, ANN. *The Ann Landers Encyclopedia A to Z.* NY: Ballantine, 1981.
———. *Wake up and smell the coffee! The Best of Ann Landers.* NY: Fawcett, 1997.
POTTKER, JANICE AND SPEZIALE, BOB. *Dear Ann, Dear Abby: The Unauthorized Biography of Ann Landers and Abigail Van Buren.* NY: Dodd-Mead, 1987.
VAN BUREN, ABIGAIL. *The Best of Dear Abby.* NY: Andrews & McMeel, 1981.
ZASLOW, JEFFREY. *Tell Me All About It: A Personal Look At the Advice Business by the Man Who Replaced Ann Landers.* NY: Morrow, 1990.

LENIN, WLADIMIR

CLARK, RONALD. *Lenin.* NY: Harper & Row, 1988.
CONQUEST, ROBERT. *V. I. Lenin.* NY: Viking, 1972.
FIGES, ORLANDO. *A People's Tragedy: The Russian Revolution, 1891–1924.* NY: Viking, 1996.
HARDING, NEIL. *Leninism.* Durham, NC: Duke University Press, 1996.
HILDERMEIER, MANFRED. *Die russische Revolution.* Frankfurt am Main, 1988.
Lenins letzte Tage. Eine Rekonstruktion von Alexej Chanjutin und Boris Rawdin. Berlin, 1994.
PIPES, RICHARD. *Russia Under the New Regime: Lenin and the Birth of the Totolitarian State.* NY: Knopf, 1994.
SERVICE, ROBERT. *Lenin: A Political Life.* Bloomington, IN: Indiana University Press, 1985.
VOLKOGONOV, DMITRI, SHUKMAN, HAROLD (Übers. und HRSG.). *Lenin: A New Biography.* NY: Free Press, 1996.
WEBER, HERMANN. *Lenin.* Reinbek, o. J.

LINDBERGH, CHARLES

AHLGREN, GREG AND MONIER, STEPHEN R. *Crime of the Century: The Lindberg Kidnapping Hoax.* Boston: Branden, 1993.
BEHN, NOEL. *Lindbergh: The Crime.* NY: NAL, 1995.
FISHER, JIM. *The Lindbergh Case.* Camden, NJ: Rutgers University Press, 1994.
KENNEDY, LUDOVIC. *The Airman and the Carpenter.* NY: Viking, 1985.
MILTON, JOYCE. *Die Lindberghs.* München, 1997.
MORROW-LINDBERGH, ANNE. *Stunden von Gold, Stunden von Blei.* München, 1992.

LOREN, SOPHIA

CRAWLEY, TONY. *The Films of Sophia Loren.* London: LSP Books, 1974.
DEGIOVANNI, BERNARD. *Sophia Loren, album photos.* PAC, 1984.
HARRIS, WARREN G. *Sophia Loren: A Biography.* NY: Simon & Schuster, 1998.
HOTCHNER, H. E. *Sophia: Living and Loving.* NY: Morrow, 1979.
KOPPEL, HELGA. *Sophia Loren, Porträt einer Schauspielerin.* Berlin 1966.
LEVY, ALAN. *Forever, Sophia: An Intimate Portrait.* NY: St. Martin's, 1986.
LOREN, SOPHIA. *Women and Beauty.* NY: Morrow, 1984.
MOSCATI, ITALO. *Sophia Loren.* Berlin, 1997.
SHAW, SAM. *Sophia Loren in the Camera Eye.* London/NY: Hamlyn, 1980.

LUXEMBURG, ROSA

ABRAHAM, RICHARD. *Rosa Luxemburg: A Life for the Internationale.* NY: St. Martin's, 1989.
ARESTIS, PHILIP (HRSG.). *A Biographical Dictionary of Dissenting Economists.* Hauts, England: Elgar, 1992.
BRONNER, STEPHEN. *Rosa Luxemburg: A Revolutionary of Our Times.* NY: Columbia University Press, 1987.
HETMAN, FREDERIK. *Eine Kerze, die an beiden Seiten brennt.* Freiburg, 1998.
HIRSCH, HELMUTH. *Rosa Luxemburg.* Reinbek, o. J.
LASCHITZA, AMELIA. *Im Lebensrausch, trotz alledem.* Berlin, 1996.
LUXEMBURG, ROSA. *Comrade and Lover: Letters to Leo Jogiches.* Cambridge, MA: MIT, 1979.
NETTL, J. P. *Rosa Luxemburg* (2 Bd.). London: Oxford University Press, 1966.
ROWTHORN, R. *Capitalism, Conflict and Inflation.* London: Lawrence and Wishart, 1980.
SHEPARDSON, DONALD E. *Rosa Luxemburg and the Noble Dream.* NY: Lang, 1995.
WATERS, MARY ALICE (HRSG.). *Rosa Luxemburg Speaks.* NY: Pathfinder, 1970.

MACARTHUR, GENERAL DOUGLAS

CLAYTON, JAMES D. *The Years of MacArthur: Vol. I, 1880–1941.* NY: Houghton Mifflin, 1970.
MACARTHUR, DOUGLAS. *Reminiscences.* NY: McGraw-Hill, 1964.
MANCHESTER, WILLIAM. *American Caesar: Douglas MacArthur, 1880–1964.* NY: Little, Brown, 1978.
PETILLO, CAROL MORRIS. *Douglas MacArthur: The Philippine Years.* Bloomington, IN: Indiana University Press, 1981.
SCHALLER, MICHAEL. *Douglas MacArthur: The Far Eastern General.* NY: Oxford University Press, 1989.
SPANIER, JOHN W. *The Truman-MacArthur Controversy and the Korean War.* Cambridge, MA: Belknap Press, 1959.
WHAN, VORIN E., JR. (HRSG.). *A Soldier Speaks: Public Papers and Speeches of General of the Army Douglas MacArthur.* Praeger, 1965.

MADONNA

ANDERSON, CHRISTOPHER P. *Madonna Unauthorized.* NY: Simon & Schuster, 1991.
BEGO, MARK. *Madonna: Blonde Ambition.* NY: Harmony, 1992.
KING, NORMAN. *Madonna: The Book.* NY: Morrow, 1991.
ROBERTSON, PAMELA. *Guilty Pleasures: Feminist Camp from Mae West to Madonna.* Durham, NC: Duke University Press, 1996.
SCHWICHTENBERG, CATHY. *Madonna-Connection.* Frankfurt am Main, 1999.
THOMPSON, DOUGLAS. *Madonna Revealed.* London: Warner, 1991.
TURNER, KAY (HRSG.). *I Dream of Madonna: Dreams of the Goddess of Pop.* London: Collins, 1993.

MALCOLM X

Alex Haley and Malcolm X's The Autobiography of Malcolm X. (HRSG.) Harold Bloom. NY: Chelsea House Publications, 1996.
BREITMAN, GEORGE (HRSG.). *The Last Years of Malcolm X.* NY: Pathfinder, 1967.
———. *Malcolm X Speaks.* NY: Grove Press, 1995.
CLARKE, JOHN HENRIK. *Malcolm X: The Man and His Times.* Trenton, NJ: African World Press, 1990.
KING, MARTIN LUTHER. *King, Malcolm, Baldwin: Three Interviews.* Middletown, CT: Wesleyan University Press, 1985.
PERRY, BRUCE. *Malcom X.* Hamburg, 1993.
——— (HRSG.). *Malcolm X: The Last Speeches.* NY: Pathfinder, 1986.
STRICKLAND, WILLIAM. *Malcolm X: Make It Plain.* (Oral histories selected and edited by Cheryll Greene). NY: Viking, 1994.

MANDELA, NELSON

BENSON, MARY. *Nelson Mandela – die Hoffnung Südafrikas.* Reinbek 1993.
FALK, RAINER. *Nelson Mandela.* Berlin 1987.
HAGEMANN, ALBRECHT. *Nelson Mandela.* Reinbek, 1995.
JUCKES, TIM J. *Opposition in South Africa: The Leadership of Z. K. Matthews, Nelson Mandela and Stephen Biko.* Westport, CT: Greenwood Press, 1995.
KATHRADA. *No Bread for Mandela: The Prison Years of Nelson Mandela.* NY: Simon & Schuster, 1997.
MANDELA, NELSON. *Der lange Weg zur Freiheit.* Frankfurt am Main, 1997.
MEREDITH, MARTIN. *Nelson Mandela*, München, 1998.
OTTAWAY, DAVID. *Chained Together: Mandela, de Klerk, and the Struggle to Remake South Africa.* NY: Times Books, 1993.

MAO TSE-TUNG

CHOU, ERIC. *Mao Tse-Tung: The Man and the Myth.* NY: Stein & Day, 1982.
GRIMM, TILEMANN. *Mao Tse-tung.* Reinbek, o. J.
LAWRENCE, ALAN. *Mao Zedong: A Biography.* Westport, CT: Greenwood Publishing, 1991.
LI, ZHISUI. *The Private Life of Chairman Mao.* NY: Random House, 1994.
SALIBURY, HARRISON E. *The New Emperors: China in the Era of Mao & Deng.* NY: Little, Brown, 1992.
TERRILL, ROSS. *Mao: A Biography.* NY: Simon & Schuster, 1993.
THÜRK, HARRY. *Der lange Marsch.* Berlin, 1998.
THURSTON, ANNE F. *The Private Life of Chairman Mao.* NY: Random House, 1996.
WILSON, DICK. *The People's Emperor.* NY: Doubleday, 1980.

MARX BROTHERS, THE

CHANDLER, CHARLOTTE. *Hello, I Must Be Going: Groucho and His Friends.* Garden City, NY: Doubleday, 1978.
GOULART, RON. *Groucho Marx, Master Detective.* NY: St. Martin's, 1998.
GEHRING, WES D. *Grouch and W.C. Fields: Huckster Comedians.* University, MS: University of Mississippi Press, 1994.
———. *The Marx Brothers: A Bio-bibliography.* NY: Greenwood Press, 1987.
MARX, ARTHUR. *My Life with Groucho: A Son's Eye View.* Parkwest Publications, 1991.
MARX, GROUCHO. *Groucho und ich.* München, 1998.
——— AND ANOBILE, RICHARD J. *The Marx Brothers: A Scrapbook.* NY: Darien House, 1989.
KARNICK, KRISTINE BRUNOVSKA AND JENKINS, HENRY (HRSG.). *Classical Hollywood Comedy.* NY/London: Routledge, 1995.

MATA HARI

HARI, MATA. *Diary of Mata Hari.* NY: Carroll & Graf, 1984.
KUPFERMAN, FRED. *Mata Hari.* Berlin, 1999.
OSTROVSKY, ERIKA. *Eye of Dawn: The Rise and Fall of Mata Hari.* NY: Dorset, 1990.
PLATT, RICHARD. *Spione.* Hildesheim, 1997.
WHEELWRIGHT, JULIE. *The Fatal Lover: Mata Hari and the Myth of Women in Espionage.* North Pomfret: Trafalgar Square, 1993.
PLATT RICHARD: *Spione.* Hildesheim, 1997.

MATISSE, HENRI

ARAGON, LOUIS. *Henri Matisse, roman.* Gallimard, 1998.
BERNIER, ROSAMUND. *Matisse, Picasso, Miro: As I Knew Them.* NY: Knopf, 1991.
DAIX, PIERRE. *Picasso et Matisse.* Ed. Ides et Calendes, 1996.
ELDERFIELD, JOHN. *Henri Matisse: A Retrospective.* NY: MOMA, 1992.
FLAM, JACK. *Matisse. 1869–1954.* Köln, 1994.
GIRARD, XAVIER. *Matisse.* Gallimard, 1993.
GUADAGNINI, WALTER. *Matisse.* Gründ, 1993.
GUICHARD-MEILI, J. *L'Art de Matisse.* Pocket, 1993.
HERRERA, HAYDEN. *Matisse: A Portrait of the Man and His Art.* NY: Harcourt Brace, 1993.
HOWARD, RICHARD, *Bonnard–Matisse: Letters Between Friends, 1925–1946.* NY: Abrams, 1992.
LUCIE-SMITH, EDWARD. *Lives of the Great Twentieth Century Artists.* NY: Rizzoli, 1986.
Matisse. Bekannte Maler auf einen Blick. Köln, 1998.
MORGAN, GENEVIEVE (HRSG.). *Matisse, the Artist Speaks.* San Francisco: Collins, 1996.
NÉRET, GILLES. *Henri Matisse.* Taschen, 1996.
PLEYNET, MARCELIN. *Matisse.* Gallimard, 1993.
SCHNEIDER, PIERRE. *Matisse.* Flammarion, 1993.
SCHÜTZ, OTFRIED. *Henri Matisse – die blaue Akte.* Frankfurt am Main, 1996.

MEAD, MARGARET

BATESON, MARY C. *With a Daughter's Eye: A Memoir of Gregory Bateson and Margaret Mead.* NY: HarperCollins, 1994.
CASSIDY, ROBERT. *Margaret Mead: A Voice for the Century.* NY: Universe Books, 1982.

FOERSTEL, LEONORA AND GILLIAM, ANGELA (HRSG.). *Confronting the Margaret Mead Legacy: Scholarship, Empire and South Pacific.* Philadelphia: Temple University Press, 1991.
HOWARD, JANE. *Margaret Mead: A Life.* NY: Simon & Schuster, 1984.
MEAD, MARGARET. *Mann und Weib.* Berlin, 1992.
METRAUX, RHODA (HRSG.). *Margaret Mead: Some Personal Views.* NY: Walker, 1979.

MEIR, GOLDA

MCAULEY, KAREN. *Golda Meir.* NY: Chelsea House, 1985.
MARTIN, RALPH G. *Golda: Golda Meir: The Romantic Years.* NY: Scribner's, 1988.
MEIR, GOLDA. *My Life.* NY: Putnam, 1975.
THACKERAY, FRANK W. *Statesmen Who Changed the World.* Westport, CT: Greenwood Press, 1993.
GUTMAN, ISRAEL. *Encyclopedia of the Holocaust.* NY: Macmillan, 1990

MONROE, MARILYN

GREEN, JOSHUA (HRSG.). *Marilyn Monroe.* München, 1998.
GREGORY, ADELA UND SPENGLIO, MILO. *Der Fall Marilyn Monroe.* München, 1996.
GUILES, FRED LAWRENCE. *Norma Jean: The Life of Marilyn Monroe.* NY: Paragon House, 1993.
HOSPIEL, JAMES. *Marilyn: Ultimate Look at the Legend.* NY: Henry Holt, 1993.
——— *Young Marilyn: Becoming the Legend.* NY: Hyperion, 1995.
MAACHER, CHRISTA. *Marilyn Monroe und Arthur Miller.* Reinbek, 1998.
MIRACLE, BERNIECE B. AND MINA R. MIRACLE. *My Sister Marilyn: A Memoir of Marilyn Manroe.* Chapel Hill, NC: Algonquin Books, 1994.
MCGANN, GRAHAM. *Marilyn Monroe.* New Brunswick, NJ: Rutgers University Pess, 1988.
SPOTO, DONALD. *Marilyn Monroe: The Biography.* NY: Chivers, 1993.
STRASBERG, SUSAN. *Marilyn and Me.* NY: Warner, 1992.

MONTESSORI, MARIA

HAINSTOCK, ELIZABETH. *Essential Montessori.* NY: NAL, 1997.
HEILAND, HELMUT. *Maria Montessori.* Reinbek, 1991.
KRAMER, RITA. *Maria Montessori.* Frankfurt am Main, 1995.
LEONE, BRUNO. *Maria Montessori: Knight of the Children.* St. Paul, MN: Greenhaven Press, 1978.
MONTESSORI, MARIA. *Erziehung zum Menschen.* Frankfurt am Main, 1997.
———. *From Childhood to Adolescence.* NY: Schocken, 1973.
———. *The Montessori Method.* NY: Schocken, 1964.
OREM, R. C. AND GEORGE L. STEVENS. *American Montessori Manual.* College Park, MD: Orem, 1970.
RAMBUSCH, NANCY M. *Women in Psychology,* Hrsg.: Agnes N. O'Connell and Nancy Felipe Russo. NY: Greenwood, 1990.
STANDING, E .M. *Maria Montessori.* NY: NAL, 1989.

MOORE, HENRY

BERTHOUD, ROGER. *The Life of Henry Moore.* London: Faber, 1987.
FATH, MANFRED (HRSG.). *Henry Moore.* München, 1996.
FINN, DAVID. *One Man's Henry Moore.* NY: Black Swan, 1993.
GARDNER, JANE MYLUM. *Henry Moore: From Bones and Stones to Sketches and Sculptures.* NY: Four Winds Press, 1993.
Henry Moore: Sculpture and Environment. NY: Abrams, 1976.
Henry Moore: The Reclining Figure. Columbus, OH: Columbus Museum of Art, 1984.
JAMES, PHILIP. *Henry Moore on Sculpture.* NY: Da Capo, 1992.
LICHTENSTEIN, CHRISTA. *Henry Moore – Legende.* Frankfurt am Main, 1997.
LIEBERMAN, WILLIAM S. *Henry Moore: 60 Years of His Art.* NY: Thames & Hudson and the Metropolitan Museum of Art, 1983.
SEIPEL, WILFRIED (HRSG.). *Henry Moore 1898-1986.* Ostfildern-Ruit, 1998.

MURROW, EDWARD R.

CLOUD, STANLEY AND LYNNE OLSON. *The Murrow Boys: Pioneers on the Front Lines of Broadcast Journalism.* Boston: Houghton Mifflin, 1996.
FANG, IRVING E. *Those Radio Commentators!* Ames, IA: Iowa State University Press, 1977.
FINKELSTEIN, NORMAN H. *With Heroic Truth: The Life of Edward R. Murrow.* Boston: Houghton Mifflin, 1995.
PERSICO, JOSEPH. *Edward R. Murrow: An American Original.* NY: Dell, 1990.
SPERBER, A. M. *Murrow: Life and Times.* NY: Bantam, 1987.

MUSSOLINI, BENITO

BLINKHORN, MARTIN. *Mussolini and Fascist Italy.* NY/ London: Routledge, 1994.
CANNISTRARO, PHILIP V. AND BRIAN R. SULLIVAN. *Il Duce's Other Woman.* NY: Morrow, 1992.
DAURARMS, MAX. *Mussolini und Hitler.* München, 1977.
FELDBAUER, GERHARD. *Von Mussolini bis Fini.* Berlin, 1965.
HOYT, EDWIN PALMER. *Mussolini's Empire: The Rise and Fall of the Fascist Vision.* NY: Wiley, 1994.
KIRKPATRICK, IRENE. *Mussolini.* Berlin, 1998.
LAMB, RICHARD. *War in Italy 1943–1945: A Brutal Story.* NY: St. Martin's, 1995.
LUCA, GIOVANNI DE. *Benito Mussolini.* Reinbek, 1978.
WHITTAM, JOHN. *Fascist Italy.* NY: St. Martin's, 1995.

NAMATH, JOE

HOLLANDER, ZANDER. *Great Moments in Pro Football.* NY: Random House, 1969.
LISS, HOWARD. *They Changed the Game: Football's Great Coaches, Players, and Games.* Philadelphia: Lippincott, 1975.
NAMATH, JOE. *Chrome Hearts.* (VHS Tape). Siamese Dot Press, 1992.
RALBOVSKY, MARTY. *The Namath Effect.* Englewood Cliffs, NJ: Prentice-Hall, 1976.
SANFORD, WILLIAM R. AND CARL R. GREEN. *Joe Namath.* Crestwood House, 1993.
SZOLNOKI, ROSE NAMATH. *Namath: My Son Joe.* Birmingham, AL: Oxmoor House, 1975.

NASSER, GAMAL ABD EL

DUBOIS, SHIRLEY GRAHAM. *Gamal Abdel Nasser: Son of the Nile.* NY: Joseph Okpaku Publishing, 1972.
LACOUTURE, JEAN. *Nasser.* NY: Knopf, 1973.
MALIK, ABDEL ANOUAR. *Egypt: Military Society.* NY: Vintage, 1973.
MANSFIELD, PETER. *Nasser's Egypt.* Middlesex, England: Penguin,1971.
NASSER, GAMAL ABDEL. *The Philosophy of the Revolution: Egypt's Liberation.* Washington, DC: Public Affairs Press, 1955.
STEPHENS, ROBERT. *Nasser: A Political Biography.* London: Penguin, 1971.
WYNN, WILTON. *Nasser of Egypt: The Search for Dignity.* Cambridge: Arlington Books, 1959.

NIXON, RICHARD M.

AMBROSE, STEPHEN E. *Nixon.* (3 Bd.). NY: Simon & Schuster, 1987-91.
BERNSTEIN, CARL AND WOODWARD, BOB. *The Final Days.* NY: Simon & Schuster, 1976.
HACKE, CHRISTIAN. *Die Ära Nixon – Kissinger 1969–1974.* Stuttgart, 1983.
KUTLER, STANLEY I. *Abuse of Power: The New Nixon Tapes.* NY: The Free Press, 1997.
MATTHEWS, CHRISTOPHER. *Kennedy and Nixon.* NY: Simon & Schuster, 1995.
MAZLISH, BRUCE. *In Search of Nixon: A Psychohistorical Inquiry.* NY: Basic Books, 1972.
MORRIS, ROGER. *Richard Milhous Nixon: The Rise of an American Politician.* NY: Henry Holt, 1990.
NIXON, RICHARD. *The Memoirs of Richard Nixon.* NY: Grosset and Dunlap, 1978.
PARMET, HERBERT S. *Richard Nixon and His America.* Boston: Little, Brown, 1990.
WHITE, THEODORE H. *The Making of the President,* NY: Atheneum, 1980.
WICKER, TOM. *One of Us: Richard Nixon and the American Dream.* NY: Random House, 1991.
www.chapman.edu/nixon/library/biography

NUREJEW, RUDOLF

CLARKE, MARY AND DAVID VAUGHN. *Encyclopedia of Dance and Ballet.* NY: Putnam, 1977.
COHEN-STRATYNER, BARBARA NAOMI. *Biographical Dictionary of Dance.* NY: Macmillan, 1982.
MONEY, KEITH. *Fonteyn and Nureyev: The Great Years.* London: Harvill, 1994.
NUREYEV, RUDOLF. *An Autobiography.* NY: Dutton, 1962.
STUART, OTIS. *Perpetual Motion: The Public and Private Lives of Rudolf Nureyev.* NY: Simon & Schuster, 1995.
OTIS STUART: *Nurejew.* Frankfurt am Main, 1998.
TERRY, WALKER. *Great Male Dancers of the Ballet.* NY: Anchor, 1978.
WATSON, PETER. *Nureyev: A Biography.* London: Hodder & Stoughton, 1994.

O'KEEFFE, GEORGIA

CASTRO, JAN GARDEN. *The Art and Life of Georgia O'Keeffe.* NY: Crown, 1995.
COWERT, JACK UND HAMILTON, JUAN. *Georgia O'Keeffe.* Wabern, 1999.
EISLER, BENITA. *O'Keeffe and Stieglitz: An American Romance.* NY: Penguin, 1992.
Georgia O'Keeffe. Köln, 1995.
GHERMAN, BEVERLY. *Georgia O'Keeffe: The Wideness and Wonder of Her World.* NY: Collier, 1994.
HOGREFE, JEFFREY. *O'Keeffe: The Life of an American Legend.* NY: Bantam, 1984.
LISLE, LAURIE. *Georgia O'Keeffe.* München, 1992.
LOENGARD, JOHN. *Georgia O'Keeffe at Ghost Ranch.* NY: Stewart, Tabori & Chang,1995.
O'KEEFFE, GEORGIA. *Georgia O'Keeffe.* New York: Viking, 1978.
PETERS, SARAH WHITAKER. *Becoming O'Keeffe: The Early Years.* NY: Doubleday, 1991.
POLLITZER, ANITA. *A Woman on Paper: Georgia O'Keeffe.* NY: Simon & Schuster, 1988.
ROBINSON, ROZANA. *Georgia O'Keeffe.* NY: HarperCollins, 1990.
TURNER, ROBYN MONTANA. *Georgia O'Keeffe.* Boston: Little, Brown, 1991.

OLIVIER, SIR LAURENCE

COTTRELL, JOHN. *Laurence Olivier.* Englewood Cliffs, NJ: Prentice-Hall, 1975.
DANIELS, ROBERT L. *Laurence Olivier, Theater and Cinema.* San Diego, CA: A.S. Barnes, 1980.
HOOPES, ROY. *When The Stars Went to War: Hollywood and World War II.* NY: Random House,
KARNEY, ROBYN. *The Movie Star Story. An Illustrated Guide to 500 of the World's Most Famous Stars of the Cinema.* Hrsg.: Margaret Morley. Godalming: LSP Books Ltd., 1978.
O'CONNOR, GARRY (HRSG.). *Olivier: A Celebration.* London: Hodder & Stoughton, 1987.
OLIVIER, LAURENCE. *Confessions of an Actor: An Autobiography.* NY: Simon & Schuster, 1982.
———. *On Acting.* NY: Simon & Schuster, 1986.
SILVIRIA, DALE. *Laurence Olivier and the Art of Film Making.* Rutherford, NJ: Fairleigh Dickinson University Press, 1985.
SPOTO, DONALD. *Sir Laurence Olivier.* München, 1992.

ONASSIS, JACQUELINE KENNEDY

ANDERSEN, CHRISTOPHER. *Jack and Jackie: Portrait of an American Marriage.* NY: Morrow, 1996.
BUCK, PEARL S. *The Kennedy Women.* NY: Cowles, 1970.
DAVIS, JOHN H. *Jacqueline Bouvier: An Intimate Memoir.* NY: Wiley, 1996.
HEYMANN, C. DAVID. *A Woman Named Jackie: An Intimate Biography.* NY: Carol Publishers, 1994.
KLEIN, EDWARD. *Jack & Jackie.* Berlin, 1997.
KOESTENBAUM, WAYNE. *Jackie Under My Skin: Interpreting an Icon.* Farrar, Straus & Giroux, 1994.
LEAMER, LAURENCE. *The Kennedy Women.* NY: Villard, 1994.
LOWE, JACQUES. *Jacqueline Kennedy Onassis: Making of a First Lady: A Tribute.* General Publishing Group, 1996.

PANCOL, KATHERINE. *Jackie*. Berlin, 1997.
POSENER, ALAN. *John F. und Jacqueline Kennedy. Ein Königspaar im Weißen Haus*. Reinbek, 1998.
WATNEY, HEDDA. *Jackie O*. NY: Leisure, 1994.

OPPENHEIMER, J. ROBERT

DAVIS, NUEL PHARR. *Lawrence and Oppenheimer*. NY: Simon & Schuster, 1968.
GOODCHILD, PETER. *J. Robert Oppenheimer: Shatterer of Worlds*. NY: Fromm, 1985.
HOFFMANN, KLAUS. *J. Robert Oppenheimer*. Berlin, 1995.
HOLLOWAY, RACHEL. *In the Matter of J. Robert Oppenheimer*. Westport, CT: Praeger, 1993.
KUNETKA, JAMES W. *Oppenheimer: The Years of Risk*. Prentice-Hall, 1982.
OPPENHEIMER, ROBERT. *The Open Mind*. NY: Simon & Schuster, 1955.
——. *Robert Oppenheimer: Letters and Recollections*, Hrsg.: Alice Kimball Smith and Charles Weiner. Cambridge, MA: Harvard University Press, 1981.
——. *Science and the Common Understanding*. NY: Simon & Schuster, 1954.
RUMMEL, JADE. *Robert Oppenheimer: Dark Prince*. NY: Facts on File, 1992.
STERN, PHILLIP. *The Oppenheimer Case: Security on Trial*. NY: Harper & Row, 1969.
STRATHERN, PAUL. *Oppenheimer und die Bombe*. Frankfurt am Main, 1999.

OWENS, JESSE

BAKER, WILLIAM J. *Jesse Owens: An American Life*. NY: Free Press, 1986.
JOSEPHSON, JUDITH PINKERTON. *Jesse Owens: Track and Field Legend*. Springfield, NJ: Enslow Pub. 1997.
NEIMARK, PAUL. *Jesse: The Man Who Outran Hitler*. NY: Fawcett, 1985.
OWENS, JESSE. *Jesse: The Man Who Outran Hitler*. NY: Fawcett, 1978.
SAKIN, FRANCENE. *Jesse Owens, Olympic Hero*. NY: Troll Assoc., 1986.
SCHAAP, RICHARD. *The Story of the Olympics*. NY: Knopf, 1967.

PANKHURST, EMMELINE

BANES, OLIVE. *Biographical Dictionary of British Feminists*. NY: New York University Press, 1985.
BRANDAN, PIERS. *Eminent Edwardians*. Boston: Houghton Mifflin, 1980.
MITCHELL, DAVID J. *The Fighting Pankhursts*. NY: Macmillan, 1959.
MITCHELL, SALLY. *Victorian Britain: An Encyclopedia*. Chicago: St. James Press, 1990.
NOBLE, IRIS. *Emmeline and Her Daughters: The Pankhurst Suffragettes*. NY: J. Messner, 1971.
PANKHURST, EMMELINE. *Ein Leben für die Rechte der Frauen*. Göttingen, 1996.
SCHLUETER, JUNE (HRSG.). *Encyclopedia of British Women Writers*. NY: Garland, 1988.

PARKER, CHARLIE

GIDDINS, GARY. *Celebrating Bird: The Triumph of Charlie Parker*. NY: Morrow, 1987.
HIRSCHMANN, THOMAS. *Charlie Parker*. Tutzing, 1994.
KOCH, LAWRENCE O. *Yardbird Suite: A Compendium of the Music and Life of Charlie Parker*. Bowling Green, OH: Bowling Green University Press, 1988.
REISNER, ROBERT GEORGE. *Bird: The Legend of Charlie Parker*. NY: Citadel, 1975.
RUSSELL, ROSS. *Bird lebt. Die Geschichte von Charlie Parker*. Andrä-Wördern, 1985.
WOIDECK, CARL. *Charlie Parker: His Music and Life*. Ann Arbor, MI: University of Michigan Press, 1996.

PASTERNAK, BORIS

BARNES, CHRISTOPHER. *Boris Pasternak: A Literary Biography, Vol. 1 (1890–1928)*. NY: Cambridge University Press, 1989.
CONQUEST, ROBERT. *Courage of Genius: The Pasternak Affair*. Philadelphia: Lippincott, 1962.
CORNWELL, NEIL. *Pasternak's Novel: Perspectives on "Dr. Zhivago."* England: Keele University Press, 1986.
DE MALLAC, GUY. *Boris Pasternak: His Life and His Art*. Norman, OK: University of Oklahoma Press, 1981.
FLEISHMAN, LAZAR. *Boris Pasternak: The Poet and His Politics*. Cambridge, MA: Harvard University Press, 1990.
GIFFORD, HENRY. *Pasternak: A Critical Study*. Cambridge/NY: Cambridge University Press, 1977.
HAYWARD, MAX AND HARARI, MANYA (ÜBERS.). *Dr. Zhivago*. NY: Pantheon, 1958.
HINGLEY, RONALD. *Pasternak: A Biography*. NY: Knopf, 1983.
IVINSKAYA, OLGA. *A Captive of Time*. Tr., Max Hayward. Garden City, NY: Doubleday, 1978.
MALLAC, GUY DE. *Boris Pasternak: His Life and Art*. Norman, OK: University of Oklahoma Press, 1981.
MAUROIS, ANDRÉ. *From Proust to Camus*. Garden City, NY: Doubleday, 1966.
MARK, PAUL J. (HRSG.). *Die Familie Pasternak. Erinnerungen, Berichte, Aufsätze*. Würzburg, o. J.
PASTERNAK, BORIS. *Geleitbrief. Entwurf zu einem Selbstbildnis*. Frankfurt am Main, 1986.
——. *I Remember: Sketch for an Autobiography*. Cambridge, MA: Harvard University Press, 1983.
——. *The Voice of Prose: Early Prose and Autobiography*. Hrsg.: Christopher Barnes. NY: Grove Press, 1987.

PAVAROTTI, LUCIANO

BONVICINI, CANDIDO. *The Tenor's Son: My Days with Pavarotti*. NY: St. Martin's, 1993.
MAGIERA, LIONE. *Pavarotti*. München, 1994.
MAYER, MARTIN AND GERALD FITZGERALD. *Grandissimo Pavarotti*. NY: Doubleday, 1986.
PAVAROTTI, ADNA. *Pavarotti. Mein Leben mit Luciano*. München, 1992.
PAVAROTTI, LUCIANO AND WILLIAM WRIGHT. *Pavarotti: My World*. NY: Crown, 1995.

PAWLOWA, ANNA

FONTEYNE, DAME MARGOT. *Pavlova: Self-Portrait of a Dancer*. NY: Viking, 1984.
FRANKS, A. H. *Pavlova (1891–1931): A Biography*. NY: Da Capo Press, 1979.
——. *Pavlova: A Collection of Memoirs*. NY: Da Capo Press, 1981.
MONEY, KEITH. *Anna Pavlova: Her Life and Art*. London: Collins, 1982.
OLIVEROFF, ANDRE. *Flight of the Swan: A Memory of Anna Pavlova*. NY: Da Capo Press, 1979.

PELE

BODO, PETER. *Pelé's New World*. NY: Norton, 1977.
NASCIMENTO, EDSON ARANTES DO AND ROBERT L. FISH (PELÉ). *My Life and the Beautiful Game: The Autobiography of Pelé*. Garden City, NY: Doubleday, 1977.
THEBAUD, FRANCOIS. *Pelé*. Tr., Leo Weinstein. NY: Harper and Row, 1976.

PERON, EVITA

BARNES, JOHN. *Evita First Lady: A Biography of Eva Peron*. NY: Grove Press, 1978.
DAIHL, LAURA. *Evita: In My Own Words*. NY: The New Press, 1996.
FRASER, NICHOLAS AND NAVARRO, NARYSA. *Evita: The Real Life of Eva Peron*. NY: Norton, 1996.
MARTÍNEZ, TOMÁS ELOY. *Santa Evita*. Frankfurt am Main, 1998.
ORTÍZ, ALICIA DUJORNE. *Evita*. Berlin, 1998.
SÁNCHEZ, MATILDE. *Evita. Bilder eines Lebens*. Berlin, 1997.
TAYLOR, J.M. *Eva Peron: The Myths of a Woman*. Chicago: University of Chicago Press, 1979.

PIAF, EDITH

BAREL, MARC. *Édith Piaf, le temps d'une vie*. Éd. De Fallois, 1993.
BRET, DAVID. *The Piaf Legend*. Jersey City, NJ: Parkwest Publications, 1990.
CROSLAND, MARGRET. *Edith Piaf*. Berlin, 1997.
DUCLOS, PIERRE ET GEORGES MARTI. *Piaf*. Seuil, 1993.
LANGE, MONIQUE. *Édith Piaf*. Lattès, 1993.
MANCHOIS, BERNARD. *Édith Piaf, Opinions publiques*. Ed. TF1, 1995.
——. *Piaf, emportée par la foule*. Vade-retro, 1995.
NORTHCUTT, WAYNE. *Historical Dictionary of the French Fourth and Fifth Republic, 1946–1991*. London: Greenwood, 1992.
NOLI, JEAN. *Piaf secrète*. Éditions de l'Archipel, 1993.
PIAF, EDITH. *Mein Leben*. Reinbek, o. J.
SIZAIRE, ANNE. *Edith Piaf, la voix de l'Émotion*. Desclée de Brouwer, 1996.
TROUBAC, SOPHIE. *Edith Piaf, l'hymne à l'amour*. Sauret, 1995.
VALENTIN, LOUIS. *Piaf, l'ange noir*. Plon, 1993.

PICASSO, PABLO

BERGER, JOHN. *The Success and Failure of Picasso*. NY: Random House, 1993.
BERNIER, ROSAMUND. *Matisse, Picasso, Miró: As I Knew Them*. NY: Knopf, 1991.
DAIX, PIERRE. *Dictionnaire Picasso*. Laffont, coll. Bouquins, 1995.
——. *Life and Art*. NY: HarperCollins, 1994.
——. *Picasso et Matisse*. Ed. Ides et Calendes, 1996.
——. *Une saison Picasso*. Rocher, 1997.
FERMIGIER, ANDRÉ. *Picasso*. LGF, coll. Le Livre de poche, 1996.
GILOT, FRANCOISE. *Matisse and Picasso*. NY: Double-day, 1992.
JANIS, HARRIET AND SIDNEY. *Picasso*. NY: Doubleday, 1946.
LORD, JAMES. *Picasso and Dora*. NY: Farrar, Straus and Giroux, 1993.
MAILER, NORMAN. *Picasso*. München, 1996.
——. *Pablo and Fernande*. NY: Atlantic Monthly, 1995.
O'BRIAN, PATRICK. *Pablo Ruiz Picasso. A biography*. NY: Putnam, 1976.
PENROSE, ROLAND. *Picasso*. Flammarion, 1996.
RICHARDSON, JOHN. *A Life of Picasso*. NY: Random House, 1991.
STEIN, GERTRUDE. *Picasso*. NY: Dover, 1984.
STASSINOPOULAS HUFFINGTON, ARIANNA. *Picasso*. München, 1991.
WARNCKE, CARSTEN. *Picasso*. Taschen, 1998.
WIGAND, WILFRIED. *Pablo Picasso*. Reinbek, 1973.

PICKFORD, MARY

KATZ, EPHRAIM. *The Stars Appear*. NY: Scarecrow Press, 1992.
LYMAN, SCOTT. *Mary Pickford: America's Sweetheart*. NY: Fine, 1990.
MORDDEN, ETHAN. *Movie Star*. NY: St. Martin's, 1983.
WHITFIELD, EILEEN. *Pickford: The Woman Who Made Hollywood*. University Press of Kentucky, 1997.
WINDELER, ROBERT. *Sweetheart: The Story of Mary Pickford*. London/NY: Howard and Wyndham, 1973.

POLLOCK, JACKSON

FRANK, ELIZABETH. *Jackson Pollock*. NY: Abbeville, 1983.
FRASCINA, FRANCIS (HRSG.). *Pollock and After: The Critical Debate*. NY: HarperCollins, 1985.
FREIDMAN, B. J. *Jackson Pollock: Energy Made Visible*. NY: Da Capo Press, 1995.
LEISNER, RALF. *Lee Krasner – Jackson Pollock*. München, 1995.
LUCIE-SMITH, EDWARD. *Lives of the Great Twentieth Century Artists*. NY: Rizzoli, 1986.
O'CONNOR, FRANCIS VALENTINE AND THAW, EUGENE. *Jackson Pollock: A Catalogue Raisonné of Paintings, Drawings and Other Works*. New Haven, CT: Yale University Press.
PRANGE, REGINE. *Jackson Pollock Number 32*. Frankfurt am Main, 1996.
PUTZ, ECKEHARD UND POLLOCK, JACKSON. *Jackson Pollock. Theorie und Bild*. Hombrechtikon, 1975.
RATCLIFF, CARTER. *The Fate of a Gesture: Jackson Pollock and Postwar American Art*. NY: Farrar, Straus and Giroux, 1997.

PRESLEY, ELVIS

AGUILA, RICHARD. *That Old Time Rock & Roll*. NY: Schirmer, 1989.
BROESKE, PAT H. UND BROWN, PETER H. *Elvis*. Stuttgart, 1997.

CARLIN, RICHARD. *The World of Music, Rock & Roll, 1955–1970*. NY: Facts on File, 1988.
CHADWICK, VERNON (HRSG.). *In Search of Elvis: Music, Race, Art, Religion*. Boulder, CO: Westview Press, 1997.
CLAYTON, ROSE AND DICK HEARD (HRSG.). *Elvis Up Close: In the Words of Those Who Knew Him Best*. Atlanta: Turner Publishing, 1994.
EBERSOLE, LUCINDA AND RICHARD PEABODY. *Mondo Elvis*. NY: St. Martin's, 1994.
GOLDMAN, ALBERT. *Elvis – die letzten 24 Stunden*. Bergisch Gladbach, 1993.
GORDON, ROBERT. *Elvis: The King on the Road*. NY: St. Martin's Press, 1996.
GURALNICK, PETER. *Last Train to Memphis: The Rise of Elvis Presley*. Boston: Little, Brown, 1994.
MARLING, KARAL A. *Graceland: Going Home with Elvis*. Cambridge, MA: Harvard University Press, 1996.
NASH, ALANNA. *Elvis Aaron Presley*. NY: HarperCollins, 1995.
POSENER, ALAN UND POSENER, MARIA. *Elvis Presley*. Reinbek, 1993.
QUAIN, KEVIN (HRSG.). *The Elvis Reader: Texts and Sources on the King of Rock 'n' Roll*. NY: St. Martin's, 1992.

PROUST, MARCEL
BOTTON, ALAIN DE. *Wie Proust Ihr Leben verändern kann*. Frankfurt am Main, 1998.
BOUILLAGUET, ANNIE. *Marcel Proust*. Nathan, 1994.
DUCHÊNE, ROGER. *L'Impossible Marcel Proust*. Laffont, 1994.
ERMAN, MICHEL. *Marcel Proust*. Fayard, 1994.
HAYMAN, RONALD. *Proust*. Heinemann, 1990.
LAGET, THIERRY. *L'Abécédaire de Proust*. Flammarion, 1998.
MARGERIE, DIANE DE. *Le Jardin secret de Marcel Proust*. Albin Michel, 1994.
MAURI, CLAUDE. *Marcel Proust*. Reinbek, o. J.
MAUROIS, ANDRÉ. *From Proust to Camus*. Garden City, NJ: Doubleday, 1966.
PAINTER, GEORGE. *Marcel Proust: A Biography*. NY: Random, 1989.
PROUST, MARCEL. *Briefe zum Leben*. Frankfurt am Main, 1978.
———. *Remembrance of Things Past* (3 Bd.). Tr., Scott Moncrieff and Terence Kilmartin. London: Chatto & Windus, 1981.
SANSOM, WILLIAM. *Proust*. London: Thames and Hudson, 1986.
TADIÉ, JEAN-YVES. *Proust, le dossier*. Pocket, 1998.

RAND, AYN
BERLINER, MICHAEL S. *Letters of Ayn Rand*. NY: Penguin, 1997.
BRANDEN, BARBARA. *The Passion of Ayn Rand*. NY: Doubleday, 1986.
BRANDEN, NATHANIEL. *Judgment Day: My Years with Ayn Rand*. NY: Avon, 1989.

REAGAN, RONALD
CANNON, LOUIS. *Reagan*. NY: Putnam, 1982.
———. *Ronald Reagan: The Role of a Lifetime*. NY: Simon & Schuster, 1991.
DAVIS, PATTI. *Angels Don't Die*. NY: HarperCollins, 1995.
DUGGER, RENNIE. *On Reagan*. NY: McGraw-Hill, 1983.
LARSEN, REBECCA. *Ronald Reagan*. NY: Watts, 1994.
REAGAN, RONALD. *Der Präsident spricht*. Neuägri, 1984.
———. *An American Life*. NY: Simon & Schuster, 1990.
SANDAK, CASS R. *The Reagans*. NY: Crestwood, 1993.
SHEPHERD, DAVID. *Ronald Reagan. Ich vertraue auf Gott*. Uhldingen-Mühlhofen, 1985.
SMITH, HENDRIK. *Ronald Reagan – Weltmacht am Wendepunkt*. Zürich, 1981.
VAUGHN, STEPHEN. *Ronald Reagan in Hollywood: Movies and Politics*. Cambridge/New York: Cambridge University Press, 1994.

RIEFENSTAHL, LENI
ACKAR, ALLY. *Reel Women: Pioneers of the Cinema 1896–Present*. NY: Continuum, 1991.
HINTON, DAVID B. *The Films of Leni Riefenstahl*. Metuchen, NJ: Scarecrow Press, 1978.
INFIELD, GLENN B. *Leni Riefenstahl: The Fallen Film Goddess*. NY: Crowell, 1976.

KAROW, YVONNE. *Deutsche Opfer*. Berlin, 1997.
RIEFENSTAHL, LENI. *Memoiren*. München, 1997.
SMITH, SHARON. *Women Who Make Movies*. NY: Hopkinson and Blake, 1975.
WIDMANN, DANIEL. *Begehrte Körper*. Würzburg, 1998.

ROBINSON, JACKIE
ALLEN, MAURY. *Jackie Robinson: A Life Remembered*. NY: Watts, 1987.
DINGLE, DEREK T. *First in the Field: Baseball Hero Jackie Robinson*. NY: Hyperion, 1998.
JACOBS, WILLIAM JAY. *They Shaped the Game: Ty Cobb, Babe Ruth, Jackie Robinson*. NY: Scribner's, 1994.
RAMPERSAND, ARNOLD. *Jackie Robinson: A Biography*. NY: Knopf, 1997.
ROBINSON, JACKIE. *I Never Had It Made: An Autobiographpy*. Hopewell, NJ: Ecco Press, 1995.
ROBINSON, SHARON. *Stealing Home: An Intimate Family Portrait by the Daughter of Jackie Robinson*. NY: Harper Perennial, 1997.

ROCKEFELLER, JOHN D.
ALBRIGHT, HORACE M. *Worthwhile Places: The Correspondence of John D. Rockefeller Jr. and Horace M. Albright*. NY: Fordham University Press, 1991.
ERNST, JOSEPH W. *Dear Father—Dear Son: The Correspondence of John D. Rockefeller and John D. Rockefeller Jr.* NY: Fordham University Press, 1994.
HARR, JOHN E. AND JOHNSON, PETER J. *The Rockefeller Century*. NY: Scribner's, 1988.
ROCKEFELLER, JOHN D. *Random Reminiscences of Men and Events*. Tarrytown, NY: Sleepy Hollow Press, 1984.

ROOSEVELT, ELEANOR
COOK, BLANCHE WIESEN. *Eleanor Roosevelt: Vol. 1: 1884–1933*. NY: Viking, 1992.
GOODWIN, DORIS KEARNS. *No Ordinary Time*. NY: Simon & Schuster, 1994.
HAREVEN, TAMARA K. *Eleanor Roosevelt: An American Conscience*. Chicago: Quadrangle Books, 1968.
LASH, JOSEPH P. *A World of Love: Eleanor Roosevelt and Her Friends, 1943–1962*. NY: McGraw-Hill, 1985.
ROOSEVELT, ELEANOR. *The Autobiography of Eleanor Roosevelt*. NY: Harper & Row, 1978.
———. *This is My Story*. NY: Harper & Brothers, 1937.
SCHARF, LOIS. *Eleanor Roosevelt: First Lady of American Liberalism*. Boston: Twayne, 1987.

ROOSEVELT, FRANKLIN DELANO
ABBOTT, PHILIP. *The Exemplary President: Franklin D. Roosevelt and the American Political Tradition*. Amherst, MA: University of Massachusetts Press, 1990.
ALLDRITT. *Greatest of Friends: Franklin D. Roosevelt and Winston Churchill*. NY: St. Martin's, 1995.
BUHITE, RUSSELL D. AND DAVID W. LEVY (HRSG.). *FDR's Fireside Chats*. Norman, OK: University of Oklahoma Press, 1992.
DAVIS, ROBERT (HRSG.). *FDR: The Beckoning of Destiny 1882–1928*. NY: Random House, 1993.
———. *FDR: The New York Years 1928–1933*. NY: Random House, 1994.
FISH, HAMILTON. *Der zerbrochene Mythos*. Stuttgart, 1988.
FREIDEL, FRANK. *Franklin D. Roosevelt: A Rendezvous with Destiny*. Boston: Little, Brown, 1991.
GOODWIN, DORIS KEARNS. *No Ordinary Time*. NY: Simon & Schuster, 1994.
JUNKER, DETLEF. *Franklin D. Roosevelt*. Göttingen, 1979.
LEUCHTENBURG, WILLIAM E. *The FDR Years: On Roosevelt and His Legacy*. NY: Columbia University Press, 1995.
POSENER, ALAN. *Roosevelt – Stalin*. Hamburg, 1993.
MANEY, PATRICK. *Franklin D. Roosevelt*. NY: Macmillan, 1992.
VAN MINNEN, CORNELIS A. AND SEARS, JOHN F. *FDR and His Contemporaries: Foreign Perception of an American President*. NY: St. Martin's, 1992.

ROSENBERG, ETHEL AND JULIUS
MEEROPOL, MICHAEL. *We Are Your Sons: The Legacy of Ethel and Julius Rosenberg*. Champaign, IL: University of Illinois Press, 1986.
PHILIPSON, ILENE. *Ethel Rosenberg: Beyond the Myth*. New York/Toronto: Watts, 1988.
NEVILLE, JOHN F. *The Press, the Rosenbergs and the Cold War*. Westport, CT: Greenwood Publishing, 1995.
RADOSH, RONALD. *The Rosenberg File*. New Haven, CT: Yale University Press, 1997.

RUDOLPH, WILMA
BIRACREE, TOM. *Wilma Rudolph*. NY: 1988.
KRULL, KATHLEEN. *Wilma Unlimited: How Wilma Rudolph Became the World's Fastest Woman*. NY: Harcourt Brace, 1996.
RUDOLPH, WILMA. *Wilma: The Story of Wilma Rudolph*. NY: Signet Books, 1977.

RUSSELL, BERTRAND
MOOREHEAD, CAROLINE. *Bertrand Russell: A Life*. NY: Viking, 1992.
RUSSELL, BERTRAND. *Autobiography of Bertrand Russell*. NY: Routledge, 1978.
———. *Philosophie. Die Entwicklung meines Denkens*. Frankfurt am Main, 1992.
RYAN, ALAN. *Bertrand Russell: A Political Life*. Oxford/NY: Oxford University Press, 1993.
SANDVOSS, ERNST R. *Bertrand Russell*. Reinbek, 1980.

BABE RUTH
BURLEIGH, ROBERT. *Home Run: The Story of Babe Ruth*. San Diego: Harcourt Brace, 1996.
CREAMER, ROBERT W. *Babe*. NY: Simon & Schuster, 1974.
———. *Babe: The Legend Comes to Life*. NY: Simon & Schuster, 1992.
KELLY, BRENT P. *In the Shadow of the Babe: Interviews with Baseball Players Who Played with or Against Babe Ruth*. Jefferson, VA, 1995.
RUTH, BABE. *Babe Ruth Story*. NY: NAL, 1992.
SMELSER, MARSHALL. *The Life that Ruth Built*. NY: Quadrangle, 1975.
WAGENHEIM, KAL. *Babe Ruth: His Life and Legend*. NY: Henry Holt, 1992.

SANGER, MARGARET
CHESLER, ELLEN. *Women of Valor: Margaret Sanger and the Birth Control Movement*. NY: Simon & Schuster, 1992.
DOUGLAS, EMILY. *Margaret Sanger*. NY: Holt, Rinehart & Winston, 1969.
FREYER, PETER. *The Birth Controllers*. London: Secker & Warburg, 1965.
GRAY, MADELINE. *Margaret Sanger*. NY: Marek, 1979.
SANGER, MARGARET. *Margaret Sanger: An autobiography*. NY: Dover, 1971 [1938].
———. *My Fight for Birth Control*. NY: Maxwell Reproduction Co., 1969.
WINTELAW, NANCY. *Margaret Sanger: Every Child a Wanted Child*. NY: Macmillan, 1994.

SARTRE, JEAN-PAUL
BIEMEL, WALTER. *Jean-Paul Sartre*. Reinbek, o. J.
CHAUCHAT, CATHERINE. *L'Autobiographie*. Gallimard, 1993.
DANTO, ARTHUR C. *Jean-Paul Sartre*. Göttingen, 1997.
FULLBROOK, KATE AND EDWARD FULLBROOK. *Simone de Beauvoir and Jean-Paul Sartre*. NY: Knopf, 1991.
GERASSI, JOHN. *Sartre*. Rocher, 1992.
HAYMAN, RONALD. *Sartre: A Life*. NY: Simon & Schuster, 1987.
HENGELBROCH, JÜRGEN. *Jean-Paul Sartre. Einführung in das Werk*. Tübingen, 1989.
HOWELLS, CHRISTINA (HRSG.). *The Cambridge Companion to Sartre*. NY/London: Cambridge University Press, 1992.
———. *Sartre*. NY: Longman, 1992.
LOUETTE, JEAN-FRANÇOIS. *Jean-Paul Sartre*. Hachette, 1993.
MAILLARD, MICHEL. *Sartre*. Nathan, 1994.
RENAUD, ALAIN. *Sartre*. Grasset, 1993.

SARTRE, JEAN-PAUL. *Quiet Moments in a War: The Letters of Jean-Paul Sartre to Simone de Beauvoir.* NY: Scribner's, 1993.
——. *Witness to My Life.* London: Hamilton, 1993.

SCHWEITZER, ALBERT
COUSINS, NORMAN. *Dr. Schweitzer at Lambaréné.* NY: Harper, 1960.
GÜNZLER, CLAUS. *Albert Schweitzer. Einführung in sein Denken.* München, 1996.
KLEBERGER, ILSE, Albert Schweitzer. *Das Symbol und der Mensch.* Berlin, 1989.
MARSHALL, GEORGE. *Schweitzer: A Biography.* Boston: Albert Schweitzer Fellowship, 1989.
MONTAGUE, JOSEPH FRANKLIN, M. D. *The Why of Albert Schweitzer.* NY: Hawthorne Books, 1965.
SCHWEITZER, ALBERT. *Aus meinem Leben und Denken.* Frankfurt am Main, 1995.
STEFFAHN, HARALD. *Albert Schweitzer.* Reinbek, 1979.

SHAW, GEORGE BERNARD
GANZ, ARTHUR. *George Bernard Shaw.* NY: Grove Press, 1983.
HOLROYD, MICHAEL. *Bernhard Shaw.* Frankfurt am Main, 1996.
MINNEY, R. J. *Recollections of George Bernard Shaw.* Englewood Cliffs, NJ: Prentice-Hall, 1969.
SHAW, GEORGE BERNARD AND HENDERSON, ARCHIBALD. *Table-talk of G.B.S.: Conversations on Things in General, Between George Bernard Shaw and His Biographer.* NY/London: Harper & Brothers, 1925.
STRESAU, HERMANN. *George Bernhard Shaw.* Reinbek, o. J.
VALENCY, MAURICE JACQUES. *The Cart and the Trumpet: The Plays of George Bernard Shaw.* Oxford/NY: Oxford University Press, 1973.

SINATRA, FRANK
BRITT, STAN. *Sinatra: A Celebration.* NY: Macmillan, 1995.
COLEMAN, RAY. *Frank Sinatra: Portrait of an Artist.* Georgia: Turner Publishing, 1995.
FRIEDEWALD, WILLI. *Frank Sinatra.* Andrä-Wördern, 1996.
HOLDER, DEBORAH. *Frank Sinatra. I did it my way.* München, 1995.
KELLEY, KITTY. *His Way: The Unauthorized Biography of Frank Sinatra.* NY: Bantam, 1986.
PETKOV, STEVEN AND MUSTAZZA, LEONARD (HRSG.). *The Frank Sinatra Reader.* Oxford/NY: Oxford University Press, 1995.
SHAW, ARNOLD. *Sinatra: Twentieth Century Romantic.* New York: Henry Holt, 1968.
SINATRA, NANCY. *Frank Sinatra: An American Legend.* General Publishing Group, 1995.
ZEHME, BILL. *Frank Sinatra. My Way oder die Kunst einen Hut zu tragen.* München, 1998.

SOLSCHENIZYN, ALEXANDER
MEDVEDEV, ZORES A. *Zehn Jahre im Leben des Alexander Solschenizyn.* Darmstadt, 1974.
MOODY, CHRISTOPHER. *Solzhenitsyn.* NY: Harper & Row, 1975.
NEUMANN-HODITZ, REINHOLD UND KUSENBERG, KURT. *Alexander Solschenizyn in Selbstzeugnissen und Bilddokumenten,* Reinbek, 1975.
SCAMMELL, MICHAEL. *Solzhenitsyn: A Biography.* NY: Norton, 1984.
SOLSCHENIZYN, ALEXANDER. *Archipel GULAG.* Reinbek, 1978.
——. *Ein Tag im Leben des Iwan Denissowitsch.* München, 1997.
——. *Krebsstation.* Reinbek, 1991.
THOMAS, DONALD M. *Solschenizyn.* Berlin, 1998.

SPIELBERG, STEVEN
BAXTER, JOHN. *Steven Spielberg: The Unauthorized Biography.* NY: Harper Collins, 1997.
CRAWLEY, TONY. *The Steven Spielberg Story.* NY: Quill, 1983.
MCBRIDE, JOSEPH. *Steven Spielberg: A Biography.* NY: Simon & Schuster, 1997.
TAYLOR, PHILIP M. *Steven Spielberg: The Man, His Movies, and Their Meaning.* NY: Continuum, 1992.
YULE, ANDREW. *Steven Spielberg.* München, 1997.

SPOCK, DR. BENJAMIN
SPOCK, BENJAMIN. *Baby and Child Care.* NY: Pocket Books, 1945.
SPOCK BENJAMIN: *Säuglings- und Kinderpflege.* Frankfurt am Main/Berlin, 1993.
—— AND MITCHELL ZIMMERMAN. *Dr. Spock on Vietnam.* NY: Dell, 1968.
—— AND MARY MORGAN. *Spock on Spock.* NY: Pantheon, 1989.
SPOCK, MICHAEL. *My Father, Doctor Spock.* Downe Publishing, 1968.

STALIN, JOSEF
BEREZHKOV, VALENTIN M. *At Stalin's Side: His Interpreter's Memoir from the October Revolution to the Fall of the Dictator's Empire.* Seacaucus, NJ: Carol Publishing, 1994.
BOFFA, GIUSEPPE. *The Stalin Phenomenon.* Ithaca, NY: Cornell University Press, 1992.
BULLOCK, ALLAN. *Stalin und Hitler.* München, 1998.
CAMERON, KENNETH N. *Stalin: The Man of Contradiction.* Toronto: University of Toronto Press, 1990.
CONQUEST, ROBERT. *Stalin: Breaker of Nations.* NY: Viking, 1991.
DEUTSCHER, ISAAC. *Stalin.* Berlin, 1990.
HINGLEY, RONALD. *Josef Stalin: Myth and Legend.* NY: Smithmark Publishers, 1994.
HOCHSCHILD, ADAM. *The Unquiet Ghost: Russians Remember Stalin.* NY: Viking Penguin, 1995.
MCNEAL, ROBERT. *Stalin: Man and Ruler.* NY: New York University Press, 1988.
NOVE, ALEC. *The Stalin Phenomenon.* NY: St. Martin's, 1993.
RADZINSKY, EDVARD. *Stalin: The First In-Depth Biography Based on Explosive New Documents From Russia's Secret Archives.* NY: Doubleday, 1996.
RICHARDSON, ROSAMOND. *Stalin's Shadow: Inside the Family of One of the World's Greatest Tyrants.* NY: St. Martin's, 1993.
RUBEL, MAXIMILIAN. *Josef W. Stalin.* Reinbek, 1975.
THURSTON, ROBERT W. *Life and Terror in Stalin's Russia.* New Haven, CT: Yale University Press, 1996.
VOLKOGONOV, DMITRI. *Stalin: Triumph and Tragedy.* Rocklin, CA: Prima Publishing, 1996.
ZUBOK, VLADISLAV AND PLESHAKOV, CONSTANTINE. *Inside the Kremlin's Cold War: From Stalin to Khrushchev.* Cambridge, MA: Harvard University Press, 1996.

STEIN, GERTRUDE
BRIDGEMAN, RICHARD. *Gertrude Stein in Pieces.* Oxford/NY: Oxford University Pess, 1970.
BRINNIN, JOHN MALCOLM. *The Third Rose.* Boston: Little, Brown, 1959.
KNAPP, BETTINA L. *Gertrude Stein.* NY: Continuum, 1990.
SABIN, STEFANIE. *Gertrude Stein.* Reinbek, 1996.
SIMON, LINDA (HRSG.). *Gertrude Stein Remembered.* Lincoln, NE: University of Nebraska Press, 1994.
SOUHAMI, DIANA. *Gertrude und Alice.* München, 1994.
STEIN, GETRUDE. *Paris, France.* Frankfurt am Main, 1996.
STENDHAL, RENATE. *Gertrude Stein: In Words and Pictures.* Chapel Hill, NC: Algonquin, 1994.
WINEAPPLE, BRENDA. *Sister Brother: Gertrude and Leo Stein.* NY: Putnam, 1996.

STRAWINSKY, IGOR
BURDE, WOLFGANG. *Igor Strawinski.* München, 1992.
CRAFT, ROBERT. *Stravinsky: Glimpses of a Life.* NY: St. Martin's, 1992.
DÖMLING, WOLFGANG. *Igor Strawinski.* Reinbek, 1981.
GRIFFITHS, PAUL. *Stravinsky.* NY: Scribner', 1992.
HORGAN, PAUL. *Encounter with Stravinsky.* Middletown, CT: Wesleyan University Press, 1988.
LINDLAR, HEINRICH. *Lübbes Strawinski-Lexikon.* Bergisch Gladbach, 1982.
OLIVER, MICHAEL. *Igor Stravinsky.* London: Phaiden Press, 1995.
STRAVINSKY, IGOR. *An Autobiography.* NY: Simon & Schuster, 1936.
TARUSKIN, RICHARD. *Stravinsky and the Russian Traditions.* Berkeley: University of California, 1995.
WALSH, STEPHEN. *The Music of Stravinsky.* London/ NY: Routledge, 1988.

BARBRA STREISAND
BLY, NELLIE. *Barbra Streisand: The Untold Story.* NY: Windsor, 1994.
BRADY, FRANK. *Barbra Streisand: An Illustrated Biography.* NY: Grosset & Dunlap, 1979.
CONSIDINE, SHAUN. *Barbra Streisand: The Woman, the Myth, the Music.*
EDWARDS, ANNE. *Streisand: A Biography.* Boston: Little, Brown, 1997.
RIESE, RANDALL. *Barbara Streisand.* Berlin, 1996.
SPADA, JAMES. *Streisand: Her Life.* NY: Crown, 1995.
——. *Streisand, the Woman and the Legend.* Garden City, NY: Doubleday, 1981.

TAYLOR, ELIZABETH
HEYMAN, DAVID C. *Liz: An Intimate Biography of Elizabeth Taylor.* Seacaucus, NJ: Carol Publishing, 1995.
PARKER, JOHN. *Five for Hollywood: Their Friendship, Their Fame, Their Tragedies.* Seacaucus, NJ: Carol Publishing, 1991.
SHEPPARD, DICK. *Elizabeth: The life and Career of Elizabeth Taylor.* NY: Doubleday, 1974.
SPOTO, DONALD. *A Passion for Life: The Biography of Elizabeth Taylor.* NY: HarperCollins, 1995.
THAIN, ANDREA UND HUEBNER, MICHAEL O. *Elizabeth Taylor – Hollywoods letzte Diva.* Reinbek, 1994.

TEMPLE, SHIRLEY
BLACK, SHIRLEY TEMPLE. *Child Star: An Autobiography.* NY: Warner, 1989.
CALKIN, HOMER L. *Women in the Department of State: Their Role in American Foreign Affairs.* Washington, DC: Department of State # 8951, 1978.
KRANZPILLER, PETER. *Shirley Temple.* Bergatreute, 1995.
STINEMAN, ESTHER (HRSG.). *American Political Women: Contemporary and Historical Profiles.* Littleton, CO: Libraries Unlimited, 1980.
WINDLER, ROBERT. *Films of Shirley Temple.* 1978.
ZIEROLD, NORMAN J. *The Child Stars.* NY: Coward McCann, 1965.

MUTTER TERESA
CHAWLA, NAVIN. *Mutter Teresa.* München, 1997.
FELDMANN, CHRISTINA. *Die Liebe bleibt. Das Leben der Mutter Teresa.* Freiburg, 1998.
MUGGERIDGE, MALCOLM. *Something Beautiful for God: Mother Teresa of Calcutta.* London: Collins, 1971.
MUTTER TERESA. *Der einfache Weg.* Hamburg, 1995.
PORTER, DAVID. *Mother Teresa, the Early Years.* Grand Rapids: Wm. B. Eerdman's, 1986.
SEBBA, ANNE. *Mother Teresa: Beyond the Image.* NY: Doubleday, 1997.
VARDEY, LUCINDA. *Mother Teresa: A Simple Path.* NY: Ballantine, 1995.

THATCHER, MARGARET
FISCHER, KAI. *Britische Europapolitik. Von Margaret Thatcher zu John Major.* Mosbach, 1996.
KIESER, EGBERT. *Margaret Thatcher. Eine Frau verändert ihre Nation.* Esslingen, 1989.
OFFEL, OLGA. *Women Prime Ministers and Presidents.* NY: McFarland, 1993.
SMITH, GEOFFREY. *Reagan and Thatcher.* NY: Norton, 1991.
THATCHER, MARGARET. *The Downing Street Years.* NY: HarperCollins, 1993.
THATCHER MARGARET. *Die Erinnerungen. 1925–1979.* Düsseldorf, 1995.
YOUNG, HUGO. *One of Us: A Biography of Margaret Thatcher.* London: Macmillan, 1991.

THORPE, JIM
BERNOTAS, BOB. *Jim Thorpe: Sac and Fox Athlete.* NY: Chelsea House, 1992.
DOCKSTADER, FREDERICK J. *Great North American Indians.* NY: Van Nostrand Reinhold, 1977.
FALL, THOMAS. *Jim Thorpe.* NY: Crowell, 1970.

HAHN, JAMES. *Thorpe! The Sports Career of Jim Thorpe.* Mankato, MN: Crestwood House, 1981.
LIPSYTE, ROBERT. *Jim Thorpe: 20th Century Jock.* NY: HarperCollins, 1993.
PAENTER, MAC. *Champions of American Sports.* NY: Abrams, 1981.
SCHOON, GENE. *The Jim Thorpe Story: America's Greatest Athlete.* NY: Messner, 1951.
SULLIVAN, GEORGE. *Professional Football's All-Time All-Star Team.* NY: Putnam, 1968.
VAN REPER, GUERNSEY. *Jim Thorpe: Indian Athlete.* Indianapolis, IN: Bobbs-Merrill, 1961.
WHEELER, ROBERT W. *Jim Thorpe: World's Greatest Athlete.* Norman, OK: University of Oklahoma Press, 1979.

TOKYO ROSE

DUUS, MASAYO. *Tokyo Rose: Orphan of the Pacific.* Tokyo/NY: Kodansha, 1979.
HOWE, RUSSELL. *The Hunt for Tokyo Rose.* Boston: Madison, 1990.

TOSCANINI, ARTURO

HOROWITZ, JOSEPH. *Understanding Toscanini: A Social History of American Concert Life.* Berkeley: University of California, 1994.
LEBRECHT, NORMAN. *The Maestro Myth: Great Conductors in the Pursuit of Power.* NY: Brich Lane Press, 1992.
SACHS, HARVEY. *Reflections on Toscanini.* NY: Grove, 1993.
——. *Toscanini.* Rocklin, CA: Prima Publishers, 1995.
SCHONBERG, HAROLD. *The Glorious Ones: Classical Music's Legendary Performers.* NY: Times Books, 1988.

TRUMAN, HARRY S.

MERRIL, DENNIS (HRSG.). *Documentary history of the Truman Presidency.* University Publications of America, 1997
TRUMAN HARRY S. *Memoiren.* Stuttgart, o. J.
SHELL, KURT L. *Harry S. Truman.* Göttingen, 1998.
WILK, GERHARD, *Truman und Berlin.* Berlin 1986.

TURNER, TED

BIBB, PORTER. *It Ain't As Easy As It Looks.* NY: Crown, 1993.
GOLDBERG, ROBERT AND GERALD JAY GOLDBERG. *Citizen Turner: The Wild Rise of An American Tycoon.* NY: Harcourt Brace, 1994.
WHITTEMORE, HANK. *CNN: The Inside Story.* Little, Brown, 1990.

VALENTINO, RUDOLF

BOTHAM, NOEL. *Valentino: The Love God.* Miami: Brown Rock Co., 1976.
MORRIS, MICHAEL. *Madame Valentino: The Many Lives of Natacha Rambova.* NY: Abbeville, 1991.
OBERFIRST, ROBERT. *Rudolf Valentino: The Man Behind the Myth.* NY: Citadel, 1962.
SHULMAN, IRVING. *Valentino.* NY: Trident, 1967.
WALKER, ALEXANDER. *Rudolf Valentino.* NY: Viking, 1977.

VON BRAUN, WERNHER

EISFELD, RAINER. *Mondsüchtig.* Reinbek, 1996.
HEILBRON, J. L. *Dilemmas of an Upright Man.* Berkeley: University of California Press, 1986.
NEUFELD, MICHAEL J. *Die Rakete und das Reich.* Berlin, 1997.
PISZKIEWICZ, DENNIS. *The Nazi Rocketeers: Dreams of Space and Crimes of War.* Wesport, MA: Greenwood Publishing, 1995.
STUHLINGER, ERNST. *Wernher Von Braun: Crusade for Space.* Melbourne: Krieger Publishing, 1996.
WUSTRICH, ROBERT. *Who's Who in Nazi Germany.* London/NY: Routledge, 1995.

VREELAND, DIANA

MARTIN, RICHARD. *Diana Vreeland: Immoderate Style.* NY: Metropolitan Museum, 1993.
ROOSEVELT, FELICIA. *Doers and Dowagers.* NY: Doubleday, 1975,

WALESA, LECH

BOYES, ROGER. *The Naked President: A Political Life of Lech Walesa.* London: Secker & Warburg, 1994.
BROLEWICZ, WALTER. *My Brother, Lech Walesa.* NY: Tribeca Communications, 1983.
ERINGER, ROBERT. *Strike for Freedom!: The Story of Lech Walesa and Polish Solidarity.* NY: Dodd, 1982.
WALESA, LECH. *A Way of Hope.* NY: Arcade Pub., 1987.
——. *The Struggle and the Triumph.* NY: Arcade Pub., 1992.

WARHOL, ANDY

ALEXANDER, PAUL. *Death & Disaster: The Rise of the Warhol Empire and the Race for Andy's Millions.* NY: Random House, 1994.
BOCKRIS, VICTOR. *Life and Death of Andy Warhol.* NY: Bantam, 1989.
BOURDON, DAVID. *Warhol.* NY: Abrams, 1991.
COLACELLO, BOB. *Holy Terror: Andy Warhol Close Up.* NY: Harper Perennial, 1991.
FINKELSTEIN, NAT. *Andy Warhol: The Factory Years.* NY: St Martin's, 1989.
HACKETT, PAT. *The Andy Warhol Diaries.* NY: Warner Books Inc., 1991.
HONNEF, KLAUS. *Warhol.* Carson, CA: Books Nippan: 1994.
KOCH, STEPHEN. *Stargazer: The Life, World and Films of Andy Warhol.* NY: Rizzoli, 1991.
MCSHINE, KYNASTON. *Andy Warhol: A Retrospective.* NY: Museum of Modern Art, 1991.
ROMAN, LOTHAR. *Andy Warhol.* München, 1993.
SABIN, STEFANIE. *Andy Warhol.* Reinbek, 1992.
WARHOL, ANDY. *Popism: The Warhol Sixties.* Orlando, FL: Harcourt Brace, 1990.
——. *Schmatz, Schmatz, Schmatz.* Weingarten, 1996.
WRENN, MIKE. *Andy Warhol: In His Own Words.* NY: Omnibus Press, 1991.

WATSON, JAMES & FRANCIS CRICK

CRICK, FRANCIS. *Das Leben selbst.* 1981.
——. *What Mad Pursuit: A Personal View of Scientific Discovery.* NY: Basic Books, 1988.
NEWTON, DAVID E. *James Watson & Francis Crick: Discovery of the Double Helix and Beyond.* NY: Facts on File, 1992.
WATSON, JAMES. *Die Doppelhelix.* München, 1997.

WAYNE, JOHN

CARPOZI GEORGE: *John Wayne. Seine Filme – sein Leben.* München, 1993.
Hyams, Jay. *Life and Times of the Western Movie.* NY: Gallery Books, 1983.
LEVY, EMANUEL. *John Wayne: Prophet of the American Way of Life.* Metuchen, NJ: Scarecrow Press, 1988.
MANCINO, ANTON O. *John Wayne.* Rom, 1990.
MATTHEWS, LEONARD. *History of Western Movies.* NY: Crescent Books, 1984.
McGHEE, RICHARD. *John Wayne: Actor, Artist, Hero.* NY: McFarland, 1990.
MINSHALL, BERT AND CLARK, SHARON. *On Board with the Duke.* Washington, DC: Seven Locks Press, 1992.
NALDO, DAN. *John Wayne.* NY: Chelsea House, 1994.
ROBERTS, RANDY AND OLSON, JAMES S. *John Wayne: American.* NY: The Free Press, 1995.
STACY, PAT AND LINET, BEVERLY. *Duke, A Love Story.* Atheneum, 1983.
THOMAS, TONY. *The West That Never Was.* NY: Citadel, 1989.
WELCH, JULIE. *Leading Men.* Villard, 1985.

WELLES, ORSON

BRADY, FRANK. *Citizen Welles: A Biography of Orson Welles.* NY: Scribner's, 1989.
CALLOW, SIMON. *Orson Welles: The Road to Xanadu.* NY: Viking, 1996.
HIGHAM, CHARLES. *The Films of Orson Welles.* Berkeley: University of California Press, 1970.
——. *Orson Welles: The Rise and Fall of an American Genius.* NY: St. Martin's, 1985.
LEAMING, BARBARA. *Orson Welles, A Biography.* NY: Viking, 1985.
THOMSON, DAVID. *Rosebud.* NY: Alfred A. Knopf, 1996.

WEISE, ECKHARD. *Orson Welles.* Reinbek, 1996.
WELLES, ORSON UND BOGDANOVICH, PETER. *Hier spricht Orson Welles.* Berlin, 1994.

WEST, MAE

CURRY, RAMINA. *Too Much of A Good Thing: Mae West as Cultural Icon.* Duluth, MN: University of Minnesota Press, 1996.
HAMILTON, MARYBETH. *When I'm Bad, I'm Better: Mae West, Sex, and American Entertainment.* NY: HarperCollins, 1995.
LEONARD, MAURICE. *Mae West: Empress of Sex.* London: Collins, 1991.
STEIN, CHARLES W. *American Vaudeville as Seen by Its Contemporaries.* NY: Knopf, 1984.
SOCHEN, JUNE. *Mae West: She Who Laughs, Lasts.* Wheeling, IL: Harlan Davidson, 1992.
UNTERBRINK, MARY. *Funny Women.* NY: McFarland, 1987.
WORTIS LEIDER, EMILY. *Westwärts junger Mann. Mae West.* München, 1998.

WILLIAMS, HANK

ESCORT, COLIN. *Hank Williams.* Andrä-Wördern, 1996.
FLIPPO, CHET. *Your Cheatin' Heart: A Biography of Hank Williams.* NY: Simon & Schuster, 1981.
RIVERS, JERRY. *Hank Williams, From Life to Legend.* Denver, CO: Heather Enterprises, 1967.
RIVERS JERRY: *Hank Williams. Eine Legende lebt weiter.* Regensburg, 1994.
WILLIAMS, HANK. *Living Proof: An Autobiography.* NY: Putnam, 1979.
WILLIAMS, ROGER M. *Sing a Sad Song: The Life of Hank Williams.* Garden City, NY: Doubleday, 1970.

WILLIAMS, TENNESSEE

BOXILL, ROGER. *Tennessee Williams.* NY: St. Martin's, 1987.
HAYMAN, RONALD. *Tennessee Williams: Everyone Else Is an Audience.* New Haven, CT: Yale University Press, 1993.
LEVERICH, LYLE. *Tom: The Unknown Tennessee Williams.* NY: Crown, 1995.
WILLIAMS, DAKIN, AND MEAD, SHEPHERD. *Tennessee Williams: An Intimate Biography.* NY: Arbor House, 1983.
WILLIAMS, TENNESSEE. *Memoiren.* Frankfurt am Main, 1993.
WINDHAM, DONALD. *Tennessee William's Letters to Donald Windham.* Athens, GA: University of Georgia Press, 1996.

WINDSOR, HERZOG UND HERZOGIN VON

BLACKWOOD, CAROLINE. *The Last of the Duchess.* NY: Pantheon, 1995.
BLOCH, MICHAEL (HRSG.). *Die Windsors – Briefe einer großen Liebe.* München, 1992.
——. *Duchess of Windsor.* NY: St. Martin's, 1989.
BRYAN, JOSEPH. *The Windsor Story.* NY: Morrow, 1979.
FAIRLEY, JOSEPHINE. *The Princess and Duchess.* NY: St. Martin's, 1989.
GARRETT, RICHARD. *Mrs. Simpson.* NY: St. Martin's, 1979.
HIGHAM, CHARLES. *The Duchess of Windsor: The Secret Life.* NY: Diamond Books, 1989.
MARTIN, RALPH G. *The Woman He Loved.* NY: Simon & Schuster, 1973.
SPOTO, DONALD. *The Decline and Fall of the House of Windsor.* NY: Simon & Schuster, 1995.
VICKERS, HUGO. *The Private World of the Duke and Duchess of Windsor.* NY: Abbeville, 1996.
WILSON, A.N. *Aufstieg und Fall des Hauses Windsor.* Reinbek, 1995.
ZIEGLER, PHILIP. *King Edward VIII.* NY: Knopf, 1991.

WINFREY, OPRAH

BLY, NELLIE. *Oprah!: Up Close and Down Home.* NY: Kensington, 1993.
BUFFALO, AUDREEN. *Meet Oprah Winfrey.* NY: Random House, 1993.
GREENE, BOB UND WINFREY, OPRAH. *Ich hab's geschafft! Das 10-Punkte-Training für Körper und Seele.* Berlin, 1998.

OTFINOSKI, STEVEN. *Oprah Winfrey: Televison Star.* Woodbridge, CT: Blackbirch Press, 1993.
WALDRON, ROBERT. *Oprah!* NY: St. Martin's, 1987.

WOOLF, VIRGINIA

BELL, QUENTIN. *Virginia Woolf.* Frankfurt am Main, 1981.
BLODGETT, HARRIET (HRSG.). *Capacious Hold-All: An Anthology of English Women's Diary Writings.* Charlottesville, VA: University of Virginia Press, 1991.
DUNN, JANE. *A Very Close Conspiracy.* Boston: Little, Brown, 1991.
GORDON, LYNDALL. *Virginia Woolf: A Writer's Life.* NY: Norton, 1984.
KING, JAMES. *Virginia Woolf.* London: Norton, 1995.
LEE, HERMIONE. *Virginia Woolf.* NY: Knopf, 1997.
MEPHAM, JOHN. *Virginia Woolf: A Literary Life.* NY: St. Martin's, 1991.
RAITT, SUZANNE. *Vita and Virginia.* Oxford/NY: Oxford University Press, 1993.
SCHLUETER, PAUL AND JANE (HRSG.). *An Encyclopedia of British Women Writers.* NY: Garland, 1998.
WALDEMANN, WERNER. *Virginia Woolf.* Reinbek, 1983.
WOOLF, LEONARD. *Mein Leben mit Virginia.* Frankfurt am Main, 1991.
WOOLF, VIRGINIA. *Moments of Being.* NY: Harcourt Brace, 1985.

WRIGHT, FRANK LLOYD

ALOFSIN, ANTHONY. *Frank Lloyd Wright: The Lost Years 1910–1922.* Chicago: University of Chicago Press, 1994.
GOSSEL, PETER. *Frank Lloyd Wright.* Carson, CA: Books Nippan, 1994.
GUERRERO, PEDRO E. *Picturing Wright: An Album from Frank Lloyd Wright's Photographer.* San Francisco: Pomegranate Artbooks, 1994.
HERTZ, JOHN. *Frank Lloyd Wright.* NY: Macmillan, 1995.
HOFFMAN, DONALD. *Understanding Frank Lloyd Wright's Architecture.* NY: Dover, 1995.
HOPPEN, DONALD W. *The Seven Ages of Frank Lloyd Wright: A New Appraisal.* Santa Barbara: Capra Press, 1992.
KAUFMAN, EDGAR. *Frank Lloyd Wright.* NY: NAL, 1989.
MEEHAN, PATRICK J. *Truth Against the World.* NY: Wiley, 1987.
NASH, ERIC P. *Frank Lloyd Wright of Nature.* NY: Smithmark Publishers, 1996.
PFEIFFER, BRUCE BROOKS. *Frank Lloyd Wright: The Masterworks.* NY: Rizzoli, 1993.
RUBIN, SUSAN GOLDMAN. *Frank Lloyd Wright.* NY: Abrams, 1994.
SECREST, MERYLE. *Frank Lloyd Wright.* NY: Knopf, 1993.
STORRER, WILLIAM ALLEN. *The Frank Lloyd Wright Companion Book.* Chicago: University of Chicago Press, 1994.
WRIGHT, FRANK LLOYD. *Schriften und Bauten.* Berlin, 1997.
ZEVI, BRUNO (HRSG.). *Franklin Lloyd Wright.* Basel, 1991.

WRIGHT, WILBUR & ORVILLE

BILSTEIN, ROGER. *Flight in America.* Baltimore, MD: Johns Hopkins, 1984.
CROUCH, TOM D. *The Bishop's Boys.* NY: Norton, 1989.
DEGEN, PAULA. *Wind and Sand: The Story of the Wright Brothers at Kitty Hawk.* NY: Abrams, 1988.
HALLION, RICHARD P. *The Wright Brothers.* DC: Smithsonian, 1978.
HOWARD, FRED. *Wilbur & Orville: A Biography of the Wright Brothers.* NY: Ballantine, 1988.
Hundert Jahre Flug. Stuttgart, 1998.
WRIGHT, WILBUR. *Miracle at Kitty Hawk: The Letters of Wilbur and Orville Wright.* NY: Da Capo Press, 1996.

ZAHARIAS, BABE DIDRIKSON

CAYLEFF, SUSAN E. *Babe: The Life and Legend of Babe Didrikson Zaharias.* Urbana, IL: University of Illinois Press, 1995.
DAVIS, MAC. *100 Greatest Sports Heroes.* NY: Grossett, 1991.
GRIMSLEY, WILL. *Gold: Its History, People and Events.* Englewood Cliffs, NJ: Prentice, Hall, 1966.
GUTTMAN, ALLEN. *Women's Sports: A History.* NY: Columbia University Press, 1991

ZAPATA, EMILIANO

ADAMS, JEROME R. *Liberators and Patriots of Latin America.* Jefferson, NC/London: McFarland, 1991.
BRUNK, SAMUEL. *Revolution and Betrayal in Mexico: A Life of Emiliano Zapata.* Albuquerque: University of New Mexico Press, 1995.
KAMPKÖTTER, MARKUS. *Emiliano Zapata.* Stuttgart, 1996.
NEWLON, CHARLIE. *The Men Who Made Mexico.* NY: Dodd, Mead, 1973.
WOMACK, JOHN. *Zapata and the Mexican Revolution.* NY: Knopf, 1969.

ALLGEMEINE LITERATUR

Amerikanisches Drama und Theater im 20. Jahrhundert. Göttingen, 1975
ARMS, THOMAS S. *Encyclopedia of the Cold War.* NY: Facts on File, 1994.
BAECHLER, LEA AND WALTON LITZ, A. (HRSG.). *American Writers: A Collection of Literary Biographies.* (4 Bd.). NY: Scribner's, 1974 and Supplement 11, Pt. 1, 1981.
BAIGNO, ANDREAS. *100 Highlights Fußball. Momentaufnahmen Weltmeisterschaften.* Berlin, 1998.
BAIGNO, ANDREAS, HOHLFELD, MICHAEL UND RADANZ, HARRY. *Rekorde, Rekorde, Rekorde ... Fussball.* Berlin, 1999.
The Biographical Dictionary of Scientists. NY: Helicon Publishers, 1994.
BERGMAN, RONALD. *The United Artists Story.* NY: Crown, 1986.
BRAUNECK, MANFRED. *Theater im 20. Jahrhundert.* Reinbek, 1984.
BRETZLER, WILLY. *Spannungsfeld Kalter Krieg. Neue Zürcher Zeitung 1945–1967.* Zürich, 1991.
CHARMLEY, JOHN. *Churchill's Grand Alliance: The Anglo-American Special Relationship, 1940-57.* NY: Harcourt Brace, 1995.
Chronicle of the Cinema. London: Dorling Kindersley, 1995.
Chronik Handbuch Kursbuch 20. Jahrhundert. Gütersloh, 1996.
Chronik Handbuch Reden und Dokumente des 20. Jahrhunderts. Gütersloh, 1996.
Chronik Lexikon 20. Jahrhundert. Gütersloh, 1998.
Chronik Sportgeschichte in Zahlen. Gütersloh, 1997.
COLLINS, BUD AND HOLLANDER, ZANDER (HRSG.). *Bud Collins' Modern Encyclopedia of Tennis.*
Contemporary Authors: A Bio-Bibliographical Guide to Current Writers in Fiction,
CRYSTAL, DAVID. *The Cambridge Biographical Encyclopedia.* Cambridge/NY: Cambridge University Press, 1994.
Current Biography. (1940–1997) NY: Wilson Co. Detroit: Visible Ink Press, 1994.
DANIEL, CLIFTON (HRSG.). *Chronicle of the Twentieth Century.* NY: Chronicles, 1987.
DEEGAN, MARY JO. *Women in Sociology.* NY/Westport, CT: Greenwood, 1991.
DEVINE, ELIZABETH (HRSG.). *Thinkers of the Twentieth Century.* Detroit: Gale, 1984.
DE CURTIS, ANTHONY AND JAMES HENKE (HRSG.). *The Rollling Stone Illustrated History of Rock & Roll.* NY: Random House, 1992.
EAMES, JOHN DOUGLAS. *The MGM Story.* NY: Crown, 1976.
DREXEL, JOHN (HRSG.). *The Facts on File Encyclopedia of the Twentieth Century.* NY: Facts on File, 1991.
———. *The Paramount Story.* NY: Crown, 1985.
FEATHER, LEONARD. *The Encyclopedia of Jazz.* NY: Bonanza Books, 1960. HarpersCollins, 1995.
FINDLING, JOHN E. *Dictionary of American Diplomatic History.* NY/London: Greenwood, 1989.
FINLER, JOEL W. *The Hollywood Story.* NY: Crown, 1988.
FLEISCHMAN, WOLFGANG. *Encyclopedia of World Literature in the Twentieth Century.* NY: Frederick Unger, 1967.
GARRATY, JOHN A. AND STERNSTEIN, JEROME L. *Encyclopedia of American Biography.* NY: H.
GLANVILLE, BRIAN. *The Story of the World Cup.* London: Faber, 1993.
GÖDECKE, PETER. *Tor! 100 Jahre Fussball.* München, 1998.
GRAFF, HENRY F. (HRSG.). *The Presidents: A Reference History* (2. Aufl.). NY: Scribner's, 1996.
Great Events of the Twentieth Century. NY: Time Books, 1997.
Die großen Stars und Persönlichkeiten. München, 1998.
Handbuch Personen des 20. Jahrhunderts. Gütersloh, 1999.
Harenberg Personenlexikon 20. Jahrhundert. Dortmund, 1996.
Harenberg Quiz des 20. Jahrhunderts. Dortmund, 1997.
Harenberg Schlüsseldaten 20. Jahrhundert. Dortmund, 1997.
HART-DAVIS. *Hitler's Games: the 1936 Olympics.* NY/London: Harper & Row, 1986.
HARTMANN, ROBERT. *Die großen Leichtathletik-Stars international.* München, 1992.
HENKEL, DORIS. *Die großen Tennis-Stars.* München, 1992.
Heyne Filmlexikon. 10 000 Filme aus 100 Jahren Filmgeschichte. München, 1999.
HIRSCHHORN, CLIVE. *The Columbia Story.* NY: Crown, 1990.
———. *The Hollywood Musical.* NY: Crown, 1981.
———. *The Universal Story.* NY: Crown, 1983.
———. *The Warner Bros. Story.* NY: Crown, 1979.
HOCHMAN, STANLEY AND ELEANOR. *Contemporary American History: 1945 to the Present.* NY: Penguin, 1997.
HOOPES, ROY. *When the Stars Went to War: Hollywood and World War II.* NY: Random House, 1994.
JACOBS, JACOBS: *All that Jazz. Geschichte einer Musik.* Stuttgart, 1996.
JAMES, EDWARD. *Notable American Women, 1607–1950.* (Vol. 1). London: Oxford University Press, 1971.
JANSON. H.W. *History of Art: A Survey of the Major Visual Arts from the Dawn of History to the Present Day* (2. Aufl.). Englewood Cliffs, N.J. and NY: Prentice-Hall and Abrams, 1977.
JEWELL, RICHARD B. WITH VERNON HARBIN. *The RKO Story.* NY: Arlington House, 1982.
Junior Chronik 20. Jahrhundert. Gütersloh, 1998.
KAMPER, ERICH UND MALLON, BILL. *Who's Who der Olympischen Spiele 1896–1992.* Kassel, 1993.
KARNEY, ROBYN. *The Movie Stars Story.* NY: Crescent Books, 1984.
KARSH, YOUSUF. *Portraits of Greatness.* NY: Nelson, 1961.
KATZ, EPHRAIM. *The Film Encyclopedia.* NY: Harper Perennial, 1994.
KERN, ROBERT. *Historical Dictionary of Modern Spain.* NY: Greenwood, 1990.
KOLKO, GABRIEL. *Das Jahrhundert der Kriege.* Frankfurt am Main, 1999.
KUHN, ANNETTE WITH RADSTONE, SUSANNAH (HRSG.). *Women in Film: An International Guide.* NY: Fawcett Columbine, 1990.
LEYDA, JAY. *Voices of Film Experience: 1984 to the Present.* NY: Macmillan, 1977.
Life Legends: The Century's Most Unforgettable Faces. Hrsg.: Killian Jordan. NY: Life Books, 1997.
Life Special Issue. The Seventies: The Decade in Pictures. December, 1979.
Life Special Report. Remarkable American Women: 1776–1996. 1976.
Life Special Double Issue. Hrsg.: Robert Friedman. *The Millennium.* Fall, 1997.
MANCHESTER, WILLIAM. *The Glory and the Dream: A Narrative History of America, 1932–72.* NY: Bantam, 1990.
MARKS, CHARLES. *World Artists, 1950–1986.* NY: Wilson, 1984.
McGraw-Hill Encyclopedia of Science and Technology. (8. Aufl., 20 Bd.). NY: McGraw-Hill, 1997.
MELTON, J. GORDON. *Religious Leaders of America.* Detroit: Gale, 1991.
McGUIRE, PAULA. *American Political Leaders from Colonial Times to the Present.* Santa Barbara, CA: ABC-CLIO, 1991.
MITCHELL, JAMES (HRSG.). *The Random House Encyclopedia.* NY: Random House, 1977.
MOREHEAD, PHILIP D. (HRSG.). *The New International Dictionary of Music.* NY: NAL, 1992.
MUNRO, ELEANOR. *Originals: American Women Artists.* NY: Simon & Schuster, 1982.
MUNSTERBERG, HUGO. *A History of Women Artists.* NY: Crown, 1975.

Nobel Laureates in Literature. NY: Garland, 1990.
Nobel Prize Winners. NY: Wilson, 1992.
Die Olympischen Spiele. Reinbek, 1996.
PARK, JAMES. *Icons: An A-Z Guide to the People Who Shaped Our Time.* NY: Collier, 1991.
PARRY, MELANIE (HRSG.). *Chambers Biographical Dictionary of Women.* Edinburgh: Chambers, 1996.
People Weekly Special Collector's Edition: The Most Intriguing People of the Century. NY: People Books, 1997.
QUINLAN, DAVID. *Quinlan's Illustrated Directory of Film Comedy Directors.* NY: Henry Holt, 1992.
Random House Webster's Dictionary of Scientists. NY: Random House, 1997.
The Random House International Encyclopedia of Golf. Random House: 1991.
REES, DAFYDD AND LUKE CRAMPTON. *Encyclopedia of Rock Stars.* London: DK Publishing, 1996.
REICH, BERNARD. *Political Leaders of the Contemporary Middle East and North Africa.* NY: Greenwood, 1990.
RHODES, RICHARD. *The Making of the Atomic Bomb.* NY: Touchstone, 1988.
SCHLUETER, PAUL AND JANE (HRSG.). *An Encyclopedia of British Women Writers.* NY: Garland, 1988.
SHAW, ARNOLD. *Black Popular Music in America.* NY: Schirmer, 1986.
SIEGEL, SCOTT AND BARBARA SIEGEL. *The Encyclopedia of Hollywood.* NY: Avon, 1990.
SLIDE, ANTHONY. *The American Film Industry: A Historical Dictionary.* NY: Greenwood Press, 1986.
SINGER, MICHAEL, COMP. AND ED. *Film Directors: a Complete Guide.* Beverly Hills, CA: Lone Eagle Publishing, 1990.
SLATKIN, WENDY. *Women Artists in History.* Englewood Cliffs, NY: Prentice-Hall, 1990.
SMITH, JESSIE CARNEY. *Epic Lives: One Hundred Black American Women Who Made a Difference.* Detroit: Gale, 1995.
SOMMER, ROBIN LANGLEY. *Hollywood: The Glamour Years (1919-1941).* NY: Gallery Books, 1987.
STAMBLER, IRWIN AND LANDON, GRELUN. *Country Music: The Encyclopedia.* NY: St. Martin's, 1997.
SULZBERGER, C. L. *The American Heritage Picture History of World War II.* NY: American Heritage/ Bonanza Books, 1966.
The Sunday Times. *1000 Makers of the Twentieth Century.* Initiating ed., Susan Raven (HRSG.). Hannah Charlton. London: Times Newspapers Ltd., 1991.
THOMAS, TONY AND AUBREY SOLOMON. *The Films of 20th Century Fox: A Pictorial History.* Secaucus, NY: Citadel Press, 1979.
WAKEMAN, JOHN. *World Film Directors: 1890-1945.* NY: Wilson, 1987.
WALLACE, IRVING, WALLACE, AMY, WALLECHINSKY, DAVID AND WALLACE, SYLVIA. *The Intimate Sex Lives of Famous People.* NY: Delacourt, 1981.
WALLENCHINSKY, DAVID. *The Complete Book of the Olympics.* Boston: Little, Brown, 1992.
Webster's New Biographical Dictionary. Springfield, MS: Mirriam-Webster, 1988.
Who's Who in America With World Notables. New Providence, NJ: Marquis' Who's Who.
Who's Who in the World. New Providence, NJ: Marquis' Who's Who, 1994.
Who's Who of American Women. New Providence, NJ: Marquis' Who's Who.
WISTRICH, ROBERT. *Who's Who in Nazi Germany.* London/NY: Routledge, 1995.
WOLFF, RICH (HRSG.). *The Baseball Encyclopedia.* (9. Auflage). NY: Macmillan, 1993.
ZILBOORG, CAROLINE (HRSG.). *Women's Firsts.* Detroit: Gale, 1996.

BILDNACHWEISE

ADDAMS, JANE	ARCHIVE PHOTOS
ALI, MUHAMMAD	PAUL SLADE/PARIS MATCH
ALLEN, WOODY	CHESTER HIGGINS/N.Y.TIMES/ARCHIVE PHOTOS
ARAFAT, JASIR	RENE BURRI/MAGNUM
ARENDT, HANNAH	UPI/CORBIS/BETTMANN
ARMSTRONG, LOUIS	DR
ARMSTRONG, NEIL	ARCHIVE PHOTOS
ASTAIRE, FRED	ARCHIVE PHOTOS
BAKER, JOSEPHINE	ROGER VIOLLET
BALL, LUCILLE	THE McCLAY ARCHIVES
BANNISTER, ROGER	ARCHIVE PHOTOS
BARDOT, BRIGITTE	WALTER CARONE
BARNARD, DR. CHRISTIAAN	ARCHIVE PHOTOS
BEATLES, THE	ROGER VIOLLET
BEN-GURION, DAVID	HORST TAPPE/ARCHIVE PHOTOS
BERGMAN, INGMAR	UPI/CORBIS/BETTMANN
BERGMAN, INGRID	ARCHIVE PHOTOS
BOGART, HUMPHREY	POPPERFOTO/ARCHIVE PHOTOS
BRANDO, MARLON	PHOTOFEST
BRECHT, BERTOLT	AGENCE BERNAND
BROWN, HELEN GURLEY	UPI/CORBIS/BETTMANN
CALLAS, MARIA	AGIP
CAPONE, AL	ARCHIVE PHOTOS
CARSON, RACHEL	ERICH HARTMANN/MAGNUM
CARTIER-BRESSON, HENRI	MARTIN FRANCK/MAGNUM
CASTRO, FIDEL	FRANCOIS PAGES/PARIS MATCH
CHANEL, COCO	ROGER SCHALL
CHAPLIN, CHARLIE	PHOTOFEST
CHRISTIE, AGATHA	HUBERT DE SEGONZAC/PARIS MATCH
CHURCHILL, WINSTON	UPI/CORBIS/BETTMANN
COLETTE	HARLINGUE/ROGER VIOLLET
LE CORBUSIER	ROBERT DOISNEAU/RAPHO
COUSTEAU, JACQUES	PHILIPPE LE TELLIER/PARIS MATCH
CURIE, MARIE	KEYSTONE
DALAI LAMA, DER	BENJAMIN AUGER/PARIS MATCH
DALI, SALVADOR	PHOTOFEST
DAVIS, BETTE	PHOTOFEST
DE BEAUVOIR, SIMONE	ROBERT DOISNEAU/RAPHO
DE GAULLE, CHARLES	DR
DEAN, JAMES	PHOTOFEST
DIANA, PRINZESSIN VON WALES	EXPRESS NEWSPAPERS/ARCHIVE PHOTOS
DIETRICH, MARLENE	PHOTOFEST
DINESEN, KAREN	NORDISK PRESSEFOTO/ARCHIVE PHOTOS
DISNEY, WALT	ARCHIVE PHOTOS
DUNCAN, ISADORA	IMAPRESS
DYLAN, BOB	PHOTOFEST
EARHART, AMELIA	UPI/CORBIS/BETTMANN
EDISON, THOMAS	UPI/CORBIS/BETTMANN
EINSTEIN, ALBERT	PHOTO RESEARCHERS
EISENHOWER, DWIGHT D.	CAMERA PRESS
EISENSTEIN, SERGEI	PHOTOFEST
ELIOT, T.S.	UPI/CORBIS/BETTMANN
ELISABETH II., KÖNIGIN	CAMERA PRESS
ELISABETH, KÖNIGINMUTTER	REX FEATURES
ELLINGTON, DUKE	FRANK DRIGGS COLLECTION/ARCHIVE PHOTOS
FELLINI, FEDERICO	ROMA PRESS PHOTO/ARCHIVE PHOTOS
FERMI, ENRICO	ARCHIVE PHOTOS
FORD, HENRY	ARCHIVE PHOTOS
FRANCO, FRANCISCO	ARCHIVE PHOTOS
FRANK, ANNE	UPI/CORBIS/BETTMANN
FRANKLIN, ARETHA	PHOTOFEST
FREUD, SIGMUND	ARCHIVE PHOTOS
FRIEDAN, BETTY	GERALD DAVIS/ARCHIVE PHOTOS
GAGARIN, JURI	ARCHIVE PHOTOS
GANDHI, INDIRA	UPI/CORBIS/BETTMANN
GANDHI, MAHATMA	SUPI/CORBIS/BETTMANN
GARBO, GRETA	DR
GARCIA MARQUEZ, GABRIEL	HELMUT NEWTON/ SYGMA
GARLAND, JUDY	PHOTOFEST
GATES, BILL	REUTERS/SUE OGROCKI/ARCHIVE PHOTOS
GINSBERG, ALLEN	CAMERA PRESS/ARCHIVE PHOTOS
GOODALL, JANE	UPI/CORBIS/BETTMANN
GORBATSCHOW, MICHAIL	SHONE/GAMMA
GRAHAM, BILLY	PHOTOFEST
GRAHAM, MARTHA	PHOTOFEST
GRANT, CARY	PHOTOFEST
GRIFFITH, D. W.	ARCHIVE PHOTOS
GUEVARA, CHE	ARCHIVE PHOTOS
HAWKING, STEPHEN	REUTERS/MARTIN LANGFIELD/ARCHIVE PHOTOS
HEARST, WILLIAM RANDOLPH	ARCHIVE PHOTOS
HEFNER, HUGH	ARCHIVE PHOTOS
HEIFETZ, JASCHA	PHOTOFEST
HEMINGWAY, ERNEST	PHOTOFEST
HEPBURN, KATHARINE	ARCHIVE PHOTOS
HILLARY, EDMUND SIR & TENZING NORGAY	UPI/CORBIS/BETTMANN
HIROHITO, KAISER	KEYSTONE
HITCHCOCK, ALFRED	ARCHIVE PHOTOS
HITLER, ADOLF	DR
HOLIDAY, BILLIE	HERMAN LEONARD
HOROWITZ, WLADIMIR	PHOTOFEST
IBARRURI, DOLORES (LA PASSIONARIA)	LAPI/ROGER VIOLLET
JACKSON, MICHAEL	ARCHIVE PHOTOS
JAGGER, MICK	PHOTOFEST
JIANG QING	BRUNO BARBEY/MAGNUM
JOHN, ELTON	TIM BOXER/ARCHIVE PHOTOS
PAPST JOHANNES XXIII.	PHOTOFEST
JORDAN, MICHAEL	UPI/CORBIS/BETTMANN
JOYCE, JAMES	FABER & FABER/PARIS MATCH
JUNG, CARL	HENRI CARTIER BRESSON/MAGNUM
KAFKA, FRANZ	KEYSTONE
KAHLO, FRIDA	ARCHIVE PHOTOS
KELLER, HELEN	UPI/CORBIS/BETTMANN
KELLY, GRACE	IZIS/PARIS MATCH
KENNEDY, JOHN F.	AMERICAN STOCK/ARCHIVE PHOTOS
KEVORKIAN, DR. JACK	REUTERS/JEFF KOWALSKY/ARCHIVE PHOTOS
KING, BILLY JEAN	ARCHIVE PHOTOS
KING, MARTIN LUTHER, JR.	ARCHIVE PHOTOS
ANN LANDERS/ABIGAIL VAN BUREN	ARCHIVE PHOTOS/PHOTOFEST
LENIN, WLADIMIR	NOVOSTI PRESS AGENCY
LINDBERGH, CHARLES	ARCHIVE PHOTOS
LOREN, SOPHIA	UPI/CORBIS/BETTMANN
LUXEMBURH, ROSA	UPI/CORBIS/BETTMANN
MACARTHUR, GENERAL DOUGLAS	ARCHIVE PHOTOS
MADONNA	PHOTOFEST
MALCOM X	PHOTOFEST
MANDELA, NELSON	ARCHIVE PHOTOS
MAO TSE-TUNG	ARCHIVE PHOTOS
MATA HARI	DR
MATISSE, HENRI	ARCHIVE PHOTOS
MARX BROTHERS, THE	ARCHIVE PHOTOS
MEAD, MARGARET	UPI/CORBIS/BETTMANN
MEIR, GOLDA	DR
MINH, HO CHI	ROGER PIC
MONROE, MARILYN	MICHAEL OCHS
MONTESSORI, MARIA	UPI/CORBIS/BETTMANN
MOORE, HENRY	SABINE WEISS/ RAPHO
MURROW, EDWARD R.	ARCHIVE PHOTOS
MUSSOLINI, BENITO	ARCHIVE PHOTOS
NAMATH, JOE	ARCHIVE PHOTOS
NASSAR, GAMAL ABD EL	POPPERFOTO/ARCHIVE PHOTOS
NIXON, RICHARD M.	ARCHIVE PHOTOS
NUREJEW, RUDOLPH	PHOTOFEST
O'KEEFFE, GEORGIA	UPI/CORBIS/BETTMANN
OLIVIER, SIR LAURENCE	AMERICAN STOCK/ARCHIVE PHOTOS
ONASSIS, JACQUELINE KENNEDY	MOLLY THAYER COLLECTION/ MAGNUM
OPPENHEIMER, J. ROBERT	HENRI CARTIER BRESSON/MAGNUM
OWENS, JESSE	BARNABY'S/ARCHIVE PHOTOS
PANKHURST, EMMELINE	ILN/ARCHIVE PHOTOS
PARKER, CHARLIE	FREDDIE PATTERSON/ARCHIVE PHOTOS
PASTERNAK, BORIS	CORNELL CAPA/MAGNUM
PAVAROTTI, LUCIANO	DAVID LEES/ARCHIVE PHOTOS
PAWLOWA, ANNA	PHOTOFEST
PELE	ARCHIVE PHOTOS
PERON, EVA	DR
PIAF, EDITH	IZIS/PARIS MATCH
PICASSO, PABLO	ROBERT CAPA/MAGNUM
PICKFORD, MARY	PHOTOFEST
POLLOCK, JACKSON	POLLOCK-KRASNER/HANS NAMUTH
PRESLEY, ELVIS	PHOTOFEST
PROUST, MARCEL	MARTINIE/ROGER VIOLLET
RAND, AYN	UPI/CORBIS/BETTMANN
REAGAN, RONALD	PHOTOFEST
RIEFENSTAHL, LENI	EXPRESS NEWSPAPERS/ARCHIVE PHOTOS
ROBINSON, JACKIE	UPI/CORBIS/BETTMANN
ROCKEFELLER, JOHN D.	PHOTOFEST
ROOSEVELT, ELEANOR	PHILIPPE HALSMAN
ROOSEVELT, FRANKLIN D.	ROGER VIOLLET
ROSENBERG, ETHEL & JULIUS	ARCHIVE PHOTOS
RUDOLPH, WILMA	EXPRESS NEWSPAPERS/ARCHIVE PHOTOS
RUSSEL, BERTRAND	ARCHIVE PHOTOS
RUTH, GEORGE HERMAN "BABE"	AMERICAN STOCK/ARCHIVE PHOTOS
SANGER, MARGARET	HACKETT/ARCHIVE PHOTOS
SARTRE, JEAN-PAUL	MARC RIBOUD
SCHWEITZER, ALBERT	ARCHIVE PHOTOS
SHAW, GEORGE BERNARD	LAPI/ROGER VIOLLET
SINATRA, FRANK	PHOTOFEST
SOLSCHENIZYN, ALEXANDER	UPI/CORBIS/BETTMANN
SPIELBERG, STEVEN	PHOTOFEST
SPOCK, DR. BENJAMIN	ARCHIVE PHOTOS
STALIN, JOSEF	PHOTOFEST
STEIN, GERTRUDE	UPI/CORBIS/BETTMANN
STRAWINSKY, IGOR	PHOTOFEST
STREISAND, BARBRA	PHOTOFEST
TAYLOR, ELIZABETH	BURT GLINN/MAGNUM
TEMPLE, SHIRLEY	STILLS
TERESA, MUTTER	RAGHU RAI/MAGNUM
THATCHER, MARGARET	PHOTOGRAPHERS INT/ARCHIVE PHOTOS
THORPE, JIM	BRANGER/ ROGER VIOLLET
TOKYO ROSE	ARCHIVE PHOTOS
TOSCANINI, ARTURO	UPI/CORBIS/BETTMANN
TRUMAN, HARRY S.	ARCHIVE PHOTOS
TURNER, TED	REUTERS/MARK CARDWELL/ARCHIVE PHOTOS
VALENTINO, RUDOLF	PHOTOFEST
VON BRAUN, WERNHER	UPI/CORBIS/BETTMANN
VREELAND, DIANA	CECIL BEATON/SOTHEBY'S
WALESA, LECH	IMAPRESS/ARCHIVE PHOTOS
WARHOL, ANDY	PHOTOFEST
WATSON & CRICK	ARCHIVE PHOTOS
WAYNE, JOHN	PHOTOFEST
WELLES, ORSON	ARCHIVE PHOTOS
WEST, MAE	ARCHIVE PHOTOS
WILLIAMS, HANK	ARCHIVE PHOTOS
WILLIAMS, TENNESSEE	ARA GULER/MAGNUM
WINDSOR, HERZOG UND HERZOGIN VON	PHOTOFEST
WINFREY, OPRAH	TERRY THOMPSON/SIPA
WOOLF, VIRGINIA	CAMERA PRESS/ARCHIVE PHOTOS
WRIGHT, FRANK LLOYD	AMERICAN STOCK/ARCHIVE PHOTOS
WRIGHT, ORVILLE & WILBUR	UPI/CORBIS/BETTMANN
ZAHARIAS, BABE DIDRIKSON	UPI/CORBIS/BETTMANN
ZAPATA, EMILIANO	UPI/CORBIS/BETTMANN